NOVA LEI DE LICITAÇÕES
Passo a Passo

FSC
www.fsc.org
MISTO
Papel | Apoiando o manejo florestal responsável
FSC® C111076

A Editora Fórum, consciente das questões sociais e ambientais, utiliza, na impressão deste material, papéis certificados FSC® (*Forest Stewardship Council*).

A certificação FSC é uma garantia de que a matéria-prima utilizada na fabricação do papel deste livro provém de florestas manejadas de maneira ambientalmente correta, socialmente justa e economicamente viável.

SIDNEY BITTENCOURT

Prefácio

Sergio de Andréa Ferreira

Apresentação

Ivan Barbosa Rigolin

NOVA LEI DE LICITAÇÕES
Passo a Passo

Comentando artigo por artigo a Nova Lei de Licitações e Contratos Administrativos, Lei nº 14.133, de 1º de abril de 2021 (Alterada pela Lei Complementar nº 198, de 28 de junho de 2023, pela Lei nº 14.628, de 20 de julho de 2023, e pela Lei nº 14.770, de 22 de dezembro de 2023)

3ª edição revista, ampliada e atualizada

Belo Horizonte

FORUM
CONHECIMENTO JURÍDICO

2024

2022 2ª edição

2024 3ª edição

FÓRUM
CONHECIMENTO JURÍDICO

Luís Cláudio Rodrigues Ferreira
Presidente e Editor

Coordenação editorial: Leonardo Eustáquio Siqueira Araújo
Aline Sobreira de Oliveira

Rua Paulo Ribeiro Bastos, 211 – Jardim Atlântico – CEP 31710-430
Belo Horizonte – Minas Gerais – Tel.: (31) 99412.0131
www.editoraforum.com.br – editoraforum@editoraforum.com.br

Técnica. Empenho. Zelo. Esses foram alguns dos cuidados aplicados na edição desta obra. No entanto, podem ocorrer erros de impressão, digitação ou mesmo restar alguma dúvida conceitual. Caso se constate algo assim, solicitamos a gentileza de nos comunicar através do *e-mail* editorial@editoraforum.com.br para que possamos esclarecer, no que couber. A sua contribuição é muito importante para mantermos a excelência editorial. A Editora Fórum agradece a sua contribuição.

Dados Internacionais de Catalogação na Publicação (CIP) de acordo com ISBD

B624n Bittencourt, Sidney

Nova Lei de Licitações passo a passo: comentando artigo por artigo a nova Lei de Licitações e Contratos Administrativos, Lei nº 14.133, de 1º de abril de 2021 / Sidney Bittencourt. --3. ed.-- Belo Horizonte: Fórum, 2024.

1111p. 17x24cm
ISBN 978-65-5518-636-9

1. Licitação. 2. Contrato administrativo. 3. Contratos públicos. 4. Direito administrativo. 5. Direito público. 6. Compras públicas. 7. Obras públicas. I. Título.

CDD: 342
CDU: 342

Ficha catalográfica elaborada por Lissandra Ruas Lima – CRB/6 – 2851

Informação bibliográfica deste livro, conforme a NBR 6023:2018 da Associação Brasileira de Normas Técnicas (ABNT):

BITTENCOURT, Sidney. *Nova Lei de Licitações passo a passo*: comentando artigo por artigo a nova Lei de Licitações e Contratos Administrativos, Lei nº 14.133, de 1º de abril de 2021. 3. ed. Belo Horizonte: Fórum, 2024. 1111p. ISBN 978-65-5518-636-9.

Aos meus netos Lucas e Gustavo.

Quando os ventos de mudança sopram, umas pessoas levantam barreiras, outras constroem moinhos de vento.

(Érico Veríssimo)

Artigo 11

Artigo 12

Artigo 13

Artigo 14

Artigo 17

A minha vida acadêmica e profissional têm me permitido acompanhar e vivenciar a evolução normativa, em sede de licitações e contratos administrativos. Tenho podido, portanto, constatar as deficiências do Direito Positivo e as dúvidas por ele geradas, o que dificulta as tarefas de interpretação e aplicação.

Daí a relevância da doutrina, que, no exercício desses misteres, busca extrair o sentido e o alcance dos preceitos legais e regulamentares, suprindo-lhes as lacunas.

Desde cedo, vali-me dos livros gerais de Direito Administrativo e dos específicos sobre a matéria licitatória e público-contratual, para, já no início da carreira, desenvolver minhas funções no Quadro de Advogados – Seção de Contratos – da autarquia, do Estado da Guanabara, gerenciadora dos recursos do fundo de obras do Governo Carlos Lacerda, notabilizado pelo conjunto de suas realizações.

Ainda se encontravam em vigor o Código de Contabilidade da União e seu Regulamento, ambos de 1922; e, no nível local, os correspondentes diplomas; sendo de citar-se o Decreto GB nº 22, de 11.07.63, que inovou a sistematização do reajustamento de preços contratuais e foi elaborado por Comissão, a qual tive a oportunidade de integrar.

No âmbito federal, em sequência a regras esparsas, sobreveio o Decreto-Lei nº 2.300, de 21.11.86, com seu papel sistematizador. Este veio a ser revogado, à luz das prescrições da Constituição de 88, pela Lei nº 8.666, de 21.06.93.

Destacou-se, então, em meio ao vasto conjunto bibliográfico, o diferenciado trabalho do Professor Sidney Bittencourt, *Licitação Passo a Passo*, cuja edição príncipe foi lançada em agosto de 1995, e as que se seguiram, uma em 1997, e mais dez outras num período de treze anos; o que evidencia o êxito editorial, cercado do reconhecimento do meio jurídico.

Esta nova edição, que agora vem a lume, compõe-se dos comentários sobre a nova Lei de Licitações e Contratos Administrativos, Lei nº 14.133/2021.

A iniciativa legislativa partiu da Comissão Temporária de Modernização da Lei de Licitações e Contratos Administrativos do Senado Federal, do que resultou o Projeto de Lei nº 559, de 2013. Tendo sido remetido à Câmara dos Deputados, em 2017, para revisão, nos termos do art. 65 da Constituição Federal, recebeu o nº PL 6.814/2017, que veio a ser considerado prejudicado, em face da aprovação, em Plenário, da Subemenda Global Reformulada ao Projeto de Lei nº 1.292, de 1995, adotada pela Comissão Especial.

O Substitutivo (Projeto de Lei nº 4.253, de 2020) veio a ser aprovado pelo Plenário do Senado, em sessão de 10 de dezembro; e remetido à sanção.

Em sua ementa, o texto legal enuncia:

> Estabelece normas gerais de licitação e contratação para as administrações públicas diretas, autárquicas e fundacionais da União, dos Estados, do Distrito Federal e dos Municípios; altera as Leis nºs 13.105, de 16 de março de 2015 (Código de Processo Civil), 8.987, de 13

de fevereiro de 1995, e 11.079, de 30 de dezembro de 2004, e o Decreto-Lei nº 2.848, de 7 de dezembro de 1940 (Código Penal); e revoga dispositivos da Lei nº 12.462, de 4 de agosto de 2011, e as Leis nºs 8.666, de 21 de junho de 1993, e 10.520, de 17 de julho de 2002.

Não surpreende a presteza de Sidney na atualização de sua obra, pois que a contemporaneidade dessa tem sido sua constante preocupação, em cada uma das sucessivas edições que lança.

Já conhecia eu os seus escritos e seu prestígio no magistério, quando, ainda no final do século passado, estreitamos nosso relacionamento, em razão de aulas que ministrei, sobre *licitações e contratos*, no CEAP, e por força da publicação, pela Editora Temas & Ideias, em 1999, de *Temas Controvertidos sobre Licitações & Contratos Administrativos*, no qual colaborei; e, em 2002, de meu livro *Comentando as Licitações Públicas*, integrante da Série Grandes Nomes, coordenada pelo Autor.

O objeto do trabalho que, para minha honra, ora prefacio, é de inquestionável relevo no universo jusadministrativo, a par de sua importância para o administrador público e para os órgãos, seus controladores.

É tema árduo, pleno de matizes, propiciador de um sem número de questões práticas, de sutilezas, sendo, ademais, infortunadamente, campo para sérios desvios.

A virtude do presente livro é que, com praticidade, em linguagem direta, revestida de invejável objetividade, responde às questões, desnuda os mistérios, enfrenta as nuances e traça o caminho reto do respeito às regras disciplinadoras e à principiologia informadora da matéria.

A denominação "passo a passo" caracteriza-se por sua expressividade: de um lado, traduz o caráter sistêmico do texto; e, de outro, reflete a própria natureza administrativo-processual da licitação, a culminar com a celebração e a execução do contrato resultante.

Toda a atividade administrativa desenvolve-se por meio de procedimentos. Assim, qualquer ato ou fato administrativo, ou dá início, ou está inserido em contexto procedimental, ou então, constitui sua culminância.

Mas, em certos casos, como ocorre com a licitação, em sua fase externa, o procedimento dá corpo a um "processo", pela formação de uma relação jurídica específica.

Deflagrado esse processo, o licitador vai, sucessivamente, prendendo-se a uma série de vínculos jurídicos; primeiro, aos licitantes; e, depois, ao adjudicatário e ao contratado.

Aliás, a CF de 88, em seu art. 37, XXI, qualifica a licitação como "processo", sendo pressuposto de validade de contratos e atos jurídicos que a exigem, como "solenidade" – para usarmos a linguagem do Código Civil (art. 166) –; e, como tal, indispensável à sua juridicidade; na moldura do que se identifica como "princípio da licitação".

Por outro lado, constitui forma de autocontrole preventivo da Administração, de caráter necessário, dado que se vão terceirizar tarefas de interesse coletivo, envolvendo o dispêndio de recursos públicos.

Impõe-se, pois, o respeito não só à legalidade estrita, mas, também, à legitimidade da atuação administrativa; a envolver valores, como o da eficiência e o da eficácia, assim como a prevalência dos princípios da moralidade, da probidade, da razoabilidade, da proporcionalidade e, conforme já assinalado, o da vinculação.

A obra qualifica-se por sua completude, eis que, analisando com clareza, artigo por artigo da Lei nº 14.133/2021, reúne os lúcidos posicionamentos do Autor; a minuciosa coletânea de entendimentos doutrinários de escritores do tema e farta jurisprudência comentada, judicial e administrativa; além de inter-relacionar os vários textos normativos sobre cada tópico.

É este o espírito que preside o trabalho, pelo que parabenizamos o Autor, pelo produto científico resultante, valioso contributo às letras jurídicas; e a seus leitores, pelo que extrairão dos ensinamentos e proposições concretas que suas páginas encerram.

Sergio de Andréa Ferreira

Desembargador Federal aposentado do Tribunal Regional Federal da 2ª Região. Professor titular aposentado de Direito Administrativo da Universidade do Estado do Rio de Janeiro (UERJ). Foi membro do Ministério Público do Estado do Rio de Janeiro, onde ingressou através de concurso público de provas e títulos, tendo sido aprovado em primeiro lugar, e onde exerceu os cargos de Defensor Público, Promotor, Curador, Subprocurador-Geral e Procurador-Geral de Justiça. Patrono do Instituto de Direito Administrativo do Rio de Janeiro. Autor de inúmeras obras jurídicas.

NOTA DO AUTOR À 3ª EDIÇÃO

Nesta nova edição, seguindo os mesmos moldes da anterior, complementamos interpretações, acrescemos detalhes, expomos novos entendimentos sobre questões práticas, aditamos informações específicas, incluímos novas óticas sobre alguns dispositivos e juntamos decisões do TCU sobre a Nova Lei e importantes percepções de amigos professores e doutrinadores.

Além disso, a atualização se fez necessária em função de significativas alterações impostas à Nova Lei pela Lei Complementar nº 198, de 28.06.2023, pela Lei nº 14.628, de 20.07.2023, e pela Lei nº 14.770, de 22.12.2023, bem como de diversos atos regulamentares editados nesse período, tão importantes para a aplicabilidade do novo diploma. São novos Decretos, Instruções Normativas e Portarias, tais como o Decreto nº 11.117/2022, que altera o Decreto nº 5.992/2006, que dispõe sobre a concessão de diárias no âmbito da administração federal direta, autárquica e fundacional; o Decreto nº 11.246/2022, que regulamenta o disposto no §3º do art. 8º da Lei nº 14.133/2021, para dispor sobre as regras para a atuação do agente de contratação e da equipe de apoio, o funcionamento da comissão de contratação e a atuação dos gestores e fiscais de contratos, no âmbito da administração pública federal direta, autárquica e fundacional; o Decreto nº 11.317/2022, que atualiza os valores estabelecidos na Lei nº 14.133/2021; o Decreto nº 11.430/2023, que regulamenta a Lei nº 14.133/2021, para dispor sobre a exigência, em contratações públicas, de percentual mínimo de mão de obra constituída por mulheres vítimas de violência doméstica e sobre a utilização do desenvolvimento, pelo licitante, de ações de equidade entre mulheres e homens no ambiente de trabalho como critério de desempate em licitações, no âmbito da administração pública federal direta, autárquica e fundacional; o Decreto nº 11.461/2023, que regulamenta o art. 31 da Lei nº 14.133/2021, para dispor sobre os procedimentos operacionais da licitação na modalidade leilão, na forma eletrônica, para alienação de bens móveis inservíveis ou legalmente apreendidos, e institui o Sistema de Leilão Eletrônico no âmbito da administração pública federal direta, autárquica e fundacional; o Decreto nº 11.462/2023, que regulamenta os art. 82 a art. 86 da Lei nº 14.133/2021, para dispor sobre o sistema de registro de preços para a contratação de bens e serviços, inclusive obras e serviços de engenharia, no âmbito da Administração Pública federal direta, autárquica e fundacional; o Decreto nº 11.137/2022, que altera o Decreto nº 10.947/2022, para tornar dispensável aos Comandos da Marinha, do Exército e da Aeronáutica o cumprimento da regulamentação do inc. VII do art. 12 da Lei nº 14.133/2021 (elaboração do Plano de Contratações Anual); a IN SEGES nº 58/2022, que dispõe sobre a elaboração dos Estudos Técnicos Preliminares - ETP, para a aquisição de bens e a contratação de serviços e obras, e sobre o Sistema ETP digital; a IN SEGES/ME nº 73/2022, que dispõe sobre a licitação pelo critério de julgamento por menor preço ou maior desconto, na forma eletrônica, para a contratação de bens, serviços e obras, no âmbito da Administração Pública federal direta, autárquica e fundacional;

a IN SEGES/ME nº 77/2022, que dispõe sobre a observância da ordem cronológica de pagamento das obrigações relativas ao fornecimento de bens, locações, prestação de serviços e realização de obras, no âmbito da Administração Pública federal direta, autárquica e fundacional; a IN SEGES/ME nº 81/ 2022, que dispõe sobre a elaboração do Termo de Referência – TR, para a aquisição de bens e a contratação de serviços, no âmbito da administração pública federal direta, autárquica e fundacional, e sobre o Sistema TR digital; a IN SEGES/ME nº 91/2022, que estabelece regras para a definição do valor estimado para contratação de obras e serviços de engenharia nos processos de licitação e de contratação direta; a IN SEGES/ME nº 96/2022, que dispõe sobre a licitação pelo critério de julgamento por maior retorno econômico, na forma eletrônica, no âmbito da administração pública federal direta, autárquica e fundacional; a IN SEGES/ME nº 98/2022, que estabelece regras e diretrizes para o procedimento de contratação de serviços sob o regime de execução indireta no âmbito da Administração Pública federal direta, autárquica e fundacional; a IN SEGES/ME Nº 103/2022, que dispõe sobre os procedimentos de seleção de imóveis para locação no âmbito da Administração Pública federal direta, autárquica e fundacional; a IN SEGES/MGI nº 2/2023, que dispõe sobre a licitação pelo critério de julgamento por técnica e preço, na forma eletrônica, no âmbito da Administração Pública federal direta, autárquica e fundacional; a IN SEGES/MGI nº 8/2023, que altera a Instrução Normativa SEGES/ME nº 67/2021, que dispõe sobre a dispensa de licitação, na forma eletrônica, e institui o Sistema de Dispensa Eletrônica, no âmbito da Administração Pública federal direta, autárquica e fundacional; a IN SEGES/MGI nº 11/2023, que estabelece condições para o pagamento das despesas com compra de bens e prestação de serviços, de que dispõe o inciso I do art. 40 da Lei nº 14.133/2021, e para o regime de adiantamento, por suprimento de fundos, de que tratam os arts. 45, 46 e 47 do Decreto nº 93.872/1986, no âmbito da Administração Pública federal direta, autárquica e fundacional; a IN SEGES/MGI nº 12/2023, que dispõe sobre a licitação pelo critério de julgamento por melhor técnica ou conteúdo artístico, na forma eletrônica, no âmbito da Administração Pública federal direta, autárquica e fundacional; a Portaria ME nº 7.828/2022, que estabelece normas complementares para o cumprimento do Decreto nº 10.193/2019, que prescreve limites e instâncias de governança para a contratação de bens e serviços e para a realização de gastos com diárias e passagens no âmbito do Poder Executivo federal.

Como mencionamos na Nota à edição inicial deste livro, o trabalho de escrita é bastante solitário, convivendo o escritor solitariamente, com suas análises, suas leituras, seus pensamentos e suas conclusões. Contudo, hoje, diversamente da época que iniciamos, as fontes de pesquisas estão à mão num simples toque de teclas de um notebook, o que faz com que esse labor não seja tão desacompanhado como outrora. Ademais, sempre há o auxílio de mentes privilegiadas, professores dedicadíssimos e superespecializados na matéria. Na elaboração desta 3ª edição, destaco o apoio dos professores Jonas Lima, Ronny Charles Lopes de Torres, Ivan Barbosa Rigolin e Gilberto Oliveira Filho, aos quais agradeço sensibilizado.

Fevereiro/2024

Sidney Bittencourt

NOTA DO AUTOR À 2ª EDIÇÃO

O rápido esgotamento da 1ª edição deste livro nos incentivou a aprofundar os estudos sobre a Nova Lei de Licitações e Contratos Administrativos, trazendo a público um trabalho ainda mais consistente, num enorme esforço no sentido da correta interpretação das regras ainda muito recentes, sempre com o olhar voltado para o bom Direito, mas atento à sua aplicação prática.

Assim, complementamos interpretações de dispositivos, acrescemos detalhes a outros, trouxemos novos entendimentos sobre questões práticas, acrescentamos informações específicas, juntamos novas importantes percepções de amigos professores e doutrinadores.

Além disso, esta nova edição se fez necessária em função de diversos atos regulamentares editados nesse período, tão importantes para a aplicabilidade do novo diploma. Um bom número de Instruções Normativas, Portarias e Decretos foi expedido, em atenção ao determinado pela própria Lei, como, por exemplo: a IN SEGES/ME nº 65/2021, que dispõe sobre o procedimento administrativo para a realização de pesquisa de preços para aquisição de bens e contratação de serviços em geral; a SEGES/ME nº 67/2021, que dispõe sobre a dispensa de licitação, na forma eletrônica, e institui o Sistema de Dispensa Eletrônica; a IN SEGES/ME nº 72/2021, que estabelece regras para a definição do valor estimado para a contratação de obras e serviços de engenharia nos processos de contratação direta; a IN SEGES/ME nº 75/2021, que estabelece regras para a designação e atuação dos fiscais e gestores de contratos nos processos de contratação direta; a IN SEGES/ME nº 116/2021, que estabelece procedimentos para a participação de pessoa física nas contratações públicas; a IN SEGES/ME nº 5/2022, que dispõe sobre diretrizes e procedimentos para a aquisição de passagens aéreas; a IN SEGES/ME nº 26/2022, que dispõe sobre a dispensa, o parcelamento, a compensação e a suspensão de cobrança de débito resultante de multa administrativa e/ou indenizações; a Portaria SEGES/ME nº 8.678/2021, que dispõe sobre a governança das contratações públicas; a Portaria SEGES/ME nº 938/2022, que institui o catálogo eletrônico de padronização de compras, serviços e obras; o Decreto nº 10.764/2021, que dispõe sobre o Comitê Gestor da Rede Nacional de Contratações Públicas; o Decreto nº 10.818/2021, que estabelece o enquadramento dos bens de consumo adquiridos para suprir as demandas das estruturas da administração nas categorias de qualidade comum e de luxo; o Decreto nº 10.922/2021, que dispõe sobre a atualização dos valores estabelecidos na Lei nº 14.133/2021; e o Decreto nº 10.947/2022, que dispõe sobre o plano de contratações anual, instituindo o Sistema de Planejamento e Gerenciamento de Contratações.

Maio/2022

Sidney Bittencourt

O avassalador ano de 2020 – que nos trouxe esse execrável coronavírus, ceifador de inúmeras vidas,[1] [2] – guardou para o seu final uma surpresa para os que lidam com contratações públicas no Brasil. Quando já não mais se esperava, resolveu o Senado Federal aprovar em dezembro, a toque de caixa, o Projeto de Lei nº 4.253/2020, dando origem à Nova Lei de Licitações brasileira, que, além de consolidar regras de três importantes leis: a Lei Geral de Licitações anterior (Lei nº 8.666/1993); a chamada Lei do Pregão (Lei nº 10.520/2002); e da Lei do Regime Diferenciado de Contratações – RDC (Lei nº 12.462/2011), buscou inserir inovações importantes, sob a plausível alegação de que tais diplomas se encontravam defasados.

Muito se pensou numa nova norma durante os 28 anos de vida da Lei nº 8.666. Diversas tentativas naufragaram. Muitas vezes, chamados a opinar, trabalhamos arduamente em diversos textos, no sentido de indicar novos caminhos, pois, nesses anos de labuta na aplicação diuturna do diploma, constatávamos uma real necessidade de aperfeiçoamento. Certa feita, chegamos a escrever um trabalho intitulado "O anteprojeto de lei geral de contratação da administração pública proposto pelo governo federal", no qual asseveramos que "não é de hoje que o governo busca estabelecer uma nova lei licitatória, em substituição à já consagrada Lei nº 8.666, sob a justificativa de que a atual norma é por demais pesada, extremamente complexa, causadora de uma verdadeira 'enxurrada' de contestações jurídicas que paralisam ou dificultam a ação da Administração Pública".[3]

Contudo, não se poderia esperar que um diploma de tamanha importância surgisse no ordenamento pátrio dessa forma, muito embora o seu relator, Senador Antonio Anastasia, professor de Direito Administrativo, tenha concluído que o Congresso Nacional idealizou um bom texto jurídico, ao assegurar que o encerramento dos trabalhos de análise lhe dava a certeza de que o Congresso Nacional havia produzido um texto que atendia às ambições dos administradores e dos administrados, e que contribuiria para melhorar o ambiente de negócios com o setor público e impulsionar o desenvolvimento do país.

Veio à tona, então, a Lei nº 14.133, em 1º/04/2021, intitulada oficialmente de *Lei de Licitações e Contratos Administrativos.*

Consoante um de seus dispositivos, em dois anos, a partir da sua publicação, ocorrida no DOU de 1º.4.2021 – Edição extra-F, desaparecerão do ordenamento jurídico brasileiro a Lei nº 8.666/1993 (Lei Geral de Licitações); a Lei nº 10.520/2002 (Lei do Pregão);

---

1 Além dos infindáveis dias de isolamento que subverteram a noção do tempo e comprometeram a saúde mental de muita gente.

2 Situação que, infelizmente, perdura em 2021, não obstante a esperançosa vacina.

3 Em parceria com a Advogada da União, Maria do Socorro A. Vaz Leandro.

e parte da Lei nº 12.462/2011 (Lei do Regime Diferenciado de Contratações – RDC), já que, em função da previsão de um *vacatio legis* enviesado, permanecerão vigendo por esse período, tendo os entes federativos a opção de adotarem a Nova Lei ou seguirem utilizando os vetustos diplomas.

Registre-se que a Nova Lei já nasce sob o manto de algumas críticas de analistas.

Joel de Meneses Niebuhr, por exemplo, mesmo reconhecendo que há avanços pontuais, considerou-a muito extensa, com desanimadores pormenores, engessadora, pois exige demasiadas justificativas, distante, nesse contexto, da realidade da Administração Pública nacional, por ser complexa para os pequenos municípios: "Pretenderam que fosse moderna, no entanto caíram na armadilha burocrática de tratar tudo em pormenor, de engessar e amarrar, de exigir punhados de justificativas para qualquer coisa, documentos e mais documentos, até para compras simples e usuais. Um filhote mal parido da Lei nº 8.666/1993, um tipo de Macunaíma legislativo".[4]

Julieta Mendes Lopes Vareschini, mesmo considerando que as leis de licitações então vigentes mereciam urgentes alterações, questiona a aprovação de uma norma tão importante no período complexo que o País atravessa, em virtude da situação de calamidade pública, não só porque os gestores públicos já têm enfrentado grandes desafios para absorver e interpretar a enxurrada de normas temporárias editadas para o combate ao COVID-19, mas, acima de tudo, em função do projeto aprovado estar bem longe de representar inovação e modernização no âmbito das licitações e contratações, considerando que "inova muito pouco na matéria, reproduzindo um compilado de normativas já existentes, a exemplo da Lei nº 13.303, da Instrução Normativa nº 73, do Ministério da Economia, e da Instrução Normativa nº 05/2017, do antigo Ministério do Planejamento, Desenvolvimento e Gestão, sem a adequada sistematização".[5]

Marcos Nóbrega e Diogo Franco Jurubeba são categóricos, obtemperando que, em geral, a redação finalizada é extensa e vai na contramão de uma simplificação do sistema de compras nacional".[6]

Há também os otimistas, como Hamilton Bonatto, que recebeu a Nova Lei com redobrado entusiasmo: "Eu digo: tem muita coisa boa! Em que pese as críticas recebidas, tenho a convicção de que a lei nascitura é melhor que a agonizante Lei nº 8.666, de 1993; herda com maestria os ganhos trazidos pela Lei do Pregão; internaliza excelentes inovações da Lei do RDC; inova em muitos aspectos".[7]

E Jonas Lima, que avalia que o novo diploma pode ser resumido como uma lei que reúne demandas já esperadas, entendimentos já firmados na jurisprudência e soluções que estavam sendo colocadas em operação como boas práticas de gestão pública, inovando em medidas para melhorar a fase de planejamento e enfatizando a necessidade de estudo técnico preliminar, que envolve documentar soluções de mercado na definição de estratégia de contratação.[8]

Depois de analisarmos diuturnamente todos os artigos da Nova Lei de Licitações, nos colocamos ao lado dos esperançosos. A lei é longa, cansativa, exaustivamente

---

[4] NIEBUHR. *O grande Desafio da Nova Lei de Licitações.*

[5] VARESCHINI. *Nova lei de licitações e contratos é aprovada no senado!*

[6] NÓBREGA; JURUBEBA. *Assimetrias de informação na nova Lei de Licitação e o problema da seleção adversa.*

[7] BONATO. *Notas sobre obras e serviços de engenharia na nascitura lei de licitações e contratos.*

[8] LIMA. *Senado aprova nova Lei de Licitações.*

pormenorizada, mas, com a ótica e a bagagem de tantos anos de convivência com a matéria, concluímos que foi a solução acertada. A existência de um punhado de normas aplicadas em paralelo era traumática, difícil e causadora de inúmeros transtornos.

Assim, reunir em um único diploma tudo o que se edificou durante essas quase três décadas do Estatuto licitatório anterior, não só no que concerne a leis, mas também a decretos regulamentares, normas infralegais, como instruções normativas e portarias, e orientações normativas, decisões de cortes de contas, pareceres, decisões judiciais etc., bem como a riquíssima produção doutrinária, parece-nos ter sido a adequada maneira de equacionamento da questão.

Nesse passo, ao longo deste trabalho, discorremos sobre as inovações, as fórmulas exitosas de outros diplomas adotadas, as curiosidades, os acertos e, é claro, alguns equívocos do legislador na Nova Lei nº 14.133/2021. Trataremos, assim, da matriz de riscos, da contratação integrada, do diálogo competitivo, do contrato de eficiência, do Procedimento de Manifestação de Interesse (PMI), do uso da arbitragem, do Portal Nacional de Contratações Públicas, entre tantos outros itens que, para a grande maioria que lida com licitações públicas e contratos administrativos, soam como novidades.

O trabalho de escrita, como é cediço, é bastante solitário. É o escritor sozinho, com suas análises, suas leituras, seus pensamentos e suas conclusões. Contudo, hoje, diversamente da época que iniciamos, as fontes de pesquisas estão à mão num simples tocar de teclas de um notebook, o que faz com que esse labor não seja tão desacompanhado como outrora. Ademais, sempre há o auxílio de mentes privilegiadas, professores dedicadíssimos e superespecializados na matéria.

A esses amigos, prontos a emitir suas abalizadas opiniões, eu agradeço com o singelo ato de mencioná-los nesta introdução, porquanto, como não canso de apregoar, com suas observações precisas e inteligentes, muito contribuíram para o desenvolvimento deste livro: Benedicto de Tolosa Filho, Ronny Charles, Flavia Daniel Vianna, Jonas Lima, Clovis Celso Velasco Boechat, Adrienne Reis Brasil Carmo, Luciano Elias Reis, Gilberto Oliveira Filho, Flávio Amaral Garcia, Fausto da Cunha Pereira, Evaldo Ramos, Dawison Barcelos, Tatiana Camarão, Brenia dos Santos, Victor Amorim, Julieta Mendes Lopes Vareschini e Rafael Sérgio de Oliveira.

Três agradecimentos especiais:

Ao querido amigo, administrativista das melhores cepas, homem de caráter ímpar e de sabedoria incomensurável, advogado da União de alto brilho, Francisco Rezende Filho, que nos brindou com amáveis palavras na orelha da contracapa.

Ao amigo administrativista, Ivan Barbosa Rigolin, nome que dispensa comentários, mestre perspicaz e eloquente, conhecedor profundo dos meandros das licitações e contratos, que, generosamente, apresenta nosso trabalho.

Ao mestre constitucionalista, Sergio de Andréa Ferreira, jurista dos maiores, professor de todos nós, pelas palavras carinhosas no prefácio deste trabalho, bafejadas com aquele toque especial que só o professor possui. A abertura de um livro com palavras de mestre D'Andréa é algo para poucos.

Faço votos que o livro seja útil.

Rio de Janeiro/RJ, 05 de abril de 2021.
Sidney Bittencourt

O que definitivamente nos agrada em Sidney Bittencourt é a sua franca e desassombrada objetividade ao tratar das licitações, como disposto esse tema em nosso direito, e como dia após dia é aplicado na Administração. Não lhe afetam os academicismos, os preciosismos ou os modismos – que Monteiro Lobato haveria de chamar, outra vez e agora no terreno jurídico, de "velha praga" – tão frequentes na doutrina brasileira, e tão a gosto dos muitos autores que ainda não se deram conta de que o Direito há de ser antes ferramenta de trabalho que mero exibicionismo intelectual, cuja utilidade é quase sempre inversamente proporcional à erudição que evidencia. Agrada-nos, sim, pois que compreendeu a grande verdade de que, se não for para ensinar, a obra jurídica pouco terá por que existir.

Ivan Barbosa Rigolin

Advogado

Administrativista

Lei nº 14.133, de 1º de abril de 2021
Lei de Licitações e Contratos Administrativos

(*DOU* de 1º.4.2021 – Edição extra-F)

EMENTA: Lei de Licitações e Contratos Administrativos
Estabelece normas gerais de licitação e contratação para as administrações públicas diretas, autárquicas e fundacionais da União, dos Estados, do Distrito Federal e dos Municípios; altera as Leis nºs 13.105, de 16 de março de 2015 (Código de Processo Civil), 8.987, de 13 de fevereiro de 1995, e 11.079, de 30 de dezembro de 2004, e o Decreto Lei nº 2.848, de 7 de dezembro de 1940 (Código Penal); e revoga dispositivos da Lei nº 12.462, de 4 de agosto de 2011, e as Leis nºs 8.666, de 21 de junho de 1993, e 10.520, de 17 de julho de 2002.

Ementa

1 Competência legislativa

Derivada do latim *ementum* (ideia), a ementa nada mais é que uma "súmula dum texto de lei",[1] significando o "resumo do que se contém numa lei, levado à assinatura da autoridade a quem compete referendá-la ou decretá-la".[2]

A Ementa da Lei nº 14.133/2021, apesar de concisa, ao definir que se trata da *Lei de Licitações e Contratos Administrativos*, atende a mandamento constitucional (art. 37, inc. XXI, CF 1988) que preceitua como regra que as obras, serviços, compras e alienações realizadas pela Administração Pública devem, obrigatoriamente, ser contratadas mediante prévia licitação pública.[3]

---

1 NUNES. *Dicionário de tecnologia jurídica*. 5. ed. v. 1.

2 SILVA. *Vocabulário jurídico*. 2. ed. v. 2.

3 Art. 37 [...] XXI – ressalvados os casos especificados na legislação, as obras, serviços, compras e alienações serão contratados mediante processo de licitação pública que assegure igualdade de condições a todos os concorrentes,

Insta relembrar que o assunto foi expressamente regulado na Constituição Federal (art. 22, inc. XXVII).

Esse inciso XXVII, em seu texto original, conferia competência à União para legislar, privativamente, sobre normas gerais nessa matéria, o que, diga-se de passagem, oferecia à lei a ser editada uma manifesta inconstitucionalidade.[4]

Diversas discussões, divergências e, principalmente, dificuldades operacionais impuseram alterações a esse modelo, emergindo, então, a Emenda Constitucional nº 19/1998, parte integrante da chamada "Reforma Administrativa", que, mantendo a competência da União como dantes, deu tratamento diferenciado ao tema, atendendo ao clamor doutrinário que impunha uma nova ótica, com tendência gerencial, para os entes da administração indireta.

Alterada foi, daí, a redação do citado inc. XXVII, passando o texto a ser o seguinte:

> Art. 22. Compete privativamente à União legislar sobre: [...]
>
> XXVII – normas gerais de licitação e contratação, em todas as modalidades, para as administrações públicas diretas, autárquicas e fundacionais da União, Estados, Distrito Federal e Municípios, obedecido o disposto no art. 37, XXI, *e para as empresas públicas e sociedades de economia mista, nos termos do art. 173, §1º, III.*[5]

O mandamento constitucional anterior obrigava toda a Administração Pública a realizar licitações para suas contratações através de regra única.

O novo texto constitucional, apesar de manter a obrigatoriedade de licitação para a Administração, dispôs regras diferenciadas, estabelecendo procedimento diverso para parte da administração indireta (empresas públicas, sociedades de economia mista e suas subsidiárias), que passariam a ter estatuto próprio, a ser editado por lei ordinária federal (art. 173, §1º, CF), com regras específicas sujeitas apenas aos princípios da Administração Pública[6] (art. 173, §1º, III).[7]

---

com cláusulas que estabeleçam obrigações de pagamento, mantidas as condições efetivas da proposta, nos termos da lei, o qual somente permitirá as exigências de qualificação técnica e econômica indispensáveis à garantia do cumprimento das obrigações.

4 O texto revogado da CF era o a seguir: XXVII – normas gerais de licitação e contratação, em todas as modalidades, para a administração pública, direta e indireta, incluídas as fundações instituídas e mantidas pelo Poder Público, nas diversas esferas de governo, e empresas sob seu controle.

5 Art. 173. Ressalvados os casos previstos nesta Constituição, a exploração direta de atividade econômica pelo Estado só será permitida quando necessária aos imperativos da segurança nacional ou a relevante interesse coletivo, conforme definidos em lei. [...] §1º A lei estabelecerá o estatuto jurídico da empresa pública, da sociedade de economia mista e de suas subsidiárias que explorem atividade econômica de produção ou comercialização de bens ou de prestação de serviços, dispondo sobre: (*Redação dada pela Emenda Constitucional nº 19, de 1998*) [...] III – licitação e contratação de obras, serviços, compras e alienações, observados os princípios da administração pública; (*Incluído pela Emenda Constitucional nº 19, de 1998*).

6 O art. 37 da Constituição Federal elenca os seguintes princípios da Administração Pública: legalidade, impessoalidade, moralidade, publicidade e eficiência.

7 Este é o entendimento majoritário da doutrina. Diogo de Figueiredo Moreira Neto assevera: "Elimina no direito positivo o tratamento uniforme sobre contratações e licitações, que não levava em consideração a natureza jurídica e as finalidades distintas das diferentes pessoas administrativas, não mais alcançando as empresas públicas, as sociedades de economia mista e suas subsidiárias, que passam a ter, em seu estatuto próprio, que deverá ser editado por lei (art. 173, §12), regras específicas que ficarão sujeitas apenas aos princípios da Administração Pública (art. 173, §12, III)". (MOREIRA NETO. *Apontamentos sobre a Reforma Administrativa*).

Pois bem, em 30 de junho de 2016, foi sancionada a Lei nº 13.303, estabelecendo o estatuto jurídico das empresas públicas, sociedades de economia mista e suas subsidiárias.

Já denominada Lei de Responsabilidade das Estatais, ou, simplesmente, Lei das Estatais,[8] o novo diploma veio à tona em meio à enorme crise que envolve algumas estatais, totalmente implicadas na conhecida *Operação Lava-Jato*, que investiga a maior trama de corrupção e lavagem de dinheiro já ocorrida no Brasil. Nesse cenário, a intenção do novo diploma foi, em síntese, aprimorar a governança dessas entidades.

Elogiada por alguns, criticada por outros, a *Lei das Estatais* traz em seu bojo um grande número de dispositivos tratando de licitações.

Averbe-se que, no âmbito da União, a Lei nº 13.303/2016 foi regulamentada pelo Decreto nº 8.945, de 27.11.2016, o qual, quanto às licitações e contratos, prescreve, no art. 71 *caput*, que o diploma é autoaplicável, exceto quanto a(à):

a) procedimentos auxiliares das licitações, de que tratam os arts. 63 a 67;
b) procedimento de manifestação de interesse privado para o recebimento de propostas e projetos de empreendimentos, de que trata o §4º do art. 31;
c) etapa de lances exclusivamente eletrônica, de que trata o §4º da art. 32;
d) preparação das licitações com matriz de riscos, de que trata o inc. X do art. 42;
e) observância da política de transações com partes relacionadas, a ser elaborada, de que trata o inc. V do art. 32;
f) disponibilização na internet do conteúdo informacional requerido nos arts. 32, §3º, 39, 40 e 48; e
g) níveis de alçada decisória e tomada de decisão, preferencialmente de forma colegiada, a ser aprovado pelo Conselho de Administração, se houver, ou pela assembleia geral.

A menção à autoaplicação no decreto regulamentar no mínimo causa surpresa, considerando que tal ato não se presta a esse papel, pois existe para dispor sobre a fiel execução da lei, consoante preceitua o art. 84 IV CF. Na verdade, como a *Lei das Estatais* concedeu o prazo de 24 meses para as estatais se adaptarem e passarem a aplicá-la (art. 91), e o art. 40 indicou a necessidade das estatais publicarem regulamento interno de licitações e contratos, tem-se que de autoaplicável a LRE tem muito pouco.

Nesse sentido, a contundente crítica de Joel Niebuhr:

> Não cabe ao Decreto decidir se dada lei é ou não autoaplicável e muito menos eleger, meio que aleatoriamente, partes de dada lei que seriam autoaplicáveis e partes que não seriam. Por óbvio, é a própria lei que deve estabelecer se é ou não, em parte ou integralmente, autoaplicável. E o Decreto nº 8.945/16 está equivocado nesse particular, porque a Lei nº 13.303/16, na parte referente às licitações públicas e aos contratos, não é autoaplicável. A questão, admite-se, não é muito clara, mas o fato é que o art. 91 da Lei nº 13.303/16 concede o prazo de 24 meses para que as estatais se adaptem e passem a aplicar a Lei nº 13.303/16. Conectado a esse prazo, o art. 40 da Lei nº 13.303/16 obriga as estatais a publicarem e a manterem atualizado o regulamento interno de licitações e contratos. Logo, uma das etapas

[8] Quanto às licitações e contratações na Lei nº 13.303/2016 (Lei das Estatais), remete-se a leitura de nosso "*A nova lei das Estatais*: novo Regime de Licitações e Contratos nas Empresas Estatais". (BITTENCOURT. *A Nova Lei das Estatais*).

da adaptação a que se refere o art. 91 é justamente a elaboração do regulamento preceituado no art. 40. A conclusão, não deveria ser diferente, é que essa parte de licitações e contratos da Lei nº 13.303/16 não é autoaplicável, depende do regulamento exigido pelo seu art. 40. Sem embargo, ainda que equivocado, não se pode fugir do fato de que o Decreto nº 8.945/16 prescreve que a Lei nº 13.303/16 é autoaplicável. Por conseguinte, em que pese o argumento em contrário, é de supor que as estatais federais sigam o Decreto federal. Isso significa, na prática, que as estatais federais considerarão que podem aplicar a Lei nº 13.303/16 sem produzir seus regulamentos. Não significa, deixa-se claro, que elas estejam obrigadas a aplicar a Lei imediatamente. Não há norma no Decreto federal que as obrigue a isso e, não se esqueça, o art. 91 da Lei nº 13.303/16 concede a elas o prazo de 24 meses para promoverem adaptações. No entanto, aplicando o art. 71 do Decreto nº 8.945/16, se as estatais federais se sentirem confortáveis e adaptadas, ainda que sem produzir seus regulamentos, estão autorizadas a aplicar de imediato a parte de licitações públicas e contratos da Lei nº 13.303/16.[9]

2 O termo "licitação"

A expressão "licitação" comporta inúmeros significados, todos atrelados à ideia de oferecimento de lances numa disputa.

Com origem no latim *licitatio,* dos verbos *liceri* ou *licitari* (lançar em leilão, dar preço, oferecer lanço), o vocábulo, em sentido literal, possui a significação de *ato de licitar ou fazer preço sobre a coisa posta ou a venda em leilão.*

De Plácido e Silva informa:

> Não se confunde com o leilão ou com a hasta pública, porque é simplesmente parte deles, pois que é o lançamento do preço, a oferta do preço. O leilão é o ato, em que os lançadores ou licitantes fazem a licitação. Neste sentido também compreendiam os romanos, considerando a *licitatio* como o lançamento, para a venda da coisa e distribuição entre os proprietários dela do maior preço obtido. Em verdade, anotado o sentido de *liceri* ou de *licitari,* também formado de *liceri, licitatio,* por sua origem, não poderia ter acepção diversa: é o ato pelo qual se lança ou se faz o preço, para compra ou aquisição da coisa, em concorrência com outros interessados nesta aquisição. Assim, no leilão ou na hasta pública, a licitação, em realidade, é a proposta do preço ou a oferta do preço, que precede a arrematação. E a maior oferta será a que se fixa como o preço desta aquisição.[10]

Como ensina Carlos Leopoldo Dayrell,[11] tudo teve início na Europa, no século XIX, com a utilização do sistema "Vela e Prego". Nele, o serviço de execução de uma obra era apregoado enquanto uma vela era queimada. Quando a vela se apagava, o serviço era garantido a quem tivesse oferecido o menor preço.

Nesse contexto, na legislação brasileira, a expressão é utilizada com o objetivo de significar o procedimento adotado pela Administração Pública para a seleção da proposta mais vantajosa dentre diversas apresentadas por particulares que possuam interesse de prestar serviços ou vender bens ao Estado.

---

9 NIEBUHR. *O Decreto nº 8.945/16 e as licitações das estatais.*

10 SILVA. *Vocabulário jurídico.* 2. ed.

11 DAYRELL. *Das Licitações na Administração Pública.*

2.1 Evolução histórica da licitação

A evolução histórica da *licitação* no ordenamento jurídico brasileiro é a seguir descrita:

- Lei de 29 de agosto de 1828, que já estipulava o oferecimento de obras aos empresários por via de editais;
- Lei nº 2.221, de 1909, que insere no ordenamento os princípios da Administração Pública que vigoram até hoje, e, consequentemente, da contratação;
- Código de Contabilidade Pública da União de 1922, baixado na forma do Decreto Legislativo nº 4.536 e regulamentado pelo Decreto nº 15.783/22;
- Decreto nº 41.019/57 (Código das Águas), menciona a concorrência pública;
- Lei nº 4.401/64, que estabeleceu normas para a licitação de serviços e obras e aquisição de materiais no serviço público da União, criando as modalidades concorrência pública e concorrência administrativa, bem como as dispensas licitatórias;
- Em 1965, o instituto da concorrência pública ganha *status* constitucional por meio da EC nº 15 à Carta de 46. Na mesma época foi editada a Lei nº 4.717/65 tratando do instituto;
- Decreto-Lei nº 200/67, que trata de forma pouco abrangente o assunto, trazendo pela primeira vez o termo licitação como gênero de procedimento administrativo prévio, tendo como espécies (modalidades): a concorrência, a tomada de preços, o convite e o leilão. Além das licitações públicas, também já trata dos contratos administrativos;
- Decreto-Lei nº 2.300/86, que reestrutura o procedimento licitatório e adentra na normatização dos contratos administrativos;
- Lei nº 8.666/93, o Estatuto das Licitações e Contratos;
- Em 2000, surgiu o pregão como modalidade licitatória por intermédio de Medida Provisória (MP nº 2.026/00);
- Lei nº 10.520/02, que institui definitivamente a modalidade de licitação pregão (conversão da MP nº 2.182-18);
- Lei Complementar nº 123/2006, que estabelece o novo Estatuto das Microempresas e Empresas de Pequeno Porte, determinando, nos arts. 42 a 49, tratamento diferenciado para essas empresas nas licitações públicas;
- Lei nº 11.488/08, que incluiu as cooperativas no elenco de beneficiários de tratamento diferenciado;
- Lei nº 12.232/2010, que dispõe sobre as normas gerais para licitação e contratação pela Administração de serviços de publicidade prestados por intermédio de agências de propaganda;[12]

[12] Em 2011, registre-se a edição da Lei nº 12.462, que institui o Regime Diferenciado de Contratações Públicas (RDC), aplicável inicialmente às licitações e contratos necessários à realização dos Jogos Olímpicos e Paralímpicos de 2016; da Copa das Confederações e da Copa do Mundo Fifa 2014; de obras de infraestrutura e de contratação de serviços para os aeroportos das capitais dos Estados da Federação distantes até 350km (trezentos e cinquenta quilômetros) das cidades sedes dos megaeventos anteriormente definidos, e estendido posteriormente a diversos outros objetos, tais como: ações integrantes do Programa de Aceleração do Crescimento (PAC) (Lei nº 12.688/2012); obras e serviços de engenharia no âmbito do Sistema Único de Saúde (SUS) (Lei nº 12.745/2012); obras e serviços de engenharia no âmbito dos sistemas públicos de ensino (Lei nº 12.722/2012); obras e serviços no âmbito do Programa Nacional de Dragagem Portuária e Hidroviária (PND II) e, subsidiariamente, as licitações

- Lei nº 12.462/2011, que institui o Regime Diferenciado de Contratações Públicas (RDC);
- Lei nº 12.690/2012, que estabelece que as cooperativas de trabalho não poderão ser impedidas de participar de procedimentos de licitação pública;
- Lei Complementar nº 147/2014, que altera a Lei Complementar nº 123/2006, que trata de tratamento diferenciado às micro e pequenas empresas em licitações públicas;
- Lei nº 13.303/2016, que dispõe sobre o estatuto jurídico da empresa pública, da sociedade de economia mista e de suas subsidiárias, no âmbito da União, dos Estados, do Distrito Federal e dos Municípios;
- Lei nº 14.133/2021 – Nova lei de licitações e contratações para as administrações públicas diretas, autárquicas e fundacionais da União, dos Estados, do Distrito Federal e dos Municípios.

3 Os contratos celebrados pela Administração Pública

3.1 O contrato

Derivada do latim *contractus*, a expressão "contrato" possui sentido de ajuste, pacto ou transação, exteriorizando a convenção acordada entre pessoas que objetivam um fim específico, configurando um acordo que intenciona adquirir, resguardar, modificar ou extinguir direitos.

O contrato confunde-se com as origens do próprio Direito, notadamente quando se alargaram os ajuntamentos civilizados e a circulação de riquezas. Sem dúvida, o progresso econômico mundial alicerçou-se paulatinamente sobre as bases do direito contratual.

Por essência, o contrato é um ato jurídico bilateral, pois depende de declarações de vontades, tendo como efeito principal a criação de obrigações assumidas pelas partes contratantes (os sujeitos dos contratos). Nesse passo, costuma-se dizer que constitui "lei entre as partes".

Ao longo do tempo, o contrato diversificou-se em formas e modalidades. Destarte, assentados sobre disposições próprias de cada categoria de ajuste, sempre deverá ser examinado sob uma ótica particular, independentemente da adoção das regras gerais que os envolvem.

A validade de um contrato depende dos mesmos requisitos exigidos para a eficácia dos atos jurídicos em geral, que, em suma, são:

- Capacidade dos contratantes: as partes devem ter aptidão, segundo as disposições legais, para o exercício dos atos da vida civil. As pessoas jurídicas, por sua vez, somente poderão contratar por intermédio de seus dirigentes ou representantes legalmente constituídos;

---

de concessão de porto organizado e de arrendamento de instalação portuária (Lei nº 12.815/2013); modernização, construção, ampliação ou reforma de aeródromos públicos (Lei nº 12.833/2013); contratações pela Companhia Nacional de Abastecimento (Conab), de todas as ações concernentes à reforma, modernização, ampliação ou construção de unidades armazenadoras próprias, destinadas às atividades de guarda e conservação de produtos agropecuários em ambiente natural (Lei nº 12.873/2013); obras e serviços de engenharia para construção, ampliação e reforma de estabelecimentos penais e unidades de atendimento socioeducativo (Lei nº 12.980/2014), entre outras.

- Objeto possível: o bem jurídico sobre o qual recai a vontade dos contratantes deverá ser possível, lícito e não vedado em lei, nem contrário ao direito de terceiro;
- Forma prescrita: o contrato, via de regra, é elaborado e firmado com liberdade, sendo classificado como não solene, quando a lei não o proíba. Contudo, registre-se a existência dos contratos obrigatoriamente solenes, que deverão obedecer à forma estabelecida por lei, como é o caso da fiança, do casamento e, como se verificará posteriormente, do contrato administrativo.

3.2 Contratos da Administração

Sempre que a Administração Pública celebra um ajuste com um terceiro, visando à execução de um objeto pelo qual será procedida uma remuneração, estará estabelecendo um contrato. Neste caso, convencionou-se no ordenamento jurídico brasileiro a denominação "Contrato da Administração".

Tal expressão é utilizada em sentido lato, abrangendo qualquer contrato celebrado pela Administração, que poderá reger-se tanto pelo Direito Público quanto pelo Direito Privado.

No âmbito do Direito Administrativo, a expressão "Contratos da Administração" é utilizada em sentido amplo, para abranger todos os contratos celebrados pela Administração Pública, seja sob o regime de Direito Público, seja sob o regime de Direito Privado.

Sobre a matéria, escrevemos:

> Sempre que o Estado (Administração Pública) estabelece um ajuste com um terceiro, visando à execução de um objeto pelo qual será procedida uma remuneração, estará celebrando um contrato. Assim, estando a Administração em um dos polos deste contrato, convencionada está no ordenamento jurídico brasileiro a denominação "Contrato da Administração". Tal expressão é utilizada, portanto, em sentido lato, abrangendo qualquer contrato celebrado pela Administração Pública, que poderá reger-se tanto pelo direito Público como pelo Direito Privado.

3.2.1 Subdivisão dos Contratos da Administração

Como mencionado, a expressão "Contrato da Administração" engloba todos os contratos celebrados pela Administração Pública. Esses contratos subdividem-se em Contratos privados celebrados pela Administração Pública e Contratos Administrativos.

3.2.1.1 Contratos privados celebrados pela Administração Pública

Contratos privados celebrados pela Administração Pública são os firmados pela Administração com terceiros regidos pelo Direito Privado. Nessa condição, a Administração situa-se no mesmo plano jurídico do particular.

São exemplos de contratos privados celebrados pela Administração Pública a locação de um bem imóvel para uso da Administração, que é regulado pela Lei do Inquilinato, o contrato de permuta, regido pelo Direito Civil, o contrato de comodato, também sob a égide do Direito Civil, dentre outros.

3.2.1.2 Contratos Administrativos

Contratos Administrativos são os ajustes que a Administração Pública celebra com terceiros visando à consecução de objetivos de interesse público.

Por serem contratos típicos da Administração, regem-se precipuamente pelo Direito Público, com aplicação supletiva das normas de Direito Privado. É o que prescrevia o art. 54 da revogada Lei nº 8.666/1993:

> Art. 54. Os contratos administrativos de que trata esta Lei regulam-se pelas suas cláusulas e pelos preceitos de direito público, aplicando-se-lhes, supletivamente, os princípios da teoria geral dos contratos e as disposições de direito privado.

Em tal espécie contratual, a Administração participa com supremacia de poder e privilégio administrativo, que afloram nas chamadas "cláusulas exorbitantes", derrogatórias do direito comum, ou seja, cláusulas que não constam dos contratos tradicionais, por conferirem prerrogativas para a Administração.

Por conseguinte, nele são admitidas restrições ao Princípio da Reciprocidade das Prestações, essência dos acordos bilaterais.

Consequentemente, o contrato administrativo pode ser conceituado como o acordo celebrado entre a Administração Pública e o particular, regido precipuamente pelo Direito Público, que objetiva uma atividade que reflita o interesse público.

3.2.1.3 Os contratos na Nova Lei nº 14.133/2021

O art. 1º da Nova Lei prevê que o diploma "estabelece normas gerais de licitação e *contratação* para as Administrações Públicas diretas, autárquicas e fundacionais da União, dos Estados, do Distrito Federal e dos Municípios".

Diversamente da lei anterior, não houve preocupação do legislador no sentido de demonstrar que o novo diploma cuida de todos os contratos da Administração, sejam os administrativos, sejam os de conteúdo regido predominantemente por norma do direito privado.

Ao longo do texto legal verifica-se, obviamente, total inclinação para tratar dos contratos administrativos. *Vide* que o Título III, que envolve 65 artigos, trata especificamente desses acordos.

Versando sobre os ajustes que a ela não se submetem, a Nova Lei preceitua, em seu art. 3º, que não se subordinam ao seu regime as contratações sujeitas a normas previstas em legislação própria.

Contudo, ainda que não haja dispositivo específico, como existia na Lei nº 8.666/1993, que indicava que eram aplicáveis alguns de seus artigos aos contratos de seguro, de financiamento, de locação em que o Poder Público fosse locatário, e aos demais cujo conteúdo seja predominantemente regido por norma de Direito Privado, sustentamos que, ainda que subsidiariamente, a Lei nº 14.133/2021 é aplicável, no que couber, aos contratos regidos por outros diplomas nos quais a Administração seja parte.

4 Histórico da Lei nº 14.133/2021 – Nova Lei de Licitações

O projeto da "Nova Lei de Licitações" veio à tona em 2013, autuado no Senado Federal como PLS nº 559/2013, com texto proposto pela Comissão Temporária de Modernização da Lei de Licitações e Contratos (a revogada Lei nº 8.666/1993).

O texto final do PLS nº 559/2013 foi aprovado no Plenário senatorial em dezembro de 2016, sendo encaminhado, em fevereiro de 2017, para análise da Câmara dos Deputados.

Tendo tramitado por cerca de dois anos, em setembro de 2019 foi aprovado o PL nº 1.292/1995, com texto correspondente ao substitutivo apresentado no Plenário da Câmara dos Deputados, sendo remetido ao Senado Federal.

Depois do envio do substitutivo aprovado pela Câmara dos Deputados ao Senado, foi autuado o PL nº 4.253/2020.

Por deliberação dos líderes partidários do Senado Federal, o PL nº 4.253 foi incluído na Ordem do Dia de 10.12.2020, sendo indicado como relator o Senador Antônio Anastasia.

Finalmente, o PL nº 4.253/2020, prevendo normas gerais de licitação e contratação para as Administrações Públicas diretas, autárquicas e fundacionais da União, dos Estados, do Distrito Federal e dos Municípios, dentre outras providências, foi aprovado em 10.12.20, em sessão deliberativa remota. Em decorrência, o Presidente da República Jair Bolsonaro sancionou a Lei nº 14.133, de 1º de abril de 2021, denominada *Lei de Licitações e Contratos Administrativos*, publicada no Diário Oficial da União de 1º.4.2021 – Edição extra-F.

TÍTULO I
DISPOSIÇÕES PRELIMINARES

CAPÍTULO I
DO ÂMBITO DE APLICAÇÃO DESTA LEI

Art. 1º Esta Lei estabelece normas gerais de licitação e contratação para as Administrações Públicas diretas, autárquicas e fundacionais da União, dos Estados, do Distrito Federal e dos Municípios, e abrange:
I – os órgãos dos Poderes Legislativo e Judiciário da União, dos Estados e do Distrito Federal e os órgãos do Poder Legislativo dos Municípios, quando no desempenho de função administrativa;
II – os fundos especiais e as demais entidades controladas direta ou indiretamente pela Administração Pública.
§1º Não são abrangidas por esta Lei as empresas públicas, as sociedades de economia mista e as suas subsidiárias, regidas pela *Lei nº 13.303, de 30 de junho de 2016*, ressalvado o disposto no art. 178 desta Lei.
§2º As contratações realizadas no âmbito das repartições públicas sediadas no exterior obedecerão às peculiaridades locais e aos princípios básicos estabelecidos nesta Lei, na forma de regulamentação específica a ser editada por ministro de Estado.
§3º Nas licitações e contratações que envolvam recursos provenientes de empréstimo ou doação oriundos de agência oficial de cooperação estrangeira ou de organismo financeiro de que o Brasil seja parte, podem ser admitidas:
I – condições decorrentes de acordos internacionais aprovados pelo Congresso Nacional e ratificados pelo Presidente da República;
II – condições peculiares à seleção e à contratação constantes de normas e procedimentos das agências ou dos organismos, desde que:
a) sejam exigidas para a obtenção do empréstimo ou doação;
b) não conflitem com os princípios constitucionais em vigor;
c) sejam indicadas no respectivo contrato de empréstimo ou doação e tenham sido objeto de parecer favorável do órgão jurídico do contratante do financiamento previamente à celebração do referido contrato;
d) (VETADO).
§4º A documentação encaminhada ao Senado Federal para autorização do empréstimo de que trata o §3º deste artigo deverá fazer referência às condições contratuais que incidam na hipótese do referido parágrafo.
§5º As contratações relativas à gestão, direta e indireta, das reservas internacionais do País, inclusive as de serviços conexos ou acessórios a essa atividade, serão disciplinadas em ato normativo próprio do Banco Central do Brasil, assegurada a observância dos princípios estabelecidos no *caput* do *art. 37 da Constituição Federal.*

Artigo 1º

1 Natureza jurídica da licitação e do contrato administrativo

Sempre se polemizou sobre a natureza jurídica da licitação e do contrato administrativo. Discutia-se muito se tais regras estariam regidas pelo direito financeiro ou pelo direito administrativo.

A Constituição Federal de 1988 pôs fim a essa discussão meramente acadêmica, definindo, em seu art. 22, inc. XXVII, ser competência privativa da União legislar "para as administrações públicas diretas, autárquicas e fundacionais da União, Estados, Distrito Federal e Municípios, obedecido o disposto no art. 37, XXI, e para as empresas públicas e sociedades de economia mista, nos termos do art. 173, §1º, III", com texto reformulado, como já informado, pela Emenda Constitucional nº 19/98.

2 As normas gerais

No que se refere às normas gerais, Manoel Gonçalves Ferreira Filho[13] assevera que "a Constituição confere à União apenas e tão somente competência para editar normas gerais. Isso significa que, nas matérias que enumera, não é dado à União mais do que fixar certos princípios, certas normas uniformes, certas diretrizes".

Do mesmo modo, a professora baiana Alice Maria Gonzalez Borges, em seu minucioso *Normas gerais no estatuto de licitações e contratos administrativos*, ensina que:

> [...] normas gerais hão de ser as que instrumentalizam princípios constitucionais, quanto a aspectos cuja regulamentação seja essencial à atuação integral do preceito que as fundamenta; deverão ser regras que assegurem sua aplicação uniforme, na disciplina de situações heterogêneas, apenas no *quantum satis* necessário à plena realização da norma fundamental.[14]

Oswaldo Aranha Bandeira de Mello, de maneira contundente, asseverava:

> Existem matérias onde os órgãos federais são competentes para estabelecer os princípios, prescrevendo as normas gerais. Os Estados-membros então ficam encarregados de ditar os dispositivos complementares e supletivos [...] A União, neste caso, não deve e não pode exceder-se no exercício das suas atribuições, entrando em pormenores e prescrevendo, quase completamente, sobre a matéria, pois desse modo viria anular a verdadeira competência dos Estados.[15]

Sobre o tema, registre-se, também, o comentário preciso do mestre Sergio de Andréa Ferreira:

---

[13] FERREIRA FILHO. *Comentários à Constituição brasileira de 1988*. 3. ed.

[14] BORGES. *Normas gerais no Estatuto de Licitações e Contratos Administrativos*.

[15] MELLO. *Princípios gerais de direito administrativo*. v. 2.

> O conceito de normas gerais tem duas espécies de condicionamentos, um de caráter horizontal, e outro vertical: pelo primeiro, essas normas têm de ser idênticas para todas as unidades federativas envolvidas, e a todas abranger; e pelo segundo, têm de cingir-se, efetivamente, às generalidades, sem descer a especificações, sem baixar a detalhamentos.[16]

Assim, diante da competência da União de tão somente legislar sobre normas gerais, e tendo o legislador, ao contrário, esgotado a matéria, indo até mais além do que a revogada Lei nº 8.666/1993, invadindo a competência supletiva dos Estados, do Distrito Federal e dos Municípios, consideramos que a lei padece de inconstitucionalidade.

Contudo, como já ocorrera com a lei anterior, é certo que a Nova Lei vigerá sem contestações nessa seara.

E mais: apesar de mencionar que contém somente normas gerais de licitações públicas, contempla também normas específicas. Nesse sentido, censurou-a Edgar Guimarães, considerando como desacerto do projeto a não separação do que é norma geral do que é norma específica, causando insegurança nas outras pessoas políticas que integram a federação e que têm competência legislativa para ter suas próprias leis de licitações e contratos.[17]

3 A licitação e o contrato administrativo

Conforme dispomos na evolução histórica da expressão licitação nos comentários à ementa deste diploma, a partir de 1964 (Lei nº 4.401), o termo *licitação* passou a significar no Direito Público pátrio o procedimento administrativo prévio que a Administração Pública estabelece quando deseja adquirir algo, substituindo a então consagrada *concorrência pública*.

Como informado, derivado do latim *licitatio* (venda por lances), o termo em português passou a definir o "ato ou efeito de licitar; oferta de lanços em leilão ou hasta pública".[18]

O contrato administrativo é o acordo que a Administração Pública estabelece com o particular para "consecução dos objetivos de interesse público, nas condições desejadas pela própria Administração".[19]

A licitação é antecedente obrigatório, de regra, do contrato administrativo, bem como dos demais contratos celebrados pela Administração.

Inciso I

4 Regras extensíveis aos três Poderes

A Lei nº 14.133/2021 tem amplo âmbito, pois abrange a União, os Estados, o Distrito Federal e os Municípios, não se esgotando, entrementes, na esfera do Poder Executivo, de sorte que se estende, também, às contratações realizadas pelos órgãos

---

16 FERREIRA. *Comentários à Constituição*. v. 3.

17 Cf. manifestação na Semana Jurídica de Licitações – Novas leis e Novos Contratos – TCE – PR 06.06.18.

18 Cf.: FERREIRA. *Novo dicionário da língua portuguesa*. 2. ed.

19 MEIRELLES. *Licitação e contrato administrativo*. 9. ed.

dos Poderes Legislativo e Judiciário, quando no desempenho de função administrativa, aos fundos especiais e às demais entidades controladas direta ou indiretamente pela Administração Pública.

Sobre as licitações realizadas pelos Poderes Legislativo e Judiciário, escrevemos anteriormente:

> Por outro lado, convém relembrar que a expressão "Administração" tem caráter e sentido genérico, açambarcando tanto os órgãos do Poder Executivo como os dos Poderes Judiciário e Legislativo, de vez que estes, ao efetivarem acordos com terceiros, estão desempenhando atividades tipicamente administrativas.[20]

Inciso II

5 Os fundos especiais

O inc. II também elenca a subordinação dos fundos especiais ao regime da Nova Lei.

Conforme as lições de Ricardo Lobo Torres, os fundos especiais são instrumentos de descentralização da Administração financeira – constituindo uma universalidade de receitas vinculadas a despesas específicas – administrados pelo órgão público indicado na lei e subordinados ao controle externo do Tribunal de Contas.[21]

Os fundos especiais consignam, por conseguinte, uma forma de gestão autônoma de recursos públicos, estando sempre vinculados a um órgão da Administração, não constituindo, nesse passo, entidades jurídicas, mas sim, unidades orçamentárias, isto é, entes contábeis representados por um conjunto de contas especiais que identificam e demonstram as origens e as aplicações de recursos nas atividades para as quais foram criados.[22]

Por tudo isso, Marçal Justen sugere cautela:

> [...] o fundo é objeto de direito, não sujeito. Eventualmente, poderá atribuir-se personalidade jurídica autônoma a um fundo. Nada impede que se mantenha a expressão "fundo" na denominação atribuída ao novo sujeito. Em tais hipóteses, não será possível confundir "fundo-sujeito" com "fundo-objeto". Se o fundo vier a ser personificado, adotará uma das formas jurídicas conhecidas. Normalmente, corresponderá a uma autarquia, mas seria possível cogitar de fundação ou empresa pública.[23]

Nesse curso, conclui o jurista, com propriedade, que não caberia à lei aludir a contratos pactuados por fundos, uma vez que a terminologia não corresponde à melhor técnica, pois, se o fundo não for personificado, atribuir-lhe a condição de parte em um contrato não seria correto, já que a verdadeira parte seria o sujeito encarregado de gerir o fundo.

---

[20] BITTENCOURT. *Licitação passo a passo*. 11. ed.

[21] TORRES. *Os fundos especiais*.

[22] São exemplos de fundos especiais o Fundo de Participação dos Municípios (FPM), o Fundo de Participação dos Estados e Distrito Federal (FPE) e o Fundo de Manutenção e Desenvolvimento da Educação Básica (FUNDEB).

[23] JUSTEN FILHO. *Comentários à Lei de Licitações e Contratos Administrativos*.

Parágrafo 1º

6 Não subordinação ao regime da Nova Lei

Conforme já explicitado, a Lei nº 13.303/2016 (Lei das Estatais), que dispõe sobre o estatuto jurídico da empresa pública, da sociedade de economia mista e de suas subsidiárias, no âmbito da União, dos Estados, do Distrito Federal e dos Municípios, estabeleceu inúmeros dispositivos sobre licitações públicas.

Nesse passo, este §1º informa a não abrangência da Nova Lei para as empresas públicas, as sociedades de economia mista e as suas subsidiárias, regidas pela citada Lei nº 13.303, de 30 de junho de 2016.

O curioso é que, apesar de o §1º do artigo 173 da CF estar voltado somente para as empresas públicas e sociedades de economia mista exploradoras de atividades econômicas,[24] a Lei nº 13.303/2016 versa também sobre as que prestam serviços públicos. Logo, a nosso ver, a Lei nº 13.303/2016 ultrapassa o propósito constitucional, equiparando o tratamento para todos os tipos de empresas públicas e sociedades de economia mista.

6.1 As empresas públicas que exploram atividades econômicas

Em edições anteriores, alertamos para a polêmica existente, a nível doutrinário, quanto às empresas públicas exploradoras de atividades econômicas, uma vez que o então texto do §1º do art. 173 da Carta Magna sujeitava tais entidades à realização do procedimento licitatório.

Tratando da matéria, Marcos Juruena Villela Souto, após trazer à baila várias opiniões doutrinárias abalizadas, dispôs sobre o entendimento pacífico, no âmbito da Procuradoria-Geral do Estado do Rio de Janeiro, quanto à desnecessidade do certame licitatório "desde que a empresa estatal exploradora de atividade econômica interventiva estivesse exercendo a sua atividade fim, isto é, atuando para a realização do seu objetivo social",[25] o que, segundo aquela Procuradoria, preservaria "a maleabilidade da forma privada escolhida pela Administração para consecução de objetivos inerentes ao atendimento de relevante interesse coletivo ou à segurança nacional".

O saudoso jurista, opinando sobre o tema, frisara que não seria concebível, por exemplo, que a Cia. Vale do Rio Doce (à época, uma empresa pública) instaurasse uma licitação para a venda de minério, uma vez que tal ato seria a própria razão de sua existência.

Não acreditávamos, entretanto, que fosse este o real *pomo da discórdia*, pois, no caso, não haveria sentido, evidentemente, na exigência de licitação para a venda de produto produzido pela entidade pública em razão de sua própria finalidade. Destacamos,

---

[24] Art. 173. Ressalvados os casos previstos nesta Constituição, a exploração direta de atividade econômica pelo Estado só será permitida quando necessária aos imperativos da segurança nacional ou a relevante interesse coletivo, conforme definidos em lei. §1º A lei estabelecerá o estatuto jurídico da empresa pública, da sociedade de economia mista e de suas subsidiárias que explorem atividade econômica de produção ou comercialização de bens ou de prestação de serviços, dispondo sobre: (Redação dada pela Emenda Constitucional nº 19, de 1998); (...) III – licitação e contratação de obras, serviços, compras e alienações, observados os princípios da administração pública;

[25] SOUTO. *Licitações e Contratos Administrativos*. 2. ed.

inclusive, que o legislador, também preocupado com essa absurda possibilidade, fez contar na antiga lei, como motivo de afastamento de licitação por dispensa obrigatória, a venda de bens produzidos ou comercializados por órgãos ou entidades da Administração Pública, em virtude de suas finalidades.

Consequentemente, posicionamo-nos da seguinte maneira na 3ª edição deste livro:

> É indubitável, assim, diante do texto constitucional (art. 173, §1º), que mais uma vez desponta inconstitucionalidade no texto em estudo (art. 119), de vez que as entidades da administração indireta somente deveriam estar sujeitas aos princípios de licitação, e não a todos os dispositivos da lei.[26]

Em escólio a esse posicionamento, a denominada *Reforma Administrativa*[27] implementou uma ampla revisão nessa questão, quando, por intermédio da Emenda Constitucional nº 19/98, consagrou a competência da União para legislar sobre normas gerais para a administração direta, autárquica e fundacional, obedecendo ao inc. XXI do art. 37 da CF,[28] e para as empresas públicas e sociedades de economia mista, nos termos do inc. III do §1º do art. 173 da Carta Maior.

Grande e importante parcela da doutrina, apreciando as mudanças, considerou que, desse momento em diante, estariam apartados os procedimentos, entendendo que o grosso da Administração seguiria as regras já consagradas, e os que compõem a Administração Pública indireta atenderiam à nova regra, ou seja, as empresas públicas e sociedades de economia mista seguiriam os termos do art. 173, §1º, inc. III.

Avaliando as minúcias das alterações constitucionais – adotando-se técnicas corretas de interpretação no sentido de apreciar os artigos conjugada e harmoniosamente –, verifica-se que, na verdade, com fulcro no inc. XXI do art. 37 da CF, restaram apartados os procedimentos para as licitações e contratos da Administração Pública direta, autárquica e fundacional (com regime jurídico sobre o qual repercutem diretamente as normas gerais previstas na então Lei nº 8.666/1993), daqueles que deveriam seguir tão somente as leis da União (estatais federais) e dos Estados e Municípios (estatais estaduais e municipais, respectivamente), enquadrando-se nessa última situação as empresas públicas e sociedades de economia mista que prestam serviços públicos – elencadas como administração indireta contemplada no *caput* do supramencionado art. 37 –, uma vez que a lei mencionada no inciso constituirá um diploma expedido pela União, pelos Estados ou pelos Municípios.

---

[26] BITTENCOURT. *Licitação passo a passo*. 3. ed.

[27] "O advento da Emenda Constitucional nº 19, de 04 de junho 1998, implantou a reforma administrativa do Estado Brasileiro. Tal emenda deu respaldo jurídico para a concretização de mudanças que se faziam imprescindíveis para a modernização da máquina administrativa do Estado brasileiro. Dentre as modificações introduzidas pela Emenda Constitucional nº 19/98, destacam-se aquelas relacionadas [...] com a gestão gerencial da Administração Pública. A reforma administrativa constitui um dos eixos da reforma do Estado e deve ser analisada a partir de rigorosos critérios técnico-científicos, tendo em vista que se apresenta como uma das maiores reformas no âmbito da Administração Pública já experimentada pelo nosso país". (SILVA. *A reforma administrativa e a emenda nº 19/98*).

[28] CF – Art. 37 [...] XXI – ressalvados os casos especificados na legislação, as obras, serviços, compras e alienações serão contratados mediante processo de licitação pública que assegure igualdade de condições a todos os concorrentes, com cláusulas que estabeleçam obrigações de pagamento, mantidas as condições efetivas da proposta, nos termos da lei, o qual somente permitirá as exigências de qualificação técnica e econômica indispensáveis à garantia do cumprimento das obrigações.

Toshio Mukai reputou da mesma forma, concluindo que, nessa situação, ocorreria

> um regime especial, previsto numa lei específica, que contemplaria as regras para as licitações e contratos das empresas públicas e sociedades de economia mista que explorem atividades econômicas, nos termos do §1º, inc. III, do art. 173 da Constituição Federal (com a nova redação dada pela Emenda nº 19/98).[29]

É cediço que a nova redação do art. 173 da CF não recepcionou o disposto nesse parágrafo único, no que se refere às pessoas jurídicas de direito privado da Administração Pública indireta. Assim, as estatais deveriam seguir regras específicas, conforme confirma o §1º do art. 173 da Carta Magna.

Como prescrito no inciso III mencionado, se fazia necessário o estabelecimento de estatuto próprio, respeitando-se os princípios da Administração Pública.

E, como ressaltamos na edição anterior deste trabalho, a solução seria simples: o novo estatuto deveria estabelecer regras próprias, adaptadas às condições e características específicas dessas estatais, mas não poderia discrepar das normas gerais.

Nesse cenário, como antes frisado, foi sancionada a Lei nº 13.303/2016, a Lei das Estatais, que, dispondo sobre o estatuto jurídico da empresa pública, da sociedade de economia mista e de suas subsidiárias, no âmbito da União, dos Estados, do Distrito Federal e dos Municípios, estabeleceu inúmeros dispositivos sobre licitações públicas.

Registre-se que a Lei nº 13.303/2016 revogou o art. 67 da Lei nº 9.478/1997, que estabelecia a elaboração de procedimentos simplificados nas licitações da Petrobras, os quais estavam consubstanciados no Decreto nº 2.745/1998.

6.2 Os consórcios públicos

Os consórcios públicos, consoante a Lei nº 11.107/2005, que regulamentou o art. 241 da CF, são entidades que podem ser dotadas tanto de personalidade jurídica de direito público quanto de direito privado, instituídas como instrumento de conjugação de esforços entre entes federativos distintos.

Em resumo, o consórcio público é instituído por meio da união de dois ou mais entes da federação (municípios, estados e União), com a finalidade de prestar serviços e desenvolver ações conjuntas que visem ao interesse coletivo e benefícios públicos.

Conforme registra o inc. I do art. 2º do Decreto Federal nº 6.107/2007, que regulamentou a Lei nº 11.107/2005 e dispõe sobre normas gerais de contratação de consórcios públicos, constitui-se numa associação pública com personalidade jurídica de direito público e de natureza autárquica ou como pessoa jurídica de direito privado sem fins econômicos.

Como os consórcios públicos integram a Administração de todos os entes que se associaram para a sua formação, são obrigados a licitar.

---

29 MUKAI. *Licitações e contratos na Emenda Constitucional nº 19/98.*

6.3 As Organizações Sociais (OS), as Organizações da Sociedade Civil de Interesse Público (OSCIP) e os Serviços Sociais Autônomos (SSA) – O Terceiro Setor

Debate-se muito quanto à obrigatoriedade de instauração de licitações por parte das entidades do chamado Terceiro Setor (Organizações Sociais – OS; Organizações da Sociedade Civil de Interesse Público – OSCIP; e Serviços Sociais Autônomos – SSA),[30] quando as organizações que o integram firmam contratos com terceiros utilizando recursos públicos a elas repassados por documentos hábeis.[31]

Na esfera federal, o Decreto nº 5.504/2005 estabelece que os acordos que envolvam repasse de recursos públicos da União para as OS e as OSCIP deverão conter cláusula determinando que obras, compras, serviços e alienações a serem realizados com os recursos públicos sejam contratados mediante processo de licitação pública, de acordo com o estabelecido na legislação federal pertinente. O diploma regulamentar obriga, inclusive, que, nas licitações que se destinem à aquisição de bens e serviços comuns, seja adotado o pregão.[32]

Anote-se que, no âmbito do TCU, no que diz respeito às OS e OSCIP, o entendimento é da necessidade de licitação.

Os Serviços Sociais Autônomos (conhecidos como formadores do "Sistema S"), por não integrarem a Administração Pública, não são submetidos à lei de licitações. Entretanto, o TCU decidiu que tais entidades estão obrigadas a aprovar regulamentos próprios para disciplinar suas licitações e contratações, os quais deverão ser compatíveis com os princípios da Administração Pública e com os parâmetros definidos pela Lei de Licitações.[33]

Sobre a matéria, impende registrar que, depois de mais de uma década de trâmite no Congresso Nacional, foi aprovado o PL nº 7.168/2014 do Senado Federal, que estabelece normas para parcerias entre a União, os Estados e os Municípios

---

30 – *Organizações Sociais (OS)*: regidas pela Lei nº 9.637/1998, são pessoas jurídicas de direito privado, sem fins lucrativos, que se constituem como fundações ou associações, e recebem do Poder Executivo essa qualificação especial, o que as torna aptas a celebrarem um contrato de gestão com o Estado para o desenvolvimento de atividades de interesse público voltadas para ensino, pesquisa científica, desenvolvimento tecnológico, proteção e preservação do meio ambiente, cultura e saúde. – *Organizações da Sociedade Civil de Interesse Público (OSCIP)*: regidas pela Lei nº 9.790/1999, são pessoas jurídicas de direito privado, sem fins lucrativos, instituídas para exercer serviços sociais não exclusivos do Estado, mas com incentivo e fiscalização da Administração mediante vínculo jurídico instituído por meio de termo de parceria. – *Serviços Sociais Autônomos (SSA)*: são pessoas de direito privado, sem fins econômicos, criadas por lei para desempenhar atividades assistenciais ou de ensino a determinadas categorias profissionais. Apesar de serem criadas pelo Estado, não integram a Administração Pública direta ou indireta. São exemplos de entidades Sesi, Sebrae, Senai, Senac e Sesc.

31 Sobre o tema, vide o nosso "Convênios Administrativos e outros instrumentos de transferência de recursos públicos". (BITTENCOURT. *Convênios Administrativos e Outros Instrumentos de Transferência de Recursos Públicos*).

32 Decreto nº 5.504/2005: Art. 1º Os instrumentos de formalização, renovação ou aditamento de convênios, instrumentos congêneres ou de consórcios públicos que envolvam repasse voluntário de recursos públicos da União deverão conter cláusula que determine que as obras, compras, serviços e alienações a serem realizados por entes públicos ou privados, com os recursos ou bens repassados voluntariamente pela União, sejam contratados mediante processo de licitação pública, de acordo com o estabelecido na legislação federal pertinente. §1º Nas licitações realizadas com a utilização de recursos repassados nos termos do caput, para aquisição de bens e serviços comuns, será obrigatório o emprego da modalidade pregão, nos termos da Lei nº 10.520, de 17 de julho de 2002, e do regulamento previsto no Decreto nº 5.450, de 31 de maio de 2005, sendo preferencial a utilização de sua forma eletrônica, de acordo com cronograma a ser definido em instrução complementar.

33 TCU – Decisão plenária nº 907/97, de 11.12.97, Ministro Relator Lincoln Magalhães da Rocha.

com as Organizações Não Governamentais (ONGs). A matéria, que culminou na Lei nº 13.019/2014[34] (denominada Novo Marco Regulatório para as Organizações da Sociedade Civil), busca aperfeiçoar a gestão das parcerias, avançando no sentido de definir um instrumento único para a relação entre governo e organizações da sociedade civil. Em 2015, a Lei nº 13.204 alterou esse diploma legal, definindo uma nova ementa, onde especifica que a norma estabelece o regime jurídico das parcerias entre a Administração Pública e as Organizações da Sociedade Civil, em regime de mútua cooperação, para a consecução de finalidades de interesse público e recíproco, mediante a execução de atividades ou de projetos previamente estabelecidos em planos de trabalho inseridos em termos de colaboração, em termos de fomento ou em acordos de cooperação; define diretrizes para a política de fomento, de colaboração e de cooperação com organizações da sociedade civil.

Parágrafo 2º

7 Contratações realizadas por órgãos públicos sediados no exterior

O §2º reproduz regra disposta no art. 123 da lei anterior sobre contratações realizadas por órgãos públicos sediados no exterior, explicitando a necessidade de observação de peculiaridades locais e os princípios básicos licitatórios estabelecidos no Capítulo II da lei em comento, na forma de regulamentação específica a ser editada por Ministro de Estado.

O tema, muito pouco comentado pela doutrina, merece atenção especial.

Note-se, de plano, que se trata de uma inovação da lei pretérita altamente salutar, pois teve a intenção de solucionar questão cotidiana das diversas organizações públicas localizadas no exterior,[35] tais como unidades diplomáticas, comissões militares, bancos oficiais, etc.

Compulsando a parca doutrina especializada, constata-se certa despreocupação quanto à relevância do mandamento desse dispositivo, como a seguir, em comentários procedidos sobre o artigo da lei passada:

- Carlos Pinto Coelho Motta:

> Trata da aplicação dos princípios básicos da lei às licitações e contratos realizados por repartições sediadas no exterior, conforme regulamentação específica, adaptando-as às peculiaridades locais.[36]

- Marçal Justen Filho:

> Seria desaconselhável, senão inviável, sujeitar as repartições sediadas no exterior ao cumprimento estrito da Lei. Deverão adotar soluções compatíveis com as peculiaridades locais. No entanto, os princípios fundamentais do direito das licitações deverão ser atendidos [...].[37]

---

[34] Regulamentada pelo Decreto nº 8.726/2016.

[35] Tratadas, como na lei anterior, pelo vetusto termo "repartições".

[36] MOTTA. *Eficácia nas licitações e contratos*. 5. ed.

[37] JUSTEN FILHO. *Comentários à Lei de Licitações e Contratos Administrativos*. 4. ed.

- Roque Citadini:

> Como já afirmado anteriormente, as contratações e licitações efetuadas no exterior atenderão às peculiaridades locais, obedecidos os princípios básicos da lei.[38]

- José Cretella Júnior:

> As repartições brasileiras, como embaixadas e consulados, sediadas no exterior, ficarão, *em princípio*, sob o impacto das leis do País em que estiverem, seguindo também os princípios básicos do procedimento licitatório nacional, na forma da regulamentação específica, vigente no momento em que se procederem à abertura de licitações e assinatura subsequente de contrato.[39]

- Walteno Marques da Silva:

> O artigo trata das licitações e contratações realizadas pelas repartições sediadas no exterior, subordinando-as aos princípios básicos da lei e às peculiaridades locais, e, também à regulamentação que terá tratamento específico a matéria.[40]

Por sua vez, Jessé Torres, considerando que a norma se destinava tão somente à "repartição sediada no exterior", excluiu de seu alcance qualquer pessoa jurídica dotada de personalidade própria, "distinta da do ente público, porquanto o termo 'repartição' implica a ideia de órgão despersonalizado, integrante de uma estrutura de que é apenas uma fração". Apegou-se, entrementes, ao termo "repartição", em sentido estrito, para abstrair desse alcance, a princípio, as autarquias, as fundações públicas, as sociedades de economia mista e as empresas públicas sediadas no exterior, concluindo, no entanto, que, apesar de não alcançadas, também obedeceriam aos princípios da lei licitatória brasileira, harmonizados com a legislação local.[41]

Reputamos, divergindo da palavra sempre abalizada do jurista, que, no caso, o legislador pátrio não buscou o sentido estrito da palavra, mas sim, *a contrario sensu*, a maior amplitude possível do tema, englobando, como já mencionado anteriormente, qualquer entidade da Administração Pública brasileira no exterior, seja da administração direta ou indireta.

Não paira dúvida de que os órgãos da Administração sediados no exterior devem licitar e contratar, alicerçados nos princípios norteadores das licitações disciplinados não só no art. 5º da Nova Lei, como nos constantes, implícita ou explicitamente, em outros dispositivos, além de, ao licitarem e contratarem, observarem, obrigatoriamente, as peculiaridades locais.

Dispomos anteriormente que "a enumeração dos princípios licitatórios se vincula diretamente ao art. 37 da CF, exigindo a lei que as licitações sejam processadas e julgadas em conformidade com diversos princípios [...]". Os princípios são diretrizes

---

38 CITADINI. *Comentários e jurisprudência sobre a Lei de Licitações Públicas.*

39 CRETELLA JÚNIOR. *Das licitações públicas.* 4. ed.

40 SILVA. *Licitações e contratos.* 2. ed.

41 PEREIRA JÚNIOR. *Comentários à Lei das Licitações e Contratações da Administração Pública.* 3. ed.

que alicerçam o direito, dando ao mesmo sentido e validade. Como focou Carlos Ari Sundfeld, são as ideias centrais de um sistema, ao qual dão sentido lógico, harmonioso, racional, permitindo a compreensão de seu modo de organizar-se.[42]

Já listamos os princípios mencionados na Nova Lei: legalidade, impessoalidade, moralidade, publicidade, eficiência, interesse público, probidade administrativa, igualdade, planejamento, transparência, eficácia, segregação de funções, motivação, vinculação ao edital, julgamento objetivo, segurança jurídica, razoabilidade, competitividade, proporcionalidade, celeridade, economicidade e desenvolvimento nacional sustentável.[43]

Superados os pressupostos principiológicos para as licitações e contratações realizadas por órgãos da Administração Pública brasileira sediados no exterior, soerguem-se algumas importantes indagações:

- As contratações realizadas por repartições com sede no exterior seriam realmente administrativas, ou seja, estariam os contratos celebrados enquadrados na categoria contratos administrativos?
- O disposto em análise só alcançaria as aquisições e/ou serviços que atendam exclusivamente aos interesses individuais daquelas "repartições"?

As duas indagações são de extrema relevância, haja vista que tais contratos, não raro, são oriundos de licitações ou afastamentos de procedimentos licitatórios processados em solo brasileiro, regidos estes, obviamente, pela lei brasileira de licitações. Cabe relembrar, por exemplo, que os órgãos militares possuem organizações sediadas no exterior, denominadas comissões, que atuam como uma importante ferramenta para aquisições de equipamentos bélicos.

Sendo o contrato administrativo o ajuste que a Administração Pública estabelece, nessa qualidade, com terceiros (particular ou não), objetivando a consecução de interesse público, pode parecer, a princípio, que o contrato celebrado pelo órgão da Administração Pública sediado no exterior estaria enquadrado nessa categoria.

Perseguindo-se o conceito de contrato administrativo, relembra-se que o que tipifica esse ajuste, diferenciando-o do contrato privado, é a participação da Administração no ajuste com supremacia de poder, estando caracterizado o privilégio administrativo na relação contratual, surgindo daí as cláusulas exorbitantes, principalmente a que faculta a rescisão unilateral do contrato.

- Haveria supremacia de poder nos contratos celebrados no exterior por repartições lá sediadas?

Entendemos que, embora muitas vezes a licitação (ou seu afastamento) tenha transcorrido no Brasil, o contrato, por ter sua celebração no exterior, não será regido, salvo raríssimas exceções, pela lei brasileira, ficando sob a égide da lei do país de celebração ou do de sua execução. Daí, concluir-se, que, apesar de conter todos os contornos que permeiam o contrato administrativo brasileiro, o acordo não deve ser encarado como tal, uma vez que sua regência legal não é a legislação pátria.

---

[42] SUNDFELD. *Licitação e contrato administrativo*. 2. ed.

[43] Além desses, avistamos ainda na Nova Lei os seguintes princípios: ampla defesa, economia processual, finalidade, verdade material, contraditório e processual.

Dessa forma, é condizente e oportuna a menção dos casos de aquisição e serviços realizados por unidades administrativas do exterior como exceção disposta no inc. III do §1º do art. 92, pois neles não seria prudente a declaração do foro brasileiro como competente para dirimir possíveis conflitos.

Destarte, concluímos que os contratos celebrados pelas unidades da Administração Pública sediadas no exterior, para execução de seu objeto fora do solo brasileiro, possuem vestes de contratos comerciais comuns, sendo regidos, por conseguinte, precipuamente pelas regras do direito do local.

- As contratações oriundas de afastamento de licitação (seja por dispensa ou por inexigibilidade) demandariam o atendimento ao estabelecido no art. 72, isto é, seria necessária a elaboração de todo um processo de afastamento do certame licitatório, com a publicação final na internet, com a devida ratificação da autoridade superior?

Disciplina o art. 72:

> Art. 72. O processo de contratação direta, que compreende os casos de inexigibilidade e de dispensa de licitação, deverá ser instruído com os seguintes documentos:
>
> I – documento de formalização de demanda e, se for o caso, estudo técnico preliminar, análise de riscos, termo de referência, projeto básico ou projeto executivo;
>
> II – estimativa de despesa, que deverá ser calculada na forma estabelecida no art. 23 desta Lei;
>
> III – parecer jurídico e pareceres técnicos, se for o caso, que demonstrem o atendimento dos requisitos exigidos;
>
> IV – demonstração da compatibilidade da previsão de recursos orçamentários com o compromisso a ser assumido;
>
> V – comprovação de que o contratado preenche os requisitos de habilitação e qualificação mínima necessária;
>
> VI – razão de escolha do contratado;
>
> VII – justificativa de preço;
>
> VIII – autorização da autoridade competente.
>
> Parágrafo único. O ato que autoriza a contratação direta ou o extrato decorrente do contrato deverá ser divulgado e mantido à disposição do público em sítio eletrônico oficial.

Preliminarmente, relembra-se que a licitação (ou o afastamento dela por dispensa ou inexigência) e o contrato são institutos jurídicos absolutamente distintos, não obstante estarem intimamente ligados. A adjudicação, que é a derradeira fase da licitação, não gera o direito à contratação, mas sim, o direito à preferência na contratação (direito, portanto, apenas subjetivo).

Nada impede, assim, que a licitação (ou o afastamento licitatório) ocorra sob a égide de uma lei e a contratação de outra. Na verdade, é isso que quase sempre ocorre quando a contratação é realizada no exterior, principalmente quando inexiste certame licitatório.

Em consequência, todo o processo de enquadramento de afastamento licitatório deve, obrigatoriamente, seguir as regras preconizadas no art. 72, com ratificação da autoridade superior e divulgação mantida à disposição do público em sítio eletrônico oficial.

- A "regulamentação específica" autorizada pela lei fundar-se-ia tão somente nos princípios, deixando de lado todas as demais regras? Ou adotariam as regras jurídicas locais *in totum*, apenas não ultrapassando os limites dos princípios já mencionados?

O dispositivo indica que os órgãos da Administração Pública brasileira sediados no exterior deverão, em suas licitações e contratações administrativas, observar as peculiaridades locais e os princípios básicos da lei na forma de regulamentação específica.

Considerando o comprometimento que trazem para o Brasil os negócios jurídicos em que se envolvem os entes no exterior, é prudente e salutar a determinação legal do atendimento aos princípios basilares que disciplinam as licitações constantes da lei específica. Na verdade, não só os princípios licitatórios devem ser observados, mas também todos os princípios regedores da Administração Pública, listados no art. 37 da CF.

Da mesma forma, é indispensável adotar-se as peculiaridades locais, pois não há sentido na utilização de costumes e particularidades brasileiras nos negócios jurídicos levados a termo em locais onde estes jamais seriam atendidos e entendidos.

Hans Kelsen, sobre o uso do costume, assevera:

> As normas jurídicas gerais criadas pela via legislativa são normas conscientemente postas, quer dizer normas estatuídas. Os actos que constituem o facto legislação são actos produtores de normas, são actos instituidores de normas; quer dizer: o seu sentido subjectivo é um dever-ser. Através da Constituição este sentido subjectivo é alçado a uma significação objectiva, o facto legislativo é instituído como facto produtor de Direito. A Constituição também, pode, porém, instituir como facto produtor de Direito um determinado facto consuetudinário. Este facto, como já foi referido acima, é caracterizado pela circunstância de os indivíduos pertencentes à comunidade jurídica se conduzirem por forma sempre idêntica sob certas e determinadas circunstâncias, de esta conduta se processar por um tempo suficientemente longo, de por essa forma surgir, nos indivíduos que, através dos seus actos constituem o costume, a vontade colectiva de que assim nos conduzamos. Então, o sentido subjectivo do facto que constitui o costume é um dever-ser: o sentido de que nos devemos conduzir de acordo com o costume [...].[44]

Dever-se-á sempre ter em mente que, no mundo, inobstante a globalização dos mercados e a busca incessante da harmonização dos direitos, coexistem diversos sistemas jurídicos, e é nesse ambiente que se desenvolve e se descortina o negócio jurídico. Dessa maneira, em total consonância a esse mandamento, as regras dessa "regulamentação específica" devem se basear, exclusivamente, nos conceitos e regras jurídicas locais.

Bernardo Strobel Guimarães observa, com inteira razão, que as diretrizes previstas no dispositivo, voltadas para a definição da atuação dos funcionários dos órgãos brasileiros sediados no exterior na elaboração de contratos, não possuem efeitos externos sobre a validade do contrato, mas podem servir para questionamentos referentes às decisões tomadas.[45]

---

[44] KELSEN. *Teoria pura do direito*. 6. ed.

[45] GUIMARÃES. *Âmbito de Incidência da Lei (Refere-se aos arts. 1º, 2º e 3º).*

Parágrafo 3º

8 Licitações e contratações que envolvam recursos de empréstimo ou doação oriundos de agência oficial ou de organismo financeiro

Tendo a Administração interesse em obter recursos internacionais para a execução de determinado objeto, apresenta um projeto a um organismo internacional (BID, Banco Mundial, etc.), o qual, avaliando que a solicitação confere com seus objetivos, doa ou empresta os recursos, mediante a cobrança de juros e comissões, com o ajustamento de um contrato.

De posse dos recursos, a Administração realiza a competente licitação e a posterior contratação, que serão regidas pelas normas previstas em diretrizes estabelecidas pelo ente financiador.

Assim, o preceptivo, repisando, com as adaptações necessárias, o §5º do art. 42 da lei revogada, segue decisão trazida a lume pelo TCU, ainda à época do vetusto Decreto-Lei nº 2.300/1986, em orientação à consulta formulada pela EMBRAPA,[46] dispondo pela possibilidade de serem cumpridas nas licitações e contratações as regras e condições previstas pelas entidades internacionais, quando os recursos forem provenientes de empréstimos ou doações de agências oficiais de cooperação estrangeira ou organismo financeiro de que o Brasil faça parte.

Tal dispositivo simplesmente atende à realidade, ou seja, a de que "quem dita as regras é aquele que empresta o dinheiro" (é claro, pois, se assim não fosse, o empréstimo não se concretizaria).[47]

Posição análoga possuía o Poder Judiciário, também à época do antigo estatuto, conforme decisão do Tribunal de Justiça de Mato Grosso do Sul:

> Em licitação internacional, para compra de material, com emprego de recursos alocados perante organismos internacionais, a observância de normas de licitação ditadas por esses organismos não se constitui ilegalidade ou quebra de Soberania Nacional, se no contrato de empréstimo celebrado pela União, devidamente autorizado pelo Senado Federal, com o BIRD, no caso, consta expressamente a obrigação de serem observadas essas normas.[48]

Assentindo de forma idêntica, Roque Citadini concluiu que há duas justificativas para essa correta diretiva:

> A primeira é que o Brasil, sendo participante do órgão internacional (ainda que minoritário), referenda as normas da Instituição; e a segunda, de natureza prática, é que caso o administrador brasileiro não as aceite, o órgão não liberará os recursos, logo não havendo, assim, contratação.[49]

---

[46] Decisão do TCU nº 245/92-Plenário.

[47] Para Toshio Mukai, a solução "atende bem e melhor os interesses do país, posto que, se não se adotar as normas daqueles organismos, não se terão financiamentos, como é óbvio". (MUKAI. *O novo estatuto jurídico das licitações e contratos públicos*).

[48] Ap. Cível B-XXI-35.437-6, Campo Grande, 1ª Turma Cível, conforme informa Carlos Ari Sundfeld na obra *Licitação e contrato administrativo*. (SUNDFELD. *Licitação e contrato administrativo*).

[49] CITADINI. *Comentários e jurisprudência sobre a Lei de Licitações Públicas*.

Evidentemente, as normas estabelecidas pelas entidades internacionais não poderão, sob nenhuma hipótese, afrontar a soberania nacional e conflitar com os princípios constitucionais em vigor.[50]

Assim, no que tange ao tema, os certames e as contratações não poderão conter regras que afrontem os seguintes princípios constitucionais: Isonomia (art. 5º, caput, CF); Direito de petição (art. 5º, inc. XXXIV, CF); Direito ao contraditório, à ampla defesa e ao acesso ao Judiciário (art. 5º, inc. LV, CF); Legalidade, Impessoalidade, Moralidade, Publicidade e da Eficiência (art. 37, *caput*, CF).

E mais: não poderão conter cláusulas que desatendam o disposto no art. 37, inc. XXI, CF, que assegura igualdade de condições a todos os concorrentes.

Como assenta Rafael Schwind,[51] caso haja a integração de normas incompatíveis com a ordem interna, a sua inconstitucionalidade, inclusive, poderá ser declarada pelo Poder Judiciário, ficando sujeita ao controle pelo Supremo Tribunal Federal, como prevê o art. 102, inciso III, alínea "b", da Constituição Federal.[52]

Destarte, nessas licitações e contratações, poderão ser admitidas condições:

a) decorrentes de acordos internacionais aprovados pelo Congresso Nacional e ratificados pelo Presidente da República; e
b) peculiares à seleção e à contratação constantes de normas e procedimentos das agências ou dos organismos, desde que:
   - sejam exigidas para a obtenção do empréstimo ou doação;
   - não conflitem com os princípios constitucionais em vigor;
   - sejam indicadas no contrato de empréstimo ou doação; e
   - haja prévio parecer favorável do setor jurídico do contratante do financiamento.

8.1 A questão da aprovação jurídica de contratos dessa natureza

Sempre sustentamos a necessidade da manifestação do setor jurídico da Administração, muito embora existam entendimentos de que o afastamento parcial da aplicação da lei licitatória pátria poderia significar a desnecessidade dessa apreciação.

Como anota Ronny Charles, a mitigação à aplicação dos dispositivos da Lei de Licitações brasileira deve ser minuciosamente analisada pelo órgão de assessoramento jurídico, notadamente no que se refere às eventuais incompatibilidades entre o regramento apresentado e os limites impostos no ordenamento.[53]

Nesse sentido, o posicionamento do TCU:

> (...) Ausência de cumprimento do disposto (...), que determina a submissão a prévio exame e aprovação do Órgão Jurídico das minutas dos instrumentos da licitação (edital, contrato,

---

[50] Decisão TCU nº 150/93 (*DOU*, p. 6974, 11 mai. 1993) ratificou a linha de conduta esposada, com relação a licitações internacionais com financiamentos externos, recomendando, entrementes, a renegociação de exigência que conflitava com preceitos constitucionais.

[51] SCHWIND. *Licitações internacionais*.

[52] Art. 102. Compete ao Supremo Tribunal Federal, precipuamente, a guarda da Constituição, cabendo-lhe: (...) III – julgar, mediante recurso extraordinário, as causas decididas em única ou última instância, quando a decisão recorrida: (...) b) declarar a inconstitucionalidade de tratado ou lei federal;

[53] TORRES. *Leis de licitações públicas comentadas*. 11. ed.

etc.), considerando que, ainda que obedecendo a modelagem do (...), a configuração final após as necessárias adaptações e ajustes não podem se furtar à exigência da lei pátria que, nesse particular, não gera colidência (...). Tal ocorrência desatende o comando do princípio da legalidade e, por desdobramento, o da tutela ou controle da administração pública (...). Considero indispensáveis os pareceres jurídicos, para que fiquem esclarecidos todos os pontos exigidos pelos organismos internacionais e suas adequações às normas e princípios legais nacionais (...).[54]

Parágrafo 4º

9 Aprovação do Senado Federal dos contratos de empréstimos

Os contratos de empréstimos celebrados pela União precisam ser aprovados pelo Senado Federal.[55] Destarte, prevê o §4º que a documentação encaminhada ao Senado Federal para autorização do empréstimo deverá fazer referência às condições contratuais que incidam na hipótese do referido §3º.

Parágrafo 5º

10 Contratações relativas à gestão das reservas internacionais do País

O montante de moeda estrangeira que o País dispõe é denominado "reserva internacional", que tem origem em superávits nos balanços de pagamentos. Sua função é cobrir eventuais déficits das contas internacionais.

Segundo o Banco Central, são os ativos do Brasil em moeda estrangeira que funcionam como uma espécie de seguro para o País fazer frente às suas obrigações no exterior e a choques de natureza externa, tais como crises cambiais e interrupções nos fluxos de capital.

Essas reservas são administradas pelo Banco Central, sendo compostas principalmente por títulos, depósitos em moedas (dólar, euro, libra esterlina, iene, dólar canadense e dólar australiano), direitos especiais de saque junto ao Fundo Monetário Internacional (FMI), depósitos no Banco de Compensações Internacionais (BIS), ouro, entre outros ativos.

A alocação das reservas internacionais é feita de acordo com o tripé segurança, liquidez e rentabilidade, nessa ordem, sendo a política de investimentos definida pela Diretoria Colegiada do Banco Central.

Nesse diapasão, o §5º indica que as contratações relativas à gestão das reservas internacionais do País, inclusive as de serviços conexos ou acessórios a essa atividade, serão disciplinadas em ato normativo próprio do Banco Central do Brasil, assegurada a observância dos princípios estabelecidos no art. 37 CF.

---

54 Acórdão TCU nº 715/2004 – Plenário.

55 Resolução nº 43/2001 do Senado Federal.

Art. 2º Esta Lei aplica-se a:
I – alienação e concessão de direito real de uso de bens;
II – compra, inclusive por encomenda;
III – locação;
IV – concessão e permissão de uso de bens públicos;
V – prestação de serviços, inclusive os técnico-profissionais especializados;
VI – obras e serviços de arquitetura e engenharia;
VII – contratações de tecnologia da informação e de comunicação.

Artigo 2º

1 O elenco de negócios jurídicos

O artigo 2º, atendendo, em sua plenitude, ao que preceitua o art. 37, inc. XXI, da CF, relaciona em sete incisos o elenco de negócios jurídicos sob a égide da Nova Lei:

a) alienações e concessões de direito real de uso de bens;
b) compras, inclusive por encomenda;
c) locações;
d) concessões e permissões de uso de bens públicos;
e) prestações de serviços, inclusive os técnico-profissionais especializados;
f) obras e serviços de arquitetura e engenharia; e
g) contratações de tecnologia da informação e de comunicação.

O texto acerta equívoco da lei anterior, que apartava os negócios jurídicos em artigos diferentes.

Inciso I

1.1 A alienação e a concessão de direito real de uso de bens

Alienação é termo jurídico, de caráter genérico, pelo qual se designa todo e qualquer ato que tenha o efeito de transferir o domínio de alguma coisa para outra pessoa, a título oneroso ou gratuito. Dá-se de forma voluntária ou compulsória, sendo exemplo de alienação voluntária a dação em pagamento, e de alienação compulsória a arrematação. Exemplo típico de alienação onerosa é a compra e venda; de alienação gratuita é a doação. Registre-se que a transferência do bem alienado ocorre por meio de contrato, isto é, através de negócio jurídico bilateral que expresse a transmissão do bem a outra pessoa.

1.1.1 A alienação de bens da Administração Pública

As leis administrativas geralmente indicam expressamente as alienações que dependem de licitação e as que são dispensadas de procedimento dessa natureza. Em regra, toda venda de bens da Administração se sujeita à licitação, sendo afastada tal formalidade, em algumas hipóteses, em face do objeto ou das pessoas a que se destina.

O Capítulo IX do Título II "Das Licitações" trata especificamente das alienações de bens da Administração Pública, subordinada à existência de interesse público devidamente justificado, definindo normas para tal, ao qual se remete.

1.1.2 A concessão de direito real de uso de bens

A concessão de direito real de uso configura instrumento adotado para a utilização de bem público desafetado por particular, instituído pelos arts. 7º e 8º do Decreto-Lei nº 271/1967, que, com as alterações introduzidas pela Lei nº 11.481/2007, dispõe sobre o loteamento urbano, a responsabilidade do loteador e a concessão de uso do espaço aéreo. O instituto, que não abarca apenas o uso da terra, pois pode ter por objeto o uso do espaço aéreo sobre a superfície de terrenos, caracteriza-se por ser direito real resolúvel, constituindo-se através de instrumento público ou particular; ou mesmo por simples termo administrativo, sendo inscrito e cancelado em livro especial.

Tal concessão, que pode ser remunerada ou gratuita, deverá ocorrer por tempo certo ou indeterminado, e só poderá objetivar regularização fundiária de interesse social, urbanização, industrialização, edificação, cultivo da terra, aproveitamento sustentável das várzeas, preservação das comunidades tradicionais e seus meios de subsistência ou outras modalidades de interesse social em áreas urbanas.

Inciso II

1.2 A compra

Consoante o definido no inc. X do art. 6º, compra é aquisição remunerada de bens para fornecimento de uma só vez ou parceladamente, considerada imediata aquela com prazo de entrega de até 30 (trinta) dias da ordem de fornecimento.

A novidade é a inclusão da "compra por encomenda", na qual a contratada produzirá o objeto pretendido *a posteriori*.

Inciso III

1.3 A locação

Locação é contrato pelo qual o proprietário-locador transfere a posse do bem ao locatário, que se obriga a pagar certa importância – o aluguel – por período determinado de uso do bem.

Quando o locador é o Estado, sustentamos que o ajuste deva ser regulado normalmente pela lei de Direito Privado, demonstrando o caráter privado da contratação. Sobre a questão, entretanto, não é pacífico o entendimento, pois há os que não aceitam o regime de locação do direito civil para bens públicos, sustentando que somente se revela admissível a concessão remunerada de uso de bem público, modalidade de contrato administrativo.[56]

Como nós, José dos Santos Carvalho Filho se opõe a essa vetusta posição doutrinária:

> Essa não nos parece a melhor posição: na verdade, inexiste qualquer vedação de índole constitucional em tal sentido. Ademais, legislação mais recente tem sido expressa no que concerne à viabilidade jurídica do instituto da locação de imóveis públicos. Resulta, pois, que não se pode deixar de reconhecer a viabilidade desse ajuste. Uma coisa é concluir ser a concessão de uso um ajuste mais adequado do que a locação; outra, inteiramente diversa, é simplesmente considerar inadmissível a locação. O que importa, na espécie, é a opção do administrador – que, diga-se de passagem, terá que avaliar cada situação e não poderá vislumbrar outro fim senão o de interesse público. Por isso mesmo, sendo indevida a escolha, o ajuste estará sujeito à invalidação, e o administrador, à responsabilidade civil, administrativa e penal.[57]

Inciso IV

1.4 As concessões e permissões de uso de bens públicos

1.4.1 Contrato de concessão de uso de bem público

Contrato de concessão de uso de bem público é o contrato administrativo pelo qual a Administração Pública concede a terceiros o uso privativo de um bem público, os quais deverão utilizá-lo segundo a destinação especificada.

A concessão de uso é o instituto adotado nas hipóteses em que a utilização do bem público tem como objetivo o exercício de atividades de utilidade pública de maior vulto e, em função disso, mais onerosas para o concessionário.

Tal ajuste caracteriza-se como contrato de atribuição, porquanto visa mais ao interesse do concessionário que ao da coletividade, embora haja, é claro, conjugação de interesses.

No âmbito da União, a Lei nº 9.636/1998, que disciplinou a regularização, a administração, o aforamento e a alienação de bens imóveis de seu domínio, trata de outros institutos de trespasse de bens imóveis públicos e faz alusão direta à concessão de uso voltada para a concessão especial para fins de moradia.

1.4.2 Permissão de uso de bem público

A permissão de uso constitui ato administrativo unilateral, discricionário e precário, gratuito ou oneroso, através do qual a Administração faculta, para fins de interesse público, o uso privativo de bem público.

Apesar da vetusta e já sedimentada definição de permissão de uso no ordenamento jurídico pátrio, a Lei nº 9.636/1998 deu-lhe vestes diferenciadas na esfera federal.

---

[56] Como exemplo: DI PIETRO. *Direito administrativo*. 26. ed.; MEIRELLES. *Direito administrativo brasileiro*. 29. ed.

[57] CARVALHO FILHO. *Manual de direito administrativo*. 26. ed.

Nesse curso, o art. 22 do diploma definiu que a utilização de áreas de domínio da União, a título precário, para a realização de eventos de curta duração, de natureza recreativa, esportiva, cultural, religiosa ou educacional, poderá ser autorizada, na forma do regulamento, sob o regime de permissão de uso, em ato do Secretário do Patrimônio da União, publicado no Diário Oficial da União.

Tal como na lei revogada, a menção à "permissão" induz que se entenda que o instituto possui natureza jurídica contratual, apesar da doutrina massivamente a identificar como ato jurídico unilateral da Administração Pública. É inconteste, contudo, que a "permissão" no direito pátrio vem se "contratualizando", conforme sustentam vários publicistas. Nessa contextura, Maria Sylvia Zanella Di Pietro, por exemplo, sustenta que a permissão de uso de bem público deve receber dois tratamentos distintos, dependendo da espécie do instituto: tendo natureza contratual, assemelhando-se à concessão de uso, estará sujeita às normas da lei licitatória; possuindo contornos de ato unilateral e precário, não estaria abarcada pela lei, o que não impediria a Administração de realizar uma licitação ou instituir outro processo de seleção.

Apesar de a situação referente ao enquadramento trazer sérios problemas na prática, o importante é que o texto legal também impõe para a permissão de uso de bem público a prévia licitação.

Vale ressaltar que, mais uma vez, o legislador não fez menção à "autorização de uso", que, dessa forma, continua sem um perfeito regramento legal.

A "autorização de uso" constitui ato administrativo unilateral e discricionário, por intermédio do qual a Administração autoriza, a título precário, que o particular use bem público com exclusividade, podendo ser gratuita ou onerosa. É importante frisar que esse uso não é outorgado objetivando a utilidade pública, mas somente o interesse do privado utente. A Lei nº 9.636/1998, que dispõe sobre a regularização, administração, aforamento e alienação de bens imóveis de domínio da União, não faz menção à autorização de uso.

Silente a Nova Lei sobre o instituto, deve-se adotar a regra de hermenêutica que impõe o princípio segundo o qual se aplica para o caso, que tem como objetivo fim idêntico, a mesma norma.

1.4.3 Outra forma de concessão: a Parceria Público-Privada (PPP)

Convém consignar a existência de outra forma de concessão: a Parceria Público-Privada (PPP), criada pela Lei nº 11.079, de 30.12.2004, que instituiu normas gerais para licitação e contratação de parceria público-privada no âmbito dos Poderes da União, dos Estados, do Distrito Federal e dos Municípios, aplicando-se aos órgãos da Administração Pública direta, aos fundos especiais, às autarquias, às fundações públicas, às empresas públicas, às sociedades de economia mista e às demais entidades controladas direta ou indiretamente por aquelas pessoas jurídicas de Direito Público.[58]

A PPP constitui uma concessão especial de serviços públicos subdividida em duas formas ou modalidades: concessão patrocinada e concessão administrativa.

---

[58] Sobre as PPPs, *vide* o nosso *Parceria público-privada passo a passo*: comentários à Lei nº 11.079/2004, que institui normas gerais para licitação e contratação de PPP na Administração Pública. (BITTENCOURT. *Parceria Público-Privada passo a passo*. 4. ed.).

Consoante o art. 10 da Lei nº 11.079/2004, a modalidade de licitação a ser adotada para a contratação de parceria público-privada é a concorrência.

Sobre o assunto, dispusemos:

> A modalidade licitatória a ser adotada para a seleção do parceiro privado visando à celebração do contrato de PPP é a concorrência. O artigo 10 aponta a modalidade, mas não a define, o que faz com que se infira que seu conceito é aquele previsto na Lei Geral de Licitações (art. 22, §1º, da Lei nº 8.666/1993). A concorrência, consoante preconiza a Lei nº 8.666, é a modalidade licitatória voltada para as contratações de grande vulto, com limite mínimo previsto. Tal modalidade possui maiores exigências, além de ser mais detalhista e morosa, tudo em face dos elevados recursos financeiros que envolvem a contratação que, por intermédio dela, se consignará. Além disso, está a Administração obrigada a instaurá-la também em situações especiais, desconsiderando, nesses casos, o valor: quando a intenção é a de adquirir ou alienar bem imóvel ou quando há a pretensão de celebrar um contrato de concessão de direito real de uso. Com a sanção da Lei nº 11.079/2004, mais uma situação especial passou a ser prevista para utilização da concorrência: os contratos de PPP.[59]

Inciso V

1.5 Os serviços

Consoante o definido no inc. XI do art. 6º, serviço é atividade ou conjunto de atividades que tenha como destino a obtenção de determinada utilidade, intelectual ou material, de interesse da Administração.

Ver-se-á que a lei prevê várias espécies e formas de serviços: comuns, especiais, contínuos, não contínuos, técnico-especializados e de engenharia.

Inciso VI

1.6 As obras e serviços de arquitetura e engenharia

Consoante o definido no inc. XII do art. 6º, obra é toda atividade estabelecida, por força de lei, como privativa das profissões de arquiteto e engenheiro que implica intervenção no meio ambiente por meio de um conjunto harmônico de ações que, agregadas, formam um todo que inova o espaço físico da natureza ou acarreta alteração substancial das características originais de bem imóvel.

Serviço de arquitetura e engenharia é toda atividade ou conjunto de atividades destinadas a obter determinada utilidade, intelectual ou material, de interesse da Administração, que sejam privativas das profissões de arquiteto e engenheiro.

---

[59] BITTENCOURT. *Parceria Público-Privada passo a passo*. 4. ed.

Inciso VII

1.7 Contratações de tecnologia da informação e de comunicação

Sobre as contratações nessa seara, há, no âmbito federal, a necessidade de se observar os critérios estabelecidos na Lei nº 8.248/1991, que dispõe sobre a capacitação e a competitividade do setor de informática e automação, aplicando-se também os detalhados procedimentos previstos no Decreto nº 7.174/2010, que regulamenta a contratação de bens e serviços de informática e automação pela Administração Pública federal direta e indireta, pelas fundações instituídas ou mantidas pelo Poder Público e pelas demais organizações sob o controle direto ou indireto da União. Registre-se que tal regramento impunha o uso da licitação do tipo técnica e preço nesses certames, o que, na prática, resultava em imensos transtornos, notadamente nas situações em que o bem ou serviço a ser licitado não detinha complexidade técnica justificadora do uso desse método licitatório. Com a instituição do pregão (através da revogada Lei nº 10.520/2002), o tema tomou novo rumo, uma vez que a modalidade, além de não estar condicionada a valores, possui como pedra angular a aquisição de bens e serviços comuns (aqueles cujos padrões de desempenho e qualidade possam ser objetivamente definidos no edital por meio de especificações usuais no mercado). Assim, alterou-se totalmente o panorama, pois a legislação passou a permitir a instauração de licitação do tipo menor preço para a contratação de bens e serviços de informática considerados comuns. Impôs-se à Administração, por conseguinte, a tarefa de avaliar a natureza e as características do objeto pretendido, de modo a identificar seus níveis de especificidade e complexidade, no sentido de verificar se se constitui ou não um bem ou serviço de informática comum.[60] Ainda na esfera federal, o então Ministério do Planejamento, Orçamento e Gestão, por intermédio de sua Secretaria de Logística e Tecnologia da Informação, acatando recomendações do TCU, editou inicialmente a Instrução Normativa nº 04/08, impondo a criação de uma estratégia geral de tecnologia da informação e planos diretores, além de vedações de objetos de contratação, condutas dos agentes públicos e regras para editais, determinando planejamentos para contratações, com estudos de viabilidades, estimativas e outros fatores. Em seguida, aperfeiçoando a sistemática, editou a Instrução Normativa nº 04, de 12.11.2010, que revogou a IN nº 04/08 e dispôs sobre o processo de contratação de soluções de tecnologia da informação pelos órgãos do Poder Executivo federal. Posteriormente, mantendo o ritmo do constante aprimoramento, editou a Instrução Normativa nº 4, de 11.09.2014, que revogou a IN nº 04/2010, e estabeleceu regras sobre o processo de contratação de soluções de TI pelos órgãos integrantes do Sistema de Administração de Recursos de Tecnologia da Informação e Informática (SISP) do Poder Executivo federal. Dando continuidade ao aperfeiçoamento das regulamentações normativas, o Secretário de Governo Digital do Ministério da Economia editou a Instrução

[60] Em seminário organizado pelo TCU (Tecnologia da Informação: controle externo em ação. Brasília, 20 e 21 nov. 2008), a Corte de Contas recomendou, para as contratações de bens e serviços de TI, o emprego do pregão eletrônico, em vez da licitação tipo técnica e preço, com o cuidado de: definir precisamente o objeto a adquirir; empregar métricas adequadas; exigir qualificação dos candidatos; e punir com multa e impedimento temporário de licitar aqueles que sagrarem-se vencedores das licitações e, posteriormente, não atenderem às exigências. Segundo o órgão de contas federal, o Poder Público deve reservar a licitação do tipo técnica e preço para tecnologias não maduras.

Normativa nº 1, de 4.04.2019, que dispõe sobre o processo de contratação de soluções de tecnologia da informação e comunicação (TIC) pelos órgãos e entidades integrantes do Sistema de Administração dos Recursos de Tecnologia da Informação (SISP) do Poder Executivo federal. Por fim, foi editada a Instrução Normativa SGD/ME nº 94, de 23.12.2022, que dispõe sobre o processo de contratação de soluções de Tecnologia da Informação e Comunicação – TIC pelos órgãos e entidades integrantes do Sistema de Administração dos Recursos de Tecnologia da Informação (SISP) do Poder Executivo Federal.

2 A licitação de serviços de publicidade

O inc. V, ao referir-se à prestação de serviços, inclui os classificados como técnico-profissionais especializados. Logo, poder-se-ia entender que os serviços de publicidade também estariam albergados.

Ocorre que o art. 3º informa os negócios jurídicos que não se subordinam ao regime da Nova Lei, constando nesse rol as contratações sujeitas a normas previstas em legislação própria (inc. II).

No caso dos serviços de publicidade, foi publicada, em 2010, a Lei nº 12.232 (denominada Lei de Licitações de Publicidade – LLP), que dispõe especificamente sobre normas gerais para licitação e contratação pela Administração Pública de serviços de publicidade prestados por intermédio de agências de propaganda, no âmbito da União, dos estados, do Distrito Federal e dos municípios.

A LLP, aplicável à contratação de serviços de publicidade por qualquer ente da Administração Pública, direta ou indireta, no âmbito da União, dos estados, do Distrito Federal e dos municípios, define serviços de publicidade como

> o conjunto de atividades realizadas integradamente que tenham por objetivo o estudo, o planejamento, a conceituação, a concepção, a criação, a execução interna, a intermediação e a supervisão da execução externa e a distribuição de publicidade aos veículos e demais meios de divulgação, com o objetivo de promover a venda de bens ou serviços de qualquer natureza, difundir ideias ou informar o público em geral,

acrescendo a possibilidade de atividades complementares, desde que se refiram ao planejamento e à execução de pesquisas de avaliação e geração de conhecimento sobre o mercado, meios de divulgação e público-alvo; à produção e à execução técnica das peças e de projetos publicitários criados; e à criação e ao desenvolvimento de formas inovadoras de comunicação publicitária.

O art. 5º da LLP informa que as licitações serão processadas respeitando as modalidades definidas na antiga lei de licitações (art. 22), adotando como obrigatórios os tipos "melhor técnica" ou "técnica e preço".

Assim, ao reportar-se a esse dispositivo, veda, a nosso sentir, a adoção do pregão, o que reputamos como natural, tendo em vista a complexidade dos serviços de publicidade, dificilmente enquadráveis como objetos de natureza comum, como determina a regra para a utilização dessa modalidade licitatória.

Evidencia-se que, ao obrigar o uso dos tipos "melhor técnica" e "técnica e preço", a intenção do legislador foi fazer com que a Administração busque a criatividade das agências de propaganda na elaboração de propostas técnicas, porquanto, se se propusesse a elaborar o objeto, a competição se resumiria à proposta comercial, o que, como bem anotou Rafael Schwind, "poderia privar o Estado de determinadas soluções criativas e possivelmente mais vantajosas à Administração".[61]

A LLP abriga, ainda, algumas inovações importantes, a saber:

a) regras para a padronização das formas de apresentação das propostas técnicas, cujos autores somente poderão ser conhecidos após a correspondente avaliação;
b) reavaliação, nas hipóteses em que a diferença de pontuação técnica de determinado quesito for superior a 20% entre a maior e a menor pontuação;
c) previsão de uma subcomissão técnica para a avaliação das propostas técnicas;
d) inversão de fases, nos moldes do pregão; e
e) faculdade de adjudicação do objeto da licitação a mais de uma agência de propaganda.[62]

Sobre o tema, registre-se a edição da Instrução Normativa SECOM/PR nº 1, de 19.06.2023, que estabeleceu novos procedimentos referentes às licitações e aos contratos de serviços de publicidade, promoção, comunicação institucional e comunicação digital, prestados a órgão ou entidade do Sistema de Comunicação de Governo do Poder Executivo federal – SICOM.

---

61 SCHWIND. *Breves comentários à nova lei de licitações de serviços publicidade.*

62 Sobre a matéria, sugere-se a leitura dos seguintes trabalhos: LEVY; FARIA. *A nova Lei de Licitações para serviços de publicidade*; SCHWIND. *Breves comentários à nova lei de licitações de serviços publicidade*; MAFFINI. *Licitação de serviços de publicidade prestados por agências de propaganda*; KITA. *A publicidade na administração pública.*

Art. 3º Não se subordinam ao regime desta Lei:
I – contratos que tenham por objeto operação de crédito, interno ou externo, e gestão de dívida pública, incluídas as contratações de agente financeiro e a concessão de garantia relacionadas a esses contratos;
II – contratações sujeitas a normas previstas em legislação própria.

Artigo 3º

1 Contratos não subordinados à lei

Para não pairarem dúvidas, a lei deixa claro que não se submetem ao seu regime as contratações sujeitas a normas previstas em legislação própria, como, por exemplo, as licitações e contratações procedidas por empresas públicas, sociedade de economia mista e suas subsidiárias, que estão subordinadas à Lei nº 13.303, de 30.06. 2016 (Lei das Estatais),[63] e as licitações para acordos de Pareceria Público-Privadas, regidas pela Lei nº 11.079/2004,[64] que institui normas gerais para licitação e contratação de PPPs na Administração Pública.[65]

Também a ela não se submetem os contratos que tenham por objeto operação de crédito, interno ou externo, e gestão de dívida pública, incluídas as contratações de agente financeiro, bem como a concessão de garantia relacionada a esses contratos.

Consoante o prescrito no art. 29, III c/c §1º do mesmo artigo da Lei de Responsabilidade Fiscal (Lei Complementar nº 101/2000), operação de crédito é todo compromisso financeiro assumido em razão de mútuo, abertura de crédito, emissão e aceite de título, aquisição financiada de bens, recebimento antecipado de valores provenientes da venda a termo de bens e serviços, arrendamento mercantil e outras operações assemelhadas, inclusive com o uso de derivativos financeiros, bem como a assunção, o reconhecimento ou a confissão de dívidas pelo ente da Federação.

> Art. 29. Para os efeitos desta Lei Complementar, são adotadas as seguintes definições:
>
> (...)
>
> III – operação de crédito: compromisso financeiro assumido em razão de mútuo, abertura de crédito, emissão e aceite de título, aquisição financiada de bens, recebimento antecipado de valores provenientes da venda a termo de bens e serviços, arrendamento mercantil e outras operações assemelhadas, inclusive com o uso de derivativos financeiros;
>
> (...)
>
> §1º Equipara-se a operação de crédito a assunção, o reconhecimento ou a confissão de dívidas pelo ente da Federação, sem prejuízo do cumprimento das exigências dos arts. 15 e 16.[66]

---

[63] Sobre a matéria, vide o nosso "A Nova Lei das Estatais – Novo Regime de Licitações e Contratos nas Empresas Estatais". (BITTENCOURT. *A Nova Lei das Estatais*).

[64] Alterada pelas Leis nºs 12.024/2009, 12.409/2011, 12.766/2012, 13.043/2014, 13.097/2015, 13.137/2015 e 13.529/2017.

[65] Sobre o assunto, observe-se o nosso "Parceria Público-Privada passo a passo – Comentários à Lei nº 11.079/2004". 4. ed. (BITTENCOURT. *Parceria Público-Privada passo a passo*. 4. ed.).

[66] Art. 15. Serão consideradas não autorizadas, irregulares e lesivas ao patrimônio público a geração de despesa ou assunção de obrigação que não atendam o disposto nos arts. 16 e 17. Art. 16. A criação, expansão ou

Os contratos de gestão de dívida pública, por sua vez, são oriundos de ajustes celebrados em função do endividamento público, através dos quais definem-se volume, prazo, custo de financiamento, estrutura de pagamento de juros e amortização.

Em relação à dívida externa, a dívida contratual é essencialmente captada para financiamento de projetos específicos, sendo os contratos usualmente firmados com organismos multilaterais, tais como o Banco Mundial e o Banco Interamericano de Desenvolvimento, e com agências governamentais, como o *Japan Bank For International Cooperation* (JBIC), o U.S. Agency for International Development (USAID) e o KfW – Responsible banking, e com bancos privados.

---

aperfeiçoamento de ação governamental que acarrete aumento da despesa será acompanhado de: I – estimativa do impacto orçamentário-financeiro no exercício em que deva entrar em vigor e nos dois subsequentes; II – declaração do ordenador da despesa de que o aumento tem adequação orçamentária e financeira com a lei orçamentária anual e compatibilidade com o plano plurianual e com a lei de diretrizes orçamentárias. §1º Para os fins desta Lei Complementar, considera-se: I – adequada com a lei orçamentária anual, a despesa objeto de dotação específica e suficiente, ou que esteja abrangida por crédito genérico, de forma que somadas todas as despesas da mesma espécie, realizadas e a realizar, previstas no programa de trabalho, não sejam ultrapassados os limites estabelecidos para o exercício; II – compatível com o plano plurianual e a lei de diretrizes orçamentárias, a despesa que se conforme com as diretrizes, objetivos, prioridades e metas previstos nesses instrumentos e não infrinja qualquer de suas disposições. §2º A estimativa de que trata o inciso I do caput será acompanhada das premissas e metodologia de cálculo utilizadas. §3º Ressalva-se do disposto neste artigo a despesa considerada irrelevante, nos termos em que dispuser a lei de diretrizes orçamentárias. §4º As normas do caput constituem condição prévia para: I – empenho e licitação de serviços, fornecimento de bens ou execução de obras; II – desapropriação de imóveis urbanos a que se refere o §3º do art. 182 da Constituição.

Art. 4º Aplicam-se às licitações e contratos disciplinados por esta Lei as disposições constantes dos arts. 42 a 49 da Lei Complementar nº 123, de 14 de dezembro de 2006.

§1º As disposições a que se refere o caput deste artigo não são aplicadas:

I – no caso de licitação para aquisição de bens ou contratação de serviços em geral, ao item cujo valor estimado for superior à receita bruta máxima admitida para fins de enquadramento como empresa de pequeno porte;

II – no caso de contratação de obras e serviços de engenharia, às licitações cujo valor estimado for superior à receita bruta máxima admitida para fins de enquadramento como empresa de pequeno porte.

§2º A obtenção de benefícios a que se refere o caput deste artigo fica limitada às microempresas e às empresas de pequeno porte que, no ano-calendário de realização da licitação, ainda não tenham celebrado contratos com a Administração Pública cujos valores somados extrapolem a receita bruta máxima admitida para fins de enquadramento como empresa de pequeno porte, devendo o órgão ou entidade exigir do licitante declaração de observância desse limite na licitação.

§3º Nas contratações com prazo de vigência superior a 1 (um) ano, será considerado o valor anual do contrato na aplicação dos limites previstos nos §§1º e 2º deste artigo.

Artigo 4º

1 Aplicação de disposições do Estatuto Nacional da Microempresa e da Empresa de Pequeno Porte

Anota o artigo que às licitações e contratos disciplinados pela Nova Lei aplicam-se as disposições previstas dos arts. 42 a 49 da Lei Complementar nº 123/2006, que, com as alterações determinadas pela LC nº 147/2014, determinam tratamento diferenciado e simplificado para microempresas (ME) e empresas de pequeno porte (EPP) nas contratações públicas, com o intuito de promover o desenvolvimento econômico e social no âmbito municipal e regional, a ampliação da eficiência das políticas públicas e o incentivo à inovação tecnológica.

> Art. 42. Nas licitações públicas, a comprovação de regularidade fiscal e trabalhista das microempresas e das empresas de pequeno porte somente será exigida para efeito de assinatura do contrato. (Redação dada pela Lei Complementar nº 155, de 2016)
>
> Art. 43. As microempresas e as empresas de pequeno porte, por ocasião da participação em certames licitatórios, deverão apresentar toda a documentação exigida para efeito de comprovação de regularidade fiscal e trabalhista, mesmo que esta apresente alguma restrição. (Redação dada pela Lei Complementar nº 155, de 2016)
>
> §1º Havendo alguma restrição na comprovação da regularidade fiscal e trabalhista, será assegurado o prazo de cinco dias úteis, cujo termo inicial corresponderá ao momento em

que o proponente for declarado vencedor do certame, prorrogável por igual período, a critério da administração pública, para regularização da documentação, para pagamento ou parcelamento do débito e para emissão de eventuais certidões negativas ou positivas com efeito de certidão negativa. (Redação dada pela Lei Complementar nº 155, de 2016)

§2º A não-regularização da documentação, no prazo previsto no §1º deste artigo, implicará decadência do direito à contratação, sem prejuízo das sanções previstas no art. 81 da Lei nº 8.666, de 21 de junho de 1993, sendo facultado à Administração convocar os licitantes remanescentes, na ordem de classificação, para a assinatura do contrato, ou revogar a licitação.

Art. 44. Nas licitações será assegurada, como critério de desempate, preferência de contratação para as microempresas e empresas de pequeno porte.

§1º Entende-se por empate aquelas situações em que as propostas apresentadas pelas microempresas e empresas de pequeno porte sejam iguais ou até 10% (dez por cento) superiores à proposta mais bem classificada.

§2º Na modalidade de pregão, o intervalo percentual estabelecido no §1º deste artigo será de até 5% (cinco por cento) superior ao melhor preço.

Art. 45. Para efeito do disposto no art. 44 desta Lei Complementar, ocorrendo o empate, proceder-se-á da seguinte forma:

I – a microempresa ou empresa de pequeno porte mais bem classificada poderá apresentar proposta de preço inferior àquela considerada vencedora do certame, situação em que será adjudicado em seu favor o objeto licitado;

II – não ocorrendo a contratação da microempresa ou empresa de pequeno porte, na forma do inciso I do caput deste artigo, serão convocadas as remanescentes que porventura se enquadrem na hipótese dos §§1º e 2º do art. 44 desta Lei Complementar, na ordem classificatória, para o exercício do mesmo direito;

III – no caso de equivalência dos valores apresentados pelas microempresas e empresas de pequeno porte que se encontrem nos intervalos estabelecidos nos §§1º e 2º do art. 44 desta Lei Complementar, será realizado sorteio entre elas para que se identifique aquela que primeiro poderá apresentar melhor oferta.

§1º Na hipótese da não-contratação nos termos previstos no caput deste artigo, o objeto licitado será adjudicado em favor da proposta originalmente vencedora do certame.

§2º O disposto neste artigo somente se aplicará quando a melhor oferta inicial não tiver sido apresentada por microempresa ou empresa de pequeno porte.

§3º No caso de pregão, a microempresa ou empresa de pequeno porte mais bem classificada será convocada para apresentar nova proposta no prazo máximo de 5 (cinco) minutos após o encerramento dos lances, sob pena de preclusão.

Art. 46. A microempresa e a empresa de pequeno porte titular de direitos creditórios decorrentes de empenhos liquidados por órgãos e entidades da União, Estados, Distrito Federal e Município não pagos em até 30 (trinta) dias contados da data de liquidação poderão emitir cédula de crédito microempresarial.

Art. 47. Nas contratações públicas da administração direta e indireta, autárquica e fundacional, federal, estadual e municipal, deverá ser concedido tratamento diferenciado e simplificado para as microempresas e empresas de pequeno porte objetivando a promoção do desenvolvimento econômico e social no âmbito municipal e regional, a ampliação da eficiência das políticas públicas e o incentivo à inovação tecnológica. (Redação dada pela Lei Complementar nº 147, de 2014)

Parágrafo único. No que diz respeito às compras públicas, enquanto não sobrevier legislação estadual, municipal ou regulamento específico de cada órgão mais favorável à microempresa e empresa de pequeno porte, aplica-se a legislação federal. (Incluído pela Lei Complementar nº 147, de 2014)

Art. 48. Para o cumprimento do disposto no art. 47 desta Lei Complementar, a administração pública: (Redação dada pela Lei Complementar nº 147, de 2014)

I – deverá realizar processo licitatório destinado exclusivamente à participação de microempresas e empresas de pequeno porte nos itens de contratação cujo valor seja de até R$80.000,00 (oitenta mil reais); (Redação dada pela Lei Complementar nº 147, de 2014)

II – poderá, em relação aos processos licitatórios destinados à aquisição de obras e serviços, exigir dos licitantes a subcontratação de microempresa ou empresa de pequeno porte; (Redação dada pela Lei Complementar nº 147, de 2014)

III – deverá estabelecer, em certames para aquisição de bens de natureza divisível, cota de até 25% (vinte e cinco por cento) do objeto para a contratação de microempresas e empresas de pequeno porte. (Redação dada pela Lei Complementar nº 147, de 2014)

§1º (Revogado).

§2º Na hipótese do inciso II do caput deste artigo, os empenhos e pagamentos do órgão ou entidade da administração pública poderão ser destinados diretamente às microempresas e empresas de pequeno porte subcontratadas.

§3º Os benefícios referidos no caput deste artigo poderão, justificadamente, estabelecer a prioridade de contratação para as microempresas e empresas de pequeno porte sediadas local ou regionalmente, até o limite de 10% (dez por cento) do melhor preço válido. (Incluído pela Lei Complementar nº 147, de 2014)

Art. 49. Não se aplica o disposto nos arts. 47 e 48 desta Lei Complementar quando:

I – (Revogado).

II – não houver um mínimo de 3 (três) fornecedores competitivos enquadrados como microempresas ou empresas de pequeno porte sediados local ou regionalmente e capazes de cumprir as exigências estabelecidas no instrumento convocatório;

III – o tratamento diferenciado e simplificado para as microempresas e empresas de pequeno porte não for vantajoso para a administração pública ou representar prejuízo ao conjunto ou complexo do objeto a ser contratado;

IV – a licitação for dispensável ou inexigível, nos termos dos arts. 24 e 25 da Lei nº 8.666, de 21 de junho de 1993, excetuando-se as dispensas tratadas pelos incisos I e II do art. 24 da mesma Lei, nas quais a compra deverá ser feita preferencialmente de microempresas e empresas de pequeno porte, aplicando-se o disposto no inciso I do art. 48. (Redação dada pela Lei Complementar nº 147, de 2014).

Impende assentar que, entre as alterações promovidas na LC nº 123/2006, a LC nº 128/2008 inseriu a figura do microempreendedor individual, definido no §1º do art. 18-A como o

> empresário individual a que se refere o art. 966 da Lei nº 10.406, de 10 de janeiro de 2002 (Código Civil), que tenha auferido receita bruta, no ano-calendário anterior, de até R$60.000,00 (sessenta mil reais), optante pelo Simples Nacional e que não esteja impedido de optar pela sistemática prevista neste artigo.

Desse modo, a LC nº 123/2006 disciplinou também o microempreendedor individual, ao qual estendeu o tratamento jurídico diferenciado nas contratações públicas.

Da mesma maneira, a LC nº 147/2014 inseriu o art. 3º-A na lei, dispondo:

> Art. 3º-A. Aplica-se ao produtor rural pessoa física e ao agricultor familiar conceituado na Lei nº 11.326, de 24 de julho de 2006, com situação regular na Previdência Social e no Município que tenham auferido receita bruta anual até o limite de que trata o inciso II do caput do art. 3º o disposto nos arts. 6º e 7º, nos Capítulos V a X, na Seção IV do Capítulo XI e no Capítulo XII desta Lei Complementar, ressalvadas as disposições da Lei nº 11.718, de 20 de junho de 2008.

Dessa forma, o produtor rural pessoa física e o agricultor familiar também passaram a ter tratamento jurídico diferenciado nas contratações públicas.

Consoante o disposto no art. 34 da Lei nº 11.488/2007, os benefícios concedidos foram estendidos também às sociedades cooperativas.

> Art. 34. Aplica-se às sociedades cooperativas que tenham auferido, no ano-calendário anterior, receita bruta até o limite definido no inciso II do caput do art. 3º da Lei Complementar nº 123, de 14 de dezembro de 2006, nela incluídos os atos cooperados e não-cooperados, o disposto nos Capítulos V a X, na Seção IV do Capítulo XI, e no Capítulo XII da referida Lei Complementar.

Apesar de sermos ferrenhos defensores da normal participação de cooperativas em licitações, como já nos posicionamos no livro *A participação de cooperativas em licitações públicas*, estranhamos a extensão do tratamento.

A questão também incomodou Jessé Torres e Marinês Dotti:

> Embora ambas as categorias – microempresas e empresas de pequeno porte, de um lado, e cooperativas, de outro – contêm o reconhecimento da Carta Fundamental da República à sua relevância para a ocupação de grande número de pessoas na produção e na circulação de bens e serviços na economia nacional, o fato é que se trata de categorias ontologicamente desiguais: as microempresas e as empresas de pequeno porte se movem pelo impulso inerente a toda empresa, que é o da competição e do lucro; as cooperativas, na qualidade de sociedades de pessoas, se organizam e se movem por impulso de outra natureza, que é o associativismo, em que a cooperação se substitui à competição e não almeja o lucro da sociedade.[67]

Essas inovações aplicáveis aos procedimentos licitatórios fizeram com que o governo federal revisse a regulamentação existente, uma vez que o Decreto nº 6.204/2007, que regulamentava a referida lei complementar, não sofrera alteração, mantendo diversos artigos em desconformidade com novos dispositivos. Nessa contextura, foi editado o Decreto nº 8.538/2015, alterado posteriormente pelo Decreto nº 10.273/2020, revogando o Decreto nº 6.204/2007.

No que tange ao julgamento das propostas, a LC nº 123/2006 estabelece um mecanismo denominado empate ficto (art. 44, §§1º e 2º), assegurando, como critério de desempate, a preferência de contratação dos que congregam esse grupo. De acordo com

[67] PEREIRA JÚNIOR; DOTTI. *As sociedades cooperativas e o tratamento privilegiado concedido às microempresas e empresas de pequeno porte.*

esse critério legal, há de se entender como empatadas aquelas propostas apresentadas por ME/EPP cujos preços sejam iguais ou até 10% superiores ao preço da proposição mais bem classificada (art. 44, §1º), desde que essa seja de uma empresa comum (isto é, que não seja ME/EPP). Caso, todavia, a modalidade adotada seja o pregão, a diferença de preço será de até 5% superior ao melhor preço (art. 44, §2º). Tem-se, por conseguinte, um empate ficto.

Ocorrido o empate ficto, a ME/EPP mais bem classificada terá a preferência para desempatar esse resultado, com a apresentação de preço inferior ao inicialmente primeiro colocado.

O inc. I do art. 45 da LC nº 123/2006 estabelece que, para efeito do disposto no art. 44, ocorrendo o empate, a ME/EPP mais bem classificada poderá apresentar proposta de preço inferior àquela considerada vencedora do certame, situação na qual será adjudicado a seu favor o objeto licitado.

É importante ressaltar que todas as disposições desta prescrição somente terão aplicação caso a melhor oferta inicial não tenha sido apresentada por ME/EPP, conforme prevê o §2º do art. 45 da LC nº 123/2006, porquanto, se a primeira classificada for dessa categoria, será a vencedora da competição licitatória, cessando-se a competição.

O tratamento diferenciado de que tratam os arts. 43 a 45 da LC nº 123/2006 deverá ser concedido às ME/EPP independentemente de previsão no edital licitatório. Essa é a posição doutrinária majoritária e, inclusive, motivo de normativo da Advocacia Geral da União (AGU):

> Orientação Normativa AGU nº 7, de 1º de abril de 2009 – O tratamento favorecido de que tratam os arts. 43 a 45 da Lei Complementar nº 123, de 2006, deverá ser concedido às microempresas e empresas de pequeno porte independentemente de previsão editalícia.

1.1 Sistemáticas licitatórias diferenciadas para ME/EPP nas licitações

A LC nº 123/2006, com texto modificado pela LC nº 147/2014, elencou as situações passíveis de adoção de tratamento diferenciado e simplificado para as ME/EPP nas licitações. São elas:

a) Licitações exclusivas: certames licitatórios destinados exclusivamente à participação de ME/EPP, nas contratações cujo valor seja de até R$80.000,00 (oitenta mil reais).
b) Licitações com subcontratação: certames licitatórios que poderão exigir dos licitantes a subcontratação de ME/EPP.
c) Licitações com cotas reservadas: certames licitatórios estabelecendo cota de até 25% (vinte e cinco por cento) do objeto para a contratação de ME/EPP, em certames para a aquisição de bens e serviços de natureza divisível.

O §2º do art. 48 trata da subcontratação em acordos administrativos, autorizando o pagamento direto às subcontratadas.

É imperioso destacar que o direito pátrio administrativo já registra a previsão de empenho direto a subcontratados: a lei que trata do regime das Parcerias Público-Privadas – PPP (Lei nº 11.079/2004) autoriza essa conduta no inciso II do §2º do art. 5º.

O art. 49 da LC nº 123 preconiza que o tratamento diferenciado para as ME/EPP não deverá ser aplicado quando:

a) não houver um mínimo de três fornecedores competitivos enquadrados como ME/EPP sediados local ou regionalmente e capazes de cumprir as exigências estabelecidas no instrumento convocatório;
b) o tratamento diferenciado e simplificado para as ME/EPP não for vantajoso para a Administração ou representar prejuízo ao conjunto ou complexo do objeto a ser contratado; e
c) a licitação for dispensável ou inexigível, nos termos dos arts. 24 e 25 da Lei nº 8.666/1993 (agora, nos termos dos arts. 74 e 75 da Nova Lei nº 14.133/2021), excetuando-se as dispensas tratadas pelos incisos I e II do art. 24 (agora, incisos I e II do art. 75 da Lei nº 14.133/2021), nas quais a compra deverá ser feita preferencialmente de ME/EPP, aplicando-se o disposto no inciso I do art. 48 (ou seja, a realização de licitação exclusiva).

> Art. 75. É dispensável a licitação:
>
> I – para contratação que envolva valores inferiores a R$100.000,00 (cem mil reais),[68] no caso de obras e serviços de engenharia ou de serviços de manutenção de veículos automotores;
>
> II – para contratação que envolva valores inferiores a R$50.000,00 (cinquenta mil reais),[69] no caso de outros serviços e compras.

Parágrafo 1º

2 Não aplicação dos benefícios dos arts. 42 a 49 da LC nº 123/2006

O dispositivo assinala duas situações de não aplicação das regras dos arts. 42 a 49 da LC nº 123/2006, afastando as prerrogativas das pessoas jurídicas protegidas pelo Estatuto das Microempresas.

Assim, não se aplicam as prerrogativas:

a) No caso de licitação para aquisição de bens ou contratação de serviços em geral, ao item cujo valor estimado for superior à receita bruta máxima admitida para fins de enquadramento como empresa de pequeno porte;
b) Na hipótese de contratação de obras e serviços de engenharia, às licitações cujo valor estimado for superior à receita bruta máxima admitida para fins de enquadramento como empresa de pequeno porte.

O artigo intenciona reprimir abusos e crimes cometidos por pessoas jurídicas, como o ocorrido recentemente, quando três licitantes se declararam beneficiárias do regime da LC nº 123/2006, mas, na prática, atuavam em conjunto, ultrapassando significativamente o teto estabelecido, o que fez com que o TCU considerasse ilegal o empate ficto para os

---

[68] Atualmente, R$119.812,02 (cento e dezenove mil, oitocentos e doze reais e dois centavos), conforme atualização realizada pelo Decreto nº 11.871, de 29.12.2023.

[69] Atualmente, R$59.906,02 (cinquenta e nove mil, novecentos e seis reais e dois centavos), conforme atualização realizada pelo Decreto nº 11.871, de 29.12.2023.

licitantes que, no certame, ultrapassaram mais de 20% do teto estabelecido, baseando-se no art. 3º, §§9º e 9º-A da LC nº 123/2006[70] (Acórdão nº 2437/2019).

Apesar da boa intenção, tal regramento, a nosso ver, afronta a regra constitucional de acesso das pequenas empresas às licitações públicas, pois o dispositivo exclui o tratamento privilegiado na hipótese do valor estimando do item da contratação ultrapassar o teto estabelecido para a receita bruta máxima admitida para fins de enquadramento como empresa de pequeno porte (R$4.800.000,00) sem que a receita bruta da empresa alcance esse valor quando da licitação e ainda sem saber se ela sagrar-se-á vencedora da competição.

Como bem anota Marinês Dotti,

> Não pode haver óbice à concessão do tratamento privilegiado às microempresas e às empresas de pequeno porte, (...) se comprovado que tais entidades empresariais, à época da licitação, atendiam às exigências previstas nos artigos 3º, 3º-A e 3º-B da LC nº 123/2006. Tais condições (...) desvirtuam a política pública constitucional de apoio e incentivo a essas entidades e ofendem a LC nº 123/2006, instrumento jurídico superior que regulamentou as condições para a concessão e a exclusão do tratamento privilegiado às entidades de menor porte.
>
> Veja-se que o §9º do art. 3º da Lei Complementar nº 123/2006 estabelece que a empresa de pequeno porte que, no ano-calendário, exceder o limite de receita bruta anual de R$4.800.000,00, será excluída, no mês subsequente à ocorrência do excesso, do tratamento jurídico diferenciado previsto na Lei Complementar. Ainda segundo o §9º-A do art. 3º da Lei Complementar, os efeitos da exclusão dar-se-ão no ano-calendário subsequente se o excesso verificado em relação à receita bruta não for superior a 20% (vinte por cento) do limite de R$4.800.000,00. A Lei Complementar nº 123/2006, portanto, estabeleceu os mecanismos de exclusão do tratamento privilegiado caso a receita bruta anual dessas entidades ultrapasse a cifra de R$4.800.000,00, ou seja, somente após celebrados os contratos com o mercado privado e com a administração pública, que dizer, somente após auferida a receita decorrente desses contratos e não antes disso.[71]

Desassossegado com o regramento, Jonas Lima observa:

> Impregnaram a nova lei de licitações com uma limitação de que MPs e EPPs somente terão os benefícios da LC nº 123/2006 em licitações com valores até o de enquadramento, que é o do SIMPLES, ou seja, criaram uma barreira – que a LC nº 123 não contempla – de acesso com preferência de desempate e outras regras de ME/EPP em qualquer potencial licitação (agora somente para as que forem do limite do enquadramento, ainda que a pequena empresa não tenha atingido esse limite).

---

70 Art. 3º Para os efeitos desta Lei Complementar, consideram-se microempresas ou empresas de pequeno porte, a sociedade empresária, a sociedade simples, a empresa individual de responsabilidade limitada e o empresário a que se refere o art. 966 da Lei nº 10.406, de 10 de janeiro de 2002 (Código Civil), devidamente registrados no Registro de Empresas Mercantis ou no Registro Civil de Pessoas Jurídicas, conforme o caso, desde que: (...) §9º A empresa de pequeno porte que, no ano-calendário, exceder o limite de receita bruta anual previsto no inciso II do caput deste artigo fica excluída, no mês subsequente à ocorrência do excesso, do tratamento jurídico diferenciado previsto nesta Lei Complementar, incluído o regime de que trata o art. 12, para todos os efeitos legais, ressalvado o disposto nos §§9º-A, 10 e 12. §9º-A. Os efeitos da exclusão prevista no §9º dar-se-ão no ano-calendário subsequente se o excesso verificado em relação à receita bruta não for superior a 20% (vinte por cento) do limite referido no inciso II do caput.

71 DOTTI. *A indevida restrição à concessão do tratamento privilegiado às entidades de menor porte.*

Parágrafo Segundo

3 Limitação dos benefícios às microempresas e às empresas de pequeno porte

Segundo o parágrafo, a obtenção de benefícios dispostos nos arts. 42 a 49 da LC nº 123/2006 fica limitada às microempresas e às empresas de pequeno porte que, no ano-calendário de realização da licitação, ainda não tenham celebrado contratos com a Administração Pública cujos valores somados extrapolem a receita bruta máxima admitida para fins de enquadramento como empresa de pequeno porte (R$4.800.000,00 – quatro milhões e oitocentos mil reais), devendo o órgão ou a entidade exigir do licitante declaração de observância desse limite na licitação.

Como anota Marinês Dotti,[72] o legislador tentou, com esse dispositivo, "suavizar" a exclusão prevista nos incisos I e II, entrementes, como frisou, no benefício da LC nº 123/2006, somam-se todas as receitas obtidas pela pequena, tanto as auferidas no mercado privado quanto as auferidas em contratações públicas, não sendo justificável o cômputo da receita bruta para efeito de concessão do tratamento privilegiado apenas em relação aos contratos celebrados com a Administração.

E mais: na aplicação prática do mandamento certamente haverá dúvida quanto ao marco estabelecido, tendo em vista que o dispositivo indica "o ano-calendário de realização da licitação", que tanto poderá ser o de abertura da licitação, o da publicação do edital ou o da homologação, os quais, dependendo da data de início dos trabalhos, poderão ser diferentes.

Parágrafo Terceiro

4 Contratações com prazo de vigência superior a um ano

Na aplicação dos limites previstos nos §§1º e 2º anteriormente comentados, quando das contratações com prazo de vigência superior a 1 (um) ano, deverá ser considerado o valor anual do contrato.

---

[72] DOTTI. *A indevida restrição à concessão do tratamento privilegiado às entidades de menor porte.*

CAPÍTULO II
DOS PRINCÍPIOS

Art. 5º Na aplicação desta Lei, serão observados os princípios da legalidade, da impessoalidade, da moralidade, da publicidade, da eficiência, do interesse público, da probidade administrativa, da igualdade, do planejamento, da transparência, da eficácia, da segregação de funções, da motivação, da vinculação ao edital, do julgamento objetivo, da segurança jurídica, da razoabilidade, da competitividade, da proporcionalidade, da celeridade, da economicidade e do desenvolvimento nacional sustentável, assim como as disposições do Decreto-Lei nº 4.657, de 4 de setembro de 1942 (Lei de Introdução às Normas do Direito Brasileiro).

Artigo 5º

1 Dos princípios

Quase sempre relegado a plano secundário pelos responsáveis pela elaboração dos editais e desenvolvimento da licitação, este dispositivo é, sem dúvida, um dos mais importantes da Nova Lei, devendo receber um destaque especial, porquanto dá ênfase a parâmetros éticos e morais, estabelecendo os objetivos da norma.

Como leciona Lívia Maria Zago,[73] além de se constituírem num rumo seguro e na própria bússola de interpretação do Direito, os princípios possuem também o mote de suprir as lacunas e as imperfeições da Lei.

Não raro, o exame da validade dos atos praticados durante uma licitação passa pela apreciação à luz desses princípios.

1.1 O elenco de princípios licitatórios

A enumeração dos princípios licitatórios vincula-se diretamente ao art. 37 da CF.[74]

Destarte, consoante o ditame constitucional, a lei licitatória exige que as licitações sejam processadas e julgadas em conformidade com diversos princípios.

A Nova Lei elenca um extenso rol de 22 princípios, determinando também o seguimento às disposições do Decreto-Lei nº 4.657, de 4 de setembro de 1942 (Lei de Introdução às Normas do Direito Brasileiro – LINDB), notadamente em função dos dispositivos acrescidos por meio da Lei nº 13.655/2018, que teve como principal objetivo incrementar os níveis de segurança jurídica e eficiência na criação e aplicação do Direito Público.

---

[73] ZAGO. Princípios, aplicabilidade, modalidade. *In*: MEDAUAR (Org.). *Licitações e contratos administrativos*.

[74] CF – "Art. 37. A administração pública direta e indireta de qualquer dos Poderes da União, dos Estados, do Distrito Federal e dos Municípios obedecerá aos princípios de legalidade, impessoalidade, moralidade, publicidade e eficiência e, também, ao seguinte: [...] (Redação dada pela Emenda Constitucional nº 19, de 1998)".

Consoante o dispositivo legal, são princípios licitatórios, dos quais os participantes de licitações – sejam agentes públicos ou licitantes – nunca poderão se afastar:

- Legalidade;
- Impessoalidade;
- Moralidade;
- Publicidade;
- Eficiência;
- Interesse público;
- Probidade administrativa;
- Igualdade;
- Planejamento;
- Transparência;
- Eficácia;
- Segregação de funções;
- Motivação;
- Vinculação ao edital;
- Julgamento objetivo;
- Segurança jurídica;
- Razoabilidade;
- Competitividade;
- Proporcionalidade;
- Celeridade;
- Economicidade; e
- Desenvolvimento nacional sustentável.

1.1.1 Princípio da Legalidade

O Princípio da Legalidade objetiva verificar a conformação de toda licitação com as normas legais vigentes.

Máxima em Direito que resume com precisão a atuação da Administração Pública no seguimento deste princípio é a distinção que é feita entre os universos do Direito Público e o do Direito Privado: no primeiro, pode-se fazer tão somente o que a lei permite; no segundo, o que a lei não proíbe. Desta forma, distingue Eros Grau: "Se pretendermos, portanto, relacionar o Princípio da Legalidade ao regime de Direito Público, forçoso seria referirmo-lo, rigorosamente, como princípio da legalidade sob conteúdo de comprometimento positivo".[75] [76]

[75] GRAU. *A ordem econômica na Constituição de 1988.*

[76] TCU. Acórdão nº 5.276/2009. Segunda Câmara – "Abstenha de realizar licitações nas quais haja quaisquer relações entre os participantes e aqueles que detenham o poder de decisão no processo licitatório, ou qualquer outra situação em que se verifique prejuízo ao atendimento dos princípios da igualdade e da moralidade administrativa".

1.1.2 Princípio da Impessoalidade

O Princípio da Impessoalidade veda os "apadrinhamentos", impondo que o procedimento licitatório seja destinado a todos os interessados, obstaculizando o desenvolvimento de qualquer tipo de favorecimento pessoal.

A atividade administrativa deve ser destinada a todos os cidadãos, sem determinação de pessoa ou discriminação de qualquer natureza.

Como anota Diógenes Gasparini, é isso que o princípio impõe ao Poder Público. Com ele quer se quebrar o velho costume do atendimento do administrado em razão de seu prestígio ou porque a ele o agente público deve alguma obrigação.[77]

1.1.3 Princípio da Moralidade

O Princípio da Moralidade obriga o óbvio: licitador e licitantes devem observar uma conduta honesta e honrada. Com propriedade, Leandro Cadenas assenta que, obedecendo a esse princípio, o administrador público, além de seguir o determinado pela lei, deve, obrigatoriamente, pautar sua conduta na moral comum, fazendo o que for melhor e mais útil ao interesse público. Ao atuar, o agente público deve separar o bem do mal, o legal do ilegal, o justo do injusto, o conveniente do inconveniente e o honesto do desonesto, pois é a moral interna da instituição que condiciona o exercício de qualquer dos poderes, mesmo o discricionário.[78] [79]

Desse modo, o princípio denota que, na conduta administrativa, não bastam o atendimento à lei e a conformação do ato administrativo à regra legal, mas sim, exercer as atividades, observando um controle moral essencial à Administração Pública.

1.1.4 Princípio da Publicidade

O Princípio da Publicidade determina que a Administração Pública possui o dever de plena transparência de seus atos.

Além de princípio geral de Direito Administrativo, configura condição de eficácia da própria licitação e do contrato, dos direitos dos envolvidos na licitação e do seu amplo controle por parte do povo.

Cintra do Amaral, apoiado nos ensinamentos de Colaço Antunes, enfatiza que a publicidade, no âmbito da Administração Pública, inclui-se em uma noção mais ampla, que é a da transparência:

> A Administração Pública brasileira tem o dever de não apenas respeitar o princípio da publicidade, inscrito no art. 37 da Constituição, mas de ser transparente. É ingênua, porém, a afirmação de que a Administração deve ser uma "casa de vidro" totalmente translúcida.

---

[77] GASPARINI. *Direito Administrativo*. 9. ed.

[78] CADENAS. *Princípio da moralidade*.

[79] Além do art. 37 da CF, que enumera os princípios da Administração Pública, o princípio da moralidade também é mencionado no art. 5º, LXXIII: "qualquer cidadão é parte legítima para propor ação popular que vise a anular ato lesivo ao patrimônio público ou de entidade de que o Estado participe, à moralidade administrativa [...]".

> Nenhuma Administração, em nenhum país, corresponde a essa imagem. O que nos cabe é exigir que a relativa opacidade de seus atos respeite os limites impostos pela Constituição e pelas leis, em estrita obediência à estrutura escalonada das normas jurídicas.

Escrevemos sobre o Princípio:

> No horizonte licitatório, o princípio obriga a divulgação plena de todos os atos da licitação, possibilitando um amplo controle por parte da sociedade, constituindo elemento de eficácia e moralidade.
>
> O preceito inicial é que todo ato administrativo deve ser público, porque pública é a Administração que o realiza. A publicidade dos atos licitatórios e dos acordos administrativos, além de assegurar os seus efeitos externos, propicia o conhecimento e o controle pelos interessados diretos e pela sociedade.[80]

1.1.5 Princípio da Eficiência

O Princípio da Eficiência impõe à Administração o exercício de suas atribuições de forma imparcial, transparente, eficaz e sem burocracia, sempre em busca da qualidade.

Como observa Eduardo Azeredo Rodrigues, o princípio é gradualmente concretizado por meio da adoção de condutas que simplifiquem, desburocratizem, agilizem, flexibilizem e aumentem a qualidade da atuação da Administração Pública.[81]

Sobre o tema, registre-se que, com o intuito de aumentar a eficiência da Administração Pública, buscando desburocratização, inovação e transformação digital, além da participação do cidadão, o governo federal editou a importante Lei nº 14.129, de 29.03.2021 (Lei do Governo Digital), a qual, orientada pelo princípio da eficiência, determina: desburocratização; modernização; fortalecimento e simplificação do relacionamento entre Poder Público e sociedade civil; transparência; uso da tecnologia para otimizar a entrega dos serviços; e atuação integrada dos serviços e compartilhamento dos dados pessoais nos termos da Lei nº 13.709, de 14.08.2018 (Lei Geral de Proteção de Dados Pessoais).

1.1.6 Princípio do Interesse Público

O Princípio do Interesse Público deve ser entendido como o interesse da coletividade.

Consoante Gustavo Binenbojm, o administrador público deve, à luz das circunstâncias peculiares ao caso concreto, bem como dos valores constitucionais concorrentes, alcançar solução ótima que realize ao máximo cada um dos interesses públicos em jogo.

> Como resultado de tal raciocínio de ponderação, tem-se aquilo que convencionamos chamar de melhor interesse público, ou seja, o fim legítimo que orienta a atuação da Administração Pública.[82]

---

80 BITTENCOURT. *Contratando sem licitação*. 2. ed.

81 RODRIGUES. *O princípio da eficiência à luz da teoria dos princípios*.

82 BINENBOJM. *Interesses Públicos versus Interesses Privados*.

Contudo, como bem asseverou Maria Sylvia Zanella Di Pietro, não é "tarefa fácil definir o interesse público".[83]

A noção de interesse público varia em função do interesse e do lugar, daí as precisas ponderações de Dalmo de Abreu Dallari:

> Outra dificuldade que muitos autores ressaltam diz respeito à consideração subjetiva do que seja interesse público, uma vez que os dados de fato podem ser os mesmos e, no entanto, um agente da Administração, a partir daqueles fatos, chega à conclusão de que determinada orientação é de interesse público, e outro agente da Administração, utilizando os mesmos fatos, chega à conclusão de que o rumo oposto é que é do interesse público.[84]

1.1.7 Princípio da Probidade Administrativa

O Princípio da Probidade Administrativa aponta – numa apreciação do sentido da palavra, oriunda do latim – para a boa atuação do administrador público.

Apesar de confundir-se bastante com a ideia de moralidade, distingue-se pela prática de atos que implicam o prejuízo da Administração, em face da má qualidade gerencial, ao contrário da moralidade, que se situa no campo ético e, em casos extremos, no campo da honestidade.

Quanto à diferenciação dos conceitos, registre-se a lição de Marcelo Figueiredo:

> O princípio da moralidade administrativa é de alcance maior, é conceito mais genérico, a determinar, a todos os "poderes" e funções do Estado, atuação conforme o padrão jurídico da moral, da boa-fé, da lealdade, da honestidade. Já a probidade, que alhures denominamos "moralidade administrativa qualificada", volta-se a particular aspecto da moralidade administrativa. Parece-nos que a probidade está exclusivamente vinculada ao aspecto da conduta (do ilícito) do administrador. Assim, em termos gerais, diríamos que viola a probidade o agente público que em suas ordinárias tarefas e deveres (em seu agir) atrita os denominados "tipos" legais.

1.1.8 Princípio da Igualdade

Insculpido no art. 5º da CF,[85] assegura iguais oportunidades a todos os possíveis interessados na licitação.[86]

Sobre o princípio, ressalta-se que o Supremo Tribunal Federal (STF) já deliberou no sentido de que a lei pode distinguir situações, sem violação do princípio da igualdade, a fim de conferir um tratamento diverso do que atribui a outro. Para que possa conferi-lo, contudo, sem que tal violação se manifeste, é necessário que a discriminação guarde compatibilidade com o conteúdo do princípio.

---

83 DI PIETRO. *Discricionariedade administrativa na Constituição de 1988.*

84 DALLARI *apud.* DI PIETRO. *Discricionariedade administrativa na Constituição de 1988.*

85 Constituição Federal, art. 5º: "Todos são iguais perante a lei, sem distinção de qualquer natureza, garantindo-se aos brasileiros e aos estrangeiros residentes no País a inviolabilidade do direito à vida, à liberdade, à igualdade, à segurança e à propriedade (...)".

86 TCU. Acórdão nº 925/2009, Plenário: "Não pode prosperar a licitação eivada de procedimentos anômalos não devidamente justificados no processo e que fazem malograr a prevalência de princípios básicos da licitação pública, tais como o da isonomia e o da publicidade".

Tem-se, pois, nessa contextura, o verdadeiro sentido de Justiça, consoante lições do grande Rui Barbosa: "A regra da igualdade não consiste senão em aquinhoar desigualmente aos desiguais, na medida em que se desigualam".[87]

1.1.9 Princípio do Planejamento

O Princípio do Planejamento deve ser entendido como o conjunto de medidas tomadas para que sejam atingidos os objetivos desejados.

Temos insistido à exaustão que um dos pontos fundamentais das contratações públicas é o planejamento minucioso. Como leciona Oscar Rover, planejar é o processo desenvolvido para alcance de uma situação desejada de um modo eficiente, eficaz e efetivo, com o maior aproveitamento de esforços e recursos disponíveis, correspondendo a um conjunto de providências a serem tomadas para promoção de um futuro diferente do passado, em torno de variáveis possíveis de serem atacadas pela organização planejadora.[88]

Assim, nas contratações, a Administração deve planejar previamente, de modo a identificar necessidades e, a partir desse diagnóstico, definir todas as especificações que comporão o objeto a ser adquirido.

Realizado o planejamento, deverá voltar-se para o mercado e examinar as opções disponíveis, escolhendo a de melhor relação custo-benefício.

Nesse contexto, o governo federal tem editado normas que primam pela necessidade desse requisito. A IN nº 5, de 26.05.2017, versando sobre a contratação de serviços, contém dispositivo determinando que essas contratações sejam precedidas de planejamento, em harmonia com o planejamento estratégico da instituição, que estabeleça os produtos ou resultados a serem obtidos, quantidades e prazos para entrega das parcelas, quando couber.

Atualmente, o planejamento estratégico constitui a principal ferramenta de gerenciamento de uma organização, seja ela pública ou privada. Na medida em que é realizado o planejamento, os ambientes político (externo) e administrativo (interno) da organização passam por importantes mudanças, determinando o emprego de uma variedade de técnicas gerenciais de enfrentamento.

Para a organização, o planejamento estratégico permite que se desenvolvam um sentido de direção, um conceito do futuro e uma forma de controlar aspectos deste nos quais a organização tem interesse, gerando informações preliminares com as quais se pode avançar na planificação de longo prazo para decisões organizacionais, oferecendo, dessa forma, a possibilidade de melhorias significativas na gestão e nos programas. É nesse contexto que se afirma que o planejamento estratégico está intimamente relacionado com objetivos de longo prazo e com estratégias e ações para alcançá-los.

Contudo, esse planejamento deve começar bem antes, pois as contratações públicas dependem da existência de recursos orçamentários para o seu atendimento.

---

[87] BARBOSA. *Oração aos moços*.

[88] ROVER. *Noções básicas de planejamento*.

Assim, como bem observa Adilson Dallari, é absolutamente essencial que se ponha em prática, para valer, todo o sistema de planejamento orçamentário previsto no artigo 165 da CF, compreendendo o plano plurianual de investimentos, a lei de diretrizes orçamentárias e o orçamento anual.

> Cuidados maiores merecem as grandes contratações, de vultoso valor, nas quais o procedimento licitatório, em si mesmo, é apenas um detalhe. Com efeito, já se percebeu que o procedimento licitatório começa muito antes da publicação do edital e tem reflexos muito além da celebração do contrato. As condições de participação no certame são definidas, logicamente, antes da publicação do edital, na chamada fase preparatória, podendo restringir ou ampliar a competição entre o universo de eventuais interessados. Também logicamente, a execução do contrato depende daquilo que foi estipulado durante o desenvolvimento da licitação, compreendendo as condições contidas no edital e na proposta vencedora. Entretanto, as contratações de obras e serviços de grande vulto dependem da existência de recursos orçamentários para seu atendimento. A experiência tem mostrado que a corrupção começa no momento da definição de prioridades governamentais e da correspondente definição das dotações orçamentárias. Há, inegavelmente, uma ligação direta entre licitação, corrupção e orçamento público.
>
> Não basta melhorar o procedimento licitatório. É absolutamente essencial que se ponha em prática, para valer, todo o sistema de planejamento orçamentário previsto no artigo 165 da Constituição Federal, compreendendo o plano plurianual de investimentos, a lei de diretrizes orçamentárias e o orçamento anual. A principal lei disciplinando a elaboração e a execução do orçamento público é a Lei nº 4.320, de 1964, que está obviamente defasada e, muito pior que isso, completamente desacreditada, fazendo com que o orçamento anual acabe sendo uma obra de ficção.
>
> A desordem orçamentária foi bastante reduzida com o advento da chamada Lei de Responsabilidade Fiscal, LC nº 101/2000, a qual, entretanto, foi sendo solapada pouco a pouco. Em síntese, a Lei de Responsabilidade Fiscal funcionou, durante algum tempo, como uma advertência no sentido de que as normas constitucionais sobre o sistema de planejamento orçamentário deveriam ser obedecidas. Porém, as repetidas reclamações e manifestações de tolerância com as transgressões, especialmente no plano federal, levaram ao desastre que se observa atualmente.
>
> [...]
>
> Como que para remediar a irresponsabilidade reinante no momento da contratação, passou-se à utilização desmedida das anacronicamente chamadas "cláusulas exorbitantes" do contrato administrativo, com a celebração de aditamentos, subcontratações e a concessão de reajustes, que, em seu conjunto, são reconhecidos como o campo mais fértil para a corrupção.
>
> Tudo isso poderia ser evitado se as disposições constitucionais sobre o sistema de planejamento orçamentário fossem efetivamente observad[as]. Políticas públicas e, por conseguinte, prioridades governamentais, deveriam ter raízes no plano plurianual, num momento ainda distante da licitação, para depois passar pelo crivo da lei de diretrizes orçamentárias, que deve ser efetivamente havida como condicionante do orçamento anual e, por decorrência, da efetiva execução dos projetos e programas orçamentários. Não é possível garantir que a corrupção seria extirpada, mas, pelo menos, seria bastante dificultada, com ganhos substanciais para o erário e para a coletividade.[89]

[89] DALLARI. *Sem planejamento orçamentário, licitação não evita corrupção.*

1.1.10 Princípio da Transparência

O Princípio da Transparência determina, em síntese, que a Administração Pública deve tornar sua conduta cotidiana, e os dados dela decorrentes, acessíveis ao público em geral.

Como anota Mariana Oliveira de Carvalho, o princípio tem ganhado efetividade nos últimos anos, contribuindo para a regulamentação, em instrumentos normativos, do direito de acesso à informação por parte dos cidadãos, impondo-se, assim, um *standard* máximo de transparência possível.

> O direito de acesso à informação é um instrumento normativo que garante aos cidadãos a possibilidade de participação na vida política do Estado, por meio do controle direto. Trata-se, portanto, de um direito instrumental de outros direitos, como o direito de petição perante os órgãos públicos em defesa de interesses individuais, coletivos ou difusos. Como forma de respeitar o princípio da transparência, no âmbito dos procedimentos administrativos, a administração é obrigada a divulgar informações, seja antes, durante ou após a respectiva decisão, mostrando a todos de forma clara os caminhos percorridos. Além disso, qualquer indivíduo tem o direito a aceder aos procedimentos e processos que se lhe refiram.[90]

1.1.11 Princípio da Eficácia

A eficácia é a qualidade daquilo que alcança os resultados pretendidos e está diretamente relacionada à ideia de competência. De um ponto de vista mais amplo, podemos entender a eficácia como a ação que produz os efeitos desejados. Sua aplicação começou no vocabulário médico, para definir a validade dos tratamentos e abordagens clínicas, tendo se popularizado e passado a ser utilizada em diversas áreas do conhecimento, como Educação, Administração, Psicologia e Direito.[91]

Muito se confunde os conceitos dos Princípios da Eficácia e da Eficiência. O Princípio da Eficácia configura a concreção dos objetivos desejados por determinada ação do Estado, não sendo levados em consideração os meios e os mecanismos utilizados para tanto. Assim, o Estado pode ser eficaz em resolver o problema do analfabetismo no Brasil, mas pode estar fazendo isso com mais recursos do que necessitaria. Na eficiência, por sua vez, há clara preocupação com os mecanismos que foram usados para a obtenção do êxito na atividade do Estado. Assim, procura-se buscar os meios mais econômicos e viáveis, para maximizar os resultados e minimizar os custos. Em síntese: é atingir o objetivo com o menor custo e os melhores resultados possíveis.[92]

No âmbito da ciência da administração, eficácia e eficiência são consideradas fundamentais. Em qualquer planejamento há de se determinar os objetivos corretos e escolher os meios certos para alcançá-los.

Note-se que a CF prevê a avaliação de resultados quanto à eficácia e à eficiência no seu art. 74, inc. II:

---

[90] CARVALHO. *Princípio da Transparência no Novo Direito Administrativo.*

[91] Cf.: SBCOACHING. *Eficácia.*

[92] TORRES. *Estado, democracia e administração pública no Brasil.*

Art. 74. Os Poderes Legislativo, Executivo e Judiciário manterão, de forma integrada, sistema de controle interno com a finalidade de:

(...)

II – comprovar a legalidade e avaliar os resultados, quanto à eficácia e eficiência, da gestão orçamentária, financeira e patrimonial nos órgãos e entidades da administração federal, bem como da aplicação de recursos públicos por entidades de direito privado.

1.1.12 Princípio da Segregação de Funções

O Princípio da Segregação de Funções configura regra de controle interno que impõe que as funções de autorização, aprovação, execução, controle e contabilização dos atos públicos sejam separadas, de modo a minimizar as oportunidades de agentes cometerem falhas ou fraudes no curso de suas obrigações funcionais.

Sobre ele tem se manifestado diversas vezes o TCU no contexto das licitações públicas e contratações administrativas, como, por exemplo, no Acórdão nº 415/2013 – Plenário, no qual explicita a necessidade de que se discipline a segregação de funções nos setores que desempenham as atribuições inerentes às licitações e contratos, de forma a minimizar a possibilidade de desvios e fraudes.

Como assevera Magno Antônio da Silva, ao apartar as funções e não facultar que um único servidor seja responsável por todas as fases ou estágios mais críticos (sensíveis) da execução das despesas, cria-se um ambiente hígido de "policiamento" ostensivo-dissuasório no qual as tarefas executadas por um agente público são subsequentemente acompanhadas e fiscalizadas por outro, inibindo condutas ilícitas e/ou antieconômicas.[93]

Nesse passo, como assenta o analista, a segregação de funções é um princípio de controle administrativo que confere mais eficiência, racionalidade, imparcialidade, transparência e eficácia sobre os processos de execução das despesas públicas.

1.1.13 Princípio da Motivação

O Princípio da Motivação determina que a autoridade administrativa se obriga a apresentar as razões que a levaram a tomar uma decisão.

Clóvis Celso Velasco Boechat pondera que o princípio deve ser considerado um dos mais importantes, uma vez que, sem ele, inexistirá o devido processo legal, dado que a fundamentação surge como meio interpretativo da decisão para a viabilização do controle da legalidade dos atos da Administração.[94]

Hely Lopes Meirelles sustentava que o ato discricionário, editado sob os limites da lei, conferiria ao administrador público uma margem de liberdade para fazer um juízo de conveniência e oportunidade, o que demandaria a desnecessidade de motivação. No entanto, o entendimento majoritário – no qual nos encaixamos – perfaz-se no sentido de que, mesmo no ato discricionário, há a condicionante da motivação, de modo que se tenha ciência de qual o caminho a ser adotado pelo administrador.

---

93 SILVA. *O princípio da segregação de funções e sua aplicação no controle processual das despesas.*

94 BOECHAT. *Parecer emitido em 2007.*

1.1.14 Princípio da Vinculação ao Edital

O Princípio da Vinculação ao Edital impede a criação, depois de iniciado o procedimento licitatório, de critérios diferenciados daqueles estabelecidos no ato convocatório, evitando-se surpresas para os licitantes, que poderão formular suas propostas com inteiro conhecimento do que deles pretende a Administração.

Sobre a matéria, a palavra de Hely Lopes Meirelles

> Nem se compreenderia que a Administração fixasse no edital a forma e o modo de participação dos licitantes e no decorrer do procedimento ou na realização do julgamento se afastasse do estabelecido, ou admitisse documentação e propostas em desacordo com o solicitado. O edital é lei interna da licitação, e, como tal vincula aos seus termos tanto os licitantes como a Administração que o expediu.[95]

1.1.15 Princípio do Julgamento Objetivo

O Princípio do Julgamento Objetivo abarca a fase final do procedimento licitatório: o julgamento, atrelando a Administração aos critérios de aferição previamente definidos no edital licitatório, com o objetivo de evitar que o julgamento seja realizado segundo critérios desconhecidos dos licitantes.

É o que sublinha Lucas da Rocha Furtado:

> Julgamento objetivo significa, ademais, além de os critérios serem objetivos, que eles devem estar previamente definidos no edital. Não seria possível, por exemplo, querer a comissão de licitação, durante a realização do certame, escolher novos critérios para julgar as propostas apresentadas.[96]

1.1.16 Princípio do Segurança Jurídica

O Princípio da Segurança Jurídica tem o intuito de trazer estabilidade para as relações jurídicas e se divide em duas partes: uma de natureza objetiva e outra de natureza subjetiva. A de natureza objetiva versa sobre a irretroatividade de nova interpretação de lei no âmbito da Administração Pública. A de natureza subjetiva versa sobre a confiança da sociedade nos atos, procedimentos e condutas proferidas pelo Estado.[97]

Como observa Celso Bandeira de Mello, o Princípio da Segurança Jurídica pode ser compreendido como aquele que norteia todo o ordenamento jurídico. Esse princípio é uma das questões principais ao Direito, assim é impossível ver o direito sem o princípio da segurança jurídica. No que se refere ao Direito Administrativo é considerado como o condutor da Administração Pública.

Conforme anota Odete Medauar, ao mencionar a garantia à segurança, o *caput* do art. 5º da CF abarca não só o aspecto físico, mas também o aspecto jurídico.

---

95 MEIRELLES. *Licitação e Contrato Administrativo.*

96 FURTADO. *Curso de direito administrativo.* 5. ed.

97 SOUZA. *Princípio da segurança jurídica.*

O Princípio da Segurança Pública busca preservar a estabilidade nas relações, situações e vínculos jurídicos. Entre suas consequências estão: proibição, em geral, de retroatividade dos atos administrativos; impedimento de aplicação de nova interpretação a situações pretéritas; proibição de anulação de atos administrativos de que decorrem efeitos favoráveis aos destinatários, após longo tempo; respeito aos direitos adquiridos; preservação de efeitos de atos e medidas praticados por servidores de fato.[98]

Para Diogo de Figueiredo Moreira Neto, a segurança jurídica é um mega princípio do Direito, o cimento das civilizações que, entre outras derivações relevantes para o Direito Administrativo, informa particularmente o princípio da confiança legítima, o princípio da boa-fé objetiva, o princípio da coerência administrativa, o instituto da presunção de validade dos atos do Poder Público e a teoria da evidência, como adiante serão expostos.[99]

Vide que, tratando dos direitos e garantias individuais, o inc. XXXVI do art. 5º da CF anota que a lei não prejudicará o direito adquirido, o ato jurídico perfeito e a coisa julgada.

1.1.17 Princípio da Razoabilidade

O Princípio da Razoabilidade determina que o administrador público se obriga a sempre optar pela solução adequada, ou seja, a mais razoável dentre as que se lhe apresentam.

> Superior Tribunal de Justiça – STJ, MS nº 5.869/DF, julgado em 11.09.2002: "A interpretação dos termos do edital de licitação não pode conduzir a atos que acabem por malferir a própria finalidade do procedimento licitatório, restringindo o número de concorrentes e prejudicando a escolha da melhor proposta. O ato coator foi desproporcional e desarrazoado, mormente tendo em conta que não houve falta de assinatura, pura e simples, mas assinaturas e rubricas fora do local preestabelecido, o que não é suficiente para invalidar a proposta, evidenciando claro excesso de formalismo".

1.1.18 Princípio da Competitividade

O Princípio da Competitividade é correlato ao Princípio da Igualdade, uma vez que todos os interessados em contratar com a Administração devem competir em igualdade de condições. Com base nele, é vedado aos agentes públicos admitirem, preverem, incluírem ou tolerarem nas licitações condições que comprometam, restrinjam ou frustrem o seu caráter competitivo.

É inconteste que o Princípio da Competitividade é essencial à matéria, porquanto, se num procedimento licitatório, por obra de conluios, inexistir competição entre os concorrentes, falecerá a própria licitação, inexistindo o instituto.

Assim, o ato convocatório deverá estabelecer regras para o certame respeitando as exigências necessárias para assegurar a proposta mais vantajosa, sendo inválidas as

---

98 MEDAUAR. *Direito Administrativo moderno*. 21. ed.

99 MOREIRA NETO. *Curso de Direito Administrativo*. 16. ed.

que maculem o caráter competitivo da licitação, uma vez que, nos casos de competição inviável, a lei autoriza a contratação direta.

1.1.18.1 A presença de apenas um licitante

Não raro, vê-se, no dia a dia, decisões de agentes públicos determinando a revogação de licitações em andamento devido ao comparecimento de somente um licitante. Muitas vezes, mesmo com mais de um, são as licitações revogadas em função de apenas um deles ultrapassar a etapa inicial de habilitação, tudo pretensamente em nome da busca da competitividade. Entendem, equivocadamente, que, nessas situações, inexistirá a competitividade, o que macularia um dos princípios basilares da licitação pública.

Impende ressaltar, contudo, que o Princípio da Competividade, que deve ser preservado em um certame licitatório, não determina que se persiga a qualquer custo, apenas para satisfazer a ideia do referido princípio, contratações que não atinjam às finalidades pretendidas.

Verdadeiramente, a ideia de competitividade numa licitação significa a adoção de regras editalícias que assegurem a mais farta participação de possíveis interessados e fomentem a disputa mais intensa possível. No âmbito das licitações, o que o princípio exige é a utilização de condições de participação que permitam a mais ampla disputa. Isso implica na previsão de procedimentos de competição que permitam o acesso dos diversos interessados.[100]

E mais: como observa Marçal Justen, o princípio da competitividade não implica a ilicitude de cláusulas restritivas, que se configurem como adequadas e necessárias. Na verdade, com respaldo constitucional, o edital licitatório não só pode como deve prever cláusulas destinadas a reduzir o risco de contratações desastrosas, implicando na possibilidade de nele conter requisitos e limites à participação de interessados e à formulação de propostas destituídas de vantajosidade.

Num objeto da natureza especialíssima, por exemplo, não pode a Administração permitir que da licitação advenham contratações que coloquem em risco a execução.

Aliás, quando o instrumento convocatório possibilita a formação de consórcios, tem justamente a intenção de possibilitar a soma das capacidades operacionais das interessadas, de modo a ampliar a competitividade.

E é isso que dispôs o TCU, no Acórdão nº 2.992/2011, aclarando que a competitividade estaria mais do que preservada, quando a instituição pública abrisse o leque, permitindo a participação de consórcios.

A lógica por detrás do princípio da competitividade é que, para obter a melhor proposta, o instrumento convocatório da licitação deve ser divulgado ao extremo, tentando despertar a atenção de todos os eventuais contratantes.

Como obtempera Aniello Parziale:

> É legítimo que o processo licitatório prossiga quando somente um particular atendeu ao chamado da Administração promotora do certame licitatório, só um licitante apresentou a documentação exigida no ato convocatório – restando, portanto, habilitado –, ou

[100] JUSTEN FILHO. *Comentários à lei de licitações e contratos administrativos*. 18. ed.

simplesmente um proponente apenas teve a sua proposta classificada. Nesse sentido, o referido entendimento é comungado por toda a doutrina administrativista, a longa data, bem como pelos órgãos de controle externo e Poder Judiciário.[101]

Hely Lopes Meirelles também versou sobre a questão:

> Se houver apenas um licitante qualificado para o contrato, a administração pode adjudicar-lhe o objeto pretendido. O essencial é que este único pretendente tenha condições para contratar, segundo as exigências do edital, no que tange a capacidade jurídica, a regularidade fiscal, a capacidade técnica e idoneidade financeira, que hão de ser verificadas antes da contratação, e que o contrato seja vantajoso para a Administração.[102]

Na mesma toada, o Tribunal de Constas da União (TCU):

> Acórdão nº 145/2002 – Plenário – Se apenas uma empresa apresentou proposta, dentro do preço de mercado aceito, isto não significa direcionamento do certame.

> Acórdão nº 1316/2010 – Primeira Câmara – Note-se que o Tribunal não entendeu serem tais irregularidades bastantes para a anulação do contrato, nem que o comparecimento de apenas um licitante constitui qualquer tipo de óbice à contratação.

E até mesmo na licitação na modalidade pregão, que diversamente da Concorrência é mais rígida nesse aspecto, por se desenrolar através de lances:

> Acórdão nº 0408/2008 – Plenário – Quanto ao comparecimento de somente uma empresa, alinho-me à unidade técnica no sentido de que não há impedimento na legislação à conclusão da licitação.

1.1.19 Princípio da Proporcionalidade

O grande fundamento do Princípio da Proporcionalidade é o excesso de poder, e o fim a que se destina é exatamente o de conter atos, decisões e condutas de agentes públicos que ultrapassem os limites adequados, com vistas ao objetivo colimado pela Administração. Significa que o Poder Público, quando intervém nas atividades sob seu controle, deve atuar porque a situação reclama realmente a intervenção, e esta deve processar-se com equilíbrio, sem excessos e proporcionalmente ao fim a ser atingido.[103]

No âmbito das licitações, o Princípio da Proporcionalidade determina que qualquer medida a ser adotada numa licitação não pode exceder os limites indispensáveis à conservação do fim legítimo almejado.

---

[101] PARZIALE, Aniello dos Reis. A licitação e a presença de apenas um licitante.

[102] MEIRELLES. *Licitação e contrato administrativo*. 15. ed.

[103] CARVALHO FILHO. *Manual de direito administrativo*. 30. ed.

1.1.20 Princípio da Celeridade

O Princípio da celeridade busca dar agilidade ao procedimento licitatório, objetivando simplificar procedimentos, afastando ao máximo o rigor excessivo e as formalidades desnecessárias.

Trata-se, principalmente, de princípio norteador da licitação na modalidade pregão, no qual, sempre que possível, as decisões deverão ser tomadas no momento da sessão.

1.1.21 Princípio da Economicidade

O Princípio da Economicidade, expresso no art. 70 CF,[104] objetiva, em síntese, a obtenção do resultado esperado com o menor custo possível, mantendo-se a melhor qualidade possível.

Assim, na esfera das licitações, o princípio se aplica buscando-se a obtenção do objeto pretendido pela Administração no preço mais vantajoso possível, considerando a relação custo-benefício.

Consoante Marcos Juruena e Flávio Amaral, a economicidade é uma derivação do dever de eficiência inerente à função de administrar e tem por objetivo a obtenção dos melhores resultados ao menor custo possível.

1.1.22 Princípio do Desenvolvimento Nacional Sustentável

No que concerne às licitações públicas, o Princípio do Desenvolvimento Nacional Sustentável sinaliza que as contratações públicas devem ser usadas como ferramentas de alavancagem de desenvolvimento, promovendo, inclusive, incentivo à produção tecnológica brasileira.

O fomento ao desenvolvimento econômico e social é parte preponderante do elenco de finalidades do Estado, pois o art. 3º da CF elenca como objetivos fundamentais do Estado brasileiro "garantir o desenvolvimento nacional" e "reduzir as desigualdades sociais". Nesse viés, veio à tona a Lei nº 12.349, em 16.12.2010, em face da conversão em Lei da MP nº 495/2010, estabelecendo esse novo mecanismo, com o intuito de fomentar o desenvolvimento nacional.

A inserção da promoção do desenvolvimento nacional sustentável como um dos princípios da licitação revigorou o propósito anteriormente deflagrado, com a edição da LC nº 123/2006 – que oferece tratamento favorecido e diferenciado para microempresas e empresas de pequeno porte –, do uso do poder de compra do Estado como instrumento de difusão de políticas públicas.

---

104 Art. 70. A fiscalização contábil, financeira, orçamentária, operacional e patrimonial da União e das entidades da administração direta e indireta, quanto à legalidade, legitimidade, economicidade, aplicação das subvenções e renúncia de receitas, será exercida pelo Congresso Nacional, mediante controle externo, e pelo sistema de controle interno de cada Poder.

Sobre o tema, a observação de Ricardo Alexandre Sampaio:

> Com isso, mais do que apenas satisfazer as necessidades da Administração, o contrato administrativo também servirá como indutor de políticas públicas, em especial aquelas voltadas ao fomento e ao desenvolvimento de segmentos econômicos reputados estratégicos.

Nesse pé, as contratações públicas passaram a ser fitadas como ferramentas de alavancagem de desenvolvimento, promovendo, inclusive, incentivo à produção tecnológica brasileira.

Nesse aspecto, principalmente a partir da década de 1990, houve grandiosa evolução. É indiscutível que, entre os instrumentos que o Poder Público detém para serem adotados no atendimento da regra constitucional, um dos mais fortes é a licitação, ou seja, a utilização do "poder de compra do Estado" como uma eficaz ferramenta para fomento efetivo do mercado. Essa, inclusive, é uma bandeira deflagrada há tempos pelo Prof. Luciano Ferraz, ao ponderar que a licitação deveria ser utilizada como instrumento de regulação de mercado, de modo a torná-lo mais livre e competitivo, além da possibilidade de concebê-la como mecanismo de indução de determinadas práticas que produziriam resultados sociais benéficos, imediatos ou futuros.

1.1.22.1 O desenvolvimento sustentável

Inserido no âmbito das licitações inicialmente como objetivo, o desenvolvimento nacional sustentável, com a Nova Lei, foi elevado ao patamar de princípio.[105]

Essa nova faceta implica a edição de normas que visem à implementação das chamadas *licitações sustentáveis*,[106] advindo daí *contratos administrativos com cláusulas de sustentabilidade*.

1.1.22.2 As licitações sustentáveis

As licitações sustentáveis são certames que exigem das futuras contratadas o atendimento de critérios ambientais, sociais e econômicos, tendo como fim o desenvolvimento da sociedade em seu sentido amplo e a preservação de um meio ambiente equilibrado.

---

[105] O desenvolvimento sustentável é uma tônica em todo o mundo. Observe-se que, entre 20 a 22 de junho de 2012, ocorreu, na cidade do Rio de Janeiro, a Conferência das Nações Unidas sobre Direito Sustentável (conhecida como Rio+20), marcando o 20º aniversário da Conferência das Nações Unidas sobre Meio Ambiente e Desenvolvimento (UNCED), que também transcorreu no Rio de Janeiro, em 1992, e o 10º aniversário da Cúpula Mundial sobre Desenvolvimento Sustentável (WSSD), ocorrida em Johanesburgo, em 2002, objetivando assegurar um comprometimento político renovado para o desenvolvimento sustentável, avaliar o progresso feito até então, as lacunas ainda existentes na implementação dos resultados dos principais encontros sobre desenvolvimento sustentável e estudar os novos desafios emergentes. A Assembleia ocorrerá após importantes eventos globais, como a Conferência das Nações Unidas sobre os Oceanos, em junho de 2020, a Conferência de Biodiversidade da ONU, em outubro de 2020 – onde os países se reunirão para tomar decisões sobre a proteção da biodiversidade.

[106] Também chamadas de "compras públicas sustentáveis", "compras verdes", "licitações positivas", "compras ambientalmente amigáveis" ou "ecoaquisições".

Baseiam-se na premissa de que o comprador público deve adotar a licitação não só como ferramenta da compra do melhor produto/serviço pelo menor preço, mas, também, para fazer valer a obrigação constitucional do Poder Público de garantir um meio ambiente equilibrado (art. 225 da CF).[107] [108]

Sobre a adoção de boas práticas licitatórias de otimização de recursos/redução de desperdícios/menor poluição, é apropriadíssima a avaliação de Vânia Pereira da Silva:

> Tal obrigação indica a necessidade de criar uma nova consciência coletiva, no que tange à sustentabilidade, adotando-se meios de instrução dos agentes públicos e de introdução do novo conceito, que surge desde a simples adoção de posturas ecologicamente aceitáveis até a definição do objeto da licitação. Observa-se que para a efetiva implementação das ações [...] necessita-se de elaboração de novas normas internas que regulamentem, por exemplo, a utilização racional da água e da energia, [...] e aquisição de lâmpadas de maior eficiência e de processo produtivo sustentável, procedimentos de descarte dos materiais eletrônicos de pequena dimensão, implementação da reciclagem, dentre outros. Além disso, disponibilizar os meios para que a empresa contratada possa executar a seleção do lixo coletado, treinar os agentes públicos para que gerenciem os contratos celebrados, desde a simples execução do objeto propriamente dito, até o acompanhamento das ações finais de descarte de materiais.[109]

Ressalta-se que, antecipando-se à autorização legal, o Governo Federal já houvera editado a Instrução Normativa SLTI/MPOG nº 01, de 19 de janeiro de 2010, que dispunha sobre os critérios de sustentabilidade ambiental na aquisição de bens, contratação de serviços ou obras pela Administração Pública federal direta, autárquica e fundacional.

Comemorando o Dia Mundial do Meio Ambiente, celebrado no dia 5.6.2012, o governo do Brasil lançou uma série de medidas de desenvolvimento de políticas de sustentabilidade. Entre elas, o Decreto nº 7.746/2012, que, consolidando e ampliando o Programa de Contratações Sustentáveis, regulamentou a matéria.

Segundo a então presidente Dilma Roussef, a intenção foi estabelecer uma política concreta de sustentabilidade:

> Ao definir em decreto a prioridade para compras do Estado brasileiro, que tem um poder significativo no que se refere a todas as cadeias produtivas, [...] fortalece as cadeias comprometidas com a preservação, a chamada economia verde inclusiva, e, ao mesmo

---

107 Sobre as licitações sustentáveis, *vide* o nosso "*Licitações Sustentáveis* – O poder de compra do Estado fomentando o desenvolvimento sustentável" (Del Rey) e *Licitações e contratações públicas sustentáveis*, coord. Murillo Giordan Santos e Teresa Villac Pinheiro Barki (Fórum). (BITTENCOURT. *Licitações Sustentáveis – o uso do poder de compra do Estado fomentando o desenvolvimento nacional sustentável*; SANTOS; BARKI. *Licitações e contratações públicas sustentáveis*).

108 Ivan Barbosa Rigolin preocupa-se, com razão, com a volatilidade da expressão: "Tomara que as autoridades mantenham a cabeça no lugar e não deem asas à criatividade de eleger alguma proposta, acaso em desacordo com o respectivo critério de julgamento revisto no edital, que no momento lhes pareça mais favorável ao desenvolvimento nacional [...]. Esta lei de licitações contempla quatro critérios de julgamento, dos quais o do menor preço é praticamente a regra geral, e quase todas as licitações no Brasil são por menor preço. Muito bem, então como se poderia conciliar a meta de perseguição ao desenvolvimento nacional numa licitação de menor preço? Acaso poderia uma proposta que não fosse a de menor preço, também por acaso julgada pela comissão julgadora mais apta a propiciar o desenvolvimento nacional do que a de menor preço, ser declarada vencedora nesse certame? É evidente que não, e desse modo resta a pergunta: onde entra em cena, num caso assim, o desenvolvimento nacional? Que papel representa?" (RIGOLIN. *Lei das licitações é novamente alterada*).

109 SILVA. *O dinamismo das normas administrativas nas contratações públicas*.

tempo se estimula o mercado de bens e serviços ambientais [...] sinalizando a importância que economicamente o meio ambiente tem para o governo federal no que se refere ao fornecimento de bens e serviços.[110]

Em 2017, visando novos acertos, diante do constatado em função da aplicação prática, o Decreto nº 7.747/2012 foi alterado pelo Decreto nº 9.178.

Pela nova regulamentação, os órgãos e entidades da Administração federal direta, autárquica e fundacional e as empresas estatais dependentes passaram a poder adquirir bens e a contratar serviços e obras considerando critérios e práticas de sustentabilidade justificados e estabelecidos no edital licitatório.

Reza a ementa do Decreto nº 7.746/2012 (com redação dada pelo Decreto nº 9.178/2017):

> Estabelecer critérios e práticas para a promoção do desenvolvimento nacional sustentável nas contratações realizadas pela administração pública federal direta, autárquica e fundacional e pelas empresas estatais dependentes, e institui a Comissão Interministerial de Sustentabilidade na Administração Pública – CISAP.

A partir de então, os órgãos e entidades da Administração federal direta, autárquica e fundacional e as empresas estatais dependentes passaram a poder seguir práticas de sustentabilidade nas suas contratações, conforme determinado no ato regulamentar: baixo impacto sobre recursos naturais como flora, fauna, ar, solo e água; preferência para materiais, tecnologias e matérias-primas de origem local; maior eficiência na utilização de recursos naturais como água e energia; maior geração de empregos, preferencialmente com mão de obra local; maior vida útil e menor custo de manutenção do bem e da obra; uso de inovações que reduzam a pressão sobre recursos naturais; origem sustentável dos recursos naturais utilizados nos bens, nos serviços e nas obras; e utilização de produtos florestais madeireiros e não madeireiros originários de manejo florestal sustentável ou de reflorestamento (art. 4º do Decreto nº 7.746/2012, com alterações determinadas pelo Decreto nº 9.178/2017).

Não à toa o arquiteto e urbanista Jaime Lerner,[111] consultor da ONU em questões de urbanismo e ex-prefeito da cidade de Curitiba – única cidade da América Latina selecionada pelo estudo Centros de Sustentabilidade Global 2020, do Instituto Ethisphere, de Nova York, na lista das dez mais sustentáveis do mundo –, defendeu que os governos devem enfrentar com destemor essa necessidade:

> Os prefeitos precisam ter coragem e inteligência para decidir que tipo de investimento querem atrair para seus Municípios, porque a verdade é que, se a qualidade de vida cresce, os investimentos chegam.[112]

Contudo, não é nada fácil convencer os governantes nesse sentido.

---

[110] Conforme discurso na cerimônia de comemoração do Dia Mundial do Meio Ambiente.

[111] Conhecido como "pioneiro do verde".

[112] LERNER. *Usar menos o carro e separar o lixo caseiro.*

Luciana Betiol, pesquisadora do Centro de Estudos em Sustentabilidade da FGV, comentou sobre essa dificuldade:

> São muitos os desafios para a implementação da licitação sustentável no Brasil. Um deles é o convencimento dos tomadores de decisão da importância e dos impactos positivos que essas ações podem trazer. A adoção de políticas públicas e normas também se coloca como questão fundamental para a criação de um ambiente propício para tais ações. Já há pareceres jurídicos relevantes que apontam para a legalidade da implementação de práticas de compras públicas sustentáveis. É preciso agora que os agentes públicos ajam, efetivando as compras e contratações com base em critérios de sustentabilidade.[113]

Sobre o tema, registre-se que a Advocacia-Geral da União (AGU) publicou a 4ª edição do "Guia Nacional de Contratações Sustentáveis", com o propósito de auxiliar a adoção, nas contratações públicas, de critérios e práticas de sustentabilidade socioambiental, cultural e de acessibilidade, desde o planejamento até a gestão ambiental de resíduos. A adoção dos procedimentos estabelecidos no guia é obrigatória para os órgãos e entidades da Administração Pública federal, que, no entanto, poderão justificar a impossibilidade de utilizá-los, conforme determina o Parecer nº 01/2021 da Consultoria-Geral da União (CGU).

2 As disposições do Decreto-Lei nº 4.657/1942 (Lei de Introdução às Normas do Direito Brasileiro)

Além de atendimento aos princípios basilares, o artigo ainda preceitua o pleno atendimento nas licitações e contratações às disposições do Decreto-Lei nº 4.657, de 4 de setembro de 1942 (Lei de Introdução às Normas do Direito Brasileiro – LINDB), diploma de vital importância no ordenamento jurídico pátrio, pois disciplina a aplicação das normas, indicando como interpretá-las ou aplicá-las, determinando-lhe a vigência e a eficácia.

Nos primórdios, Serpa Lopes, avaliando o alcance do Decreto-Lei nº 4.657/1942 (originalmente *Lei de Introdução ao Código Civil*),[114] trazendo os opinamentos de Venzi e Espínola, já destacava a sua relevância:

> Na opinião de Venzi, invocada por Eduardo Espínola, o alcance da Lei de Introdução é vasto. Não se cinge ao Código Civil, a despeito de vir a ele anexado, mas protrai seus efeitos a todos os Códigos e a todas as disposições legislativas, seja qual for a sua natureza, pública ou privada, uma vez que a razão da sua colocação adjeta ao Código referido deve-se pura e simplesmente a ser este considerado, dentre os demais, como a legislação de maior importância.[115]

Com a edição da Lei nº 13.655, de 25.04.2018, a LINDB sofreu significativas alterações nos critérios utilizados para a aplicação do Direito Público.

---

[113] BETIOL. *Licitações sustentáveis*.

[114] A Lei nº 12.376/2010 alterou a ementa do Decreto-Lei nº 4.657/1942, ampliando o seu campo de atuação, passando a vigorar, consoante o seu art. 2º, como "Lei de Introdução às normas do Direito Brasileiro".

[115] LOPES. *Comentários à Lei de Introdução ao Código Civil*. 2. ed. v. I.

Ressaltando a magnitude das alterações introduzidas pela Lei nº 13.655/2018, Renato Geraldo Mendes foi enfático:

> O Decreto-Lei nº 4.657/1942 reúne "normas" aplicáveis a todos os regimes jurídicos vigentes e a todos os entes da Federação, bem como aos diversos poderes constituídos: Executivo, Legislativo e Judiciário.
>
> Vale dizer: todos, sem exceção, devem observar o mencionado conjunto de regras, especialmente as esferas administrativas, de controle interno e externo e judicial, pois a elas se destinam diretamente as prescrições da Lei nº 13.655/2018.
>
> Inclusive, ao se referir ao Decreto-Lei nº 4.657/1942, a doutrina costuma qualificá-lo como *lex legum* por se tratar de uma lei que regula outras leis. Entretanto, há quem prefira se reportar a ele como "normas sobre normas" ou "direito sobre direito".
>
> Estamos explicando tudo isso para deixar bem claro que não se trata de uma lei qualquer, mas de um ato legislativo fundamental e que, salvo engano, com as alterações introduzidas pela Lei nº 13.655/2018, tende a se tornar um dos atos mais importantes do Direito brasileiro.
>
> Digamos que, sem ofuscar o brilho da Constituição Federal, o Decreto-Lei nº 4.657/1942 passa a ser a "lei das leis". Ele estará na pauta de todas as discussões jurídicas de agora em diante e terá de ser cuidadosamente estudado nas faculdades de Direito e nos cursos de pós-graduação.
>
> Não há exagero em dizer que a Lei nº 13.655/2018 criou o cenário propício para que se realize uma verdadeira revolução no campo da tomada de decisões no Direito brasileiro, notadamente na área do direito público.[116]

Vê-se, portanto, que o principal objetivo da nova Lei nº 13.655/2018 foi ampliar os níveis de segurança jurídica e eficiência na criação e aplicação do Direito Público.

Objetivamente, interferindo e mudando a forma de se agir no âmbito da decisão administrativa (bem como no âmbito das decisões de controle e judicial), preceitua o art. 20 da Lei nº 13.655/2018 que a autoridade administrativa não poderá decidir baseada em valores jurídicos abstratos sem que sejam consideradas as consequências práticas da decisão. E mais: deverá demonstrar a necessidade e a adequação da medida imposta ou da invalidação de ato, contrato, ajuste, processo ou norma administrativa, inclusive em face das possíveis alternativas.

> Art. 20. Nas esferas administrativa, controladora e judicial, não se decidirá com base em valores jurídicos abstratos sem que sejam consideradas as consequências práticas da decisão.
>
> Parágrafo único. A motivação demonstrará a necessidade e a adequação da medida imposta ou da invalidação de ato, contrato, ajuste, processo ou norma administrativa, inclusive em face das possíveis alternativas.

O Decreto Regulamentar nº 9.830, de 10.06.2019 (que regulamentou o disposto nos arts. 20 a 30 da Lei nº 13.655/2018), delineia o art. 20.

No art. 2º, trata do dever geral de motivação para as decisões administrativas, e, no art. 3º, minudencia a motivação e a decisão baseadas em valores jurídicos abstratos.

---

[116] MENDES. *A revolução propiciada pela Lei nº 13.655/2018.*

> *Motivação e decisão*
>
> Art. 2º A decisão será motivada com a contextualização dos fatos, quando cabível, e com a indicação dos fundamentos de mérito e jurídicos.
>
> §1º A motivação da decisão conterá os seus fundamentos e apresentará a congruência entre as normas e os fatos que a embasaram, de forma argumentativa.
>
> §2º A motivação indicará as normas, a interpretação jurídica, a jurisprudência ou a doutrina que a embasaram.
>
> §3º A motivação poderá ser constituída por declaração de concordância com o conteúdo de notas técnicas, pareceres, informações, decisões ou propostas que precederam a decisão.
>
> *Motivação e decisão baseadas em valores jurídicos abstratos*
>
> Art. 3º A decisão que se basear exclusivamente em valores jurídicos abstratos observará o disposto no art. 2º e as consequências práticas da decisão.
>
> §1º Para fins do disposto neste Decreto, consideram-se valores jurídicos abstratos aqueles previstos em normas jurídicas com alto grau de indeterminação e abstração.
>
> §2º Na indicação das consequências práticas da decisão, o decisor apresentará apenas aquelas consequências práticas que, no exercício diligente de sua atuação, consiga vislumbrar diante dos fatos e fundamentos de mérito e jurídicos.
>
> §3º A motivação demonstrará a necessidade e a adequação da medida imposta, inclusive consideradas as possíveis alternativas e observados os critérios de adequação, proporcionalidade e de razoabilidade.

Observe-se que o §1º do art. 3º do Decreto nº 9.830/2019 conceitua a expressão "valores jurídicos indeterminados" como "aqueles previstos em normas jurídicas com alto grau de indeterminação e abstração".

Já o §2º afasta dúvidas quanto à expressão "consequências práticas" do art. 20 da Lei nº 13.655/2018, prescrevendo que "o decisor apresentará apenas aquelas consequências práticas que, no exercício diligente de sua atuação, consiga vislumbrar diante dos fatos e fundamentos de mérito e jurídicos".

Por fim, o §3º trata da incidência dos princípios da proporcionalidade e da razoabilidade no processo de tomada de decisões administrativas, o que também está indicado no art. 4º, §2º (artigo que cuida da motivação e da decisão na invalidação dos atos).

> Art. 4º A decisão que decretar invalidação de atos, contratos, ajustes, processos ou normas administrativos observará o disposto no art. 2º e indicará, de modo expresso, as suas consequências jurídicas e administrativas.
>
> §1º A consideração das consequências jurídicas e administrativas é limitada aos fatos e fundamentos de mérito e jurídicos que se espera do decisor no exercício diligente de sua atuação.
>
> §2º A motivação demonstrará a necessidade e a adequação da medida imposta, consideradas as possíveis alternativas e observados os critérios de proporcionalidade e de razoabilidade.

Em linhas gerais, essas novas regras impõem um novo paradigma para os que detêm o poder de decidir no âmbito das licitações e contratos administrativos, notadamente a comissão de contratação[117] e o ordenador de despesas, bem como para aqueles que estejam na esfera do controle dos atos administrativos.

Como bem anotou Renato Geraldo Mendes, por força do art. 20 da Lei nº 13.655/2018, não é mais possível decidir como se fazia antes, porque agora é preciso decidir como nunca antes se fez.[118]

Destarte, cientes da nova ótica exigida no enfrentamento das decisões, tanto no âmbito da habilitação dos licitantes quanto nos casos de impugnações, recursos administrativos, contrarrazões, revogações, rescisões e todos os demais atos inerentes ao tema, os agentes públicos responsáveis pelas licitações e pelos contratos públicos deverão acautelar-se, sabedores de que suas resoluções deverão estar motivadas como determina a Lei de Introdução às Normas do Direito Brasileiro.

---

[117] E o pregoeiro, nos pregões.

[118] MENDES. *O art. 20 da Lei nº 13.655/2018 e seu impacto nas contratações públicas*.

CAPÍTULO III
DAS DEFINIÇÕES

Art. 6º Para os fins desta Lei, consideram-se:

I – órgão: unidade de atuação integrante da estrutura da Administração Pública;

II – entidade: unidade de atuação dotada de personalidade jurídica;

III – Administração Pública: administração direta e indireta da União, dos Estados, do Distrito Federal e dos Municípios, inclusive as entidades com personalidade jurídica de direito privado sob controle do poder público e as fundações por ele instituídas ou mantidas;

IV – Administração: órgão ou entidade por meio do qual a Administração Pública atua;

V – agente público: indivíduo que, em virtude de eleição, nomeação, designação, contratação ou qualquer outra forma de investidura ou vínculo, exerce mandato, cargo, emprego ou função em pessoa jurídica integrante da Administração Pública;

VI – autoridade: agente público dotado de poder de decisão;

VII – contratante: pessoa jurídica integrante da Administração Pública responsável pela contratação;

VIII – contratado: pessoa física ou jurídica, ou consórcio de pessoas jurídicas, signatária de contrato com a Administração;

IX – licitante: pessoa física ou jurídica, ou consórcio de pessoas jurídicas, que participa ou manifesta a intenção de participar de processo licitatório, sendo-lhe equiparável, para os fins desta Lei, o fornecedor ou o prestador de serviço que, em atendimento à solicitação da Administração, oferece proposta;

X – compra: aquisição remunerada de bens para fornecimento de uma só vez ou parceladamente, considerada imediata aquela com prazo de entrega de até 30 (trinta) dias da ordem de fornecimento;

XI – serviço: atividade ou conjunto de atividades destinadas a obter determinada utilidade, intelectual ou material, de interesse da Administração;

XII – obra: toda atividade estabelecida, por força de lei, como privativa das profissões de arquiteto e engenheiro que implica intervenção no meio ambiente por meio de um conjunto harmônico de ações que, agregadas, formam um todo que inova o espaço físico da natureza ou acarreta alteração substancial das características originais de bem imóvel;

XIII – bens e serviços comuns: aqueles cujos padrões de desempenho e qualidade podem ser objetivamente definidos pelo edital, por meio de especificações usuais de mercado;

XIV – bens e serviços especiais: aqueles que, por sua alta heterogeneidade ou complexidade, não podem ser descritos na forma do inciso XIII do *caput* deste artigo, exigida justificativa prévia do contratante;

XV – serviços e fornecimentos contínuos: serviços contratados e compras realizadas pela Administração Pública para a manutenção da atividade administrativa, decorrentes de necessidades permanentes ou prolongadas;

XVI – serviços contínuos com regime de dedicação exclusiva de mão de obra: aqueles cujo modelo de execução contratual exige, entre outros requisitos, que:

a) os empregados do contratado fiquem à disposição nas dependências do contratante para a prestação dos serviços;

b) o contratado não compartilhe os recursos humanos e materiais disponíveis de uma contratação para execução simultânea de outros contratos;

c) o contratado possibilite a fiscalização pelo contratante quanto à distribuição, controle e supervisão dos recursos humanos alocados aos seus contratos;

XVII – serviços não contínuos ou contratados por escopo: aqueles que impõem ao contratado o dever de realizar a prestação de um serviço específico em período predeterminado, podendo ser prorrogado, desde que justificadamente, pelo prazo necessário à conclusão do objeto;

XVIII – serviços técnicos especializados de natureza predominantemente intelectual: aqueles realizados em trabalhos relativos a:

a) estudos técnicos, planejamentos, projetos básicos e projetos executivos;

b) pareceres, perícias e avaliações em geral;

c) assessorias e consultorias técnicas e auditorias financeiras e tributárias;

d) fiscalização, supervisão e gerenciamento de obras e serviços;

e) patrocínio ou defesa de causas judiciais e administrativas;

f) treinamento e aperfeiçoamento de pessoal;

g) restauração de obras de arte e de bens de valor histórico;

h) controles de qualidade e tecnológico, análises, testes e ensaios de campo e laboratoriais, instrumentação e monitoramento de parâmetros específicos de obras e do meio ambiente e demais serviços de engenharia que se enquadrem na definição deste inciso;

XIX – notória especialização: qualidade de profissional ou de empresa cujo conceito, no campo de sua especialidade, decorrente de desempenho anterior, estudos, experiência, publicações, organização, aparelhamento, equipe técnica ou outros requisitos relacionados com suas atividades, permite inferir que o seu trabalho é essencial e reconhecidamente adequado à plena satisfação do objeto do contrato;

XX – estudo técnico preliminar: documento constitutivo da primeira etapa do planejamento de uma contratação que caracteriza o interesse público envolvido e a sua melhor solução e dá base ao anteprojeto, ao termo de referência ou ao projeto básico a serem elaborados caso se conclua pela viabilidade da contratação;

XXI – serviço de engenharia: toda atividade ou conjunto de atividades destinadas a obter determinada utilidade, intelectual ou material, de interesse para a Administração e que, não enquadradas no conceito de obra a que se refere o inciso XII do *caput* deste artigo, são estabelecidas, por força de lei, como privativas das profissões de arquiteto e engenheiro ou de técnicos especializados, que compreendem:

a) serviço comum de engenharia: todo serviço de engenharia que tem por objeto ações, objetivamente padronizáveis em termos de desempenho e qualidade, de manutenção, de adequação e de adaptação de bens móveis e imóveis, com preservação das características originais dos bens;

b) serviço especial de engenharia: aquele que, por sua alta heterogeneidade ou complexidade, não pode se enquadrar na definição constante da alínea "a" deste inciso;

XXII – obras, serviços e fornecimentos de grande vulto: aqueles cujo valor estimado supera R$200.000.000,00 (duzentos milhões de reais);[119]

XXIII – termo de referência: documento necessário para a contratação de bens e serviços, que deve conter os seguintes parâmetros e elementos descritivos:

a) definição do objeto, incluídos sua natureza, os quantitativos, o prazo do contrato e, se for o caso, a possibilidade de sua prorrogação;

b) fundamentação da contratação, que consiste na referência aos estudos técnicos preliminares correspondentes ou, quando não for possível divulgar esses estudos, no extrato das partes que não contiverem informações sigilosas;

c) descrição da solução como um todo, considerado todo o ciclo de vida do objeto;

d) requisitos da contratação;

e) modelo de execução do objeto, que consiste na definição de como o contrato deverá produzir os resultados pretendidos desde o seu início até o seu encerramento;

f) modelo de gestão do contrato, que descreve como a execução do objeto será acompanhada e fiscalizada pelo órgão ou entidade;

g) critérios de medição e de pagamento;

h) forma e critérios de seleção do fornecedor;

i) estimativas do valor da contratação, acompanhadas dos preços unitários referenciais, das memórias de cálculo e dos documentos que lhe dão suporte, com os parâmetros utilizados para a obtenção dos preços e para os respectivos cálculos, que devem constar de documento separado e classificado;

j) adequação orçamentária;

---

119 Atualmente, R$239.624.058,14 (duzentos e trinta e nove milhões, seiscentos e vinte e quatro mil, cinquenta e oito reais e quatorze centavos), conforme atualização disposta no Decreto nº 11.871, de 29.12.2023.

XXIV – anteprojeto: peça técnica com todos os subsídios necessários à elaboração do projeto básico, que deve conter, no mínimo, os seguintes elementos:
a) demonstração e justificativa do programa de necessidades, avaliação de demanda do público-alvo, motivação técnico-econômico-social do empreendimento, visão global dos investimentos e definições relacionadas ao nível de serviço desejado;
b) condições de solidez, de segurança e de durabilidade;
c) prazo de entrega;
d) estética do projeto arquitetônico, traçado geométrico e/ou projeto da área de influência, quando cabível;
e) parâmetros de adequação ao interesse público, de economia na utilização, de facilidade na execução, de impacto ambiental e de acessibilidade;
f) proposta de concepção da obra ou do serviço de engenharia;
g) projetos anteriores ou estudos preliminares que embasaram a concepção proposta;
h) levantamento topográfico e cadastral;
i) pareceres de sondagem;
j) memorial descritivo dos elementos da edificação, dos componentes construtivos e dos materiais de construção, de forma a estabelecer padrões mínimos para a contratação;
XXV – projeto básico: conjunto de elementos necessários e suficientes, com nível de precisão adequado para definir e dimensionar a obra ou o serviço, ou o complexo de obras ou de serviços objeto da licitação, elaborado com base nas indicações dos estudos técnicos preliminares, que assegure a viabilidade técnica e o adequado tratamento do impacto ambiental do empreendimento e que possibilite a avaliação do custo da obra e a definição dos métodos e do prazo de execução, devendo conter os seguintes elementos:
a) levantamentos topográficos e cadastrais, sondagens e ensaios geotécnicos, ensaios e análises laboratoriais, estudos socioambientais e demais dados e levantamentos necessários para execução da solução escolhida;
b) soluções técnicas globais e localizadas, suficientemente detalhadas, de forma a evitar, por ocasião da elaboração do projeto executivo e da realização das obras e montagem, a necessidade de reformulações ou variantes quanto à qualidade, ao preço e ao prazo inicialmente definidos;
c) identificação dos tipos de serviços a executar e dos materiais e equipamentos a incorporar à obra, bem como das suas especificações, de modo a assegurar os melhores resultados para o empreendimento e a segurança executiva na utilização do objeto, para os fins a que se destina, considerados os riscos e os perigos identificáveis, sem frustrar o caráter competitivo para a sua execução;

d) informações que possibilitem o estudo e a definição de métodos construtivos, de instalações provisórias e de condições organizacionais para a obra, sem frustrar o caráter competitivo para a sua execução;

e) subsídios para montagem do plano de licitação e gestão da obra, compreendidos a sua programação, a estratégia de suprimentos, as normas de fiscalização e outros dados necessários em cada caso;

f) orçamento detalhado do custo global da obra, fundamentado em quantitativos de serviços e fornecimentos propriamente avaliados, obrigatório exclusivamente para os regimes de execução previstos nos incisos I, II, III, IV e VII do *caput* do art. 46 desta Lei;

XXVI – projeto executivo: conjunto de elementos necessários e suficientes à execução completa da obra, com o detalhamento das soluções previstas no projeto básico, a identificação de serviços, de materiais e de equipamentos a serem incorporados à obra, bem como suas especificações técnicas, de acordo com as normas técnicas pertinentes;

XXVII – matriz de riscos: cláusula contratual definidora de riscos e de responsabilidades entre as partes e caracterizadora do equilíbrio econômico-financeiro inicial do contrato, em termos de ônus financeiro decorrente de eventos supervenientes à contratação, contendo, no mínimo, as seguintes informações:

a) listagem de possíveis eventos supervenientes à assinatura do contrato que possam causar impacto em seu equilíbrio econômico-financeiro e previsão de eventual necessidade de prolação de termo aditivo por ocasião de sua ocorrência;

b) no caso de obrigações de resultado, estabelecimento das frações do objeto com relação às quais haverá liberdade para os contratados inovarem em soluções metodológicas ou tecnológicas, em termos de modificação das soluções previamente delineadas no anteprojeto ou no projeto básico;

c) no caso de obrigações de meio, estabelecimento preciso das frações do objeto com relação às quais não haverá liberdade para os contratados inovarem em soluções metodológicas ou tecnológicas, devendo haver obrigação de aderência entre a execução e a solução predefinida no anteprojeto ou no projeto básico, consideradas as características do regime de execução no caso de obras e serviços de engenharia;

XXVIII – empreitada por preço unitário: contratação da execução da obra ou do serviço por preço certo de unidades determinadas;

XXIX – empreitada por preço global: contratação da execução da obra ou do serviço por preço certo e total;

XXX – empreitada integral: contratação de empreendimento em sua integralidade, compreendida a totalidade das etapas de obras, serviços e instalações necessárias, sob inteira responsabilidade do contratado até sua entrega ao contratante em condições de entrada em operação, com características adequadas às finalidades para as quais foi contratado e atendidos os requisitos técnicos e legais para sua utilização com segurança estrutural e operacional;

XXXI – contratação por tarefa: regime de contratação de mão de obra para pequenos trabalhos por preço certo, com ou sem fornecimento de materiais;

XXXII – contratação integrada: regime de contratação de obras e serviços de engenharia em que o contratado é responsável por elaborar e desenvolver os projetos básico e executivo, executar obras e serviços de engenharia, fornecer bens ou prestar serviços especiais e realizar montagem, teste, pré-operação e as demais operações necessárias e suficientes para a entrega final do objeto;

XXXIII – contratação semi-integrada: regime de contratação de obras e serviços de engenharia em que o contratado é responsável por elaborar e desenvolver o projeto executivo, executar obras e serviços de engenharia, fornecer bens ou prestar serviços especiais e realizar montagem, teste, pré-operação e as demais operações necessárias e suficientes para a entrega final do objeto;

XXXIV – fornecimento e prestação de serviço associado: regime de contratação em que, além do fornecimento do objeto, o contratado responsabiliza-se por sua operação, manutenção ou ambas, por tempo determinado;

XXXV – licitação internacional: licitação processada em território nacional na qual é admitida a participação de licitantes estrangeiros, com a possibilidade de cotação de preços em moeda estrangeira, ou licitação na qual o objeto contratual pode ou deve ser executado no todo ou em parte em território estrangeiro;

XXXVI – serviço nacional: serviço prestado em território nacional, nas condições estabelecidas pelo Poder Executivo federal;

XXXVII – produto manufaturado nacional: produto manufaturado produzido no território nacional de acordo com o processo produtivo básico ou com as regras de origem estabelecidas pelo Poder Executivo federal;

XXXVIII – concorrência: modalidade de licitação para contratação de bens e serviços especiais e de obras e serviços comuns e especiais de engenharia, cujo critério de julgamento poderá ser:

a) menor preço;

b) melhor técnica ou conteúdo artístico;

c) técnica e preço;

d) maior retorno econômico;

e) maior desconto;

XXXIX – concurso: modalidade de licitação para escolha de trabalho técnico, científico ou artístico, cujo critério de julgamento será o de melhor técnica ou conteúdo artístico, e para concessão de prêmio ou remuneração ao vencedor;
XL – leilão: modalidade de licitação para alienação de bens imóveis ou de bens móveis inservíveis ou legalmente apreendidos a quem oferecer o maior lance;
XLI – pregão: modalidade de licitação obrigatória para aquisição de bens e serviços comuns, cujo critério de julgamento poderá ser o de menor preço ou o de maior desconto;
XLII – diálogo competitivo: modalidade de licitação para contratação de obras, serviços e compras em que a Administração Pública realiza diálogos com licitantes previamente selecionados mediante critérios objetivos, com o intuito de desenvolver uma ou mais alternativas capazes de atender às suas necessidades, devendo os licitantes apresentar proposta final após o encerramento dos diálogos;
XLIII – credenciamento: processo administrativo de chamamento público em que a Administração Pública convoca interessados em prestar serviços ou fornecer bens para que, preenchidos os requisitos necessários, se credenciem no órgão ou na entidade para executar o objeto quando convocados;
XLIV – pré-qualificação: procedimento seletivo prévio à licitação, convocado por meio de edital, destinado à análise das condições de habilitação, total ou parcial, dos interessados ou do objeto;
XLV – sistema de registro de preços: conjunto de procedimentos para realização, mediante contratação direta ou licitação nas modalidades pregão ou concorrência, de registro formal de preços relativos à prestação de serviços, a obras e à aquisição e locação de bens para contratações futuras;
XLVI – ata de registro de preços: documento vinculativo e obrigacional, com característica de compromisso para futura contratação, no qual são registrados o objeto, os preços, os fornecedores, os órgãos participantes e as condições a serem praticadas, conforme as disposições contidas no edital da licitação, no aviso ou instrumento de contratação direta e nas propostas apresentadas;
XLVII – órgão ou entidade gerenciadora: órgão ou entidade da Administração Pública responsável pela condução do conjunto de procedimentos para registro de preços e pelo gerenciamento da ata de registro de preços dele decorrente;
XLVIII – órgão ou entidade participante: órgão ou entidade da Administração Pública que participa dos procedimentos iniciais da contratação para registro de preços e integra a ata de registro de preços;
XLIX – órgão ou entidade não participante: órgão ou entidade da Administração Pública que não participa dos procedimentos iniciais da licitação para registro de preços e não integra a ata de registro de preços;

L – comissão de contratação: conjunto de agentes públicos indicados pela Administração, em caráter permanente ou especial, com a função de receber, examinar e julgar documentos relativos às licitações e aos procedimentos auxiliares;

LI – catálogo eletrônico de padronização de compras, serviços e obras: sistema informatizado, de gerenciamento centralizado e com indicação de preços, destinado a permitir a padronização de itens a serem adquiridos pela Administração Pública e que estarão disponíveis para a licitação;

LII – sítio eletrônico oficial: sítio da internet, certificado digitalmente por autoridade certificadora, no qual o ente federativo divulga de forma centralizada as informações e os serviços de governo digital dos seus órgãos e entidades;

LIII – contrato de eficiência: contrato cujo objeto é a prestação de serviços, que pode incluir a realização de obras e o fornecimento de bens, com o objetivo de proporcionar economia ao contratante, na forma de redução de despesas correntes, remunerado o contratado com base em percentual da economia gerada;

LIV – seguro-garantia: seguro que garante o fiel cumprimento das obrigações assumidas pelo contratado;

LV – produtos para pesquisa e desenvolvimento: bens, insumos, serviços e obras necessários para atividade de pesquisa científica e tecnológica, desenvolvimento de tecnologia ou inovação tecnológica, discriminados em projeto de pesquisa;

LVI – sobrepreço: preço orçado para licitação ou contratado em valor expressivamente superior aos preços referenciais de mercado, seja de apenas 1 (um) item, se a licitação ou a contratação for por preços unitários de serviço, seja do valor global do objeto, se a licitação ou a contratação for por tarefa, empreitada por preço global ou empreitada integral, semi-integrada ou integrada;

LVII – superfaturamento: dano provocado ao patrimônio da Administração, caracterizado, entre outras situações, por:

a) medição de quantidades superiores às efetivamente executadas ou fornecidas;

b) deficiência na execução de obras e de serviços de engenharia que resulte em diminuição da sua qualidade, vida útil ou segurança;

c) alterações no orçamento de obras e de serviços de engenharia que causem desequilíbrio econômico-financeiro do contrato em favor do contratado;

d) outras alterações de cláusulas financeiras que gerem recebimentos contratuais antecipados, distorção do cronograma físico-financeiro, prorrogação injustificada do prazo contratual com custos adicionais para a Administração ou reajuste irregular de preços;

LVIII – reajustamento em sentido estrito: forma de manutenção do equilíbrio econômico-financeiro de contrato consistente na aplicação do índice de correção monetária previsto no contrato, que deve retratar a variação efetiva do custo de produção, admitida a adoção de índices específicos ou setoriais;

LIX – repactuação: forma de manutenção do equilíbrio econômico-financeiro de contrato utilizada para serviços contínuos com regime de dedicação exclusiva de mão de obra ou predominância de mão de obra, por meio da análise da variação dos custos contratuais, devendo estar prevista no edital com data vinculada à apresentação das propostas, para os custos decorrentes do mercado, e com data vinculada ao acordo, à convenção coletiva ou ao dissídio coletivo ao qual o orçamento esteja vinculado, para os custos decorrentes da mão de obra;
LX – agente de contratação: pessoa designada pela autoridade competente, entre servidores efetivos ou empregados públicos dos quadros permanentes da Administração Pública, para tomar decisões, acompanhar o trâmite da licitação, dar impulso ao procedimento licitatório e executar quaisquer outras atividades necessárias ao bom andamento do certame até a homologação.

Artigo 6º

1 Definições para os fins da Lei

Procurando ser didático, o artigo foi pródigo em definições, buscando dar significação precisa aos termos relevantes encontrados na Lei.

Apesar de muitos doutrinadores entenderem que compete à doutrina essa tarefa,[120] não resta dúvida de que a definição no corpo da norma facilita bastante a interpretação de dispositivos.

As definições são de vital importância para a interpretação dos textos legais, pois, quando os vocábulos elencados neste dispositivo aparecerem no corpo da lei, deverão ser entendidos em consonância com elas.

Muitas das definições são tão esclarecedoras que não necessitam, a nosso ver, de maiores comentários. Contudo, merecem precaução as descrições que diferem da conceituação corriqueira, ou até mesmo em função de defeitos, imprecisões e insuficiências.

Inciso I

1.1 Órgão

Sendo uma pessoa jurídica, o Estado manifesta sua vontade através de seus agentes (pessoas físicas que compõem seus quadros). Para que a pessoa jurídica e os agentes efetivamente interajam, há as diversas repartições internas, que constituem os órgãos públicos.

---

120 Como, por exemplo, Marcos Juruena Villela Souto, em palestra proferida em 1995 na Escola de Magistratura do Rio de Janeiro.

Os órgãos públicos são, portanto, as repartições internas do Estado, criados a partir da desconcentração administrativa, com a finalidade de desempenhar funções estatais, sendo despidos de personalidade jurídica.

Segundo definição de Maria Sylvia Zanella Di Pietro, o órgão público é uma unidade que congrega atribuições exercidas pelos agentes públicos que o integram com o objetivo de expressar a vontade do Estado.[121]

Nas palavras de Celso Antônio Bandeira de Mello, os órgãos nada mais significam que círculos de atribuições, os feixes individuais de poderes funcionais repartidos no interior da personalidade estatal e expressados através dos agentes neles providos.[122]

Nesse sentido, a Nova Lei assenta, neste inciso I, que órgão é unidade de atuação integrante da estrutura da Administração Pública.

Como sempre ocorre, a Nova Lei diferenciou órgão e agente público, que, consoante o inciso V, é o indivíduo que, em virtude de eleição, nomeação, designação, contratação ou qualquer outra forma de investidura ou vínculo, exerce mandato, cargo, emprego ou função em pessoa jurídica integrante da Administração Pública.

Inciso II

1.2 Entidade

Apesar da expressão "entidade" ser empregada genericamente como sinônimo de "pessoa jurídica", a nível de organização política e administrativa, o termo é adotado para indicar as estatais da administração indireta (autarquias, fundações de direito público, empresas públicas e sociedades de economia mista), bem como os consórcios públicos.

Dessas entidades, a autarquia é pessoa jurídica de direito público, a fundação e o consórcio público podem ser de direito público ou privado, dependendo do regime que lhes for atribuído pela lei instituidora e as empresas públicas e as sociedades de economia mista são pessoas jurídicas de direito privado.

Todas têm personalidade jurídica própria, possuindo, por conseguinte, direitos e obrigações definidos em lei, patrimônio próprio, receita própria e capacidade de autoadministração.

Como não são abrangidas pela Nova Lei as empresas públicas, as sociedades de economia mista e as suas subsidiárias, que são regidas pela Lei nº 13.303/2016 (Lei das Estatais),[123] conforme inclusive expressamente indicado no §1º do art. 1º, as entidades que o diploma legal faz referência são as autarquias, as fundações e os consórcios públicos.

Nesse viés, o inc. II, simplificadamente, define "entidades" como unidades de atuação dotada de personalidade jurídica.

---

[121] DI PIETRO. *Direito administrativo*. 31. ed.

[122] MELLO. *Curso de direito administrativo*. 19. ed.

[123] Sobre as licitações e os contratos regidos pela Lei das Estatais (Lei nº 13.303/2016), vide o nosso "A Nova Lei das Estatais (Novo Regime de Licitações e Contratos nas Empresas Estatais)".

Incisos III e IV

1.3 Administração Pública e Administração

Os incisos III e IV conceituam, respectivamente:

a) Administração Pública é a administração direta e indireta da União, dos Estados, do Distrito Federal e dos Municípios, inclusive as entidades com personalidade jurídica de direito privado sob controle do poder público e as fundações por ele instituídas ou mantidas;

b) Administração configura o órgão ou entidade por meio da qual a Administração Pública atua.

As conceituações são importantes em função da constante menção das expressões no corpo da Lei. Fica bem claro que o vocábulo "Administração", adotado de forma isolada, identifica a unidade administrativa, enquanto a expressão "Administração Pública" tem sentido amplo, abrangendo todas as pessoas de Direito Público (administração direta e indireta) de todos os Poderes da República (Executivo, Legislativo e Judiciário) e de todas as esferas (União, Estados, Municípios e Distrito Federal), englobando as entidades com personalidade jurídica de Direito Privado sob controle do Poder Público e as fundações por ele instituídas ou mantidas.

Inciso V

1.4 Agente Público

O Estado necessita de recursos humanos e materiais para a realização de atividades, serviços e obras que são de sua responsabilidade. Os recursos humanos constituem-se em todas as pessoas físicas que, sob variados vínculos, prestam serviços à Administração Pública ou realizam atividades que estão sob sua responsabilidade.[124]

Nesse contexto, em síntese, agente público é a pessoa física que presta serviços ao Estado e às entidades da Administração Pública indireta, os quais, segundo a Constituição brasileira, se dividem em quatro categorias: agentes políticos, servidores públicos, militares e particulares colaboradores com o Poder Público.

Numa definição abrangente, o inciso informa que agente público é o indivíduo que, em virtude de eleição, nomeação, designação, contratação ou qualquer outra forma de investidura ou vínculo, exerce mandato, cargo, emprego ou função em pessoa jurídica integrante da Administração Pública.

Essa definição merece atenção. O primeiro caso previsto é a investidura em virtude de eleição. Evidencia-se que a hipótese faz referência a mandato político. A outra situação é a nomeação para cargo público, não fazendo distinção entre cargo de provimento efetivo e em comissão. A forma que se segue é a designação, que significa qualquer ato da autoridade estatal atribuindo competência para gestão administrativa. Por fim, a contratação ou qualquer outra forma de investidura ou vínculo, demonstrando que qualquer conexão, ainda que precária ou temporária, é enquadrável na condição.

---

[124] MADEIRA. *Direito administrativo*. 13. ed.

Uma questão importante, nessa seara, diz respeito aos militares temporários e aos Prestadores de Tarefa por Tempo Certo (PTTC). É mais do que claro que, diante da abrangência da definição legal, ambos estão plenamente enquadrados. Nesse sentido, inclusive, a Advocacia-Geral da Uniãom (AGU), através do Parecer nº 00701/2022/CONJUR-MD/CGU/AGU, reconheceu que "as funções previstas na Lei nº 14.133/2021, atribuídas a servidores efetivos, podem ser exercidas por militares de carreira, militares temporários, praças não estabilizadas e, ainda, militares Prestadores de Tarefa por Tempo Certo (PTTC), como é o caso do agente de contratação/pregoeiro".

Inciso VI

1.5 Autoridade

A expressão "autoridade" é relevante na Lei. Além da menção simples do termo, há no diploma legal menções diversas à: "autoridade máxima", "autoridade competente", "autoridade superior", "autoridade técnica" e "autoridade jurídica".

A definição do inciso, bem curta, informando tratar-se de agente público dotado de poder de decisão, refere-se àquele que, no âmbito das licitações e contratações do órgão ou entidade, detém competência para decidir pelas soluções que julgar adequadas, independentemente de posição hierárquica.

Enfim, a "autoridade" é agente público com o poder de decisão e investido de competência para a prática de atos administrativos decisórios.

Inciso VII

1.6 Contratante

A expressão "contratante", em termos gerais, é usada para indicar qualquer pessoa que participa de um contrato. Mas não é essa a conotação da Lei.

Segundo o inciso, trata-se da pessoa jurídica integrante da Administração Pública responsável pela contratação. É cediço, portanto, que procura definir como "contratante" o Estado, que está contratando alguém ou algo, o qual, obviamente, será representado por um órgão ou uma entidade.

Incisos VIII e IX

1.7 Contratado e Licitante

Os incisos indicam os sujeitos aptos a participar de licitações e contratações com a Administração Pública.

A posição de contratado ou de licitante pode ser ocupada tanto por pessoa física[125] quanto por pessoa jurídica, podendo também ser ocupada por consórcio de pessoas

[125] A Instrução Normativa SEGES/ME nº 116, de 21.12.2021, estabelece procedimentos para a participação de pessoa física nas contratações públicas no âmbito da Administração Pública federal direta, autárquica e fundacional.

jurídicas (instituto que não detém personalidade jurídica, estando disciplinado na Nova Lei pelo art. 15).[126]

A condição de contratado dependerá da existência de um vínculo jurídico contratual com a Administração. Observe-se que a Lei admite, inclusive, em caráter excepcional, a contratação verbal (§2º do art. 95)[127] e até mesmo, em situações específicas, a utilização de instrumentos substitutivos, como a nota de empenho, a autorização de compra ou ordem de execução de serviço (art. 95).[128]

A condição de licitante é adquirida por pessoa física ou jurídica, ou consórcio de pessoas jurídicas, que participe de uma licitação. A Nova Lei, contudo, adota definição ampliativa, enunciando que tal condição também será assumida por quem manifestar a intenção de participar de processo licitatório, equiparando o manifestante àquele que oferecer proposta. Esse alargamento requer, entrementes, bastante cuidado, pois, não raro, há a manifestação de intenção de participar do certame licitatório, mas, ao mesmo tempo, pode inexistir autorização para tal participação (se o manifestante estiver, por exemplo, penalizado com a sanção de impedimento de licitar e contratar).

---

126 Art. 15. Salvo vedação devidamente justificada no processo licitatório, pessoa jurídica poderá participar de licitação em consórcio, observadas as seguintes normas:
I – comprovação de compromisso público ou particular de constituição de consórcio, subscrito pelos consorciados;
II – indicação da empresa líder do consórcio, que será responsável por sua representação perante a Administração;
III – admissão, para efeito de habilitação técnica, do somatório dos quantitativos de cada consorciado e, para efeito de habilitação econômico-financeira, do somatório dos valores de cada consorciado;
IV – impedimento de a empresa consorciada participar, na mesma licitação, de mais de um consórcio ou de forma isolada;
V – responsabilidade solidária dos integrantes pelos atos praticados em consórcio, tanto na fase de licitação quanto na de execução do contrato.
§1º O edital deverá estabelecer para o consórcio acréscimo de 10% (dez por cento) a 30% (trinta por cento) sobre o valor exigido de licitante individual para a habilitação econômico-financeira, salvo justificação.
§2º O acréscimo previsto no §1º deste artigo não se aplica aos consórcios compostos, em sua totalidade, de microempresas e pequenas empresas, assim definidas em lei.
§3º O licitante vencedor é obrigado a promover, antes da celebração do contrato, a constituição e o registro do consórcio, nos termos do compromisso referido no inciso I do caput deste artigo.
§4º Desde que haja justificativa técnica aprovada pela autoridade competente, o edital de licitação poderá estabelecer limite máximo para o número de empresas consorciadas.
§5º A substituição de consorciado deverá ser expressamente autorizada pelo órgão ou entidade contratante e condicionada à comprovação de que a nova empresa do consórcio possui, no mínimo, os mesmos quantitativos para efeito de habilitação técnica e os mesmos valores para efeito de qualificação econômico-financeira apresentados pela empresa substituída para fins de habilitação do consórcio no processo licitatório que originou o contrato.

127 Art. 95 (...) §2º É nulo e de nenhum efeito o contrato verbal com a Administração, salvo o de pequenas compras ou o de prestação de serviços de pronto pagamento, assim entendidos aqueles de valor não superior a R$11.981,20 (onze mil, novecentos e oitenta e um reais e vinte centavos) [conforme atualização procedida pelo Decreto nº 11.871, de 29.12.2023].

128 Art. 95. O instrumento de contrato é obrigatório, salvo nas seguintes hipóteses, em que a Administração poderá substituí-lo por outro instrumento hábil, como carta-contrato, nota de empenho de despesa, autorização de compra ou ordem de execução de serviço:
I – dispensa de licitação em razão de valor;
II – compras com entrega imediata e integral dos bens adquiridos e dos quais não resultem obrigações futuras, inclusive quanto a assistência técnica, independentemente de seu valor.

Inciso X

1.8 Compra

A Nova Lei manteve o texto econômico da lei anterior na definição de compra: toda aquisição remunerada de bens para fornecimento de uma só vez ou parceladamente.

Impende sublinhar, no entanto, que uma aquisição nem sempre constitui uma compra, porquanto, só o será quando for remunerada. Através da permuta ou doação, por exemplo, configurar-se-á uma aquisição, mas jamais uma compra. Até mesmo a doação com encargo não se enquadra no conceito, uma vez que não se alinha à ideia de aquisição remunerada. Tampouco se pode entender como compra a aquisição da propriedade através de desapropriação, pois, nesse caso, não há o preço. Apropriadamente, Marçal Justen comenta que a desapropriação poderia ser abrangida na definição legal, mas apenas haveria a compra quando a aquisição do domínio se desse consensualmente:

> Não se identifica a compra com a desapropriação dita "amigável". Nessa, o titular do domínio concorda com o preço ofertado pelo ente expropriante, o qual impusera, unilateralmente, a transferência do bem para o domínio público. Na compra e venda, há manifestação bilateral e receptícia de vontade acerca da própria transferência do domínio.[129]

Incisos XI e XII

1.9 Serviço e Obra

Segundo os incisos XI e XII, serviço seria a atividade ou o conjunto de atividades destinadas a obter determinada utilidade, intelectual ou material, de interesse da Administração; e obra seria toda atividade estabelecida, por força de lei, como privativa das profissões de arquiteto e engenheiro que implica intervenção no meio ambiente por meio de um conjunto harmônico de ações que, agregadas, formam um todo que inova o espaço físico da natureza ou acarreta alteração substancial das características originais de bem imóvel.

Em relação à lei pretérita, a Nova Lei evoluiu, pois, antes, na definição de obra, em vez de conceituar, elencava trabalhos que conduziam ao que tentava definir.

Ainda assim, há dificuldades de difíceis desenlaces. Um bom exemplo envolve a hipótese de um conserto a ser realizado num certo imóvel, que poderia ser considerado como recuperação ou reparação.

Certo é que o legislador tentou apartar a questão, identificando obra – consoante consagrado conceito de engenharia – como uma realização material, e serviço, como atividade (não obstante ter utilizado o termo "atividade" na definição de obra).

Cabe registrar que, havendo a conjugação de obras e serviços num único objeto, a distinção, seguindo clássica lição de Hely Lopes Meirelles, dar-se-á por meio da avaliação de predominância. Predominando o material sobre a mão de obra, caracterizaria a obra; ocorrendo o contrário, o serviço.

---

129 JUSTEN FILHO. *Comentários à Lei de Licitações e Contratos Administrativos.*

Inciso XIII

1.10 Bens e serviços comuns

Com redação idêntica à existente na Lei nº 10.520/2002 (Lei do Pregão), o inciso define que bens ou serviços comuns são aqueles cujos padrões de desempenho e qualidade podem ser objetivamente definidos pelo edital, por meio de especificações usuais de mercado.

Por conseguinte, como observamos noutro trabalho,[130] os bens e serviços comuns são aqueles habitualmente utilizados no dia a dia da Administração, que não exigem maiores detalhamentos e especificações, não obstante a necessidade de existirem padrões razoáveis de desempenho e qualidade a serem definidos no edital.

Verifica-se que a definição de bem e serviço comum tem conexão direta com o uso da modalidade de licitação pregão, haja vista o prescrito no inc. XLI, que, ao definir o pregão, indica tratar-se de modalidade de licitação obrigatória para aquisição de bens e serviços comuns, e o preceituado no art. 29, que sinaliza a adoção do pregão sempre que o objeto possuir padrões de desempenho e qualidade que possam ser objetivamente definidos pelo edital, por meio de especificações usuais de mercado.

Inciso XIV

1.11 Bens e serviços especiais

Em contraposição aos bens e serviços comuns, há os que a Nova Lei tratou como "especiais", que são aqueles que detêm alta heterogeneidade ou complexidade.

O enquadramento em alta complexidade ou heterogeneidade é, contudo, bastante subjetivo, exigindo cautela do agente público responsável. Por isso, o dispositivo exige prévia justificativa, na qual a Administração também deverá fundamentar essa escolha.

A importância da questão reside na impossibilidade de se adotar o pregão no caso de enquadramento em bens ou serviços especiais, uma vez que o inc. XXXVIII sinaliza a utilização da modalidade concorrência nessas contratações.

Inciso XV

1.12 Serviços e fornecimentos contínuos

Há serviços e fornecimentos cuja interrupção pode comprometer a continuidade das atividades da Administração. Tais objetos são serviços e fornecimentos contínuos ou continuados que, segundo a definição legal, são aqueles contratados pela Administração Pública para a manutenção da atividade administrativa, decorrentes de necessidades permanentes ou prolongadas.

Essas contratações, não raro, estendem-se por mais de um exercício financeiro, motivo pelo qual a Nova Lei estabeleceu, no art. 106, que contratos dessa natureza

---

[130] BITTENCOURT. *Pregão passo a passo*. 5. ed.

poderão ter sua vigência por até 5 (cinco) anos, desde que a autoridade competente do órgão ou entidade ateste: a) a maior vantagem econômica vislumbrada em razão da contratação plurianual; e b) no início da contratação e de cada exercício, a existência de créditos orçamentários vinculados à contratação e a vantagem em sua manutenção.

Inciso XVI

1.13 Serviços contínuos com regime de dedicação exclusiva de mão de obra

Considerando o risco de responsabilização da Administração por obrigações trabalhistas não cumpridas pela contratada, a Nova Lei traz como novidade importante a definição de "serviços contínuos com regime de dedicação exclusiva de mão de obra", que, segundo o conceito legal, são aqueles cujo modelo de execução contratual exige requisitos que demonstrem a inexistência de vínculo dos empregados da contratada com o Poder Público.

Assim, deverá ficar bem claro que os empregados da contratada estarão à disposição nas dependências do contratante para a prestação dos serviços especificados, e que a contratada não compartilhará o pessoal e os materiais disponíveis de uma contratação para execução simultânea de outros contratos.

Além disso, a contratada deverá possibilitar a fiscalização quanto à distribuição, ao controle e à supervisão dos empregados alocados aos seus contratos.

Inciso XVII

1.14 Serviços não contínuos ou contratados por escopo

Há contratos que impõem ao contratado o dever de realizar a prestação de um objeto específico em período predeterminado. São os chamados "contratos por escopo" ou "contratos por objeto". Esses ajustes são definidos pelo inciso como aqueles que impõem ao contratado o dever de realizar a prestação de um serviço específico em período predeterminado.

Como assenta Floriano Marques Neto:

> Nos contratos dito de escopo, a Administração contrata tendo em vista a obtenção de um bem determinado. O escopo do contrato estará consumado quando entregue o bem. Certo deve estar que a fixação do prazo é relevante para que a Administração possa exigir do particular executante um mínimo de eficiência e celeridade necessário para a satisfação do interesse público. Mas, nesse caso, o tempo em que vai se desenrolar a execução do contrato não é essencial.[131]

[131] MARQUES NETO. *Estudos sobre a Lei de Licitações e Contratos*.

Da mesma forma, Jessé Torres:

> No contrato por escopo, o prazo é meramente moratório, significando que não se darão por executada a prestação e adimplidas as obrigações enquanto não se concluir a obra ou o serviço, mesmo que ultrapassado o prazo de duração do contrato. No contrato a termo, o prazo coincide com o encerramento da prestação. Implementado o termo final, encerrado estará o contrato. Assim ocorre com o contrato de fornecimento de combustível.[132]

Apesar da definição sugerir a necessidade de aditamento, pois menciona a "possibilidade" de prorrogação, desde que justificadamente, pelo prazo necessário à conclusão do objeto, o art. 111 é claro ao indicar que, quando o objeto não estiver concluído no período firmado no contrato, o prazo de vigência será automaticamente prorrogado.

Evidentemente, a situação requer justificativa plausível, podendo ocorrer por ação da própria Administração ou decorrer de culpa do contratado.

Inciso XVIII

1.15 Serviços técnicos especializados de natureza predominantemente intelectual

O inciso não define o que seria um serviço técnico especializado de natureza predominantemente intelectual, apenas lista os trabalhos que configurariam essa hipótese.

Destarte, segundo o dispositivo, seriam, os relativos a:

a) estudos técnicos, planejamentos, projetos básicos e projetos executivos;
b) pareceres, perícias e avaliações em geral;
c) assessorias e consultorias técnicas e auditorias financeiras e tributárias;
d) fiscalização, supervisão e gerenciamento de obras e serviços;
e) patrocínio ou defesa de causas judiciais e administrativas;
f) treinamento e aperfeiçoamento de pessoal;
g) restauração de obras de arte e de bens de valor histórico; e
h) controles de qualidade e tecnológico, análises, testes e ensaios de campo e laboratoriais, instrumentação e monitoramento de parâmetros específicos de obras e do meio ambiente e demais serviços de engenharia.

No contexto da Lei, a caracterização do serviço como técnico-especializado e de natureza predominantemente intelectual é autorizativa para um regime diferenciado de contratação.

Vide que o inc. III do art. 74 os configura como enquadráveis em inexigibilidade de licitação.

Contudo, apesar do elenco do art. 74, III, ser idêntico ao deste inciso, verifica-se que a Lei permite a instauração de licitação para serviços dessa natureza, pois o art. 36, ao

[132] PEREIRA JÚNIOR. *Comentários à Lei das Licitações e Contratações da Administração Pública*. 3. ed.

versar sobre o julgamento por técnica e preço, dispõe, no §1º e no inc. I, que esse critério de julgamento deverá ser escolhido quando o estudo técnico preliminar demonstrar que a avaliação e a ponderação da qualidade técnica das propostas que superarem os requisitos mínimos estabelecidos no edital forem relevantes aos fins pretendidos pela Administração nas licitações para contratação de serviços técnicos especializados de natureza predominantemente intelectual.

Dessa forma, restou afastada a controvérsia sobre a natureza exemplificativa ou exaustiva do elenco.

Inciso XIX

1.16 Notória especialização

Segundo o art. 74 III, será enquadrável em inexigibilidade de licitação a contratação dos serviços técnicos especializados de natureza predominantemente intelectual com profissionais ou empresas elencados, desde que os prestadores possuam notória especialização.

Logo, a notória especialização é um dos fatores que indicam a inviabilidade de competição.

Para que isso fique bem delineado, este inc. XIX define que "notória especialização" é a qualidade de profissional ou de empresa cujo conceito, no campo de sua especialidade, decorrente de desempenho anterior, estudos, experiência, publicações, organização, aparelhamento, equipe técnica ou outros requisitos relacionados a suas atividades, permite inferir que o seu trabalho é essencial e reconhecidamente adequado à plena satisfação do objeto do contrato.

Dúvida – que vem desde a lei pretérita – envolve a cumulatividade ou não desses requisitos. Como mais à frente observaremos (na análise do art. 74), é certo que não são cumulativos, considerando não só o número elevado de requisitos, que dificilmente poderão ser reunidos por um único profissional, como pelo registro na Lei da possível existência de outros dotes demonstradores da notória especialização.

Inciso XX

1.17 Estudo Técnico Preliminar

Um dos princípios norteadores das licitações é do Planejamento. Planejar, como anota Oscar Rover, é o processo desenvolvido para alcance de uma situação desejada de um modo eficiente, eficaz e efetivo, com o maior aproveitamento de esforços e recursos disponíveis, correspondendo a um conjunto de providências a serem tomadas para promoção de um futuro diferente do passado, em torno de variáveis possíveis de serem atacadas pela organização planejadora.[133]

---

[133] ROVER. *Noções básicas de planejamento.*

Assim, nas contratações, a Administração deve planejar previamente, de modo a identificar necessidades e, a partir desse diagnóstico, definir todas as especificações que comporão o objeto a ser adquirido.

Nesse contexto, o governo federal tem editado normas que primam pela necessidade desse requisito. A IN nº 5, de 26.05.2017, por exemplo, versando sobre a contratação de serviços, contém dispositivo determinando que essas contratações sejam precedidas de planejamento, em harmonia com o planejamento estratégico da instituição, que estabeleça os produtos ou resultados a serem obtidos, as quantidades e os prazos para entrega das parcelas, quando couber.

Nesse diapasão, este inc. XX define que o Estudo Técnico Preliminar (ETP) é documento constitutivo da primeira etapa do planejamento de uma contratação que caracteriza o interesse público envolvido e a sua melhor solução e dá base ao anteprojeto, ao termo de referência ou ao projeto básico a serem elaborados, caso se conclua pela viabilidade da contratação.

Inciso XXI

1.18 Serviço de engenharia

Conforme consta no inc. XXII, toda atividade estabelecida, por força de lei, como privativa das profissões de arquiteto e engenheiro, que implique em intervenção no meio ambiente via um conjunto harmônico de ações que, agregadas, venham a formar um todo que inova o espaço físico da natureza ou acarreta alteração substancial das características originais de bem imóvel, é uma "obra". Por outro lado, qualquer atividade ou conjunto de atividades destinadas a obter determinada utilidade, intelectual ou material, estabelecidas, por força de lei, como privativas das profissões de arquiteto e engenheiro ou de técnicos especializados, não enquadradas nesse conceito de "obra", configurará um "serviço de engenharia".

O legislador buscou, portanto, estabelecer diferenciação entre obra e serviço de engenharia, tentando afastar dificuldade que, em função de pontos comuns, se arrasta há tempos.

Depois, pormenorizando a matéria, estabeleceu dois tipos de serviços de engenharia:

a) o serviço comum de engenharia, definido como aquele que tem por objeto ações, objetivamente padronizáveis em termos de desempenho e qualidade, de manutenção, de adequação e de adaptação de bens móveis e imóveis, com preservação das características originais dos bens; e
b) o serviço especial de engenharia, que é aquele que, por sua alta heterogeneidade ou complexidade, não pode se enquadrar como comum.

Averbe-se que a Nova Lei põe fim à discussão antes existente sobre a possibilidade ou não de se utilizar o pregão para contratação de serviços comuns de engenharia, quando, no parágrafo único do art. 29, ao informar que essa modalidade licitatória não se aplica às contratações de serviços técnicos especializados de natureza predominantemente intelectual e de obras e serviços de engenharia, excetua esses serviços.

Destarte, seguindo a mesma linha de diferenciação preceituada para os serviços comuns e os especiais, o modelo adotado, apartando serviço comum e especial de engenharia, se presta para determinar a adoção ou não da modalidade de licitação pregão.

Registre-se que, mesmo se notando que o legislador da Nova Lei abriu mão de elencar alguns tipos de serviços de engenharia, como fazia a lei pretérita, parece-nos interessante que o agente público responsável pelos enquadramentos tome ciência da Orientação Técnica nº 002/2009, elaborada pelo Instituto Brasileiro de Obras Públicas (IBRAOP),[134] que procurou uniformizar a questão.

Consoante a Orientação Técnica, obra de engenharia seria a ação de construir, reformar, fabricar, recuperar ou ampliar um bem, na qual seja necessária a utilização de conhecimentos técnicos específicos envolvendo a participação de profissionais habilitados conforme o disposto na Lei Federal nº 5.194/1966.

Para efeito de tal orientação, conceituou:

- Ampliar: produzir aumento na área construída de uma edificação ou de quaisquer dimensões de uma obra que já exista.
- Construir: consiste no ato de executar ou edificar uma obra nova.
- Fabricar: produzir ou transformar bens de consumo ou de produção através de processos industriais ou de manufatura.
- Recuperar: tem o sentido de restaurar, de fazer com que a obra retome suas características anteriores abrangendo um conjunto de serviços.
- Reformar: consiste em alterar as características de partes de uma obra ou de seu todo, desde que mantendo as características de volume ou área sem acréscimos e a função de sua utilização atual.

Por sua vez, serviço de engenharia seria toda atividade que necessite de participação e acompanhamento de profissional habilitado, conforme o disposto na Lei Federal nº 5.194/1966, tais como: consertar, instalar, montar, operar, conservar, reparar, adaptar, manter, transportar, ou ainda, demolir. Incluem-se nesta definição as atividades profissionais referentes aos serviços técnicos profissionais especializados de projetos e planejamentos, estudos técnicos, pareceres, perícias, avaliações, assessorias, consultorias, auditorias, fiscalização, supervisão ou gerenciamento.

Para efeito de tal orientação, conceituou:

- Adaptar: transformar instalação, equipamento ou dispositivo para uso diferente daquele originalmente proposto. Quando se tratar de alterar visando adaptar obras, este conceito será designado de reforma.
- Consertar: colocar em bom estado de uso ou funcionamento o objeto danificado; corrigir defeito ou falha.
- Conservar: conjunto de operações visando preservar ou manter em bom estado, fazer durar, guardar adequadamente, permanecer ou continuar nas condições de conforto e segurança previsto no projeto.
- Demolir: ato de pôr abaixo, desmanchar, destruir ou desfazer obra ou suas partes.

[134] O Instituto Brasileiro de Obras Públicas (IBRAOP) é uma sociedade civil de direito privado sem fins econômicos, de âmbito nacional, constituído por profissionais de Engenharia, Arquitetura e Agronomia, de nível superior e que exercem atividades relacionadas à auditoria de obras públicas.

- Instalar: atividade de colocar ou dispor convenientemente peças, equipamentos, acessórios ou sistemas, em determinada obra ou serviço.
- Manter: preservar aparelhos, máquinas, equipamentos e obras em bom estado de operação, assegurando sua plena funcionalidade.
- Montar: arranjar ou dispor ordenadamente peças ou mecanismos, de modo a compor um todo a funcionar. Se a montagem for do todo, deve ser considerada fabricação.
- Operar: fazer funcionar obras, equipamentos ou mecanismos para produzir certos efeitos ou produtos.
- Reparar: fazer que a peça, ou parte dela, retome suas características anteriores. Nas edificações define-se como um serviço em partes da mesma, diferenciando-se de recuperar.
- Transportar: conduzir de um ponto a outro, cargas cujas condições de manuseio ou segurança obriguem a adoção de técnicas ou conhecimentos de engenharia.

Inciso XXII

1.19 Obras, serviços e fornecimentos de grande vulto

A Nova Lei estabeleceu um patamar para conceituar as "obras, serviços e fornecimentos de grande vulto", dispondo que são aqueles cujo valor estimado supere R$239.624.058,14 (duzentos e trinta e nove milhões, seiscentos e vinte e quatro mil, cinquenta e oito reais e quatorze centavos).[135]

Essa necessidade se deu em função de a Lei utilizar o grande vulto da contratação como critério de algumas diferenciações. Nesse sentido, o TCU já se pronunciou que não é a esmo que se distinguem as "obras de grande vulto" sujeitas a diversas formas de execução, com consequências na produtividade, no rendimento e na qualidade (Acórdão nº 397/2008, Plenário).

Cabe criticar o patamar elevado. O valor é alto até mesmo para contratos do governo federal e de governos estaduais e, para imensa parte dos municípios, é muito distante da realidade.

Inciso XXIII

1.20 Termo de Referência

Segundo o detalhado inc. XXIII, o Termo de Referência é o documento necessário para a contratação de bens e serviços, que deverá conter:

- definição do objeto, incluídos sua natureza, os quantitativos, o prazo do contrato e, se for o caso, a possibilidade de sua prorrogação;
- fundamentação da contratação, que consiste na referência aos estudos técnicos preliminares correspondentes ou, quando não for possível divulgar esses estudos, no extrato das partes que não contiverem informações sigilosas;

[135] Conforme atualização realizada pelo Decreto nº 11.871, de 29.12.2023.

- descrição da solução como um todo, considerado todo o ciclo de vida do objeto;
- requisitos da contratação;
- modelo de execução do objeto, que consiste na definição de como o contrato deverá produzir os resultados pretendidos desde o seu início até o seu encerramento;
- modelo de gestão do contrato, que descreve como a execução do objeto será acompanhada e fiscalizada pelo órgão ou entidade;
- critérios de medição e de pagamento;
- forma e critérios de seleção do fornecedor;
- estimativas do valor da contratação, acompanhadas dos preços unitários referenciais, das memórias de cálculo e dos documentos que lhe dão suporte, com os parâmetros utilizados para a obtenção dos preços e para os respectivos cálculos, que devem constar de documento separado e classificado; e
- Adequação orçamentária.

E mais: o §1º do art. 40, que trata de compras, elenca outros elementos obrigatórios do Termo de Referência:

- especificação do produto, preferencialmente conforme catálogo eletrônico de padronização, observados os requisitos de qualidade, rendimento, compatibilidade, durabilidade e segurança;
- indicação dos locais de entrega dos produtos e das regras para recebimentos provisório e definitivo, quando for o caso; e
- especificação da garantia exigida e das condições de manutenção e assistência técnica, quando for o caso.

O nível de detalhes da definição, com previsão de obrigatórios parâmetros e elementos descritivos, e o complemento do citado §1º sinalizam a importância do documento.

Sempre se polemizou sobre o Termo de Referência, de vez que veio à tona no ordenamento jurídico por intermédio de decreto regulamentar, e não por meio de lei.

O embrião do Termo de Referência veio no Regulamento do pregão presencial, aprovado pelo Decreto nº 3.555/2000, que o apontava, no art. 8, II, como o documento com elementos capazes de propiciar a avaliação do custo pela Administração, diante de orçamento detalhado, considerando os preços praticados no mercado, a definição dos métodos, a estratégia de suprimento e o prazo de execução do contrato. O inc. I definia o início da fase preparatória do pregão com observação da definição do objeto de forma precisa, suficiente e clara, vedadas especificações que, por excessivas, irrelevantes ou desnecessárias, limitassem ou frustrassem a competição ou a realização do fornecimento, que deveria estar refletida no Termo de Referência.

Obtemperamos em livro:

> O Regulamento traz à baila a necessidade da elaboração de um "termo de referência", documento que conterá elementos que propiciarão a avaliação do custo pela Administração, diante de orçamento detalhado, considerando os preços praticados no mercado, a definição dos métodos, a estratégia de suprimento e o prazo de execução contratual.

> Como não há previsão na Lei nº 10.520/2002 desse termo de referência, e há indicação na Lei nº 8.666/1993 no sentido de elaboração de um projeto básico, indagar-se-ia se no pregão um substituiria o outro, o que determinaria a eliminação do segundo como anexo do instrumento convocatório da licitação.
>
> Conforme informado, o termo de referência, consoante a regulamentação, deverá conter elementos que propiciem a avaliação dos custos pela Administração, diante de orçamento detalhado, considerando diversos fatores. Verifica-se, por conseguinte, que o processo licitatório do pregão deve ser instruído com esse termo, o qual conterá informações essenciais para o correto andamento da competição.
>
> Entrementes, não nos parece que o termo de referência venha substituir o projeto básico. Ao contrário, vislumbramos, em avaliação conjugada dos textos dos dispositivos que delineiam a matéria, que, pelas informações que conterão, um servirá de suporte para a elaboração do outro, quando o projeto básico, em face do objeto pretendido, for necessário. Contudo, é evidente que, em certas ocasiões, o termo fará as vezes de projeto básico.
>
> É cediço, entrementes, que o termo de referência trará em seu bojo informações simplificadas do objeto da contratação, do custo envolvido e dos métodos necessários. Já o projeto básico, quando necessário, conterá uma descrição detalhada do objeto, com todos os requisitos necessários.[136]

Sementeira que deu frutos, o Termo de Referência foi de pronto aceito no mundo jurídico, tendo sido repisado no Decreto nº 5.450/2005, que regulamentava o pregão na forma eletrônica, e, posteriormente, com mais detalhamento, no Decreto nº 10.024/2019, que regulamentou o chamado "Novo Pregão Eletrônico".[137]

Repetimos, em trabalho de análise do novo decreto,[138] considerando a não previsão em lei, e a sinalização na Lei Geral no sentido de elaboração de um Projeto Básico, que o Termo de Referência não substituiria o Projeto Básico, servindo, sim, de suporte para a sua elaboração, quando o projeto, em face do objeto pretendido, fosse necessário, sendo evidente que, em certas ocasiões, o Termo de Referência desempenharia o papel do Projeto Básico.

Joel de Menezes Niebuhr também tratou da questão:

> Percebe-se que o termo de referência previsto no Decreto Federal nº 10.024/19, que trata do pregão eletrônico, é bem mais amplo do que o previsto no Decreto Federal nº 3.555/00, que trata do pregão presencial. (...) De mais a mais, consagrou-se a prática de utilizar o termo de referência como anexo ao edital, veiculando nele detalhamento das especificações técnicas pertinentes ao objeto licitado. Nesse sentido, o termo de referência parece projeto

---

[136] BITTENCOURT. *Pregão Presencial – Comentários ao decreto nº 3.555/2000 e ao regulamento do pregão*. 2. ed.

[137] Decreto nº 10.024/2019: Art. 3º Para fins do disposto neste Decreto, considera-se: (...) XI – termo de referência – documento elaborado com base nos estudos técnicos preliminares, que deverá conter: a) os elementos que embasam a avaliação do custo pela administração pública, a partir dos padrões de desempenho e qualidade estabelecidos e das condições de entrega do objeto, com as seguintes informações: 1. A definição do objeto contratual e dos métodos para a sua execução, vedadas especificações excessivas, irrelevantes ou desnecessárias, que limitem ou frustrem a competição ou a realização do certame; 2. O valor estimado do objeto da licitação demonstrado em planilhas, de acordo com o preço de mercado; e 3. O cronograma físico-financeiro, se necessário; b) o critério de aceitação do objeto; c) os deveres do contratado e do contratante; d) a relação dos documentos essenciais à verificação da qualificação técnica e econômico-financeira, se necessária; e) os procedimentos de fiscalização e gerenciamento do contrato ou da ata de registro de preços; f) o prazo para execução do contrato; e g) as sanções previstas de forma objetiva, suficiente e clara.

[138] BITTENCOURT. *Novo Pregão Eletrônico*.

básico, talvez um pouco mais simples. O projeto básico é o documento anexo ao edital que comunica aos licitantes as especificidades técnicas de obra ou serviço de engenharia objeto de licitação, já o termo de referência é o documento anexo ao edital que comunica aos licitantes as especificidades técnicas de bem ou serviço comum objeto de licitação, que não seja de engenharia. Ou seja, o termo de referência é o equivalente ao projeto básico para objetos que não se constituem em obra e serviço de engenharia.[139]

Sobre o tema, já se manifestou também o TCU, propugnando que, para definição do documento que será elaborado, dever-se-á considerar a modalidade de licitação a ser realizada. Sendo licitação na modalidade pregão, utilizar-se-á o Termo de Referência em detrimento do Projeto Básico.

> Acórdão nº 5.865/2005: (...) 4. Por meio da decisão embargada, o Tribunal recomendou à empresa que, na fase preparatória da licitação na modalidade pregão eletrônico, elabore termo de referência, conforme previsto no art. 9º, inciso I, do Decreto nº 5.450/2005.
>
> 5. Tal recomendação decorreu da constatação da ocorrência de impropriedade formal, caracterizada pela utilização da denominação projeto básico em lugar do termo de referência de que tratam as normas legais e regulamentares do pregão.
>
> 6. Embora constasse do projeto básico anexado ao edital do Pregão Eletrônico nº 460/2009 os elementos que devem integrar o termo de referência, concordei com a recomendação sugerida pela unidade técnica na instrução da representação em foco, uma vez que a Administração deve utilizar os termos peculiares à modalidade de licitação que estiver processando, evitando o uso indevido da denominação projeto básico em substituição a termo de referência, por ser esta a nomenclatura empregada pelo decreto regulamentador do pregão.

Certo é que, agora, com a Nova Lei de Licitações, o Termo de Referência tomou um norte definitivo. Como anotou Tatiana Camarão, com o roteiro definido, o documento ficou mais uniforme e padronizado, ficando extremamente claro quais os itens essenciais, deixando de ficar ao livre arbítrio da Administração definir quais elementos utilizar na sua elaboração.[140]

Realmente, o Termo de Referência, nas atuais vestes, equiparou-se definitivamente em importância ao Projeto Básico.

Inciso XXIV

1.21 Anteprojeto

No âmbito da engenharia e da arquitetura, o Anteprojeto configura uma espécie de esboço ou conhecimento prévio acerca de um tema que, depois de analisado ou modificado, transforma-se na base do projeto final de uma obra.

Seguindo esse conceito, o inc. XXIV define Anteprojeto como peça técnica com todos os subsídios necessários à elaboração do Projeto Básico.

---

[139] NIEBUHR. *Pregão presencial e eletrônico*. 8. ed.

[140] CAMARÃO. *Nova Lei de Licitações*.

O dispositivo elenca as informações mínimas que deverão conter no Anteprojeto:

- demonstração e justificativa do programa de necessidades, avaliação de demanda do público-alvo, motivação técnico-econômico-social do empreendimento, visão global dos investimentos e definições relacionadas ao nível de serviço desejado;
- condições de solidez, de segurança e de durabilidade;
- prazo de entrega;
- estética do projeto arquitetônico, traçado geométrico e/ou projeto da área de influência, quando cabível;
- parâmetros de adequação ao interesse público, de economia na utilização, de facilidade na execução, de impacto ambiental e de acessibilidade;
- proposta de concepção da obra ou do serviço de engenharia;
- projetos anteriores ou estudos preliminares que embasaram a concepção proposta;
- levantamento topográfico e cadastral;
- pareceres de sondagem; e
- memorial descritivo dos elementos da edificação, dos componentes construtivos e dos materiais de construção, de forma a estabelecer padrões mínimos para a contratação.

Observa-se, portanto, que o Anteprojeto é antecedente obrigatório do Projeto Básico, sendo elemento técnico que o subsidiará.

Anote-se que, nas hipóteses de contratação integrada, o Anteprojeto será peça fundamental, uma vez que, de acordo com o §2º do art. 45, a Administração, nesses casos, restará dispensada da elaboração de Projeto Básico.

Inciso XXV

1.22 Projeto básico

Dentre as disposições voltadas para a contratação de obras ou serviços, a Nova Lei trata acentuadamente do projeto básico. Pela preocupação do legislador no sentido de bem conceituá-lo, nota-se a sua importância para perfeita definição do objeto a ser licitado.

Geralmente, como leciona De Plácido e Silva, a expressão "projeto" é empregada no sentido de um plano traçado antecipadamente, de modo que, por ele, se realize algo ou alguma coisa.[141]

A Nova Lei, praticamente repetindo o texto da lei anterior, que acolhia as normas da Associação Brasileira de Normas Técnicas (ABNT),[142] amplia o conceito de projeto, prescrevendo que o projeto básico seria o conjunto de elementos necessários e suficientes,

---

141 Cf.: SILVA. *Vocabulário jurídico*. 2. ed.

142 A ABNT é entidade civil, sem fins lucrativos, fundada em 1940 por entidades e profissionais na III Reunião dos Laboratórios Nacionais de Ensaios de Materiais, no Rio de Janeiro, reconhecida como órgão de utilidade pública em 1962, e considerada como Foro Nacional de Normatização, possuindo a atribuição de elaborar normas técnicas que estabeleçam padrão de qualidade, utilidade, resistência e segurança que devam ser obedecidos nas contratações públicas ou privadas.

com nível de precisão adequado para definir e dimensionar perfeitamente a obra ou o serviço, ou o complexo de obras ou de serviços objeto da licitação, elaborado com base nas indicações dos estudos técnicos preliminares, que assegure a viabilidade técnica e o adequado tratamento do impacto ambiental do empreendimento e que possibilite a avaliação do custo da obra e a definição dos métodos e do prazo de execução.

Verifica-se, assim, que esse projeto tem muito pouco de básico, porquanto deve oferecer uma excelente visão da obra ou do serviço, identificando-os com absoluta clareza.

Como repisou o texto pretérito, perduraram os questionamentos relativos aos níveis adequados de precisão. Um bom parâmetro pode ser o previsto na alínea "f" do art. 3º da Resolução nº 361/1991 do CONFEA, norma que dispõe sobre a conceituação de projeto básico em consultoria de engenharia, arquitetura e agronomia. Tal dispositivo define que o projeto básico deve ser composto de quantidades e custos de serviços e fornecimentos compatíveis com o tipo e porte da obra, de tal forma que ensejem a determinação do custo global em torno de 15% (quinze por cento).[143]

Anote-se que a definição de "projeto básico" demonstra claramente que sua concepção legal foi incisiva para obras, e apenas subsidiariamente para serviços.

> Súmula nº 271 – TCU: Em licitações de obras e serviços de engenharia, é necessária a elaboração de projeto básico adequado e atualizado, assim considerado aquele aprovado com todos os elementos descritos (...), constituindo prática ilegal a revisão de projeto básico ou a elaboração de projeto executivo que transfigurem o objeto originalmente contratado em outro de natureza e propósito diversos.

Assente-se que, em Acórdão, o TCU decidiu determinar que fosse dado conhecimento às unidades jurisdicionadas ao Tribunal que as orientações constantes da OT IBR nº 01/2006, editada pelo Instituto Brasileiro de Obras Públicas (IBRAOP), passarão a ser observadas quando da fiscalização de obras públicas:

> Acórdão nº 632/2012-Plenário – [...] 9.1.1 para os órgãos/entidades que dispõem de normativos próprios para regular a elaboração de projetos básicos das obras por eles licitadas e contratadas, os conceitos da referida norma serão aplicados subsidiariamente; 9.1.2. a adoção da OT IBR nº 01/2006 não dispensa os gestores de providenciar os elementos técnicos adicionais, decorrentes das especificidades de cada obra auditada; 9.2 determinar à Segecex que, nas fiscalizações de futuras licitações de obras públicas, passe a avaliar a compatibilidade, do projeto básico com a OT IBR nº 01/2006 e, na hipótese de inconformidades relevantes, represente ao relator com proposta de providências [...].[144]

---

143 Para aprofundamento na matéria, sugerimos a leitura da obra de Paulo Ernesto Pfeifer Santa Maria (SANTA MARIA. *Preço global em obras públicas*).

144 Nesse viés, o IBRAOP divulgou nova orientação técnica (OT – IBR 004/2012), elaborada com base em debates de âmbito nacional por técnicos envolvidos diretamente com auditoria de obras públicas, e em consonância com a legislação e normas pertinentes, destinada a estabelecer a margem de erro admissível em orçamentos de obras públicas, a fim de facilitar a identificação de superfaturamento. (Cf.: Orientação Técnica - OT – IBR nº 004/2012. *Instituto Brasileiro de Auditoria de Obras Públicas*).

Inciso XXVI

1.23 Projeto executivo

Segundo a definição legal, o projeto executivo constitui o conjunto dos elementos necessários e suficientes à execução completa da obra, com o detalhamento das soluções previstas no projeto básico, a identificação de serviços, de materiais e de equipamentos a serem incorporados à obra, bem como suas especificações técnicas, de acordo com as normas técnicas pertinentes.

Vê-se, portanto, que se trata do projeto final, decorrente do natural aperfeiçoamento do projeto básico, contemplando geralmente projetos complementares que detalham todos os aspectos pertinentes.

Diversamente da lei anterior, a Nova Lei veda a realização de obras e serviços de engenharia sem projeto executivo, salvo o trabalho de estudo técnico preliminar para contratação de obras e serviços comuns de engenharia, caso demonstrada a inexistência de prejuízos para aferição dos padrões de desempenho e qualidade almejados, quando será possível especificar o objeto apenas em termo de referência.

A nova regra atende aos reclamos de profissionais de engenharia e grande parte da doutrina sobre o tema.

Dizíamos, comentando a lei anterior:

> Diante da insuficiência crônica dos projetos básicos, como se constata no dia a dia das obras e serviços públicos, temos sustentado que essas obras só possam ser licitadas quando da existência de um projeto executivo.[145]

Na mesma linha, eram as observações de Antônio Carlos Cintra do Amaral:

> Seria desejável que as obras públicas somente pudessem ser licitadas quando houvesse um projeto executivo, detalhado e atual, que assegurasse às partes uma maior confiabilidade. Embora isso não bastasse para garantir totalmente a boa execução da obra, pelo menos minimizaria as distorções que frequentemente encontramos na prática.[146]

Inciso XXVII

1.24 Matriz de risco

Segundo o inc. XXVII, matriz de riscos seria a cláusula contratual definidora de riscos e de responsabilidades entre as partes e caracterizadora do equilíbrio econômico-financeiro inicial do contrato, em termos de ônus financeiro decorrente de eventos supervenientes à contratação.

Já tratada na Lei das Parcerias Públicos-Privadas (Lei nº 11.079/2004), apesar de não ter adotado a expressão – a Lei de PPPs determina que a Administração, no momento da licitação, já explicite os possíveis riscos incidentes concernentes a situações ordinárias como extraordinárias –, e também, de forma explícita, na recente Lei das Estatais

[145] BITTENCOURT. *Licitação passo a passo*. 11. ed.

[146] CINTRA DO AMARAL. *Problemas na execução de obras públicas*.

(Lei nº 13.303/2016), a matriz de riscos refere-se à ferramenta que deverá prever todas as circunstâncias que poderão ser invocadas para a manutenção do equilíbrio econômico-financeiro do contrato.

Logo, evidencia-se que os riscos nela elencados deverão derivar de fatos supervenientes à contratação e nunca de erros ou omissões do anteprojeto.

Em função do contexto legal, verifica-se que se trata de cláusula das mais importantes dos contratos administrativos, porquanto nela se anteverá soluções para fatos que poderão vir a ser enfrentados durante o prazo contratual.

A Nova Lei assenta elementos indispensáveis à Matriz de Riscos, dispondo que nela deverão constar, no mínimo, as seguintes informações:

a) listagem de possíveis eventos supervenientes à assinatura do contrato que possam causar impacto em seu equilíbrio econômico-financeiro e previsão de eventual necessidade de prolação de termo aditivo por ocasião de sua ocorrência;
b) no caso de obrigações de resultado, estabelecimento das frações do objeto com relação às quais haverá liberdade para os contratados inovarem em soluções metodológicas ou tecnológicas, em termos de modificação das soluções previamente delineadas no anteprojeto ou no projeto básico; e
c) no caso de obrigações de meio, estabelecimento preciso das frações do objeto com relação às quais não haverá liberdade para os contratados inovarem em soluções metodológicas ou tecnológicas, devendo haver obrigação de aderência entre a execução e a solução predefinida no anteprojeto ou no projeto básico, consideradas as características do regime de execução no caso de obras e serviços de engenharia.

Impende observar que o art. 22 da Lei preceitua que o edital licitatório poderá contemplar matriz de riscos entre o contratante e o contratado, hipótese em que o cálculo do valor estimado da contratação poderá considerar taxa de risco compatível com o objeto da licitação e os riscos atribuídos ao contratado, de acordo com metodologia predefinida pelo ente federativo.

Segundo o §3º do preceptivo, quando a contratação se referir a obras e serviços de grande vulto ou forem adotados os regimes de contratação integrada e semi-integrada, o edital obrigatoriamente contemplará matriz de riscos entre o contratante e o contratado.

E mais: consoante o §4º, nessas contratações, os riscos decorrentes de fatos supervenientes à contratação associados à escolha da solução de projeto básico pelo contratado deverão ser alocados como de sua responsabilidade na Matriz de Riscos.

A matriz de riscos, como anotam Jessé Torres e Marinês Dotti, é habitualmente representada por um gráfico de dois eixos coordenados, evidenciando, com a indicação dos eventos futuros que podem incidir sobre a execução do contrato, a probabilidade/risco de sua ocorrência e do respectivo impacto sobre o empreendimento. A matriz de riscos identifica os principais fatores influentes sobre a execução do objeto, enseja a avaliação das estratégias de mitigação ou alocação dos riscos possíveis e da probabilidade da sobrevinda de eventos danosos, indicando os respectivos impactos financeiros sobre o contrato.[147]

---

[147] PEREIRA JÚNIOR; DOTTI. *A lei das empresas estatais – Lei nº 13.303/2016*. 2. ed.

Tratando da matéria no âmbito da revogada Lei do RDC (Lei nº 12.462/2011), prescreveu o Tribunal de Contas da União (TCU) que, nas contratações integradas é imprescindível a inclusão de matriz de risco detalhada no instrumento convocatório, com alocação a cada signatário dos riscos inerentes ao empreendimento (Acórdão nº 2.980/2015-Plenário).

Incisos XXVIII, XXIX, XXX e XXXI

1.25 Empreitada e Tarefa

O vocábulo *'empreitada'*, derivado do grego *empractos* (o que se faz), designa, em sentido amplo, como ensina De Plácido e Silva,[148] tudo o que é feito por ofício de outrem, seja pessoalmente por si ou por sua direção. No sentido jurídico, configura o contrato em virtude do qual um dos contratantes comete a outro a execução de um determinado serviço, mediante certa retribuição proporcional ao serviço executado ou a que for ajustada. Nessas condições, tanto compreende a empreitada de obra ou de construção, quanto a empreitada para a feitura de qualquer outra espécie de trabalho ou serviço. Apresenta-se como modalidade de locação de serviços. No entanto, como contrato especial, distingue-se da locação ou do serviço assalariado, porque nela não é o dono do serviço quem o dirige e paga, mas a pessoa que se encarregou de executá-lo, que é quem o dirige e por conta de quem se tomam outras pessoas que o vão auxiliar na incumbência.

O Código Civil (Lei nº 10.406/2002) dispõe sobre o contrato de empreitada no art. 610 e seguintes, informando tratar-se de contrato pelo qual uma das partes se obriga a executar uma obra mediante o trabalho e, se necessário, o uso de materiais.[149]

---

[148] Cf. SILVA. *Vocabulário jurídico*. 2. ed.

[149] Art. 610. O empreiteiro de uma obra pode contribuir para ela só com seu trabalho ou com ele e os materiais. §1º A obrigação de fornecer os materiais não se presume; resulta da lei ou da vontade das partes. §2º O contrato para elaboração de um projeto não implica a obrigação de executá-lo, ou de fiscalizar-lhe a execução. Art. 611. Quando o empreiteiro fornece os materiais, correm por sua conta os riscos até o momento da entrega da obra, a contento de quem a encomendou, se este não estiver em mora de receber. Mas se estiver, por sua conta correrão os riscos. Art. 612. Se o empreiteiro só forneceu mão-de-obra, todos os riscos em que não tiver culpa correrão por conta do dono. Art. 613. Sendo a empreitada unicamente de lavor (art. 610), se a coisa perecer antes de entregue, sem mora do dono nem culpa do empreiteiro, este perderá a retribuição, se não provar que a perda resultou de defeito dos materiais e que em tempo reclamara contra a sua quantidade ou qualidade. Art. 614. Se a obra constar de partes distintas, ou for de natureza das que se determinam por medida, o empreiteiro terá direito a que também se verifique por medida, ou segundo as partes em que se dividir, podendo exigir o pagamento na proporção da obra executada. §1º Tudo o que se pagou presume-se verificado. §2º O que se mediu presume-se verificado se, em trinta dias, a contar da medição, não forem denunciados os vícios ou defeitos pelo dono da obra ou por quem estiver incumbido da sua fiscalização. Art. 615. Concluída a obra de acordo com o ajuste, ou o costume do lugar, o dono é obrigado a recebê-la. Poderá, porém, rejeitá-la, se o empreiteiro se afastou das instruções recebidas e dos planos dados, ou das regras técnicas em trabalhos de tal natureza. Art. 616. No caso da segunda parte do artigo antecedente, pode quem encomendou a obra, em vez de enjeitá-la, recebê-la com abatimento no preço. Art. 617. O empreiteiro é obrigado a pagar os materiais que recebeu, se por imperícia ou negligência os inutilizar. Art. 618. Nos contratos de empreitada de edifícios ou outras construções consideráveis, o empreiteiro de materiais e execução responderá, durante o prazo irredutível de cinco anos, pela solidez e segurança do trabalho, assim em razão dos materiais, como do solo. Parágrafo único. Decairá do direito assegurado neste artigo o dono da obra que não propuser a ação contra o empreiteiro, nos cento e oitenta dias seguintes ao aparecimento do vício ou defeito. Art. 619. Salvo estipulação em contrário, o empreiteiro que se incumbir de executar uma obra, segundo plano aceito por quem a encomendou, não terá direito a exigir acréscimo no preço, ainda que sejam introduzidas modificações no projeto, a não ser que estas resultem de instruções escritas do dono da obra. Parágrafo único.

Na esfera do Direito Administrativo, o contrato de empreitada é adotado para a execução indireta de obras e serviços de engenharia, tendo o contratado (empreiteiro) o dever de executar o objeto, mediante a aplicação de seus esforços e recursos, atendendo prévias determinações impostas pela Administração, a qual assume como contrapartida a obrigação de pagar.

Não há nenhum impedimento no sentido de que verse exclusivamente sobre o fornecimento do trabalho, sem a aplicação de materiais. Essa prática, todavia, não configura a melhor opção, conforme bem ressalva Marçal Justen:

> Essa solução tende a ser desastrosa, eis que a aquisição dos insumos pelo sujeito administrativo está subordinada a uma série de limitações e formalidades. Logo, existiriam contratos diversos, antecedidos de licitações, com a necessidade de conjugação da execução para atingir um resultado satisfatório. Portanto, é usual que a empreitada envolva o dever de o empreiteiro fornecer os materiais e equipamentos tanto quanto a mão de obra necessária à execução do objeto. Em alguns casos, no entanto, a Administração se reserva ao fornecimento de alguns materiais ou à cessão de alguns equipamentos – que se reputam disponíveis no âmbito administrativo, não existindo dificuldade na sua utilização para a execução da empreitada. Isso representa uma redução na remuneração a ser paga ao particular.[150]

O dispositivo informa que a execução indireta ocorrerá quando a Administração contratar com terceiros sob os seguintes regimes:

a) Empreitada por preço unitário: quando se contrata a execução da obra ou do serviço por preço certo de unidades determinadas (inc. XXVIII);
b) Empreitada por preço global: quando se contrata a execução da obra ou do serviço por preço certo e total (inc. XXIX);
c) Empreitada integral: quando se contrata um empreendimento em sua integralidade, compreendida a totalidade das etapas de obras, serviços e instalações

---

Ainda que não tenha havido autorização escrita, o dono da obra é obrigado a pagar ao empreiteiro os aumentos e acréscimos, segundo o que for arbitrado, se, sempre presente à obra, por continuadas visitas, não podia ignorar o que se estava passando, e nunca protestou. Art. 620. Se ocorrer diminuição no preço do material ou da mão de obra superior a um décimo do preço global convencionado, poderá este ser revisto, a pedido do dono da obra, para que se lhe assegure a diferença apurada. Art. 621. Sem anuência de seu autor, não pode o proprietário da obra introduzir modificações no projeto por ele aprovado, ainda que a execução seja confiada a terceiros, a não ser que, por motivos supervenientes ou razões de ordem técnica, fique comprovada a inconveniência ou a excessiva onerosidade de execução do projeto em sua forma originária. Parágrafo único. A proibição deste artigo não abrange alterações de pouca monta, ressalvada sempre a unidade estética da obra projetada. Art. 622. Se a execução da obra for confiada a terceiros, a responsabilidade do autor do projeto respectivo, desde que não assuma a direção ou fiscalização daquela, ficará limitada aos danos resultantes de defeitos previstos no art. 618 e seu parágrafo único. Art. 623. Mesmo após iniciada a construção, pode o dono da obra suspendê-la, desde que pague ao empreiteiro as despesas e lucros relativos aos serviços já feitos, mais indenização razoável, calculada em função do que ele teria ganho, se concluída a obra. Art. 624. Suspensa a execução da empreitada sem justa causa, responde o empreiteiro por perdas e danos. Art. 625. Poderá o empreiteiro suspender a obra: I – por culpa do dono, ou por motivo de força maior; II – quando, no decorrer dos serviços, se manifestarem dificuldades imprevisíveis de execução, resultantes de causas geológicas ou hídricas, ou outras semelhantes, de modo que torne a empreitada excessivamente onerosa, e o dono da obra se opuser ao reajuste do preço inerente ao projeto por ele elaborado, observados os preços; III – se as modificações exigidas pelo dono da obra, por seu vulto e natureza, forem desproporcionais ao projeto aprovado, ainda que o dono se disponha a arcar com o acréscimo de preço. Art. 626. Não se extingue o contrato de empreitada pela morte de qualquer das partes, salvo se ajustado em consideração às qualidades pessoais do empreiteiro.

[150] JUSTEN FILHO. *Comentários à Lei de Licitações e Contratos Administrativos*.

necessárias, sob inteira responsabilidade do contratado até sua entrega ao contratante em condições de entrada em operação, com características adequadas às finalidades para as quais foi contratado e atendidos os requisitos técnicos e legais para sua utilização com segurança estrutural e operacional (inc. XXX); e

d) Tarefa: quando se ajusta mão de obra para pequenos trabalhos por preço certo, com ou sem fornecimento de materiais (inc. XXXI).

1.25.1 Empreitadas por preço unitário e por preço global

As empreitadas por preço unitário e por preço global objetivam, da mesma maneira, a contratação da execução de obra ou serviço, quando o particular assume a incumbência de executar o trabalho. A distinção entre os institutos reside na forma de determi_nação da remuneração. Na empreitada por preço global, a contratação se dá por um preço global (certo e total). Na empreitada por preço unitário, o contratado obriga-se a executar o objeto por preço certo de unidades determinadas, sendo o valor auferido pela soma de diferentes itens.

1.25.2 Empreitada integral

Quanto à empreitada integral, apesar das diversas tentativas doutrinárias no sentido de explicar esse regime de execução, mantemos nosso entendimento, expressado em trabalhos anteriores, de que não há diferenças marcantes entre essa modalidade e a empreitada por preço global.

Apreciando a matéria, Jessé Torres concluiu que "na empreitada integral almeja-se vincular à empresa contratada a aptidão de obra ou serviço para efetivamente funcionar",[151] opinião que respeitamos, mas não ratificamos, pois, dessa forma, haveríamos de admitir, no caso de adoção da "empreitada por preço global", que a contratada poderia entregar uma obra ou um serviço sem assumir a responsabilidade por seu bom funcionamento.

Consideramos que a empreitada integral seria uma espécie do gênero preço global, caracterizada pela abrangência da imposição ao contratado, que deverá executar um objeto em sua integridade. Assim, na hipótese de parcelamento de uma obra (devido a razões de ordem técnica e/ou econômica), seria admissível a execução na modalidade preço global, mas jamais a empreitada integral, uma vez que o contratado executará apenas parte do empreendimento.

Nesse diapasão, averbe-se a opinião de Ivan Barbosa Rigolin e Marco Tullio Bottino:

> É uma modalidade absolutamente desnecessária de execução indireta de obra e serviço. Não tem a menor razão para existir, porque constitui apenas uma espécie do gênero da empreitada por preço global.[152]

---

[151] PEREIRA JÚNIOR. *Comentários à nova Lei das Licitações Públicas.*

[152] RIGOLIN; BOTTINO. *Manual prático das licitações*. 8. ed.

Pelo sim pelo não, registre-se que a empreitada integral se assemelha ao chamado contrato *turn-key*,[153] no qual o executante confecciona o projeto e apresenta a proposta de preços. A Administração se cinge, portanto, a informar o objeto da licitação, não definindo características, custos e métodos. Nesse viés, o licitante proporá a solução técnica e o tipo do serviço ou obra, responsabilizar-se-á pelos estudos e projetos e fixará o preço, o qual não poderá ser alterado por erro de projeto, já que a eficácia, a exatidão e a finalidade da proposta técnica – na qual foram delineadas as características da obra – são de exclusiva responsabilidade do licitante/contratado.

Analisando a aplicação prática do regime de empreitada integral, Júlio César Croce, Sérgio Mello e Walter de Azevedo verificaram que sua adoção ocorre com frequência na contratação de redes de microcomputadores, em que o projeto da rede, *softwares*, equipamentos, instalação elétrica e até treinamento são contratados com um único fornecedor. Segundo os analistas, "a grande vantagem desta situação é que somente uma organização se responsabiliza por toda a rede. A desvantagem é que pode ser mais cara, em virtude da subcontratação de alguns elementos da rede, como, por exemplo, a instalação elétrica".[154]

1.25.3 Tarefa

A tarefa define o trabalho que deve ser executado em tempo certo. É uma espécie de empreitada a título precário. Em princípio, envolve contrato de trabalho de ordem individual, isto é, acometido diretamente ao trabalhador, para que execute determinado objeto. A utilização da tarefa é bastante corriqueira nas contratações de prestador do serviço que atua individualmente (o tarefeiro), que, quando necessário, utiliza apenas equipamentos bem simples. Normalmente, devido à pequena monta, a contratação se enquadra em dispensa licitatória por pequeno valor.

Incisos XXXII e XXXIII

1.26 Contratação integrada e Contratação semi-integrada

Já previstas na Lei nº 12.462/2011 (Lei do RDC) e na Lei nº 13.303/2016 (Lei das Estatais), a Contratação integrada e a Contratação semi-integrada configuram regimes de contratação de obras e serviços de engenharia no qual o contratado executa a obra na sua integralidade, elaborando os projetos, fornecendo bens etc.

O gatilho para a criação desses novos regimes de execução foi a crescente necessidade de aperfeiçoamento da execução de grandes obras públicas, com a procura de novas modelagens que se amoldassem a esses complexos objetos.

---

[153] O dicionário *Webster* define que o contrato *turn-key* constitui um método de construção em que o contratante assume a responsabilidade total, desde o *design* até que o serviço esteja concluído e seja entregue ao cliente em um estágio tão completo que o comprador precise apenas virar a chave (*turn the key*) e abrir a porta, entrando em um estabelecimento que esteja pronto para operar, significa que a empresa de engenharia precisa entregar a obra em pleno funcionamento. Os contratos *turn-key* geram um valor agregado alto para as empresas de engenharia, por ser um contrato complexo. (YAMAKI *et al. Exportações brasileiras no setor de construção civil*).

[154] CROCE; MELLO; AZEVEDO. *Decisão por empreitada global ou unitária em obras públicas de reformas de edificações.*

Em síntese, o novo modelo agrega a elaboração dos projetos e a execução das obras ou dos serviços de engenharia, porquanto são regimes nos quais o contratado assume a responsabilidade de elaborar e de desenvolver os projetos,[155] de executar as obras ou os serviços de engenharia, de fornecer os bens necessários, de prestar serviços especiais e de realizar montagens, testes, pré-operações e as demais necessidades para a entrega final do objeto.

Como assevera Mariana Magalhães Avelar, "a contrapartida à maior liberdade ao contratado firmou-se com o estreitamento das possibilidades de reequilíbrio econômico-financeiro, vedando-o em caso de riscos assumidos pelo privado".[156]

Para tanto, houve a necessidade de rompimento de certos dogmas das licitações, refletidos em disposições da antiga Lei nº 8.666/1993.

Assim, contratação integrada é definida como o regime de contratação de obras e serviços de engenharia em que o contratado é responsável por elaborar e desenvolver os projetos básico e executivo, executar obras e serviços de engenharia, fornecer bens ou prestar serviços especiais e realizar montagem, teste, pré-operação e as demais operações necessárias e suficientes para a entrega final do objeto.

Já a contratação semi-integrada é o regime de contratação de obras e serviços de engenharia em que o contratado é responsável por elaborar e desenvolver o projeto executivo, executar obras e serviços de engenharia, fornecer bens ou prestar serviços especiais e realizar montagem, teste, pré-operação e as demais operações necessárias e suficientes para a entrega final do objeto.

São notadas semelhanças entre a contratação integrada e a empreitada integral, definida no inc. XXX,[157] sendo que a diferença está no uso: a empreitada integral destina-se a objetos menos complexos, enquanto a contratação integrada está voltada para obras ou serviços de engenharia de alta complexidade.

Observe-se análise mais específica dos regimes nos comentários ao art. 46.

Inciso XXXIV

1.27 Fornecimento e prestação de serviço associado

Segundo o referido inciso, "fornecimento e prestação de serviço associado" é o regime de contratação em que, além do fornecimento do objeto, o contratado responsabiliza-se por sua operação, manutenção ou ambas, por tempo determinado.

Portanto, nesse regime, que é novidade na Nova Lei de Licitações, como a própria titulação sugere, além da execução do objeto, o contratado assume também a operação e a manutenção.

---

[155] No regime de contratação integrada, desenvolver os projetos básico e executivo, e na semi-integrada, apenas o executivo.

[156] AVELAR. Perspectivas para a contratação integrada e semi-integrada na futura lei de licitações.

[157] XXX – empreitada integral: contratação de empreendimento em sua integralidade, compreendida a totalidade das etapas de obras, serviços e instalações necessárias, sob inteira responsabilidade do contratado até sua entrega ao contratante em condições de entrada em operação, com características adequadas às finalidades para as quais foi contratado e atendidos os requisitos técnicos e legais para sua utilização com segurança estrutural e operacional;

A ideia que permeia esse regime de execução é que, tendo ciência da responsabilidade pela operação e manutenção do objeto após a sua conclusão, o contratado se preocupará com a qualidade da execução da obra ou do serviço de engenharia, pois a realização mal executada demandará problemas na fase seguinte, reduzindo o ganho esperado.

Como observam Flávio Amaral Garcia e Egon Bockmann Moreira,[158] os regimes de execução de obras e serviços de engenharia acabam, com alguma frequência, padecendo de uma execução de obra deficiente, já que o contratado não será o destinatário final. Assim, vinculando a execução da obra com a sua operação e manutenção, o fornecimento de prestação de serviços associados induz à eficiência do contratado.

Sobre a matéria, observe-se os comentários ao inc. VII do art. 46. Vide também os comentários ao art. 113, o qual prescreve que o contrato firmado sob o regime de fornecimento e prestação de serviço associado terá sua vigência máxima definida pela soma do prazo relativo ao fornecimento inicial ou à entrega da obra com o prazo relativo ao serviço de operação e manutenção, este limitado a 5 (cinco) anos, contados da data de recebimento do objeto inicial, autorizada a prorrogação na forma do art. 107.

Inciso XXXV

1.28 Licitação internacional

O inciso XXXV conceitua, para os fins da norma, a licitação internacional. Segundo a definição, trata-se de licitação processada em território nacional na qual é admitida a participação de licitantes estrangeiros, com a possibilidade de cotação de preços em moeda estrangeira, ou licitação na qual o objeto contratual pode ou deve ser executado no todo ou em parte em território estrangeiro.

No direito pátrio, a expressão vem, ao longo do tempo, gerando dúvidas no tocante à sua abrangência. A menção ao termo *internacional* tem suscitado que muitos imaginem que se trata de certame a ocorrer em outro país. Entrementes, avaliando-se com acurada cautela os estatutos licitatórios anteriores (Lei nº 8.666/93 e Decreto-Lei nº 2.300/1986), ambos diplomas tipicamente de direito interno, verificar-se-á que a matéria cuidava exclusivamente de procedimentos licitatórios a transcorrer em solo brasileiro, permitindo a participação de empresas estrangeiras domiciliadas em outro país, desde que se sujeitassem às diretrizes impostas por órgãos responsáveis pelos aspectos de política monetária e de comércio exterior e de diversos outros mecanismos disciplinadores da implantação desta política no Brasil.[159]

---

[158] GARCIA; MOREIRA. *A futura nova lei de licitações brasileira*: seus principais desafios, analisados individualmente.

[159] A expressão *no direito pátrio* constava no antigo estatuto licitatório, a Lei nº 8.666/1993. De regra, dispunha pela obrigatoriedade do uso da modalidade *concorrência* quando dos certames internacionais, com o propósito de se executar uma apreciação mais aprofundada da documentação a ser apresentada. Contudo, procurando dar mais flexibilidade ao licitador, a norma fazia alusão à *tomada de preços internacional*, na existência efetiva de um cadastro de fornecedores estrangeiros, e ao *convite internacional*, na hipótese de inexistir fornecedor no país dos bens e serviços pretendidos. Registre-se ainda a alusão, no §3º do art. 53, ao *leilão internacional*. Não havia menção a concurso internacional. No entanto, importantes manifestações doutrinárias sustentavam a possibilidade. Hely Lopes Meirelles, por exemplo, asseverava ser "admissível o concurso entre nacionais e estrangeiros, a que se denomina concurso internacional".

A Nova Lei de Licitações manteve essa abrangência, mas, diversamente do diploma anterior, que não conceituava o que seria uma licitação internacional, fixou neste inciso uma definição.

Como já anotamos, a questão a ser encarada inicialmente é, com base na definição legal, saber o momento certo em que o agente público poderia se valer dela.

A nosso sentir, o certame internacional poderá ser instaurado quando o agente responsável vislumbrar que o objeto pretendido possivelmente será economicamente mais viável se fornecido por uma empresa estrangeira ou quando o objeto almejado não puder ser prestado ou produzido no Brasil.[160]

Nesse viés, o TCU, no âmbito da lei anterior, apontou que nas aquisições de objetos cujo mercado seja restrito no país, a Administração deverá avaliar previamente a conveniência e oportunidade de realizar licitação internacional.[161]

Certo é, como definimos anteriormente,[162] que a licitação internacional é o procedimento competitivo formal que a Administração Pública se vê obrigada a estabelecer quando busca adquirir um bem ou contratar um serviço que pode ser fornecido ou prestado tanto por uma empresa brasileira quanto por uma empresa estrangeira.

Além de definir a licitação internacional neste inc. XXXV, a Nova Lei reuniu os dispositivos a elas inerentes na Subseção V – Licitações Internacionais, última subseção da Seção IV – Disposições Setoriais, fechando o Capítulo II – Da fase preparatória.

A nosso ver, a definição trazida à lume é razoável, mas, por certo, poderia ser mais completa.

Minudenciando-a, verifica-se que:

a) a competição deverá ocorrer no Brasil;
b) admite-se a participação de estrangeiros;
c) há a possibilidade de cotação de preços em moeda estrangeira; e
d) o objeto poderá ser executado, no todo ou em parte, fora do País.

Sobre a matéria, observe-se os comentários ao art. 52.[163]

Inciso XXXVI

1.29 Serviço nacional

Segundo o mencionado inciso, "serviço nacional" é aquele restado em território nacional, nas condições estabelecidas pelo Poder Executivo federal.

O conceito foi extraído do Decreto nº 7.546/2011, que regulamentava a matéria no âmbito da Lei nº 8.666/1993, o qual ditava, no art. 2º V, que serviço nacional era aquele "prestado no País, nos termos, limites e condições estabelecidos nos atos do Poder Executivo que estipulem a margem de preferência por serviço ou grupo de serviços".

---

[160] Ivan Barbosa Rigolin entende que também seria possível no caso de o produto estrangeiro ser incomparavelmente melhor (e por isso insubstituível), ou porque provavelmente será melhor o objeto se contratado de um *pool* de empresas de que participem estrangeiras RIGOLIN. *Lei nº 14.133/2021 comentada:* uma visão crítica.

[161] TCU Processo nº TC-017.979/2002-1 – Acórdão nº 1.443/2004 – Plenário.

[162] BITTENCOURT. *Licitações internacionais*. 3. ed.

[163] Sobre o tema, com aprofundamento, verifique-se o nosso "*As licitações internacionais na Nova Lei de Licitações*" (Ed. Fórum, 2023).

Nessa mesma linha, a expressão ganha relevo porque objetiva dar suporte a margens de preferência que poderão ser concedidas num processo de licitação, com previsão no art. 26.

> Art. 26. No processo de licitação, poderá ser estabelecida margem de preferência para:
>
> I – bens manufaturados e *serviços nacionais* que atendam a normas técnicas brasileiras;
>
> (...)
>
> §1º A margem de preferência de que trata o *caput* deste artigo:
>
> I – será definida em decisão fundamentada do Poder Executivo federal, no caso do inciso I do *caput* deste artigo.

Inciso XXXVII

1.30 Produto manufaturado nacional

O Decreto nº 7.546/2011 prescrevia que produto manufaturado nacional é aquele que tenha sido submetido a qualquer operação que modifique a sua natureza, a natureza de seus insumos, a sua finalidade ou o aperfeiçoe para o consumo, produzido no território nacional de acordo com o Processo Produtivo Básico definido nas Leis nºs 8.387/1991 e 8.248/1991, ou com as regras de origem estabelecidas pelo Poder Executivo federal, tendo como padrão mínimo as regras de origem do Mercosul.

Consoante a definição do inciso XXXVII, trata-se do produto manufaturado produzido no território nacional de acordo com o Processo Produtivo Básico ou conforme as regras de origem estabelecidas pelo Poder Executivo federal.

Similarmente ao "serviço nacional", a inserção na Lei também ocorreu para dar suporte a margens de preferência que poderão ser concedidas numa licitação, com previsão no art. 26.

Incisos XXXVIII, XXXIX, XL, XLI e XLII

1.31 Modalidades de licitação

A Nova Lei traz novidades no que concerne às modalidades licitatórias.

Inicialmente, ao defini-las, sepulta a tradicional metodologia do valor estimado da contratação pretendida, que sempre foi a forma de distinção, passando o critério a ser apenas a natureza do objeto.[164]

Além disso, extingue as modalidades convite, tomada de preço e RDC (definida na Lei nº 12.462/2011, a Lei do Regime Diferenciado de Contratações Públicas – RDC), e cria uma nova: o diálogo competitivo, forma trazida do Direito Europeu, prevista na Diretiva nº 2014/24/UE.

---

[164] Recorde-se que o critério do valor estimado já havia sido deixado de lado com a Lei nº 10.520/2002, que estabeleceu a modalidade do pregão, voltada para a contratação de objetos classificados como "comuns", ou seja, os que se constituíam naqueles cujos padrões de desempenho e qualidade pudessem ser definidos por meio de especificações usuais no mercado (os denominados "produtos de prateleira").

Destarte, doravante, são modalidades licitatórias: concorrência, pregão, concurso, leilão e diálogo competitivo.

Concorrência é a modalidade de licitação para contratação de bens e serviços especiais e de obras e serviços comuns e especiais de engenharia,[165] cujo critério de julgamento poderá ser: menor preço; melhor técnica ou conteúdo artístico; técnica e preço; maior retorno econômico; e maior desconto (inc. XXXVIII).

Concurso é a modalidade de licitação para escolha de trabalho técnico, científico ou artístico, cujo critério de julgamento será o de melhor técnica ou conteúdo artístico, e para concessão de prêmio ou remuneração ao vencedor (inc. XXXIX).

Leilão é a modalidade de licitação para alienação de bens imóveis ou de bens móveis inservíveis ou legalmente apreendidos a quem oferecer o maior lance (inc. XL).

Pregão é a modalidade de licitação obrigatória para aquisição de bens e serviços comuns, cujo critério de julgamento poderá ser o de menor preço ou o de maior desconto (inc. XLI).

Diálogo competitivo é modalidade de licitação para contratação de obras, serviços e compras em que a Administração Pública realiza diálogos com licitantes previamente selecionados mediante critérios objetivos, com o intuito de desenvolver uma ou mais alternativas capazes de atender às suas necessidades, devendo os licitantes apresentar proposta final após o encerramento dos diálogos (inc. XLII), a qual, nos termos do art. 32, estará restrita a licitações cujo objeto apresente complexidade, como, por exemplo, inovação tecnológica ou técnica, quando a Administração dialoga com o setor privado na busca de auxílio para a definição da melhor solução.

Além de eliminar o convite (que já estava em total desuso após a criação do pregão) e a tomada de preços, a Nova Lei distingue a concorrência do pregão em face dos "padrões de desempenho e qualidade que possam ser objetivamente definidos pelo edital, por meio de especificações usuais de mercado", como assenta o art. 29.

> Art. 29. A concorrência e o pregão seguem o rito procedimental comum a que se refere o art. 17 desta Lei, adotando-se o pregão sempre que o objeto possuir padrões de desempenho e qualidade que possam ser objetivamente definidos pelo edital, por meio de especificações usuais de mercado.

A Seção II – Das Modalidades de Licitação (arts. 28 a 32) especifica as modalidades, indicando os atos procedimentais e outros fatores, a cujos comentários se remete.

---

[165] Com relação às obras e serviços comuns e especiais de engenharia, registre-se que, objetivando aclarar o entendimento sobre o alcance dos termos, "seja pela ausência de definição objetiva, seja pela necessidade de regulamentação", "para auxiliar o aplicador da Lei no desafio de definir e classificar as obras para melhor contratá-las, ao menos até que se possa contar com jurisprudência pacificada, ou mesmo com a consolidação doutrinária", o Instituto Brasileiro de Auditoria de Obras Públicas (IBRAOP) editou a Nota Técnica IBR 001/2021 (Entendimento sobre obra comum e obra especial de engenharia previstos na Lei nº 14.133/2021). Nela, entre outros esclarecimentos técnicos, destacam-se as definições de obras comuns de engenharia e de obras especiais de engenharia (IBRAOP – INSTITURO BRASILEIRO DE AUDITORIA DE OBRAS PÚBLICAS. *Nota Técnica IBR nº 001/2021*. Fev. 2022. Disponível em: https://www.ibraop.org.br/wp-content/uploads/2022/02/Nota-Tecnica-IBR-001_2021_obra-comum-e-especial-final.pdf. Acesso em 14 mar. 2023).

Inciso XLIII

1.32 Credenciamento

Uma situação incomum nas contratações públicas ocorre quando o objeto pretendido pelo Poder Público pode, de certa forma, ser atendido por "todos" do mercado que o executam. Nesse caso, se fixando o valor que pretende pagar pelo objeto pretendido, a Administração convocar profissionais de determinado setor e se dispor a contratar os que tiverem interesse e que satisfaçam os requisitos estabelecidos, não haveria competição, dado que a todos se asseguraria a contratação.

Em tal hipótese, é necessária a adoção do instituto do "credenciamento", que se legitima nas situações em que, para o alcance do interesse público, o objeto pretendido esteja disponível a muitos fornecedores ou prestadores de serviço, descaracterizando qualquer tipo de disputa.

Para definir essa figura, o inc. XLIII dispôs que credenciamento é processo administrativo de chamamento público em que a Administração Pública convoca interessados em prestar serviços ou fornecer bens para que, preenchidos os requisitos necessários, se credenciem no órgão ou na entidade para executar o objeto quando convocados.

Nesse viés, o art. 78 elenca o credenciamento como um dos procedimentos auxiliares das licitações e das contratações, e o art. 79 aponta as hipóteses de utilização.

Inciso XLIV

1.33 Pré-qualificação

A "pré-qualificação" é definida como o procedimento seletivo prévio à licitação, convocado por meio de edital, destinado à análise das condições de habilitação, total ou parcial, dos interessados ou do objeto.

Trata-se de outro procedimento auxiliar das licitações e das contratações especificado no art. 74.

O art. 80 enumera aqueles que por ele podem ser selecionados: a) licitantes que reúnam condições de habilitação para participar de futura licitação ou de licitação vinculada a programas de obras ou de serviços objetivamente definidos; e b) bens que atendam às exigências técnicas ou de qualidade estabelecidas pela Administração.

Inciso XLV

1.34 Sistema de Registro de Preços

O Sistema de Registro de Preços (SRP) é mais um procedimento auxiliar das licitações e das contratações especificado nos arts. 78 e 82 a 86.

O inciso XLV informa que se trata de um conjunto de procedimentos para realização, mediante contratação direta ou licitação nas modalidades pregão ou concorrência, de registro formal de preços relativos à prestação de serviços, a obras e à aquisição e locação de bens para contratações futuras.

Registre-se que a Nova Lei de Licitação inovou na definição, pois eleva o alcance do uso da sistemática, antes só possível para as compras, como previa o art. 15 da Lei nº 8.666/1993, depois alargada para os serviços, como dispunha o Decreto federal nº 7.892/2013.

Trocando em miúdos, o SRP é um mecanismo onde a Administração busca preços para objetos específicos, os quais ficarão registrados num documento (denominado Ata de Registro de Preços) objetivando possíveis futuras contratações.

Escrevemos em obra específica sobre o tema:

> Diversamente do procedimento adotado nas licitações convencionais, onde os licitantes apresentam propostas específicas visando a um objeto unitário e perfeitamente definido, no SRP ocorrem proposições de preços unitários que vigorarão por um certo lapso de tempo, período em que a Administração, baseada em conveniência e oportunidade, poderá realizar as contratações necessárias, sempre com a preocupação de verificar a compatibilização dos preços registrados com os praticados no mercado no momento do interesse.[166]

E informamos:

> A adoção do SRP determina flagrante economia, além de ganho em agilidade e segurança, com pleno atendimento ao princípio da eficiência, elevado a princípio constitucional da Administração Pública. É importante repisar que a adoção do SRP está intimamente atrelada a aquisições frequentes, isto é, contratações constantes do mesmo objeto (bens ou serviços) em espaços de tempo curtos.[167]

Para tal intento, o art. 82 informa o que deverá ser disposto no edital licitatório para registro de preços.

Trata-se de um procedimento importantíssimo e largamente utilizado, com enorme êxito, em toda a Administração Pública.

Detalhamos essa sistemática nos comentários ao art. 82.

Incisos XLVI, XLVII, XLVIII e XLIX

1.35 Ata de Registro de Preços e participantes do Sistema de Registro de Preços

Como antes esposado, para que o Sistema de Registro de Preços funcione, é necessária a existência de um documento para o registro dos preços oferecidos. Esse documento é denominado Ata de Registro de Preços (ARP).

O inc. XLVI repete a definição do Decreto nº 7.892/2013, indicando que se trata do documento vinculativo e obrigacional, com característica de compromisso para futura contratação, no qual são registrados o objeto, os preços, os fornecedores, os órgãos

---

[166] BITTENCOURT. *Licitação de Registro de Preços*: Comentários ao Decreto nº 7.892/13, alterado pelos Decretos nºs 8.250/2014 e 9.488/2018.

[167] BITTENCOURT. *Licitação de Registro de Preços*: Comentários ao Decreto nº 7.892/13, alterado pelos Decretos nºs 8.250/2014 e 9.488/2018.

participantes e as condições a serem praticadas, conforme as disposições contidas no edital da licitação, no aviso ou instrumento de contratação direta e nas propostas apresentadas.

Importa assentar que a ARP não é um contrato. Como a definição legal menciona, essa ata configura apenas um compromisso assumido para uma possível futura contratação.

Logicamente, o SRP necessita de atores. Os incisos XLVII, XLVIII e XLIX se encarregam disso, listando como "integrantes" o órgão ou a entidade gerenciadora, o órgão ou a entidade participante e o órgão ou a entidade não participante.

- ✓ Órgão ou entidade gerenciadora é ente da Administração responsável pela condução do conjunto de procedimentos para registro de preços e pelo gerenciamento da ata de registro de preços dele decorrente;[168]
- ✓ Órgão ou entidade participante é o ente da Administração que participa dos procedimentos iniciais da contratação para registro de preços e integra a ata de registro de preços; e
- ✓ Órgão ou entidade não participante é o ente da Administração que não participa dos procedimentos iniciais da licitação para registro de preços e não integra a ata de registro de preços.

A existência de entes gerenciadores e participantes no procedimento é natural e de fácil entendimento. Já a de um ente não participante pode causar estranheza aos que desconhecem a sistemática. Ocorre que o legislador da Nova Lei se baseou nos regramentos do Decreto nº 7.892/2013 como se todos já os conhecessem. Explica-se, portanto: a ARP, durante sua vigência, poderá ser utilizada por qualquer órgão ou entidade que não tenha participado do certame licitatório, mediante anuência do Órgão Gerenciador. A prática popularizou-se no âmbito das licitações através da denominação "carona", ou seja, a participação daqueles que, não tendo compartilhado da competição (não constando, em decorrência, da ata), consultam o Órgão Gerenciador, solicitando o uso da ARP.

Os arts. 82 a 86 delineiam toda a sistemática de registro de preços.

Inciso L

1.36 Comissão de contratação

A Nova Lei alterou uma tradicional denominação. No lugar da costumeira Comissão de Licitação, ter-se-á agora uma Comissão de Contratação, a qual, segundo a definição deste inc. L, é o conjunto de agentes públicos indicados pela Administração, em caráter permanente ou especial, com a função de receber, examinar e julgar documentos relativos às licitações e aos procedimentos auxiliares.

---

[168] Acórdão TCU nº 1851/2022 – Plenário (Consulta, Relator Ministro Bruno Dantas) – É possível a realização de licitação compartilhada entre órgão federal e órgão estadual ou municipal, utilizando-se o Sistema de Registro de Preços (SRP) ou não; devendo-se, para tanto, promover o mesmo nível de publicidade requerido para as licitações em âmbito federal, com cada órgão gerenciando, acompanhando e fiscalizando o seu próprio contrato, o que inclui o pagamento direto, pelo órgão federal, à empresa contratada, sem a necessidade de intermediação do órgão estadual ou municipal.

Como se vê, a Nova Lei indica que os componentes da comissão serão "agentes públicos", não especificando se servidores efetivos ou empregados públicos do quadro permanente, como o fez para o agente de contratação (inc. LX). Considerando o preceituado no inc. I do art. 7º, que indica que caberá à autoridade máxima do órgão ou da entidade, ou a quem as normas de organização administrativa indicarem, promover gestão por competências e designar agentes públicos para o desempenho das funções essenciais à execução desta Lei que sejam, *preferencialmente*, servidor efetivo ou empregado público dos quadros permanentes da Administração Pública, entende-se que esses membros devam ser agentes públicos, abrangendo também os que exerçam apenas cargos comissionados.

Por várias vezes, ao longo da lei, a comissão de contratação é mencionada. Observe-se que, diversamente da vetusta comissão de licitação, que dirigia todos os trabalhos do procedimento licitatório, a comissão de contratação restringir-se-á a receber, a examinar e a julgar documentos relativos às licitações e a alguns procedimentos auxiliares, a não ser na nova modalidade diálogo competitivo, que, segundo o previsto no inc. XI, do §1º, do art. 32, deverá ser conduzido por ela, que deverá ser composta por pelo menos três servidores efetivos ou empregados públicos pertencentes aos quadros permanentes da Administração.

Registre-se um cochilo de revisão. O §1º do art. 64, ao tratar do julgamento da habilitação, versando sobre a possibilidade de saneamento de erros ou falhas que não alterem a substância dos documentos e sua validade jurídica, faz menção equivocada à comissão de licitação.

Inciso LI

1.37 Catálogo eletrônico de padronização de compras, serviços e obras

Visando estabelecer um banco de dados que identifique objetos e preços de interesse da Administração, a Nova Lei trouxe à tona o "catálogo eletrônico de padronização de compras, serviços e obras".

No art. 19, inc. II, preceitua que os órgãos da Administração com competências regulamentares relativas às atividades de administração de materiais, de obras e serviços e de licitações e contratos deverão criar catálogo eletrônico de padronização de compras, serviços e obras, admitida a adoção do catálogo do Poder Executivo federal por todos os entes federativos.

Esse inc. LI, para fins do diploma, define esse catálogo, informando que se trata de um sistema informatizado, de gerenciamento centralizado e com indicação de preços, destinado a permitir a padronização de itens a serem adquiridos pela Administração Pública e que estarão disponíveis para a licitação.

Inciso LII

1.38 Sítio eletrônico oficial

Atendendo à contemporaneidade que se exige para uma nova lei licitatória, o legislador fez saber a existência de um sítio eletrônico oficial que não só assegurará toda a publicidade formal da Administração que envolva licitações e contratos, como também a divulgação de informações pertinentes.

Nessa contextura, o referido inciso define "sítio eletrônico oficial" como o sítio da internet, certificado digitalmente por autoridade certificadora, no qual o ente federativo divulga de forma centralizada as informações e os serviços de governo digital dos seus órgãos e entidades.

Ao longo da Lei, há várias menções a ele.

Em conclusão, o art. 174 informa a criação do Portal Nacional de Contratações Públicas (PNCP), que será o citado sítio eletrônico oficial.

> Acórdão TCU nº 328/2023 – Plenário: A inserção, no Portal de Compras do Governo Federal, de documento de licitação em formato não editável, que não permite a pesquisa de conteúdo nos arquivos, infringe, além do princípio da transparência, a regra estabelecida no art. 8º, §3º, inciso III, da Lei nº 12.527/2011 (Lei de Acesso à Informação).

Inciso LIII

1.39 Contrato de eficiência

Também conhecidos como contratos de performance ou de desempenho, os contratos de eficiência são ajustes que extrapolam a normal busca de uma solução para uma necessidade pública. Nesses contratos, os contratados se comprometem a oferecer uma fórmula diferenciada daquela até então adotada pela Administração, com o objetivo de gerar economia ao ente público contratante.

A racionalidade econômica dos contratos de eficiência é permitir que a remuneração do contratado seja proporcional à eficiência gerada para a Administração, com a redução das despesas correntes.[169]

Assim, os contratos de eficiência buscam a economia de recursos públicos através do aumento da eficiência introduzido pelo particular contratado em determinado setor ou atividade pública.

Esse ajuste está disciplinado no art. 39, que trata do julgamento de licitação que adote o critério do maior retorno econômico, a qual deverá utilizar exclusivamente o contrato de eficiência.

Nesse pé, o inciso assenta que contrato de eficiência é o ajuste cujo objeto é a prestação de serviços, que pode incluir a realização de obras e o fornecimento de bens, com o objetivo de proporcionar economia ao contratante, na forma de redução de despesas correntes, remunerado o contratado com base em percentual da economia gerada.

Inciso LIV

1.40 Seguro-garantia

Segundo o inc. LIV, o seguro-garantia é aquele que garante o fiel cumprimento das obrigações assumidas pelos contratados.

---

[169] GARCIA; MOREIRA. *A futura nova lei de licitações brasileira*: seus principais desafios, analisados individualmente.

Trata-se de seguro voltado para o risco de situações que impeçam a execução do objeto contratual. Assim, quando configurado o prejuízo previamente descrito, uma seguradora será constrangida a retribuir o prejudicado.

Segundo o art. 96, a garantia ao fiel cumprimento das obrigações assumidas pelo contratado engloba também as possíveis multas, os prejuízos e as indenizações decorrentes do inadimplemento da contratada, observadas duas regras: a) o prazo de vigência da apólice deverá ser igual ou superior ao prazo estabelecido no contrato principal, devendo acompanhar as modificações referentes à vigência deste mediante a emissão do respectivo endosso pela seguradora; e b) continuará em vigor mesmo se o contratado não tiver pagado o prêmio nas datas convencionadas.

A critério da autoridade competente, em cada caso, a Administração, mediante previsão no edital licitatório, poderá exigir prestação de garantia nas contratações de obras, serviços ou fornecimentos, cabendo ao contratado optar entre três modalidades: caução em dinheiro ou em títulos da dívida pública; fiança bancária ou seguro-garantia.

O art. 98 prevê que, nas contratações de obras e serviços de engenharia de grande vulto (aqueles cujo valor estimado supera R$239.624.058,14)[170] poderá ser exigida a prestação de garantia, na modalidade seguro-garantia, com *cláusula de retomada*, em percentual equivalente a até 30% (trinta por cento) do valor inicial do contrato.

O art. 101 estabelece que, na contratação de obras e serviços de engenharia, o edital de licitação poderá exigir a prestação da garantia na modalidade seguro-garantia e prever a obrigação de a seguradora, em caso de inadimplemento pelo contratado, assumir a execução e concluir o objeto do contrato.

Vê-se, assim, que relevantes alterações ocorreram com relação ao seguro-garantia, rompendo em parte com os paradigmas atuais, notadamente com a inserção da *cláusula de retomada*, com a possível previsão de se impor à seguradora a assunção da execução contratual, para conclusão do contrato inadimplido pelo contratado original, e o aumento no limite percentual para 30% do valor inicial do contrato.

Como observa Dawison Barcelos, o grande desafio será equilibrar o nível de segurança que o Poder Público quer trazer para o objeto contratado e manter o interesse das empresas do ramo na contratação. "Obviamente esse seguro-garantia, com percentual maior e o risco de a seguradora assumir o contrato ou ainda cobrir o valor integral da apólice, incorre custos".

Nesse contexto, Barcelos pondera que uma empresa, mesmo com condições de pagar uma apólice mais cara, poderá ter dificuldade caso, no passado, tenha deixado de executar várias obras e apresentado dificuldades no adimplemento em outros serviços de engenharia de grande vulto:

> É algo que podemos comparar, de forma mais simples, com o momento em que vamos adquirir um seguro de carro. Antes de conceder a apólice, a seguradora avalia o histórico do motorista, se possui bônus, a idade, se já se envolveu em acidentes, enfim. Isso importa no valor que a gente paga para adquirir esta apólice de seguro, podendo chegar ao caso de o segurado pagar muito caro ou até a seguradora negar o seguro devido ao histórico. Isso também ocorrerá para as obras e serviços de engenharia. Empresas e construtoras com históricos ruins certamente terão dificuldade de adquirir este tipo de seguro ou terão que

[170] Conforme atualização realizada pelo Decreto nº 11.871, de 29.12.2023.

gastar um valor ainda maior ou até mesmo ter o seguro negado. O que não é só o aspecto financeiro, o técnico também passa a integrar o objeto. (...) A análise será na relação entre seguradora e eventual contratada, mas, em última instância, poderá sim ajudar a plena execução dos contratos públicos desta magnitude.[171]

Inciso LV

1.41 Produtos para pesquisa e desenvolvimento

Trazido à baila pela Lei nº 13.243, de 11.01.2016 – Marco Legal da Ciência, Tecnologia e Inovação, que dispõe sobre medidas para o incentivo à pesquisa, inovação e desenvolvimento científico e tecnológico no ambiente produtivo, com vistas à capacitação tecnológica, ao alcance da autonomia tecnológica e ao desenvolvimento do sistema produtivo nacional e regional do País –, o inciso conceitua que produtos para pesquisa e desenvolvimento são os bens, insumos, serviços e obras necessários para a atividade de pesquisa científica e tecnológica, desenvolvimento de tecnologia ou inovação tecnológica, discriminados em projeto de pesquisa.

A definição se fez necessária em função da possibilidade de dispensa de licitação inserida pela lei supracitada na revogada Lei nº 8.666/1993, nos casos de aquisição ou contratação de produtos para pesquisa e desenvolvimento, repisada no art. 75, IV, c, da Nova Lei, sinalizando a dispensa licitatória na aquisição de produtos dessa natureza, limitada a contratação, no caso de obras e serviços de engenharia, ao valor de R$359.436,08 (trezentos e cinquenta e nove mil, quatrocentos e trinta e seis reais e oito centavos).[172]

Incisos LVI e LVII

1.42 Sobrepreço e superfaturamento

Os incisos LVI e LVII procuram definir, didaticamente, sobrepreço e superfaturamento, expressões muito confundidas no dia a dia.

Assim, o inc. LVI assenta que "sobrepreço" seria o preço orçado para licitação ou contratado em valor expressivamente superior aos preços referenciais de mercado, seja de apenas 1 (um) item, se a licitação ou a contratação for por preços unitários de serviço, seja do valor global do objeto, se a licitação ou a contratação for por tarefa, empreitada por preço global ou empreitada integral, semi-integrada ou integrada; e o inc. LVII informa que "superfaturamento" seria dano provocado ao patrimônio da Administração, caracterizado, entre outras situações, por: a) medição de quantidades superiores às efetivamente executadas ou fornecidas; b) deficiência na execução de obras e de serviços de engenharia que resulte em diminuição da sua qualidade, vida útil ou segurança; c) alterações no orçamento de obras e de serviços de engenharia que causem desequilíbrio econômico-financeiro do contrato em favor do contratado; e d) outras

---

[171] BARCELOS. *Nova Lei de Licitações prevê seguro-garantia de até 30% para obras acima de R$200 milhões.*

[172] Conforme atualização realizada pelo Decreto nº 11.871, de 29.12.2023.

alterações de cláusulas financeiras que gerem recebimentos contratuais antecipados, distorção do cronograma físico-financeiro, prorrogação injustificada do prazo contratual com custos adicionais para a Administração ou reajuste irregular de preços;

Verifica-se, portanto, que o "superfaturamento" está associado a despesas irregulares durante a execução do contrato, ao passo que o "sobrepreço" envolve falhas no processo da contratação. O sobrepreço no momento da celebração contratual viabiliza o superfaturamento na etapa de sua execução.

Conforme preceitua o art. 11, o processo licitatório tem por objetivo, entre outros, evitar contratações com *sobrepreço* ou com preços manifestamente inexequíveis e *superfaturamento* na execução dos contratos (inc. III).

E o §3º do art. 59 disciplina que, no caso de obras e serviços de engenharia e arquitetura, para efeito de avaliação da exequibilidade e de *sobrepreço*, serão considerados o preço global, os quantitativos e os preços unitários tidos como relevantes, observado o critério de aceitabilidade de preços unitário e global a ser fixado no edital, conforme as especificidades do mercado correspondente.

Sobre sobrepreço e superfaturamento, remete-se aos comentários ao inc. III do art. 11, onde aprofundamos a análise.

Inciso LVIII

1.43 Reajustamento em sentido estrito

O reajustamento, figura onipresente nos contratos em países com alta inflação, tem como intuito a preservação da equação econômico-financeira do ajuste, tendo em vista a ocorrência inflacionária.

Nesse passo, este inciso assenta que "reajustamento em sentido estrito" é a forma adotada num contrato para a manutenção de seu equilíbrio econômico-financeiro, consistente na aplicação do índice de correção monetária nele previsto, que deve retratar a variação efetiva do custo de produção, admitida a adoção de índices específicos ou setoriais.

Remete-se aos comentários aos dispositivos que mencionam a figura: art. 25, §§7º e 8º, inc. I, art. 92, inc. V, §§3º e 4º, inc. I, art. 129, art. 135, §4º e art. 16, inc. I.[173]

Inciso LIX

1.44 Repactuação

A repactuação é uma espécie de reajustamento que visa à preservação da equação econômico-financeira dos contratos, adotada especificamente nas hipóteses de serviços contínuos com regime de dedicação exclusiva de mão de obra.

---

[173] Sobre o tema, observe-se o ENUNCIADO 6 – CONSELHO DE JUSTIÇA FEDERAL (1º Simpósio de Licitações e Contratos da Justiça Federal): Embora não haja preclusão lógica do direito ao reajuste em sentido estrito, compete à contratada a apresentação do pedido, não cabendo, portanto, ao contratante, processar, de ofício, o reajuste.

O inciso a define como a forma de manutenção do equilíbrio econômico-financeiro de contrato utilizada para serviços contínuos com regime de dedicação exclusiva de mão de obra ou predominância de mão de obra, por meio da análise da variação dos custos contratuais.

E mais: indo além da definição, o dispositivo informa que a repactuação deverá estar prevista no edital com data vinculada à apresentação das propostas, para os custos decorrentes do mercado, e com data vinculada ao acordo, à convenção coletiva ou ao dissídio coletivo ao qual o orçamento esteja vinculado, para os custos decorrentes da mão de obra.

São diversos os dispositivos que tratam do instrumento (arts. 25, §8º, inc. II, 92, X, §4º, inc. II, §6º e 135 caput, §§3º a 6º, art. 136, inc. I).

Aprofundamos a análise da matéria nos comentários ao §8º do art. 25.

Inciso LX

1.45 Agente de contratação

A exemplo do que já ocorre com o pregão, que possui um único agente público para conduzir os trabalhos (o pregoeiro), a Nova Lei instituiu, para as demais modalidades, o agente de contratação, que, consoante este inc. LX, será a pessoa designada pela autoridade competente, entre servidores efetivos ou empregados públicos dos quadros permanentes da Administração, para tomar decisões, acompanhar o trâmite da licitação, dar impulso ao procedimento licitatório e executar quaisquer outras atividades necessárias ao bom andamento da licitação.

Logo, só poderá exercer a função de agente de contratação pessoa aprovada em concurso público, não podendo assumir tal função o agente público ocupante apenas de cargo em comissão. Trata-se de matéria de caráter geral, não sendo permitido que os entes federativos disponham de forma diferente.[174]

Também nos mesmos moldes do pregão, o agente de contratação terá uma equipe de apoio, que exercerá o seu assessoramento. Destarte, o §1º do art. 8º informa que o agente de contratação será auxiliado por equipe de apoio e responderá individualmente pelos atos que praticar, salvo quando induzido a erro pela atuação da equipe.

Em licitações que envolvam bens ou serviços especiais, o agente de contratação poderá ser substituído por comissão de contratação (§2º do art. 8º).

Anote-se que, muito embora não conste no rol de definições, a Nova Lei manteve a figura do pregoeiro para conduzir as licitações na modalidade pregão, conforme assenta o §5º do art. 8º, o qual dispõe que, em licitação na modalidade pregão, o agente responsável pela condução do certame será designado pregoeiro.

---

[174] Questionado sobre o tema, o Tribunal de Contas do Rio de Janeiro – TCE-RJ posicionou-se da mesma forma, entendendo que a norma contida neste inciso LX "deve ser vista como de caráter geral, a impor que o agente de contratação seja designado dentre servidores efetivos ou empregados públicos dos quadros permanentes da Administração Pública, guardando, assim, harmonia com os demais preceitos da nova lei, sendo vedado aos municípios dispor de forma diversa" (Acórdão nº 091533/2023-PLENV).

CAPÍTULO IV
DOS AGENTES PÚBLICOS

Art. 7º Caberá à autoridade máxima do órgão ou da entidade, ou a quem as normas de organização administrativa indicarem, promover gestão por competências e designar agentes públicos para o desempenho das funções essenciais à execução desta Lei que preencham os seguintes requisitos:
I – sejam, preferencialmente, servidor efetivo ou empregado público dos quadros permanentes da Administração Pública;
II – tenham atribuições relacionadas a licitações e contratos ou possuam formação compatível ou qualificação atestada por certificação profissional emitida por escola de governo criada e mantida pelo poder público; e
III – não sejam cônjuge ou companheiro de licitantes ou contratados habituais da Administração nem tenham com eles vínculo de parentesco, colateral ou por afinidade, até o terceiro grau, ou de natureza técnica, comercial, econômica, financeira, trabalhista e civil.
§1º A autoridade referida no *caput* deste artigo deverá observar o princípio da segregação de funções, vedada a designação do mesmo agente público para atuação simultânea em funções mais suscetíveis a riscos, de modo a reduzir a possibilidade de ocultação de erros e de ocorrência de fraudes na respectiva contratação.
§2º O disposto no *caput* e no §1º deste artigo, inclusive os requisitos estabelecidos, também se aplica aos órgãos de assessoramento jurídico e de controle interno da Administração.

Artigo 7º

1 Designação de agentes públicos para o desempenho de funções

O Capítulo IV versa sobre as atividades dos "agentes públicos" no âmbito das licitações e contratos.

O inc. V do art. 6º define, para os fins da Lei, que "agente público" é o indivíduo que, em virtude de eleição, nomeação, designação, contratação ou qualquer outra forma de investidura ou vínculo, exerce mandato, cargo, emprego ou função em pessoa jurídica integrante da Administração Pública. O inc. VI do mesmo dispositivo aponta que "autoridade" é o agente público dotado de poder de decisão.

Consoante este art. 7º, caberá à autoridade máxima do órgão ou da entidade, ou a quem as normas de organização administrativa indicar, promover gestão por competências e designar agentes públicos para o desempenho das funções essenciais à execução da Nova Lei.

Logo, não será qualquer autoridade que poderá exercer essa designação, mas tão somente aquele que exerce o mais alto grau hierárquico na organização (Presidente, Diretor etc.) ou aquele que as normas organizacionais internas indicar.

Ainda segundo o preconizado, para a avaliação dos agentes públicos que desempenharão as funções deverá valer-se da promoção de "gestão por competências", qual seja, de pesquisas e definições de quais conhecimentos, habilidades e atitudes são necessários para o exercício da função.

Para tal, os designados deverão preencher os seguintes requisitos:

a) sejam, preferencialmente, servidor efetivo ou empregado público dos quadros permanentes da Administração Pública;
b) tenham atribuições relacionadas a licitações e contratos ou possuam formação compatível ou qualificação atestada por certificação profissional emitida por escola de governo criada e mantida pelo Poder Público; e
c) não sejam cônjuge ou companheiro de licitantes ou contratados habituais da Administração nem tenham com eles vínculo de parentesco, colateral ou por afinidade, até o terceiro grau, ou de natureza técnica, comercial, econômica, financeira, trabalhista e civil.

1.1 Preferência a servidor efetivo ou empregado público dos quadros permanentes da Administração

Em sentido amplo, são servidores públicos as pessoas físicas que prestam serviços à Administração Pública direta e às entidades da Administração indireta, com vínculo empregatício e com remuneração paga pelos cofres públicos, sendo eles:

a) servidores estatutários, sujeitos ao regime estatutário e ocupantes de cargos públicos;
b) empregados públicos, contratados sob o regime da legislação trabalhista e ocupantes de emprego público; e
c) servidores temporários, contratados por tempo determinado para atender à necessidade temporária de interesse público.

Nesse contexto, "servidor efetivo" é aquele estatutário, concursado e empossado num cargo efetivo na estrutura da Administração, e "empregado público" é aquele que tem relação funcional trabalhista com a Administração.

Para o exercício das funções essenciais explicitadas ao longo da Nova Lei, seja para ser membro da comissão de contratação ou pregoeiro, o diploma sinaliza que a autoridade competente dê preferência aos servidores efetivos ou empregados públicos do órgão ou do ente promotor da licitação, não afastando, por conseguinte, a nomeação, em caráter excepcional, de um servidor ocupante de trabalho temporário.

Já para a função de agente de contratação, como o inc. LX do art. 6º informa que será pessoa designada pela autoridade competente, entre servidores efetivos ou empregados públicos dos *quadros permanentes* da Administração Pública, somente poderá exercê-la pessoa aprovada em concurso público, não podendo ser ocupada pelos que detenham apenas cargo em comissão.

1.2 Ter atribuições relacionadas a licitações e contratos ou possuir formação compatível

É certo que uma boa atuação dos agentes de contratação ou dos pregoeiros é fundamental para o eficaz resultado de um certame licitatório.

Nesse passo, ao longo dos anos, tem-se preocupado com a formação desses agentes.

Assim, para a nomeação de agentes públicos para o desempenho das funções licitatórias essenciais, a Nova Lei impõe que possuam:

a) atribuições relacionadas a licitações e contratos; ou
b) formação compatível; ou
c) qualificação atestada por certificação profissional emitida por escola de governo criada e mantida pelo Poder Público.

Qualquer um dos requisitos é suficiente para poderem exercer a função.

Sobre a matéria, arrole-se importante ressalva de Jacoby Fernandes:

> Incorre em culpa *in elegendo* a autoridade que nomeia servidor sem a necessária qualificação para o desempenho da função. Nesse sentido, verifica-se que a jurisprudência do TCU em alguns casos de danos causados à Administração vem entendendo que não se deve isentar de responsabilidade o ordenador de despesas quando imputa a causa da irregularidade a ato de subordinado. A culpa *in elegendo* é a possibilidade jurídica de responsabilizar alguém pela má escolha do preposto. É dever das autoridades públicas, ao proceder às designações de servidores para as funções, fazê-lo de modo a assegurar o atendimento do interesse público adequado. Se nomeia alguém sem competência, está frustrando a concretização do objetivo da norma e deve, portanto, assumir a responsabilidade, na medida em que é presumivelmente conivente com a irregularidade.[175]

Registre-se que, em nossas andanças pela Administração Pública, verificamos a existência de pessoas que, sem cursos específicos, dispõem de totais condições para exercer a função de pregoeiro, enquanto há outras que, mesmo realizando treinamentos de toda ordem, não possuem o perfil adequado para tal.

Há um ingrediente contemporâneo adicional nessa compulsória busca de qualificação dos profissionais que venham a atuar nas licitações: o preceptivo aponta a adoção de "gestão por competências". Idalberto Chiavenato ensina que gestão de competência é um sistema da área de gestão de recursos humanos desenvolvido no sentido de identificar e gerir perfis profissionais que proporcionem mais retorno a um negócio, identificando os pontos de excelência e as oportunidades de melhoria, suprindo lacunas e agregando conhecimento".[176]

Na prática, em breve síntese, a gestão por competência, no caso, deverá ser aplicada:

a) aferindo-se o conhecimento dos agentes adquiridos no dia a dia, em cursos realizados interna e externamente, em livros doutrinários, trabalhos publicados etc.; e

[175] JACOBY. *Busca pela capacitação como diretriz de conduta.*

[176] CHIAVENATO. *Gerenciando pessoas.* 4. ed.

b) posteriormente, avaliando-se o desempenho e o desenvolvimento desses, mensurando os resultados alcançados nos pregões dos quais tenha participado.

1.3 Não ter vínculos com licitantes ou contratados habituais

O inc. III impõe algo bastante discutido no passado – com grande resistência de muitos: que os agentes públicos designados para o desempenho das funções essenciais licitatórias:

a) não sejam cônjuge ou companheiro de licitantes ou contratados habituais da Administração; e
b) não tenham com eles vínculo de parentesco, colateral ou por afinidade, até o terceiro grau, ou de natureza técnica, comercial, econômica, financeira, trabalhista e civil.

O requisito, em homenagem aos Princípios da Impessoalidade e da Moralidade, inscritos no art. 37, *caput*, CF, afasta o nepotismo na Administração, inspirando-se na Súmula Vinculante nº 13 do STF.

> A nomeação de cônjuge, companheiro ou parente em linha reta, colateral ou por afinidade, até o terceiro grau, inclusive, da autoridade nomeante ou de servidor da mesma pessoa jurídica investido em cargo de direção, chefia ou assessoramento, para o exercício de cargo em comissão ou de confiança ou, ainda, de função gratificada na administração pública direta e indireta em qualquer dos poderes da União, dos Estados, do Distrito Federal e dos Municípios, compreendido o ajuste mediante designações recíprocas, viola a Constituição Federal.

Parágrafos 1º e 2º

2 Atendimento ao Princípio da Segregação de Funções

Um dos princípios licitatórios previstos no art. 5º é o da segregação de funções, que, como assentamos, configura regra de controle interno que impõe que as funções de autorização, aprovação, execução, controle e contabilização dos atos públicos sejam apartadas, de modo a minimizar as oportunidades de agentes cometerem falhas ou fraudes no curso de suas obrigações funcionais.

Nesse pé, o §1º disciplina que, quando dos atos de designação de agentes públicos para o desempenho das funções essenciais à execução das licitações e contratações, a autoridade competente deverá observar tal princípio, sendo terminantemente proibida, com o intuito de reduzir a possibilidade de ocultação de erros e de ocorrência de fraudes, a designação do mesmo agente público para atuação simultânea em funções mais suscetíveis a riscos.

A regra acata antiga posição do TCU sobre o atendimento ao princípio da segregação de funções e reconhece vetusto axioma de auditoria, que sinalizava o risco de acúmulo de funções pelo mesmo agente, com possíveis resultados prejudiciais na execução dos trabalhos.

O §2º estende a adoção da técnica de gestão de competências e todos os requisitos previstos no *caput* do dispositivo, bem como a aplicação do princípio da segregação de funções aos órgãos de assessoramento jurídico e de controle interno da Administração, os quais exercem, respectivamente, controle prévio de legalidade (conforme dispõe o art. 52 da Lei) e as fiscalizações preceituadas no art. 74 CF.[177]

[177] Art. 74. Os Poderes Legislativo, Executivo e Judiciário manterão, de forma integrada, sistema de controle interno com a finalidade de: I – avaliar o cumprimento das metas previstas no plano plurianual, a execução dos programas de governo e dos orçamentos da União; II – comprovar a legalidade e avaliar os resultados, quanto à eficácia e eficiência, da gestão orçamentária, financeira e patrimonial nos órgãos e entidades da administração federal, bem como da aplicação de recursos públicos por entidades de direito privado; III – exercer o controle das operações de crédito, avais e garantias, bem como dos direitos e haveres da União; IV – apoiar o controle externo no exercício de sua missão institucional. §1º Os responsáveis pelo controle interno, ao tomarem conhecimento de qualquer irregularidade ou ilegalidade, dela darão ciência ao Tribunal de Contas da União, sob pena de responsabilidade solidária. §2º Qualquer cidadão, partido político, associação ou sindicato é parte legítima para, na forma da lei, denunciar irregularidades ou ilegalidades perante o Tribunal de Contas da União.

Art. 8º A licitação será conduzida por agente de contratação, pessoa designada pela autoridade competente, entre servidores efetivos ou empregados públicos dos quadros permanentes da Administração Pública, para tomar decisões, acompanhar o trâmite da licitação, dar impulso ao procedimento licitatório e executar quaisquer outras atividades necessárias ao bom andamento do certame até a homologação.

§1º O agente de contratação será auxiliado por equipe de apoio e responderá individualmente pelos atos que praticar, salvo quando induzido a erro pela atuação da equipe.

§2º Em licitação que envolva bens ou serviços especiais, desde que observados os requisitos estabelecidos no art. 7º desta Lei, o agente de contratação poderá ser substituído por comissão de contratação formada por, no mínimo, 3 (três) membros, que responderão solidariamente por todos os atos praticados pela comissão, ressalvado o membro que expressar posição individual divergente fundamentada e registrada em ata lavrada na reunião em que houver sido tomada a decisão.

§3º As regras relativas à atuação do agente de contratação e da equipe de apoio, ao funcionamento da comissão de contratação e à atuação de fiscais e gestores de contratos de que trata esta Lei serão estabelecidas em regulamento, e deverá ser prevista a possibilidade de eles contarem com o apoio dos órgãos de assessoramento jurídico e de controle interno para o desempenho das funções essenciais à execução do disposto nesta Lei.

§4º Em licitação que envolva bens ou serviços especiais cujo objeto não seja rotineiramente contratado pela Administração, poderá ser contratado, por prazo determinado, serviço de empresa ou de profissional especializado para assessorar os agentes públicos responsáveis pela condução da licitação.

§5º Em licitação na modalidade pregão, o agente responsável pela condução do certame será designado pregoeiro.

Artigo 8º e Parágrafo 1º

1 Condução da licitação

Como já explicitado, a exemplo do que já ocorre com a licitação da modalidade pregão, que possui um único agente público para conduzir os trabalhos (o pregoeiro), a Nova Lei instituiu, para conduzir as demais modalidades, o *agente de contratação*, o qual, consoante definição constante no inc. LX do art. 6º, é o agente público designado pela autoridade competente, entre servidores efetivos ou empregados públicos dos quadros permanentes da Administração, para tomar decisões, acompanhar o trâmite da licitação, dar impulso ao procedimento licitatório e executar quaisquer outras atividades necessárias ao bom andamento da licitação. Logo, só poderá exercer a função de agente de contratação pessoa aprovada em concurso público, não podendo assumir tal função o agente público ocupante apenas de cargo em comissão.[178]

Este art. 8º repete no *caput* a definição do inc. LX supramencionado.

Nos mesmos moldes do pregão, o agente de contratação terá uma equipe o apoiando, exercendo o seu assessoramento.

Assim, o §1º informa que o agente de contratação será auxiliado por equipe de apoio, mas responderá individualmente pelos atos que praticar, salvo quando induzido a erro pela atuação dessa equipe.

Como a própria Lei impõe que o agente de contratação detenha conhecimento suficiente sobre o tema, é certo que somente em situações especiais esse agente poderá alegar que foi induzido ao erro.

Considerando que a equipe de apoio deve prestar assistência ao pregoeiro, é de se inferir que os integrantes desse grupo deverão, a princípio, ser escolhidos dentre os que possuem conhecimento técnico específico sobre o objeto pretendido.

Em termos de responsabilidade, os componentes da equipe de apoio não se equivalem aos integrantes da antiga comissão de licitação, considerando não deterem poderes para decidir.

> Não se confunda equipe de apoio (...) com a comissão de licitação. A diferença fundamental é evidente: no pregão, a responsabilidade de conduzir e julgar é pessoal e exclusiva do pregoeiro; nas demais modalidades de licitação, a responsabilidade de conduzir e julgar é do órgão colegiado (...). A equipe de apoio ao pregoeiro limitar-se-á a realizar os atos materialmente necessários à prática do procedimento, nenhuma influência tendo, ou podendo ter, sobre as decisões do pregoeiro (Acórdão nº 64/2004 – Segunda Câmara).

Por outro lado, não se pode negar que, tendo em vista tratar-se de um grupo de pessoas com a incumbência de analisar determinados atos ou fatos relacionados ao procedimento licitatório, com o intuito de obter o melhor resultado, possui ares e jeito da antiga comissão licitatória.

Não obstante, sustentamos a admissibilidade de responsabilizações nos casos de assistências técnicas prestadas, uma vez que o agente de contratação (ou o pregoeiro) pode ser levado a tomar certa decisão em razão de parecer técnico de membro técnico do grupo.

É o que também advoga Joel Niebuhr, versando sobre as atividades do pregoeiro:

> Imagine-se que (...) tome decisão de inabilitar licitante em virtude de parecer de contabilista no sentido de que licitante desatendeu os requisitos de qualificação econômico-financeira estabelecidos no edital. Ora, (...), nesse caso, foi induzido a erro por membro da equipe

[178] Registre-se o ENUNCIADO 8 – CONSELHO DE JUSTIÇA FEDERAL, aprovado no 1º Simpósio de Licitações e Contratos da Justiça Federal, ocorrido em 16 e 17.08.2022: "O agente de contratação de que trata o art. 8º da Lei nº 14.133/2021 somente poderá ser responsabilizado, em tal qualidade, em decorrência dos atos decisórios praticados em razão da condução da fase externa das modalidades de licitação, observado o disposto no art. 28 do Decreto-Lei nº 4.657/1942 (Lei de Introdução às Normas do Direito Brasileiro) e a eventual fundamentação das decisões com base em pareceres e manifestações técnicas do órgão de assessoramento jurídico e/ou das unidades responsáveis pela elaboração dos artefatos de planejamento".

de apoio. Logo, tal membro deve ser responsabilizado administrativamente, mediante processo administrativo, e pode responder subsidiariamente junto ao Tribunal de Contas ou junto ao Poder Judiciário.

Ao revés, diante da natural pluralidade de conhecimentos e opiniões, haverá, de certo, discordâncias entre um ou mais membros dessa equipe e o agente de contratação, pelo que se faz primordial a consignação em ata, afastando-se, dessa forma, qualquer possibilidade de responsabilização solidária quando de questionamentos e/ou pendengas administrativas ou judiciais.

Na mesma linha, os membros da equipe de apoio não ficarão imunes à responsabilização se, ao tomarem conhecimento de alguma irregularidade, inclusive eventualmente efetuada pelo agente de contratação, não solicitarem a consignação da ocorrência em ata, com comunicação imediata à autoridade competente, em caso de recusa do agente.

1.1 Condução da licitação por militares

Ao tratar dos membros que constituiriam as comissões de licitação, o estatuto licitatório anterior (Lei nº 8.666/1993) não fazia menção aos militares. Ocorre que, inexplicavelmente, a Lei do Pregão (Lei nº 10.520/2002) trouxe um dispositivo que registrava que "no âmbito do Ministério da Defesa, as funções de pregoeiro e de membro da equipe de apoio poderão ser desempenhadas por militares".

Esse dispositivo trouxe dúvidas aos aplicadores.

Em análise em livro específico, escrevemos:

> Este parágrafo, que consideramos totalmente dispensável, permite o que o ordenamento jurídico já autoriza. Independentemente das alterações constitucionais, notadamente daquelas impostas pela Emenda Constitucional nº 18/98, que deu tratamento específico aos membros das Forças Armadas, os militares continuam, em sentido amplo, sendo servidores públicos, tal como os funcionários civis. Agentes Públicos são aqueles que, de qualquer forma e sob qualquer título, atuam como pressupostos do Estado, executando uma atividade pública (função pública). Por possuir o termo "agente público" um sentido muito abrangente, são eles classificados em duas categorias: agentes políticos (chefes do Executivo e membros do Legislativo) e servidores públicos (quem formam o grande contingente de agentes do Estado, nas mais diversas funções). Servidores públicos são os agentes públicos que exercem função pública em decorrência de relação de trabalho, integrando, assim, o quadro funcional dos entes federativos, das autarquias e das fundações públicas. Classificam-se os servidores públicos em segmentos específicos. Daí, encontrarmos os "servidores públicos civis e militares", com estatutos infraconstitucionais distintos, diante de normas constitucionais diversas. José dos Santos Carvalho Filho, sistematizando os grupos de que se compõe a categoria dos servidores públicos, alerta que a primeira divisão que se deve realizar numa classificação seria o dos servidores públicos civis e militares; classificação que obedece a dois ramos básicos das funções públicas: a civil e a militar.
>
> Do exposto, constata-se a desnecessidade do dispositivo, uma vez que os militares, servidores públicos que são, já estão plenamente autorizados para a assunção da incumbência.[179]

[179] BITTENCOURT. *Pregão passo a passo*: comentários à Lei nº 10.520/2002. 5. ed.

Felizmente, ao versar sobre os agentes envolvidos nas licitações e contratações, a Nova Lei não reeditou a dispensável matéria.

Vide que, mesmo assim, a questão tomou tal relevância que se preocupou a Advocacia-Geral da União (AGU) em uniformizar a matéria no âmbito federal, expedindo o Parecer nº 00860/2021/CONJURMD/CGU/AGU, no qual dispôs que "os militares de carreira são agentes estatais juridicamente habilitados para exercer, no especial contexto das contratações públicas, as funções atribuídas por lei a servidores públicos efetivos. Por decorrência, podem exercer a função de agente de contratação prevista na nova Lei de Licitações e Contratos, já que o art. 8º desse diploma exige que a escolha recaia sobre "servidores efetivos ou empregados públicos dos quadros permanentes da Administração Pública".

Na então avaliação da AGU, os militares temporários "não poderiam ser designados para a referida função, em razão do vínculo precário (não permanente) que mantêm com as Forças Armadas". Posteriormente, revendo a questão, publicou o Parecer nº 00701/2022/CONJUR-MD/CGU/AGU, no qual concluiu, como nós, que "as funções previstas na Lei nº 14.133/2021, atribuídas a servidores efetivos, podem ser exercidas por militares de carreira, militares temporários, praças não estabilizadas e, ainda, militares Prestadores de Tarefa por Tempo Certo (PTTC), como é o caso do agente de contratação/pregoeiro".

Parágrafo 2º

1.2 Substituição do agente de contratação por uma comissão de contratação

O inc. XIV do art. 6º define que "bens e serviços especiais" são aqueles que, por sua alta heterogeneidade ou complexidade, não podem ser descritos como comuns.

Logo, "bens e serviços especiais" são aqueles que, devido à sua alta heterogeneidade ou complexidade, possuem padrões de desempenho e qualidade que não podem ser objetivamente definidos pelo edital, já que fogem às especificações usuais de mercado.

Nas licitações envolvendo bens ou serviços especiais, que requerem uma atenção especial, cuidado redobrado e conhecimentos mais específicos, o agente de contratação poderá ser substituído por comissão de contratação.

Tal comissão deverá ser composta de, no mínimo, três membros, os quais responderão solidariamente por todos os atos praticados pela comissão, ressalvado o membro que expressar posição individual divergente fundamentada e registrada em ata lavrada na reunião em que houver sido tomada a decisão.

Como a comissão é um colegiado, deliberando em conjunto, cada membro detém o dever de se manifestar, respondendo, todavia, solidariamente pelos atos praticados.

Contudo, poderão ocorrer naturais oposições de condutas e opiniões contrárias. Nesse caso, visando à preservação do discordante e o afastamento da responsabilização solidária, faz-se necessário a ressalva da posição individual divergente, desde que fundamentada e registrada em ata lavrada na reunião na qual ocorreu a deliberação.

Antônio Militão destaca essa necessidade:

> Se um membro da comissão discordar de determinada decisão, deverá registrar a divergência em ata, sob pena de responder solidariamente. Não basta, todavia, o mero registro, sendo necessário que fundamente a sua discordância, elencando os motivos que o levaram a divergir da decisão.[180]

Vale ressaltar que, dependendo da gravidade do vício constatado, além da ressalva em ata, o membro discordante deverá levar a questão ao conhecimento das autoridades superiores, notadamente na possível caracterização de ilícito penal.

Parágrafo 3º

1.3 Apoio dos órgãos de assessoramento jurídico e de controle interno

A Lei remete a regulamento as regras relativas à atuação do agente de contratação e da equipe de apoio, ao funcionamento da comissão de contratação e à atuação de fiscais e gestores de contratos, impondo que, nesse normativo, seja prevista a possibilidade de contarem com o apoio dos órgãos de assessoramento jurídico e de controle interno.

Atendendo ao mandamento do dispositivo, o governo federal editou o Decreto nº 11.246, de 27.10.2022, que dispõe sobre as regras para a atuação do agente de contratação e da equipe de apoio, o funcionamento da comissão de contratação e a atuação dos gestores e fiscais de contratos, no âmbito da Administração Pública federal direta, autárquica e fundacional. Este decreto, no art. 29, informa que os órgãos e as entidades, no âmbito de suas competências, poderão editar normas internas relativas a procedimentos operacionais a serem observados, na área de licitações e contratos, pelos agentes de contratação, pelas equipes de apoio, pelas comissões de contratação, pelos gestores e pelos fiscais de contratos, desde que haja observação ao regramento nele previsto.

Parágrafo 4º

1.4 Contratação de assessoria de empresa ou profissional especializado

Como dito, bens e serviços especiais são aqueles que, devido à sua alta heterogeneidade ou complexidade, possuem padrões de desempenho e qualidade difíceis de serem definidos no instrumento convocatório, por não se compatibilizarem com especificações de mercado.

Nas licitações dessa natureza a Lei autoriza, em caráter excepcional, a contratação, por prazo determinado, de assessoria de empresa ou de profissional especializado.

[180] Arquivo pessoal.

Parágrafo 5º

1.5 Designação do agente como pregoeiro

O art. 28 aponta o pregão como uma das modalidades licitatórias da Nova Lei. Nesse passo, revoga a Lei nº 10.520/2002.[181]

O inc. XLI define o pregão como a modalidade de licitação obrigatória para aquisição de bens e serviços comuns, cujo critério de julgamento poderá ser o de menor preço ou o de maior desconto.

A modalidade, que já foi novidade no âmbito do Direito Administrativo, tornou-se corriqueira, tanto no formato presencial quanto no formato eletrônico, consolidando o pregoeiro como o agente condutor dos pregões.

Embora não conste no rol de definições, a Nova Lei manteve a figura do pregoeiro para dirigir as licitações na modalidade pregão. Aliás, a expressão só aparece no diploma neste dispositivo.

Para o exercício da função, este parágrafo só menciona o temo "agente", não informando, tal como o fez quando tratou do agente de contratação ou dos membros da comissão de contratação, se deveria ser servidor efetivo etc. Tal poderia ser entendido que, para a função, qualquer pessoa poderia ser indicada aos quadros administrativos, até mesmo uma estranha. Entrementes, seguindo a diretiva do inc. I do art. 7º, que impõe que caberá à autoridade máxima do órgão ou da entidade, ou a quem as normas de organização administrativa indicarem, designar agentes públicos para o desempenho das funções essenciais que sejam, preferencialmente, servidor efetivo ou empregado público dos quadros permanentes da Administração Pública, conclui-se que os pregoeiros deverão ser agentes públicos, abrangendo também os que exercem cargos comissionados sem vínculo definitivo.

---

[181] Ressalvando-se o previsto no art. 191, que dispõe que até o decurso do prazo de que trata o inc. II do art. 193 (30.12.2023), a Administração poderá optar por licitar ou contratar diretamente de acordo com esta Lei ou de acordo com as leis citadas no referido inciso, desde que atendidas certas exigências.

Art. 9º É vedado ao agente público designado para atuar na área de licitações e contratos, ressalvados os casos previstos em lei:

I – admitir, prever, incluir ou tolerar, nos atos que praticar, situações que:

a) comprometam, restrinjam ou frustrem o caráter competitivo do processo licitatório, inclusive nos casos de participação de sociedades cooperativas;

b) estabeleçam preferências ou distinções em razão da naturalidade, da sede ou do domicílio dos licitantes;

c) sejam impertinentes ou irrelevantes para o objeto específico do contrato;

II – estabelecer tratamento diferenciado de natureza comercial, legal, trabalhista, previdenciária ou qualquer outra entre empresas brasileiras e estrangeiras, inclusive no que se refere a moeda, modalidade e local de pagamento, mesmo quando envolvido financiamento de agência internacional;

III – opor resistência injustificada ao andamento dos processos e, indevidamente, retardar ou deixar de praticar ato de ofício, ou praticá-lo contra disposição expressa em lei.

§1º Não poderá participar, direta ou indiretamente, da licitação ou da execução do contrato agente público de órgão ou entidade licitante ou contratante, devendo ser observadas as situações que possam configurar conflito de interesses no exercício ou após o exercício do cargo ou emprego, nos termos da legislação que disciplina a matéria.

§2º As vedações de que trata este artigo estendem-se a terceiro que auxilie a condução da contratação na qualidade de integrante de equipe de apoio, profissional especializado ou funcionário ou representante de empresa que preste assessoria técnica.

Artigo 9º e Inciso I

1 Vedação a cláusulas discriminatórias

A Nova Lei veda expressamente algumas atitudes defeituosas usuais dos agentes públicos nas praxes administrativas. Numa claríssima tentativa de evitar a concretização do vício, estabelece proibição dirigida aos responsáveis diretos pelas licitações.

O inc. I elenca os casos em que as condições impostas distorcem o caráter competitivo essencial num certame licitatório. É inconteste que o princípio da competitividade é tão essencial à matéria que, se num procedimento licitatório, por obra de conluios, faltar a competição entre os concorrentes, falecerá a própria licitação, inexistindo o instituto.[182]

[182] MUKAI. *Estatutos jurídicos de licitações e contratos administrativos.*

Assim, é vedado, admitir, prever, incluir ou tolerar situações que comprometam, restrinjam ou frustrem o caráter competitivo do processo licitatório ou sejam impertinentes ou irrelevantes para o objeto específico do contrato.[183]

O preceptivo ainda reprime a discriminação em razão de naturalidade, sede ou domicilio dos licitantes, ou de qualquer outra circunstância impeditiva ou irrelevante para o objeto pretendido e situações que sejam impertinentes ou irrelevantes para o objeto específico do contrato.

Como se vê, de certa forma, o dispositivo reproduz as vedações que o art. 3º, §1º, da Lei nº 8.666/1993, inclusive ao estender a vedação a atos comprometedores do caráter competitivo aos casos de participação de sociedades cooperativas, deixando claro que as cooperativas não podem ser afastadas dos certames licitatórios. Essa inserção apenas confirma o que já se inferia da questão diante do preconizado na Lei nº 11.488/2007, que incluiu as cooperativas no elenco de beneficiários de tratamento diferenciado da LC nº 123/2006.[184]

Sobre as sociedades cooperativas e as licitações, é interessante registrar que, sob o argumento de que as cooperativas de trabalho gerariam muitas reclamações trabalhistas, o Ministério Público do Trabalho (MPT) e a Advocacia Geral da União (AGU) firmaram um acordo, em 2003, homologado na 20ª Vara do Trabalho de Brasília/DF, limitando a participação dessas sociedades em licitações na Administração federal. Em face do ajuste, a União comprometia-se a não mais contratar cooperativas de mão de obra para trabalho subordinado, seja na atividade fim ou na atividade meio, seja na subordinação em relação ao tomador ou ao fornecedor dos serviços. Tal acordo, muito contestado por parte preponderante da doutrina especializada, perdeu sua razão de ser em face da edição da Lei nº 12.690, de 19.07.2012, que dispõe sobre a organização e o funcionamento das Cooperativas de Trabalho, a qual dispõe, no §2º do art. 10, que essas cooperativas não poderão ser impedidas de participar de procedimentos de licitação pública que tenham por escopo os mesmos serviços, operações e atividades previstas em seu objeto social.[185]

Anote-se que, para dar cabo à questão, a Nova Lei explicita, em seu art. 16, que os profissionais organizados sob a forma de cooperativa poderão participar de licitação quando:

a) a constituição e o funcionamento da cooperativa observarem as regras estabelecidas na legislação aplicável, em especial as Leis nºs 5.764/1971 e 12.690/2012, e a Lei Complementar nº 130/2009;

---

183 Acórdão TCU nº 1757/2022- Plenário: É irregular a exigência de que o contratado instale escritório administrativo, ou outro tipo de estrutura física, em localidade específica sem a demonstração de que tal medida seja imprescindível à adequada execução do objeto licitado, devido ao potencial de restringir o caráter competitivo da licitação, afetar a economicidade do contrato e ferir o princípio da isonomia (art. 3º, caput e §1º, inciso I, da Lei nº 8.666/1993 e arts. 5º e 9º, inciso I, alíneas a, b e c, da Lei nº 14.133/2021).

184 Art. 34. Aplica-se às sociedades cooperativas que tenham auferido, no ano-calendário anterior, receita bruta até o limite definido no inciso II do caput do art. 3º da Lei Complementar nº 123, de 14 de dezembro de 2006, nela incluídos os atos cooperados e não-cooperados, o disposto nos Capítulos V a X, na Seção IV do Capítulo XI, e no Capítulo XII da referida Lei Complementar.

185 Art. 10. A Cooperativa de Trabalho poderá adotar por objeto social qualquer gênero de serviço, operação ou atividade, desde que previsto no seu Estatuto Social. (...) §2º A Cooperativa de Trabalho não poderá ser impedida de participar de procedimentos de licitação pública que tenham por escopo os mesmos serviços, operações e atividades previstas em seu objeto social.

b) a cooperativa apresentar demonstrativo de atuação em regime cooperado, com repartição de receitas e despesas entre os cooperados;
c) qualquer cooperado, com igual qualificação, for capaz de executar o objeto contratado, vedado à Administração indicar nominalmente pessoas; e
d) o objeto da licitação referir-se, em se tratando de cooperativas enquadradas na Lei nº 12.690/2012, a serviços especializados constantes do objeto social da cooperativa, a serem executados de forma complementar à sua atuação.[186]

Inciso II

1.1 Vedação a tratamento diferenciado entre empresas brasileiras e estrangeiras

O inciso II alude a um tratamento igualitário entre empresas brasileiras e empresas estrangeiras, com o intuito de afastar exigências diferenciadas entre quaisquer licitantes.

Veda, dessa forma, tratamento diferenciado de natureza comercial, legal, trabalhista, previdenciária ou qualquer outra entre essas empresas brasileiras e estrangeiras,

[186] Averbe-se que, não obstante, manifestando-se a respeito das repercussões do preceituado neste art. 16 em relação à participação de sociedades cooperativas nas licitações, especialmente acerca das condições de atuarem nos certames para a contratação de serviços terceirizados, com dedicação exclusiva de mão de obra, tendo em vista o citado Termo de Conciliação firmado entre o Ministério Público do Trabalho – MPT e a Advocacia Geral da União – AGU, a AGU voltou a examinar a matéria, tendo emitido o Parecer nº 00002/2023/DECOR/CGU/AGU, da lavra do advogado da União Ronny Charles Lopes de Torres, no qual, lastreado na inegável existência de falsas cooperativas, que na verdade são empresas que adotam ilegitimamente tal regime jurídico, mesmo estabelecendo relação de subordinação com os trabalhadores atuantes na execução da atividade contratada, mas que figuram temporariamente como cooperados, e que tal situação costuma ser detectada só posteriormente pela Justiça Trabalhista, o que pode gerar a responsabilização trabalhista do tomador dos serviços, entende ser fundamental compreender que a vedação do Termo de Conciliação decorreu da própria essência dos serviços, não se tratando de vedação genérica à participação de cooperativas em licitação.
Desse Parecer se extrai os seguintes trechos: "Da leitura do dispositivo, nota-se que a Lei nº 14.133/2021, diferentemente da Lei nº 8.666/1993, indica expressamente as condicionantes para a participação das cooperativas nas licitações. (...) Realmente, uma vez que a Lei nº 14.133/2021 trouxe tal regramento acerca da participação das cooperativas nas licitações, não mencionando qualquer restrição quanto ao objeto da licitação em que cooperativas possam participar ou não, há fundamento para dúvida e incerteza quanto à eficácia do Termo de Conciliação firmado entre o MPT e a AGU, tendo em vista, principalmente, o disposto no art. 9º, inciso I, alínea "a" da Lei nº 14.133/2021 (repetição do art. 3º, §1º, I da Lei nº 8.666/93). (...) Contudo, não parece adequado presumir que a regra disposta pela Nova Lei teve o condão de invalidar o regramento anteriormente construído pelo tema, até porque não parece existir relação de contradição e sim de complementariedade. 45. Apesar da redação legal trazida pela Lei nº 14.133/21 (art. 16) e da disposição prevista no seu art. 9º, inciso I, alínea "a", parece evidente que continua a persistir a necessidade de uma visão pragmática em relação à participação das cooperativas em certames licitatórios específicos, como ocorre na hipótese de contratação de serviços terceirizados com dedicação exclusiva de mão de obra. (...) Dessa forma, o art. 16 da Lei nº 14.133/2021 deve ser interpretado sistematicamente, de acordo com o arcabouço jurídico que envolve a matéria das Cooperativas, não tendo o condão de afastar a aplicabilidade do Termo de Conciliação firmado entre o Ministério Público do Trabalho – MPT e a Advocacia Geral da União – AGU".
Por fim, conclui o Parecer: "Diante de todo o exposto, como proposta de uniformização do tema, defendemos que o art. 16 da Lei nº 14.133/2021 deve ser interpretado sistematicamente, de acordo com o arcabouço jurídico que envolve a matéria das Cooperativas, não prejudicando a vigência do Termo de Conciliação firmado entre o Ministério Público do Trabalho – MPT e a Advocacia Geral da União – AGU. Nesta linha, legítimo o entendimento de que a União deve se abster de celebrar contratos administrativos com cooperativas de trabalho nas hipóteses em que a execução dos serviços terceirizados, por sua própria natureza, demande vínculo de emprego dos trabalhadores em relação à contratada, nos termos definidos pelo Termo de Conciliação Judicial homologado pela Justiça do Trabalho nos autos da ação civil pública nº 01082-2002-020-10-00-0, firmado entre o Ministério Público do Trabalho e a União".

inclusive no que se refere à moeda, modalidade e local de pagamento, mesmo quando haja financiamento de agência internacional.

Destarte, instaurada a competição pública internacional[187] –, o tratamento, a princípio, deverá ser isonômico.

Uma das censuras que fazíamos à lei anterior era a não definição do que seria uma licitação internacional. Agora, atendendo aos apelos da doutrina, o legislador fez constar o conceito. Assim, consoante o definido no inc. XXXV do art. 6º, licitação internacional é o certame processado em território nacional no qual é admitida a participação de licitantes estrangeiros, com a possibilidade de cotação de preços em moeda estrangeira, ou licitação na qual o objeto contratual pode ou deve ser executado no todo ou em parte em território estrangeiro.

Trata-se, portanto, de procedimento competitivo formal que a Administração Pública está obrigada a estabelecer quando busca adquirir um bem ou contratar um serviço que pode ser fornecido ou prestado tanto por uma empresa brasileira quanto por uma empresa estrangeira.

Mário Lúcio Soares e Rafael Tanure propõem que se trata de procedimento, geralmente obrigatório, da administração pública direta e indireta, nos termos da lei, que faculta a participação de empresas nacionais e internacionais, sendo normatizada por disposições internas e externas, que são, conjunta e sistematicamente, parte do ordenamento jurídico pátrio.[188]

Empresas com sede no exterior podem participar de licitações nacionais, mas devem cumprir requisitos de ordem burocrática, notadamente terem filiais em funcionamento no Brasil. Já nas licitações internacionais realizadas de acordo com a legislação nacional, os recursos podem ser de origem doméstica ou estrangeira, mas a licitação é expressamente aberta a licitantes estrangeiros, inclusive que não estejam em funcionamento no Brasil. Portanto, nesses casos, como regra geral, o licitante estrangeiro não precisa ser previamente autorizado a operar no Brasil, e pode receber pagamentos em moeda estrangeira.[189]

Na hipótese de o certame ocorrer no âmbito interno (licitação nacional), somente estarão aptas a participar as pessoas estabelecidas no Brasil, sejam nacionais ou estrangeiras. Caso o certame ultrapasse as fronteiras do país, franquear-se-á a participação a qualquer pessoa que atue no ramo pretendido, independentemente do local que esteja estabelecida, guardadas as devidas reservas em face da existência de possíveis impedimentos concernentes a algum tipo de litígio.[190] [191]

Censura-se, contudo, na definição estabelecida na Lei para as licitações internacionais, a não indicação de seu elemento caracterizador fundamental: a publicidade no exterior.

---

[187] Sobre as licitações internacionais, *vide* o nosso "Licitações internacionais". (BITTENCOURT. *Licitações internacionais*. 3. ed.).

[188] SOARES; TANURE. *A licitação internacional como instrumento de integração*.

[189] SCHWIND. *Licitações internacionais*. 2. ed.

[190] Ressaltando-se que não se está levando em consideração as licitações internacionais celebradas em função de regras dispostas por entidades internacionais de financiamento, que possuem normas próprias.

[191] Quanto a esse tratamento igualitário, numa licitação internacional, totalmente carregada de dificuldades práticas, remete-se aos comentários específicos concernentes às regras habilitatórias.

Em livro específico, observamos que,

> dentre as providências que fazem com que a licitação seja realmente internacional vislumbra-se a obrigatória publicidade (mais ampla possível) no exterior (adotando os idiomas dos países em que o aviso está sendo publicado).[192]

No mesmo viés, a assertiva de Maria Lúcia Jordão Ortega:

> Considerado que ao optar por uma licitação internacional a Administração objetiva buscar interessados além de seus limites territoriais, a publicidade deverá ser realizada de forma a viabilizar essa sua intenção, com o que a publicidade não poderá ser limitada àquela legalmente prevista às licitações nacionais.[193]

Tal também não passou despercebido por Jonas Lima:

> (...) questionável que o principal elemento que caracteriza a licitação internacional, que é a publicidade no exterior, tão cobrada há décadas pelos tribunais de contas e outros entes de controle, tenha sido esquecida.[194]

Que, não obstante, acrescenta que:

> Entretanto, em interpretação sistêmica da legislação deve ser considerado o seguinte: é impositivo respeitar o princípio da publicidade, do caput do artigo 37 da Constituição Federal, de modo a se ter a igualdade entre concorrentes, que é expressa no inciso XXI do mesmo artigo. Isso significa que o aviso da licitação internacional é publicado, normalmente, no Brasil, além de ter uma divulgação adicional no exterior, que tem sido aceita em ferramentas como o www.dgmarket.com, maior portal de licitações do mundo, sem despesa para inclusão de avisos, com editais de mais de 170 países e dezenas de organismos internacionais, além de envio para listas de contatos dos Setores de Promoção Comercial (Secoms) do Brasil nos países, ou seja, listas de contatos comerciais das embaixadas e consulados brasileiros pelo mundo, para que as oportunidades sejam localmente replicadas.[195]

Inciso III

1.2 Vedação à resistência e retardamento injustificados ao andamento dos processos licitatórios

O inciso prevê a vedação (a)à:

a) oposição de resistência injustificada ao andamento dos processos;

b) retardar ou deixar de praticar ato de ofício indevidamente; e

c) praticar ato de ofício contra disposição expressa em lei.

---

192 BITTENCOURT. *Licitações Internacionais*. 3. ed.

193 ORTEGA. *Licitações à luz da Lei nº 8.666/93*.

194 LIMA. Licitações internacionais na Lei nº 14.133/2021: 10 tópicos.

195 LIMA. Licitações internacionais na Lei nº 14.133/2021: 10 tópicos.

O dispositivo reproduz, inicialmente, regra impositiva aos agentes públicos federais, insculpida no inc. IV do art. 117 da Lei nº 8.112/1990 (que dispõe sobre o regime jurídico dos servidores públicos), que proíbe aos servidores opor resistência injustificada ao andamento de documento e processo.

Além disso, também reprime que agentes envolvidos nas licitações e contratos retardem ou deixem de praticar ato de ofício indevidamente; ou pratiquem ato de ofício contra disposição expressa em lei.

Trata-se, em linhas gerais, de aplicação do Princípio da Motivação, que determina que a autoridade administrativa, para qualquer ato praticado (oposição, adiamento etc.), apresente as razões que a levaram a tomar a decisão, porquanto, como prevê o art. 50 da Lei nº 9.784/1999, regulador do processo administrativo no âmbito da Administração Pública federal, todos os atos administrativos devem ser motivados, com indicação dos fatos e dos fundamentos jurídicos.

Também jamais poderá praticar ato contra disposição expressa em lei, pois o agente público está atrelado, quando do exercício de suas funções, ao Princípio da Legalidade.

Em resumo, como anota Jessé Torres,[196] o agente público está jungido ao cumprimento das normas de regência de sua atividade, devendo, a cada decisão, explicitar os motivos (razões de fato e de direito que justificam a decisão, na estrutura morfológica de todo ato administrativo), sob pena de praticar ato viciado quanto ao elemento motivo e vir a responder por desvio de finalidade, excesso ou abuso de poder.

Parágrafo 1º

2 Vedação à participação de agente público

Também estarão impedidos de participar das licitações ou da execução dos contratos os agentes públicos do órgão ou entidade licitante ou contratante, devendo ser observadas as situações que possam configurar conflito de interesses no exercício ou após o exercício do cargo ou emprego, nos termos da legislação que disciplina a matéria.

Não se deve estender a restrição aos parentes de agente lotado no órgão ou na entidade responsável pela realização da licitação. O pressuposto para o impedimento é a possibilidade de conluio entre os licitantes, por guardarem entre si vínculo de parentesco, e não a obtenção de vantagens em face da posição que ocupam perante a Administração. Destarte, não se vê como restringir a participação no certame de interessados que guardem parentesco com agentes públicos, já que tal fato não caracteriza indício suficiente de conluio. A restrição caracterizaria, portanto, restrição à competitividade, que é terminantemente vedada pela Lei. Nessa linha de raciocínio, Roberto Bazilli e Sandra Miranda arrematam que a boa hermenêutica veda que seja dada interpretação ampliativa a dispositivo restritivo de direitos como o que se avalia.[197] [198]

---

196 PEREIRA JÚNIOR. *Responsáveis pela licitação.*

197 BAZILLI; MIRANDA. *Licitação à luz do direito positivo.*

198 TCESC, Proc. nº 17.546/37, Prejulgados, 1994. p. 77 – "O art. 9º, inc. III, da Lei nº 8.666/93, não veda a participação em processo licitatório de parente de servidor lotado no órgão ou entidade contratante. Os vícios constatados no competitório podem ensejar a sua invalidação por duas vias, pelos recursos inerentes à licitação ou pela ação popular, quando afrontados os princípios insculpidos no art. 37, *caput*, da Constituição Federal, princípios

Parágrafo 2º

3 Extensão das vedações a terceiros

Todas as vedações elencadas no artigo se estendem a terceiros que auxiliem na condução da contratação, seja como integrante de equipe de apoio, seja profissional especializado ou funcionário ou representante de empresa que preste assessoria técnica.

estes que não obstam a participação de parente de servidores em licitação promovida pelo órgão ou entidade onde esteja lotado". (TCESC, Proc. nº 17.546/37, Prejulgados, 1994 *apud*. CITADINI. *Comentários e jurisprudência sobre a Lei de Licitações Públicas*). – TCESC, Proc. nº 09.506/10, Prejulgados, 1994. p. 39 – "É incompatível o fornecimento de bens e serviços ao Município pela pessoa física do prefeito ou por empresa de sua propriedade ou da qual seja sócio majoritário, segundo os princípios constitucionais expressos no art. 37 da Constituição Federal. Subentendendo-se que: 1) a incompatibilidade de contratação com o Município estende se aos parentes, consanguíneos ou afins, até o 3º grau, do prefeito". (TCESC, Proc. nº 09.506/10, Prejulgados, 1994 *apud*. BAZILLI; MIRANDA. *Licitação à luz do direito positivo*).

Art. 10. Se as autoridades competentes e os servidores e empregados públicos que tiverem participado dos procedimentos relacionados às licitações e aos contratos de que trata esta Lei precisarem defender-se nas esferas administrativa, controladora ou judicial em razão de ato praticado com estrita observância de orientação constante em parecer jurídico elaborado na forma do §1º do art. 53 desta Lei, a advocacia pública promoverá, a critério do agente público, sua representação judicial ou extrajudicial.

§1º Não se aplica o disposto no caput deste artigo quando:

I – (VETADO)

II – provas da prática de atos ilícitos dolosos constarem nos autos do processo administrativo ou judicial.

§2º Aplica-se o disposto no caput deste artigo inclusive na hipótese de o agente público não mais ocupar o cargo, emprego ou função em que foi praticado o ato questionado.

Artigo 10 e parágrafos 1º e 2º

1 Representação judicial ou extrajudicial

O art. 53 ocupa-se do assessoramento jurídico dado à Administração na fase preparatória da licitação, com o intuito de realizar controle prévio de legalidade mediante análise jurídica. Seu §1º indica, para materialização dessa assessoria, a elaboração de um parecer jurídico.

Nessa contextura, este art. 10 informa que, se os agentes públicos que tiverem participado dos procedimentos relacionados às licitações e aos contratos precisarem defender-se nas esferas administrativa, controladora ou judicial em razão de ato praticado com estrita observância de orientação constante no citado parecer jurídico, a advocacia pública poderá promover, caso seja de interesse dos agentes, a sua representação judicial ou extrajudicial.

Tal poderá ocorrer, inclusive, na hipótese de o agente público não estar mais ocupando o cargo, o emprego ou a função em que foi praticado o ato questionado (§2º).

O mandamento desse dispositivo merece reflexão. A nosso ver, por não configurar norma geral, a regra só poderia valer para a União, não podendo o texto legal imiscuir-se nas formas de atuação das procuradorias estaduais, estabelecendo competências não estabelecidas em suas normas locais.

TÍTULO II
DAS LICITAÇÕES

CAPÍTULO I
DO PROCESSO LICITATÓRIO

Art. 11. O processo licitatório tem por objetivos:

I – assegurar a seleção da proposta apta a gerar o resultado de contratação mais vantajoso para a Administração Pública, inclusive no que se refere ao ciclo de vida do objeto;

II – assegurar tratamento isonômico entre os licitantes, bem como a justa competição;

III – evitar contratações com sobrepreço ou com preços manifestamente inexequíveis e superfaturamento na execução dos contratos;

IV – incentivar a inovação e o desenvolvimento nacional sustentável.

Parágrafo único. A alta administração do órgão ou entidade é responsável pela governança das contratações e deve implementar processos e estruturas, inclusive de gestão de riscos e controles internos, para avaliar, direcionar e monitorar os processos licitatórios e os respectivos contratos, com o intuito de alcançar os objetivos estabelecidos no *caput* deste artigo, promover um ambiente íntegro e confiável, assegurar o alinhamento das contratações ao planejamento estratégico e às leis orçamentárias e promover eficiência, efetividade e eficácia em suas contratações.

Artigo 11

1 Objetivos da licitação

No rastro das inovações trazidas pela Lei das Estatais (Lei nº 13.303/2016), este art. 11, com introduções importantes, traça os objetivos do processo licitatório na Nova Lei.

São eles:

- garantir a seleção da proposta apta a gerar o resultado de contratação mais vantajoso para a Administração Pública, inclusive no que se refere ao ciclo de vida do objeto;
- assegurar tratamento isonômico entre os licitantes;
- manter a justa competição;
- impedir contratações com sobrepreços;
- afastar contratações com preços manifestamente inexequíveis;
- não permitir superfaturamento na execução dos contratos;
- incentivar a inovação; e
- estimular o desenvolvimento nacional sustentável.

Inciso I

1.1 Garantia da seleção da proposta apta a gerar o resultado de contratação mais vantajoso para a Administração Pública

Substituindo a tradicional busca da "proposta mais vantajosa", o novo texto, mais conectado com a realidade, propugna que se assegure a seleção da "proposta apta a gerar o resultado de contratação mais vantajoso". Vê-se, pois, que a análise do ganho, do proveito, da vantagem (ou da "vantajosidade", como adotam alguns administrativistas) não mais se dará no âmbito da proposta em si, mas sim, na mensuração de seu resultado no contrato.

Como anotou Alexandre Costeira Frazão,[199] o deslocamento dessa aferição da proposta para o resultado atingido com a execução contratual é típico daquilo que se convencionou chamar de administração pública gerencial, conceito segundo o qual os controles administrativos devem incidir sobre os resultados e serem efetuados a posteriori, ao invés de rigidamente incidirem sobre cada etapa do procedimento administrativo.

Destarte, como bem anotou o analista, na formatação das suas propostas, aos licitantes não só caberá demonstrar a capacidade formal de execução do contrato, mas também que possuem aptidão para atingir os resultados esperados com a contratação.

Nesse ofício, segundo o dispositivo, entre outros fatores, dever-se-á levar em conta o "ciclo de vida do objeto".

Outro objetivo das licitações, que será detalhado mais à frente, é o estímulo ao desenvolvimento nacional sustentável.[200] O *ciclo de vida* de um produto tem íntima ligação com esse mister, porquanto, como preceitua o inc. IV do art. 3º da Lei nº 12.305/2010 (que institui a Política Nacional de Resíduos Sólidos), se configura levando-se em consideração: a série de etapas que envolvem o seu desenvolvimento; a obtenção de matérias-primas e insumos; o processo produtivo; o consumo; e a disposição final.

Nesse contexto, a avaliação do ciclo de vida de um objeto não se pautará somente no custo econômico imediato, mas, também, nos custos econômicos e ambientais ao longo de toda a vida útil.

> Uma das formas de considerar o ciclo de vida dos produtos é a partir da noção de preço ecológico, que é o preço de um produto ou serviço que internalizou os custos ambientais negativos (ao reverso, o preço não é ecológico quando os custos ambientais de produção, consumo ou disposição final são externalizados e transferidos para toda a sociedade). Será, nos termos da lei, mais vantajosa não somente a proposta de menor preço imediato, mas aquela que produza menores custos econômico e ambiental ao longo do ciclo de vida de seu objeto.[201]

---

[199] FRAZÃO. *A nova Lei de Licitações e Contratos Administrativos e o princípio da "vantajosidade"*.

[200] ENUNCIADO 7 – CONSELHO DE JUSTIÇA FEDERAL (1º Simpósio de Licitações e Contratos da Justiça Federal): Pondera-se que os requisitos sustentáveis de aceitação de proposta e habilitação não sejam motivo de desclassificação sumária de licitantes que não detêm ingerência sobre tal regularidade, sendo razoável, na condução do certame pelo agente/comissão de contratação, que seja oportunizada a troca de marca/produto, desde que em igual ou superior qualidade ao ofertado inicialmente, porém, com o atendimento de todas as especificações e requisitos dispostos em edital (art. 11 da Lei nº 14.133/2021).

[201] SANTOS. *Licitações e contratos na nova Lei das Estatais – Breves apontamentos*.

Consoante assevera Teresa Barki, ao se pensar no *ciclo de vida* da contratação pública, se está pensando na sustentabilidade em todo o processo da contratação, ou seja, o planejamento da contratação, a observância da legislação ambiental, a execução contratual e a destinação adequada dos resíduos/rejeitos decorrentes da contratação.[202]

Inciso II

1.2 Assegurar tratamento isonômico entre os licitantes e a justa competição

1.2.1 Garantir tratamento isonômico entre os licitantes

Ao listar os princípios licitatórios, a lei anterior (nº 8.666/1993) iniciava o art. 3º dispondo sobre a necessidade de se garantir a observância do princípio constitucional da isonomia.

A Nova Lei também o elenca no art. 5º, ao indicar a necessidade de atendimento ao Princípio da Igualdade.

Como anotamos, insculpido no art. 5º da CF,[203] o tratamento isonômico assegura iguais oportunidades a todos os possíveis interessados na licitação.[204]

Ressalta-se que o STF já deliberou no sentido de que a lei pode distinguir situações, sem violação do princípio da isonomia, a fim de conferir um tratamento diverso do que atribui a outro. Para que possa conferi-lo, contudo, sem que tal violação se manifeste, é necessário que a discriminação guarde compatibilidade com o conteúdo do princípio.

1.2.2 Manter a justa competição

O art. 9º veda ao agente público designado para atuar na área de licitações e contratos, admitir, prever, incluir ou tolerar, nos atos que praticar, situações que comprometam, restrinjam ou frustrem o caráter competitivo do processo licitatório.

E mais: no art. 178, que altera o Título XI da Parte Especial do Decreto-Lei nº 2.848/1940 (Código Penal), acrescendo-lhe o Capítulo II-B – Dos Crimes em Licitações e Contratos Administrativos, lista os seguintes crimes: a) art. 337-F: Frustrar ou fraudar, com o intuito de obter para si ou para outrem vantagem decorrente da adjudicação do objeto da licitação, o caráter competitivo do processo licitatório (pena de reclusão de quatro anos a oito anos, e multa); e b) art. 337-O: Omitir, modificar ou entregar à Administração levantamento cadastral ou condição de contorno em relevante dissonância com a realidade, em frustração ao caráter competitivo da licitação (pena de reclusão, de seis meses a três anos, e multa).

---

[202] BARKI. Disponível em: www.agu.gov.br/page/download/index/id/15177169. Acesso em 15 fev. 2021.

[203] Constituição Federal, art. 5º: "Todos são iguais perante a lei, sem distinção de qualquer natureza, garantindo-se aos brasileiros e aos estrangeiros residentes no País a inviolabilidade do direito à vida, à liberdade, à igualdade, à segurança e à propriedade (...)".

[204] TCU. Acórdão nº 925/2009, Plenário: "Não pode prosperar a licitação eivada de procedimentos anômalos não devidamente justificados no processo e que fazem malograr a prevalência de princípios básicos da licitação pública, tais como o da isonomia e o da publicidade".

Assim, para respeitar o Princípio da Competitividade, que consta no rol de princípios licitatórios do art. 6º, a Nova Lei preceitua o dever de manutenção no certame da justa competição.

Inciso III

1.3 Impedir contratações com sobrepreço ou com preços manifestamente inexequíveis e superfaturamento na execução dos contratos

Afastar contratações com sobrepreços e impedir superfaturamento na execução dos contratos são dois objetivos obrigatórios.

Objetivos tão óbvios, e até certo ponto desnecessários de serem expressos, diante da flagrante necessidade de que assim se proceda em qualquer certame ou contratação, parece que vieram à tona em função dos fartos casos de corrupção nessa seara nos últimos anos, conforme se verifica principalmente na propalada Operação Lava-Jato.

Foi o que também avaliou Irene Nohara, ao apreciar inserção idêntica na Lei das Estatais:

> A edição (...) nesse período (politicamente conturbado, afirme-se) foi motivada também por fatores conjunturais. Partiu da apuração de fraudes, num sistema de cartéis, em licitações e contratos que trouxe à tona a corrupção praticada por parte de altos executivos da Petrobrás em negócios superfaturados celebrados com grandes empreiteiras, conforme desenrolar da operação Lava Jato, que acarretou perda de bilhões da sociedade de economia mista em função da alta gestão desviada, em recursos que depois eram supostamente empregados em compras de votos e financiamento de campanhas de agentes políticos.[205]

1.3.1 Sobrepreço e superfaturamento

Muito se confunde sobrepreço com superfaturamento.

Luiz Henrique Lima explica a diferença:

> Sobrepreço é a irregularidade que ocorre quando o preço global de um contrato ou os preços unitários constantes de sua composição encontram-se injustificadamente superiores aos preços praticados no respectivo mercado.
>
> Por sua vez, podem ocorrer duas modalidades de superfaturamento: a primeira quando se faturam serviços ou itens de uma obra ou fornecimento com sobrepreço; e a segunda quando se faturam serviços ou itens que não foram executados ou entregues, total ou parcialmente. No primeiro caso, um contrato com sobrepreço, ao ser executado, gerou superfaturamento. No último, mesmo que o contrato tenha sido celebrado com estrita observância dos preços de mercado, o superfaturamento deriva do fato de o produto não ter sido entregue na quantidade ou na qualidade especificadas e, ainda assim, o pagamento ter sido feito na totalidade ou em montante superior ao devido.[206]

---

[205] NOHARA. *Mudanças promovidas pela nova Lei das Estatais.*

[206] LIMA. *Sobrepreço e superfaturamento.*

Logo, como explicita, o superfaturamento está associado a despesas irregulares durante a execução do contrato, ao passo que o sobrepreço envolve falhas no processo da contratação. O sobrepreço no momento da celebração contratual viabiliza o superfaturamento na etapa de sua execução.

Por isso, o legislador da Nova Lei apartou os objetivos.

Nessa trilha, os incisos LVI e LVII do art. 6º procuram defini-los:

Sobrepreço é preço orçado para licitação ou contratado em valor expressivamente superior aos preços referenciais de mercado, seja de apenas um item, se a licitação ou a contratação for por preços unitários de serviço, seja do valor global do objeto, se a licitação ou a contratação for por tarefa, empreitada por preço global ou empreitada integral, semi-integrada ou integrada.

Superfaturamento é o dano provocado ao patrimônio da Administração, caracterizado, entre outras situações, por: a) medição de quantidades superiores às efetivamente executadas ou fornecidas; b) deficiência na execução de obras e de serviços de engenharia que resulte em diminuição da sua qualidade, vida útil ou segurança; c) alterações no orçamento de obras e de serviços de engenharia que causem desequilíbrio econômico-financeiro do contrato em favor do contratado; d) outras alterações de cláusulas financeiras que gerem recebimentos contratuais antecipados, distorção do cronograma físico-financeiro, prorrogação injustificada do prazo contratual com custos adicionais para a Administração ou reajuste irregular de preços.

Considerando que *sobrepreço* possui conceito econômico e bastante variável, Anderson Pedra, Rafael Sérgio de Oliveira e Victor Amorim observam:

> Oxalá fosse possível por meio de uma disposição legal impedir eventuais contratações com sobrepreço. Esse dispositivo, nem qualquer outro, conseguiria afastar eventuais problemas. O que se destaca no texto normativo é a expressão "superior aos preços referenciais de mercado". Trata-se de uma expressão muito fluida. Afinal, a que "mercado" se refere a norma? Não se pode esquecer a variação de preços de diversos insumos que ocorreu durante a pandemia! Como agiria o agente público à luz desse dispositivo?[207]

A propósito, apreciando há pouco uma situação de possível *superfaturamento*, o TCU avaliou não ser cabível imputar débito ao gestor que homologou o processo de compra nos casos em que o superfaturamento das aquisições era imperceptível ao homem médio, pois, se um determinado setor foi o responsável pela elaboração das pesquisas de preço, em princípio, não há porque responsabilizar o gestor público por eventuais problemas nessas pesquisas, a menos que haja algum elemento presente no processo que indique que ele tinha condições de questionar a pesquisa realizada (Acórdão nº 378/2023 – Plenário).

Registre-se que levantamento recente, realizado em relatórios de fiscalização de obras do TCU, demonstrou que, nos últimos anos, técnicos encontraram irregularidades em sete de cada dez projetos feitos com verbas federais, sendo o sobrepreço uma das impropriedades mais verificadas, juntamente com o direcionamento, os atrasos nos cronogramas de pagamentos e nos prazos de construção e a falta de projeto básico.

---

207 PEDRA; OLIVEIRA; AMORIM. *O projeto da nova lei de licitações e a espada de Dâmocles.*

Foram encontrados atrasos, editais direcionados, projetos com defeito, excesso de aditivos e sobrepreço em 73,9% dos empreendimentos fiscalizados entre 2007 e 2016. A Corte de Contas calculou que essas irregularidades totalizaram R$20,1 bilhões entre multas a serem pagas à União e ressarcimentos por projetos que foram concluídos com falhas. O valor também levou em conta a economia que o governo teria ao corrigir os problemas nas obras que estão em andamento. Tais números resultaram de um levantamento realizado com base nos relatórios do Plano de Fiscalização Anual do TCU (Fiscobras). No período, a taxa de obras com problemas esteve sempre acima da metade, numa mostra de que, apesar dos alertas recorrentes feitos pelo tribunal, as mesmas irregularidades persistiram ano após ano. No período, o tribunal analisou 1.725 obras públicas, e em 1.275 delas havia algum apontamento.[208] [209]

1.3.2 Afastar contratações com preços manifestamente inexequíveis

O inc. IV do art. 59 indica como motivo para a desclassificação de uma proposta numa licitação a não demonstração de exequibilidade.

A intenção é não contratar preços muito baixos, partindo-se da premissa de que o valor a ser pago pela Administração não será suficiente para que o contratado execute a contento o objeto pretendido.

Nesse contexto, resolveu o legislador inserir como objetivo licitatório impedir contratações a preços manifestamente inexequíveis.

Certo é que a inexequibilidade deverá ser justificada pela Administração.

Nesse sentido, o TCU já decidiu que, na hipótese de desclassificação nessa seara, a justificativa deverá constar da ata de julgamento, com clara definição do critério adotado.

Anote-se, com o passar dos anos, e como se trata de tema bastante polêmico, a Corte de Contas federal evoluiu na ótica, concluindo que não cabe à Administração declarar a inexequibilidade da proposta, mas sim, facultar ao participante do certame a possibilidade de comprovar exequibilidade de sua proposição:

> Acórdão nº 559/2009 – 1ª Câmara, rel. Min. Augusto Nardes – [...] Nos termos da jurisprudência do TCU, não cabe ao pregoeiro ou à comissão de licitação declarar a inexequibilidade da proposta da licitante, mas facultar aos participantes do certame a possibilidade de comprovarem a exequibilidade das suas propostas.
>
> Acórdão nº 294/2008 – Plenário, rel. Min. Raimundo Carreiro – [...] desclassificação indevida da proposta de menor preço, considerada inexequível em decorrência da aplicação equivocada das regras (...).
>
> Acórdão nº 287/2008 – Plenário, rel. Min. Ubiratan Aguiar – [...] 20. No que se refere à inexequibilidade, entendo que a compreensão deve ser sempre no sentido de que a busca é pela satisfação do interesse público em condições que, além de vantajosas para

---

208 O GLOBO. *TCU diz que 70% das obras com verba federal têm irregularidades.*

209 *Vide* manifestação do TCU sobre o superfaturamento: Acórdão TCU nº 1574/2022 – Plenário: A utilização de referenciais de preço com data mais próxima possível da data base do contrato é o procedimento mais adequado para apuração de eventual superfaturamento. A correção de preços por longos períodos não se presta para a verificação da compatibilidade dos valores contratados com os praticados no mercado à época do ajuste, uma vez que correções monetárias por períodos demasiadamente longos geram distorções, por não considerarem outras variáveis incidentes sobre a variação de preços.

a Administração, contentam preços que possam ser suportados pelo contratado sem o comprometimento da regular prestação contratada. Não é o objetivo do Estado espoliar o particular, tão pouco imiscuir-se em decisões de ordem estratégica ou econômica das empresas. Por outro lado, cabe ao próprio interessado a decisão acerca do preço mínimo que ele pode suportar. 21. Assim, o procedimento para a aferição de inexequibilidade de preço (...) conduz a uma presunção relativa de inexequibilidade de preços. Isso porque, além de o procedimento encerrar fragilidades, dado que estabelece dependência em relação a preços definidos pelos participantes, sempre haverá possibilidades de o licitante comprovar sua capacidade de bem executar os preços propostos, atendendo satisfatoriamente o interesse da Administração.

1.4 Incentivar a inovação e o desenvolvimento nacional sustentável

1.4.1 Estimular a inovação

Não é de hoje que sustentamos que as contratações públicas devem ter um propósito mais nobre, pois, em vez de servirem tão somente para suprir as necessidades da Administração, deveriam ser utilizadas com inteligência, como ferramenta de desenvolvimento nacional.

Nessa contextura, observe-se, por exemplo, que a União Europeia, pós-crise 2008, estabeleceu nova Diretiva na regulação das contratações públicas na região, tomando como ponto de partida a relevância do poder de compra estatal como instrumento apto não apenas a fomentar a recuperação econômica, mas também a incentivar a inovação do setor produtivo.

Nesse sentido, as justificativas trazidas pela Diretiva:

> As autoridades públicas deverão fazer a melhor utilização estratégica da contratação pública para fomentar a inovação. A aquisição de produtos, obras e serviços inovadores desempenha um papel fundamental na melhoria da eficiência e da qualidade dos serviços públicos dando simultaneamente resposta aos grandes desafios societais. Contribui para a utilização mais rentável dos fundos públicos, bem como para maiores benefícios econômicos, ambientais e societais no que respeita ao surgimento de novas ideias, à sua tradução em produtos e serviços inovadores e, consequentemente, à promoção de um crescimento económico sustentável.[210]

Em excelente monografia sobre o tema, Marina Fontão Zago, após comentar os fatores que influenciaram essa nova função das contrações públicas, observa:

> É preciso destacar o papel do poder de compra estatal no estímulo de produtos e de processos inovadores, que não seriam buscados de forma espontânea pelo mercado, em razão dos desincentivos existentes. Tendo em vista a relevância da inovação para gerar desenvolvimento socioeconômico, o poder público pode atuar de variadas formas para estimular investimentos na área de inovação – por exemplo, por meio da criação de instituições públicas destinadas a pesquisas ou da concessão de incentivos para novas empresas inovadoras. Um dos instrumentos de destaque é, justamente, o poder de compra estatal, por meio do qual o Estado antecipa e fomenta a criação de mercado para produtos

[210] DIRECTIVA DO PARLAMENTO EUROPEU E DO CONSELHO relativa a contratos públicos.

> e processos tecnológicos e acelera o tempo de maturação comercial desses investimentos, reduzindo seus riscos e neutralizando o "price gap" tipicamente existente nos processos inovativos.[211]

Com esse pensamento, a Nova Lei prevê o uso das contratações públicas com o objetivo de incentivar a inovação.

Assim, como sublinha Marina Fontão Zago, as contratações públicas, como procedimentos que formalizam o poder de compra estatal, deixam de ser "atividade-meio" estatal, utilizadas apenas para permitir a mera aquisição de bens e serviços, de forma eficiente e isonômica, pelo Poder Público, passando a deter uma função derivada, surgida como nova finalidade a ser perseguida para realizar objetivos adicionais àqueles relacionados à simples obtenção de bem, obra ou serviço.

Relembra-se que a Lei nº 10.973/2004, alterada pela Lei nº 13.243/2016 (denominada como o Marco Legal da Ciência, Tecnologia e Inovação), que dispõe sobre incentivo à inovação e à pesquisa científica e tecnológica no ambiente produtivo, com vistas à capacitação tecnológica, ao alcance da autonomia tecnológica e ao desenvolvimento do sistema produtivo nacional e regional do País, prevê, dentre os instrumentos de estímulo à inovação nas empresas, o uso do poder de compra do Estado, dispondo que as iniciativas para promoção e incentivo à pesquisa e ao desenvolvimento de produtos, serviços e processos inovadores em empresas brasileiras e em entidades brasileiras de direito privado sem fins lucrativos poderão ser estendidas a ações visando à indução de inovação por meio de compras públicas.[212]

1.4.2 Promover o desenvolvimento nacional sustentável

O art. 5º da Nova Lei elenca o "desenvolvimento nacional sustentável" como princípio aplicável às licitações e contratações públicas.

Reforçando a matéria, informa o dispositivo em comento que o estímulo ao desenvolvimento nacional sustentável é um dos objetivos licitatórios.

E isso não é novidade da Nova Lei, pois, apesar de, em sua redação original, a lei de licitações anterior (nº 8.666/1993) só aludir à isonomia e seleção da melhor proposta, passou a prever o desenvolvimento sustentável como mais um fim a ser alcançado a partir da alteração promovida pela Lei nº 12.349/2010.

As licitações sustentáveis, como antes anotamos, são os certames públicos que exigem das futuras contratadas o atendimento a critérios ambientais, sociais e

---

211 ZAGO. *Poder de compra estatal como instrumento de políticas públicas.*

212 Art. 19. A União, os Estados, o Distrito Federal, os Municípios, as ICTs e suas agências de fomento promoverão e incentivarão a pesquisa e o desenvolvimento de produtos, serviços e processos inovadores em empresas brasileiras e em entidades brasileiras de direito privado sem fins lucrativos, mediante a concessão de recursos financeiros, humanos, materiais ou de infraestrutura a serem ajustados em instrumentos específicos e destinados a apoiar atividades de pesquisa, desenvolvimento e inovação, para atender às prioridades das políticas industrial e tecnológica nacional. (Redação pela Lei nº 13.243, de 2016); (...) §2º-A. São instrumentos de estímulo à inovação nas empresas, quando aplicáveis, entre outros: (Redação pela Lei nº 13.243, de 2016); (...) VIII – uso do poder de compra do Estado; (Incluído pela Lei nº 13.243, de 2016); (...) §6º As iniciativas de que trata este artigo poderão ser estendidas a ações visando a: (Incluído pela Lei nº 13.243, de 2016); (...) IX – indução de inovação por meio de compras públicas; (Incluído pela Lei nº 13.243, de 2016).

econômicos, com a finalidade do desenvolvimento da sociedade em seu sentido amplo e a preservação de um meio ambiente equilibrado.

Tais licitações se fundam na premissa de que o comprador público deve adotar a licitação não só como ferramenta da compra do melhor produto/serviço pelo melhor preço, mas também para fazer valer a obrigação constitucional do Poder Público de garantir um meio ambiente equilibrado (art. 225 da CF).

Vide que, no que concerne à realização de licitações, a Constituição Federal (CF) prevê isonomia entre os concorrentes, vedadas exigências que venham a comprometer o caráter isonômico da licitação.

> Art. 37. (...) XXI – ressalvados os casos especificados na legislação, as obras, serviços, compras e alienações serão contratados mediante processo de licitação pública que assegure igualdade de condições a todos os concorrentes, com cláusulas que estabeleçam obrigações de pagamento, mantidas as condições efetivas da proposta, nos termos da lei, o qual somente permitirá as exigências de qualificação técnica e econômica indispensáveis à garantia do cumprimento das obrigações;

Por sua vez, o art. 170, VI, com redação dada pela Emenda Constitucional nº 42, de 19.12.2003, preconiza que a ordem econômica deverá observar a defesa do meio ambiente, inclusive mediante tratamento diferenciado, conforme o impacto ambiental dos produtos e serviços e de seus processos de elaboração e prestação.

> Art. 170. A ordem econômica, fundada na valorização do trabalho humano e na livre iniciativa, tem por fim assegurar a todos existência digna, conforme os ditames da justiça social, observados os seguintes princípios:
>
> (...)
>
> VI – defesa do meio ambiente, inclusive mediante tratamento diferenciado conforme o impacto ambiental dos produtos e serviços e de seus processos de elaboração e prestação;

O art. 23, VI, informa que é de competência dos entes federativos a proteção do meio ambiente:

> Art. 23. É competência comum da União, dos Estados, do Distrito Federal e dos Municípios:
>
> (...)
>
> VI – proteger o meio ambiente e combater a poluição em qualquer de suas formas;

O *caput* do art. 225 impõe ao Poder Público o dever de defender e de preservar o meio ambiente para as gerações presentes e futuras.

> Art. 225. Todos têm direito ao meio ambiente ecologicamente equilibrado, bem de uso comum do povo e essencial à sadia qualidade de vida, impondo-se ao Poder Público e à coletividade o dever de defendê-lo e preservá-lo para a presente e futuras gerações.

Vê-se, assim, que a CF possui, dentre os princípios que regem a atividade econômica, a defesa do meio ambiente e a livre concorrência, denotando, por conseguinte, a preocupação com o desenvolvimento sustentável.

Logo, como frisamos, o desenvolvimento sustentável tem sede constitucional, e está previsto, inclusive, como dever não só da União, como de todos que exercem atividade econômica.

Em função das determinações constitucionais relacionadas, é possível afirmar que o Poder Público, quando da realização de contratações, deverá buscar selecionar bens, serviços e obras que atendam a critérios de desenvolvimento sustentável, sem, todavia, estabelecer condições que comprometam o tratamento isonômico nas competições.

A mudança de paradigma é flagrante, uma vez que, como assevera Juarez de Freitas, o sistema de avaliação de custos, sob pena de violação ao princípio constitucional, necessita ser reformulado, com a inserção dos custos indiretos, hoje seriamente negligenciados, com a intenção de estimar os dispêndios futuros a serem efetuados em função dos previsíveis impactos sistêmicos das decisões administrativas tomadas.

> Ou seja, antes de licitar, não se podem mais ignorar, candidamente, os custos ambientais, sociais e econômicos de cada escolha administrativa. Afinal, a má licitação quase sempre começa antes da abertura do procedimento licitatório (...). Nessa prospecção, o gestor público responsável não pode mais realizar juízos adstritos ao imediato ou à pressão empobrecedora do curto prazo, típico comportamento daqueles que não apenas desprezam os princípios como se alienam a interesses secundários.[213]

No mesmo prisma, as ponderações de Flávio Amaral Garcia e Leonardo Coelho Ribeiro:

> A inclusão de critérios de sustentabilidade ambiental em licitações públicas é um primeiro e importante passo que permite dar força à ideia de desenvolvimento sustentável, mudando os paradigmas de consumo pelos órgãos e entidades públicas, o que tem um importante efeito prático na forma como se comportam os agentes econômicos no país. As contratações sustentáveis, nesse particular, situam-se no contexto do que se chamou de "função regulatória da licitação", já que se propõem à concretização de outro valor constitucional.[214]

Destarte, sem a menor sombra de dúvida, na promoção do desenvolvimento sustentável, a atuação do Estado é fundamental como agente indutor de comportamentos na economia e na sociedade, principalmente considerando a participação das contratações públicas no mercado.

O grande desafio é a construção de critérios que conciliem os objetivos constitucionais da licitação referentes à melhor proposta para a Administração Pública baseada, principalmente, na economicidade e na isonomia, com a opção por projetos ambientalmente adequados que podem representar aumento de custo nas obras e serviços.[215]

---

[213] FREITAS. *Licitações e sustentabilidade.*

[214] GARCIA; RIBEIRO. *Licitações públicas sustentáveis.*

[215] WACHELESKI; MEDEIROS; KOSCHINSKI. *Contratações Públicas como Instrumento de Efetivação do Desenvolvimento Sustentável.*

Parágrafo único

2 Governança nas contratações públicas

Este parágrafo inova, trazendo para o âmbito das contratações públicas o exercício da governança.

O Decreto nº 9.203/2017, que dispõe sobre a política de governança da Administração Pública federal direta, autárquica e fundacional, define "governança pública" como um "conjunto de mecanismos de liderança, estratégia e controle postos em prática para avaliar, direcionar e monitorar a gestão, com vistas à condução de políticas públicas e à prestação de serviços de interesse da sociedade".

De forma objetiva, deve-se entender que, na condução da política de governança, a governança pública compreende tudo o que uma instituição pública faz para assegurar que sua ação esteja direcionada a objetivos alinhados aos interesses da sociedade.[216]

Prefaciando o Guia da Política de Governança Pública do governo federal, B. Guy Peters apregoa:

> Todas as instituições do setor público são importantes para a boa governança, mas a burocracia pública pode ser especialmente importante. Assim, o segundo elemento crucial para a boa governança são as pessoas que trabalham no setor público. A burocracia não apenas realiza o trabalho de implementação de políticas públicas, como também fornece assessoria a líderes políticos e fornece uma memória institucionalizada das políticas e da administração. Apesar de muitas pessoas dentro e fora do governo denegrirem a burocracia, ela é crucial para a boa governança.

Nessa contextura, adotando o conceito no campo das licitações e contratações, o dispositivo prevê que a alta administração do órgão ou entidade será responsável pela governança das contratações, com a implementação de processos e estruturas, inclusive de gestão de riscos e controles internos, com a intenção de avaliar, direcionar e monitorar os processos licitatórios e os respectivos contratos, intentando alcançar os objetivos antes listados, e ainda, a promoção de um ambiente íntegro e confiável, o alinhamento das contratações ao planejamento estratégico e às leis orçamentárias, e atingir eficiência, efetividade e eficácia.

Sobre o tema, observe-se a Portaria SEGES/ME nº 8.678, de 19.07.2021, que dispõe sobre a governança das contratações públicas no âmbito da Administração Pública federal direta, autárquica e fundacional.

---

[216] Guia da Política de Governança Pública.

Art. 12. No processo licitatório, observar-se-á o seguinte:
I – os documentos serão produzidos por escrito, com data e local de sua realização e assinatura dos responsáveis;
II – os valores, os preços e os custos utilizados terão como expressão monetária a moeda corrente nacional, ressalvado o disposto no art. 52 desta Lei;
III – o desatendimento de exigências meramente formais que não comprometam a aferição da qualificação do licitante ou a compreensão do conteúdo de sua proposta não importará seu afastamento da licitação ou a invalidação do processo;
IV – a prova de autenticidade de cópia de documento público ou particular poderá ser feita perante agente da Administração, mediante apresentação de original ou de declaração de autenticidade por advogado, sob sua responsabilidade pessoal;
V – o reconhecimento de firma somente será exigido quando houver dúvida de autenticidade, salvo imposição legal;
VI – os atos serão preferencialmente digitais, de forma a permitir que sejam produzidos, comunicados, armazenados e validados por meio eletrônico;
VII – a partir de documentos de formalização de demandas, os órgãos responsáveis pelo planejamento de cada ente federativo poderão, na forma de regulamento, elaborar plano de contratações anual, com o objetivo de racionalizar as contratações dos órgãos e entidades sob sua competência, garantir o alinhamento com o seu planejamento estratégico e subsidiar a elaboração das respectivas leis orçamentárias.
§1º O plano de contratações anual de que trata o inciso VII do *caput* deste artigo deverá ser divulgado e mantido à disposição do público em sítio eletrônico oficial e será observado pelo ente federativo na realização de licitações e na execução dos contratos.
§2º É permitida a identificação e assinatura digital por pessoa física ou jurídica em meio eletrônico, mediante certificado digital emitido em âmbito da Infraestrutura de Chaves Públicas Brasileira (ICP-Brasil)

Artigo 12

1 Informações do processo licitatório

O art. 12 elenca informações primordiais do processo licitatório.

Evidentemente, o elenco do dispositivo não é taxativo, podendo a Administração inserir todas as demais informações que julgar necessárias.

Assim, no processo, dever-se-á observar, no mínimo, as seguintes regras:

- os documentos deverão ser produzidos por escrito, com data e local de sua realização e assinatura dos responsáveis;

- os valores, os preços e os custos deverão ter como expressão monetária a moeda corrente nacional;
- o desatendimento de exigências meramente formais que não comprometam a aferição da qualificação do licitante ou a compreensão do conteúdo de sua proposta não importará no afastamento desses da licitação ou na invalidação do processo;
- a prova de autenticidade de cópia de documento público ou particular poderá ser feita perante agente da Administração, mediante apresentação de original ou de declaração de autenticidade por advogado, sob sua responsabilidade pessoal;
- o reconhecimento de firma somente será exigido quando houver dúvida de autenticidade, salvo imposição legal;
- os atos deverão ser preferencialmente digitais, de forma a permitir que sejam produzidos, comunicados, armazenados e validados por meio eletrônico;[217]
- a partir de documentos de formalização de demandas, os órgãos responsáveis pelo planejamento de cada ente federativo poderão, na forma de regulamento, elaborar Plano de Contratações Anual, com o intuito de racionalizar as contratações, garantir o alinhamento com o planejamento estratégico e subsidiar a elaboração das respectivas leis orçamentárias.

Inciso I

1.1 Produção de documentos por escrito, com data e local e assinatura dos responsáveis

Todos os documentos deverão ser formalmente produzidos, neles devendo constar data e local em que será procedida a licitação, contendo, logicamente, a assinatura dos agentes responsáveis.

Consagrando a técnica da descentralização, o inc. I informa que a licitação deverá ser realizada no local onde se situar a órgão interessado no objeto buscado. É evidente que, além da praticidade, tal determinação reduz as despesas, agiliza o procedimento e atrai mais interessados ao certame.

Obviamente, a regra não pode ser encarada como absoluta, porquanto, havendo motivo de interesse público, devidamente justificado, a Administração poderá instaurar o certame em outro local.

> TCU – Decisão nº 34/1996 – 1ª Câmara, Rel. Min. Humberto Guimarães Souto:
>
> [...] 8.1.2 que a realização de licitações fora do local onde esteja a repartição interessada, ocorra somente no caso de interesse público devidamente justificado (...)

---

217 Sobre o assunto, registre-se o ENUNCIADO 9 – CONSELHO DE JUSTIÇA FEDERAL, aprovado no 1º Simpósio de Licitações e Contratos da Justiça Federal, ocorrido em 16 e 17.08.2022: "Em sede de diligência, o agente de contratação poderá realizar, de ofício, consultas junto aos sítios eletrônicos e às bases de dados oficiais para verificação do atendimento de condições de habilitação do licitante, inclusive no tocante a documentos eventualmente não apresentados. (Inciso VI do art. 12; §3º do art. 67; §1º do art. 68 e art. 87, todos da Lei nº 14.133/2021)".

A realização em certo local não afasta a participação de interessados de outras unidades federativas.

Inciso II

1.2 Valores em moeda corrente nacional

O Decreto-Lei nº 857/1969, que consolida regras sobre a moeda de pagamento de obrigações exequíveis no Brasil, proíbe a utilização de outra moeda que não seja a nacional nas obrigações contraídas no País. Confirmando essa regra, o inc. II veda expressamente o uso de moeda estrangeira nas licitações, salvo no caso de licitações de âmbito internacional, quando o edital licitatório deverá ajustar-se às diretrizes da política monetária e do comércio exterior e atender às exigências dos órgãos competentes.

Inciso III

1.3 Afastamento do formalismo exagerado

Como dito, o processo licitatório deve ser formalizado e o procedimento da licitação deverá ser formal e atender aos princípios licitatórios. Tal circunstância, no entanto, não implica na adoção de formalismos exagerados, pois não se concebe que a Administração tome providências nas licitações em função de meras omissões ou diminutas irregularidades formais, desde que, por suas irrelevâncias, não causem qualquer tipo de prejuízo.

> O apego a formalismos exagerados é uma manifestação perniciosa da burocracia que, além de não resolver apropriadamente problemas cotidianos, ainda causa dano a Erário, sob o manto da legalidade estrita. Esquece-se o interesse público e passa-se a conferir pontos e vírgulas, como se isso fosse o mais importante a fazer.[218]
>
> O objetivo das licitações públicas é a busca do melhor contrato para a Administração, garantindo-se, de outro lado, a igualdade entre os concorrentes. Essa garantia concretiza-se na medida em que se observa o devido processo administrativo. O pertinente procedimento e o ato jurídico formal, no entanto, não podem se tornar expressões sinônimas de formalismo exacerbado. O formalismo no procedimento licitatório não pode ser elevado à condição de cláusula que venha a comprometer a competição.[219]
>
> O formalismo exacerbado decorre do culto da forma pela forma – em prejuízo da maior competitividade entre os licitantes – vale dizer, do objetivo de obter-se a melhor proposta para a Administração.[220]

[218] Ministro do TCU Marcos Vilaça, em voto de 1999, na qualidade de relator de um processo, invocando a lembrança do saudoso Ministro da Desburocratizarão Hélio Beltrão.

[219] TEIXEIRA JÚNIOR; CIOTTI. *Formalismo e competitividade nas licitações.* (Registros pessoais).

[220] OLIVEIRA. *Licitação.*

Destarte, é de se entender que a licitação constitui procedimento administrativo formal por intermédio do qual a Administração, mediante condições estabelecidas em ato próprio (instrumento convocatório), convoca interessados para a apresentação de propostas para o oferecimento de bens e serviços, implicando dizer, por conseguinte, que deverá observar a forma, os prazos, as fases e todos os demais requisitos definidos em regras legais e normas regulamentares.

Nesse viés, inovando nessa seara, trazendo para o texto legal o já tanto explicitado pela doutrina especializada e pelas cortes de contas, este inc. III informa que o desatendimento de exigências meramente formais, que não comprometam a aferição da qualificação do licitante ou a compreensão do conteúdo de sua proposta, não demandará o afastamento do certame, nem, é claro, a invalidação do processo licitatório.

Inciso IV

1.4 A prova de autenticidade de documentos

Os documentos somente poderão ser apresentados em original ou por cópia cuja comprovação de autenticidade poderá ser feita perante agente da Administração, mediante apresentação de original ou de declaração de autenticidade por advogado, sob sua responsabilidade pessoal. A não apresentação numa das formas requeridas inabilita o licitante, por descumprimento da exigência legal.

O art. 64 preceitua que, após a entrega dos documentos para habilitação, não será permitida a substituição ou a apresentação de documentos, salvo para atualização daqueles destinados à comprovação de fatos preexistentes à data de divulgação do edital que possam ser apresentados no prazo para diligências ou na fase recursal, conforme o caso, ou para atualização de documentos cuja validade tenha expirado após a data de recebimento das propostas.

O diligenciamento é facultado à Administração, na busca de esclarecimento ou complementação da instrução do processo, mas nada autoriza a inclusão posterior de documento ou informação que deveria constar originalmente da proposta. Assim, a princípio, a promoção de diligências caberia tão somente para a comprovação de veracidade documental, caso necessário.

Na prática, entrementes, a questão toma novo rumo, quando se avaliam hipóteses que, certamente, demandariam a juntada de documentos novos, exemplificativos ou complementares de outros preexistentes, ou concernentes a fatos supervenientes à entrega dos envelopes, ou, ainda, como assenta Ivo Ferreira de Oliveira,[221] para efeito de produzir contraprova ou de demonstrar o equívoco do que foi decidido pela Administração – sem que tal importe em quebra dos princípios constitucionais ou legais que regem o certame.

---

[221] OLIVEIRA. *Diligências nas licitações públicas.*

Inciso V

1.5 O reconhecimento de firma

Segundo o inc. V, o reconhecimento de firma somente será exigido quando houver dúvida de autenticidade, salvo imposição legal.

A regra atende ao prescrito na recente Lei nº 13.726/2018, que racionaliza atos e procedimentos administrativos dos Poderes da União, dos Estados, do Distrito Federal e dos Municípios, a qual, entre outras determinações, decreta o fim da obrigação de reconhecimento de firma, dispensa a autenticação de cópias e não exige determinados documentos pessoais para se lidar com órgãos do governo.

> Art. 3º Na relação dos órgãos e entidades dos Poderes da União, dos Estados, do Distrito Federal e dos Municípios com o cidadão, é dispensada a exigência de:
>
> I – reconhecimento de firma, devendo o agente administrativo, confrontando a assinatura com aquela constante do documento de identidade do signatário, ou estando este presente e assinando o documento diante do agente, lavrar sua autenticidade no próprio documento;
>
> II – autenticação de cópia de documento, cabendo ao agente administrativo, mediante a comparação entre o original e a cópia, atestar a autenticidade;
>
> III – juntada de documento pessoal do usuário, que poderá ser substituído por cópia autenticada pelo próprio agente administrativo;

1.5.1 As certidões via Internet

A Lei nº 10.522/2002, que dispõe sobre o Cadastro Informativo dos créditos não quitados de órgãos e entidades federais (CADIN), fez brotar no ordenamento jurídico nacional as chamadas certidões eletrônicas:

> Art. 35. As certidões expedidas pelos órgãos da administração fiscal e tributária poderão ser emitidas pela internet (rede mundial de computadores) com as seguintes características:
>
> I – serão válidas independentemente de assinatura ou chancela de servidor dos órgãos emissores;
>
> II – serão instituídas pelo órgão emissor mediante ato específico publicado no Diário Oficial da União onde conste o modelo do documento.

A partir daí, a alternativa, como não poderia deixar de ser, generalizou-se, em função da praticidade, da funcionalidade e da eficiência. Hoje, há, em profusão, certidões que, no âmbito federal, são disponibilizadas para emissão por meio eletrônico (Certidão de Regularidade do FGTS, emitida pela Caixa Econômica Federal; Certidão de Débitos Relativos a Créditos Tributários Federais e à Dívida Ativa da União, emitida pela Receita Federal; Certidão Negativa de Débitos Trabalhistas – CNDT, emitida pela Justiça do Trabalho etc.).

Afinal, como assevera Nagib Slaibi, nestes tempos da internet e do voto eletrônico, a utilização da tecnologia da informação deixou de ser meio de organização administrativa para constituir poderoso instrumento de realização do direito fundamental do homem à imprescindível informação que o habilite à existência digna no tumultuoso e incomensurável oceano de conhecimento deste início de século.[222]

Considerando a regra legal prevista na Lei nº 10.552/2002, bem como todo o arcabouço normativo existente sobre a matéria, dá-se inteira razão a Sidney Martins, que, apreciando a questão, trazendo à baila diversos diplomas que circunscrevem a emissão de certidões através da Internet, concluiu que:

a) as certidões emitidas pela Internet são válidas independentemente de assinatura ou chancela dos órgãos emissores, a teor do disposto no inciso I do art. 35 da Lei nº 10.522/2002;
b) podem ser consideradas como originais as certidões provenientes da Internet, já que é inexigível assinatura de servidor, carimbo ou qualquer espécie de selo autenticador; e
c) cabe ao ente que recebe a certidão obtida através da Internet conferir a sua autenticidade nos endereços eletrônicos respectivos.[223]

Inciso VI

1.6 Atos preferencialmente digitais

Na trilha da Lei nº 13.105/2015 (Código de Processo Civil), que, implantando mudanças na prática processual, inseriu o trâmite na realidade eletrônica, em total harmonia com a vida atual, definindo, no art. 193, que os atos processuais poderão ser total ou parcialmente digitais, de forma a permitir que sejam produzidos, comunicados, armazenados e validados por meio eletrônico, o inc. VI, de quase idêntico teor, disciplina que, nos processos licitatórios, os atos serão preferencialmente digitais, permitindo que sejam produzidos, comunicados, armazenados e validados por meio eletrônico.

Sem dúvida, o processo eletrônico é um avanço, pois elimina atos humanos custosos, tanto em termos de esforço, temporais, quanto de custo.[224]

Inciso VII e Parágrafo 1º

1.7 O Plano de Contratações Anual

O inc. VII faz menção à possibilidade de elaboração, por parte dos órgãos responsáveis pelo planejamento de cada ente federativo, de um Plano de Contratações Anual, na forma de regulamento, a partir de documentos de formalização de demandas, com o intuito de racionalizar as contratações dos órgãos e entidades sob sua competência, garantir o alinhamento com o seu planejamento estratégico e subsidiar a elaboração das respectivas leis orçamentárias.

Tal plano tomou corpo, no âmbito da administração federal, quando da edição da Instrução Normativa nº 1/2019, do secretário de gestão do Ministério da Economia,

---

[222] SLAIBI FILHO. *Execução fiscal virtual.*

[223] MARTINS. *Licitação.*

[224] NEVES. *Novo Código de Processo Civil Comentado.*

que dispõe sobre o Plano Anual de Contratações de bens, serviços, obras e soluções de tecnologia da informação e comunicações no âmbito da Administração Pública federal e sobre o Sistema de Planejamento e Gerenciamento de Contratações, com a intenção de consolidar todas as compras e contratações que o órgão ou a entidade pretende realizar ou prorrogar no ano seguinte.[225]

Quando elaborado, o Plano de Contratações Anual deverá ser divulgado e mantido à disposição do público em sítio eletrônico oficial, devendo ser observado pelo ente federativo na realização de licitações e na execução dos contratos (§1º).

O Decreto federal nº 10.947, de 25.01.2022, regulamentou este inc. VII, dispondo sobre o plano de contratações anual e instituindo o Sistema de Planejamento e Gerenciamento de Contratações no âmbito da Administração federal direta, autárquica e fundacional.[226]

Parágrafo 2º

2 Identificação e assinatura digital

Por fim, o §2º autoriza a identificação e a assinatura digital por pessoa física ou jurídica em meio eletrônico, mediante certificado digital emitido em âmbito da Infraestrutura de Chaves Públicas Brasileira (ICP–Brasil).

A Infraestrutura de Chaves Públicas Brasileira (ICP-Brasil) é uma cadeia hierárquica e de confiança que viabiliza a emissão de certificados digitais para identificação do cidadão quando transacionando no meio virtual. O modelo adotado pelo Brasil foi o de certificação com raiz única, sendo o Instituto Nacional de Tecnologia da Informação (ITI) o ente responsável por desempenhar o papel de Autoridade Certificadora Raiz (AC), além de ser o credenciador e o descredenciador dos participantes da cadeia e supervisor e auditor dos processos.

---

225 Substituída pela Instrução Normativa SGD/ME nº 94, de 23.12.2022, que dispõe sobre o processo de contratação de soluções de Tecnologia da Informação e Comunicação – TIC pelos órgãos e entidades integrantes do Sistema de Administração dos Recursos de Tecnologia da Informação – SISP do Poder Executivo Federal.

226 O Decreto nº 11.137, de 18.07.2022, alterou o Decreto nº 10.947/2022, tornando dispensável a elaboração do Plano de Contratações Anual pelos Comandos da Marinha, do Exército e da Aeronáutica, sem prejuízo da observância do princípio do planejamento de que trata o art. 5º da Nova Lei.

Art. 13. Os atos praticados no processo licitatório são públicos, ressalvadas as hipóteses de informações cujo sigilo seja imprescindível à segurança da sociedade e do Estado, na forma da lei.
Parágrafo único. A publicidade será diferida:
I – quanto ao conteúdo das propostas, até a respectiva abertura;
II – quanto ao orçamento da Administração, nos termos do art. 24 desta Lei.

Artigo 13

1 A publicidade dos atos licitatórios

O dispositivo, repetindo, com algumas alterações, o §3º do art. 3º da lei anterior (que informava que a licitação não seria sigilosa, sendo públicos e acessíveis todos os atos de seu procedimento, salvo quanto ao conteúdo das propostas, até a respectiva abertura), busca afirmar o princípio da publicidade.

No caso, impõe-se a divulgação da licitação e a possibilidade de total conhecimento por parte dos interessados, com pleno acesso ao conteúdo do edital, das decisões etc.

A violação ao princípio da publicidade acarretará a nulidade da licitação.

Evidentemente, a publicidade das proposições de preços oferecidas pelos licitantes só deverá ocorrer em momento apropriado. Nesse viés, o parágrafo único preceitua que o conteúdo das propostas só será divulgado na data prevista para tal.

Além disso, a publicidade também deverá ser diferida quanto ao orçamento da Administração, quando, devidamente justificado, o orçamento estimado da contratação possa ter caráter sigiloso, sendo que, nesse caso: a) o sigilo não prevalecerá para os órgãos de controle interno e externo; e b) o orçamento será tornado público apenas e imediatamente após a fase de julgamento de propostas, sem prejuízo da divulgação do detalhamento dos quantitativos e das demais informações necessárias para a elaboração das propostas.

Art. 14. Não poderão disputar licitação ou participar da execução de contrato, direta ou indiretamente:

I – autor do anteprojeto, do projeto básico ou do projeto executivo, pessoa física ou jurídica, quando a licitação versar sobre obra, serviços ou fornecimento de bens a ele relacionados;

II – empresa, isoladamente ou em consórcio, responsável pela elaboração do projeto básico ou do projeto executivo, ou empresa da qual o autor do projeto seja dirigente, gerente, controlador, acionista ou detentor de mais de 5% (cinco por cento) do capital com direito a voto, responsável técnico ou subcontratado, quando a licitação versar sobre obra, serviços ou fornecimento de bens a ela necessários;

III – pessoa física ou jurídica que se encontre, ao tempo da licitação, impossibilitada de participar da licitação em decorrência de sanção que lhe foi imposta;

IV – aquele que mantenha vínculo de natureza técnica, comercial, econômica, financeira, trabalhista ou civil com dirigente do órgão ou entidade contratante ou com agente público que desempenhe função na licitação ou atue na fiscalização ou na gestão do contrato, ou que deles seja cônjuge, companheiro ou parente em linha reta, colateral ou por afinidade, até o terceiro grau, devendo essa proibição constar expressamente do edital de licitação;

V – empresas controladoras, controladas ou coligadas, nos termos da Lei nº 6.404, de 15 de dezembro de 1976, concorrendo entre si;

VI – pessoa física ou jurídica que, nos 5 (cinco) anos anteriores à divulgação do edital, tenha sido condenada judicialmente, com trânsito em julgado, por exploração de trabalho infantil, por submissão de trabalhadores a condições análogas às de escravo ou por contratação de adolescentes nos casos vedados pela legislação trabalhista.

§1º O impedimento de que trata o inciso III do *caput* deste artigo será também aplicado ao licitante que atue em substituição a outra pessoa, física ou jurídica, com o intuito de burlar a efetividade da sanção a ela aplicada, inclusive a sua controladora, controlada ou coligada, desde que devidamente comprovado o ilícito ou a utilização fraudulenta da personalidade jurídica do licitante.

§2º A critério da Administração e exclusivamente a seu serviço, o autor dos projetos e a empresa a que se referem os incisos I e II do *caput* deste artigo poderão participar no apoio das atividades de planejamento da contratação, de execução da licitação ou de gestão do contrato, desde que sob supervisão exclusiva de agentes públicos do órgão ou entidade.

§3º Equiparam-se aos autores do projeto as empresas integrantes do mesmo grupo econômico.

§4º O disposto neste artigo não impede a licitação ou a contratação de obra ou serviço que inclua como encargo do contratado a elaboração do projeto básico e do projeto executivo, nas contratações integradas, e do projeto executivo, nos demais regimes de execução.

§5º Em licitações e contratações realizadas no âmbito de projetos e programas parcialmente financiados por agência oficial de cooperação estrangeira ou por organismo financeiro internacional com recursos do financiamento ou da contrapartida nacional, não poderá participar pessoa física ou jurídica que integre o rol de pessoas sancionadas por essas entidades ou que seja declarada inidônea nos termos desta Lei.

Artigo 14

1 Impedimentos de participação em licitações

Alude a lei a pré-requisitos a serem avaliados para participação em licitação ou da execução de contrato, direta ou indiretamente. Estarão impedidos de tomar parte dos certames ou executar contratos aqueles que incidirem nas vedações elencadas.

A intenção é afastar qualquer tipo de risco ao princípio da competitividade, impedindo a participação daqueles que, teoricamente, teriam condições diferenciadas com flagrantes benefícios.

Inciso I

1.1 Vedação ao autor do anteprojeto, do projeto básico ou do executivo

Inicialmente, com imensa lógica, o inc. I veda a participação do autor do anteprojeto, do projeto básico ou do projeto executivo, pessoa física ou jurídica, quando a licitação versar sobre obra, serviços ou fornecimento de bens a ele relacionados. Contudo, mais à frente, no §2º, a Nova Lei autoriza a participação do autor dos projetos no apoio às atividades de planejamento da contratação, de execução da licitação ou de gestão do contrato, desde que sob supervisão exclusiva de agentes públicos do órgão ou entidade.[227]

[227] SÚMULA TCU nº 185 – Contratação de serviços de supervisão de obra – A Lei nº 5.194, de 24.12.66, e, em especial, o seu art. 22, não atribuem ao autor do projeto o direito subjetivo de ser contratado para os serviços de supervisão da obra respectiva, nem dispensam a licitação para a adjudicação de tais serviços, sendo admissível, sempre que haja recursos suficientes, que se proceda aos trabalhos de supervisão, diretamente ou por delegação a outro órgão público, ou, ainda, fora dessa hipótese, que se inclua, a juízo da Administração e no seu interesse, no objeto das licitações a serem processadas para a elaboração de projetos de obras e serviços de engenharia, com expressa previsão no ato convocatório, a prestação de serviços de supervisão ou acompanhamento da execução, mediante remuneração adicional, aceita como compatível com o porte e a utilidade dos serviços.

Inciso II

1.2 Vedação à empresa responsável pela elaboração do projeto básico ou do projeto executivo

O inc. II repete, em parte, o inciso anterior, de vez que volta a proibir a participação no certame licitatório de pessoa jurídica – agora focando também na forma de consórcio – que tenha elaborado o projeto básico ou executivo.

A Lei lista esses vínculos e, ao elencá-los, atraiu sérios problemas práticos.

Dispõe que estão vedados os dirigentes, gerentes, acionistas ou os que detenham mais de 5% do capital com direito a voto, controladores, responsáveis técnicos e subcontratados. Ao aludir ao acionista, esqueceu-se o legislador da existência de outros tipos societários, como, por exemplo, as sociedades por cotas de responsabilidade limitada.

O termo "acionista", portanto, não deve ser encarado no estrito sentido que lhe dá o Direito (sociedade por ações, amparada pela chamada Lei das S.A.), mas sim, numa acepção genérica e abrangente, açambarcando os vários tipos de "controladores" das diversas espécies de pessoas jurídicas existentes.

Inciso III e Parágrafo 1º

1.3 Vedação à pessoa física ou jurídica sancionada por infração cometida

O art. 155 relaciona as infrações que o licitante ou o contratado poderá ser responsabilizado administrativamente. Por sua vez, o art. 156 elenca as sanções que poderão ser aplicadas ao responsável por tais infrações. Dentre elas, há o impedimento de licitar e contratar e a declaração de inidoneidade para licitar ou contratar. Ambas, quando aplicadas, inviabilizam a participação dos apenados em licitações.

Dessa forma, este inc. III dispõe que não poderão disputar licitação ou participar da execução de contrato, direta ou indiretamente, pessoas físicas ou jurídicas que se encontrem, ao tempo da licitação, impossibilitadas de participar de certames em decorrência de sanções que lhe foram impostas.

Anote-se que o §1º formaliza que a vedação também se aplica ao licitante que atue em substituição a outra pessoa, física ou jurídica, com o intuito de burlar a efetividade da sanção a ela aplicada, inclusive a sua controladora, controlada ou coligada, desde que devidamente comprovado o ilícito ou a utilização fraudulenta da personalidade jurídica do licitante.

Inciso IV

1.4 Vedação aos que possuam vínculos com dirigentes públicos

Não poderão disputar licitação ou participar da execução de contrato, direta ou indiretamente, aqueles que possuam vínculos de natureza técnica, comercial, econômica, financeira, trabalhista ou civil com dirigente do órgão ou entidade contratante ou de agente público que desempenhe função na licitação ou atue na fiscalização ou na gestão do contrato.

A intenção é afastar a participação indireta, baseando-se no princípio da impessoalidade.

Em resumo, na possibilidade de qualquer tipo de influência na licitação, há uma espécie que o direito processual denomina "suspeição de parcialidade", ou seja, ocorre o impedimento de participar por haver dúvida quanto à imparcialidade e à independência nessa atuação.

Também estão vedadas as participações em certames licitatórios de cônjuges, companheiros ou parentes em linha reta, colateral ou por afinidade, até o terceiro grau, de dirigentes do órgão ou entidade contratante ou de agente público que desempenhe função na licitação ou atue na fiscalização ou na gestão de contrato, devendo essa proibição constar expressamente do edital de licitação.

Essa vedação mereceu censura de Anderson Pedra, Rafael Sérgio de Oliveira e Victor Amorim, que a consideram inconstitucional:

> O comando normativo do dispositivo é direcionado ao licitante/particular que se encontrará impedido de participar de licitação ou contratação em razão de qualquer vínculo, inclusive, de parentesco com agente público que desempenhe função na licitação ou atue na fiscalização ou na gestão do contrato. Tal comando é ofensivo ao art. 37, caput da CF naquilo que se relaciona ao princípio da impessoalidade, já que faz uma diferenciação desproporcional na medida em que não apresenta um discrímen razoável. É digno que quem tenha parentesco não tenha qualquer tipo de benefício perante a Administração Pública, mas tal proteção deve ser feita direcionando o comando normativo para o agente público que deverá declarar-se suspeito ou impedido diante de uma situação em que sua relação com um licitante/contratado coloque em xeque a isenção inerente a sua atuação, e não impedindo o particular de licitar ou contratar.[228]

Como já anotado, não se deve estender a restrição aos parentes de agentes lotados no órgão ou entidade responsável pela realização da licitação. O pressuposto para o impedimento é a possibilidade de conluio entre os licitantes, por guardarem entre si vínculo de parentesco, e não a obtenção de vantagens em face da posição que ocupam perante a Administração. Destarte, não se vê como restringir a participação no certame de interessados que guardem parentesco com agentes, já que tal fato não caracteriza indício suficiente de conluio. O ato caracterizaria restrição à competitividade.

Inciso V

1.5 Vedação a empresas controladoras, controladas ou coligadas

Segundo o preceituado nos parágrafos do art. 243 da Lei nº 6.404/1976 (Lei das Sociedades Anônimas), com redação dada pela Lei nº 11.941/2009, são:

a) companhias em sociedades coligadas, as sociedades nas quais a investidora tenha influência significativa; e

[228] PEDRA; OLIVEIRA; AMORIM. *O projeto da nova lei de licitações e a espada de Dâmocles.*

b) companhias controladas, as sociedades nas quais a controladora, diretamente ou através de outras controladas, é titular de direitos de sócio que lhe assegurem, de modo permanente, preponderância nas deliberações sociais e o poder de eleger a maioria dos administradores.

Pois bem, em atendimento aos Princípios da Moralidade, da Igualdade e da Competitividade, este inc. V preceitua que, numa licitação, não poderão concorrer entre si empresas controladoras, controladas ou coligadas, uma vez que empresas submetidas a um mesmo controle poderiam atuar em conjunto direcionando e manipulando os valores propostos à Administração.

Ademais, há de se entender que essas sociedades, ainda que não pratiquem conluio para direcionar a licitação, teriam acesso às propostas umas das outras, o que, por si só, já violaria o sigilo das propostas, contrariando o disposto no inc. II do art. 56.

Inciso VI

1.6 Vedação a condenado por exploração de trabalho infantil e por submissão a condições análogas às de escravo

Conforme o inc. XXXIII do art. 7º CF, é proibido o trabalho noturno, perigoso ou insalubre a menores de dezoito anos e qualquer trabalho a menores de dezesseis anos, salvo na condição de aprendiz, a partir de quatorze anos. Ainda na CF, o §3º do inc. I do art. 227 prevê que o direito à proteção especial abrangerá a idade mínima de quatorze anos para admissão ao trabalho.

Nesse contexto, o inc. XXIII do art. 611-B do Decreto-Lei nº 5.452/1943 (CLT), incluído pela Lei nº 13.467/2017, prevê que constitui objeto ilícito de convenção coletiva ou de acordo coletivo de trabalho a supressão do direito de proibição de trabalho noturno, perigoso ou insalubre a menores de dezoito anos e de qualquer trabalho a menores de dezesseis anos, salvo na condição de aprendiz, a partir de quatorze anos.

Como observa Lu Sudré,[229] diante da grande vulnerabilidade socioeconômica das famílias brasileiras, aprofundada pelos impactos da pandemia do novo coronavírus, o número de crianças exploradas pelo trabalho infantil tende a aumentar no Brasil. Essa grave ameaça foi denunciada pela campanha nacional "Covid-19: agora mais do que nunca, protejam crianças e adolescentes do trabalho infantil", protagonizada pelo Ministério Público do Trabalho (MPT), pelo Fórum de Prevenção e Erradicação do Trabalho Infantil e pela Justiça do Trabalho, ocorrida ao longo de todo o mês de junho de 2020. De acordo com dados do Instituto Brasileiro de Geografia e Estatística (IBGE) de 2016, mesmo proibido, o trabalho infantil no Brasil atinge mais de 2 milhões de meninos e meninas entre 5 e 17 anos. Somente em 2019, das mais de 159 mil denúncias de violações a direitos humanos recebidas pelo Disque 100, cerca de 86 mil tinham como vítimas crianças e adolescentes. Conforme informações do Ministério da Mulher, da Família e do Direitos Humanos, mais de 4,2 mil desses registros eram relacionados ao trabalho ilegal de crianças e adolescentes.

[229] SUDRÉ. *Crescimento da exploração do trabalho infantil é risco iminente durante pandemia.*

Por sua vez, o art. 149 do Código Penal (Decreto-Lei nº 2.848/1940), com redação dada pela Lei nº 10.803/2003, prescreve como crime contra a liberdade pessoal a redução de alguém a condição análoga à de escravo, quer submetendo-o a trabalhos forçados ou a jornada exaustiva, quer sujeitando-o a condições degradantes de trabalho, quer restringindo, por qualquer meio, sua locomoção em razão de dívida contraída com o empregador ou preposto, prevendo pena de reclusão, de dois a oito anos, e multa, além da pena correspondente à violência.

Como anota o "Manual de combate ao trabalho em condições análogas às de escravo", do antigo Ministério do Trabalho e Emprego, ao contrário do estereótipo que surge no imaginário da maioria das pessoas, no qual o trabalho escravo é ilustrado pelo trabalhador acorrentado, morando na senzala, açoitado e ameaçado constantemente, o trabalho em condição análoga à de escravo não se caracteriza apenas pela restrição da liberdade de ir e vir, pelo trabalho forçado ou pelo endividamento ilegal, mas também pelas más condições de trabalho impostas ao trabalhador.

O citado manual detalha como se caracteriza a redução do trabalhador a condição análoga à de escravos:

> Diversas são as denominações dadas ao fenômeno de exploração ilícita e precária do trabalho, ora chamado de trabalho forçado, trabalho escravo, exploração do trabalho, semiescravidão, trabalho degradante, entre outros, que são utilizados indistintamente para tratar da mesma realidade jurídica. Malgrado as diversas denominações, qualquer trabalho que não reúna as mínimas condições necessárias para garantir os direitos do trabalhador, ou seja, cerceie sua liberdade, avilte a sua dignidade, sujeite-o a condições degradantes, inclusive em relação ao meio ambiente de trabalho, há que ser considerado trabalho em condição análoga à de escravo. A degradação mencionada vai desde o constrangimento físico e/ou moral a que é submetido o trabalhador – seja na deturpação das formas de contratação e do consentimento do trabalhador ao celebrar o vínculo, seja na impossibilidade desse trabalhador de extinguir o vínculo conforme sua vontade, no momento e pelas razões que entender apropriadas – até as péssimas condições de trabalho e de remuneração: alojamentos sem condições de habitação, falta de instalações sanitárias e de água potável, falta de fornecimento gratuito de equipamentos de proteção individual e de boas condições de saúde, higiene e segurança no trabalho; jornadas exaustivas; remuneração irregular, promoção do endividamento pela venda de mercadorias aos trabalhadores (truck system).

Nessa contextura, com o intuito de utilizar as contratações públicas como instrumento para dar fim a essas mazelas sociais, o inc. VI proíbe a participação em licitações de pessoa física ou jurídica que, nos cinco anos anteriores à divulgação do edital, tenha sido condenada judicialmente, com trânsito em julgado, por exploração de trabalho infantil, por submissão de trabalhadores a condições análogas às de escravo ou por contratação de adolescentes nos casos vedados pela legislação trabalhista.

Parágrafos 2º e 3º

2 Participação do elaborador dos anteprojetos ou dos projetos em atividades de apoio

Apesar da proibição de participar na licitação, o §2º autoriza, a critério da Administração, e exclusivamente a seu serviço, que o elaborador (pessoa física ou jurídica) do anteprojeto ou projeto poderá participar no apoio das atividades de planejamento da contratação, de execução da licitação ou de gestão do contrato, desde que sob supervisão exclusiva de agentes públicos do órgão ou entidade.

Ressalte-se que, de maneira indireta, o dispositivo estabelece uma forma de contratação direta.

E mais: o §3º equipara aos autores do projeto as empresas integrantes do mesmo grupo econômico.

Parágrafo 4º

3 Licitação com inclusão como encargo do contratado a elaboração dos projetos

Como visto, não poderão participar de licitação ou da execução de contrato, direta ou indiretamente, os autores do anteprojeto, do projeto básico ou do projeto executivo, quando a licitação versar sobre obra, serviços ou fornecimento de bens a ele relacionados; empresa, isoladamente ou em consórcio, responsável pela elaboração do projeto básico ou do projeto executivo; ou empresa da qual o autor do projeto seja dirigente, gerente, controlador, acionista ou detentor de mais de 5% (cinco por cento) do capital com direito a voto, responsável técnico ou subcontratado, quando a licitação versar sobre obra, serviços ou fornecimento de bens a ela necessários.

Contudo, nada impede que a Administração licite ou contrate obra ou serviço que inclua como encargo do contratado a elaboração do:

a) projeto básico e do projeto executivo, desde que, nas contratações integradas, que configuram regime de contratação de obras e serviços de engenharia em que o contratado é responsável por elaborar e desenvolver os projetos básico e executivo, executar obras e serviços de engenharia, fornecer bens ou prestar serviços especiais e realizar montagem, teste, pré-operação e as demais operações necessárias e suficientes para a entrega final do objeto; e
b) projeto executivo, nos demais regimes de execução.

Registrem-se aqui as observações de Hamilton Bonatto e Rafael Sérgio de Oliveira quanto ao afastamento da possibilidade do projetista de participar da execução do objeto, a não ser como assessor, uma vez que essa admissão já está espraiada no sistema jurídico brasileiro, como se percebe nos regimes de empreitada da contratação integrada e semi-integrada, na Lei do RDC, na Lei da Estatais e até mesmo nesta Nova Lei de Licitações, quando do uso da modalidade de licitação diálogo competitivo ou no caso de Procedimento de Manifestação de Interesse (PMI):

Não há razão que justifique a opção legislativa em proibir em absoluto que no modelo de contratação tradicional o projetista não possa executar o objeto que ele mesmo planejou. Essa opção vai de encontro à tendência normativa de evolução e da tecnologia embarcada no amplo leque de objetos a se contratar pela Administração Pública. Não pretendemos dizer que ao se permitir que os projetistas pudessem ser executores do objeto devesse implicar na existência apenas de regime do tipo design build; e sim que se poderia permitir, mesmo em regimes da forma do design bid build, que os projetistas pudessem se habilitar a participar da licitação do objeto e executá-lo se adjudicatários.[230]

Parágrafo 5º

4 Vedação à participação de pessoas sancionadas por organismos financeiros internacionais

O crescente financiamento internacional de obras e serviços públicos tem obrigado a Administração Pública a novos procedimentos, notadamente quanto ao atendimento das diretrizes do organismo financiador.

Uma das questões envolve o sancionamento por parte dessas organizações.

Da análise da CF, da legislação brasileira e das diretrizes dos organismos internacionais, se conclui que os efeitos das sanções aplicadas por tais organismos são expansíveis e atingem as licitações nacionais que contenham recursos disponibilizados pelo ente sancionador.[231]

Nesse cenário, este §5º dispõe que, em licitações e contratações realizadas no âmbito de projetos e programas parcialmente financiados por agência oficial de cooperação estrangeira ou por organismo financeiro internacional com recursos do financiamento ou da contrapartida nacional, não poderão participar pessoa física ou jurídica que integre o rol de pessoas sancionadas por essas entidades ou que tenha sido declarada inidônea.

---

230 BONATO; OLIVEIRA. *A admissão do projetista na execução do contrato e a nova lei de licitações.*

231 GIAMUNDO; LEONI. *As sanções aplicadas pelo banco Mundial e a extensão de seus efeitos nas licitações nacionais.*

Art. 15. Salvo vedação devidamente justificada no processo licitatório, pessoa jurídica poderá participar de licitação em consórcio, observadas as seguintes normas:

I – comprovação de compromisso público ou particular de constituição de consórcio, subscrito pelos consorciados;

II – indicação da empresa líder do consórcio, que será responsável por sua representação perante a Administração;

III – admissão, para efeito de habilitação técnica, do somatório dos quantitativos de cada consorciado e, para efeito de habilitação econômico-financeira, do somatório dos valores de cada consorciado;

IV – impedimento de a empresa consorciada participar, na mesma licitação, de mais de um consórcio ou de forma isolada;

V – responsabilidade solidária dos integrantes pelos atos praticados em consórcio, tanto na fase de licitação quanto na de execução do contrato.

§1º O edital deverá estabelecer para o consórcio acréscimo de 10% (dez por cento) a 30% (trinta por cento) sobre o valor exigido de licitante individual para a habilitação econômico-financeira, salvo justificação.

§2º O acréscimo previsto no §1º deste artigo não se aplica aos consórcios compostos, em sua totalidade, de microempresas e pequenas empresas, assim definidas em lei.

§3º O licitante vencedor é obrigado a promover, antes da celebração do contrato, a constituição e o registro do consórcio, nos termos do compromisso referido no inciso I do *caput* deste artigo.

§4º Desde que haja justificativa técnica aprovada pela autoridade competente, o edital de licitação poderá estabelecer limite máximo para o número de empresas consorciadas.

§5º A substituição de consorciado deverá ser expressamente autorizada pelo órgão ou entidade contratante e condicionada à comprovação de que a nova empresa do consórcio possui, no mínimo, os mesmos quantitativos para efeito de habilitação técnica e os mesmos valores para efeito de qualificação econômico-financeira apresentados pela empresa substituída para fins de habilitação do consórcio no processo licitatório que originou o contrato.

Artigo 15 e Parágrafo 4º

1 Participação de empresas em consórcio na licitação

A expressão "consórcio" conota união, combinação, associação, possuindo diversas acepções análogas, tanto no direito quanto em outras áreas de conhecimento, invocando sempre uma forma de junção.

Derivado do latim *consortium* (que participa, partilha), no sentido técnico-jurídico, o vocábulo indica uma associação de empresários que se conservam independentes.[232]

O consórcio de empresas ocorre quando empresários, por meio de um contrato, juntam-se, sem perda de autonomia e conservando sua personalidade jurídica, para execução de determinado empreendimento. Alerta-se, no entanto, para a máxima importância da utilização do adjetivo *empresarial* para especificar o objeto em comento (consórcio empresarial), uma vez que, por ser expressão bastante genérica e abrangente, tem sido empregada para designar várias formas associativas, notadamente as de fundos mútuos, formadas com o fim de coletar poupanças para a aquisição de bens, geralmente de consumo.[233]

Em regra, o consórcio empresarial é constituído com o intuito da realização de atividades que os participantes, isoladamente, não poderiam promover. A união em consórcio aumenta a capacidade de realização. Arnoldo Wald sintetiza a questão com precisão, dispondo que "o consórcio é, pois, um multiplicador de atividades que assegura uma nova faixa de atuação para o consorciado".[234]

Sobre os consórcios empresariais, observamos:

> Em função do que registra o art. 278 da Lei nº 6.404/1976, que dispõe sobre as Sociedades por Ações, os consórcios são associações corporativas nas quais duas ou mais pessoas jurídicas se unem para a realização de um objeto específico. Em consonância, a Lei nº 8.666/93 entende o consórcio como a associação de empresas, visando à participação em certa licitação, cabendo ao administrador público, na elaboração do edital do certame, avaliar se será permitida a participação de empresas consorciadas, partindo do pressuposto de que empresas isoladamente dificilmente teriam condições para execução do objeto pretendido.[235]

Noutra publicação, obtemperamos:

> Disciplinam o consórcio os artigos 278 e 279 da Lei nº 6.404/1976, discernindo que se trata de uma associação entre sociedades, sem personalidade jurídica, onde os consorciados somente se obrigam nas condições previstas no respectivo contrato, respondendo cada um por suas obrigações, sem presunção de solidariedade.
>
> Verifica-se, assim, que o consórcio nada mais é que uma união de esforços, numa associação temporária de duas ou mais sociedades, visando à consecução de determinado objetivo, caracterizando-se pela transitoriedade e pela manutenção da autonomia jurídica de cada ente consorciado.[236]

232 MENDONÇA; GONÇALVES. *Dicionário de sociedades comerciais e mercado de capitais.*

233 TARREGA. *Associações consorciais.*

234 WALD. Consórcios Bancários. *In: Estudos e pareceres de direito comercial, problemas comerciais e fiscais da empresa contemporânea*. 1. Série.

235 BITTENCOURT. *Licitações internacionais*. 3. ed.

236 BITTENCOURT. Alteração de composição de consórcio criado com o objetivo de atender a Administração Pública. *In*: BITTENCOURT (Org.). *Temas controvertidos sobre licitações e contratos administrativos.*

Nesse viés, a Nova Lei entende o consórcio[237] como a associação de empresas objetivando a participação em licitação, tornando possível que, detendo atributos diversos, conjuguem interesses e esforços de modo a formularem proposta unitária.

Por outro lado, como adverte Marçal Justen, a formação de consórcios no campo das licitações pode conduzir à redução do universo da disputa, com o surgimento de nefastas tramas, como os conluios descobertos no âmbito da chamada Operação Lava-Jato:

> O consórcio poderia retratar uma composição entre eventuais interessados: em vez de estabelecerem disputa entre si, formalizariam acordo para eliminar a competição. Aliás, a composição entre os potenciais interessados para participar de licitação pode alcançar a dimensão da criminalidade.[238]

Na elaboração do edital licitatório, caberá à Administração avaliar se será permitida a participação no certame de empresas consorciadas, partindo do pressuposto de que empresas isoladamente dificilmente teriam condições para execução do objeto pretendido.

Por outro lado, a vedação à participação dos consórcios poderá ser plenamente justificável, como, por exemplo, quando da opção pelo fracionamento do objeto, que poderá ser determinante para a ampliação da disputa.

Apesar do assentimento para a participação de consórcios em competições licitatórias se revestir de natureza discricionária, há situações, de ordem técnica e/ou financeira, que impõem a autorização, em face do pleno atendimento ao princípio da competitividade.

> TCU Acórdão nº 2.292/2010 – Min. Relator José Jorge
>
> [...] É importante observar que as limitações impostas no Edital nº 083/2008 com relação à proibição de subcontratação [...] aliado à proibição de participação de empresas em consórcio, ao invés de ampliar o leque de licitantes, na verdade, o limitou, pois apenas uma empresa se mostrou habilitada no certame. O Acórdão TCU nº 1417/2008-Plenário esclarece de forma cristalina esse entendimento, principalmente quando se refere a questões de alta complexidade que impedem a participação isolada de empresas, por não

[237] Os artigos 278 e 279 da Lei nº 6.404/76 (Lei das Sociedades Anônimas) disciplinam a associação entre sociedades denominada consórcio. "Art. 278. As companhias e quaisquer outras sociedades, sob o mesmo controle ou não, podem constituir consórcio para executar determinado empreendimento, observado o disposto neste Capítulo. §1º O consórcio não tem personalidade jurídica e as consorciadas somente se obrigam nas condições previstas no respectivo contrato, respondendo cada uma por suas obrigações, sem presunção de solidariedade. §2º A falência de uma consorciada não se estende às demais, subsistindo o consórcio com as outras contratantes; os créditos que porventura tiver a falida serão apurados e pagos na forma prevista no contrato de consórcio. Art. 279. O consórcio será constituído mediante contrato aprovado pelo órgão da sociedade competente para autorizar a alienação de bens do ativo não circulante, do qual constarão: (Redação dada pela Lei nº 11.941, de 2009); I – a designação do consórcio se houver; II – o empreendimento que constitua o objeto do consórcio; III – a duração, endereço e foro; IV – a definição das obrigações e responsabilidade de cada sociedade consorciada, e das prestações específicas; V – normas sobre recebimento de receitas e partilha de resultados; VI – normas sobre administração do consórcio, contabilização, representação das sociedades consorciadas e taxa de administração, se houver; VII – forma de deliberação sobre assuntos de interesse comum, com o número de votos que cabe a cada consorciado; VIII – contribuição de cada consorciado para as despesas comuns, se houver. Parágrafo único. O contrato de consórcio e suas alterações serão arquivados no registro do comércio do lugar da sua sede, devendo a certidão do arquivamento ser publicada".

[238] JUSTEN FILHO. *Comentários à Lei de Licitações e Contratos Administrativos*. 12. ed.

atenderem requisitos de habilitação exigidos no edital, *verbis*: 1. (...) Lei de Licitações atribui à Administração a prerrogativa de admitir a participação de consórcios nas licitações. 2. A regra, no procedimento licitatório, é a participação de empresas individualmente em disputa umas com as outras, permitindo-se a união de esforços quando questões de alta complexidade e de relevante vulto impeçam a participação isolada de empresas com condições de, sozinhas, atenderem todos os requisitos de habilitação exigidos no edital, casos em que a participação em consórcio ampliaria o leque de concorrentes.

Acórdão nº 2.992/2011 – Min. Relator Valmir Campelo

Aliás, quando a lei possibilita a formação de consórcios, é justamente no intuito de possibilitar a soma das capacidades operacionais das interessadas, de modo a ampliar a competitividade. Não se justificaria, por óbvio, restringir a concorrência de todo o certame por apenas pequena parcela dele.

Tribunal de Justiça – MG – Mandado de Segurança nº 1.0000.00.277600-3/000. 8ª Câmara Cível. Relator: Des. Roney Oliveira. *DJ*, Minas Gerais, 10 out. 2003. – Mandado de Segurança – Administrativo – Licitação – Vedação – A Participação de empresas em consórcio – Possibilidade – 1 – A participação de empresas consorciadas em licitações públicas não é obrigatória, podendo ser admitida ou não pela Administração, dentro do seu poder discricionário [...].

Por outro lado, é possível a ocorrência de situações que amparem a limitação do número de empresas consorciadas num certame, como, por exemplo, a capacidade de gestão da própria Administração.

Nesse sentido, o TCU já se manifestou pela possiblidade, desde que devidamente justificada:

Acórdão nº 718/2011-Plenário: Denúncia formulada ao TCU indicou possíveis irregularidades, em concorrência internacional, quanto ao impedimento em cláusula editalícia de participação de consórcios, o que poderia restringir o caráter competitivo do certame. O órgão jurisdicionado, ao ser consultado, solicitou ao Tribunal autorização em caráter excepcional para que aceitasse a formação de consórcios com, no máximo, três empresas. A unidade técnica ressaltou que "o Tribunal tem decidido que, por ausência de previsão legal, é irregular a condição que estabeleça número mínimo ou máximo de empresas participantes no consórcio. Esta Corte de Contas tem entendido que, se a Lei deixa à discricionariedade administrativa a decisão de permitir a participação no certame de empresas em consórcio, ao permiti-la a Administração deverá observar as disposições contidas no art. 33, da Lei nº 8.666/1993, não podendo estabelecer condições não previstas expressamente na Lei, mormente quando restritivas ao caráter competitivo da licitação". Entretanto, no caso concreto, por tratar-se de obra relativa à infraestrutura aeroportuária para a Copa do Mundo de 2014, o Relator concordou com a análise da unidade técnica em relação à possibilidade de limitação do número máximo de empresas participantes do consórcio, como forma de impedir a "pulverização de responsabilidades". Ressaltou, no entanto, que o órgão jurisdicionado deverá justificar a decisão de eventual limitação a um número máximo de empresas integrantes em cada consórcio.

Nesse viés, a Nova Lei trouxe a previsão, no §4º, de que, havendo justificativa técnica aprovada pela autoridade competente, o edital de licitação poderá estabelecer limite máximo ao número de empresas consorciadas.

Inciso I

1.1 Comprovação de compromisso de constituição de consórcio

No caso de participação na licitação de empresas em consórcio, o inciso impõe que haja o compromisso de constituição do consórcio, subscrito pelos consorciados.

Logo, as empresas não deverão promover a constituição e o registro do consórcio para participação na licitação, bastando apenas, nessa fase, o comprometimento formal de futura constituição. Somente o consórcio vencedor terá o dever de promover a formalização do consórcio, antes da celebração do contrato, como preceitua o §3º.

Esse compromisso é estabelecido por acordo formal lavrado em instrumento público ou privado, através do qual as empresas signatárias se obrigam a constituir o consórcio nos termos ali estabelecidos, caso vençam a licitação.

O instrumento não poderá ser um singelo documento de promessa, devendo ser revestido das regras básicas que conformarão o futuro consórcio:

> Quando menos, deverá prever: o nome do consórcio; as empresas participantes e a respectiva "empresa líder"; a licitação que lhe deu origem; a duração e o endereço do consórcio; as obrigações e responsabilidades a serem assumidas pelo futuro consórcio (e as relativas a cada uma das consorciadas); a forma de administração do consórcio, bem de repartição das futuras despesas e resultados; a representatividade social de cada uma das empresas consorciadas e o modo de deliberação dos interesses comuns (Lei nº 6.404/76, art. 279). Nesse sentido, há previsão expressa no art. 462 do Código Civil.[239] Há de ser observada não apenas a indicação da empresa líder, mas também os requisitos do art. 279 da Lei nº 6.404/76 e o art. 32 da Lei nº 8.934/94.[240]

Averbe-se as orientações do TCU:

> Acórdão nº 1.678/2006-Plenário – Rel. Min. Augusto Nardes: [...] 9.4 determinar à Companhia Docas do Estado de São Paulo que, em futuras licitações: [...] 9.4.2 abstenha-se de vedar, sem justificativa razoável, a participação de empresas em consórcio, de modo a restringir a competitividade do certame, contrariando o art. 3º da Lei nº 8.666/93.
>
> Acórdão nº 1.946/2006-Plenário – Rel. Min. Marcos Bemquerer: [...] 25. A respeito da participação de consórcios, a jurisprudência desta Corte de Contas tem assentado que (...) deixa à discricionariedade do gestor a decisão de admitir ou não a participação de empresas organizadas em consórcio no certame, devendo o desígnio ser verificado caso a caso.
>
> 26. Quando o objeto a ser licitado envolve questões de alta complexidade, via de regra, a Administração, com intuito de aumentar o número de participantes, admite a formação de consórcio. No entanto, essa hipótese não ocorre no contexto ora em análise, pois, como já mencionado acima, os serviços licitados não envolvem questões de alta complexidade técnica, mas apenas serão mais bem prestados se não parcelados.
>
> 27. Ademais, a participação de consórcios em torneios licitatórios não garante aumento de competitividade, consoante arestos do Relatório e Voto que impulsionaram o Acórdão nº 2.813/2004 – 1ª Câmara, que reproduzo abaixo: 'Relatório que antecede o Voto 26. (...) atribui à Administração a prerrogativa de admitir a participação de consórcios. Está, portanto, no

---

[239] Art. 462. O contrato preliminar, exceto quanto à forma, deve conter todos os requisitos essenciais ao contrato a ser celebrado.

[240] MOREIRA. *Os consórcios empresariais e as licitações públicas.*

âmbito da discricionariedade da Administração. Isto porque, a nosso ver, a formação de consórcio tanto pode se prestar a fomentar a concorrência (consórcio de empresas menores que, de outra forma, não participariam do certame), quanto a cerceá-la (associação de empresas que, caso contrário, concorreriam entre si). Com os exemplos fornecidos pelo BACEN, vemos que é prática comum a não-aceitação de consórcios'.

Inciso II

1.2 A questão da empresa responsável pelo consórcio

O inciso determina a indicação de empresa líder do consórcio, a qual será responsável por sua representação perante a Administração. Tal obrigatoriedade tem relação com a previsão do art. 279 da Lei nº 6.404/1976 (Lei das Sociedades Anônimas), significando, como aponta Bockmann Moreira, uma "personalidade judicial e negocial, que se expressa pela existência de uma representação e de uma administração, com capacidade negocial e processual, ativa e passiva".

Reformulando regra inconstitucional da lei anterior, que estabelecia a compulsória liderança de uma brasileira no consórcio de empresas brasileiras e estrangeiras, a Nova Lei não prevê a absurda exigência, uma vez que a empresa líder apenas representa o consórcio no trato com o Poder Público, recebendo a outorga para travar os contatos negociais com a Administração em nome das empresas consorciadas.

> À empresa líder é outorgado um mandato por todas as consorciadas, com específicos poderes de administração e representação do consórcio perante terceiros. O consórcio (e não as empresas consorciadas) é representado pela empresa líder. Ou seja, a Lei de Licitações exige que os consorciados indiquem qual pessoa representará o grupo frente ao órgão licitante, bem como frente a terceiros (e mesmo frente ao Judiciário). Na medida em que é da essência dos consórcios a ausência de personalidade jurídica, não se poderia cogitar de uma solução que dificultasse a interação administrativa com os licitantes. A previsão (...) dirige-se à definição de quem será a pessoa responsável pelo contato formal do consórcio com a Administração e com os demais licitantes.[241]

Inciso III e Parágrafos 1º e 2º

1.3 A apresentação dos documentos do consórcio

Cada um dos participantes do consórcio deverá apresentar, de maneira individualizada, a documentação exigida.

Na hipótese de qualificação técnica e econômico-financeira, o atingimento das exigências e valores, respectivamente, considerar-se-á o somatório dos quantitativos dos consorciados.

Conforme prevê o §1º, no caso da habilitação econômico-financeira, o edital de licitação deverá estabelecer para o consórcio o acréscimo de 10% (dez por cento) a 30% (trinta por cento) sobre o valor exigido de licitante individual, salvo justificação. Tal

[241] MOREIRA. *Os consórcios empresariais e as licitações públicas.*

acréscimo, entretanto, não poderá ser exigido se o consórcio for formado integralmente por micro e pequenas empresas, consoante o preceituado no §2º.

Calha ressaltar que, instado a manifestar-se sobre o assunto, o TCU concluiu que a simples permissão do somatório dos atestados dos consorciados poderia acarretar na habilitação de duas empresas que somente tivessem executado serviços em quantidade equivalente à metade da exigida para a comprovação da capacidade técnica. Assim, entendeu a Corte de Contas federal que não seria plausível a presunção automática de que a reunião de quantitativos de empresas demandaria a satisfação plena do pretendido para a verificação habilitatória.[242]

Inciso IV

1.4 Vedação de consorciada participar da licitação por intermédio de mais de um consórcio ou isoladamente

Na hipótese de a empresa participar de algum consórcio, lhe é vedado participar, no mesmo certame, de outro consórcio ou como concorrente individual.

A intenção é impossibilitar que uma empresa concorra consigo mesma, apresentando propostas diferenciadas, o que, a princípio, agrediria o princípio da competitividade.

Porém, como adverte Bockmann Moreira, a proibição tem outros desdobramentos, uma vez que a organização empresarial em grupos econômicos envolve várias alternativas, entre as quais avultam de importância para as licitações os *holdings* e as sociedades coligadas.

Realmente, como anota o jurista, o *holding* é a forma de organização do poder de controle empresarial através de um instrumento legal que permite a constituição de uma pessoa externa (a controladora) à controlada. Em termos simplistas, é a organização vertical do controle de várias empresas numa só.

Como o art. 278 da Lei de Sociedades Anônimas admite que o consórcio seja constituído por sociedades sob o mesmo controle ou não, é permitido que a constituição do consórcio se dê entre empresas do mesmo grupo econômico e/ou entre controlador e controlado:

> Logo, a lei societária brasileira admite o consórcio que se caracterize pela relação hierárquica, com subordinação entre as empresas consorciadas [...]. Nada demais frente ao Direito Comercial e, quanto a isso, não há problemas frente à Lei de Licitações: controlador e controlado podem formar um só consórcio, a fim de participar do certame licitatório.
>
> A discussão residirá caso controlador e controlado pretendam formar consórcios diferentes e concorrer entre si, mediante a apresentação de propostas diversas. Nesse caso, em vista da previsão do inc. IV do art. 33 parece-nos impossível que empresas que desfrutem de uma integração vertical subordinante participem numa mesma licitação através da formulação de propostas diversas. O titular do poder de controle (a *holding*) não concorre com a empresa controlada. Ao contrário: esta se subordina aos desígnios daquele. Acentua-se a falha de mercado conhecida como *assimetria de informações*: a dificuldade de a Administração

[242] Decisão nº 1.090/01-Plenário.

(e demais licitantes) terem acesso fidedigno não só aos dados das concorrentes, mas em especial às informações internas ao relacionamento entre *holding* e controladas. O que envolve a definição das propostas e o porquê da competição entre duas empresas de um mesmo grupo econômico (o que multiplica os custos internos à participação numa mesma licitação). Ora, uma empresa controladora tem um conhecimento profundo das atividades da controlada, etapas de produção e estrutura dos custos – ao mesmo tempo em que a Administração e demais licitantes não dispõem dessas informações: subordinam-se aos limites da proposta. Portanto, desde logo se desenha o vício de compartilhamento de informações entre licitantes. Assim, e quando menos, é próximo do impossível que não ocorra troca de informações entre *holding* e controlada.[243]

A participação por meio de propostas diversas (em consórcios ou individualmente) de empresas coligadas pertencentes ao mesmo grupo econômico não segue o mesmo rumo, pois, nesse caso, haverá vínculo de capital entre as empresas, mas sem a dependência ou hierarquia que caracterizam as relações de controle.[244]

Sobre a matéria, Adilson Abreu Dallari sustenta que não há identidade de situações na participação de uma empresa com duas propostas e na participação de duas empresas de um mesmo grupo econômico:

> Se duas empresas de um mesmo grupo econômico fazem propostas distintas, isso pode decorrer das peculiaridades de cada uma delas. [...] cada empresa integrante de um grupo econômico tem personalidade jurídica própria.[245]

Inciso V e Parágrafo 5º

1.5 Responsabilidade solidária pelos atos praticados em consórcio

O diploma legal prevê que os integrantes de consórcios possuem responsabilidade solidária, ou seja, respondem pelos atos do consórcio em pé de igualdade (responsabilidade comum).

A responsabilização solidária é acertada – com tratamento diferenciado dos consócios previstos na Lei das Sociedades Anônimas – porque ocorre situação conjunta de empresas consorciadas, haja vista que a Administração, quando habilita o consórcio, considera o conjunto de fatores técnicos e documentais dos seus componentes, contratando-o como um todo.

Situação interessante ocorre quando, tendo sido celebrado o contrato com o consórcio vencedor e a execução do objeto em pleno atendimento, dá-se a saída de um dos seus integrantes.

A questão envolve a alteração da composição comercial do consórcio, que foi criado com o único objetivo de atender ao interesse da Administração que o contratou, visando à consecução do objeto voltado para projeto específico.

---

243 MOREIRA. *Os consórcios empresariais e as licitações públicas.*

244 Lei nº 6.404/76: Art. 243. [...] §1º São coligadas as sociedades nas quais a investidora tenha influência significativa. (Redação dada pela Lei nº 11.941, de 2009).

245 DALLARI. *Aspectos jurídicos da licitação.* 5. ed.

Para solucionar tal questão, a Nova Lei traz uma novidade: o §5º prescreve que a substituição de consorciado deverá ser expressamente autorizada pelo órgão ou entidade contratante e condicionada à comprovação de que a nova empresa do consórcio possui, no mínimo, os mesmos quantitativos para efeito de habilitação técnica e os mesmos valores para efeito de qualificação econômico-financeira apresentados pela empresa substituída para fins de habilitação do consórcio no processo licitatório que originou o contrato.

A solução encontrada pelo legislador seguiu entendimento que dispusemos em artigo sobre o assunto,[246] com considerações específicas acerca do tema:

> Parece-nos primordial definir, de plano, como se enquadra a figura do consórcio perante o Direito Pátrio e, principalmente, qual o papel que cumpre (ou assume) quando envolvido com procedimentos licitatórios e contratos administrativos.
>
> Disciplinam o consórcio os artigos 278 e 275 da Lei nº 6.404/1976, discernindo que se trata de uma associação entre sociedades, sem personalidade jurídica, onde os consorciados somente se obrigam nas condições previstas no respectivo contrato, respondendo cada um por suas obrigações, sem presunção de solidariedade.
>
> Verifica-se, assim, que o consórcio nada mais é que uma união de esforços, numa associação temporária de duas ou mais sociedades, visando a consecução de determinado objetivo, caracterizando-se pela transitoriedade e pela manutenção da autonomia jurídica de cada ente consorciado.
>
> No que tange à área comercial, não existe previsão de responsabilidade solidária, respondendo cada membro pelos atos a eles imputáveis.
>
> Egberto Lacerda Teixeira e José Alexandre Guerreiro sintetizam, com rara felicidade, a configuração do consórcio no mundo jurídico: "O consórcio não é sujeito de direitos, não podendo, correlatamente, assumir obrigações enquanto tal. Simples fórmula associativa de diversas pessoas jurídicas, desprovido de personalidade e patrimônio, e com conotação marcadamente contratual, o consórcio age, no mundo jurídico, por intermédio das empresas que o constituem, notadamente e na prática, através de uma empresa líder, escolhida pelos demais. São os consortes, portanto, que assumem obrigações e responsabilidades perante terceiros, cabendo-lhes igualmente exercer os direitos decorrentes dos atos jurídicos que celebram, ainda que com escopo comum".[247]
>
> Já no Direito Administrativo, mais precisamente no âmbito das licitações e contratações públicas, a participação do consórcio depende de autorização expressa do documento convocatório, (...), assumindo o "líder" do consórcio tão somente o papel de representante das empresas que o compõem perante a Administração.
>
> O motivo determinante da possível existência do consórcio é de fácil compreensão, qual seja, a reunião de duas ou mais empresas para o alcance de um objeto que sozinhas jamais teriam condições de realizar.
>
> Ressalta-se que, na Lei de Licitações, a permissão de participação de consórcios, apesar de não enquadrar-se nas situações em que o Administrador atua com discricionariedade, também não se constitui numa regra, uma vez que a autorização somente se perfaz quando o Poder Público, sopesando o mercado, avalia que dificilmente uma única empresa terá condições de realizar o objeto pretendido.
>
> Característica marcante da abordagem técnico-jurídica da figura do consórcio, no âmbito das licitações, é a responsabilidade solidária dos que o compõem pelos atos praticados pela

[246] BITTENCOURT. Alteração de composição de consórcio criado com o objetivo de atender a Administração Pública. *In*: BITTENCOURT (Org.). *Temas controvertidos sobre licitações e contratos administrativos*.

[247] TEIXEIRA; GUERREIRO. *Das sociedades anônimas no direito brasileiro*. v. 2.

associação, em que pese a forte posição doutrinária que defende a inconstitucionalidade dessa regra, por considerar que a mesma desnatura a figura do consórcio no ordenamento jurídico brasileiro.

Por conseguinte, enquanto nos consórcios organizados com base no modelo do Direito Comercial, os consorciados respondem individualmente pelos seus atos, no âmbito do Direito Administrativo há a responsabilidade conjunta pelos atos praticados, o que poderia fazer crer ao desavisado que o possível desligamento de uma das empresas poria fim, inapelavelmente, ao contrato, como se desencadeasse uma espécie de "falência" do consórcio.

Tal desencadeamento, a nosso ver, carece de profunda reflexão. Inicialmente, em face da crítica que se faz à solidariedade imposta somente na legislação administrativa. Posteriormente, diante da necessidade precípua de se preservar ao máximo o interesse público, devendo o intérprete, ao avaliar uma regra legal, verificar preliminarmente se inexistem caminhos que permitam a manutenção do *status quo*, de modo a não macular-se o interesse da coletividade.

É evidente que, com base na solidariedade prevista, pode o Poder Público exigir de cada um dos consorciados (individual ou conjuntamente) o cumprimento das obrigações assumidas, uma vez que, embora figure como contratado o consórcio, na realidade a figura apresenta-se como mero rótulo a encobrir as empresas que o constituem.

Nesse contexto, as empresas, apesar de consorciadas e teoricamente solidárias, atuam individualmente, não obstante, como já mencionado, unirem forças para um objetivo comum. Assim, pode-se afirmar que a pessoa jurídica "consórcio" inexiste, uma vez que, na hipótese de qualquer lesão de direito das partes, a incidência da ação recairá tão somente sobre as empresas, diante da ausência de personalidade jurídica da associação.

É certo, entrementes, que a habilitação do consórcio (fase preponderante na licitação) resulta da avaliação conjunta das características individuais de cada um.

Essa dicotomia é, a nosso ver, aparente, pois, mesmo na fase de habilitação, avaliam-se individualmente as empresas, verificando-se se as mesmas, na conjugação de esforços, se complementam.

A legislação estabelece uma diretriz específica para a liderança consorcial. O consórcio deve possuir uma empresa líder, provendo o instrumento convocatório das condições a serem por esta preenchida, do que, evidentemente, decorrerá a desclassificação do consórcio no caso de tais condições não serem satisfeitas.

As características que envolvem estas condições, entretanto, não são nem de leve informadas no texto legal.

(...)

É cediço, entretanto, que a empresa líder apenas representa o consórcio no trato com o Poder Público, ou seja, configura-se apenas naquela empresa que recebe a outorga para travar os contatos negociais com a Administração em nome das empresas consorciadas.

Hely Lopes Meirelles, tratando o tema, conclui da mesma forma: "A firma-líder não representa juridicamente as demais integrantes do consórcio, porque este não possui personalidade própria; se a tivesse, deixaria de ser consórcio para apresentar-se como nova entidade jurídica".[248]

Em face da indefinição quanto aos critérios a serem adotados no edital para a caracterização da empresa líder, é de praxe o estabelecimento de percentuais maiores para atendimento dos tradicionais documentos de comprovação técnica para demonstração de aptidão (habilitação).

---

248 MEIRELLES. *Direito administrativo brasileiro*. 20. ed.

Depreende-se, diante do exposto, uma tênue importância da empresa líder no consórcio, sendo necessária a sua existência para que, como já mencionado, fixe-se a representante dos consórcios perante a Administração, que agirá, num primeiro momento, como intermediadora e controladora do cumprimento das obrigações contratuais.

Assim também se posicionaram Ivan Barbosa Rigolin e Marco Túlio Bottino, relembrando que: "As condições específicas de como se dará esse relacionamento devem figurar com todos os detalhes no edital completo, nas condições gerais, onde serão previstas questões como o controle e a fiscalização da execução do objeto contratual; a responsabilização dos consorciados e seu eventual apenamento administrativo por inadimplência de condição; formas e condições de pagamento, e distribuição das parcelas devidas a cada consorciado, para isso fixando-se medições e sistemas de acompanhamento; o encaminhamento de pedidos e reivindicações dos consorciados, e outras possíveis".[249]

Também nessa linha de entendimento posicionou-se o Advogado da União Francisco Rezende Filho, em parecer emitido, onde destaca, de maneira veemente. A "branda atuação da líder, nos consórcios para atendimento de contratos administrativos".

Infere-se, pelo exposto, que, apesar da obrigatoriedade da definição da empresa líder do consórcio, tal fato não denota importância maior que demande uma grande preocupação da Administração, porquanto, também como mencionado anteriormente, cada empresa em consórcio necessitará satisfazer na licitação (ou no seu afastamento), de *per si*, todos os requisitos para habilitação, de vez que, mesmo consorciados, não perdem a condição de pessoa jurídica isolada.

Em face das diversas premissas, não se pode olvidar que, iniciada a execução de um contrato por um consórcio, tendo havido prévia licitação ou o devido afastamento legal, é de se ter cautela caso ocorra uma descontinuação consorcial, com a saída de um dos consorciados.

É fato que parte minoritária da doutrina, fulcrada na solidariedade que a lei impõe, além do necessário atendimento *intuitu personae*, tem concluído pela inadmissibilidade da retirada da empresa líder de consórcio, ao longo da execução contratual.[250]

Parece-nos, no entanto, conforme já explicitado, que esta interpretação, totalmente isolada e discrepante da maioria esmagadora doutrinária, desfalece, por desconsiderar o que foi fartamente demonstrado anteriormente, qual seja, a tênue linha que sustenta a solidariedade, além da branda importância da empresa líder na constituição do consórcio.

É claro que, para a manutenção do acordo com as empresas restantes do consórcio, há de se ater a Administração a alguns requisitos inafastáveis. Num primeiro momento, faz-se mister observar objetivamente a proporção da participação na execução do objeto da consorciada que se retirou do consórcio. Se considerada não somente a percentagem, mas a natureza da participação, ou seja, o que lhe caberia efetivamente executar, avaliando-se se esta pode ser desempenhada pelas empresas remanescentes (individualmente ou em conjunto), já que, com o passar do tempo, as mesmas podem ter crescido, evoluído e atingido um patamar antes não alcançado, sem que haja prejuízo para a Administração, vislumbra-se que, neste aspecto, nada poderia obstar a assunção da obrigação.

Além disso, como segundo passo, demonstrada a ausência de qualquer prejuízo no que se refere à execução, deve o Poder Público solicitar, ainda, justificativa da desconstituição do consórcio, que será devidamente apreciada, visando elidir eventual alegação de "aluguel" de participação. Sobre o tema, alerta Marçal Justen que deve se reprimir que a empresa forneça seu nome comercial apenas para viabilizar a participação de outras na licitação. "Evita-se a conjugação de um número absurdo de empresas, todas reunidas apenas para o fim de propiciar quantitativos mínimos e cuja viabilidade de operação é nula. Enfim,

[249] RIGOLIN; BOTTINO. *Manual prático das licitações*. 5. ed.

[250] Esse é o entendimento, por exemplo, da consultoria Zênite.

a restrição legal relaciona-se com a ideia de capacitação real e não meramente formal ou aparente".[251]

Por derradeiro, apesar da saída da empresa líder, por si só, não demandar a descontinuidade da contratação, faz-se necessário que as remanescentes comprovem terem alcançado capacidade técnica idêntica ou superior àquela demonstrada pela empresa que se retirou do consórcio, demonstrando, também, que reúnem possibilidades de preencher as condições de liderança dispostas no instrumento convocatório (quase sempre condições de habilitação técnica, já, portanto, comprovadas).

Assim, atendidos todos os pressupostos, entendemos ser inconteste a legalidade da ação de permanência da contratação, devendo para tal ser providenciado o competente aditamento, restando relembrar que, caso não atendidos qualquer um dos requisitos, é dever do Administrador partir para a rescisão contratual.

[251] JUSTEN FILHO. *Comentários à Lei de Licitações e Contratos Administrativos*. 5. ed.

Art. 16. Os profissionais organizados sob a forma de cooperativa poderão participar de licitação quando:

I – a constituição e o funcionamento da cooperativa observarem as regras estabelecidas na legislação aplicável, em especial a Lei nº 5.764, de 16 de dezembro de 1971, a Lei nº 12.690, de 19 de julho de 2012, e a Lei Complementar nº 130, de 17 de abril de 2009;

II – a cooperativa apresentar demonstrativo de atuação em regime cooperado, com repartição de receitas e despesas entre os cooperados;

III – qualquer cooperado, com igual qualificação, for capaz de executar o objeto contratado, vedado à Administração indicar nominalmente pessoas;

IV – o objeto da licitação referir-se, em se tratando de cooperativas enquadradas na Lei nº 12.690, de 19 de julho de 2012, a serviços especializados constantes do objeto social da cooperativa, a serem executados de forma complementar à sua atuação.

Artigo 16

1 Condições para profissionais organizados sob a forma de cooperativa participarem de licitação

Sempre se debateu sobre a participação de cooperativas em licitações públicas.

Os contrários alegavam lesão aos princípios da isonomia e da competitividade, diante dos incentivos que essas organizações possuem no ordenamento pátrio. Por não possuírem com seus integrantes (cooperados) uma relação empregatícia, as cooperativas teriam custos bastante reduzidos, o que seria fator determinante para a violação desses princípios.

Questionando essa forma imprópria de se encarar as cooperativas, relembrando que a crise econômica e de desemprego enfrentada pelo Brasil na década de 80 – que se prolongou até a metade dos anos 90 –, fez com que o movimento cooperativista tomasse novos rumos, pois, embora a área rural já abrigasse um número significativo de experiências, só a partir desse período é que o cooperativismo urbano tomou força no País, com a constituição de um número expressivo de cooperativas de trabalho, Vera Lúcia de Almeida Correa obtemperou que esse tipo de cooperativa, sobretudo após o advento da Lei nº 8.949/1994,[252] surgiu como uma alternativa para a prestação de serviços de atividades onde há necessidade de mão de obra intensiva (tais como asseio, conservação, vigilância, alimentação, transporte de cargas e pessoas), sendo que, no mesmo período, ocorrera grande esforço de modernização do aparelho estatal, que optou por um modelo de gestão com tendência à terceirização das atividades consideradas secundárias ou acessórias à prestação de serviços públicos.

[252] Que acrescenta parágrafo ao art. 442 da Consolidação das Leis do Trabalho (CLT) para declarar a inexistência de vínculo empregatício entre as cooperativas e seus associados.

Nesse cenário, observou:

> Se, por um lado, novos rumos trazem perspectivas para as cooperativas inserirem-se no mercado, por outro, esta etapa de transição propicia a atuação de organizações que não seguem os princípios do cooperativismo, fragilizando o movimento e dando munição àqueles que equivocadamente rotulam todas as cooperativas como organizações pouco confiáveis.
>
> O encontro destes fatores impulsionou consideravelmente o surgimento de novas cooperativas, porém não diminuiu a forte resistência ao movimento. Esta resistência está associada ao pouco conhecimento que a sociedade brasileira detém sobre o cooperativismo. Assistimos discussões infindáveis abordando aspectos como o regime jurídico das cooperativas, a concorrência de mercado, a natureza tributária, os encargos sociais e até a preservação do princípio da isonomia, dentre outros.[253]

Já registramos, nos comentários ao art. 9º, que, sob o argumento de que as cooperativas de trabalho gerariam muitas reclamações trabalhistas, o Ministério Público do Trabalho (MPT) e a Advocacia Geral da União (AGU) firmaram um acordo, em 2003, homologado na 20ª Vara do Trabalho de Brasília/DF, limitando a participação dessas sociedades em licitações na Administração federal.

Em função de tal ajuste, a União comprometia-se a não mais contratar cooperativas de mão de obra quando o labor, por sua própria natureza, demandasse a execução em estado de subordinação, quer em relação ao tomador, quer em relação ao fornecedor dos serviços.

Contudo, tal acordo, muito contestado pela doutrina especializada, perdeu sua razão de ser em face da edição da Lei nº 12.690/2012, que dispõe sobre a organização e o funcionamento das cooperativas de trabalho, a qual dispõe, no §2º do art. 10, que essas cooperativas não poderão ser impedidas de participar de procedimentos de licitação pública que tenham por escopo os mesmos serviços, operações e atividades previstas em seu objeto social.[254] [255]

---

[253] BITTENCOURT. *A participação de cooperativas em licitações públicas.*

[254] Art. 10. A Cooperativa de Trabalho poderá adotar por objeto social qualquer gênero de serviço, operação ou atividade, desde que previsto no seu Estatuto Social. (...) §2º A Cooperativa de Trabalho não poderá ser impedida de participar de procedimentos de licitação pública que tenham por escopo os mesmos serviços, operações e atividades previstas em seu objeto social.

[255] Não obstante, manifestando-se a respeito das repercussões do preceituado neste art. 16 em relação à participação de sociedades cooperativas nas licitações, especialmente acerca das condições de atuarem nos certames para a contratação de serviços terceirizados, com dedicação exclusiva de mão de obra, tendo em vista o citado Termo de Conciliação firmado entre o Ministério Público do Trabalho – MPT e a Advocacia Geral da União – AGU, a AGU voltou a examinar a matéria, tendo emitido o Parecer nº 00002/2023/DECOR/CGU/AGU, da lavra do advogado da União Ronny Charles Lopes de Torres, no qual, lastreado na inegável existência de falsas cooperativas, que na verdade são empresas que adotam ilegitimamente tal regime jurídico, mesmo estabelecendo relação de subordinação com os trabalhadores atuantes na execução da atividade contratada, mas que figuram temporariamente como cooperados, e que tal situação costuma ser detectada só posteriormente pela Justiça Trabalhista, o que pode gerar a responsabilização trabalhista do tomador dos serviços, entende ser fundamental compreender que a vedação do Termo de Conciliação decorreu da própria essência dos serviços, não se tratando de vedação genérica à participação de cooperativas em licitação.

Desse Parecer se extrai os seguintes trechos: "Da leitura do dispositivo, nota-se que a Lei nº 14.133/2021, diferentemente da Lei nº 8.666/1993, indica expressamente as condicionantes para a participação das cooperativas nas licitações. (...) Realmente, uma vez que a Lei nº 14.133/2021 trouxe tal regramento acerca da participação das cooperativas nas licitações, não mencionando qualquer restrição quanto ao objeto da licitação em que cooperativas possam participar ou não, há fundamento para dúvida e incerteza quanto à eficácia do Termo de

Observe-se que, nesse contexto, o citado art. 9º vedou ao agente público designado para atuar na área de licitações e contratos, ressalvados os casos previstos em lei, admitir, prever, incluir ou tolerar, nos atos que praticar, situações que comprometam, restrinjam ou frustrem o caráter competitivo do processo licitatório, inclusive nos casos de participação de sociedades cooperativas.

Faz tempo que nos posicionamos sobre a impossibilidade da existência de uma *cláusula de barreira* nos editais licitatórios, impeditiva de participação de cooperativas em certames.[256]

Alguns, mais conscienciosos, buscam na prática da equalização das propostas uma forma de levar isonomia ao certame, uma vez que as cooperativas gozam de benefícios que, certamente, propiciam condições para o oferecimento de um preço reduzido, o que desestabilizaria a competição, desatendendo, dessa forma, o princípio da competitividade. Nessa linha de raciocínio sempre se pautou, por exemplo, Toshio Mukai, conforme brilhantes explanações em congressos, seminários, cursos e palestras, quando indagado sobre o assunto.

Apesar de tal postura ser mais coerente do que a simples proibição de participação, dela também, com as vênias necessárias, ousamos discordar.

Jacoby Fernandes, apesar de entender que as cooperativas não podem ser impedidas de participar de licitações, considera que o tema é de difícil delineamento, pois "a questão, em termos práticos, oferece dificuldades, notadamente em razão da evolução de institutos como terceirização, de obras e serviços, incentivo constitucional e governamental às cooperativas, parcerias com órgãos públicos".[257]

Certo é que, como nós, esmagadora maioria jamais vislumbrou qualquer tipo de óbice.

Conciliação firmado entre o MPT e a AGU, tendo em vista, principalmente, o disposto no art. 9º, inciso I, alínea "a" da Lei nº 14.133/2021 (repetição do art. 3º, §1º, I da Lei nº 8.666/93). (...) Contudo, não parece adequado presumir que a regra disposta pela Nova Lei teve o condão de invalidar o regramento anteriormente construído pelo tema, até porque não parece existir relação de contradição e sim de complementariedade. 45. Apesar da redação legal trazida pela Lei nº 14.133/21 (art. 16) e da disposição prevista no seu art. 9º, inciso I, alínea "a", parece evidente que continua a persistir a necessidade de uma visão pragmática em relação à participação das cooperativas em certames licitatórios específicos, como ocorre na hipótese de contratação de serviços terceirizados com dedicação exclusiva de mão de obra. (...) Dessa forma, o art. 16 da Lei nº 14.133/2021 deve ser interpretado sistematicamente, de acordo com o arcabouço jurídico que envolve a matéria das Cooperativas, não tendo o condão de afastar a aplicabilidade do Termo de Conciliação firmado entre Ministério Público do Trabalho – MPT e a Advocacia Geral da União – AGU".

Por fim, conclui o Parecer: "Diante de todo o exposto, como proposta de uniformização do tema, defendemos que o art. 16 da Lei nº 14.133/2021 deve ser interpretado sistematicamente, de acordo com o arcabouço jurídico que envolve a matéria das Cooperativas, não prejudicando a vigência do Termo de Conciliação firmado entre o Ministério Público do Trabalho – MPT e a Advocacia Geral da União – AGU. Nesta linha, legítimo o entendimento de que a União deve se abster de celebrar contratos administrativos com cooperativas de trabalho nas hipóteses em que a execução dos serviços terceirizados, por sua própria natureza, demande vínculo de emprego dos trabalhadores em relação à contratada, nos termos definidos pelo Termo de Conciliação Judicial homologado pela Justiça do Trabalho nos autos da ação civil pública nº 01082-2002-020-10-00-0, firmado entre o Ministério Público do Trabalho e a União".

[256] Vide "Questões polêmicas sobre licitações e contratos administrativos: possibilidade de contratação de cooperativas pela Administração Pública". (BITTENCOURT. *Questões polêmicas sobre licitações e contratos administrativos*. 2. ed.).

[257] JACOBY FERNANDES. *Contratação direta sem licitação*. 5. ed.

Vera Lúcia de Almeida Corrêa comentou:

> De outra parte, as diferentes instâncias governamentais têm efetuado políticas para redução de déficit público, de modo que, a contratação de serviços para implementação das suas atividades observando-se o princípio orçamentário do custo-benefício é um dos procedimentos adotados pelos administradores públicos para a consecução da redução dos seus gastos. É, inclusive, dever do Estado controlar o gasto público, através dos seus órgãos de controle externo, cuidando para que os serviços sejam executados dentro dos princípios de economicidade e de efetividade. É neste contexto que vêm ganhando espaço as cooperativas, ao descobrir e implantar formas de gestão que incorporam vantagens comparativas em relação às empresas capitalistas para poder competir com elas.[258]

Marcos Juruena Villela Souto lecionava:

> A licitação, visando à seleção de proposta mais vantajosa para a Administração, não pode afastar licitantes que legalmente estejam disponíveis no mercado, nem estabelecer distinções artificiais para neutralizar os benefícios constitucionais e legais atribuídos a determinada categoria que se pretende constitucional e legalmente estimular.[259]

Contudo, para dissipar qualquer dúvida, este art. 16, de forma absolutamente didática, elenca as hipóteses permitidas aos profissionais organizados sob a forma de cooperativa para serem contratados pela Administração.

Assim, só será permitida a participação de cooperativas quando:

a) a constituição e o funcionamento da cooperativa observarem as regras estabelecidas na legislação aplicável, em especial a Lei nº 5.764/1971 (que define a Política Nacional de Cooperativismo), a Lei nº 12.690/2012 (que dispõe sobre a organização e o funcionamento das cooperativas de trabalho) e a Lei Complementar nº 130/2009 (que dispõe sobre o Sistema Nacional de Crédito Cooperativo);
b) a cooperativa apresentar demonstrativo de atuação em regime cooperado, com repartição de receitas e despesas entre os cooperados;
c) qualquer cooperado, com igual qualificação, for capaz de executar o objeto contratado, vedado à Administração indicar nominalmente pessoas; e
d) o objeto da licitação se referir, em se tratando de cooperativas enquadradas na Lei nº 12.690/2012, a serviços especializados constantes do objeto social da cooperativa, a serem executados de forma complementar à sua atuação.

---

[258] CORRÊA. *A participação de cooperativas nas licitações públicas.*

[259] SOUTO. *Igualdade e competitividade em face da participação de cooperativas nas licitações.*

Art. 17. O processo de licitação observará as seguintes fases, em sequência:

I – preparatória;

II – de divulgação do edital de licitação;

III – de apresentação de propostas e lances, quando for o caso;

IV – de julgamento;

V – de habilitação;

VI – recursal;

VII – de homologação.

§1º A fase referida no inciso V do *caput* deste artigo poderá, mediante ato motivado com explicitação dos benefícios decorrentes, anteceder as fases referidas nos incisos III e IV do *caput* deste artigo, desde que expressamente previsto no edital de licitação.

§2º As licitações serão realizadas preferencialmente sob a forma eletrônica, admitida a utilização da forma presencial, desde que motivada, devendo a sessão pública ser registrada em ata e gravada em áudio e vídeo.

§3º Desde que previsto no edital, na fase a que se refere o inciso IV do *caput* deste artigo, o órgão ou entidade licitante poderá, em relação ao licitante provisoriamente vencedor, realizar análise e avaliação da conformidade da proposta, mediante homologação de amostras, exame de conformidade e prova de conceito, entre outros testes de interesse da Administração, de modo a comprovar sua aderência às especificações definidas no termo de referência ou no projeto básico.

§4º Nos procedimentos realizados por meio eletrônico, a Administração poderá determinar, como condição de validade e eficácia, que os licitantes pratiquem seus atos em formato eletrônico.

§5º Na hipótese excepcional de licitação sob a forma presencial a que refere o §2º deste artigo, a sessão pública de apresentação de propostas deverá ser gravada em áudio e vídeo, e a gravação será juntada aos autos do processo licitatório depois de seu encerramento.

§6º A Administração poderá exigir certificação por organização independente acreditada pelo Instituto Nacional de Metrologia, Qualidade e Tecnologia (Inmetro) como condição para aceitação de:

I – estudos, anteprojetos, projetos básicos e projetos executivos;

II – conclusão de fases ou de objetos de contratos;

III – material e corpo técnico apresentados por empresa para fins de habilitação.

Artigo 17

1 Fases da licitação

Os atos licitatórios se desenvolvem em sequência, tendo início na requisição (ou no planejamento), prosseguindo até o resultado intentado: a proposta vencedora do certame com vistas à celebração do respectivo contrato ou à emissão de documento substitutivo correspondente.

Essa sequência possui duas etapas distintas:

a) a preparatória (ou interna), na qual a Administração estabelecerá todas as condições do instrumento convocatório da licitação, antes de levá-lo ao conhecimento público, referindo-se, portanto, ao trabalho de preparação do processo no âmbito interno;[260] e

b) a de execução (ou externa), na qual, tendo início com a publicação do aviso do edital, é realizada a seleção daquele que será contratado.

É de se notar que o legislador dedicou um capítulo inteiro da Nova Lei à fase preparatória (o Capítulo II do Título II – Da fase preparatória), no qual chama atenção para a vital necessidade do planejamento, elevado à categoria de princípio, conforme indigitado no art. 5º.

Nessa contextura, este art. 17 elenca sete fases procedimentais das licitações, que deverão ocorrer na seguinte ordem:

1 Preparação (etapa interna);
2 Divulgação – publicação do instrumento convocatório (início da etapa de execução ou externa);
3 Apresentação de propostas e lances, conforme o modo de disputa adotado;
4 Julgamento;
5 Habilitação;
6 Interposição de recursos; e
7 Homologação do resultado.

Registre-se que o §1º ressalva que a fase de habilitação poderá anteceder a fase de apresentação de propostas e lances e a de julgamento, caso haja previsão expressa no edital licitatório, mediante ato motivado com explicitação dos benefícios decorrentes.

1.1 Primeira fase – Preparação da licitação (etapa interna)

A fase de preparação da licitação reúne atos sequenciais a serem obrigatoriamente observados. Trata-se de etapa importante, porquanto, durante o seu transcorrer, a Administração terá plenas condições de acertar as falhas porventura verificadas sem a obrigação de revogar ou anular atos praticados (exemplos: a não observância de normas

[260] TCU – Acórdão nº 2684/2008 – Plenário – A ausência de cumprimento da fase interna da licitação inviabiliza o conhecimento integral do objeto que se pretende contratar e as estimativas de custos a ele inerentes. A realização da fase interna da licitação é condição prévia essencial à contratação, inclusive nos casos de dispensa ou inexigibilidade de licitação.

constitucionais, legais ou regulamentares; falhas formais no instrumento convocatório; falta de informações fundamentais; textos dúbios etc.).

Vê-se, por conseguinte, que essa fase implica num planejamento eficaz.

Assim, a Administração deverá planejar previamente, realizando o que se costuma chamar no mundo corporativo de "planejamento estratégico", de modo a identificar as suas necessidades e, a partir desse diagnóstico, definir todas as configurações concernentes a elementos técnicos, jurídicos, orçamentários, econômicos etc. Atualmente, o planejamento estratégico é a principal ferramenta de gerenciamento das organizações, seja ela pública ou privada. Como exemplo, no âmbito federal, a Instrução Normativa do Ministério do Planejamento nº 5/2017, que dispõe sobre as regras e diretrizes do procedimento de contratação de serviços, que trata especificamente do planejamento da contratação.

Em termos práticos, é nesta fase que se fixará o objeto, delimitando-se as necessidades, as circunstâncias e todos os demais elementos do instrumento convocatório da licitação, ou seja, os documentos necessários para habilitação, condições da proposta etc., bem como os termos da contratação.

1.1.1 Requisição do interessado e considerações técnicas, mercadológicas e de gestão

A fase de preparação tem início com a "requisição do interessado".

Assim, tendo sido observada por certo setor da Administração a necessidade de aquisição de um bem ou a contratação de algum serviço, deverá ser providenciada a solicitação formal à autoridade competente.

A requisição é o documento que dá origem à licitação (ou, se for o caso, a sua dispensa ou inexigibilidade).

De posse da requisição, a autoridade competente avaliará o requerido e, caso conclua pela importância do objeto pretendido, justificará a necessidade da contratação, definirá o objeto e determinará a instauração do processo licitatório.

Após, serão estabelecidas as considerações técnicas, mercadológicas e de gestão a serem abordadas no planejamento da contratação, que serão:

a) a descrição da necessidade da contratação fundamentada em estudo técnico preliminar que caracterize o interesse público envolvido;
b) a definição do objeto para o atendimento da necessidade, por meio de termo de referência, anteprojeto, projeto básico ou projeto executivo, conforme o caso;
c) a definição das condições de execução e pagamento, das garantias exigidas e ofertadas e das condições de recebimento;
d) o orçamento estimado, com as composições dos preços utilizados para sua formação;
e) a elaboração do edital de licitação;
f) a elaboração de minuta de contrato, quando necessária, que constará obrigatoriamente como anexo do edital de licitação;
g) o regime de fornecimento de bens, de prestação de serviços ou de execução de obras e serviços de engenharia, observados os potenciais de economia de escala;

h) a modalidade de licitação, o critério de julgamento, o modo de disputa e a adequação e eficiência da forma de combinação desses parâmetros, para os fins de seleção da proposta apta a gerar o resultado de contratação mais vantajoso para a Administração Pública, considerado todo o ciclo de vida do objeto;
i) a motivação circunstanciada das condições do edital, tais como justificativa de exigências de qualificação técnica, mediante indicação das parcelas de maior relevância técnica ou valor significativo do objeto, e de qualificação econômico-financeira, justificativa dos critérios de pontuação e julgamento das propostas técnicas, nas licitações com julgamento por melhor técnica ou técnica e preço, e justificativa das regras pertinentes à participação de empresas em consórcio;
j) a análise dos riscos que possam comprometer o sucesso da licitação e a boa execução contratual; e
k) a motivação sobre o momento da divulgação do orçamento da licitação, observado o art. 24, o qual dispõe que, desde que justificado, o orçamento estimado da contratação poderá ter caráter sigiloso.

1.1.2 Aprovação jurídica do edital licitatório

Conforme previsto no art. 53 ao final da fase preparatória, o processo licitatório seguirá para o órgão de assessoramento jurídico da Administração, o qual realizará controle prévio de legalidade mediante análise jurídica.

A questão da avaliação jurídica do edital licitatório tem causado discussões de toda ordem. Com relação ao parecer jurídico, impende o reconhecimento de que a regra tem como finalidade evitar a descoberta de defeitos *a posteriori*, situação que, não raro, demandaria a invalidação do documento.

Fundamentado na ideia de que a aprovação pela assessoria jurídica não se trata de formalidade que se exaure em si mesma, Marçal Justen, com justa razão, afirma que o essencial é a regularidade do ato, não a aprovação da assessoria jurídica. Sustenta, aliás, que a ausência de observância da apreciação e aprovação jurídica não é causa autônoma de invalidade da licitação.

Contudo, é importante frisar que o parecer jurídico não necessariamente deverá ser seguido pela Administração. O não seguimento não nulifica o procedimento se o edital ou o contrato não continha vício, pois se configuraria tão somente a responsabilidade funcional para os agentes que deixaram de atender à formalidade.

Aliás, parte preponderante da doutrina especializada considera que a falta de aprovação jurídica, em si, pode não caracterizar vício, uma vez que o edital e o contrato, mesmo sem o aval do setor jurídico, podem estar corretos. Nessa hipótese, a inobservância não seria causa de invalidação.

É voz corrente na melhor doutrina que o parecer jurídico não vincula o administrador, porque se trata de mera opinião a ser adotada ou não. Neste ponto, inclusive, já se manifestou o STF, transcrevendo ensinamentos de Celso Antônio Bandeira de Mello: "[...] o parecer não é ato administrativo, sendo, quando muito, ato de administração consultiva, que visa a informar, elucidar, sugerir providências administrativas a serem estabelecidas nos atos de administração ativa".

1.2 Segunda fase – Divulgação – Publicação do instrumento convocatório (início da etapa externa)

Concluída a fase de preparação, segue-se a seguinte, que é a da divulgação da licitação, dando início à etapa externa do certame, a qual se materializará por intermédio da publicação do instrumento convocatório mediante divulgação e manutenção do inteiro teor do edital e de seus anexos no Portal Nacional de Contratações Públicas (PNCP) – que para os fins da Nova Lei, deve ser adotado pelos os órgãos e entidades da Administração Pública para efeito de cadastro unificado de licitantes, na forma disposta em regulamento –, sendo facultativa a divulgação adicional em sítio eletrônico oficial do ente federativo do órgão ou entidade responsável pela licitação ou, no caso de consórcio público, do ente de maior nível entre seus integrantes.

1.3 Terceira fase – Apresentação de propostas e lances, conforme o modo de disputa adotado

Posteriormente, os licitantes apresentarão suas proposições de preços conforme o modelo de disputa adotado (aberto ou fechado, isolada ou conjuntamente).

Registre-se que, seguindo fórmula exitosa adotada pioneiramente na antiga Lei do Pregão (Lei nº 10.520/2002), repisadas na Lei das PPPs (Lei nº 11.079/2004), na Lei do RDC (Lei nº 12.462/ 2011) e na Lei das Estatais (Lei nº 13.303/2016), a Nova Lei possibilita a inversão de fases em relação ao procedimento tradicional, a qual primeiramente realiza o julgamento da habilitação dos licitantes para depois promover o julgamento das propostas dos habilitados.

Assim, nesse caso, a Administração deverá proceder inicialmente ao julgamento das propostas ou lances e, posteriormente, verificar tão somente a habilitação do licitante que restou classificado em primeiro lugar.

Trata-se de uma importante modificação, que tem produzido contratações muito mais céleres. Sobre essa inversão, escrevemos:

> (...) preliminarmente, ressaltam-se duas inovações que impactam, sobremaneira, o pregão, tornando-o mais célere e menos trabalhoso: a inversão, em relação às tradicionais modalidades licitatórias, das fases de habilitação e de análise de propostas, e a avaliação dos documentos de habilitação somente da empresa vencedora.[261]

1.4 Quarta fase – Julgamento

Na sequência, na fase de julgamento, o julgador deliberará, classificando ou não as propostas ou os lances.

Os critérios de julgamento tradicionalmente são denominados "tipos de licitação", em que cada forma traz os parâmetros para a seleção das propostas ou dos lances.

O art. 33 elenca os diferentes critérios de julgamento: menor preço; maior desconto; melhor técnica ou conteúdo artístico; técnica e preço; maior lance, no caso de leilão; e maior retorno econômico.

---

[261] BITTENCOURT. *Pregão eletrônico*. 4. ed.

1.5 Quinta fase – Habilitação

A *habilitação*, também denominada *qualificação*, é a fase do procedimento licitatório na qual são avaliadas as condições legais dos licitantes para se habilitarem (ou se qualificarem) à execução do objeto pretendido.

O licitante que satisfizer todos os requisitos dispostos no edital passa à condição de *habilitado*, estando apto a seguir na licitação.

Embora a Administração tenha interesse num grande o número de licitantes, abrindo um leque maior para a seleção do proponente à contratação do objeto, não poderá se afastar da comprovação rigorosa dos requisitos dispostos no art. 61, que elenca os documentos habilitatórios, objetivando, como ressalta o dispositivo, avaliar o conjunto de informações e documentos necessários e suficientes para demonstrar a capacidade do licitante de realizar o objeto pretendido, envolvendo as seguintes avaliações: a) jurídica; b) técnica; c) fiscal, social e trabalhista; e d) econômico-financeira.

1.6 Sexta fase – Interposição de recursos

Segue-se a fase recursal, na qual os licitantes poderão instar a Administração a rever atos que pressupõem lesivos, sendo obrigados a fundamentar suas insatisfações, uma vez que não se deve conhecer um recurso que não aponte defeitos, equívocos ou divergências na decisão recorrida.[262]

Há uma vetusta crença – que deve ser de vez superada – que a interposição de recursos nada mais é que um subterfúgio para atrapalhar a licitação. Na verdade, trata-se de ferramenta extremamente benéfica – assim como as impugnações – à própria Administração. Como bem anotaram Dawison Barcelos e Ronny Charles, "em variadas situações, o controle exercido entre os particulares mostra-se altamente útil a desvendar aspectos desconhecidos ou que passaram despercebidos ao exame da entidade licitante".[263]

Segundo o art. 165, especificamente para essa fase, cabe recurso, no prazo de 3 (três) dias úteis, contado da data de intimação ou de lavratura da ata, em face de: julgamento das propostas; ato de habilitação ou inabilitação de licitante; anulação ou revogação da licitação; e extinção do contrato, quando determinada por ato unilateral e escrito da Administração.

1.7 Sétima fase – Homologação

Pelo elencado, a sétima e última fase da licitação na Nova Lei é a de homologação do resultado da licitação.

Contudo, verificando-se o art. 71, que versa sobre o encerramento do certame licitatório, identificar-se-á, como último passo, "adjudicar o objeto e homologar a licitação".

Sendo assim, há de se entender que o legislador, como não listou a adjudicação como fase, incorporou-a à etapa de homologação.

---

262 JUSTEN FILHO. *Comentários à Lei de Licitações e Contratos Administrativos*. 12. ed.

263 BARCELOS; TORRES. *Licitações e contratos nas empresas estatais*.

Destarte, decididos os recursos, deverá ser promovida a adjudicação do objeto, que, de acordo com a praxe jurídico-licitatória, consigna ato administrativo de atribuição do objeto da licitação ao vencedor da competição.

Posteriormente, dar-se-á o ato de homologação, encerrando a etapa externa da licitação, a ser emanado pela autoridade superior, por intermédio do qual se promove o controle de todo o procedimento licitatório.

Tratamos da adjudicação e da homologação noutro trabalho:

> Sobre os institutos, cabe voltar no tempo: ao estabelecer as regras para as licitações públicas, o vetusto Decreto-Lei nº 2.300/1986 fazia originalmente referência à "adjudicação" como ato pertinente à autoridade superior. A norma atendia a insistentes clamores de diversos publicistas que, questionando o diploma anterior, entendiam a adjudicação como efeito imediato do julgamento, o que caberia à comissão de licitação.
>
> Na época, o legislador, procurando dar fim à dúvida, alterou o texto legal através do Decreto-Lei nº 2.348/1987, suprimindo a menção ao termo "adjudicação", referindo-se ao assunto tão somente como a "deliberação da autoridade competente". Entretanto, o costume manteve o instituto no dia a dia das licitações.
>
> A Lei nº 8.666/1993 trouxe novamente à baila o termo "adjudicação" e, por um triz, não fosse mais um cochilo do legislador e uma falha técnica, solucionaria definitivamente o problema, ao menos no nível de regulação legislativa. Dispôs pela "deliberação da autoridade competente quanto à homologação e adjudicação do objeto da licitação". Ao mesmo tempo, infelizmente (e aí estava o cochilo), manteve o texto da norma anterior (claramente, uma repetição, sem ter o legislador se apercebido do fato), quando elencava os documentos referentes ao processo administrativo da licitação, mencionando "atos de adjudicação do objeto da licitação e da sua homologação".
>
> Da avaliação dos dois textos, concluiu-se, com certa facilidade, que a Lei Geral de Licitações retornou ao regramento inicial do Decreto-Lei nº 2.300/1986, determinando que a autoridade superior primeiro homologue o resultado trazido pela comissão para só então adjudicar o objeto da licitação ao vencedor do certame.
>
> Andou certo o legislador, pois não há sentido na atribuição de competência à comissão de licitação para adjudicar. A comissão é constituída para auferir a melhor proposta, com base no determinado edital. Daí em diante, cabe à "autoridade competente", ou seja, àquela que detém poderes para representar a entidade promotora da licitação, promover a apreciação de todo o procedimento e, exercendo sua autoridade e competência, concordando com todo o ocorrido, homologar e, posteriormente, adjudicar.
>
> Marcos Juruena tem o mesmo entendimento: "Após o julgamento, os autos do procedimento são remetidos à autoridade superior para, exercendo função inerente ao controle hierárquico, verificar se o feito teve tramitação adequada, com vistas à aposição de sua chancela [...]. A consequência natural do julgamento é a adjudicação do objeto do contrato àquele que apresentar a melhor proposta. [...]. [...] a adjudicação é ato da autoridade superior, como consequência da homologação do procedimento [...]".
>
> Na mesma linha, Marçal Justen: "A atividade jurídica da comissão de licitação se exaure com a classificação [...]. Não se finaliza, porém, o procedimento licitatório. Após concluída a via recursal, o resultado encontrado pela comissão deverá ser levado à deliberação da autoridade competente, para sua homologação e adjudicação".[264]

[264] BITTENCOURT. *Licitação passo a passo*. 11. ed.

A Nova Lei também possibilita a revogação e a anulação da licitação.

Segundo o art. 71, encerradas as fases de julgamento e habilitação, e exauridos os recursos administrativos, o processo licitatório será encaminhado à autoridade superior, que poderá: a) determinar o retorno dos autos para saneamento de irregularidades; b) revogar a licitação por motivo de conveniência e oportunidade; ou c) proceder à anulação da licitação, de ofício ou mediante provocação de terceiros, sempre que presente ilegalidade insanável.

A princípio, qualquer ato administrativo pode ser revogado ou anulado. A revo_ gação é utilizável quando a autoridade, exercitando sua competência administrativa, conclui que certo ato não atendeu ao interesse público, pelo que resolve dar a ele um fim. Assim, a revogação é a extinção de um ato administrativo ou de seus efeitos por outro ato administrativo, efetuada por razões de conveniência e oportunidade, respeitando os efeitos precedentes.

A anulação, diferentemente da revogação, não está alicerçada no interesse público, mas sim, no vício, na ilegalidade.

A possibilidade jurídica de a Administração revogar ou anular seus próprios atos foi confirmada na Súmula nº 473 do STF, que dispõe: "A Administração pode anular seus próprios atos, quando eivados de vícios que os tornam ilegais, porque deles não se originam direitos; ou revogá-los por motivo de conveniência ou oportunidade".

Parágrafo 1º

2 A inversão de fases

Como antes mencionado, seguindo modelo exitoso adotado pioneiramente na lei que criou o pregão (Lei nº 10.520/2002), repisado na Lei das PPPs, na Lei do RDC, e na Lei das Estatais, a Nova Lei autoriza a inversão de fases em relação ao procedimento tradicional, primeiramente realizando o julgamento da habilitação dos licitantes para depois promover o julgamento das propostas dos habilitados.

Assim, consoante o previsto neste §1º, a fase de habilitação poderá, mediante ato motivado com explicitação dos benefícios decorrentes, anteceder as fases de apresentação de propostas e lances e de julgamento, desde que expressamente previsto no edital de licitação.

Parágrafos 2º, 4º e 5º

3 Realização de licitações preferencialmente na forma eletrônica

Rompendo com a velha tradição de feitura de licitações presenciais (nas modalidades da antiga Lei nº 8.666/1993), e consolidando o modelo adaptado com êxito nas licitações na modalidade pregão – que impõe a maneira eletrônica como escolha preferencial –, a Nova Lei sinaliza a elaboração de todos os certames na forma eletrônica.

Vide, entrementes, que não obriga, mas estabelece o molde como forma preferencial, apontando a necessidade de motivação expressa quando da opção pela forma presencial, a qual deverá ser motivada, com sessão pública registrada em ata gravada em áudio e vídeo.

Segundo o §4º, nos procedimentos realizados por meio eletrônico, a Administração poderá determinar, como condição de validade e eficácia, que os licitantes pratiquem seus atos em formato eletrônico.

Ainda que entenda que o dispositivo carece de aprimoramento, Rodrigo Augusto Lazzari Lahoz conclui que o preceptivo foi provavelmente pensado para as situações em que os licitantes são obrigados a enviar a documentação de habilitação tanto via sistema eletrônico quanto por via física para a sede da Administração Pública, uma vez que a Nova Lei dispensa a exigência de envio por via física, admitindo somente o envio pelo sistema eletrônico.[265]

Conforme preceitua o §5º, no caso excepcional de licitação sob a forma presencial, a sessão pública de apresentação de propostas deverá ser gravada em áudio e vídeo, a qual deverá ser anexada aos autos do processo licitatório depois de seu encerramento.

Parágrafo 3º

4 Análise de conformidade na fase de julgamento

É certo que o julgador da licitação deve verificar a conformidade do proposto em relação ao solicitado no edital. Muitas vezes, em face de características especiais do objeto pretendido pela Administração, são exigidas amostras, provas de conceito e outras comprovações.

A finalidade da amostra é permitir que, no julgamento da proposta, a Administração possa se certificar de que o bem proposto pelo licitante atende a todas as condições e especificações técnicas indicadas na descrição contida no edital, porquanto, como observa Renato Geraldo Mendes, a pretensão com a amostra é a redução de riscos, possibilitando a quem julga a certeza de que o objeto proposto atenderá à necessidade da Administração.

A prova de conceito é aplicável quando a pretensão da Administração reside num objeto complexo, ou seja, em ocasiões que busca verificar se a solução apresentada pelo licitante atende às exigências do ato convocatório no que se refere a características, qualidade, funcionalidade, desempenho, níveis de serviços, entre outros, permitindo que confirme a efetiva adequação da proposta ao objeto exigido na licitação.[266]

Conforme entendimento jurisprudencial e doutrinário, até então se entendia que essas exigências, por inexistência de previsão legal, são eram cabíveis ao vencedor da licitação.

Observe-se, por exemplo, antiga decisão do TCU: "Acórdão nº 1113/2009 – A prova de conceito, meio para avaliação dos produtos ofertados pelas licitantes, pode ser exigida ao vencedor do certame, mas não pode ser exigida como condição para habilitação, por inexistência de previsão legal".

Ao revés, este parágrafo 3º prescreve que, desde que previsto no edital, a Administração poderá, na fase de julgamento, em relação ao licitante provisoriamente vencedor,

[265] LAZZARI; NIEBUHR (Coord.). *Modalidades de licitação e procedimentos auxiliares. Nova lei de licitações e contratos administrativos.*

[266] CORNETTA. *Amostras e prova de conceito em licitações.*

realizar análise e avaliação da conformidade das propostas, mediante homologação de amostras, exame de conformidade e prova de conceito, entre outros testes de interesse da Administração, de modo a comprovar sua aderência às especificações definidas no termo de referência ou no projeto básico.

Assim, de agora em diante, por haver previsão legal, a análise de conformidade deverá ocorrer na fase de julgamento, como condição de habilitação do licitante mais bem colocado (licitante provisoriamente vencedor).

Parágrafo 6º

5 Exigência de certificação por organização independente

Sempre se discutiu, no âmbito das contratações públicas, sobre a possibilidade de exigência, no edital, de certificações para comprovação de qualidade, tais como ISO-9000, *Novell Approved* (concernente a bens e serviços de informática), entre outras.

Sabe-se que, no âmbito privado, esta é uma exigência comum, notadamente nas contratações das grandes empresas. No entanto, embora bastante difundida, principalmente a série ISO, ainda não é grande o número de empresas que possuem a certificação, notadamente no âmbito das micro e pequenas.

Além disso, o que é preponderante é que essa não é uma exigência legal para que a empresa funcione e exerça normalmente suas atividades.

Sendo assim, a princípio, parece descabido exigir que uma empresa possua o certificado de qualidade para que seja habilitada numa licitação.

Como já informado, a fase de habilitação existe para que sejam identificados os requisitos legais do licitante. Se a certificação não é requisito legal, sem sentido seria qualquer tentativa de exigi-la.[267]

Nessa contextura, sempre preponderou na doutrina e nas decisões judiciais o entendimento de que não há como se exigir que um estabelecimento possua certificação para que seja habilitado numa licitação.[268]

Insta alertar, todavia, que a certificação pode fazer parte do elenco de documentos para aferição técnica.

---

[267] Decisão do TCU nº 20/98-Plenário: "O Tribunal Pleno, diante das razões expostas [...]: determina ao CRM do Estado de São Paulo que [...] não exija, sob pena de desclassificação da proposta, que seja apresentado certificado da série ISO 9000; bem assim que, quando considerada imprescindível a apresentação do Certificado Novell, seja considerado prazo suficiente para que tal exigência possa ser cumprida". (TC nº 700.226/97-4, Min. José Antônio Barreto de Macedo – *DOU*, 16 fev. 1998).

[268] Registre-se que, de maneira inovadora, o art. 7º da Lei nº 12.462, de 04.11.2011, que instituiu o Regime Diferenciado de Contratações Públicas (RDC), aplicável inicialmente para licitações e contratos referentes aos eventos esportivos a ocorrerem no Brasil (Copa das Confederações, Copa do Mundo de Futebol, Olimpíadas, etc.), e depois ampliado para outros planos, como ações integrantes do Programa de Aceleração do Crescimento (PAC) (Lei nº 12.688/2012), obras e serviços de engenharia no âmbito do Sistema Único de Saúde (SUS) (Lei nº 12.745/2012) e obras e serviços de engenharia no âmbito dos sistemas públicos de ensino (Lei nº 12.722/2012), prevê expressamente, no inciso III, a possibilidade de exigência de certificação da qualidade do produto ou do processo de fabricação, inclusive sob o aspecto ambiental, por qualquer instituição oficial competente ou por entidade credenciada.

Vide decisão do TCU sobre o tema:

> Acórdão nº 539/2007-Plenário – [...] 29. Em acréscimo, transcrevemos trecho do Parecer do Ministério Público junto ao Tribunal que fundamentou a retromencionada Decisão nº 20/1998-Plenário: "Entretanto, considerando que a qualidade do processo de fabricação reflete-se diretamente na qualidade do produto, entendemos que o fato de a Empresa possuir o Certificado ISO da série 9000 possa ser objeto de pontuação no julgamento das propostas técnicas, nos termos do inciso I do art. 3º do Decreto nº 1.070/1994. O peso dado à apresentação do certificado, contudo, não poderá ser exagerado, distorcido, a ponto de, na prática, transformá-lo em critério de desclassificação. [...] 31. Verificamos, então, que a jurisprudência do Tribunal admite a exigência de [...] certificação da série ISO 9000, desde que eles figurem no edital como critério de pontuação. [...]" (Ata nº 13/2007, Rel. Min. Marcos Bemquerer Costa. Sessão 4.4.2007).[269]

Há, ainda, a possibilidade de a certificação tornar-se comprovadamente imprescindível, nas hipóteses de incompatibilidade de outras soluções com determinados sistemas operacionais, ante o princípio da padronização, previsto no art. 15, inciso I do Estatuto.

O TCU também já se pronunciou sobre essa possibilidade:

> Decisão nº 20/1998 – TCU – Plenário – [...] determinar ao Conselho Regional de Medicina do Estado de São Paulo que, nas futuras licitações para aquisição de bens ou serviços de informática, não exija que, sob pena de desclassificação da proposta, seja apresentado Certificado da série ISO 9000; bem assim que, quando considerada imprescindível a apresentação do Certificado NOVELL, seja concedido prazo suficiente para que tal exigência possa ser cumprida.

Consigne-se que, desconsiderando o acúmulo de motivos impeditivos à solicitação de certificações de qualidade num certame licitatório, o Decreto nº 7.174/2010, que regulamenta a contratação de bens e serviços de informática e automação pela

---

[269] Antonio Roque Citadini expõe a posição do TCE-SP sobre a matéria e apresenta sua abalizada opinião: "Tal fato traz à lembrança a eficiente atuação do Tribunal de Contas do Estado de São Paulo sobre o assunto, que há muito tempo firmou posição contrária à exigência contida em editais de licitação dando preferência a empresas licitantes que apresentassem certificados de qualidade. Em várias decisões proferidas por seus Conselheiros, individualmente, ou por seus órgãos colegiados – Câmaras e Tribunal Pleno – esta exigência não tem sido aceita. Assim têm agido por entenderem que apesar do propalado esforço para obter a certificação de qualidade, muitas são as empresas certificadoras e cada qual formula seus próprios critérios, não sendo possível tratar-se, portanto, todos os licitantes com igualdade. E mesmo que assim não fosse, não poderia a Administração Pública exigir dos particulares interessados em com ela contratar, que se submetessem a normas diversas de outros particulares, despendendo altos valores para obter a certificação, encarecendo, assim, o custo dos produtos ou serviços. Particularmente tenho posição firmada em livro de minha autoria tecendo comentários sobre a Lei de Licitações. A exigência de certificação, como condição essencial à participação no processo licitatório evidencia o caráter restritivo do certame, uma vez que o processo de obtenção do certificado não assegura qualidade intrínseca dos processos e produtos a serem fornecidos, mas sim, que os procedimentos definidos pela certificadora para projeto, fabricação e entrega estão sendo seguidos. Não se mostra, assim, razoável, que cada órgão da Administração Pública possa escolher uma certificadora e venha a desqualificar licitante que não possua tal certificação. A Administração Pública tem o dever de sempre exigir qualidade de seus fornecedores, e deve envidar todos os serviços para alcançar tal objetivo, sem que possa sob este pretexto exigir atendimento à normas ditadas também por particulares, com dispêndios que elevem os custos desnecessariamente" (Os certificados de qualidade e o Tribunal de Contas do Estado).

Administração Pública federal, direta ou indireta, pelas fundações instituídas ou mantidas pelo Poder Público e pelas demais organizações sob o controle direto ou indireto da União, elenca como exigência obrigatória nas licitações a apresentação de certificações emitidas por instituições públicas ou privadas credenciadas pelo Inmetro.[270]

Provavelmente, ao elaborar o texto regulamentar, o elaborador do decreto tinha o pensamento voltado para os produtos que, por colocarem em risco a saúde e a segurança do cidadão ou o equilíbrio do meio ambiente, só podem ser vendidos com a marca de certificação do Inmetro. Nesses casos, ter-se-ia a garantia de que foram produzidos em conformidade com as normas técnicas de qualidade em vigor. Todavia, esse grupo de produtos inclui, além dos brinquedos, mangueiras de gás de cozinha, preservativos masculinos, pneus novos, extintores de incêndio, embalagem de álcool, mamadeiras, fios e cabos. Nada a ver, portanto, com os produtos de informática.

Entrementes, num caso (o de imprescindibilidade da certificação) ou noutro (o de certificação obrigatória em face de risco à saúde ou segurança), não se avistava a possibilidade de as exigências serem inseridas na fase habilitatória do certame, uma vez que nessa etapa só é verificável a aptidão da pessoa interessada em contratar com a Administração, nunca os requisitos relacionados ao objeto da licitação. Assim, a melhor interpretação da determinação regulamentar é a de que o momento adequado para tal verificação é a etapa de julgamento das propostas, dado que as certificações concernem ao objeto a ser contratado.

Nesse diapasão, a Administração deveria exigir a apresentação de certificado de conformidade de marca emitido pela ABNT e/ou laudo técnico emitido por instituições credenciadas pelo Inmetro tão somente do licitante classificado em primeiro lugar, conforme, inclusive, a orientação do TCU.

Vide que a Corte de Contas federal, apreciando especificamente o prescrito no Decreto nº 7.174/2010, concluiu pela ocorrência de extrapolação, diante da restrição ao caráter competitivo da licitação:

> Acórdão nº 670/2013 – Plenário – Não há autorização legal para a estipulação de novos requisitos de habilitação por meio de norma regulamentar. O inciso II do art. 3º do Decreto nº 7.174/2010 extrapolou, pois, do poder regulamentar e restringiu indevidamente o caráter competitivo do certame.

Não obstante, agora expressamente previsto em texto legal, o parágrafo 6º em análise autoriza a solicitação de certificação por organização independente acreditada pelo Instituto Nacional de Metrologia, Qualidade e Tecnologia (Inmetro) como condição para aceitação de: estudos, anteprojetos, projetos básicos e projetos executivos; conclusão de fases ou de objetos de contratos; e, conflitando com tudo o que foi registrado sobre a matéria, adequação do material e do corpo técnico apresentados por empresa licitante para fins de habilitação.

[270] E mais: com o propósito de dar efetividade a esse dispositivo, o Inmetro editou a Portaria nº 170/2012, que institui os critérios a serem avaliados para fins de certificação a ser exigida pela Administração em seu instrumento convocatório e aprova os requisitos de avaliação da conformidade para bens de informática.

CAPÍTULO II
DA FASE PREPARATÓRIA

Seção I
Da Instrução do Processo Licitatório

Art. 18. A fase preparatória do processo licitatório é caracterizada pelo planejamento e deve compatibilizar-se com o plano de contratações anual de que trata o inciso VII do *caput* do art. 12 desta Lei, sempre que elaborado, e com as leis orçamentárias, bem como abordar todas as considerações técnicas, mercadológicas e de gestão que podem interferir na contratação, compreendidos:

I – a descrição da necessidade da contratação fundamentada em estudo técnico preliminar que caracterize o interesse público envolvido;

II – a definição do objeto para o atendimento da necessidade, por meio de termo de referência, anteprojeto, projeto básico ou projeto executivo, conforme o caso;

III – a definição das condições de execução e pagamento, das garantias exigidas e ofertadas e das condições de recebimento;

IV – o orçamento estimado, com as composições dos preços utilizados para sua formação;

V – a elaboração do edital de licitação;

VI – a elaboração de minuta de contrato, quando necessária, que constará obrigatoriamente como anexo do edital de licitação;

VII – o regime de fornecimento de bens, de prestação de serviços ou de execução de obras e serviços de engenharia, observados os potenciais de economia de escala;

VIII – a modalidade de licitação, o critério de julgamento, o modo de disputa e a adequação e eficiência da forma de combinação desses parâmetros, para os fins de seleção da proposta apta a gerar o resultado de contratação mais vantajoso para a Administração Pública, considerado todo o ciclo de vida do objeto;

IX – a motivação circunstanciada das condições do edital, tais como justificativa de exigências de qualificação técnica, mediante indicação das parcelas de maior relevância técnica ou valor significativo do objeto, e de qualificação econômico-financeira, justificativa dos critérios de pontuação e julgamento das propostas técnicas, nas licitações com julgamento por melhor técnica ou técnica e preço, e justificativa das regras pertinentes à participação de empresas em consórcio;

X – a análise dos riscos que possam comprometer o sucesso da licitação e a boa execução contratual;

XI – a motivação sobre o momento da divulgação do orçamento da licitação, observado o art. 24 desta Lei.

§1º O estudo técnico preliminar a que se refere o inciso I do *caput* deste artigo deverá evidenciar o problema a ser resolvido e a sua melhor solução, de modo a permitir a avaliação da viabilidade técnica e econômica da contratação, e conterá os seguintes elementos:

I – descrição da necessidade da contratação, considerado o problema a ser resolvido sob a perspectiva do interesse público;

II – demonstração da previsão da contratação no plano de contratações anual, sempre que elaborado, de modo a indicar o seu alinhamento com o planejamento da Administração;

III – requisitos da contratação;

IV – estimativas das quantidades para a contratação, acompanhadas das memórias de cálculo e dos documentos que lhes dão suporte, que considerem interdependências com outras contratações, de modo a possibilitar economia de escala;

V – levantamento de mercado, que consiste na análise das alternativas possíveis, e justificativa técnica e econômica da escolha do tipo de solução a contratar;

VI – estimativa do valor da contratação, acompanhada dos preços unitários referenciais, das memórias de cálculo e dos documentos que lhe dão suporte, que poderão constar de anexo classificado, se a Administração optar por preservar o seu sigilo até a conclusão da licitação;

VII – descrição da solução como um todo, inclusive das exigências relacionadas à manutenção e à assistência técnica, quando for o caso;

VIII – justificativas para o parcelamento ou não da contratação;

IX – demonstrativo dos resultados pretendidos em termos de economicidade e de melhor aproveitamento dos recursos humanos, materiais e financeiros disponíveis;

X – providências a serem adotadas pela Administração previamente à celebração do contrato, inclusive quanto à capacitação de servidores ou de empregados para fiscalização e gestão contratual;

XI – contratações correlatas e/ou interdependentes;

XII – descrição de possíveis impactos ambientais e respectivas medidas mitigadoras, incluídos requisitos de baixo consumo de energia e de outros recursos, bem como logística reversa para desfazimento e reciclagem de bens e refugos, quando aplicável;

XIII – posicionamento conclusivo sobre a adequação da contratação para o atendimento da necessidade a que se destina.

§2º O estudo técnico preliminar deverá conter ao menos os elementos previstos nos incisos I, IV, VI, VIII e XIII do §1º deste artigo e, quando não contemplar os demais elementos previstos no referido parágrafo, apresentar as devidas justificativas.

§3º Em se tratando de estudo técnico preliminar para contratação de obras e serviços comuns de engenharia, se demonstrada a inexistência de prejuízo para a aferição dos padrões de desempenho e qualidade almejados, a especificação do objeto poderá ser realizada apenas em termo de referência ou em projeto básico, dispensada a elaboração de projetos.

Artigo 18

1 O planejamento nas contratações

O vocábulo "administração" está intimamente relacionado a planejamento e gerenciamento de pessoas, situações e/ou recursos, sempre intentando o alcance de metas previamente definidas, tendo origem no latim *administratione*, que significa "direção, gerência".

Nesse passo, no que concerne às licitações públicas, faz-se necessário o efetivo planejamento das contratações almejadas, pois é cediço que os constantes equívocos nas contratações públicas, quando não derivam malversação do dinheiro público, decorrem da falta de planejamento, culminado com dispensas fracionadas, contratações emergenciais por desídia, alterações contratuais desnecessárias, entre outros problemas que podem ensejar a responsabilização do gestor e de todos os envolvidos no processo.

Como assenta Cláudia Lúcio de Medeiros, a efetividade dos resultados no processo de contratação, isto é, o atendimento à necessidade da Administração associado ao menor dispêndio de recursos financeiros, decorre de um planejamento adequado, que deve envolver a identificação da necessidade, a definição integral do encargo (obrigação), a redução dos possíveis riscos e a fixação apropriada das regras para seleção da melhor proposta.[271]

Os passos desse planejamento são enumerados por Julieta Vareschini:[272]

a) identificação das principais necessidades, englobando objetos de mesma natureza que possam ser licitados conjuntamente;
b) definição adequada dos quantitativos que serão necessários para atendimento de demandas, primando pela economia de escala e evitando tanto o excesso quanto a falta;
c) avaliação quanto ao cabimento do uso do Sistema de Registro de Preços, em face do objeto, da periodicidade da contratação e das condições de fornecimento e/ou execução;
d) delimitação adequada do objeto, definindo as características mínimas que atendam às necessidades, sem restrição indevida à competitividade; e

---

[271] MEDEIROS. *A Importância do planejamento nas contratações públicas:* prevenção de falhas e efetividade nos resultados.

[272] VARESCHINI. *Planejamento das Contratações e a Elaboração do Termo de Referência.*

e) realização de ampla pesquisa de mercado não só para estimar o preço da contratação, a fim de se constatar a existência de recursos orçamentários, mas também para que se tenha parâmetros para desclassificar propostas excessivas ou inexequíveis.

Não é de hoje que o governo federal vem estimulando o planejamento nas contratações com a edição de instruções normativas que sinalizam nesse sentido. Vide, por exemplo, a IN nº 01/2019, da Secretaria de Gestão do Ministério da Economia, que exige da Administração direta, autárquica e fundacional a elaboração de Plano Anual de Contratações; a IN nº 01/2019, da Secretaria de Governo Digital do Ministério da Economia, que regulamenta o processo de contratação de soluções de Tecnologia da Informação e Comunicação (TIC), obrigando um elaborado planejamento;[273] a IN nº 40/2020, da Secretaria de Desburocratização e Governo Digital do Ministério da Economia, que regulamenta a elaboração de estudos técnicos preliminares.

Nessa toada, este art. 18 da Nova Lei anuncia que a fase preparatória do processo licitatório se caracteriza pelo planejamento, que deverá se compatibilizar com o plano de contratações anual de que trata o inciso VII do art. 12, sempre que elaborado, e com as leis orçamentárias, abordando todas as considerações técnicas, mercadológicas e de gestão que podem interferir na contratação.

Relembra-se que o citado inc. VII do art. 12 indica que, a partir de documentos de formalização de demandas, os órgãos responsáveis pelo planejamento de cada ente federativo poderão, na forma de regulamento, elaborar plano de contratações anual, com o objetivo de racionalizar as contratações dos órgãos e entidades sob sua competência, garantir o alinhamento com o seu planejamento estratégico e subsidiar a elaboração das respectivas leis orçamentárias.

Nota-se, assim, que, diversamente do previsto na IN nº 01/2019, da Secretaria de Gestão do Ministério da Economia, que dispõe pela compulsoriedade da feitura do plano, na Nova Lei, o plano de contratações anual é facultativo.

Segundo o preceptivo, as considerações técnicas, mercadológicas e de gestão a serem abordadas no planejamento da contratação serão:

a) a descrição da necessidade da contratação fundamentada em estudo técnico preliminar que caracterize o interesse público envolvido;
b) a definição do objeto para o atendimento da necessidade, por meio de termo de referência, anteprojeto, projeto básico ou projeto executivo, conforme o caso;
c) a definição das condições de execução e pagamento, das garantias exigidas e ofertadas e das condições de recebimento;
d) o orçamento estimado, com as composições dos preços utilizados para sua formação;
e) a elaboração do edital de licitação;
f) a elaboração de minuta de contrato, quando necessária, que constará obrigatoriamente como anexo do edital de licitação;

[273] Substituída pela Instrução Normativa SGD/ME nº 94, de 23.12.2022, que dispõe sobre o processo de contratação de soluções de Tecnologia da Informação e Comunicação – TIC pelos órgãos e entidades integrantes do Sistema de Administração dos Recursos de Tecnologia da Informação – SISP do Poder Executivo Federal.

g) o regime de fornecimento de bens, de prestação de serviços ou de execução de obras e serviços de engenharia, observados os potenciais de economia de escala;
h) a modalidade de licitação, o critério de julgamento, o modo de disputa e a adequação e eficiência da forma de combinação desses parâmetros, para os fins de seleção da proposta apta a gerar o resultado de contratação mais vantajoso para a Administração Pública, considerado todo o ciclo de vida do objeto;
i) a motivação circunstanciada das condições do edital, tais como justificativa de exigências de qualificação técnica, mediante indicação das parcelas de maior relevância técnica ou valor significativo do objeto, e de qualificação econômico-financeira, justificativa dos critérios de pontuação e julgamento das propostas técnicas, nas licitações com julgamento por melhor técnica ou técnica e preço, e justificativa das regras pertinentes à participação de empresas em consórcio;
j) a análise dos riscos que possam comprometer o sucesso da licitação e a boa execução contratual; e
k) a motivação sobre o momento da divulgação do orçamento da licitação, observado o art. 24, o qual dispõe que, desde que justificado, o orçamento estimado da contratação poderá ter caráter sigiloso.

Inciso I e Parágrafos 1º, 2º e 3º

1.1 Estudo técnico preliminar

O elemento inicial a ser considerado no planejamento é a descrição da necessidade da contratação fundamentada em estudo técnico preliminar que caracterize o interesse público envolvido.

Segundo a definição do inc. XX do art. 6º, o estudo técnico preliminar é o documento constitutivo da primeira etapa do planejamento da contratação que caracteriza o interesse público envolvido e a sua melhor solução, e dá base ao anteprojeto, ao termo de referência ou ao projeto básico a serem elaborados caso se conclua pela viabilidade da contratação.

Portanto, a intenção desse estudo preliminar é o oferecimento de elementos importantes e suficientes para a determinação do objeto que se pretende contratar. A partir dele, a Administração poderá evoluir apara a elaboração de um documento mais completo, que será anexado ao edital licitatório, podendo ser o anteprojeto, o termo de referência ou o projeto básico.

O §1º, em 13 incisos, indica os possíveis elementos do estudo técnico preliminar, realçando a necessidade de o documento deixar claro o problema a ser resolvido e a melhor solução, o que permitirá a avaliação da viabilidade técnica e econômica da contratação:

a) necessidade da contratação, considerado o problema a ser resolvido sob a perspectiva do interesse público;
b) demonstração da previsão da contratação no plano de contratações anual, sempre que elaborado, de modo a indicar o seu alinhamento com o planejamento da Administração;

c) requisitos da contratação;
d) estimativas das quantidades para a contratação, acompanhadas das memórias de cálculo e dos documentos que lhes dão suporte, que considerem interdependências com outras contratações, de modo a possibilitar economia de escala;
e) levantamento de mercado, que consiste na análise das alternativas possíveis, e justificativa técnica e econômica da escolha do tipo de solução a contratar;
f) estimativa do valor da contratação, acompanhada dos preços unitários referenciais, das memórias de cálculo e dos documentos que lhe dão suporte, que poderão constar de anexo classificado, se a Administração optar por preservar o seu sigilo até a conclusão da licitação;
g) descrição da solução como um todo, inclusive das exigências relacionadas à manutenção e à assistência técnica, quando for o caso;
h) justificativas para o parcelamento ou não da solução;
i) demonstrativo dos resultados pretendidos em termos de economicidade e de melhor aproveitamento dos recursos humanos, materiais ou financeiros disponíveis;
j) providências a serem adotadas pela Administração previamente à celebração do contrato, inclusive quanto à capacitação de servidores ou de empregados para fiscalização e gestão contratual;
k) contratações correlatas e/ou interdependentes;
l) possíveis impactos ambientais e respectivas medidas mitigadoras, incluídos requisitos de baixo consumo de energia e de outros recursos, bem como logística reversa para desfazimento e reciclagem de bens e refugos, quando aplicável; e
m) posicionamento conclusivo sobre a adequação da contratação para o atendimento da necessidade a que se destina.

O §2º, por sua vez, detalha os elementos essenciais do estudo técnico preliminar (necessidade da contratação; estimativa de quantidades; estimativa de valor; justificativas para o parcelamento ou não do objeto pretendido; e posicionamento conclusivo sobre a adequação da contratação para o atendimento da necessidade a que se destina), mas ressalta que, quando não contemplar os demais elementos previstos no §1º, a Administração deverá apresentar as devidas justificativas.

Logo, a princípio, o estudo técnico preliminar deverá conter todos os elementos indicados nos incisos do §1º.

Vê-se, por conseguinte, que esse estudo, de tamanha minudência, pouco tem de preliminar.

Sobre o tema, o Secretário de Gestão da Secretaria Especial de Desburocratização, Gestão e Governo Digital do Ministério da Economia expediu a Instrução Normativa Seges nº 58, de 8.08.2022, dispondo sobre a elaboração dos Estudos Técnicos Preliminares – ETP, para a aquisição de bens e a contratação de serviços e obras, no âmbito da Administração pública federal direta, autárquica e fundacional, e sobre o Sistema ETP digital.

Registre-se que o §3º também trata do estudo técnico preliminar, dispondo, quando se tratar desse estudo para a contratação de obras e serviços comuns de engenharia, que o objeto poderá ser especificado apenas num termo de referência, caso seja demonstrada a inexistência de prejuízos para aferição dos padrões de desempenho e qualidade desejados.

Inciso II

1.2 Termo de referência, anteprojeto, projeto básico ou projeto executivo

Concluído o estudo técnico preliminar, passa-se à elaboração do termo de referência ou dos projetos, conforme o caso, que servirão para a definição do objeto para o atendimento da necessidade da Administração.

Os incisos XXIII a XXVI conceituam termo de referência, anteprojeto, projeto básico e projeto executivo.

- **Termo de referência** é documento necessário para a contratação de bens e serviços, que deve conter os seguintes parâmetros e elementos descritivos: a) definição do objeto, incluídos sua natureza, os quantitativos, o prazo do contrato e, se for o caso, a possibilidade de sua prorrogação; b) fundamentação da contratação, que consiste na referência aos estudos técnicos preliminares correspondentes ou, quando não for possível divulgar esses estudos, no extrato das partes que não contiverem informações sigilosas; c) descrição da solução como um todo, considerado todo o ciclo de vida do objeto; d) requisitos da contratação; e) modelo de execução do objeto, que consiste na definição de como o contrato deverá produzir os resultados pretendidos desde o seu início até o seu encerramento; f) modelo de gestão do contrato, que descreve como a execução do objeto será acompanhada e fiscalizada pelo órgão ou entidade; g) critérios de medição e de pagamento; h) forma e critérios de seleção do fornecedor; i) estimativas do valor da contratação, acompanhadas dos preços unitários referenciais, das memórias de cálculo e dos documentos que lhe dão suporte, com os parâmetros utilizados para a obtenção dos preços e para os respectivos cálculos, que devem constar de documento separado e classificado; e j) adequação orçamentária.
- **Anteprojeto** é peça técnica com todos os subsídios necessários à elaboração do projeto básico, que deve conter, no mínimo, os seguintes elementos: a) demonstração e justificativa do programa de necessidades, avaliação de demanda do público-alvo, motivação técnico-econômico-social do empreendimento, visão global dos investimentos e definições relacionadas ao nível de serviço desejado; b) condições de solidez, de segurança e de durabilidade; c) prazo de entrega; d) estética do projeto arquitetônico, traçado geométrico e/ou projeto da área de influência, quando cabível; e) parâmetros de adequação ao interesse público, de economia na utilização, de facilidade na execução, de impacto ambiental e de acessibilidade; f) proposta de concepção da obra ou do serviço de engenharia; g) projetos anteriores ou estudos preliminares que embasaram a concepção proposta; h) levantamento topográfico e cadastral; i) pareceres de sondagem;

j) memorial descritivo dos elementos da edificação, dos componentes construtivos e dos materiais de construção, de forma a estabelecer padrões mínimos para a contratação.

- **Projeto básico** é o conjunto de elementos necessários e suficientes, com nível de precisão adequado para definir e dimensionar perfeitamente a obra ou o serviço, ou o complexo de obras ou serviços objeto da licitação, elaborado com base nas indicações dos estudos técnicos preliminares, que assegure a viabilidade técnica e o adequado tratamento do impacto ambiental do empreendimento e que possibilite a avaliação do custo da obra e a definição dos métodos e do prazo de execução, devendo conter os seguintes elementos: a) levantamentos topográficos e cadastrais, sondagens e ensaios geotécnicos, ensaios e análises laboratoriais, estudos socioambientais e demais dados e levantamentos necessários para execução da solução escolhida; b) soluções técnicas globais e localizadas, suficientemente detalhadas, de forma a evitar, por ocasião da elaboração do projeto executivo e da realização das obras e montagem, a necessidade de reformulações ou variantes quanto à qualidade, ao preço e ao prazo inicialmente definidos; c) identificação dos tipos de serviços a executar e dos materiais e equipamentos a incorporar à obra, bem como das suas especificações, de modo a assegurar os melhores resultados para o empreendimento e a segurança executiva na utilização do objeto, para os fins a que se destina, considerados os riscos e os perigos identificáveis, sem frustrar o caráter competitivo para a sua execução; d) informações que possibilitem o estudo e a definição de métodos construtivos, de instalações provisórias e de condições organizacionais para a obra, sem frustrar o caráter competitivo para a sua execução; e) subsídios para montagem do plano de licitação e gestão da obra, compreendidos a sua programação, a estratégia de suprimentos, as normas de fiscalização e outros dados necessários em cada caso; f) orçamento detalhado do custo global da obra, fundamentado em quantitativos de serviços e fornecimentos propriamente avaliados, obrigatório exclusivamente para os regimes de execução empreitada por preço unitário; empreitada por preço global; empreitada integral; contratação por tarefa; e fornecimento e prestação de serviço associado.
- **Projeto executivo** é o conjunto de elementos necessários e suficientes à execução completa da obra, com o detalhamento das soluções previstas no projeto básico, a identificação de serviços, de materiais e de equipamentos a serem incorporados à obra, bem como suas especificações técnicas, de acordo com as normas técnicas pertinentes.

Em síntese, o termo de referência serve para a contratação de bens e serviços e o projeto básico para obras e serviços; o projeto executivo versa sobre os elementos para a execução completa da obra; e o anteprojeto será documento com subsídios para o projeto básico, utilizado no regime de contratação integrada, uma vez que o §2º do art. 45 informa que a Administração ficará dispensada da elaboração de projeto básico nos casos de contratação integrada, hipótese em que deverá ser elaborado anteprojeto de acordo com metodologia definida em ato do órgão competente.

Registre-se que, consoante o §3º, caso, no estudo técnico preliminar para a contratação de obras e serviços comuns de engenharia, seja demonstrada a inexistência de prejuízos para aferição dos padrões de desempenho e qualidade almejados, a especificação do objeto poderá ser procedida apenas num termo de referência, sendo dispensada a elaboração de projetos.

Inciso III

1.3 Condições de execução e pagamento, das garantias e das condições de recebimento

Outro elemento imprescindível a ser definido são as condições de execução contratual, diante do enorme repertório de possibilidades executórias. A própria lei chama a atenção para objetos com soluções específicas e alternativas e variações de execução, com repercussões significativas e concretamente mensuráveis sobre a sua qualidade, produtividade, rendimento e durabilidade.

Materializando a situação, o art. 46 enuncia os regimes de execução de obras e serviços de engenharia passíveis de serem adotados: empreitada por preço unitário; empreitada por preço global; empreitada integral; contratação por tarefa; contratação integrada; contratação semi-integrada; e fornecimento e prestação de serviço associado.

As garantias a serem oferecidas tanto pela Administração quanto pela contratada configuram mais um elemento essencial nas contratações públicas. Há várias espécies de garantias previstas ao longo da lei, como a garantia da proposta, a oferecida para assegurar a plena execução do objeto etc. Quanto às oferecidas para asseguramento da execução do objeto, o art. 95 prevê que, a critério da autoridade competente, em cada caso, poderá ser exigida, mediante previsão no edital, cabendo ao contratado optar por uma das seguintes modalidades de garantia: a) caução em dinheiro ou em títulos da dívida pública, emitidos sob a forma escritural, mediante registro em sistema centralizado de liquidação e de custódia autorizado pelo Banco Central do Brasil, e avaliados por seus valores econômicos, conforme definido pelo Ministério da Economia; b) seguro-garantia; ou c) fiança bancária emitida por banco ou instituição financeira devidamente autorizada a operar no País pelo Banco Central do Brasil.

As condições de recebimento do objeto contratado também se alinham ao rol de elementos imprescindíveis. Consoante o art. 140, o objeto do contrato será recebido:

a) se forem obras e serviços: provisoriamente, pelo responsável por seu acompanhamento e fiscalização, mediante termo detalhado, quando verificado o cumprimento das exigências de caráter técnico; e definitivamente, por servidor ou comissão designada pela autoridade competente, mediante termo detalhado que comprove o atendimento das exigências contratuais; e

b) no caso de compras: provisoriamente, de forma sumária, pelo responsável por seu acompanhamento e fiscalização, com verificação posterior da conformidade do material com as exigências contratuais; e definitivamente, por servidor ou comissão designada pela autoridade competente, mediante termo detalhado que comprove o atendimento das exigências contratuais.

Incisos IV e XI

1.4 Orçamento estimado

Definido o objeto pretendido, é necessário orçá-lo, realizando-se uma estimativa de preço.

Curiosamente, o inc. VI do §1º do art. 18 exige que o estudo técnico preliminar apresente "estimativa do valor da contratação, acompanhada dos preços unitários referenciais, das memórias de cálculo", o que conflita com a lógica natural de só se orçar estimadamente após a definição do desejado.

E mais: outro fator complicador é encontrado na alínea "i" do inc. XXIII do art. 6º, o qual determina que o termo de referência indique as

> estimativas do valor da contratação, acompanhadas dos preços unitários referenciais, das memórias de cálculo e dos documentos que lhe dão suporte, com os parâmetros utilizados para a obtenção dos preços e para os respectivos cálculos, que devem constar de documento separado e classificado.

E ainda, a alínea "f" do inc. XXV do art. 6º preceitua que o projeto básico contenha "o orçamento detalhado do custo global da obra, fundamentado em quantitativos de serviços e fornecimentos propriamente avaliados".

Na prática, pelos mandamentos legais, a solução será elaborar um orçamento estimado na elaboração do estudo técnico preliminar, que poderá ser aperfeiçoado no termo de referência ou no projeto básico, e, em seguida, o orçamento estimado final, após definição do objeto.

O art. 23, dando suporte para a feitura do orçamento estimado, indica que o valor previamente estimado da contratação deverá ser compatível com os valores praticados pelo mercado, considerados os preços constantes de bancos de dados públicos e as quantidades a serem contratadas, observadas a potencial economia de escala e as peculiaridades do local de execução do objeto.

Seu §1º, versando sobre o orçamento das licitações para aquisição de bens e contratação de serviços em geral, estabelece que o orçamento estimado deverá ser definido com base no melhor preço aferido por meio da utilização dos seguintes parâmetros, adotados de forma combinada ou não: a) composição de custos unitários menores ou iguais à mediana do item correspondente no painel para consulta de preços ou no Banco de Preços em Saúde, que devem ser disponibilizados no Portal Nacional de Contratações Públicas (PNCP); b) contratações similares feitas pela Administração Pública, em execução ou concluídas no período de 1 (um) ano anterior à data da pesquisa de preços, inclusive mediante sistema de registro de preços, observado o índice de atualização de preços correspondente;[274] c) utilização de dados de pesquisa publicada em

[274] Sem dúvida, a admissão de preços constantes de sistema de registro de preços deverá considerar a aplicação de índices de reajuste, uma vez que o art. 84 da Nova Lei, ao tratar do prazo de vigência da ata de registro de preços, informa que será de um ano, mas poderá ser prorrogado, por igual período, desde que comprovado o preço vantajoso. Contudo, como alerta Luiz Cláudio de Azevedo Chaves, o uso do preço registrado em ata merece cautela bem além da verificação referente à compatibilidade do objeto em características e quantidades com o que será adquirido pela Administração. É que o uso do Sistema de Registro de Preços tem anotado uma série de distorções, gerando, inclusive, muita atenção do Tribunal de Contas da União. As distorções dizem

mídia especializada, de tabela de referência formalmente aprovada pelo Poder Executivo federal e de sítios eletrônicos especializados ou de domínio amplo, desde que contenham a data e a hora de acesso; d) pesquisa direta com no mínimo 3 (três) fornecedores, mediante solicitação formal de cotação, desde que seja apresentada a justificativa da escolha desses fornecedores e que não tenham sido obtidos os orçamentos com mais de 6 (seis) meses de antecedência da data de divulgação do edital; e e) pesquisa na base nacional de notas fiscais eletrônicas, na forma de regulamento.[275]

Observe-se que a Administração poderá escolher os parâmetros que entenda adequado para cada situação.

O §2º do art. 23 trata do orçamento de obras e serviços de engenharia, informando que o valor estimado, acrescido do percentual de Benefícios e Despesas Indiretas (BDI) de referência e dos Encargos Sociais (ES) cabíveis, será definido por meio da utilização de parâmetros na seguinte ordem: a) composição de custos unitários menores ou iguais à mediana do item correspondente do Sistema de Custos Referenciais de Obras (Sicro), para serviços e obras de infraestrutura de transportes, ou do Sistema Nacional de Pesquisa de Custos e Índices de Construção Civil (Sinapi), para as demais obras e serviços de engenharia; b) utilização de dados de pesquisa publicada em mídia especializada, de tabela de referência formalmente aprovada pelo Poder Executivo federal e de sítios eletrônicos especializados ou de domínio amplo, desde que contenham a data e a hora de acesso; c) contratações similares feitas pela Administração Pública, em execução ou concluídas no período de 1 (um) ano anterior à data da pesquisa de preços, observado o índice de atualização de preços correspondente; e d) pesquisa na base nacional de notas fiscais eletrônicas, na forma de regulamento.

Vide que, nesse caso, os parâmetros deverão ser utilizados na ordem definida.

O §3º do art. 23, para não ferir a autonomia dos entes federativos, dispõe que municípios, estados e Distrito Federal poderão definir o orçamento estimado por meio de sistemas de custos próprios, desde que as contratações não envolvam recursos da União.

Sobre a pesquisa de preços, no âmbito da Lei nº 8.666/1993, o governo federal publicou a Instrução Normativa nº 73/2020, do Secretário de Gestão da Secretaria Especial de Desburocratização, Gestão e Governo digital do Ministério da Economia, divulgando normas sobre o uso das diversas fontes de pesquisa para a obtenção do preço de referência para contratações governamentais no âmbito dos órgãos e entidades da

respeito fundamentalmente ao grau de incerteza que este sistema de contratação vem provocando no mercado de compras governamentais. Muitas licitações são empreendidas sem um planejamento prévio que demonstre tratar-se do meio mais adequado à plena satisfação dos interesses da Administração, além de, em bom número, serem projetadas com critério quantitativo desprovido de um mínimo de precisão. Muitos órgãos e entidades lançam licitações voltadas para o registro de preços em hipóteses não albergadas pela legislação correlata e com fixação de quantitativos a serem registrados sem muito compromisso com a verdadeira demanda do órgão contratante. E mais: infelizmente, raros são os editais que estipulam lotes mínimos de fornecimento e cronograma de entrega (CHAVES. *A atividade de planejamento e análise de mercado nas contratações governamentais*).

[275] Sobre a proposta referente à contratação de serviços sob o regime de execução indireta, é relevante decisão recente do TCU (Acórdão nº 328/2023 – Plenário, Representação, Relator Ministro-Substituto Augusto Sherman), que indicou que "na contratação de serviços sob o regime de execução indireta, é permitido à empresa licitante apresentar proposta com produtividade diferenciada daquela estabelecida pela Administração como parâmetro, haja vista que a alocação do quantitativo de empregados estimado no edital para a prestação do serviço não é obrigatória. Se a produtividade adotada pela empresa estiver dentro da faixa de referência, não há necessidade de comprovação da exequibilidade da proposta. Caso contrário, cabe à licitante demonstrar essa exequibilidade (subitem 7.3 do Anexo VII-A c/c subitem 2.1, alínea "a", do Anexo VII-B da IN Seges/MP 5/2017)".

União. Posteriormente, já sob a égide da Nova Lei de Licitações, publicou a Instrução Normativa SEGES/ME nº 65, de 7.07.2021, dispondo sobre o procedimento administrativo para a realização de pesquisa de preços para aquisição de bens e contratação de serviços em geral, no âmbito da Administração Pública federal direta, autárquica e fundacional.[276]

Cabe anotar que a Nova Lei inova ao trazer a possibilidade de um orçamento sigiloso, incorporando novidade estabelecida na Lei de Regime Diferenciado de Contratações (Lei do RDC – Lei nº 12.462/2011) e na Lei das Estatais (Lei nº 13.303/2016). O art. 24 prevê que, "desde que justificado, o orçamento estimado da contratação poderá ter caráter sigiloso", não podendo ocorrer sigilo para os órgãos de controle, conforme o constante no inc. I do mesmo dispositivo.

Como ressalta Rafael Sérgio de Oliveira, "essa é uma relevante ferramenta para a Administração, pois a depender do mercado, a divulgação do orçamento estimado no momento da licitação acarreta o efeito âncora, elevando os preços das propostas ao mais próximo possível do valor máximo admitido pela Administração".[277]

Sobre o orçamento sigiloso, o inc. XI indica ser necessária a devida motivação sobre o momento da divulgação do orçamento da licitação, observado o supracitado art. 24.

Incisos V, VI e IX

1.5 Edital de licitação e minuta do contrato

Segue-se então o trabalho de elaboração do edital convocatório da licitação, instrumento de suma importância, pois é nele que constarão todas as condições do certame (modalidade, critérios para a habilitação dos licitantes e julgamento das propostas, possíveis sanções, formas de impugnação e recursos administrativos, etc.), bem como as informações do futuro contrato a ser celebrado, que deverá ser disposto em forma de minuta.

Já tratamos sobre a matéria:

> Tarefa das mais difíceis é a de elaborar um edital de licitação, que, de fundamental importância, é o instrumento oficial por intermédio do qual a Administração leva ao conhecimento público a abertura de um procedimento licitatório voltado para obras, serviços, compras, alienações, concessões, permissões e locações.[278]

Sua concepção deverá ser meticulosa, porquanto, além de estabelecer as regras da competição, constitui peça básica para o futuro contrato, dado que o acordo celebrado em decorrência de um procedimento licitatório não pode conter cláusulas que contrariem condições nele previstas. Clássica é a lição de Hely Lopes Meirelles: "Nada se pode exigir, ou decidir, além ou aquém do edital".

---

[276] No 1º Simpósio sobre Licitações e Contratos da Justiça Federal, ocorrido em 16 e 17.08.2022, realizado pela Secretaria de Administração e pelo Centro de Estudos Judiciários do Conselho da Justiça Federal, foi aprovado o ENUNCIADO 15 – CJF: "Ferramenta privada de pesquisa de preços mantida por prestador de serviços especializados constitui instrumento idôneo (parâmetro) para a pesquisa de preços na contratação pública".

[277] OLIVEIRA. *10 tópicos mais relevantes do projeto da nova Lei de licitação e contrato.*

[278] BITTENCOURT. *Licitação passo a passo.* 11. ed.

Ricardo Berloffa, Caroline Casquel e Flávia Daniel Vianna apresentam precisa conceituação quanto aos objetivos do instrumento convocatório:

> O edital destina-se aos particulares, que, com base na intelecção e compreensão do seu texto, formularão suas propostas de contrato e prepararão a respectiva documentação para disputar a fase de habilitação e classificação. Esta conformidade, o teor do edital (...) deve ter suas redações de forma precisa, clara, com frases explicitas e diretas, sendo o seu texto conciso e enxuto.[279]

Nesse viés, Celso Bandeira de Mello assenta que o edital "é o ato por cujo meio a Administração faz público seu propósito de licitar um objeto determinado, estabelece os requisitos exigidos dos proponentes e das propostas, regula os termos segundo os quais os avaliará e fixa as cláusulas do eventual contrato a ser travado".[280]

Como já está comprovado que a maioria dos problemas práticos que surgem nas licitações tem origem na elaboração mal feita do edital, Marçal Justen assevera que não seria nenhum exagero afirmar que os erros na elaboração dos editais se constituem fatores muito mais prejudiciais do que as complexidades ou defeitos da lei:

> Na ânsia de evitar omitir regras necessárias, a Administração transforma os editais em amontoados de exigências inúteis, com formalismos desarrazoados e requisitos meramente ritualísticos. Muitas vezes, os editais parecem retratar a intenção de garantir para a Administração, por via oculta e indireta, o poder de decidir arbitrariamente, a faculdade de excluir imotivadamente os licitantes incômodos ou antipáticos. Isso é um despropósito, eis que a atividade administrativa do Estado tem de nortear-se pelos princípios constitucionais próprios. O resultado é o surgimento de conflitos intermináveis, a exclusão de licitantes idôneos, a desclassificação de propostas vantajosas e assim por diante.[281]

O art. 25 informa que o edital deverá conter o objeto da licitação e as regras relativas à convocação, ao julgamento, à habilitação, aos recursos e às penalidades da licitação, à fiscalização e à gestão do contrato, à entrega do objeto e às condições de pagamento.

Vide que o §1º desse art. 25 autoriza, sempre que o objeto permitir, a adoção de minutas padronizadas de edital e de contrato com cláusulas uniformes.

Sobre a matéria, observe-se que inc. IX do artigo em comento, intentando evitar o direcionamento de editais, dispõe pela necessidade de motivação circunstanciada das condições do edital, tais como justificativa de exigências de qualificação técnica, mediante indicação das parcelas de maior relevância técnica ou valor significativo do objeto, e de qualificação econômico-financeira, justificativa dos critérios de pontuação e julgamento das propostas técnicas, nas licitações com julgamento por melhor técnica ou técnica e preço, e justificativa das regras pertinentes à participação de empresas em consórcio.

---

279 VIANNA; BERLOFFA; CASQUEL. *Licitação com micros e pequenas empresas.*

280 MELLO. *Curso de direito administrativo.* 19. ed.

281 JUSTEN FILHO. *Comentários à Lei de Licitações e Contratos Administrativos.* 16. ed.

Inciso VII

1.6 Regime de fornecimento de bens, de prestação de serviços ou de execução de obras e serviços de engenharia

A Nova Lei aparta a indicação dos regimes de execução, talvez para chamar atenção de suas necessidades, mas é claro que eles constarão no edital de licitação.

O fornecimento de bens deverá considerar as disposições na Seção IV – Disposições Setoriais, na Subseção Das Compras. Já os serviços, as disposições da Subseção III – Dos Serviços em Geral.

As obras e serviços de engenharia possuem regimes de execução específicos, definidos no art. 45, a saber: empreitada por preço unitário; empreitada por preço global; empreitada integral; contratação por tarefa; contratação integrada; contratação semi-integrada; e fornecimento e prestação de serviço associado.

Inciso VIII

1.7 Modalidades de licitação, critérios de julgamento e modos de disputa

Também deverão constar obrigatoriamente do edital a modalidade de licitação, o critério de julgamento e o modo de disputa.

O art. 28 elenca as modalidades de licitação: pregão; concorrência; concurso; leilão; e diálogo competitivo.

Como já anotado, o diálogo competitivo é uma das grandes novidades na Nova Lei, sendo modalidade de licitação que intenta a contratação de obras, serviços e compras em que a Administração Pública realiza diálogos com licitantes previamente selecionados mediante critérios objetivos, com o intuito de desenvolver uma ou mais alternativas capazes de atender às suas necessidades, devendo os licitantes apresentar proposta final após o encerramento dos diálogos, a qual, nos termos do art. 32, estará restrita a licitações cujo objeto apresente complexidade, como, por exemplo, inovação tecnológica ou técnica, quando a Administração dialoga com o setor privado na busca de auxílio para a definição da melhor solução.

Inciso X

1.8 Análise dos riscos

O inciso exige que, ao final da fase preparatória, a Administração efetue uma análise dos riscos que possam comprometer o sucesso da licitação e a boa execução contratual.

Trata-se de tarefa já exigida em instruções normativas federais, que intitulavam o trabalho como "gerenciamento de riscos" (constava, por exemplo, na IN nº 02/2008, que dispunha sobre regras e diretrizes para a contratação de serviços, continuados ou não, e consta, atualmente, na IN nº 5/2017, que versa sobre regras para a contratação de serviços sob o regime de execução indireta).

Como registramos em livro, o gerenciamento de risco é atividade que intenta gerenciar e controlar algo (um serviço, uma organização etc.) em relação a potenciais ameaças, minimizando os efeitos dos possíveis danos.[282]

---

[282] BITTENCOURT. *Licitações de serviços continuados ou não.*

Art. 19. Os órgãos da Administração com competências regulamentares relativas às atividades de administração de materiais, de obras e serviços e de licitações e contratos deverão:

I – instituir instrumentos que permitam, preferencialmente, a centralização dos procedimentos de aquisição e contratação de bens e serviços;

II – criar catálogo eletrônico de padronização de compras, serviços e obras, admitida a adoção do catálogo do Poder Executivo federal por todos os entes federativos;

III – instituir sistema informatizado de acompanhamento de obras, inclusive com recursos de imagem e vídeo;

IV – instituir, com auxílio dos órgãos de assessoramento jurídico e de controle interno, modelos de minutas de editais, de termos de referência, de contratos padronizados e de outros documentos, admitida a adoção das minutas do Poder Executivo federal por todos os entes federativos;

V – promover a adoção gradativa de tecnologias e processos integrados que permitam a criação, a utilização e a atualização de modelos digitais de obras e serviços de engenharia.

§1º O catálogo referido no inciso II do *caput* deste artigo poderá ser utilizado em licitações cujo critério de julgamento seja o de menor preço ou o de maior desconto e conterá toda a documentação e os procedimentos próprios da fase interna de licitações, assim como as especificações dos respectivos objetos, conforme disposto em regulamento.

§2º A não utilização do catálogo eletrônico de padronização de que trata o inciso II do *caput* ou dos modelos de minutas de que trata o inciso IV do *caput* deste artigo deverá ser justificada por escrito e anexada ao respectivo processo licitatório.

§3º Nas licitações de obras e serviços de engenharia e arquitetura, sempre que adequada ao objeto da licitação, será preferencialmente adotada a Modelagem da Informação da Construção (*Building Information Modelling* – BIM) ou tecnologias e processos integrados similares ou mais avançados que venham a substituí-la.

Artigo 19

1 Ferramentas para auxilio às atividades de licitações e contratos

Atento à função orgânica da Administração, o legislador procurou distribuir tarefas aos envolvidos em contratações nos diversos órgãos, estabelecendo estruturas que ofereçam base às atividades de materiais, obras, serviços, licitações e contratos.

Assim, dispôs que os órgãos da Administração que detenham competências regulamentares relativas às atividades de administração de materiais, de obras e serviços, licitações e contratos deverão instituir diversos instrumentos de apoio.

Nessa contextura, os órgãos com tais competências regulamentares deverão:

a) instituir instrumentos que permitam, preferencialmente, a centralização dos procedimentos de aquisição e contratação de bens e serviços;
b) criar catálogo eletrônico de padronização de compras, serviços e obras, que, consoante o preceituado no §1º, poderá ser adotado em licitações cujo critério de julgamento seja o de menor preço ou o de maior desconto e conterá toda a documentação e os procedimentos próprios da fase interna de licitações, assim como as especificações dos respectivos objetos, conforme disposto em regulamento;[283]
c) instituir sistema informatizado de acompanhamento de obras, inclusive com recursos de imagem e vídeo;
d) instituir, com auxílio dos órgãos de assessoramento jurídico e de controle interno, modelos de minutas de editais, de termos de referência, de contratos padronizados e de outros documentos; e
e) promover a adoção gradativa de tecnologias e processos integrados que permitam a criação, a utilização e a atualização de modelos digitais de obras e serviços de engenharia.

Com o propósito de padronizar os procedimentos, facilitando, assim, a competitividade, o dispositivo estabelece a adoção compulsória do catálogo eletrônico e dos modelos de minutas de editais, de termos de referência, de contratos padronizados e documentos congêneres disponibilizados. A não utilização é possível, mas demandará justificativa por escrito, anexada ao respectivo processo licitatório.

É importante observar que, também intencionando contribuir para boas práticas entre os entes federativos, o preceptivo os autoriza ao uso de instrumentos do Poder Executivo federal, caso tenham interesse. Destarte, poderão adotar tanto o catálogo eletrônico de padronização federal quanto os modelos de minutas de editais, termos de referência, de contratos padronizados e demais documentos congêneres.

Sempre que adequada ao objeto da licitação, a Nova Lei indica, nas licitações de obras e serviços de engenharia e arquitetura, o uso preferencial da Modelagem da Informação da Construção (*Building Information Modelling* – BIM) ou tecnologias e processos integrados similares ou mais avançados que venham a substituí-la.

O BIM é um sistema integrado que permite desenvolver digitalmente modelos virtuais da construção, simplificando sua execução e compreensão. Crescendo muito ao longo dos anos, hoje é a "expressão atual da inovação digital" em todo o setor de construção.[284]

Nada mais é, portanto, que uma maneira eficiente de reunir todas as informações de uma construção de forma integrada e organizada.

Esse conjunto de informações da construção é composto desde o modelo em si da edificação até, por exemplo, o seu orçamento, acompanhando a obra em todo o seu ciclo de vida.[285]

---

[283] Por intermédio da Portaria SEGES/ME nº 938, de 2.02.2022, o Governo federal instituiu o catálogo eletrônico de padronização de compras, serviços e obras, abrangendo a Administração Pública federal direta, autárquica e fundacional.

[284] *Glossário BIM Termos e definições técnicas de Engenharia e BIM.*

[285] Tecnologia BIM: guia completo.

É um dos mais promissores desenvolvimentos na indústria relacionada à arquitetura, engenharia e construção. Com a tecnologia BIM, um modelo virtual preciso de uma edificação é construído de forma digital. Quando completo, o modelo gerado computacionalmente contém a geometria exata e os dados relevantes, necessários para dar suporte à construção, à fabricação e ao fornecimento de insumos necessários para a realização da construção. Quando implementado de maneira apropriada, o BIM facilita um processo de projeto e construção mais integrado que resulta em construções de melhor qualidade com custo e prazo de execução reduzidos.[286]

[286] EASTMAN *et al. Manual de BIM.*

Art. 20. Os itens de consumo adquiridos para suprir as demandas das estruturas da Administração Pública deverão ser de qualidade comum, não superior à mínima necessária para cumprir as finalidades às quais se destinam, vedada a aquisição de artigos de luxo.
§1º Os Poderes Executivo, Legislativo e Judiciário definirão em regulamento os limites para o enquadramento dos bens de consumo nas categorias comum e luxo.
§2º A partir de 180 (cento e oitenta) dias contados da promulgação desta Lei, novas compras de bens de consumo só poderão ser efetivadas com a edição, pela autoridade competente, do regulamento a que se refere o §1º deste artigo.
3º (VETADO)

Artigo 20

1 Obrigatoriedade de os itens de consumo serem de qualidade comum

Sob o argumento de que há ausência de critérios por parte das diversas instituições públicas e esferas de governo para a destinação dos recursos públicos, e de que, com isso, a aquisição de artigos de luxo, principalmente comidas e bebidas, tem sido corriqueira, contrariando diversos princípios da Administração Pública, resolveu-se inserir um artigo moralizador na Nova Lei que impediria tais ocorrências.

Assim, dita o artigo que os itens de consumo adquiridos pela Administração para suprir as demandas deverão ser de qualidade comum, não superior à mínima necessária para cumprir as finalidades às quais se destinam, vedada a aquisição de artigos de luxo.

A intenção do tópico não deixa de ser boa, mas a indicação de que os bens a serem adquiridos deverão ser de qualidade comum, "não superior à mínima necessária para cumprir as finalidades às quais se destinam" pode levar o desavisado a crer que não é possível adquirir para a Administração bens de boa qualidade. A questão dos bens e serviços comuns remonta o ano 2000, na edição da Lei do Pregão (Lei nº 10.520/2000), quando se instaurou um grande debate sobre o que viria a ser, efetivamente, um bem ou serviço comum. Segundo o parágrafo único do art. 1º da Lei nº 10.520, deveriam ser considerados bens e serviços dessa natureza aqueles cujos padrões de desempenho e qualidade pudessem ser objetivamente definidos pelo edital, por meio de especificações usuais no mercado. Em livro, destacamos "que nada obstaria, entrementes, que nas especificações dos bens fossem estabelecidos parâmetros mínimos de desempenho e qualidade, desde que estivessem perfeitamente enquadráveis no conceito de comuns, ou seja, nada que tivesse em seu bojo alguma complexidade".[287] No mesmo passo, Jacoby Fernandes destacou que "é sempre possível (...) definir a técnica mínima na descrição do objeto"[288] e Ronny Charles assinalou que "se manteve a orientação alicerçada no binômio

[287] BITTENCOURT. *Novo Pregão Eletrônico.*

[288] FERNANDES. *Sistema de Registro de Preços e Pregão.*

'vantagem e isonomia', uma vez que também nele há de se buscar a melhor proposta para a Administração, com o devido resguardo e respeito ao tratamento isonômico entre os interessados".[289]

Com a mesma percepção, Anderson Pedra, Rafael Sérgio de Oliveira e Victor Amorim:

> O texto determina a contratação de baixa qualidade, ao enunciar que não deverá ser "superior à mínima necessária" para cumprir as finalidades. Tal comando não se coaduna com uma contratação eficiente e a proposta mais vantajosa, já que não poderá ser superior à qualidade mínima necessária para cumprir as finalidades às quais se destinam.[290]

Nesse sentido, censurando o dispositivo, Marcos Nóbrega, lembrando que, no âmbito internacional, há uma forte preocupação com o *Best Value for Money* (melhor relação custo-benefício) nas contratações governamentais, predominando a visão de que a licitação deve ter como resultado o melhor equilíbrio possível entre qualidade e preço, assenta que o artigo "traz uma cláusula de mediocridade para as contratações públicas":

> Na tentativa de evitar abusos cometidos por alguns órgãos e entidades públicas, (...) diz que os itens de consumo adquiridos para suprir as demandas das estruturas da Administração Pública deverão ser de qualidade comum, não superior à mínima necessária para cumprir as finalidades às quais se destinam, vedada a aquisição de artigos de luxo. Isto é, a busca pela melhor qualidade dos itens de consumo foi praticamente sepultada (...). A ideia é contratar aquilo que for de "qualidade comum". Tal medida é completamente contrária à modernidade dos instrumentos de contratação pública.[291]

Críticas também partem de Joel de Menezes Niebuhr:

> Embora a intenção seja legítima, as prescrições contidas no artigo 20 (...) são bem atrapalhadas, para dizer o mínimo. De plano, artigo de luxo não depende obrigatoriamente do valor. É possível que haja artigo de luxo de baixa repercussão econômica. Agregue-se que é muito difícil fazer-se uma lista com todos os artigos possíveis de serem adquiridos pela Administração e estabelecer-se valores máximos para todos eles. Mais difícil ainda é manter os tais valores atualizados, o que demanda, por certo, criar-se uma equipe ou setor para levantar constantemente esses dados.[292]

Registre-se, aliás, a adoção da expressão "artigo de luxo", de conceito indeterminado, que, em função de ser extremamente vago, não poderá, na situação concreta, ser aferido.

Nesse diapasão, os elaboradores dos regulamentos certamente se verão em sérios apuros para estabelecer os parâmetros dessa conduta.

---

[289] CHARLES. *Lei de Licitações Públicas comentadas*. 10. ed.

[290] PEDRA; OLIVEIRA; AMORIM. *O projeto da nova lei de licitações e a espada de Dâmocles.*

[291] NÓBREGA. *O projeto da nova lei de licitação, o "fetiche da mediocridade" e o empecilho ao Best Value for Money.*

[292] NIEBUHR. *Fase Preparatória das Licitações. Nova Lei de Licitações e Contratos Administrativos.*

Parágrafos 1º e 2º

2 Regulamentação dos limites para o enquadramento dos bens de consumo nas categorias comum e luxo

Os dois parágrafos do dispositivo procuram dar trato à matéria.

O §1º remete aos regulamentos das várias esferas de Poder a definição dos limites para o enquadramento dos bens nas categorias comum e luxo.

O §2º prevê que, a partir de 180 dias contados da promulgação desta Nova Lei, novas compras de bens de consumo só poderão ser efetivadas com a edição do supracitado regulamento. A determinação causou estranheza no meio jurídico, não só por ser bastante problemático entender que, em face da inércia da regulamentação, possa-se proibir a contratação de algo que, por algum motivo, possa ser necessário à Administração, mas também porque, conforme jurisprudência firmada, são incompatíveis com a Constituição Federal disposições legais que estabeleçam prazos para o Poder Executivo regulamentar dispositivos legais.

Diego Jurubeba comenta essa questão com propriedade:

> Como em determinada oportunidade destacou o ministro Moreira Alves, não pode o Legislativo assinar prazo para que outro poder exerça suas prerrogativas (ADI 546/DF, Rel. Min. Moreira Alves, Tribunal Pleno, j. 11.3.1999, *DJ* 14.4.2000). (...) Nas palavras do ministro Dias Toffoli, "qualquer norma que imponha prazo certo para prática de tais atos, configura indevida interferência do Poder Legislativo em atividade própria do Poder Executivo e caracteriza intervenção na condução superior da Administração Pública" (ADI 179/RS, Rel. Min. Dias Toffoli, Tribunal Pleno, j. 19.02.2014, *DJe* 28.3.2014). (...) o ministro Eros Grau também já ressaltou que preceitos legais que marcam prazo para que o Poder Executivo exerça sua função regulamentar afrontam o princípio da interdependência e harmonia entre os poderes, previsto no art. 2º do texto constitucional (ADI 3.394/AM, Rel. Min. Eros Grau, Tribunal Pleno, j. 02.4.2007, *DJ* 15.8.2008). Nessa linha, o fato do §2º do art. 20 da Lei nº 14.133/2021 precisar ser regulamentado pelos Poderes Executivo, Legislativo e Judiciário somente amplia a inconstitucionalidade da disposição. A temática retornou nos últimos anos ao Supremo, que manteve sua linha jurisprudencial (v.g., ADI 4728/DF, Rel. Min. Rosa Weber, Tribunal Pleno, j. 16.11.2021, *DJe* 13.12.2021; ADI 4727/DF, Rel. para acórdão Min. Gilmar Mendes, Tribunal Pleno, j. 23.02.2023, *DJe* 27.02.2023). (...) Resta claro (...) que tal mora não tem lastro constitucional. Em tempos de reordenação das prioridades, dada a prorrogação do prazo de convivência dos regimes licitatórios pela MP 1167/2023, é hora de centrar esforços no que realmente importa para dar aplicabilidade à nova Lei de Licitações e Contratos Administrativos. Quando ao regulamento do enquadramento dos bens de consumo nas suas devidas categorias, pode-se dar ao luxo de não fazer dele a cinza das horas da nova lei, deixando-o para quando a conveniência e a oportunidade indicarem que ele merece ser feito.[293]

No âmbito federal, o Decreto federal nº 10.818, de 27.09.2021, regulamentou o tema, estabelecendo o enquadramento dos bens de consumo adquiridos para suprir as demandas das estruturas da Administração Pública nas categorias de qualidade comum e de luxo.

[293] JURUBEBA. Uma inconstitucionalidade chapada na nova Lei de Licitações.

Decreto nº 10.818, de 27 de setembro de 2021

Regulamenta o disposto no art. 20 da Lei nº 14.133, de 1º de abril de 2021, para estabelecer o enquadramento dos bens de consumo adquiridos para suprir as demandas das estruturas da administração pública federal nas categorias de qualidade comum e de luxo.

O PRESIDENTE DA REPÚBLICA, no uso da atribuição que lhe confere o art. 84, caput, inciso IV, da Constituição, e tendo em vista o disposto no art. 20 da Lei nº 14.133, de 1º de abril de 2021, DECRETA:

Objeto e âmbito de aplicação

Art. 1º Este Decreto regulamenta o disposto no art. 20 da Lei nº 14.133, de 1º de abril de 2021, para estabelecer o enquadramento dos bens de consumo adquiridos para suprir as demandas das estruturas da administração pública federal nas categorias de qualidade comum e de luxo.

Parágrafo único. Este Decreto aplica-se às contratações realizadas por outros entes federativos com a utilização de recursos da União oriundos de transferências voluntárias.

Definições

Art. 2º Para fins do disposto neste Decreto, considera-se:

I – bem de luxo – bem de consumo com alta elasticidade-renda da demanda, identificável por meio de características tais como:

a) ostentação;

b) opulência;

c) forte apelo estético; ou

d) requinte;

II – bem de qualidade comum – bem de consumo com baixa ou moderada elasticidade-renda da demanda;

III – bem de consumo – todo material que atenda a, no mínimo, um dos seguintes critérios:

a) durabilidade – em uso normal, perde ou reduz as suas condições de uso, no prazo de dois anos;

b) fragilidade – facilmente quebradiço ou deformável, de modo irrecuperável ou com perda de sua identidade;

c) perecibilidade – sujeito a modificações químicas ou físicas que levam à deterioração ou à perda de suas condições de uso com o decorrer do tempo;

d) incorporabilidade – destinado à incorporação em outro bem, ainda que suas características originais sejam alteradas, de modo que sua retirada acarrete prejuízo à essência do bem principal; ou

e) transformabilidade – adquirido para fins de utilização como matéria-prima ou matéria intermediária para a geração de outro bem; e

IV – elasticidade-renda da demanda – razão entre a variação percentual da quantidade demandada e a variação percentual da renda média.

Classificação de bens

Art. 3º O ente público considerará no enquadramento do bem como de luxo, conforme conceituado no inciso I do caput do art. 2º:

I – relatividade econômica – variáveis econômicas que incidem sobre o preço do bem, principalmente a facilidade ou a dificuldade logística regional ou local de acesso ao bem; e

II – relatividade temporal – mudança das variáveis mercadológicas do bem ao longo do tempo, em função de aspectos como:

a) evolução tecnológica;

b) tendências sociais;

c) alterações de disponibilidade no mercado; e

d) modificações no processo de suprimento logístico.

Art. 4º Não será enquadrado como bem de luxo aquele que, mesmo considerado na definição do inciso I do caput do art. 2º:

I – for adquirido a preço equivalente ou inferior ao preço do bem de qualidade comum de mesma natureza; ou

II – tenha as características superiores justificadas em face da estrita atividade do órgão ou da entidade.

Vedação à aquisição de bens de luxo

Art. 5º É vedada a aquisição de bens de consumo enquadrados como bens de luxo, nos termos do disposto neste Decreto.

Bens de luxo na elaboração do plano de contratação anual

Art. 6º As unidades de contratação dos órgãos e das entidades, em conjunto com as unidades técnicas, identificarão os bens de consumo de luxo constantes dos documentos de formalização de demandas antes da elaboração do plano de contratações anual de que trata o inciso VII do caput do art. 12 da Lei nº 14.133, de 2021.

Parágrafo único. Na hipótese de identificação de demandas por bens de consumo de luxo, nos termos do disposto no caput, os documentos de formalização de demandas retornarão aos setores requisitantes para supressão ou substituição dos bens demandados.

Normas complementares

Art. 7º O Secretário de Gestão da Secretaria Especial de Desburocratização, Gestão e Governo Digital do Ministério da Economia poderá editar normas complementares para a execução do disposto neste Decreto.

Vigência

Art. 8º Este Decreto entra em vigor em 29 de setembro de 2021.

Brasília, 27 de setembro de 2021; 200º da Independência e 133º da República.

JAIR MESSIAS BOLSONARO

Paulo Guedes

Posteriormente, a Instrução Normativa SEGES/MGI nº 4, de 2.02.2023, estabeleceu regras complementares para a aplicação do Decreto nº 10.818/2021, preceituando que, para efeito do disposto no inc. II de seu art. 4º, serão consideradas hipóteses de bens passíveis de serem dotados com características superiores em face da estrita atividade do órgão ou da entidade: a) bens móveis destinados ao uso nas dependências de Palácios e das Residências Oficiais da Presidência da República Federativa do Brasil; b) bens destinados a garantir a segurança pessoal do Presidente da República Federativa do Brasil e de seus Ministros de Estado; c) bens destinados à atividade institucional do órgão ou da entidade que não possam ser substituídos por outro bem de qualidade comum, ou que lei específica estabeleça qualidade diferente. Dispondo, ainda, que a correlação entre as características superiores e as atividades do órgão ou entidade deverá ser devidamente justificada no processo administrativo de contratação.

Art. 21. A Administração poderá convocar, com antecedência mínima de 8 (oito) dias úteis, audiência pública, presencial ou a distância, na forma eletrônica, sobre licitação que pretenda realizar, com disponibilização prévia de informações pertinentes, inclusive de estudo técnico preliminar e elementos do edital de licitação, e com possibilidade de manifestação de todos os interessados.
Parágrafo único. A Administração também poderá submeter a licitação a prévia consulta pública, mediante a disponibilização de seus elementos a todos os interessados, que poderão formular sugestões no prazo fixado.

Artigo 21

1 Audiência pública sobre uma licitação

É permitido à Administração convocar, com antecedência mínima de 8 (oito) dias úteis, uma audiência pública, presencial ou a distância (na forma eletrônica), sobre licitação que pretenda realizar, com disponibilização prévia de informações pertinentes, inclusive de estudo técnico preliminar, elementos do edital de licitação etc.

Em linhas gerais, a audiência pública é um instrumento de diálogo entre a Administração Pública e a sociedade, na busca de soluções para as demandas sociais de toda a ordem, propiciando ao cidadão a possibilidade de troca de informações com o administrador público.

A realização da audiência pública tem como resultado o pleno atendimento ao interesse público, pois permite a produção de atos legítimos, em face de terem origem no interesse da coletividade.

No campo das licitações, a regra registra o ápice da participação popular, proporcionando maior transparência, dado que permite o debate sobre a pretendida contratação por quaisquer interessados, bem como o acompanhamento do certame desde o seu nascedouro.

Vide que a Lei preceitua que a Administração deverá facultar o acesso e o direito às informações completas/manifestação a todos os interessados, entendendo-se que está se reportando a qualquer cidadão, tendo em vista a possibilidade de promoção de ação popular, e não somente aos possíveis licitantes.

Saliente-se que, quem comparece à audiência pública, forma um juízo sobre a legalidade da licitação que se pretende realizar, com base em um determinado quadro legal.

Desse modo, como assevera Cintra do Amaral, se o quadro for modificado, o juízo de legalidade, formado à época da realização da audiência, perderá a validade:

> Se o juízo formado pelos interessados à época da realização da audiência pública – quer quanto à conveniência e oportunidade, quer quanto à legalidade da licitação – já não valer mais, a audiência pública não valerá mais. Em consequência, perderá sua eficácia jurídica.[294]

[294] CINTRA DO AMARAL. Audiência Pública para licitações de grande vulto. *In*: CINTRA DO AMARAL. *Comentando as licitações públicas*.

Sendo possível que as respostas dadas em audiências públicas sejam consideradas insatisfatórias, tudo deverá constar em ata, facultando-se ao particular a promoção de questionamentos, até mesmo por via judicial.

Nessa linha de raciocínio, Marçal Justen obtempera:

> As ocorrências verificadas na audiência deverão constar de ata, a ser juntada aos autos do procedimento. A ata deverá ser elaborada ao final da sessão, sendo levada ao conhecimento de todos os interessados (art. 34 da Lei nº 9.784/1999), facultando-se a qualquer dos presentes sobre ela manifestar-se. [...] Como se aplica em todas as situações dessa ordem, a ata deverá conter todas as informações, sendo vedado à Administração omitir informações ou desnaturar a natureza da controvérsia por meio de descrição insuficiente ou inadequada sobre os fatos ocorridos.[295]

Parágrafo único

2 Consulta Pública sobre uma licitação

A Nova Lei positiva um bom hábito que governo federal, de longa data, mantém quando da elaboração de novos importantes diplomas normativos: a consulta pública.

Destarte, o parágrafo prescreve que a Administração também poderá submeter uma licitação à prévia consulta pública, mediante a disponibilização de seus elementos a todos os interessados, que poderão formular sugestões no prazo fixado.

A consulta pública é uma ferramenta de participação social, aberta a todos os cidadãos interessados, que tem como objetivo subsidiar o processo de tomada de decisão e de edição das normas da Administração.

[295] JUSTEN FILHO. *Comentários à Lei de Licitações e Contratos Administrativos*. 16. ed.

Art. 22. O edital poderá contemplar matriz de alocação de riscos entre o contratante e o contratado, hipótese em que o cálculo do valor estimado da contratação poderá considerar taxa de risco compatível com o objeto da licitação e com os riscos atribuídos ao contratado, de acordo com metodologia predefinida pelo ente federativo.

§1º A matriz de que trata o *caput* deste artigo deverá promover a alocação eficiente dos riscos de cada contrato e estabelecer a responsabilidade que caiba a cada parte contratante, bem como os mecanismos que afastem a ocorrência do sinistro e mitiguem os seus efeitos, caso este ocorra durante a execução contratual.

§2º O contrato deverá refletir a alocação realizada pela matriz de riscos, especialmente quanto:

I – às hipóteses de alteração para o restabelecimento da equação econômico-financeira do contrato nos casos em que o sinistro seja considerado na matriz de riscos como causa de desequilíbrio não suportada pela parte que pretenda o restabelecimento;

II – à possibilidade de resolução quando o sinistro majorar excessivamente ou impedir a continuidade da execução contratual;

III – à contratação de seguros obrigatórios previamente definidos no contrato, integrado o custo de contratação ao preço ofertado.

§3º Quando a contratação se referir a obras e serviços de grande vulto ou forem adotados os regimes de contratação integrada e semi-integrada, o edital obrigatoriamente contemplará matriz de alocação de riscos entre o contratante e o contratado.

§4º Nas contratações integradas ou semi-integradas, os riscos decorrentes de fatos supervenientes à contratação associados à escolha da solução de projeto básico pelo contratado deverão ser alocados como de sua responsabilidade na matriz de riscos.

Artigo 22

1 Matriz de alocação de riscos no edital licitatório

O inc. XXVII do art. 6º define *matriz de riscos* como cláusula contratual definidora de riscos e de responsabilidades entre as partes e caracterizadora do equilíbrio econômico-financeiro inicial do contrato, em termos de ônus financeiro decorrente de eventos supervenientes à contratação.

A matriz de riscos, já tratada na Lei das Parcerias Públicos-Privadas (Lei nº 11.079/2004) e na Lei das Estatais (Lei nº 13.303/2016), refere-se à ferramenta que deverá prever todas as circunstâncias que poderão ser invocadas para a manutenção do equilíbrio econômico-financeiro do contrato.

O art. 103 informa que o contrato poderá identificar os riscos contratuais previstos e presumíveis e prever matriz de alocação de riscos, alocando-os entre contratante e contratado, mediante indicação daqueles a serem assumidos pelo setor público ou pelo setor privado ou daqueles a serem compartilhados.

Em função do contexto legal, verifica-se que se trata de ferramenta das mais importantes dos contratos administrativos, porquanto através dela se poderá antever soluções para fatos que poderão vir a ser enfrentados durante o período contratual, muito embora, como dispõe o §3º, só seja obrigatória nas obras e serviços de grande vulto (aqueles cujo valor estimado supere R$239.624.058,14)[296] ou quando forem adotados os regimes de contratação integrada e semi-integrada.[297]

Apesar de ser instrumento voltado para a fase contratual, o art. 22 em comento já a permite na etapa editalícia, porquanto informa que o edital licitatório poderá contemplar matriz de alocação de riscos, hipótese em que o cálculo do valor estimado da contratação poderá considerar taxa de risco compatível com o objeto da licitação e os riscos atribuídos ao contratado, de acordo com metodologia predefinida pelo ente federativo. Assim, far-se-á necessário um trabalho de previsão das ocorrências que poderão impactar na execução contratual, especialmente nas cláusulas econômico-financeiras.

Segundo o §1º, a matriz de riscos deverá promover a alocação eficiente dos riscos de cada contrato e estabelecer a responsabilidade cabível a cada parte contratante, bem como os mecanismos que afastem a ocorrência do sinistro e mitiguem os seus efeitos, caso ocorra durante a execução contratual.

Consoante o §2º, quando adotada a matriz de riscos, o contrato celebrado deverá conter cláusula que reflita a alocação realizada por ela, em especial quanto: a) às situações de alteração para o restabelecimento da equação econômico-financeira do contrato nos casos em que o sinistro seja considerado na matriz de riscos como causa de desequilíbrio não suportada pela parte que pretenda o restabelecimento; b) à possibilidade de resolução quando o sinistro majorar excessivamente ou impedir a continuidade da execução contratual; e c) à contratação de seguros obrigatórios previamente definidos no contrato, integrado o custo de contratação ao preço ofertado.

Atendendo à determinação do TCU, que impõe nas contratações integradas a inclusão de matriz de risco detalhada no instrumento convocatório (Acórdão nº 1.465/2013 e outros), o §3º é taxativo quanto à elaboração da ferramenta no caso da contratação se referir a obras e serviços de grande vulto (aqueles cujo valor estimado supera R$200.000.000,00) ou quando forem adotados os regimes de contratação integrada e semi-integrada,

Como assenta Mariana Magalhães Avelar, a escolha discricionária na maioria das licitações e vinculada apenas em três categorias contratuais (grande vulto e contratações integradas e semi-integradas) tem sua razão de ser, eis que contratos simples, que não

[296] Conforme atualização realizada pelo Decreto nº 11.871, de 29.12.2023.

[297] Em termos práticos, a matriz de riscos, como assentaram Jessé Torres e Marinês Dotti, é habitualmente representada por um gráfico de dois eixos coordenados, evidenciando, com a indicação dos eventos futuros que podem incidir sobre a execução do contrato, a probabilidade/risco de sua ocorrência e do respectivo impacto sobre o empreendimento. A matriz de riscos identifica os principais fatores influentes sobre a execução do objeto, enseja a avaliação das estratégias de mitigação ou alocação dos riscos possíveis e da probabilidade da sobrevinda de eventos danosos, indicando os respectivos impactos financeiros sobre o contrato.

gerem eventualidades extraordinárias, não têm o condão de gerar matrizes de risco, o que implicaria a instalação de custos de transação não justificados.[298]

Segundo o §4º, nas contratações integradas ou semi-integradas, os riscos decorrentes de fatos supervenientes à contratação associados à escolha da solução de projeto básico pelo contratado deverão ser alocados como de sua responsabilidade na matriz de riscos.

[298] AVELAR. *Perspectivas para a contratação integrada e semi-integrada na futura lei de licitações.*

Art. 23. O valor previamente estimado da contratação deverá ser compatível com os valores praticados pelo mercado, considerados os preços constantes de bancos de dados públicos e as quantidades a serem contratadas, observadas a potencial economia de escala e as peculiaridades do local de execução do objeto.

§1º No processo licitatório para aquisição de bens e contratação de serviços em geral, conforme regulamento, o valor estimado será definido com base no melhor preço aferido por meio da utilização dos seguintes parâmetros, adotados de forma combinada ou não:

I – composição de custos unitários menores ou iguais à mediana do item correspondente no painel para consulta de preços ou no banco de preços em saúde disponíveis no Portal Nacional de Contratações Públicas (PNCP);

II – contratações similares feitas pela Administração Pública, em execução ou concluídas no período de 1 (um) ano anterior à data da pesquisa de preços, inclusive mediante sistema de registro de preços, observado o índice de atualização de preços correspondente;

III – utilização de dados de pesquisa publicada em mídia especializada, de tabela de referência formalmente aprovada pelo Poder Executivo federal e de sítios eletrônicos especializados ou de domínio amplo, desde que contenham a data e a hora de acesso;

IV – pesquisa direta com, no mínimo, 3 (três) fornecedores, mediante solicitação formal de cotação, desde que seja apresentada justificativa da escolha desses fornecedores e que não tenham sido obtidos os orçamentos com mais de 6 (seis) meses de antecedência da data de divulgação do edital;

V – pesquisa na base nacional de notas fiscais eletrônicas, na forma de regulamento.

§2º No processo licitatório para contratação de obras e serviços de engenharia, conforme regulamento, o valor estimado, acrescido do percentual de Benefícios e Despesas Indiretas (BDI) de referência e dos Encargos Sociais (ES) cabíveis, será definido por meio da utilização de parâmetros na seguinte ordem:

I – composição de custos unitários menores ou iguais à mediana do item correspondente do Sistema de Custos Referenciais de Obras (Sicro), para serviços e obras de infraestrutura de transportes, ou do Sistema Nacional de Pesquisa de Custos e Índices de Construção Civil (Sinapi), para as demais obras e serviços de engenharia;

II – utilização de dados de pesquisa publicada em mídia especializada, de tabela de referência formalmente aprovada pelo Poder Executivo federal e de sítios eletrônicos especializados ou de domínio amplo, desde que contenham a data e a hora de acesso;

III – contratações similares feitas pela Administração Pública, em execução ou concluídas no período de 1 (um) ano anterior à data da pesquisa de preços, observado o índice de atualização de preços correspondente;
IV – pesquisa na base nacional de notas fiscais eletrônicas, na forma de regulamento.
§3º Nas contratações realizadas por Municípios, Estados e Distrito Federal, desde que não envolvam recursos da União, o valor previamente estimado da contratação, a que se refere o *caput* deste artigo, poderá ser definido por meio da utilização de outros sistemas de custos adotados pelo respectivo ente federativo.
§4º Nas contratações diretas por inexigibilidade ou por dispensa, quando não for possível estimar o valor do objeto na forma estabelecida nos §§1º, 2º e 3º deste artigo, o contratado deverá comprovar previamente que os preços estão em conformidade com os praticados em contratações semelhantes de objetos de mesma natureza, por meio da apresentação de notas fiscais emitidas para outros contratantes no período de até 1 (um) ano anterior à data da contratação pela Administração, ou por outro meio idôneo.
§5º No processo licitatório para contratação de obras e serviços de engenharia sob os regimes de contratação integrada ou semi-integrada, o valor estimado da contratação será calculado nos termos do §2º deste artigo, acrescido ou não de parcela referente à remuneração do risco, e, sempre que necessário e o anteprojeto o permitir, a estimativa de preço será baseada em orçamento sintético, balizado em sistema de custo definido no inciso I do §2º deste artigo, devendo a utilização de metodologia expedita ou paramétrica e de avaliação aproximada baseada em outras contratações similares ser reservada às frações do empreendimento não suficientemente detalhadas no anteprojeto.
§6º Na hipótese do §5º deste artigo, será exigido dos licitantes ou contratados, no orçamento que compuser suas respectivas propostas, no mínimo, o mesmo nível de detalhamento do orçamento sintético referido no mencionado parágrafo.

Artigo 23

1 Estimativa prévia de preço

Estimar bem o valor do objeto pretendido numa licitação é fator importante para o sucesso, não só para se ter um parâmetro comparativo, como também para se verificar a existência de recursos públicos suficientes para cobertura das despesas decorrentes da futura contratação.

Por isso, tem se maximizado a preocupação de aproximar ao máximo esse valor estimativo do real preço praticado no mercado.

Nesse contexto, este art. 23 aponta que o valor precocemente estimado da contratação deverá ser compatível com os valores praticados pelo mercado, considerando-se os preços constantes de bancos de dados públicos e as quantidades a serem contratadas, observadas a potencial economia de escala e as peculiaridades do local de execução do objeto.

As expressões "pesquisa de preços" e "pesquisa de mercado" se confundem na busca de um único objetivo, pois se evidencia que tais procedimentos possuem como meta um espelho real do preço que o mercado está oferecendo para o objeto pretendido.

Tentando dar um norte à situação, o TCU buscou uma diferenciação: *pesquisa de preços* é o procedimento prévio para a verificação de existência de recursos suficientes para cobrir despesas decorrentes de contratação pública, servindo de base também para confronto e exame de propostas em licitação; e *pesquisa de mercado* é o procedimento para verificação das exigências e condições do mercado fornecedor do objeto a licitar, como especificação, qualidade, desempenho, prazos de entrega, prestação, execução e garantia.[299]

Parágrafo 1º

2 Estimativa de preço na aquisição de bens e contratação de serviços em geral

Até bem pouco tempo, realizava-se o trabalho de estimativa prévia de valor por intermédio de levantamentos em lojas (com os preços devidamente consignados e, quando possível, com orçamentos oferecidos *in loco*), em prospectos, jornais, periódicos, revistas e, mais recentemente, em sites especializados (com a data e a hora de acesso). Hoje, com a evolução da tecnologia da informação, os parâmetros são outros, bem mais precisos.

Foi nessa contextura que este §1º, mais se espelhando na revogada Instrução Normativa SEGES nº 5/2014 do que na que vigorava até então (Instrução Normativa nº 73/2020),[300] definiu os paradigmas para se atingir o preço estimado na hipótese de bens e contratação de serviços em geral, remetendo, contudo, à regulamentação específica.

Assim, segundo o dispositivo, o valor estimado deverá ser definido com base no melhor preço aferido por meio da utilização dos seguintes parâmetros, adotados de forma combinada ou não:

a) composição de custos unitários menores ou iguais à mediana do item correspondente no painel para consulta de preços ou no Banco de Preços em Saúde disponíveis no Portal Nacional de Contratações Públicas (PNCP);
b) contratações similares feitas pela Administração Pública, em execução ou concluídas no período de um ano anterior à data da pesquisa de preços, inclusive mediante sistema de registro de preços, observado o índice de atualização de preços correspondente;

---

[299] LICITAÇÕES E CONTRATOS. *Orientações e Jurisprudência do TCU*. 4. ed.

[300] Hoje vigora a Instrução Normativa SEGES/ME nº 65, de 7.07.2021, que dispõe sobre o procedimento administrativo para realização de pesquisa de preços para aquisição de bens e contratação de serviços em geral, no âmbito da Administração Pública federal direta, autárquica e fundacional.

c) utilização de dados de pesquisa publicada em mídia especializada, de tabela de referência formalmente aprovada pelo Poder Executivo federal e de sítios eletrônicos especializados ou de domínio amplo, desde que contenham a data e a hora de acesso;
d) pesquisa direta com no mínimo três fornecedores, mediante solicitação formal de cotação, desde que seja apresentada a justificativa da escolha desses fornecedores e que não tenham sido obtidos os orçamentos com mais de seis meses de antecedência da data de divulgação do edital; e
e) pesquisa na base nacional de notas fiscais eletrônicas, na forma de regulamento.

Em função da variada gama de parâmetros, vê-se a intenção de fazer com que a Administração efetue ampla pesquisa em fontes variadas, como já vinha orientando o TCU. Contudo, como o mandamento permite a adoção de forma combinada ou não, é possível, em situações excepcionais, o uso de somente um parâmetro, como, inclusive, sustentava a Advocacia-Geral da União (AGU), na vigência da instrução normativa anterior que versava sobre a matéria (IN nº 05/2014-SLTI/MP): Parecer nº 12/2014/CPLC/DEPCONSU/PGF/AGU – "É juridicamente viável a eleição de apenas um dos parâmetros para a formação do preço estimado da contratação, conforme estabelecido pelo artigo 2º da IN nº 05/2014-SLTI/MP, restando, portanto, superada a lacuna legislativa no tocante à metodologia utilizada para a formação do preço estimado".

Todavia, como bem recomenda Franklin Brasil, mesmo quando a pesquisa for apenas baseada no sistema de compras governamental, é recomendável avaliar o risco da compra para definir a amplitude e a diversidade da pesquisa:

> No Acórdão nº 5.216/2007-1C, o TCU abordou uma questão relevante a esse respeito. Pautar a pesquisa de preços apenas em preços praticados na Administração Pública pode perpetuar uma incompatibilidade com o mercado. Se um produto for comprado com sobrepreço, este parâmetro pode se disseminar e até mesmo perpetuar em todo setor público. Daí a razão pela qual a origem da pesquisa única e exclusivamente em preços registrados nem sempre apresenta, necessariamente, o menor preço de mercado, e sim o preço pago por determinado órgão comprador (vide Acórdão TCU nº 1.378/2008-1C). Para o TCU, uma compra só pode ser considerada vantajosa se ficar comprovado que a pesquisa de preços "foi feita de acordo com a melhor técnica possível para cada caso, a exemplo dos parâmetros definidos na IN-SLTI/MPOG 5/2014" (Acórdão nº 2637/2015-P). Por isso a relevância de se avaliar o risco da compra. Esse aspecto deve fazer parte do planejamento da pesquisa de preços. (...) Compras que envolvem baixa materialidade econômica podem justificar a adoção de um único preço registrado no Comprasnet, por exemplo. Mas a aquisição de produtos com significativo impacto orçamentário exige maior rigor metodológico, aplicando-se a "cesta de preços aceitáveis", com a amplitude suficiente ao caso (Acórdão nº 2637/2015-P), e com o tratamento adequado dos dados, para evitar referências distorcidas.[301]

Assente-se importante crítica de Anderson Pedra, Rafael Sérgio de Oliveira e Victor Amorim, considerando que a pesquisa de preço tem repercussão jurídica na medida em que é a base para a formação do preço estimado e do peço máximo aceitável, e que, em função disso, não deveria estar estabelecida em lei:

[301] BRASIL. *Preço de referência em compras públicas.*

> Essa ação não tem como ser prescrita em norma jurídica, já que a prospecção no mercado do valor é ato muito mais técnico-econômico do que jurídico. Atualmente vigora a IN/SEGES nº 73/2020. Essa IN traz algumas regras sobre pesquisa de preço, mas deixa na discricionariedade do gestor a possibilidade de se orientar pela técnica, desde que de maneira justificada (§1º do art. 6º da IN/SEGES nº 73/2020). No caso do PL, sua redação é perigosa exatamente porque prescreve um método de pesquisa de preço em nível de lei e tal método pode ser inadequado para alguns casos, sem sequer abrir ao gestor a possibilidade de adotar outros métodos ou parâmetros. A prevalecer o texto, orçamentos serão mal montados pela necessidade de seguir a regra legal, porém não contarão com a necessária aderência à realidade do mercado.[302]

Cabe observar, com relação ao parâmetro indicado em "a", que a Nova Lei, no art. 174, indica a criação do Portal Nacional de Contratações Públicas (PNCP), a ser instituído pelo Poder Executivo federal, abrangendo todos os entes federativos, intentando contribuir para diminuição de custos de transação e aumentar a competitividade dos processos licitatórios.[303]

Vide que, se o critério de julgamento das propostas for o maior desconto (art. 33, II), o julgamento deverá ter como referência o preço global fixado no edital de licitação (§2º do art. 33), robustecendo a importância da ampla pesquisa de preço.

Parágrafo 2º

3 Estimativa de preço para contratação de obras e serviços de engenharia

Também remetendo à futura regulamentação,[304] o §2º preceitua que, no processo licitatório para contratação de obras e serviços de engenharia, o valor estimado, acrescido do percentual de Benefícios e Despesas Indiretas (BDI) de referência e dos Encargos Sociais (ES) cabíveis, será definido por meio da utilização de parâmetros na seguinte ordem:

a) composição de custos unitários menores ou iguais à mediana do item correspondente do Sistema de Custos Referenciais de Obras (Sicro),[305] para serviços e obras de infraestrutura de transportes, ou do Sistema Nacional de

[302] PEDRA; OLIVEIRA; AMORIM. *O projeto da nova lei de licitações e a espada de Dâmocles.*

[303] Em agosto de 2021, o portal foi lançado oficialmente (sítio https://pncp.gov.br/).

[304] A regulamentação federal atual, que certamente servirá de parâmetro para a futura regulamentação, é o Decreto nº 7.983/2013, que estabelece regras e critérios para elaboração do orçamento de referência de obras e serviços de engenharia, contratados e executados com recursos dos orçamentos da União. Inclusive, por intermédio da Instrução Normativa SEGES/ME nº 72, de 12.08.2021, o governo federal autorizou a aplicação desse decreto para definição do valor estimado nos processos de contratação direta de obras e serviços de engenharia "de que dispõe o §2º do art. 23 da Lei nº 14.133, de 1º de abril de 2021, no âmbito da Administração Pública federal direta, autárquica e fundacional".

[305] O Sistema de Custos Referenciais de Obras (SICRO), criado pelo Departamento Nacional de Infraestrutura de Transportes (DNIT), reúne os insumos e as composições usadas como referência para obras de infraestrutura de transportes.

Pesquisa de Custos e Índices de Construção Civil (Sinapi),[306] para as demais obras e serviços de engenharia;

b) utilização de dados de pesquisa publicada em mídia especializada, de tabela de referência formalmente aprovada pelo Poder Executivo federal e de sítios eletrônicos especializados ou de domínio amplo, desde que contenham a data e a hora de acesso;

c) contratações similares feitas pela Administração Pública, em execução ou concluídas no período de um ano anterior à data da pesquisa de preços, observado o índice de atualização de preços correspondente;

d) pesquisa na base nacional de notas fiscais eletrônicas, na forma de regulamento.

3.1 Os Benefícios ou Bonificações e Despesas Indiretas (BDI)[307]

Dois são os componentes determinantes para a elaboração dos orçamentos de obras ou de serviços de engenharia: os custos diretos e o BDI (Benefícios ou Bonificações e Despesas Indiretas) – expressão técnica utilizada no ramo da engenharia, especialmente da construção civil.

Os custos diretos, obviamente, são inerentes aos valores dos materiais e da execução da obra. Já o BDI advém das despesas indiretas e do lucro.

Como é determinante, para a composição do valor estimado na contratação de obras e serviços de engenharia, o acréscimo do percentual do BDI de referência, obrigatoriamente, deverá discriminar, no maior grau de detalhamento possível, os custos diretos e indiretos aplicados na obra ou serviço, notadamente de engenharia, adotando composições de custos analíticas, nas quais os insumos que comporão os respectivos serviços sejam objetivamente identificados.

Há de se ter especial cuidado, uma vez que a utilização indevida de um percentual nesse mister poderá, ao ser aplicado ao custo direto, onerar sobremaneira o custo total.

Ao tratar da matéria, Bruno Caldeira de Andrada e Orlando Celso Longo alertam:

> A expressão BDI significa bonificação (ou benefícios) e despesas indiretas, a qual é um percentual que, aplicado sobre o custo da obra, eleva-o ao preço final dos serviços, e seu valor deve ser avaliado para cada caso específico, dado que seus componentes sofrem diversas variações em função do local, tipo de obra e sua própria composição. Este

---

[306] O Sistema Nacional de Pesquisa de Custos e Índices da Construção Civil (SINAPI) tem por objetivo a produção de séries mensais de custos e índices para o setor habitacional, e de séries mensais de salários medianos de mão de obra e preços medianos de materiais, máquinas e equipamentos e serviços da construção para os setores de saneamento básico, infraestrutura e habitação. O Sistema é uma produção conjunta do Instituto Brasileiro de Geografia e Estatística (IBGE) e da Caixa Econômica Federal (CAIXA) realizada por meio de acordo de cooperação técnica, cabendo ao IBGE a responsabilidade da coleta, da apuração e do cálculo, enquanto à CAIXA, a definição e manutenção dos aspectos de engenharia, tais como projetos, composições de serviços etc. As estatísticas do SINAPI são fundamentais na programação de investimentos, sobretudo para o setor público. Os preços e custos auxiliam na elaboração, análise e avaliação de orçamentos, enquanto os índices possibilitam a atualização dos valores das despesas nos contratos e orçamentos.

[307] Para aprofundamento, sugere-se a leitura de: *Preço global em obras públicas* (de Paulo Ernesto Pfeiter Santa Maria), *Obras públicas*: licitação, contratação, fiscalização e utilização, (de Cláudio Sarian Altounian) e *Um aspecto polêmico do orçamento de obras públicas*: Benefícios e Despesas Indiretas (BDI) (de André Luiz Mendes e Patrícia Reis Leitão Bastos). (SANTA MARIA. *Preço global em obras públicas*; ALTOUNIAN. *Obras públicas*; MENDES; BASTOS. *Um aspecto polêmico do orçamento de obras públicas*).

percentual tanto pode ser inserido na composição dos custos unitários, como pode ser aplicado diretamente ao final do orçamento, sobre o custo total. O preço de execução é, pois, igual ao custo da obra mais a taxa de BDI.

Conforme lecionam os engenheiros André Luiz Mendes e Patrícia Reis Bastos, essa taxa tanto pode ser inserida na composição dos custos unitários como pode ser aplicada ao final do orçamento, sobre o custo total. Assim, o preço de execução de um serviço de construção civil (preço de venda ou valor final) é igual ao custo da obra mais a taxa de BDI.[308]

Ao longo do tempo, o tema vem sendo alvo de questionamentos quando da elaboração e análise dos orçamentos, principalmente em face da possível duplicidade de contagem, ou seja, gastos que são inseridos na planilha de custos diretos e também incluídos no cálculo do BDI.

Nesse passo, há grandes dificuldades no estabelecimento de quais seriam as despesas a ser definidas como indiretas e quais valores dos componentes do BDI deverão ser considerados aceitáveis.

E, por quê? Porque até bem pouco tempo inexistia metodologia atualizada e consistente para o cálculo do BDI. A adotada, que não era precisa, foi totalmente superada pelas alterações na conjuntura econômica e legal.

Além disso, subsistem outros motivos, como relaciona o engenheiro Maçahico Tisaka: "o BDI não é igual para qualquer obra; literatura técnica escassa e pouco disponível; uso político do BDI nos órgãos públicos; concorrência predatória – inutilidade do BDI; e mito da "caixa preta" ainda não superado".[309]

Ademais, a maioria dos órgãos públicos, como asseverou Tisaka, empresas dos governos nas três esferas e prefeituras municipais, talvez por desconhecimento, persistem na utilização de metodologias de composição do BDI já superadas e conceitualmente erradas, estabelecendo as taxas de acordo com a conveniência do órgão contratante ou por similaridade com outros órgãos (que também agem da mesma forma), sem qualquer transparência ou justificativa técnica que leve a estabelecer a mesma.

Como inexiste norma que determine o que deve ou não ser incluído como BDI, André Luiz Mendes e Patrícia Reis Bastos sugerem a utilização de um critério contábil para a classificação dos gastos que podem ser considerados como despesas indiretas, pois essa seria uma forma de se delimitar tecnicamente quais itens o compõem:

> Sob esse prisma, o BDI deve conter apenas gastos que contabilmente são classificados como despesas indiretas, quais sejam: administração central, ISS, PIS, COFINS, CPMF, mobilização e desmobilização, despesas financeiras e seguros/imprevistos. Qualquer outro gasto deve ser incluído analiticamente na planilha orçamentária como custo direto. Já os valores pagos pela contratante a título de IRPJ e CSSL não devem ser incluídos nos orçamentos de obras, já que estão relacionados com o desempenho financeiro da empresa e não com a execução do serviço de construção civil que está sendo orçado.[310]

---

308 MENDES; BASTOS. *Um aspecto polêmico do orçamento de obras públicas.*

309 MAÇAHICO. A polêmica do BDI e suas consequências. *In:* CONGRESSO BRASILEIRO DE ENGENHARIA DE AVALIAÇÕES E PERÍCIAS.

310 MENDES; BASTOS. *Um aspecto polêmico do orçamento de obras públicas.*

Ressalte-se, como aduziram os analistas, que, para que a taxa de BDI adotada num orçamento possa ser efetivamente analisada, é de vital importância que a Administração exija no edital da licitação a apresentação de sua composição na proposta orçamentária.

Em consonância com essa necessidade de que as despesas indiretas dos orçamentos sejam tratadas de forma mais analítica, o TCU tem reiterado que sejam discriminados os itens componentes do BDI, o que permite, quando da análise do orçamento, uma aferição a contento dos percentuais utilizados como base da estipulação da taxa total.

> Quando da análise dos orçamentos de obras públicas, a utilização de um critério técnico para delimitação do que deve estar contido na planilha orçamentária e do que compõe o BDI é um facilitador, especialmente quando se sabe que os mais diversos gastos têm sido incluídos como Benefícios e Despesas Indiretas, dando margem, muitas vezes, a questionamentos quanto à sua justa remuneração.[311]

Algumas deliberações do TCU sobre a matéria:

> Acórdão nº 62/2007-Plenário (Sumário) – As planilhas de referência e as propostas dos licitantes devem conter a discriminação de todos os custos unitários envolvidos, com a explicitação da composição do BDI utilizado na formação dos preços.
>
> Acórdão nº 2079/2007-Plenário (Sumário) – É legítima a adição de BDI aos custos referenciais diretos de uma obra ou serviço de engenharia, por traduzir compensação de despesas e remuneração de capital e trabalho.
>
> Acórdão nº 2469/2007-Plenário (Sumário) – Os gastos indevidamente computados como despesas indiretas devem ser expurgados da taxa de BDI com vista à obtenção de percentual adequado que retrate, de forma equilibrada, os custos efetivamente absorvidos pelo empreiteiro.
>
> Acórdão nº 32/2008-Plenário (Sumário) – Nos pagamentos efetuados aos contratados a título de ISS deve ser considerada a alíquota real estabelecida pelos municípios envolvidos, e não aquela considerada no BDI da empresa.
>
> Acórdão nº 1933/2009-Plenário (Voto do Ministro Relator) – Em relação à retenção e ao pagamento de tributos em desacordo com os percentuais previstos no BDI, anuo ao exame empreendido pela unidade técnica, o qual adoto como razões de decidir, e julgo que deve ser expedida determinação corretiva à Furnas, no sentido de que as faturas a ela encaminhadas pela contratada [...] sejam acompanhadas de cópia autêntica da GRPS (INSS), referente à folha de pagamento; de cópia autêntica da guia de FGTS; de cópia da folha de pagamento específica dos empregados lotados na execução dos serviços contratados; e cópia autêntica da guia de recolhimento do ISS referente ao mês anterior.
>
> Acórdão nº 1795/2009-Plenário – Retire do percentual de BDI utilizado no projeto básico as despesas concernentes à administração local da obra e à mobilização de pessoal e equipamentos, as quais deverão ser incorporadas à planilha analítica dos serviços. Expurgue do percentual de BDI o item denominado "taxas diversas", por não se caracterizar como custo indireto e por não constar elementos que discriminem a que tipo de despesa esse item se refere.
>
> Acórdão nº 1453/2009-Plenário – Deixe de consignar nos orçamentos básicos, nos formulários para proposta de preços e nas justificativas de preço a que se refere o art. 26, inciso III, da Lei nº 8.666/93, inclusive para os casos de dispensa e inexigibilidade de licitação,

[311] MENDES; BASTOS. *Um aspecto polêmico do orçamento de obras públicas.*

parcelas relativas a gastos com reserva técnica e com os tributos IRPJ e CSLL, não podendo ser aceitas também propostas de preços contendo custos relativos aos tributos citados, seja na composição do BDI ou em item específico da planilha.

Parágrafo 3º

4 Parâmetros nas contratações realizadas por entes federativos sem recursos da União

A CF registra, expressamente, que os entes que compõem a federação brasileira são dotados de autonomia, com capacidade de auto-organização, autogoverno e autoadministração. Significa dizer que, nesse último aspecto, os entes federativos têm autonomia para organizar os seus próprios serviços.

Nesse contexto, não se mostra lícito suprimir a possibilidade de um ente federativo, exercendo a capacidade de autoadministração, normatizar a sua estruturação administrativa, o seu regime de pessoal e os procedimentos administrativos necessários à sua atuação, pois isso significaria supressão inconstitucional do poder de legislar, regulamentar e regular internamente sua estrutura.[312]

Desse modo, para não macular a princípio da autonomia dos entes federativos, este §3º fixa que, nas contratações realizadas por municípios, estados e Distrito Federal, desde que não envolvam recursos da União, o valor previamente estimado da contratação poderá ser definido por meio da utilização de outros sistemas de custos por eles adotados.

Se, entrementes, as contrações envolverem recursos da União, os parâmetros adotados deverão ser obrigatoriamente os previstos nesta Nova Lei, mantendo-se, assim, procedimento já sedimentado relativo às transferências de recursos da União mediante convênios e contratos de repasse, como vem sendo posto em prática ao longo do tempo em normativos infralegais, como a antiga Portaria Interministerial nº 127/2008, expedida conjuntamente pelo Ministério do Planejamento, Orçamento e Gestão, Ministério da Fazenda e Ministério de Controle e da Transparência, que previa normas para execução do disposto no Decreto nº 6.170/2007 (que dispunha sobre as normas relativas às transferências de recursos da União mediante convênios e contratos de repasse); a Portaria Interministerial nº 507/2011, expedida pelos Ministérios do Planejamento, Orçamento e Gestão, da Fazenda e da Controladoria-Geral da União; e a atual Portaria Interministerial nº 424/2016, expedida pelos Ministros de Estado do Planejamento, Desenvolvimento e Gestão, da Fazenda e da Transparência, Fiscalização e Controladoria-Geral da União, que, da mesma forma, prescreve normas para execução do estabelecido no mesmo Decreto nº 6.170/2007, ora revogado; e agora pelo recentemente editado Decreto nº 11.531, de 16.05.2023, que dispõe sobre convênios e contratos de repasse relativos às transferências de recursos da União, e sobre parcerias sem transferências de recursos, por meio da celebração de acordos de cooperação técnica ou de acordos de adesão.

[312] CARVALHO. *Autonomia política dos entes federados.*

Parágrafo 4º

5 Estimativa de valor nas contratações diretas

Também nas contratações diretas, seja por inexigibilidade ou dispensa, disciplinadas respectivamente nos arts. 74 e 75, se farão necessárias as estimativas de valor, devendo a Administração seguir, conforme o caso, as regras prescritas nos §§1º e 2º.

Contudo, muitas vezes, devido às características dessas contratações, esse seguimento é verdadeiramente impossível. Nesses casos, o futuro contratado deverá comprovar, previamente, que os preços estão em conformidade com os praticados em contratações semelhantes de objetos de mesma natureza, por meio da apresentação de notas fiscais emitidas para outros contratantes no período de até um ano anterior à data da contratação pela Administração.

Essa regra acolhe antigo entendimento doutrinário e até mesmo posicionamento do TCU, como registrado no Informativo de Licitações e Contratos nº 361:

> 2. A justificativa de preço em contratação decorrente de inexigibilidade de licitação pode ser feita mediante a comparação do valor ofertado com aqueles praticados pelo contratado junto a outros entes públicos ou privados, em avenças envolvendo o mesmo objeto ou objeto similar.
>
> Denúncias oferecidas ao TCU apontaram possíveis irregularidades em contratações diretas de consultorias técnicas especializadas, sob o fundamento da inexigibilidade de licitação firmadas pela Empresa Brasileira de Correios e Telégrafos (ECT). Entre os pontos discutidos nos autos, mereceram destaques a avaliação quanto à presença simultânea dos requisitos de natureza singular do objeto e notória especialização do contratado, que levaram à inviabilidade de competição, e a justificativa dos preços praticados. No que diz respeito aos preços contratados, o relator assinalou em seu voto, preliminarmente, a "dificuldade de justificar o preço nos casos de inexigibilidade à luz de propostas de outros fornecedores ou prestadores, razão pela qual foi nascendo o entendimento de que a razoabilidade do preço poderia ser verificada em função da atividade anterior do próprio particular contratado (nessa linha, item 9.1.3 do Acórdão nº 819/2005-TCU-Plenário)". Segundo ele, essa linha de raciocínio "vem evoluindo no seio da Administração Pública (vide Portaria-AGU nº 572/2011) e sendo convalidada pelo Tribunal, como nos Acórdãos nº 1.565/2015, 2.616/2015 e 2.931/2016, todos do Plenário". Acerca do caso concreto, o relator assinalou que a ECT conseguiu demonstrar a adequação dos preços pactuados *levando em conta os valores praticados pelas empresas contratadas, em outras avenças por elas mantidas, restando, pois, "demonstrada a equivalência dos valores cobrados da Administração com os valores praticados pelas contratadas em outros ajustes contemplando o mesmo objeto ou objeto similar"*. (Acórdão nº 2993/2018 – Plenário).

É logico que, havendo outro meio idôneo de comprovação, ele deverá ser aceito pela Administração.

Parágrafos 5º e 6º

6 Estimativa de valor em licitações que adotem regimes de contratação integrada e semi-integrada

Nas licitações que adotarem os regimes de contratação integrada[313] ou semi-integrada,[314] a estimativa de valor deverá considerar o percentual de BDI de referência e de Encargos Sociais cabíveis, acrescida ou não de parcela referente à remuneração do risco, e, sempre que necessário e o anteprojeto permitir, basear-se em orçamento sintético, balizado na composição de custos unitários menores ou iguais à mediana do item correspondente do Sistema de Custos Referenciais de Obras (Sicro), para serviços e obras de infraestrutura de transportes, ou do Sistema Nacional de Pesquisa de Custos e Índices de Construção Civil (Sinapi), devendo a utilização de metodologia expedita ou paramétrica e de avaliação aproximada baseada em outras contratações similares ser reservada às frações do empreendimento não suficientemente detalhadas no anteprojeto. Nesses casos, consoante o disciplinado no §6º, exigir-se-á dos licitantes ou contratados, em seus orçamentos, no mínimo o mesmo nível de detalhamento do orçamento sintético mencionado anteriormente.

---

313 Regime de contratação de obras e serviços de engenharia em que o contratado é responsável por elaborar e desenvolver os projetos básico e executivo, executar obras e serviços de engenharia, fornecer bens ou prestar serviços especiais e realizar montagem, teste, pré-operação e as demais operações necessárias e suficientes para a entrega final do objeto.

314 Regime de contratação de obras e serviços de engenharia em que o contratado é responsável por elaborar e desenvolver o projeto executivo, executar obras e serviços de engenharia, fornecer bens ou prestar serviços especiais e realizar montagem, teste, pré-operação e as demais operações necessárias e suficientes para a entrega final do objeto.

Art. 24. Desde que justificado, o orçamento estimado da contratação poderá ter caráter sigiloso, e, nesse caso:
I – o sigilo não prevalecerá para os órgãos de controle interno e externo;
II – (VETADO)
Parágrafo único. Na hipótese de licitação em que for adotado o critério de julgamento por maior desconto, o preço estimado ou o máximo aceitável constará do edital da licitação.

Artigo 24

1 O possível caráter sigiloso do valor estimado para a contratação

O artigo indica que, desde que justificado, o orçamento estimado da contratação poderá ter caráter sigiloso, só sendo disponibilizado aos órgãos de controle externo e interno.

O preceptivo traz para a Nova Lei matéria que veio à tona no ordenamento jurídico brasileiro quando da edição da Lei do Regime Diferenciado de Contratações – RDC (Lei nº 12.462/2011) e, posteriormente, na Lei das Estatais (Lei nº 13.303/2016), sendo incorporada também no Decreto nº 10.024/2019, que regulamentou o pregão eletrônico.

Tal regramento tem sofrido questionamentos sob o argumento de que o sigilo estaria maculando o princípio da publicidade, sendo, em decorrência, inconstitucional.[315]

Até o advento das leis supracitadas, a regra era cristalina na antiga Lei nº 8.666/1993: o orçamento estimado em planilhas de quantitativos e preços unitários do objeto da contratação constituía parte integrante do edital, ou seja, de divulgação obrigatória.

---

[315] Para a apreciação da questão deve-se preliminarmente ter em mente que a regra que determina a ampla publicidade dos atos públicos não implica, necessariamente, obrigatoriedade de que todo e qualquer ato praticado pela Administração deva ser publicado. Nesse particular, bem especifica André Guskow Cardoso: "A questão envolve necessariamente a ponderação de princípios e valores consagrados pela Constituição, ante o princípio constitucional da publicidade (e as obrigações dele decorrentes). A despeito de sua inequívoca importância, o princípio da publicidade pode ceder diante de outros princípios e valores constitucionalmente consagrados. Não se pretende, com isso, indicar que o princípio da publicidade possa ser simplesmente suprimido, diante da existência de outros valores e princípios em jogo. O que se defende é que o princípio da publicidade pode sofrer mitigações diante de situações que envolvam a proteção ou a busca da realização de outros valores igualmente protegidos constitucionalmente. Além das hipóteses do art. 5º, inc. XXXIII, da Constituição, a publicidade dos atos estatais poderá ser mitigada sempre que os efeitos ou objetivos perseguidos pelos referidos atos possam, em concreto, ser frustrados com a sua divulgação antecipada. Evidentemente, a mitigação da publicidade dos atos estatais deve se dar em estrita obediência à proporcionalidade. Não se admite que, a pretexto de proteger a eficácia de determinado ato administrativo, a publicidade seja simplesmente suprimida, por tempo indeterminado. A mitigação da publicidade deve se dar na medida estritamente necessária para assegurar a proteção do valor constitucionalmente protegido buscado pela medida concreta a ser adotada. Em termos gerais, isso significa que a publicidade do ato poderá ser postergada para momento posterior à sua prática ou à concretização de seus efeitos. Jamais, porém, poderá ser totalmente suprimida. Não se pode admitir abuso na mitigação da publicidade da ação do Estado. A regra geral é a da mais ampla publicidade e transparência na atuação estatal. A sua mitigação corresponde à exceção, devendo ser ampla e objetivamente motivada, a fim de que sejam demonstrados os pressupostos que conduziram à mitigação da publicidade. E mais: a mitigação ou o diferimento da publicidade se sujeitará sempre ao controle (interno e externo), inclusive por parte do Judiciário". (CARDOSO. *O regime diferenciado de contratações públicas*).

A justificativa para o sigilo, contudo, é plausível: inexistindo conhecimento prévio do valor referencial do objeto contratual, os licitantes poderão oferecer um preço menor, mais consentâneo com o efetivamente praticado no mercado.

Ademais, a nova regulamentação prevê a disponibilização permanente aos órgãos de controle externo e interno, o que dissipará dúvidas quanto à integridade do mecanismo.

Sempre sustentamos a necessidade de modificação da regra tradicional de licitação, como também majoritariamente a doutrina jurídica nacional. *Vide*, por exemplo, as lições do saudoso jurista Marcos Juruena Villela Souto:

> Outro tema dos mais polêmicos diz respeito à necessidade de divulgar ou não a estimativa de preços em que se calca a Administração para realizar ou não a despesa. (...) Ocorre que, se divulgados esses valores, reduz-se em muito a margem de competição, retornando aos mesmos problemas que levaram à supressão da licitação por preço-base, que era o grande número de empates. Logo, é preciso interpretar a norma também de acordo com o método histórico, além de utilização do princípio da competitividade. Destarte, para evitar tais problemas, não deve haver publicação de valores (...).[316]

Nesse viés, têm inteira razão Gabriel da Cunha Pereira, Fausto da Cunha Pereira e Ana Vitória Wernke, quando, ao apreciarem a matéria no âmbito da Lei nº 12.462/2011, anotaram que, ao dar conhecimento do orçamento prévio apenas após a adjudicação, a Administração "minimiza a incidência de ofertas de preços muito próximos ao do SINAPI, podendo baratear a obra e aproximar o empreendimento do seu custo real, sem acréscimos exorbitantes e prejudiciais ao interesse público".[317]

Além do tradicional menor preço, a Nova Lei viabiliza o uso do critério de julgamento pelo maior desconto (art. 33, inc. II). Destarte, o parágrafo único prevê que, na adoção desse critério, o preço estimado deverá constar do edital licitatório.

---

[316] SOUTO. *Direito Administrativo Contratual*. 3. ed.

[317] PEREIRA; PEREIRA; WERNKE. *O sigilo no Regime Diferenciado de Contratações Públicas*.

Art. 25. O edital deverá conter o objeto da licitação e as regras relativas à convocação, ao julgamento, à habilitação, aos recursos e às penalidades da licitação, à fiscalização e à gestão do contrato, à entrega do objeto e às condições de pagamento.

§1º Sempre que o objeto permitir, a Administração adotará minutas padronizadas de edital e de contrato com cláusulas uniformes.

§2º Desde que não sejam produzidos prejuízos à competitividade do processo licitatório e à eficiência do respectivo contrato, devidamente demonstrado em estudo técnico preliminar, o edital poderá prever a utilização de mão de obra, materiais, tecnologias e matérias-primas existentes no local da execução, conservação e operação do bem, serviço ou obra.

§3º Todos os elementos do edital, incluídos minuta de contrato, termos de referência, anteprojeto, projetos e outros anexos, deverão ser divulgados em sítio eletrônico oficial na mesma data de divulgação do edital, sem necessidade de registro ou de identificação para acesso.

§4º Nas contratações de obras, serviços e fornecimentos de grande vulto, o edital deverá prever a obrigatoriedade de implantação de programa de integridade pelo licitante vencedor, no prazo de 6 (seis) meses, contado da celebração do contrato, conforme regulamento que disporá sobre as medidas a serem adotadas, a forma de comprovação e as penalidades pelo seu descumprimento.

§5º O edital poderá prever a responsabilidade do contratado pela:

I – obtenção do licenciamento ambiental;

II – realização da desapropriação autorizada pelo poder público.

§6º Os licenciamentos ambientais de obras e serviços de engenharia licitados e contratados nos termos desta Lei terão prioridade de tramitação nos órgãos e entidades integrantes do Sistema Nacional do Meio Ambiente (Sisnama) e deverão ser orientados pelos princípios da celeridade, da cooperação, da economicidade e da eficiência.

§7º Independentemente do prazo de duração do contrato, será obrigatória a previsão no edital de índice de reajustamento de preço com data-base vinculada à data do orçamento estimado, com a possibilidade de ser estabelecido mais de um índice específico ou setorial, em conformidade com a realidade de mercado dos respectivos insumos.

§8º Nas licitações de serviços contínuos, observado o interregno mínimo de 1 (um) ano, o critério de reajustamento será por:

I – reajustamento em sentido estrito, quando não houver regime de dedicação exclusiva de mão de obra ou predominância de mão de obra, mediante previsão de índices específicos ou setoriais;

II – repactuação, quando houver regime de dedicação exclusiva de mão de obra ou predominância de mão de obra, mediante demonstração analítica da variação dos custos.
§9º O edital poderá, na forma disposta em regulamento, exigir que o contratado destine um percentual mínimo da mão de obra responsável pela execução do objeto da contratação a:
I – mulher vítima de violência doméstica;
II – oriundo ou egresso do sistema prisional, na forma estabelecida em regulamento.

Artigo 25 e Parágrafos 1º, 2º e 3º

1 Conteúdo do edital licitatório

Já registramos que o edital, instrumento que estabelece todas as condições da competição, é peça fundamental numa licitação.

Configurando o documento oficial de um procedimento licitatório voltado para obras, serviços, compras, alienações, concessões, permissões ou locações, é, como assenta Celso Bandeira de Mello, o ato em que a Administração torna público o propósito de licitar um objeto determinado, estabelecendo os requisitos exigidos dos proponentes e das propostas, regulando os termos segundo os quais os avaliará e fixando as cláusulas do eventual contrato a ser travado.

Nesse pé, este art. 25 aponta, num rol não exaustivo, que o edital licitatório deverá conter o objeto da licitação e as regras relativas à convocação, ao julgamento, à habilitação, aos recursos e às penalidades da licitação, à fiscalização e à gestão do contrato, à entrega do objeto e às condições de pagamento.

Todos esses elementos estão minudenciados em artigos específicos da Nova Lei.

Os parágrafos do dispositivo estabelecem detalhes intrínsecos a situações peculiares.

O §1º, buscando agilizar os procedimentos licitatórios, autoriza, sempre que o objeto permitir, que a Administração adote minutas padronizadas de edital e de contrato com cláusulas uniformes.

Essa já é uma prática antiga em todas as esferas federativas. A Advocacia-Geral da União (AGU), por exemplo, adotou no âmbito federal a disponibilização de modelos padronizados, considerando-os como ponto de partida para a elaboração de minutas de editais e anexos, e, ao mesmo tempo, para darem segurança e celeridade à análise jurídica de licitações. Nesse sentido, a Câmara Nacional de Modelos de Licitações e Contratos Administrativos do Departamento de Coordenação e Orientação de Órgãos Jurídicos (Decor), órgão da Consultoria-Geral da União,[318] não só viabiliza modelos de editais, como também de termos de referência, projetos básicos, atas de registro de preços e contratos.

[318] Órgão direta e imediatamente subordinado ao Advogado-Geral da União.

Sobre esse trabalho, pondera Victor Ximenes Nogueira, diretor do Decor:

> É uma ferramenta que se tem mostrado muito útil tanto para a administração como para os órgãos jurídicos da Advocacia-Geral da União, que partem do exame de cada caso concreto a partir de um prévio modelo já aprovado pela Consultoria-Geral da União. Isso enseja certamente unidade na atuação administrativa, uniformidade da atuação jurídica como também eficiência na tramitação dos processos de licitação e contratação pública.

O §2º, intencionando promover o emprego e o desenvolvimento econômico local, estabelece, desde que não haja prejuízo à competitividade no certame licitatório e à eficiência do contrato – condições que deverão ser demonstradas em estudo técnico preliminar[319] –, que o edital poderá prever a utilização de mão de obra, materiais, tecnologias e matérias-primas existentes na localidade da execução, conservação e operação do bem, serviço ou obra.

O §3º, procurando dar transparência ao processo, anota que todos os elementos do edital, incluídos a minuta de contrato, os termos de referência, o anteprojeto, os projetos e outros anexos, deverão ser divulgados em sítio eletrônico oficial na mesma data de sua divulgação, sem necessidade de registro ou de identificação para acesso.

> Acórdão TCU nº 328/2023 Plenário – A inserção, no Portal de Compras do Governo Federal, de documento de licitação em formato não editável, que não permite a pesquisa de conteúdo nos arquivos, infringe, além do princípio da transparência, a regra estabelecida no art. 8º, §3º, inciso III, da Lei nº 12.527/2011 (Lei de Acesso à Informação).

Parágrafo 4º

2 Previsão da obrigatoriedade de implantação de programa de integridade

O §4º traz importante novidade, pois, estimulando a implementação de programas de *compliance* no campo das licitações, dispõe que, nas contratações de obras, serviços e fornecimentos de grande vulto,[320] o edital deverá prever que no prazo de seis meses, contado da celebração do contrato, o licitante vencedor (o contratado) obrigar-se-á a implantar um programa de integridade, conforme regulamento, que deverá versar sobre: a) as medidas a serem adotadas; b) a forma de comprovação; e c) as penalidades pelo descumprimento.

Cultura empresarial largamente adotada em todo o mundo, bastante conhecida por advogados estrangeiros e empresários de diversas multinacionais, os programas de *compliance* passaram a fazer parte com mais ênfase do meio jurídico-administrativo, quando da edição da Lei nº 12.846/2013, que dispõe sobre a responsabilização administrativa e

---

[319] Conforme o inc. XX do art. 6º, o estudo técnico preliminar é documento constitutivo da primeira etapa do planejamento de uma contratação que caracteriza o interesse público envolvido e a sua melhor solução e dá base ao anteprojeto, ao termo de referência ou ao projeto básico a serem elaborados caso se conclua pela viabilidade da contratação.

[320] Aquelas cujo valor estimado supere R$239.624.058,14 (duzentos e trinta e nove milhões, seiscentos e vinte e quatro mil, cinquenta e oito reais e quatorze centavos), conforme atualização disposta no Decreto nº 11.871, de 29.12.2023.

civil de pessoas jurídicas pela prática de atos contra a Administração Pública, nacional ou estrangeira, conhecida como Lei Anticorrupção, que previu, no seu art. 7º, que passariam a ser levados em consideração na aplicação das sanções administrativas às pessoas jurídicas consideradas responsáveis pelos atos lesivos previstos no diploma, entre outras condições, a existência de mecanismos e procedimentos internos de integridade, auditoria e incentivo à denúncia de irregularidades e a aplicação efetiva de códigos de ética e de conduta no âmbito da pessoa jurídica.

O termo *compliance*, originário da expressão anglo-saxã *to comply*, exprime, em acepção literal, o sentido de agir de acordo com uma regra ou um comando. Dessa forma, constitui a obrigação de cumprir, de estar em conformidade e de atender regulamentos internos e externos impostos às atividades da organização.

Observamos em livro específico:

> Com a gradativa aplicação dessa cultura, o uso de código de ética, código de conduta, canal de denúncia, desenvolvimento de controles internos, procedimentos internos de divulgação de questões relacionadas à corrupção, a análise de procedimentos éticos dos profissionais e parceiros comerciais, além de crescente nas organizações, na incessante perseguição da mitigação das ações internas e externas, também se tornou peça fundamental para a atenuação de possíveis sanções administrativas, de vez que a Lei Anticorrupção, ao estabelecer o regime de responsabilização objetiva, colocou as pessoas jurídicas em risco, impondo a elas a necessidade de se precaverem.[321]

Juristas, consultores, auditores e administradores, entusiastas do *compliance*, saudaram, com razão, a inovação no sistema jurídico brasileiro.

Fábio Selhorst, por exemplo, observou que, para as empresas que fazem negócios no Brasil, as ações preventivas continuarão sendo o mote:

> As que adotam boas práticas de governança corporativa estão optando por transparência, prestação de contas e responsabilidade administrativa em suas operações. É importante que coloquem em prática os processos de conformidade internos e regras de conduta que visem a coibir atos de corrupção por seus funcionários. Essas medidas fazem com que o sistema legal brasileiro se equipare às práticas anticorrupção adotadas em todo mundo, principalmente nos Estados Unidos e Reino Unido, reconhecendo que as empresas com programas eficazes de obediência às leis e dispostas a cooperar com as autoridades em investigações devem receber melhor tratamento, caso alguma irregularidade seja detectada. Todos sabemos que a corrupção é destrutiva para o país, pois gera pobreza, aumenta a desigualdade social e reduz a qualidade de serviços e produtos para a sociedade. A nova Lei Anticorrupção é certamente um importante passo contra essa prática perniciosa.[322]

Mirela Miró Ziliotto obtempera que a adoção dos programas de *compliance* como instrumentos de boas práticas nas licitações fortalecem a prevenção de atos de corrupção no âmbito das contratações públicas, pois a intenção do legislador parece bastante clara ao utilizar os programas dessa natureza como instrumento de autoconhecimento e aculturamento das empresas que contratam com o Poder Público para uma realidade de integridade, conformidade, ética e transparência.

---

321 BITTENCOURT. *Comentários à Lei Anticorrupção*. 3. ed.

322 SELHORST. *Lei Anticorrupção reforça importância do compliance*.

Registre-se que o art. 60 da Nova Lei elenca entre os critérios de desempate nas licitações, em caso de empate entre duas ou mais propostas, o desenvolvimento pelo licitante de programa de integridade, conforme orientações dos órgãos de controle.

Parágrafos 5º e 6º

3 Previsão no edital da responsabilidade pelo licenciamento ambiental e prioridade de tramitação

Os §§5º e 6º abordam questão ambiental, prescrevendo:

a) a possibilidade de o edital prever a responsabilidade do contratado pela obtenção do licenciamento ambiental (§5º); e

b) que os licenciamentos ambientais de obras e serviços de engenharia licitados e contratados terão prioridade de tramitação nos órgãos e entidades integrantes do Sistema Nacional do Meio Ambiente (Sisnama), devendo ser orientados pelos princípios da celeridade, da cooperação, da economicidade e da eficiência (§6º).

Diversamente da Lei nº 8.666/1993, que não continha previsão voltada para o meio ambiente (a não ser nos projetos básicos e projetos executivos de obras e serviços, onde deveria ser considerado, entre outros requisitos, o impacto ambiental), a Nova Lei está recheada de disposições preocupadas com a matéria ambiental. Assim, repete a preocupação com o impacto ambiental no projeto básico, indica-o também no anteprojeto, e, entre outras exigências, solicita, na prova de qualidade de produto apresentado pelos proponentes como similar ao das marcas eventualmente indicadas no edital, aspectos ambientais; solicita, nas licitações de obras e serviços de engenharia, respeito às normas relativas à disposição final ambientalmente adequada dos resíduos sólidos gerados pelas obras contratadas.

O texto legal também assinala que o edital licitatório poderá prever a responsabilidade do contratado pela realização da desapropriação autorizada pelo Poder Público.

A desapropriação, que decorre da supremacia do interesse público, é a transferência compulsória da propriedade do particular ao Poder Público, mediante o pagamento justo e prévio de indenização em dinheiro. O ato pode ocorrer por necessidade, utilidade pública ou interesse social, sempre com o fundamento de prevalecer o interesse coletivo sobre o individual.

Vide que o §4º do art. 45 assinala que, nos regimes de contratação integrada e semi-integrada, o edital e o contrato deverão prever as providências necessárias para os procedimentos de desapropriação, quando cabível, prescrevendo, em seu inc. IV, a necessidade de distribuição objetiva de riscos entre a Administração e o contratado, incluído o referente à variação do custo da desapropriação em relação à estimativa de valor e aos eventuais danos e prejuízos ocasionados por atraso na disponibilização dos bens expropriados.

E mais: ao elencar motivos para extinção dos contratos, o art. 136 indica, entre outros, o atraso na liberação de áreas sujeitas à desapropriação ou a não liberação pela

Administração, nos prazos contratuais, de área, local ou objeto, para execução de obra, serviço ou fornecimento, e de fontes de materiais naturais especificadas no projeto, inclusive devido a atraso ou descumprimento das obrigações atribuídas pelo contrato à Administração relacionadas à desapropriação.

3.1 A possibilidade de previsão da obtenção de licenciamento ambiental pelo contratado

Instituído pela Lei nº 6.938/1981, que dispõe sobre a Política Nacional do Meio Ambiente, o licenciamento ambiental é um instrumento de prevenção que consiste na licença para localização, instalação e operação de um empreendimento ou atividade que possa causar danos ao meio ambiente.

Escrevemos sobre o tema:[323]

> Para a definição da manifestação de concordância do Poder Público com certa atividade ou obra adota-se, geralmente, o ato administrativo denominado "licença". No Direito Ambiental não poderia ser diferente. A legislação ambiental, a não ser em situações excepcionais que utiliza a "autorização" ou "anuência", opta pela expressão (licença).
>
> Licença é ato administrativo vinculado e definitivo por intermédio do qual o Poder Público faculta ao particular o desempenho de atividades ou a realização de fatos materiais (exemplo: exercício de uma profissão, construção de um prédio etc.).
>
> Por sua vez, a licença ambiental, como leciona Celso Fiorillo, deixa de ser um ato vinculado para ser um ato de discricionariedade *sui generis* (exemplifica o jurista informando que um estudo de impacto ambiental pode apontar um empreendimento como desfavorável e, mesmo assim, pode a autoridade competente proceder ao licenciamento ou vice-versa).[324]
>
> Já expusemos em outro trabalho[325] que, entre as ferramentas existentes para a manutenção do meio ambiente, uma das mais importantes é, indubitavelmente, o licenciamento ambiental – que se constitui num dos instrumentos da Política Nacional do Meio Ambiente –, cujo objetivo é a prevenção.
>
> A previsão do licenciamento ambiental veio à tona no ordenamento jurídico nacional com a Lei nº 6.938/81, que, em seu art. 10, com redação dada pela Lei Complementar nº 140/2011, prevê: "A construção, instalação, ampliação e o funcionamento de estabelecimentos e atividades utilizadores de recursos ambientais, efetiva ou potencialmente poluidores ou capazes, sob qualquer forma, de causar degradação ambiental dependerão de prévio licenciamento ambiental".
>
> A licença ambiental, por conseguinte, constitui-se numa autorização emitida pela autoridade competente a todos que queiram exercer seu direito à livre iniciativa, desde que atendam às necessárias precauções que resguardem o direito coletivo ao meio ambiente. Conclui-se, consequentemente, que o sistema de licenciamento ambiental objetiva o asseguramento de que não sejam praticados atentados contra o meio ambiente.

Conforme previsto, o edital poderá prever a responsabilidade do contratado pela obtenção do licenciamento ambiental. Contudo, como preceitua o §4º do art. 114, nas

---

[323] BITTENCOURT. *Comentários à lei de crimes contra o meio ambiente e suas infrações administrativas*. 4. ed.

[324] FIORILLO. *Curso de direito ambiental brasileiro*. 4. ed.

[325] BITTENCOURT. *Parceria público privada passo a passo*. 2. ed.

contratações de obras e serviços de engenharia, sempre que a responsabilidade pelo licenciamento ambiental for da Administração, a licença prévia deverá ser obtida antes da divulgação do edital. Logo, verifica-se que a possibilidade de repasse ao contratado é remota, pois, normalmente, para que a Administração não corra o risco de preparar um projeto básico ou um anteprojeto que depois não se adeque às condições exigidas no licenciamento, tal procedimento ocorre anteriormente à elaboração desses documentos.

3.2 Prioridade nos licenciamentos ambientais de obras e serviços de engenharia licitados

Visando agilizar a execução de obras e serviços de engenharia contratados pela Administração, sempre sob o manto do interesse público, os licenciamentos ambientais desses objetos deverão ter prioridade de tramitação nos órgãos e entidades integrantes do Sistema Nacional do Meio Ambiente (SISNAMA) e deverão ser orientados pelos princípios da celeridade, da cooperação, da economicidade e da eficiência.

Parágrafo 7º

4 Obrigatória previsão de reajustamento de preços

A questão do reajuste do preço contratual – que, como dispõe este §7º, deverá ter previsão no edital – impõe avaliação cautelosa.

Segundo a definição estabelecida no inc. LVIII do art. 6º, reajustamento em sentido estrito é forma de manutenção do equilíbrio econômico-financeiro de contrato consistente na aplicação do índice de correção monetária previsto no contrato, que deve retratar a variação efetiva do custo de produção, admitida a adoção de índices específicos ou setoriais.

Tratando especificamente do reajustamento, este §7º prevê a aplicação compulsória do índice de reajuste de preço, independentemente do prazo de duração do contrato, com data-base vinculada à data do orçamento estimado, com a possibilidade de ser estabelecido mais de um índice específico ou setorial, em conformidade com a realidade de mercado dos respectivos insumos.

Em atendimento a esse mandamento, duas regras constam na parte da Nova Lei reservada aos contratos:

a) o inc. V do art. 92 aponta como cláusula necessária em todo contrato a que estabelece a data-base e a periodicidade do reajustamento de preços; e
b) o §3º do mesmo art. 92 dispõe que, independentemente do prazo de duração, os contratos deverão conter cláusula que estabeleça o índice de reajustamento de preço, com data-base vinculada à data do orçamento estimado, podendo ser estabelecido mais de um índice específico ou setorial, em conformidade com a realidade de mercado dos respectivos insumos.

A lei licitatória anterior (Lei nº 8.666/1993) inicialmente admitiu para o cálculo do reajustamento a *adoção de índices específicos ou setoriais, desde a data da proposta ou do orçamento a que esta se referir até a data do adimplemento de cada parcela.* Depois, em decorrência de alteração do texto original pela Lei nº 8.883/1994, passou a prever que o cálculo deveria retratar a variação efetiva do *custo de produção*, admitindo a *adoção de índices específicos ou setoriais, desde a data prevista para apresentação da proposta, ou do orçamento a que essa proposta se referir, até a data do adimplemento de cada parcela*.

Com o advento do Plano Real, a periodicidade, para efeito de reajustes contratuais, passou a ser anual. A Lei nº 8.880/1994 (que dispunha sobre o Programa de Estabilização Econômica e o Sistema Monetário Nacional, e instituiu a Unidade Real de Valor – URV[326] – conversão da Medida Provisória nº 482/94) previu, em seu art. 11, que, nos contratos celebrados em URV, a partir de 1º de março de 1994, inclusive, permitir-se-ia estipular cláusula de reajuste de valor por índice de preços ou por outro que refletisse a variação ponderada dos custos dos insumos utilizados, *desde que a aplicação ficasse suspensa pelo prazo de um ano*. Seu art. 12 determinava a nulidade de pleno direito, sem surtir de qualquer efeito, da estipulação de cláusula de revisão ou de reajuste de preços nos contratos que contrariasse o disposto no diploma.

Posteriormente, o citado art. 11 foi revogado pela Lei nº 9.069/1995, que dispõe sobre o Plano Real, o Sistema Monetário Nacional, e estabelece regras e condições de emissão do Real (conversão da Medida Provisória nº 1.027/95), tendo o art. 28 disciplinado inteiramente a matéria: "Nos contratos celebrados ou convertidos em Real com cláusula de correção monetária por índices de preço ou por índice que reflita a variação ponderada dos custos dos insumos utilizados, a periodicidade de aplicação dessas cláusulas será anual".

Por fim, a Lei nº 10.192/2001, dispondo sobre medidas complementares ao Plano Real (conversão da Medida Provisória nº 2.074-73/2001), disciplinou, em seu art. 3º, que

> os contratos em que seja parte órgão ou entidade da Administração Pública direta ou indireta da União, dos Estados, do Distrito Federal e dos Municípios, serão reajustados ou corrigidos monetariamente de acordo com as disposições desta Lei, e, no que com ela não conflitarem, da Lei nº 8.666, de 21 de junho de 1993.

E mais: o §1º determinou que a periodicidade anual nos contratos deveria ser contada a partir da *data limite para apresentação da proposta ou do orçamento a que essa se referir*.

Calha ressaltar que o Decreto nº 1.054/1994, que regulamenta o reajuste de preços nos contratos pela Administração Pública, permaneceu em vigor, por não conflitar em nada com os textos das leis posteriores que ditaram regras sobre a matéria.

Em função dos regramentos legais e regulamentares expostos, concluiu-se que o que já se encontrava especificado no inc. XI da Lei nº 8.666/1993 (e no Decreto nº 1.054/1994) restara ratificado pelas leis que introduziram no País o Plano Real, ou seja, o reajuste do valor nominal da proposta deveria balizar-se levando em consideração a *data limite para a sua apresentação* (prevista no instrumento convocatório da licitação ou no documento de afastamento licitatório) e o adimplemento do objeto ajustado (total ou parcial), desde que o prazo contratual tivesse alcançado o período de um ano.

[326] A Unidade Real de Valor (URV) compunha uma espécie de parte escritural da atual moeda corrente do Brasil, cujo curso obrigatório se iniciou em 1º de março de 1994, que consignava um índice que buscava refletir a variação do poder aquisitivo da moeda, servindo apenas como unidade de conta e referência de valores.

Assim, depois de muitas discussões, concluiu-se como juridicamente possível o deferimento de reajuste em contrato cujo objeto seja a contratação de serviços, ainda que o instrumento contivesse previsão de duração de vigência inicial inferior a um ano, conforme determinado no art. 37, inc. XXI, CF, no art. 40, inc. XI c/c art. 5º, §1º, da Lei nº 8.666/1993, e o art. 3º, §1º, da Lei nº 10.192/ 2001, desde que observada a anualidade (interregno mínimo de um ano da data da proposta ou do orçamento ao qual a proposta se reporta).[327]

Nesse sentido, este §7º determina a obrigatória previsão no edital de índice de reajustamento de preço com data-base vinculada à data do orçamento estimado, independentemente do prazo de duração do contrato, com a possibilidade de ser estabelecido mais de um índice específico ou setorial, em conformidade com a realidade de mercado dos respectivos insumos.

Parágrafo 8º

5 Reajustamento nas licitações de serviços contínuos

Além do reajustamento em sentido estrito, a Nova Lei disponibiliza também outro instituto, a repactuação, definindo-a, no inc. LIX do art. 6º, como *forma de manutenção do equilíbrio econômico-financeiro de contrato utilizada para serviços contínuos com regime de dedicação exclusiva de mão de obra*[328] *ou predominância de mão de obra, por meio da análise da variação dos custos contratuais, devendo estar prevista no edital com data vinculada à apresentação das propostas, para os custos decorrentes do mercado, e com data vinculada ao acordo, à convenção coletiva ou ao dissídio coletivo ao qual o orçamento esteja vinculado, para os custos decorrentes da mão de obra.*

Na verdade, o instituto *repactuação*, de forma imprópria, já existia no ordenamento jurídico nacional, introduzido que foi pelo Decreto nº 2.271/1997,[329] dispondo sobre a contratação de serviços pela Administração Pública federal direta, autárquica e fundacional, que, de forma inusitada, vedou a inclusão de disposições nos instrumentos contratuais sobre a indexação de preços, permitindo a sua adoção "para a adequação aos novos preços de mercado".[330]

Essa inovação causou estranheza à época, pois, em tese, proibia o que a Lei nº 8.666/1993 preceituava, qual seja, o reajuste, com a aplicação de índices gerais, setoriais ou que reflitam a variação de custos.

---

[327] Com esta conclusão, por exemplo, o Parecer nº 00004/2019/CPLC/PGF/AGU.

[328] Sobre os procedimentos referenciais para a composição da planilha de custos e formação de preços nas contratações de serviços com regime de dedicação exclusiva de mão de obra, executados de forma contínua ou não, em edifícios públicos, no âmbito dos órgãos e entidades da Administração Pública federal direta, autárquica e fundacional, observe-se a Portaria nº 21.262, de 23.09.2020, expedida pelo Secretário de Gestão da Secretaria Especial de Desburocratização, Gestão e Governo digital do Ministério da Economia.

[329] Revogado pelo Decreto nº 9.507, de 21.09.2018 (atualizado pelo Decreto nº 10.183, de 20.12.2019), que manteve a sua essência.

[330] O Decreto nº 9.507/2019 seguiu na mesma linha: Art. 12. Será admitida a repactuação de preços dos serviços continuados sob regime de mão de obra exclusiva, com vistas à adequação ao preço de mercado, desde que: I – seja observado o interregno mínimo de um ano das datas dos orçamentos para os quais a proposta se referir; e II – seja demonstrada de forma analítica a variação dos componentes dos custos do contrato, devidamente justificada.

O ato regulamentar ignorou uma faculdade conferida pela Lei do Plano Real: a adoção de cláusula de reajuste nos contratos com periodicidade superior a um ano. A perplexidade foi tamanha, vez que a impossibilidade de um decreto contrariar uma lei reside justamente no fato de que essa ferramenta existe com o fim único de aclarar seus termos, jamais alterar seu conteúdo.[331]

Buscando aclarar a situação e uniformizar o entendimento no âmbito federal, o Presidente da República aprovou parecer emitido pela Advocacia-Geral da União sobre o tema (despacho publicado no *DOU*, em setembro de 2003).

Considerando que os pareceres aprovados e publicados juntamente com despacho presidencial vinculam a Administração federal, consoante o preconizado no §1º do art. 40 da Lei Complementar nº 73/1993, os procedimentos para repactuação nos contratos de serviços contínuos, cujo regramento regulamentar específico constava no art. 5º do revogado Decreto nº 2.271/1997,[332] passaram a ater-se ao a seguir especificado:

a) a repactuação deveria estar prevista no contrato, constituindo-se numa espécie de reajustamento de preços, não se confundindo com as hipóteses de reequilíbrio econômico-financeiro, sendo demonstrável pelo contratado por intermédio da indicação analítica dos componentes dos custos que integram o objeto do contrato;
b) somente seria admissível a repactuação após o interregno de um ano, cuja contagem terá como referência a data da proposta ou a do orçamento a que a proposta se referir;
c) considerar-se-ia como "data do orçamento" a data do acordo, convenção, dissídio coletivo de trabalho ou equivalentes que estipulem o salário vigente à época da apresentação da proposta;
d) no caso da primeira repactuação do contrato, portanto, o prazo de um ano para se requerer a repactuação contar-se-ia da data da proposta da empresa ou da data do orçamento a que a proposta se referir;[333]
e) o efeito financeiro da repactuação, motivado pela majoração salarial, incidiria a partir da data em que passasse a vigorar efetivamente a majoração salarial da categoria profissional;
f) no caso das repactuações subsequentes à primeira, o prazo de um ano deveria ser contado a partir da data da última repactuação;[334] [335] e

331 Na verdade, a repactuação foi um mecanismo encontrado pelo Governo Federal, na vigência do chamado Plano Real, quando a estabilidade da economia nacional começou a tomar corpo, visando a dissociar a correção de preços dos contratos de serviços de natureza continuada de um reajuste automático.

332 Revogado pelo Decreto nº 9.507/2018 (observe-se o art. 12).

333 Decidiu o TCU no Acórdão nº 1.563/2004-Plenário: "[...] no caso da primeira repactuação dos contratos de prestação de serviços de natureza contínua, o prazo mínimo de um ano a que se refere o item 8.1 da Decisão nº 457/1995-Plenário conta-se a partir da apresentação da proposta ou da data do orçamento a que a proposta se referir, sendo que, nessa última hipótese, considera-se como data do orçamento a data do acordo, convenção, dissídio coletivo de trabalho ou equivalente que estipular o salário vigente à época da apresentação da proposta, vedada a inclusão, por ocasião da repactuação, de antecipações e de benefícios não previstos originariamente [...]".

334 Orientação Normativa AGU nº 25, de 1º de abril de 2009 – "No contrato de serviço continuado com dedicação exclusiva de mão de obra, o interregno de um ano para que se autorize a repactuação deverá ser contado da data do orçamento a que a proposta se referir, assim entendido o acordo, convenção ou dissídio coletivo de trabalho, para os custos decorrentes de mão de obra, e da data limite para a apresentação da proposta em relação aos demais insumos".

335 Orientação Normativa AGU nº 26, de 1º de abril de 2009 – "No caso das repactuações subsequentes à primeira, o interregno de um ano deve ser contado da última repactuação correspondente à mesma parcela objeto da

g) a repactuação deveria ser pleiteada até a data da prorrogação contratual subsequente. A inexistência de pleito até essa data demandaria a perda do direito do contratado (preclusão), em face da não solicitação tempestiva.[336]

O Decreto nº 9.507/2018, que dispôs sobre a execução indireta, mediante contratação de serviços da Administração Pública federal, e revogou o Decreto nº 2.271/1997, versa, no art. 12, sobre a repactuação:

> Art. 12. Será admitida a repactuação de preços dos serviços continuados sob regime de mão de obra exclusiva, com vistas à adequação ao preço de mercado, desde que:
>
> I – seja observado o interregno mínimo de um ano das datas dos orçamentos para os quais a proposta se referir; e
>
> II – seja demonstrada, de forma analítica, a variação dos componentes dos custos do contrato, devidamente justificada.

A Instrução Normativa nº 5/2017, do Secretário de Gestão,[337] já tratava do instituto, nos arts. 53 a 60:

> Art. 53. O ato convocatório e o contrato de serviço continuado deverão indicar o critério de reajustamento de preços, que deverá ser sob a forma de reajuste em sentido estrito, com a previsão de índices específicos ou setoriais, ou por repactuação, pela demonstração analítica da variação dos componentes dos custos.
>
> Art. 54. A repactuação de preços, como espécie de reajuste contratual, deverá ser utilizada nas contratações de serviços continuados com regime de dedicação exclusiva de mão de obra, desde que seja observado o interregno mínimo de um ano das datas dos orçamentos aos quais a proposta se referir.
>
> §1º A repactuação para fazer face à elevação dos custos da contratação, respeitada a anualidade disposta no caput, e que vier a ocorrer durante a vigência do contrato, é direito do contratado e não poderá alterar o equilíbrio econômico e financeiro dos contratos,

---

nova solicitação. Entende-se como última repactuação a data em que iniciados seus efeitos financeiros, independentemente daquela em que celebrada ou apostilada".

[336] A conclusão quanto ao instituto da preclusão se deu em face de a AGU ter entendido como plenamente pertinente a limitação do exercício do direito de repactuação nos termos propostos, consoante dispôs o Acórdão nº 1.828/2008-TCU-Plenário. Nele, discorreu em seu voto o Ministro Benjamin Zymler: "[...] quando da assinatura do terceiro termo aditivo caberia à contratada, caso ainda não tivesse postulado, suscitar seu direito à repactuação, cujos efeitos retroagiriam à 1.5.2005, data-base que ensejou a celebração de novo acordo coletivo que alterou o salário da categoria profissional. Contudo, o que aconteceu foi tão somente a alteração do prazo contratual, ratificando-se todas as demais cláusulas e condições estabelecidas no contrato original. Ao aceitar as condições estabelecidas no termo aditivo sem suscitar os novos valores pactuados no acordo coletivo, a empresa [...] deixou de exercer o seu direito à repactuação pretérita. Em outros termos, a despeito do prévio conhecimento da majoração salarial decorrente do acordo coletivo ocorrido em maio de 2005, a empresa agiu de forma oposta e firmou novo contrato com a Administração por meio do qual ratificou os preços até então acordados e comprometeu-se a dar continuidade à execução dos serviços por mais 12 meses. Por conseguinte, considero que a solicitação de repactuação contratual feita pela empresa [...] em 6.2.2007, com efeitos retroativos a 1.5.2005, encontra óbice no instituto da preclusão lógica. Com efeito, há a preclusão lógica quando se pretende praticar ato incompatível com outro anteriormente praticado. *In casu*, a incompatibilidade residiria no pedido de repactuação de preços que, em momento anterior, receberam a anuência da contratada. A aceitação dos preços quando da assinatura da prorrogação contratual envolve uma preclusão lógica de não mais questioná-los com base na majoração salarial decorrente do acordo coletivo ocorrido em maio de 2005".

[337] Alterada pelas INs nºs 7/2018 e 49/2020.

conforme estabelece o inciso XXI do art. 37 da Constituição da República Federativa do Brasil, sendo assegurado ao prestador receber pagamento mantidas as condições efetivas da proposta.

§2º A repactuação poderá ser dividida em tantas parcelas quanto forem necessárias, em respeito ao princípio da anualidade do reajuste dos preços da contratação, podendo ser realizada em momentos distintos para discutir a variação de custos que tenham sua anualidade resultante em datas diferenciadas, tais como os custos decorrentes da mão de obra e os custos decorrentes dos insumos necessários à execução do serviço.

§3º Quando a contratação envolver mais de uma categoria profissional, com datas-bases diferenciadas, a repactuação deverá ser dividida em tantos quanto forem os Acordos, Convenções ou Dissídios Coletivos de Trabalho das categorias envolvidas na contratação.

§4º A repactuação para reajuste do contrato em razão de novo Acordo, Convenção ou Dissídio Coletivo de Trabalho deve repassar integralmente o aumento de custos da mão de obra decorrente desses instrumentos.

Art. 55. O interregno mínimo de um ano para a primeira repactuação será contado a partir:

I – da data limite para apresentação das propostas constante do ato convocatório, em relação aos custos com a execução do serviço decorrentes do mercado, tais como o custo dos materiais e equipamentos necessários à execução do serviço; ou

II – da data do Acordo, Convenção, Dissídio Coletivo de Trabalho ou equivalente vigente à época da apresentação da proposta quando a variação dos custos for decorrente da mão de obra e estiver vinculada às datas-bases destes instrumentos.

Art. 56. Nas repactuações subsequentes à primeira, a anualidade será contada a partir da data do fato gerador que deu ensejo à última repactuação.

Art. 57. As repactuações serão precedidas de solicitação da contratada, acompanhada de demonstração analítica da alteração dos custos, por meio de apresentação da planilha de custos e formação de preços ou do novo Acordo, Convenção ou Dissídio Coletivo de Trabalho que fundamenta a repactuação, conforme for a variação de custos objeto da repactuação.

§1º É vedada a inclusão, por ocasião da repactuação, de benefícios não previstos na proposta inicial, exceto quando se tornarem obrigatórios por força de instrumento legal, Acordo, Convenção ou Dissídio Coletivo de Trabalho, observado o disposto no art. 6º desta Instrução Normativa.

§2º A variação de custos decorrente do mercado somente será concedida mediante a comprovação pelo contratado do aumento dos custos, considerando-se:

I – os preços praticados no mercado ou em outros contratos da Administração;

II – as particularidades do contrato em vigência;

III – a nova planilha com variação dos custos apresentada;

IV – indicadores setoriais, tabelas de fabricantes, valores oficiais de referência, tarifas públicas ou outros equivalentes; e

V – a disponibilidade orçamentária do órgão ou entidade contratante.

§3º A decisão sobre o pedido de repactuação deve ser feita no prazo máximo de sessenta dias, contados a partir da solicitação e da entrega dos comprovantes de variação dos custos.

§4º As repactuações, como espécie de reajuste, serão formalizadas por meio de apostilamento, exceto quando coincidirem com a prorrogação contratual, em que deverão ser formalizadas por aditamento.

§5º O prazo referido no §3º deste artigo ficará suspenso enquanto a contratada não cumprir os atos ou apresentar a documentação solicitada pela contratante para a comprovação da variação dos custos.

§6º O órgão ou entidade contratante poderá realizar diligências para conferir a variação de custos alegada pela contratada.

§7º As repactuações a que o contratado fizer jus e que não forem solicitadas durante a vigência do contrato serão objeto de preclusão com a assinatura da prorrogação contratual ou com o encerramento do contrato.

Art. 58. Os novos valores contratuais decorrentes das repactuações terão suas vigências iniciadas da seguinte forma:

I – a partir da ocorrência do fato gerador que deu causa à repactuação, como regra geral;

II – em data futura, desde que acordada entre as partes, sem prejuízo da contagem de periodicidade e para concessão das próximas repactuações futuras; ou

III – em data anterior à ocorrência do fato gerador, exclusivamente quando a repactuação envolver revisão do custo de mão de obra em que o próprio fato gerador, na forma de Acordo, Convenção ou Dissídio Coletivo de Trabalho, contemplar data de vigência retroativa, podendo esta ser considerada para efeito de compensação do pagamento devido, assim como para a contagem da anualidade em repactuações futuras.

Parágrafo único. Os efeitos financeiros da repactuação deverão ocorrer exclusivamente para os itens que a motivaram e apenas em relação à diferença porventura existente.

Art. 59. As repactuações não interferem no direito das partes de solicitar, a qualquer momento, a manutenção do equilíbrio econômico dos contratos com base no disposto no art. 65 da Lei nº 8.666, de 1993.

Art. 60. A empresa contratada para a execução de remanescente de serviço tem direito à repactuação nas mesmas condições e prazos a que fazia jus a empresa anteriormente contratada, devendo os seus preços serem corrigidos antes do início da contratação, conforme determina o inciso XI do art. 24 da Lei nº 8.666, de 1993.

Nota-se, assim, que os normativos disciplinavam que as repactuações ocorreriam nos contratos com "dedicação exclusiva de mão de obra", enquanto que os reajustes dar-se-iam nos que não possuíssem essa característica.

Nessa trilha, o §8º em análise fez distinção nas aplicações do reajustamento e da repactuação, dispondo que:

a) nas licitações de serviços contínuos, observado o interregno mínimo de um ano, o critério de reajustamento será por *reajustamento em sentido estrito*, quando não houver regime de dedicação exclusiva de mão de obra ou predominância de mão de obra, mediante previsão de índices específicos ou setoriais; e
b) quando houver regime de dedicação exclusiva de mão de obra ou predominância de mão de obra, mediante demonstração analítica da variação dos custos, aplicar-se-á a *repactuação*.[338]

[338] Verifique-se síntese de recente parecer da Advocacia-Geral da União – AGU sobre o assunto:
Parecer nº 00003/2023/DECOR /CGU/AGU: a) O reajuste consubstancia expressão da preservação da equação econômico-financeira dos contratos administrativos mediante correção monetária que retrata a variação efetiva dos custos de produção; b) Nos contratos administrativos de prestação de serviços contínuos, a celebração de termo aditivo para renovação das obrigações pactuadas por um período subsequente não impossibilita a concessão do reajuste em sentido estrito dos preços pactuados; c) No mesmo sentido, nos contratos administrativos de escopo, em regra, também não se caracteriza a renúncia tácita do direito de reajuste em sentido estrito em decorrência da celebração de aditamento de prazo de vigência para a prorrogação do cronograma de execução do objeto, uma vez que nessa hipótese a dilação contratual importa medida necessária para a própria conclusão do objeto pactuado. Assim, nesses casos, é possível a superveniente concessão do reajuste em sentido estrito dos preços pactuados; d) Para que seja consumada a renúncia tácita ou a preclusão lógica do reajuste em sentido estrito,

Serviços com dedicação exclusiva de mão de obra são aqueles em que a execução contratual exige que: a) os empregados da contratada fiquem à disposição da contratante para a prestação dos serviços; b) a contratada não compartilhe os recursos humanos e materiais disponíveis de uma contratação para execução simultânea de outros contratos; e c) a contratada possibilite a fiscalização pela contratante quanto à distribuição, controle e supervisão dos recursos humanos alocados aos seus contratos.

São exemplos os serviços de portaria, limpeza, vigilância, manutenção predial, etc.

Como observa Ronny Charles, a realidade impõe que se aperceba que alguns dos serviços legalmente terceirizados exigem uma disposição contínua do trabalhador na unidade administrativa, nos quais são alocados trabalhadores (da empresa terceirizada) para exercerem atividades diárias no interior da Administração, sendo nessas situações que se terão os "serviços com dedicação exclusiva da mão de obra".[339]

Parágrafo 9º e Incisos I e II

6 Possibilidade de o edital exigir a contratação de mulher vítima de violência doméstica e egresso do sistema prisional

Com a preocupação de oferecer reais oportunidades de trabalho às mulheres vitimadas de violência doméstica,[340] na linha da Lei nº 11.340/2006 (Lei Maria da Penha), cujo objetivo é combater, prevenir, assistir e garantir os direitos das mulheres frente a um fenômeno tão complexo como é a violência, a Nova Lei inova permitindo que o edital licitatório, na forma disposta em regulamento, exija que o contratado destine um percentual mínimo da mão de obra responsável pela execução do objeto da contratação à mulher vítima de violência doméstica.

Repisando o §5º do art. 40 da Lei nº 8.666/1993, com texto incluído pela Lei nº 13.500/2017, intencionando incentivar a contratação de ex-detentos, a Nova Lei também prevê que a Administração poderá exigir, na forma disposta em regulamento, que as empresas contratadas destinem um percentual mínimo da mão de obra responsável pela execução do objeto da contratação a oriundos ou egressos do sistema prisional.

Voltada para a inclusão social, a proposta da contratação tem nobres objetivos. A função social do contrato administrativo, inserida na ideia da ressocialização, admite, sem sobra de dúvida, intenções dessa natureza.

Como sustenta Pamplona Silva, tratando dos objetivos maiores dos contratos celebrados pela Administração, agregando a questão aos princípios fundamentais da dignidade da pessoa humana (art. 1º, III, CF) e aos valores sociais do trabalho (art. 1º, IV, CF), tais acordos devem possuir um viés de função social.

---

nos contratos continuados e nos contratos de escopo, faz-se necessária a observância cumulativa do seguinte: – o edital ou o contrato deve prever expressamente que a concessão do reajuste estará condicionada à solicitação do contratado; – que não haja solicitação do reajuste antes da celebração de aditamento de vigência; – que seja celebrado aditamento para a prorrogação do prazo de vigência do contrato sem qualquer ressalva quanto à ulterior análise pela Administração do reajuste; e – que o edital expressamente preveja que a formalização do aditamento sem a concessão do reajuste, ou ressalva de sua superveniente análise, será considerada como renúncia ou preclusão lógica do direito.

[339] TORRES. *Leis das Licitações Públicas Comentadas*. 10. ed.

[340] A Lei nº 10.886/2004 acrescenta parágrafos ao art. 129 do Decreto-Lei nº 2.848/1940 (Código Penal), criando o tipo especial denominado "Violência Doméstica".

Incentivadora de dispositivos dessa natureza, Ana Maria Neto relembra intenção semelhante, quando da elaboração de instrução normativa voltada para a contratação de serviços no âmbito federal, a qual sofreu restrição por parte da consultoria jurídica do ministério para o qual atuava:

> Este dispositivo fez-nos lembrar da revisão da IN nº 2/2008, que elaboramos quando trabalhamos na ex-SLTI. Tivemos a ideia de colocar um dispositivo que permitisse ao gestor colocar um percentual de mão de obra feminina. A CONJUR do Ministério do Planejamento entendeu que a redação da norma era uma ingerência intolerável na atividade econômica do empregador e, em obediência a esta interpretação restritiva, retiramos a regra.
>
> Entretanto, já encontramos esta permissão em várias legislações internacionais e nacionais. Hoje, por exemplo, foi lançado o programa Osasco Integra, desenvolvido pela prefeitura e que visa incentivar a geração de empregos para segmentos da população de alta vulnerabilidade e exclusão social, como moradores de rua, abrindo postos de trabalho na Administração Pública e incentivos para contratações pela iniciativa privada e entidades do terceiro setor. A norma, a meu ver, é desnecessária, pois não precisaria ser positivada em lei para ser incluída em decreto federal, estadual ou municipal, mas o direito não é uma ciência exata, e algum órgão de controle, CONJUR, Tribunal, ou Tribunal de Contas poderia entender de forma diversa. Entretanto, como servimos administrações com enfoques diferentes no tocante a políticas públicas de governo, os gestores poderão colocar em edital, após regulação infralegal, com a garantia que o seu patrimônio e o seu bom nome estão protegidos.[341]

Regulamentando o disposto no inc. I (possibilidade de exigência de que um percentual mínimo da mão de obra responsável pela execução do objeto da contratação seja constituído por mulheres vítimas de violência doméstica), bem como o previsto no inc. III do art. 60 (que assegura, em caso de empate numa licitação entre duas ou mais propostas, a utilização, em terceira sucessão, como critério de desempate, a existência de desenvolvimento pelo licitante de ações de equidade entre homens e mulheres no ambiente de trabalho), foi editado o Decreto nº 11.430, de 8.03.2023, dispondo "sobre a exigência, em contratações públicas, de percentual mínimo de mão de obra constituída por mulheres vítimas de violência doméstica e sobre a utilização do desenvolvimento, pelo licitante, de ações de equidade entre mulheres e homens no ambiente de trabalho como critério de desempate em licitações, no âmbito da administração pública federal direta, autárquica e fundacional".

Entre outros regramentos do ato regulamentar, é digno de destaque o art. 3º, que versa sobre o percentual aplicável. Segundo o dispositivo, os editais de licitação e os avisos de contratação direta para a contratação de serviços contínuos com regime de dedicação exclusiva de mão de obra, nos termos do disposto no inciso XVI do art. 6º da Nova Lei de Licitações,[342] deverão prever o emprego de mão de obra constituída

[341] NETO. *Comentários às alterações da 8.666/93, introduzidas pela Lei nº 13.500/2017.*

[342] XVI – serviços contínuos com regime de dedicação exclusiva de mão de obra: aqueles cujo modelo de execução contratual exige, entre outros requisitos, que:

a) os empregados do contratado fiquem à disposição nas dependências do contratante, para a prestação dos serviços;

b) o contratado não compartilhe os recursos humanos e materiais disponíveis de uma contratação para execução simultânea de outros contratos;

c) o contratado possibilite a fiscalização pelo contratante quanto à distribuição, controle e supervisão dos recursos humanos alocados aos seus contratos;

por mulheres vítimas de violência doméstica, em percentual mínimo de 8% (oito por cento) das vagas. Tal, conforme prevê seu §1º, aplicar-se-á a contratos com quantitativos mínimos de vinte e cinco colaboradores, sendo que, consoante o §2º, o percentual mínimo de mão de obra estabelecido deverá ser mantido durante toda a execução contratual.

Há pontos importantes no decreto que necessitam ser evidenciados: as vagas incluem mulheres trans, travestis e outras possibilidades do gênero feminino, devendo ser destinadas prioritariamente a mulheres pretas e pardas (na proporção dessa população no estado da federação em que ocorrerá a prestação de serviços).

Por preceituar efetivas ações afirmativas no âmbito das contratações públicas, a ferramenta regulamentar tem sido extremamente elogiada.

Guilherme Carvalho é um dos que a recebeu com entusiasmo:

> O Decreto nº 11.430/2023 é digno de aplausos porque contempla, a um só tempo, a concretização de diversas políticas públicas, notadamente as relacionadas ao amparo de pessoas já vitimizadas por uma ou mais situação que possa ter suprimido sua total capacidade laborativa, segundo, por exemplo, a violência doméstica, cujas mazelas (especialmente de caráter emocional) carecem de imediata remediação. Há, por certo, um inquestionável estímulo às licitantes e contratadas em promoverem políticas equitativas, bem assim fomentar medidas que possam, paralelamente ao Estado, combater a disparidade existente no mercado de trabalho, sobretudo a desigualdade de gênero. Não se trata, assim, de qualquer imposição, mas de incremento na concepção das finalidades outrora inerentes ao processo licitatório e de contratação pública. De tal sorte, a licitação não apenas deve ser mirada como o começo do contrato, uma vez que sua normatização deve se vincular durante todo o desenvolvimento e execução contratual, concretizando, pragmaticamente, o melhor negócio firmado pela Administração Pública contratante.[343]

Por outro lado, apesar de vislumbrar relevância no propósito, Dawison Barcelos divisa problemas:

> Não há dúvida que a questão é relevante e merece a atenção do Estado, no entanto, a regulamentação do dispositivo poderá impor condição que aumentará a já existente burocracia aos interessados em contratar com a Administração Pública, além de potencialmente incrementar os custos da prestação dos serviços e a dificuldade em fiscalizar os contratos. Vale observar que alguns estados aplicam, sem sucesso, medidas semelhantes e que, apesar disso, existem diversos projetos de lei tramitando no Congresso Nacional visando ao estabelecimento de "cotas" na execução dos contratos administrativos, voltadas, por exemplo, para moradores de rua.[344]

Anote-se que a regra legal preconiza uma faculdade, de vez que o preceptivo estabelece que a Administração "poderá" prever tal exigência em seus editais de licitação, na forma a ser prevista em regulamento.

Vide que, no âmbito federal, foi editado o Decreto nº 9.450, de 24.07.2018 (assinado pela presidente da República interina, ministra do Supremo Tribunal Federal, Cármen Lúcia), dispondo, em seu art. 5º, que, na contratação de serviços, inclusive os de engenharia, com valor anual acima de R$330.000,00 (trezentos e trinta mil reais), os órgãos

---

343 CARVALHO. *Licitação e ações afirmativas*: Decreto Federal nº 11.430/2023.

344 AZEVEDO. *A alteração da lei de licitações e a nova hipótese de dispensa de licitação.*

e entidades da Administração Pública federal direta, autárquica e fundacional deverão exigir da contratada o emprego de mão de obra formada por pessoas presas ou egressos do sistema prisional.

Segundo o ex-ministro da segurança pública Raul Jungmann, além do objetivo maior, que é a *ressocialização*, trata-se de passo que também enfraquecerá a ação das facções criminosas dentro dos presídios, pois, com o oferecimento de emprego, o governo dará uma alternativa para que os presos e egressos do sistema penitenciário possam ajudar financeiramente suas famílias:

> Um dos fatores que levam a cooptação das facções aos presos é a assistência a famílias. É evidente que tem outros fatores, mas as facções dão sustentação à família do preso. E temos o egresso, que está estigmatizado. É evidente que essa política, por mais generosa e inovadora que seja, tem que ter muitas outras mais. Mas ela é um primeiro passo para que se rompa a dependência das facções dentro e fora do sistema.[345]

[345] Decreto garante vagas de emprego a presos e egressos do sistema prisional em empresa com contrato público.

Art. 26. No processo de licitação, poderá ser estabelecida margem de preferência para:

I – bens manufaturados e serviços nacionais que atendam a normas técnicas brasileiras;

II – bens reciclados, recicláveis ou biodegradáveis, conforme regulamento.

§1º A margem de preferência prevista no caput deste artigo:

I – será definida em decisão fundamentada do Poder Executivo federal, na hipótese do inciso I do caput deste artigo;

II – poderá ser de até 10% (dez por cento) sobre o preço dos bens e serviços que não se enquadrem no disposto nos incisos I ou II do caput deste artigo;

III – poderá ser estendida a bens manufaturados e serviços originários de Estados Partes do Mercado Comum do Sul (Mercosul), desde que haja reciprocidade com o País prevista em acordo internacional aprovado pelo Congresso Nacional e ratificado pelo Presidente da República.

§2º Para os bens manufaturados nacionais e serviços nacionais resultantes de desenvolvimento e inovação tecnológica no País, definidos conforme regulamento do Poder Executivo federal, a margem de preferência a que se refere o caput deste artigo poderá ser de até 20% (vinte por cento).

§3º (VETADO)

§4º (VETADO)

§5º A margem de preferência não se aplica aos bens manufaturados nacionais e aos serviços nacionais se a capacidade de produção desses bens ou de prestação desses serviços no País for inferior:

I – à quantidade a ser adquirida ou contratada; ou

II – aos quantitativos fixados em razão do parcelamento do objeto, quando for o caso.

§6º Os editais de licitação para a contratação de bens, serviços e obras poderão, mediante prévia justificativa da autoridade competente, exigir que o contratado promova, em favor de órgão ou entidade integrante da Administração Pública ou daqueles por ela indicados a partir de processo isonômico, medidas de compensação comercial, industrial ou tecnológica ou acesso a condições vantajosas de financiamento, cumulativamente ou não, na forma estabelecida pelo Poder Executivo federal.

§7º Nas contratações destinadas à implantação, à manutenção e ao aperfeiçoamento dos sistemas de tecnologia de informação e comunicação considerados estratégicos em ato do Poder Executivo federal, a licitação poderá ser restrita a bens e serviços com tecnologia desenvolvida no País produzidos de acordo com o processo produtivo básico de que trata a Lei nº 10.176, de 11 de janeiro de 2001.

Artigo 26

1 As margens de preferência

O ordenamento jurídico brasileiro não permitia o estabelecimento de preferências nas contratações públicas. Na verdade, proibia expressamente tratamentos diferenciados. Era o que prescrevia o inc. I do §1º do art. 3º da Lei nº 8.666/1993, que, originariamente, vedava o estabelecimento de preferências ou distinções em razão de naturalidade, de sede ou domicílio dos licitantes ou de qualquer outra circunstância impertinente ou irrelevante ao específico objeto do contrato.

É certo que lei anterior (Lei nº 8.248/1991) admitia o direito de preferência para aquisição de bens e serviços de informática e automação para empresas brasileiras de capital nacional, cujo modelo sofreu revisão por intermédio da Lei nº 10.176/2001, com concessão de preferência aos bens e serviços com tecnologia desenvolvida no País ou desenvolvidos de acordo com o Processo Produtivo Básico (PPB).[346]

Posteriormente, em 2006, tal modelo experimentou importante alteração, com a publicação da Lei Complementar nº 123, que estabeleceu o oferecimento de tratamento diferenciado para microempresas e empresas de pequeno porte.

Em 2010, inicialmente, através da MP nº 495, e, depois, por intermédio da Lei nº 12.349 (conversão da MP), com as ressalvas dispostas nos §§5º e seguintes do art. 3º da Lei nº 8.666/1993, veio à tona nova reviravolta nesse paradigma, emergindo outras formas de preferências, intencionando implementar políticas públicas que fomentassem o desenvolvimento econômico, inspiradas em normas estrangeiras, notadamente nas norte-americanas *Buy American Act* (1993) e *American Recovery and Reinvestment Act* (2009), que estabelecem regras para estímulo às contratações locais.[347]

---

[346] Conforme definido no §8º, alínea "b", do art. 7º do Decreto-Lei nº 288/1967, com redação dada pela Lei nº 8.387/1991, Processo Produtivo Básico (PPB) é "o conjunto mínimo de operações, no estabelecimento fabril, que caracteriza a efetiva industrialização de determinado produto", ou seja, configura etapas fabris mínimas que as empresas deverão cumprir para a fabricação de determinado produto. Os PPBs são estabelecidos por portarias interministeriais. Normalmente, a iniciativa de fixação ou alteração de PPB para um produto específico é realizada pela empresa fabricante interessada nos incentivos fiscais, cabendo ao governo, através do GT-PPB, avaliar e propor alterações ao processo, de forma que seja atingido o máximo de valor agregado nacional, por meio do adensamento da cadeia produtiva, observando a realidade da indústria brasileira. Dessa forma, a elaboração do PPB é um processo negocial, envolvendo a empresa interessada, possíveis fornecedores nacionais para determinados produtos e outras empresas concorrentes pertencentes ao mesmo segmento. Na fixação de PPB, o governo se baliza nos seguintes indicadores: (a) montante de investimentos a serem realizados pela empresa para a fabricação do produto; (b) desenvolvimento tecnológico e engenharia local empregada; (c) nível de empregos a ser gerado; (d) possibilidade de exportações do produto a ser incentivado; (e) nível de investimentos empregados em pesquisa e desenvolvimento; (f) se haverá ou não deslocamento de produção dentro do território nacional por conta dos incentivos fiscais; e (g) se afetará ou não investimentos de outras empresas do mesmo segmento industrial por conta de aumento de competitividade gerado pelos incentivos fiscais.

[347] Recentemente, o novo presidente dos Estados Unidos, Joe Biden, emitiu uma ordem executiva com diretrizes para reforçar a aplicação do *Buy American Act*, motivado pela crise econômica decorrente da pandemia da COVID-19. Com a nova norma, o governo americano estima um incremento, em quatro anos, de US$400 bilhões em compras em empresas americanas, com a consequente geração de empregos locais. Jonas Lima, especialista no assunto, resume os principais pontos dessa nova norma americana: (a) sempre que possível, utilizar as regras de preferências nacionais e revisar listas de isenções atuais; (b) em 180 dias realizar um estudo sobre a revisão de regras do *Buy American Act*, para identificar melhorias em termos de questões de preferências por preços e avaliação de conteúdo nacional em percentuais; (c) buscar mais transparência nas isenções de preferências e o que realmente seria *Made in America* (feito na América), para evitar fraudes de produtos em grande parte ou no todo importados e apenas rotulados e vendidos nos Estados Unidos (melhor qualificar produtos por percentuais

Nesse contexto, em face de alterações impostas pelas Leis nºs 12.349/2010 e 13.146/2015, passou a ser admissível a adoção de preferências para: a) produtos manufaturados e serviços nacionais que venham a atender normas técnicas brasileiras; e b) bens e serviços produzidos ou prestados por empresas que comprovem cumprimento de reserva de cargos prevista em lei para pessoa com deficiência ou para reabilitado da Previdência Social e que atendam às regras de acessibilidade previstas na legislação.

Apesar de a adoção das margens de preferência consignar atividade facultativa, cabendo à Administração, considerando as circunstâncias de momento, avaliar a conveniência de aplicação, foi editado na esfera federal o Decreto nº 7.546/2011, que assentou a aplicação obrigatória, a ser assegurada na forma de regulamentos específicos, limitada a 25% acima do preço dos produtos manufaturados e serviços estrangeiros.[348]

Em síntese, com essas alterações, a Lei nº 8.666/1993 passou a autorizar a preterição de produtos manufaturados e serviços estrangeiros oferecidos por preços menores, em benefício de nacionais de custos mais elevados, fundando-se na necessidade de desenvolvimento da indústria nacional.[349]

Segundo o art. 2º, I e II, do Decreto nº 7.546/2011, a margem de preferência consignava um "diferencial de preços" entre os produtos não nacionais e os nacionais que preencham certos requisitos.

Na verdade, na prática, dá-se preferência para contratação da melhor proposta de bem manufaturado ou serviço nacional que se encontre dentro da margem de preferência computada sobre o valor da melhor proposta de produto que não preencha os requisitos para tratamento preferencial.

Assim, de posse do percentual da margem de preferência, verificar-se-á qual a proposição de menor valor. Se ela corresponder a um objeto que atenda aos requisitos de tratamento preferencial, será a vencedora do certame. Caso não corresponda, far-se-á o cômputo da margem de preferência sobre a proposta que atenda aos requisitos.

Incisos I e II

1.1 As margens de preferências e suas bases

Os incisos I e II dispõem que, nos processos licitatórios, a Administração poderá estabelecer margens de preferências para: a) bens manufaturados[350] e serviços

---

e países de origem e origem de seus componentes); (d) facilitar acesso das pequenas e médias empresas a contratos públicos; (e) buscar pequenas e médias empresas que possam ser fornecedoras do governo; e (f) avaliar os gastos resultantes dos acordos comerciais vigentes (LIMA. *EUA reforçam preferências nacionais*).

[348] Art. 3º Nas licitações no âmbito da administração pública federal será assegurada, na forma prevista em regulamentos específicos, margem de preferência, nos termos previstos neste Decreto, para produtos manufaturados nacionais e serviços nacionais que atendam, além dos regulamentos técnicos pertinentes, a normas técnicas brasileiras, limitada a vinte e cinco por cento acima do preço dos produtos manufaturados estrangeiros e serviços estrangeiros.

[349] O TCU não compartilhava desse entendimento, dado que considerou "ilegal o estabelecimento de vedação a produtos e serviços estrangeiros em edital de licitação, uma vez que a Lei nº 12.349/2010 não previu tal situação" (Acórdão nº 1.317/2013 – Plenário).

[350] Observem-se os comentários de Benedicto de Tolosa: "A instituição de margem de preferência para os produtos manufaturados domésticos vem pôr um ponto final nas discussões que proliferam, principalmente em nossas Cortes de Contas, com relação à vedação constante dos instrumentos convocatórios de licitações quanto à possibilidade de oferta de produtos estrangeiros, como, por exemplo, a relativa à aquisição de pneus, que

nacionais que atendam a normas técnicas brasileiras; e b) bens reciclados, recicláveis ou biodegradáveis, conforme regulamento.

Dessa forma, tal como constava no diploma pretérito, a Nova Lei autoriza que sejam preteridos produtos manufaturados e serviços estrangeiros oferecidos por preços menores, em benefício de nacionais de custos mais elevados, fundamentando-se na necessidade de desenvolvimento da indústria brasileira.

Como anotaram Flávia Daniel Vianna e Ricardo Berloffa, a margem de preferência funda-se na busca do desenvolvimento da indústria nacional, beneficiando objetos nacionais mesmo que com custo mais elevado quando comparado aos produtos/serviços estrangeiros.[351]

A nosso ver, a regra é consistente, conforme dispomos:

> Apesar da dificuldade prática, o novo regramento põe fim ao entendimento linear de que nas licitações a Administração deva impor tratamento idêntico para todos os licitantes. O próprio Supremo Tribunal Federal (STF) já proclamou que a lei pode distinguir situações, sem violação do princípio da igualdade, a fim de conferir a um tratamento diverso do que atribui a outro. Para que possa conferi-lo, contudo, sem que tal violação se manifeste, é necessário que a discriminação guarde compatibilidade com o conteúdo do princípio. Nesse passo ter-se-á o real sentido de Justiça, consoante lições de Rui Barbosa: "A regra da igualdade não consiste senão em aquinhoar desigualmente aos desiguais, na medida em que se desigualam". O novo delineamento legal permite a previsão de cláusula que diferencie os licitantes em função da nacionalidade dos produtos e serviços, admitindo privilegiar, por intermédio de margens de preferências, aos que ofereçam produtos ou serviços nacionais e que atendam a normas técnicas brasileiras.[352]

Ao concluírem que a orientação do poder de compra do Estado para estimular a produção doméstica de bens e serviços constitui importante diretriz de política pública e que é medida inquestionável que utiliza os processos de contratação pública para fomentar o desenvolvimento de um determinado setor econômico, sob o enfoque da juridicidade, Gabriela Pércio e Flávio Ramos ressaltam que a eficiência e a efetividade da política pública implementada por esta via dependerá da adequação à realidade nacional e da integração a um planejamento estratégico que considere o planejamento da ação global do Estado em relação às diversas políticas públicas elencadas na Constituição, assim como ao alcance de seus objetivos:

> A concessão de margem de preferência a produtos manufaturados e serviços nacionais em licitações provoca indagações, algumas das quais serão respondidas ao longo do processo de implementação. Mais do que nunca, caberá ao Estado planejar suas ações, sejam aquelas voltadas diretamente para a realização de seus fins, sejam aquelas que se prestam a instrumentalizar o alcance dos mesmos, desempenhadas pelo seu aparato administrativo.

---

mereceu decisões dos Tribunais de Contas dos Estados de São Paulo e de Minas Gerais, considerando essa vedação ilegal, à vista do disposto principalmente no art. 3º da Lei nº 8.666/93, que proíbe a distinção em razão da sede do licitante e o tratamento diferenciado de natureza comercial, legal, trabalhista, previdenciária ou de qualquer outra, entre empresas brasileiras e estrangeiras". (TOLOSA FILHO. *Os efeitos da MP nº 495/2010 nas contratações públicas*).

351 VIANNA; BERLOFFA. *Os diversos direitos de preferência em licitações e sua aplicação à luz do Decreto nº 8.538, de 06 de outubro de 2015*.

352 BITTENCOURT. *Licitações internacionais*. 3. ed.

> A legalidade e a constitucionalidade das margens de preferência estabelecidas estarão condicionadas ao equilíbrio orçamentário, de modo que o prestígio ao crescimento econômico não prejudique políticas públicas de primeira necessidade atreladas à concretização de direitos fundamentais salvaguardados pela Constituição Federal e a busca pelo desenvolvimento nacional sustentável, dever inarredável do Estado.[353]

Por outro lado, Ronny Charles visualiza problemas na outorga de poderes ao Poder Executivo por ato infralegal para a definição de critérios de preferência:

> Essas alterações demonstram uma visão estatizante da economia, que ignora ou se aproveita dos malefícios gerados por tais restrições à competitividade. Vemos com preocupação a "delegação", pelo Legislativo, para que o Poder Executivo defina critérios de preferência por ato infralegal, conspurcando a isonomia e a busca pela melhor proposta. Muitas vezes, essas benesses, sob o pálio da defesa de algum valor social (ex.: desenvolvimento econômico nacional), geram proteções de mercado e prejuízos à competitividade que tornam mais caras as contratações públicas, exigindo mais recursos públicos para o seu custeio, o que impõe o aumento da carga tributária, que, por fim, prejudica justamente o desenvolvimento econômico nacional, fundamentando (ironicamente) que alguns setores defendam a adoção de "políticas" que auxiliem setores do mercado tidos como estratégicos (para buscar o desenvolvimento econômico nacional), através de medidas que tornarão mais caras essas contratações públicas, perpetuando um maléfico e falacioso círculo vicioso.[354]

Não obstante, o governo federal tem, ao longo do tempo, publicado decretos estabelecendo margens de preferência nas licitações para aquisição de diversos produtos médicos, de confecções, calçados e artefatos, retroescavadeiras e motoniveladores, perfuratrizes, patrulhas mecanizadas e equipamentos de tecnologia da informação e comunicação, aeronaves executivas, licenciamento de uso de programas de computador e serviços correlatos etc.

Sobre a matéria, pronunciou-se o TCU:

> É ilegal o estabelecimento, por parte de gestor público, de margem de preferência nos editais licitatórios para contratação de bens e serviços sem a devida regulamentação via decreto do Poder Executivo federal, estabelecendo os percentuais para as margens de preferência normais e adicionais, conforme o caso e discriminando a abrangência de sua aplicação. (Acórdão nº 1.317/2013 – Plenário).
>
> Acórdão nº 1.347/2016 – Plenário: nos certames licitatórios realizados para aquisição de equipamentos de tecnologia da informação e comunicação com adjudicação por grupos ou lotes, a vedação à aplicação da margem de preferência, nos casos em que o preço mais baixo ofertado é de produto manufaturado nacional (...), deve ser observada, isoladamente, para cada item que compõe o grupo ou lote.

Também está estabelecida margem de preferência para bens reciclados, recicláveis ou biodegradáveis, conforme regulamento. A regra, de cunho eminentemente social, procura fomentar a atividade laboral de população de baixa renda.

---

[353] PÉRCIO ; RAMOS. *Preferência para produtos manufaturados e serviços nacionais em licitações.*

[354] CHARLES. *Leis de Licitações Públicas comentadas*. 10. ed.

Parágrafos 1º e 2º

2 Percentuais das margens de preferência

Os parágrafos 1º e 2º tratam dos percentuais das margens de preferências, dispondo que, no que concerne aos bens manufaturados e serviços nacionais que atendam a normas técnicas brasileiras, tal margem dependerá de decisão fundamentada do Poder Executivo federal.

No que tange a outros bens e serviços (que não sejam bens manufaturados e serviços nacionais e bens reciclados, recicláveis ou biodegradáveis) o inc. II informa que a margem de preferência poderá ser de até 10% (dez por cento).

O inc. III acresce que o benefício poderá ser estendido a bens manufaturados e serviços originários de Estados Partes do Mercado Comum do Sul (Mercosul), desde que haja reciprocidade com o País prevista em acordo internacional aprovado pelo Congresso Nacional e ratificado pelo Presidente da República.

Quanto aos bens manufaturados nacionais e serviços nacionais resultantes de desenvolvimento e inovação tecnológica no País, definidos conforme regulamento do Poder Executivo federal, o §2º estabelece que a margem de preferência a que se refere o caput deste artigo poderá ser de até 20% (vinte por cento).

Parágrafo 5º

3 Exclusão da aplicação das preferências

Intentando oferecer solução para as hipóteses de incapacidade de produção de alguns objetos em solo brasileiro, o §5º prevê que as margens de preferência para produtos manufaturados e serviços nacionais não se aplicarão aos bens e serviços cuja capacidade de produção ou prestação no País seja inferior: a) à quantidade a ser adquirida ou contratada; ou b) aos quantitativos fixados em razão do parcelamento do objeto, quando for o caso.

Parágrafo 6º

4 Medidas de compensação comercial, industrial, tecnológica ou acesso a condições vantajosas de financiamento

Alargando a abrangência, o §6º, tal como estabelecia o §11 do art. 3º da Lei nº 8.666/1993, prescreve que os editais licitatórios para a contratação de bens, serviços e obras poderão, mediante prévia justificativa da autoridade competente, exigir que o contratado promova, em favor de órgão ou entidade integrante da Administração Pública ou daqueles por ela indicados a partir de processo isonômico, medidas de compensação comercial, industrial, tecnológica ou acesso a condições vantajosas de financiamento, cumulativamente ou não, na forma estabelecida pelo Poder Executivo federal.[355]

---

[355] O art. 6º do Decreto nº 7.546/2011 apenas repetiu o texto legal, acrescentando que, para tal, há de se atender à forma prevista no seu art. 5º (que informa que o decreto que estabelecer as margens de preferência discriminará

A utilização dessa prática vem sendo adotada no Brasil nas negociações procedidas junto a fornecedores estrangeiros para aquisição de materiais de defesa, quando se exige o compromisso do oferecimento de contrapartidas comerciais, industriais e tecnológicas, conhecidos como Acordos de Compensação (*offset*), conforme previsto na Portaria Normativa nº 764/2002 do Ministério da Defesa (MD).[356]

Essa portaria define *offset* como toda e qualquer prática compensatória acordada entre as partes, como condição para a importação de bens, serviços e tecnologia, com a intenção de gerar benefícios de natureza industrial, tecnológica e comercial.[357]

Aprovada pelo Decreto nº 6.703/2008, a Estratégia Nacional de Defesa (END) foi concebida e associada, também, à ideia de estratégia nacional de desenvolvimento, criando condições ao Estado brasileiro de construir seu próprio modelo, utilizando-se das tecnologias e dos conhecimentos de defesa como uma ferramenta de fomento ao desenvolvimento nacional. Dentre as diretrizes estabelecidas pela Estratégia Nacional de Defesa, destaca-se a capacitação da Base Industrial de Defesa (BID) em prol da autonomia em tecnologias indispensáveis à defesa. Especificamente, no capítulo em que a END trata da estruturação das Forças Armadas, em relação aos seus equipamentos de defesa, o planejamento deve priorizar a compensação comercial, industrial e tecnológica.[358]

Foi editada, então, a Lei nº 12.598/2012,[359] dispondo sobre normas especiais para as compras, as contratações e o desenvolvimento de produtos e de sistemas de defesa e regras de incentivo à área estratégica de defesa,[360] a qual, dentre outros institutos, tratou da definição de "Compensação" e "Acordo de Compensação" no art. 2º, incisos VII e VIII:

---

a abrangência de sua aplicação e poderá fixar o universo de normas técnicas brasileiras aplicáveis por produto, serviço, grupo de produtos e grupo de serviços) e dispondo, em parágrafo único, quanto à necessidade de observância do §3º do art. 7º do Estatuto (que veda incluir no objeto da licitação a obtenção de recursos financeiros para sua execução, qualquer que seja a sua origem, exceto nos casos de empreendimentos executados e explorados sob o regime de concessão, nos termos da legislação específica): "Art. 6º Os editais de licitação para a contratação de bens, serviços e obras poderão, mediante prévia justificativa da autoridade competente, exigir que o contratado promova, em favor de órgão ou entidade integrante da administração pública ou daqueles por ele indicados, a partir de processo isonômico, medidas de compensação comercial, industrial, tecnológica ou de acesso a condições vantajosas de financiamento, cumulativamente ou não, na forma estabelecida em decreto, nos termos do art. 5º. Parágrafo único. A aplicação das condições vantajosas de financiamento para serviços e obras de que trata o §11 do art. 3º da Lei nº 8.666, de 1993, observará o disposto no §3º do art. 7º da referida Lei".

356 A portaria adota como pano de fundo para sua existência o art. 218 da CF e seu §2º: "Art. 218. O Estado promoverá e incentivará o desenvolvimento científico, a pesquisa e a capacitação tecnológicas. [...] §2º A pesquisa tecnológica voltar-se-á preponderantemente para a solução dos problemas brasileiros e para o desenvolvimento do sistema produtivo nacional e regional".

357 Por sua vez, a Comissão das Nações Unidas sobre o Direito Comercial Internacional (UNCITRAL) adota o seguinte conceito: "Consiste no fornecimento de bens de alto valor ou de tecnologia avançada, que podem incluir a transferência de tecnologia e conhecimentos técnicos, promoção de investimentos e medidas que facilitem o acesso a determinado mercado".

358 SILVA. *Acordo de compensação (offset) em itens de defesa: uma perspectiva do setor aeronáutico.*

359 Alterada pela Lei nº 14.459, de 25.10.2022.

360 Sobre o tema, observe-se a Portaria nº 4.182/2020 do Ministério da Defesa, que estabelece normas para elaboração e tramitação do Termo de Licitação Especial – TLE, que, conforme o art. 3º da Lei nº 12.598/2012, é o documento precedente dos procedimentos licitatórios que tenham por objeto as aquisições destinadas: a) exclusivamente à participação de Empresa Estratégica de Defesa quando envolver fornecimento ou desenvolvimento de Produto Estratégico de Defesa (PED); b) exclusivamente à compra ou à contratação de Produto de Defesa (PRODE) ou Sistema de Defesa (SD) produzido ou desenvolvido no País ou que utilize insumos nacionais ou com inovação desenvolvida no País, e, ainda, caso o SD envolva PED, conforme o disposto no item anterior; e c) a assegurar à empresa nacional produtora de PRODE ou à Instituição Científica, Tecnológica e de Inovação, no percentual e nos termos fixados no edital e no contrato, a transferência do conhecimento tecnológico empregado ou a participação na cadeia produtiva.

VII – Compensação – toda e qualquer prática acordada entre as partes, como condição para a compra ou contratação de bens, serviços ou tecnologia, com a intenção de gerar benefícios de natureza tecnológica, industrial ou comercial, conforme definido pelo Ministério da Defesa;

VIII – Acordo de Compensação – instrumento legal que formaliza o compromisso e as obrigações do fornecedor para compensar as compras ou contratações realizadas.

A adoção do *offset* tem ocorrido em diversos países por configurar ferramenta eficaz não só na criação de alternativas que possibilitam maior inserção internacional, como também para o fortalecimento tecnológico e o desenvolvimento industrial.

Parágrafo 7º

5 Contratações estratégicas em Tecnologia de Informação e Comunicação

O §7º – que *não* trata de hipótese de preferência, porquanto prevê uma espécie de reserva de mercado para produtos e serviços nacionais – estabelece que, nas contratações destinadas à implantação, manutenção e ao aperfeiçoamento dos sistemas de Tecnologia de Informação e Comunicação (TIC) considerados estratégicos em ato do Poder Executivo federal, a licitação poderá se restringir a bens e serviços com tecnologia desenvolvida no Brasil e produzidos de acordo com o Processo Produtivo Básico (PPB) de que trata a Lei nº 10.176/2001.

Assim, o dispositivo permite que se restrinja o universo dos licitantes a quem oferecer bens ou prestar serviços:

a) com tecnologia desenvolvida no Brasil; e

b) produzidos de acordo com o Processo Produtivo Básico (PPB).

Como antes anotado, o Processo Produtivo Básico (PPB) é, conforme definido no §8º, alínea "b" do art. 7º do Decreto-Lei nº 288/1967, com redação dada pela Lei nº 8.387/1991, "o conjunto mínimo de operações, no estabelecimento fabril, que caracteriza a efetiva industrialização de determinado produto", ou seja, configura etapas fabris mínimas que as empresas deverão cumprir para a fabricação de determinado produto. Os PPBs são estabelecidos por portarias interministeriais. Normalmente, a iniciativa de fixação ou alteração de PPB para um produto específico é realizada pela empresa fabricante interessada nos incentivos fiscais, cabendo ao governo, através do GT-PPB, avaliar e propor alterações ao processo, de forma que seja atingido o máximo de valor agregado nacional, por meio do adensamento da cadeia produtiva, observando a realidade da indústria brasileira. Dessa forma, a elaboração do PPB é um processo negocial, envolvendo a empresa interessada, possíveis fornecedores nacionais para determinados produtos e outras empresas concorrentes pertencentes ao mesmo segmento. Na fixação de PPB, o governo se baliza nos seguintes indicadores: a) montante de investimentos a serem realizados pela empresa para a fabricação do produto; b) desenvolvimento tecnológico e engenharia local empregada; c) nível de empregos a ser gerado; d) possibilidade de exportações do produto a ser incentivado; e) nível de investimentos empregados em pesquisa e desenvolvimento; f) se haverá ou não deslocamento de produção dentro do território nacional por conta dos incentivos fiscais; e g) se afetará ou não investimentos de outras empresas do mesmo segmento industrial por conta de aumento de competitividade gerado pelos incentivos fiscais.

Anote-se que o art. 10 do Decreto nº 7.546/2011, que regulamentava artigo idêntico da Lei nº 8.666/1993, condicionou o enquadramento aos casos considerados estratégicos por meio de ato conjunto de ministérios (Do Planejamento, Orçamento e Gestão; de Ciência e Tecnologia e do Desenvolvimento, Indústria e Comércio Exterior), o qual, consoante o parágrafo único, deveria explicitar a vinculação dos bens e serviços de tecnologia da informação e comunicação aos critérios previstos no art. 6º, inc. XIX,[361] que definia que os sistemas de tecnologia de informação e comunicação estratégicos são os bens e serviços dessa natureza cuja descontinuidade provoque dano significativo à Administração Pública e que envolvam pelo menos um dos seguintes requisitos relacionados às informações críticas: disponibilidade, confiabilidade, segurança e confidencialidade.

Nesse contexto, ao estabelecer que as comunicações de dados da Administração Pública federal direta, autárquica e fundacional deverão ser realizadas por redes de telecomunicações e serviços de tecnologia da informação fornecidos por órgãos ou entidades da Administração Pública federal, incluindo empresas públicas e sociedades de economia mista da União e suas subsidiárias, o Decreto nº 8.135/2013, com o intuito de preservar a segurança nacional, enquadrou as contratações nessa seara como hipóteses de dispensa de licitação no caso de comprometimento da segurança nacional.

Segundo o ato regulamentar, essas contratações abarcariam a implementação e a operação de redes de telecomunicações e de serviços de TI, em especial à garantia da inviolabilidade das comunicações de dados, sendo que os fornecimentos, no que tange à rede de telecomunicações, consistiriam no provimento de serviços de telecomunicações, de tecnologia da informação, de valor adicionado e de infraestrutura para redes de comunicação de dados. Quanto aos serviços, compreendiam o provimento de serviços de desenvolvimento, implantação, manutenção, armazenamento e recuperação de dados e operação de sistemas de informação, projeto de infraestrutura de redes de comunicação de dados, modelagem de processos e assessoramento técnico, necessários à gestão da segurança da informação e das comunicações.

6 Regulamentação deste art. 26

O Decreto nº 11.890, de 22.01.2024, regulamentou este art. 26, dispondo sobre a aplicação da margem de preferência no âmbito da Administração Pública federal direta, autárquica e fundacional, revogando o Decreto nº 7.546/2011.

[361] Lei nº 8.666/93 – "Art. 6º [...] XIX – sistemas de tecnologia de informação e comunicação estratégicos – bens e serviços de tecnologia da informação e comunicação cuja descontinuidade provoque dano significativo à administração pública e que envolvam pelo menos um dos seguintes requisitos relacionados às informações críticas: disponibilidade, confiabilidade, segurança e confidencialidade".

Art. 27. Será divulgada, em sítio eletrônico oficial, a cada exercício financeiro, a relação de empresas favorecidas em decorrência do disposto no art. 26 desta Lei, com indicação do volume de recursos destinados a cada uma delas.

Artigo 27

1 Divulgação em sítio eletrônico

Para dar transparência ao processo, este art. 27 determina que se divulgue em sítio eletrônico oficial, a cada exercício financeiro, a relação de empresas favorecidas em decorrência do disposto no artigo anterior, com indicação do volume de recursos destinados a cada uma delas.

Trata-se de ato que possibilita o controle, cujo não cumprimento demandará a punição do responsável.

Seção II
Das Modalidades de Licitação

Art. 28. São modalidades de licitação:
I – pregão;
II – concorrência;
III – concurso;
IV – leilão;
V – diálogo competitivo.
§1º Além das modalidades referidas no caput deste artigo, a Administração pode servir-se dos procedimentos auxiliares previstos no art. 78 desta Lei.
§2º É vedada a criação de outras modalidades de licitação ou, ainda, a combinação daquelas referidas no caput deste artigo.

Artigo 28 e Parágrafos 1º e 2º

1 Modalidades de licitação

A expressão "modalidade" tem origem no latim *modalis*, relativo a modo, de *modus*, significando modo ou maneira de fazer. Modalidade de licitação, por conseguinte, é o modo ou a maneira de se realizar o certame licitatório.

Segundo este art. 28, cinco são as modalidades licitatórias na Nova Lei: pregão, concorrência, concurso, leilão e diálogo competitivo.

O dispositivo, portanto, exibe novidades. Ao elencar as modalidades, incorpora o pregão (antes regido pela Lei nº 10.520/2002), apresenta uma nova, o diálogo competitivo, e mantém a concorrência, o concurso e o leilão. Destarte, exclui as tradicionais modalidades convite e tomada de preços, que eram previstas na Lei nº 8.666/1993.

Além disso, a Nova Lei rompe com a vetusta divisão clássica que atrelava modalidades a valores estimados da futura contratação,[362] pautando-se, agora, tão somente pela natureza do objeto.[363]

- Pregão: aquisição de bens e serviços comuns;
- Concorrência: contratação de bens e serviços especiais e de obras e serviços de engenharia;
- Concurso: escolha de trabalho técnico, científico ou artístico;

[362] As modalidades *concurso* e *leilão* não estavam atreladas a valores, pois eram aplicadas em função de suas finalidades, da mesma forma que agora serão na Nova Lei.

[363] – Pregão: aquisição de bens e serviços comuns;
– Concorrência: contratação de bens e serviços especiais e de obras e serviços de engenharia;
– Concurso: escolha de trabalho técnico, científico ou artístico;
– Leilão: alienação de bens imóveis ou de bens móveis inservíveis ou legalmente apreendidos;
– Diálogo competitivo: contratação de obras, serviços e compras em que a Administração dialoga com licitantes previamente selecionados, estando restrita a objetos que envolvam inovação tecnológica; impossibilidade de a Administração ter sua necessidade satisfeita sem adaptação de soluções disponíveis no mercado e inviabilidade de especificações técnicas serem definidas com precisão.

- Leilão: alienação de bens imóveis ou de bens móveis inservíveis ou legalmente apreendidos;
- Diálogo competitivo: contratação de obras, serviços e compras em que a Administração dialoga com licitantes previamente selecionados, estando restrita a objetos que envolvam inovação tecnológica; impossibilidade de a Administração ter sua necessidade satisfeita sem adaptação de soluções disponíveis no mercado; e inviabilidade de definição de especificações técnicas.

Essa ruptura já ocorrera, inclusive, em 2002, com a criação do pregão. A chamada Lei do Pregão (Lei nº 10.520/2002) já rompera com esse critério, pois jungia o uso da modalidade ao objeto pretendido, que deveria ser "comum", ou seja, com características facilmente identificáveis no mercado de bens e serviços, chamados no jargão do dia a dia de "produtos de prateleira". Nesse caso, portanto, era irrelevante se cogitar valores.

O êxito na aplicação do pregão, tanto na forma presencial, quanto, principalmente, na forma eletrônica, fez com que as modalidades convite e tomada de preços caíssem em total desuso. Tal fato, sem dúvida, foi fator preponderante para a extinção das referidas modalidades.

Conforme estabelece o inc. VIII do art. 18, ao agente público responsável caberá definir, na fase preparatória da licitação, a modalidade a ser utilizada, obedecendo às especificações constantes nos artigos 29 a 32, que detalham cada modalidade.

Dependendo da modalidade licitatória escolhida, o agente poderá munir-se de procedimentos auxiliares que contribuirão para o sucesso dos trabalhos, que são, como elenca o art. 78: o credenciamento; a pré-qualificação; o procedimento de manifestação de interesse (PMI); o sistema de registro de preços; e o registro cadastral, que deverão obedecer a critérios claros e objetivos definidos em regulamento (§1º).

Segundo o §2º, reproduzindo o §8º do art. 22, da Lei nº 8.666/1993, é vedada a criação de outras modalidades ou a combinação entre as que a lei indica.

Sobre a matéria, observamos: "O elenco de modalidades de licitação é exaustivo, sendo vedada para todos os entes da Federação a criação de outras modalidades de licitação ou a combinação entre elas, prática usual tempos atrás, sempre recriminada pelo TCU".[364]

Como obtempera Jessé Torres, a razão sempre foi e continua sendo clara: o destinatário da norma é o administrador público; a este se dirige a vedação, que o impede de, por ato administrativo (decreto, regulamento etc.), criar modalidade diversa daquelas previstas na lei de regência. Tampouco poderia ser contornada a vedação pelo artifício de combinarem-se características das modalidades da lei, de sorte a gerar uma modalidade híbrida; esta seria criação administrativa, não da lei. E somente lei federal pode criar modalidade de licitação. É o que se extrai do art. 22, XXVII, da Constituição da República.[365]

Tal erro, inclusive, se deu quando da criação do pregão apenas para a esfera federal pela Medida Provisória nº 2.206/2000, ato que, na época, reprovamos:

---

[364] BITTENCOURT. *Licitação Passo a Passo*. 11. ed.

[365] PEREIRA JÚNIOR. *Modalidades de licitação*.

Surpreendentemente, esse mandamento foi desprezado pelo Poder Executivo quando, por intermédio de uma flagrantemente inconstitucional medida provisória (MP nº 2.206/2000), instituiu uma nova modalidade de licitação denominada "pregão", válida, segundo a medida, somente no âmbito da União.[366]

Em outro trabalho, comentamos:

Pretensamente atendendo a mandamento constitucional (art. 37, XXI), tal como realizado para a Lei nº 8.666/1993, foi editada a Medida Provisória nº 2.026, em 04.05.2000, com publicação no Diário Oficial da União no dia posterior, instituindo, no âmbito da União, uma nova modalidade de licitação denominada pregão, visando, única e exclusivamente, à aquisição de bens e serviços comuns por parte da Administração Pública federal. O inciso da CF que deu margem à efetivação do novo diploma dispõe, como regra, que as obras, serviços, compras e alienações realizados pela Administração Pública devem, obrigatoriamente, ser contratados mediante prévia licitação pública, buscando demonstrar o enquadramento, nesse particular, da nova legislação, sem nos atermos, evidentemente, à análise da adoção do instrumento utilizado (Medida Provisória), que somente deve ser adotado em caráter excepcional, em caso de relevância e urgência (art. 62, CF), pelo que, sem muitas delongas, não nos parece enquadrar-se na hipótese. Cabe salientar, de plano, como já aduzido anteriormente, que o pregão somente poderá ser adotado pela União, constituindo-se, por assim dizer, norma específica, e não norma geral. Gina Copola conclui da mesma forma, acrescentando que "[...] a Lei Federal nº 8.666/1993, por sua vez, já dispõe em seu art. 1º que estabelece as normas gerais sobre licitações e contratos administrativos. Dessa forma, somente as disposições da Lei federal poderão ser adotadas pelas demais esferas de governo, e, se houver hierarquia entre essas leis, será possivelmente questionada a constitucionalidade desta Medida Provisória, pois que contraria a lei, constitucional, de normas gerais de licitação" (Pregão: nova modalidade de licitação; simplificação de procedimento para aquisição de bens e serviços comuns. O mesmo impasse chamou a atenção de Antônio Carlos Cintra do Amaral: "Ora, se a modalidade de licitação é conteúdo de normas gerais sobre licitações e contratos administrativos, a nova medida provisória deveria ser aplicável também a estados, municípios e Distrito Federal. Isso nos deixa em dúvida: a MP nº 2.026 contém normas gerais ou especiais?" (Pregão: uma nova modalidade de licitação). Entendemos que uma medida provisória que institui uma nova modalidade de licitação no contexto jurídico brasileiro não pode se constituir numa norma especial (não confundir com norma específica), mas sim numa norma geral, e mais, de caráter nacional (e não federal), aplicável, portanto, ainda que ela própria negue, também aos estados, municípios e o Distrito Federal, e não somente à União.[367]

[366] BITTENCOURT. *Novo Pregão Eletrônico.*

[367] BITTENCOURT. *Pregão passo a passo.* 5. ed.

Art. 29. A concorrência e o pregão seguem o rito procedimental comum a que se refere o art. 17 desta Lei, adotando-se o pregão sempre que o objeto possuir padrões de desempenho e qualidade que possam ser objetivamente definidos pelo edital, por meio de especificações usuais de mercado.

Parágrafo único. O pregão não se aplica às contratações de serviços técnicos especializados de natureza predominantemente intelectual e de obras e serviços de engenharia, exceto os serviços de engenharia de que trata a alínea "a" do inciso XXI do *caput* do art. 6º desta Lei.

Artigo 29

1 Concorrência e Pregão

Como define o inc. XXXVIII do art. 6º, concorrência é modalidade de licitação para contratação de bens e serviços especiais e de obras e serviços comuns e especiais de engenharia, cujo critério de julgamento poderá ser: a) menor preço; b) melhor técnica ou conteúdo artístico; c) técnica e preço; d) maior retorno econômico; e e) maior desconto.

O inc. XLI do mesmo artigo informa que pregão é modalidade de licitação obrigatória para aquisição de bens e serviços comuns, cujo critério de julgamento poderá ser o de menor preço ou o de maior desconto.

Segundo este art. 29, as duas modalidades deverão seguir o rito procedimental comum, com o processo de licitação observando as fases sequenciais previstas no art. 17, quais sejam, a preparatória; a de divulgação do edital de licitação; a de apresentação de propostas e lances, quando for o caso; a de julgamento; a de habilitação; a de recursos; e a de homologação.

Repetindo a Lei nº 10.520/2002, a Nova Lei preceitua que se adotará a modalidade pregão quando o objeto pretendido pela Administração possuir padrões de desempenho e qualidade que possam ser objetivamente definidos pelo edital, por meio de especificações usuais de mercado.

Logo, os bens e serviços licitados por intermédio do pregão serão aqueles habitualmente utilizados no dia a dia da Administração, que não exigem detalhamentos e especificações, não obstante a necessidade de existirem padrões razoáveis de desempenho e qualidade a serem definidos no edital.

Nesse passo, caberá ao Poder Público verificar se o objeto pretendido se enquadra na categoria, sendo necessário averiguar se estão presentes todos os seguintes requisitos: se o objeto desejado não necessita de aferição técnica mais acurada; se pode ser considerado rotineiro e usual; se possui condições de especificação razoável no documento convocatório do certame, à vista de condições usuais de mercado.[368]

Em contraponto, há, é claro, os bens e serviços especiais, que, devido a características diferenciadas, jamais poderão ser objetivamente definidos por intermédio de especificações usuais do mercado. Para esses é vedada a utilização do pregão.

[368] TCU – Acórdão nº 11.211/2015 – Segunda Câmara.

Nesse sentido, o parágrafo único aponta a impossibilidade de utilização do pregão nas contratações de serviços técnicos especializados de natureza predominantemente intelectual e de obras e serviços de engenharia, os quais, consoante definição do inc. XXI do art. 6º, são atividades destinadas a obter determinada utilidade, intelectual ou material, de interesse para a Administração e que, não enquadradas no conceito de obra,[369] são estabelecidas, por força de lei, como privativas das profissões de arquiteto e engenheiro ou de técnicos especializados.

Há, entrementes, uma exceção: é possível adotar o pregão nos casos de contratação do chamado "serviço comum de engenharia", que, conforme definição da alínea 'a' do inc. XXI do art. 6º, é todo serviço de engenharia que tem por objeto ações, objetivamente padronizáveis em termos de desempenho e qualidade, de manutenção, de adequação e de adaptação de bens móveis e imóveis, com preservação das características originais dos bens.

Recentemente, essa possibilidade foi incluída no Decreto nº 10.024/2019, que, tendo em vista o disposto no art. 2º, §1º, da Lei nº 10.520/2002, regulamenta a licitação na modalidade pregão na forma eletrônica, atendendo a reiterados entendimentos do Tribunal de Contas da União (Súmula nº 257 TCU: o uso do pregão nas contratações de serviços comuns de engenharia encontra amparo na Lei nº 10.520/2002).

Sobre a questão, cabe assentar que o Plenário do Conselho Federal de Engenharia e Agronomia (Confea), autarquia pública federal responsável pela verificação e fiscalização do exercício e atividades das profissões da área de engenharia e agronomia (Lei nº 5.194/1966), aprovou, em 3 de dezembro de 2012, a Decisão Plenária nº 2.467, na qual, em síntese, ao registrar que há diferenças entre serviços comuns e não comuns no âmbito da engenharia e da agronomia, conclui que os serviços que exigem habilitação legal para sua elaboração ou execução não podem ser classificados como comuns e, por conseguinte, ser contratados por intermédio de pregão. Além disso, definiu o Conselho que a contratação de obras prediais, industriais ou de infraestrutura não comporta a adoção da modalidade pregão, dadas as características de complexidade e multiprofissionalidade, as quais envolvem intrincados conhecimentos técnicos e uma interação de concepção físico-financeira, que determinará a otimização de custos, prazos e qualidade, fatores que garantem a utilização adequada dos recursos públicos e a entrega do bem para uso da sociedade. Consoante o entendimento do Confea, para seleção da proposta mais vantajosa para execução desses serviços de engenharia de natureza não comum, a Administração terá que valer-se de uma das modalidades licitatórias previstas na Lei nº 8.666/1993. Inclusive, com base nessa decisão, o Conselho Regional de Engenharia e Agronomia do Distrito Federal (Crea-DF) encaminhou ofício aos órgãos públicos do Distrito Federal solicitando que fosse recomendado a todos os profissionais fiscalizados pelo Sistema Confea/Crea responsáveis por projetos básicos, termos de referências ou documentos afins que, ao analisarem tais documentos, anexassem a seus pareceres a mencionada decisão, como forma de justificar a não utilização da modalidade pregão para execução desses serviços e/ou obras.

---

[369] Segundo o inc. XII do art. 6º, obra é toda atividade estabelecida, por força de lei, como privativa das profissões de arquiteto e engenheiro que implica intervenção no meio ambiente por meio de um conjunto harmônico de ações que, agregadas, formam um todo que inova o espaço físico da natureza ou acarreta alteração substancial das características originais de bem imóvel;

Posteriormente, o Confea editou a Resolução nº 1.116, de 26.04.2019, estabelecendo que as que as obras e os serviços no âmbito da engenharia e da agronomia deverão ser classificados como serviços técnicos especializados.

> Art. 1º Estabelecer que as obras e os serviços de Engenharia e de Agronomia, que exigem habilitação legal para sua elaboração ou execução, com a emissão da Anotação de Responsabilidade Técnica – ART, são serviços técnicos especializados.
>
> §1° Os serviços são assim caracterizados por envolverem o desenvolvimento de soluções específicas de natureza intelectual, científica e técnica, por abarcarem risco à sociedade, ao seu patrimônio e ao meio ambiente, e por sua complexidade, exigindo, portanto, profissionais legalmente habilitados e com as devidas atribuições.
>
> §2° As obras são assim caracterizadas em função da complexidade e da multiprofissionalidade dos conhecimentos técnicos exigidos para o desenvolvimento do empreendimento, sua qualidade e segurança, por envolver risco à sociedade, ao seu patrimônio e ao meio ambiente, e por demandar uma interação de concepção físico-financeira que determinará a otimização de custos e prazos, exigindo, portanto, profissionais legalmente habilitados e com as devidas atribuições.

Não obstante, versando sobre a matéria, a Advocacia-Geral da União (AGU) emitiu o Parecer nº 00051/2019/DECOR/CGU/AGU, referendando a Orientação Normativa AGU nº 54, de 25.04.2014,[370] consolidando o entendimento no âmbito daquele órgão consultivo quanto à possibilidade de realização de pregão para contratação de serviço de engenharia, desde que este seja caracterizado como serviço comum.

De acordo com o referido Parecer, a supracitada Resolução nº 1.116/2019 – Confea não pode produzir efeitos restritivos em relação à compreensão do agente público competente acerca do enquadramento de um determinado serviço de engenharia como serviço comum.

[370] ON nº 54/2014 AGU – Compete ao agente ou setor técnico da Administração declarar que o objeto licitatório é de natureza comum para efeito de utilização da modalidade pregão e definir se o objeto corresponde a obra ou serviço de engenharia, sendo atribuição do órgão jurídico analisar o devido enquadramento da modalidade licitatória aplicável.

Art. 30. O concurso observará as regras e condições previstas em edital, que indicará:
I – a qualificação exigida dos participantes;
II – as diretrizes e formas de apresentação do trabalho;
III – as condições de realização e o prêmio ou remuneração a ser concedido ao vencedor.
Parágrafo único. Nos concursos destinados à elaboração de projeto, o vencedor deverá ceder à Administração Pública, nos termos do art. 93 desta Lei, todos os direitos patrimoniais relativos ao projeto e autorizar sua execução conforme juízo de conveniência e oportunidade das autoridades competentes.

Artigo 30

1 Concurso

A Nova Lei manteve todo o tratamento dado à modalidade de licitação concurso pela lei anterior, inserindo apenas os possíveis critérios de julgamento (melhor técnica ou conteúdo artístico), o que a norma pretérita deixava a cargo do edital licitatório.

Assim, conforme definição do inc. XXXIX do art. 6º, concurso é modalidade de licitação para escolha de trabalho técnico, científico ou artístico, cujo critério de julgamento será o de melhor técnica ou conteúdo artístico, e para concessão de prêmio ou remuneração ao vencedor.

Consoante este art. 30, o concurso observará as regras e condições previstas em edital, que indicará:

a) a qualificação exigida dos participantes;
b) as diretrizes e formas de apresentação do trabalho; e
c) as condições de realização e o prêmio ou remuneração a ser concedido ao vencedor.

O preceptivo dispõe sobre o conteúdo do edital que, evidentemente, dependerá das características do objeto da licitação.

Evidencia-se que o elenco é exemplificativo, dispondo sobre exigências quanto à qualificação dos participantes (habilitação), linhas reguladoras (diretrizes), forma de apresentação do trabalho, condições de sua realização (em que estarão elencadas, entre outras, as regras objetivas de julgamento, ainda que, na hipótese, prevaleça quase sempre o subjetivismo na avaliação), e, evidentemente, a premiação do vencedor.

A qualificação dos participantes muitas vezes tem íntima conexão com o exercício de profissões regulamentadas, pois só são admissíveis regras nesse campo quando o concurso versar sobre questões técnicas abrangidas no objeto dessas profissões. Outras vezes, quando envolver atividade artística, haverá livre participação dos interessados.

Nesse aspecto, Marçal Justen apresenta pertinentes comentários:

> Assim, pode direcionar-se o concurso a novos artistas ou a pessoas que nunca haviam recebido qualquer premiação anterior. Essas cláusulas de exclusão de participação devem ser enfocadas segundo o princípio da isonomia. Admitem-se discriminações, desde que compatíveis com os valores constitucionais e com a finalidade perseguida concretamente pela Administração Pública, ao promover o concurso.[371]

O edital deverá estabelecer condições atinentes aos trabalhos a serem apresentados. Nesse ponto reside a fundamental diferença entre o concurso e as demais modalidades licitatórias, pois nessas os interessados formulam propostas à Administração, supondo que a licitação seja sucedida de contratação para a efetiva execução, enquanto que, no concurso, os interessados elaboram propostas técnicas e/ou artísticas, executando-as concretamente e apresentando-as à Administração.

> O "trabalho" equivale e produz efeitos correspondentes a uma proposta – mas dela se diferencia por ser uma proposta executada. O regulamento determinará a área artística ou técnica em que se processará o certame e as qualidades técnicas ou científicas que serão apreciadas. Uma vez estabelecidas essas regras, deverá determinar as diretrizes e a forma de apresentação do trabalho. As diretrizes e formas de apresentação do trabalho são as regras acerca de elaboração e formalização das obras técnicas/artísticas com que os interessados desejem concorrer. Em princípio, são condicionadas e limitadas pelo conhecimento técnico-científico existente.[372]

Parágrafo único

2 Cessão dos direitos patrimoniais à Administração Pública

O art. 93 disciplina que, nas contratações de projetos ou de serviços técnicos especializados, inclusive daqueles que contemplem o desenvolvimento de programas e aplicações de internet para computadores, máquinas, equipamentos e dispositivos de tratamento e de comunicação da informação (software) e a respectiva documentação técnica associada, o autor deverá ceder todos os direitos patrimoniais a eles relativos para a Administração Pública, hipótese em que poderão ser livremente utilizados e alterados por ela em outras ocasiões, sem necessidade de nova autorização de seu autor.

Segundo seu §1º, quando o projeto se referir à obra imaterial de caráter tecnológico, insuscetível de privilégio, a cessão dos direitos incluirá o fornecimento de todos os dados, documentos e elementos de informação pertinentes à tecnologia de concepção, desenvolvimento, fixação em suporte físico de qualquer natureza e aplicação da obra.

O §2º faculta à Administração Pública deixar de exigir a cessão de direitos quando o objeto da contratação envolver atividade de pesquisa e desenvolvimento de caráter científico, tecnológico ou de inovação, considerados os princípios e mecanismos

[371] JUSTEN FILHO. *Comentários à Lei de Licitações e Contratos Administrativos*. 16. ed.

[372] JUSTEN FILHO. *Comentários à Lei de Licitações e Contratos Administrativos*. 16. ed.

instituídos pela Lei nº 10.973/2004, sendo que, na hipótese de posterior alteração do projeto pela Administração Pública, o autor deverá ser comunicado e os registros serão promovidos nos órgãos ou entidades competentes (§3º).

Nesse contexto, o parágrafo único em comento prevê que, nos concursos destinados à elaboração de projeto, o vencedor deverá ceder à Administração Pública todos os direitos patrimoniais relativos ao projeto e autorizar a sua execução conforme juízo de conveniência e oportunidade das autoridades competentes.

Art. 31. O leilão poderá ser cometido a leiloeiro oficial ou a servidor designado pela autoridade competente da Administração, e o regulamento deverá dispor sobre seus procedimentos operacionais.

§1º Se optar pela realização de leilão por intermédio de leiloeiro oficial, a Administração deverá selecioná-lo mediante credenciamento ou licitação na modalidade pregão e adotar o critério de julgamento de maior desconto para as comissões a serem cobradas, utilizados como parâmetro máximo os percentuais definidos na lei que regula a referida profissão e observados os valores dos bens a serem leiloados.

§2º O leilão será precedido da divulgação do edital em sítio eletrônico oficial, que conterá:

I – a descrição do bem, com suas características, e, no caso de imóvel, sua situação e suas divisas, com remissão à matrícula e aos registros;

II – o valor pelo qual o bem foi avaliado, o preço mínimo pelo qual poderá ser alienado, as condições de pagamento e, se for o caso, a comissão do leiloeiro designado;

III – a indicação do lugar onde estiverem os móveis, os veículos e os semoventes;

IV – o sítio da internet e o período em que ocorrerá o leilão, salvo se excepcionalmente for realizado sob a forma presencial por comprovada inviabilidade técnica ou desvantagem para a Administração, hipótese em que serão indicados o local, o dia e a hora de sua realização;

V – a especificação de eventuais ônus, gravames ou pendências existentes sobre os bens a serem leiloados.

§3º Além da divulgação no sítio eletrônico oficial, o edital do leilão será afixado em local de ampla circulação de pessoas na sede da Administração e poderá, ainda, ser divulgado por outros meios necessários para ampliar a publicidade e a competitividade da licitação.

§4º O leilão não exigirá registro cadastral prévio, não terá fase de habilitação e deverá ser homologado assim que concluída a fase de lances, superada a fase recursal e efetivado o pagamento pelo licitante vencedor, na forma definida no edital.

Artigo 31

1 Leilão

Conforme definição exposta no inc. XL do art. 6º, leilão é modalidade de licitação para alienação de bens imóveis ou de bens móveis inservíveis[373] ou legalmente apreendidos a quem oferecer o maior lance.[374]

Como leciona Flávio M. Menezes:

> [...] um leilão é simplesmente um método de alocação de recursos escassos. Ao contrário de uma venda a preço fixo, onde um comprador entra na loja e observa o preço, mas não sabe como foi determinado, em um leilão o preço é estabelecido pela interação entre os compradores potenciais. Em resumo, o leilão é um mecanismo que estabelece o preço no qual a oferta é igual à demanda em uma situação na qual o vendedor não sabe o valor que os diversos compradores atribuem ao objeto a ser vendido. Em um leilão cada comprador potencial e o vendedor sabem o seu próprio valor ou estimativa para o objeto, mas não sabem o valor ou estimativa dos demais participantes. O vendedor quer obter o maior preço possível e os compradores querem ganhar o leilão pagando o menor preço possível.[375]

Segundo este art. 31, dois são os tipos de leilão: o comum, cometido a leiloeiro oficial,[376] e o administrativo, promovido por servidor público. O dispositivo remete os procedimentos operacionais à regulamentação específica.

Por intermédio do Decreto nº 11.461/2023, o governo federal regulamentou o dispositivo, dispondo sobre os procedimentos operacionais da licitação na modalidade leilão, na forma eletrônica, para alienação de bens móveis inservíveis ou legalmente apreendidos, além de instituir o Sistema de Leilão Eletrônico no âmbito da Administração Pública federal direta, autárquica e fundacional, o qual, para acesso, deverão ser observados os procedimentos estabelecidos num manual técnico-operacional a ser publicado pela Secretaria de Gestão e Inovação do Ministério da Gestão e da Inovação em Serviços Públicos.

Parágrafo 1º

2 A escolha do leiloeiro oficial

Antiga celeuma envolvia a escolha do leiloeiro oficial. A controvérsia girava se deveria ser concebida através de licitação ou se considerar-se-ia as regras previstas no art. 42 do Decreto nº 21.981/1932, as quais impõem, no caso da venda de bens móveis

---

[373] Dúvidas são suscitadas quanto à expressão "bem móveis inservíveis para a administração". Já nos manifestamos diversas vezes que como inservível deve-se entender o bem que não mais reúne condições reais de servir. O bem que, embora não mais utilizável, mantém, pelas suas condições intrínsecas, capacidade de uso [...] não é bem inservível, não se enquadrando nessa situação".

[374] Registre-se que a Lei nº 9.636/1998, que dispõe especificamente sobre a regularização, a administração, o aforamento e a alienação de bens imóveis de domínio da União, estabelece, no art. 24, que a venda de qualquer bem imóvel da União poderá ser realizada através de concorrência ou leilão.

[375] MENEZES. *Uma introdução à teoria de leilões*.

[376] Profissão regulamentada pelo Decreto nº 21.981/1932.

ou imóveis pertencentes à União, estados e municípios, que os leiloeiros funcionariam por distribuição rigorosa de escala de antiguidade, a começar pelo mais antigo (c/c art. 10 da IN nº 113/2010/DNRC).

Sustentavam os defensores da segunda hipótese que, como existia legislação específica disciplinando a forma de contratação do leiloeiro, deveria a Administração efetuá-la diretamente, com fundamento em inexigibilidade licitatória, com observação das regras próprias (escala de distribuição por antiguidade), pois a contratação inadmitia a competição.

Sustentávamos, todavia, que a escolha do leiloeiro poderia ocorrer por licitação, porquanto, a nosso ver, o Decreto nº 21.981/1932 não fora recepcionado, nessa seara, pela CF/1988.

No mesmo sentido, o Departamento Nacional de Registro do Comércio do Ministério do Desenvolvimento, Indústria e Comércio Exterior (DNRC) expediu entendimento informando que o citado diploma encontrava-se derrogado pela CF/1988, devendo os órgãos públicos adotar licitação para a escolha dos leiloeiros, e não a escala de antiguidade prevista no art. 42 do supracitado decreto.

Havia, ainda, a IN nº 110/2009, da Diretoria do DNRC:

> Da Escolha do Leiloeiro – Art. 10. A Junta Comercial, quando solicitada para informar nome de leiloeiro por interessado na realização de leilões, sejam estes pessoas de direito público ou privado, informará a relação completa dos leiloeiros oficiais devidamente matriculados.
>
> §1º A relação de leiloeiros, referida no *caput* deste artigo, tem finalidade meramente informativa do contingente de profissionais matriculados na Junta Comercial.
>
> §2º A forma de contratação do leiloeiro, seja por meio de procedimento licitatório ou outro critério, caberá aos entes interessados.
>
> §3º Em caso de alienação, por meio de procedimento licitatório, de bens apreendidos, bens móveis ou bens imóveis das administrações públicas federal, estadual ou municipal, serão observadas na escolha do leiloeiro as disposições da Lei nº 8.666, de 21 de junho de 1993.

O TRF manifestou-se no mesmo diapasão:

> TRF – 2ª Região, Apelação Cível nº 2008.50.01.015585-0, 8ª Turma Especializada, Rel. Des. Federal Sérgio Schwaitzer, e-DJF2R, 15.12.201 – 10751 – Administrativo – Ação civil pública – Contratação de leiloeiro oficial pela Empresa Brasileira de Correios e Telégrafos – Necessidade de licitação – Art. 37, inciso XXI, da Constituição Federal – Art. 2º da Lei nº 8.666/93.
>
> I – A contratação de leiloeiros oficiais pela Empresa Brasileira de Correios e Telégrafos (ECT) não se enquadra na hipótese de inexigibilidade de licitação proclamada no art. 25 da Lei nº 8.666/93. II – O Decreto nº 21.981/32 foi editado com a finalidade de regulamentar a profissão de leiloeiro. A regra nele estabelecida, consistente no dever de as Juntas Comerciais organizarem lista de antiguidade destes profissionais (art. 41), é plenamente válida e atende às necessidades da aludida categoria. A dicção do art. 42, contudo, ao dispor que "nas vendas de bens moveis ou imóveis pertencentes à União e aos Estados e municípios, os leiloeiros funcionarão por distribuição rigorosa de escala de antiguidade, a começar pelo mais antigo", estabelece uma restrição incompatível com o preceito insculpido no art. 37, XXI, da Carta Magna, segundo o qual, ressalvados os casos especificados em lei, a Administração Pública, para contratar com o ente privado – e o leiloeiro se enquadra neste conceito –, deve se valer de procedimento licitatório. III – Recurso desprovido.

Este §1º acaba com o imbróglio, dispondo que, se a Administração optar pela realização por intermédio de leiloeiro oficial, deverá selecioná-lo mediante credenciamento ou licitação na modalidade pregão e adotar o critério de julgamento de maior desconto para as comissões a serem cobradas, utilizados como parâmetro máximo os percentuais definidos na lei que regula a referida profissão[377] e observados os valores dos bens a serem leiloados.

No âmbito federal, o Decreto nº 11.461/2023 dispôs somente pelo uso do credenciamento.[378]

A Lei não informa se caberá ao leiloeiro qualquer comissão, caso o leilão reste fracassado. A nosso ver, inexistindo êxito no leilão, inexistirá comissão a ser cobrada.

É o que também sustenta Guilherme Carvalho, ao anotar que "se o leilão vier a ser frustrado, não caberá ao leiloeiro qualquer comissão, à míngua de qualquer importância que possa ser cobrada".

Contudo, para afastar qualquer impasse, o jurista faz interessante sugestão: o registro do não pagamento no instrumento convocatório.

> É imprescindível, contudo, que o edital do leilão preveja a impossibilidade de qualquer remuneração ao leiloeiro no caso de não haver licitantes interessados. Logo, mesmo havendo um pregoeiro que haja se sagrado vencedor do pregão destinado à sua escolha, nada há que se falar em remuneração do leiloeiro se, no leilão, não aparecerem licitantes interessados. Trata-se de risco a ser avaliado pelo leiloeiro desde a fase de credenciamento ou quando da participação do pregão.[379]

Parágrafos 2º, 3º e 4º

3 A divulgação e outras disposições do leilão

Em 6.09.2019, por intermédio da Medida Provisória nº 896, o governo federal impôs mudanças na divulgação de editais licitatórios, estipulando que a convocação dos interessados passaria a ser efetuada apenas por meio de publicação de aviso no diário oficial e em sítio eletrônico oficial do respectivo ente federativo, deixando de lado as publicações em jornais.

Observamos, à época, que tal providência restava plenamente justificável não só pela economia de recursos despendidos, mas também pelo pleno atendimento à evolução das informações, com o uso intensivo da internet.[380]

---

377 Decreto nº 21.981, de 19.10.1932: Art. 24. A taxa da comissão dos leiloeiros será regulada por convenção escrita que, sobre todos ou alguns dos efeitos a vender, eles estabelecerem com os comitentes. Em falta de estipulação prévia, regulará a taxa de 5% (cinco por cento), sobre moveis, mercadorias, joias e outros efeitos e a de 3 % (três por cento), sobre bens imóveis de qualquer natureza. (Redação dada pelo Decreto nº 22.427, de 1933).
Parágrafo único. Os compradores pagarão obrigatoriamente cinco por cento sobre quaisquer bens arrematados.

378 Art. 6º Na hipótese de realização de leilão por intermédio de leiloeiro oficial, sua seleção será mediante credenciamento.
§1º O credenciamento de que trata o caput observará, como parâmetro máximo da taxa de comissão a ser paga pelos arrematantes a todos os credenciados, o montante de cinco por cento do valor do bem arrematado.
§2º É vedada a previsão de taxa de comissão a ser paga pelos comitentes.
Art. 7º O credenciamento de que trata o art. 6º será realizado exclusivamente pela Central de Compras da Secretaria de Gestão e Inovação do Ministério da Gestão e da Inovação em Serviços Públicos para adesão pelos órgãos e pelas entidades.

379 CARVALHO. Algumas ponderações sobre o leilão.

380 BITTENCOURT. *Novo Pregão Eletrônico.*

A exposição de motivos resumia as razões dessa mudança:

> Nos últimos anos, a circulação de jornais impressos vem caindo significativamente, ao passo que o acesso aos sítios eletrônicos oficiais tem aumentado. Assim, a obrigatoriedade de publicação de atos administrativos em jornais de grande circulação vem se mostrando, cada vez mais, inapta para garantir a publicidade dos atos governamentais. Trata-se, portanto, de obrigação obsoleta. Além disso, a continuidade da obrigação legal representa um gasto adicional e injustificado aos cofres públicos, cuja situação de desequilíbrio fiscal é amplamente conhecida, exigindo ainda maior comprometimento com a racionalização do uso de recursos e a devida redução de custos.

Infelizmente, a MP não vingou, tendo seu prazo de vigência encerrado no dia 16.02.2020, conforme Ato Declaratório nº 6/2020 do presidente da mesa do Congresso Nacional.

Não obstante, a boa ideia surtiu efeitos, pois, evoluindo em relação à citada MP, o §2º dispõe que o leilão será precedido de divulgação do edital em sítio eletrônico oficial e, como prescreve o §3º, afixado em local de ampla circulação de pessoas na sede da Administração, podendo, ainda, ser divulgado por outros meios necessários para ampliar a publicidade e a competitividade da licitação.[381]

Observe-se que o art. 53 da Nova Lei, que trata da exposição de editais, indica que a publicidade de qualquer edital de licitação deverá ocorrer mediante divulgação e manutenção do inteiro teor do edital e de seus anexos à disposição do público em sítio eletrônico oficial, facultada a disseminação direta a interessados devidamente cadastrados para esse fim.

São elementos imprescindíveis na divulgação:

- A descrição do bem, com suas características;
- No caso de imóvel, sua situação e suas divisas, com remissão à matrícula e aos registros;
- O valor pelo qual o bem foi avaliado;
- O preço mínimo pelo qual poderá ser alienado;
- As condições de pagamento;
- Se for o caso, o valor da comissão do leiloeiro designado;
- A indicação do lugar onde estiverem os móveis, os veículos e os semoventes;
- O sítio da internet e o período em que ocorrerá o leilão, salvo se excepcionalmente for realizado sob a forma presencial por comprovada inviabilidade técnica ou desvantagem para a Administração, hipótese em que serão indicados o local, o dia e a hora de sua realização; e
- A especificação de eventuais ônus, gravames ou pendências existentes sobre os bens a serem leiloados.

---

[381] Registre-se que inc. IV permite, em caráter excepcional, a realização sob a forma presencial, quando comprovada inviabilidade técnica ou desvantagem para a Administração, hipótese em que deverão ser indicados o local, o dia e a hora de sua realização. Regulamentando a possibilidade, ao admitir excepcionalmente, a realização do leilão na forma presencial, o Decreto nº 11.461/2023 determina a elaboração de prévia justificativa da autoridade competente, com comprovação da inviabilidade técnica ou da desvantagem.

Por fim, o §4º enumera outras disposições do leilão:

a) não se exigirá registro cadastral prévio;
b) não terá fase de habilitação; e
c) deverá ser homologado assim que concluída a fase de lances, superada a fase recursal e efetivado o pagamento pelo licitante vencedor, na forma definida no edital.

Consideramos que o legislador foi feliz ao estabelecer expressamente a inexistência de fase de habilitação no leilão, porquanto, sendo aberto a todos que tiverem interesse, seria descabida a exigência de qualquer qualificação. Nesse sentido, Ivan Barbosa Rigolin e Marco Tullio Bottino já dispuseram que "o edital completo, que precisa ser acessível a todo e qualquer cidadão, em local certo, não deve exigir habilitação prévia, abrindo o leilão à participação de qualquer interessado".[382] Diversamente, contudo, Marçal Justen sustenta o cabimento de exigências de requisitos relacionados à evidência de capacitação econômica.[383]

382 RIGOLIN. *Manual prático das licitações*. 6. ed.

383 JUSTEN FILHO. *Comentários à Lei de Licitações e Contratos Administrativos*. 7. ed.

Art. 32. A modalidade diálogo competitivo é restrita a contratações em que a Administração:

I – vise a contratar objeto que envolva as seguintes condições:

a) inovação tecnológica ou técnica;

b) impossibilidade de o órgão ou entidade ter sua necessidade satisfeita sem a adaptação de soluções disponíveis no mercado; e

c) impossibilidade de as especificações técnicas serem definidas com precisão suficiente pela Administração;

II – verifique a necessidade de definir e identificar os meios e as alternativas que possam satisfazer suas necessidades, com destaque para os seguintes aspectos:

a) a solução técnica mais adequada;

b) os requisitos técnicos aptos a concretizar a solução já definida;

c) a estrutura jurídica ou financeira do contrato;

III – (VETADO)

§1º Na modalidade diálogo competitivo, serão observadas as seguintes disposições:

I – a Administração apresentará, por ocasião da divulgação do edital em sítio eletrônico oficial, suas necessidades e as exigências já definidas e estabelecerá prazo mínimo de 25 (vinte e cinco) dias úteis para manifestação de interesse na participação da licitação;

II – os critérios empregados para pré-seleção dos licitantes deverão ser previstos em edital, e serão admitidos todos os interessados que preencherem os requisitos objetivos estabelecidos;

III – a divulgação de informações de modo discriminatório que possa implicar vantagem para algum licitante será vedada;

IV – a Administração não poderá revelar a outros licitantes as soluções propostas ou as informações sigilosas comunicadas por um licitante sem o seu consentimento;

V – a fase de diálogo poderá ser mantida até que a Administração, em decisão fundamentada, identifique a solução ou as soluções que atendam às suas necessidades;

VI – as reuniões com os licitantes pré-selecionados serão registradas em ata e gravadas mediante utilização de recursos tecnológicos de áudio e vídeo;

VII – o edital poderá prever a realização de fases sucessivas, caso em que cada fase poderá restringir as soluções ou as propostas a serem discutidas;

VIII – a Administração deverá, ao declarar que o diálogo foi concluído, juntar aos autos do processo licitatório os registros e as gravações da fase de diálogo, iniciar a fase competitiva com a divulgação de edital contendo a especificação da solução que atenda às suas necessidades e os critérios objetivos a serem utilizados para seleção da proposta mais vantajosa e abrir prazo, não inferior a 60 (sessenta) dias úteis, para todos os licitantes pré-selecionados na forma do inciso II deste parágrafo apresentarem suas propostas, que deverão conter os elementos necessários para a realização do projeto;

IX – a Administração poderá solicitar esclarecimentos ou ajustes às propostas apresentadas, desde que não impliquem discriminação nem distorçam a concorrência entre as propostas;
X – a Administração definirá a proposta vencedora de acordo com critérios divulgados no início da fase competitiva, assegurada a contratação mais vantajosa como resultado;
XI – o diálogo competitivo será conduzido por comissão de contratação composta de pelo menos 3 (três) servidores efetivos ou empregados públicos pertencentes aos quadros permanentes da Administração, admitida a contratação de profissionais para assessoramento técnico da comissão;
XII – (VETADO)
§2º Os profissionais contratados para os fins do inciso XI do §1º deste artigo assinarão termo de confidencialidade e abster-se-ão de atividades que possam configurar conflito de interesses.

Artigo 32 e Incisos I e II

1 Diálogo competitivo

Com inspiração no direito europeu, que, com o intuito de inovar no âmbito das contratações públicas, diante da ineficiência de antigas soluções quando os objetos pretendidos eram considerados complexos, criou o chamado "diálogo concorrencial",[384] veio à tona uma nova modalidade licitatória: o diálogo competitivo.

[384] Diretiva nº 2004/18/EC, revogada e substituída pela Diretiva nº 2014/94/EU, do Parlamento Europeu e do Conselho. Rafael Sérgio Lima de Oliveira, em meticulosa pesquisa, apresenta notas históricas sobre o diálogo competitivo: "Ele foi incluído inicialmente no artigo 29º da Diretiva nº 2004/18/CE, do Parlamento Europeu e do Conselho, de 31 de março de 2004. [...]. A Diretiva nº 2004/18/CE resultou de um longo processo de revisão das Diretivas europeias sobre contratação pública. O início de tal processo ocorreu em 1996, com a publicação do Green Paper, Public Procurement in the European Union: exploring the Way Forward. Na análise de Sue Arrowsmith e de Steen Treumer, o Green Paper de 1996 não trouxe grandes inovações para o sistema europeu, servindo mesmo para conferir certa estabilidade jurídica nas contratações públicas europeias. A chamada de atenção para a construção de novos procedimentos veio em 1998, com a publicação, resultado do mesmo processo de revisão, da Comunicação da Comissão COM (1998) 143 Final. Esse documento aponta a necessidade de flexibilização dos procedimentos de formação dos contratos de modo a admitir o diálogo entre a Administração e os seus fornecedores – de serviços e de produtos – para a construção de soluções para as demandas do Poder Público. O foco era os chamados contratos complexos, aqueles ligados a áreas nas quais sempre há mudanças, sendo mencionado como exemplo os contratos da área de tecnologia. Relata a Comissão Europeia ter recebido naquela época uma série de contribuições indicando que em muitas ocasiões as soluções para as demandas da Administração são complexas a ponto de os gestores públicos não saberem qual a solução adequada, apesar de terem consciência da necessidade do Estado. Para esses casos, as contribuições recebidas pela Comissão sugeriam a previsão de um procedimento no qual fosse possível o diálogo com a iniciativa privada, a fim de que esta pudesse contribuir, no âmbito do processo de formação do contrato, com a construção da solução. Assim, ainda na Comunicação de 1998, a Comissão Europeia já informa que irá propor emendas nas Diretivas então existentes, a fim de incluir um novo procedimento, chamado de diálogo competitivo, no qual o diálogo entre a Administração Pública e os operadores econômicos para a construção da solução adequada para o Poder Público seria possível. Em bom rigor, a previsão do diálogo competitivo veio para legitimar uma postura já adotada por alguns países membros da União Europeia no bojo de outra modalidade de licitação usual no velho mundo, o procedimento por negociação. Esse é o caso, segundo Sue Arrowsmith e Steen Treumer, do Reino Unido e da Alemanha, que vinham utilizando o procedimento por negociação para projetos complexos, o que não era adequado". (OLIVEIRA. *O diálogo competitivo do projeto de lei de licitação e contrato brasileiro*).

O inc. XLII do art. 6º define o diálogo competitivo como a modalidade de licitação para contratação de obras, serviços e compras em que a Administração Pública realiza diálogos com licitantes previamente selecionados mediante critérios objetivos, com o intuito de desenvolver uma ou mais alternativas capazes de atender às suas necessidades, devendo os licitantes apresentarem proposta final após o encerramento dos diálogos.

A intenção, tal como na Europa, é suplantar dificuldades encontradas nas contratações de objetos complexos.

Em síntese, para se entender a inovação, inicialmente a Administração define as necessidades e os critérios; posteriormente, seleciona os licitantes; adiante, com eles dialoga, procurando obter informações e alternativas de soluções; e, concluindo pela solução adequada, solicita que todos os licitantes selecionados apresentem propostas.

A modalidade, como sublinham Alécia Paolucci Bicalho e Flávio Henrique Pereira, pressupõe objetos tecnicamente intrincados, com complexidades que escapam ao domínio comum de conhecimento dos órgãos ou entidades contratantes, seja sob o aspecto técnico ou de estrutura financeira ou jurídica do projeto:

> A lógica, que se aproxima conceitualmente daquela típica dos projetos de desestatizações, envolvendo estruturas e modelagens sofisticadas, passa a ser acessível também para os projetos ditos orçamentados, com ganhos de qualidade e eficiência na fase de licitação, bem como de segurança executiva dos contratos, dado o maior envolvimento dos proponentes no próprio desenvolvimento da solução a ser contratada.[385]

Assim, a tendência, se bem delineado, é configurar-se como uma modalidade licitatória que oferecerá à Administração a oportunidade de tomar ciência das várias alternativas do objeto pesquisado, favorecendo sobremaneira a construção de soluções.

> É comum, ser desencadeada uma licitação para adquirir determinado objeto e quando da conclusão do certame, após alguns meses, o contratado informar à Administração que aquilo que foi contratado foi descontinuado pelo fabricante, indagando se é possível entregar outro com características equivalentes ou superiores. Isso gera diversos problemas, sejam técnicos ou jurídicos, ou que aquilo que foi entregue não faz interface ou sincronismo com os equipamentos ou sistemas já em funcionamento.[386]

Este art. 32 alerta que a nova modalidade licitatória é de uso restrito a contratações de objetos que correspondam aos seguintes aspectos específicos, concomitantemente:

a) inovação tecnológica ou técnica;
b) impossibilidade de o órgão ou entidade ter sua necessidade satisfeita sem a adaptação de soluções disponíveis no mercado; e
c) impossibilidade de as especificações técnicas serem definidas com precisão suficiente pela Administração.

---

385 BICALHO; PEREIRA. *As mudanças na nova Lei de Licitações e Contratos.*

386 PARZIALE. *Diálogo competitivo acabará com a contratação de objetos desatualizados pelo Poder Público, afirma especialista.*

Vide que a escolha do diálogo competitivo é um ato discricionário, torna-se perfeitamente possível que a Administração, como hoje realiza, opte por uma concorrência para contratação da elaboração do projeto, e outra concorrência para a sua execução.

Os diálogos com os pré-selecionados, além de buscarem definir o objeto a ser contratado, também deverão envolver questões concernentes a condições contratuais, como prazos, formas de pagamento, etapas de desenvolvimento etc. Nesse contexto, o inc. II prescreve que a modalidade está voltada para as contratações em que a Administração verifique a necessidade de definir e identificar os meios e as alternativas que possam satisfazer suas necessidades, com destaque para:

a) a solução técnica mais adequada;

b) os requisitos técnicos aptos a concretizar a solução já definida; e

c) a estrutura jurídica ou financeira do contrato.

Portanto, para legitimar o uso da modalidade, todos os requisitos deverão estar devidamente comprovados nos autos do respectivo processo administrativo, uma vez que, como assevera Jessé Torres, quando a Administração optou pelo diálogo competitivo, considerou as contribuições dos particulares interessados na definição das características que deverá ter o objeto a ser contratado, bem como a estimativa de seu custo específico, valendo dizer que o diálogo influenciará, previamente, na definição da equação econômico-financeira do futuro contrato:

> Isto porque os futuros licitantes somente poderão compor suas propostas de preço e/ou técnicas, para apresentá-las à Administração, depois de definido o objeto a ser licitado através desse diálogo, e tal definição gerará consequências para a satisfação do direito subjetivo ao equilíbrio daquela equação, presente nas entrelinhas do art. 37, XXI, da Constituição da República – "[...] processo de licitação pública que assegure igualdade de condições a todos os concorrentes, com cláusulas que estabeleçam obrigações de pagamento, mantidas as condições efetivas da proposta, nos termos da lei [...]". Em outras palavras, o uso impróprio do diálogo competitivo manchará o caso concreto de vícios de inconstitucionalidade e/ou de ilegalidade, a provocar a nulidade da licitação e do contrato que se lhe seguirá, com a responsabilização dos agentes públicos e privados que dele hajam participado.[387]

Conforme prescreve o art. 56, a Nova Lei adota formas de disputa licitatória que podem ser usadas isolada ou conjuntamente: a) o modo de disputa aberto, no qual os licitantes apresentam propostas por intermédio de lances públicos e sucessivos, crescentes ou decrescentes; e b) o modo de disputa fechado, forma em que as propostas permanecem em sigilo até a data e a hora designadas para sua divulgação.

Registre-se que o diálogo competitivo também passa a fazer parte do rol de modalidades licitatórias para as concessões e permissões de prestação de serviços públicos, regidas pela Lei nº 8.987, de 13.02.1995, e para as contratações de Parcerias Público-Privadas (PPP), regidas pela Lei nº 11.079, de 30.12.2004, consoante as alterações impostas pelos arts. 179 e 180.[388]

---

[387] PEREIRA JÚNIOR. *Modalidades de licitação.*

[388] Art. 179. Os incisos II e III do caput do art. 2º da Lei nº 8.987, de 13 de fevereiro de 1995, passam a vigorar com as seguintes redações:

Parágrafo 1º

2 Procedimento do diálogo competitivo

O diálogo competitivo se desenvolverá em duas fases: uma reservada à pré-seleção dos licitantes e outra voltada para a efetiva disputa.

Na primeira etapa, onde ocorrerá efetivamente o diálogo, debater-se-ão critérios e definições técnicas para que a Administração possa escolher a solução adequada.

Na segunda, serão apresentadas as propostas baseadas no objeto definido pela Administração, consoante as conclusões da fase inicial.

Este parágrafo trata dos procedimentos, elencando as disposições obrigatórias da modalidade licitatória, definindo quem conduzirá a competição e estabelecendo como se dará o controle externo, a saber:

a) inicialmente, a Administração, por ocasião da divulgação do edital em sítio eletrônico oficial, apresentará as necessidades e exigências definidas e estabelecerá prazo mínimo de 25 (vinte e cinco) dias úteis para manifestação de interesse de participação na licitação;
b) os critérios empregados para pré-seleção dos licitantes deverão estar previstos em edital, sendo admitidos todos os interessados que preencham os requisitos estabelecidos;
c) é proibida a divulgação de informações de modo discriminatório que possa implicar vantagem para algum licitante;
d) a Administração não poderá revelar a outros licitantes as soluções propostas ou as informações sigilosas comunicadas por um licitante sem o seu consentimento;
e) a fase de diálogo poderá ser mantida até que a Administração, em decisão fundamentada, identifique a solução ou as soluções que atendam às suas necessidades;
f) as reuniões com os licitantes pré-selecionados serão registradas em ata e gravadas mediante utilização de recursos tecnológicos de áudio e vídeo;
g) o edital poderá prever a realização de fases sucessivas, caso em que cada fase poderá restringir as soluções ou as propostas a serem discutidas;
h) a Administração deverá, ao declarar que o diálogo foi concluído, juntar aos autos do processo licitatório os registros e as gravações da fase de diálogo, iniciar a fase competitiva com a divulgação de edital contendo a especificação

---

"Art. 2º ....

II – concessão de serviço público: a delegação de sua prestação, feita pelo poder concedente, mediante licitação, na modalidade concorrência ou diálogo competitivo, a pessoa jurídica ou consórcio de empresas que demonstre capacidade para seu desempenho, por sua conta e risco e por prazo determinado;

III – concessão de serviço público precedida da execução de obra pública: a construção, total ou parcial, conservação, reforma, ampliação ou melhoramento de quaisquer obras de interesse público, delegados pelo poder concedente, mediante licitação, na modalidade concorrência ou diálogo competitivo, a pessoa jurídica ou consórcio de empresas que demonstre capacidade para a sua realização, por sua conta e risco, de forma que o investimento da concessionária seja remunerado e amortizado mediante a exploração do serviço ou da obra por prazo determinado; ...." (NR)

Art. 180. O caput do art. 10 da Lei nº 11.079, de 30 de dezembro de 2004, passa a vigorar com a seguinte redação:
"Art. 10. A contratação de parceria público-privada será precedida de licitação na modalidade concorrência ou diálogo competitivo, estando a abertura do processo licitatório condicionada a: ...." (NR).

da solução que atenda às suas necessidades e os critérios objetivos a serem utilizados para seleção da proposta mais vantajosa e abrir prazo, não inferior a 60 (sessenta) dias úteis, para todos os licitantes apresentarem suas propostas, que deverão conter os elementos necessários para a realização do projeto;

i) a Administração poderá solicitar esclarecimentos ou ajustes às propostas apresentadas, desde que não impliquem discriminação nem distorçam a concorrência entre as propostas;

j) a Administração definirá a proposta vencedora de acordo com critérios divulgados no início da fase competitiva, assegurada a contratação mais vantajosa como resultado;

k) o diálogo competitivo será conduzido por comissão de contratação composta de pelo menos três servidores efetivos ou empregados públicos pertencentes aos quadros permanentes da Administração, admitida a contratação de profissionais para assessoramento técnico da comissão; e

l) o órgão de controle externo poderá acompanhar e monitorar os diálogos competitivos, opinando, no prazo máximo de 40 (quarenta) dias úteis, sobre a legalidade, a legitimidade e a economicidade da licitação, antes da celebração do contrato.

Incisos I, II e III

2.1 Divulgação do edital e manifestações de interesse em participar do certame

Os incisos I a III delineiam os procedimentos iniciais do diálogo competitivo:

- A divulgação do edital com os critérios empregados para pré-seleção dos licitantes dar-se-á através de publicação em sítio eletrônico oficial, que poderá ser ou não do próprio órgão, sendo vedada a divulgação de informações que possam implicar vantagem para algum licitante.
- Durante o período mínimo de 25 dias úteis, os interessados poderão manifestar tão somente o interesse de participar da licitação.
- Só os interessados que preencherem os requisitos objetivos estabelecidos no instrumento convocatório serão admitidos.
- O edital disporá sobre quais são as necessidades da Administração, não havendo ainda definição do objeto.
- A apresentação de soluções somente se iniciará a partir da decisão de pré-seleção dos licitantes.

Incisos IV a VII

2.2 A fase de diálogo

Os incisos IV a VII dizem respeito à etapa de conversações entre a Administração e os licitantes pré-selecionados:

- Iniciada a fase de diálogo, a Administração não poderá revelar a outros licitantes as soluções propostas ou as informações sigilosas comunicadas por um licitante sem consentimento.
- O diálogo poderá ser mantido até que a Administração, em decisão fundamentada, identifique a solução ou as soluções que atendam às suas necessidades.
- As reuniões para conversações deverão ser registradas em ata e gravadas mediante utilização de recursos tecnológicos de áudio e vídeo.
- Poderão ocorrer fases sucessivas, desde que haja previsão no edital, caso em que cada fase poderá restringir as soluções ou as propostas a serem discutidas.

Inciso VIII

2.3 Declaração de conclusão da fase de diálogo e início da fase de competição

- A Administração declarará que o diálogo foi concluído, juntando aos autos do processo licitatório os registros e as gravações da fase de diálogo.
- Em ato contínuo, deverá dar início à fase competitiva com a divulgação de edital contendo a especificação da solução que atenda às suas necessidades e os critérios objetivos a serem utilizados para seleção da proposta mais vantajosa, abrindo prazo, não inferior a 60 (sessenta) dias úteis, para que todos os licitantes pré-selecionados apresentem suas propostas, as quais deverão conter os elementos necessários para a realização do projeto.

Incisos IX e X

2.4 Etapa de análise das propostas e definição da vencedora

- Tendo recebido as propostas, a Administração poderá solicitar esclarecimentos ou ajustes, desde que não impliquem discriminação nem distorçam a concorrência.
- Posteriormente, definirá a proposta vencedora, de acordo com os critérios divulgados no início da fase competitiva, sendo assegurada a contratação mais vantajosa como resultado.

Não há no dispositivo a definição de qual critério de julgamento deverá ser adotado. Em tese, portanto, admitir-se-ão todos os enumerados no art. 33, com exceção, evidentemente, do *maior lance*, que é específico para a modalidade leilão. Contudo, como o objeto da modalidade sempre envolverá alta complexidade, o uso dos critérios *melhor técnica* ou *técnica e preço* deverão prevalecer.

Inciso XI e Parágrafo 2º

2.5 A condução do certame

Como já esposado nos comentários à definição de agente público do art. 6º, são servidores públicos, em sentido amplo, as pessoas físicas que prestam serviços à Administração Pública direta e às entidades da Administração indireta, com vínculo empregatício e com remuneração paga pelos cofres públicos, sendo eles:

a) servidores estatutários, sujeitos ao regime estatutário e ocupantes de cargos públicos;
b) empregados públicos, contratados sob o regime da legislação trabalhista e ocupantes de emprego público; e
c) servidores temporários, contratados por tempo determinado para atender à necessidade temporária de interesse público.

Nesse contexto, "servidor efetivo" é aquele estatutário, concursado e empossado num cargo efetivo na estrutura da Administração, e "empregado público" é aquele que tem relação funcional trabalhista com a Administração.

Pelo estabelecido neste inciso XI, para a condução do diálogo competitivo deverá ser constituída uma comissão de contratação, composta de pelo menos três servidores efetivos ou empregados públicos pertencentes aos quadros permanentes da Administração, não sendo permitida a nomeação de servidores temporários, mas admitida a contratação de profissionais para assessoramento técnico da comissão.

Embora, por linhas tortas, ao admitir a contratação de profissionais para assessoramento técnico da comissão de contratação, a Nova Lei esteja criando mais uma forma de inexigibilidade de licitação, considera-se a intenção louvável, porquanto busca prover a Administração de pessoas especializadas e experientes no objeto pretendido, ao menos até que sejam desenvolvidos agentes públicos capazes de conduzir os diálogos competitivos que, como explicitado, envolvem contratações de alta complexidade.

Visando à manutenção do sigilo que a situação requer, o §2º sublinha que os profissionais contratados para assessoramento técnico deverão assinar um termo de confidencialidade, que garantirá que todos os dados da competição a que tiverem acesso deverão se manter em caráter confidencial, devendo se abster de atividades que possam configurar conflito de interesses.

Seção III
Dos Critérios de Julgamento

Art. 33. O julgamento das propostas será realizado de acordo com os seguintes critérios:

I – menor preço;

II – maior desconto;

III – melhor técnica ou conteúdo artístico;

IV – técnica e preço;

V – maior lance, no caso de leilão;

VI – maior retorno econômico.

Artigo 33

1 Critérios de julgamento

Os critérios de julgamento (antes chamados de "tipos de licitação") são as maneiras estabelecidas para decidir os certames.

A Nova Lei prevê seis critérios de julgamento dos certames licitatórios:

- Menor preço;
- Maior desconto;
- Melhor técnica ou conteúdo artístico;
- Técnica e preço; maior lance, no caso de leilão; e
- Maior retorno econômico.

Na verdade, como ocorrido na Lei das Estatais (Lei nº 13.303/2016), dos seis critérios, quatro reeditam "tipos" elencados na Lei nº 8.666/1993, e dois advieram da Lei nº 12.462/2011 (Lei do Regime Diferenciado de Contratação – RDC), com leves ajustes.

Inciso I e Parágrafo 1º

1.1 Critério do menor preço

Embora a Nova Lei preveja no inc. I do art. 11, que o processo licitatório tem por objetivo assegurar a seleção da proposta apta a gerar o resultado de contratação mais vantajoso para a Administração, o legislador optou pela possibilidade do uso do critério do "menor preço", o que impõe que o julgamento das propostas seja objetivo.

Destarte, em tese, esse critério de seleção determinará como vencedor o licitante que apresentar a proposta de acordo com as especificações do edital e ofertar o menor preço.

E, por que "em tese"? Porque há uma novidade importante na lei: o art. 34 informa que o julgamento por menor preço (assim como pelo maior desconto e, quando couber, por técnica e preço) deverá considerar o *menor dispêndio* para a Administração, com atendimento aos parâmetros mínimos de qualidade definidos no edital de licitação.

Como sempre afirmamos, o ponto crucial no critério "menor preço" é a boa especificação do objeto pretendido, pois a pormenorização será determinante para o atendimento do desejado pela Administração. É de fundamental importância que o objeto seja bem descrito, de modo a afastar qualquer margem de dúvida por parte dos licitantes ou dos responsáveis pela aquisição. Como assevera Paulo César de Carvalho,

> tal detalhe serve para desconsiderar de vez a premissa de que se compra mal quando se compra pelo menor preço. Na verdade, se compra mal quando se especifica mal. O Poder Público deve, sim, sempre que possível, priorizar o menor preço, porém o menor preço dentro das especificações exigidas.[389]

Pois bem, além da verificação ao respeito aos parâmetros mínimos de qualidade definidos no edital, na avaliação final do menor preço o julgador deverá também buscar o *menor dispêndio* para a Administração, levando em conta, como preceitua o §1º, os custos indiretos, relacionados às despesas de manutenção, utilização, reposição, depreciação e impacto ambiental do objeto licitado, entre outros fatores vinculados ao seu ciclo de vida, sempre que objetivamente mensuráveis.

Remetendo a questão à posterior regulamentação, o §1º aponta que os custos indiretos, relacionados com as despesas de manutenção, utilização, reposição, depreciação e impacto ambiental do objeto licitado, entre outros fatores vinculados ao seu ciclo de vida, poderão ser considerados para a definição do menor dispêndio, sempre que objetivamente mensuráveis.

Nesse viés, regulamentando a matéria, foi expedida a Instrução Normativa SEGES/ME nº 73/2022, dispondo sobre licitação pelo critério de julgamento por menor preço e do maior desconto, na forma eletrônica, para a contratação de bens, serviços e obras, no âmbito da Administração Pública Federal.

Inciso II

1.2 Critério do maior desconto

O critério de maior desconto é aquele pelo qual o licitante mais bem classificado será o que ofertar maior desconto em percentual, sobre um valor de referência fixado no instrumento convocatório.

O §2º prevê como parâmetro para a incidência do percentual de descontos a orientar este critério de julgamento o preço global fixado no edital de licitação, estendendo o desconto aos eventuais termos aditivos.

Nesse contexto, sublinha-se a importância da pesquisa do preço de mercado do objeto a ser contratado, considerando-se os preços constantes de bancos de dados públicos, conforme dispõe o art. 23.

---

[389] CARVALHO. *O governo compra mal porque compra pelo menor preço?*

Inciso III

1.3 Critérios da melhor técnica ou do melhor conteúdo artístico

1.3.1 Critério da melhor técnica

Não há conceituação prevista para o critério da melhor técnica, havendo apenas a indicação, no art. 35, que, no caso de julgamento por tal critério, serão consideradas exclusivamente as propostas técnicas apresentadas pelos licitantes, e o edital deverá definir o prêmio ou a remuneração que será atribuída aos vencedores.

Segundo o parágrafo único do art. 35, esse critério de julgamento poderá ser utilizado para a contratação de projetos e trabalhos de natureza técnica e científica.

Evidentemente, na hipótese de sua adoção, o julgamento das propostas será efetivado mediante o emprego de parâmetros específicos, definidos no instrumento convocatório, destinados a limitar a subjetividade do julgamento.

Os arts. 37 e 38 definem o *modus operandi* do julgamento por critério de melhor técnica, assim como do de técnica e preço, a cujos comentários se remete.

1.3.2 Critério do melhor conteúdo artístico

Segundo o parágrafo único do art. 35, o critério de julgamento do melhor conteúdo artístico deverá ser utilizado para a contratação de projetos e trabalhos de natureza artística.

A Nova Lei não conceitua o critério, havendo tão somente a indicação, no art. 35, *caput*, de que o julgamento considerará exclusivamente as propostas artísticas apresentadas pelos licitantes, e o edital deverá definir o prêmio ou a remuneração que será atribuída aos vencedores.

Wagner Nester anota que se trata de critério de extrema relevância para os ajustes relacionados a cerimônias e afins, pois limita a possibilidade de contratação de prestadores por inexigibilidade de licitação, porquanto admite que o conteúdo artístico seja objeto de valoração em certame licitatório próprio:

> Quando menos, isso representa um incentivo à instauração de competição entre potenciais contratantes, mesmo que o critério de escolha se baseie em qualidades de cunho artístico. Para tanto, basta que se verifique a possibilidade de estabelecer critérios objetivos para identificar uma proposta mais vantajosa dentre várias existentes.[390]

Evidencia-se que no critério do melhor conteúdo artístico o julgamento das propostas deverá ser efetivado mediante o emprego de parâmetros específicos, definidos no instrumento convocatório, destinados a limitar a subjetividade do julgamento.

[390] NESTER. *Os critérios de julgamento previstos no regime diferenciado de contratações públicas.*

Inciso IV

1.4 Critério de técnica e preço

O critério que combina avaliações técnicas e preços ofertados se presta quando o aspecto técnico, para o objeto almejado, for considerado mais relevante que o preço, preponderando, por conseguinte, a busca da qualidade.

Observamos em outro trabalho:

> Técnica e Preço é critério de licitação adotado para contratação de serviços de natureza intelectual, consistindo num cotejo entre preço e técnica. A proposta vencedora resulta da média ponderada das notas atribuídas à técnica e ao preço, considerando pesos e critérios do edital (exemplos de fatores técnicos: prazo de entrega, qualidade, padronização, metodologia, tecnologias, recursos materiais a serem utilizados para a realização do objeto licitado, entre outros).[391]

Destarte, é de fundamental importância uma avaliação preliminar que determine o quanto o quesito "técnica" é preponderante no objeto pretendido, dado que, quanto maior o peso arbitrado a esse fator, mais ele será determinante no resultado final do certame.

Uma das maiores dificuldades do elaborador de edital desse critério de licitação é estabelecer a metodologia para arbitramento das notas, assim como os pesos que serão imputados à técnica e ao preço. É o que também considera Carlos Galarda,[392] que pondera que a utilização de qualquer critério, por mais sofisticado que seja, sempre contará com uma razoável dose de subjetivismo, sendo passível de críticas, insatisfações, incompreensões e reclamos por parte dos concorrentes, mormente daqueles que, por força dessa mensuração, não logrem êxito na competição.

Consoante o previsto no art. 36, o julgamento por técnica e preço considerará a maior pontuação obtida a partir da ponderação, segundo fatores objetivos previstos no edital, das notas atribuídas aos aspectos de técnica e de preço da proposta.

Os arts. 36 a 38 definem o *modus operandi* do julgamento por critério de melhor técnica, assim como do de técnica e preço, a cujos comentários se remete.

Inciso V

1.5 Critério do maior lance, no caso de leilão

Como definido no inc. XL do art. 6º, o leilão é modalidade de licitação para alienação de bens imóveis ou de bens móveis inservíveis ou legalmente apreendidos a quem oferecer o maior lance.

Destarte, quando a modalidade de licitação for o leilão, o critério a ser utilizado é do maior lance.

A licitação do tipo maior lance leva em consideração apenas o preço, mas, diversamente do certame do tipo menor preço, busca o valor mais elevado, ou seja, a

---

391 BITTENCOURT. *Licitações públicas para concursos*. 2. ed.

392 GALARDA. *Licitações – Técnica e Preço.*

proposta mais vantajosa para a Administração será aquela que carrear maior numerário para os cofres públicos, na razão inversa do critério do menor preço.[393] Como assenta Gasparini, tirante o fato de que o procedimento deve levar ao maior preço, tudo o mais obedece à licitação de menor preço.[394]

É critério, portanto, especialmente adequado para venda de bens, cuja proposta vencedora é a que faz a maior oferta, não oferecendo qualquer dificuldade na sua promoção.[395]

Inciso VI

1.6 Critério do maior retorno econômico

Advindo da Lei nº 12.462/2011 (Lei do Regime Diferenciado de Contratações – RDC), o critério do maior retorno econômico, conforme esposado no art. 39, deverá ser adotado exclusivamente nas situações em que o objeto pretendido seja prestado por intermédio de um contrato de eficiência.

Como definido no inc. LIII do art. 6º, contrato de eficiência é o ajuste cujo objeto é a prestação de serviços, que pode incluir a realização de obras e o fornecimento de bens, com o objetivo de proporcionar economia à Administração, na forma de redução de despesas correntes,[396] remunerando o contratado com base em percentual da economia gerada.

Também conhecidos como contratos de performance ou de desempenho, esses ajustes extrapolam a normal busca de uma solução para uma necessidade pública em troca da remuneração devida, pois se comprometem a oferecer uma fórmula que gere economia ao ente público contratante. Como anotam Flávio Amaral Garcia e Egon Bockmann Moreira,[397] a racionalidade econômica dos contratos de eficiência é permitir que a remuneração do contratado seja proporcional à eficiência gerada para a Administração, com a redução das despesas correntes.

Em suma, os contratos de eficiência buscam a economia de recursos públicos através do aumento da eficiência introduzido pelo particular contratado em determinado setor ou atividade pública.

Nessa contextura, é possível entender o motivo de a Nova Lei estabelecer dependência entre o contrato de eficiência e o julgamento pelo critério do maior retorno econômico.

> A grande sacada desse modelo de contrato é a geração da redução de despesas correntes. A contraposição a este benefício é a remuneração. Ocorre o seguinte movimento: a empresa contratada emprega tecnologia e investimentos a fim de reduzir o custo da "operação" de um determinado serviço e a contratante (Administração) ao obter redução nos custos desta, remunera o contratado.[398]

---

393 MEIRELLES. *Licitação e contrato administrativo.*

394 GASPARINI. *Direito administrativo.*

395 GASPARINI. *Direito administrativo.*

396 Despesas correntes são aquelas que envolvem a manutenção e o funcionamento dos serviços públicos em geral.

397 GARCIA; MOREIRA. *A futura nova lei de licitações brasileira.*

398 SÁ; SANTOS; BRASILEIRO. *Contratos de eficiência no regime diferenciado de contratações públicas.*

Regulamentando a licitação pelo critério de julgamento por maior retorno econômico, na forma eletrônica, no âmbito da Administração Pública federal direta, autárquica e fundacional, foi editada a Instrução Normativa SEGES/ME nº 96, de 23.12.2022.

Art. 34. O julgamento por menor preço ou maior desconto e, quando couber, por técnica e preço considerará o menor dispêndio para a Administração, atendidos os parâmetros mínimos de qualidade definidos no edital de licitação.

§1º Os custos indiretos, relacionados com as despesas de manutenção, utilização, reposição, depreciação e impacto ambiental do objeto licitado, entre outros fatores vinculados ao seu ciclo de vida, poderão ser considerados para a definição do menor dispêndio, sempre que objetivamente mensuráveis, conforme disposto em regulamento.

§2º O julgamento por maior desconto terá como referência o preço global fixado no edital de licitação, e o desconto será estendido aos eventuais termos aditivos.

Artigo 34

1 O julgamento pelo critério do menor preço

No critério pelo menor preço afere-se a proposta mais vantajosa considerando-se a questão financeira. Logo, a princípio, sagrar-se-á vencedora do certame licitatório a proposta que tiver menor preço e cumprir todos os requisitos e parâmetros mínimos de qualidade estabelecidos no edital licitatório.

Entrementes, além da verificação ao respeito aos padrões mínimos de qualidade, na avaliação final do menor preço o julgador deverá também fitar o menor dispêndio para a Administração, levando em conta, como preceitua o §1º, os custos indiretos relacionados às despesas de manutenção, utilização, reposição, depreciação e impacto ambiental do objeto licitado, entre outros fatores vinculados ao seu ciclo de vida, sempre que objetivamente mensuráveis.

A intenção, portanto, é abolir a vetusta cultura do menor preço por si só, levando-se também em consideração, na aferição do "menor preço", todo o dispêndio envolvido na contratação, ou seja, os custos de manutenção, utilização e reposições, a depreciação, o impacto ambiental, entre outros fatores vinculados ao ciclo de vida do objeto.

Como já anotado, a configuração do ciclo de vida de um produto considera as etapas que envolvem o seu desenvolvimento, a obtenção de matérias-primas e insumos, o processo produtivo, o consumo e a disposição final. Logo, a avaliação do ciclo de vida de um objeto não se pauta somente no custo econômico imediato, mas também nos custos econômicos e ambientais ao longo de toda a vida útil.

Insta observar que o critério do menor preço pode ser adotado nas modalidades concorrência, pregão e diálogo competitivo, embora, como obtempera Rafael Sérgio de Oliveira, dada as características desta modalidade, a utilização nessa última não pareça nada razoável.[399]

---

[399] OLIVEIRA. *10 tópicos mais relevantes do projeto da nova Lei de licitação e contrato.*

Cabe ainda registrar que:

a) os órgãos da Administração com competências regulamentares relativas às atividades de administração de materiais, de obras e serviços e de licitações e contratos deverão criar catálogo eletrônico de padronização de compras, serviços e obras. Tal catálogo poderá ser utilizado em licitações cujo critério de julgamento seja o de menor preço, o qual conterá toda a documentação e os procedimentos próprios da fase interna de licitações, assim como as especificações dos respectivos objetos, conforme disposto em regulamento (§1º do art. 19);
b) a utilização isolada do modo de disputa fechado será vedada quando adotado o critério de julgamento de maior desconto (§1º do art. 56);
c) nas licitações de registro de preços, o critério de julgamento da licitação deverá ser o de menor preço ou o de maior desconto sobre a tabela de preços praticada no mercado (inc. V do art. 82); e
d) ainda nas licitações de registro de preços, o critério de julgamento de menor preço por grupo de itens somente poderá ser adotado quando for demonstrada a inviabilidade de se promover a adjudicação por item e for evidenciada a sua vantagem técnica e econômica, e o critério de aceitabilidade de preços unitários máximos deverá ser indicado no edital (§1º do art. 82).

Parágrafo 2º

2 O julgamento pelo critério do maior desconto

Como informado, o critério do maior desconto é aquele pelo qual o vencedor da licitação será o que ofertar maior desconto em percentual sobre um valor de referência fixado no instrumento convocatório.

Normalmente é adotado quando: a) o parâmetro do menor preço é inviável, dada às características do objeto pretendido; b) não é possível prever o quantitativo a ser adquirido pela Administração; e c) há uma espécie de tabela de preços unitários aceita e adotada pelo mercado.

Para materializar o julgamento, este §2º prevê o preço global fixado no edital como parâmetro para a incidência do percentual de descontos a orientar este critério de julgamento, com extensão do desconto aos eventuais termos aditivos.

Nesse contexto, sobressai a importância da pesquisa do preço do objeto a ser contratado, conforme dispõe o art. 23, o qual especifica que o valor previamente estimado da contratação deverá ser compatível com os valores praticados pelo mercado, considerados os preços constantes de bancos de dados públicos e as quantidades a serem contratadas, observadas a potencial economia de escala e as peculiaridades do local de execução do objeto.

Importante observar que o critério do maior desconto pode ser adotado nas modalidades concorrência e pregão.

Calha ainda registrar que:

a) os órgãos da Administração com competências regulamentares relativas às atividades de administração de materiais, de obras e serviços e de licitações e contratos deverão criar catálogo eletrônico de padronização de compras, serviços e obras. Tal catálogo poderá ser utilizado em licitações cujo critério de julgamento seja o de maior desconto e conterá toda a documentação e os procedimentos próprios da fase interna de licitações, assim como as especificações dos respectivos objetos, conforme disposto em regulamento (§1º do art. 19);

b) na hipótese de licitação que tenha adotado o critério de julgamento por maior desconto, o preço estimado ou o máximo aceitável deverá constar no edital da licitação (parágrafo único do art. 24);

c) se, numa licitação na modalidade leilão, a Administração optar pela realização por intermédio de leiloeiro oficial, deverá selecioná-lo mediante credenciamento ou licitação na modalidade pregão e adotar o critério de julgamento de maior desconto para as comissões a serem cobradas (§1º do art. 31);

d) a utilização isolada do modo de disputa fechado será vedada quando adotado o critério de julgamento de maior desconto (§1º do art. 56); e

e) nas licitações de registro de preços, o critério de julgamento da licitação deverá ser o de menor preço ou o de maior desconto sobre a tabela de preços praticada no mercado (inc. V do art. 82).

Art. 35. O julgamento por melhor técnica ou conteúdo artístico considerará exclusivamente as propostas técnicas ou artísticas apresentadas pelos licitantes, e o edital deverá definir o prêmio ou a remuneração que será atribuída aos vencedores.
Parágrafo único. O critério de julgamento de que trata o *caput* deste artigo poderá ser utilizado para a contratação de projetos e trabalhos de natureza técnica, científica ou artística.

Artigo 35 e Parágrafo Único

1 O julgamento pelo critério da melhor técnica ou conteúdo artístico

A Nova Lei, extraindo conteúdo da Lei do RDC (Lei nº 12.462/2011), dispõe sobre um critério que se desdobra em duas formas distintas: a busca da melhor técnica e a procura do melhor conteúdo artístico. É o que se depreende da interpretação do contexto legal que arrola a possibilidade de o julgamento ocorrer pela melhor técnica ou por intermédio do melhor conteúdo artístico.

Segundo o dispositivo legal, o julgamento pela melhor técnica ou pelo melhor conteúdo artístico deverá considerar exclusivamente as propostas técnicas ou artísticas apresentadas pelos licitantes. Ambas, é claro, fundadas em critérios objetivos previamente estabelecidos no edital convocatório, no qual deverão ser definidos o prêmio ou a remuneração que será atribuída aos vencedores.

Consoante o parágrafo único, o critério de julgamento poderá ser utilizado para a contratação de projetos e trabalhos de natureza técnica, científica ou artística. O texto do dispositivo abre a possibilidade para o uso em outros tipos de objeto.

Tudo indica, tal como adotado na Lei do RDC, que o legislador procurou prestigiar o critério de melhor técnica para projetos que materializem a primeira necessidade do cliente, a exemplo do arquitetônico, e que possam ser desenvolvidos por diversas concepções. Construída a ideia inicial, os projetos posteriores de engenharia poderão ser elaborados por menor preço.[400]

Os arts. 37 e 38 elencam todos os passos para o julgamento quando o critério for o da melhor técnica (assim como quando o critério for o de técnica e preço), a cujos comentários se remete.

Com relação ao conteúdo artístico, verifica-se, claramente, pela denominação, que se trata de parâmetro vinculado à melhor estética oferecida.

Tratando das contrações no âmbito do RDC, Wagner Nester assentou que o critério do conteúdo artístico tinha extrema relevância nas contratações relacionadas com os preparativos e cerimônias promovidas durante os megaeventos esportivos que motivaram a criação do regime diferenciado, pois limitava a possibilidade de contratação de prestadores por inexigibilidade de licitação, admitindo que o conteúdo artístico

[400] ALTOUNIAN; CAVALCANTE. *RDC e contratação integrada na prática*. 2. ed.

fosse objeto de valoração em certame licitatório próprio, assemelhando-se à modalidade concurso.[401]

A intenção, certamente, é a mesma, porquanto representa um incentivo à instauração de competição entre potenciais contratantes, mesmo que o critério de escolha se baseie em qualidades de cunho artístico, bastando que se verifique a possibilidade de estabelecer critérios objetivos para a identificação da proposta mais vantajosa dentre várias existentes.[402]

Acresça-se que o critério da melhor técnica ou conteúdo artístico pode ser adotado nas modalidades concorrência, concurso e diálogo competitivo.

No âmbito federal, a Instrução Normativa SEGES/MGI nº 12/2023 dispôs sobre a licitação pelo critério de julgamento por melhor técnica ou conteúdo artístico, na forma eletrônica, no âmbito da Administração Pública federal direta, autárquica e fundacional.

---

401 NESTER. *Os critérios de julgamento previstos no regime diferenciado de contratações públicas.*

402 NESTER. *Os critérios de julgamento previstos no regime diferenciado de contratações públicas.*

Art. 36. O julgamento por técnica e preço considerará a maior pontuação obtida a partir da ponderação, segundo fatores objetivos previstos no edital, das notas atribuídas aos aspectos de técnica e de preço da proposta.

§1º O critério de julgamento de que trata o *caput* deste artigo será escolhido quando estudo técnico preliminar demonstrar que a avaliação e a ponderação da qualidade técnica das propostas que superarem os requisitos mínimos estabelecidos no edital forem relevantes aos fins pretendidos pela Administração nas licitações para contratação de:

I – serviços técnicos especializados de natureza predominantemente intelectual, caso em que o critério de julgamento de técnica e preço deverá ser preferencialmente empregado;

II – serviços majoritariamente dependentes de tecnologia sofisticada e de domínio restrito, conforme atestado por autoridades técnicas de reconhecida qualificação;

III – bens e serviços especiais de tecnologia da informação e de comunicação;

IV – obras e serviços especiais de engenharia;

V – objetos que admitam soluções específicas e alternativas e variações de execução, com repercussões significativas e concretamente mensuráveis sobre sua qualidade, produtividade, rendimento e durabilidade, quando essas soluções e variações puderem ser adotadas à livre escolha dos licitantes, conforme critérios objetivamente definidos no edital de licitação.

§2º No julgamento por técnica e preço, deverão ser avaliadas e ponderadas as propostas técnicas e, em seguida, as propostas de preço apresentadas pelos licitantes, na proporção máxima de 70% (setenta por cento) de valoração para a proposta técnica.

§3º O desempenho pretérito na execução de contratos com a Administração Pública deverá ser considerado na pontuação técnica, observado o disposto nos §§3º e 4º do art. 88 desta Lei e em regulamento.

Artigo 36 e Parágrafo 1º

1 O julgamento pelo critério da técnica e preço

Com contornos semelhantes à forma adotada na lei anterior, no julgamento pelo critério da técnica e preço – que, como o nome sugere, conjuga avaliações relativas à qualidade técnica e ao preço, em circunstâncias em que a Administração necessite de um serviço em que a técnica prepondere em relação ao preço – deverá a Administração considerar a maior pontuação obtida a partir da ponderação das notas atribuídas aos aspectos de técnica e de preço da proposta, segundo fatores objetivos previstos no edital.

O §1º, com texto repleto de incertezas, prevê que o critério deverá ser o escolhido pela Administração quando estudo técnico preliminar demonstrar que a avaliação e a ponderação da qualidade técnica das propostas que superarem os requisitos mínimos estabelecidos no edital forem relevantes aos fins pretendidos nas licitações de objetos definidos.

Inicialmente, depreende-se que a escolha do critério não ficará ao talante do agente público responsável, pois, além de estar atrelado ao rol exaustivo de objetos, dependerá, para a sua decisão, da elaboração de um estudo técnico preliminar.

Dever-se-ia entender que esse estudo técnico preliminar seria aquele definido no inc. XX do art. 6º, que informa tratar-se de documento constitutivo da primeira etapa do planejamento de uma contratação que caracteriza o interesse público envolvido e a sua melhor solução e dá base ao anteprojeto, ao termo de referência ou ao projeto básico a serem elaborados caso se conclua pela viabilidade da contratação.

Ocorre que, segundo o §1º, tal estudo deverá demonstrar que a avaliação e a ponderação da qualidade técnica das propostas que superarem os requisitos mínimos estabelecidos no edital são relevantes aos fins pretendidos nas licitações.

Logo, pelo texto, a escolha do critério ocorreria depois de elaborado o edital.

Tal redação também causou espécie a Jessé Torres, que argumentou estupefato:

> [...] quanto ao momento da escolha – em face dos requisitos mínimos estabelecidos no edital, ou seja, o critério está escolhido depois de arrematado o edital e mediante "estudo técnico preliminar". Preliminar ao edital? Tal estudo, presume-se, produzirá elementos que habilitarão a Administração a escolher o critério de julgamento. Ora, estudo e escolha são anteriores ao edital, a tornar tormentosa a interpretação desse §1º, do art. 36. [...] Por outro lado, os "requisitos mínimos" não deveriam estar harmonizados com o critério de julgamento e vice-versa, tudo esquadrinhado antes de lançar-se a escolha e os requisitos no edital?[403]

Evidencia-se que o legislador equivocou-se na elaboração do parágrafo, pois é descabido pensar que o estudo técnico preliminar ocorreria após o edital e, pior, após também a apresentação das propostas.

O texto do parágrafo, contudo, se considerado literalmente, pode levar o aplicador a agir dessa estapafúrdia forma.

Tanto é que, ao analisá-lo, Ivan Barbosa Rigolin reivindicou de pronto veto presidencial, explicitando:

> O que reza, e que já está implícito na técnica e preço desde que esse tipo e esse critério foram criados na lei – o DL nº 2.300/1986 – é que será escolhida a técnica e preço quando a natureza do objeto a recomendar, segundo todo o conhecimento que disso tenha a Administração. Esse conhecimento se dá por intuição, ou simples bom-senso, sempre que o objeto for fortemente intelectual ou de outro modo contiver subjetividades inafastáveis, e por tudo isso não comportar a redução ao mero confronto de preços. Não será um estudo específico, formalmente realizado antes de cada licitação, que irá demonstrar aquela conveniência, mas toda a experiência do ente público, acumulada ao longo das últimas décadas.[404]

---

403 PEREIRA JÚNIOR. *Critérios de julgamento.*

404 Arquivo pessoal.

Verdadeiramente, e não há como ser de outra maneira, o estudo técnico preliminar, que consigna a primeira etapa do planejamento de uma contratação, deverá ocorrer na fase introdutória da licitação, servindo de supedâneo para que se tenha certeza da predominância intelectual do objeto pretendido, além de permitir que se verifique se se enquadra no elenco de hipóteses que o dispositivo estabelece para fins de uso do critério.

Nesse sentido, as abalizadas opiniões a seguir:

Gilberto de Oliveira Filho:

De toda sorte, creio que o estudo técnico preliminar seria prévio, na fase interna. Tal estudo definirá se o objeto pretendido, quando se tratar daqueles objetos constantes dos incisos do §1º do art. 36, deverá ser contratado pelo critério "técnica e preço" ou por outro constante do art. 33.

Acho que a intenção aqui foi não deixar obrigatória a adoção do critério "técnica e preço" para tais objetos, como, aliás, já sustentávamos na Lei nº 8.666/1993, para os objetos que, apesar de serem serviços técnico-profissionais especializados e/ou serviços de natureza predominantemente intelectual, também pudessem ser contratados pelo menor preço.

Apesar de o dispositivo estabelecer "avaliação e a ponderação da qualidade técnica das propostas que superarem os requisitos mínimos estabelecidos no edital forem relevantes aos fins pretendidos pela Administração", dando a entender que o respectivo estudo técnico preliminar pudesse ocorrer durante a fase do julgamento das propostas, numa primeira análise, creio que o respectivo estudo preliminar deva ocorrer na fase interna da licitação, para fins de confecção do edital licitatório, pois as regras do jogo, no tocante ao critério de julgamento, não poderiam ser alteradas no exato momento do julgamento das propostas comerciais, ainda que mediante prévio estudo técnico, sob pena de ferir os princípios da vinculação, julgamento objetivo e impessoalidade, previstos no art. 5º.[405]

Luciano Elias Reis:

Ao que me parece, a redação do parágrafo primeiro visa a explicar quando poderá ser adotado o tipo técnico e preço do caput. Ou seja, prevista a técnica e preço no edital de licitação conforme justificativa explanada no estudo técnico preliminar (condição de validade para o uso de técnica e preço), esta escolha somente poderá acontecer quando o certame recair sobre algum dos requisitos previstos nos incisos do parágrafo primeiro. (...) creio que, por uma questão lógica, o estudo técnico preliminar ali indicado seria na fase interna da licitação, ou seja, seria antes da confecção do edital.[406]

Fausto da Cunha Pereira:

De fato, a redação é horrível e truncada [...]. Mas buscando entender a intenção, só consigo aceitar que tem que ser antecedente à elaboração do edital. O parágrafo é expresso ao dizer que o "critério de julgamento será escolhido quando estudo técnico preliminar demonstrar que a avaliação e a ponderação da qualidade das propostas que superarem os requisitos...". Ora, me parece que o legislador quis dizer as propostas que vierem a superar os requisitos mínimos estabelecidos no edital, até porque o art. 6º, inciso XX, ao tratar das definições assim o faz quanto aos estudos preliminares[407]

---

[405] Arquivo pessoal.

[406] Arquivo pessoal.

[407] Arquivo pessoal.

Evaldo Ramos:

No que se refere especificamente ao dispositivo [...], penso que a referência presente no parágrafo não se refere a uma avaliação/análise a ser empreendida após a elaboração do edital e, por consequência, do recebimento das propostas. Pareceu-me que a finalidade, embora não tenha ficado textualmente evidente, foi a de assegurar que os critérios serão definidos antecipadamente. Nessa linha, o gestor deverá definir na etapa de planejamento da licitação como será feito o julgamento técnico daquelas propostas que superarem o mínimo definido no edital. [...] esta seria a única interpretação possível, já que deixar para fixar o critério durante a licitação, já na etapa externa, não faz sentido algum.[408]

Tatiana Camarão:

A redação ficou confusa. No meu entendimento, foi atribuído ao documento do estudo técnico preliminar indicar o critério de julgamento técnica e preço, quando a qualidade técnica das propostas for relevante aos fins pretendidos. Dessa feita, será adotado esse tipo de julgamento se a avaliação e a ponderação da qualidade técnica das propostas forem essenciais e superarem os requisitos mínimos estabelecidos no edital (os requisitos não forem suficientes para avaliar a proposta exclusivamente pelo preço). Enfim, o ETP servirá para indicar a viabilidade da contratação e o critério de julgamento que deverá ser observado.[409]

Relembra-se que, como explicita o art. 34, quando couber o julgamento pelo critério de técnica e preço, a Administração também deverá considerar o menor dispêndio, com atendimento aos parâmetros mínimos de qualidade definidos no edital.

Pelo texto legal, o rol de objetos passíveis de serem licitados pelo critério da técnica e preço é exaustivo, mas a Administração poderá escolher entre utilizá-lo ou não, ainda que o objeto pretendido detenha elementos que o indique como o apropriado. Isso fica claro ao se observar que, no primeiro objeto da lista (serviços técnicos especializados de natureza predominantemente intelectual), há a informação de que o critério deverá ser empregado preferencialmente.

O rol de hipóteses em que cabe a adoção do julgamento por técnica e preço é:

- serviços técnicos especializados de natureza predominantemente intelectual, caso em que o critério de julgamento de técnica e preço deverá ser preferencialmente empregado;
- serviços majoritariamente dependentes de tecnologia sofisticada e de domínio restrito, conforme atestado por autoridades técnicas de reconhecida qualificação;
- bens e serviços especiais de tecnologia da informação e de comunicação;
- obras e serviços especiais de engenharia; e
- objetos que admitam soluções específicas e alternativas e variações de execução, com repercussões significativas e concretamente mensuráveis sobre sua qualidade, produtividade, rendimento e durabilidade, quando essas soluções e variações puderem ser adotadas à livre escolha dos licitantes, conforme critérios objetivamente definidos no edital de licitação.

408 Arquivo pessoal.

409 Arquivo pessoal.

Parágrafos 2º e 3º

2 Avaliação e ponderação das propostas técnicas e de preço

Um dos pontos sempre suscitados pelo TCU nas licitações sob o critério da técnica e preço residia na atribuição de excessiva valoração ao quesito técnica, em detrimento do preço, sem amparo em estudo suficiente a demonstrar a sua necessidade, uma vez que a adoção de desproporcionalidade poderia acarretar prejuízo à competitividade do certame e à obtenção da proposta mais vantajosa.

Em determinado julgado, observou a Corte de Contas que, de acordo com a jurisprudência, para que houvesse distribuição privilegiada de peso em favor da nota técnica, deveria restar caracterizada a complexidade do certame e o impacto sobre os preços contratados, acompanhada de estudo demonstrando que a disparidade verificada é justificável. No caso, sublinhou que a simples adoção da licitação do tipo técnica e preço já proporcionava a contratação de propostas de melhor qualidade, uma vez que a técnica passaria a compor a nota final do certame, abrindo possibilidade para que, a despeito de apresentarem custos superiores, empresas com técnica mais apurada vencessem a disputa.[410]

Com o propósito de dar fim aos possíveis questionamentos, o §2º preceitua que, no julgamento com adoção do critério técnica e preço, deverão ser avaliadas e ponderadas as propostas técnicas e, em seguida, as propostas de preço apresentadas pelos licitantes, na proporção máxima de 70% de valoração para a proposta técnica.

Parágrafo 3º

3 Consideração do desempenho anterior na pontuação técnica

O bom desempenho anterior da empresa em contratos celebrados com a Administração será considerado de grande influência para a avaliação técnica.

Nesse passo, o §3º dispõe que a *performance* anterior na execução de contratos deverá ser considerada na pontuação técnica, observando-se as disposições dos §§3º e 4º do art. 88, os quais estipulam:

a) a avaliação da atuação do contratado no cumprimento de obrigações assumidas, com a emissão de documento comprobatório, com menção ao desempenho na execução contratual, baseado em indicadores objetivamente definidos e aferidos, e a eventuais penalidades aplicadas, o que constará do registro cadastral; e

b) a anotação do cumprimento de obrigações pelo contratado estará condicionada à implantação e à regulamentação do cadastro de atesto de cumprimento de obrigações, apto à realização do registro de forma objetiva, em atendimento aos princípios da impessoalidade, da igualdade, da isonomia, da publicidade e da transparência, de modo a possibilitar a implementação de medidas de incentivo aos licitantes que possuírem ótimo desempenho anotado em seu registro cadastral.

---

[410] Acórdão nº 743/2014 – Plenário.

Acresça-se que o critério da técnica e preço poderá ser adotado nas modalidades concorrência e diálogo competitivo.

Averbe-se, por fim, que a Instrução Normativa SEGES/MGI nº 2, de 7.02.2023, dispôs sobre a licitação pelo critério de julgamento por técnica e preço, na forma eletrônica, no âmbito da Administração Pública federal direta, autárquica e fundacional.

Art. 37. O julgamento por melhor técnica ou por técnica e preço deverá ser realizado por:
I – verificação da capacitação e da experiência do licitante, comprovadas por meio da apresentação de atestados de obras, produtos ou serviços previamente realizados;
II – atribuição de notas a quesitos de natureza qualitativa por banca designada para esse fim, de acordo com orientações e limites definidos em edital, considerados a demonstração de conhecimento do objeto, a metodologia e o programa de trabalho, a qualificação das equipes técnicas e a relação dos produtos que serão entregues;
III – atribuição de notas por desempenho do licitante em contratações anteriores aferida nos documentos comprobatórios de que trata o §3º do art. 88 desta Lei e em registro cadastral unificado disponível no Portal Nacional de Contratações Públicas (PNCP).
§1º A banca referida no inciso II do caput deste artigo terá no mínimo 3 (três) membros e poderá ser composta de:
I – servidores efetivos ou empregados públicos pertencentes aos quadros permanentes da Administração Pública;
II – profissionais contratados por conhecimento técnico, experiência ou renome na avaliação dos quesitos especificados em edital, desde que seus trabalhos sejam supervisionados por profissionais designados conforme o disposto no art. 7º desta Lei.
§2º Ressalvados os casos de inexigibilidade de licitação, na licitação para contratação dos serviços técnicos especializados de natureza predominantemente intelectual previstos nas alíneas "a", "d" e "h" do inciso XVIII do caput do art. 6º desta Lei cujo valor estimado da contratação seja superior a R$300.000,00 (trezentos mil reais),[411] o julgamento será por:
I – melhor técnica; ou
II – técnica e preço, na proporção de 70% (setenta por cento) de valoração da proposta técnica.

Artigo 37

1 Procedimento no julgamento por melhor técnica ou por técnica e preço

Como esposado, os critérios melhor técnica ou técnica e preço são próprios para as hipóteses em que a Administração necessite de um serviço técnico especializado de natureza predominantemente intelectual, no qual a técnica prepondere em relação ao preço. Como anota Marçal Justen, tais critérios devem ser os escolhidos quando cabível uma avaliação da relação custo-benefício entre a elevação da qualidade e o preço a ser pago por isso.[412]

[411] Atualmente, R$359.436,08 (trezentos e cinquenta e nove mil, quatrocentos e trinta e seis reais e oito centavos), conforme atualização realizada pelo Decreto nº 11.871, de 29.12.2023.

[412] JUSTEN FILHO. *Comentários à Lei de Licitações e Contratos Administrativos*. 16. ed.

Este art. 37 especifica como o julgamento deverá ser procedido.

Inicialmente, verificar-se-á a capacitação e a experiência do licitante, comprovadas por meio da apresentação de atestados de obras, produtos ou serviços previamente realizados.

Uma banca examinadora deverá atribuir notas a quesitos de natureza qualitativa, de acordo com orientações e limites definidos no edital, devendo ser levados em conta:

- a demonstração de conhecimento do objeto;
- a metodologia e o programa de trabalho;
- a qualificação das equipes técnicas;
- a relação dos produtos que serão entregues; e
- o desempenho do licitante em contratações anteriores, aferido nos documentos comprobatórios de que trata o §3º do art. 88 (o qual prescreve que a atuação dos contratados pelos órgãos da Administração deverá ser avaliada, com a emissão de documento com menção do desempenho na execução contratual, baseado em indicadores objetivamente definidos e aferidos, e a eventuais penalidades aplicadas) e em registro cadastral unificado disponível no Portal Nacional de Contratações Públicas (PNCP).

Assente-se que, conforme previsto no art. 38, no julgamento, a obtenção de pontuação devido à capacitação técnico-profissional exigirá que a execução do respectivo contrato tenha participação direta e pessoal do profissional correspondente.

Parágrafo 1º

2 Constituição da banca examinadora

A banca examinadora dos quesitos nas licitações de melhor técnica e técnica e preço deverá ser constituída de, no mínimo, três membros e poderá ser composta de:

a) servidores efetivos (estatutários, concursados e empossados em cargos efetivos na estrutura da Administração) ou empregados públicos (aqueles com relação funcional trabalhista com a Administração) pertencentes aos quadros permanentes da Administração; e

b) profissionais contratados por conhecimento técnico, experiência ou renome na avaliação dos quesitos especificados em edital, desde que seus trabalhos sejam supervisionados por profissionais designados pela autoridade máxima da Administração.

No caso, na mesma linha adotada nas licitações na modalidade diálogo competitivo, a Nova Lei admite a contratação de profissionais para assessoramento técnico (criando, assim, mais uma forma de inexigibilidade de licitação). A intenção é louvável, porquanto busca prover à Administração pessoas especializadas e experientes no objeto pretendido.

Parágrafo 2º

3 Uso obrigatório dos critérios melhor técnica ou técnica e preço

Ressalvadas as situações que se enquadrarem em inexigibilidade de licitação, onde não cabe competição, a Nova Lei estabelece o uso compulsório dos critérios melhor técnica ou técnica e preço (na proporção de 70% de valoração da proposta técnica) quando da contratação de três trabalhos definidos no art. 6º (inc. XVIII), agrupados no rol de serviços técnicos especializados de natureza predominantemente intelectual, se o valor estimado da contratação for superior a R$359.436,08 (trezentos e cinquenta e nove mil, quatrocentos e trinta e seis reais e oito centavos),[413] sendo eles:

- Estudos técnicos, planejamentos, projetos básicos e projetos executivos;
- Fiscalização, supervisão e gerenciamento de obras e serviços; e
- Controles de qualidade e tecnológico, análises, testes e ensaios de campo e laboratoriais, instrumentação e monitoramento de parâmetros específicos de obras e do meio ambiente e demais serviços de engenharia que se enquadrem na definição deste inciso.

Anote-se que o parágrafo sofrera veto presidencial, sob a razão de que "cabe ao gestor, analisando caso a caso, vocacionado no poder discricionário e com base na Lei, decidir, a depender do objeto, a adoção do critério de julgamento. Ademais, esta imposição vinculada – critério de julgamento com base na melhor técnica ou técnica e preço –, não se mostra a mais adequada e fere o interesse público, tendo em vista que não se opera para todos os casos possíveis de contratação, ao contrário, poderá haver um descompasso entre a complexidade/rigor da forma de julgamento *versus* o objeto de pouca complexidade que prescinde de valoração por técnica e preço".

O veto, entretanto, foi derrubado pelo Congresso Nacional, sob o argumento de que a "tirania do menor preço" nem sempre significa contratações melhores, novamente nas hipóteses elencadas.

Registre-se que, após o veto presidencial, as principais entidades do setor de arquitetura e engenharia nacionais realizaram um amplo trabalho de esclarecimento junto aos parlamentares, sustentando a defesa da contratação com base preponderante na qualidade, na garantia da disponibilidade do recurso financeiro para o início das obras e no licenciamento ambiental prévio para publicação do edital de obras.

---

[413] Conforme atualização disposta no Decreto nº 11.871, de 29.12. 2023.

Art. 38. No julgamento por melhor técnica ou por técnica e preço, a obtenção de pontuação devido à capacitação técnico-profissional exigirá que a execução do respectivo contrato tenha participação direta e pessoal do profissional correspondente.

Artigo 38

1 Exigência de que os profissionais pontuados executem o objeto contratado

O art. 37 prevê que o julgamento por melhor técnica ou por técnica e preço deverá ser realizado através da atribuição de notas à demonstração da qualificação das equipes técnicas.

Para que isso tenha efeito prático na execução do objeto, prescreve este art. 38 que a obtenção de pontuação devido a essa capacitação técnico-profissional exigirá que a execução do respectivo contrato tenha participação direta e pessoal do profissional correspondente.

Art. 39. O julgamento por maior retorno econômico, utilizado exclusivamente para a celebração de contrato de eficiência, considerará a maior economia para a Administração, e a remuneração deverá ser fixada em percentual que incidirá de forma proporcional à economia efetivamente obtida na execução do contrato.

§1º Nas licitações que adotarem o critério de julgamento de que trata o *caput* deste artigo, os licitantes apresentarão:

I – proposta de trabalho, que deverá contemplar:

a) as obras, os serviços ou os bens, com os respectivos prazos de realização ou fornecimento;

b) a economia que se estima gerar, expressa em unidade de medida associada à obra, ao bem ou ao serviço e em unidade monetária;

II – proposta de preço, que corresponderá a percentual sobre a economia que se estima gerar durante determinado período, expressa em unidade monetária.

§2º O edital de licitação deverá prever parâmetros objetivos de mensuração da economia gerada com a execução do contrato, que servirá de base de cálculo para a remuneração devida ao contratado.

§3º Para efeito de julgamento da proposta, o retorno econômico será o resultado da economia que se estima gerar com a execução da proposta de trabalho, deduzida a proposta de preço.

§4º Nos casos em que não for gerada a economia prevista no contrato de eficiência:

I – a diferença entre a economia contratada e a efetivamente obtida será descontada da remuneração do contratado;

II – se a diferença entre a economia contratada e a efetivamente obtida for superior ao limite máximo estabelecido no contrato, o contratado sujeitar-se-á, ainda, a outras sanções cabíveis.

Artigo 39

1 O julgamento pelo critério do maior retorno econômico

Como antes explicitado, o critério do maior retorno econômico – já observado no ordenamento jurídico pátrio na Lei nº 12.462/2011 (Lei do Regime Diferenciado de Contratações – RDC) e na Lei nº 13.303/2016 (Lei das Estatais) – volta-se exclusivamente para as situações em que o objeto pretendido será prestado por meio de um contrato de eficiência.

Como definido no inc. LIII do art. 6º, contrato de eficiência é o ajuste cujo objeto é a prestação de serviços, que pode incluir a realização de obras e o fornecimento de bens, com o objetivo de proporcionar economia à Administração, na forma de redução de despesas correntes, remunerando o contratado com base em percentual da economia gerada.

Também denominados contratos de performance ou de desempenho, os contratos de eficiência são ajustes que extrapolam a normal busca de uma solução para uma necessidade pública em troca de um efetivo pagamento, pois têm como característica peculiar o propósito de oferecer uma solução que gere economia ao ente público contratante.

Os contratos de eficiência adotam a sistemática dos contratos de risco, pois os contratados assumem os riscos de ter a remuneração vinculada à obtenção de resultados.

Esses ajustes não configuram novidade no meio jurídico, pois, além da adoção na Lei do RDC e na Lei das Estatais, há tempos são utilizados nos contratos de financiamentos celebrados pelo Banco Interamericano de Desenvolvimento (BID) e pelo Banco Mundial, em cláusulas denominadas "Contratações baseadas no desempenho".

Nessa contextura, preceitua este art. 39 que, no julgamento pelo critério do maior retorno econômico, o julgador deverá considerar a maior economia que o contratado puder obter para a Administração, com a remuneração do contratado fixada em percentual que incidirá de forma proporcional a economia efetivamente obtida na execução contratual.

Assim, como prescreve o §3º, para efeito de julgamento da proposta, o retorno econômico será o resultado da economia estimada com a execução da proposta de trabalho oferecida, deduzida a proposta de preço.

Logo, em termos práticos, a Administração deverá minudenciar no edital licitatório os parâmetros de mensuração da economia a ser gerada na execução do contrato.

Como previsto no §1º, nas licitações com o critério de julgamento do maior retorno econômico, os licitantes deverão apresentar:

a) proposta de trabalho, que deverá contemplar:
   - as obras, os serviços ou os bens, com os respectivos prazos de realização ou fornecimento;
   - a economia que se estima gerar, expressa em unidade de medida associada à obra, ao bem ou ao serviço e em unidade monetária; e

b) proposta de preço, que corresponderá a percentual sobre a economia que se estima gerar durante determinado período, expressa em unidade monetária.

É possível, contudo, que, na execução contratual, não haja geração de economia. Nesse caso, o §4º prevê que:

a) a diferença entre a economia contratada e a efetivamente obtida será descontada da remuneração do contratado; e

b) se a diferença entre a economia contratada e a efetivamente obtida for superior ao limite máximo estabelecido no contrato, o contratado sujeitar-se-á, ainda, a outras sanções cabíveis.

Acresça-se que o critério do maior retorno econômico poderá ser adotado nas modalidades concorrência e diálogo competitivo.

Regulamentando a licitação pelo critério de julgamento por maior retorno econômico, na forma eletrônica, no âmbito da Administração Pública federal direta, autárquica e fundacional, foi editada a Instrução Normativa SEGES/ME nº 96, de 23.12.2022.

Tabela de critérios de julgamento das propostas aplicáveis por modalidades licitatórias

Modalidades	Critérios de Julgamentos
Concorrência	Menor preço – Melhor técnica ou conteúdo artístico – Técnica e preço – Maior retorno econômico – Maior desconto
Concurso	Melhor técnica ou conteúdo artístico
Leilão	Maior lance
Pregão	Menor preço – Maior desconto
Diálogo Competitivo	Menor preço – Maior desconto – Melhor técnica ou conteúdo artístico – Técnica e preço – Maior retorno econômico

Fonte: elaborado pelo Autor.

Seção IV
Disposições Setoriais

Subseção I
Das Compras

Art. 40. O planejamento de compras deverá considerar a expectativa de consumo anual e observar o seguinte:
I – condições de aquisição e pagamento semelhantes às do setor privado;
II – processamento por meio de sistema de registro de preços, quando pertinente;
III – determinação de unidades e quantidades a serem adquiridas em função de consumo e utilização prováveis, cuja estimativa será obtida, sempre que possível, mediante adequadas técnicas quantitativas, admitido o fornecimento contínuo;
IV – condições de guarda e armazenamento que não permitam a deterioração do material;
V – atendimento aos princípios:
a) da padronização, considerada a compatibilidade de especificações estéticas, técnicas ou de desempenho;
b) do parcelamento, quando for tecnicamente viável e economicamente vantajoso;
c) da responsabilidade fiscal, mediante a comparação da despesa estimada com a prevista no orçamento.
§1º O termo de referência deverá conter os elementos previstos no inciso XXIII do *caput* do art. 6º desta Lei, além das seguintes informações:
I – especificação do produto, preferencialmente conforme catálogo eletrônico de padronização, observados os requisitos de qualidade, rendimento, compatibilidade, durabilidade e segurança;
II – indicação dos locais de entrega dos produtos e das regras para recebimentos provisório e definitivo, quando for o caso;
III – especificação da garantia exigida e das condições de manutenção e assistência técnica, quando for o caso.
§2º Na aplicação do princípio do parcelamento, referente às compras, deverão ser considerados:
I – a viabilidade da divisão do objeto em lotes;
II – o aproveitamento das peculiaridades do mercado local, com vistas à economicidade, sempre que possível, desde que atendidos os parâmetros de qualidade; e
III – o dever de buscar a ampliação da competição e de evitar a concentração de mercado.
§3º O parcelamento não será adotado quando:

I – a economia de escala, a redução de custos de gestão de contratos ou a maior vantagem na contratação recomendar a compra do item do mesmo fornecedor;
II – o objeto a ser contratado configurar sistema único e integrado e houver a possibilidade de risco ao conjunto do objeto pretendido;
III – o processo de padronização ou de escolha de marca levar a fornecedor exclusivo.
§4º Em relação à informação de que trata o inciso III do §1º deste artigo, desde que fundamentada em estudo técnico preliminar, a Administração poderá exigir que os serviços de manutenção e assistência técnica sejam prestados mediante deslocamento de técnico ou disponibilizados em unidade de prestação de serviços localizada em distância compatível com suas necessidades.

Artigo 40

1 O Planejamento anual das compras

Um dos pontos fundamentais das contratações públicas é o minucioso planejamento. Como já assinalado, a Administração deve planejar previamente suas contratações, identificando todas as necessidades. A partir dessa identificação, deverá definir as especificações e as condições do objeto a ser adquirido.

É de se observar que tal determinação atende ao previsto no art. 6º do Decreto-Lei nº 200/1967, que dispõe sobre a organização pública federal, o qual coloca o planejamento como o primeiro princípio das atividades da Administração.

Nessa conjuntura, este art. 40 define o período que o planejamento das compras deverá considerar a expectativa de consumo anual.

A regra se coaduna com a disposta no art. 18, que, ao versar sobre a fase preparatória do processo licitatório, sinaliza a necessidade do planejamento sincronizado com um plano de contratações anual.

Os incisos I a V definem o rol mínimo de elementos que o planejamento deverá observar:

a) as condições de aquisição e pagamento semelhantes às do setor privado;
b) o processamento por meio de sistema de registro de preços, quando pertinente;
c) a determinação de unidades e quantidades a serem adquiridas em função de consumo e utilização prováveis, cuja estimativa será obtida, sempre que possível, mediante adequadas técnicas quantitativas, admitido o fornecimento contínuo;
d) as condições de guarda e armazenamento que não permitam a deterioração do material; e
e) o atendimento aos princípios:
   - da padronização, considerada a compatibilidade de especificações estéticas, técnicas ou de desempenho;

- do parcelamento, quando for tecnicamente viável e economicamente vantajoso; e
- da responsabilidade fiscal, mediante a comparação da despesa estimada com a prevista no orçamento.

Inciso I

1.1 As condições de aquisição e pagamento semelhantes às do setor privado

Ao firmar contratos, deve o Poder Público perseguir o atendimento de vários princípios. Dentre eles destacam-se o da economicidade e o da eficiência. Para tal, a Administração deve fitar-se, a título de parâmetro, nas contratações realizadas pelo setor privado, que, por visarem o lucro para sobreviver, buscam insistentemente esses dois conceitos.

No âmbito da Lei nº 8.666/1993, indagava-se se o dispositivo propiciava o cabimento de pagamentos antecipados, procedimento comum na esfera privada.

Nesse viés, a Nova Lei traz, em seu art. 145, a proibição do pagamento antecipado, parcial ou total, mas o autoriza, no §1º, se o ato propiciar sensível economia de recursos ou se representar condição indispensável para a obtenção do bem ou para a prestação do serviço, hipótese que deverá ser previamente justificada no processo licitatório e expressamente prevista no edital de licitação ou no instrumento formal de contratação direta.

Assenta, ainda, que poderá ser exigida a prestação de garantia adicional como condição para o pagamento antecipado (§2º) e que, na hipótese de não execução do objeto no prazo contratual, a antecipação deverá ser devolvida (§3º).

Com o intuito de estabelecer condições para pagamento das despesas com compra de bens e prestação de serviços, o governo federal editou a Instrução Normativa SEGES/MGI nº 11, de 29.03.2023, autorizando a aplicação do Decreto nº 5.355/2005, que dispõe sobre a utilização do Cartão de Pagamento do Governo Federal – CPGF pelos órgãos e entidades da Administração Pública federal direta, autárquica e fundacional, para pagamento não só dessas despesas, como também para aquelas a serem quitadas através de regime de adiantamento, por suprimento de fundos, de que tratam os arts. 45, 46 e 47 do Decreto nº 93.872/1986,[414] que dispõe sobre a unificação dos recursos de caixa do Tesouro Nacional.

---

[414] Art. 45. Excepcionalmente, a critério do ordenador de despesa e sob sua inteira responsabilidade, poderá ser concedido suprimento de fundos a servidor, sempre precedido do empenho na dotação própria às despesas a realizar, e que não possam subordinar-se ao processo normal de aplicação, nos seguintes casos (Lei nº 4.320/64, art. 68 e Decreto-lei nº 200/67, §3º do art. 74):
I – para atender despesas eventuais, inclusive em viagens e com serviços especiais, que exijam pronto pagamento; (Redação dada pelo Decreto nº 6.370, de 2008).
II – quando a despesa deva ser feita em caráter sigiloso, conforme se classificar em regulamento; e
III – para atender despesas de pequeno vulto, assim entendidas aquelas cujo valor, em cada caso, não ultrapassar limite estabelecido em Portaria do Ministro da Fazenda.
§1º O suprimento de fundos será contabilizado e incluído nas contas do ordenador como despesa realizada; as restituições, por falta de aplicação, parcial ou total, ou aplicação indevida, constituirão anulação de despesa, ou receita orçamentária, se recolhidas após o encerramento do exercício.

Inciso II

1.2 O processamento por meio de Sistema de Registro de Preços (SRP)

Conceituado no inc. XLV do art. 6º, o Sistema de Registro de Preços (SRP) é o conjunto de procedimentos para realização, mediante contratação direta ou licitação nas modalidades pregão ou concorrência, de registro formal de preços relativos à prestação de serviços, a obras e à aquisição e locação de bens para contratações futuras.

Previsto inicialmente no Decreto-Lei nº 2.300/1986, o sistema foi idealizado por Hely Lopes Meirelles, que o introduzira na lei paulistana de licitação.[415]

---

§2º O servidor que receber suprimento de fundos, na forma deste artigo, é obrigado a prestar contas de sua aplicação, procedendo-se, automaticamente, à tomada de contas se não o fizer no prazo assinalado pelo ordenador da despesa, sem prejuízo das providências administrativas para a apuração das responsabilidades e imposição das penalidades cabíveis (Decreto-lei nº 200/67, parágrafo único do art. 81 e §3º do art. 80).
§3º Não se concederá suprimento de fundos:
a) a responsável por dois suprimentos;
b) a servidor que tenha a seu cargo e guarda ou a utilização do material a adquirir, salvo quando não houver na repartição outro servidor;
c) a responsável por suprimento de fundos que, esgotado o prazo, não tenha prestado contas de sua aplicação; e
d) a servidor declarado em alcance.
§4º Os valores limites para concessão de suprimento de fundos, bem como o limite máximo para despesas de pequeno vulto de que trata este artigo, serão fixados em portaria do Ministro de Estado da Fazenda. (Incluído pelo Decreto nº 1.672, de 1995).
§5º As despesas com suprimento de fundos serão efetivadas por meio do Cartão de Pagamento do Governo Federal - CPGF. (Incluído pelo Decreto nº 6.370, de 2008).
§6º É vedada a utilização do CPGF na modalidade de saque, exceto no tocante às despesas: (Incluído pelo Decreto nº 6.370, de 2008).
I - de que trata o art. 47; e (Incluído pelo Decreto nº 6.370, de 2008).
II - decorrentes de situações específicas do órgão ou entidade, nos termos do autorizado em portaria pelo Ministro de Estado competente e nunca superior a trinta por cento do total da despesa anual do órgão ou entidade efetuada com suprimento de fundos. (Incluído pelo Decreto nº 6.370, de 2008).
III - decorrentes de situações específicas da Agência Reguladora, nos termos do autorizado em portaria pelo seu dirigente máximo e nunca superior a trinta por cento do total da despesa anual da Agência efetuada com suprimento de fundos. (Incluído pelo Decreto nº 6.901, de 2009).
(...)
Art. 46. Cabe aos detentores de suprimentos de fundos fornecer indicação precisa dos saldos em seu poder em 31 de dezembro, para efeito de contabilização e reinscrição da respectiva responsabilidade pela sua aplicação em data posterior, observados os prazos assinalados pelo ordenador da despesa (Decreto-lei nº 200/67, art. 83).
Parágrafo único. A importância aplicada até 31 de dezembro será comprovada até 15 de janeiro seguinte.
Art. 47. A concessão e a aplicação de suprimento de fundos, ou adiantamentos, para atender a peculiaridades dos órgãos essenciais da Presidência da República, da Vice-Presidência da República, do Ministério da Economia, do Ministério da Saúde, do Ministério da Agricultura, Pecuária e Abastecimento, da Polícia Federal do Ministério da Justiça e Segurança Pública, do Ministério das Relações Exteriores, da Controladoria-Geral da União, bem assim de militares e de inteligência, obedecerão ao Regime Especial de Execução estabelecido em instruções aprovadas pelos respectivos Ministros de Estado, vedada a delegação de competência. (Redação dada pelo Decreto nº 10.241, de 2020).
Parágrafo único. A concessão e aplicação de suprimento de fundos de que trata o caput restringe-se: (Redação dada pelo Decreto nº 7.372, de 2010).
I - com relação ao Ministério da Saúde: a atender às especificidades decorrentes da assistência à saúde indígena; (Incluído pelo Decreto nº 7.372, de 2010).
III - com relação ao Ministério das Relações Exteriores - a atender às especificidades das repartições do Ministério das Relações Exteriores no exterior; e (Redação dada pelo Decreto nº 10.241, de 2020).
IV - com relação à Controladoria-Geral da União - a atender às especificidades decorrentes das atividades de acordos de leniência, de inteligência, de fiscalização, de investigação e de operações especiais realizadas pela Secretaria de Combate à Corrupção da Controladoria-Geral da União, que demandem despesas consideradas de caráter sigiloso. (Incluído pelo Decreto nº 10.241, de 2020).

415 Consoante informa Antônio Marcello da Silva em seu "Contratações administrativas". (SILVA. *Contratações administrativas*).

O SRP, como enfoca o conceito, não se perfila no rol de modalidades de licitação, tampouco circunscreve um critério licitatório, devendo ser encarado simplesmente como uma ferramenta de auxílio que se consubstancia num procedimento especial a ser adotado nas compras públicas, quando os objetos forem materiais, produtos ou gêneros de consumo frequente e, ainda, em situações especiais, nos serviços, nas obras e nas locações de bens, sempre visando contratações futuras.

Nele, diferentemente do procedimento de uma licitação comum, os proponentes não formulam propostas específicas para uma contratação bem definida, mas, sim, preços unitários que vigorarão por certo período.

Findada a licitação, os vencedores assinam um documento denominado Ata de Registro de Preços (ARP) e ficam vinculados pelo período de um ano à Administração (prazo que poderá ser prorrogado, por igual período, desde que comprovado o preço vantajoso para a Administração). Nesse lapso de tempo, dependendo de suas conveniências, a Administração poderá realizar a aquisição necessária, obrigando-se, contudo, a sempre realizar a verificação de compatibilidade dos preços registrados com os do mercado.

Como esposado, o SRP destina-se às licitações para as compras e contratos frequentes da Administração Pública, o que, inquestionavelmente, agiliza e simplifica, afastando entraves burocráticos que ocorrem nas licitações comuns.

Além disso, também é uma ótima ferramenta nas compras de demandas incertas ou de difícil mensuração.

A adoção do sistema determina, com absoluta certeza, flagrante economia, além de ganho em agilidade e segurança, com pleno atendimento ao princípio da eficiência.

Por intermédio desse sistema – que, quando bem adotado, produz excelentes resultados práticos, motivando Eliana Goulart Leão a saldá-lo como "uma revolução nas licitações"[416] –, as Administrações, notadamente nas suas compras, poderão, de qualquer parte, administrar com total eficácia a nevrálgica área de material, com aplicação otimizada dos quase sempre escassos recursos.

Antes regulamentado pelo Decreto nº 7.892/2013,[417] agora, na Nova Lei, no Capítulo X, foi inserido no elenco de procedimentos auxiliares das licitações e das contratações (art. 78, inc. IV), sendo detalhado em cinco artigos (Seção V, arts. 81 a 85).

Apesar do detalhamento, em atendimento ao §1º do art. 78 (o qual determina que todos os procedimentos auxiliares deverão obedecer a critérios claros e objetivos definidos em regulamento), foi regulamentando, na esfera federal, pelo Decreto nº 11.462, de 31.03.2023.

Inciso III

1.3 A determinação de unidades e quantidades a serem adquiridas

Já prevista na lei anterior, é de suma importância que a Administração, ao elaborar o edital de licitação, indique com precisão as unidades e quantidades que pretende adquirir.

---

[416] LEÃO. *O sistema de registro de preços*: uma revolução nas licitações. 2. ed.

[417] Vide nosso: BITTENCOURT. *Licitação de registro de preços*. 5. ed.

Essa medida, obviamente, deverá levar em conta o consumo e a utilização prováveis, cuja estimativa deverá adotar técnicas quantitativas adequadas.

Vários são os métodos para a estimativa de consumo e provável utilização. Há o método baseado na demanda do passado; o da média aritmética, que se baseia na previsão do consumo do próximo período, tendo por base a média de consumo dos períodos anteriores, entre outros. Caberá ao agente ou ao grupo responsável adotar o método que mais se adaptar à realidade do órgão.

Vide que o TCU, nos atos de controle, constantemente exige que se junte aos autos dos procedimentos licitatórios, documento que ateste o diagnóstico da necessidade de se proceder à contratação, "com a definição das unidades e das quantidades a serem adquiridas em função do consumo e utilização prováveis, cuja estimativa será obtida, sempre que possível, mediante adequadas técnicas quantitativas de estimação" (Acórdão nº 1.071/2009 – Plenário e outros).

Inciso IV

1.4 As condições de guarda e armazenamento

Condições de guarda e armazenamento corretas, adotando-se técnicas adequadas, impossibilitam perdas constantes por deterioração.

A armazenagem de materiais é atividade de planejamento das mais importantes, porquanto se destina a manter e a abrigar adequadamente os itens de material, mantendo-os em condições de uso até o momento de sua demanda efetiva pelo ente público. Uma armazenagem racional tem por objetivo principal a minimização dos custos a ela inerentes.[418]

Sobre a questão, Walteno Marques da Silva chama a atenção para situações vivenciadas no dia a dia da Administração:

> Tem sido comum a prática do empirismo, do acaso e da pressa na iniciação dos procedimentos licitatórios, e por essa razão, não há novidade alguma na constatação de [...] estoques de materiais em excesso ou sem possibilidade de uso, desperdícios de tempo e dinheiro público pelo fato de não se caracterizar adequadamente o bem necessário.[419]

Inciso V e Parágrafos 2º e 3º

1.5 Os princípios

O inciso expõe os obrigatórios princípios (conjunto de padrões de conduta) a serem atendidos no planejamento de qualquer licitação:

a) padronização, considerada a compatibilidade de especificações estéticas, técnicas ou de desempenho;

---

[418] FENILI. *Gestão de Materiais.*

[419] SILVA. *Procedimentos para licitar.*

b) parcelamento, quando for tecnicamente viável e economicamente vantajoso; e
c) responsabilidade fiscal, mediante a comparação da despesa estimada com a prevista no orçamento.

1.5.1 Princípio da padronização

A lei anterior já dispunha pela necessidade de atendimento ao princípio da padronização que imponha compatibilidade de especificações técnicas e de desempenho, observadas, quando for o caso, as condições de manutenção, assistência técnica e garantia oferecidas.

A Nova Lei mantém a determinação, apontando a necessidade de se considerar a compatibilidade de especificações estéticas, técnicas ou de desempenho.

Ao se buscar a padronização está se garantindo que os bens venham a ser adquiridos de forma a se coadunarem com os fins desejados e evitando-se que ocorra incompatibilidade técnica e que destoe quanto ao desempenho.

Verdadeiramente, a padronização de equipamentos deve constituir um objetivo permanente da Administração, visto que se configura num mecanismo eficiente de racionalização de custos operacionais. Entretanto, há de se ter extremo cuidado nesse mister, não permitindo que essa prática conduza ao dirigismo, uma vez que, nas compras governamentais, é imperioso o atendimento ao princípio da competitividade.

Impende frisar que, de modo geral, as Cortes de Contas têm reiteradamente se manifestado favorável à padronização, considerando que a compatibilização e a interconexão de equipamentos é um procedimento salutar.

Não é de hoje que asseveramos que a adoção cuidadosa da padronização de equipamentos é vantajosa, notadamente em face da uniformização, uma vez que a sistematização de determinado objeto adotado no serviço público propicia facilidade na manutenção, com consequente atendimento ao princípio da economicidade.

Repisa-se que, para que a padronização tenha respaldo, há premente necessidade de um procedimento administrativo cristalino e minucioso, com precisa demonstração do convencimento de sua real necessidade por parte da autoridade pública responsável.

Marçal Justen sugere que a decisão de padronização indique um prazo pelo qual ela se impõe.[420] A nosso ver é uma sugestão plausível, não significando que a mesma impeça a reavaliação quando novas situações determinarem. Outro comentário que assentimos é o que avaliza a possibilidade de renovação do prazo da decisão anterior, porquanto, mantida toda a situação preexistente, é evidente que a padronização deverá persistir. Como bem assinala o analista, o estabelecimento de prazo produz o importante efeito de obrigar o administrador, com o seu esgotamento, a reavaliar a matéria.

1.5.2 Princípio do parcelamento

Outro princípio é o do parcelamento, quando for tecnicamente viável e economicamente vantajoso.

---

[420] JUSTEN FILHO. *Comentários à Lei de Licitações e Contratos Administrativos.*

A Lei nº 8.666/1993 já havia inovado ao trazer para o âmbito das compras públicas tal princípio, oferecendo, dessa forma, oportunidades a micro e pequenas empresas, coerentemente com o preconizado no art. 170, inc. IX, CF.

Posteriormente, o tema foi consolidado no ordenamento jurídico brasileiro pela Lei Complementar nº 123/2006, com reforço à linha de fortalecimento e incentivo às micro e pequenas empresas brasileiras.

Asseveramos no livro *As licitações públicas e o Estatuto Nacional das Microempresas*:

> Agora, com as regras para contratações públicas preconizadas pela Lei Complementar nº 123/2006 – oferecendo tratamento diferenciado para as micro e pequenas empresas –, a licitação passou a ser adotada como instrumento de promoção de objetivos sociais e econômicos, eliminando desigualdades, originando no ordenamento jurídico pátrio, por conseguinte, o que denominamos "Função Social da Licitação". Ressalta-se, de plano, que o tratamento diferenciado para tais empresas nas licitações não conflita com o princípio da isonomia, porquanto resulta da própria situação de desigualdade dessas empresas em relação a outras de natureza diversa, pois, como já afirmado anteriormente, envolve o tratamento desigual a ser oferecido aos desiguais, com o intuito de promover o desenvolvimento econômico.[421]

Impende ressaltar a diferença entre parcelamento e fracionamento das contratações. Os dicionários da língua portuguesa trazem as definições de fracionamento e parcelamento quase sempre no seguinte sentido: "Fracionamento: fragmentação, divisão. Parcelamento: divisão em parcelas, em prestações",[422] pelo que se conclui que parcelar significa dividir o todo em parcelas, enquanto fracionar significa dividir o todo em frações.

No âmbito das licitações e contratações públicas, entretanto, os institutos adquiriram significados diametralmente opostos, não por expressa menção semântica legal, mas por construção doutrinária.

O parcelamento refere-se ao objeto a ser licitado, representando a sua divisão no maior número de parcelas possíveis que forem viáveis técnica e economicamente, com vistas à ampliação da competitividade.

O fracionamento, por sua vez, configura prática irregular que se caracteriza pela divisão da despesa com o objetivo de justificar a contratação direta.[423]

Observamos que a lei não alude em momento algum ao fracionamento.

Registre-se a Súmula TCU nº 247:

> É obrigatória a admissão da adjudicação por item e não por preço global, nos editais das licitações para a contratação de obras, serviços, compras e alienações, cujo objeto seja divisível, desde que não haja prejuízo para o conjunto ou complexo ou perda de economia de escala, tendo em vista o objetivo de propiciar a ampla participação de licitantes que, embora não dispondo de capacidade para a execução, fornecimento ou aquisição da totalidade do objeto, possam fazê-lo com relação a itens ou unidades autônomas, devendo as exigências de habilitação adequar-se a essa divisibilidade.

---

[421] BITTENCOURT. *As licitações públicas e o Estatuto Nacional das Microempresas*. 2. ed.

[422] AULETE. *Dicionário contemporâneo da língua portuguesa*.

[423] No regime da Lei nº 8.666/1993 também era adotado para a utilização de modalidade de licitação inferior à recomendada à totalidade do objeto.

Em arremate, a assertiva sempre abalizada de Carlos Pinto Coelho Motta, que cunhou a expressão "itemização" para configurar a compra da Administração por itens:

> [...] a subdivisão em parcelas, tendo em vista aproveitar as peculiaridades do mercado, oferece mais oportunidades à microempresa. Esta provavelmente não teria acesso a uma empreitada ou fornecimento global e de grande vulto. [...] portanto, estimula a competitividade na faixa das micro e pequenas empresas e amplia o âmbito de possíveis licitantes. A licitação itemizada constitui práxis administrativa salutar, permitindo otimizar o procedimento. [...] favorece a pequena empresa e constitui fator de desestímulo à cartelização.[424]

Observe-se que o §2º deste art. 40 explicita que, na aplicação do princípio do parcelamento, deverão ser considerados:

a) a viabilidade da divisão do objeto em lotes;
b) o aproveitamento das peculiaridades do mercado local, com vistas à economicidade, sempre que possível, desde que atendidos os parâmetros de qualidade; e
c) o dever de buscar a ampliação da competição e de evitar a concentração de mercado.

E mais: o §3º elenca as hipóteses em que parcelamento não poderá ser adotado, a saber:

a) quando a economia de escala, a redução de custos de gestão de contratos ou a maior vantagem na contratação recomendar a compra do item do mesmo fornecedor;
b) quando o objeto a ser contratado configurar sistema único e integrado e houver a possibilidade de risco ao conjunto do objeto pretendido; e
c) quando o processo de padronização ou de escolha de marca levar a fornecedor exclusivo.

1.5.3 Princípio da responsabilidade fiscal

Em 04.05.2000, entrou em vigor a Lei Complementar nº 101, conhecida como Lei de Responsabilidade Fiscal, impondo profundas mudanças comportamentais aos administradores públicos brasileiros, estabelecendo limites e condições para uma melhor governança pública, prescrevendo normas de finanças públicas voltadas para a responsabilidade na gestão fiscal.

Observamos em obra lançada à época da edição da LC:

> A Lei Complementar nº 101/2000 – Lei de Responsabilidade Fiscal (LRF) constitui-se num verdadeiro "Código de Conduta dos Agentes Públicos", abarcando, indistintamente, os três poderes (Executivo, Legislativo e Judiciário), nas três esferas de governo (federal, estadual e municipal). Trata-se de norma que surgiu para impor novo rumo à história da Administração Pública brasileira, objetivando dar, finalmente, real transparência às contas

[424] MOTTA. *Eficácia nas licitações e contratos*. 10. ed.

públicas deste País, alcançando e punindo administradores irresponsáveis e inescrupulosos. Sem a menor dúvida, [...] a lei colocou o País na rota da modernidade, fazendo com que o povo possa confiar num futuro melhor para a nação.[425]

Considerando que a LRF estabelece delimitações aos administradores, fazendo com que reflitam e ponderem antes de executarem atos que resultem no aumento da dívida pública do País, o texto legal da Nova Lei impõe que o atendimento do princípio da responsabilidade fiscal far-se-á mediante a comparação da despesa estimada com a prevista no orçamento.

Parágrafos 1º e 4º

2 Informações do termo de referência

O inc. XXIII do art. 6º define *termo de referência* como o documento necessário para a contratação de bens e serviços, que deve conter os seguintes parâmetros e elementos descritivos: a) definição do objeto, incluídos sua natureza, os quantitativos, o prazo do contrato e, se for o caso, a possibilidade de sua prorrogação; b) fundamentação da contratação, que consiste na referência aos estudos técnicos preliminares correspondentes ou, quando não for possível divulgar esses estudos, no extrato das partes que não contiverem informações sigilosas; c) descrição da solução como um todo, considerado todo o ciclo de vida do objeto; d) requisitos da contratação; e) modelo de execução do objeto, que consiste na definição de como o contrato deverá produzir os resultados pretendidos desde o seu início até o seu encerramento; f) modelo de gestão do contrato, que descreve como a execução do objeto será acompanhada e fiscalizada pelo órgão ou entidade; g) critérios de medição e de pagamento; h) forma e critérios de seleção do fornecedor; i) estimativas do valor da contratação, acompanhadas dos preços unitários referenciais, das memórias de cálculo e dos documentos que lhe dão suporte, com os parâmetros utilizados para a obtenção dos preços e para os respectivos cálculos, que devem constar de documento separado e classificado; e j) adequação orçamentária.

Como assenta Tatiana Camarão, coautora de obra específica sobre o tema,[426] o termo de referência é documento que condensa as principais informações da fase interna da licitação e, por isso, deve ser construído com cuidado e atenção, já que seus dados servem de espelho para elaboração do edital e do contrato administrativo.[427]

Pois bem, este §1º detalha ainda mais o conteúdo do termo de referência, informando que, além dos elementos anteriormente listados (previstos no inc. XXIII do art. 6º), nele deverão constar as seguintes informações:

a) especificação do produto, preferencialmente conforme catálogo eletrônico de padronização, observados os requisitos de qualidade, rendimento, compatibilidade, durabilidade e segurança;

---

425 BITTENCOURT. *A Nova Lei de Responsabilidade Fiscal.*

426 Termo de referência: o impacto da especificação do objeto e do termo de referência na eficácia das licitações e contratos. (CAMARÃO; SANTANA; CHRISPIM. *Termo de referência.* 2. ed.).

427 CAMARÃO. *5 dicas essenciais de como elaborar o termo de referência com perfeição.*

b) indicação dos locais de entrega dos produtos e das regras para recebimentos provisório e definitivo, quando for o caso; e
c) especificação da garantia exigida e das condições de manutenção e assistência técnica, quando for o caso.

Com essas informações, o conteúdo do documento deixa de ficar ao livre arbítrio do agente público responsável, porquanto, como observa Tatiana Camarão, a Nova Lei impôs um norte definitivo sobre a construção do termo de referência, já que, com o roteiro definido, ficará mais uniforme e padronizado, clarificando-se os itens essenciais.

Quanto à especificação da garantia exigida e das condições de manutenção e assistência técnica, o §4º estabelece que, desde que fundamentada em estudo técnico preliminar, a Administração poderá exigir que os serviços de manutenção e assistência técnica sejam prestados mediante deslocamento de técnico ou disponibilizados em unidade de prestação de serviços localizada em distância compatível com suas necessidades, pondo fim à vetusta discussão de que essa exigência, que já constava em alguns editais, restringiria a competitividade e configuraria direcionamento licitatório.

Art. 41. No caso de licitação que envolva o fornecimento de bens, a Administração poderá excepcionalmente:

I – indicar uma ou mais marcas ou modelos, desde que formalmente justificado, nas seguintes hipóteses:

a) em decorrência da necessidade de padronização do objeto;

b) em decorrência da necessidade de manter a compatibilidade com plataformas e padrões já adotados pela Administração;

c) quando determinada marca ou modelo comercializados por mais de um fornecedor forem os únicos capazes de atender às necessidades do contratante;

d) quando a descrição do objeto a ser licitado puder ser mais bem compreendida pela identificação de determinada marca ou determinado modelo aptos a servir apenas como referência;

II – exigir amostra ou prova de conceito do bem no procedimento de pré-qualificação permanente, na fase de julgamento das propostas ou de lances, ou no período de vigência do contrato ou da ata de registro de preços, desde que previsto no edital da licitação e justificada a necessidade de sua apresentação;

III – vedar a contratação de marca ou produto, quando, mediante processo administrativo, restar comprovado que produtos adquiridos e utilizados anteriormente pela Administração não atendem a requisitos indispensáveis ao pleno adimplemento da obrigação contratual;

IV – solicitar, motivadamente, carta de solidariedade emitida pelo fabricante, que assegure a execução do contrato, no caso de licitante revendedor ou distribuidor.

Parágrafo único. A exigência prevista no inciso II do caput deste artigo restringir-se-á ao licitante provisoriamente vencedor quando realizada na fase de julgamento das propostas ou de lances.

Artigo 41 e Parágrafo Único

1 Indicação excepcional de marcas ou modelos

Tormentoso assunto no âmbito das contratações públicas é a possível indicação de marcas e modelos de produtos nos editais licitatórios.

Tratamos da matéria:

> Não é permitido um objeto que vise à aquisição de bens ou à contratação de serviços "fechados", ou seja, o bem ou o serviço similar deve ser considerado. [...] Não se admite, portanto, uma escolha arbitrária e dirigida, visando a beneficiar determinada empresa. Anote-se, de plano, que a vedação da indicação de uma marca na licitação não é regra absoluta. Essa afirmativa está alicerçada na concepção de que cabe ao intérprete analisar o Direito como um todo, e não por meio de textos isolados. Assim, verifica-se [...] o necessário atendimento nas aquisições do princípio da padronização. Apesar de não existir conexão direta entre uma coisa e outra, evidencia-se que, em certas situações, a padronização

determinará a fixação de uma marca num procedimento licitatório. Além disso, [...] ao vedar aos agentes públicos a inclusão, nos atos convocatórios das licitações, de cláusulas ou condições que restrinjam, comprometam ou frustrem o caráter competitivo e estabeleçam preferências ou distinções, a Lei sinaliza, claramente, que, inexistindo o comprometimento, a restrição ou a frustração da competição, se plenamente demonstrada, autorizada estará a indicação da marca. Em síntese, havendo uma forte motivação, com uma justificativa sólida, concreta, insofismável, baseada em parecer técnico fundamentado, a indicação de marca no instrumento convocatório (ou mesmo em seu afastamento, que ocorrerá através de inexigibilidade de licitação) é plausível.[428]

Com a mesma ótica, o TCU, no Acórdão TCU nº 559/2017 – Plenário, observou que

> a indicação ou a preferência por marca só é admissível se restar comprovado que a escolha é a mais vantajosa e a única que atende às necessidades da Administração. A licitação não tem por objetivo, necessariamente, a escolha do produto ou do serviço de melhor qualidade disponibilizado no mercado.

Nesse encalço, este art. 41 preceitua que, nas licitações de fornecimento de bens, a Administração poderá, em caráter excepcional:

a) indicar uma ou mais marcas ou modelos, desde que formalmente justificado, nas seguintes hipóteses:
   - em decorrência da necessidade de padronização do objeto;
   - em decorrência da necessidade de manter a compatibilidade com plataformas e padrões já adotados pela Administração;
   - quando determinada marca ou modelo comercializados por mais de um fornecedor forem os únicos capazes de atender às necessidades do contratante; e
   - quando a descrição do objeto a ser licitado puder ser mais bem compreendida pela identificação de determinada marca ou modelo aptos a servir apenas como referência.

b) exigir amostra ou prova de conceito do bem no procedimento de pré-qualificação permanente, na fase de julgamento das propostas ou de lances, ou no período de vigência do contrato ou da ata de registro de preços, desde que previsto no edital da licitação e justificada a necessidade de sua apresentação; que, como preceitua o parágrafo único, restringir-se-á ao licitante provisoriamente vencedor quando realizada na fase de julgamento das propostas ou de lances.

c) vedar a contratação de marca ou produto, quando, mediante processo administrativo, restar comprovado que produtos adquiridos e utilizados anteriormente pela Administração não atendem a requisitos indispensáveis ao pleno adimplemento da obrigação contratual; e

d) solicitar, motivadamente, carta de solidariedade emitida pelo fabricante, que assegure a execução do contrato, no caso de licitante revendedor ou distribuidor.

[428] BITTENCOURT. *Licitação passo a passo.* 11. ed.

1.1 Marca ou modelo comercializado por mais de um fornecedor

Vide que, além da possibilidade da indicação de marca ou modelo nos editais buscando a padronização do objeto ou a manutenção da compatibilidade com padrões já adotados pela Administração, o legislador, inteligentemente, inseriu duas situações que frequentemente ocorrem: a múltipla comercialização de determinado modelo (vários comerciantes vendendo um único modelo ou marca) e a dificuldade da própria Administração de descrever o objeto a ser licitado, quando a melhor compreensão do pretendido se dá pela identificação de determinada marca ou modelo, sendo que, nesse caso, tal indicação dar-se-á apenas para fins de servir como referência.

1.2 Exigência excepcional de amostra ou prova de conceito

Outra excepcional ocorrência na licitação de fornecimento de bens é a exigência de amostra ou prova de conceito de um bem.

A amostra, como já esposado, é a apresentação ou demonstração de um produto, com a finalidade de permitir que a Administração possa se certificar de que o bem proposto pelo licitante atende a todas as condições e especificações técnicas indicadas na descrição contida no edital.

A prova de conceito é termo utilizado para denominar um modelo prático que possa provar o conceito (teórico) estabelecido por produto técnico.

Pois bem, segundo o inciso, a exigência de amostra ou prova de conceito do bem somente poderá ocorrer se prevista no edital, com as devidas justificativas, em quatro situações distintas:

- no procedimento de pré-qualificação permanente;
- na fase de julgamento das propostas ou de lances;
- no período de vigência do contrato; ou
- no período de vigência da ata de registro de preços.

1.3 A carta de solidariedade emitida pelo fabricante

A exigência de carta de solidariedade – documento firmado pelo fornecedor e pelo fabricante com o objetivo de estabelecer responsabilidade recíproca sobre o bem a ser fornecido – tem sido contestada pela doutrina, em função do entendimento de que a sua solicitação frustraria o caráter competitivo do certame.

Em 2008, por intermédio do Acórdão nº 2.056,[429] o TCU também se posicionou contrário, determinando que a Justiça Federal – Seção Judiciária de Alagoas se abstivesse

> de incluir exigências, em futuros atos convocatórios, no sentido de que as empresas licitantes e/ou contratadas apresentem declaração, emitida pelo fabricante do bem ou serviço licitado: (...) assegurando que possuem plenas condições técnicas para executar os serviços; (...) atestando que são representantes legais e estão autorizadas a comercializar os produtos e serviços objeto do certame.

[429] Ministro-Relator Raimundo Carreiro.

Dessa maneira, sempre sustentamos o cabimento da solicitação quando justificadamente ficasse comprovada a sua imprescindibilidade.

Eram essas também as impressões de Maria Augusta Rost:

> [...] não é cabível a exigência de carta de solidariedade quando o objeto a ser adquirido pela Administração possa ser caracterizado como simples (ou não complexo). Ao exemplo de um lápis ou mesmo um veículo sem especificações diferenciadas que fujam aos modelos usualmente encontrados no mercado. Enfim, nos casos em que, pela natureza e características do produto licitado, a exigência de solidariedade não for essencial à garantia de futura execução do futuro contrato, não há como se prever a sua apresentação. Mas a questão não se vincula apenas à natureza do próprio bem a ser fornecido. Sempre que especiais características técnicas ou tecnológicas do bem ou do mercado em que este é negociado indicarem ser imprescindível a responsabilização do próprio fabricante pelo produto fornecido ou pela sua manutenção, pode-se cogitar da exigência de carta de responsabilidade.[430] [431]

Nesse sentido, a Lei do RDC, nas licitações para aquisição de bens, autoriza a solicitação de carta de solidariedade emitida pelo fabricante, que assegure a execução do contrato, no caso de licitante revendedor ou distribuidor, desde que haja motivação a respeito dessa necessidade.

A Nova Lei, entrementes, não repisa essa regra, dado que, ao discorrer sobre o documento, apenas possibilita a sua apresentação, no caso de licitante revendedor ou distribuidor, como forma de prova de qualidade do produto apresentado como similar ao das marcas indicadas no edital.

Tal, contudo, não invalida o juízo anteriormente exposto quanto à viabilidade da exigência, se comprovada a necessidade, porquanto, como aduziu o TCU, "exigir

430 ROST. *As exigências de amostra e de carta de solidariedade no Regime Diferenciado de Contratações Públicas.*

431 Registre-se que, em decisão referente a mandado de segurança impetrado contra ato reputado ilegal praticado pelo governador do estado do Paraná e pelo secretário do trabalho, em processo licitatório sob a modalidade pregão, que teria desclassificado a empresa impetrante do certame, ao fundamento de que não foi apresentada carta de solidariedade do fabricante dos computadores, o Tribunal de Justiça do Estado do Paraná prolatou decisão considerando correta a exigência do documento: "(...) Portanto, o edital poderá conter outras previsões, além daquelas expressamente estabelecidas na lei, sem atribuir discricionariedade ao ente público na elaboração do edital, de modo que a exigência ora discutida não se revela excessiva ou ilícita. Ao contrário, está de pleno acordo com os princípios que regem o processo de licitação. Aliás, conforme mencionado, a apresentação da carta de solidariedade mostra-se necessária ao bom cumprimento do contrato administrativo, evitando prejuízos ao ente público com a aquisição de suprimentos e equipamentos inadequados, danos tais que são suportados pela coletividade, não constituindo tal exigência ofensa ao princípio da isonomia ou restrição ao número de participantes, nem frustração ao caráter competitivo do procedimento. Dessa forma, a carta de solidariedade mostra-se perfeitamente exigível, em especial para efeitos de prazo da entrega e de garantia dos produtos ofertados, nos termos do edital, podendo ser compreendida inclusive à luz da capacitação técnica que se exige do participante, uma vez que, caso este não possa cumprir com os exatos termos da contratação, terá o contratante garantia consideravelmente maior, observado o notório grande porte dos fabricantes de produtos e suprimentos de informática, porque terão maiores condições de cumprir o pactuado a contento. E isto porque o fabricante é o detentor de maior solvabilidade, justificando, por isso, a exigência de que se solidarize com o contratado durante a vigência contratual, evitando riscos e prejuízos à contratante, sendo quem possui condições de, eventualmente, melhor atender, por exemplo, reposição de peças, adequação de equipamentos e outras providências, paras as quais não se sabe se a contratada, empresa revendedora de porte menor, terá condições de suportar circunstância que autoriza a manutenção do requisito, evitando que a empresa vencedora, caso sem a necessária capacitação, cause prejuízo ao contratante. Logo, ciente da exigência prevista no edital que norteia o processo de licitação do qual intencionou participar a Impetrante, cumpria à mesma atender a todos os requisitos de aceitação, apresentando junto com a sua proposta a carta de solidariedade exigida (...)". (Relator Des. Clayton Camargo).

declaração do fornecedor como requisito de habilitação somente pode ser tolerado em casos excepcionais, quando se revelar imprescindível à execução do objeto, situação em que deverá ser tecnicamente justificado de forma expressa e pública, por ser requisito restritivo à competitividade". (Acórdão nº 3783/2013. Primeira Câmara).

Art. 42. A prova de qualidade de produto apresentado pelos proponentes como similar ao das marcas eventualmente indicadas no edital será admitida por qualquer um dos seguintes meios:

I – comprovação de que o produto está de acordo com as normas técnicas determinadas pelos órgãos oficiais competentes, pela Associação Brasileira de Normas Técnicas (ABNT) ou por outra entidade credenciada pelo Inmetro;

II – declaração de atendimento satisfatório emitida por outro órgão ou entidade de nível federativo equivalente ou superior que tenha adquirido o produto;

III – certificação, certificado, laudo laboratorial ou documento similar que possibilite a aferição da qualidade e da conformidade do produto ou do processo de fabricação, inclusive sob o aspecto ambiental, emitido por instituição oficial competente ou por entidade credenciada.

§1º O edital poderá exigir, como condição de aceitabilidade da proposta, certificação de qualidade do produto por instituição credenciada pelo Conselho Nacional de Metrologia, Normalização e Qualidade Industrial (Conmetro).

§2º A Administração poderá, nos termos do edital de licitação, oferecer protótipo do objeto pretendido e exigir, na fase de julgamento das propostas, amostras do licitante provisoriamente vencedor, para atender a diligência ou, após o julgamento, como condição para firmar contrato.

§3º No interesse da Administração, as amostras a que se refere o §2º deste artigo poderão ser examinadas por instituição com reputação ético-profissional na especialidade do objeto, previamente indicada no edital.

Artigo 42

1 A prova de qualidade do produto

A Lei do RDC (Lei nº 12.462/2011) e a Lei das Estatais (Lei nº 13.303/2016), bastante inovadoras, autorizaram a solicitação nos editais de certificação da qualidade do produto ou do processo de fabricação, inclusive sob o aspecto ambiental, dispondo, ainda, sobre a possibilidade de a Administração exigir, como condição de aceitabilidade da proposta, a adequação às normas da Associação Brasileira de Normas Técnicas (ABNT) ou a certificação da qualidade do produto por instituição credenciada pelo Sistema Nacional de Metrologia, Normalização e Qualidade Industrial (Sinmetro).

Inquestionavelmente, a intenção foi minorar as assimetrias de informação entre o licitante e a Administração.

Nesse sentido, este art. 42 trata da prova de qualidade do produto apresentado pelos proponentes como similar ao das marcas eventualmente indicadas no edital, pois, conforme previsto no §4º, a Administração poderá excepcionalmente indicar uma ou mais marcas ou modelos, desde que formalmente justificado.

Cabe atentar que o próprio TCU, mesmo nas licitações sob a égide da Lei nº 8.666/1993, já admitia a fixação de marcas nos editais, dispondo, na Súmula nº 270, que, "em licitações referentes a compras, inclusive de softwares, é possível a indicação de marca, desde que seja estritamente necessária para atender exigências de padronização e que haja prévia justificação".

Escrevemos sobre a questão, sustentando que a vedação de marca não era absoluta:

> Não raro, a Administração conclui, após um processo de avaliação técnica, que a ela só interessa certo produto, muitas vezes, inclusive, chegando à marca. [...] dissemos que a vedação da indicação de uma marca na licitação não constitui regra absoluta. Essa afirmativa se funda na concepção de que cabe ao intérprete analisar o Direito como um todo e não através de textos isolados. Destarte, verifica-se que a Lei [...] sinaliza para o atendimento nas aquisições do princípio da padronização. Apesar de não existir conexão direta entre uma coisa e outra, evidencia-se que, em certas situações, a padronização determinará a fixação de uma marca num procedimento licitatório. Além disso, [...] ao vedar aos agentes públicos a inclusão, nos atos convocatórios das licitações, de cláusulas ou condições que restrinjam, comprometam ou frustrem o caráter competitivo e estabeleçam preferências ou distinções, a Lei define que, estando plenamente demonstrado que inexiste o comprometimento, a restrição ou a frustração da competição, está autorizada a indicação da marca. Em síntese, havendo uma forte motivação, com uma justificativa sólida, concreta e insofismável, baseada em parecer técnico fundamentado, a indicação de marca no instrumento convocatório é plausível.[432]

Ademais, também era admissível, em situações especiais, a menção à marca de referência, muitas vezes com a indicação da expressão "ou similar" após a descrição do objeto, quando o órgão não detinha elementos suficientes para descrever o objeto pretendido.

Nesse contexto, a manifestação do TCU, versando sobre a diferença entre a indicação de marca e a menção à marca de referência:

> Acórdão nº 2.829/15 – Plenário: A diferença básica entre os dois institutos é que o primeiro [...] admite a realização de licitação de objeto sem similaridade nos casos em que for tecnicamente justificável, ao passo que o segundo é empregado meramente como forma de melhor identificar o objeto da licitação, impondo-se a aceitação de objeto similar à marca de referência mencionada.

Com o intuito de regularizar esse procedimento, a Nova Lei admite os seguintes meios para prova da qualidade do produto:

a) comprovação de que o produto está de acordo com as normas técnicas determinadas pelos órgãos oficiais competentes, pela Associação Brasileira de Normas Técnicas (ABNT) ou por outra entidade credenciada pelo Inmetro;
b) declaração de atendimento satisfatório emitida por outro órgão ou entidade de nível federativo equivalente ou superior que tenha adquirido o produto; e

[432] BITTENCOURT. *Licitação passo a passo*. 11. ed.

c) certificação, certificado, laudo laboratorial ou documento similar que possibilite a aferição da qualidade e da conformidade do produto ou do processo de fabricação, inclusive sob o aspecto ambiental, emitido por instituição oficial competente ou por entidade credenciada.

Inciso I

1.1 A comprovação de que o produto esteja de acordo com as normas técnicas

Um dos meios admitidos para prova da qualidade do produto é a comprovação de que esteja de acordo com as normas técnicas determinadas pelos órgãos oficiais competentes, pela Associação Brasileira de Normas Técnicas (ABNT) ou por outra entidade credenciada pelo Inmetro.

É importante ressaltar que a ABNT expede tanto normas que são consideradas obrigatórias, quanto normas de mera orientação procedimental ou de certificação. Para serem consideradas obrigatórias, devem ser assim definidas em lei específica.

Como anota Caroline Rodrigues da Silva:

> As normas da ABNT, para serem consideradas obrigatórias, devem ser assim definidas em Lei específica, a ser expedida pelo ente governamental legalmente incumbido deste poder. Neste sentido o Instituto Nacional de Metrologia, Normalização e Qualidade Industrial – INMETRO, ente público legalmente incumbido da regulamentação para certificação da qualidade de materiais e produtos industriais, possui algumas Resoluções nas quais adota as normas da ABNT como de observância obrigatória, sendo que, nestes casos, deve a Administração exigir o atendimento a essas normas de parametrização, visto se tratarem de regras previstas em lei especial.[433]

Inciso II

1.2 Declaração de atendimento satisfatório emitida por outro órgão

A prova da qualidade do produto apresentado como similar ao das marcas eventualmente indicadas no edital licitatório também poderá ocorrer por intermédio de declaração de atendimento satisfatório emitida por outro órgão ou entidade de nível federativo equivalente ou superior que tenha adquirido o produto.

A ideia é boa, mas peca quando limita a declaração a órgão ou entidade de nível federativo equivalente ou superior.

Assim, uma declaração dada, por exemplo, pelo município do Rio de Janeiro, serviria para comprovação em certames licitatórios efetuados pelos municípios de Cabo Frio ou São Paulo, mas não servia para uma licitação instaurada por um órgão do executivo federal, o que não parece nada lógico.

433 SILVA. *A exigência em edital de certificação técnica de produtos no INMETRO.*

Inciso III

1.3 A certificação da qualidade do produto ou do processo de fabricação

A possibilidade de exigência de certificações de qualificação no edital é tema sempre aventado em qualquer discussão sobre licitações, notadamente pelo pessoal da Administração que elabora instrumentos licitatórios envolvendo Tecnologia da Informação (TI).

É certo que, no âmbito privado, tais exigências são comuns, principalmente nas contratações das grandes empresas. No entanto, embora bastante difundidas, principalmente a série ISO, ainda não é significativo o número de empresas que as possuem. Além disso, é cediço que não circunscrevem exigência legal para que a empresa funcione e exerça normalmente suas atividades.

Dessa forma, prepondera nos debates o entendimento de que não há como se exigir que um estabelecimento possua certificação para que seja habilitado numa licitação.

Contudo, sempre alertamos que a certificação poderia fazer parte do elenco de documentos para aferição técnica, nas licitações de técnica e preço ou de melhor técnica.

Sobre a questão, *vide* a posição do TCU:

> Acórdão nº 539/2007 – Plenário – (...) 29. Em acréscimo, transcrevemos trecho do Parecer do Ministério Público junto ao Tribunal que fundamentou a retromencionada Decisão nº 20/1998 – Plenário: "Entretanto, considerando que a qualidade do processo de fabricação reflete-se diretamente na qualidade do produto, entendemos que o fato de a Empresa possuir o Certificado ISO da série 9000 possa ser objeto de pontuação no julgamento das propostas técnicas, nos termos do inciso I do art. 3º do Decreto nº 1.070/1994. O peso dado à apresentação do certificado, contudo, não poderá ser exagerado, distorcido, a ponto de, na prática, transformá-lo em critério de desclassificação. (...) 31. Verificamos, então, que a jurisprudência do Tribunal admite a exigência de (...) certificação da série ISO 9000, desde que eles figurem no edital como critério de pontuação. (...) (Ata nº 13/2007, Rel. Min. Marcos Bemquerer Costa. Sessão 4.4.2007).[434]

[434] Antônio Roque Citadini expôs a posição do TCE-SP sobre a matéria e apresentou sua abalizada opinião: "Tal fato traz à lembrança a eficiente atuação do Tribunal de Contas do Estado de São Paulo sobre o assunto, que há muito tempo firmou posição contrária à exigência contida em editais de licitação dando preferência a empresas licitantes que apresentassem certificados de qualidade. Em várias decisões proferidas por seus Conselheiros, individualmente, ou por seus órgãos colegiados – Câmaras e Tribunal Pleno – esta exigência não tem sido aceita. Assim têm agido por entenderem que apesar do propalado esforço para obter a certificação de qualidade, muitas são as empresas certificadoras e cada qual formula seus próprios critérios, não sendo possível tratar-se, portanto, todos os licitantes com igualdade. E mesmo que assim não fosse, não poderia a Administração Pública exigir dos particulares interessados em com ela contratar, que se submetessem a normas diversas de outros particulares, despendendo altos valores para obter a certificação, encarecendo, assim, o custo dos produtos ou serviços. Particularmente tenho posição firmada em livro de minha autoria tecendo comentários sobre a Lei de Licitações. A exigência de certificação, como condição essencial à participação no processo licitatório evidencia o caráter restritivo do certame, uma vez que o processo de obtenção do certificado não assegura qualidade intrínseca dos processos e produtos a serem fornecidos, mas sim, que os procedimentos definidos pela certificadora para projeto, fabricação e entrega estão sendo seguidos. Não se mostra, assim, razoável que cada órgão da Administração Pública possa escolher uma certificadora e venha a desqualificar licitante que não possua tal certificação. A Administração Pública tem o dever de sempre exigir qualidade de seus fornecedores, e deve envidar todos os serviços para alcançar tal objetivo, sem que possa sob este pretexto exigir atendimento a normas ditadas também por particulares, com dispêndios que elevem os custos desnecessariamente" (CITADINI. *Os certificados de qualidade e o Tribunal de Contas do Estado*).

Ainda que não possam, em tese, ser exigidos, a Nova Lei, na linha de inovação da Lei do RDC e da Lei das Estatais, prevê, para a prova de qualidade de produto apresentado pelos proponentes como similar ao das marcas eventualmente indicadas no edital, a possibilidade de apresentação de certificação, certificado, laudo laboratorial ou documento similar que possibilite a aferição da qualidade e da conformidade do produto ou do processo de fabricação, inclusive sob o aspecto ambiental, emitido por instituição oficial competente ou por entidade credenciada.

Observe-se que, diversamente das leis supracitadas, a Nova Lei, além da certificação, admite que a qualidade ou conformidade seja atestada por "laudo laboratorial ou documento similar", autorizando, assim, outros tipos de comprovações.

Sobre a questão, aduziu Pedro Niebuhr:

> O objetivo de que a prova da qualidade ou conformidade possa ser feita por "certificado, laudo laboratorial ou documento similar", contida no inciso III do artigo 41 [...], parece ser no sentido de viabilizar a exigência mesmo nos casos em que o produto/serviço não seja objeto de uma certificação própria, na acepção restrita da palavra. No entanto e ainda assim, a Administração Pública deve ter o cuidado para não instituir preferências injustificadas por um tipo ou entidade certificadora específica em detrimento de outras possíveis, o que pode restringir indevidamente a competição.[435]

Parágrafo 1º

2 Exigência de aceitabilidade da proposta

O Conselho Nacional de Metrologia, Normalização e Qualidade Industrial (Conmetro) é um colegiado interministerial que exerce a função de órgão normativo, com competência para formular, coordenar e supervisionar a política nacional de metrologia, normalização industrial e certificação da qualidade de produtos, serviços e pessoal, prevendo mecanismos de consulta que harmonizem os interesses públicos das empresas industriais e dos consumidores; assegurar a uniformidade e a racionalização das unidades de medida utilizadas em todo o território nacional; estabelecer regulamentos técnicos referentes a materiais e produtos industriais; fixar critérios e procedimentos para certificação da qualidade de materiais e produtos industriais, entre outras.

Considerando a importância da avaliação da conformidade para a qualidade dos bens a serem adquiridos, o dispositivo autoriza, em ocasiões devidamente justificadas, que o edital exija, como condição de aceitabilidade da proposta (ou seja, condição para aceitar como válida a proposição oferecida pelo licitante), a certificação de qualidade do produto por instituição credenciada pelo Conmetro.

[435] NIEBUHR. Licitações Sustentáveis. *In*: NIEBUHR (Coord.). *Nova Lei de Licitações e Contratos Administrativos*.

Parágrafos 2º e 3º

3 A possibilidade de exigência de amostras e da apresentação de protótipos

A questão da exigência de apresentação de amostras é tema bastante debatido desde a edição da lei anterior até os dias de hoje. Na prática, visando à verificação da qualidade do produto a ser oferecido, a solicitação de amostras tem sido uma constante na Administração.

A finalidade da amostra é permitir que a Administração possa se certificar de que o bem proposto pelo licitante atende a todas as condições e especificações técnicas indicadas na descrição contida no edital. A intenção é reduzir riscos e possibilitar a quem julga a certeza de que o objeto oferecido atenderá à necessidade.

Jacoby Fernandes pondera que a controvérsia se esgota com um exame mais apurado das decisões da corte de contas federal, evidenciando a possibilidade da adoção dessa sistemática quando o ente licitador observar, sem subjetivismo, a descrição do produto, bem como os critérios que serão aferidos na amostra, e não exigi-la como condição de habilitação.

Anote-se que o TCU tem se mostrado favorável à exigência de amostras até mesmo no caso de pregão eletrônico (desde que solicitada somente ao licitante classificado em primeiro lugar), sob a alegação de que, ainda que ocorra eventual perda de celeridade, prevaleceria o entendimento de que o procedimento é justificável ante o ganho de qualidade na identificação da solução:

> Nesse passo, entendeu o relator que a exigência de amostras, quando requerida apenas do licitante classificado em primeiro lugar, é perfeitamente compatível com as peculiaridades da modalidade pregão, já que "garante a presteza, a perfeição e a eficiência do procedimento sem comprometer a sua celeridade". Ademais, no que respeita à alegação de que o pregão eletrônico seria inviável na hipótese sob exame, consignou que "além de ampliar a competição, o pregão eletrônico não é incompatível com a exigência de amostras, caso o gestor considere-a indispensável, devendo, contudo, caso se trate de aplicação de recursos federais, exigi-la apenas do licitante provisoriamente classificado em primeiro lugar". Acórdão nº 2368/2013-Plenário, TC 035.358/2012-2, Relator Ministro Benjamin Zymler, 4.9.2013. (Informativo TCU nº 167, período 03 e 04 de setembro de 2013).

Vide que as Leis do RDC e das Estatais já inovaram, tratando da possibilidade de exigência de amostras, ambas com a ressalva da "justificada necessidade".

Nessa conjuntura, os parágrafos 2º e 3º em análise buscam dar fim a questiúncula, estabelecendo regras precisas para o fato.

O §2º traz uma novidade, muito embora esse procedimento seja até corriqueiro no dia a dia das licitações: o eventual oferecimento de protótipo do objeto pretendido. A intenção é colocar à disposição dos interessados um modelo, um padrão do objeto.

Além disso, dispõe sobre a possibilidade de a Administração exigir amostras, elegendo dois momentos para tal:

a) na fase de julgamento das propostas, com solicitação de amostra do licitante provisoriamente vencedor; ou
b) após o julgamento, como condição para firmar o contrato.

Andou bem o legislador, mantendo o sugerido pela doutrina e indicado pelo TCU de só solicitar amostras do licitante considerado vencedor do certame (seja provisória ou definitivamente) dado que a exigência de amostras na fase de habilitação ou de classificação, feita a todos os licitantes, poderia ser pouco razoável, porquanto imporia ônus que, a depender do objeto, seria excessivo a todos os licitantes, encarecendo o custo de participação na licitação e desestimulando a presença de potenciais licitantes (Acórdão TCU nº 1.237/2002 – Plenário).

Para que a Administração tenha certeza de que a amostra atende ao pretendido, o §3º possibilita o exame por instituição com reputação ético-profissional na especialidade do objeto, a qual deverá estar previamente indicada no edital. Tal regra atende anotação do TCU sobre a questão, ao enunciar, no Acórdão nº 1291-2011 – Plenário, que "a desclassificação de licitante deve estar amparada em laudo ou parecer que indique, de modo completo, as deficiências na amostra do produto a ser adquirido, quando esta é exigida".

Ainda sobre o tema, é importante ficar claro não poderá a contratada entregar produto diverso do exposto na amostra. Nesse sentido, dispôs, inclusive, o TCU, no Acórdão nº 2611/2016 – Plenário:

> Não se admite a entrega pela contratada de produto diferente da amostra apresentada e aprovada na licitação, pois a aceitação do produto demandaria nova avaliação técnica, prejudicando a celeridade da execução contratual e favorecendo a contratada em relação às demais participantes do certame.

Art. 43. O processo de padronização deverá conter:
I – parecer técnico sobre o produto, considerados especificações técnicas e estéticas, desempenho, análise de contratações anteriores, custo e condições de manutenção e garantia;
II – despacho motivado da autoridade superior, com a adoção do padrão;
III – síntese da justificativa e descrição sucinta do padrão definido, divulgadas em sítio eletrônico oficial.
§1º É permitida a padronização com base em processo de outro órgão ou entidade de nível federativo igual ou superior ao do órgão adquirente, devendo o ato que decidir pela adesão a outra padronização ser devidamente motivado, com indicação da necessidade da Administração e dos riscos decorrentes dessa decisão, e divulgado em sítio eletrônico oficial.
§2º As contratações de soluções baseadas em *software* de uso disseminado serão disciplinadas em regulamento que defina processo de gestão estratégica das contratações desse tipo de solução.

Artigo 43 e parágrafo 1º

1 O processo de padronização dos produtos

O dispositivo preocupa-se com o processo de padronização, por ser o fator de maior frequência nas inserções de marcas ou modelos nos editais de licitação.

Relembra que, no art. 40, V, ao fixar o princípio do planejamento licitatório, foi estabelecido o compulsório atendimento à padronização, considerando-se a compatibilidade de especificações estéticas, técnicas ou de desempenho.

Destarte, o processo de padronização deverá obrigatoriamente conter:

a) parecer técnico sobre o produto, considerados especificações técnicas e estéticas, desempenho, análise de contratações anteriores, custo e condições de manutenção e garantia;
b) despacho motivado da autoridade superior, com a adoção do padrão;
c) síntese da justificativa e descrição sucinta do padrão definido, divulgadas em sítio eletrônico oficial.

Para facilitar, o §1º autoriza a padronização baseada em processo de outro órgão ou entidade de nível federativo igual ou superior ao do órgão adquirente, devendo o ato que decidir pela adesão a outra padronização ser:

a) devidamente motivado, com indicação da necessidade da Administração e dos riscos decorrentes dessa decisão; e
b) divulgado em sítio eletrônico oficial.

Parágrafo 2º

2 A contratação de soluções baseadas em software de uso disseminado

A preocupação com diversas nuanças que envolvem a contratação de softwares de uso disseminado, notadamente quanto aos preços diferenciados nos vários órgãos, sempre foi uma constante no antigo Ministério do Planejamento, gestor das licitações e contrações federais, como também na esfera do TCU, que, para dar fim ao problema, recomendou à Administração federal o desenvolvimento de um processo de gestão estratégica das contratações de grandes fabricantes de software de uso mais disseminado em conjunto, que incluísse, em consonância com a CF, art. 37, *caput*, entre outros passos:

a) levantamento periódico da despesa relacionada a grandes fabricantes, identificando as discrepâncias de preços dos produtos de software adquiridos em seus valores unitários, dando visibilidade dos resultados obtidos às organizações, de forma a convergir os preços contratados para valores semelhantes e compatíveis com a escala contratada pelo governo como um todo;
b) forma de execução das contratações, a exemplo de contratações realizadas por centrais de compras ou com base em acordos entre o órgão gestor e grandes fabricantes com posterior execução da licitação individualmente ou em conjunto com outras organizações e respectiva gestão contratual realizada individualmente pelas organizações públicas;
c) acordos entre o órgão gestor e os grandes fabricantes, quando benéficos à Administração, que levem em consideração a escala de compra do governo como um todo, a exemplo dos modelos adotados pelo estado de São Paulo e por países como Reino Unido e Estados Unidos, incluindo licenças e serviços agregados, com levantamento prévio que indique os valores mínimos de desconto a permitir ganhos efetivos com a escala empregada na negociação, bem como a vigência na qual devem ser garantidas as condições negociadas;
d) vinculação obrigatória das compras descentralizadas aos acordos realizados pelo órgão central e aos parâmetros por ele definidos e negociados, salvo em hipóteses devidamente justificadas;
e) especificação de lista de preços máximos aceitáveis para todas as organizações, com as respectivas taxas de desconto, tendo por base acordos com os fabricantes ou análises de mercado efetuadas pelo próprio órgão gestor; e
f) definição de soluções padronizadas baseadas em softwares e serviços agregados, de modo a desonerar as organizações públicas de levantar, entender e utilizar os modelos de comercialização dos grandes fabricantes de software.

Com a implementação, muitos benefícios seriam alcançados, notadamente o aumento da segurança dos gestores no tocante à economicidade das contratações e da capacidade das organizações públicas de negociar preços com os grandes fabricantes de software e a redução: a) do esforço processual e do tempo para realização das contratações, possibilitando que as equipes técnicas executem atividades de TI mais próximas dos negócios de suas organizações públicas; b) do tempo do ciclo das contratações, de forma que os recursos fluam mais rapidamente para as empresas contratadas, melhorando o ambiente de negócios; e c) da discrepância de valores pagos pela Administração Pública para produtos idênticos.

Em consonância a essa determinação, este §2º preceitua que as contratações de soluções baseadas em software de uso disseminado deverão ser disciplinadas em regulamento, o qual deverá definir o processo de gestão estratégica das contratações desse tipo de solução.

Art. 44. Quando houver a possibilidade de compra ou de locação de bens, o estudo técnico preliminar deverá considerar os custos e os benefícios de cada opção, com indicação da alternativa mais vantajosa.

Artigo 44

1 Decisão entre comprar ou alugar um bem

Em muitas ocasiões, o agente responsável se depara com a possibilidade de optar entre a compra ou a locação de um bem. O exemplo clássico é o referente a máquinas copiadoras. Também no caso de automóveis a questão está sempre presente. Comprar ou alugar? Essa é uma dúvida relativamente comum não só na esfera pública, mas também na esfera privada. Certo é que a decisão dependerá da análise de diversos fatores.

Para amparar a decisão, o artigo determina o uso do estudo técnico preliminar, que deverá considerar os custos e os benefícios de cada opção, com a indicação da alternativa mais vantajosa.

Repisa-se que, consoante o previsto no inc. XX do art. 6º, o estudo técnico preliminar é documento constitutivo da primeira etapa do planejamento de uma contratação que caracteriza o interesse público envolvido e a sua melhor solução e dá base ao anteprojeto, ao termo de referência ou ao projeto básico a serem elaborados caso se conclua pela viabilidade da contratação.

Subseção II
Das Obras e Serviços de Engenharia

Art. 45. As licitações de obras e serviços de engenharia devem respeitar, especialmente, as normas relativas à:

I – disposição final ambientalmente adequada dos resíduos sólidos gerados pelas obras contratadas;

II – mitigação por condicionantes e compensação ambiental, que serão definidas no procedimento de licenciamento ambiental;

III – utilização de produtos, de equipamentos e de serviços que, comprovadamente, favoreçam a redução do consumo de energia e de recursos naturais;

IV – avaliação de impacto de vizinhança, na forma da legislação urbanística;

V – proteção do patrimônio histórico, cultural, arqueológico e imaterial, inclusive por meio da avaliação do impacto direto ou indireto causado pelas obras contratadas;

VI – acessibilidade para pessoas com deficiência ou com mobilidade reduzida.

Artigo 45

1 Normas ambientais a serem respeitas nas obras e serviços de engenharia

Como explicitamos, a Nova Lei de Licitações aplica-se a diversos cenários, sendo um deles o que envolve obras e serviços de arquitetura e engenharia que a Administração necessita.

A Subseção II da Seção IV – Disposições Setoriais trata especificamente dessa matéria.

Conforme definição do inc. XII do art. 6º, obra é toda atividade estabelecida, por força de lei, como privativa das profissões de arquiteto e engenheiro, que implica intervenção no meio ambiente por meio de um conjunto harmônico de ações que, agregadas, formam um todo que inova o espaço físico da natureza ou acarreta alteração substancial das características originais de bem imóvel.

Por sua vez, o inc. XXI do mesmo artigo define serviço de engenharia como toda atividade ou conjunto de atividades destinadas a obter determinada utilidade, intelectual ou material, de interesse para a Administração e que, não enquadradas no conceito de obra a que se refere o inciso XII, são estabelecidas, por força de lei, como privativas das profissões de arquiteto e engenheiro ou de técnicos especializados, que compreendem:

a) serviço comum de engenharia: todo serviço de engenharia que tenha por objeto ações, objetivamente padronizáveis em termos de desempenho e qualidade, de manutenção, de adequação e de adaptação de bens móveis e imóveis, com preservação das características originais dos bens; e
b) serviço especial de engenharia: aquele que, por sua alta heterogeneidade ou complexidade, não pode se enquadrar na definição de serviço comum de engenharia.

Pelas definições, é possível verificar, como bem anotou Hamilton Bonatto, que o objeto pode portar complexidade técnica e ainda assim ser comum, no sentido de que essa técnica é perfeitamente conhecida, dominada e oferecida pelo mercado.[436]

Este art. 45 elenca os temas cujas normas as licitações de obras e serviços de engenharia devem especialmente respeitar, pois, além das diretrizes gerais a serem seguidas, os certames com esses escopos obrigar-se-ão a atender diversas normas vigentes correlatas que possuem conexão direta com as denominadas licitações sustentáveis.[437]

Assim, as normas referentes aos temas que se seguem não poderão ser esquecidas nos certames de obras e serviços de engenharia:

a) disposição final ambientalmente adequada dos resíduos sólidos gerados pelas obras contratadas;
b) mitigação por condicionantes e compensação ambiental, que serão definidas no procedimento de licenciamento ambiental;
c) utilização de produtos, de equipamentos e de serviços que, comprovadamente, favoreçam a redução do consumo de energia e de recursos naturais;
d) avaliação de impacto de vizinhança, na forma da legislação urbanística;
e) proteção do patrimônio histórico, cultural, arqueológico e imaterial, inclusive por meio da avaliação do impacto direto ou indireto causado pelas obras contratadas; e
f) acessibilidade para pessoas com deficiência ou com mobilidade reduzida.

Como registramos em livro específico,[438] as licitações sustentáveis podem ser conceituadas como as competições públicas, objetivando contratações efetuadas pelo Poder Público que consideram critérios sociais, espaciais, culturais, políticos, econômicos e, sobretudo, ambientais, em todos os estágios de seu processo, transformando o poder de compra do Estado em um fortíssimo indutor do desenvolvimento sustentável. Afinal, como observa Martin Brauch, governos são consumidores influentes, suas decisões de compra podem afetar as deliberações de empresas quanto à qualidade de seus bens e serviços, bem como as dos outros consumidores. Por isso, as licitações e contratações públicas podem atuar como um poderoso incentivador de sustentabilidade, provendo incentivos para investimento, inovação e expansão de empresas, bens, serviços e infraestrutura sustentáveis nos setores público e privado.[439]

Consideramos ser de grande valia obrigar o Poder Público a acompanhar as intervenções no meio ambiente no decorrer de suas obras e serviços de engenharia, respeitando normativos específicos. Afinal, tem que dar o exemplo, ainda que, na prática, não se verifique com frequência essa ocorrência.

Ademais, como aduz Pedro Niebuhr, é importante dotar a Administração de instrumentos que viabilizem o adequado acompanhamento das intervenções no meio ambiente nos casos em que o contratado obtém e é titular da licença ambiental, até

---

[436] BONATTO. *Notas sobre obras e serviços de engenharia na nascitura lei de licitações e contratos.*

[437] Também conhecidas como "compras verdes", "compras públicas sustentáveis", "ecoaquisições", "licitações positivas" ou "compras ambientalmente amigáveis".

[438] BITTENCOURT. *Licitações Sustentáveis – o uso do poder de compra do Estado fomentando o desenvolvimento nacional sustentável.*

[439] BRAUCH. *Licitações e Contratações Sustentáveis no Governo do Estado de São Paulo.*

porque o Poder Público, como titular da obra, pode vir a responder solidariamente por eventual dano ambiental e urbanístico praticado pelo contratado:

> A Administração Pública pode se valer, para aferir o respeito a essas regras, de relatórios de controle ambiental e urbanístico ou de declarações firmadas pelos órgãos competentes, sempre com o cuidado de não burocratizar demasiadamente o procedimento de gestão do contrato e sempre respeitando e preservando as competências institucionais dos demais órgãos/entidades no controle das intervenções sobre o meio ambiente natural e construído. As referidas previsões mostram-se bastante oportunas também nas situações em que a Administração Pública é a titular da licença ambiental ou urbanística. Nesses casos, as previsões em edital e a vinculação, em contrato, das obrigações do contratante eventualmente relacionadas aos pormenores definidos no bojo de licenciamentos ambientais e urbanísticos realizam a segurança jurídica e previnem a diluição de responsabilidades. Também nessas situações a apresentação de relatórios de controle ambiental pelo contratado pode subsidiar a própria prestação de contas da Administração Pública ao órgão ambiental/urbanístico competente.[440]

Elenca-se, a seguir, os principais normativos específicos relativos ao meio ambiente a serem levados em conta pelo administrador público:

- Lei nº 12.587/2012 – Lei da Mobilidade Urbana;
- Lei nº 12.257/2001 – Estatuto das Cidades;
- Lei nº 6.938/1981 – Lei da Política Nacional do Meio Ambiente;
- Lei nº 7.735/1989 – Lei de Criação do IBAMA;
- Lei nº 12.651/2012 – Código Florestal Brasileiro;
- Lei nº 11.284/2006 – Lei da Gestão das Florestas Públicas;
- Lei nº 7.805/1989 – Lei da Exploração Mineral;
- Lei nº 7.802/1989 – Lei da Destinação dos Resíduos Sólidos;
- Lei nº 9.605/1998 – Lei dos Crimes Contra o Meio Ambiente;[441]
- Lei nº 11.445/2007 – Diretrizes Nacionais do Saneamento Básico;
- Lei nº 12.187/2010 – Política Nacional de Mudança do Clima;
- Lei nº 12.305/2010 – Política Nacional dos Resíduos Sólidos;
- Lei nº 9.433/1997 – Política Nacional de Recursos Hídricos;
- Lei nº 8.723/1993 – Lei da Redução dos Gases Poluentes;
- Lei nº 10.295/2001 – Política Nacional de Conservação e Uso Racional de Energia;
- Lei nº 8.171/1991 – Lei da Política Agrícola;
- Lei nº 10.098/2000 – Lei da Acessibilidade dos Portadores de Deficiência;
- Lei nº 10.048/2000 – Lei do Atendimento Prioritário às Pessoas Portadoras de Deficiência;
- Lei nº 7.802/1998 – Lei dos Agrotóxicos;
- Lei nº 6.902/1981 – Lei da Área de Proteção Ambiental;
- Lei nº 6.453/1977 – Lei das Atividades Nucleares;
- Lei nº 6.766/1999 – Lei do Parcelamento do Solo Urbano;

[440] NIEBUHR. Licitações Sustentáveis. *In*: NIEBUHR (Coord.). *Nova lei de licitações e contratos administrativos*.

[441] Sobre a Lei nº 9.605/1998, vide o nosso "Comentários à Lei de Crimes contra o Meio Ambiente e suas Infrações Administrativas". (BITTENCOURT. *Comentários à lei de crimes contra o meio ambiente e suas infrações administrativas*. 4. ed.).

- Lei nº 6.803/1980 – Lei do Zoneamento Industrial nas Áreas Críticas de Poluição; e
- Decreto-Lei nº 35/1937 – Lei do Patrimônio Cultural.

Registrem-se, por fim, as críticas de Hamílton Bonatto, aliando seus conhecimentos de engenheiro e advogado:

> Louvável essa previsão, porém, o Brasil necessita mais do que leis, precisa de políticas públicas que fomentem esse adequado tratamento. São raras as cidades brasileiras que possuem usinas de tratamento de resíduos da construção civil. Sem isso esse inciso será letra morta. Por outro lado, tende a incentivar o uso de novas tecnologias que não sejam agressivas ao meio ambiente sob este aspecto dos resíduos.[442]

[442] BONATTO. *Notas sobre obras e serviços de engenharia na nascitura lei de licitações e contratos.*

Art. 46. Na execução indireta de obras e serviços de engenharia, são admitidos os seguintes regimes:

I – empreitada por preço unitário;

II – empreitada por preço global;

III – empreitada integral;

IV – contratação por tarefa;

V – contratação integrada;

VI – contratação semi-integrada;

VII – fornecimento e prestação de serviço associado.

§1º É vedada a realização de obras e serviços de engenharia sem projeto executivo, ressalvada a hipótese prevista no §3º do art. 18 desta Lei.

§2º A Administração é dispensada da elaboração de projeto básico nos casos de contratação integrada, hipótese em que deverá ser elaborado anteprojeto de acordo com metodologia definida em ato do órgão competente, observados os requisitos estabelecidos no inciso XXIV do art. 6º desta Lei.

§3º Na contratação integrada, após a elaboração do projeto básico pelo contratado, o conjunto de desenhos, especificações, memoriais e cronograma físico-financeiro deverá ser submetido à aprovação da Administração, que avaliará sua adequação em relação aos parâmetros definidos no edital e conformidade com as normas técnicas, vedadas alterações que reduzam a qualidade ou a vida útil do empreendimento e mantida a responsabilidade integral do contratado pelos riscos associados ao projeto básico.

§4º Nos regimes de contratação integrada e semi-integrada, o edital e o contrato, sempre que for o caso, deverão prever as providências necessárias para a efetivação de desapropriação autorizada pelo poder público, bem como:

I – o responsável por cada fase do procedimento expropriatório;

II – a responsabilidade pelo pagamento das indenizações devidas;

III – a estimativa do valor a ser pago a título de indenização pelos bens expropriados, inclusive de custos correlatos;

IV – a distribuição objetiva de riscos entre as partes, incluído o risco pela diferença entre o custo da desapropriação e a estimativa de valor e pelos eventuais danos e prejuízos ocasionados por atraso na disponibilização dos bens expropriados;

V – em nome de quem deverá ser promovido o registro de imissão provisória na posse e o registro de propriedade dos bens a serem desapropriados.

§5º Na contratação semi-integrada, mediante prévia autorização da Administração, o projeto básico poderá ser alterado, desde que demonstrada a superioridade das inovações propostas pelo contratado em termos de redução de custos, de aumento da qualidade, de redução do prazo de execução ou de facilidade de manutenção ou operação, assumindo o contratado a responsabilidade integral pelos riscos associados à alteração do projeto básico.

§6º A execução de cada etapa será obrigatoriamente precedida da conclusão e da aprovação, pela autoridade competente, dos trabalhos relativos às etapas anteriores.

§7º (VETADO)

§8º (VETADO)

§9º Os regimes de execução a que se referem os incisos II, III, IV, V e VI do *caput* deste artigo serão licitados por preço global e adotarão sistemática de medição e pagamento associada à execução de etapas do cronograma físico-financeiro vinculadas ao cumprimento de metas de resultado, vedada a adoção de sistemática de remuneração orientada por preços unitários ou referenciada pela execução de quantidades de itens unitários.

Artigo 46

1 Regimes na execução indireta de obras e serviços de engenharia

Regimes de execução são maneiras passíveis de serem adotadas para, como o nome expressamente indica, se executar os contratos, não devendo ser confundidos com modalidades licitatórias.

Este art. 46 enumera os regimes de execução passíveis de serem adotados nas contratações de obras e serviços de engenharia, sendo eles:

- Empreitada por preço unitário;
- Empreitada por preço global;
- Empreitada integral;
- Contratação por tarefa;
- Contratação integrada;
- Contratação semi-integrada; e
- Fornecimento e prestação de serviço associado.

Os incisos XXVIII a XXXIV do art. 6º oferecem as definições de cada um deles:

- **Empreitada por preço unitário**: contratação da execução da obra ou do serviço por preço certo de unidades determinadas.
- **Empreitada por preço global**: contratação da execução da obra ou do serviço por preço certo e total.
- **Empreitada integral**: contratação de empreendimento em sua integralidade, compreendida a totalidade das etapas de obras, serviços e instalações necessárias, sob inteira responsabilidade do contratado, até sua entrega ao contratante em condições de entrada em operação, com características adequadas às finalidades para as quais foi contratado e atendidos os requisitos técnicos e legais para sua utilização com segurança estrutural e operacional.
- **Contratação por tarefa**: regime de contratação de mão de obra para pequenos trabalhos por preço certo, com ou sem fornecimento de materiais.

- **Contratação integrada**: regime de contratação de obras e serviços de engenharia em que o contratado é responsável por elaborar e desenvolver os projetos básico e executivo, executar obras e serviços de engenharia, fornecer bens ou prestar serviços especiais e realizar montagem, teste, pré-operação e as demais operações necessárias e suficientes para a entrega final do objeto.
- **Contratação semi-integrada**: regime de contratação de obras e serviços de engenharia em que o contratado é responsável por elaborar e desenvolver o projeto executivo, executar obras e serviços de engenharia, fornecer bens ou prestar serviços especiais e realizar montagem, teste, pré-operação e as demais operações necessárias e suficientes para a entrega final do objeto.
- **Fornecimento e prestação de serviço associado**: regime de contratação em que, além do fornecimento do objeto, o contratado responsabiliza-se por sua operação, manutenção ou ambas, por tempo determinado.

> *Observação*: para facilitar a compreensão, em vez de remetermos à leitura aos comentários ao art. 6º, repetir-se-á grande parte do antes anotado.

1.1 Empreitada e tarefa

O vocábulo *'empreitada'*, derivado do grego *empractos* (o que se faz), designa, em sentido amplo, como ensina De Plácido e Silva,[443] tudo o que é feito por ofício de outrem, seja pessoalmente por si ou por sua direção. No sentido jurídico, configura o contrato em virtude do qual um dos contratantes comete a outro a execução de um determinado serviço, mediante certa retribuição proporcional ao serviço executado ou a que for ajustada. Nessas condições, tanto compreende a empreitada de obra ou de construção, quanto a empreitada para a feitura de qualquer outra espécie de trabalho ou serviço. Apresenta-se como modalidade de locação de serviços, mas, como contrato especial, distingue-se da locação ou serviço assalariado, porque nela não é o dono do serviço quem o dirige e paga, mas a pessoa a quem se encarregou de executá-lo, que é quem o dirige e por conta de quem se tomam outras pessoas que o vão auxiliar na incumbência.

O Código Civil (Lei nº 10.406/2002) dispõe sobre o contrato de empreitada no art. 610 e seguintes, informando tratar-se de contrato pelo qual uma das partes se obriga a executar uma obra mediante o trabalho e, se necessário, o uso de materiais.

No campo do Direito Administrativo, o contrato de empreitada é adotado para a execução indireta de obras e serviços de engenharia, tendo o contratado (empreiteiro) o dever de executar o objeto, mediante a aplicação de seus esforços e recursos, atendendo prévias determinações impostas pela Administração, que assume como contrapartida a obrigação de pagar.

---

[443] Cf.: SILVA. *Vocabulário jurídico*. 2. ed.

Não há nenhum impedimento de que verse exclusivamente sobre o fornecimento do trabalho, sem a aplicação de materiais. Essa prática, todavia, não configura a melhor opção, conforme bem ressalva Marçal Justen:

> Essa solução tende a ser desastrosa, eis que a aquisição dos insumos pelo sujeito administrativo está subordinada a uma série de limitações e formalidades. Logo, existiriam contratos diversos, antecedidos de licitações, com a necessidade de conjugação da execução para atingir um resultado satisfatório. Portanto, é usual que a empreitada envolva o dever de o empreiteiro fornecer os materiais e equipamentos tanto quanto a mão de obra necessária à execução do objeto. Em alguns casos, no entanto, a Administração se reserva ao fornecimento de alguns materiais ou a cessão de alguns equipamentos – que se reputam disponíveis no âmbito administrativo, não existindo dificuldade na sua utilização para a execução da empreitada. Isso representa uma redução na remuneração a ser paga ao particular.[444]

1.2 Empreitadas por preço unitário e por preço global

As empreitadas por preço unitário e por preço global objetivam a contratação da execução de obra ou serviço quando o particular assume a incumbência de executar o trabalho. A distinção entre os institutos reside na forma de determinação da remuneração. Na empreitada por preço global, a contratação se dá por um preço global (certo e total). Na empreitada por preço unitário, o contratado obriga-se a executar o objeto por preço certo de unidades determinadas, sendo o valor auferido pela soma de diferentes itens.

1.3 Empreitada integral

Quanto à empreitada integral, apesar das diversas tentativas doutrinárias no sentido de explicar esse regime de execução, mantemos nosso entendimento, expressado em outros trabalhos, de que não há diferenças marcantes entre essa modalidade e a empreitada por preço global.

Apreciando a matéria, Jessé Torres concluiu que "na empreitada integral almeja-se vincular à empresa contratada a aptidão de obra ou serviço para efetivamente funcionar",[445] opinião que respeitamos, mas não ratificamos, pois, dessa forma, haveríamos de admitir, no caso de adoção da "empreitada por preço global", que a contratada poderia entregar uma obra ou um serviço sem assumir a responsabilidade por seu bom funcionamento.

Reputamos que a empreitada integral seria uma espécie do gênero preço global, caracterizada pela abrangência da imposição ao contratado, que deverá executar um objeto em sua integridade. Assim, na hipótese de parcelamento de uma obra (devido a razões de ordem técnica e/ou econômica), seria admissível a execução na modalidade preço global, mas jamais a empreitada integral, uma vez que o contratado executará apenas parte do empreendimento.

---

444 JUSTEN FILHO. *Comentários à Lei de Licitações e Contratos Administrativos.*

445 PEREIRA JÚNIOR. *Comentários à nova Lei das Licitações Públicas.*

Nesse viés, Ivan Barbosa Rigolin e Marco Bottino observaram:

> Modalidade absolutamente desnecessária de execução indireta de obra e serviço. Não tem a menor razão para existir, porque constitui apenas uma espécie do gênero da empreitada por preço global.

Pelo sim pelo não, registre-se que a empreitada integral assemelha-se ao chamado contrato *turn-key*,[446] no qual o executante confecciona o projeto e apresenta a proposta de preços. A Administração se cinge, portanto, a informar o objeto da licitação, não definindo características, custos e métodos. Nesse viés, o licitante proporá a solução técnica e o tipo do serviço ou obra, responsabilizar-se-á pelos estudos e projetos e fixará o preço, o qual não poderá ser alterado por erro de projeto, já que a eficácia, exatidão e finalidade da proposta técnica – na qual foram delineadas as características da obra – são de exclusiva responsabilidade do licitante/contratado.

Analisando a aplicação prática do regime de empreita integral, Júlio César Croce, Sérgio Mello e Walter de Azevedo verificaram que sua adoção ocorre com frequência na contratação de redes de microcomputadores, em que o projeto da rede, *softwares*, equipamentos, instalação elétrica e até treinamento são contratados com um único fornecedor. Segundo os analistas, "a grande vantagem desta situação é que somente uma organização se responsabiliza por toda a rede. A desvantagem é que pode ser mais cara, em virtude da subcontratação de alguns elementos da rede, como por exemplo, a instalação elétrica".[447]

1.4 Tarefa

A tarefa define o trabalho que deve ser executado em tempo certo. É uma espécie de empreitada a título precário. Em princípio, envolve contrato de trabalho de ordem individual, isto é, acometido diretamente ao trabalhador, para que execute determinado objeto. A utilização da tarefa é bastante corriqueira nas contratações de prestador do serviço que atua individualmente (o tarefeiro), que, quando necessário, utiliza apenas equipamentos bem simples. Normalmente, devido à pequena monta, a contratação se enquadra em dispensa licitatória por pequeno valor.

1.5 Contratação integrada e contratação semi-integrada

Já previstos na Lei nº 12.462/2011 (Lei do RDC) e na Lei nº 13.303/2016 (Lei das Estatais), são regimes de contratação de obras e serviços de engenharia no qual o contratado executa a obra na sua integralidade, elaborando os projetos, fornecendo bens etc.

---

[446] O dicionário *Webster* define que o contrato *turn-key* constitui um método de construção em que o contratante assume a responsabilidade total, desde o *design* até que o serviço esteja concluído e seja entregue ao cliente em um estágio tão completo que o comprador precise apenas virar a chave (*turn the key*) e abrir a porta, entrando em um estabelecimento que esteja pronto para operar, significa que a empresa de engenharia precisa entregar a obra em pleno funcionamento. Os contratos *turn-key* geram um valor agregado alto para as empresas de engenharia, por ser um contrato complexo. (YAMAKI *et al. Exportações brasileiras no setor de construção civil*).

[447] CROCE; MELLO; AZEVEDO. *Decisão por empreitada global ou unitária em obras públicas de reformas de edificações.*

O gatilho para a criação desses novos regimes de execução foi a crescente necessidade de aperfeiçoamento da execução de grandes obras públicas, com a procura de novas modelagens que se amoldassem a esses complexos objetos.

Em síntese, o novo modelo agrega a elaboração dos projetos e a execução das obras ou dos serviços de engenharia, porquanto são regimes nos quais o contratado assume a responsabilidade de elaborar e de desenvolver os projetos,[448] executar as obras ou os serviços de engenharia, fornecer os bens necessários, prestar serviços especiais e realizar montagens, testes, pré-operações e as demais necessidades para a entrega final do objeto.

Como assentou Mariana Magalhães Avelar, "a contrapartida à maior liberdade ao contratado firmou-se com o estreitamento das possibilidades de reequilíbrio econômico-financeiro, vedando-o em caso de riscos assumidos pelo privado".[449]

Para tanto, conforme frisou a analista, foi necessário romper certos dogmas das licitações, refletidos em disposições da antiga Lei nº 8.666/1993:

> A superação das desconfianças em relação à licitação sem o respectivo projeto executivo com posterior elaboração desses projetos pelo contratado são ótimos exemplos desse fenômeno. Além de o exigir como elemento indispensável ao edital de licitação (art. 7º, §2º, c/c art. 40, §2º, inc. I), a Lei nº 8.666/1993 envolvia a dissociação subjetiva entre o autor do projeto básico e o executor da obra – proibindo-a, sob pena de configurar crime, em vista da frustração do caráter competitivo do certame (art. 9º, inc. II, c/c art. 90). Com isso, pretendia-se inibir falhas na competição (quem elaborou o projeto tem dados privilegiados) e nos custos da execução do contrato (decorrentes da mesma assimetria de informações).[450]

Anote-se que o regime da contratação integrada encontra forte resistência por parte do Conselho de Arquitetura e Urbanismo do Brasil (CAU/BR), o qual sustenta que,

> ao usar a contratação integrada, o Poder Público abdica do direito e do dever de definir o escopo da contratação, ou seja, de estipular de forma clara e precisa, o objeto que atenda ao anseio da coletividade, e o transfere para o contratado, que irá elaborar um projeto que atenda, prioritariamente, aos seus interesses, observando que utilizada nas obras do 'legado' da Copa do Mundo de 2014 e dos Jogos Olímpicos e Paraolímpicos de 2016, bem como na construção de rodovias pelo DNIT e outros empreendimentos de porte, a modalidade mostrou-se ineficaz por não impedir ampliação de custos, aditamentos de prazos e baixa qualidade das obras.[451]

1.6 Fornecimento e prestação de serviço associado

No regime de fornecimento e prestação de serviço associado, novidade na Nova Lei, como a própria titulação sugere, além da execução do objeto, o contratado também ficará responsável pela operação e manutenção por tempo predeterminado.

A ideia que permeia este regime de execução é que, tendo ciência da responsabilidade pela operação e manutenção do objeto após a sua conclusão, o contratado se

---

[448] No regime de contratação integrada, desenvolver os projetos básico e executivo, e na semi-integrada, apenas o executivo.

[449] AVELAR. *Perspectivas para a contratação integrada e semi-integrada na futura lei de licitações.*

[450] AVELAR. *Perspectivas para a contratação integrada e semi-integrada na futura lei de licitações.*

[451] CAU/BR. *Câmara aprova projeto da nova Lei de Licitações com "contratação integrada".*

preocupará com a qualidade da execução da obra ou do serviço de engenharia, pois a realização mal feita denotará problemas na fase seguinte, reduzindo o ganho esperado.

Como obtemperaram Flávio Amaral Garcia e Egon Bockmann Moreira, os regimes de execução de obras e serviços de engenharia acabam, com alguma frequência, padecendo de uma execução de obra deficiente, já que o contratado não será o destinatário final. Ao criar a vinculação da execução da obra com a sua operação e manutenção, o fornecimento de prestação de serviços associados induz a eficiência do contratado.[452]

Conforme prevê o art. 113, o contrato firmado sob o regime de fornecimento e prestação de serviço associado terá sua vigência máxima definida pela soma do prazo relativo ao fornecimento inicial ou à entrega da obra com o prazo relativo ao serviço de operação e manutenção, este limitado a cinco anos, contados da data de recebimento do objeto inicial, estando autorizada a prorrogação na forma do art. 106, que dispõe que os ajustes de serviços e fornecimentos contínuos poderão ser prorrogados sucessivamente, respeitada a vigência máxima decenal, desde que haja previsão em edital e que a autoridade competente ateste que as condições e os preços permanecerão vantajosos para a Administração, permitida a negociação com o contratado ou a extinção contratual sem ônus para qualquer das partes.

Parágrafo 1º

2 Vedação à realização de obras e serviços de engenharia sem projeto executivo

É cediço que a baixa qualidade de projetos básicos na Administração – mormente em função da falta de técnicos qualificados em seus quadros – tem sido causadora de problemas de toda ordem nas obras públicas. Se a má qualidade dos projetos iniciais é uma tônica, é certo que os projetos finais, os chamados executivos, padecem do mesmo mal.

Vide que a lei anterior (Lei nº 8.666/1993) somente exigia o projeto básico para dar início à licitação, permitindo que o projeto executivo fosse elaborado pelo próprio contratado, o que demandava a assinatura de diversos termos aditivos.

A coisa tomou tal proporção que o TCU julgou por bem sumular esses limites, definindo, na Súmula nº 261, que,

> em licitações de obras e serviços de engenharia, é necessária a elaboração de projeto básico adequado e atualizado, assim considerado aquele aprovado com todos os elementos descritos no art. 6º, inciso IX, da Lei nº 8.666/993, constituindo prática ilegal a revisão de projeto básico ou a elaboração de projeto executivo que transfigurem o objeto originalmente contratado em outro de natureza e propósito diversos.

Dessa forma, para dar fim a essa mazela, a Nova Lei veda a realização de obras e serviços de engenharia sem projeto executivo, salvo na hipótese de estudo técnico preliminar para contratação de obras e serviços comuns de engenharia, se demonstrada

---

[452] GARCIA; MOREIRA. *A futura nova lei de licitações brasileira.*

a inexistência de prejuízo para a aferição dos padrões de desempenho e qualidade almejados, situação em que a especificação do objeto poderá ser realizada apenas em termo de referência.

Parágrafo 2º

3 Dispensa da elaboração de projeto básico nos casos de contratação integrada

O §2º estabelece uma exceção: dispensa de elaboração de projeto básico nos casos de contratação integrada.

A exceção é evidente, pois, como discernido na definição legal, neste regime de execução a realização do projeto básico e executivo também são encargos do contratado.

Contudo, a Administração deverá providenciar a feitura do anteprojeto, de acordo com metodologia definida em ato do órgão competente, observados os requisitos estabelecidos no inciso XXIV do art. 6º que, ao arrazoar a definição de anteprojeto (peça técnica com todos os subsídios necessários à elaboração do projeto básico), elenca o conteúdo mínimo desse documento, como a seguir:

a) demonstração e justificativa do programa de necessidades, avaliação de demanda do público-alvo, motivação técnico-econômico-social do empreendimento, visão global dos investimentos e definições relacionadas ao nível de serviço desejado;
b) condições de solidez, de segurança e de durabilidade;
c) prazo de entrega;
d) estética do projeto arquitetônico, traçado geométrico e/ou projeto da área de influência, quando cabível;
e) parâmetros de adequação ao interesse público, de economia na utilização, de facilidade na execução, de impacto ambiental e de acessibilidade;
f) proposta de concepção da obra ou do serviço de engenharia;
g) projetos anteriores ou estudos preliminares que embasaram a concepção proposta;
h) levantamento topográfico e cadastral;
i) pareceres de sondagem; e
j) memorial descritivo dos elementos da edificação, dos componentes construtivos e dos materiais de construção, de forma a estabelecer padrões mínimos para a contratação.

Parágrafo 3º

4 Submissão do projeto básico à Administração

Como esposado, no regime de contratação integrada é incumbência do contratado providenciar o projeto básico.

A Nova Lei estabelece que, nas contratações integradas, os riscos decorrentes de fatos supervenientes à contratação associados à escolha da solução de projeto básico pelo contratado deverão ser alocados como de sua responsabilidade na matriz de riscos.

Assim, objetivando dar mais solidez ao processo, após a elaboração do projeto básico pelo contratado, deverá submeter à aprovação da Administração todo o conjunto de desenhos, especificações, memoriais e cronograma físico-financeiro, que avaliará sua adequação em relação aos parâmetros definidos no edital e conformidade com as normas técnicas.

O ato de aprovação significa que a autoridade competente está atestando que os termos e as condições estão aptos à consecução das finalidades perseguidas.

Assente-se que são vedadas alterações que reduzam a qualidade ou a vida útil do empreendimento e mantida a responsabilidade integral do contratado pelos riscos associados ao projeto básico.

Parágrafo 4º

5 Previsão da efetivação de desapropriação na contratação integrada e na semi-integrada

Ao tratar do edital licitatório, o §5º do art. 25 encetou que o instrumento convocatório poderia prever a responsabilidade do contratado pela realização da desapropriação autorizada pelo poder público.

No caso de adoção dos regimes de contratação integrada e semi-integrada, o edital e o contrato, sempre que for necessário, deverão prever as providências necessárias para a efetivação de desapropriação autorizada pelo Poder Público.

A desapropriação, que decorre da supremacia do interesse público, é a transferência compulsória da propriedade do particular ao Poder Público, mediante o pagamento justo e prévio de indenização em dinheiro, podendo ocorrer por necessidade, utilidade pública ou interesse social, sempre com o fundamento de prevalecer o interesse coletivo sobre o individual.

O parágrafo determina ainda que vários elementos inerentes ao ato de desapropriação também deverão estar definidos: a) o responsável por cada fase do procedimento expropriatório; b) a responsabilidade pelo pagamento das indenizações devidas; c) a estimativa do valor a ser pago a título de indenização pelos bens expropriados, inclusive de custos correlatos; d) a distribuição objetiva de riscos entre as partes, incluído o risco pela diferença entre o custo da desapropriação e a estimativa de valor e pelos eventuais danos e prejuízos ocasionados por atraso na disponibilização dos bens expropriados; e e) em nome de quem deverá ser promovido o registro de imissão provisória na posse e o registro de propriedade dos bens a serem desapropriados.

Parágrafo 5º

6 Possibilidade de alteração do projeto básico na contratação semi-integrada

É consabido que, no regime da contratação semi-integrada, o contratado é responsável por elaborar e desenvolver o projeto executivo.

Logo, receberá da Administração contratante o projeto básico já pronto. Ao analisá-lo, poderá avistar a possibilidade de alterá-lo para melhor adequação ao objeto pretendido.

Assim, mediante prévia autorização da Administração, o projeto básico poderá ser alterado, desde que demonstrada a superioridade das inovações propostas pelo contratado em termos de redução de custos, de aumento da qualidade, de redução do prazo de execução ou de facilidade de manutenção ou operação, assumindo o contratado a responsabilidade integral pelos riscos associados à alteração.

Parágrafo 6º

7 Aprovação de cada etapa de execução

A execução de cada etapa será obrigatoriamente precedida da conclusão e da aprovação da autoridade competente.

Evidentemente, como todo ato administrativo, os atos de aprovações deverão explicitar os motivos (princípio da motivação obrigatória), podendo consistir em declaração de concordância com fundamentos de pareceres, informações, laudos, relatórios técnicos, desenhos, especificações, memoriais e cronograma físico-financeiro entranhados nos autos do respectivo processo, que, assim, passam a integrar a estrutura do ato e o vinculam à sua veracidade e idoneidade.[453]

Parágrafo 9º

8 Obrigatoriedade do uso do preço global

Os regimes de execução empreitada por preço global, empreitada integral, contratação por tarefa, contratação integrada e contratação semi-integrada deverão obrigatoriamente ser licitados por preço global (contratação da execução por preço certo e total), adotando-se a sistemática de medição e pagamento associada à execução de etapas do cronograma físico-financeiro vinculadas ao cumprimento de metas de resultado, sendo expressamente vedado o uso da sistemática de remuneração orientada por preços unitários ou referenciada pela execução de quantidades de itens unitários.

[453] TORRES; DOTTI. *Regimes de execução indireta de obras e serviços de engenharia no RDC. (O "padrão Fifa" é legítimo?).*

Subseção III
Dos Serviços em Geral

Art. 47. As licitações de serviços atenderão aos princípios:
I – da padronização, considerada a compatibilidade de especificações estéticas, técnicas ou de desempenho;
II – do parcelamento, quando for tecnicamente viável e economicamente vantajoso.
§1º Na aplicação do princípio do parcelamento deverão ser considerados:
I – a responsabilidade técnica;
II – o custo para a Administração de vários contratos frente às vantagens da redução de custos, com divisão do objeto em itens;
III – o dever de buscar a ampliação da competição e de evitar a concentração de mercado.
§2º Na licitação de serviços de manutenção e assistência técnica, o edital deverá definir o local de realização dos serviços, admitida a exigência de deslocamento de técnico ao local da repartição ou a exigência de que o contratado tenha unidade de prestação de serviços em distância compatível com as necessidades da Administração.

Artigo 47

1 Princípios nas licitações de serviços

A contratação de prestação de serviços, inclusive os técnico-profissionais especializados, consta dentre as hipóteses previstas para a aplicação da Nova Lei elencadas no art. 2º.

A Subseção III da Seção IV – Disposições Setoriais trata especificamente das licitações de serviços em geral.

Este art. 47 lista os princípios específicos para as licitações dessa natureza, das quais a Administração não pode se afastar.

Segundo o dispositivo, nas competições para a contratação de serviços, são linhas de conduta obrigatórias:

a) a padronização, considerada a compatibilidade de especificações estéticas, técnicas ou de desempenho; e
b) o parcelamento, quando for tecnicamente viável e economicamente vantajoso.

1.1 Princípio da padronização

O princípio da padronização dos serviços considera a compatibilidade de especificações estéticas, técnicas ou de desempenho.

Na busca da padronização, a Administração estará garantindo que os serviços serão prestados de forma a se coadunarem com especificações estéticas, evitando que ocorram incompatibilidades técnicas e que não destoem quanto ao desempenho.

Manter o padrão nos serviços que lhe serão prestados deve consignar objetivo permanente da Administração, pois, tal como na padronização de equipamentos, o procedimento configura um mecanismo eficiente de racionalização de custos operacionais.

Registre-se que, por se tratar de um princípio a ser atendido, a sua não adoção deverá ser justificada nos autos do processo licitatório.

Apesar de versar sobre a contratação para fornecimento de bens, o art. 43 da Lei elenca o conteúdo do processo de padronização, adequável à contratação de serviços: a) parecer técnico, considerando desempenho, análise de contratações anteriores, custo e condições de garantia; b) despacho motivado da autoridade superior, com a adoção do padrão; e c) síntese da justificativa e descrição sucinta do padrão definido, divulgadas em sítio eletrônico oficial.

Evidentemente, o processo de padronização dos serviços é mais complexo que o adotado para a aquisição de bens, uma vez que consiste numa obrigação de fazer e está, muitas vezes, atrelado a características específicas, ao passo que o processo de compras enseja apenas a obrigação de dar. É certo que, diante de peculiaridades individuais de cada prestador, os serviços são, não raro, subjetivos, o que proporcionará situações em que a padronização será difícil, senão impossível.

1.2 Princípio do parcelamento

Outro princípio é o do parcelamento, quando for tecnicamente viável e economicamente vantajoso.

Importante ressaltar, contudo, a diferença entre parcelamento e fracionamento das contratações.

Repisa-se aqui as observações feitas sobre o tema nos comentários ao art. 40, que trata de compras.

Os dicionários da língua portuguesa trazem as definições de fracionamento e parcelamento quase sempre no seguinte sentido: "Fracionamento: fragmentação, divisão. Parcelamento: divisão em parcelas, em prestações",[454] pelo que se conclui que parcelar significa dividir o todo em parcelas, enquanto fracionar significa dividir o todo em frações.

No âmbito das licitações e contratações públicas, entretanto, os institutos adquiriram significados diametralmente opostos, não por expressa menção semântica legal, mas por construção doutrinária.

O parcelamento refere-se ao objeto a ser licitado, representando a sua divisão no maior número de parcelas possíveis que forem viáveis técnica e economicamente, com vistas à ampliação da competitividade.

O fracionamento, por sua vez, configura prática irregular que se caracteriza pela divisão da despesa com o objetivo de justificar a contratação direta.[455]

---

[454] AULETE. *Dicionário contemporâneo da língua portuguesa.*

[455] No regime da Lei nº 8.666/1993, o fracionamento também era adotado para a utilização de modalidade de licitação inferior à recomendada à totalidade do objeto.

Parágrafo 1º e Incisos I, II e III

2 A aplicação do Princípio do Parcelamento nas contratações de serviços

Na aplicação do Princípio do Parcelamento nas contratações de serviços, o §1º preceitua que o gestor público considere três fatores:

a) a responsabilidade técnica (Inc. I);
b) o custo para a Administração de vários contratos frente às vantagens da redução de custos, com divisão do objeto em itens (Inc. II); e
c) o dever de buscar a ampliação da competição e de evitar a concentração de mercado (Inc. III).

Sobre a responsabilidade técnica, verifica-se certa dificuldade prática. Como é cediço, as empresas mantêm responsáveis técnicos que detêm conhecimentos próprios específicos, atrelados à sua formação profissional, adquiridos através de cursos técnicos, cursos profissionalizantes, cursos de extensão e, é lógico, devido à vivência e experiência na área. Esse profissional, em termos técnicos, é o responsável pelos serviços. Essa peculiaridade, portanto, pode atrapalhar, em muito, o parcelamento dos serviços, pois poderá ocasionar conflito de ideias e atitudes, prejudicando a questão da responsabilidade técnico-profissional.

Observa-se que a documentação relativa (qualificação técnico-profissional e técnico-operacional) está elencada no art. 67 da Nova Lei.

Quanto ao custo de vários contratos frente às vantagens, com divisão do objeto em itens, da redução de custos, anote-se a importância de a Administração avaliar se a substituição do gerenciamento de um contrato individual pela gestão de diversos contratos seria viável economicamente.

No que concerne ao dever de perseguir a ampliação da competição e evitar a concentração de mercado, a intenção é o aproveitamento dos recursos disponíveis no mercado, sem que haja perda na economia de escala, pois é certo que, parcelando o objeto, a Administração permitirá que licitantes com menor potencial econômico e técnico possam participar da licitação, evitando a concentração mercadológica e ampliando a competitividade.

Sobre essas linhas de conduta, o TCU sugere, através de sua assessoria de controle interno, que a equipe de planejamento da contratação avalie se o serviço buscado pela Administração é divisível ou não, levando em conta o mercado que o oferece e atentando que a solução deve ser parcelada quando a resposta a todas as quatro perguntas a seguir forem positivas: 1) é tecnicamente viável dividir a solução? 2) é economicamente viável dividir a solução? 3) não há perda de escala ao dividir a solução? 4) há o melhor aproveitamento do mercado e ampliação da competitividade ao dividir a solução?

Observando que a Lei nº 14.133/2021 elevou a patamar principiológico o parcelamento, Luiz Cláudio Chaves pontuou:

> A contratação, sempre que possível, deve ser fracionada de modo a atender às peculiaridades do mercado, bem como atender ao desiderato de possibilitar o alcance do maior número possível de interessados na licitação. Caso reunidos em um único contrato vários serviços que, pelo menos em tese, poderiam ser contratados separadamente, a tendência é que

> haveria um número menor de licitações (menor distribuição de oportunidades de negócio), bem como restrição ao caráter competitivo, pois empresas que eventualmente teriam condições de executar as parcelas especializadas do serviço, mas sem condições de executar a totalidade dos serviços, estariam liminarmente impedidas de participar do torneio.[456]

A Instrução Normativa SEGES/MP nº 5/2017, tratando especificamente sobre os procedimentos de contratação de serviços sob o regime de execução indireta, oferecia ótimas linhas de conduta à busca do parcelamento do objeto pretendido:

> a) o parcelamento da solução é a regra, devendo a licitação ser realizada por item, sempre que o objeto for divisível, desde que seja verificado não haver prejuízo para o conjunto ou perda de economia de escala, visando propiciar a ampla participação de licitantes, que embora não disponham de capacidade para execução da totalidade do objeto, têm condições de fazê-lo com relação a itens ou unidades autônomas; b) definir e documentar o método para avaliar se o objeto é divisível, levando em consideração o mercado fornecedor, podendo ser parcelado, caso a contratação nesses moldes assegure, concomitantemente: 1) que é técnica e economicamente viável; 2) que não haverá perda de escala; e 3) que haverá melhor aproveitamento do mercado e ampliação da competitividade.

Bem peculiar é o dever de buscar a ampliação da competição e de evitar a concentração de mercado, valores comuns ao direito das contratações públicas e ao direito concorrencial.

Nesse contexto, Aline Klein e Ricardo de Andrade observam:

> É evidente que o Estado poderá estabelecer requisitos e condições para as suas contratações. Contudo, a previsão de cada regra editalícia potencialmente restritiva terá de ser legitimada pela existência de motivo razoável e proporcional e pela adequação entre os meios e fins pretendidos com a sua inclusão no edital. Para a fiscalização da legitimidade de tais regras, contribuem não apenas as autoridades de defesa da concorrência, mas também o Poder Judiciário, os tribunais de contas e demais órgãos de controle e, em especial, as próprias empresas potencialmente interessadas na disputa.[457]

Anote-se, por fim, que a justificativa para a necessidade do parcelamento da solução deverá constar do Estudo Técnico Preliminar – ETP da contratação.

Parágrafo 2º

3 Exigência de unidade de prestação de serviços em distância compatível

Um dos grandes problemas enfrentados ao longo do tempo pela Administração reside na assistência técnica de produtos adquiridos e de serviços contratados, diante das dimensões continentais do País. Não raro, empresas de outras cidades ou estados sagram-se vencedoras em licitações para fornecimento e instalação de equipamentos, ou mesmo

[456] CHAVES. *A atividade de planejamento e análise de mercado nas contratações governamentais.*

[457] KLEIN; ANDRADE. *Licitações e concorrência.*

somente para prestação de certos serviços técnico-especializados. Essa particularidade é causadora de transtornos, quando a Administração necessita de assistência técnica ou precisa de serviços urgentes de manutenção e/ou reparo.

Com o intuito de solucionar a questão, a Nova Lei traz neste §2º a possibilidade da Administração, nas competições de serviços de manutenção e assistência técnica, ao definir no edital o local de realização dos serviços, prescrever a exigência de deslocamento de técnico ao local da repartição e de que o contratado tenha unidade de prestação de serviços em distância compatível com as necessidades da Administração.

Art. 48. Poderão ser objeto de execução por terceiros as atividades materiais acessórias, instrumentais ou complementares aos assuntos que constituam área de competência legal do órgão ou da entidade, vedado à Administração ou a seus agentes, na contratação do serviço terceirizado:

I – indicar pessoas expressamente nominadas para executar direta ou indiretamente o objeto contratado;

II – fixar salário inferior ao definido em lei ou em ato normativo a ser pago pelo contratado;

III – estabelecer vínculo de subordinação com funcionário de empresa prestadora de serviço terceirizado;

IV – definir forma de pagamento mediante exclusivo reembolso dos salários pagos;

V – demandar a funcionário de empresa prestadora de serviço terceirizado a execução de tarefas fora do escopo do objeto da contratação;

VI – prever em edital exigências que constituam intervenção indevida da Administração na gestão interna do contratado.

Parágrafo único. Durante a vigência do contrato, é vedado ao contratado contratar cônjuge, companheiro ou parente em linha reta, colateral ou por afinidade, até o terceiro grau, de dirigente do órgão ou entidade contratante ou de agente público que desempenhe função na licitação ou atue na fiscalização ou na gestão do contrato, devendo essa proibição constar expressamente do edital de licitação.

Artigo 48

1 Terceirização de atividades acessórias, instrumentais ou complementares

O dispositivo versa sobre a possiblidade de a Administração adotar a terceirização – contratação de empresas especializadas para a execução de atividades que não constituem o objeto principal da contratante –, tema latente e nevrálgico ao longo do tempo.

A terceirização constitui prática cada vez mais adotada no mundo e, como não poderia deixar de ser, também no Brasil, notadamente pelas grandes empresas, que, como forma de viabilizar o crescimento sem perda de competitividade, buscam se desvencilhar das atividades-meio, concentrando-se nas atividades-fim.

O assunto toma relevo quando se fala em terceirização de atividades públicas, porquanto, nesse caso, além do âmbito trabalhista, a matéria passa a ser também avaliada sobre o enfoque do Direito Administrativo.

Sobre o tema, indagamos em antigo trabalho:

> Por que a Administração Pública deve ficar sempre um passo atrás (ou muitos passos) nas inovações que visam a um bom funcionamento, como produtividade e economicidade?

> Por que, notadamente nesses tempos de penúria, não pode a Administração valer-se de técnicas modernas e eficientes para transferir algumas atividades para os particulares, que não sejam as malfadadas (quando mal realizadas) privatizações, além das concessões, permissões e autorizações?[458]

E afiançamos:

> O desafio do Direito Público é fazer com que, dentro da lei, o interesse da coletividade seja mais bem atendido, através da prestação de serviços eficientes, mais ágeis, menos onerosos aos cofres públicos. Tal comando é nitidamente encontrado na Constituição Federal, de modo expresso, em seu art. 1º, que lista, entre os fundamentos da República Federativa, os valores sociais do trabalho e da livre iniciativa. O mesmo espírito aparece repetidamente nos arts. 3º, 5º, 6º, 170 e, implicitamente, em toda a Ordem Social (Título VIII). Essa foi uma opção do constituinte pelo sistema capitalista, privilegiando de modo nítido a expressão do trabalho livre, em sociedade pluralista. A Administração, trilhando os mesmos caminhos das empresas privadas, deve estar sempre à procura de modelos novos de desenvolvimento. Muda-se o Estado, reinventa-se o Governo.
>
> Partidários do *obsoletismo* logo surgem com argumentos ultrapassados, sem levar em consideração que a Administração precisa avançar, evoluir, crescer e, mais do que nunca, aparelhar-se para alcançar, com êxito, o seu objetivo fundamental: o interesse público.
>
> A regra constitucional do obrigatório concurso público para o ingresso na Administração não pode, é claro, ser esquecida, mas é necessário separar o joio do trigo. Duas formas existem para que a Administração consiga obter atividades de pessoas para alcançar seus propósitos, ambas com ampla base constitucional: uma, por intermédio da seleção de pessoas para a ocupação de cargos públicos (selecionadas, de regra, por concurso público); e outra, via licitação pública.[459]

Destarte, num cenário de dificuldades extremas para exercitar com plenitude a sua função, a Administração encontrou na descentralização, através da terceirização, uma importante ferramenta de colaboração.

Ao versar sobre a descentralização, o legislador do antigo Decreto-Lei nº 200/1967, com ótica bem aguçada, já previra, no §7º do art. 10, que, para melhor desincumbir-se das tarefas de planejamento, coordenação, supervisão – e controle, com o objetivo de impedir o crescimento desmesurado da máquina administrativa –, a Administração deveria buscar desobrigar-se da realização material de tarefas executivas, recorrendo, sempre que possível, à execução indireta, mediante contrato, desde que existisse iniciativa privada suficientemente desenvolvida e capacitada a desempenhar os encargos de execução.

Posteriormente, o Decreto-Lei nº 2.300/1986, primeiro estatuto de licitações e contratações públicas do Brasil, prescreveu a execução indireta, com a contratação de serviços sempre precedida de licitação ou de afastamentos dessa por intermédio de dispensa licitatória ou inexigibilidade.

Confirmando a possibilidade, a CF de 1988 deu fundamento à contratação de serviços pela Administração Pública ao dispor, em seu art. 37, XXI, ajustes mediante processo de licitação pública que assegurem igualdade de condições a todos os concorrentes,

---

458 BITTENCOURT. *A participação de cooperativas em licitações públicas.*

459 BITTENCOURT. *A participação de cooperativas em licitações públicas.*

com cláusulas que estabeleçam obrigações de pagamento, mantidas as condições efetivas da proposta, nos termos da lei, somente permitindo exigências de qualificações técnicas e econômicas indispensáveis à garantia ao cumprimento das obrigações, ressalvados os casos especificados na legislação.

Nesse curso, ao regulamentar o dispositivo constitucional antes mencionado, a Lei nº 8.666/1993 previu a contratação de serviços, expondo, logo no seu art. 1º, que o diploma estava a estabelecer normas gerais sobre licitações e contratos para vários objetos (entre os quais, os serviços) no âmbito dos Poderes da União, dos estados, do Distrito Federal e dos municípios.[460]

Em continuação, o inc. II do art. 6º definiu "serviço" como toda atividade destinada a obter determinada utilidade de interesse para a Administração, tais como: demolição, conserto, instalação, montagem, operação, conservação, reparação, adaptação, manutenção, transporte, locação de bens, publicidade, seguro ou trabalhos técnico-profissionais. É de se notar que o elenco é exemplificativo, haja vista o uso da expressão "tais como".

A antiga Lei nº 8.666/1993 aludia a serviços a serem prestados por terceiros para a Administração em diversos pontos, tratando-os, tal como o Decreto-Lei nº 2.300/1986, como de execução indireta, isto é, não executados diretamente pelo Poder Público, além de indicar os regimes para a execução: tarefa ou empreitada.

Convém ainda registrar a edição do Decreto nº 2.271/1997, que, tendo em vista o disposto no §7º do art. 10 do Decreto-Lei nº 200/1967, dispôs pioneiramente sobre a contratação de serviços pela Administração Pública federal direta, autárquica e fundacional, fixando, em seu art. 1º, a possibilidade de consignarem objeto de execução indireta as atividades materiais acessórias, instrumentais ou complementares aos assuntos que constituem área de competência legal do órgão ou entidade.

> Art. 1º No âmbito da Administração Pública Federal direta, autárquica e fundacional poderão ser objeto de execução indireta as atividades materiais acessórias, instrumentais ou complementares aos assuntos que constituem área de competência legal do órgão ou entidade.
>
> §1º As atividades de conservação, limpeza, segurança, vigilância, transportes, informática, copeiragem, recepção, reprografia, telecomunicações e manutenção de prédios, equipamentos e instalações serão, de preferência, objeto de execução indireta.
>
> §2º Não poderão ser objeto de execução indireta as atividades inerentes às categorias funcionais abrangidas pelo plano de cargos do órgão ou entidade, salvo expressa disposição legal em contrário ou quando se tratar de cargo extinto, total ou parcialmente, no âmbito do quadro geral de pessoal.

Em que pese a frequente discussão sobre a questão, ainda prevalece a ideia de que a Administração só pode terceirizar atividades-meio, dado que as atividades-fim estão reservadas para a execução direta dos agentes públicos.

Sobre a questão, desenvolvemos os seguintes comentários:

> É evidente que há uma linha divisória (...): sendo funções inerentes ao Poder Público, que correspondam a cargos públicos, o caminho é o concurso público; sendo apenas

[460] Os outros objetos seriam obras, compras, alienações e locações.

> atividades-meio, a trilha (e a grande solução) é o procedimento licitatório, com a competente terceirização. Consequentemente, a terceirização de serviços públicos somente poderá prosperar quando as atividades pretendidas não se referirem àquelas inerentes a cargos públicos (atividades-fim) inseridos nos quadros funcionais do órgão, pois, neste caso, dever-se-á observar a regra constitucional de prévio concurso público de provas ou provas e títulos, consoante prescrito no inciso II do art. 37 da Carta Magna. É despropositado que o Estado terceirize, por exemplo, as tarefas de legislar ou as inerentes a seu poder de polícia administrativa.[461]

Não foi à toa que o revogado Decreto nº 2.271/1997 também fez constar esse diferencial ao prescrever, no §2º do art. 1º, a vedação ao uso da execução indireta nas atividades inerentes às categorias funcionais abrangidas pelo plano de cargos do órgão ou entidade, salvo expressa disposição legal em contrário ou quando se tratar de cargo extinto, total ou parcialmente, no âmbito do quadro geral de pessoal.

Em 2018, o Decreto nº 9.507 revogou o Decreto nº 2.271 e, em vez de elencar os serviços terceirizáveis, indicou as características que impedem que o serviço seja contratado pela Administração. Assim, consoante o seu art. 3º, não poderão ser objeto de execução indireta os serviços: a) que envolvam a tomada de decisão ou posicionamento institucional nas áreas de planejamento, coordenação, supervisão e controle; b) que sejam considerados estratégicos para o órgão ou a entidade, cuja terceirização possa colocar em risco o controle de processos e de conhecimentos e tecnologias; c) que estejam relacionados ao poder de polícia, de regulação, de outorga de serviços públicos e de aplicação de sanção; e d) que sejam inerentes às categorias funcionais abrangidas pelo plano de cargos do órgão ou da entidade, exceto disposição legal em contrário ou quando se tratar de cargo extinto, total ou parcialmente, no âmbito do quadro geral de pessoal. Seu art. 2º previu a edição de ato no qual se estabeleceria os serviços que deverão ser "preferencialmente objeto de execução indireta mediante contratação". Tal previsão se deu por intermédio da Portaria MPOG nº 443/2018, que listou os serviços cuja execução indireta deverá ser preferencial no âmbito da Administração Pública direta, autárquica e fundacional. Tal Portaria, em seu art. 2º, aponta que são passíveis de terceirização os seguintes serviços: alimentação; armazenamento; atividades técnicas auxiliares de arquivo e biblioteconomia; atividades técnicas auxiliares de laboratório; carregamento e descarregamento de materiais e equipamentos; comunicação social, incluindo jornalismo, publicidade, relações públicas e cerimonial, diagramação, design gráfico, webdesign, edição, editoração e atividades afins; conservação e jardinagem; copeiragem; cultivo, extração ou exploração rural, agrícola ou agropecuária; elaboração de projetos de arquitetura e engenharia e acompanhamento de execução de obras; geomensuração; georeferenciamento; instalação, operação e manutenção de máquinas e equipamentos, incluindo os de captação, tratamento e transmissão de áudio, vídeo e imagens; limpeza; manutenção de prédios e instalações, incluindo montagem, desmontagem, manutenção, recuperação e pequenas produções de bens móveis; mensageria; monitoria de atividades de visitação e de interação com o público em parques, museus e demais órgãos e entidades federais; recepção, incluindo recepcionistas com habilidade de se comunicar na Linguagem Brasileira de Sinais (Libras); reprografia, plotagem, digitalização e

[461] BITTENCOURT. *A participação de cooperativas em licitações públicas.*

atividades afins; secretariado, incluindo o secretariado executivo; segurança, vigilância patrimonial e brigada de incêndio; serviços de escritório e atividades auxiliares de apoio à gestão de documentação, incluindo manuseio, digitação ou digitalização de documentos e a tramitação de processos em meios físicos ou eletrônicos (sistemas de protocolo eletrônico); serviços de tecnologia da informação e prestação de serviços de informação; teleatendimento; telecomunicações; tradução, inclusive tradução e interpretação de Língua Brasileira de Sinais (Libras); degravação; transportes; tratamento de animais; visitação domiciliar e comunitária para execução de atividades relacionadas a programas e projetos públicos, em áreas urbanas ou rurais; monitoria de inclusão e acessibilidade; e certificação de produtos e serviços, respeitado o contido no art. 3º, §2º do Decreto nº 9.507/2018.

Esse elenco, contudo, não era exaustivo, haja vista que, providencialmente, o elaborador do ato regulamentar inseriu um parágrafo alertando que outras atividades não contempladas poderão ser executadas indiretamente, desde que atendidas às vedações constantes no diploma.

Também é relevante ressaltar a notória Súmula 331 do Tribunal Superior do Trabalho (TST), que deu curso ao tema terceirização em suas várias facetas, cuja interpretação permite concluir, em comparação com as normas federais que regem a matéria, a ratificação de que a admissão do mecanismo só tem conexão com a atividade-meio:

> TST Enunciado nº 331 – Revisão da Súmula nº 256 – Res. 23/1993, *DJ* 21, 28.12.1993 e 04.01.1994 – Alterada (Inciso IV) – Res. nº 96/2000, *DJ* 18, 19 e 20.09.2000 – Mantida – Res. nº 121/2003, *DJ* 19, 20 e 21.11.2003
>
> Contrato de Prestação de Serviços – Legalidade
>
> I – A contratação de trabalhadores por empresa interposta é ilegal, formando-se o vínculo diretamente com o tomador dos serviços, salvo no caso de trabalho temporário (Lei nº 6.019, de 03.01.1974).
>
> II – A contratação irregular de trabalhador, mediante empresa interposta, não gera vínculo de emprego com os órgãos da Administração Pública direta, indireta ou fundacional (art. 37, II, da CF/1988). (Revisão do Enunciado nº 256 – TST)
>
> III – Não forma vínculo de emprego com o tomador a contratação de serviços de vigilância (Lei nº 7.102, de 20.06.1983) e de conservação e limpeza, bem como a de serviços especializados ligados à atividade-meio do tomador, desde que inexistente a pessoalidade e a subordinação direta.
>
> IV – O inadimplemento das obrigações trabalhistas, por parte do empregador, implica a responsabilidade subsidiária do tomador dos serviços quanto àquelas obrigações, desde que haja participado da relação processual e conste também do título executivo judicial. (Alterado pela Res. nº 96/2000, *DJ* 18.09.2000)
>
> V – Os entes integrantes da Administração Pública direta e indireta respondem subsidiariamente, nas mesmas condições do item IV, caso evidenciada a sua conduta culposa no cumprimento das obrigações da Lei nº 8.666, de 21.06.1993, especialmente na fiscalização do cumprimento das obrigações contratuais e legais da prestadora de serviço como empregadora. A aludida responsabilidade não decorre de mero inadimplemento das obrigações trabalhistas assumidas pela empresa regularmente contratada.
>
> VI – A responsabilidade subsidiária do tomador de serviços abrange todas as verbas decorrentes da condenação referentes ao período da prestação laboral.

Nesse contexto, este art. 48 sinaliza a possibilidade de serem objeto de execução por terceiros as atividades materiais acessórias, instrumentais ou complementares aos assuntos que constituam área de competência legal do órgão ou da entidade.

Contudo, para que a legalidade prevaleça, há condutas proibidas na atividade de terceirização na Administração, que caracterizariam violação ao regime constitucional.

Nesse passo, o dispositivo enumera atos vedados quando da contratação desses serviços terceirizados:

a) indicar pessoas expressamente nominadas para executar direta ou indiretamente o objeto contratado;
b) fixar salário inferior ao definido em lei ou em ato normativo a ser pago pelo contratado;
c) estabelecer vínculo de subordinação com funcionário de empresa prestadora de serviço terceirizado;
d) definir forma de pagamento mediante exclusivo reembolso dos salários pagos;
e) demandar a funcionário de empresa prestadora de serviço terceirizado a execução de tarefas fora do escopo do objeto da contratação; e
f) prever exigências em edital que constituam intervenção indevida da Administração na gestão interna do contratado.

Parágrafo único

2 Vedação ao contratado de contratar cônjuge, companheiro ou parente

Ao tratar dos possíveis participantes das licitações, o art. 14 dispôs pela vedação de participação dos que tenham vínculo de natureza técnica, comercial, econômica, financeira, trabalhista ou civil com dirigente do órgão ou entidade contratante ou com agente público que desempenhe função na licitação ou atue na fiscalização ou na gestão do contrato, ou que deles seja cônjuge, companheiro ou parente em linha reta, colateral ou por afinidade, até o terceiro grau. Do mesmo modo, prescreveu quanto à participação na execução de contratos.

Na mesma linha, este parágrafo, de forma inversa, buscando afastar uma espécie de nepotismo enviesado, estabelece que, durante a vigência do contrato, é vedado ao contratado contratar cônjuge, companheiro ou parente em linha reta, colateral ou por afinidade, até o terceiro grau, de dirigente do órgão ou entidade contratante ou de agente público que desempenhe função na licitação ou atue na fiscalização ou na gestão do contrato, devendo essa proibição constar expressamente do edital de licitação.

Art. 49. A Administração poderá, mediante justificativa expressa, contratar mais de uma empresa ou instituição para executar o mesmo serviço, desde que essa contratação não implique perda de economia de escala, quando:
I – o objeto da contratação puder ser executado de forma concorrente e simultânea por mais de um contratado; e
II – a múltipla execução for conveniente para atender à Administração.
Parágrafo único. Na hipótese prevista no *caput* deste artigo, a Administração deverá manter o controle individualizado da execução do objeto contratual relativamente a cada um dos contratados.

Artigo 49 e Parágrafo único

1 Permissão para contratar mais de uma empresa para o mesmo serviço

Este artigo registra a permissão, nas situações elencadas, de a Administração vir a contratar mais de uma empresa ou instituição para a execução do mesmo serviço.

Contudo, quatro premissas estão estabelecidas:

- Justificativa expressa;
- A contratação não implicar em perda de economia de escala;
- O objeto da contratação possa ser executado de forma concorrente e simultânea por mais de um contratado; e
- A múltipla execução seja conveniente para atender à Administração.

Um exemplo de trabalho dessa natureza é o referente à prestação de serviços de telefonia. Como as empresas praticam tarifas diferenciadas e variáveis, a Administração poderia utilizar para cada situação a que fosse mais vantajosa.

Nesses casos, conforme dispõe o parágrafo único, a Administração deverá manter o controle individualizado da execução do objeto contratual relativamente a cada um dos contratados. Nada mais óbvio, pois, afinal, o controle é função administrativa obrigatória. Após planejar, organizar e contratar, a Administração é obrigada a controlar, definindo padrões de desempenho, monitorando e, se necessário, implantando ações corretivas.

1.1 A economia de escala

Em termos empresariais, a economia de escala (ou rendimento de escala) está relacionada a uma análise de longo prazo, quando se pressupõe que todos os fatores de produção de um bem sejam variáveis, incluindo-se o tamanho (ou a escala) da empresa. Representa, em última análise, a resposta da quantidade produzida a uma variação da quantidade utilizada de todos os fatores de produção.

Ao falar em economia de escala no âmbito das contratações públicas, está se referindo, em linhas gerais, que o aumento de quantitativos contratados poderá resultar na redução dos preços.

Sobre o tema, observamos:

> [..] só podemos admitir que a procurada "economia de escala" não está relacionada ao sentido estrito da palavra, mas sim ao conceito genérico que ela carrega, atribuindo-se a uma economia de rendimento interna da Administração, voltada, única e exclusivamente, para os seus custos internos.[462]

[462] BITTENCOURT. *Licitação passo a passo*. 11. ed.

Art. 50. Nas contratações de serviços com regime de dedicação exclusiva de mão de obra, o contratado deverá apresentar, quando solicitado pela Administração, sob pena de multa, comprovação do cumprimento das obrigações trabalhistas e com o Fundo de Garantia do Tempo de Serviço (FGTS) em relação aos empregados diretamente envolvidos na execução do contrato, em especial quanto ao:

I – registro de ponto;

II – recibo de pagamento de salários, adicionais, horas extras, repouso semanal remunerado e décimo terceiro salário;

III – comprovante de depósito do FGTS;

IV – recibo de concessão e pagamento de férias e do respectivo adicional;

V – recibo de quitação de obrigações trabalhistas e previdenciárias dos empregados dispensados até a data da extinção do contrato;

VI – recibo de pagamento de vale-transporte e vale-alimentação, na forma prevista em norma coletiva.

Artigo 50

1 Comprovações nos serviços com regime de dedicação exclusiva de mão de obra

Consoante definição exposta no inc. XVI do art. 6º, serviços contínuos com regime de dedicação exclusiva de mão de obra são aqueles cujo modelo de execução contratual exige, entre outros requisitos, que: a) os empregados do contratado fiquem à disposição nas dependências do contratante para a prestação dos serviços; b) o contratado não compartilhe os recursos humanos e materiais disponíveis de uma contratação para execução simultânea de outros contratos; e c) o contratado possibilite a fiscalização pelo contratante quanto à distribuição, ao controle e à supervisão dos recursos humanos alocados aos seus contratos.

Serviços de dedicação exclusiva são, portanto, aqueles que, legalmente terceirizados, exigem uma disposição contínua do trabalhador das empresas terceirizadas nas unidades da Administração, sendo exemplos os serviços de portaria, limpeza, vigilância e manutenção predial.

Uma das condições para que uma empresa seja contratada pela Administração é a habilitação trabalhista, como consta no art. 68 desta Nova Lei, caracterizada, conforme dispõe o art. 642-A da Consolidação das Leis do Trabalho (CLT), pela demonstração de que a contratada não se encontra inadimplente com obrigações estabelecidas em sentença condenatória transitada em julgado proferida pela Justiça do Trabalho ou em acordos judiciais trabalhistas, inclusive no concernente aos recolhimentos previdenciários, a honorários, a custas, a emolumentos ou a recolhimentos determinados em lei; ou inadimplente com obrigações decorrentes de execução de acordos firmados perante o Ministério Público do Trabalho ou Comissão de Conciliação Prévia.

Intentando precaver o Poder Público de imbróglios nesse campo, o dispositivo descreve que, nas contratações de serviços com regime de dedicação exclusiva de mão de obra, o contratado deverá apresentar, quando solicitado pela Administração, sob pena de multa, comprovação do cumprimento das obrigações trabalhistas e com o Fundo de Garantia do Tempo de Serviço (FGTS) em relação aos empregados diretamente envolvidos na execução do contrato, em especial quanto ao:

- Registro de ponto;
- Recibo de pagamento de salários, adicionais, horas extras, repouso semanal remunerado e décimo terceiro salário;
- Comprovante de depósito do FGTS;
- Recibo de concessão e pagamento de férias e do respectivo adicional;
- Recibo de quitação de obrigações trabalhistas e previdenciárias dos empregados dispensados até a data da extinção do contrato; e
- Recibo de pagamento de vale-transporte e vale-alimentação, na forma prevista em norma coletiva.

Subseção IV
Da Locação de Imóveis

Art. 51. Ressalvado o disposto no inciso V do *caput* do art. 74 desta Lei, a locação de imóveis deverá ser precedida de licitação e avaliação prévia do bem, do seu estado de conservação, dos custos de adaptações e do prazo de amortização dos investimentos necessários.

Artigo 51

1 Locação de imóveis pela Administração

Este art. 51 – único dispositivo da Subseção IV da Seção IV – Disposições Setoriais – versa sobre a locação de imóveis por parte da Administração Pública.

Como já assentado, locação é contrato pelo qual o proprietário-locador transfere a posse do bem ao locatário, que se obriga a pagar certa importância – o aluguel – por período determinado de uso do bem.

A regra para a locação de imóveis, quando a Administração venha a ser a locatária, é a instauração de licitação, com a avaliação prévia do bem, apreciando-se o seu estado de conservação, os custos de adaptações e o prazo de amortização dos investimentos necessários.

Há, contudo, uma importante exceção: quando for inviável a competição, no caso de locação de imóvel cujas características de instalações e de localização tornem necessária sua escolha. Nessa situação, enquadrar-se-á em inexigibilidade de licitação, conforme previsto no inc. V do art. 74, realizando-se a contratação direta.

No âmbito do Poder Executivo federal, em 2017, a Consultoria-Geral da União (CGU) expediu Memorando Circular nº 046/2017/CGU/AGU, com orientações a respeito, prescrevendo os seguintes procedimentos: a) a locação de imóvel deve necessariamente ser precedida de consulta à Secretaria do Patrimônio sobre a existência de imóvel público disponível; b) inexistindo imóvel público que atenda aos requisitos necessários para a instalação do órgão ou da entidade, é recomendável a promoção de chamamento público para a prospecção do mercado imobiliário; c) se somente um imóvel atender às necessidades da Administração, será constatada a inviabilidade de competição, o que permitirá a contratação direta por inexigibilidade; e d) se, após o chamamento público, forem encontrados dois ou mais imóveis, é possível a realização de licitação ou, caso cumpridos os requisitos estampados do inc. X do art. 24 da anterior Lei nº 8.666/1993,[463] (agora, com cumprimento do inc. V do art. 74 da Nova Lei)[464] poderá haver a contratação direta por dispensa licitatória.

---

463 Art. 24. É dispensável a licitação: [...] X – para a compra ou locação de imóvel destinado ao atendimento das finalidades precípuas da administração, cujas necessidades de instalação e localização condicionem a sua escolha, desde que o preço seja compatível com o valor de mercado, segundo avaliação prévia.

464 Art. 74. É inexigível a licitação quando inviável a competição, em especial nos casos de: [...] V – aquisição ou locação de imóvel cujas características de instalações e de localização tornem necessária sua escolha.

Nesse sentido, foi editada a Orientação Normativa AGU nº 68/2020, dispondo que: i) a compra ou locação de imóvel deve necessariamente ser precedida de consulta sobre a existência de imóvel público disponível; ii) inexistindo imóvel público que atenda aos requisitos necessários para a instalação do órgão ou entidade, é recomendável a promoção de chamamento público para fins de prospecção do mercado imobiliário; iii) caso somente um imóvel atenda às necessidades da Administração, será constatada a inviabilidade de competição, o que permitirá a contração direta por inexigibilidade [...]; e iv) o art. 24, inciso x, da Lei nº 8.666/1993,[465] pode ser aplicado nos casos em que haja mais de um imóvel apto à contratação, desde que: a) o imóvel se preste para atendimento das finalidades precípuas da Administração; b) as instalações e localização do imóvel sejam determinantes para sua escolha; e c) o preço seja compatível com os valores de mercado, conforme prévia avaliação.

Através da Instrução Normativa SEGES/ME nº 103, de 30.12.2022, o governo federal regulamentou os procedimentos de seleção de imóveis para locação no âmbito da Administração Pública federal direta, autárquica e fundacional.

[465] Esse artigo da antiga Lei nº 8.666/1993 indicava como situação de licitação dispensável "a compra ou locação de imóvel destinado ao atendimento das finalidades precípuas da administração, cujas necessidades de instalação e localização condicionem a sua escolha, desde que o preço seja compatível com o valor de mercado, segundo avaliação prévia". Na Nova Lei, a situação é elencada como licitação inexigível (art. 74, inc. V: "Art. 74. É inexigível a licitação quando inviável a competição, em especial nos casos de: [...] V – aquisição ou locação de imóvel cujas características de instalações e de localização tornem necessária sua escolha".

Subseção V
Das Licitações Internacionais

Art. 52. Nas licitações de âmbito internacional, o edital deverá ajustar-se às diretrizes da política monetária e do comércio exterior e atender às exigências dos órgãos competentes.
§1º Quando for permitido ao licitante estrangeiro cotar preço em moeda estrangeira, o licitante brasileiro igualmente poderá fazê-lo.
§2º O pagamento feito ao licitante brasileiro eventualmente contratado em virtude de licitação nas condições de que trata o §1º deste artigo será efetuado em moeda corrente nacional.
§3º As garantias de pagamento ao licitante brasileiro serão equivalentes àquelas oferecidas ao licitante estrangeiro.
§4º Os gravames incidentes sobre os preços constarão do edital e serão definidos a partir de estimativas ou médias dos tributos.
§5º As propostas de todos os licitantes estarão sujeitas às mesmas regras e condições, na forma estabelecida no edital.
§6º Observados os termos desta Lei, o edital não poderá prever condições de habilitação, classificação e julgamento que constituam barreiras de acesso ao licitante estrangeiro, admitida a previsão de margem de preferência para bens produzidos no País e serviços nacionais que atendam às normas técnicas brasileiras, na forma definida no art. 26 desta Lei.

Artigo 52

1 Licitações internacionais

Na lei anterior (Lei nº 8.666/1993), os §§4º e 6º do art. 32 versavam sobre as licitações internacionais. Deles, e do art. 42 – que indicava que, nas concorrências de âmbito internacional, o edital deveria ajustar-se às diretrizes da política monetária e do comércio exterior e atender às exigências dos órgãos competentes – inferia-se que se tratava de certames licitatórios nos quais se permitia a participação de licitantes brasileiros e estrangeiros não estabelecidos no Brasil, respeitando-se as diretrizes mencionadas.

Certo é, como definimos em livro específico,[466] que a licitação internacional é o procedimento competitivo formal que a Administração Pública está obrigada a estabelecer quando busca adquirir um bem ou contratar um serviço que pode ser fornecido ou prestado tanto por uma empresa brasileira quanto por uma empresa estrangeira.

---

[466] BITTENCOURT. *Licitações internacionais*. 3. ed.

Na mesma toada, Mário Lúcio Soares e Rafael Tanure, ao considerarem que

> licitação pública internacional brasileira é um procedimento formal obrigatório da Administração Pública direta e indireta, nos termos da lei, o qual faculta a participação de empresas nacionais e internacionais, sendo normatizada por disposições internas e externas, as quais são, conjunta e sistematicamente, parte do ordenamento jurídico pátrio.[467]

Jonas Lima, ferrenho defensor da não restrição à participação de licitantes estrangeiros em "licitações nacionais", sob a justificativa de que o inc. XXI do art. 37 da CF "estabelece de forma genérica que o processo de licitação deve assegurar igualdade de condições a todos que concorrerem", conceituou a licitação pública internacional como sendo

> o procedimento de contratação obrigatório quando, em razão de limitações ou condições do mercado nacional, o Estado precisa, necessariamente, convocar de forma expressa e em meios nacionais e internacionais de divulgação, licitantes estrangeiros a participarem da disputa e cujo edital convocatório é especialmente preparado para isso.

Quanto à possível polêmica sobre o termo 'obrigatório', arremata que

> tem-se a lembrar que em muitas situações concretas a disputa internacional é a única que viabiliza o atendimento de determinadas finalidades do Estado e, além disso, não se pode desprezar a vantagem de se evitar considerável quantidade de contratações diretas, por dispensa e inexigibilidade de licitação, além do que, o agente público deve atentar para a indisponibilidade do interesse público, pelo qual ele não pode abrir mão de conseguir economicidade e eficiência.[468]

A Nova Lei buscou definir as licitações internacionais no inc. XXXV do art. 6º, e reuniu os dispositivos a elas inerentes na Subseção V – Licitações Internacionais, última subseção da Seção IV – Disposições Setoriais, fechando o Capítulo II – Da fase preparatória.

A inserção de uma definição é boa solução, pois nem a Lei nº 8.666/1993 nem o estatuto anterior, o Decreto-Lei nº 2.300/1986 – que colaboramos na elaboração –, apesar de utilizarem a denominação, definiam o que seria uma licitação internacional, o que demandava interpretações doutrinárias e certa insegurança jurídica.

Segundo o inc. XXXV supracitado, *licitação internacional* é a competição licitatória processada em território nacional na qual é admitida a participação de licitantes estrangeiros, com a possibilidade de cotação de preços em moeda estrangeira, ou licitação na qual o objeto contratual pode ou deve ser executado no todo ou em parte em território estrangeiro.

É uma definição razoável, mas, por certo, poderia ser mais completa.

Minudenciando a definição, verifica-se que:

a) a competição deverá ocorrer no Brasil;

---

[467] SOARES; TANURE. *A licitação internacional como instrumento de integração.*

[468] LIMA. *Licitação Pública Internacional no Brasil.*

b) é admitida a participação de estrangeiros;
c) é possível a cotação de preços em moeda estrangeira; e
d) o objeto poderá ser executado, no todo ou em parte, fora do País.

De certa forma, a definição legal conflita com as intenções recentes do governo federal, que, durante o Fórum Econômico Mundial, em Davos, na Suíça, em janeiro de 2020, manifestou interesse em aderir ao *Acordo de Compras Governamentais da Organização Mundial do Comércio* (GPA, na sigla em inglês), acordo plurilateral que estabelece para os países signatários uma série de compromissos em matéria de transparência e acesso aos mercados de compras públicas, tendo como meta promover a abertura mútua das compras governamentais, sem distinção de origem, imposição de barreiras para itens importados ou margem de preferência para produtos domésticos.

Tendo, inclusive, dando azo a essa intenção, num primeiro passo, editando a Instrução Normativa nº 10/2020, que simplificou a participação de empresas estrangeiras em licitações públicas nacionais.

A instrução, que tem como escopo alterar a IN nº 3/2018, que estabelece regras de funcionamento do Sistema de Cadastramento Unificado de Fornecedores (SICAF) no âmbito do Poder Executivo federal, insere um artigo que versa sobre a participação em licitações nacionais de empresas estrangeiras que não funcionem no Brasil.[469] Assim, pela IN nº 10/2020, para participar de uma licitação nacional, a única exigência para a empresa estrangeira seria a inclusão no Sistema de Cadastramento Unificado de Fornecedores (SICAF).[470]

Pois bem, com o conceito de licitações internacionais da Nova Lei, com a menção de que sua ocorrência dar-se-á quando estrangeiros participam de licitações, viabiliza o entendimento de que se estaria excluindo a possibilidade de participação de empresas estrangeiras em licitações nacionais.

E mais: o §6º, que chega a acenar ao GPA, ao estabelecer que o edital não poderá prever condições de habilitação, classificação e julgamento que constituam barreiras de acesso ao licitante estrangeiro, também conflita com a ideia ao possibilitar a previsão de margem de preferência para bens produzidos no País e serviços nacionais que atendam às normas técnicas brasileiras.

---

[469] Art. 20-A. As empresas estrangeiras que não funcionem no País, para participarem dos procedimentos de licitação, dispensa, inexigibilidade e nos contratos administrativos, poderão se cadastrar no Sicaf, mediante código identificador específico fornecido pelo sistema, observadas as seguintes condições:
I – os documentos exigidos para os níveis cadastrais de que trata o art. 6º poderão ser atendidos mediante documentos equivalentes, inicialmente apresentados com tradução livre; e
II – para fins de assinatura do contrato ou da ata de registro de preços:
a) os documentos de que trata o inciso I deverão ser traduzidos por tradutor juramentado no País e apostilados nos termos do disposto no Decreto nº 8.660, de 29 de janeiro de 2016, ou de outro que venha a substituí-lo, ou consularizados pelos respectivos consulados ou embaixadas; e
b) deverão ter representante legal no Brasil com poderes expressos para receber citação e responder administrativa ou judicialmente.
§1º No caso de inexistência de documentos equivalentes para os níveis cadastrais de que trata o inciso I, o responsável deverá declarar a situação em campo próprio no Sicaf.
§2º A solicitação do código de acesso de que trata o caput deverá se dar nos termos do disposto no Manual do Sicaf, disponível no Portal de Compras do Governo Federal.

[470] Sobre a IN, verifique-se o nosso "Participação de empresas estrangeiras em licitações públicas nacionais: a ilegalidade da instrução normativa nº 10/2020". (BITTENCOURT. *Participação de empresas estrangeiras em licitações públicas nacionais*).

Nesse contexto, Nicolau Maldonado observa:

> Enfim, parece seguro dizer que a nova Lei de Licitações [...] apresenta alguns entraves à plena adesão brasileira ao GPA. Isso porque existem institutos que claramente discriminam concorrentes estrangeiros. É bem verdade que adotar ou não margem de preferência numa licitação é discricionariedade da Administração, porém, a mera possibilidade jurídica, per se, revela incompatibilidade da legislação brasileira com o acordo.[471]

O *caput* deste art. 52 disciplina, como primeira regra nas licitações de âmbito internacional, que o edital deverá ajustar-se às diretrizes da política monetária e do comércio exterior e atender às exigências dos órgãos competentes, exatamente como prescrevia o art. 42, *caput*, da Lei nº 8.666/1993.

Com o intuito de ampliar o universo da competição licitatória para a obtenção de tecnologias mais avançadas ou a redução de preços de monopólios nacionais, a Nova Lei repete o dispositivo, abrindo o leque às empresas internacionais, com domicílio em outros países, desde que sujeitas às diretrizes impostas por órgãos responsáveis pelos aspectos de políticas monetárias (Conselho Monetário Nacional – CMN[472] e Banco Central do Brasil – BACEN)[473] e de comércio exterior (Ministério das Relações Exteriores; Ministério da Economia, onde se destacam a Secretaria da Receita Federal – SRF,[474] a Secretaria de Comércio Exterior – SECEX[475] e a Câmara de Comércio Exterior – CAMEX[476] etc.), bem como de outros órgãos que disciplinam a implantação e a organização da matéria no Brasil.

Tais fatores, aliados, em certas situações, à proteção à indústria nacional, são aceitos pela Constituição brasileira e pelo Direito Internacional como formas de exceção ao tratamento igualitário, tendo sido, em consequência, claramente previstos no dispositivo em comento.

Marcos Juruena observou com acuidade:

> Ora, no sistema presidencialista de Governo adotado no Brasil e ratificado por consulta plebiscitária, quem formula tais políticas é o Presidente da República, através da iniciativa de leis e tratados internacionais (CF, art. 84, III, VII, VIII e IX, art. 165 e §4º,

---

471 MALDONADO. *A nova Lei de Licitações e o acordo de compras governamentais.*

472 Criado pela Lei nº 4.595, de 31.12.1964, é a entidade normativa superior do sistema financeiro nacional, responsável pela fixação das diretrizes da política monetária, creditícia e cambial do País.

473 Que estabelece normas sobre as operações de câmbio no comércio exterior, além de fiscalizar e controlar sua aplicação.

474 Responsável pela administração dos tributos internos e aduaneiros da União e pela fiscalização das entradas e saídas de produtos do País e arrecadar os direitos aduaneiros sobre as importações brasileiras. Por intermédio do Sistema Integrado de Comércio Exterior (SISCOMEX), analisa on-line as operações de exportação.

475 Que possui as seguintes atribuições e objetivos: ampliar a participação do Brasil no comércio mundial; formular propostas de políticas e programas de comércio exterior, estabelecendo normas para sua implementação; coordenar a aplicação de defesa contra práticas desleais de comércio, bem como de medidas de salvaguardas comerciais; apoiar a participação brasileira em negociações de comércio exterior; aperfeiçoar o sistema operacional de comércio exterior brasileiro; e disseminar informações sobre comércio exterior.

476 A Câmara de Comércio Exterior (CAMEX), consoante o prescrito no Decreto nº 10.044, de 4.10.019, tem por objetivo a formulação, a adoção, a implementação e a coordenação de políticas e de atividades relativas ao comércio exterior de bens e serviços, aos investimentos estrangeiros diretos, aos investimentos brasileiros no exterior e ao financiamento às exportações, com vistas a promover o aumento da produtividade da economia brasileira e da competitividade internacional do País.

> art. 49, I) com aprovação do Congresso Nacional. Portanto, se, apesar da existência da possibilidade de economizar reservas ou de proteger a indústria nacional, é aberta uma licitação internacional, o interesse é ampliar ao máximo o universo da competição, sem discriminações outras que não aquelas já mencionadas na Lei Maior (...). O interesse público a ser atendido com o procedimento licitatório é adquirir o bem ou serviço, não importa de quem. O fim não pode ser ignorado pelo meio. Aplicam-se, pois, como regra, os princípios constitucionais, bem como os específicos das licitações, no sentido de repudiar favorecimentos ou discriminações em razão da origem dos licitantes.[477]

A política de comércio exterior baseia-se na expansão do sistema industrial, com forte atuação na produção e no mercado interno, dela decorrendo o resguardo contra práticas desleais de comércio (*dumping* e outros).

Registre-se a existência de outros fatores a serem também considerados nas licitações internacionais: a) grupos econômicos de que o Brasil faça parte; b) grupos econômicos com os quais o Brasil tenha estabelecido acordo de cooperação; e c) tratados firmados.

Nesse viés, ao ponderar que o chamamento ou a aceitação de competidores internacionais agrega imensas variáveis complementares, Carlos Pinto Coelho Motta pondera que o ajustamento dos proponentes estrangeiros às diretrizes da política monetária nacional e do comércio exterior constitui um grande desafio, porquanto, apesar da globalização, permanecem, e devem ser levadas em conta, variáveis como a diversidade da legislação, amarras alfandegárias e protecionismos.[478]

Marcos Juruena distingue, ainda, a necessidade de atendimento aos padrões mínimos de proteção à propriedade intelectual, às normas da ONU sobre conduta das corporações transnacionais e sobre defesa do meio ambiente, no que concerne ao produto adquirido ou à técnica empregada, no que deve ser pesado no julgamento.[479]

Parágrafo 1º

2 A cotação do preço em moeda estrangeira

Segundo este §1º, quando for permitido ao licitante estrangeiro cotar preço em moeda estrangeira, o licitante brasileiro igualmente poderá fazê-lo. Logo, verifica-se que, numa licitação internacional, o instrumento convocatório poderá admitir a apresentação de propostas em moeda estrangeira, independentemente da nacionalidade dos licitantes.

Por outro lado, é nítida a preocupação do legislador no sentido de oferecer ao licitante brasileiro tratamento idêntico ao dado ao licitante estrangeiro, de modo que possa competir em pé de igualdade.

A primeira questão que advém desse mandamento instala-se na possibilidade de pagamento em moeda estrangeira.

O art. 1º da Lei nº 10.192/2001 define que as estipulações de pagamento de obrigações pecuniárias exequíveis no território nacional deverão ser feitas em Real,

---

477 SOUTO. *Direito Administrativo Contratual*. 3. ed.

478 MOTTA. *Eficácia nas licitações e contratos*. 10. ed.

479 SOUTO. *Direito Administrativo Contratual*. 3. ed.

pelo seu valor nominal, sendo vedadas, como dispõe seu parágrafo único, sob pena de nulidade, quaisquer estipulações expressas ou vinculadas a ouro ou moeda estrangeira, ressalvado o disposto nos arts. 2º e 3º do Decreto-Lei nº 857/1969, e na parte final do art. 6º da Lei nº 8.880/1994.

O art. 2º do Decreto-Lei nº 857/1969 elenca os contratos que, em regime de exceção, poderão ser celebrados com cláusulas de pagamento em moeda estrangeira. Como, dentre as exceções, constam os contratos referentes à importação de mercadorias, vislumbra-se que os contratos internacionais advindos de licitações, cujos objetos sejam aquisições de bens, poderão ser celebrados em moeda estrangeira.

Vide que o inc. II do art. 12 da Nova Lei dispôs que todos os valores, preços e custos utilizados nas licitações terão como expressão monetária a moeda corrente nacional, ressalvando-se o disposto no art. 52 em comento.

Verifica-se, também, que o Código Civil (Lei nº 10.406/2002) professa o mesmo sentido no art. 318, dispondo pela nulidade das convenções de pagamento em ouro ou em moeda estrangeira, bem como para compensar a diferença entre o valor desta e o da moeda nacional, excetuados os casos previstos na legislação especial.

É certo que a dívida em moeda estrangeira é aquela em que a importância a ser paga se acha expressa em dinheiro de outro país, todavia, como leciona Armando Garcia Júnior, estabelecida a dívida em moeda estrangeira, sua liquidação deverá ocorrer, em regra, em moeda nacional pelo câmbio do dia do vencimento.[480] Como anota o analista, "o débito expresso em moeda estrangeira não significa necessariamente débito em determinada espécie de moeda. Em outras palavras, não há que se confundir simples dívida em moeda estrangeira com dívida em moeda especificada.[481]

No mesmo compasso, Luiz Lopes da Silva:

> O pagamento em moeda estrangeira é ato jurídico do devedor de obrigação consubstanciada em contrato internacional, que se realiza através do sistema bancário, expresso no padrão monetário do país em que ocorre e cujo montante é suficiente para extinguir a obrigação quando convertido para a moeda fixada no contrato na taxa de câmbio vigente no dia de sua pratica.[482]

Ainda sobre a matéria, há outra questão interessante: a necessidade de compatibilização da contratação com a política monetária nacional e com o controle sobre a moeda realizado pela União, conforme também obtemperou Marçal Justen:

> Deverá cogitar-se não apenas de previsão de recursos orçamentários. Será necessário determinar a disponibilidade de recursos em moeda estrangeira. Deverão consultar-se os mecanismos nacionais que disciplinam o câmbio e os pagamentos em moeda estrangeira.[483]

---

480 GARCIA JÚNIOR. *Contratos indexados no direito brasileiro e a variação cambial.*

481 GARCIA JÚNIOR. *Contratos dolarizados no direito brasileiro.*

482 SILVA. *Pagamento em moeda estrangeira.*

483 JUSTEN FILHO. *Comentários à Lei de Licitações e Contratos Administrativos*. 12. ed.

Parágrafo 2º

3 Conversão da moeda para pagamento

Apesar de ser permitido ao licitante brasileiro apresentar sua proposta em moeda estrangeira, quando o licitante estrangeiro cotar dessa forma, caso logre-se vencedor do certame e seja contratado, receberá os pagamentos em moeda nacional.

Por outro lado, como anotou Rafael Schwind, infere-se do dispositivo que, se o licitante que houver cotado preço em moeda estrangeira for estrangeiro, será admissível a realização dos pagamentos em moeda estrangeira.[484]

Parágrafo 3º

4 Garantias de pagamento ao vencedor da licitação

Segundo o §3º, as garantias de pagamento ao licitante brasileiro serão equivalentes àquelas oferecidas ao licitante estrangeiro.

Também nas licitações internacionais a tônica deve ser o tratamento isonômico. Nesse passo, a mesma regra deve ser adotada para as hipóteses de garantias contratuais, que deverão ser equivalentes entre nacionais e estrangeiros.

Parágrafo 4º

5 Indicação dos gravames incidentes no edital licitatório

O §4º estabelece que os gravames incidentes sobre os preços deverão constar do edital, com definição a partir de estimativas ou médias dos tributos.

O dispositivo tenta evoluir em relação ao previsto da lei anterior, mas padece de pouca clareza.

Sobre o assunto, a Lei nº 8.666/1993 estabelecia que, para fins de julgamento da licitação, as propostas apresentadas por licitantes estrangeiros seriam acrescidas dos gravames consequentes dos mesmos tributos que oneravam exclusivamente os licitantes brasileiros quanto à operação final de venda.

Em função dessa "isonomia" tributária, não raro os editais de licitação passaram a estabelecer uma prática denominada *equalização de preços*, produzindo um valor ficto para as propostas oferecidas por licitantes brasileiros, com o intuito de compensar a tributação que os oneravam exclusivamente.

Tal, sem dúvida, caracterizava proteção à empresa nacional, o que, indubitavelmente, constituía um privilégio que afrontava de modo explícito o princípio constitucional da igualdade.

Ao comentar a matéria, Ivan Barbosa Rigolin observou que tal medida, pretensamente isonômica, na verdade protegia francamente o licitante brasileiro de vez que "a lei jamais obrigaria o nacional a pagar os mesmos tributos que o estrangeiro paga na sua origem (...)".[485]

---

[484] SCHWIND. *Licitações internacionais.*

[485] RIGOLIN; BOTTINO. *Manual prático das licitações.*

Como já expressamos em trabalho anterior,[486] o termo *equalização* denota, gramaticalmente, compensar distorções.

Sobre a equalização, anotamos:

> Há de se ter enorme cautela [...], no cumprimento desse mandamento legal, em face do afrontamento ao princípio da isonomia.
>
> A nosso ver, o simplório acréscimo de valores às propostas dos estrangeiros é de um descabimento sem par. Ora, não é inconteste que compete ao licitante estrangeiro, caso vencedor do certame, a assunção do pagamento dos tributos incidentes sobre as operações e receitas auferidas. Contudo, há de ser respeitada a sua proposta, não sendo razoável se efetuarem cálculos como se sobre eles incidissem os tributos internos brasileiros. Ao licitante estrangeiro cabe, por conseguinte, calcular seu preço, já levando em consideração os tributos inerentes. Não o fazendo, deverá assumir o ônus dessa atitude, custeando esses valores através de sua margem de lucro.
>
> Ivan Barbosa Rigolin censura, com veemência, a pretensa equalização: "É questionável, no mérito, essa proteção, pois é sabido que o produto estrangeiro em geral é melhor e mais barato que o nacional. Onde, então, a 'proposta mais vantajosa' à entidade pública brasileira, se a lei em igualdade de condições protege deslavadamente o licitante nacional? Será sadia semelhante xenofobia, a persistir até hoje num país em que se não fosse a influência estrangeira estaria provavelmente um século atrasado em relação à situação de desenvolvimento que hoje desfruta? Não nos parece bem que a lei a consigne. Recomenda-se por isso aos entes públicos brasileiros, antes em seu interesse que no interesse dos licitantes brasileiros, aplicar o mais moderadamente que lhe seja possível a diferenciação nacional-estrangeiro que a lei permite. A lei não pode colocar o interesse dos fornecedores brasileiros acima dos interesses da Administração".
>
> Como sublinhou Marçal Justen, cada Estado contempla sistema tributário próprio, que contribui para a formação dos custos do licitante: "Assim, não teria o menor cabimento aplicar à proposta oriunda do estrangeiro o custo arcado pelo licitante nacional atinente à seguridade social. No exemplo, cogitar-se-ia de verificar as alíquotas das contribuições de seguridade social. Sempre que se apurasse que, no estrangeiro, a tributação fosse menor, promover-se-ia a oneração correspondente. Essa interpretação conduz à inviabilidade do julgamento das propostas e retrata expediente indireto e inválido para beneficiar as empresas nacionais. A regra [...] seria cabível na medida em que houvesse tratamento tributário distinto entre brasileiros e estrangeiros, em face da lei brasileira. Mas, em tal situação, a solução seria outra. Haveria inconstitucionalidade da lei brasileira. Ou, quando tal não ocorresse, ter-se-ia de assegurar a identidade de disciplina fiscal, estendendo-se ao brasileiro a vantagem prevista para o estrangeiro. De todo o modo, essas questões não se resolveriam no âmbito da licitação, mas teriam de ser discutidas no foro próprio".
>
> O cerne da questão é o fato dos licitantes brasileiros possuírem, dentre seus custos, os valores referentes ao PIS e a COFINS, que não oneram os licitantes estrangeiros. É curial ressaltar, contudo, que o fato gerador de tais tributos tem a ver com a receita das empresas, isto é, não são tributos que incidem diretamente sobre a operação de venda da mercadoria.[487]

[486] BITTENCOURT. *A participação de cooperativas em licitações públicas.*

[487] Não foi, entretanto, o que entendeu o TCU ao apreciar a questão, mencionando observações de José Eduardo Soares de Melo: "(...) A investigação dos custos de formação dos produtos somente é relevante para a determinação da base de cálculo de tributos incidentes sobre o lucro das empresas, como explica o mencionado autor (...): 'É patente a distinção dos conceitos. Faturamento – como já delineado – representa o resultado da venda de cada mercadoria, produto, de prestação de serviços, enquanto que o Lucro é a diferença positiva entre os negócios de vendas e serviços e os seus respectivos custos, constituindo evento incerto. A empresa pode não obter lucro, mas sempre apresenta faturamento, por menor que seja'. Pelo exposto, somos obrigados a concluir que o PIS e o

Marcos Juruena é enfático nesse sentido: "Ora, a ampliar a interpretação, necessário seria admitir o Imposto de Renda, os encargos previdenciários, o IPTU etc. Todos são tributos que oneram exclusivamente os brasileiros e que são, por óbvio, considerados na composição dos preços (...). Se, por um lado, o empresário brasileiro não é o culpado da pesada carga tributária que lhe é imposta (...), por outro não pode esquecer que o licitante estrangeiro também sofre tributação em seu país".

Assim, em que pese a possibilidade de utilização da licitação para alavancar o desenvolvimento nacional,[488] pugnamos, em face dos argumentos esposados, pelo rejeito da equalização.

Em reforço à nossa tese, é de se relembrar que o agente público deve ter sempre em mente que a Administração almeja o preço mais vantajoso, ou seja, não somente o preço ofertado, mas sim, o valor a ser desembolsado, considerando o somatório de custos. Com pensamento idêntico, Marcos Juruena acrescenta: "Daí ser inútil a elevação do preço estrangeiro (...) de forma fictícia, se não representará a real quantia que sairá do Erário".

Nesse curso, Roberto Bazilli e Sandra Miranda dão ênfase à dificuldade do tratamento igualitário entre nacionais e estrangeiros: "De toda a forma, o que vale frisar é que, tratando-se de licitação internacional, todo o cuidado ainda será pouco para garantir tratamento absolutamente isonômico entre nacionais e estrangeiros, o que depende de inúmeros fatores a serem oportuna e necessariamente considerados em cada fase da licitação, porém mais acentuadamente na composição do preço final, da qual resultará a proposta mais vantajosa, que, como já frisado, poderá nem sempre ser a de menor preço".[489]

Também considerando não ser possível simplesmente acrescer a "carga tributária brasileira" às propostas dos licitantes estrangeiros, além de ser impossível determinar em tese qual seria tal carga, porque os licitantes inclusive podem se valer de mecanismos de elisão fiscal, Rafael Schwind traz à baila o Acórdão nº 2.238/2013, proferido em agosto de 2013 pelo Plenário do Tribunal de Contas da União, que exemplifica a aplicação do entendimento adequado sobre o assunto, ressalvando que

---

COFINS [...] oneram os licitantes brasileiros quanto à operação final de venda dos seus produtos, devendo, por conseguinte, induzir o justo acréscimo das propostas dos licitantes estrangeiros" (Decisão nº 638/94 – Plenário – Rel. Min. Homero Santos).

Sem tecer considerações acerca da natureza tributária, Fabrício Motta critica a decisão:

"(...) parece-nos que a solução encontrada pelo TCU afronta o princípio da igualdade a pretexto de privilegiá-lo. Com efeito, [...] a licitação visa a selecionar a proposta mais vantajosa para a Administração, não importando, prima facie, a origem da proposta, não devendo servir o procedimento para simplesmente privilegiar ofertante nacional, em detrimento do interesse da Administração Pública". (MOTTA. *Direito da integração*).

[488] É o que sustenta Alessandro Martins Gomes: "Mas até que ponto pode a lei excepcionar (...) o princípio da isonomia? (...) No texto constitucional, consta como um dos objetivos fundamentais (...) 'garantir o desenvolvimento nacional'. Trata-se de uma norma programática, revestida com a forma de um princípio. E, assim, temos uma colisão de princípios: de um lado, o princípio da igualdade na licitação, e, de outro, o princípio que visa a garantir o desenvolvimento nacional. (...) Deve ser levado em conta o fato de que, caso não fosse feita a equalização, os licitantes estrangeiros com um regime tributário mais brando certamente teriam grande vantagem no certame, e, com a derrota dos licitantes nacionais, postos de trabalho deixariam de ser criados, e o incentivo ao desenvolvimento da indústria e do comércio nacionais restaria fragilizado. Seria justo sacrificar o desenvolvimento nacional em nome da isonomia dos países que, no mais das vezes, não eliminam os subsídios aos seus produtos, protegendo o seu mercado interno e prejudicando as exportações brasileiras? Tais fatos devem ser levados em conta no processo de ponderação, e, sendo assim, outra saída não vemos senão a de atribuir maior peso à norma que garante o desenvolvimento nacional, fazendo-a imbricar sobre o princípio da igualdade na licitação. Nestes casos, talvez a proposta não seja a mais vantajosa aos olhos do órgão licitante. Mas aos olhos do país será". (GOMES. *A equalização das propostas nas licitações sob a ótica da nova interpretação constitucional*).

[489] BITTENCOURT. *Licitações internacionais*. 3. ed.

em nenhum momento esse acórdão mencionou a necessidade de se incluir ficticiamente na proposta dos licitantes estrangeiros a carga tributária incidente sobre os licitantes nacionais. Apenas houve a preocupação com que as propostas estivessem nas mesmas bases tributárias, de modo que fosse possível a sua correta comparação.[490]

Ao que tudo indica, a regra agora disposta no parágrafo 4º em comento, atendendo às reivindicações da doutrina especializada, tenta sepultar a descabida concepção de que, para a "equalização" de propostas de licitantes estrangeiros, dever-se-ia nelas acrescentar a carga tributária nacional.

Nessa contextura, parece-nos correta a interpretação de Rafael Schwind, ao concluir que o dispositivo impõe que haja clareza a respeito dos gravames incidentes sobre os preços, "de modo que a comparação se dê sobre os valores finais das propostas, já incluídos os gravames incidentes, os quais devem obviamente ser considerados".[491]

Parágrafo 5º

6 Sujeição de todos os licitantes às mesmas regras

Em atendimento ao princípio da isonomia, o parágrafo preconiza que todos os licitantes, nacionais ou estrangeiros, estarão sujeitos às mesmas regras e condições, na forma estabelecida no edital.

Parágrafo 6º

7 Vedação ao estabelecimento de barreiras a licitantes estrangeiros

Também perseguindo o princípio da isonomia, o edital, de regra, não poderá prever condições de habilitação, classificação e julgamento que constituam barreiras de acesso ao licitante estrangeiro.

Entrementes, há uma exceção: a fixação de margem de preferência para bens produzidos no Brasil e serviços nacionais que atendam às normas técnicas brasileiras, conforme previsto no inc. I do art. 26, deverá ser definida em decisão fundamentada do Poder Executivo federal, podendo, no caso de bens manufaturados nacionais e serviços nacionais resultantes de desenvolvimento e inovação tecnológica no País, ser de até 20%.

---

490 SCHWIND. *Licitações internacionais*. 2. ed.

491 SCHWIND. *Participação de empresas estrangeiras no projeto da nova Lei de Licitações*.

CAPÍTULO III
DA DIVULGAÇÃO DO EDITAL DE LICITAÇÃO

Art. 53. Ao final da fase preparatória, o processo licitatório seguirá para o órgão de assessoramento jurídico da Administração, que realizará controle prévio de legalidade mediante análise jurídica da contratação.

§1º Na elaboração do parecer jurídico, o órgão de assessoramento jurídico da Administração deverá:

I – apreciar o processo licitatório conforme critérios objetivos prévios de atribuição de prioridade;

II – redigir sua manifestação em linguagem simples e compreensível e de forma clara e objetiva, com apreciação de todos os elementos indispensáveis à contratação e com exposição dos pressupostos de fato e de direito levados em consideração na análise jurídica;

III – (VETADO)

§2º (VETADO)

§3º Encerrada a instrução do processo sob os aspectos técnico e jurídico, a autoridade determinará a divulgação do edital de licitação conforme disposto no art. 54.

§4º Na forma deste artigo, o órgão de assessoramento jurídico da Administração também realizará controle prévio de legalidade de contratações diretas, acordos, termos de cooperação, convênios, ajustes, adesões a atas de registro de preços, outros instrumentos congêneres e de seus termos aditivos.

§5º É dispensável a análise jurídica nas hipóteses previamente definidas em ato da autoridade jurídica máxima competente, que deverá considerar o baixo valor, a baixa complexidade da contratação, a entrega imediata do bem ou a utilização de minutas de editais e instrumentos de contrato, convênio ou outros ajustes previamente padronizados pelo órgão de assessoramento jurídico.

§6º (VETADO)

Artigo 53

1 Apreciação jurídica do processo licitatório

A Nova Lei deu especial atenção à apreciação jurídica do edital, bem diferente da lei anterior, que dedicava apenas um parágrafo para informar que "as minutas de editais de licitação, bem como as dos contratos, acordos, convênios ou ajustes devem ser previamente examinadas e aprovadas por assessoria jurídica da Administração".

Dando início ao Capítulo III – Da divulgação do edital de licitação, este art. 53, com seis parágrafos e três incisos, minudencia as regras da apreciação jurídica da licitação, indicando a obrigatoriedade de o processo licitatório seguir, ao final da fase preparatória, para o órgão de assessoramento jurídico da Administração, o qual deverá proceder ao controle prévio de legalidade mediante análise jurídica da contratação, emitindo o competente parecer.

Nota-se, de plano, que o legislador alargou o conteúdo do parecer jurídico, antes restrito à aprovação de minutas de editais e acordos, determinado o exame de todo o conteúdo do processo licitatório.

Extremamente salutar a expressa indicação de que a apreciação jurídica objetiva o controle prévio da legalidade da contratação, porquanto impende o reconhecimento de que a regra tem por finalidade evitar a descoberta de defeitos *a posteriori*, situação que, não raro, demanda invalidações.

Certo é que a apreciação jurídica é requisito obrigatório para validade jurídica do processo, notadamente quanto ao edital licitatório e ao contrato a ser celebrado.

Nesse sentido, Carlos Ari Sundfeld: "[...] o órgão jurídico deve aprovar [...], o que lhe confere um poder decisório pouco usual nas atividades consultivas. A medida, radical, visa a assegurar ao máximo a observância do princípio da legalidade, tão desprezado pela Administração Brasileira".[492] [493]

Aliás, parte preponderante da doutrina especializada considera que a falta de aprovação jurídica, em si, pode não caracterizar vício, uma vez que o edital e o contrato, mesmo sem o aval do setor jurídico, podem estar corretos, o que levaria ao entendimento de que a inexistência de apreciação jurídica não seria causa de invalidação.

É voz corrente na melhor doutrina que o parecer jurídico não vincula o administrador público, porque se trata de mera opinião a ser adotada ou não. Nesse ponto, inclusive, já se manifestou o STF: "[...] o parecer não é ato administrativo, sendo, quando muito, ato de administração consultiva, que visa a informar, elucidar, sugerir providências administrativas a serem estabelecidas nos atos de administração ativa".[494]

Julgado do STF adentrou na seara dos pareceres jurídicos emitidos para orientação dos administradores públicos, os tendo categorizado de acordo com sua obrigatoriedade em relação à observância pelo administrador público e pela necessidade de constarem no processo administrativo. O julgado fez distinção de pareceres, os distinguindo entre facultativos, obrigatórios e vinculantes. De acordo com a decisão da Corte Suprema, quando a consulta for facultativa, a autoridade não se vincula ao parecer proferido, sendo que seu poder de decisão não se altera pela manifestação do órgão consultivo; na hipótese de consulta obrigatória, a autoridade administrativa se vincula a emitir o ato tal como submetido à consultoria, com parecer favorável ou contrário, e se pretender praticar ato de forma diversa da apresentada à consultoria, deverá submetê-lo a novo parecer; quando, por fim, a lei estabelece a obrigação de decidir à luz de parecer vinculante, essa manifestação de teor jurídico deixa de ser meramente opinativa e o administrador não poderá decidir senão nos termos da conclusão do parecer ou, então, não decidir.[495]

---

492 As decisões do TCU convergem nesse sentido, sempre indicando a observância da obrigatoriedade do exame e aprovação de minutas de editais e de acordos pela Assessoria Jurídica do órgão, ante o que dispõe o parágrafo em comento (Exemplos: decisões nºs 107/95-2, 359/95-P, 319/96-P, 167/96-1, 91/97-P e 584/97-1).

493 SUNDFELD. *Licitações e contrato administrativo.*

494 Acórdão STF, nos autos do Mandado de Segurança nº 24.073-3-DF, Rel. Ministro Carlos Velloso, Tribunal Pleno, julgado em 6.11.2002, e publicado no *DJ* de 31.10.2003.

495 MS nº 24.631/DF – Rel. Min. Joaquim Barbosa, DJe, 31 jan. 2008.

Os pareceres referentes ao processo licitatório, mormente os concernentes a editais e contratos, se inserem nos casos de pareceres obrigatórios, tendo o agente público liberdade para não cumprir o opinamento do parecerista, podendo emitir o ato da forma que fora submetido à consultoria, sendo obrigado, entrementes, caso pretenda praticar o ato de maneira diversa da apresentada, a submetê-lo a novo parecer. Há, por conseguinte, total liberdade de ação da Administração para adotar o ato apresentado ao parecerista, não podendo, todavia, alterá-lo da forma em que foi submetido à análise jurídica, exceto se solicitar novo parecer.[496]

É o que também colaciona Jair Santana, considerando o previsto no §2º do art. 42 da Lei nº 9.784/1999,[497] o qual estabelece que, se um parecer obrigatório e não vinculante deixar de ser emitido no prazo fixado (o *caput* do artigo determina o prazo máximo de 15 dias), o processo poderá ter prosseguimento e ser decidido com sua dispensa, sem prejuízo da responsabilidade de quem se omitiu no atendimento:

> Seja como for, o parecer do assessor jurídico, entretanto, via de regra não tem caráter vinculativo, não estando a Administração Pública obrigada a segui-lo, desde que tenha respaldo legal. Tanto é verdade, que, se o assessor jurídico não respeitar o prazo fixado no *caput* do artigo 42, deve a autoridade superior valer-se do disposto no §2º do mesmo artigo, e dar prosseguimento ao certame. A não vinculação do parecer jurídico explica-se pelo fato de que o mencionado documento é opinião técnica, que visa a nortear o administrador público na escolha da melhor conduta.[498]

Como observa o jurista, a doutrina tem encontrado dificuldades para distinguir entre pareceres vinculantes e não vinculantes. Dallari e Ferraz, em trabalho minucioso, assentiram que é extremamente complicado entender a distinção "pois parecer vinculante não é parecer: é decisão".[499]

Ainda sobre a matéria, continuou o jurisconsulto:

> Devemos lembrar, no entanto, que o parecer é peça obrigatória do procedimento. Embora sua ausência não gere a nulidade daquele, seu conteúdo tem papel relevante, pois orienta o administrador, conferindo base jurídica ao edital. A ausência ou deficiência de regras claras a propósito da atuação do assessor jurídico tem, não raro, repercussões negativas de toda ordem, [...].[500]

O parecer constitui ato pelo qual os órgãos consultivos emitem opinião sobre assuntos de sua competência. Consubstanciam, portanto, pontos de vista, integrando o processo de formação do ato. A não vinculação do parecer jurídico explica-se, portanto,

---

496 Diante dos termos da Nova Lei, certamente surgirão entendimentos no sentido de que a apreciação jurídica se enquadraria nos casos de pareceres vinculantes. Relembramos, todavia, que doutrina de peso entende não existir no ordenamento jurídico brasileiro hipóteses de pareceres dessa categoria, como, por exemplo, a administrativista Maria Sylvia Di Pietro, "[...] dizer que a autoridade pede um parecer e é obrigada a curvar-se àquele parecer, eu confesso que não conheço exemplos aqui no Direito brasileiro". (DI PIETRO. *Responsabilidade dos procuradores e assessores jurídicos da Administração Pública*).

497 Que regula o processo administrativo no âmbito da Administração Pública federal.

498 SANTANA. *Pregão presencial e eletrônico*. 2. ed.

499 FERRAZ; DALLARI. *Processo administrativo*.

500 SANTANA. *Pregão presencial e eletrônico*. 2. ed.

pelo fato de consignar apenas uma opinião especializada que objetiva nortear o agente público na escolha de conduta.

No caso do parecer referente à análise jurídica de processos licitatórios, entendemos que se trata de peça processual, muito embora sua ausência não determine a nulidade dos processos.

Com idêntico entendimento, Ronny Charles:

> Realmente, o parecer emitido pelo órgão de assessoria jurídica serve para a orientação da decisão adotada pelo consulente, sendo também instrumento de verificação da legalidade, legitimidade e economicidade dos atos relacionados à gestão de recursos públicos. [...], não nos parece que o prévio exame se caracterize como ato-condição, sem o qual perca validade a relação contratual pactuada.[501]

Afirmando, de forma taxativa, que os pareceres têm natureza opinativa, de caráter obrigatório, porém não vinculante, é interessantíssima a observação do jurista:

> Essa assertiva é confirmada pela prática administrativa, já que ocorrem contratações ou publicações de editais que desrespeitam a remessa prévia dos autos ao órgão competente pelo assessoramento jurídico, para emissão de parecer, sem que isso cause necessariamente a anulação ou invalidação dos atos administrativos, pelos órgãos de controle. Se admitíssemos o parecer jurídico como vinculante, seria inequívoca a constatação de que todas as licitações, contratações, aditamentos e alterações contratuais, que prescindiram de tal manifestação, seriam inválidas. Mais ainda, significaria [...] que todos esses procedimentos apenas poderiam ter continuidade após a emissão do parecer jurídico, imposição abundantemente desmentida pela realidade fática, sendo, infelizmente, comum a realização de aditamentos contratuais sem a prévia oitiva ao órgão de assessoramento jurídico.[502]

Em função do exposto, concluímos, trazendo à colação vetusto ensinamento do saudoso mestre Oswaldo Aranha Bandeira de Mello, que o parecer emitido pelas consultorias jurídicas referentes às peças do processo licitatório, notadamente quanto aos editais e contratos, enquadram-se efetivamente na categoria de "obrigatórios", e não na de "vinculantes", devendo ser encarada como obrigatória apenas a solicitação: "O parecer é obrigatório quando a lei o exige como pressuposto para a prática do ato final. A obrigatoriedade diz respeito à solicitação do parecer (o que não lhe imprime caráter vinculante)".[503] [504]

---

501 CHARLES. *Leis de Licitações Públicas comentadas*. 2. ed.

502 CHARLES. Leis de Licitações Públicas comentadas. 2. ed.

503 MELLO. *Princípios gerais de direito administrativo*. v. 2.

504 A Advocacia-Geral da União – AGU, por intermédio do Parecer Referencial nº 00004/2022/COORD/E-CJU/AQUISIÇÕES/CGU/AGU, referindo-se às aquisições em procedimentos licitatórios, com ou sem registro de preços, que possuam valores iguais ou inferiores a R$250.000,00 (duzentos e cinquenta mil reais), definiu que, no âmbito da Administração federal, uma vez observadas todas as recomendações nele contidas, e inexistindo qualquer dúvida jurídica que justifique o envio de consulta específica, ser juridicamente possível dar prosseguimento ao processo, sem submeter os autos ao setor específico do órgão que possui competência para a análise de processos relativos à aquisição onerosa de bens (e-CJU/Aquisições). O Parecer Referencial está disponível em: (BRASIL. Advocacia Geral da União. Parecer referencial nº 00004/2022/COORD/E-CJU/AQUISIÇÕES/CGU/AGU. João Pessoa, 23 out. 2022. Disponível em: https://sapiens.agu.gov.br/valida_publico?id=999730495. Acesso em 14 mar. 2023).

Parágrafo 1º

2 A elaboração do parecer jurídico

O parágrafo 1º, em três incisos, detalha os requisitos que deverão ser observados na elaboração do parecer jurídico.

Segundo o preceptivo, na elaboração do parecer, o órgão de assessoramento jurídico da Administração deverá:

a) apreciar o processo licitatório conforme critérios objetivos prévios de atribuição de prioridade; e
b) redigir sua manifestação em linguagem simples e compreensível e de forma clara e objetiva, com apreciação de todos os elementos indispensáveis à contratação e com exposição dos pressupostos de fato e de direito levados em consideração na análise jurídica.

Inciso I

2.1 Apreciar o processo licitatório com atribuição de prioridade

Consoante o inciso, a primeira ação do órgão de assessoramento jurídico na elaboração do parecer será atribuir critério objetivo de prioridade.

Tal ação demandará conhecimento e integração do analista com a Administração demandante, porquanto impõe que órgão de assessoramento jurídico conheça as necessidades do Poder Público e a importância do objeto pretendido.

Como expõem Vanessa Cerqueira de Carvalho e Thaís Marçal, a regra

> pode ser interpretada como norma de prudência, em que é possível disciplinar a nível interno quais são os critérios objetivos para atribuição de prioridade, que devem coincidir com as necessidades públicas prioritárias e não com a falta de diligência do administrador em enviar o documento para análise em momento tardio.[505]

Inciso II

2.2 Redação da manifestação em linguagem simples e compreensível

O inciso impõe que a redação do parecer jurídico seja em linguagem simples e compreensível, clara e objetiva, com apreciação de todos os elementos indispensáveis à contratação e com exposição dos pressupostos de fato e de direito.

A intenção é afastar ao máximo a utilização excessiva e, não raro, desnecessária, de jargões jurídicos e termos técnico-jurídicos (conhecido popularmente como "juridiquês") e a demasiada adoção de expressões latinas, de modo a facilitar o discernimento por parte dos agentes públicos envolvidos na licitação, evitando-se, dessa forma, perda de tempo e, principalmente, condutas equivocadas por falta de compreensão.

---

[505] CARVALHO; MARÇAL. *A nova Lei de Licitações e os pressupostos de fato na consideração jurídica.*

3 A Lei de Introdução às Normas do Direito Brasileiro (Lei nº 13.655/2018) e as decisões dos agentes públicos responsáveis

Quanto à responsabilização do agente público, releva enfatizar as importantes alterações nos critérios utilizados para a aplicação do Direito Público com a edição da Lei nº 13.655, de 25.04.2018.

A Lei nº 13.655/2018 acresceu dez novos artigos ao texto do Decreto-Lei nº 4.657/1942, que dispõe sobre a *Lei de Introdução às Normas do Direito Brasileiro (LINDB)*, diploma de vital importância no ordenamento jurídico pátrio, pois disciplina a aplicação das normas, indicando como interpretá-las ou aplicá-las, determinando-lhe a vigência e a eficácia.

Nos primórdios, Serpa Lopes, avaliando o alcance do Decreto-Lei nº 4.657/1942 (originalmente *Lei de Introdução ao Código Civil*),[506] trazendo os opinamentos de Venzi e Espínola, já destacava a sua relevância:

> Na opinião de Venzi, invocada por Eduardo Espínola, o alcance da Lei de Introdução é vasto. Não se cinge ao Código Civil, a despeito de vir a ele anexado, mas protrai seus efeitos a todos os Códigos e a todas as disposições legislativas, seja qual for a sua natureza, pública ou privada, uma vez que a razão da sua colocação adjeta ao Código referido deve-se pura e simplesmente a ser este considerado, dentre os demais, como a legislação de maior importância.[507]

Ressaltando a magnitude das alterações introduzidas pela Lei nº 13.655/2018 no Decreto-Lei nº 4.657/1942, Renato Geraldo Mendes é enfático:

> O Decreto-Lei nº 4.657/1942 reúne "normas" aplicáveis a todos os regimes jurídicos vigentes e a todos os entes da Federação, bem como aos diversos poderes constituídos: Executivo, Legislativo e Judiciário.
>
> Vale dizer: todos, sem exceção, devem observar o mencionado conjunto de regras, especialmente as esferas administrativas, de controle interno e externo e judicial, pois a elas se destinam diretamente as prescrições da Lei nº 13.655/2018.
>
> Inclusive, ao se referir ao Decreto-Lei nº 4.657/1942, a doutrina costuma qualificá-lo como *lex legum* por se tratar de uma lei que regula outras leis. Entretanto, há quem prefira se reportar a ele como "normas sobre normas" ou "direito sobre direito".
>
> Estamos explicando tudo isso para deixar bem claro que não se trata de uma lei qualquer, mas de um ato legislativo fundamental e que, salvo engano, com as alterações introduzidas pela Lei nº 13.655/2018, tende a se tornar um dos atos mais importantes do Direito brasileiro.
>
> Digamos que, sem ofuscar o brilho da Constituição Federal, o Decreto-Lei nº 4.657/1942 passa a ser a "lei das leis". Ele estará na pauta de todas as discussões jurídicas de agora em diante e terá de ser cuidadosamente estudado nas faculdades de Direito e nos cursos de pós-graduação.
>
> Não há exagero em dizer que a Lei nº 13.655/2018 criou o cenário propício para que se realize uma verdadeira revolução no campo da tomada de decisões no Direito brasileiro, notadamente na área do direito público.[508]

---

[506] A Lei nº 12.376/2010 alterou a ementa do Decreto-Lei nº 4.657/1942, ampliando o seu campo de atuação, passando a vigorar, consoante o seu art. 2º, como "Lei de Introdução às normas do Direito Brasileiro".

[507] LOPES. *Comentários à Lei de Introdução ao Código Civil*. 2. ed.

[508] MENDES. *A revolução propiciada pela Lei nº 13.655/2018.*

Vê-se, portanto, que o principal objetivo da nova Lei nº 13.655/2018 foi ampliar os níveis de segurança jurídica e eficiência na criação e na aplicação do Direito Público.

Objetivamente, interferindo e mudando a forma de se agir no âmbito da decisão administrativa (bem como no das decisões de controle e judicial), preceitua o art. 20 da Lei nº 13.655/2018 que a autoridade administrativa não poderá decidir baseada em valores jurídicos abstratos sem que sejam consideradas as consequências práticas da decisão. E mais: deverá demonstrar a necessidade e a adequação da medida imposta ou da invalidação de ato, contrato, ajuste, processo ou norma administrativa, inclusive em face das possíveis alternativas.

> Art. 20. Nas esferas administrativa, controladora e judicial, não se decidirá com base em valores jurídicos abstratos sem que sejam consideradas as consequências práticas da decisão.
>
> Parágrafo único. A motivação demonstrará a necessidade e a adequação da medida imposta ou da invalidação de ato, contrato, ajuste, processo ou norma administrativa, inclusive em face das possíveis alternativas.

O Decreto Regulamentar nº 9.830, de 10.06.2019 (que regulamentou o disposto nos arts. 20 a 30 da Lei nº 13.655/2018), delineia o art. 20.

No art. 2º, trata do dever geral de motivação para as decisões administrativas, e, no art. 3º, minudencia a motivação e decisão baseadas em valores jurídicos abstratos.

> *Motivação e decisão*
>
> Art. 2º A decisão será motivada com a contextualização dos fatos, quando cabível, e com a indicação dos fundamentos de mérito e jurídicos.
>
> §1º A motivação da decisão conterá os seus fundamentos e apresentará a congruência entre as normas e os fatos que a embasaram, de forma argumentativa.
>
> §2º A motivação indicará as normas, a interpretação jurídica, a jurisprudência ou a doutrina que a embasaram.
>
> §3º A motivação poderá ser constituída por declaração de concordância com o conteúdo de notas técnicas, pareceres, informações, decisões ou propostas que precederam a decisão.

> *Motivação e decisão baseadas em valores jurídicos abstratos*
>
> Art. 3º A decisão que se basear exclusivamente em valores jurídicos abstratos observará o disposto no art. 2º e as consequências práticas da decisão.
>
> §1º Para fins do disposto neste Decreto, consideram-se valores jurídicos abstratos aqueles previstos em normas jurídicas com alto grau de indeterminação e abstração.
>
> §2º Na indicação das consequências práticas da decisão, o decisor apresentará apenas aquelas consequências práticas que, no exercício diligente de sua atuação, consiga vislumbrar diante dos fatos e fundamentos de mérito e jurídicos.
>
> §3º A motivação demonstrará a necessidade e a adequação da medida imposta, inclusive consideradas as possíveis alternativas e observados os critérios de adequação, proporcionalidade e de razoabilidade.

Observe-se que o §1º do art. 3º do Decreto nº 9.830/2019 conceitua a expressão "valores jurídicos indeterminados" como "aqueles previstos em normas jurídicas com alto grau de indeterminação e abstração".

Já o §2º afasta dúvidas quanto à expressão "consequências práticas" do art. 20 da Lei nº 13.655/2018, prescrevendo que "o decisor apresentará apenas aquelas consequências práticas que, no exercício diligente de sua atuação, consiga vislumbrar diante dos fatos e fundamentos de mérito e jurídicos".

Por fim, o §3º trata da incidência dos princípios da proporcionalidade e da razoabilidade no processo de tomada de decisões administrativas, o que também está indicado no art. 4º, §2º (artigo que cuida da motivação e decisão na invalidação dos atos).

> Art. 4º A decisão que decretar invalidação de atos, contratos, ajustes, processos ou normas administrativos observará o disposto no art. 2º e indicará, de modo expresso, as suas consequências jurídicas e administrativas.
>
> §1º A consideração das consequências jurídicas e administrativas é limitada aos fatos e fundamentos de mérito e jurídicos que se espera do decisor no exercício diligente de sua atuação.
>
> §2º A motivação demonstrará a necessidade e a adequação da medida imposta, consideradas as possíveis alternativas e observados os critérios de proporcionalidade e de razoabilidade.

Em linhas gerais, essas novas regras impõem um novo paradigma para os que detêm o poder de decidir no âmbito das licitações e contratos administrativos, notadamente a comissão de contratação[509] e o ordenador de despesas, bem como para aqueles que estejam na esfera do controle dos atos administrativos.

Como bem anotou Renato Geraldo Mendes, por força do art. 20 da Lei nº 13.655/2018, não é mais possível decidir como se fazia antes, porque agora é preciso decidir como nunca antes se fez.[510]

Destarte, cientes da nova ótica exigida no enfrentamento das decisões, os agentes públicos responsáveis pelas licitações e pelos contratos públicos deverão acautelar-se, sabedores de que suas resoluções deverão estar motivadas como determina a *Lei de Introdução às Normas do Direito Brasileiro.*

Parágrafo 3º

4 Divulgação do edital após o término da aprovação jurídica

Dando continuidade ao procedimento licitatório, este §3º preconiza que, encerrada a instrução do processo sob os aspectos técnico e jurídico, a autoridade determinará a divulgação do edital de licitação conforme o disposto no art. 53 e parágrafos, que versam sobre a publicidade deste documento, com veiculação no Portal Nacional de Contratações Públicas (PNCP), publicação de extrato em diários oficiais, dependendo do ente federativo, e a faculdade de divulgação em sítio eletrônico oficial do ente federativo do órgão ou entidade responsável pela licitação.

---

509 E o pregoeiro, nos pregões.

510 MENDES. *O art. 20 da Lei nº 13.655/2018 e seu impacto nas contratações públicas.*

Parágrafo 4º

5 Apreciação jurídica das contratações diretas e outros ajustes

Já dissemos que é extremamente salutar a expressa indicação de que a apreciação jurídica objetiva o controle prévio da legalidade da contratação, indigitando o reconhecimento de que a regra tem por finalidade evitar a descoberta de defeitos *a posteriori*, situação que, não raro, demanda invalidações.

Mas não só no processo licitatório essa regra se faz presente, mas também, é claro, no controle prévio de legalidade das importantes contratações diretas, seja por inexigibilidade ou dispensa, ou por qualquer acordo a ser celebrado pela Administração, tais como os termos de cooperação, os convênios administrativos, as adesões a atas de registro de preços e os termos aditivos.

Parágrafo 5º

6 Dispensa da apreciação jurídica em situações especificas

Não são raras as vezes que a contratação de bens ou serviços pela Administração Pública envolve baixos valores ou a pouca complexidade do objeto a ser contratado. Também, em diversas oportunidades, em função de objetos bastante simples e corriqueiros, são adotadas minutas de editais e instrumentos de contratos, convênios ou outros ajustes previamente padronizados pelo órgão de assessoramento jurídico.

Como explicita Victor Athayde da Silva, a pequena relevância econômica da contratação não justifica gastos com uma licitação comum. As formalidades prévias devem ser proporcionais às peculiaridades do interesse e da necessidade pública. Tanto mais simples serão as formalidades e mais rápido o procedimento licitatório quanto menor for o valor a ser despendido pela Administração Pública.[511]

Destarte, nesses casos, com o intuito de reduzir a rotina administrativa e economizar os recursos públicos, é justificável e recomendável a dispensa da apreciação jurídica.

Da mesma forma, nas hipóteses de entrega imediata de um bem.

Nesse viés, este §5º registra a dispensa de análise jurídica nas hipóteses previamente definidas em ato da autoridade jurídica máxima competente, a qual deverá considerar o baixo valor, a baixa complexidade da contratação, a entrega imediata do bem ou a utilização de minutas de editais e instrumentos de contrato, convênio ou outros ajustes previamente padronizados pelo órgão de assessoramento jurídico.

Foi nesse contexto que a Advocacia-Geral da União (AGU) expediu a Orientação Normativa nº 69, de 13.09.2021, dispondo pela não obrigatoriedade de manifestação jurídica nas contratações diretas de pequeno valor com fundamento nestes incisos I e II do art. 75, bem como no §3º:

> Não é obrigatória manifestação jurídica nas contratações diretas de pequeno valor com fundamento no art. 75, I ou II, e §3º da lei nº 14.133, de 1º de abril de 2021, salvo se

[511] SILVA. *A facultatividade do parecer jurídico em licitações por dispensa em razão do valor.*

> houver celebração de contrato administrativo e este não for padronizado pelo órgão de assessoramento jurídico, ou nas hipóteses em que o administrador tenha suscitado dúvida a respeito da legalidade da dispensa de licitação. Aplica-se o mesmo entendimento às contratações diretas fundadas no art. 74, da lei nº 14.133, de 2021, desde que seus valores não ultrapassem os limites previstos nos incisos I e II do art. 75, da lei nº 14.133, de 2021.

Na mesma conjuntura, o Enunciado do Conselho de Justiça Federal:

> ENUNCIADO 11 – CONSELHO DE JUSTIÇA FEDERAL (1º Simpósio de Licitações e Contratos da Justiça Federal): não é obrigatório parecer jurídico nas contratações de dispensa em razão do valor (art. 75, incisos I e II) e inexigibilidade (art. 74) até o limite de dispensa previsto no art. 75, incisos I e II e §3º da Lei nº 14.133/2021, ressalvados os casos em que as relações contratuais sejam formalizadas por meio de instrumento de contrato que não seja padronizado no órgão ou nas hipóteses em que o administrador tenha suscitado dúvida a respeito da legalidade da dispensa, consoante disposto no §5º do art. 53 da nova lei de licitações, devendo a autoridade administrativa do órgão emitir orientação nesse sentido.

7 A responsabilização solidária do aprovador jurídico

Matéria constantemente trazida à baila, de capital importância, diz respeito à responsabilidade do aprovador jurídico, no que tange à sua manifestação acerca da licitação, notadamente da minuta de edital ou de acordo.

A questão gira em torno da existência ou não de responsabilidade solidária.

Alguns doutrinadores se debruçaram sobre o tema, e todos, de uma forma ou de outra, concluíram pela solidariedade, com a consequente punição, quando o profissional tem postura que afronte o Direito ou mesmo com a adoção de procedimentos não fundados em documentos ou outras provas.

Sobre a questão, anote-se a decisão do STF rejeitando a pretensão do TCU de responsabilizar solidariamente com o agente público responsável por contratações o advogado de certa estatal que, baseado em seu parecer, decidiu pela contratação direta, considerado posteriormente irregular. Na decisão, concluiu a Corte Superior pela

> impossibilidade, dado que o parecer não é ato administrativo, sendo, quando muito, ato de administração consultiva, que visa a informar, elucidar, sugerir providências administrativas a serem estabelecidas. O advogado somente será civilmente responsável pelos danos causados, se decorrentes de erro grave, inescusável, ou de ato ou omissão praticado com culpa [...].[512]

No TCU prevalece o entendimento de que a responsabilidade do autor de um parecer jurídico bifurca-se em dois campos: a) no primeiro, voltado para a responsabilidade do advogado pelo exercício profissional da advocacia, cabendo ao Conselho Seccional da OAB, nos termos do art. 32 da Lei nº 8.906/1994, decidir sobre a aplicação de eventuais sanções disciplinares, nas hipóteses especificadas no Estatuto da

[512] MS nº 24.073/DF – DISTRITO FEDERAL – MANDADO DE SEGURANÇA. Relator: Min. CARLOS VELLOSO. Julgamento: 06.11.2002. Órgão Julgador: Tribunal Pleno.

Advocacia; e b) no segundo, voltado para a eventual responsabilidade do autor de parecer jurídico que esteja relacionado com a regularidade da gestão pública, considerando que o parecer, via de regra, é acatado pelo ordenador de despesas, fundamentando a decisão adotada, estando, por conseguinte, inserido no âmbito de verificação da legalidade, da legitimidade e da economicidade.

Art. 54. A publicidade do edital de licitação será realizada mediante divulgação e manutenção do inteiro teor do ato convocatório e de seus anexos no Portal Nacional de Contratações Públicas (PNCP).

§1º Sem prejuízo do disposto no caput, é obrigatória a publicação de extrato do edital no Diário Oficial da União, do Estado, do Distrito Federal ou do Município, ou, no caso de consórcio público, do ente de maior nível entre eles, bem como em jornal diário de grande circulação.

§2º É facultada a divulgação adicional e a manutenção do inteiro teor do edital e de seus anexos em sítio eletrônico oficial do ente federativo do órgão ou entidade responsável pela licitação ou, no caso de consórcio público, do ente de maior nível entre eles, admitida, ainda, a divulgação direta a interessados devidamente cadastrados para esse fim.

§3º Após a homologação do processo licitatório, serão disponibilizados no Portal Nacional de Contratações Públicas (PNCP) e, se o órgão ou entidade responsável pela licitação entender cabível, também no sítio referido no §2º deste artigo, os documentos elaborados na fase preparatória que porventura não tenham integrado o edital e seus anexos.

Artigo 54 e Parágrafos 2º e 3º

1 A publicidade do edital

A Nova Lei cria, no art. 174, o Portal Nacional de Contratações Públicas (PNCP), sítio eletrônico oficial destinado à divulgação centralizada e obrigatória dos atos nela exigidos e realização facultativa das contratações pelos órgãos e entidades dos Poderes Executivo, Legislativo e Judiciário de todos os entes federativos.[513]

Conforme este art. 54, a publicidade dos editais licitatórios deverá ser realizada mediante divulgação nesse portal, com a inserção do inteiro teor do ato convocatório e de seus anexos.[514]

Além dessa divulgação, será obrigatória a publicação de extrato do edital no Diário Oficial da União, do estado, do Distrito Federal ou do município, dependendo do ente federativo que esteja realizando a licitação, ou, no caso de consórcio público, do ente de maior nível entre eles, bem como em jornal diário de grande circulação.

---

[513] Em agosto de 2021, o portal foi lançado oficialmente (sítio https://pncp.gov.br/).

[514] *Vide* decisão do TCU sobre o assunto: Acórdão nº 29/2023-TCU – Plenário: os Ministros do Tribunal de Contas da União, (...), ACORDAM, por unanimidade, (..) em: a) estabelecer, relativamente ao comando exarado no subitem 1.6.2.1 do Acórdão nº 389/2020-TCU-Plenário, que, respeitando as hipóteses de sigilo previstas na Lei nº 13.709/2018, na Lei nº 12.527/2011 e demais normas específicas – cuja regulamentação compete aos respectivos órgãos e entidades –, a disponibilização, com acesso público, do inteiro teor dos processos eletrônicos que documentam licitações, contratações diretas e execuções de contratos deve ocorrer: a.1) a partir da divulgação do edital, no caso das licitações; a.2) a partir da emissão de autorização pelo agente competente, no caso das dispensas de licitação e inexigibilidades; e a.3) a partir da formalização do termo de contrato, no caso das execuções contratuais.

O §2º faculta a divulgação adicional e a manutenção do inteiro teor do edital e de seus anexos em sítio eletrônico oficial do ente federativo do órgão ou entidade responsável pela licitação ou, no caso de consórcio público, do ente de maior nível entre eles, admitida, ainda, a divulgação direta a interessados devidamente cadastrados para esse fim.

Para dar total transparência ao processo licitatório, o §3º prevê mais uma divulgação: todos os documentos elaborados na fase preparatória que porventura não tenham integrado o edital deverão ser disponibilizados, após a homologação do processo, no Portal Nacional de Contratações Públicas e, se o órgão ou entidade responsável pela licitação entender cabível, também no sítio eletrônico oficial do ente federativo do órgão ou entidade responsável pela licitação.

Parágrafo 1º

2 A publicação de extrato do edital em jornais de grande circulação

Como se viu, o §1º manteve a obrigatoriedade da publicação de extrato do edital em jornais de grande circulação.

Esperava-se que, devido ao grande custo e pouco alcance prático, a divulgação do extrato (conhecido como aviso) em jornais fosse extinta.

A elaboração do aviso do edital de licitação é tema que nos preocupa há muito tempo. É notório o elevado custo do espaço nos jornais e, também, inexplicavelmente, nas imprensas oficiais. Já na primeira edição do nosso *Curso Básico de Licitação*, alertávamos para os gastos desnecessários em tais publicações:

> Os avisos de licitação devem conter os resumos dos editais, com a indicação do local em que os interessados poderão ler e obter o texto integral dos mesmos, bem como todas as informações sobre as licitações. Não existe uma forma definida, motivo pelo qual são encontrados os mais diversos modelos nos jornais. Não vislumbramos nenhuma necessidade de indicação de nomes, departamentos, ou qualquer outra indicação ao final do aviso, como normalmente ocorre, bem como quaisquer outras informações acerca do certame. Sugerimos, também, a não utilização de logotipos (totalmente desnecessários e encarecedores) e outras filigranas. A adoção de espaço reduzido entre as informações iniciais e o uso de toda a linha são mais que recomendáveis. Tal procedimento reduz, em muito, os custos, gastando-se apenas o necessário do dinheiro público.[515]

Preocupado com tal dispêndio, o governo federal chegou a editar a Medida Provisória nº 896, de 6.09.2019, suprimindo a obrigação de publicação em jornais de grande circulação. Tal providência se justificava plenamente não só pela economia de recursos despendidos, mas também, e principalmente, para atender ao avanço contemporâneo das informações, com o uso intensivo da internet. Essa inovação foi saudada por todos os envolvidos na questão, de doutrinadores a usuários.

---

[515] BITTENCOURT. *Curso Básico de Licitação*: com todas as regras da Lei nº 8.666/93 e as normas do Pregão. 2. ed.

Ivan Barbosa Rigolin foi um dos que teceu loas ao regramento:

> A imprensa escrita, inclusive a oficial, assim como as petições judiciais escritas, se convertem rapidamente em formas mais e mais obsoletas, arcaicas, ultrapassadas, antiquadas – para não dizer, talvez, indesejadas... e será isso uma vantagem? A conclusão não é muito importante, porque a implacável evolução dos meios de comunicação é uma realidade irreversível, contra a qual qualquer resistência é bem pouco inteligente. Alterou-se a legislação (...) de modo a dela se excluir toda obrigatoriedade de publicação na imprensa particular dos atos convocatórios de licitações. Simplifica-se e se barateia grandemente aquela comunicação, resta evidente. Barateia-se porque se livra o ente público licitador de um custo bastante considerável com jornais, e se simplifica porque publicar algo em um site eletrônico tornou-se já uma atividade das mais acessíveis pela população, ao alcance de uma criança de cinco anos. (...). Mas aquele impacto negativo vem sendo, entretanto, progressivamente compensado pela rápida transferência da atenção, pelos interessados, dos meios impressos para os meios eletrônicos, que, cada dia mais, ditam as regras da comunicação entre os homens. A imprensa escrita perde importância (...), realidade essa que todos, sem exceção, gostando ou não, precisam aceitar.[516]

Não obstante, infelizmente, em decisão proferida nos autos da Ação Direta de Inconstitucionalidade nº 6.229/2019, o ministro relator, Gilmar Mendes, suspendeu os efeitos da retromencionada Medida Provisória, até a conclusão da análise pelo Congresso Nacional ou o julgamento de mérito pelo Plenário do STF. Posteriormente, a Medida Provisória perdeu a eficácia.

Sobre o tema, cabe registrar que o Decreto nº 10.031/2019 alterou o Decreto nº 9.215/2017 (que dispõe sobre a publicação do Diário Oficial da União), estabelecendo a isenção de cobrança das publicações desses extratos, quando realizadas por órgãos e entidades que integram o Orçamento Geral da União.

Anote-se que este parágrafo 1º havia sido vetado pelo Presidente da República, sob o argumento de que "a determinação de publicação em jornal de grande circulação contraria o interesse público por ser uma medida desnecessária e antieconômica, tendo em vista que a divulgação em 'sítio eletrônico oficial' atende ao princípio constitucional da publicidade. Além disso, tem-se que o princípio da publicidade, disposto no art. 37, caput da Constituição da República, já seria devidamente observado com a previsão contida no caput do art. 54, que prevê a divulgação dos instrumentos de contratação no Portal Nacional de Contratações Públicas (PNCP), o qual passará a centralizar a publicidade dos atos relativos às contratações públicas".

Não obstante, o Congresso Nacional derrubou o veto sob a justificativa de que a publicação implica num maior controle social, mais fiscalização e transparência.

---

516 RIGOLIN. *Medida Provisória nº 896, de 6 de setembro de 2019.*

CAPÍTULO IV
DA APRESENTAÇÃO DE PROPOSTAS E LANCES

Art. 55. Os prazos mínimos para apresentação de propostas e lances, contados a partir da data de divulgação do edital de licitação, são de:

I – para aquisição de bens:

a) 8 (oito) dias úteis, quando adotados os critérios de julgamento de menor preço ou de maior desconto;

b) 15 (quinze) dias úteis, nas hipóteses não abrangidas pela alínea "a" deste inciso;

II – no caso de serviços e obras:

a) 10 (dez) dias úteis, quando adotados os critérios de julgamento de menor preço ou de maior desconto, no caso de serviços comuns e de obras e serviços comuns de engenharia;

b) 25 (vinte e cinco) dias úteis, quando adotados os critérios de julgamento de menor preço ou de maior desconto, no caso de serviços especiais e de obras e serviços especiais de engenharia;

c) 60 (sessenta) dias úteis, quando o regime de execução for de contratação integrada;

d) 35 (trinta e cinco) dias úteis, quando o regime de execução for o de contratação semi-integrada ou nas hipóteses não abrangidas pelas alíneas "a", "b" e "c" deste inciso;

III – para licitação em que se adote o critério de julgamento de maior lance, 15 (quinze) dias úteis;

IV – para licitação em que se adote o critério de julgamento de técnica e preço ou de melhor técnica ou conteúdo artístico, 35 (trinta e cinco) dias úteis.

§1º Eventuais modificações no edital implicarão nova divulgação na mesma forma de sua divulgação inicial, além do cumprimento dos mesmos prazos dos atos e procedimentos originais, exceto quando a alteração não comprometer a formulação das propostas.

§2º Os prazos previstos neste artigo poderão, mediante decisão fundamentada, ser reduzidos até a metade nas licitações realizadas pelo Ministério da Saúde, no âmbito do Sistema Único de Saúde (SUS).

Artigo 55

1 Prazos mínimos para a apresentação de propostas e lances

Pelo regrado, deverão ser adotados os seguintes prazos mínimos para apresentação de propostas ou lances, contados a partir da divulgação do instrumento convocatório, considerando-se os critérios de julgamentos adotados:

a) Na aquisição de bens:
   - 8 dias úteis, quando adotados os critérios de julgamento de menor preço ou de maior desconto; e
   - 15 dias úteis, nas demais hipóteses.

b) Na contratação de serviços e obras:
   - 10 dias úteis, quando adotados os critérios de julgamento de menor preço ou de maior desconto, no caso de serviços comuns e de obras e serviços comuns de engenharia;
   - 25 dias úteis, quando adotados os critérios de julgamento de menor preço ou de maior desconto, no caso de serviços especiais e de obras e serviços especiais de engenharia;
   - 60 dias úteis, quando o regime de execução for o de contratação integrada; e
   - 35 dias úteis, quando o regime de execução for o de contratação semi-integrada ou nas demais hipóteses.

c) Nas licitações que adotem o critério de julgamento de maior lance: 15 dias úteis;

d) Nas licitações que adotem o critério de julgamento de técnica e preço ou de melhor técnica ou conteúdo artístico: 35 dias úteis.

Parágrafo 1º

2 Modificações no edital

De caráter moralizador, à semelhança da lei anterior, o parágrafo prevê que qualquer modificação no edital exige divulgação idêntica àquela dada ao texto inicial, reabrindo-se o prazo inicialmente estabelecido, como se novo edital fosse. É dispensada a providência quando a alteração for de pequena monta, desde que, inquestionavelmente, não afete a formulação das propostas.

Parágrafo 2º

3 Redução do prazo de apresentação de propostas e lances

Justificadamente, como medida para o enfrentamento de situações da esfera da saúde pública, como a que ora vem ocorrendo, com a pandemia do novo coronavírus, o §2º possibilita que os prazos previstos de apresentação de propostas e lances poderão ser reduzidos até a metade nas licitações realizadas pelo Ministério da Saúde, no âmbito do Sistema Único de Saúde (SUS), mediante decisão fundamentada.

Art. 56. O modo de disputa poderá ser, isolada ou conjuntamente:

I – aberto, hipótese em que os licitantes apresentarão suas propostas por meio de lances públicos e sucessivos, crescentes ou decrescentes;

II – fechado, hipótese em que as propostas permanecerão em sigilo até a data e hora designadas para sua divulgação.

§1º A utilização isolada do modo de disputa fechado será vedada quando adotados os critérios de julgamento de menor preço ou de maior desconto.

§2º A utilização do modo de disputa aberto será vedada quando adotado o critério de julgamento de técnica e preço.

§3º Serão considerados intermediários os lances:

I – iguais ou inferiores ao maior já ofertado, quando adotado o critério de julgamento de maior lance;

II – iguais ou superiores ao menor já ofertado, quando adotados os demais critérios de julgamento.

§4º Após a definição da melhor proposta, se a diferença em relação à proposta classificada em segundo lugar for de pelo menos 5% (cinco por cento), a Administração poderá admitir o reinício da disputa aberta, nos termos estabelecidos no instrumento convocatório, para a definição das demais colocações.

§5º Nas licitações de obras ou serviços de engenharia, após o julgamento, o licitante vencedor deverá reelaborar e apresentar à Administração, por meio eletrônico, as planilhas com indicação dos quantitativos e dos custos unitários, bem como com detalhamento das Bonificações e Despesas Indiretas (BDI) e dos Encargos Sociais (ES), com os respectivos valores adequados ao valor final da proposta vencedora, admitida a utilização dos preços unitários, no caso de empreitada por preço global, empreitada integral, contratação semi-integrada e contratação integrada, exclusivamente para eventuais adequações indispensáveis no cronograma físico-financeiro e para balizar excepcional aditamento posterior do contrato.

Artigo 56

1 Modos de disputa passíveis de serem adotados

Como já visto, o art. 18 da Nova Lei define que a fase preparatória do processo licitatório é caracterizada pelo planejamento e deve compatibilizar-se com o plano de contratações anual, sempre que elaborado, e com as leis orçamentárias, bem como abordar todas as considerações técnicas, mercadológicas e de gestão que podem interferir na contratação.

Dentre outros elementos a serem considerados nesta fase, o inc. VIII indica a necessidade de a Administração definir a modalidade de licitação, o critério de julgamento, o *modo de disputa* e a adequação e eficiência da forma de combinação desses parâmetros, para os fins de seleção da proposta apta a gerar o resultado de contratação mais vantajoso para a Administração Pública.

Tal como previsto na Lei do RDC, na Lei das Estatais e no decreto nº 10.024/2019, que regulamentou o pregão eletrônico, a Nova Lei prescreve neste art. 56 as formas para que as disputas ocorram.

Assim, preceitua que poderão ser adotados três modos de disputas:

a) o aberto;

b) o fechado; e

c) o que combina ambos.

A ideia que permeia essa formulação é o oferecimento de instrumentação eficaz ao combate à corrupção e aos conchavos e falcatruas nas licitações.

É o que também observaram Bruno Lira e Marcos Nóbrega:

> Tendo em vista o combate aos cartéis em licitação, tal inovação é alvissareira. Através dela, concedeu-se ao Estado a condição de se adotar um comportamento estratégico e mais adaptado às próprias características inerentes do mercado do objeto/serviço que vai ser licitado. Tal será feito a partir da própria formatação do processo licitatório, que levará em consideração tais fatores.[517]

Incisos I e II

1.1 Procedimentos dos modos de disputa aberto e fechado

Como o ocorrido na Lei das Estatais, os incisos I e II dão pálidas indicações procedimentais para os modos de disputa aberto e fechado.

No aberto, os licitantes apresentarão propostas por meio de lances públicos e sucessivos, crescentes ou decrescentes.

A sistemática já é a tradicionalmente adotada nos pregões da Lei nº 10.520/2002.

No fechado, as propostas apresentadas pelos licitantes serão sigilosas até a data e a hora designadas para que sejam divulgadas, assemelhando-se aos certames na modalidade concorrência da Lei nº 8.666/1993.

Anote-se que a Instrução Normativa SEGES/ME nº 73/2022, que dispôs sobre a licitação pelo critério de julgamento por menor preço ou maior desconto, na forma eletrônica, para a contratação de bens, serviços e obras, no âmbito da Administração Pública federal direta, autárquica e fundacional, também alude, nos arts. 22 a 25, aos modos de disputa.

> **Modos de disputa**
>
> Art. 22. Serão adotados para o envio de lances os seguintes modos de disputa:
>
> I – aberto: os licitantes apresentarão lances públicos e sucessivos, com prorrogações, conforme o critério de julgamento adotado no edital de licitação;

[517] LIRA; NÓBREGA. *O Estatuto do RDC é contrário aos cartéis em licitação? Uma breve análise baseada na teoria dos leilões.*

II – aberto e fechado: os licitantes apresentarão lances públicos e sucessivos, com lance final fechado, conforme o critério de julgamento adotado no edital de licitação; ou

III – fechado e aberto: serão classificados para a etapa da disputa aberta, com a apresentação de lances públicos e sucessivos, o licitante que apresentou a proposta de menor preço ou maior percentual desconto e os das propostas até 10% (dez por cento) superiores ou inferiores àquela, conforme o critério de julgamento adotado.

§1º Quando da opção por um dos modos de disputa estabelecidos nos incisos I a III do caput, o edital preverá intervalo mínimo de diferença de valores ou de percentuais entre os lances, que incidirá tanto em relação aos lances intermediários quanto em relação ao lance que cobrir a melhor oferta.

§2º Os lances serão ordenados pelo sistema e divulgados da seguinte forma:

I – ordem crescente, quando adotado o critério de julgamento por menor preço; ou

II – ordem decrescente, quando adotado o critério de julgamento por maior desconto.

Modo de disputa aberto

Art. 23. No modo de disputa aberto, de que trata o inciso I do caput do art. 22, a etapa de envio de lances durará dez minutos e, após isso, será prorrogada automaticamente pelo sistema quando houver lance ofertado nos últimos dois minutos do período de duração desta etapa.

§1º A prorrogação automática da etapa de envio de lances, de que trata o caput, será de dois minutos e ocorrerá sucessivamente sempre que houver lances enviados nesse período de prorrogação, inclusive quando se tratar de lances intermediários.

§2º Na hipótese de não haver novos lances na forma estabelecida no caput e no §1º, a etapa será encerrada automaticamente, e o sistema ordenará e divulgará os lances conforme disposto no §2º do art. 22.

§3º Definida a melhor proposta, se a diferença em relação à proposta classificada em segundo lugar for de pelo menos 5% (cinco por cento), o agente de contratação ou a comissão de contratação, quando o substituir, auxiliado pela equipe de apoio, poderá admitir o reinício da disputa aberta, nos termos estabelecidos no edital de licitação, para a definição das demais colocações.

§4º Após o reinício previsto no §3º, os licitantes serão convocados para apresentar lances intermediários.

§5º Encerrada a etapa de que trata o §4º, o sistema ordenará e divulgará os lances conforme disposto no §2º do art. 22.

Modo de disputa aberto e fechado

Art. 24. No modo de disputa aberto e fechado, de que trata o inciso II do caput do art. 22, a etapa de envio de lances terá duração de quinze minutos.

§1º Encerrado o prazo previsto no caput, o sistema encaminhará o aviso de fechamento iminente dos lances e, transcorrido o período de até dez minutos, aleatoriamente determinado, a recepção de lances será automaticamente encerrada.

§2º Após a etapa de que trata o §1º, o sistema abrirá a oportunidade para que o autor da oferta de valor mais baixo ou de maior percentual de desconto e os autores das ofertas subsequentes com valores ou percentuais até dez por cento superiores ou inferiores àquela, conforme o critério adotado, possam ofertar um lance final e fechado em até cinco minutos, que será sigiloso até o encerramento deste prazo.

§3º No procedimento de que trata o §2º, o licitante poderá optar por manter o seu último lance da etapa aberta, ou por ofertar melhor lance.

§4º Na ausência de, no mínimo, três ofertas nas condições de que trata o §2º, os autores dos melhores lances subsequentes, na ordem de classificação, até o máximo de três, poderão oferecer um lance final e fechado em até cinco minutos, que será sigiloso até o encerramento do prazo, observado o disposto no §3º.

§5º Encerrados os prazos estabelecidos nos §§2º e 4º, o sistema ordenará e divulgará os lances conforme disposto no §2º do art. 22.

Modo de disputa fechado e aberto

Art. 25. No modo de disputa fechado e aberto, de que trata o inciso III do caput do art. 22, somente serão classificados automaticamente pelo sistema, para a etapa da disputa aberta, na forma disposta no art. 23, com a apresentação de lances, o licitante que apresentou a proposta de menor preço ou maior percentual de desconto e os das propostas até 10% (dez por cento) superiores ou inferiores àquela, conforme o critério de julgamento adotado.

§1º Não havendo pelo menos 3 (três) propostas nas condições definidas no caput, poderão os licitantes que apresentaram as três melhores propostas, consideradas as empatadas, oferecer novos lances sucessivos, na forma disposta no art. 23.

§2º Definida a melhor proposta, se a diferença em relação à proposta classificada em segundo lugar for de pelo menos 5% (cinco por cento), o agente de contratação ou a comissão de contratação, quando o substituir, auxiliado pela equipe de apoio, poderá admitir o reinício da disputa aberta, nos termos estabelecidos no edital de licitação, para a definição das demais colocações.

§3º Após o reinício previsto no §2º, os licitantes serão convocados para apresentar lances intermediários, podendo optar por manter o seu último lance.

§4º Encerrada a etapa de que trata o §3º, o sistema ordenará e divulgará os lances conforme disposto no §2º do art. 22.

Parágrafos 1º e 2º

2 Vedações ao uso dos modos de disputa fechado e aberto

Os §§1º e 2º registram vedações ao uso dos modos de disputa fechado e aberto, respectivamente.

Segundo o §1º, é vedada a utilização isolada do modo de disputa fechado quando adotados os critérios de julgamento de menor preço ou de maior desconto.

Logo, considerando que a modalidade pregão só admite a utilização dos critérios de julgamento de menor preço e de maior desconto (inc. XLI do art. 6º), nele só poderão ser empregados o modo de disputa aberto ou este modo combinado com o fechado.

Da mesma forma, na concorrência, quando efetuada pelos critérios de julgamento de menor preço ou maior desconto.

Já o §2º proíbe o uso do modo de disputa aberto quando adotado o critério de julgamento de técnica e preço.

Parágrafo 3º

3 Lances intermediários

Identicamente às Leis do RDC e das Estatais, a Nova Lei também possibilita a apresentação de lances intermediários.

Esse regramento é de grande importância para as hipóteses em que o lance vencedor, por algum motivo, não resulte na contratação procurada (por exemplo: por inabilitação ou recusa de assinatura); nos casos de contratação de remanescente do objeto, nas situações de rescisão contratual abrupta, ou até mesmo nos casos de fraude durante o certame.

Atilio Pinton Neto, oferecendo um exemplo prático, esclarece com desenvoltura a significância dos lances intermediários:

> Pode ocorrer que em uma disputa aberta, em que os lances se sucedem, por exemplo, em ordem decrescente de valor, se um determinado proponente ofertar lance muito abaixo dos demais, isto pode implicar na impossibilidade de que estes continuem na disputa, encerrando-se o certame. Neste caso, na hipótese do primeiro colocado não atender aos requisitos do edital, será inabilitado ou desclassificado, convocando-se o segundo colocado. Tal procedimento previsto na legislação pode levar a situações em que haja proponentes que se aproveitem maliciosamente desta regra. Imagine-se que o "primeiro" colocado, oferte valor muito abaixo do mercado, propositadamente, levando os demais a não poder acompanhá-lo. E que o "segundo" colocado estivesse "combinado" com o primeiro: ter-se-ia definido o resultado da licitação a favor deste. Para impedir tal manobra entre fornecedores, a legislação permite que sejam ofertados "lances intermediários". Assim, os proponentes que não puderem ofertar lances melhores que o primeiro colocado, têm a oportunidade de melhorar seus próprios lances.[518]

Considerando os critérios de julgamentos adotados, o §3º preceitua duas regras para os lances intermédios:

a) se o critério de julgamento for o do maior lance: serão os lances iguais ou inferiores ao maior já ofertado;
b) nos demais critérios: serão os lances iguais ou superiores ao menor já ofertado.

Parágrafo 4º

4 Admissão de reinício da disputa aberta

Após a definição da melhor proposta, se a diferença em relação à proposta classificada em segundo lugar for de pelo menos 5%, a Administração poderá admitir o reinício da disputa aberta para a redefinição das demais colocações.

A possibilidade configura uma nova oportunidade para os que ficaram atrás da melhor proposta, pois o licitante que a tenha apresentado não participará da nova disputa. A intenção, portanto, é reorganizar as demais colocações.

518 PITON FILHO. *Lances intermediários nas licitações.*

Registre-se que o reinício da disputa aberta não é obrigatório, tratando-se de uma faculdade a ser adotada levando em consideração a situação do momento, e, em função disso, devidamente justificada.

Parágrafo 5º

5 Reelaboração das planilhas

Como após a fase de lances no pregão o preço final será diverso do preço inicial proposto, far-se-á necessário, para a análise de exequibilidade, que o licitante "vencedor" detalhe novamente a composição de seu novo preço.

Em função disso, este §5º determina que, nas licitações de obras ou serviços de engenharia, após o julgamento, o licitante vencedor reelabore e apresente à Administração, por meio eletrônico, as planilhas com indicação dos quantitativos e dos custos unitários, com detalhamento das Bonificações e Despesas Indiretas (BDI) e dos Encargos Sociais (ES), com os respectivos valores adequados ao valor final da proposta vencedora, admitida a utilização dos preços unitários, no caso de empreitada por preço global, empreitada integral, contratação semi-integrada e contratação integrada, exclusivamente para eventuais adequações indispensáveis no cronograma físico-financeiro e para balizar excepcional aditamento posterior do contrato.

Valmir Campelo e Rafael Cavalcante observam que esse novo detalhamento também evita a ocorrência de duplicidades de encargos dispostos no orçamento e serve de lastro probatório para o discernimento de futuros pleitos de reequilíbrio econômico-financeiro, tratando-se da necessária motivação do preço ofertado, supedâneo do julgamento e da avaliação da real vantagem do preço oferecido pelo particular.

Art. 57. O edital de licitação poderá estabelecer intervalo mínimo de diferença de valores entre os lances, que incidirá tanto em relação aos lances intermediários quanto em relação à proposta que cobrir a melhor oferta.

Artigo 57

1 Intervalo mínimo de diferença entre os lances

A descoberta de indícios de utilização de robôs em pregões eletrônicos fez com que o TCU recomendasse que a Administração avaliasse a oportunidade e a conveniência de estabelecer nas licitações um intervalo mínimo de diferença de valores entre os lances, consoante já dispunha a Instrução Normativa SLTI/MP nº 3/2011.

O objetivo é claro: evitar lances com descontos irrisórios, prática que prejudica a competitividade do certame.

Tal regra foi explicitada no decreto do pregão eletrônico (Decreto nº 10.024/2019) e repetida neste art. 57, que autoriza que a Administração estabeleça nos editais licitatórios um intervalo mínimo de diferença de valores entre os lances, que incidirá tanto em relação aos lances intermediários quanto em relação à proposta que cobrir a melhor oferta.[519]

Como anota Dawison Barcelos, a fim de tornar a sessão pública mais eficiente, seria recomendável que o intervalo mínimo de diferença porventura utilizado acompanhasse o respectivo critério de julgamento adotado, isto é, caso o instrumento convocatório preveja o "menor preço", que seja aplicado o intervalo mínimo de diferença de valores; se o edital previr o critério de julgamento "maior desconto", que seja utilizado o intervalo mínimo de diferença de percentual.[520]

---

[519] O avanço tecnológico colocou à disposição das empresas participantes de licitações novas ferramentas que suscitaram controvérsias jurídicas: uma delas é o uso do "robô", que configura um software que visa dar lances quase que instantâneos na etapa de lances em disputa no pregão eletrônico. Com o uso do mecanismo é possível que, na iminência do encerramento, haja um lance mais rápido oferecido pela empresa que adquiriu o software, que sempre agirá com mais agilidade que o ser humano. Como observou Irene Nohara, "o uso de robô vem suscitando (...) controvérsias jurídicas, dado que o TCU chegou a notificar a Administração Pública para que proibisse a prática. Também se indaga se não haveria o cometimento do crime de frustrar ou fraudar, mediante ajuste, combinação ou qualquer outro expediente, o caráter competitivo do procedimento licitatório, com intuito de obter, para si ou para outrem, vantagem decorrente da adjudicação do objeto da licitação" (*In.:* Que empresas fazem uso de robôs para participar de licitações?). O Decreto nº 10.024/2019, que regulamentou o pregão eletrônico da Lei nº 10. 520/2002, buscou, entre outras inovações, dar fim ao chamado tempo aleatório (randômico) como critério decisivo para a definição do encerramento da disputa. Tal inovação conduziu à superação da utilização de softwares robôs, estabelecendo dois modelos específicos de disputa com o intuito de afastar a aleatoriedade como mecanismo decisivo para a seleção do melhor lance, garantindo, assim, que a oferta vencedora seja baseada em uma ação consciente do licitante.

[520] BARCELOS. *Intervalos mínimos de diferença entre lances ofertados em pregões regidos pelo decreto nº 10.024/19.*

Art. 58. Poderá ser exigida, no momento da apresentação da proposta, a comprovação do recolhimento de quantia a título de garantia de proposta, como requisito de pré-habilitação.

§1º A garantia de proposta não poderá ser superior a 1% (um por cento) do valor estimado para a contratação.

§2º A garantia de proposta será devolvida aos licitantes no prazo de 10 (dez) dias úteis, contado da assinatura do contrato ou da data em que for declarada fracassada a licitação.

§3º Implicará execução do valor integral da garantia de proposta a recusa em assinar o contrato ou a não apresentação dos documentos para a contratação.

§4º A garantia de proposta poderá ser prestada nas modalidades de que trata o §1º do art. 96 desta Lei.

Artigo 58

1 Garantia para participação na licitação

Tal como na Lei nº 8.666/1993 (art. 31, III), este art. 58 indica a possibilidade de a Administração exigir, no momento da apresentação da proposta, como de requisito de pré-habilitação, a comprovação do recolhimento de quantia a título de garantia de proposta.

É certo que o objetivo é desestimular a participação de curiosos no certame, que, normalmente, só o tumultuam, assegurando, com a apresentação da garantia, a seriedade dos participantes.

Dessa forma, a autoridade competente deverá avaliar a necessidade de exigência de garantia, a qual deverá constar no instrumento convocatório da licitação.

É o que determina o TCU:

> Acórdão TCU nº 4.606/2010 – Segunda Câmara – Abstenha-se de incluir nos instrumentos convocatórios exigências, não justificadas, que restrinjam o caráter competitivo das licitações, especialmente com relação à comprovação de caução anteriormente à fase de habilitação.

Nesse viés, Tatiana Camarão:

> A esse respeito, já tivemos a oportunidade de nos manifestar ao afirmarmos que cabe à Administração verificar se, na licitação que estiver sendo aplicada a garantia, é oportuno exigi-la, levando em consideração que o contratado, provavelmente, irá embuti-la no preço. Ainda, sua exigência poderá inviabilizar a contratação, posto que o contratado, mesmo possuindo condições para realizar os atos do contrato, poderá não possuir bens ou recursos suficientes para efetuar a garantia.[521]

[521] CAMARÃO. *Nova Lei de Licitações*.

Não se deve confundir a garantia licitatória com a prestada nos contratos, que ocorre após a licitação.

A possibilidade de exigência dessa garantia vem sofrendo ao longo do tempo muitas censuras.

Marcos Juruena registrou seu descontentamento:

> A possibilidade de ser exigida garantia como fator de habilitação, além de caracterizar retrocesso, sem amparo constitucional, nada prova. Acaba por haver distinção entre os que podem pagar e os que não podem pagar seguro. A caução ou fiança não provam que ninguém é capaz (aliás, sequer podem garantir o cumprimento do contrato, mas tão-somente penalidades).[522]

Na mesma linha, Cintra do Amaral:

> Pessoalmente, não sou favorável à exigência de garantia de cumprimento de proposta. Na prática, raramente um licitante desiste da contratação após ser considerado vencedor na licitação. O que ocorre é o contrário. Em face da lentidão do procedimento licitatório, é frequente que a contratação se faça fora do prazo de validade das propostas, o que leva a Administração a solicitar a revalidação da proposta julgada vencedora. A apresentação de garantia é, portanto, quase sempre inútil, e tem um custo que pode perfeitamente ser evitado.[523]

Desassossegado, Marçal Justen chega a sustentar que, além de não acrescentar qualquer vantagem ou benefício à Administração, a regra é flagrantemente inconstitucional, entendendo que "a exigência de garantias para participação na licitação é incompatível com o disposto no art. 37, XXI, da CF/88".[524]

De toda maneira, a exigência é passível de ser feita, não só porque consta da lei, mas também em função de ter como propósito proteger o Estado dos maus licitantes que vencem as competições, mas não comparecem para firmar o contrato.

Essa garantia limitar-se-á a 1% do valor estimado do objeto da contratação, a qual deverá ser devolvida aos licitantes no prazo de dez dias úteis, contado da data de assinatura do contrato ou data em que for declarada fracassada a licitação. Como observa Tatiana Camarão, o prazo de devolução da garantia para os licitantes, marcado para depois da formalização do ajuste, tem razão de ser, na medida em que o atraso ou a retomada da licitação gera para a Administração Pública prejuízos, que devem ser ressarcidos.[525]

A garantia de proposta poderá ser prestada nas modalidades de que trata o §1º do art. 96, quais sejam:

a) caução em dinheiro ou em títulos da dívida pública emitidos sob a forma escritural, mediante registro em sistema centralizado de liquidação e de custódia autorizado pelo Banco Central do Brasil, e avaliados por seus valores econômicos, conforme definido pelo Ministério da Economia;

---

522 SOUTO. *Licitações e contratos administrativos.*

523 AMARAL. *Garantias nas licitações.*

524 JUSTEN FILHO. *Comentários à Lei de Licitações e Contratos Administrativos.* 12. ed.

525 CAMARÃO. *Nova Lei de Licitações.*

b) seguro-garantia; ou
c) fiança bancária emitida por banco ou instituição financeira devidamente autorizada a operar no País pelo Banco Central do Brasil.

Uma importante ressalva: a recusa do adjudicatário em assinar o contrato ou mesmo a não apresentação dos documentos para a contratação demandarão na execução do valor integral da garantia de proposta.

Art. 59. Serão desclassificadas as propostas que:

I – contiverem vícios insanáveis;

II – não obedecerem às especificações técnicas pormenorizadas no edital;

III – apresentarem preços inexequíveis ou permanecerem acima do orçamento estimado para a contratação;

IV – não tiverem sua exequibilidade demonstrada, quando exigido pela Administração;

V – apresentarem desconformidade com quaisquer outras exigências do edital, desde que insanável.

§1º A verificação da conformidade das propostas poderá ser feita exclusivamente em relação à proposta mais bem classificada.

§2º A Administração poderá realizar diligências para aferir a exequibilidade das propostas ou exigir dos licitantes que ela seja demonstrada, conforme disposto no inciso IV do *caput* deste artigo.

§3º No caso de obras e serviços de engenharia e arquitetura, para efeito de avaliação da exequibilidade e de sobrepreço, serão considerados o preço global, os quantitativos e os preços unitários tidos como relevantes, observado o critério de aceitabilidade de preços unitário e global a ser fixado no edital, conforme as especificidades do mercado correspondente.

§4º No caso de obras e serviços de engenharia, serão consideradas inexequíveis as propostas cujos valores forem inferiores a 75% (setenta e cinco por cento) do valor orçado pela Administração.

§5º Nas contratações de obras e serviços de engenharia, será exigida garantia adicional do licitante vencedor cuja proposta for inferior a 85% (oitenta e cinco por cento) do valor orçado pela Administração, equivalente à diferença entre este último e o valor da proposta, sem prejuízo das demais garantias exigíveis de acordo com esta Lei.

Artigo 59

1 Desclassificação das propostas

O Capítulo V do Título II – Das Licitações – versa sobre a fase de julgamento das licitações.

O art. 59, que inicia o capítulo, ocupa-se dos procedimentos a serem adotados para desclassificação das propostas que não atendam aos requisitos dispostos no instrumento convocatório da licitação.

É curial anotar que a Administração não desclassifica os licitantes, mas sim, as suas propostas.

Seis são os motivos que farão com que as propostas sejam desclassificadas:

- Vícios insanáveis;
- Não atendimento às especificações técnicas pormenorizadas no edital;
- Preços inexequíveis;
- Preços permanecerem acima do orçamento estimado para a contratação;
- Falta de demonstração de exequibilidade, quando exigido; ou
- Desconformidade insanável com quaisquer outras exigências do edital.

Na tentativa de não deixar dúvidas ao aplicador da norma, os casos de desclassificação foram pormenorizados. O detalhamento foi tamanho que parece que o legislador exagerou na dose, porquanto elenca entre os motivos duas situações que, de certo modo, têm o mesmo efeito: a apresentação de preço inexequível e a não demonstração de exequibilidade. Inexequível é algo que não pode ser executado, realizado ou cumprido, alguma coisa irrealizável. No âmbito das contratações públicas, se refere à impossibilidade de um pretendente à contratado executar um objeto aspirado pela Administração pelo preço proposto.

É certo, contudo, que há uma explicação para isso: ao apreciar o assunto, o TCU se manifestou no sentido de que não basta que a Administração considere o preço proposto inexequível, porquanto, ao chegar a essa conclusão, deverá permitir que a licitante demonstre que, em função de fatores a ela intrínsecos, tal proposição é, sim, exequível. Apesar disso, a nosso ver, a melhor solução, para não causar insegurança na aplicação, seria estabelecer no mesmo item os dois fatores.

Inciso I

1.1 Propostas com vícios insanáveis

Vícios sanáveis são os que não afetam a substância ou a essência de alguma coisa, e, em função disso, são passíveis de serem acertados e aceitos. Logo, falhas meramente formais de uma proposta poderão ser corrigidas, demandando a aceitação da proposição.

A adoção de formalismos exagerados em licitações deve ser afastada, pois não se concebe que a Administração tome providências em função de meras omissões ou diminutas irregularidades formais, desde que, por suas irrelevâncias, não causem qualquer tipo de prejuízo.

O apego a formalismos exagerados é uma manifestação perniciosa da burocracia que, além de não resolver apropriadamente problemas cotidianos, ainda causa danos, sob o manto da legalidade estrita. Nesse caso, se esquece do interesse público e passa-se a conferir pontos e vírgulas, como se isso fosse o mais importante a se fazer.[526]

O objetivo das licitações públicas é a busca do melhor contrato para a Administração, garantindo-se, de outro lado, a igualdade entre os concorrentes. Essa garantia concretiza-se na medida em que se observa o devido processo administrativo. O pertinente procedimento e o ato jurídico formal, no entanto, não podem se tornar expressões

[526] Conforme Ministro do TCU Marcos Vilaça, na qualidade de relator de um processo, invocando a lembrança do saudoso Ministro da Desburocratizarão Hélio Beltrão.

sinônimas de formalismo exacerbado. O formalismo no procedimento licitatório não pode ser elevado à condição de cláusula que venha a comprometer a competição.[527]

Nesse contexto, somente vícios insanáveis, que não possuam conserto ou remédio, devem ser considerados para o fim de desclassificação de uma proposta.

Sendo assim, a Nova Lei admite o saneamento de vícios nas propostas, não constituindo vícios desclassificatórios das propostas aqueles que possam ser sanados pela Administração, sem prejuízo do julgamento objetivo e do tratamento isonômico dos licitantes.

É certo que, ao pronunciar a existência de vício insanável, a autoridade administrativa deverá apontar vício encontrado e justificar a decisão de não aceitação da proposta.

Inciso II

1.2 Descumprimento de especificações técnicas indicadas no edital

A Nova Lei preceitua que as licitações realizadas pela Administração se destinam a assegurar, entre outros princípios, o da vinculação ao instrumento convocatório.

A intenção dessa vinculação é impedir que, depois de iniciado o procedimento licitatório, sejam criados critérios diferenciados daqueles estabelecidos no edital convocatório, evitando surpresas para os licitantes, que poderão formular suas propostas com inteiro conhecimento do que deles pretende a Administração.

Nesse contexto, o instrumento de convocação do certame deverá trazer todas as especificações do objeto pretendido, as quais deverão ser atendidas *in totum* pelos licitantes.

Se a proposta não obedecer a essas especificações técnicas, caberá à Administração desclassificá-la.

Como obtemperam Jessé Torres e Marinês Dotti, "especificações técnicas legítimas são as necessárias e suficientes para que a Administração concretize a finalidade do contrato. Tais especificações, postas no edital, garantem que o objeto da proposta contenha a qualidade adequada à produção daqueles resultados, por isto que, dependendo da natureza do objeto, o seu atendimento deve ser claramente indicado na proposta, na forma solicitada pelo instrumento convocatório".[528]

Inciso III

1.3 Preços inexequíveis ou que permanecerem acima do orçamento estimado

1.3.1 Preços inexequíveis

Os lances ou propostas que apresentarem preços inexequíveis serão desclassificados.

---

[527] TEIXEIRA JÚNIOR; CIOTTI. *Formalismo e competitividade nas licitações*. (Registros pessoais).

[528] PEREIRA JÚNIOR; DOTTI. *Comentários ao RDC integrado ao sistema brasileiro de licitações e contratações públicas.*

Inexequíveis são os preços que não demonstram sua viabilidade por intermédio de documentação que comprove que os custos dos insumos são coerentes com os de mercado e que os coeficientes de produtividade são compatíveis com a execução do objeto do contrato pretendido, cujas condições deverão necessariamente estar especificadas no ato convocatório da licitação.[529]

Vide que, no caso de obras e serviços de engenharia, a questão tem contornos matemáticos, pois, segundo o §4º, serão consideradas inexequíveis as propostas cujos valores forem inferiores a 75% (setenta e cinco por cento) do valor orçado pela Administração.

1.3.2 Propostas com preços que permaneçam acima do orçamento estimado

O inc. III sinaliza como motivo de desclassificação quando as propostas permanecerem acima do orçamento estimado para a contratação.

Logo, o valor referencial (como prevê o art. 23, o valor previamente estimado da contratação) deverá servir de parâmetro para a fixação de preço que servirá como valor limite de corte para desclassificação das propostas.

E qual o motivo da regra mencionar "*permanecerem* acima do orçamento estimado para a contratação"? Porque, conforme previsto no art. 61, após a definição do resultado do julgamento, a Administração poderá negociar condições mais vantajosas não só com o primeiro colocado como com os demais licitantes, segundo a ordem de classificação inicialmente estabelecida, quando o primeiro colocado, mesmo após a negociação, for desclassificado em razão de sua proposta permanecer acima do preço máximo definido pela Administração.

Inciso IV

1.4 Propostas sem exequibilidade

Segundo o inciso, serão desclassificadas as propostas que não tiverem sua exequibilidade demonstrada, quando exigido pela Administração.

Como já esposado, ao apreciar a questão referente a preços inexequíveis, o TCU concluiu que não cabe à comissão de licitação ou ao pregoeiro declarar a inexequibilidade

[529] A matéria nos fez voar no tempo e recordar um episódio ocorrido no longínquo ano de 1987, época em que regia as licitações o Decreto-Lei nº 2.300/1986. Em consultoria direta a uma comissão de licitação de um grande ministério, sugerimos, após análise das propostas, a desclassificação de uma delas por inexequibilidade. Tratava-se de licitação para a contratação de serviços de limpeza e conservação, com fornecimento de material. O preço proposto, muito baixo, não cobriria nem mesmo o valor da aquisição dos detergentes para efetivação do objeto. Para nossa surpresa, a própria proprietária da empresa adentrou ao salão de reuniões e declarou, em alto tom, que o interesse era lograr-se vencedora da competição, pois, dessa forma, utilizaria a contratação como peça de publicidade, angariando, assim, o respeito do mercado. Ao receber a informação que o preço ofertado era inexequível, pois a Administração não poderia correr o risco de contratar e depois não ver o objeto ser executado a contento, demostrou surpresa e indignação, já que tinha como certa a vitória por ter ofertado preço tão baixo. Apesar do citado Decreto-Lei nº 2.300/1986 já conter a regra da desclassificação por preço "manifestamente inexequível", tivemos problemas até mesmo com o setor de auditoria, que só se dobrou após trazermos à baila um parecer do saudoso mestre Hely Lopes Meirelles.

da proposta da licitante, mas sim, facultar aos participantes do certame a possibilidade de comprovarem a exequibilidade das suas propostas:

> Acórdão nº 559/2009 – 1ª Câmara, rel. Min. Augusto Nardes – [...]. Nos termos da jurisprudência do TCU, não cabe ao pregoeiro ou à comissão de licitação declarar a inexequibilidade da proposta da licitante, mas facultar aos participantes do certame a possibilidade de comprovarem a exequibilidade das suas propostas.

> Acórdão nº 287/2008 – Plenário, rel. Min. Ubiratan Aguiar – [...] 20. No que se refere à inexequibilidade, entendo que a compreensão deve ser sempre no sentido de que a busca é pela satisfação do interesse público em condições que, além de vantajosas para a Administração, contenham preços que possam ser suportados pelo contratado sem o comprometimento da regular prestação contratada. Não é o objetivo de o Estado espoliar o particular, tão pouco imiscuir-se em decisões de ordem estratégica ou econômica das empresas. Por outro lado, cabe ao próprio interessado a decisão acerca do preço mínimo que ele pode suportar. 21. Assim, o procedimento para a aferição de inexequibilidade de preço [...] conduz a uma presunção relativa de inexequibilidade de preços. Isso porque, além de o procedimento encerrar fragilidades, dado que estabelece dependência em relação a preços definidos pelos participantes, sempre haverá possibilidades de o licitante comprovar sua capacidade de bem executar os preços propostos, atendendo satisfatoriamente o interesse da Administração.

Observe-se que, no caso de obras e serviços de engenharia e arquitetura, para efeito de avaliação da exequibilidade e de sobrepreço, o §3º preceitua que serão considerados o preço global, os quantitativos e os preços unitários tidos como relevantes, observado o critério de aceitabilidade de preços unitário e global a ser fixado no edital, conforme as especificidades do mercado correspondente.

Inciso V

1.5 Desconformidade com outras exigências do edital

Evidentemente, as propostas deverão atender a todos os requisitos e especificações previstos no instrumento convocatório. Logo, as proposituras que apresentem desconformidade com exigências editalícias que não sejam referentes a especificações técnicas também deverão ser rechaçadas.

Contudo, repisa-se, há de se combater o apego ao formalismo exagerado. Como sentenciava o saudoso Ivo Ferreira de Oliveira, em obra lapidar sobre a matéria,[530] o formalismo exacerbado decorre do culto da forma pela forma – em prejuízo da maior competitividade entre os licitantes – valendo dizer, do objetivo de se obter a melhor proposta para a Administração.

Vide que, consoante o indicado no §1º, a verificação de conformidade poderá ser procedida exclusivamente em relação à proposta mais bem classificada.

---

[530] OLIVEIRA. *Licitação.*

Parágrafo 5º

2 Garantia adicional nas contratações de obras e serviços de engenharia

A garantia adicional já constava na Lei nº 8.666/1993, e causava muitas dificuldades aos aplicadores. Era um imbróglio difícil de ser solucionado.

Agora, buscando mais facilidade, a Nova Lei informa, neste §5º, que, nas contratações de obras e serviços de engenharia, será exigida garantia adicional do licitante vencedor cuja proposta seja inferior a 85% do valor orçado pela Administração, equivalente à diferença entre este último e o valor da proposta, sem prejuízo das demais garantias exigíveis.

Trata-se de regra de presunção de desconfiança referente ao vencedor da licitação que tenha oferecido proposta inferior a 85% do valor orçado pela Administração.

Nesse caso, para a celebração do contrato, o dispositivo exige uma garantia adicional que cubra a diferença entre o valor orçado e o valor da proposta.

Art. 60. Em caso de empate entre duas ou mais propostas, serão utilizados os seguintes critérios de desempate, nesta ordem:
I - disputa final, hipótese em que os licitantes empatados poderão apresentar nova proposta em ato contínuo à classificação;
II - avaliação do desempenho contratual prévio dos licitantes, para a qual deverão preferencialmente ser utilizados registros cadastrais para efeito de atesto de cumprimento de obrigações previstos nesta Lei;
III - desenvolvimento pelo licitante de ações de equidade entre homens e mulheres no ambiente de trabalho, conforme regulamento;
IV - desenvolvimento pelo licitante de programa de integridade, conforme orientações dos órgãos de controle.
§1º Em igualdade de condições, se não houver desempate, será assegurada preferência, sucessivamente, aos bens e serviços produzidos ou prestados por:
I - empresas estabelecidas no território do Estado ou do Distrito Federal do órgão ou entidade da Administração Pública estadual ou distrital licitante ou, no caso de licitação realizada por órgão ou entidade de Município, no território do Estado em que este se localize;
II - empresas brasileiras;
III - empresas que invistam em pesquisa e no desenvolvimento de tecnologia no País;
IV - empresas que comprovem a prática de mitigação, nos termos da *Lei nº 12.187, de 29 de dezembro de 2009.*
§2º As regras previstas no *caput* deste artigo não prejudicarão a aplicação do disposto no *art. 44 da Lei Complementar nº 123, de 14 de dezembro de 2006.*

Artigo 60 e Parágrafo 2º

1 Elenco de critérios para o desempate nas licitações

A questão do desempate entre propostas no âmbito das licitações públicas tem tomado vulto em face dos novos diplomas que tratam da matéria.

Este art. 60 reproduz, com algumas importantes mudanças, o art. 55 da Lei das Estatais, que, por sua vez, reproduziu, com leves alterações, o art. 25 da Lei do RDC.

Segundo o preceptivo, em caso de empate entre duas ou mais propostas, serão utilizados os seguintes critérios de desempate na ordem a seguir:

- 1º – Disputa final, em que os licitantes empatados poderão apresentar nova proposta em ato contínuo à classificação;
- 2º – A avaliação do desempenho contratual prévio dos licitantes, com uso preferencial dos registros cadastrais;
- 3º – Desenvolvimento pelo licitante de ações de equidade entre homens e mulheres no ambiente de trabalho, conforme regulamento; e

- 4º – Desenvolvimento pelo licitante de programa de integridade, conforme orientações dos órgãos de controle.

Diversamente da Lei das Estatais, o legislador, no §2º, acertadamente reeditou dispositivo da Lei do RDC que sinaliza que as regras previstas não prejudicarão a aplicação do disposto no art. 44 da Lei Complementar nº 123/2006, que trata do desempate quando da participação de pequenas empresas, agricultores familiares, produtores rurais, microempreendedores individuais e cooperativas na competição.

Inciso I

1.1 Primeiro critério: Apresentação de novas propostas pelos licitantes empatados

Caso a situação não configure a necessidade de adoção das regras da LC nº 123/2006, na ocorrência de empate entre duas ou mais propostas, o critério inicial de desempate é a disputa simples, onde os licitantes empatados poderão apresentar novas proposições em ato contínuo à classificação.

Na verdade, o critério estabelecido consiste numa nova etapa competitiva, na qual a Administração facultará apenas aos licitantes empatados a possibilidade de apresentarem outra proposição.

Inciso II

1.2 Segundo critério: Avaliação do desempenho contratual prévio

O inc. II prescreve o critério que se segue, caso o modo da "disputa final" não solucione o impasse.

O segundo critério de desempate consistente numa avaliação prévia do desempenho contratual dos licitantes.

Logo, é imprescindível a existência de um sistema baseado em preceitos objetivos.

Nesse sentido, o inciso indica o uso preferencial dos registros cadastrais para efeito de atesto de cumprimento de obrigações previstos na lei.

Sobre a matéria, o art. 78 aponta o registro cadastral como um dos procedimentos auxiliares das licitações e das contratações, e o art. 86 preceitua que os órgãos e as entidades da Administração deverão utilizar o sistema de registro cadastral unificado disponível no Portal Nacional de Contratações Públicas (PNCP), para efeito de cadastro unificado de licitantes, na forma disposta em regulamento.

Essa regra de desempate, inovadoramente criada na Lei do RDC, caso aplicada com eficácia, consignar-se-á numa ferramenta indutora de execução eficiente dos contratos, porquanto, de certa forma, fará com que os contratados se esmerem na execução contratual para angariar pontos positivos a serem considerados em novas licitações.

Anotem-se observações de Rodrigo Pombo:

> Reputa-se que o sistema poderá privilegiar licitantes que já tenham executado contratações exitosas e satisfatórias. Nesse sentido, afigura-se viável a seleção de um determinado licitante que tenha obtido melhores resultados em contratos. Nesse caso, pode-se aludir a um critério consistente no melhor desempenho operacional prévio. Ou mesmo será possível que essa avaliação considere, para fins de desempate, eventual desempenho desastroso e não satisfatório de determinado licitante.[531]

Inciso III

1.3 Terceiro critério: Desenvolvimento de ações de equidade entre homens e mulheres no trabalho

Inovando sobremaneira, a Nova Lei, elevando a política de equidade à categoria de critério de desempate, elege como terceiro modo de desempate a comprovação de desenvolvimento pelo licitante de ações de equidade entre homens e mulheres no ambiente de trabalho. Ou seja, aquele que demonstrar melhor desempenho no fomento institucional à igualdade nessa seara sagrar-se-á vencedor da licitação.

Como a regra é bastante genérica, o legislador remeteu a questão à regulamentação. Tal indefinição provocou dúvidas em Nina Martins Rodrigues e Elisa Giannella:

> Pelo grau de abstração do dispositivo, questiona-se se haverá uma análise qualitativa da política institucional, de modo a apurar sua real efetividade e internalização nos quadros do licitante, ou se a simples formulação de um prospecto formal já será considerada suficiente.[532]

Como expõem as analistas, espera-se, como em qualquer política pública afirmativa, que o mercado corresponda e implemente critérios rigorosos para a garantia de direitos há muito consagrados tanto pela Constituição, bem como pela legislação trabalhista, que estabelecem, por exemplo, a premente necessidade de equiparação salarial, tendo em vista que as mulheres brasileiras ainda ganham, em média, 20,5% a menos que os homens.[533]

Regulamentando o disposto neste inciso, bem como o previsto no inc. I do §9º do art. 25 (possibilidade de exigência de que um percentual mínimo da mão de obra responsável pela execução do objeto da contratação seja constituído por mulheres vítimas de violência doméstica), foi editado o Decreto nº 11.430, de 8.03.2023, dispondo

> sobre a exigência, em contratações públicas, de percentual mínimo de mão de obra constituída por mulheres vítimas de violência doméstica e sobre a utilização do desenvolvimento, pelo licitante, de ações de equidade entre mulheres e homens no ambiente de trabalho como critério de desempate em licitações, no âmbito da administração pública federal direta, autárquica e fundacional.

---

[531] POMBO. *Critérios de desempate e preferências no RDC.*

[532] RODRIGUES; GIANNELLA. Aspectos de equidade na nova Lei de Licitações.

[533] RODRIGUES; GIANNELLA. *Aspectos de equidade na nova lei de licitações.*

Inciso IV

1.4 Quarto critério: Desenvolvimento de programa de integridade

Nota-se na Nova Lei a preocupação do legislador quanto à conduta ética dos contratados. *Vide* que, já no edital de licitações para obras, serviços e fornecimentos de grande vulto, exige a previsão de obrigatoriedade de implantação de programa de integridade pelo licitante vencedor, no prazo de seis meses, contado da celebração do contrato, com penalidades pelo seu descumprimento.

Nesse viés, preceitua como quarto critério de desempate o desenvolvimento pelo licitante de programa de integridade (*compliance*), conforme orientações dos órgãos de controle.

Originário da expressão anglo-saxã *to comply*, o termo *compliance* exprime, em acepção literal, o sentido de agir de acordo com uma regra ou um comando.

Assim, no caso, constitui a obrigação de cumprir, de estar em conformidade e atender regulamentos internos e externos impostos às atividades da organização que versem sobre conduta íntegra, configurando um conjunto de medidas direcionadas à prevenção, detecção e punição de fraudes e atos de corrupção.

Cultura empresarial largamente adotada em todo o mundo, o *compliance* passou a fazer parte com ênfase no meio jurídico-administrativo quando da edição da Lei nº 12.846/2013, que dispõe sobre a responsabilização administrativa e civil de pessoas jurídicas pela prática de atos contra a Administração Pública, nacional ou estrangeira, conhecida como *Lei Anticorrupção*, que prevê, em seu art. 7º, que passariam a serem levados em consideração na aplicação das sanções administrativas às pessoas jurídicas consideradas responsáveis pelos atos lesivos previstos no diploma, entre outras condições, a existência de mecanismos e procedimentos internos de integridade, auditoria e incentivo à denúncia de irregularidades, bem como a aplicação efetiva de códigos de ética e de conduta no âmbito da pessoa jurídica.[534]

Insta sublinhar que a implementação de programas de integridade constitui apenas um critério de desempate, ou seja, não há nada que impeça a participação em licitações de empresas que não tenham empreendido políticas de gestão dessa natureza.

Parágrafo 1º

2 Regras de preferência na manutenção do empate

Antes com status de critério direto de desempate, as particularidades referentes aos locais de produção dos bens ou prestação dos serviços foram relegadas na Nova Lei a condições de solução secundária, caso mantida a igualdade após os quatro critérios principais de resolução.

[534] Com a gradativa aplicação dessa cultura, o uso de código de ética, código de conduta, canal de denúncia, desenvolvimento de controles internos, procedimentos internos de divulgação de questões relacionadas à corrupção, análise de procedimentos éticos dos profissionais e parceiros comerciais além de crescente nas organizações, na incessante perseguição da mitigação das ações internas e externas, também se tornou peça fundamental para a atenuação de possíveis sanções administrativas, de vez que a Lei Anticorrupção, ao estabelecer o regime de responsabilização objetiva, coloca as pessoas jurídicas em risco, impondo a elas a necessidade de se precaverem.

Destarte, perdurando a igualdade de condições, será assegurada preferência, sucessivamente, aos bens e serviços produzidos ou prestados por:

a) empresas estabelecidas no território do estado ou do Distrito Federal do órgão ou entidade da Administração Pública estadual ou distrital licitante ou, no caso de licitação realizada por órgão ou entidade de município, no território do estado em que este se localize;
b) empresas brasileiras;
c) empresas que invistam em pesquisa e no desenvolvimento de tecnologia no País; e
d) empresas que comprovem a prática de mitigação, nos termos da Lei nº 12.187, de 29.12.2009.

Nota-se, em relação à lei pretérita, uma mudança interessante: há uma postura protecionista local ao dar-se preferência inicial aos licitantes estabelecidos nos entes federativos em que as licitações estão sendo realizadas. É, a nosso ver, uma ótima iniciativa, porquanto incentiva e protege as empresas da área do certame, promovendo o desenvolvimento econômico e social no âmbito regional, fomentando a geração de emprego e a renda locais.

Com relação ao segundo grau de preferência (empresas brasileiras), verifica-se uma alteração em relação à lei anterior, que, com a edição da Lei nº 12.349/2010, havia designado preferencialidade para bens e serviços produzidos ou prestados no País, e depois para os de empresas brasileiras. Agora, num ato de favorecimento à indústria nacional, a preferência recairá unicamente sobre as empresas brasileiras.

A terceira regra na ordem de preferência – empresas que invistam em pesquisa e no desenvolvimento de tecnologia no País – dependerá da demonstração objetiva da empresa de investimento nas características solicitadas. Anote-se que, nessa hipótese, a preferência contempla qualquer empresa, seja nacional ou estrangeira.

A derradeira hipótese de preferência é uma novidade alvissareira, voltando-se para a preservação do meio ambiente. Dar-se-á preferência a empresas que comprovem a prática de mitigação, nos termos da Lei nº 12.187/2009, que institui a Política Nacional sobre Mudança do Clima (PNMC), estabelecendo princípios, objetivos, diretrizes e instrumentos. Consoante o inc. VII do art. 2º da Lei nº 12.187, mitigações são mudanças e substituições tecnológicas que reduzam o uso de recursos e as emissões por unidade de produção, bem como a implementação de medidas que reduzam as emissões de gases de efeito estufa e aumentem os sumidouros. Destarte, as licitantes que promovam tais mitigações merecerão a preferência nos certames.

Por fim, é importante ressaltar que o dispositivo assenta ordem sucessiva e não alternativa, ou seja, demanda que a Administração analise os critérios na ordem legal estipulada, só vindo a utilizar o parâmetro posterior na persistência do empate.

Art. 61. Definido o resultado do julgamento, a Administração poderá negociar condições mais vantajosas com o primeiro colocado.

§1º A negociação poderá ser feita com os demais licitantes, segundo a ordem de classificação inicialmente estabelecida, quando o primeiro colocado, mesmo após a negociação, for desclassificado em razão de sua proposta permanecer acima do preço máximo definido pela Administração.

§2º A negociação será conduzida por agente de contratação ou comissão de contratação, na forma de regulamento, e, depois de concluída, terá seu resultado divulgado a todos os licitantes e anexado aos autos do processo licitatório.

Artigo 61 e Parágrafos 1º e 2º

1 Negociação de condições mais vantajosas

Definido o resultado do julgamento, a Administração poderá negociar condições mais vantajosas com o primeiro colocado.

A razão é lógica: busca-se ampliar a vantajosidade da contratação para a Administração, com a possibilidade de redução do valor da proposta vencedora.

Explica-a Marçal Justen:

> A negociação funciona para atenuar efeitos indesejados da competição entre os particulares. Via de regra, a Administração estipula as regras e cria o ambiente para que haja a concorrência entre o maior número de interessados aptos a serem contratados. Estima-se que a mera disputa entre os particulares conduzirá à apresentação de ofertas mais vantajosas. Contudo, nem sempre esse cenário é suficiente para assegurar uma contratação satisfatória. Há casos em que, pelas mais variadas razões, a concorrência entre os particulares não conduz ao resultado almejado. Nestas hipóteses, a negociação surge como um mecanismo para se promover a adequação da proposta mediante intervenção direta do ente contratante. Uma vez constatada a possibilidade de se atingir uma contratação mais vantajosa após a fase competitiva, a Administração poderá desencadear um procedimento de negociação com o particular, a fim de que ele modifique sua proposta ainda que ela tenha sido melhor que a dos demais participantes da licitação.[535]

Outra razão é evitar o fracasso da licitação quando o preço do vencedor estiver acima do valor do preço estimado pela Administração, pois, como preceitua o inc. III do art. 59, serão desclassificadas as propostas que permanecerem acima do orçamento estimado para a contratação.

Contudo, é curial destacar que, diversamente da regra de negociação constante no Decreto nº 10.024/2019 (regulamentar do pregão eletrônico), que a impunha, a Nova Lei não a obriga. É o que também verificou Danielle Regina de Araújo, ao assinalar que

535 JUSTEN FILHO. *A negociação de condições mais vantajosas após o resultado do julgamento no regime diferenciado de contratação.*

uma das principais características da norma é a não obrigatoriedade de se realizar a negociação, "ou seja, caberá à Administração, no momento do planejamento da licitação e a partir de seu poder discricionário, verificar a sua pertinência".[536]

Entendemos, porém, que a negociação se tornará necessária, caso a proposta vencedora seja superior ao valor máximo previsto.

No caso, o agente responsável deverá expor às claras que está perseguindo um valor menor (condições mais vantajosas), sem pressões descabidas, permitindo que o licitante possa reavaliar sua proposição e, se julgar possível, reformulá-la. Apesar de não ser mandatória, como obtempera Jessé Torres, o agente responsável possui o dever funcional irrenunciável de tentar negociar para obtenção de melhor preço.[537]

Entrementes, quando a proposta já estiver bem abaixo do preço estimado estabelecido, é de suma importância que se acautele no sentido de não desnaturá-la, tornando-a inexequível.

Se o preço do primeiro colocado já estiver igual ou inferior ao preço estimado pela Administração, a negociação pode não ter êxito, mas o valor proposto será mantido como vencedor. Se, entretanto, o preço do primeiro colocado, mesmo após a negociação, permanecer acima do preço estimado,[538] a Administração deverá desclassificá-lo e, como preceitua o §1º, iniciar negociação com os demais licitantes, segundo a ordem inicialmente estabelecida.

Consoante o previsto no §2º, a condução da negociação será do agente de contratação[539] ou da comissão de contratação,[540] na forma estabelecida em regulamento.

Concluída a negociação, o resultado deverá ser divulgado a todos os licitantes e anexado aos autos do processo.

---

536 ARAÚJO. *Qual o tratamento jurídico conferido à negociação na Lei nº 14.133/21?*

537 PEREIRA JÚNIOR. *Comentários à Lei das Licitações e Contratações da Administração Pública*. 4. ed.

538 Aqui houve um "cochilo" do revisor na etapa final de avaliação do texto no Poder Executivo, pois foi mantida a expressão "preço máximo", embora tenha ocorrido a substituição da expressão no art. 59 para "orçamento estimado".

539 Art. 6º, inc. LX – Agente de contratação: pessoa designada pela autoridade competente, entre servidores efetivos ou empregados públicos dos quadros permanentes da Administração Pública, para tomar decisões, acompanhar o trâmite da licitação, dar impulso ao procedimento licitatório e executar quaisquer outras atividades necessárias ao bom andamento da licitação.

540 Art. 6º, inc. L – Comissão de contratação: conjunto de agentes públicos indicados pela Administração, em caráter permanente ou especial, com a função de receber, examinar e julgar documentos relativos às licitações e aos procedimentos auxiliares.

CAPÍTULO VI
DA HABILITAÇÃO

Art. 62. A habilitação é a fase da licitação em que se verifica o conjunto de informações e documentos necessários e suficientes para demonstrar a capacidade do licitante de realizar o objeto da licitação, dividindo-se em:
I – jurídica;
II – técnica;
III – fiscal, social e trabalhista;
IV – econômico-financeira.

Artigo 62

1 A fase de habilitação

A *habilitação,* também denominada *qualificação,* é a fase do procedimento licitatório em que são avaliadas as condições legais dos licitantes para se habilitarem (ou se qualificarem) à execução do objeto pretendido pela Administração.

O licitante que satisfizer nessa etapa todos os requisitos dispostos no edital passa à condição de habilitado, estando apto a seguir na licitação.

Como anotou Raul Armando Mendes, embora a Administração tenha interesse que seja grande o número de licitantes, pois dessa forma abre um leque maior para a seleção do proponente idôneo à contratação do objeto, ainda assim não poderá se afastar da comprovação rigorosa dos requisitos propalados pelo artigo em comento.[541]

Apesar de a CF dispor, no inc. XXI do art. 37, que os requisitos habilitatórios nas contratações públicas limitar-se-ão às exigências de qualificação técnica e econômica indispensáveis à garantia do cumprimento das obrigações, verificar-se-á, como se demonstrará nas linhas seguintes, que há sustentação técnico-jurídica que permite que a lei exija ainda habilitação jurídica e regularidade fiscal, social e trabalhista.

Nessa contextura, este art. 62 informa que a habilitação é a fase da licitação em que se verifica o conjunto de informações e documentos necessários e suficientes para demonstrar a capacidade do licitante de realizar o objeto da licitação, dividindo-se em jurídica; técnica; fiscal, social e trabalhista; e econômico-financeira.

Notam-se algumas mudanças em relação à lei anterior: a inserção da habilitação social e a supressão, neste rol (mas não na lei), da documentação demonstrativa do cumprimento do disposto no inc. XXXIII do art. 7º da CF, que impõe como direito dos trabalhadores a proibição de trabalho noturno, perigoso ou insalubre a menores de dezoito e de qualquer trabalho a menores de dezesseis anos, salvo na condição de aprendiz, a partir de quatorze anos. Ver-se-á, contudo, que esse requisito apenas foi transferido, passando a compor o elenco de habilitações fiscal, social e trabalhista, constante no art. 68.

---

541 MENDES. *Comentários ao Estatuto das Licitações e Contratos Administrativos*. 2. ed.

Art. 63. Na fase de habilitação das licitações serão observadas as seguintes disposições:

I – poderá ser exigida dos licitantes a declaração de que atendem aos requisitos de habilitação, e o declarante responderá pela veracidade das informações prestadas, na forma da lei;

II – será exigida a apresentação dos documentos de habilitação apenas pelo licitante vencedor, exceto quando a fase de habilitação anteceder a de julgamento;

III – serão exigidos os documentos relativos à regularidade fiscal, em qualquer caso, somente em momento posterior ao julgamento das propostas, e apenas do licitante mais bem classificado;

IV – será exigida do licitante declaração de que cumpre as exigências de reserva de cargos para pessoa com deficiência e para reabilitado da Previdência Social, previstas em lei e em outras normas específicas.

§1º Constará do edital de licitação cláusula que exija dos licitantes, sob pena de desclassificação, declaração de que suas propostas econômicas compreendem a integralidade dos custos para atendimento dos direitos trabalhistas assegurados na Constituição Federal, nas leis trabalhistas, nas normas infralegais, nas convenções coletivas de trabalho e nos termos de ajustamento de conduta vigentes na data de entrega das propostas.

§2º Quando a avaliação prévia do local de execução for imprescindível para o conhecimento pleno das condições e peculiaridades do objeto a ser contratado, o edital de licitação poderá prever, sob pena de inabilitação, a necessidade de o licitante atestar que conhece o local e as condições de realização da obra ou serviço, assegurado a ele o direito de realização de vistoria prévia.

§3º Para os fins previstos no §2º deste artigo, o edital de licitação sempre deverá prever a possibilidade de substituição da vistoria por declaração formal assinada pelo responsável técnico do licitante acerca do conhecimento pleno das condições e peculiaridades da contratação.

§4º Para os fins previstos no §2º deste artigo, se os licitantes optarem por realizar vistoria prévia, a Administração deverá disponibilizar data e horário diferentes para os eventuais interessados.

Artigo 63

1 Disposições a serem observadas na fase de habilitação

Este dispositivo elenca, em alíneas e parágrafos, disposições a serem observadas na etapa de habilitação dos licitantes, sendo algumas obrigatórias e outras facultativas, devendo, nestas últimas, a Administração sopesar a necessidade, dependendo da situação factual:

a) *poderá* ser exigida declaração de que os licitantes atendem aos requisitos de habilitação, e o declarante responderá pela veracidade das informações prestadas;
b) *exigir-se-á* a apresentação:
   b.1) dos documentos de habilitação apenas pelo licitante vencedor, exceto quando a fase de habilitação anteceder a de julgamento;
   b.2) dos documentos relativos à regularidade fiscal, em qualquer caso, somente em momento posterior ao julgamento das propostas, e apenas do licitante mais bem classificado;
   b.3) de declaração de que o licitante cumpre as exigências de reserva de cargos para pessoa com deficiência e para reabilitado da Previdência Social, previstas em lei e em outras normas específicas;
   b.4) de declaração dos licitantes de que suas propostas econômicas compreendem a integralidade dos custos para atendimento dos direitos trabalhistas assegurados na CF, nas leis trabalhistas, nas normas infralegais, nas convenções coletivas de trabalho e nos termos de ajustamento de conduta vigentes na data de entrega das propostas.
c) quando a avaliação prévia do local de execução for imprescindível para o conhecimento pleno das condições e peculiaridades do objeto a ser contratado, o edital de licitação *poderá* prever a necessidade de o licitante atestar que conhece o local e as condições de realização da obra ou serviço, assegurado a ele o direito de realização de vistoria prévia.

Inciso I

1.1 Declaração de atendimento aos requisitos de habilitação

Dependendo da situação fática, a Administração poderá solicitar dos licitantes uma declaração de que atendem aos requisitos de habilitação, respondendo o declarante, na forma da lei, pela veracidade das informações prestadas.

Esta declaração, muito contestada por alguns, constava como exigência no art. 4º da Lei do Pregão (Lei nº 10.520/2002).

Ao comentarmos o antigo decreto nº 5.504/2005, que regulamentava o pregão eletrônico, escrevemos sobre a questão:

> Atente-se para uma exigência habilitatória preliminar importante: a declaração quanto ao cumprimento dos requisitos habilitatórios exigidos no edital, pois o inc. VII do art. 4º da Lei nº 10.520/2002, por ocasião da conversão da MP nº 2.182-18/2001, passou a dispor que, aberta a sessão da fase externa, os interessados ou seus representantes deverão apresentar declaração dando ciência de que cumprem plenamente os requisitos de habilitação.
>
> Originariamente, na medida provisória de maio de 2000, constava a obrigação de o licitante declarar que se encontrava em situação regular perante a Fazenda Nacional, a Seguridade Social e o Fundo de Garantia do Tempo de Serviço, bem como que, naquele momento, atendia às exigências do edital quanto à habilitação jurídica e qualificações técnica e econômico-financeira. Assim, na análise do então dispositivo, asseveramos em obra específica que, além da apresentação do chamado "envelope-proposta", deveria ser exibida a tal declaração, o que configurava uma inovação que, apesar de aparentemente tola e desnecessária, era

> muitíssimo importante, porquanto, além de ter o condão de, preliminarmente, afastar de imediato os aventureiros, em função de severa punição por falsidade, justificava-se porque sua ausência poderia acarretar percalços no procedimento, diante da possibilidade de um "vencedor da licitação", após verificações e lances, configurar-se como um devedor do erário público. Em contrapartida, havia também conexão direta com outra inovação capital – que se constituiu na grande novidade do pregão –, qual seja, a inversão da fase de habilitação (em tese, já que o legislador, inteligentemente, preocupou-se em manter uma espécie de habilitação prévia com a obrigatoriedade da declaração). Posteriormente, não se sabe por que, suprimiu-se a engenhosa modernização das reedições da medida provisória, causando estranheza e decepção. Felizmente, apercebeu-se o legislador a tempo, fazendo voltar ao texto da lei, de forma mais simples, a obrigatória manifestação do licitante de que se encontra apto a participar do certame, atendendo plenamente aos requisitos habilitatórios exigidos no edital.[542]

Nesse pé, é bastante salutar a inserção, na Nova Lei, da possibilidade do edital exigir uma declaração dos licitantes de que atendem aos requisitos de habilitação, pois, como anotamos, além dessa declaração ter o condão de afastar os aventureiros nas licitações, devido a severa punição por falsidade, justificava-se, porque, em diversas casos, sua ausência poderia acarretar percalços no procedimento, diante da possibilidade de um "vencedor da licitação" configurar-se como um devedor ao erário público.

Inciso II

1.2 Apresentação dos documentos de habilitação apenas pelo licitante vencedor

Sistemática exitosa criada na Lei do Pregão (Lei nº 10.520/2002), exercida em função da inversão das fases de apresentação de propostas e de habilitação, é a de só exigir a apresentação dos documentos de habilitação do licitante vencedor.[543]

Quando, entretanto, a Administração adotar o procedimento tradicional, com a fase de habilitação antecedendo a de julgamento, tal não poderá ocorrer.

Observamos sobre a matéria:

> Aqui [...] inovação do pregão: a inversão da fase de habilitação, que, diferentemente das demais licitações, ocorre após a fase de classificação. E outra novidade: inicialmente, somente serão apreciados os documentos do licitante que tenha tido a sua proposta classificada em primeiro lugar, ou seja, do licitante que tenha apresentado a melhor oferta [...]. Repisa-se: de forma diferenciada do regramento tradicional, no qual não se passa à abertura do "envelope-proposta" enquanto não se concluir a fase de habilitação. Como já esposamos, a inovação é deveras alvissareira, merecendo elogios, pois, com certeza, muito agilizará o procedimento, reduzindo a possibilidade de interposição de recursos.[544]

---

542 BITTENCOURT. *Pregão eletrônico.* 5. ed.

543 Também adotada na Lei do RDC.

544 BITTENCOURT. *Pregão eletrônico.* 5. ed.

Inciso III

1.3 Demonstração de regularidade fiscal apenas do mais bem classificado

O inciso repisa regra exitosa da Lei do RDC, dispondo que os documentos afetos à regularidade fiscal serão exigidos em momento posterior ao julgamento das propostas, e apenas em relação ao licitante mais bem classificado.

A intenção é evitar que a licitação seja utilizada como instrumento indireto para a cobrança de tributos, como ocorria nas licitações realizadas com base na Lei nº 8.666/1993, porquanto, como observa Mônica Bandeira Lefèvre, é inadmissível que essa exigência venha a ser utilizada com finalidade diversa daquela demandada pelos interesses da coletividade, resultando em verdadeira punição para aqueles sujeitos que, ainda que possuam fundamentos para se opor ao cumprimento da suposta obrigação tributária, deixaram de pagar pretensas dívidas.

Também não é nada razoável, como bem obtempera a analista, condicionar a participação do particular na licitação à prova de quitação de todo e qualquer débito fiscal – inclusive aqueles que não possuem qualquer relação com o ramo da atividade a ser executada, uma vez que a CF só admite a imposição de exigências "indispensáveis à garantia do cumprimento das obrigações" (art. 37, XXI):

> Não se pode admitir que o licitante seja compelido ao pagamento de créditos fiscais por outro meio que não o da cobrança por via executiva, sob a imposição de condição no seguinte sentido: ou efetua o pagamento do tributo ou não participa do certame. Sob essa ótica, a comprovação da regularidade fiscal apenas após o julgamento das propostas parece permitir o cumprimento da real finalidade da exigência em questão, consubstanciada na verificação da idoneidade do particular que irá contratar com a Administração Pública. Além disso, a regra propicia ao licitante uma oportunidade para que venha a adquirir a regularidade fiscal.[545]

Inciso IV

1.4 Reserva de cargos para pessoa com deficiência e para reabilitado

Não é de agora que, no âmbito das licitações, se determina especial atenção aos requisitos de acessibilidade para pessoas portadoras de necessidades especiais, nos serviços ou no ambiente de trabalho.

Como é cediço, a intenção é proporcionar às pessoas com deficiência e aos beneficiários da previdência social incapacitados para o pleno trabalho formas para inserção ou reinserção no mercado de trabalho, garantindo-lhes a observância de princípios constitucionais, como a dignidade da pessoa humana, a redução das desigualdades sociais e o direito social ao trabalho.

---

[545] LEFÈVRE. O procedimento licitatório e a fase de habilitação no regime diferenciado de contratações públicas. *In*: JUSTEN FILHO; PEREIRA (Coord.). *O regime diferenciado de contratações públicas (RDC)*. 3. ed.

Na lei anterior (Lei nº 8.666/1993), com inserções determinadas pela Lei nº 13.146/2015, constava como um dos critérios de desempate em licitações se os bens e serviços tivessem sido produzidos ou prestados por empresas que comprovassem cumprimento de reserva de cargos prevista em lei para pessoa com deficiência ou para reabilitado da Previdência Social e que atendessem às regras de acessibilidade previstas na legislação; também como motivo de dispensa de licitação, nos casos de contratação de associação de portadores de deficiência física sem fins lucrativos e de comprovada idoneidade; e, ainda, que as empresas contratadas pela Administração em função do benefício previsto no inc. V do §2º do art. 3º (favorecimento de preferência na contratação por produzirem bens ou prestarem serviços com comprovado cumprimento de reserva de cargos para pessoa com deficiência ou para reabilitado da Previdência e que atendam às regras de acessibilidade) ou do preceituado no inc. II do §5º do mesmo artigo (favorecimento nas licitações por margem de preferência pelo mesmo motivo) deveriam cumprir, durante todo o período de execução do contrato, a reserva de cargos prevista em lei para pessoa com deficiência ou para reabilitado da Previdência Social, bem como as regras de acessibilidade previstas na legislação.

Nesse passo, mantendo a chama acesa quanto aos requisitos de acessibilidade, consoante determinação prevista na Lei nº 8.213/1991, que dispõe sobre os Planos de Benefícios da Previdência Social, reforçada pelas regras da Lei nº 13.146/2015, criadora do Estatuto das Pessoas Deficientes, a Nova Lei impõe que, na fase de habilitação das licitações, seja exigida do licitante uma declaração de que cumpre as exigências de reserva de cargos para pessoa com deficiência e para o reabilitado da Previdência Social.

Parágrafo 1º

2 Propostas que compreendam os custos que atendam aos direitos trabalhistas

O art. 121 desta Nova Lei, repisando o art. 71 da Lei nº 8.666/1993, ressalta o óbvio: a responsabilidade por encargos (trabalhistas, previdenciários, fiscais e comerciais) resultantes da execução contratual é do contratado. O simples fato de estar executando um serviço para o Poder Público não teria o condão de excluir a empresa de obrigações dessa natureza.

Em reforço, o §1º do dispositivo prescreve que a inadimplência do contratado quanto aos encargos trabalhistas, fiscais e comerciais não transferirá à Administração a responsabilidade pelo seu pagamento e não poderá onerar o objeto do contrato nem restringir a regularização e o uso das obras e das edificações, inclusive perante o registro de imóveis.

Pelo estabelecido, afasta-se qualquer solidariedade do Poder Público referente aos encargos mencionados.

Nesse passo, por precaução, este §1º prevê a obrigatoriedade de constar cláusula no edital de licitação que exija dos licitantes declaração de que suas propostas econômicas compreendem a integralidade dos custos para atendimento dos direitos trabalhistas assegurados na CF, nas leis trabalhistas, nas normas infralegais, nas convenções coletivas de trabalho e nos termos de ajustamento de conduta vigentes na data de entrega das propostas.

Importante observar que o não atendimento à exigência demandará a desclassificação do licitante, consoante a ressalva do texto legal "sob pena de desclassificação".

Parágrafo 2º, 3º e 4º

3 Atestado de conhecimento do local e das condições de realização do objeto

A chamada "visita técnica", no caso de licitações de obras ou serviços, tinha amparo no inc. III do art. 30 da Lei nº 8.666/1993, o qual preceituava que a documentação relativa à qualificação técnica limitar-se-ia à comprovação, fornecida pelo órgão licitante, de que recebeu os documentos e, quando exigido, de que tomou conhecimento de todas as informações e das condições locais para o cumprimento das obrigações objeto da licitação.

Na análise desse dispositivo, inúmeras foram as decisões do TCU vedando a realização de visita técnica como regra geral, devendo a Administração, quando imperiosa a visita, justificar tecnicamente a necessidade. E mais: na hipótese da visita, a Administração deveria optar pela declaração da licitante, não podendo exigir atestado de vistoria, nem agendar a realização da vistoria.

É certo que, em diversas situações, a "visita técnica" se faz fundamental, pois é a partir dela que o licitante avalia o real esforço a ser empregado na execução do contrato, podendo estabelecer uma previsão adequada dos custos.

Como obtempera Valéria Costa,[546] o licitante deve conhecer pormenorizadamente a motivação antes de deslocar mão de obra para realizar o objeto pretendido pela Administração, existindo uma relação direta entre o objeto licitado e a visita técnica. Afinal, o objetivo é que qualquer empresa interessada receba informações suficientes sobre o local da realização do contrato.

Para dar fim a esse imbróglio, este §2º anota que, quando a avaliação prévia do local de execução for imprescindível para o conhecimento pleno das condições e peculiaridades do objeto a ser contratado, o edital de licitação poderá prever a necessidade de o licitante atestar que conhece o local e as condições de realização da obra ou serviço, assegurado a ele o direito de realização de vistoria prévia.

Importante observar que o não atendimento à exigência demandará a inabilitação do licitante, consoante a ressalva do texto legal, "sob pena de inabilitação".

Portanto, a solução variará de acordo com a complexidade do objeto. Sendo as condições locais de execução pouco relevantes para o sucesso da contratação, poderá a Administração apenas facultar ao licitante direito de realizar a vistoria; sendo relevantes, poderá a Administração impor a condição de realização da vistoria como um dever, cujo não cumprimento acarretará a inabilitação do licitante.[547]

Para solucionar a questão e atender ao determinado pelo TCU, o §3º prevê que o edital de licitação sempre deverá prever a possibilidade de substituição da vistoria por declaração formal assinada pelo responsável técnico do licitante, atestando o pleno

---

[546] COSTA. *Visita técnica na licitação.*

[547] MENDES. *Lei de Licitações e Contratos anotada*. 8. ed.

conhecimento das condições e peculiaridades da contratação; e o §4º dispõe que, se os licitantes optarem por realizar vistoria prévia, a Administração deverá disponibilizar data e horário diferentes para os eventuais interessados.[548]

[548] A AGU considera que se a visita técnica for indispensável para a definição do objeto, não será possível caracterizar o bem como comum, inviabilizando a adoção da licitação na modalidade pregão.
Orientação Normativa nº 03, de 03.12.2020 – Tratando-se de pregão para aquisição de bens, a descrição detalhada do objeto do certame e das condições de sua entrega deve ser suficiente para o exato cumprimento do contrato a ser celebrado. Caso a visita técnica seja indispensável para a definição do objeto, não é possível caracterizar o bem como comum, inviabilizando a licitação na modalidade pregão.

Art. 64. Após a entrega dos documentos para habilitação, não será permitida a substituição ou a apresentação de novos documentos, salvo em sede de diligência, para:
I – complementação de informações acerca dos documentos já apresentados pelos licitantes e desde que necessária para apurar fatos existentes à época da abertura do certame;
II – atualização de documentos cuja validade tenha expirado após a data de recebimento das propostas.
§1º Na análise dos documentos de habilitação, a comissão de licitação poderá sanar erros ou falhas que não alterem a substância dos documentos e sua validade jurídica, mediante despacho fundamentado registrado e acessível a todos, atribuindo-lhes eficácia para fins de habilitação e classificação.
§2º Quando a fase de habilitação anteceder a de julgamento e já tiver sido encerrada, não caberá exclusão de licitante por motivo relacionado à habilitação, salvo em razão de fatos supervenientes ou só conhecidos após o julgamento.

Artigo 64 e Incisos I e II

1 Impossibilidade de substituição ou apresentação de novos documentos

Como dito, a habilitação é a fase da licitação em que se verifica o conjunto de informações e documentos necessários e suficientes para demonstrar a capacidade do licitante de realizar o objeto da licitação.

O edital licitatório, em sede de habilitação, definirá a data e o horário para a documentação ser entregue.

Segundo este art. 64, após a entrega desses documentos habilitatórios, não ser permitirá a substituição ou a apresentação de novos documentos.

Ressalva, entrementes, se tal ocorrer em sede de diligência.[549]

É o que tradicionalmente ocorria, em atendimento ao §3º do art. 43, §3º, da antiga Lei nº 8.666/1993, que facultava à comissão de licitação ou autoridade superior, em qualquer etapa da licitação, a promoção de diligência destinada a esclarecer ou a complementar a instrução do processo, vedada a inclusão posterior de documento ou informação que deveria constar originariamente da proposta.

O preceptivo ora em análise, em dois incisos, esclarece os motivos possíveis das diligências:

[549] Acórdão TCU nº 2443/2021 – Plenário: A vedação à inclusão de novo documento, prevista no art. 43, §3º, da Lei nº 8.666/1993 e no art. 64 da Lei nº 14.133/2021 (nova Lei de Licitações e Contratos Administrativos), não alcança documento destinado a atestar condição de habilitação preexistente à abertura da sessão pública, apresentado em sede de diligência.

a) complementação de informações acerca dos documentos já apresentados pelos licitantes e desde que necessária para apurar fatos existentes à época da abertura do certame (Inc. I);[550] e
b) atualização de documentos cuja validade tenha expirado após a data de recebimento das propostas (Inc. II).

A inserção visa a atender questões práticas, em hipóteses que, certamente, demandam a juntada de documentos novos, exemplificativos ou complementares de outros preexistentes, ou concernentes a fatos supervenientes à entrega dos envelopes, ou, ainda, como assenta Ivo Ferreira de Oliveira, para efeito de produzir contraprova ou de demonstrar o equívoco do que foi decidido pela Administração, sem que tal importe em quebra dos princípios constitucionais ou legais que regem o certame.[551]

Sobre o assunto, observe-se o Acórdão TCU nº 2.443/2021 – Plenário, Relator Ministro-Substituto Augusto Sherman, conforme divulgado no Informativo nº 424/2021:

> 2. A vedação à inclusão de novo documento, prevista no art. 43, §3º, da Lei nº 8.666/1993 e no art. 64 da Lei nº 14.133/2021 (nova Lei de Licitações), não alcança documento destinado a atestar condição de habilitação preexistente à abertura da sessão pública, apresentado em sede de diligência. Representação formulada ao TCU apontou possíveis irregularidades no Pregão Eletrônico para Registro de Preços 45/2020, promovido pelo Grupamento de Apoio do Rio de Janeiro do Comando da Aeronáutica (GAP-RJ), cujo objeto era a contratação de empresa especializada na prestação de serviços de coleta, transporte e destinação final de resíduos para a Odontoclínica de Aeronáutica do Aeroporto Santos Dumont. Entre as irregularidades suscitadas, o representante noticiou que, inicialmente, fora habilitado para a execução dos serviços licitados, no entanto, quatro dias depois de o pregoeiro haver indeferido recurso administrativo que questionava a sua habilitação, o GAP-RJ entendeu necessária a comprovação da participação de engenheiro químico indicado pelo representante, como responsável técnico, nos serviços elencados no atestado apresentado pela empresa na licitação. Por considerar que o representante trouxera documentação nova visando a essa comprovação, com data de emissão posterior à abertura do certame, o órgão decidiu inabilitá-lo. Acompanhando a instrução da unidade técnica, o relator entendeu, todavia, que a documentação trazida pela empresa era apenas a atestação de situação anterior ao certame. Para ele, "apesar de a CAT 24097/2021 ter sido emitida em 9.3.2021, essa se refere à participação do engenheiro químico nos serviços descritos a partir de 3.6.2020, quando foi incluído no quadro técnico da empresa", portanto em momento anterior à realização do certame. O relator também assinalou que os pareceres jurídicos que pautaram a decisão do GAP-RJ ignoraram a jurisprudência mais recente do TCU, notadamente o Acórdão nº 1211/2021-Plenário, em que restou sumarizado o seguinte

[550] ENUNCIADO 10 – CONSELHO DE JUSTIÇA FEDERAL (1º Simpósio de Licitações e Contratos da Justiça Federal): a juntada posterior de documento referente à comprovação dos requisitos de habilitação de que trata o inciso I do art. 64 da Lei nº 14.133/2021 contempla somente os documentos necessários ao esclarecimento, à retificação e/ou complementação da documentação efetivamente apresentada/enviada pelo licitante provisoriamente vencedor, nos termos do art. 63, inciso II, em conformidade com o marco temporal preclusivo previsto no regulamento e/ou no edital.
ENUNCIADO 5 – CONSELHO DE JUSTIÇA FEDERAL (1º Simpósio de Licitações e Contratos da Justiça Federal): Em atenção aos princípios da eficiência e do formalismo moderado e em face do caráter instrumental dos procedimentos licitatórios, ainda que não apresentados na oportunidade prevista em regulamento e/ou no edital, será admitida a juntada posterior de documentos de habilitação referentes às declarações emitidas unilateralmente pelo licitante.

[551] OLIVEIRA. *Licitação*: formalismo ou competição?

> entendimento: "Admitir a juntada de documentos que apenas venham a atestar condição pré-existente à abertura da sessão pública do certame não fere os princípios da isonomia e igualdade entre as licitantes e o oposto, ou seja, a desclassificação do licitante, sem que lhe seja conferida oportunidade para sanear os seus documentos de habilitação e/ou proposta, resulta em objetivo dissociado do interesse público, com a prevalência do processo (meio) sobre o resultado almejado (fim)". Além disso, conforme o subitem 9.4 do mencionado acórdão, transcrito na instrução da unidade técnica, o Tribunal deixou assente "que a vedação à inclusão de novo documento, prevista no art. 43, §3º, da Lei nº 8.666/1993 e no art. 64 da Nova Lei de Licitações (Lei nº 14.133/2021), não alcança documento ausente, comprobatório de condição atendida pelo licitante quando apresentou sua proposta, que não foi juntado com os demais comprovantes de habilitação e/ou da proposta, por equívoco ou falha, o qual deverá ser solicitado e avaliado pelo pregoeiro". Destarte, nos termos da proposta do relator, o Plenário decidiu determinar ao órgão que promovesse a anulação da decisão que inabilitou o representante no Pregão 45/2020, tendo em vista que "a apresentação, em sede de diligência, do CAT 24097/2021, emitido em 9.3.2021, destinado a atestar condição preexistente à abertura da sessão pública, não se configura motivo plausível para a inabilitação do licitante, conforme entendimento firmado no Acórdão nº 1.211/2021-TCU-Plenário".

Mas há uma questão importante: o limite do alcance do poder-dever de diligência pelo agente público quando estiver de posse de um documento incompleto, obscuro ou ausente.

Como observa Luciano Reis, no documento incompleto ou obscuro, o princípio da verdade real e a busca da proposta mais vantajosa pelo Poder Público deverão nortear a atuação do agente público, notadamente para requerer que o licitante ou o terceiro emissor do documento apresente os devidos esclarecimentos e com isso haja tranquilidade para decidir pela habilitação ou inabilitação; quando é uma situação de falta de documento, apesar da existência do fato a ser comprovado no certame diante do mundo real, a complexidade se agiganta a partir de interpretações jurídicas plausíveis e antagônicas.

> Assim, nos termos (...) artigo 64 da Lei nº 14.133/2021, entendo não haver vedação ao envio de documento que não altere ou modifique aquele anteriormente encaminhado. Por exemplo, se não foram apresentados atestados suficientes para demonstrar a habilitação técnica no certame, talvez em razão de conclusão equivocada do licitante de que os documentos encaminhados já seriam suficientes, poderia ser juntado, após essa verificação no julgamento da proposta, novos atestados de forma a complementar aqueles já enviados, desde que já existentes à época da entrega dos documentos de habilitação. Contudo, doutro lado, a interpretação acima encontra resistência, já que a juntada de um documento novo, ainda que seja para evidenciar um fato existente e eficaz, pode significar uma surpresa aos demais licitantes e uma violação à objetividade das regras editalícias. A pergunta comum entre os licitantes em uma licitação que ocorra essa permissividade é: por que apresentarei tal documento, se posteriormente a comissão, o pregoeiro ou o agente de contratação poderá diligenciar e juntá-lo? Assim, gera uma fragilidade ao dever de respeito ao princípio da vinculação do instrumento convocatório, da legalidade estrita e do dever de atenção máxima pelo licitante quando da sua participação na licitação. Outro argumento plausível é que o licitante, ao não apresentar um documento essencial, poderá assim o fazê-lo com o intuito de manipular o vencedor do certame. Explica-se. Quando a Administração Pública solicita o documento faltante, a depender do cenário e dos potenciais benefícios/malefícios econômicos, inclusive aqueles ilícitos por obter uma

vantagem indevida de terceiro (por exemplo, segundo colocado com o anseio de tornar-se vencedor com um preço mais alto oferece uma vantagem ilícita), o fornecedor simplesmente desconsidera o pedido administrativo, diz que não tem ou não entrega. Ou seja, ele usa de maneira irregular e imoral a regra de permissividade da juntada de novo documento.[552]

Destarte, considerando as interpretações suscitadas, sugere o jurista, com inteira razão, que "o ideal é que o edital fixe quais situações serão passíveis de diligência, para fins de esclarecimento, ou até disponha sobre a juntada de documentos que atestam situação pré-existente, gerando menor imprevisibilidade e insegurança à disputa licitatória".[553]

Parágrafo 1º

2 Responsabilidade do agente de contratação para sanar erros ou falhas

O §1º contém inovação importante – explicitando na lei conduta que já ocorre na prática, em função de entendimento doutrinário e decisões de cortes de contas – ao autorizar ao agente de contratação a possibilidade de, na análise da habilitação, sanar erros ou falhas que não alterem a substância dos documentos e sua validade jurídica, mediante despacho fundamentado, registrado e acessível a todos, atribuindo-lhes eficácia para fins de habilitação e classificação.

Relembra-se que o agente de contratação, conforme reza o art. 8º, é o condutor das licitações, designada pela autoridade competente, entre servidores efetivos ou empregados públicos dos quadros permanentes da Administração, para tomar decisões, acompanhar o trâmite da licitação, dar impulso ao procedimento licitatório e executar quaisquer outras atividades necessárias ao bom andamento do certame, até o envio à homologação, e, como reza o §1º, responde individualmente pelos atos que praticar, salvo quando induzido a erro.

Parágrafo 2º

3 Não exclusão do licitante por móvito habilitatório quando já encerrada a fase habilitatória

Como a Nova Lei autoriza o uso do método tradicional, com a habilitação antecedendo o julgamento, o §2º preceitua que, nesse caso, se já encerrada a etapa habilitatória, não caberá exclusão de licitante por motivo relacionado à habilitação, salvo em razão de fatos supervenientes ou só conhecidos após o julgamento, em face do Princípio de Autotutela, que oferece à Administração Pública o poder de rever os seus próprios atos, permitindo a anulação dos ilegais e a revogação dos inoportunos ou inconvenientes, independentemente de recorrer ao Poder Judiciário, conforme, inclusive, consagrado em duas súmulas do Supremo Tribunal Federal – STF (Súmulas nº 346 e nº 473 do STF).

552 REIS. Apego à competitividade ou risco de insegurança na licitação?

553 REIS. Apego à competitividade ou risco de insegurança na licitação?

Art. 65. As condições de habilitação serão definidas no edital.
§1º As empresas criadas no exercício financeiro da licitação deverão atender a todas as exigências da habilitação e ficarão autorizadas a substituir os demonstrativos contábeis pelo balanço de abertura.
§2º A habilitação poderá ser realizada por processo eletrônico de comunicação a distância, nos termos dispostos em regulamento.

Artigo 65 e Parágrafo 1º

1 Condições de habilitação e as exigências para empresas recém criadas

De certo que todas as condições para avaliação da habilitação dos licitantes deverão estar estabelecidas no edital licitatório. É isso que o artigo categoricamente anuncia.

O dispositivo, contudo, tem sua razão de ser, pois, no §1º, busca solucionar questão aflitiva: a habilitação de empresas criadas no exercício financeiro da licitação.

Conforme registrado, as empresas criadas no exercício financeiro da licitação deverão atender a todas as exigências da habilitação e ficarão autorizadas a substituir os demonstrativos contábeis pelo balanço de abertura.

Essa era a solução nas licitações anteriores, apesar de não constar expressamente da lei.

Era, inclusive, o que sustentava João Ribeiro Mathias Duarte:

> A empresa recém-criada há menos de um ano jamais poderia participar de licitação? E os princípios constitucionais da livre iniciativa e da livre concorrência? Essas e muitas outras questões deram origem ao surgimento [...] do posicionamento, no sentido de que outro documento pode ser exigido em substituição ao balanço patrimonial e às demonstrações contábeis do último exercício.[554]

O próprio governo federal, nas orientações do COMPRASNET,[555] informava que, para demonstração contábil, no que se referia à apresentação de balanço, bastaria a apresentação do balanço de abertura, expondo que

> a demonstração contábil deveria conter a assinatura do representante legal da empresa, do técnico responsável pela contabilidade, e a evidência de terem sido transcritos no livro diário, e este, necessariamente, registrado no Departamento Nacional de Registro de Comércio – DNRC ou Junta Comercial ou órgão equivalente. No caso de sociedades civis tais documentos poderão ser registrados em cartório competente.[556]

---

554 DUARTE. *Desenvolvimento do procedimento licitatório.*

555 A partir 01.10.2021, o sistema de contratações do Governo federal passou a se chamar *compras.gov.br*, com o lançamento de solução tecnológica que permite aos operadores do pregão eletrônico acesso único a todas as funcionalidades do sistema. Essas novidades foram apresentadas pelo Ministério da Economia em um webinar alusivo aos seis meses da entrada em vigor da Nova Lei de Licitações: "As mudanças acompanham a evolução do sistema e refletem as melhorias e conquistas resultantes da transformação digital que vem sendo promovida pelo Governo federal nos serviços públicos", explicou o secretário de Desburocratização, Gestão e Governo Digital, Caio Mário Paes de Andrade.

556 COMPRASNET.

O balanço de abertura aponta o lançamento do capital social e outros ativos iniciais que a empresa possui, devendo ser escriturado e registrado para ter validade.

Quanto à aceitação do balanço de abertura, já se manifestou o Superior Tribunal de Justiça (STJ):

> STJ, REsp nº 1.381.152/RJ – Tratando-se de sociedade constituída há menos de um ano e não havendo qualquer exigência legal a respeito do tempo mínimo de constituição da pessoa jurídica para participar da concorrência pública, não se concebe condicionar a comprovação da idoneidade financeira à apresentação dos demonstrativos contábeis do último exercício financeiro, sendo possível demonstrá-la por outros documentos, a exemplo da exibição do balanço de abertura.

Como assenta Fabiano Zucco, a regra aplica o princípio da razoabilidade, já que, caso contrário, empresas novas não poderiam participar de licitações. Isso porque a competitividade é um dos principais pilares do processo licitatório, no qual à Administração interessa a obtenção do maior número de licitantes para obtenção da melhor proposta.[557]

Parágrafo 2º

2 Possibilidade de a habilitação ocorrer por processo eletrônico

Em geral, a sistemática da Nova Lei prevê o princípio da virtualização dos atos do procedimento licitatório.

Este §2º segue essa tendência, sinalizando que a habilitação poderá ser realizada por processo eletrônico de comunicação a distância.

O assunto, contudo, é remetido à regulamentação, que delineará a forma que ocorrerá.

---

[557] ZUCCO. *Balanço de abertura para licitação.*

Art. 66. A habilitação jurídica visa a demonstrar a capacidade de o licitante exercer direitos e assumir obrigações, e a documentação a ser apresentada por ele limita-se à comprovação de existência jurídica da pessoa e, quando cabível, de autorização para o exercício da atividade a ser contratada.

Artigo 66

1 A habilitação jurídica

A documentação necessária para a habilitação jurídica deve denotar a capacidade do licitante para contrair obrigações ou exercer direitos.

Suas regras de verificação dizem respeito aos Direitos Civil e Empresarial. Destarte, quando o objeto pretendido viabilizar a participação de pessoa física, deverá constar do rol de documentos de comprovação de habilitação jurídica a cédula de identidade. A empresa individual demonstrará capacidade jurídica por intermédio do registro comercial, realizado na Junta Comercial. As sociedades comerciais demonstrarão que estão habilitadas juridicamente por intermédio da apresentação de seus atos constitutivos, normalmente o contrato social. Nas sociedades por ações, a comprovação ocorrerá com os demonstrativos da eleição de seus administradores. As sociedades civis realizarão a demonstração através da apresentação da inscrição de seus atos constitutivos em registros civis de pessoas jurídicas.

Ainda para demonstração de habilitação, quando a atividade exigir, deverá ser apresentado o ato de registro ou a autorização para funcionamento expedidos por órgãos competentes (ex.: instituições financeiras).[558]

1.1 A questão da habilitação de empresas em recuperação judicial

Evidentemente, a Lei nº 8.666/1993 não fazia qualquer menção à recuperação judicial de empresas, uma vez que o diploma legal que trata da matéria foi editado bem depois, em 2005 (Lei nº 11.101).[559] Ao versar sobre a documentação de qualificação econômico-financeira dos licitantes, a Lei nº 8.666/1993 exigia a certidão negativa de falência ou concordata (o art. 31, Inc. II), sendo que, ao versar sobre uma possível rescisão de contrato assinado, autorizava, no caso de concordata do contratado, a manutenção do contrato, podendo a Administração vir a assumir o controle de determinadas atividades de serviços essenciais (art. 80, §2º).[560]

---

558 Em consequência, não havendo a exigência, não deverá o edital mencioná-la. Cabe ao elaborador do edital avaliar com cuidado a documentação para comprovação de habilitação jurídica, em função do objeto pretendido, solicitando tão somente os documentos necessários para comprovação de existência e capacidade de fato e de direito.

559 Anote-se que o art. 192 da Lei nº 11.101/2005 dispôs que a norma não se aplica aos processos de falência ou de concordata ajuizados anteriormente ao início de sua vigência, que serão concluídos nos termos do Decreto-Lei nº 7.661, de 21 de junho de 1945.

560 A concordata servia como um instrumento para evitar a falência, muito embora, por conta da lei regedora – que impunha certos pagamentos e prazos –, raramente lograsse êxito.

A Nova Lei de Licitações, diversamente, exige apenas a apresentação da certidão negativa de feitos sobre falência, expedida pelo distribuidor da sede do licitante.

De certa forma, a Lei nº 11.101/2005 substituiu a concordata pela recuperação judicial, com o propósito de criar uma ferramenta efetiva de preservação da empresa, deixando a cargo do administrador judicial (pessoa que passa a fiscalizar a empresa em dificuldades em nome da Justiça) e do comitê de credores (que representa aquelas pessoas afetadas diretamente pelas dificuldades da empresa: credores e empregados) a formulação e a aprovação de um plano de recuperação.

Na prática, não raro, o Judiciário, tem permitido a participação de empresas em recuperação judicial em certames licitatórios, deixando a cargo da Administração a verificação da real viabilidade econômico-financeira da empresa recuperanda.

Tratando da matéria, analisando-a ainda no âmbito da Lei nº 8.666/1993, escrevemos:

> Quando o vencedor do certame – habilitado, portanto, em fase específica – se coloca, nesse ínterim, em recuperação judicial, ou seja, antes da adjudicação, a Administração deverá avaliar a situação, pendendo sempre para a efetivação da adjudicação, com a consequente contratação, considerando os contornos jurídicos que envolvem o instituto, já que, tal não caracterizaria motivo para obstar o exercício de atividades empresariais.[561]

Avaliando a questão da participação de empresas em recuperação judicial em licitações, o TCU expediu o Acórdão nº 5686/2017-TCU-1ª Câmara, no qual orienta que

> a vedação da participação de empresas em recuperação judicial, com plano de recuperação acolhido judicialmente, e empresas em recuperação extrajudicial, com plano de recuperação homologado judicialmente, em certames licitatórios, está em desacordo com o entendimento do TCU (Acórdão nº 658/2017 – Plenário) e da AGU (Parecer nº 4/2015/CPLC/DEPCONSU/PGF/AGU).

Refletindo sobre a questão, Guilherme Carvalho buscou alcançar qual seria o grau de discricionariedade a ser conferido à Administração no que tange à possibilidade de alijar do certame determinada empresa em recuperação judicial.

O eventual ato de desclassificação da empresa em recuperação judicial, como destaca, deve ser o mais motivado possível, a fim de fornecer elementos suficientemente esclarecedores para um hipotético questionamento judicial (ou mesmo administrativo) posterior, conferindo o máximo de fundamentação a qualquer decisão administrativa que não permita a participação de determinada empresa em recuperação judicial em certames licitatórios.

> O vácuo normativo existente na Lei nº 14.133/2021 potencializa uma insegurança jurídica, porquanto os critérios que são esquadrinhados pela jurisprudência, inclusive pelos julgados do Tribunal de Contas da União, oportunizam uma amplíssima margem de discricionariedade à Administração Pública, seja quando do momento de divulgação do edital de licitação, seja quando do julgamento das propostas. (...) Por qualquer ângulo interpretativo, a inexistência de regra específica que trate e aborde, abertamente, o tema

[561] BITTENCOURT. *Licitação passo a passo*. 11. ed.

deságua em insegurança jurídica, delongando o curso do processo licitatório e conferindo ao Judiciário, bem como à própria Administração, uma decisão de natureza extremamente técnico-empresarial. (...) Desafortunadamente, a participação de empresas em recuperação judicial em processos de licitação continua sendo um questionamento a ser solucionado. É preciso, pois, temperança e necessária motivação para a correta tomada de decisão por parte da Administração Pública, sob pena de intermitente judicialização.[562]

Verifique-se a posição do Tribunal de Contas do Rio de Janeiro sobre a questão:

SÚMULA TCE-RJ nº 12 (Relatora: Conselheira-Substituta Andrea Siqueira Martins – Plenário: 01.02.2023) – A participação de sociedades empresárias em recuperação judicial ou extrajudicial em procedimentos licitatórios deve ser permitida, em observância ao princípio da preservação da empresa, desde que haja comprovação de que o plano já tenha sido aprovado/homologado pelo juízo competente quando da entrega da documentação de habilitação.

1.2 A habilitação das cooperativas

A habilitação de sociedades cooperativas merece uma análise apartada, diante de controvérsias acerca da viabilidade de participação das mesmas em procedimentos licitatórios.[563] [564]

As cooperativas são sociedades de natureza civil, sem fins lucrativos, constituídas por pessoas (cooperados) que exercem atividade de natureza econômica, sendo constitucionalmente reconhecidas, recebendo, inclusive, tratamento diferenciado, como incentivo à sua criação.

No plano infraconstitucional, a Lei nº 5.764/1971 reconhece-as como sociedades civis, dotadas de capacidade jurídica (titulares de direitos e obrigações), estando, assim, plenamente aptas a exercitar direitos e a contrair obrigações, o que significa, em síntese, que podem celebrar contratos. Os artigos 5º e 86 desse diploma admitem expressamente a execução de qualquer atividade pelas cooperativas, inclusive a prestação de serviços a terceiros. Em consequência, as sociedades cooperativas estão plenamente aptas a participar de certames licitatórios, bem como a ser contratadas pela Administração Pública, caso sejam vencedoras dos certames.

Como o ordenamento jurídico brasileiro adota o princípio da livre concorrência, havendo distinções prescritas pela própria CF (objetivando fomentar a criação de cooperativas), não se configura possível a hipótese de um agente público, por intermédio do edital de licitação, negar os benefícios a elas concedidos.

Os cuidados a serem tomados são exatamente os mesmos que devem ser considerados nos contratos celebrados com qualquer outro, ou seja, celebrar contrato com a

---

562 CARVALHO. Empresas em recuperação e a Lei nº 14.133: um questionamento não solucionado.

563 Sobre o assunto, confira-se o nosso: BITTENCOURT. *A participação de cooperativas em licitações públicas*.

564 Sob o argumento que as cooperativas de trabalho geram muitas reclamações trabalhistas, entre outros, o Ministério Público do Trabalho (MPT) e a Advocacia-Geral da União (AGU) firmaram um acordo em 2003, homologado na 20ª Vara do Trabalho de Brasília/DF, limitando a participação dessas sociedades em licitações na Administração Pública federal. Em face do ajuste, a União comprometeu-se a não mais contratar cooperativas de mão de obra para trabalho subordinado, seja na atividade-fim ou na atividade-meio, seja a subordinação em relação ao tomador ou ao fornecedor dos serviços.

cooperativa (e não com os cooperados); estabelecer criteriosamente os serviços a serem prestados (que deverão ser prestados pelos cooperados, e não por empregados da cooperativa); definir, com clareza, rotinas, procedimentos, horários, etc., em função do serviço a ser prestado (e não em função do horário dos servidores do órgão contratante); nunca esquecer que os prestadores dos serviços não são servidores, estando, assim, sob a égide, em termos de chefia, direção, etc., da cooperativa; designar um fiscal para verificação da boa execução dos serviços (e não um "chefe" dos cooperados); definir, no edital e no contrato, que deverá haver um coordenador, representante da cooperativa, para gerenciar os serviços, com o qual o fiscal manterá entendimentos, exigirá o que for necessário, etc.; impedir qualquer desvio de rotina, devendo os cooperados executar somente tarefas estabelecidas no edital, que, logicamente, estarão transcritas no contrato; enfim, dar ao contratado o tratamento normal que dever ser dado a uma sociedade civil prestadora de serviço.

Registre-se que, dando um basta à dúvida quanto à participação de cooperativas em licitações, a Lei nº 12.690/2012 estabeleceu expressamente que as cooperativas de trabalho não poderão ser impedidas de participar de procedimentos de licitação pública. E mais: antes mesmo dessa expressa determinação, a Lei nº 11.488/2008 já incluíra as sociedades cooperativas no elenco de beneficiários de tratamento diferenciado oferecido pela Lei Complementar nº 123/2006 às microempresas e empresas de pequeno porte, conforme preconizado em seus arts. 42 a 49.

Art. 67. A documentação relativa à qualificação técnico-profissional e técnico-operacional será restrita a:

I – apresentação de profissional, devidamente registrado no conselho profissional competente, quando for o caso, detentor de atestado de responsabilidade técnica por execução de obra ou serviço de características semelhantes, para fins de contratação;

II – certidões ou atestados, regularmente emitidos pelo conselho profissional competente, quando for o caso, que demonstrem capacidade operacional na execução de serviços similares de complexidade tecnológica e operacional equivalente ou superior, bem como documentos comprobatórios emitidos na forma do §3º do art. 88 desta Lei;

III – indicação do pessoal técnico, das instalações e do aparelhamento adequados e disponíveis para a realização do objeto da licitação, bem como da qualificação de cada membro da equipe técnica que se responsabilizará pelos trabalhos;

IV – prova do atendimento de requisitos previstos em lei especial, quando for o caso;

V – registro ou inscrição na entidade profissional competente, quando for o caso;

VI – declaração de que o licitante tomou conhecimento de todas as informações e das condições locais para o cumprimento das obrigações objeto da licitação.

§1º A exigência de atestados será restrita às parcelas de maior relevância ou valor significativo do objeto da licitação, assim consideradas as que tenham valor individual igual ou superior a 4% (quatro por cento) do valor total estimado da contratação.

§2º Observado o disposto no *caput* e no §1º deste artigo, será admitida a exigência de atestados com quantidades mínimas de até 50% (cinquenta por cento) das parcelas de que trata o referido parágrafo, vedadas limitações de tempo e de locais específicos relativas aos atestados.

§3º Salvo na contratação de obras e serviços de engenharia, as exigências a que se referem os incisos I e II do *caput* deste artigo, a critério da Administração, poderão ser substituídas por outra prova de que o profissional ou a empresa possui conhecimento técnico e experiência prática na execução de serviço de características semelhantes, hipótese em que as provas alternativas aceitáveis deverão ser previstas em regulamento.

§4º Serão aceitos atestados ou outros documentos hábeis emitidos por entidades estrangeiras quando acompanhados de tradução para o português, salvo se comprovada a inidoneidade da entidade emissora.

§5º Em se tratando de serviços contínuos, o edital poderá exigir certidão ou atestado que demonstre que o licitante tenha executado serviços similares ao objeto da licitação, em períodos sucessivos ou não, por um prazo mínimo, que não poderá ser superior a 3 (três) anos.

§6º Os profissionais indicados pelo licitante na forma dos incisos I e III do *caput* deste artigo deverão participar da obra ou serviço objeto da licitação, e será admitida a sua substituição por profissionais de experiência equivalente ou superior, desde que aprovada pela Administração.

§7º Sociedades empresárias estrangeiras atenderão à exigência prevista no inciso V do *caput* deste artigo por meio da apresentação, no momento da assinatura do contrato, da solicitação de registro perante a entidade profissional competente no Brasil.

§8º Será admitida a exigência da relação dos compromissos assumidos pelo licitante que importem em diminuição da disponibilidade do pessoal técnico referido nos incisos I e III do *caput* deste artigo.

§9º O edital poderá prever, para aspectos técnicos específicos, que a qualificação técnica seja demonstrada por meio de atestados relativos a potencial subcontratado, limitado a 25% (vinte e cinco por cento) do objeto a ser licitado, hipótese em que mais de um licitante poderá apresentar atestado relativo ao mesmo potencial subcontratado.

§10 Em caso de apresentação por licitante de atestado de desempenho anterior emitido em favor de consórcio do qual tenha feito parte, se o atestado ou o contrato de constituição do consórcio não identificar a atividade desempenhada por cada consorciado individualmente, serão adotados os seguintes critérios na avaliação de sua qualificação técnica:

I – caso o atestado tenha sido emitido em favor de consórcio homogêneo, as experiências atestadas deverão ser reconhecidas para cada empresa consorciada na proporção quantitativa de sua participação no consórcio, salvo nas licitações para contratação de serviços técnicos especializados de natureza predominantemente intelectual, em que todas as experiências atestadas deverão ser reconhecidas para cada uma das empresas consorciadas;

II – caso o atestado tenha sido emitido em favor de consórcio heterogêneo, as experiências atestadas deverão ser reconhecidas para cada consorciado de acordo com os respectivos campos de atuação, inclusive nas licitações para contratação de serviços técnicos especializados de natureza predominantemente intelectual.

§11 Na hipótese do §10 deste artigo, para fins de comprovação do percentual de participação do consorciado, caso este não conste expressamente do atestado ou da certidão, deverá ser juntada ao atestado ou à certidão cópia do instrumento de constituição do consórcio.

§12 Na documentação de que trata o inciso I do *caput* deste artigo, não serão admitidos atestados de responsabilidade técnica de profissionais que, na forma de regulamento, tenham dado causa à aplicação das sanções previstas nos incisos III e IV do *caput* do art. 156 desta Lei em decorrência de orientação proposta, de prescrição técnica ou de qualquer ato profissional de sua responsabilidade.

Artigo 67

1 As peculiaridades inerentes à qualificação técnica

Em linhas gerais, a documentação exigida como qualificação técnica deve demonstrar aptidão técnica do licitante para execução do objeto pretendido. Em termos práticos, consiste na detenção de conhecimentos para a execução do objeto a ser contratado.

Em consequência, os requisitos dessa qualificação deverão ser estabelecidos em função das peculiaridades de cada objeto pretendido, sempre levando em consideração o interesse público.

Impende enfatizar que, no que se refere à documentação de qualificação técnica, o artigo adota a expressão "será restrita a", o que impossibilita a inclusão de exigências exageradas, principalmente aquelas que, para serem atendidas, obriguem os licitantes a incorrerem em gastos antes da celebração de um possível contrato.

É, inclusive, o que, acertadamente, sumulou o TCU:

> Súmula nº 272 – No edital de licitação, é vedada a inclusão de exigências de habilitação e de quesitos de pontuação técnica para cujo atendimento os licitantes tenham de incorrer em custos que não sejam necessários anteriormente à celebração do contrato.

1.1 Requisitos para a demonstração da capacidade técnica

Os requisitos para a demonstração da capacidade técnica envolvem três categorias: genérica (ou legal), específica e operativa.

A comprovação de capacidade genérica ocorre por intermédio da inscrição no registro profissional competente. Refere-se a conselhos de fiscalização do exercício das profissões disciplinadas por lei.

A capacidade específica envolve a experiência e o conhecimento técnico para o atendimento do objeto, comprovada mediante atestados de desempenho de atividade compatível em quantidades e prazos com o objeto licitado.

A capacidade operativa circunscreve a demonstração de existência de instalações e aparelhamento técnico adequado e disponível para a realização do objeto e pessoal detentor do conhecimento.

Esses requisitos são fundamentais para uma boa contratação, já que diversas situações que envolvem essas capacidades podem fazer com que a Administração conclua pela inabilitação: o licitante poderia ser profissionalmente habilitado, mas não possuir pessoal adequado e aparelhamento próprios para a execução do objeto; poderia ser habilitado e deter aparelhamento e pessoal adequados, mas não possuir esse equipamento e pessoal disponíveis no momento etc.

Conforme obtemperou Hely Lopes Meirelles, é lícito que a Administração não só verifique a capacidade técnica teórica do licitante, como sua capacidade técnica efetiva de execução, a qual se convencionou chamar operativa real.

Sobre a questão, observa o jurista:

> Advirta-se que grande parte dos insucessos dos contratados, na execução do objeto do contrato, decorre da falta de capacidade operativa real, não verificada pela Administração na fase própria da licitação, que é a da habilitação dos proponentes.[565]

Nesse contexto, cabe assentar que este art. 67 introduz a matéria de modo bastante efetivo, pois, no *caput*, prescreve uma regra que extingue dúvida recorrente ao longo de todo o período de vigência da lei anterior. Agora, conforme expressamente previsto, a certificação de capacidade técnica engloba a profissional e a operacional, diversamente da lei pretérita.[566]

Assim, a Nova Lei preceitua que, para a demonstração de capacidade técnica, poderá ser exigido dos licitantes, estritamente, os documentos a seguir:

- Apresentação de profissional, devidamente registrado no conselho profissional competente, quando for o caso, detentor de Atestado de Responsabilidade Técnica (ART) por execução de obra ou serviço de características semelhantes, para fins de contratação;[567]

---

565 MEIRELLES. *Licitação e contrato administrativo.* 11. ed.

566 A Lei nº 8.666/1993 dispunha inicialmente sobre as duas capacitações, tendo sido vetada pelo Presidente da República a parte que versava sobre capacitação técnico-operacional. Contudo, apesar do veto, grande parte da doutrina, o TCU e várias cortes de contas avaliaram a viabilidade de a Administração exigi-la. Escrevemos sobre a matéria: "Esse afastamento da verificação técnico-operacional (fruto de veto presidencial) vem produzindo, ao longo dos anos, acaloradas discussões. Relembra-se que o projeto aprovado pelo Congresso Nacional fazia distinção entre essa capacitação e a técnico-profissional, relacionando a primeira à aptidão da empresa e a segunda à experiência pessoal do profissional, o que orientava as possíveis exigências editalícias. Deu-se o veto sob a alegação de que as regras permitiriam excessivas exigências por parte da Administração. Com a supressão da capacitação técnico-operacional da norma, interpretações diferentes foram oferecidas pela doutrina: uma, com sustentação encontrada no inc. II do mesmo artigo, defendendo a total possibilidade de exigir-se tal capacitação, porquanto se permite a exigência de demonstração de experiência anterior; outra, posicionada tal como dispõe explicitamente o §1º, que veda a demonstração de requisitos não previstos no art. 30, proibindo, dessa forma, a exigência de capacitação técnico-operacional". (BITTENCOURT. *Licitação passo a passo.* 11. ed.).

567 A propósito, o Conselho Federal de Engenharia e Agronomia (CONFEA) publicou no Diário Oficial da União (*DOU* de 05.04.2023, Edição 66, Seção 1, p. 7) a Resolução CONFEA nº 1.137/2023, que dispõe não só sobre a ART, mas também acerca do Acervo Técnico-Profissional (CAT) e do Acervo Operacional (CAO).
Segundo a Resolução, entre outras disposições, destacam-se:
a) a ART é o instrumento que define, para os efeitos legais, os responsáveis técnicos pela execução de obras ou prestação de serviços relativos às profissões abrangidas pelo Sistema Confea/Crea.
b) todo contrato escrito ou verbal para execução de obras ou prestação de serviços relativos às profissões abrangidas pelo Sistema Confea/Crea fica sujeito ao registro da ART no Crea em cuja circunscrição for exercida a respectiva atividade.
c) a ART relativa à execução de obra ou prestação de serviço deve ser registrada antes do início da respectiva atividade técnica, de acordo com as informações constantes do contrato firmado entre as partes.
d) no caso de obras públicas, a ART pode ser registrada em até 10 (dez) dias após a liberação da ordem de serviço ou após a assinatura do contrato ou de documento equivalente, desde que não esteja caracterizado o início da atividade.
e) quando a execução da obra ou prestação de serviço for objeto de contrato global, situação em que dados como endereço, valor do contrato e quantitativos da atividade técnica contratada são identificados por meio de ordem de serviço específica, a ART de obra ou serviço deverá ser registrada da seguinte forma:
– a ART inicial informará a estimativa dos quantitativos e do valor global do contrato; e, quando forem citados vários endereços da obra ou serviço, o endereço do contratante.
– a ART vinculada à ART inicial informará o endereço da obra ou serviço, os quantitativos e o valor relativo a cada ordem de serviço específica.
f) a coautoria ou a corresponsabilidade por atividade técnica, bem como o trabalho em equipe para execução de obra ou prestação de serviço obriga ao registro de ART, vinculada à ART primeiramente registrada.

- Certidões ou atestados, regularmente emitidos pelo conselho profissional competente, quando for o caso, que demonstrem capacidade operacional na execução de serviços similares de complexidade tecnológica e operacional equivalente ou superior, bem como documentos comprobatórios emitidos na forma do §3º do art. 88 (que são oferecidos por contratantes anteriores, nos quais atestam a atuação do contratado no cumprimento de obrigações assumidas, com menção ao seu desempenho na execução contratual, baseado em indicadores objetivamente definidos e aferidos, e a eventuais penalidades aplicadas);
- Indicação do pessoal técnico, das instalações e do aparelhamento adequados e disponíveis para a realização do objeto da licitação, bem como da qualificação de cada membro da equipe técnica que se responsabilizará pelos trabalhos;
- Prova de atendimento de requisitos previstos em lei especial, quando for o caso;
- Registro ou inscrição na entidade profissional competente, quando for o caso;
- Declaração de que o licitante tomou conhecimento de todas as informações e das condições locais para o cumprimento das obrigações objeto da licitação.

Recentemente, o TCU, por intermédio do Acórdão nº 924/2022 – Plenário (Relator Ministro Antônio Anastasia), dispôs: "A exigência de número mínimo de atestados técnicos é medida excepcional, que deve ser adotada exclusivamente quando a especificidade do objeto assim exigir e não houver comprometimento à competitividade do certame, e apenas se devidamente justificada no processo administrativo da licitação".

Inciso I

1.2 Registro na entidade profissional

Consoante o contido nos arts. 5º, XIII, e 170, parágrafo único, da CF, é livre o exercício de profissões e de atividades econômicas. Há, entretanto, profissões e atividades econômicas cujo exercício está legalmente regulamentado, como, por exemplo, a administração de empresas (Lei nº 4.769/65) e a engenharia (Lei nº 5.194/66), entre outros.

A fiscalização do cumprimento da regulamentação se dá pelos chamados conselhos fiscalizadores das profissões, que são entidades dotadas de personalidade jurídica de direito público, criadas sob a forma de autarquias (CRA, CREA etc.).

Essas entidades, exercitando o poder de polícia, realizam o registro dos profissionais e das empresas do ramo.

---

g) a subcontratação de parte ou da totalidade da obra ou do serviço obriga ao registro de ART pelo profissional da pessoa jurídica subcontratada relativa à atividade que lhe foi subcontratada, vinculada à ART do contratante:
– o profissional da pessoa jurídica inicialmente contratada deve registrar ART de obra ou serviço; e
– o profissional da pessoa jurídica subcontratada deve registrar ART de corresponsabilidade relativa à atividade que lhe foi subcontratada, vinculada à ART principal.
h) no caso em que a ART tenha sido registrada indicando atividades que posteriormente foram subcontratadas, compete ao profissional substituí-la para adequação.
i) a substituição, a qualquer tempo, de um ou mais responsáveis técnicos pela execução da obra ou prestação do serviço obriga ao registro de nova ART, vinculada à ART anteriormente registrada.

Assim, resta evidente que, nas licitações, só se deve exigir o registro na hipótese em que a profissão ou a atividade exercida pelo licitante se encontrar regulamentada.

Ressalta-se que não cabe aos órgãos promovedores de licitações definir em quais conselhos profissionais deverão estar registrados ou inscritos os licitantes:

> A discussão dessa questão, ao nosso juízo, envolve apenas as entidades de fiscalização e as empresas e profissionais do ramo. Nessa toada, ou a Administração, antes de instaurar o procedimento, efetua pesquisa junto aos conselhos profissionais e aos licitantes, a fim de identificar em qual entidade fiscalizadora deverão estar inscritos ou registrados os interessados, ou insere no edital exigência genérica, exatamente nos termos da lei: "registro ou inscrição na entidade profissional competente".[568]

Consigne-se que o Superior Tribunal de Justiça (STJ) já se posicionou no sentido de que o registro deve ser efetuado no conselho competente para fiscalização da atividade básica ou preponderante desenvolvida pela empresa ou profissional. Tal entendimento decorre do preconizado no art. 1º da Lei nº 6.839/1980:

> Art. 1º O registro de empresas e a anotação dos profissionais legalmente habilitados, delas encarregados, serão obrigatórios nas entidades competentes para a fiscalização do exercício das diversas profissões, em razão da atividade básica ou em relação àquela pela qual prestem serviços a terceiros.

Inciso II

1.3 Comprovação de aptidão de capacidade operacional

A qualificação técnico-operacional destina-se a permitir que a Administração verifique se o licitante (pessoa jurídica) possui capacidade suficiente para assunção dos encargos decorrentes da eventual contratação, demonstrando aptidão para a execução do pretendido, sendo desarrazoado entender que essa capacitação não é vital para uma boa contratação – e, em consequência, para a segurança jurídica da Administração.

Vide que o inciso alude à comprovação de aptidão para desempenho de atividade na execução de serviços similares de complexidade tecnológica e operacional equivalente ou superior.

A demonstração dar-se-á por intermédio de certidões ou atestados, regularmente emitidos pelo conselho profissional competente, quando for o caso.

Além disso, também será demonstrada por documentos comprobatórios emitidos por contratantes anteriores, atestando a atuação da empresa no cumprimento de obrigações assumidas, com menção ao desempenho na execução contratual, com base em indicadores objetivamente definidos e aferidos, e a eventuais penalidades aplicadas.

Anote-se que o §1º restringe a exigência de atestados às parcelas de maior relevância ou valor significativo do objeto da licitação, assim consideradas as que tenham valor individual igual ou superior a 4% (quatro por cento) do valor total estimado da contratação.

---

568 ALVES. *Considerações relativas à exigência de inscrição ou registro dos licitantes em conselhos profissionais.*

Como prescreve o §2º, admitir-se-á a exigência de atestados com quantidades mínimas de até 50% (cinquenta por cento) dessas parcelas de maior relevância ou valor significativo do objeto da licitação, vedadas limitações de tempo e de locais específicos relativas aos atestados.

Inciso III

1.4 Disponibilidade de pessoal técnico, de instalações e de aparelhamento adequados

Deter capacidade operativa, demonstrando a existência de instalações e aparelhamento técnico adequados e disponível para a realização do objeto e pessoal detentor do conhecimento é outro requisito de capacidade técnica.

Nesse curso, o inciso prevê a necessidade de o licitante demonstrar possuir pessoal técnico e instalações e aparelhamento adequados e disponíveis para a realização do objeto da licitação, indicando a qualificação detalhada de cada membro da equipe técnica que se responsabilizará pelos trabalhos.

Inciso IV

1.5 Prova do atendimento de requisitos previstos em lei especial

Sempre que a ordem jurídica impuser aos licitantes o atendimento de uma condição especial reguladora de suas atividades, a Administração deverá exigir a "prova de atendimento de requisitos previstos em lei especial".

A expressão "lei especial" é adotada de forma ampla, açambarcando qualquer ato normativo de observância obrigatória para o exercício da atividade ou para a comercialização dos bens objeto da licitação.

Inciso V

1.6 Registro ou inscrição na entidade profissional competente

Segundo a CF, é assegurado a todos o livre exercício de qualquer atividade econômica, independentemente de autorização de órgãos públicos, salvo nos casos previstos em lei (parágrafo único do art. 170), sendo livre o exercício de qualquer trabalho, ofício ou profissão, atendidas as qualificações profissionais que a lei estabelecer (inc. XIII do art. 5º).

Nesse contexto, a obrigatoriedade de inscrição em entidade profissional dependerá da existência de lei restringindo o livre exercício de atividades.

Por isso, a solicitação de registro ou a inscrição na entidade profissional competente só poderá ocorrer "quando for o caso".

Há serviços complexos que envolvem várias atividades. A solução para essa situação é encontrada na Lei nº 6.839, de 30.10.1980, que dispõe sobre o registro de empresas nas entidades fiscalizadoras do exercício de profissões, a qual preceitua que "o registro de empresas e a anotação dos profissionais legalmente habilitados, delas encarregados, serão obrigatórios nas entidades competentes para a fiscalização do exercício das diversas profissões, em razão da atividade básica ou em relação àquela pela qual prestem serviços a terceiros". Logo, na contratação de serviço com várias atividades, deverá a Administração considerar a natureza principal do objeto.

Observe-se decisão do TCU:

> [...] Como a jurisprudência do Tribunal é no sentido de que o registro ou inscrição na entidade profissional competente [...] deve se limitar ao conselho que fiscalize a atividade básica ou o serviço preponderante da licitação, a decisão acerca de em qual conselho a licitante deve estar registrada dependeria de análise do caso concreto. (Acórdão nº 2.917/2011 – Plenário).

Inciso VI

1.7 Declaração de conhecimento de todas as informações e das condições locais

Outra exigência é a declaração de que o licitante tomou conhecimento de todas as informações e das condições locais para o cumprimento das obrigações objeto da licitação.

A regra obriga a Administração a fornecer um documento no momento da retirada do edital, o qual passará a fazer parte do elenco da documentação habilitatória.

No mais, é acertada a obrigatoriedade de "visita" ao local, quando necessário, objetivando a tomada de conhecimento do habilitante a contratar com a Administração de todas as condições locais para cumprimento do objeto, vinculando-o às conjunturas reais da área.

Parágrafos 1º e 2º

2 Limites à exigência de capacidade técnica

Segundo o §1º, a exigência de atestados para a demonstração de capacidade técnica será restrita às parcelas de maior relevância ou valor significativo do objeto da licitação, assim consideradas as que tenham valor individual igual ou superior a 4% (quatro por cento) do valor total estimado da contratação.

O propósito é que, se demonstrada experiência na execução de objetos semelhantes, através de verificação de parcelas de maior relevância ou de valor significativo do objeto que a Administração almeja, forme-se a consciência de que o licitante tem todas as condições de realizar o pretendido.

Consoante o §2º, observado o disposto anteriormente, admitir-se-á a exigência de atestados com quantidades mínimas de até 50% (cinquenta por cento) das parcelas, vedadas limitações de tempo e de locais específicos relativas aos atestados.[569]

[569] SÚMULA TCE-RJ nº 13 (Relatora: Conselheira Marianna Montebello Willeman – Plenário Virtual: 30.01.2023): nos editais de licitação, caso haja exigência de comprovação de capacidade técnico-operacional por meio de certificado no qual conste referência a quantitativos mínimos, tal exigência deve ser limitada às parcelas de

A intenção é clara: a Administração deverá ser razoável nas exigências, restringindo-se ao estritamente indispensável a garantir um mínimo de segurança quanto à capacitação técnica.

Nesse sentido, a posição do TCU:

> Acórdão nº 1.942/2009 – Plenário: as exigências relativas à capacidade técnica guardam amparo constitucional e não constituem, por si só, restrição indevida ao caráter competitivo de licitações conduzidas pelo Poder Público. Tais exigências, sejam elas de caráter técnico-profissional ou técnico-operacional, não podem ser desarrazoadas a ponto de comprometer o caráter competitivo do certame, devendo tão somente constituir garantia mínima suficiente de que o futuro contratado detém capacidade de cumprir com as obrigações contratuais. Tais exigências devem ser sempre devidamente fundamentadas, de forma que fiquem demonstradas inequivocamente sua imprescindibilidade e pertinência em relação ao objeto licitado.

Repare que é vedada a exigência de comprovação de atividade ou de aptidão com limitações de tempo e de locais específicos. Tal significa que situações relacionadas ao tempo e ao local são irrelevantes para os objetivos da regra legal. O que importa é que os profissionais que integram o grupo de trabalho dos licitantes tenham executado objeto semelhante ao pretendido pela Administração, independentemente de tempo e local.

Não há, portanto, inibição na faculdade de apresentar mais de um atestado, dado que a soma de experiências pode evidenciar a habilidade técnica exigida à vista do objeto licitado. Nesse sentido, João Ribeiro Mathias Duarte assenta que o edital não deve fixar o número de atestados, devendo o licitante se valer de sua experiência anterior e, em função dela, apresentar o atestado necessário compatível e pertinente ao objeto a ser licitado, ou, mais propriamente, apresentar tantos atestados quanto sejam indispensáveis para a aludida comprovação.[570]

Parágrafos 3º a 9º

3 Regras de atesto da capacidade técnica jungidas a situações específicas

Os §§3º a 9º detalham possibilidades para o atesto da capacidade técnica, atrelando as mesmas a diversas situações distintas.

Parágrafo 3º

3.1 Substituição por outras provas

Com exceção das contratações de obras e serviços de engenharia, as exigências quanto a profissionais e atestados poderão ser substituídas, a critério da Administração,

---

maior relevância e valor significativo do objeto a ser contratado e não pode ser superior a 50% do quantitativo pretendido, salvo justificativa específica e tecnicamente fundamentada.

[570] DUARTE. *Desenvolvimento do procedimento licitatório.*

por outras provas de que o profissional ou a empresa possui conhecimento técnico e experiência prática na execução de serviço de características semelhantes (remetendo a matéria à regulamentação posterior).

Parágrafo 4º

3.2 Atestados emitidos por estrangeiros

Aceitar-se-ão atestados ou outros documentos hábeis emitidos por entidades estrangeiras quando acompanhados de tradução para o português, se comprovada a idoneidade da entidade emissora.

A regra atende ao ora praticado no ordenamento jurídico,[571] uma vez que, em janeiro 2016, o governo federal editou o Decreto nº 8.660, promulgando a Convenção sobre a Eliminação da Exigência de Legalização de Documentos Públicos Estrangeiros, firmada pela República Federativa do Brasil, em Haia, em 5.10.1961, objetivando, com a chamada "Convenção da Apostila", regulamentar e simplificar o trâmite internacional de documentos públicos.

Assim, a necessidade de legalização consular foi substituída pela emissão da "Apostila da Haia", que será anexada ao documento público pelas autoridades competentes do país no qual foi emitido, tornando-o válido em todos os demais Estados partes da Convenção. Antes, o processo exigia sempre a legalização por embaixada ou consulado (a chamada "consularização").

Dessa forma, como inclusive consta na Instrução Normativa nº 10, de 10.02.2020, do Secretário de Gestão da Secretaria Especial de Desburocratização, Gestão e Governo Digital do Ministério da Economia, que altera a Instrução Normativa nº 3/2018, que estabelece regras de funcionamento do Sistema de Cadastramento Unificado de Fornecedores (SICAF), as empresas estrangeiras que não funcionem no País, para participarem dos procedimentos de licitação, dispensa, inexigibilidade e nos contratos administrativos, poderão se cadastrar no SICAF, mediante código identificador específico fornecido pelo sistema, observadas as seguintes condições: a) os documentos exigidos para os níveis cadastrais poderão ser atendidos mediante documentos equivalentes, inicialmente apresentados com tradução livre; e b) os documentos de habilitação em licitações deverão ser traduzidos por tradutor juramentado no País (em obediência ao art. 192 do Código Processo Civil – Lei nº 13.105, de 16.05.2015) e apostilados nos termos do disposto no Decreto nº 8.660/2016, ou *consularizados* pelos respectivos consulados ou embaixadas.

Escrevemos sobre o assunto:

> Registre-se que, sobre a matéria, foi promulgada pelo Decreto nº 8.660, de 29.01.2016, a Convenção sobre a Eliminação da Exigência de Legalização de Documentos Públicos

---

[571] Como observa Jonas Lima: "Na prática, isso já vinha ocorrendo, em razão de limitações de atestados em determinados países e em áreas de produtos controlados, como os militares, sendo que a lei vem ajustar algo da prática para a norma, em visível ampliação da disputa com margem para segurança jurídica. O que se espera, entretanto, é que isso não seja porta aberta para exagero de flexibilidade, que prejudique a confiabilidade e a pertinência das informações da experiência anterior da licitante". (LIMA. Licitações internacionais na Lei nº 14.133/2021: 10 tópicos).

Estrangeiros, firmada pela República Federativa do Brasil, em Haia, em 5.10.1961, conhecida como "Convenção da Apostila", que estabelece que seus Estados Contratantes deverão dispensar, nas relações entre eles, o instituto da legalização de documentos estrangeiros (a "consularização").

A Apostila é um certificado de autenticidade emitido por países signatários da Convenção da Haia, que é aposto a um documento público para atestar sua origem (assinatura, cargo de agente público, selo ou carimbo de instituição). Esse documento público apostilado será apresentado em outro país, também signatário da Convenção da Haia, uma vez que a Apostila só é válida entre países subscritores.[572]

A adesão do Brasil tem a intenção de agilizar os trâmites do processo de legalização de um documento estrangeiro no Brasil ou de um documento brasileiro a ser utilizado no exterior, eliminando a chamada "legalização em cadeia".

No Brasil, o Conselho Nacional de Justiça (CNJ) é o responsável por coordenar e regulamentar a aplicação da Convenção da Apostila, tendo desenvolvido um sistema eletrônico específico, disponível nos cartórios. No documento fornecido pelos cartórios constará um QR Code, pelo qual será possível verificar a autenticidade da apostila e sua relação com o documento apostilado e, para normatizar a questão, publicada a Resolução nº 228 de 22.06.2016.[573]

O preceptivo determina também a tradução de documentos, que se efetuará, obrigatoriamente, por servidor juramentado (conforme dispõe o artigo 192 do Novo Código de Processo Civil – Lei nº 13.105, de 16.03.2015)[574] e consigna o art. 224 do Código Civil – Lei nº 10.406, de 10.01.2002).[575] [576]

Relembra-se que, quanto aos documentos estrangeiros, a Lei nº 8.666/1993 trazia também a necessidade de tradução juramentada, para se ter a versão com fé pública do documento em português. Inovando, o Decreto nº 10.024/2019, regulamentar do pregão eletrônico na esfera federal, autorizou, em seu art. 41, *caput* e parágrafo único, a tradução inicialmente livre e, somente em caso de vencedor o licitante, para fins de assinatura de ata de registro de preços ou de contrato, a apresentação dos documentos com consularização ou apostilamento e tradução juramentada.

A Nova Lei de Licitações, no entanto, não faz nenhuma menção à tradução juramentada.

Entretanto, como bem anota Jonas Lima,[577] "o fato é que pelo art. 13 da Constituição Federal, o português é o idioma oficial do Brasil, o art. 224 do Código Civil estabelece que 'os documentos redigidos em língua estrangeira serão traduzidos para o português para ter efeitos legais no país', o art. 27, §1º, da Lei nº 14.195/2021, estabelece que nenhuma tradução terá fé pública se não for realizada por tradutor público (aquele registrado perante Junta Comercial), além do que, o Manual do Serviço Consular e Jurídico

---

572 CNJ – CONSELHO NACIONAL DE JUSTIÇA. *Apostila da Haia.*

573 CNJ – CONSELHO NACIONAL DE JUSTIÇA. *Resolução nº 228, de 22 jun. 2016.*

574 Art. 192 – Em todos os atos e termos do processo é obrigatório o uso da língua portuguesa.
Parágrafo único. O documento redigido em língua estrangeira somente poderá ser juntado aos autos quando acompanhado de versão para a língua portuguesa tramitada por via diplomática ou pela autoridade central, ou firmada por tradutor juramentado.

575 Art. 224. Os documentos redigidos em língua estrangeira serão traduzidos para o português para ter efeitos legais no País.

576 BITTENCOURT. *Licitação passo a passo.* 11. ed.

577 LIMA. Licitações internacionais na Lei nº 14.133/2021: 10 tópicos.

do Ministério das Relações Exteriores continua tratando da consularização, e o Decreto nº 8.660/2016 continua tratando do apostilamento, esses dois requisitos de prova de origem do documento estrangeiro".

Destarte, corroboramos com a opinião do jurista no sentido de que, por interpretação sistemática da legislação, continuarão sendo exigidas formalidades de legalização, tendendo a Administração a adotar prática já consolidada depois do Decreto nº 10.024/2019, com a apresentação de documentos com traduções inicialmente simples na licitação e, somente do vencedor, para fins de assinatura de ata de registro de preços e contrato, se exija versões (com apostilamento ou consularização) e tradução juramentada, estando tal procedimento em linha com trabalhos atuais que visam a facilitar o processo de acessão do Brasil ao Acordo de Compras Públicas – GPA, da OMC.

Parágrafo 5º

3.3 Atestados de serviços similares na contratação de serviços contínuos

Se a Administração estiver buscando contratar serviços contínuos – aqueles contratados pela Administração Pública para a manutenção da atividade administrativa, decorrentes de necessidades permanentes ou prolongadas (inc. XV do art. 6º) –, o edital poderá exigir certidão ou atestado que demonstre que o licitante tenha executado serviços similares ao objeto da licitação, em períodos sucessivos ou não, por um prazo mínimo, que não poderá ser superior a 3 (três) anos.

A regra repete a determinação formulada na Instrução Normativa Seges//MPDG nº 5/2017,[578] que informava nos subitens 10.6, b, e 10.6.1, como a seguir:

> 10.6. Na contratação de serviço continuado, para efeito de qualificação técnico-operacional, a Administração poderá exigir do licitante:
>
> [...]
>
> b) comprovação que já executou objeto compatível, em prazo, com o que está sendo licitado, mediante a comprovação de experiência mínima de três anos na execução de objeto semelhante ao da contratação, podendo ser aceito o somatório de atestados;
>
> [...]
>
> 10.6.1 É admitida a apresentação de atestados referentes a períodos sucessivos não contínuos, para fins da comprovação de que trata a alínea "b" do subitem 10.6 acima, não havendo obrigatoriedade de os três anos serem ininterruptos.

Recentemente, o TCU, por intermédio do Acórdão nº 503/2021 – Plenário, manifestou-se sobre a matéria:

> Em licitações de serviços continuados, para fins de qualificação técnico-operacional, a exigência de experiência anterior mínima de três anos (subitens 10.6, b, e 10.6.1 do Anexo VII-A da IN-Seges/MPDG nº 5/2017), lapso temporal em regra superior ao prazo inicial

[578] Que teve por base o Acórdão TCU nº 1214/2013 – Plenário.

do contrato, deve ser objeto de adequada fundamentação, baseada em estudos prévios e na experiência pretérita do órgão contratante, que indiquem ser tal lapso indispensável para assegurar a prestação do serviço em conformidade com as necessidades específicas do órgão, por força da sua essencialidade, quantitativo, risco, complexidade ou qualquer outra particularidade.

Parágrafo 6º

3.4 Obrigatoriedade de os profissionais participarem da obra ou serviço

O dispositivo estabelece que os profissionais indicados pelo licitante, para fins de comprovação da capacitação técnico-profissional, deverão participar da obra ou serviço objeto da licitação, admitindo-se a substituição por profissionais de experiência equivalente ou superior, desde que aprovada pela Administração.

A regra é lógica, pois, sendo os profissionais apresentados os indutores da habilitação nessa esfera, não haveria sentido se os mesmos não participassem da execução do objeto.

Todavia, como não há vínculo permanente entre as empresas e os profissionais, não raro, em função de diversos fatores, ocorre o rompimento do contrato existente entre eles. Nesses casos, os profissionais deverão ser substituídos por outros com experiências equivalentes ou superiores, desde que aprovados pela Administração.

Sobre a questão, pronunciou-se o Tribunal de Justiça do Estado do Paraná:

> Apelação Cível nº 690852-3 – 4ª Vara da Fazenda Pública de Curitiba – Relator Des. Leonel Cunha: [...] A aprovação pela Administração é ato vinculado, logo, para a substituição da equipe técnica deve haver a comprovação documental, ao menos, da equivalência entre os profissionais envolvidos e a solicitação formal perante a Administração.

Parágrafo 7º

3.5 Inscrição de empresas estrangeiras em entidade profissional competente

Empresas estrangeiras deverão atender à exigência de registro ou inscrição na entidade profissional competente (como previsto no inc. V) por intermédio da apresentação, no momento da assinatura do contrato, da solicitação de registro perante a entidade profissional no Brasil.

Parágrafo 8º

3.6 Exigência da relação dos compromissos assumidos pelo licitante

A Administração poderá exigir a relação dos compromissos assumidos pelo licitante que importem em diminuição da disponibilidade do pessoal técnico.

A intenção é lógica: os compromissos assumidos poderão demonstrar a diminuição de capacidade operativa ou até financeira do licitante.

No que concerne ao comprometimento financeiro, o que se busca é a compatibilização dos dados existentes com os fatos novos. Estando o licitante com dívidas ou com recursos comprometidos, não poderá atender plenamente aos objetivos da Administração.[579]

Parágrafo 9º

3.7 Atestados de subcontratados

Para aspectos técnicos específicos, o edital licitatório poderá estabelecer que a qualificação técnica seja demonstrada por intermédio de atestados relativos a potencial subcontratado, limitado a 25% (vinte e cinco por cento) do objeto a ser licitado, hipótese em que mais de um licitante poderá apresentar atestado relativo ao mesmo potencial subcontratado.

Observe-se que o art. 121 prescreve que, na execução do contrato, o contratado poderá subcontratar partes da obra, do serviço ou do fornecimento até o limite autorizado, em cada caso, pela Administração. E o §1º informa que o contratado apresentará à Administração documentação que comprove a capacidade técnica do subcontratado, que será avaliada e juntada aos autos do processo correspondente.

Aliás, como ponderou Diogenes Gasparini, a subcontratação retrata a necessidade do atendimento à realidade:

> As subcontratações, pode-se afirmar, são normais. O comum é a execução mediante subcontratação. A exceção é a execução integral do contrato pelo contratado. Dificilmente, o contratado executa com seus próprios recursos humanos e materiais, por exemplo, todas as partes de uma construção.[580]

Parágrafos 10 e 11

3.8 Atestados emitidos em favor de consórcio que o licitante tenha participado

Segundo o art. 278 da Lei nº 6.404/1976 (Lei das sociedades por ações), as companhias e quaisquer outras sociedades, sob o mesmo controle ou não, podem constituir consórcio para executar determinado empreendimento. Tal consórcio, como disciplina o §1º, não tem personalidade jurídica e as consorciadas somente se obrigam nas condições previstas no respectivo contrato, respondendo cada uma por suas obrigações, sem presunção de solidariedade.

---

579 Ênio Penha sugere cuidado nessa análise financeira, uma vez que todos os compromissos que afetam o patrimônio líquido devem estar previstos no balanço. Como a empresa pode ter assumido compromissos após a data de elaboração do mesmo (ou até ter aumentado os seus recursos), o resultado final pode não ser fiel à realidade. Assim, é evidente que poderá o licitante comprovar a nova situação, através de documentos supervenientes. (PENHA. *A avaliação econômico-financeira na fase de habilitação*).

580 GASPARINI. *Contratos administrativos*.

Não raro, em grandes empreendimentos públicos, a Administração contrata consórcios de empresas.

Vide que o art. 15 desta Nova Lei prevê que, salvo vedação devidamente justificada no processo licitatório, pessoa jurídica poderá participar de licitação na forma de consórcio, observadas algumas normas.

Pois bem, o §10 em análise prescreve as regras para os casos em que a empresa apresenta atestado de desempenho emitido em favor de consórcio do qual tenha feito parte. Nessa hipótese, se o atestado ou o contrato de constituição do consórcio não identificar a atividade desempenhada por cada consorciado individualmente, serão adotados os seguintes critérios na avaliação de sua qualificação técnica:

a) caso o atestado tenha sido emitido em favor de consórcio homogêneo (empresas com objeto similar), as experiências atestadas deverão ser reconhecidas para cada empresa consorciada na proporção quantitativa de sua participação no consórcio, salvo nas licitações para contratação de serviços técnicos especializados de natureza predominantemente intelectual, em que todas as experiências atestadas deverão ser reconhecidas para cada uma das empresas consorciadas;

b) caso o atestado tenha sido emitido em favor de consórcio heterogêneo (empresas que atuam em determinado segmento de atividade, que possuem qualificações diferentes e que não se confundem), as experiências atestadas deverão ser reconhecidas para cada consorciado de acordo com os respectivos campos de atuação, inclusive nas licitações para contratação de serviços técnicos especializados de natureza predominantemente intelectual.

Consoante o §11, para fins de comprovação do percentual de participação do consorciado, caso este não conste expressamente do atestado ou da certidão, deverá ser juntada ao atestado ou à certidão cópia do instrumento de constituição do consórcio.

Parágrafo 12

3.9 Atestados de profissionais que tenham dado causa à aplicação das sanções

Na documentação técnica relativa ao profissional que participará da execução do objeto licitatório (inc. I deste art. 67), não se admitirão atestados que tenham dado causa à aplicação das sanções "impedimento de licitar e contratar" e "declaração de inidoneidade para licitar ou contratar" (incisos III e IV do art. 156), em decorrência de orientação proposta, de prescrição técnica ou de qualquer ato profissional de sua responsabilidade.

Art. 68. As habilitações fiscal, social e trabalhista serão aferidas mediante a verificação dos seguintes requisitos:

I – a inscrição no Cadastro de Pessoas Físicas (CPF) ou no Cadastro Nacional da Pessoa Jurídica (CNPJ);

II – a inscrição no cadastro de contribuintes estadual e/ou municipal, se houver, relativo ao domicílio ou sede do licitante, pertinente ao seu ramo de atividade e compatível com o objeto contratual;

III – a regularidade perante a Fazenda federal, estadual e/ou municipal do domicílio ou sede do licitante, ou outra equivalente, na forma da lei;

IV – a regularidade relativa à Seguridade Social e ao FGTS, que demonstre cumprimento dos encargos sociais instituídos por lei;

V – a regularidade perante a Justiça do Trabalho;

VI – o cumprimento do disposto no inciso XXXIII do art. 7º da Constituição Federal.

§1º Os documentos referidos nos incisos do *caput* deste artigo poderão ser substituídos ou supridos, no todo ou em parte, por outros meios hábeis a comprovar a regularidade do licitante, inclusive por meio eletrônico.

§2º A comprovação de atendimento do disposto nos incisos III, IV e V do *caput* deste artigo deverá ser feita na forma da legislação específica.

Artigo 68

1 As habilitações fiscal, social e trabalhista

Em relação à regra anterior, o regramento previsto neste art. 68 não trouxe muitas novidades, ocorrendo somente a modificação do nome "Regularidade Fiscal e Trabalhista" para "Habilitação Fiscal, Social e Trabalhista" e, no que concerne ao elenco de documentos a serem apresentados, apenas alguns pequenos acertos e a vinda do cumprimento do disposto no inc. XXXIII do art. 7º da CF, antes tratada com exigência autônoma.

O dispositivo dispõe sobre a comprovação da regularidade fiscal, social e trabalhista dos licitantes, objetivando permitir à Administração verificar a idoneidade do licitante quanto às suas obrigações perante o fisco (federal, estadual e municipal, dependendo do âmbito do certame licitatório), à seguridade social e ao Fundo de Garantia do Tempo de Serviço, isto é, se há regularidade no tocante às contribuições e à justiça trabalhista, concernente à inexistência de débitos inadimplidos.

De certa maneira, a norma configura uma forma indireta de reprovação à infração às leis fiscais, securitárias sociais e trabalhistas.

Inciso I

1.1 Inscrição no CPF ou no CNPJ

A demonstração de inscrição no Cadastro Nacional da Pessoa Jurídica (CNPJ) objetiva a identificação da pessoa jurídica. Trata-se de um registro tributário. A inscrição pura e simples não demonstra regularidade com os pagamentos dos tributos federais; todavia, sem o devido registro, a pessoa jurídica não poderá exercer as suas atividades.

Também o particular, para exercer atividades, deve estar registrado no cadastro respectivo, o Cadastro de Pessoas Físicas (CPF), sujeitando-se, da mesma forma, ao pagamento dos tributos federais necessários.

Inciso II

1.2 Inscrição no cadastro de contribuintes estadual ou municipal

Verifica-se o cadastro de contribuintes estadual ou municipal diante da atividade a ser desenvolvida por aquele que está se cadastrando.

Prestador de serviços, sujeito ao ISS (Imposto Sobre Serviços), é cadastrado no município, de vez que o tributo é de competência municipal.

Empresa de venda mercantil, sujeita ao ICMS (Imposto Sobre Circulação de Mercadorias e Serviços), é cadastrada no estado, uma vez que a este compete o estabelecimento de tal imposto.

O texto da lei anterior, muito semelhante ao atual, despertava dúvida em virtude da conjunção "ou" constante de sua redação (constava prova de inscrição no cadastro de contribuintes estadual ou municipal). Agora, com a substituição do "ou" por "e/ou", afastou-se o questionamento, pois ficou cristalina a interpretação de que é a natureza da atividade a ser desenvolvida na contratação que determinará a inscrição cadastral.

Inciso III

1.3 Regularidade para com a Fazenda federal, estadual e municipal

Na lei anterior, a regra demandava várias hipóteses, trazendo insegurança jurídica ao aplicador.

Uma hipótese circunscrevia a demonstração da regularidade fiscal junto à Fazenda Pública interessada, ou seja, somente em face do ente federativo promotor da licitação. Nesse caso, reputar-se-ia que uma dívida fiscal em qualquer local do País não seria suficiente para acarretar a inabilitação, mas tão somente a ocorrida em face da entidade promotora do certame.

Outra considerava o texto legal na sua literalidade, propugnando interpretação extensiva, segundo a qual os interessados em contratar com a Administração deveriam demonstrar a regularidade fiscal para com as três Fazendas (municipal, estadual e federal), reputando-se que a existência de dívida determinaria a inabilitação.

Por fim, a hipótese que compreendia a verificação de comprovação de regularidade fiscal do interessado consoante o ramo de atividade. Verificar-se-ia, a partir do conhecimento da circunstância de incidência de determinado tributo, a qual Fazenda se solicitaria a demonstração da documentação. A hipótese fundava-se na ideia de que não haveria sentido na exigência de comprovação de regularidade em ramos desvinculados do objeto licitado.

A Advocacia-Geral da União seguia essa última tese, como assentado em nota explicativa em seus modelos de editais:

> A comprovação de inscrição no cadastro de contribuinte e regularidade fiscal correspondente (estadual ou municipal) considerará a natureza da atividade, objeto da licitação. A exigência de inscrição no cadastro municipal decorre do âmbito da tributação incidente sobre o objeto da licitação; tratando-se de serviços, incide, em regra, o ISS, tributo municipal.

Nesse caminho, também a inteligência de Benedito Chiaradia:

> A lógica operacional do certame licitatório convence-nos no sentido de que, tirante a regularidade fiscal perante a Fazenda Nacional- exigível em todas as habilitações de qualquer esfera do Poder – a regularidade estadual e a municipal somente serão exigíveis se disserem respeito ao objeto contratual, e, mesmo assim, restritamente ao território estadual ou municipal da inscrição do habilitando, eis que o inciso III fala em "domicílio ou sede do licitante". Se a União ou o Estado federado vierem a licitar serviços sujeitos ao ISS – tributo municipal – é óbvio que a regularidade municipal de onde o habilitando tem sua inscrição será plenamente exigível. Mas, nesta mesma hipótese, exigir-se regularidade estadual, ainda que do próprio Estado promotor, seria abstruso, visto como o habilitando não é contribuinte estadual. Assim também com uma licitação federal ou municipal para aquisição de bens. Tal operação se sujeita ao ICMS – tributo estadual – e, como tal, a regularidade fiscal do habilitando, relativamente ao Estado de sua inscrição é legitimamente exigível, não o sendo a relativa à regularidade municipal, por impossibilidade de inscrição.[581]

Agora, felizmente, acertou-se o texto legal, com a inserção de "de acordo com o objeto contratado", vingando essa última proposição.

1.3.1 A questão da regularidade ou quitação

Registre-se que a norma não exige quitação, mas sim, regularidade. Na égide do vetusto Decreto-Lei nº 2.300/1986, exigia-se demonstração de quitação. O parágrafo que tratava da matéria dispunha taxativamente que a "a documentação relativa à regularidade fiscal consistirá em prova de *quitação* com a Fazenda Federal, Estadual e Municipal ou outra equivalente, na forma da lei". A Lei nº 8.666/1993, bem mais branda, exigiu a regularidade, o que a Nova Lei repisou.

Verifica-se, à clarividência, que ocorreu uma saudável evolução normativa, uma vez que não há como negar a existência de inúmeras pessoas (físicas e jurídicas) com condições de atender as pretensões da Administração Pública, ainda que não quites com as obrigações fiscais. Negar-lhes a participação nos certames configuraria macular os objetivos da licitação. O melhor exemplo é o caso daqueles que parcelam

581 CHIARADIA. *As licitações e os contratos administrativos.*

seus débitos, após negociação, estando com as prestações quitadas no seu vencimento. Como vedar-lhes a normal participação nas competições licitatórias? E mais: há ainda os que conseguem efeito suspensivo em processos tributários ou medidas liminares em mandados de segurança ou em ações de conhecimento.

Essas hipóteses determinam a emissão de certidão negativa de tributos, ou de certidão positiva com efeitos de negativa, nos termos dos arts. 205 e 206 do Código Tributário Nacional (CTN),[582] também observado o seu art. 151.[583]

As decisões judiciais nesse sentido não deixam dúvidas:

> Tribunal Regional Federal – TRF – 4ª região – 2ª Turma
>
> Apelação em Mandado de Segurança nº 95.04.62827-3-PR
>
> Ementa: Tributário – CND – Parcelamento – Tributo sujeito ao regime de lançamento por homologação.
>
> 1. O parcelamento do débito e seu cumprimento caracterizam moratória e esta suspende a exigibilidade do crédito tributário, sendo devida a expedição de CND, nos termos do art. 206, do CTN. [...]
>
> Superior Tribunal de Justiça – STJ – 1ª Turma – Recurso Especial nº 83.178-SP
>
> Ementa: Certidão Negativa de Débito – Parcelamento – Pagamento regular – Direito à obtenção.
>
> Tributário. Débito previdenciário. Certidão negativa de débito parcelado.
>
> 1 – Estando regular o parcelamento, com o cumprimento, no prazo, das obrigações assumidas pelo contribuinte, não pode ser negado o fornecimento de certidão negativa de débito, sob a alegação de que inexiste garantia para a transação firmada. 2 – Regular está a situação do devedor, pelo que tem direito a obter certidão negativa. 3 – Se o credor não exige garantia para a celebração do acordo do parcelamento, não pode, no curso do negócio jurídico firmado, inovar. 4 – Recurso não provido. (j. 04.3.96 – *DJU*, 01.4.96, p. 9891).

1.3.2 A constitucionalidade da exigência

Há os que questionam a medida, em face do preconizado no inc. XXI do art. 37 da CF, que, a princípio, apenas permite exigências de qualificação técnica e econômica

---

[582] Lei nº 5.172/66 – CTN – Art. 205. A lei poderá exigir que a prova da quitação de determinado tributo, quando exigível, seja feita por certidão negativa, expedida à vista de requerimento do interessado, que contenha todas as informações necessárias à identificação de sua pessoa, domicílio fiscal e ramo de negócio ou atividade e indique o período a que se refere o pedido.

Parágrafo único. A certidão negativa será sempre expedida nos termos em que tenha sido requerida e será fornecida dentro de 10 (dez) dias da data da entrada do requerimento na repartição.

Art. 206. Tem os mesmos efeitos previstos no artigo anterior a certidão de que conste a existência de créditos não vencidos, em curso de cobrança executiva em que tenha sido efetivada a penhora, ou cuja exigibilidade esteja suspensa.

[583] Lei nº 5.172/66 – CTN – Art. 151. Suspendem a exigibilidade do crédito tributário:

I – moratória;

II – o depósito do seu montante integral;

III – as reclamações e os recursos, nos termos das leis reguladoras do processo tributário administrativo;

IV – a concessão de medida liminar em mandado de segurança.

V – a concessão de medida liminar ou de tutela antecipada, em outras espécies de ação judicial;

VI – o parcelamento.

Parágrafo único. O disposto neste artigo não dispensa o cumprimento das obrigações assessórias dependentes da obrigação principal cujo crédito seja suspenso, ou dela consequentes.

indispensáveis à garantia do cumprimento das obrigações. Nesse raciocínio estaria excluída, para fins de habilitação, a regularidade fiscal.[584]

A nosso ver, essa análise é perfunctória, porquanto, apreciando com mais acuidade o ditame constitucional, verificar-se-á que o supracitado inc. XXI não regulou a habilitação por inteiro, mas tão somente as qualificações técnica e econômica, cabendo à lei disciplinar os aspectos concernentes à regularidade fiscal.

Compartilhando dessa tese, a inteligência de Carlos Ari Sundfeld:

> [...] não vemos inconstitucionalidade na indicação da regularidade fiscal como condição de habilitação. Não se deve dar ao art. 37-XXI da CF interpretação literal, concluindo que, pelo fato de não haver sido mencionada, ela é insuscetível de exame. Se tal compreensão fosse legítima, seria impossível, p. ex., evitar a participação em licitação de empresa declarada inidônea em decorrência da prática de ato ilícito visando a frustrar os objetivos da licitação (art. 88-II); ter-se-ia apenas de verificar sua capacitação técnica e econômica, jamais sua idoneidade em sentido amplo. O art. 37-XXI não regulou integralmente a habilitação.[585]

1.3.3 A comprovação de regularidade fiscal pelas pequenas empresas

Conforme já exposto, dando azo ao prescrito na alínea "d" do inc. III do art. 146 da CF, acrescentada pela Emenda Constitucional nº 42, de 19.12.2003, que prescreve que cabe à lei complementar a "definição de tratamento diferenciado e favorecido para as microempresas e para as empresas de pequeno porte, inclusive regimes especiais ou simplificados no caso do imposto previsto no art. 155, II, das contribuições previstas no art. 195, I e §§12 e 13, e da contribuição a que se refere o art. 239", os arts. 42 a 49 da Lei Complementar nº 123/2006 concederam tratamento diferenciado às microempresas e às empresas de pequeno porte no âmbito das licitações públicas.[586]

Os arts. 42 e 43 estão relacionados com a comprovação de regularidade fiscal e trabalhista, em função das alterações impostas pela Lei Complementar nº 155/2016:

> Art. 42. Nas licitações públicas, a comprovação de regularidade fiscal e trabalhista das microempresas e das empresas de pequeno porte somente será exigida para efeito de assinatura do contrato. (Redação dada pela Lei Complementar nº 155/2016).
>
> Art. 43. As microempresas e as empresas de pequeno porte, por ocasião da participação em certames licitatórios, deverão apresentar toda a documentação exigida para efeito de comprovação de regularidade fiscal e trabalhista, mesmo que esta apresente alguma restrição. (Redação dada pela Lei Complementar nº 155/2016).
>
> §1º Havendo alguma restrição na comprovação da regularidade fiscal e trabalhista, será assegurado o prazo de cinco dias úteis, cujo termo inicial corresponderá ao momento em que o proponente for declarado vencedor do certame, prorrogável por igual período, a

---

[584] Exceto a exigência pertinente à Seguridade Social, dada a sua conexão com outro preceptivo constitucional: o §3º do art. 195, que prescreve que a pessoa jurídica em débito com o sistema da seguridade social não poderá contratar com o Poder Público nem dele receber benefícios ou incentivos fiscais ou creditícios.

[585] SUNDFELD. *Licitação e contrato administrativo*. 2. ed.

[586] O tratamento diferenciado previsto nos arts. 43 a 45 da LC nº 123/2006 deverá ser concedido, independentemente de previsão no instrumento convocatório da licitação. Com o mesmo entendimento, a AGU: Orientação Normativa nº 7, de 1º de abril de 2009: "O tratamento favorecido de que tratam os arts. 43 a 45 da Lei Complementar nº 123, de 2006, deverá ser concedido às microempresas e empresas de pequeno porte independentemente de previsão editalícia".

critério da administração pública, para regularização da documentação, para pagamento ou parcelamento do débito e para emissão de eventuais certidões negativas ou positivas com efeito de certidão negativa. (Redação dada pela Lei Complementar nº 155/2016).

§2º A não-regularização da documentação, no prazo previsto no §1º deste artigo, implicará decadência do direito à contratação, sem prejuízo das sanções previstas no *art. 81 da Lei nº 8.666, de 21 de junho de 1993*, sendo facultado à Administração convocar os licitantes remanescentes, na ordem de classificação, para a assinatura do contrato, ou revogar a licitação.

Avaliando os preceptivos, conclui-se que a premissa do legislador da LC nº 123/2006 foi a de que, a partir do asseguramento constitucional de proteção às micro e pequenas empresas, seria legítimo estender essa proteção às competições licitatórias.

Assente-se que, em face do preconizado na Lei nº 11.488, de 15.07.2007, também passaram a fazer parte do grupo de destinatários do tratamento diferenciado as sociedades cooperativas, consoante preconizado no art. 34:

Art. 34. Aplica-se às sociedades cooperativas que tenham auferido, no ano-calendário anterior, receita bruta até o limite definido no inciso II do *caput* do art. 3º da Lei Complementar nº 123, de 14 de dezembro de 2006, nela incluídos os atos cooperados e não-cooperados, o disposto nos Capítulos V a X, na Seção IV do Capítulo XI, e no Capítulo XII da referida Lei Complementar.

A LC nº 128/2008 alterou a LC nº 123, inserindo a figura do microempreendedor individual, definido no §1º do art. 18-A como o

empresário individual a que se refere o art. 966 da Lei nº 10.406, de 10 de janeiro de 2002 (Código Civil), que tenha auferido receita bruta, no ano-calendário anterior, de até R$60.000,00 (sessenta mil reais), optante pelo Simples Nacional e que não esteja impedido de optar pela sistemática prevista neste artigo.

Desse modo, estendeu-se o tratamento diferenciado nas contratações públicas ao microempreendedor individual.

Posteriormente, a LC nº 147/2014 inseriu o art. 3º-A na LC nº 123:

Art. 3º-A. Aplica-se ao produtor rural pessoa física e ao agricultor familiar conceituado na Lei nº 11.326, de 24 de julho de 2006, com situação regular na Previdência Social e no Município que tenham auferido receita bruta anual até o limite de que trata o inciso II do *caput* do art. 3º o disposto nos arts. 6º e 7º, nos Capítulos V a X, na Seção IV do Capítulo XI e no Capítulo XII desta Lei Complementar, ressalvadas as disposições da Lei nº 11.718, de 20 de junho de 2008.

Consequentemente, o produtor rural, pessoa física, e o agricultor familiar também passaram a ter tratamento jurídico diferenciado nas contratações públicas.[587]

[587] Essas inovações aplicáveis aos procedimentos licitatórios fizeram com que o Governo Federal revisse a regulamentação existente, uma vez que o decreto em vigor, que regulamentava a LC nº 123, não sofrera alteração, mantendo diversos artigos em desconformidade com novos dispositivos. Nessa contextura, foi editado o Decreto nº 8.538/2015, revogando o Decreto nº 6.204/2007. Em 13.03.2020, foi expedido o Decreto nº 10.233, não só para

Pois bem, o art. 42 da LC nº 123 prevê que, nos certames licitatórios, a comprovação de regularidade fiscal das micro e pequenas empresas (e das demais pessoas que passaram a ser beneficiadas) somente será exigida para fins de assinatura do contrato administrativo. Tal regra, contudo, deve ser aplicada em conjunto com a prescrita no art. 43, a qual disciplina que as empresas deverão apresentar toda a documentação exigida para essa comprovação, ainda que com limitações, uma vez que a exibição desassociada restaria sem sentido.

A fase de habilitação é aquela em que são apreciados os documentos especificados no instrumento convocatório da licitação.

O art. 43 torna clara a obrigatoriedade do acondicionamento dos documentos comprovadores de regularidade fiscal no envelope de habilitação, ainda que possuam restrições. No caso de exibição de documento de comprovação de regularidade fiscal com restrições, sem posterior saneamento, a Administração deverá expedir ato administrativo de inabilitação, o qual poderá servir de base para o licitante inabilitado exercer o seu direito de petição, com a consequente interposição de recurso administrativo.[588]

1.3.4 A questão do domicílio ou sede do licitante

Na ótica do Direito Tributário, os estabelecimentos (a matriz e as filiais) são considerados domicílio tributário. Sob o ponto de vista do Direito Comercial, entrementes, sede é o lugar onde se concentra a administração da pessoa jurídica: normalmente a matriz.

Como a questão envolve avaliação de regularidade fiscal, evidencia-se que o válido é a definição tributária.

Não obstante, com o fito de evitar problemas operacionais para os licitantes e para a própria Administração, entendemos que a prova de regularidade deve ser relativa sempre à matriz, e também à filial, na hipótese de o objeto vir a ser por ela executado.

---

adequar o Decreto nº 8.538/2015 ao disposto no art. 34 da Lei nº 11.488/2007 (que confere tratamento diferenciado também às sociedades cooperativas), como também para estender o tratamento diferenciado aos consórcios formados por microempresas e empresas de pequeno porte.

588 Questão interessante diz respeito à apresentação de certidão vencida: tal situação implicaria a interpretação de que a documentação encontra-se com restrições, passível, dessa forma, de acerto? A matéria foi enfrentada pelo Tribunal de Justiça de Santa Catarina, que decidiu que tal hipótese não configura restrição legal, mas desatenção: TJSC. Agravo de Instrumento nº 2008.074937-1. – Rel. Des. José Volpato de Souza: "Nos termos do art. 42 da Lei Complementar nº 123/2006, a comprovação da regularidade fiscal das micro empresas e empresas de pequeno porte que participam de licitações públicas somente será exigida na assinatura do contrato, e mesmo que ela tenha débitos tributários pendentes, poderá participar da licitação. Somente a vencedora é que terá que regularizar a sua situação, desde que antes da assinatura do contrato. Este não é o caso dos autos. Veja-se que o artigo menciona um tratamento diferenciado no que tange somente à regularidade fiscal, não se estendendo à apresentação das demais documentações. O mencionado art. 43 autoriza ainda que as microempresas apresentem toda a documentação exigida para efeito de comprovação de regularidade fiscal, mesmo com restrição. O item 6 do edital diz que os interessados deveriam entregar no dia marcado os envelopes com a documentação relativa à habilitação e resposta e as microempresas toda a documentação exigida para efeito de comprovação da regularidade fiscal, mesmo que a documentação apresentada tenha alguma restrição. E, data vênia, apresentar certidão vencida, estar vencida não é restrição legal, mas desatenção da impetrante que macula sua participação no certame".

Vide decisão do STJ nesse sentido:

> Mandado de Segurança – Licitação – Habilitação somente da matriz. Realização do contrato por filial. Impossibilidade. [...]. Matéria fiscal. Domicílio tributário. Art. 127, II, CTN. 1 – Constatado que a filial da empresa ora interessada é que cumprirá o objeto do certame licitatório, é de se exigir a comprovação de sua regularidade fiscal, não bastando somente a da matriz, o que inviabiliza sua contratação pelo Estado. Entendimento do art. 29, incisos II e III, da Lei de Licitações, uma vez que a questão nele disposta é de natureza fiscal. 2 – O domicílio tributário das pessoas jurídicas de direito privado, em relação aos atos ou fatos que dão origem à obrigação, é o de cada estabelecimento – art. 127, II, do Código Tributário Nacional. (STJ – 1ª T.; REsp nº 900.604-RN; Rel. Min. Francisco Falcão; j. 15.3.2007).

Calha observar a orientação da AGU sobre a admissão de execução do contrato administrativo por filial de pessoa jurídica que participou de licitação pública com os dados do estabelecimento matriz, exigindo-se, na hipótese, comprovação de regularidade fiscal da matriz e da filial:

> Orientação Normativa AGU nº 66, de 29 de maio de 2020 – Há respaldo jurídico para execução de contrato administrativo por filial de pessoa jurídica cuja matriz participou da licitação pública correspondente, desde que observadas as seguintes premissas:
>
> a) seja certificada a regularidade fiscal e trabalhista da empresa matriz e da filial da pessoa jurídica;
>
> b) haja motivada avaliação técnica a respeito da repercussão tributária da medida no âmbito do contrato administrativo, de maneira que: b.1) não seja admitido que a Administração Pública suporte prejuízo nem qualquer ônus financeiro adicional; b.2) seja assegurada a redução equitativa do valor do contrato administrativo, caso certificado que a alteração importa diminuição dos custos dispostos na proposta da empresa contratada; e
>
> c) a alteração no contrato se formalize mediante termo aditivo, cujo extrato deve ser publicado no Diário Oficial da União.

1.3.5 A certidão negativa de dívida ativa

Sendo a dívida ativa um crédito fiscal subdividido em créditos fiscais propriamente ditos e os que são a ele equiparáveis,[589] englobando tributos, contribuições, multas, foros, aluguéis, alcances e reposições, é inconcebível, por falta de sustentação legal, a inabilitação de um licitante (ou o não cadastramento de um pretendente) por ter deixado de efetuar o pagamento de, por exemplo, uma multa ou um aluguel. Sendo o débito de natureza não tributária, afastada está a incidência que a lei visa a evitar, não havendo restrição para o licitante vir a ser contratado pela Administração.[590]

Na mesma linha de entendimento, o magistério de Gabriel Campos:

> [...] impende distinguir a regularidade fiscal da regularidade fazendária. A expressão

[589] MOREIRA NETO. *Curso de direito administrativo*. 10. ed.

[590] Nesse sentido também Marçal Justen Filho (JUSTEN FILHO. *Comentários à Lei de Licitações e Contratos Administrativos*).

fazenda traduz a totalidade dos créditos públicos, sejam de natureza tributária ou não, exigir regularidade perante a fazenda pública implica em ampliar a vontade do legislador, devendo esta abranger inclusive multas de trânsito, indenizações etc., o que afronta o *caput* do art. 29 que refere-se exclusivamente à regularidade fiscal [...].[591]

Não obstante, o TCU tem firmado posição no sentido de que se faz necessário, para fins de comprovação de regularidade fiscal, a apresentação de certidão negativa de dívida ativa:

Acórdão nº 1708/2003-Plenário – [...] 3. Cumpre destacar, ainda, a questão da exigência de certidões de quitação junto à fazenda pública. Conquanto a Decisão nº 246/1997-Plenário, em que se amparou a Codesp, tenha feito referência ao termo quitação, seu propósito verdadeiro foi firmar o entendimento de que a regularidade fiscal abrange também a Dívida Ativa da União. Mais recentemente, a Decisão nº 792/2002-Plenário baseou-se de forma específica na existência de diferença entre regularidade fiscal, requerida pela lei, e quitação, sendo que a primeira, ao contrário da segunda, pode se configurar mesmo no caso de a licitante estar em débito com o fisco, contanto que em situação admitida como de adimplência pela legislação. Assim, justifica-se a contestação oferecida por um dos representantes. [...]

Nessa toada, a Corte de Contas federal, através do Acórdão nº 3.382/2010-Plenário, chegou a recomendar à Procuradoria-Geral da Fazenda Nacional que articulasse junto à Receita Federal do Brasil e ao então Ministério do Planejamento, Orçamento e Gestão a realização de estudos para análise da conveniência e oportunidade de se promover a alteração da sistemática de comprovação de regularidade fiscal perante a Fazenda Nacional, mediante redução do prazo de validade da certidão e, até mesmo, de sua eliminação por meio da instituição de mecanismos de verificação automática e instantânea de regularidade fiscal, de forma a se reduzir os casos de fornecedores que se valiam do prazo de certidão para contratar e receber pagamentos da Administração Pública, mesmo estando em situação irregular perante a Dívida Ativa da União.

Nesse passo, no âmbito federal, hoje a demonstração se perfaz por intermédio da certidão expedida conjuntamente pela Secretaria da Receita Federal do Brasil (RFB) e pela Procuradoria-Geral da Fazenda Nacional (PGFN), referente a todos os créditos tributários federais e à Dívida Ativa da União (DAU) por elas administrados, inclusive aqueles relativos à Seguridade Social, nos termos da Portaria Conjunta nº 1.751, de 02.10.2014, do Secretário da Receita Federal do Brasil e da Procuradora-Geral da Fazenda Nacional.[592]

Anote-se, a propósito, que a Portaria nº 358, de 05.09.2014,[593] do Ministério da Fazenda, ao dispor sobre novo regramento acerca da prova de regularidade fiscal perante a Fazenda Nacional, reafirmou que tal prova deverá ser efetuada mediante apresentação de certidão expedida conjuntamente pela Secretaria da Receita Federal e pela Procuradoria-Geral da Fazenda Nacional, referente a todos os tributos federais e à Dívida Ativa da União (DAU) por elas administrados.

---

591 CAMPOS. *Regularidade fiscal nas licitações públicas.*

592 Alterada pelas Portarias Conjuntas PGFN/RFB nº 1821, de 17.10.2014; nº 1400, de 30.09.2015; nº 3193, de 27.11.2017; e nº 682, de 11.04.2019.

593 Alterada pela Portaria MF nº 443, de 17.10. 2014.

> Art. 1º A prova de regularidade fiscal perante a Fazenda Nacional será efetuada mediante apresentação de certidão expedida conjuntamente pela Secretaria da Receita Federal do Brasil – RFB e pela Procuradoria-Geral da Fazenda Nacional – PGFN, referente a todos os tributos federais e à Dívida Ativa da União – DAU por elas administrados.

Inciso IV

1.4 Regularidade relativa à Seguridade Social e ao Fundo de Garantia do Tempo de Serviço (FGTS)

No tocante à Seguridade Social, releva lembrar que o art. 195, §3º, da CF proíbe que o Poder Público contrate com pessoa jurídica em débito com o sistema de Seguridade Social.

Assim, inteligentemente, o legislador introduziu na fase habilitatória da licitação essa verificação. Esse é o momento de verificação da documentação que possibilita a contratação. Seria descabida a não avaliação na habilitação, para, só depois, no momento da contratação, verificar-se, com a possibilidade óbvia e esdrúxula de frustração de todo o procedimento licitatório.

Consoante o art. 47 da Lei nº 8.212/1991, que dispõe sobre a organização da Seguridade Social, com redação dada pela Lei nº 9.032/1995, exigir-se-á a Certidão Negativa de Débito na contratação com o Poder Público.

> Art. 47. É exigida Certidão Negativa de Débito – CND, fornecida pelo órgão competente, nos seguintes casos:
>
> I – da empresa:
>
> a) na contratação com o Poder Público e no recebimento de benefícios ou incentivo fiscal ou creditício concedido por ele.

Na prática, como já esposado, atualmente exige-se a prova de regularidade fiscal perante a Fazenda Nacional, mediante apresentação de certidão expedida conjuntamente pela Secretaria da Receita Federal do Brasil (RFB) e pela Procuradoria-Geral da Fazenda Nacional (PGFN), referente a todos os créditos tributários federais e à Dívida Ativa da União (DAU) por elas administrados, *inclusive aqueles relativos à Seguridade Social*, nos termos da Portaria Conjunta nº 1.751, de 02.10.2014, do Secretário da Receita Federal do Brasil e da Procuradora-Geral da Fazenda Nacional.

O TCU já se manifestou diversas vezes sobre a matéria, tendo decidido, inclusive, por sua obrigatória comprovação em convites:

> a) por força do disposto no §3º do art. 195 da Constituição Federal, a documentação relativa à regularidade com a Seguridade Social, prevista no inciso IV do art. 29 da Lei nº 8.666/93 e, mais discriminadamente, no art. 27-a da Lei nº 8.036/90, no art. 47-I-a da Lei nº 8.212/91, no art. 2º, a da IN nº 93/93-SRF e no item 4-I-a da Ordem de Serviço INSS/DARF nº 052/92, é de exigência obrigatória nas licitações públicas, ainda que na modalidade convite, para contratação de obras, serviços ou fornecimento, e mesmo que se trate de fornecimento para pronta entrega.

b) a obrigatoriedade de apresentação da documentação referida na alínea "a" acima é aplicável igualmente aos casos de contratação de obra, serviço ou fornecimento com dispensa ou inexigibilidade de licitação, *ex vi* do disposto no §3º do art. 195 da CF, citado;

c) nas tomadas de preços, do mesmo modo que nas concorrências para contratação de obra, serviço ou fornecimento de bens, deve ser exigida obrigatoriamente também a comprovação de que trata o inciso III do art. 29 da Lei nº 8.666/93 a par daquela a que se refere o inciso IV do mesmo dispositivo legal.[594]

Já a regularidade junto ao Fundo de Garantia do Tempo de Serviço (FGTS), antes comprovada consoante o indicado no Regulamento do Fundo de Garantia por Tempo de Serviço (Anexo ao Decreto nº 99.684/1990), por meio do Certificado de Regularidade do Fundo de Garantia por Tempo de Serviço, a ser fornecido pela Caixa Econômica Federal (CEF), passou a ser, com o advento da Lei nº 9.012, de 30.03.95, a prova de regularidade mediante a apresentação de certidão expedida pela CEF.

Art. 1º É vedado às instituições de crédito realizar operações de financiamento ou conceder dispensa de juros, de multa ou de correção monetária ou qualquer outro benefício, com lastro em recursos públicos ou oriundos do Fundo de Garantia do Tempo de Serviço (FGTS), a pessoas jurídicas em débito com o FGTS.

§1º A comprovação da quitação com o FGTS dar-se-á mediante apresentação de certidão expedida pela Caixa Econômica Federal. (Redação dada pela Lei nº 13.805/2019).

(...)

Art. 2º As pessoas jurídicas em débito com o FGTS não poderão celebrar contratos de prestação de serviços ou realizar transação comercial de compra e venda com qualquer órgão da administração direta, indireta, autárquica e fundacional, bem como participar de concorrência pública.

Inciso V

1.5 Regularidade perante a Justiça do Trabalho

Determinada pela Lei nº 12.440/2011, passou a ser exigida para habilitação em licitações a prova de inexistência de débitos inadimplidos perante a Justiça do Trabalho, a ocorrer mediante a apresentação de certidão negativa, nos termos do Título VII-A da Consolidação das Leis do Trabalho, aprovada pelo Decreto-Lei nº 5.452, de 01.05.1943.[595]

---

594 Decisão TCU nº 705/94-Plenário – Processo nº 020.032/93-5. *DOU*, p. 18612, 6.12. 1994 (Reafirmada por outras tantas decisões, tais como: Acórdão nº 441/97, DOU, 07.10. 1997; Decisão nº 161/97-Plenário – DOU, 22.04.1997; Decisão nº 416/98-Plenário – DOU, 17.07.1998, entre outras).

595 A SS Construções Empreendimentos e Serviços Ltda. ajuizou ação para que a Justiça proibisse os órgãos públicos e/ou empresas privadas de exigirem a certidão negativa de débitos como condição para participação nos processos licitatórios. Sustentou que a lei federal deveria ser suspensa, pois a exigência do documento causaria prejuízos, afrontaria os princípios constitucionais da ampla defesa e da razoabilidade. No entanto, a AGU conseguiu reconhecer, na Justiça, constitucionalidade da Lei nº 12.440/2011 que instituiu a Certidão Negativa de Débitos Trabalhistas (CNDT) para empresas participarem de licitações. Os advogados da União demonstraram que o objetivo da norma é evitar que companhias que desrespeitem os direitos dos trabalhadores contratem indevidamente com a Administração. Ao contestar a ação, a Procuradoria da União no Rio Grande do Norte (PU/RN) sustentou que a citada lei não possui qualquer vício de inconstitucionalidade. Segundo os advogados da União, a obrigatoriedade dos empregadores com seus empregados deve se pautar pelo cumprimento das

Apesar das reiteradas decisões do STF a respeito da não incidência do enunciado da Súmula nº 331 do TST, que atribui responsabilidade subsidiária ao Poder Público contratante de serviços terceirizados em caso de inadimplência trabalhista por parte da empresa terceirizada, a alteração demonstrou a manutenção da preocupação de que, no momento em que seja suprida a falha apontada pelos julgados do STF, possam os órgãos públicos ser surpreendidos pela responsabilização ocasionada pelo não pagamento de direitos trabalhistas por parte das contratadas.

Dessa forma, além da regularidade fiscal, há também a obrigatoriedade de demonstração da regularidade trabalhista, caracterizada, como dispõe o dispositivo do art. 642-A da CLT, pela demonstração de que a licitante ou a contratada não se encontra inadimplente com obrigações estabelecidas em sentença condenatória transitada em julgado proferida pela Justiça do Trabalho ou em acordos judiciais trabalhistas, inclusive no concernente aos recolhimentos previdenciários, a honorários, a custas, a emolumentos ou a recolhimentos determinados em Lei; ou inadimplente com obrigações decorrentes de execução de acordos firmados perante o Ministério Público do Trabalho ou Comissão de Conciliação Prévia.[596] [597]

---

obrigações constitucionais e legais previstas na ordem jurídica, que implicam a responsabilidade subsidiária dos contratadores. De acordo com a Procuradoria, o diploma apenas instituiu a certidão para comprovar a inexistência de débitos perante a Justiça do Trabalho, medida também prevista no Código Tributário Nacional e na Consolidação das Leis do Trabalho. Além disso, a CF autoriza ao legislador federal estabelecer exigências para a habilitação em procedimento licitatório. A AGU defendeu que não seria possível à Administração Pública contratar serviços de uma empresa que não se preocupa em quitar as obrigações trabalhistas, seja pelo risco de não obter as atividades dos responsáveis, seja pelo afastamento do princípio da supremacia do interesse público. A Seção Judiciária do Rio Grande do Norte acolheu os argumentos da União e julgou improcedente o pedido da empresa.

596 O site do Tribunal Superior do Trabalho (TST) informa sobre a CNDT: "Para expedição da certidão, organizou-se o Banco Nacional de Devedores Trabalhistas (BNDT), centralizado no Tribunal Superior do Trabalho, a partir de informações remetidas por todos os 24 Tribunais Regionais do Trabalho do País. Deste Banco – BNDT – constam as pessoas físicas e jurídicas que são devedoras inadimplentes em processo de execução trabalhista definitiva. As dívidas registradas no BNDT incluem as obrigações trabalhistas, de fazer ou de pagar, impostas por sentença, os acordos trabalhistas homologados pelo juiz e não cumpridos, os acordos realizados perante as Comissões de Conciliação Prévia (Lei nº 9.958/2000) e não cumpridos, os termos de ajuste de conduta firmados com o Ministério Público do Trabalho (Lei nº 9.958/2000) e não cumpridos, as custas processuais, emolumentos, multas, honorários de perito e demais despesas oriundas dos processos trabalhistas e não adimplidas. A Certidão será negativa se a pessoa sobre quem deva versar não estiver inscrita como devedora no BNDT, após decorrido o prazo de regularização. A Certidão será positiva se a pessoa sobre quem aquela deva versar tiver execução definitiva em andamento, já com ordem de pagamento não cumprida, após decorrido o prazo de regularização. A Certidão será positiva com efeito de negativa, se o devedor, intimado para o cumprimento da obrigação em execução definitiva, houver garantido o juízo com depósito, por meio de bens suficientes à satisfação do débito ou tiver em seu favor decisão judicial que suspenda a exigibilidade do crédito (esta certidão possibilita o titular de participar de licitações). A regulamentação da matéria veio pela Resolução Administrativa nº 1.470/2011 do Órgão Especial do Tribunal Superior do Trabalho, que estabelece a obrigação de inclusão dos inadimplentes no BNDT, bem como a atualização do registro, sempre que decisão judicial assim o determinar. Durante trinta dias, a partir da inclusão no BNDT, o interessado poderá regularizar a pendência, pagando-a ou garantindo o juízo, ou, se for o caso, postular na unidade judiciária em que tramita o processo a retificação de lançamento equivocado. Este período, o prazo de regularização, foi instituído na Resolução Administrativa nº 1.470/2011 pelo Ato nº 001/2012. No curso desse prazo, a Certidão expedida será negativa. A Certidão é nacional, tem validade de 180 dias e apresenta a situação da pessoa jurídica pesquisada em relação a todos os seus estabelecimentos, agências ou filiais. A certidão, eletrônica e gratuita, pode ser obtida em todos os portais da Justiça do Trabalho na rede mundial de computadores (Tribunal Superior do Trabalho, Conselho Superior da Justiça do Trabalho e Tribunais Regionais do Trabalho). Nos mesmos endereços, o interessado obtém relatório de processos em prazo de regularização, com a indicação da data de lançamento no pré-cadastro do BNDT. Para garantir a sua autenticidade, as certidões expedidas devem ser validadas no mesmo Portal".

597 Vide decisão judicial sobre a matéria: "TRF – 2ª Região – Agravo de Instrumento nº 2012.02.01.001483-2, 6ª Turma, Rel. Des. Federal Guilherme Calmon Nogueira da Gama, e-DJF2R, 09.05.2012 – 7518 – "Agravo de

No mesmo sentido, com ótica no Direito Processual Trabalhista, o entendimento de Élisson Miessa:

> A Lei nº 12.440/2011 instituiu a certidão negativa de débitos trabalhistas (CNDT), incluindo o art. 642-A na CLT. Tem como objetivo minimizar a violação de direitos trabalhistas, bem como dar efetividade e celeridade na execução trabalhista. Nesse contexto, a referida lei impôs que somente poderá se habilitar nas licitações aquele que tiver regularidade trabalhista (Lei nº 8666/93, art. 27, IV). Desse modo, para se habilitar no processo licitatório, deverá apresentar documentação relativa à regularidade trabalhista, a qual será feita por meio de prova de inexistência de débitos inadimplidos perante a justiça do Trabalho, mediante a apresentação de certidão negativa.[598]

Miessa apresenta detalhes concernentes à CNDT:

> A certidão negativa de débitos trabalhistas (CNDT) é expedida gratuita e eletronicamente pela justiça do Trabalho (CLT, art. 642-A, caput). O interessado não obterá a certidão quando em seu nome constar: 1) o inadimplemento de obrigações estabelecidas em sentença condenatória transitada em julgado proferida pela justiça do Trabalho ou em acordos judiciais trabalhistas, inclusive no concernente aos recolhimentos previdenciários, a honorários, a custas, a emolumentos ou a recolhimentos determinados em lei; ou 2) o inadimplemento de obrigações decorrentes de execução de acordos firmados perante o Ministério Público do Trabalho ou Comissão de Conciliação Prévia (CLT, art. 642-A, §1º).
>
> Verificada a existência de débitos garantidos por penhora suficiente ou com exigibilidade suspensa, será expedida certidão positiva de débitos trabalhistas em nome do interessado com os mesmos efeitos da CNDT (CLT, art. 642-A, §2º).
>
> A CNDT certificará todos os estabelecimentos, agências e filiais da empresa (CLT, art. 642-A, §3º). O prazo de validade da CNDT é de 180 dias, contado da data de sua emissão (CLT, art. 642-A, §4º). Por fim, é importante destacar que das discussões envolvendo a CNDT, embora ocorram na fase de execução, será cabível recurso de revista por violação à CF, à lei federal ou por divergência jurisprudencial (CLT, art. 896, §10).
>
> Art. 642-A. É instituída a Certidão Negativa de Débitos Trabalhistas (CNDT), expedida gratuita e eletronicamente, para comprovar a inexistência de débitos inadimplidos perante a Justiça do Trabalho.
>
> §1º O interessado não obterá a certidão quando em seu nome constar:

---

instrumento. Mandado de segurança. Licitação. ECT. Alteração promovida pela Lei nº 12.440/2011. CNDT. Exigência simplória. Obtenção gratuita e por meio eletrônico. Seis meses para entrar em vigor. Ausência do perigo da demora. Improvimento.

1 – Cuida-se de agravo de instrumento interposto de decisão que deferiu parcialmente a liminar para determinar que a ECT dê, às empresas participantes da licitação, o prazo de sete dias para que apresentem a certidão negativa de regularidade fiscal e trabalhista.

2 – A rigor, sequer seria necessária a concessão do prazo de sete dias para as empresas participantes do certame apresentarem a certidão negativa de regularidade fiscal e trabalhista.

3 – A Lei nº 12.440, de 07.07.2011, que introduziu a novel certidão, foi publicada em 08.07.2011, sendo certo que, desde a sua publicação, as licitantes estão cientes não só da instituição dessa nova certidão de débito, mas também do prazo que giraria em torno de 6 meses para a sua exigibilidade, o que lhes assegurou tempo suficiente para sanarem ou suspenderem seus débitos, viabilizando participação em licitações futuras.

4 – A exigência contida no novo ordenamento jurídico não é capaz de causar prejuízos aos licitantes em geral, ou ainda afetar a formulação de propostas, pois é exigência simplória e pertinente apenas à fase de habilitação, passível de ser inclusive expedida gratuita e eletronicamente.

5 – Agravo de instrumento improvido".

[598] MIESSA. *Processo do Trabalho*. 4. ed.

I – o inadimplemento de obrigações estabelecidas em sentença condenatória transitada em julgado proferida pela Justiça do Trabalho ou em acordos judiciais trabalhistas, inclusive no concernente aos recolhimentos previdenciários, a honorários, a custas, a emolumentos ou a recolhimentos determinados em lei; ou

II – o inadimplemento de obrigações decorrentes de execução de acordos firmados perante o Ministério Público do Trabalho ou Comissão de Conciliação Prévia.[599]

1.5.1 Hipóteses de exigência da Certidão Negativa de Débitos Trabalhistas (CNDT)

O art. 71 da lei anterior (Lei nº 8.666/1993) preceituava que o contratado é responsável pelos encargos trabalhistas resultantes da execução do contrato (regra repetida no art.120 da Nova Lei). Seu §1º dispunha que a inadimplência do contratado concernente a tais encargos além de não transferir à Administração Pública a responsabilidade por seu pagamento, também não poderia onerar o objeto do contrato ou restringir a regularização e o uso das obras e edificações, inclusive perante o Registro de Imóveis (regramento repisado na Nova Lei).

Apesar dessa regra legal, o TST, ao analisar a questão prática, dispôs pela responsabilidade subsidiária do tomador de serviços quanto às obrigações trabalhistas, aí inclusas as contratações realizadas pela Administração Pública, o que poderia acarretar a condenação da Administração contratante como devedora complementar (Súmula nº 331).

Posteriormente, como já observado, o STF declarou a constitucionalidade do citado §1º do art. 71, afastando a dúvida quanto à responsabilização subsidiária do Poder Público em relação a encargos trabalhistas.

Por conseguinte, ficou definitivamente decidido que a inadimplência do contratado, em relação a tais encargos, não transferiria à Administração Pública a responsabilidade por seu pagamento.

Essa decisão do Pretório Excelso, em termos práticos, implicou a não generalização da responsabilidade subsidiária por parte da Administração Pública, quando da contratação de serviços, mas não afastou de vez a responsabilização, já que ela poderá ocorrer na hipótese de omissão da Administração em relação à fiscalização.

A falha da contratada quanto aos seus compromissos nessa seara demandaria a comprovação da inocorrência culposa do Poder Público, sendo de suma importância ressaltar que a responsabilização subsidiária da Administração só poderá ocorrer no caso de prestação de serviços por terceiros no âmbito do Poder Público, e tão somente com relação aos empregados da contratada que estejam efetivamente atuando nessa esfera.

Destarte, evidenciou-se que a Administração, apesar de ter que precaver-se nesse sentido, não possuía mecanismos sólidos para tal.

O surgimento da Certidão Negativa de Débitos Trabalhistas (CNDT) muniu a Administração de uma alicerçada ferramenta para esse controle.

Dessa forma, muito mais que um documento habilitatório para os novos certames licitatórios – que, em ótica inicial, poderia ser encarado como uma questão de

599 MIESSA. Processo do Trabalho. 4. ed.

direito intertemporal[600] –, a CNDT soergue-se como um instrumento que efetivamente possibilitará à Administração efetuar pagamentos referentes aos contratos em vigor com a certeza de que não estará incorrendo em responsabilidade subsidiária.

Em consequência, conclui-se:

a) a exigência de apresentação de CNDT far-se-á presente:

I – em novas licitações para qualquer tipo de objeto, haja vista tratar-se de documento habilitatório;

II – nos pagamentos referentes a novos contratos, tendo em vista a obrigação do contratado de manutenção, durante toda a execução do contrato, de todas as condições de habilitação e qualificação exigidas na licitação; e

III – nos contratos para a prestação de serviços nas instalações da Administração e de execução de obras, celebrados antes da entrada em vigor da Lei nº 12.440/2011.[601] [602]

b) a comprovação de regularidade trabalhista via CNDT aplicar-se-á às contratações diretas (dispensáveis ou inexigíveis), haja vista tratar-se de documento habilitatório, notadamente nas contratações de serviços ou obras a serem executados nas instalações da Administração.

Inciso VI

1.6 Cumprimento do disposto no inciso XXXIII do art. 7º da CF

O art. 7º da CF lista os direitos dos trabalhadores urbanos e rurais e tantos outros que visam à melhoria da condição social. O inc. XXXIII registra como um desses direitos a proibição de trabalho noturno, perigoso ou insalubre a menores de dezoito e de qualquer trabalho a menores de dezesseis anos, salvo na condição de aprendiz, a partir de quatorze anos.

Assim, a Nova Lei elege como habilitação social a demonstração de que a empresa com pretensão a celebrar contrato com a Administração cumpre a determinação constitucional.

Na lei anterior, consideramos despropositado o mandamento, conforme artigo específico:

> Apresso-me em avaliar as consequências [...]: qual seria a documentação a ser apresentada? Uma certidão emitida talvez pelo Ministério do Trabalho ou pela Caixa Econômica Federal? [...] Parece que, para o atendimento a este mandamento, se faz necessário tão somente uma declaração, tal como se procede para o caso de existência de fato superveniente impeditivo de contratação. [...]. Destarte, o agente público não se encontra obrigado a solicitar

[600] Que se inseriria como um problema jurídico de aplicação da lei no tempo, concernente à teoria de que há de se buscar conciliação na aplicação da nova regra em face das consequências decorrentes da regra antiga.

[601] Essa verificação limitar-se-ia aos empregados das empresas contratadas que estivessem efetivamente laborando nas instalações da Administração.

[602] Com entendimento diverso, Karina Amorim Sampaio Costa: "A inserção da solicitação da CNDT nos contratos administrativos deverá ter apenas efeitos *ex nunc*, isto é, para os novos contratos que vierem a ser celebrados após a entrada em vigor da exigência habilitatória, visto que seria deveras irrazoável solicitar aos órgãos e entidades da Administração Pública o retrocesso do momento habilitatório dos contratos já celebrados" (COSTA. *Considerações sobre as alterações na Lei nº 8.666/1993*).

toda a documentação elencada [...]. Faz-se imprescindível que ele sopese, numa análise minuciosa, ciente do objeto pretendido, para agilizar o procedimento ao máximo, somente solicitando documentos realmente necessários. Interessante observar que a lei dá tratamento diferenciado para cada documentação. [...] A nosso ver, de um jeito ou de outro, há a vedação de exceder-se do prescrito e está autorizada a solicitação inferior. Evidentemente, alguns documentos o agente público não tem como afastar (exemplo: decreto de autorização de funcionamento de empresa estrangeira no país, CGC da empresa, etc.), mas, com exceção destes, reafirmamos que, caso o objeto demonstre a desnecessidade, nada obriga ao agente público a solicitar. E ainda: poderá a Administração deixar de exigir todos os documentos previstos, atendendo à simplicidade do objeto a ser licitado, porém não poderá exigir além do previsto na lei, sob pena de exceder-se no exercício do dever geral de licitar e sujeitar-se à invalidação da exigência indevida, mantidas apenas aquelas que se compatibilizarem com a provisão. Nesse passo, invariavelmente, só podemos vislumbrar uma saída para tão malfadada regra geral: o total esquecimento. Diferentemente das tais leis ou regras que 'não pegam', apesar de postas, esse caso, por força da própria lei, merece o descaso da Administração Pública, por desditosa e sem lógica, adotando-se o critério legal da não solicitação [...].[603]

Da mesma forma, a assertiva de Ivan Barbosa Rigolin:

O edital não precisará consignar nenhuma exigência de demonstração, pelos licitantes, de que atendem ao disposto no art. 7º, inc. XXXIII, da Constituição. Tal qual quanto a todos os demais possíveis requisitos do edital em matéria de habilitação, [...], a exigência passa a ser apenas permitida ao edital, jamais obrigatória. [...]. Aconselhamos vivamente a todos os elaboradores de edital não colocarem jamais no edital a exigência. Assim estarão dando prova de elevado descortino administrativo, deixando de prestigiar uma lei simplesmente ridícula, e que fazia tanta falta ao ordenamento jurídico brasileiro quanto uma tuberculose.[604]

Também Marçal Justen Filho:

Reputa-se que seria possível o ato convocatório silenciar acerca de comprovação por parte dos licitantes quanto ao cumprimento do requisito [...]. Sob o enfoque jurídico, a exigência contemplada não apresenta cunho de requisito de habilitação. Não se trata de imposição relacionada com a idoneidade do sujeito para executar a prestação objeto da futura contratação. A regra reflete uma espécie de sancionamento acessório para os sujeitos que adotam certas condutas reprováveis. Um particular pode dispor de todas as condições para executar um contrato administrativo e ser impedido em virtude da utilização do trabalho de menores. A vedação à participação na licitação refletirá punição estatal, não relacionada com o preenchimento dos requisitos de habilitação ou com o próprio objeto da licitação.[605]

Tentando encontrar sentido na medida, Jessé Torres e Marinês Dotti se empenharam na formulação de uma explicação plausível:

---

603 BITTENCOURT. *O que tem o menor de idade a ver com as licitações? A despropositada alteração da Lei nº 8.666/93 pela Lei nº 9.854, de 27.10.1999.*

604 RIGOLIN. *O excitante problema dos menores de idade nas licitações. A Lei nº 9.854, de 27.10.1999, não haverá o que fazer em Brasília?*

605 JUSTEN FILHO. *Comentários à Lei de Licitações e Contratos Administrativos*. 16. ed.

A declaração não quer aferir se o licitante tem condições de bem executar o objeto da licitação (como as exigidas para comprovar a habilitação jurídica, a regularidade fiscal, a qualificação técnica e/ou econômico-financeira). Trata-se de medida de política pública de proteção ao trabalho do menor, e pode ser eficaz no sentido de desestimular o empregador a infringir a proibição; incentiva-o a abandonar tal conduta, ou a regularizá-la, se nela incidir; vincula o declarante a seus termos, repercutindo na esfera do direito penal, caso apurada a sua falsidade.[606]

Não obstante, anote-se que a matéria foi regulamentada pelo Decreto nº 4.358/2002, que prevê que o cumprimento da exigência dar-se-á por intermédio de declaração firmada pelo licitante, nos moldes de modelo (anexo ao ato regulamentar), que deverá ser apresentada no envelope de documentação de habilitação.

Parágrafo 1º

2 Substituição de documentos

Providencialmente, o parágrafo autoriza a substituição dos documentos referidos no dispositivo, no todo ou em parte, por outros meios hábeis a comprovar a regularidade do licitante, inclusive por meio eletrônico.

Um exemplo é a adoção do registro cadastral, que supre a apresentação de diversos documentos.

Sobre o assunto, registre-se o ENUNCIADO 9 – CONSELHO DE JUSTIÇA FEDERAL, aprovado no 1º Simpósio de Licitações e Contratos da Justiça Federal, ocorrido em 16 e 17.08.2022:

> Em sede de diligência, o agente de contratação poderá realizar, de ofício, consultas junto aos sítios eletrônicos e às bases de dados oficiais para verificação do atendimento de condições de habilitação do licitante, inclusive no tocante a documentos eventualmente não apresentados. (Inciso VI do art. 12; §3º do art. 67; §1º do art. 68 e art. 87, todos da Lei nº 14.133/2021).

Parágrafo 2º

3 Comprovação nos termos da legislação específica

Como não poderia ser diferente, o parágrafo informa que a comprovação de atendimento às disposições dos incisos III, IV e V (regularidade perante a Fazenda federal, estadual e/ou municipal; regularidade relativa à Seguridade Social e ao FGTS; e regularidade perante a Justiça do Trabalho, respectivamente) deverá ser realizada na forma da legislação específica.

---

606 PEREIRA JÚNIOR; DOTTI. *Ilicitude de condições restritivas da participação em licitações, impostas por atos convocatórios.*

4 A questão de verificação no CADIN (Cadastro Informativo dos créditos não quitados do setor público federal)

A Administração Pública brasileira tem sido vinculada, com frequência, a normas restritivas da participação em licitações, as quais obrigam que os respectivos atos convocatórios as imponham e, por efeito delas, impeçam o acesso aos certames dos que as desatendam.

Entre as mais comuns dessas normas, de índole regulamentar, contam-se as que exigem a inserção, em editais e convites, como condição de habilitação, da não inscrição no Cadastro Informativo dos créditos não quitados do setor público federal (CADIN).

Através da MP nº 1.320/1996, hoje Lei nº 10.522/2002, foi criado o CADIN, que se presta a conter a relação de todas as pessoas físicas e jurídicas que sejam responsáveis por obrigações pecuniárias vencidas e não pagas, para com os órgãos e entidades da Administração Pública federal (direta e indireta), bem como as que estejam com a inscrição suspensa ou cancelada no CNPJ ou no CPF.

O inc. III do art. 6º da Lei do CADIN preceitua, como condição para celebração de convênios, contratos e respectivos termos aditivos que envolvam desembolso de recursos públicos, a consulta obrigatória ao cadastro.

O art. 7º, por sua vez, prevê que com a comprovação de ajuizamento de ação com o objetivo de discutir o seu valor ou a natureza da obrigação, desde que tenha sido oferecida uma garantia idônea e suficiente ao juízo ou, ainda, na hipótese de comprovação da suspensão, no momento da exigibilidade do crédito objeto do registro, haverá a suspensão do registro.

Em MPs anteriores, o art. 7º dispunha que a existência de registro a mais de 15 dias constituiria fator impeditivo para celebração de acordos. Com questionamento, através de Ação Direta de Inconstitucionalidade levada ao STF, deferiu a Suprema Corte, em parte, a suspensão cautelar da eficácia da citada medida, suspendendo efeitos do art. 7º e seus parágrafos.[607]

Em virtude, o governo federal reeditou a medida com alterações redacionais no dispositivo, suprimindo a expressa declaração do fator impeditivo da contratação, texto que foi mantido na lei.

A emenda, a nosso ver, não mudou em nada a situação factual. Ora, se o art. 6º obriga a consulta prévia ao cadastro para a celebração de acordos, evidentemente, a determina com o objetivo de não permitir a celebração do ajuste, se demonstrada a inadimplência. Seria descabido determinar a consulta para nada. Verifica-se, assim, que a mudança do texto legal apenas buscou fugir aos efeitos da suspensão cautelar.

Na prática, com a alteração do art. 7º, o mandamento do art. 6º tem sido esquecido, felizmente.

O CADIN, a nosso ver, é, no mínimo, abusivo, uma vez que extrapola o seu único objetivo, que é o de atuar tão somente como um cadastro informativo de inadimplentes.

Sobre o tema, dispôs o saudoso Joelmir Beting, em lúcido e indignado comentário:

> O CGC de qualquer empresa ou pessoa aparece de repente no CADIN (atualizado semanalmente) sem que o interessado seja sequer notificado. A "entrega" do devedor é feita

[607] ADIn nº 1.454-4, DJ, 25 jun. 1996.

pelo órgão público sem informação da natureza ou do montante do débito supostamente em falta. Não raro, um débito inexistente. A vítima só toma pé da situação quando tem seu negócio ou contrato com o governo federal sumariamente suspenso. É o que já está acontecendo. O inscrito no CADIN fica impedido junto ao setor público de realizar operações de crédito, de fornecer bens e serviços e de celebrar acordos ou convênios [...].[608]

Condenava-o, também, com propriedade, o professor Roberto Campos:

Outra sigla perigosa é o CADIN, criado pela medida provisória nº 1.320, de 9 de fevereiro [...]. Não se trata de um simples cadastro de indivíduos e empresas inadimplentes com órgãos da administração pública direta ou indireta. Os supostos devedores poderão ser inscritos no CADIN à base de informação de qualquer órgão da administração pública, sem a efetiva comprovação da existência de débito líquido e certo. E sem que a parte tenha sido previamente notificada para esclarecer equívocos ou para reclamar encontro de contas quando tem créditos a receber do governo. Não é raro que um microdevedor de uma agência governamental seja macrocredor de outra [...]. Com a simples inscrição no CADIN, a vítima fica proibida de fazer qualquer negócio com a administração (inclusive operações de crédito), receber garantias ou firmar contratos que impliquem desembolso de recursos públicos. Numa economia altamente estatizada como a nossa, isso é nada menos do que uma eletrocussão financeira [...]. O Congresso deveria rejeitar liminarmente a MP em causa. É inútil, porque já existe no Tesouro o Serviço da Dívida Ativa. É injusta porque, além dos vários monopólios que já tem, o governo inadimplente pretende também monopolizar o direito de inadimplência.[609]

Pelo sim pelo não, a questão que aflora, na prática, seria a perfeita identificação do momento adequado para tal ato. A matéria é deveras interessante, pois abrange, a nosso ver, mais um dos famosos e gritantes lapsos de redação de nossa legislação, por evidente má técnica.

Marcos Juruena, em sua obra *Licitações e contratos administrativos*, demonstrava angústia ao perceber que alguns autores atendiam ao sentido literal do texto constitucional, sem se importarem com a verdadeira finalidade da norma, princípio fundamental na avaliação e interpretação jurídica:

Não há, pois, como prosperar o argumento de que a exigibilidade só deveria ocorrer no momento da contratação [...]. Trata-se de interpretação gramatical da norma, que, se válida, levaria, também, à absurda conclusão de que a capacidade jurídica também foi excluída do rol de condições para habilitação em licitações [...]. Aqui, a finalidade é outra, qual seja, assegurar o cumprimento do contrato, através, da seleção de uma proposta séria [...]. Logo, se o devedor não pode contratar com a Administração, sua proposta sequer deve ser analisada [...]. O momento é o da habilitação [...].[610]

Já dispusemos que a habilitação é a fase do procedimento licitatório em que são avaliadas as condições legais dos licitantes para se habilitarem à execução do objeto pretendido pela Administração. Logo, é inconteste que a obrigação de consulta prévia

608 BETING. *Deveu e não leu*.

609 CAMPOS. *As siglas perigosas*.

610 SOUTO. *Licitações e contratos administrativos*.

ao CADIN, não obstante sinais claros de inconstitucionalidade,[611] da mesma forma e pelos mesmos motivos, não pode, sob nenhuma hipótese, ser realizada na época da efetiva contratação, pois inviabilizaria todo o procedimento licitatório. A investigação, se admitida, possui momento próprio, cristalino, induvidoso, que seria na fase de habilitação.

Qualquer interpretação que fuja a esta ótica é desditosa, pois será contrária à finalidade da norma e, em consequência, não raro, penalizará a Administração, aumentando os seus gastos.[612]

Note-se que, ao aludirmos à investigação no CADIN, adotamos a expressão "se admitida". Essa ressalva ocorreu em função de entendermos que a verificação, na verdade, não deva ocorrer, não só pelos motivos esposados, como também em função de a Lei nº 10.522/2002 aludir apenas à consulta, não registrando impedimento de contratação.

É essa, inclusive, a posição do TCU:

> Acórdão nº 6246/2010 – 2ª Câmara – [...] 9. Por fim, no que diz respeito à determinação 1.7.3, ao reafirmar minha concordância com os posicionamentos da Unidade Técnica e do MP/TCU, friso, apenas, que na mesma linha de deliberações já tomadas por este Tribunal, a exemplo do Acórdão nº 390/2004 – Plenário entendo que o art. 6º, III, da Lei nº 10.522/2002, não veta, de modo absoluto, a celebração de contratos com empresa inscrita no CADIN, vez que o citado artigo de lei prescreve apenas quanto à consulta prévia ao CADIN.

Instado a dar uma solução para a questão, Dawison Barcelos oferece um remédio prático:

> O TCU já reconheceu que a medida possui "pouca efetividade prática, uma vez que a inscrição ou não no CADIN não trará qualquer consequência em relação às contratações a serem realizadas". Mais recentemente, após reafirmar a inexistência de impeditivo à contratação ou à prorrogação dos contratos, o plenário do Tribunal indicou que "tal situação pode servir de alerta à Administração no sentido de refinar consultas, de forma

---

611 Marçal Justen considera a regra inconstitucional: "A ampliação desmedida das exigências de regularidade como requisito de contratação infringe os princípios da proporcionalidade e da República, acarretando a redução da competitividade, além de caracterizar claro desvio de finalidade. Se a própria Constituição determinou que os requisitos atinentes à habilitação seriam os mínimos necessários à garantia dos fins buscados pelo Estado, afigura-se que a disciplina da Lei nº 10.522/2002 é inconstitucional. As vedações referidas infringem o princípio da proporcionalidade e produzem um efeito de desvio de finalidade, tudo incompatível com o art. 37, XXI, da CF/88". (JUSTEN FILHO. *Comentários à Lei de Licitações e Contratos Administrativos*. 16. ed.).

612 Jessé Torres e Marinês Dotti têm opinião diversa: "A obrigação imposta ao administrador público, de consultar previamente o Cadastro Informativo antes da celebração de ajuste que envolva desembolso de recursos públicos, visa a impedir que a pessoa física ou jurídica responsável por débito não quitado em favor da Administração pública federal e, portanto, com pendência pecuniária registrada, venha a estabelecer nova relação contratual com a Administração, em detrimento daquele que não tenha registro no CADIN. Na mesma senda, é vedado ao administrador público aditar qualquer instrumento contratual quando verificado que o contratado encontrasse inscrito no CADIN, o que dá ensejo, ademais, à rescisão do contrato se, esgotado prazo razoável concedido pela Administração, o contratado não regularizar a situação. Pondere-se que a Lei nº 10.522/2002 impede a Administração pública federal de contratar pessoa física ou jurídica inscrita no CADIN, mas não impede que o inscrito no CADIN participe de licitação. Se vencedor do certame, cumpre-lhe regularizar o débito antes de contratar. Se não o fizer, a Administração deve recusar a contratação, sem prejuízo da aplicação das penalidades legais [...] discriminadas no edital. Resulta que cláusula do edital não poderá impedir a participação de interessados inscritos no CADIN, posto que tal reduziria o universo da competição em afronta ao princípio do amplo acesso de licitantes [...]. Por outro lado, é de admitir-se que o edital estipule a condição de que o adjudicatário regularize, se houver, o débito inscrito no CADIN antes de contratar". (PEREIRA JÚNIOR; DOTTI. *Ilicitude de condições restritivas da participação em licitações, impostas por atos convocatórios*).

a comprovar a capacidade e a presença de impeditivos à continuidade do contrato" (Acórdão nº 1134/2017-Plenário). Portanto, na prática, apesar de a inscrição no CADIN não impedir, por si só, a celebração de contratos administrativos, é recomendável que os órgãos promovam as pesquisas prévias no cadastro e anexem aos autos as comprovações dessa busca. Essa conduta privilegia não apenas o art. 6º, III, da Lei nº 10522/2002, como também diversas decisões do TCU sobre o tema.[613]

[613] BARCELOS. *Uma empresa inscrita no CADIN pode participar de licitações e celebrar contratos administrativos?*

Art. 69. A habilitação econômico-financeira visa a demonstrar a aptidão econômica do licitante para cumprir as obrigações decorrentes do futuro contrato, devendo ser comprovada de forma objetiva, por coeficientes e índices econômicos previstos no edital, devidamente justificados no processo licitatório, e será restrita à apresentação da seguinte documentação:

I – balanço patrimonial, demonstração de resultado de exercício e demais demonstrações contábeis dos 2 (dois) últimos exercícios sociais;

II – certidão negativa de feitos sobre falência expedida pelo distribuidor da sede do licitante.

§1º A critério da Administração, poderá ser exigida declaração, assinada por profissional habilitado da área contábil, que ateste o atendimento pelo licitante dos índices econômicos previstos no edital.

§2º Para o atendimento do disposto no *caput* deste artigo, é vedada a exigência de valores mínimos de faturamento anterior e de índices de rentabilidade ou lucratividade.

§3º É admitida a exigência da relação dos compromissos assumidos pelo licitante que importem em diminuição de sua capacidade econômico-financeira, excluídas parcelas já executadas de contratos firmados.

§4º A Administração, nas compras para entrega futura e na execução de obras e serviços, poderá estabelecer no edital a exigência de capital mínimo ou de patrimônio líquido mínimo equivalente a até 10% (dez por cento) do valor estimado da contratação.

§5º É vedada a exigência de índices e valores não usualmente adotados para a avaliação de situação econômico-financeira suficiente para o cumprimento das obrigações decorrentes da licitação.

§6º Os documentos referidos no inciso I do *caput* deste artigo limitar-se-ão ao último exercício no caso de a pessoa jurídica ter sido constituída há menos de 2 (dois) anos.

Artigo 69

1 Habilitação econômico-financeira

É certo que, ao pleitearem a execução de obras ou serviços, tanto junto à Administração Pública quanto à iniciativa privada, as empresas necessitarão demonstrar capacidade econômico-financeira que suportem os encargos.

Inovando, este art. 69 *caput* explica o motivo e aponta como deverá ocorrer a obrigatória comprovação de habilitação econômico-financeira para a contratação com a Administração.

Segundo o dispositivo, a habilitação econômico-financeira objetiva a demonstração de aptidão econômica do licitante para cumprir as obrigações decorrentes do futuro contrato, devendo ser comprovada de forma objetiva, por coeficientes e índices econômicos previstos no edital, devidamente justificados no processo licitatório.

Como já anotamos:

> A documentação comprovadora de qualificação econômico-financeira deve demonstrar a capacidade do licitante nessa seara, de modo que fique claro que detém condições suficientes para a execução satisfatória do objeto pretendido pela Administração.[614]

O estatuído restringe a demonstração de qualificação econômico-financeira à apresentação de:

a) balanço patrimonial, demonstração de resultado de exercício e demais demonstrações contábeis dos dois últimos exercícios sociais; e
b) certidão negativa de feitos sobre falência expedida pelo distribuidor da sede do licitante.

Assinale-se que, em função da expressão "será restrita", esse é o rol máximo de documentação econômico-financeira passível de ser exigido pela Administração.

Inciso I e Parágrafo 6º

1.1 Balanço patrimonial e demonstrações contábeis

O balanço patrimonial é um demonstrativo contábil que evidencia os valores específicos dos bens, direitos e obrigações e a situação líquida da empresa. Uma empresa tem por finalidade adicionar valores aos bens e/ou serviços que processa. Para tanto, deve possuir o que é chamado de patrimônio, ou seja, um conjunto de valores que podem ser avaliados.

As demonstrações contábeis, evidentemente, envolvem assunto atinente às Ciências Contábeis, e não ao Direito. Em decorrência, geralmente não recebe o tratamento adequado nas licitações públicas.

Nesse viés, Aderbal Muller, professor de ciências contábeis, comenta criticamente essa costumeira postura da Administração:

> Percebe-se, na prática, que muitos aspectos importantes do processo de análise das demonstrações contábeis, mais conhecida como análise de balanços, são ignorados por seus usuários. As demonstrações contábeis ou financeiras, previstas no artigo 176 da Lei nº 6.404/1976, são elaboradas por profissionais da área contábil, atendendo aos Princípios Fundamentais de Contabilidade e às Normas Brasileiras de Contabilidade. Ocorre que sua utilização dentro dos processos de licitação, notadamente nas concorrências públicas, encontra a análise e a preparação de editais por profissionais leigos à ciência contábil.

614 BITTENCOURT. *Licitação passo a passo*. 11. ed.

> Assim, encontramos análises simples e descompromissadas com o real objetivo do processo, análises com pura aplicação de fórmulas transcritas de outros editais ou de livros, sem a preocupação com o seu fundamento intrínseco. É lamentável que ainda os acadêmicos não tenham se manifestado com tamanha ênfase a respeito e que a discussão sobre esse tema ainda seja tão escassa.[615]

Por constituir um demonstrativo de ativos e passivos, o balanço patrimonial permite a observação da composição desses componentes, de modo a se ter uma ideia da solidez econômico-financeira da empresa licitante.

Sobre a questão, observa Taras Savytzky:

> A simples leitura do balanço nos dá uma ideia geral da composição patrimonial da empresa. Todavia, quando se deseja conhecer o estado econômico e financeiro [...] as modificações ocorridas e suas causas e, ainda, as projeções que possam ser feitas, torna-se necessária a análise do balanço. A análise consiste no exame isolado das contas, na comparação de grupos de contas entre si ou em relação ao todo. Essas comparações podem ser feitas por números absolutos, números-índices, percentagens e quocientes. Os mais usados, porque permitem melhor interpretação, são as percentagens e os quocientes.[616]

O professor e contador Nilton Cordoni avalia o assunto com foco nas licitações:

> Para que o balanço patrimonial e as demonstrações contábeis estejam revestidos de caráter de validade, faz-se necessário que estejam assinados pelos administradores da empresa e pelo contador, conforme dispõe o art. 177, §4º, da Lei nº 6.404/1976 – Lei das Sociedades Anônimas. Muitos administradores ou empresários, frequentemente, acham que as demonstrações financeiras são uma obrigatoriedade da legislação social e tributária, bem como de exigências em processos de licitações, e que são folhas de papel cobertas de números, que não pensam nos ativos reais que estão por trás desses números. Entretanto, compreendendo-se por que surgiram e como são utilizadas as demonstrações financeiras, poder-se-á visualizar melhor o que está acontecendo e por que a informação contábil é tão importante.
>
> Para avaliar o desempenho de uma empresa existem vários meios. Um deles é apreciar seus demonstrativos contábil-financeiros. Pode-se conseguir isso de três maneiras: a) estudar o conteúdo da demonstração do resultado do exercício e do balanço patrimonial; b) analisar os demonstrativos do fluxo de caixa e das origens e aplicações de recursos; e c) examinar as relações entre o demonstrativo de resultado e o balanço patrimonial usando a análise através dos índices financeiros. Para isso, as demonstrações financeiras usualmente autorizadas e exigidas para a comprovação da boa situação financeira da empresa, através do cálculo de índices contábeis [...][617]

Segundo os contadores, a análise de demonstrações contábeis mediante uso de índices financeiros e econômicos, embora não se constitua na única técnica admitida pela Ciência da Contabilidade, revela-se adequada aos propósitos das licitações. Normalmente, nessa análise, são verificados os índices de liquidez, de endividamento, de atividade e de rentabilidade.

---

615 MÜLLER. *Aspectos relevantes da análise de balanços são ignorados em processos de licitação.*

616 SAVYTZKI. *Manual de análise de balanços.*

617 Arquivo pessoal.

Consoante lição de José Carlos Marion,[618] o Índice de Liquidez Corrente (ILC) demonstra a capacidade de pagamento da empresa em curto prazo, por meio da fórmula ativo circulante/passivo circulante; o Índice de Liquidez Seca (ILS) representa a possibilidade (ou não), em caso de total paralisação das vendas, de pagamento integral das dívidas com o disponível e com o valor correspondente às duplicatas a receber; o Índice de Liquidez Geral (ILG) demonstra a capacidade de pagamento da empresa em longo prazo, considerando-se tudo o que ela converterá em dinheiro (em curto e longo prazos), relacionando-se com tudo o que já assumiu como dívida (em curto e longo prazos). Os índices de endividamento, por seu turno, informam o nível de endividamento das empresas e se os recursos utilizados são provenientes de terceiros ou dos proprietários, bem como se os recursos de terceiros têm seu vencimento em maior parte em curto prazo (circulante) ou em longo prazo (exigível em longo prazo).

Arrole-se que há uma diferença em relação à lei anterior. A Lei nº 8.666/1993 exigia balanço patrimonial e demonstrações contábeis do último exercício social. A Nova Lei, intentando mais segurança, requer a apresentação de balanço patrimonial, demonstração de resultado de exercício e demais demonstrações contábeis dos dois últimos exercícios sociais.

No caso de a pessoa jurídica ter sido constituída há menos de dois anos, o §6º indica que tais documentos limitar-se-ão ao último exercício.

Sobre a matéria, cabe anotar ainda que, como preceitua o §1º do art. 64, as empresas criadas no exercício financeiro da licitação deverão atender a todas as exigências da habilitação e ficarão autorizadas a substituir os demonstrativos contábeis pelo balanço de abertura.

Inciso II

1.2 Certidão negativa de falência expedida pelo distribuidor da sede

Considerando que a existência de dívidas demonstra inconstância econômico-financeira, a Nova Lei, diversamente da lei anterior – que mencionava a extinta concordata –, exige apenas a apresentação da certidão negativa de feitos sobre falência, expedida pelo distribuidor da sede do licitante.

Isso se deu porque, nesse âmbito, a normatização nacional sofreu significantes alterações, vigorando agora a Lei nº 11.101/2005, que revogou a antiga Lei das Falências (Decreto-Lei nº 7.661/45).[619]

Uma das significativas mudanças envolve a vetusta concordata, que servia como um instrumento para evitar a falência, mas, por conta da lei que a regulamentava – que impunha certos pagamentos e prazos –, quase sempre não lograva êxito. De certa forma, a Lei nº 11.101/2005 substituiu-a pela recuperação judicial, com o propósito de criar uma ferramenta efetiva de preservação da empresa mais flexível,[620] deixando a cargo

---

618 MARION. *Análise das demonstrações contábeis*. 2. ed.

619 Anote-se que o art. 192 da Lei nº 11.101/2005 dispôs que a norma não se aplica aos processos de falência ou de concordata ajuizados anteriormente ao início de sua vigência, que serão concluídos nos termos do Decreto-Lei nº 7.661, de 21 de junho de 1945.

620 Sublinhe-se que a recuperação judicial não é um novo nome para a concordata, já que possui finalidade e regime jurídico diversos.

do administrador judicial (pessoa que passa a fiscalizar a empresa em dificuldades em nome da Justiça) e do comitê de credores (que representa aquelas pessoas afetadas diretamente pelas dificuldades da empresa: credores e empregados) a formulação e a aprovação de um plano de recuperação.

Nesse passo, o legislador da Nova Lei, diante do novo regime imposto pela atual lei reguladora, foi obrigado a reformular a matéria.

1.2.1 A questão do pedido de falência postulado por terceiro

O pedido de falência postulado por terceiro é hipótese excepcional a ser considerada, porquanto depende, para resolução, de decisão do Poder Judiciário. Só depois da consumação da decisão judicial é que se tem conhecimento da situação de fato da empresa.

Nesse diapasão, João Ribeiro Mathias Duarte observa:

> Nessa situação deve, também, ser enfatizado que, para a inabilitação da empresa, não basta tão somente o pedido de falência apresentado por terceiro [...], impondo-se, na verdade, a decisão judicial a respeito.[621]

Sobre a matéria, Celso Clóvis Boechat relembra que o Código Tributário Nacional determina efeitos idênticos para a certidão negativa e para a certidão positiva de execução, desde que acompanhada de penhora.[622]

1.2.2 Efeitos do ajuizamento de ação de execução contra o patrimônio

O mero ajuizamento de ação de execução contra o patrimônio da empresa não evidencia a situação de insolvência. Conforme observa Ronny Charles, tal exigência pode se tornar um instrumento de ardil, usado por terceiros para impedir a participação de empresas solventes e competitivas no certame, em face do ajuizamento de execuções despropositadas, com a finalidade de criar óbice à respectiva habilitação.[623]

Parágrafo 1º

2 Declaração assinada por profissional da área contábil

O parágrafo traz inovação interessante, que objetiva dar mais segurança à Administração, notadamente no caso de pequenas prefeituras ou órgãos de menor estrutura: a critério da Administração, poderá ser exigida declaração, assinada por profissional habilitado da área contábil, atestando o atendimento pelo licitante dos índices econômicos previstos no edital.

---

621 DUARTE. *Desenvolvimento do procedimento licitatório.*

622 Parecer emitido em 09.07.2009 (arquivo pessoal).

623 CHARLES. *Leis de Licitações Públicas comentadas*. 4. ed.

Na hipótese, é preciso que o profissional esteja em situação regular perante o Conselho Regional de Contabilidade, consoante o preconizado na Resolução CFC nº 1.554, de 6.12.2018.

Parágrafo 2º

3 Vedação à exigência de valores mínimos de faturamento

Consoante o previsto neste parágrafo, para a demonstração de aptidão econômica do licitante para cumprir as obrigações decorrentes do futuro contrato, a Administração não poderá exigir valores mínimos de faturamento anterior e de índices de rentabilidade ou lucratividade.

Como ensina Wlademir Ribeiro Prates, índices de rentabilidade e lucratividade são medidas quantitativas, de cálculo simples, que relacionam variáveis das demonstrações contábeis/financeiras das empresas – especialmente da Demonstração do Resultado do Exercício (DRE) e do Balanço Patrimonial –, com o propósito de facilitar uma análise gerencial acerca da capacidade da empresa de gerar retornos.

> Os índices de rentabilidade relacionam algum lucro da DRE com alguma variável do balanço patrimonial, especificamente do ativo ou do patrimônio líquido, possuindo grande espaço nas análises das demonstrações contábeis, exercendo significativa influência sobre o processo de tomada de decisão gerencial dentro da empresa. Já os índices de lucratividade relacionam algum lucro da DRE com a receita de venda (receita líquida da DRE). Os indicadores de lucratividade medem a eficiência da empresa em produzir lucro por meio das suas vendas. Uma análise gerencial dos indicadores de margem permite ao gestor ou investidor identificar um caminho para um possível problema de eficiência dentro da empresa.[624]

Vê-se, portanto, que são indicadores gerenciais internos, não cabendo à Administração avaliá-los para fins de contratação futura, devendo, para tal, limitar-se apenas às exigências de índices contábeis que demonstrem a capacidade financeira do licitante com vistas aos compromissos que terá que assumir, caso lhe seja adjudicado o contrato.

Parágrafo 3º

4 Relação dos compromissos assumidos pelo licitante

É admissível exigir a relação de compromissos assumidos, que poderão demonstrar a diminuição de capacidade operativa ou financeira do licitante, perseguindo-se a compatibilização dos dados existentes com fatos novos, porquanto, em tese, estando o licitante com dívidas ou com recursos comprometidos, não poderá atender plenamente aos objetivos da Administração.

---

[624] PRATES. *O que são índices de rentabilidade e lucratividade?*

O professor e contador Enio Penha alerta que há uma falha na determinação, uma vez que todos os compromissos que afetam o patrimônio líquido devem estar previstos no balanço. Como a empresa pode ter assumido compromissos após a data de elaboração do mesmo (ou até ter aumentado os seus recursos), o resultado final pode não ser fiel à realidade.[625] Nesse caso, a nosso ver, o licitante poderá comprovar a nova situação por intermédio de documentos supervenientes.

No mesmo diapasão, Marçal Justen:

> Há, porém um esclarecimento necessário. Todos os compromissos que afetem o patrimônio líquido terão de estar previstos no balanço. A relação de compromissos apenas pode referir-se a eventos posteriores à data de apuração do balanço. Ora, a empresa pode ter ampliado o montante de seus compromissos após o balanço tanto quanto pode ter ampliado sua disponibilidade de recursos. Logo, deve ser assegurado ao licitante demonstrar que os compromissos supervenientes não reduziram o montante do patrimônio líquido, de modo a continuar a preencher os requisitos do edital.[626]

Parágrafo 4º

5 Capital mínimo nas compras para entrega futura e nas obras e serviços

Nas compras para entrega futura ou nas contratações para a execução de serviços ou obras, é possível o estabelecimento de requisitos no edital que servirão para avaliar a qualificação do licitante e também para garantir a execução do objeto pretendido.

Nessas situações, o objeto não é entregue de imediato, pois a execução contratual ocorre ao longo do tempo, tendo o contratado que dispender recursos para executar o objeto. A demonstração de patrimônio líquido mínimo garantirá a possibilidade de execução.

Assim, admite-se que a Administração exija capital líquido ou patrimônio líquido mínimo, sendo que o capital a ser demonstrado e o valor do patrimônio não poderão ultrapassar a 10% do valor estimado para a contratação.

Tratando da matéria, dispôs o Superior Tribunal de Justiça (STJ):

> Tal requisito tem cunho acautelatório, buscando a Administração garantia de que a "empresa adjudicatária tenha disponibilidade de recursos financeiros e envergadura econômica para a realização da empreitada, fortalecendo o objeto da licitação contra intempéries econômicas".[627]

---

[625] PENHA. *A avaliação econômico-financeira na fase de habilitação.*

[626] JUSTEN FILHO. *Comentários à Lei de Licitações e Contratos Administrativos.* 16. ed.

[627] Recurso Especial nº 950.489 – DF, 1ª Turma, Rel. Min luiz Fux, *Dje* 23.02.2011.

Parágrafo 5º

6 Comprovação de situação financeira através do cálculo de índices contábeis

O edital deve definir com clareza a forma de verificação da demonstração financeira do licitante, com a utilização de índices contábeis usualmente adotados para a sua correta avaliação, de modo a ficar patente que, com relação a esse fator, não haverá problemas no cumprimento da obrigação assumida para a execução contratual.

Destarte, proíbe-se a exigência de índices e valores não usualmente adotados para a avaliação de situação econômico-financeira suficiente para o cumprimento das obrigações decorrentes da licitação.

Enio Penha discorre com desenvoltura sobre a importância do uso de índices corretos na análise de balanços em licitações:

> O critério utilizado para extração dos índices tem como base a técnica amplamente conhecida de informações em termos percentuais, e foi passada para análise de balanço sob a forma de índices ou coeficientes, os quais, para se transformarem em percentagens, só necessitam ser multiplicados por cem (100).
>
> Busca-se, através de coeficientes, estabelecer proporções entre duas grandezas de uma demonstração financeira, a fim de conhecer melhor seu peso relativo.
>
> Assim, por exemplo, a evolução entre duas situações, uma apresentando um endividamento de 65 unidades monetárias, para um capital próprio representado pelo patrimônio líquido de 190, e outra com um endividamento de 127, para um capital dos proprietários de 545 unidades monetárias, terá sua dimensão mais facilmente avaliada se for considerado que a primeira representa cerca de 34% do patrimônio líquido e a segunda cerca de 23%.
>
> O inconveniente da análise, quando, por exemplo, as demonstrações financeiras estão apresentadas de acordo com a legislação societária, para a lucratividade sobre o patrimônio líquido, é que a proporção não é tão comparável, já que o lucro do exercício, como numerador da fração, exprime valor em moeda de poder aquisitivo atual, sobre o patrimônio líquido que, mesmo corrigido, o é através de coeficientes que ninguém pode assegurar serão exatos ao ponto de trazer a uma expressão de valor em moeda do mesmo poder aquisitivo dos lucros auferidos no exercício. Esta impossibilidade derivará já do fato de a primeira correção monetária vir a ser feita sobre o patrimônio líquido de sociedades em andamento, com as mais variadas datas de constituição.
>
> Esta dificuldade inerente ao caráter inflacionário de nossa economia ficava amenizada quando as demonstrações contábeis eram apresentadas com correção monetária integral, advento este criado pela Instrução nº 064, de 19 de maio de 1987, cujo objetivo básico era corrigir as demonstrações contábeis das empresas de capital aberto, a partir dos balanços encerrados em 1987, e cujo resultado em matéria de evidenciação é bastante parecido com o obtido pela correção teórica a nível geral de preços.
>
> A análise das demonstrações financeiras, através de índices, ainda apresenta o detalhe negativo de dificilmente ser praticável uma comparação de índices de balanço entre sociedades. Inúmeros fatores dificultam essa comparação, tais como o ramo de negócio, o porte das empresas, o estágio de evolução e até mesmo a localização geográfica das empresas. Quando tentadas, certas comparações começam ganhando alguma validade quando se trata de empresas do mesmo porte, mesmo setor e com critérios contábeis atestados através de parecer de auditoria independente. Na prática, contudo, essas condições são difíceis de serem atingidas, mas existem índices setoriais, publicados por revistas especializadas em indicadores econômicos financeiros de setores empresariais

> (revista *Exame*; revista *Conjuntura Econômica* – 500 maiores, da Fundação Getulio Vargas do Rio de Janeiro; e os índices publicados por encomenda junto ao SERASA de São Paulo) que nos permitem a comparabilidade da empresa, junto ao setor e/ou subsetor da economia.
>
> Os índices necessitam de um parâmetro de comparação, uma vez que eles, puros e simples, ficam muito pulverizados, a menos que o índice, ao longo dos tempos, obtenha um consenso de valor definitivo considerado satisfatório, como, por exemplo, o índice de liquidez corrente, obtido pela divisão do ativo circulante pelo passivo circulante. No caso deste índice, esse consenso é dois (2).[628]

Por fim, consigne-se o posicionamento do TCU quanto à verificação de qualificação econômico-financeira:

> Súmula nº 275 – Para fins de *qualificação econômico-financeira*, a Administração pode exigir das licitantes, *de forma não cumulativa*, capital social mínimo, patrimônio líquido mínimo ou garantias que assegurem o adimplemento do contrato a ser celebrado, no caso de compras para entrega futura e de execução de obras e serviços.

[628] PENHA. *A avaliação econômico-financeira na fase de habilitação.*

Art. 70. A documentação referida neste Capítulo poderá ser:
I – apresentada em original, por cópia ou por qualquer outro meio expressamente admitido pela Administração;
II – substituída por registro cadastral emitido por órgão ou entidade pública, desde que previsto no edital e que o registro tenha sido feito em obediência ao disposto nesta Lei;
III – dispensada, total ou parcialmente, nas contratações para entrega imediata, nas contratações em valores inferiores a 1/4 (um quarto) do limite para dispensa de licitação para compras em geral e nas contratações de produto para pesquisa e desenvolvimento até o valor de R$300.000,00 (trezentos mil reais).[629]
Parágrafo único. As empresas estrangeiras que não funcionem no País deverão apresentar documentos equivalentes, na forma de regulamento emitido pelo Poder Executivo federal.

Artigo 70 e incisos I a III

1 Apresentação dos documentos de habilitação

A Nova Lei disciplina com clareza a forma de apresentação dos documentos de habilitação.

Em atendimento ao preconizado na Lei nº 13.726, de 8.10.2018, que racionaliza atos e procedimentos administrativos dos Poderes da União, dos estados, do Distrito Federal e dos municípios, os documentos habilitatórios poderão ser apresentados em original, por cópia ou por qualquer outro meio expressamente admitido pela Administração.

Tais documentos, contudo, poderão ser substituídos por registro cadastral emitido por órgão ou entidade pública, desde que previsto no edital e que o registro tenha sido feito em obediência ao disposto na lei em comento.

A não apresentação na forma requerida inabilita o licitante, por descumprimento da exigência legal.

E mais: a documentação poderá ser dispensada, total ou parcialmente, nas contratações:

- para entrega imediata;
- em valores inferiores a 1/4 (um quarto) do limite para dispensa de licitação para compras em geral; ou
- de produto para pesquisa e desenvolvimento até o valor de R$359.436,08 (trezentos e cinquenta e nove mil, quatrocentos e trinta e seis reais e oito centavos).[630]

---

[629] Atualmente, R$359.436,08 (trezentos e cinquenta e nove mil, quatrocentos e trinta e seis reais e oito centavos), conforme atualização disposta no Decreto nº 11.871, de 29.12.2023.

[630] Conforme atualização realizada pelo Decreto nº 11.871, de 29.12.2023.

1.1 As certidões via Internet

A Lei nº 10.522/2002, que dispõe sobre o Cadastro Informativo dos créditos não quitados de órgãos e entidades federais (CADIN), criou as chamadas certidões eletrônicas:

> Art. 35. As certidões expedidas pelos órgãos da administração fiscal e tributária poderão ser emitidas pela internet (rede mundial de computadores) com as seguintes características:
>
> I – serão válidas independentemente de assinatura ou chancela de servidor dos órgãos emissores;
>
> II – serão instituídas pelo órgão emissor mediante ato específico publicado no Diário Oficial da União onde conste o modelo do documento.

A partir daí, a alternativa, como não poderia deixar de ser, generalizou-se, em função da praticidade, funcionalidade e eficiência. Hoje, apenas para ilustrar, cita-se certidões que, no âmbito federal, são disponibilizadas para emissão por meio eletrônico: Certidão Negativa de Débito (emitida pela Previdência Social); Certidão de Regularidade do FGTS (emitida pela Caixa Econômica Federal); Certidão Negativa de Débitos de Tributos e Contribuições Federais (emitida pela Secretaria da Receita Federal).

Afinal, como asseverou Nagib Slaibi,

> nestes tempos da internet e do voto eletrônico, a utilização da informática deixou de ser meio de organização administrativa para constituir poderoso instrumento de realização do direito fundamental do homem à imprescindível informação que o habilite à existência digna no tumultuoso e incomensurável oceano de conhecimento deste início de século.[631]

Considerando a regra legal prevista na Lei nº 10.552/2002, bem como todo o arcabouço normativo existente sobre a matéria, dá-se inteira razão a Sidney Martins, que, apreciando a questão, trazendo à baila diversos diplomas que circunscrevem a emissão de certidões através da Internet, concluiu que:

a) as certidões emitidas pela Internet são válidas independentemente de assinatura ou chancela dos órgãos emissores, a teor do disposto no inciso I do art. 35 da Lei nº 10.522/2002;
b) podem ser consideradas como originais as certidões provenientes da Internet, já que é inexigível assinatura de servidor, carimbo ou qualquer espécie de selo autenticador; e
c) cabe ao ente que recebe a certidão obtida através da Internet conferir a sua autenticidade nos endereços eletrônicos respectivos.[632]

---

[631] SLAIBI FILHO. *Execução fiscal virtual.*

[632] MARTINS. *Licitação.*

Parágrafo único

2 Documentação de empresas estrangeiras que não funcionem no Brasil

O parágrafo único versa sobre a documentação a ser apresentada em licitações internacionais por empresas estrangeiras que não funcionem no Brasil, ou seja, em certames nos quais se permite a participação de licitantes brasileiros e estrangeiros não estabelecidos no País, respeitando-se as diretrizes impostas por órgãos responsáveis pelos aspectos de política monetária e de comércio exterior, conforme dispõe o art. 52.

Preliminarmente, verifica-se que o dispositivo reconhece a aplicação da lei do local de constituição da pessoa jurídica, ou seja, no que concerne à constituição e ao funcionamento das empresas licitantes estrangeiras não há que se pensar em lei brasileira. Com efeito, na medida em que, para a constituição dessas empresas, a lei estrangeira exija pressupostos similares aos da lei brasileira, deverá ser promovida a prova de preenchimento dos requisitos correspondentes.

Dessa forma, naquilo que for possível, as empresas estrangeiras demonstrarão condições de habilitação, precipuamente quanto à regularidade jurídica; à aptidão para s execução do objeto (demonstração técnica); e à qualificação econômico-financeira.

Insta ressaltar a dificuldade dos julgadores na tarefa de avaliação de equivalência dos documentos, diante do infinito repertório de regras jurídicas de países com concepções totalmente diversas. Destarte, os executores desse trabalho deverão ter imensa cautela na verificação documental, valendo-se, caso necessário, para uma decisão acertada, de diligências e da inteligência de profissionais especializados, sublinhando-se que tais diligências não se prestam para a inserção posterior de documentos não apresentados no momento adequado, mas apenas para verificação de fatores como validade, coerência com a legislação do país de origem do licitante etc. Reconhece-se, por exemplo, que, nos países de direito anglo-saxão, a manifestação por intermédio de normas consuetudinárias (costumeiras) é uma realidade, com a fé pública amparando as declarações. Destarte, tal regra deverá ser respeitada, pois, como é cediço, os países desenvolvidos culturalmente não dão à burocracia a importância que lhes dão os de menor desenvolvimento.

Observa-se que a apresentação de documentos equivalentes depende exclusivamente do ordenamento jurídico de cada país, devendo os julgadores agir e avaliar diante de tal preceito.

Atente-se para a assertiva de Roberto Bazilli e Sandra Miranda:

> É raro, mas pode acontecer que não seja possível ao licitante estrangeiro a apresentação sequer de um documento equivalente, o que não deverá inviabilizar a sua participação, dado que o legislador previu expressamente que a apresentação de documentação equivalente se fizesse na medida do possível.[633]

---

633 BAZILLI; MIRANDA. *Licitação à luz do direito positivo.*

Jonas Lima alerta para um detalhe de suma importância:

> Uma observação imprescindível que precisa ser feita [...] é que a equivalência de documentos não existe para todos os requisitos de habilitação. Por exemplo, um medicamento registrado no exterior não implica em dispensa de registro na Agência Nacional de Vigilância Sanitária (ANVISA). Da mesma forma, profissionais de engenharia que desejarem validar seus acertos de responsabilidade técnica de obras realizadas no exterior terão como obrigação essencial o registro dos atestados perante o CREA, sob pena de serem considerados inválidos na licitação.[634]

Registre-se, por fim, que o parágrafo remete a questão à regulamentação a ser editada pelo Poder Executivo federal.

A Instrução Normativa SEGES/MGI nº 53, de 28.12.2023, autorizou a utilização do Sistema de Cadastramento Unificado de Fornecedores – Sicaf para apresentação de documentação equivalente por empresas estrangeiras que não funcionem no País, com fins de habilitação em licitação, dispensa, inexigibilidade e nos contratos administrativos de acordo com o que dispõe este parágrafo único, no âmbito da Administração Pública federal direta, autárquica e fundacional.

[634] LIMA. *Licitação Pública Internacional no Brasil.*

CAPÍTULO VII
DO ENCERRAMENTO DA LICITAÇÃO

Art. 71. Encerradas as fases de julgamento e habilitação, e exauridos os recursos administrativos, o processo licitatório será encaminhado à autoridade superior, que poderá:

I – determinar o retorno dos autos para saneamento de irregularidades;

II – revogar a licitação por motivo de conveniência e oportunidade;

III – proceder à anulação da licitação, de ofício ou mediante provocação de terceiros, sempre que presente ilegalidade insanável;

IV – adjudicar o objeto e homologar a licitação.

§1º Ao pronunciar a nulidade, a autoridade indicará expressamente os atos com vícios insanáveis, tornando sem efeito todos os subsequentes que deles dependam, e dará ensejo à apuração de responsabilidade de quem lhes tenha dado causa.

§2º O motivo determinante para a revogação do processo licitatório deverá ser resultante de fato superveniente devidamente comprovado.

§3º Nos casos de anulação e revogação, deverá ser assegurada a prévia manifestação dos interessados.

§4º O disposto neste artigo será aplicado, no que couber, à contratação direta e aos procedimentos auxiliares da licitação.

Artigo 71

1 Encerramento da licitação

Já registramos em trabalho anterior:

> Considerando ser o julgamento ato de exclusiva competência da comissão de licitação ou do pregoeiro, no caso de pregão, descabe modificação do resultado por parte da autoridade superior,[635] sendo a ele reservado tão somente, na ocorrência de não ratificação da decisão, atender a um dos seguintes passos:
>
> a) concluindo por vício sanável, devolver todo o processo à comissão (ou ao pregoeiro) para nova apreciação;
>
> b) concluindo por vício insanável, anular a licitação;
>
> c) no caso de fato superveniente, revogar a licitação, com fulcro no interesse público.[636] [637]

---

635 Toshio Mukai asseverava: "Anote-se que o julgamento [...] é de competência exclusiva da comissão de licitação, razão por que a autoridade superior, ao apreciar o recurso, não poderá substituir o julgamento recorrido por outro seu, somente podendo, na decisão recursal, ou confirmar o julgamento efetuado pela comissão, ou anulá-lo, ou invalidar a própria licitação, conforme o caso". (MUKAI. *Licitações e contratos públicos*. 4. ed.).

636 BITTENCOURT. *Licitação passo a passo*. 11. ed.

637 Na verdade, como sustenta a boa doutrina, a revogação é ato ínsito do administrador público competente, independentemente da ocorrência de fato superveniente.

Pois bem, nesse diapasão, a Nova Lei assenta neste art. 71 que, encerradas as fases de julgamento e habilitação, e exauridos os recursos administrativos, o processo licitatório será encaminhado à autoridade superior, que poderá:

- determinar o retorno dos autos para saneamento de irregularidades;
- revogar a licitação por motivo de conveniência e oportunidade;
- proceder à anulação da licitação, de ofício ou mediante provocação de terceiros, sempre que presente ilegalidade insanável;
- adjudicar o objeto e homologar a licitação.

2 Revogação e anulação de ato administrativo

A princípio, qualquer ato administrativo pode ser revogado ou anulado. A revogação é utilizável quando a autoridade da Administração, exercitando sua competência administrativa, conclui que certo ato não atendeu ao interesse público, pelo que resolve dar a ele um fim.

A revogação é a extinção de um ato administrativo ou de seus efeitos por outro ato administrativo, efetuada por razões de conveniência e oportunidade, respeitando os efeitos precedentes.

A anulação, diferentemente da revogação, não está alicerçada no interesse público, mas no vício, na ilegalidade.

A possibilidade jurídica de a Administração revogar ou anular seus próprios atos foi confirmada na Súmula nº 473 do STF, que dispõe:

> A Administração pode anular seus próprios atos, quando eivados de vícios que os tornam ilegais, porque deles não se originam direitos; ou revogá-los por motivo de conveniência ou oportunidade, respeitados os direitos adquiridos, e ressalvada, em todos os casos, a apreciação judicial.

Parágrafos 1º e 3º

3 A anulação da licitação

Na ocorrência de atos no procedimento em desconformidade com a lei, configurar-se-á a ilegalidade, soerguendo-se o dever de anular a licitação.

Impõe-se ao agente público responsável o dever de atender ao princípio da legalidade e a necessidade de restaurar a ordem jurídica.

Quando a declaração de nulidade não ocorrer em face do exercício da autotutela, poderá ser levada a efeito pelo Poder Judiciário por intermédio de ação proposta pela parte interessada.

Assente-se que, para a anulação se efetivar, há a necessidade de justificativa devidamente fundamentada, de modo a afastar-se anulações abusivas. Ademais, é necessário garantir aos interessados as garantias decorrentes do contraditório e da ampla defesa, como assegura o §3º.

A propósito, comenta Airton Rocha Nóbrega:

> A anulação deve estar fundada em motivos que se prestem a justificar o ato respectivo. Não se anula por mero capricho ou conveniência, ou por pressupor a existência de ilegalidade. Há necessidade de fundamentação aceitável e pertinente. Tudo isso para evitar os atos abusivos reiteradamente vistos no âmbito da Administração Pública que, não desejando levar adiante determinado ato administrativo, invoca razões de sua legalidade para desconstituí-lo e, assim, fazer cessar os seus efeitos.[638]

E mais: como expõe o §1º, ao pronunciar a nulidade, a autoridade deverá indicar expressamente os atos com vícios insanáveis, tornando sem efeito todos os subsequentes a eles inerentes, e dará ensejo à apuração de responsabilidade de quem lhes tenha dado causa.

Registre-se que, no caso de anulação ou revogação da licitação, o art. 165 determina que caberá recurso, no prazo de 3 (três) dias úteis.

Parágrafo 2º

4 A revogação da licitação em função de razões de interesse público decorrentes de fatos supervenientes

A Nova Lei mantém regra da lei pretérita dispondo que a autoridade competente somente poderá revogar a licitação em função de razões de interesse público decorrentes de fato superveniente devidamente comprovado, pertinente e suficiente para justificar tal conduta.

A nosso ver, a regra limita o poder discricionário da autoridade administrativa ao condicionar a revogação da licitação à ocorrência de fato superveniente em razão de interesse público, uma vez que não é tarefa nada fácil definir o interesse público, como bem asseverou Zanella Di Pietro.[639] A noção de interesse público varia em função do interesse e do lugar, daí serem precisas as ponderações de Dalmo de Abreu Dallari sobre o assunto:

> Outra dificuldade que muitos autores ressaltam diz respeito à consideração subjetiva do que seja interesse público, uma vez que os dados de fato podem ser os mesmos e, no entanto, um agente da Administração, a partir daqueles fatos, chega à conclusão de que determinada orientação é de interesse público, e outro agente da Administração, utilizando os mesmos fatos, chega à conclusão de que o rumo oposto é que é do interesse público.[640]

Diante da conceituação imprecisa, entendemos que, em face do mandamento legal, o comportamento do agente público deverá sempre pautar-se na busca da finalidade do ato. Havendo desvio, ou seja, tendo o administrador motivos concretos

---

638 NÓBREGA. *Anulação do certame licitatório e ampla defesa.*

639 DI PIETRO. *Discricionariedade administrativa na Constituição de 1988.*

640 DALLARI *apud.* DI PIETRO. *Discricionariedade administrativa na Constituição de 1988.*

e fundamentados que o façam inferir que o fim perseguido não será alcançado e, com isso, o não atendimento ao "bem comum", deverá (poder-dever) revogar a licitação.[641]

Avaliando o mandamento, observa Flávio Amaral Garcia:

> Na revogação não existe vício, mas apenas motivos de conveniência e oportunidade. É necessária a demonstração da ocorrência de fato superveniente devidamente comprovado, que se traduz no elemento *motivo*. Em uma interpretação sistemática da norma, é possível entender como autorizador da revogação fato que não tenha sido superveniente, mas que só foi conhecido pela autoridade superior posteriormente.[642]

Parágrafo 4º

5 Tratamento idêntico nas contratações diretas e nos procedimentos auxiliares da licitação

A Administração deve ter mais cuidados nas contratações diretas, seja por inexigibilidade ou dispensa de licitação, tratados na Nova Lei nos arts. 74 e 75, haja vista que nelas não ocorreram os procedimentos naturais de competição.

Dessa forma, acautelou-se o legislador registrando neste parágrafo que o disposto no dispositivo aplicar-se-á, no que couber, à contratação direta.

Da mesma forma, para os casos de procedimentos auxiliares das licitações e das contratações previstos no art. 78 (credenciamento, pré-qualificação, procedimento de manifestação de interesse, sistema de registro de preços e registro cadastral).

---

[641] Diogo de Figueiredo Moreira Neto leciona que o interesse público, legalmente definido como responsabilidade do Estado e finalidade de sua ação, não é outro senão, em síntese, o bem comum em sua expressão positiva. (MOREIRA NETO. *Curso de direito administrativo*. 8. ed.).

[642] GARCIA. *Licitações e contratos administrativos*. 4. ed.

CAPÍTULO VIII
DA CONTRATAÇÃO DIRETA

Seção I
Do Processo de Contratação Direta

Art. 72. O processo de contratação direta, que compreende os casos de inexigibilidade e de dispensa de licitação, deverá ser instruído com os seguintes documentos:

I – documento de formalização de demanda e, se for o caso, estudo técnico preliminar, análise de riscos, termo de referência, projeto básico ou projeto executivo;

II – estimativa de despesa, que deverá ser calculada na forma estabelecida no art. 23 desta Lei;

III – parecer jurídico e pareceres técnicos, se for o caso, que demonstrem o atendimento dos requisitos exigidos;

IV – demonstração da compatibilidade da previsão de recursos orçamentários com o compromisso a ser assumido;

V – comprovação de que o contratado preenche os requisitos de habilitação e qualificação mínima necessária;

VI – razão da escolha do contratado;

VII – justificativa de preço;

VIII – autorização da autoridade competente.

Parágrafo único. O ato que autoriza a contratação direta ou o extrato decorrente do contrato deverá ser divulgado e mantido à disposição do público em sítio eletrônico oficial.

Artigo 72

1 Do Processo de Contratação Direta

O Capítulo VIII versa sobre as contrações diretas, que tratam das inexigibilidades e dispensas de licitação.

O legislador resolveu inverter a ordem de exposição, observando primeiro os documentos que comporão o processo de afastamento licitatório, elencados neste art. 72, para depois cuidar das situações de inexigibilidade de certame licitatório e de licitações dispensáveis (arts. 74 e 75).

Insta anotar que, além dos casos de dispensabilidade arrolados no art. 75, há ainda as hipóteses de licitações dispensadas, que envolvem a alienação de bens móveis e imóveis da Administração, arrazoadas no art. 76 (Capítulo IX – Das Alienações).

1.1 A Contratação Direta – Licitação Inexigível, Dispensável e Dispensada

Ainda que a supremacia do interesse público alicerce a exigência de licitação para contratações da Administração Pública, é inegável a existência de situações nas quais a competição licitatória se mostra impossível ou, ainda que factível, se estabelecida, certamente frustrará o interesse público almejado.

Tratamos do tema em obra específica,[643] quando informamos que, nessas hipóteses, a Nova Lei, tal como a anterior, autoriza a adoção de procedimento diferenciado, com alterações de formalidades, advindo daí as contratações diretas sem licitação, através de inexigibilidades ou dispensas.

Tal como na lei pretérita, há três formas de contratação direta na Nova Lei:

- Licitação inexigível (art. 74);
- Licitação dispensável (art. 75); e
- Licitação dispensada (art. 76).

A grande maioria dos autores segue essa partição – embora existam alguns que considerem apenas a existência do *duo* dispensa e inexigibilidade.

Como cada hipótese deriva de situações diversas, não há como reconhecer que, em termos práticos, a qualificação tripartite é benéfica.

Na licitação dispensada (art. 76), intimamente ligada à alienação de bens públicos, a Administração figura, de regra, como "vendedora", enquanto que, na licitação dispensável (art. 75), em posição oposta, atua como "compradora", isto é, na qualidade de "contratante" (adquirindo bens ou contratando a prestação de serviços ou a execução de obras). Na licitação inexigível (art. 74), o Poder Público também intenciona contratar, assumindo, nesse mister, posição idêntica à prevista na licitação dispensável.

Nos casos de licitação dispensável, mesmo sendo possível a competição licitatória, a lei autoriza a sua não realização, segundo critério de oportunidade e conveniência. Já nas hipóteses de licitação dispensada, a lei rejeita a realização do certame, não havendo margem para a discricionariedade da Administração.

Com o mesmo raciocínio, a inteligência de Joel Niebuhr:

> É solar a diferença de sentido entre algo que se declara *dispensado* e outro que se declara *dispensável. Dispensada* significa que a licitação pública já foi efetivamente afastada pelo legislador, em virtude do que a competência do agente administrativo é vinculada, cabendo-lhe, diante de uma das figuras contratuais enunciadas, apenas reconhecer a dispensa. A discricionariedade do agente administrativo, nesses casos, resume-se na avaliação da oportunidade e conveniência de realizar uma das espécies de contrato qualificadas, efetivamente, como de licitação *dispensada.* (...). Já o *dispensável* denota que a dispensa ainda não foi ultimada, depende da avaliação do agente administrativo, que, diante de uma das hipóteses prescritas (...), deve analisar se a licitação realmente produz ou não gravame ao interesse público, retratando competência discricionária.[644]

---

643 BITTENCOURT. *Contratando sem licitação*. 2. ed.

644 NIEBUHR. *Dispensa e inexigibilidade de licitação pública*. 2. ed.

Também a palavra de Américo Servídio:

> O vocábulo *dispensa* tem sido empregado, efetivamente, para significar tanto o que é *dispensado*, como aquilo que é *passível de dispensa*. No primeiro caso, não há juízo da autoridade com relação à dispensa que é *ex vi legis*. Em contraposição, no segundo caso, é exigível a licitação até que seja ultimada a dispensa por ato da autoridade, sendo que, enquanto isso não ocorrer ou for omissa a manifestação, a exigência prevalecerá.[645]

E a lição do mestre Hely Lopes Meirelles:

> Esses casos encontram justificativa na natureza dos negócios, que têm destinatários certos (...). Por isso, a lei já considera *dispensada* a licitação, podendo a Administração realizar tais negócios por contratação direta com o interessado.[646]

Em síntese, por tudo o que foi exposto, conclui-se que:

- Licitação inexigível é aquela em que a realização de licitação é inviável;
- Licitação dispensável é aquela em que a lei autoriza a contratação direta, sem a realização de licitação; e
- Licitação dispensada é aquela em que a lei determina a contratação direta, sem a realização de licitação.

1.2 Condições para a eficácia das contratações diretas por dispensa ou inexigibilidade licitatória

Como já anotado, a Administração Pública tem o dever de não apenas respeitar o princípio da publicidade, insculpido no art. 37 da CF, como o de ser transparente. O preceito inicial é que todo ato administrativo deve ser público, porque pública é a Administração que o realiza.

Não só a publicidade dos atos licitatórios, mas, principalmente, a dos atos em que a competição licitatória inexiste, asseguram efeitos externos e propiciam o conhecimento e o amplo controle por parte dos interessados diretos e por toda a sociedade.

Assim, visando à transparência, a Nova Lei, neste art. 72, impõe que a Administração explicite, com detalhes, os motivos que a levaram a não licitar, dispensando ou inexigindo a competição.

Comparando-se com a lei anterior, verifica-se que o rol de documentos aumentou, mais do que nunca retratando típica atividade de controle, dado que, após a primeira avaliação da hipótese incidente de não competição realizada pelo ordenador de despesas, caberá à autoridade superior o juízo final, para então ser providenciada a divulgação, que deverá ser mantida à disposição do público em sítio eletrônico oficial.

O artigo impõe que os processos de contratações diretas sejam instruídos com diversos elementos. Sobreleva assentar, contudo, que o elenco não é exaustivo, uma vez que a produção de outros documentos é perfeitamente possível – e muitas vezes imprescindível –, devido às peculiaridades de cada caso.

---

645 SERVÍDIO. *Dispensa de Licitação Pública.*

646 MEIRELLES. *Licitação e contrato administrativo*. 11. ed.

Essa determinação é salutar, apesar de ressaltar o óbvio, pois se evidencia, na ocorrência do afastamento do certame licitatório, ser imperioso que todas as determinações obrigatórias para uma licitação, quando cabíveis, se façam também presentes.

Consoante o dispositivo, o processo de contratação direta (compreendendo os casos de inexigibilidade e de dispensabilidade de licitação) deverá ser instruído com os seguintes documentos:

- documento de formalização de demanda e, se for o caso, estudo técnico preliminar, análise de riscos, termo de referência, projeto básico ou projeto executivo;
- estimativa de despesa, que deverá ser calculada na forma estabelecida no art. 23, que informa que o valor previamente estimado da contratação deverá ser compatível com os valores praticados pelo mercado, considerados os preços constantes de bancos de dados públicos e as quantidades a serem contratadas, observadas a potencial economia de escala e as peculiaridades do local de execução do objeto.
- parecer jurídico e pareceres técnicos, se for o caso, que demonstrem o atendimento aos requisitos exigidos;
- demonstração da compatibilidade da previsão de recursos orçamentários com o compromisso a ser assumido;
- comprovação de que o contratado preenche os requisitos de habilitação e qualificação mínima necessária;
- razão da escolha do contratado;
- justificativa de preço; e
- autorização da autoridade competente.

Acresça-se que, por intermédio da Instrução Normativa SEGES/ME nº 98, de 26.12.2022, o governo federal autorizou a aplicação da Instrução Normativa nº 5, de 26.05.2017, que dispõe sobre as regras e diretrizes do procedimento de contratação de serviços sob o regime de execução indireta no âmbito da Administração Pública federal direta, autárquica e fundacional, no que for cabível, para a realização dos processos de contratação direta de serviços.

1.2.1 Documento de formalização de demanda e, se for o caso, estudo técnico preliminar, análise de riscos, termo de referência, projeto básico ou projeto executivo

O *Documento de Formalização de Demanda* é o registro inicial que dará início a um processo de contratação, no qual estarão anotados todos os dados do objeto que o setor requisitante necessita.

Dependendo do objeto, o documento deverá vir acompanhado de estudo técnico preliminar, análise de riscos, termo de referência, projeto básico ou projeto executivo. Como anota Suzana Rosseti, muitas dúvidas surgirão na identificação das situações em que será necessário o estudo técnico preliminar e a análise de riscos, porquanto envolvem análises circunstanciais, considerando a hipótese de contratação direta, riscos envolvidos e, especialmente, a demonstração de que a ausência desses documentos não gerará prejuízos à aferição dos padrões de desempenho e qualidade almejados, de modo que todas as especificações necessárias possam ser contempladas e verificadas no próprio termo de referência.

1.2.2 Estimativa de despesa

Ao versar sobre o estudo técnico preliminar, o §1º do art. 18 informa que o documento deverá evidenciar o problema a ser resolvido e a sua melhor solução, de modo a permitir a avaliação da viabilidade técnica e econômica da contratação. Dentre os elementos que o compõem, consta a estimativa do valor da contratação, acompanhada dos preços unitários referenciais, das memórias de cálculo e dos documentos que lhe dão suporte.

Assim, na contratação direta também se fará a estimativa de despesa, que deverá ser calculada na forma estabelecida no art. 23, o qual anota que o valor previamente estimado da contratação deverá ser compatível com os valores praticados pelo mercado, considerados os preços constantes de bancos de dados públicos e as quantidades a serem contratadas, observadas a potencial economia de escala e as peculiaridades do local de execução do objeto.

1.2.3 Parecer jurídico e pareceres técnicos, se for o caso, que demonstrem o atendimento aos requisitos exigidos

Numa licitação, ao final da fase preparatória, o processo licitatório deverá seguir para o órgão de assessoramento jurídico da Administração, que realizará o controle prévio de legalidade mediante análise jurídica da contratação.

O mesmo deverá ocorrer nas contratações diretas, que, em função da falta de competição, deverá ter seu processo de controle ainda mais rígido.

Caso necessário, pareceres técnicos que demonstrem o atendimento dos requisitos exigidos também poderão ser observados.

1.2.4 Demonstração da compatibilidade da previsão de recursos orçamentários com o compromisso a ser assumido

Para se efetivar a licitação faz-se necessária a previsão e a indicação orçamentária para a geração da futura despesa, em consonância com o previsto na Lei nº 4.320/1964 e na Lei Complementar nº 101/2000. O mesmo deverá ocorrer nas contratações diretas, com as devidas demonstrações de compatibilidade da previsão de recursos orçamentários com o compromisso que se pretende assumir.

1.2.5 Comprovação de que o contratado preenche os requisitos de habilitação e qualificação mínima necessária

Para se candidatarem a contratados pela Administração, os interessados devem demonstrar estar habilitados para tal. A habilitação, como preceitua o art. 62, é a fase em que se verifica o conjunto de informações e documentos necessários e suficientes para demonstrar a capacidade do interessado de realizar o objeto pretendido pelo Poder Público, com demonstrações jurídica, técnica, fiscal, social, trabalhista e econômico-financeira.

Nas contratações diretas a situação não pode ser diferente, devendo os futuros contratados comprovar o preenchimento de requisitos mínimos de habilitação e qualificação.

1.2.6 Razão da escolha do contratado

Toda contratação realizada com dinheiro público deve ser motivada e justificada. Essa é uma regra inafastável. Como assevera Carlos Pinto Coelho Motta, tais contratações devem se revestir de motivos sérios, exatos e lícitos, sem os quais ruirão pela base. É nesse contexto, inclusive, que a Lei nº 9.784/1999, que dispõe sobre os processos administrativos, exige a motivação dos atos que dispensem ou declarem a inexigibilidade de processo licitatório, com a indicação de todos os fatos e fundamentos jurídicos que os alicercem (art. 50, IV).

Logo, além do dever de configurar a contratação direta, a Administração estará obrigada a informar, minuciosamente, com dados objetivos concernentes de forma direta à execução do objeto pretendido, as razões da escolha do contratado, notadamente nas hipóteses em que exista pluralidade de pretendentes, sendo que essas razões deverão passar pela conveniência dos prazos de entrega ou de execução, pela qualidade do objeto etc.

1.2.7 Justificativa de preço

O mínimo que se pode esperar da Administração, em qualquer contratação pública, é a demonstração de que o preço ajustado é compatível com os praticados no mercado, sendo concretizados por intermédio de comprovações fidedignas.

Como alertado pelo Tribunal Regional Federal – TRF – 4ª Região,

> é importante ter em mente que, sempre que se gere dispêndio público, os princípios da economicidade, legalidade e moralidade devem nortear qualquer contratação pública, mais notadamente acentuados no caso de inexigibilidade de licitação, em que a liberdade da fixação dos preços não pode ficar ao alvedrio do contratado, sem qualquer parâmetro e cotejo entre as obrigações e seu custo, em claro desrespeito aos princípios supradeclinados. (Apelação/Reexame Necessário nº 5005586-75.2010.404.7002/PR; Rel. Des. Carlos Eduardo Thompson Flores Lenz, DJe 11.9.2013).

Vide que o TCU tem exigido pesquisa prévia de preços também nas contratações diretas, impondo a consulta de preços no mercado ou aos fixados por órgão oficial ou, ainda, aos registrados no sistema de registro de preços, além de determinar a obtenção de, no mínimo, três orçamentos de fornecedores distintos, que deverão ser anexados ao processo (Acórdão nº 3.026/2010 – Plenário; Acórdão nº 1.945/2006 – Plenário; Acórdão nº 1.705/2003 – Plenário, entre outros).

> A justificativa do preço em contratações diretas [...] deve ser realizada, preferencialmente, mediante: (i) no caso de dispensa, apresentação de, no mínimo, três cotações válidas de empresas do ramo, ou justificativa circunstanciada se não for possível obter essa quantidade mínima; (ii) no caso de inexigibilidade, comparação com os preços praticados pelo fornecedor junto a outras instituições públicas ou privadas (Acórdão nº 1565/2015 – Plenário, TC nº 031.478/2011-5, Relator Ministro Vital do Rêgo, 24.6.2015).

É de se anotar que a obtenção de orçamentos de fornecedores, apesar da aparente lógica, não tem demonstrado ser uma maneira eficiente de estimativa, normalmente em grandes cidades, pois não são capazes de retratar o mercado. Como os possíveis futuros fornecedores não possuem interesse na antecipação de seus preços ou estratégias de vendas, os valores orçados quase sempre estão distantes da realidade.

Na busca de solução para a questão, a Corte de Contas federal tem orientado que o orçamento prévio seja detalhado em planilhas, o que permitirá a expressão da composição de todos os custos unitários a serem contratados e suas quantidades (Acórdão nº 1.945/2006 – Plenário).

Sobre a matéria, a AGU expediu orientação normativa indicando que tal comprovação far-se-ia por intermédio de comparação com preços praticados por outros entes públicos ou empresas:

> Orientação Normativa nº 17, de 01 de abril de 2009 – A razoabilidade do valor das contratações decorrentes de inexigibilidade de licitação poderá ser aferida por meio da comparação da proposta apresentada com os preços praticados pela futura contratada junto a outros entes públicos e/ou privados, ou outros meios igualmente idôneos.

Objetivando dar um norte ao tema, o Governo federal editou a Instrução Normativa SEGES/ME nº 65, de 7.07.2021, que dispõe sobre o procedimento administrativo para a realização de pesquisa de preços para aquisição de bens e contratação de serviços em geral, no âmbito da Administração Pública federal direta, autárquica e fundacional.

Importante ressaltar que, nos casos de inexigibilidade de licitação, como, por exemplo, a situação prevista no inc. III do art. 74, que autoriza a escolha discricionária de um determinado prestador de serviços notoriamente especializado, sob o fundamento de que seu "conceito no campo de sua especialidade, decorrente de desempenho anterior, estudos, experiências, publicações, organização, aparelhamento, equipe técnica, ou de outros requisitos relacionados com suas atividades, permita inferir que o seu trabalho é essencial e indiscutivelmente o mais adequado à plena satisfação do objeto do contrato", a pesquisa de preços deve ter como meta apenas parametrizar a análise de razoabilidade e orientar a elaboração da justificativa da contratação, jamais de definir quem será contratado.

É o que observam, com propriedade, Gabriela Pércio e Ronny Charles:

> Sendo a inexigibilidade de licitação fundada na impossibilidade de comparação objetiva entre propostas, a escolha não pode se dar em razão do preço. Feita nesses termos, a seleção do executor resulta de uma comparação simples e objetiva e, portanto, frontalmente avessa à hipótese tratada. Ademais, se o preço é fator preponderante na escolha do contratado, cabe questionar se o objeto possui a singularidade necessária para justificar uma contratação por notória especialização, já que, a rigor, um objeto peculiar, diferenciado, com especial grau de dificuldade e incerteza na produção de resultados, a ponto de exigir a contratação de profissional ou empresa notoriamente especializada, não comporta a escolha do seu executor pautada simplesmente no preço. Isso significa que, a despeito da consulta a outros profissionais ou empresas notoriamente especializadas e da influência dos valores obtidos sobre a decisão do agente, os aspectos fundamentais da contratação precisam estar justificados adequadamente, de modo que não exsurja do processo a conclusão de que foi o preço, tão somente, a definir seu resultado. Assim, a singularidade do objeto, os atributos de notória especialização do executor e a relação de dependência entre ambos, que

condicionam o sucesso da contratação, devem estar demonstrados mediante justificativa formal. (...). A escolha do executor, que se dará de forma discricionária, mas motivada, não se baseará no preço, mas, conforme já reconhecido pelo TCU, na confiança, formada pelo conjunto de elementos trazidos ao processo, de que ele, indiscutivelmente, possui as condições necessárias para produzir os resultados esperados com a contratação. Tais condições devem constar de justificativa formal, em que o gestor explicite de forma coerente sua opção. Como consequência desta especial situação, não haverá comparação de preço possível, senão considerando contratos já celebrados pelo próprio executor com outros contratantes, pois o preço estará atrelado às condições de trabalho e à situação de notória especialização que lhe são próprias.[647]

1.2.8 Autorização da autoridade competente

Concluído o procedimento, o processo originado deverá ser encaminhado à autorização da "autoridade competente".

A lei anterior determinava o encaminhamento do processo à "autoridade superior" para ratificação.

Assim, à primeira vista, parece que ocorreu uma alteração na Nova Lei, mas cremos que não.

Nesse ponto, insta destacar que a expressão "autoridade competente" sempre suscitou dúvidas entre os aplicadores da lei anterior, pois era mencionada em muitos dispositivos, designando, algumas vezes, dirigentes diferentes. O mesmo ocorre na Nova Lei, pois a expressão consta por 18 vezes.

Autoridade competente, em linhas gerais, é o agente público que, dentro da organização interna da entidade administrativa, possui, regimental ou estatutariamente, competências específicas.

Como a matéria tem conexão direta com uma despesa futura, não resta dúvida de que o responsável pelas contratações diretas, assim como pelas licitações, é o ordenador de despesa, uma vez que, sobre ele, como preconiza a Lei nº 4.320/1964, recai as responsabilidades sobre os gastos do dinheiro público.[648]

Dessa forma, apesar da Nova Lei não mencionar, entendemos que essa autorização deva partir da autoridade hierarquicamente acima do ordenador de despesas.

Consigne-se, ainda, que, quando a Nova Lei faz menção à aprovação, está estabelecendo ato de controle. Logo, após avaliar o processo, a "autoridade competente" poderá não aprová-lo, caso verifique o não preenchimento dos requisitos de validade necessários, devendo anulá-lo, na constatação de vícios, ou devolvê-lo para retificação, se entender que há como reparar as impropriedades.

---

[647] PÉRCIO; TORRES. *A nova Lei de Licitações e a justificativa de preços em contratação por inexigibilidade.*

[648] O art. 58 da Lei nº 4.320/1964 preconiza que "o empenho de despesa é o ato emanado de autoridade competente que cria para o Estado obrigação de pagamento pendente ou não de implemento de condição". Logo, o empenho de despesa deve emanar de autoridade competente (o autorizador da despesa), qual seja, os Chefes dos Poderes da República, notadamente os Chefes do Executivo. Por delegação de competência, normalmente, há a outorga para Diretores, Chefes de Departamentos, Vice-Diretores, ou outro funcionário credenciado que, como de praxe, assumem a função de ordenadores de despesas.

Parágrafo único

2 Divulgação da contratação direta

Visando total transparência, a Nova Lei determina a publicidade do ato que autoriza a contratação direta e do extrato decorrente do contrato, com divulgação e manutenção à disposição do público em sítio eletrônico oficial.

Art. 73. Na hipótese de contratação direta indevida ocorrida com dolo, fraude ou erro grosseiro, o contratado e o agente público responsável responderão solidariamente pelo dano causado ao erário, sem prejuízo de outras sanções legais cabíveis.

Artigo 73

1 Contratação direta com dolo, fraude ou erro grosseiro

Na ocorrência comprovada de dolo, fraude ou erro grosseiro numa contratação direta comprovadamente indevida, o contratado e o agente público responsável responderão solidariamente pelo dano causado ao erário, sem prejuízo de outras sanções legais cabíveis.

Não há dúvidas quanto à definição de dolo ou fraude, como já discorrido anteriormente, mas há no ordenamento certa indefinição quanto ao que seria *erro grosseiro*.

Em 2018, entrou em vigor a Lei nº 13.655, que acresceu à Lei de Introdução às Normas do Direito Brasileiro (LINDB) diversos artigos. Um dos pontos que despertou maior interesse foi o que trata do erro grosseiro, no art. 28 da LINDB, o qual informa que o agente público responderá pessoalmente por suas decisões ou opiniões técnicas em caso de dolo ou erro grosseiro.

A nosso ver, erro grosseiro consiste na inobservância dos deveres básicos de cuidado, com total imprudência e negligência no trato com a coisa pública.

Como anota Paulo Modesto:

> Erro, alguns afirmam, é a ignorância que se ignora. Porém, é mais do que isso: na base do erro há uma ignorância negligente de fatos e dados relevantes, que são indevidamente desconsiderados no processo de decisão e produzem lesão que o afetado não deve suportar. Erro grosseiro é a falsa representação dos fatos ou do direito aplicável, que fundamenta ação ou omissão lesiva, evitável, antijurídica, grave e indesculpável.[649]

No Acórdão TCU nº 2.860/2018 – Plenário, o relator, Ministro Augusto Sherman, associou a ocorrência do erro grosseiro à "conduta culposa do agente público quando se distancia daquela que seria esperada do administrador médio, avaliada no caso concreto". Por sua vez, o Ministro Bruno Dantas ressaltou que o erro grosseiro ocorreria com a "negligência extrema, imperícia ou imprudência extraordinárias, que só uma pessoa bastante descuidada ou imperita comete".

---

[649] MODESTO. *O erro grosseiro administrativo em tempos de incerteza.*

Seção II

Da Inexigibilidade de Licitação

Art. 74. É inexigível a licitação quando inviável a competição, em especial nos casos de:

I – aquisição de materiais, de equipamentos ou de gêneros ou contratação de serviços que só possam ser fornecidos por produtor, empresa ou representante comercial exclusivos;

II – contratação de profissional do setor artístico, diretamente ou por meio de empresário exclusivo, desde que consagrado pela crítica especializada ou pela opinião pública;

III – contratação dos seguintes serviços técnicos especializados de natureza predominantemente intelectual com profissionais ou empresas de notória especialização, vedada a inexigibilidade para serviços de publicidade e divulgação:

a) estudos técnicos, planejamentos, projetos básicos ou projetos executivos;

b) pareceres, perícias e avaliações em geral;

c) assessorias ou consultorias técnicas e auditorias financeiras ou tributárias;

d) fiscalização, supervisão ou gerenciamento de obras ou serviços;

e) patrocínio ou defesa de causas judiciais ou administrativas;

f) treinamento e aperfeiçoamento de pessoal;

g) restauração de obras de arte e de bens de valor histórico;

h) controles de qualidade e tecnológico, análises, testes e ensaios de campo e laboratoriais, instrumentação e monitoramento de parâmetros específicos de obras e do meio ambiente e demais serviços de engenharia que se enquadrem no disposto neste inciso;

IV – objetos que devam ou possam ser contratados por meio de credenciamento;

V – aquisição ou locação de imóvel cujas características de instalações e de localização tornem necessária sua escolha.

§1º Para fins do disposto no inciso I do *caput* deste artigo, a Administração deverá demonstrar a inviabilidade de competição mediante atestado de exclusividade, contrato de exclusividade, declaração do fabricante ou outro documento idôneo capaz de comprovar que o objeto é fornecido ou prestado por produtor, empresa ou representante comercial exclusivos, vedada a preferência por marca específica.

§2º Para fins do disposto no inciso II do *caput* deste artigo, considera-se empresário exclusivo a pessoa física ou jurídica que possua contrato, declaração, carta ou outro documento que ateste a exclusividade permanente e contínua de representação, no País ou em Estado específico, do profissional do setor artístico, afastada a possibilidade de contratação direta por inexigibilidade por meio de empresário com representação restrita a evento ou local específico.

§3º Para fins do disposto no inciso III do *caput* deste artigo, considera-se de notória especialização o profissional ou a empresa cujo conceito no campo de sua especialidade, decorrente de desempenho anterior, estudos, experiência, publicações, organização, aparelhamento, equipe técnica ou outros requisitos relacionados com suas atividades, permita inferir que o seu trabalho é essencial e reconhecidamente adequado à plena satisfação do objeto do contrato.

§4º Nas contratações com fundamento no inciso III do *caput* deste artigo, é vedada a subcontratação de empresas ou a atuação de profissionais distintos daqueles que tenham justificado a inexigibilidade.

§5º Nas contratações com fundamento no inciso V do *caput* deste artigo, devem ser observados os seguintes requisitos:

I – avaliação prévia do bem, do seu estado de conservação, dos custos de adaptações, quando imprescindíveis às necessidades de utilização, e do prazo de amortização dos investimentos;

II – certificação da inexistência de imóveis públicos vagos e disponíveis que atendam ao objeto;

III – justificativas que demonstrem a singularidade do imóvel a ser comprado ou locado pela Administração e que evidenciem vantagem para ela.

Artigo 74

1 Licitação inexigível

Como preconiza a Carta Magna, a licitação pública é a ferramenta obrigatoriamente adotada pela Administração para oferecer oportunidades iguais a todos que com ela queiram contratar, sempre cotejando propostas com o intuito de escolher a mais vantajosa ao interesse público. Nessa qualidade, a licitação pressupõe viabilidade de competição.

Logo, havendo comprovada inviabilidade dessa disputa, a licitação perde a sua razão de ser, advindo, como resultado lógico, as situações em que a competição não é exigida.

Nessa contextura, a inexigibilidade de licitação sempre decorrerá da inviabilidade de competição. Essa, inclusive, é a expressa indicação do *caput* do art. 74 da Nova Lei: "é inexigível a licitação quando inviável a competição". Clarificando a questão, Carlos Pinto Coelho Motta assenta que, nesse caso, a lei concebe a tese da licitação materialmente impossível.[650]

Destarte, nas situações enquadráveis em inexigibilidade, o dever de licitar, dada a impossibilidade fática de confronto, será totalmente afastado.

---

[650] MOTTA. *Eficácia nas licitações e contratos*. 10. ed.

Como bem expõe Julieta Vareschini, a inviabilidade de competição aflora em função da ausência de pressupostos que autorizariam a instauração do certame, tendo em vista a ausência de pluralidade de sujeitos em condições de contratar ou da impossibilidade de se compararem bens heterogêneos, uma vez que, nesse caso, não haveria como estabelecer critérios objetivos de julgamento.[651] No mesmo passo, Marcos Juruena, ao ressaltar que, como um bem singular não pode ser oferecido por mais de uma pessoa, não haveria como viabilizar qualquer confronto.[652]

Já expendemos sobre o tema: "Essa inviabilidade de disputa advém da impossibilidade de confronto. Tal se dá porque o objeto é único ou singular, ou, ainda, em função da impossibilidade jurídica de competição".[653]

A impossibilidade de abertura de certame licitatório diferencia a inexigibilidade da dispensa, que consigna uma faculdade para o administrador público. Como explicita Zanella Di Pietro, nos casos de inexigibilidade não há possibilidade de competição, porque só existe um objeto ou uma pessoa que atenda às necessidades da Administração; a licitação é, portanto, inviável.[654]

Do exposto, verifica-se que a inviabilidade de competição se aplica também aos casos em que se caracterize uma disputa inútil ou prejudicial ao interesse público.

No mesmo diapasão, Ronny Charles:

> Aa inviabilidade tem como referência não apenas a competição, enquanto procedimento formal, mas enquanto instrumento de atendimento do interesse público, motivo pelo qual é inexigível uma licitação cuja obrigatoriedade o contrarie. [...] Nessa feita, competição inviável, para fins de aplicação da hipótese de inexigibilidade licitatória, não ocorreria apenas nas situações em que é impossível haver disputa, mas também naquelas em que a disputa é inútil ou prejudicial ao atendimento da pretensão contratual, pelo confronto e contradição com aquilo que a justifica (o interesse público).[655]

Assim, a inviabilidade de competição pode derivar de inúmeras causas, todas em face da ausência de elementos necessários à licitação.

Nesse diapasão, são duas as espécies do gênero "inviabilidade licitatória": i) as que têm origem nas características do objeto pretendido; e ii) as que derivam das circunstâncias que envolvem o sujeito a ser contratado. Na primeira, muitos estariam aptos a atender ao objeto pretendido, mas a inviabilidade se daria quanto à peculiaridade que envolve o sujeito ou a atividade. Na segunda, haveria impossibilidade de confronto em função da existência de apenas um sujeito apto a executar o objeto.

Ao tratar da inexigibilidade licitatória, o legislador, após ressaltar o principal aspecto que a envolve (a inviabilidade de certame competitivo), fez constar, a título elucidativo, os mais tradicionais exemplos de situações com essas características, sem a preocupação de exauri-las. Tanto é que, ao traçar o texto do *caput* do dispositivo, registrou a expressão "em especial nos casos de", incutindo a não taxatividade das hipóteses elencadas.

---

651 VARESCHINI. *Contratação Direta*. v. 2.

652 SOUTO. *Direito Administrativo Contratual*. 3. ed.

653 BITTENCOURT. *Licitações públicas para concursos*. 2. ed.

654 DI PIETRO. *Direito administrativo*. 14. ed.

655 CHARLES. *Leis de Licitações Públicas comentadas*. 4. ed.

Deflui-se, por conseguinte, que o *caput* do art. 74 tem função normativa independente, podendo uma contratação direta nele fundar-se exclusivamente, sem a necessidade de enquadramento em qualquer um dos incisos que, como explicitado, apenas exemplificam alguns casos passíveis de enquadramento.

Mas não se diga, todavia, que os incisos exemplificativos não possuem importância, porquanto detêm função restritiva, estabelecendo requisitos e pressupostos de admissibilidade da contratação direta nos casos previstos.[656]

Destarte, o dispositivo exemplifica os seguintes casos:

- aquisição de materiais, de equipamentos ou de gêneros ou contratação de serviços que só possam ser fornecidos por produtor, empresa ou representante comercial exclusivos;
- contratação de profissional do setor artístico, diretamente ou por meio de empresário exclusivo, desde que consagrado pela crítica especializada ou pela opinião pública;
- contratação dos seguintes serviços técnicos especializados de natureza predominantemente intelectual com profissionais ou empresas de notória especialização, vedada a inexigibilidade para serviços de publicidade e divulgação:
  - estudos técnicos, planejamentos, projetos básicos ou projetos executivos;
  - pareceres, perícias e avaliações em geral;
  - assessorias ou consultorias técnicas e auditorias financeiras ou tributárias;
  - fiscalização, supervisão ou gerenciamento de obras ou serviços;
  - patrocínio ou defesa de causas judiciais ou administrativas;
  - treinamento e aperfeiçoamento de pessoal;
  - restauração de obras de arte e de bens de valor histórico;
  - controles de qualidade e tecnológico, análises, testes e ensaios de campo e laboratoriais, instrumentação e monitoramento de parâmetros específicos de obras e do meio ambiente e demais serviços de engenharia que se enquadrem no disposto neste inciso;
- objetos que devam ou possam ser contratados por meio de credenciamento; e
- aquisição ou locação de imóvel cujas características de instalações e de localização tornem necessária a sua escolha.

Sobre o assunto, anote-se que a Advocacia-Geral da União (AGU) expediu a Orientação Normativa nº 69, de 13.09.2021, dispondo pela não obrigatoriedade de manifestação jurídica nas contratações diretas de pequeno valor com fundamento nestes incs. I e II do art. 75, aplicando-se o mesmo entendimento às contratações diretas fundadas no art. 74 em comento, desde que seus valores não ultrapassem os limites previstos nos citados incs. I e II:

> Não é obrigatória manifestação jurídica nas contratações diretas de pequeno valor com fundamento no art. 75, I ou II, e §3º da Lei nº 14.133, de 1º de abril de 2021, salvo se houver celebração de contrato administrativo e este não for padronizado pelo órgão de assessoramento jurídico, ou nas hipóteses em que o administrador tenha suscitado dúvida

[656] JUSTEN FILHO. *Comentários à Lei de Licitações e Contratos Administrativos*. 12. ed.

a respeito da legalidade da dispensa de licitação. Aplica-se o mesmo entendimento às contratações diretas fundadas no art. 74, da Lei nº 14.133, de 2021, desde que seus valores não ultrapassem os limites previstos nos incisos I e II do art. 75, da Lei nº 14.133, de 2021.

Inciso I e Parágrafo 1º

1.1 Fornecedor exclusivo

A primeira situação exemplificativa de inexigibilidade licitatória é a que envolve a exclusividade no fornecimento para a Administração. O inciso a circunscreve nas aquisições de materiais, de equipamentos ou de gêneros ou contratação de serviços que só possam ser fornecidos por produtor, empresa ou representante comercial exclusivos.

Anote-se, portanto, que, diversamente da lei pretérita, a contratação direta além das compras, agora também alcança os serviços, mantendo-se de fora as obras.

Consoante o preceituado no §1º, a comprovação da exclusividade se satisfará mediante atestado de exclusividade, contrato de exclusividade,[657] declaração do fabricante ou outro documento idôneo capaz de comprovar que o objeto é fornecido ou prestado por produtor, empresa ou representante comercial exclusivos, vedada a preferência por marca específica.

No mercado, são tidos como fornecedores tanto o produtor, o fabricante, o montador[658] quanto o comerciante.[659] Caso a exclusividade do bem esteja jungida ao produtor, fabricante ou montador, ter-se-á, incontestavelmente, a inviabilidade de competição absoluta. Se referir-se ao comerciante, a inviabilidade deverá decorrer da exclusividade na comercialização, comprovada por intermédio de contrato de exclusividade de distribuição, representação etc.

Contudo, essa situação vem se modificando ao longo dos anos, tendo em vista a existência, cada vez maior, de produtos similares supridores das necessidades da Administração. Atualmente, a simples existência de fornecedor exclusivo de determinado bem passou a não caracterizar respaldo suficiente para a contratação direta por inexigibilidade, devendo ficar demonstrado que apenas aquele objeto atende ao fim pretendido. Nesse diapasão, Jessé Torres argumenta que a exclusividade não pode se limitar à pessoa do fornecedor, uma vez que, para bem se configurar a hipótese de inexigência de certame licitatório, o próprio objeto deverá ser aquele que, com exclusão de qualquer outro, seja capaz de atender às necessidades da Administração.[660]

---

[657] Oportuna a inserção do "contrato de exclusividade". Era o que solicitávamos em apreciação a artigo semelhante da lei anterior: "O legislador esqueceu-se da real comprovação de exclusividade, qual seja, a que ocorre por intermédio de contrato de exclusividade entre produtor (ou fabricante/montador) e comerciante. [...] Como esse documento reflete a mais genuína comprovação de exclusividade, deverá ser acatado pela Administração. Assim, na verdade, a representação exclusiva dar-se-á quando é atribuído a alguém, por um detentor de direitos, o privilégio da negociação de certo produto em determinada região, como, por exemplo, a representação comercial autônoma, regulada pela Lei nº 4.886/1965".

[658] Com a implementação da terceirização nas organizações, as fábricas dos produtos finais foram substituídas por montadoras.

[659] O conceito de fornecedor traçado no Código de Defesa do Consumidor (Lei nº 8.070/1990) segue essa linha: Art. 3º Fornecedor é toda pessoa física ou jurídica, pública ou privada, nacional ou estrangeira, bem como os entes despersonalizados, que desenvolvem atividade de produção, montagem, criação, construção, transformação, importação, exportação, distribuição ou comercialização de produtos ou prestação de serviços.

[660] PEREIRA JÚNIOR. *Comentários à Lei das Licitações e Contratações da Administração Pública*. 7. ed.

O TCU tem decidido nesse sentido:

> (...) o enquadramento em situação de inexigibilidade de licitação [...] exige inviabilidade de competição, sendo que o caso especial [...] só se configura se comprovado não apenas que determinado material, equipamento ou gênero só possam ser fornecidos por produtor, empresa ou representante comercial exclusivo – vedada a preferência de marca –, mas também que inexistam produtos similares capazes de atender às necessidades do serviço, devendo ambas as assertivas estarem devidamente comprovadas nos autos (Decisão TCU nº 523/93).

Observe-se, como exemplo mais específico, decisão da Corte de Contas federal que determinou que a Administração não adquirisse sem licitação (adotando a inexigibilidade por exclusividade) itens necessários para a operação de fotocopiadoras (bobina, papel, cartuchos, toners etc.), a pretexto de serem fornecidos por produtor exclusivo desses equipamentos, considerando que a existência de vários fornecedores do material, além dos fabricantes dos equipamentos, é fator preponderante para a realização de certame competitivo ou a inclusão desses itens em cotação apartada (Processo nº 013.304/94-1, Rel. Min. Carlos Átila, DOU de 01.03.1995).

Em síntese, a inviabilidade de disputa somente se justificará se existir de fato total ausência de pluralidade, isso abarcando, inclusive, hipóteses de unicidade de produção tecnológica, nas quais, não raro, há o privilégio monopolista (direito de propriedade intelectual ou industrial, direito autoral etc.).

Vide jurisprudência sobre a questão:

> (...) 4. Assim, o que torna inexigível a licitação [...], não é o simples fato de o fornecedor deter a patente de seu produto, mas o fato desse produto deter certas características peculiares, não encontradas nos produtos que lhe são concorrentes, e, ainda, que tais características sejam decisivas para contemplar o interesse público. (Superior Tribunal de Justiça – STJ – 2ª Turma, RMS nº 37688/MG – 26/06/2012).

É importante ressaltar que, caso o produto, ainda que atrelado a qualquer forma de exclusividade, esteja sendo comercializado em diversos locais (ou produzido, a partir de uma patente exclusiva, por exemplo, por múltiplos fabricantes), restará desnaturada a caracterização de inviabilidade de competição, sendo obrigatória, por conseguinte, a elaboração de licitação.

1.1.1 Exclusividade do fornecedor

Sublinhe-se a importante necessidade de averiguação quanto à veracidade do atestado de exclusividade apresentado, de modo que não paire qualquer dúvida de que se trata efetivamente do único que pode contratar com a Administração. Em eventual suspeita, deverá a Administração adotar medidas cautelares, empreendendo diligências.

Quanto a essa verificação, AGU e TCU já expediram posicionamentos:

> Orientação Normativa AGU nº 16 – Compete à Administração averiguar a veracidade do atestado de exclusividade [...].

SÚMULA TCU Nº 255 – Contratação direta; inexigibilidade de licitação; Aquisição de fornecedor exclusivo. Nas contratações em que o objeto só possa ser fornecido por produtor, empresa ou representante comercial exclusivo, é dever do agente público responsável pela contratação a adoção das providências necessárias para confirmar a veracidade da documentação comprobatória da condição de exclusividade.

Inciso II e Parágrafo 2º

1.2 Contratação de profissional do setor artístico

Outro exemplo de situação inexigibilidade de licitação é a contratação de profissional de qualquer setor artístico, diretamente ou através de empresário exclusivo, desde que consagrado pela crítica especializada ou pela opinião pública.

Preliminarmente, anote-se que, se a intenção da Administração for a de incentivar o setor artístico, a providência adequada não seria a contratação direta, mas a efetivação de concurso, premiando-se os melhores concorrentes. *Vide,* inclusive, que o inc. XXXIX do art. 6º define que a modalidade licitatória concurso é a aquela voltada para escolha de trabalho técnico, científico ou artístico, cujo critério de julgamento será o de melhor técnica ou conteúdo artístico, e para concessão de prêmio ou remuneração ao vencedor. Ademais, é inconteste que, de regra, não é competência da Administração contratar profissionais do setor artístico – atividade afeta à iniciativa privada. Entretanto, não resta dúvida que há episódios específicos nos quais deverá assumir a promoção de eventos, como em festas de réveillon, aniversários de cidades etc., quando se impõe a contratação de profissionais do setor artístico.

Certo é que, nesses casos, da mesma forma que não há como se comparar profissionais singulares, na contratação de artistas consagrados tal também é impossível, dado que seus trabalhos exprimem características bastante pessoais.

Como condição para a contratação (com o próprio contratado ou por intermédio de empresário exclusivo), a legislação apenas impõe a consagração do futuro contratado pela crítica especializada ou pela opinião pública, o que pressupõe que o agente público responsável detém poder discricionário na escolha.

Nesse diapasão, Paulo Sérgio Reis:

> É uma escolha discricionária, sem qualquer sombra de dúvida, que precisa ser justificada nos autos do processo respectivo. Veja-se que estamos tratando de uma situação em que, de forma inequívoca, não existe um único que pode ser contratado, mas, inversamente, existem muitos, dentre os quais vai a Administração escolher um, sem licitação. Porque não existe um critério factível que possa ser utilizado para colocar profissionais de qualquer setor artístico em competição, aferindo-se qual a melhor proposta.[661]

Ao impingir a contratação com o próprio artista ou por meio de empresário exclusivo, a norma intentou evitar que intermediários tornem a contratação mais onerosa aos cofres públicos, impedindo que terceiros aufiram ganhos desproporcionais à custa dos artistas.

---

[661] REIS. *A contratação direta dos serviços técnicos especializados.*

Essa exclusividade empresarial não deve ser confundida, contudo, com uma simples autorização, uma vez que tal ato não preencheria o requisito legal, configurando tão somente um artifício adotado para burlar a exigência de licitação, pois, caso admitido, o artista poderia firmar quantas autorizações quisesse, com quantas pessoas desejasse (fazendo surgir vários "empresários" ou representantes), o que demonstraria a viabilidade de competição, desautorizando a inexigibilidade para a contratação.[662]

Nesse sentido, decisão do TCU:

> Acórdão nº 621/2012 – 1ª Câmara: 9.5.1.1 deve ser apresentada cópia do contrato de exclusividade dos artistas com o empresário contratado, registrado em cartório. Deve ser ressaltado que o contrato de exclusividade difere da autorização que confere exclusividade apenas para os dias correspondentes à apresentação dos artistas e que é restrita à localidade do evento.

No mesmo curso, a manifestação do TCE-MG:

> (...) pela irregularidade da contratação direta dos shows, mediante inexigibilidade de licitação, pelas razões a seguir expostas: (...) a empresa (...) detinha a exclusividade de venda das referidas bandas apenas nas datas dos referidos shows, o que comprova que esta foi apenas uma intermediária na contratação dos grupos. A dita exclusividade seria apenas uma garantia de que naquele dia a empresa (...) levaria o referido grupo para o show de seu interesse, ou seja, a contratada não é empresária exclusiva das bandas em questão (...). A figura do empresário não se confunde com a do intermediário. Aquele é o profissional que gerencia os negócios do artista de forma permanente, duradoura, enquanto que o intermediário, hipótese tratada nos autos, agencia eventos em datas aprazadas, específicas, eventuais. (...). (Denúncia nº 749058. Sessão do dia 09.10.2008).

Vide que, recentemente, ainda que decidindo no âmbito da lei anterior, o TCU expediu acórdão reafirmando o explicitado:

> Acórdão nº 1341/2022 – 2ª Câmara: Na contratação de profissional do setor artístico por inexigibilidade de licitação, a apresentação de atestado de exclusividade restrito ao dia e à localidade do evento, em vez do contrato de exclusividade entre o artista e o empresário contratado, caracteriza grave infração à norma legal, ensejando, ainda que não configurado dano ao erário, aplicação de multa e julgamento pela irregularidade das contas, haja vista que o contrato de exclusividade é imprescindível para caracterizar a inviabilidade de competição.

Uma questão importante é a "consagração do artista". A lei impõe que o futuro contratado seja consagrado pela crítica especializada ou pela opinião pública. A nosso ver, a situação é análoga a referente ao profissional de notória especialização: o reconhecimento deve ocorrer perante certo público, certa localidade. Há vários exemplos de artistas consagrados em certas regiões, mas não conhecidos em outras.

---

[662] BARBABELA. *Possibilidade de contratação de profissional do setor artístico para a realização de "shows" por inexigibilidade de licitação.*

Com o mesmo raciocínio, José dos Santos Carvalho Filho:

> Entendemos que consagração é fator de extrema relatividade e varia no tempo e no espaço. Pode um artista ser reconhecido, por exemplo, apenas em certos locais, ou por determinado público ou críticos especializados. Nem por isso deverá ele ser alijado de eventual contratação. A nosso sentir, quis o legislador prestigiar a figura do artista e de seu talento pessoal, e, sendo assim, a arte a que se dedica acaba por ter prevalência sobre a consagração.[663]

Da mesma forma, Eduardo Azeredo Rodrigues:

> No que concerne à consagração, vale realçar que, por vezes, o artista é condecorado pela opinião pública local ou regional, sendo o seu trabalho reconhecido e admirado, por exemplo, apenas no contexto de determinado município. Noutro giro, também é razoável observar que não se pode privar a Administração Pública, em qualquer de suas expressões federativas, de fomentar a cultura, estimulando-se o acesso a outros estilos e manifestações culturais, independentemente de costumes e tradições regionais. Decerto, a consagração é circunstância extremamente dinâmica no tempo e no espaço. É imprescindível, contudo, que seja reconhecida, ao menos no âmbito municipal, a consagração pela crítica especializada ou se faça notória a aceitação pública do artista em dado momento.[664]

Impende ressaltar que a consagração do artista tanto pode decorrer da avaliação da crítica especializada quanto por parte da opinião pública. Logo, é viável a contratação com inexigibilidade licitatória de determinado artista que, não obstante aclamado pelo público, tenha sido circunstancialmente reprovado pela crítica especializada, ou vice-versa.[665]

Convém também atenção ao valor a ser pago. Apesar das ações dos órgãos de controle nesse terreno serem muito difíceis, diante das peculiaridades intrínsecas, o preço a ser pago deverá ser devidamente fundamentado, consoante determina o inc. VII do art. 72, que informa que as situações de inexigibilidade deverão ser justificadas, sendo o processo instruído com a justificativa do preço.

Essa necessidade traz à lembrança um fato ocorrido em 1996, nas festas comemorativas de final de ano, na cidade do Rio de Janeiro, relacionado à diferença de valores pagos a renomados artistas contratados. Consta, conforme noticiado em vários veículos de divulgação, que o famoso cantor e compositor Paulinho da Viola teria recebido valor inferior aos demais que se apresentaram, tão consagrados quanto ele pela crítica especializada e pela opinião pública,[666] o que gerou um enorme mal-estar.[667]

---

[663] CARVALHO FILHO. *Manual de Direito Administrativo*. 17. ed.

[664] RODRIGUES. *Inexigibilidade e Atuação de Empresas de Produção de Eventos na Contratação de Artistas*.

[665] MADEIRA. *Administração Pública*. 10. ed.

[666] Os artistas foram Gilberto Gil, Chico Buarque, Gal Costa, Caetano Veloso e Milton Nascimento.

[667] Em 2015, nova polêmica se instalou, pois, de novo no Rio de Janeiro, cachês diferenciados foram pagos a conhecidos artistas. O jornal Extra noticiou: "A água mineral dos refrões de Carlinhos Brown não desceu redondo pela garganta dos sambistas nesse réveillon. Jurados do 'The Voice', o baiano e Lulu Santos tiveram os cachês inflacionados: receberam R$550 mil cada um para se apresentar no palco principal de Copacabana. Já Beth Carvalho ganhou R$160 mil e Nando Reis, R$180 mil. A disparidade chocou o mundo do samba".

Certo é que a situação é bastante complexa e de intrincado enfrentamento prático. Em nossa ótica, a justificativa de preço nesses casos deve basear-se na remuneração (o chamado *cachê*) normalmente cobrada pelo artista, com base em histórico de suas apresentações, levando-se em consideração fatores como local, público etc. Essa, inclusive, é a linha de ação adotada pela AGU, que, por meio da Orientação Normativa nº 17/2009,[668] determinou que a obrigatória justificativa de preço na inexigibilidade de licitação deverá ocorrer mediante a comparação da proposta apresentada com preços praticados pela futura contratada junto a outros órgãos públicos ou pessoas privadas.

Assente-se que, consoante preceitua o §2º, considerar-se-á empresário exclusivo a pessoa física ou jurídica que possua contrato, declaração, carta ou outro documento que ateste a exclusividade permanente e contínua de representação, no País ou em Estado específico, do profissional do setor artístico, afastada a possibilidade de contratação direta por inexigibilidade por meio de empresário com representação restrita a evento ou local específico.

A alteração é significativa em relação à lei anterior, pois estabelece um requisito que antes não existente: a exclusividade permanente e contínua da representação do profissional.

Em função dessa imposição, José Calasans critica o texto legal:

> Se, de um lado, prestigia a atividade do representante do artista, de outro lado inviabiliza a contratação daqueles artistas que, por ainda não disporem de reconhecimento mais amplo, não contam com representante permanente. Esse tratamento diferenciado afronta os princípios da isonomia e da igualdade de oportunidades.[669]

No mesmo pé, a censura de Ivan Barbosa Rigolin, que considera o regramento "absolutamente irrealista", pois "nunca deu certo e jamais dará, por mais que nos últimos anos as fiscalizações tentem fazê-lo prevalecer":

> Que artista tem empresário exclusivo? Que empresário é exclusivo de algum artista? Houve-se muito mal o legislador ao continuar fechando seus olhos à essencial mentira que este dispositivo significa, e fará muito mal a fiscalização que tentar aplicá-lo no seu literal e quixotesco vigor.[670]

Por fim, registre-se que, por força do previsto no §2º do art. 94, que versa sobre a publicização do contrato, a divulgação do ajuste, a ocorrer no Portal Nacional de Contratações Públicas (PNCP), deverá ser detalhada, identificando os custos do cachê do artista, dos músicos ou da banda, quando houver, do transporte, da hospedagem, da infraestrutura, da logística do evento e das demais despesas específicas.

---

[668] Orientação Normativa nº 17/09 (Alterada pela Portaria AGU nº 572, de 13.12.2011, publicada no DOU de 14.12.2011) – A razoabilidade do valor das contratações decorrentes de inexigibilidade de licitação poderá ser aferida por meio da comparação da proposta apresentada com os preços praticados pela futura contratada junto a outros entes públicos e/ou privados, ou outros meios igualmente idôneos.

[669] CALASANS JR. *Manual da Licitação.*

[670] RIGOLIN. Licitações – A Nova Lei.

Inciso III e Parágrafos 3º e 4º

1.3 Contratação de serviços técnicos especializados de natureza intelectual de notória especialização

Outra situação exemplificativa de inexigibilidade de licitação é a contratação de serviços técnicos especializados de natureza predominantemente intelectual com profissionais ou empresas de notória especialização.

O dispositivo lista os serviços a serem considerados, para os fins da lei, dessa natureza:

a) estudos técnicos, planejamentos, projetos básicos ou projetos executivos;
b) pareceres, perícias e avaliações em geral;
c) assessorias ou consultorias técnicas e auditorias financeiras ou tributárias;
d) fiscalização, supervisão ou gerenciamento de obras ou serviços;
e) patrocínio ou defesa de causas judiciais ou administrativas;
f) treinamento e aperfeiçoamento de pessoal; e
g) restauração de obras de arte e de bens de valor histórico.

Trocando em miúdos, são requisitos para o enquadramento da dispensa licitatória:

- o serviço seja técnico especializado de natureza predominantemente intelectual;
- o serviço técnico-profissional pretendido conste no elenco de serviços enumerados; e
- a sua prestação seja realizada por profissional ou empresa de notória especialização (com o amoldamento do profissional ou da empresa nas formas de notória especialização estabelecidas no §3º, qual seja, deterem conceito no campo de sua especialidade, decorrente de desempenho anterior, estudos, experiência, publicações, organização, aparelhamento, equipe técnica ou outros requisitos relacionados com suas atividades, permita inferir que seu trabalho é essencial e reconhecidamente adequado à plena satisfação do objeto do contrato).

1.3.1 A identificação da notória especialização

Há, portanto, a necessidade de identificação da notória especialização propriamente dita. A lei já se encarrega, no §3º, de conceituá-la, considerando de "notória especialização" o profissional ou a empresa cujo conceito no campo de sua especialidade, decorrente de desempenho anterior, estudos, experiência, publicações, organização, aparelhamento, equipe técnica ou outros requisitos relacionados com suas atividades, permita inferir que o seu trabalho é essencial e reconhecidamente adequado à plena satisfação do objeto do contrato.

Advém do conceito legal uma dúvida inicial: para a perfeita caracterização da notoriedade, haveria necessidade do profissional ou da empresa agrupar todos os requisitos listados no dispositivo? É certo que não, considerando o número elevado de requisitos – que dificilmente poderiam ser reunidos por um único profissional –, bem como pela inteligente previsão do texto legal, que registra a possível existência de outros requisitos demonstradores da notória especialização. Nesse ponto, a lei permite que o gestor público afira, discricionariamente, outros elementos não arrolados, mas suficientes para validarem a notoriedade do profissional ou empresa. O elenco de predicados é, indubitavelmente, meramente exemplificativo.

É indispensável, entrementes, a comprovação da evidência dessa especialização do escolhido, de modo que o juízo de valor oferecido pelo diploma legal não ultrapasse o seu próprio limite – que é tênue e de difícil aferição – e alcance o arbítrio, viciando o ato. A propósito, Jacoby Fernandes observa a primordialidade de se evidenciarem os motivos da deliberação, pois, como o controle é feito posteriormente à prática dos atos, em muitos casos poderá ocorrer que os elementos de convicção sejam invalidados pela ação do tempo.

A partir da resposta à indagação inicial, é forçoso trazer à colação uma segunda pergunta: a notoriedade abrange que espectro? (ou seja, o notório especialista é assim reconhecido por quem e em que âmbito?). Entendemos que a notoriedade deva ser reconhecida no âmbito de atuação do profissional (ou empresa), isto é, no círculo que atua. Não se deve exigir, portanto, o reconhecimento da capacitação perante toda a coletividade, exigindo-se apenas que se trate de profissional destacado e respeitado no seio da comunidade de especialistas em que atua.

1.3.2 A necessidade de "confiança" no profissional

Por fim, como fator preponderante para a perfeita caracterização, indissociável de toda a configuração, tem-se o que podemos denominar como a "confiança" do gestor público no profissional ou empresa, de modo que, alcançando o auge da discricionariedade, possa inferir que o trabalho do profissional ou empresa "é essencial e reconhecidamente adequado à plena satisfação do objeto do contrato", o que equivale a dizer que a norma atribui ao agente público a capacidade, baseado em fatos aferíveis subjetivamente, de concluir pela escolha de certo profissional (ou empresa), o que não seria possível se tivesse estabelecido o certame licitatório, uma vez que tal conduta poderia culminar na escolha de um profissional (ou empresa) impróprio, isto é, diferente daquele no qual a Administração deposita o maior grau de confiabilidade. É dessa forma, como destaca Marçal Justen, que se comprova o "vínculo de casualidade" entre a capacitação pessoal do futuro contrato e o atendimento à necessidade pública.[671]

Conforme observa Eros Grau, no contexto legal, essa confiança significa convicção, subjetivamente manifestada, de que determinado profissional (ou empresa) está plenamente habilitado – em função de sua capacidade, cuidados no desenvolvimento habitual de sua atividade, honestidade e outros fatores que o qualificam – a prestar o serviço técnico-profissional pretendido pela Administração. Tal confiança, como assinalado, não advém da Administração, mas sim do agente público que a integra. Configura, portanto, escolha discricionária do agente, porquanto, inexistindo palavras inúteis nos textos legais, é dever do intérprete atender ao mandamento legal que estabelece a necessidade de inferir que o trabalho é o mais adequado, indiscutivelmente, além da sua essencialidade para os fins colimados.

[671] JUSTEN FILHO. *Comentários à Lei de Licitações e Contratos Administrativos*. 5. ed.

A opção pelo prestador de serviço técnico-profissional especializado que executará – note-se bem, neste passo, o tempo futuro *(executará)*, o que reclama um prognóstico não objetivamente demonstrável; não importa o tempo verbal *'é'*, no texto do preceito normativo, visto não excluir o prognóstico – que executará, dizia, o trabalho essencial e indiscutivelmente mais adequado à plena satisfação do objeto do contrato está atribuída à Administração, na pessoa do agente público competente para contratar a prestação do serviço, incumbindo-lhe optar, entre os profissionais ou empresas dotados de notória especialização (por isso mesmo, todos virtualmente merecedores de *confiança)*, por aquele ou aquela no qual o maior grau de *confiança* deposite, por consequência, esteja a trazer a melhor oferta à Administração.[672]

Nesse mesmo curso, Renato Geraldo Mendes:

Assim, é inevitável que (...) a escolha do contratado seja realizada por critério subjetivo baseado no grau de confiança que a notória especialização propicia. Portanto, concluiu-se (...) ser inviável contratar serviço singular por meio de licitação, pela impossibilidade de definir e mensurar critérios objetivos para a seleção da melhor proposta.[673]

Avaliando a questão, entendeu o Supremo Tribunal Federal (STF) que o requisito da "confiança" é um dos elementos justificadores da contratação direta de serviços especializados:

2. Serviços técnicos profissionais especializados são serviços que a Administração deve contratar sem licitação, escolhendo o contratado de acordo, em última instância, com o grau de confiança que ela própria, Administração, deposite na especialização desse contratado. Nesses casos, o requisito da confiança da Administração em quem deseje contratar é subjetivo. Daí que a realização de procedimento licitatório para a contratação de tais serviços – procedimento regido, entre outros, pelo princípio do julgamento objetivo – é incompatível com a atribuição de exercício de subjetividade que o direito positivo confere à Administração para a escolha do trabalho essencial e indiscutivelmente mais adequado à plena satisfação do objeto do contrato. O que a norma extraída do texto legal exige é a notória especialização, associada ao elemento subjetivo confiança. Há, no caso concreto, requisitos suficientes para o seu enquadramento em situação na qual não incide o dever de licitar, ou seja, de inexigibilidade de licitação: os profissionais contratados possuem notória especialização, comprovada nos autos, além de desfrutarem da confiança da Administração. (AP nº 348, Relator(a): Min. EROS GRAU, Tribunal Pleno, julgado em 15.12.2006, *DJe*-072 DIVULG 02.08.2007 PUBLIC 03.08.2007 *DJ* 03.08.2007 PP-00030 EMENT VOL-02283-01 PP-00058 LEXSTF v. 29, n. 344, 2007. p. 305-322).

Anote-se, ainda, súmula do TCU sobre o assunto:

Súmula nº 264/2011 – A inexigibilidade de licitação para a contratação de serviços técnicos com pessoas físicas ou jurídicas de notória especialização somente é cabível quando se tratar de serviço de natureza singular, capaz de exigir, na seleção do executor de confiança, grau de subjetividade insuscetível de ser medido pelos critérios objetivos de qualificação inerentes ao processo de licitação [...].

---

[672] GRAU. *Licitação e contrato administrativo.*

[673] MENDES. *A inexigibilidade de licitação na visão do TCU.*

Nesse contexto, devido à confiança depositada no profissional, o §4º prescreve que, nessas contratações, é vedada a subcontratação de empresas ou a atuação de profissionais distintos daqueles que tenham justificado a inexigibilidade.

1.3.3 A questão do elenco taxativo do inciso

Como exposto, um dos requisitos para o enquadramento na inexigibilidade por notória especialização é que o serviço técnico esteja relacionado entre os mencionados no inciso. Todavia, é óbvio que os serviços técnico-especializados existentes no mercado – e passíveis de serem contratados pela Administração – não são apenas os arrolados textualmente no dispositivo. Logo, outros poderão ser contratados por inexigibilidade, ainda que não indicados expressamente no referido inciso. Neste caso, no lugar da contratação ocorrer com fulcro neste inc. III, deverá tão somente consignar-se com base no *caput* do artigo 74, levando em consideração a inviabilidade de competição, que deverá ser devidamente justificada nos autos.

Aliás, ao vedar a possibilidade de enquadramento em inexigibilidade os serviços de publicidade e divulgação, o próprio inciso pressupõe a possibilidade de que outros serviços sejam açambarcados, pois estes não fazem parte do elenco perfilado.

1.3.4 A questão da inscrição de servidores em cursos de treinamento

Uma situação que sempre suscitou dúvidas é a que se refere à inscrição de servidores em cursos de treinamento e/ou aperfeiçoamento oferecidos por organizações privadas. Por diversas vezes nos manifestamos que, nesse caso, em função da singularidade, notoriedade e objeto, a inexigibilidade de licitação por notória especialização restaria caracterizada, tanto para cursos abertos quanto para cursos fechados.

Ora, o treinamento e/ou aperfeiçoamento de pessoal é serviço técnico-profissional previsto no rol do inciso III, e, em princípio, em face da condução por pessoas detentoras de incomum domínio do assunto, é oferecido por notórios especialistas dos temas tratados.

Como já exposto, a lei considera profissional ou empresa de notória especialização aqueles que, no campo de sua especialidade, decorrente de desempenho anterior, estudos, experiências, publicações, organização, aparelhamento, ou outros requisitos, detenham um conceito que permita ao agente público inferir que o seu trabalho é essencial e reconhecidamente adequado à plena satisfação do objeto do contrato. Logo, se um ou outro fosse o único no mercado, jamais se poderia dizer que seriam os mais adequados para atender a demanda pretendida. Como observa Cintra do Amaral, se a lei se refere ao adequado, o pressuposto é de que há pelo menos dois, dentre os quais a Administração Pública escolhe um. Assim, exercendo o seu poder discricionário, a Administração possui liberdade para determinar qual, no seu entendimento, é o adequado.

> A Administração não pode realizar licitação para treinamento, porque os profissionais ou empresas são incomparáveis. Não há, portanto, viabilidade de competição. A adoção do tipo de licitação de "menor preço" conduz, na maioria dos casos, à obtenção de qualidade inadequada. A de "melhor técnica" e a de "técnica e preço" são inviáveis, porque não se

pode cogitar, no caso, de apresentação de proposta técnica. A proposta técnica seria, a rigor, o programa e a metodologia, de pouca ou nenhuma diferenciação. O êxito do treinamento depende, basicamente, dos instrutores ou docentes. Que são incomparáveis, singulares, o que torna inviável a competição.[674]

1.3.5 A questão da contratação de serviços advocatícios

Uma das questões que mais tem suscitado discussões é a contratação de serviços advocatícios pela Administração Pública. O assunto é tão polêmico que, além de diversas manifestações doutrinárias, tem provocado decisões em vários âmbitos, seja na área das cortes de contas, seja na esfera do Poder Judiciário. Obviamente, também a Ordem dos Advogados do Brasil (OAB) tem se pronunciado sobre a matéria.

Entre os serviços técnicos profissionais especializados listados no inc. III, consta o patrocínio ou a defesa de causas judiciais ou administrativas. Como a lei informa que os serviços elencados no dispositivo são passíveis de contratação direta por notória especialização, é de se entender que, atendidas todas as condições já esposadas para o amoldamento em notória especialização, a conduta seria correta.

Mas, no caso, não é bem assim, porquanto, como é cediço, praticamente toda a Administração Pública, em qualquer esfera, mantém quadro próprio de advogados, egressos de concursos públicos, desempenhando contínuo trabalho. E mais: a terceirização do serviço de advocacia é com certeza bastante temerária, com enormes riscos para a Administração, haja vista que a atuação do profissional de advocacia exige, além do domínio do conhecimento técnico-jurídico, grande familiaridade com as práticas administrativas. Como bem obtempera Marçal Justen, é extremamente problemático obter atuação satisfatória de um advogado que desconheça o passado do ente público e a origem dos problemas enfrentados.

Entretanto, como adverte Adir Bandeira, especialmente nos pequenos municípios, a situação mais comum é a ausência de estruturação legal de procuradorias municipais, o que, indubitavelmente, autoriza a contratação de profissionais do Direito para a prestação de serviços de advocacia (consultiva ou contenciosa).

> O que normalmente ocorre no interior deste país é que as advocacias públicas municipais não estão legalmente organizadas. Nessa hipótese, ao lado da violação da Constituição por parte do gestor está a necessidade de não deixar a municipalidade desguarnecida de um serviço essencial, ordinário e contínuo. Enfim, em caráter excepcional é possível a contratação de advogado pelo município.[675]

Ademais, é certo que a questão competitiva na contratação de advogados por intermédio de licitação poderá gerar embaraços, já que a disciplina profissional dos advogados (Lei nº 8.906/94 e Código de Ética e Disciplina da OAB) veda expressamente qualquer atividade que caracterize a mercantilização da advocacia.

---

674 AMARAL. *Contratação de profissional ou empresa de notória especialização para realização de treinamento e aperfeiçoamento de pessoal.*

675 BANDEIRA. *Advogado para Licitações.*

Assim, a nosso ver, havendo corpo jurídico próprio, somente será lícito contratar terceiros para a prestação de serviços em situações excepcionais, diversas dos temas tratados habitualmente, pressupondo-se a inaptidão dos membros daquele corpo para o correto deslinde dessas inusuais questões.

Essa particularidade traz a lume um fundamental requisito para o enquadramento em notória especialização: a singularidade do objeto a ser contratado, apesar da Nova Lei ter suprimido a "natureza singular" do texto legal.

Como também testifica Joel Nieburh, essa é a contratação que deve ocorrer, uma vez que as entidades administrativas possuem corpo jurídico próprio para tratar de suas questões ordinárias, como, por exemplo, cobrança de dívida ativa, defesa trabalhista, proposição de demanda tributária etc. Outras demandas diferenciadas poderão ser efetivadas com especialistas.

> Os profissionais a serem contratados (...) devem ser singulares, detentores de notória especialização, tanto que só os assim qualificados reúnem os atributos para cuidarem devidamente de casos complexos, o que leva à subjetividade dos critérios de comparação entre eles, enfim, redundando em inexigibilidade de licitação pública.[676]

No mesmo diapasão, Zanella Di Pietro:

> É evidente que, dispondo o município de corpo de Procuradores com competência específica para a cobrança da dívida ativa, a contratação de terceiros tem que ser devidamente justificada e analisada em cada caso. Os serviços rotineiros, como a cobrança da dívida ativa, não podem ser objeto de contrato de locação de serviços, já que correspondem à função permanente do Município, que dispõe de um quadro também permanente de advogados para desempenhá-la. Excepcionalmente, a Administração Pública pode defrontar-se com ação de especial complexidade, envolvendo tese jurídica inovadora, ou de considerável relevância para os cofres públicos; nesses casos, em se tratando de serviço de natureza singular, pode preferir contratar advogado de sua confiança e notoriamente especializado, valendo-se da inexigibilidade de licitação [...].[677]

O TCU tem decidido nessa trilha:

> Mantém-se o entendimento pela irregularidade da contratação direta de serviços advocatícios, se não demonstrada a singularidade do objeto ou outra circunstância justificadora da inexigibilidade de licitação. (Acórdão nº 190/2006, Plenário, rel. Min. Marcos Vinicios Vilaça).

> As contratações de advogado, sem licitação, por empresa estatal que possui quadro próprio de advogados não são necessariamente ilegais, desde que para serviços específicos, de natureza não continuada, com características singulares e complexas, que evidenciem a impossibilidade de serem prestados por profissionais do próprio quadro da entidade, havendo a necessidade de pré-qualificação de profissionais com notória especialização. (Decisão sigilosa nº 494/1994 TCU Plenário, Ata nº 36/1994, TC019.893/930, Rel. Min. Carlos Átila Álvares Da Silva).

---

676 NIEBUHR. *Dispensa e inexigibilidade de licitação pública*. 2. ed.

677 DI PIETRO. *Parcerias na Administração Pública*.

Da mesma forma, ao encarar a questão, o Poder Judiciário tem confirmado que a natureza intelectual e singular dos serviços de assessoria jurídica e a relação de confiança entre contratante e contratado legitimam a inexigibilidade de licitação para a contratação de profissionais de direito.

De acordo com a decisão da Primeira Turma do Superior Tribunal de Justiça (STJ), o administrador público pode, desde que movido pelo interesse público, fazer uso da discricionariedade que lhe foi conferida pela lei para escolher o melhor profissional.

A questão foi enfrentada na apreciação de recurso especial de advogado contratado sem licitação pelo município gaúcho de Chuí. A dispensa de licitação para a contratação dos serviços foi questionada pelo Ministério Público estadual. Para o ministro Napoleão Nunes Maia Filho, relator do processo, a experiência profissional e os conhecimentos individuais do recorrente estavam claros nos autos. Segundo ele, é "impossível aferir, mediante processo licitatório, o trabalho intelectual do advogado, pois se trata de prestação de serviços de natureza personalíssima e singular, mostrando-se patente a inviabilidade de competição" (Processo: REsp nº 1192332T).

No mesmo plano, a posição do Supremo Tribunal Federal – STF:

> Habeas corpus: (...) III. Habeas corpus: crimes previstos nos artigos 89 e 92 da L. 8.666/93: falta de justa causa para a ação penal, dada a inexigibilidade, no caso, de licitação para a contratação de serviços de advocacia. 1. A presença dos requisitos de notória especialização e confiança, ao lado do relevo do trabalho e ser contratado, que encontram respaldo na inequívoca prova documental trazida, permite concluir, no caso, pela inexigibilidade da licitação para a contratação dos serviços de advocacia. 2. Extrema dificuldade, de outro lado, da licitação de serviços de advocacia, dada a incompatibilidade com as limitações éticas e legais da profissão (Lei nº 8.906/94, art. 34, IV; e Código de Ética e Disciplina da OAB/1995, art. 7). (HC nº 86198/PR, Rel. Min. Sepúlveda Pertence, 1ª Turma, j. 17.04.2007, *DJE* 29.06.2007).

Registre-se que a questão foi recentemente enfrentada pelo Superior Tribunal de Justiça (STJ), o qual, ainda que em âmbito criminal, no julgamento do AgRg no HC 669.347/SP (Relator ministro João Otávio de Noronha, 5ª Turma, julgado em 13.12.2021), considerou de forma diversa, sustentando que

> conforme disposto no artigo 74, III, da Lei nº 14.133/2021 e no artigo 3º-A do Estatuto da Advocacia, o requisito da singularidade do serviço advocatício foi suprimido pelo legislador, devendo ser demonstrada a notória especialização do agente contratado e a natureza intelectual do trabalho a ser prestado.

A fundamentação do voto vencedor do Acórdão dispôs que

> com o advento da Lei nº 14.133/2021, nos termos do artigo 74, III, o requisito da singularidade do serviço advocatício deixou de ser previsto em lei, passando a ser exigida a demonstração da notória especialização e a natureza intelectual do trabalho. Essa interpretação, aliás, é reforçada pela inclusão do artigo 3º-A do Estatuto da Advocacia pela Lei nº 14.039/2020, segundo o qual 'os serviços profissionais de advogado são, por sua natureza, técnicos e singulares, quando comprovada sua notória especialização, nos termos da lei'. Desse

modo, considerando que o serviço de advocacia é por natureza intelectual e singular, uma vez demonstrada a notória especialização e a necessidade do ente público, será possível a contratação direta.[678]

Inciso IV

1.4 Objetos que devam ou possam ser contratados por meio de credenciamento

Situação inusitada ocorre quando o objeto pretendido pela Administração pode, de certa forma, ser atendido por "todos" do mercado que o executam.

Destarte, se fixando o valor que pretende pagar pelo objeto pretendido, a Administração convocar profissionais de determinado setor e se dispor a contratar os que tiverem interesse e que satisfaçam os requisitos estabelecidos, não haveria competição, dado que a todos se asseguraria a contratação.

Em tal hipótese, é necessária a adoção do instituto do *credenciamento,* que se legitima nos casos em que, para o alcance do interesse público, esteja em disponibilidade a muitos fornecedores ou prestadores de serviço, situação que descaracteriza qualquer tipo de disputa.

Sônia Tanaka enfoca a matéria com acuidade:

> [...] se a Administração convida a todos os interessados que possuam os requisitos definidos no edital, dispondo-se, em princípio, a contratar todos os que tiverem interesse e que satisfaçam as exigências estabelecidas, esses licitantes não competirão, vez que a todos será assegurada a contratação que se fizer necessária, hipótese em que os próprios tribunais de contas têm recomendado o uso do sistema de credenciamento.[679]

Também o pronunciamento de Alice Maria Gonzalez Borges:

> O credenciamento é o nome que se vem dando, em nosso direito, ao procedimento administrativo pelo qual a Administração convoca interessados para, segundo condições previamente previstas e divulgadas, credenciarem-se como prestadores de serviços ou beneficiários de um negócio futuro a ser ofertado, quando a pluralidade de serviços prestados for condição indispensável à adequada satisfação do interesse público, ou, ainda, quando a quantidade de potenciais interessados for superior à do objeto a ser ofertado,

---

678 Interessante questão diz respeito à possiblidade de um contrato administrativo dispor sobre a renúncia ao direito aos honorários de sucumbência por parte de um advogado contratado. Apreciando a matéria, a Primeira Turma do Superior Tribunal de Justiça (STJ) decidiu pela validade de cláusula nesse sentido. O relator, ministro Benedito Gonçalves, afirmou que o contrato administrativo pode tratar de renúncia a direito do contratado, desde que não contrarie a lei e não seja abusivo, de forma que a cláusula será eficaz e produzirá seus efeitos regularmente se houver concordância do contratado. Especificamente em relação aos advogados, o magistrado observou que a Lei nº 8.906/1994 – a qual dispõe pertencerem a esses profissionais os honorários de sucumbência – previa em seu art. 24, parágrafo 3º, a impossibilidade de supressão desse direito. Entretanto, lembrou que, em 2009, o Supremo Tribunal Federal (STF) declarou a inconstitucionalidade dessa regra, por se tratar de direito disponível e, portanto, negociável com o contratante do serviço. O relator ponderou ainda que, conforme jurisprudência do STJ, a renúncia à verba honorária sucumbencial deve ser expressa (situação que ocorreu no caso analisado, em que o advogado manifestou sua concordância com a cláusula, apenas a questionando após o fim do contrato). [Acórdão no REsp 1.825.800].

679 TANAKA. *Sistema de credenciamento.*

> e por razões de interesse público a licitação não for recomendada. [...] A finalidade do credenciamento é justamente possibilitar à Administração a obtenção do maior número possível de contratados, nas situações em que tal condição seja imprescindível à perfeita consecução do interesse público tutelado pela Administração. Assim, o credenciamento tem por finalidade atender duas situações ou solucionar dois problemas: (a) quando o interesse público enseja o oferecimento do objeto pretendido pela Administração a uma pluralidade de prestadores; (b) quando a pluralidade de prestadores impõe a necessidade de tratamento isonômico em razão da limitação quantitativa do objeto.[680]

Nesse viés, o credenciamento vinha sendo entendido e aceito como situação de inexigibilidade de licitação, nos termos do art. 25, *caput*, da Lei nº 8.666/1993, e foi agora incorporado na Nova Lei, passando a constar oficialmente no rol de situações de contratação direta dessa natureza.[681]

Sobre o credenciamento, respondendo à consulta formulada, dispôs o TCU:

> O credenciamento de serviços de assistência médico-hospitalar pode ser incluído entre os que atendem as condições gerais ensejadoras da exceção à regra de observância prévia do procedimento licitatório, considerando-se, ainda, as particularidades de que se reveste o procedimento, como a contratação irrestrita de todos os prestadores de serviços médicos, pessoas físicas ou jurídicas, que preencham as condições exigidas, a fixação, de forma antecipada, do preço dos serviços, e a escolha, pelos próprios beneficiários, entre os credenciados, de profissional ou instituição de sua preferência. (Sessão de 6.12.1995).

Inciso V e Parágrafo 5º

1.5 Aquisição ou locação de imóvel cujas características tornem necessária a sua escolha

Tratada na Lei nº 8.666/1993 como hipótese de licitação dispensável, agora, na Nova Lei, a aquisição ou locação de imóvel pela Administração com características de instalações e de localização necessárias para a sua escolha passou a fazer parte, acertadamente, do elenco de situações de licitação inexigível.

Censuramos o enquadramento anterior:

> Preliminarmente, registre-se a impropriedade do enquadramento em dispensabilidade, dado que, sendo somente possível considerar a licitação dispensável nas situações em que é permitido ao administrador licitar, não se verifica como a hipótese apresentada se enquadraria em tal conceito. Se a compra ou locação do imóvel destinado ao serviço público condiciona-se à necessidade de instalação e localização, não há como instaurar-

[680] BORGES. *O credenciamento de inspeções de segurança veicular na legislação de trânsito.*

[681] Devido às características *sui generis* da matéria, Carlos Pinto Motta sustentava a ocorrência de hibridismo: "A nosso ver, o processo de credenciamento seria uma hipótese híbrida, um instrumento auxiliar da licitação, pois não se traduz na inexigibilidade, propriamente dita, regida sob seu aspecto procedimental [...]. Isto porque se desenvolve de forma similar à licitação, mediante instauração do processo, em atendimento às formalidades inerentes à fase interna [...], além da fixação de fase externa com previsão das respectivas regras procedimentais em instrumento convocatório – edital – de que constem os pressupostos limítrofes à habilitação ao credenciamento, com observância dos princípios que informam a atividade licitatória comum". (MOTTA. *Delimitação conceitual e finalidade do instituto do credenciamento*).

se um certame licitatório. Logo, configura-se, na verdade, pressuposto para a adoção da inexigibilidade de licitação.[682] É bem verdade, no entanto, que os casos nos quais o gestor público se depara com mais de uma opção que atenda à necessidade, haverá uma margem de liberdade, respeitados, é claro, os limites legais, como aqueles que impõem a busca da melhor proposta.[683]

Sobre o assunto, registre-se que, em princípio, a Administração compra ou aluga mediante licitação, em face das diversas contingências que viabilizam a competição. Todavia, se o interesse público estreitar as hipóteses, ensejar-se-á a inexigibilidade.

Assim, considerando a regra estabelecida, prevê o dispositivo a adoção de inexigência licitatória, com a consequente contratação direta, na compra ou locação de imóvel cujas características de instalações e de localização tornem necessária a sua escolha. Logicamente, como rezava a lei pretérita, essa escolha dar-se-á em atendimento às finalidades da Administração, impondo a comprovação quanto às necessidades de instalação e localização de sua escolha, e, ainda, é claro, que o preço seja compatível com o valor de mercado, segundo avaliação prévia.[684]

Tanto é que, para tal intento, o §5º preconiza a compulsória observação de avaliação prévia do bem, do seu estado de conservação, dos custos de adaptações, quando imprescindíveis às necessidades de utilização, e do prazo de amortização dos investimentos, bem como as justificativas que demonstrem a singularidade do imóvel a ser comprado ou locado pela Administração e que evidenciem vantagem para ela.

Assim, não será qualquer imóvel que estará apto a ser comprado ou alugado pela Administração por meio da contratação direta, mas tão somente um com características próprias, singulares, ou seja, quando houver relação de pertinência lógica entre o imóvel escolhido e as necessidades administrativas.[685]

Certo é que a hipótese em estudo vincula a Administração a requisitos para o enquadramento da dispensa:

a) necessidade de a Administração adquirir ou alugar um imóvel para desempenhar suas atividades;
b) adequação de determinado imóvel a essa necessidade, com justificativas que demonstrem a sua singularidade e que evidenciem vantagem para a Administração (conforme prescrito no §5º); e
c) compatibilidade do preço ou do valor do aluguel aos cobrados no mercado, consoante avaliação prévia do bem, do seu estado de conservação, dos custos de adaptações, quando imprescindíveis à necessidade de utilização, e do prazo de amortização dos investimentos (também como preceituado no §5º).

---

[682] Nesse sentido, o disposto no Memorando Circular nº 046/2017/CGU/AGU, da Consultoria-Geral da União – CGU, que trata do Parecer nº 92/2017/DECOR/CGU/AGU, no qual, entre outras disposições, obtempera que "se somente um imóvel atender às necessidades da Administração, será constatada a inviabilidade de competição, o que permitirá a contratação direta por inexigibilidade (...)".

[683] BITTENCOURT. *Contratando sem licitação.*

[684] Correta a orientação da AGU quanto à vigência dos contratos locatícios nos quais a Administração é locatária, haja vista ser típico contrato regido pelo direito privado: Orientação Normativa AGU nº 6, de 1º de abril de 2009 – A vigência do contrato de locação de imóveis, no qual a Administração Pública é locatária, rege-se pelo art. 51 da Lei nº 8.245, de 1991.

[685] FERRAZ; FIGUEIREDO. *Dispensa e inexigibilidade de licitação.* 3. ed.

Além disso, o citado §5º, atendendo à política de correta destinação dos imóveis da União, certificação da inexistência de imóveis públicos vagos e disponíveis que atendam ao objeto pretendido.

1.5.1 A questão da existência de vários imóveis com as mesmas características

Textos esparsos sustentam que a existência de vários imóveis que possam atender à necessidade administrativa tornaria obrigatória a realização da licitação. A questão exige reflexão. A nosso ver, mesmo em tal situação, é possível a contratação direta, desde que respeitados os requisitos antes elencados. É o que bem explica Ronny Charles, ao sublinhar que é também necessário compreender que, além da aptidão objetiva (como o tamanho ou a estrutura do bem), a escolha do imóvel apto ao atendimento à necessidade administrativa envolve outros fatores que, embora pareçam afeitos à subjetividade, estão relacionados à finalidade pública que se visa atingir:

> Nesse diapasão, a localização é um importante fator que pode justificar a escolha (contratação direta) de um imóvel, mesmo existindo outro de mesmas dimensões, com valor de locação menor. Obviamente, tal opção, para ser legítima, deve ser fulcrada no interesse público e não nas preferências subjetivas do gestor. Parece justificável que, desejando atingir a prestação de um serviço público para determinado segmento social, seja feita a opção, por exemplo, para a locação de um imóvel existente dentro de shopping (de valor sabidamente mais elevado); noutro diapasão, é ilegítima a escolha desse imóvel, se ela não trouxer qualquer benefício à prestação do serviço público.[686]

No âmbito do Poder Executivo federal, foi expedido Memorando Circular nº 046/2017/CGU/AGU, da Consultoria-Geral da União (CGU), com orientações a respeito:

a) a compra ou locação de imóvel deve necessariamente ser precedida de consulta à Secretaria do Patrimônio sobre a existência de imóvel público disponível;
b) inexistindo imóvel público que atenda aos requisitos necessários para a instalação do órgão ou entidade, é recomendável a promoção de chamamento público para a prospecção do mercado imobiliário;
c) se somente um imóvel atender às necessidades da Administração, será constatada a inviabilidade de competição, o que permitirá a contratação direta por inexigibilidade (...); e
d) se, após o chamamento público, forem encontrados dois ou mais imóveis, é possível a realização de licitação (...).

Nesse sentido, foi editada posteriormente a Orientação Normativa AGU nº 68/2020, dispondo que: i) a compra ou locação de imóvel deve necessariamente ser precedida de consulta sobre a existência de imóvel público disponível; ii) inexistindo imóvel público que atenda aos requisitos necessários para a instalação do órgão ou entidade, é recomendável a promoção de chamamento público para fins de prospecção do mercado imobiliário; iii) caso somente um imóvel atenda às necessidades da Administração,

---

686 CHARLES. *Leis de Licitações Públicas comentadas*. 7. ed.

será constatada a inviabilidade de competição, o que permitirá a contração direta por inexigibilidade [...]; e iv) o art. 24, inciso x, da Lei nº 8.666/1993,[687] pode ser aplicado nos casos em que haja mais de um imóvel apto à contratação, desde que: a) o imóvel se preste para atendimento das finalidades precípuas da Administração; b) as instalações e localização do imóvel sejam determinantes para sua escolha; e c) o preço seja compatível com os valores de mercado, conforme prévia avaliação.

Recentemente, apreciando a questão, o TCU manifestou-se:

> Acórdão nº 702/2023 – Plenário: 1. É irregular a aquisição de imóvel para uso institucional por meio de dispensa de licitação sem prévio chamamento público, por violar o princípio da publicidade, previsto no art. 37, *caput*, da Constituição Federal e no art. 3º da Lei nº 8.666/1993.

Observe-se que, ao final, o relator, Ministro Augusto Sherman, propôs e o Plenário decidiu, entre outras medidas, dar ciência acerca da seguinte impropriedade:

> 9.5.2. aquisição de imóvel para uso institucional por meio de contratação direta, a exemplo do ocorrido na Dispensa de Licitação nº 4/2016: 9.5.2.1. não precedida de chamamento público, considerando que outros interessados poderiam ter ofertado imóveis, não identificados na pesquisa de mercado realizada entre os anos de 2016 e 2017, para apreciação do Conselho; 9.5.2.2. em desacordo com o princípio da publicidade previsto no art. 37, caput, da Constituição Federal, o art. 3º da Lei nº 8.666/1993 *(também disposto no art. 5º da Nova Lei de Licitações e Contratos – Lei nº 14.133/2021)*, e, por analogia, o entendimento disciplinado pelo Acórdão nº 1.273/2018-TCU-Plenário.

1.5.2 Contratação direta no caso de imóveis com pendências de acabamento

A hipótese de contratação direta tem sido admitida na locação de imóveis com pendências de acabamento, quando a Administração, como condição para a locação, exigir as adaptações às suas necessidades.

Sobre essa nuance, Ronny Charles observa a importância de se perceber que, nesse caso, a contratação direta substitui de forma mascarada a licitação para os serviços de engenharia que seriam necessários ao imóvel, expandindo-se, assim, sem autorização legal, o núcleo permissivo estabelecido pelo legislador.

Consignando ser aceitável a prática em pequena escala, realça o jurista, com exatidão, quanto à necessidade de se coibir tal conduta para a contratação direta de imóvel que exija, para a utilização do órgão público, alteração ou reforma relevante, que o altere substancialmente, pois, caso contrário, justificar-se-ia a quebra do princípio da obrigatoriedade de licitação de forma superior ao permitido pela hipótese de dispensa criada pela lei.

[687] Esse artigo da antiga Lei nº 8.666/1993 indicava como situação de licitação dispensável "a compra ou locação de imóvel destinado ao atendimento das finalidades precípuas da administração, cujas necessidades de instalação e localização condicionem a sua escolha, desde que o preço seja compatível com o valor de mercado, segundo avaliação prévia". Na Nova Lei, a situação é elencada como licitação inexigível (art. 74, inc. V: "Art. 74. É inexigível a licitação quando inviável a competição, em especial nos casos de: [...] V – aquisição ou locação de imóvel cujas características de instalações e de localização tornem necessária sua escolha".

Em um exemplo radical, essa prática permitiria a escolha de um terreno ou de um pequeno imóvel, pendente ainda de obra ou de reforma que ampliasse ou alterasse flagrantemente sua estrutura, para a posterior locação de prédio para funcionamento de um hospital. Admitir tal raciocínio pode gerar uma perigosa brecha para beneficiamentos indevidos em contratações públicas.[688]

1.5.3 Contratação direta de locação sob medida (*built to suilt*)

Recentemente, decorrente de consulta apresentada ao TCU pelo Conselho Superior da Justiça do Trabalho (CSJT), que indagava sobre a possibilidade de aplicação da contratação direta na contratação de locação de imóvel a ser construído de acordo com parâmetros mínimos a serem estabelecidos por órgão da Administração Pública, ou seja, a chamada "contratação direta de locação sob medida" (operação *built to suit),* na qual os contratos são firmados por longo prazo, antes mesmo da construção do imóvel, para que este seja construído de forma a atender os interesses do locatário, a Corte de Contas admitiu o uso excepcional, desde que o terreno onde se pretenda construir seja de propriedade do futuro locador.[689]

Ao comentar a questão, Ronny Charles demonstrou justificada preocupação com a lacuna criada para beneficiamentos ilegítimos:

> A contratação direta de locação sob medida (operação *built* to *suit)* pode camuflar acordos econômicos entre um gestor mal intencionado e determinada empreiteira, sendo muito difícil para o controle posterior, identificar eventuais discrepâncias entre o valor pactuado para a locação e seu real custo no mercado; ademais, sem a existência do imóvel concluído, fica demasiadamente aberta a identificação dos motivos justificadores (necessidade de instalação e localização) que condicionem a escolha do terreno para futura edificação.[690]

A nosso ver, o jurista está coberto de razão, pois parece imprescindível, para esse modelo de negócio, o procedimento licitatório, uma vez que não se trata de mera locação de imóvel, mas sim, de contratação complexa, onde se interpõem vários institutos e nuances jurídicas.

---

688 CHARLES. *Leis de Licitações Públicas comentadas*. 7. ed.

689 Registre-se que o Ministro do TCU Benjamin Zymler ponderou que a Parceria Público-Privada (PPP) na modalidade concessão administrativa deveria ser considerada como alternativa à locação sob medida, pois, nessa adoção, haveria a possibilidade de o Poder Público utilizar a expertise dos agentes privados com o intuito de facilitar a solução de problemas enfrentados pela Administração, realizar licitação no âmbito da qual serão explicitados os parâmetros utilizados para definir o desempenho esperado do parceiro privado, e prever que, ao final da vigência contratual, o bem imóvel reverteria para o parceiro público. (Acórdão nº 1301/2013 – Plenário).

690 CHARLES. *Leis de Licitações Públicas comentadas*. 7. ed.

Seção III

Da Dispensa de Licitação

Art. 75. É dispensável a licitação:

I – para contratação que envolva valores inferiores a R$100.000,00 (cem mil reais),[689] no caso de obras e serviços de engenharia ou de serviços de manutenção de veículos automotores;

II – para contratação que envolva valores inferiores a R$50.000,00 (cinquenta mil reais),[690] no caso de outros serviços e compras;

III – para contratação que mantenha todas as condições definidas em edital de licitação realizada há menos de 1 (um) ano, quando se verificar que naquela licitação:

a) não surgiram licitantes interessados ou não foram apresentadas propostas válidas;

b) as propostas apresentadas consignaram preços manifestamente superiores aos praticados no mercado ou incompatíveis com os fixados pelos órgãos oficiais competentes;

IV – para contratação que tenha por objeto:

a) bens, componentes ou peças de origem nacional ou estrangeira necessários à manutenção de equipamentos, a serem adquiridos do fornecedor original desses equipamentos durante o período de garantia técnica, quando essa condição de exclusividade for indispensável para a vigência da garantia;

b) bens, serviços, alienações ou obras, nos termos de acordo internacional específico aprovado pelo Congresso Nacional, quando as condições ofertadas forem manifestamente vantajosas para a Administração;

c) produtos para pesquisa e desenvolvimento, limitada a contratação, no caso de obras e serviços de engenharia, ao valor de R$300.000,00 (trezentos mil reais);[691]

d) transferência de tecnologia ou licenciamento de direito de uso ou de exploração de criação protegida, nas contratações realizadas por instituição científica, tecnológica e de inovação (ICT) pública ou por agência de fomento, desde que demonstrada vantagem para a Administração;

e) hortifrutigranjeiros, pães e outros gêneros perecíveis, no período necessário para a realização dos processos licitatórios correspondentes, hipótese em que a contratação será realizada diretamente com base no preço do dia;

---

[691] Atualmente, R$119.812,02 (cento e dezenove mil, oitocentos e doze reais e dois centavos), conforme atualização realizada pelo Decreto nº 11.871, de 29.12.2023.

[692] Atualmente, R$59.906,02 (cinquenta e nove mil, novecentos e seis reais e dois centavos), conforme atualização realizada pelo Decreto nº 11.871, de 29.12.2023.

[693] Atualmente, R$359.436,08 (trezentos e cinquenta e nove mil, quatrocentos e trinta e seis reais e oito centavos), conforme atualização realizada pelo Decreto nº 11.871, de 29.12.2023.

f) bens ou serviços produzidos ou prestados no País que envolvam, cumulativamente, alta complexidade tecnológica e defesa nacional;
g) materiais de uso das Forças Armadas, com exceção de materiais de uso pessoal e administrativo, quando houver necessidade de manter a padronização requerida pela estrutura de apoio logístico dos meios navais, aéreos e terrestres, mediante autorização por ato do comandante da força militar;
h) bens e serviços para atendimento dos contingentes militares das forças singulares brasileiras empregadas em operações de paz no exterior, hipótese em que a contratação deverá ser justificada quanto ao preço e à escolha do fornecedor ou executante e ratificada pelo comandante da força militar;
i) abastecimento ou suprimento de efetivos militares em estada eventual de curta duração em portos, aeroportos ou localidades diferentes de suas sedes, por motivo de movimentação operacional ou de adestramento;
j) coleta, processamento e comercialização de resíduos sólidos urbanos recicláveis ou reutilizáveis, em áreas com sistema de coleta seletiva de lixo, realizados por associações ou cooperativas formadas exclusivamente de pessoas físicas de baixa renda reconhecidas pelo poder público como catadores de materiais recicláveis, com o uso de equipamentos compatíveis com as normas técnicas, ambientais e de saúde pública;
k) aquisição ou restauração de obras de arte e objetos históricos, de autenticidade certificada, desde que inerente às finalidades do órgão ou com elas compatível;
l) serviços especializados ou aquisição ou locação de equipamentos destinados ao rastreamento e à obtenção de provas previstas nos incisos II e V do *caput* do art. 3º da Lei nº 12.850, de 2 de agosto de 2013, quando houver necessidade justificada de manutenção de sigilo sobre a investigação;
m) aquisição de medicamentos destinados exclusivamente ao tratamento de doenças raras definidas pelo Ministério da Saúde;
V – para contratação com vistas ao cumprimento do disposto nos arts. 3º, 3º-A, 4º, 5º e 20 da Lei nº 10.973, de 2 de dezembro de 2004, observados os princípios gerais de contratação constantes da referida Lei;
VI – para contratação que possa acarretar comprometimento da segurança nacional, nos casos estabelecidos pelo Ministro de Estado da Defesa, mediante demanda dos comandos das Forças Armadas ou dos demais ministérios;
VII – nos casos de guerra, estado de defesa, estado de sítio, intervenção federal ou de grave perturbação da ordem;

VIII – nos casos de emergência ou de calamidade pública, quando caracterizada urgência de atendimento de situação que possa ocasionar prejuízo ou comprometer a continuidade dos serviços públicos ou a segurança de pessoas, obras, serviços, equipamentos e outros bens, públicos ou particulares, e somente para aquisição dos bens necessários ao atendimento da situação emergencial ou calamitosa e para as parcelas de obras e serviços que possam ser concluídas no prazo máximo de 1 (um) ano, contado da data de ocorrência da emergência ou da calamidade, vedadas a prorrogação dos respectivos contratos e a recontratação de empresa já contratada com base no disposto neste inciso;

IX – para a aquisição, por pessoa jurídica de direito público interno, de bens produzidos ou serviços prestados por órgão ou entidade que integrem a Administração Pública e que tenham sido criados para esse fim específico, desde que o preço contratado seja compatível com o praticado no mercado;

X – quando a União tiver que intervir no domínio econômico para regular preços ou normalizar o abastecimento;

XI – para celebração de contrato de programa com ente federativo ou com entidade de sua Administração Pública indireta que envolva prestação de serviços públicos de forma associada nos termos autorizados em contrato de consórcio público ou em convênio de cooperação;

XII – para contratação em que houver transferência de tecnologia de produtos estratégicos para o Sistema Único de Saúde (SUS), conforme elencados em ato da direção nacional do SUS, inclusive por ocasião da aquisição desses produtos durante as etapas de absorção tecnológica, e em valores compatíveis com aqueles definidos no instrumento firmado para a transferência de tecnologia;

XIII – para contratação de profissionais para compor a comissão de avaliação de critérios de técnica, quando se tratar de profissional técnico de notória especialização;

XIV – para contratação de associação de pessoas com deficiência, sem fins lucrativos e de comprovada idoneidade, por órgão ou entidade da Administração Pública, para a prestação de serviços, desde que o preço contratado seja compatível com o praticado no mercado e os serviços contratados sejam prestados exclusivamente por pessoas com deficiência;

XV – para contratação de instituição brasileira que tenha por finalidade estatutária apoiar, captar e executar atividades de ensino, pesquisa, extensão, desenvolvimento institucional, científico e tecnológico e estímulo à inovação, inclusive para gerir administrativa e financeiramente essas atividades, ou para contratação de instituição dedicada à recuperação social da pessoa presa, desde que o contratado tenha inquestionável reputação ética e profissional e não tenha fins lucrativos;

XVI – para aquisição, por pessoa jurídica de direito público interno, de insumos estratégicos para a saúde produzidos por fundação que, regimental ou estatutariamente, tenha por finalidade apoiar órgão da Administração Pública direta, sua autarquia ou fundação em projetos de ensino, pesquisa, extensão, desenvolvimento institucional, científico e tecnológico e de estímulo à inovação, inclusive na gestão administrativa e financeira necessária à execução desses projetos, ou em parcerias que envolvam transferência de tecnologia de produtos estratégicos para o SUS, nos termos do inciso XII do *caput* deste artigo, e que tenha sido criada para esse fim específico em data anterior à entrada em vigor desta Lei, desde que o preço contratado seja compatível com o praticado no mercado; e (Incluído pela Lei nº 14.628, de 2023).

XVII – para a contratação de entidades privadas sem fins lucrativos para a implementação de cisternas ou outras tecnologias sociais de acesso à água para consumo humano e produção de alimentos, para beneficiar as famílias rurais de baixa renda atingidas pela seca ou pela falta regular de água. (Incluído pela Lei nº 14.628, de 2023).

XVIII – para contratação de entidades privadas sem fins lucrativos, para a implementação do Programa Cozinha Solidária, que tem como finalidade fornecer alimentação gratuita preferencialmente à população em situação de vulnerabilidade e risco social, incluída a população em situação de rua, com vistas à promoção de políticas de segurança alimentar e nutricional e de assistência social e à efetivação de direitos sociais, dignidade humana, resgate social e melhoria da qualidade de vida. (Incluído pela Lei nº 14.628, de 2023).

§1º Para fins de aferição dos valores que atendam aos limites referidos nos incisos I e II do *caput* deste artigo, deverão ser observados:

I – o somatório do que for despendido no exercício financeiro pela respectiva unidade gestora;

II – o somatório da despesa realizada com objetos de mesma natureza, entendidos como tais aqueles relativos a contratações no mesmo ramo de atividade.

§2º Os valores referidos nos incisos I e II do *caput* deste artigo serão duplicados para compras, obras e serviços contratados por consórcio público ou por autarquia ou fundação qualificadas como agências executivas na forma da lei.

§3º As contratações de que tratam os incisos I e II do *caput* deste artigo serão preferencialmente precedidas de divulgação de aviso em sítio eletrônico oficial, pelo prazo mínimo de 3 (três) dias úteis, com a especificação do objeto pretendido e com a manifestação de interesse da Administração em obter propostas adicionais de eventuais interessados, devendo ser selecionada a proposta mais vantajosa.

§4º As contratações de que tratam os incisos I e II do *caput* deste artigo serão preferencialmente pagas por meio de cartão de pagamento, cujo extrato deverá ser divulgado e mantido à disposição do público no Portal Nacional de Contratações Públicas (PNCP).

§5º A dispensa prevista na alínea "c" do inciso IV do *caput* deste artigo, quando aplicada a obras e serviços de engenharia, seguirá procedimentos especiais instituídos em regulamentação específica.

§6º Para os fins do inciso VIII do *caput* deste artigo, considera-se emergencial a contratação por dispensa com objetivo de manter a continuidade do serviço público, e deverão ser observados os valores praticados pelo mercado na forma do art. 23 desta Lei e adotadas as providências necessárias para a conclusão do processo licitatório, sem prejuízo de apuração de responsabilidade dos agentes públicos que deram causa à situação emergencial.

§7º Não se aplica o disposto no §1º deste artigo às contratações de até R$8.000,00 (oito mil reais)[692] de serviços de manutenção de veículos automotores de propriedade do órgão ou entidade contratante, incluído o fornecimento de peças.

Artigo 75

1 A licitação dispensável

Embora a regra para celebração de contratos pela Administração Pública seja a instauração da licitação, a lei ressalva hipóteses em que o administrador poderá prescindir de fazê-la.

Essa ressalva encontra supedâneo na Constituição Federal, dado que o inciso XXI do art. 37, ao estabelecer a obrigatoriedade do certame licitatório, inicia o texto ressalvando os casos especificados na legislação.

E a razão é simples: nem sempre o procedimento licitatório determina uma contratação mais vantajosa. É o que observa Ronny Charles, ao asseverar que, quando a lei prevê hipóteses de contratação direta, está admitindo que nem sempre a realização do certame levará à melhor contratação pela Administração ou que, pelo menos, a sujeição do negócio ao procedimento formal e burocrático previsto não serve ao eficaz atendimento do interesse público naquela hipótese específica.[695] Da mesma forma, Adilson Abreu Dallari, ao observar que não pode ocorrer, em virtude da realização do procedimento licitatório, o sacrifício de outros valores e princípios consagrados pela ordem jurídica, especialmente o princípio da eficiência.[696]

---

[694] Atualmente, R$9.584,97 (nove mil, quinhentos e oitenta e quatro reais e noventa e sete centavos), conforme atualização realizada pelo Decreto nº 11.871, de 29.12.2023.

[695] CHARLES. *Leis de licitações públicas comentadas*. 6. ed.

[696] DALLARI. *Aspectos jurídicos da licitação*. 6. ed.

Neste art. 75 a Nova Lei estabelece as hipóteses em que a licitação será considerada dispensável, isto é, as situações em que, mesmo sendo possível a competição licitatória, o diploma legal autoriza a sua não realização, segundo critério de oportunidade e conveniência.

A licitação dispensável diferencia-se substancialmente da licitação dispensada, que, nesta nova Lei está balizada no art. 76, porque necessita de ato administrativo declaratório, porquanto, ainda que sem a obrigatoriedade de observância aos procedimentos relativos às modalidades licitatórias, a contratação direta exige a realização de procedimento formal, destinado a justificar a escolha da contratação e o delineamento de seus objetivos.

Nesse sentido, é evidente que a contratação direta não diverge da licitação, porquanto, assim como a competição licitatória, tem teor procedimental, no termos do art. 72, que determina a instrução do processo com os seguintes documentos: a) documento de formalização de demanda e, se for o caso, estudo técnico preliminar, análise de riscos, termo de referência, projeto básico ou projeto executivo; b) estimativa de despesa; c) parecer jurídico e pareceres técnicos, se for o caso, que demonstrem o atendimento aos requisitos exigidos; d) demonstração da compatibilidade da previsão de recursos orçamentários com o compromisso a ser assumido; e) comprovação de que o contratado preenche os requisitos de habilitação e qualificação mínima necessária; f) razão da escolha do contratado; g) justificativa de preço; e h) autorização da autoridade competente.

Assim, entre outras, uma prática obrigatória na contratação direta é a realização de pesquisa de preços com empresas do mercado, de forma a identificar o valor aproximado da contratação.

Na licitação dispensável, os fatos concretos devem se adequar perfeitamente ao respectivo dispositivo legal, com atendimento a todos os requisitos neles constantes, não se permitindo, em nenhuma hipótese, qualquer exercício de criatividade do agente público. Logo, as circunstâncias de sua ocorrência estão expressamente previstas na lei, abraçando no ordenamento jurídico pátrio um elenco fechado (*numerus clausus*), não sendo facultado ao administrador público ultrapassar os conteúdos legalmente traçados.

Impende anotar que as hipóteses de licitação dispensável estão enquadradas no âmbito das normas gerais e, nessa condição, de competência privativa da União para legislar sobre a matéria (art. 22, XXVII, CF), não sendo admitido, por conseguinte, que estados, Distrito Federal e municípios criem novas situações em suas legislações próprias, sendo-lhes lícito, no entanto, reduzir o rol estabelecido.[697]

É possível, todavia, que legislações federais esparsas inovem o tema, reconhecendo outros casos de dispensa de licitação.

Na verdade, na dispensabilidade, a licitação, a princípio, é devida, mas o gestor público, avaliando os princípios constitucionais vetoriais do instituto (moralidade e igualdade), em contraposição a certas conjecturas em que a lei permite o seu afastamento, pode decidir, justificada e motivadamente, pela contratação direta.[698]

---

[697] Com o mesmo entendimento, Benedicto de Tolosa Filho. (TOLOSA FILHO. *Contratando sem licitação*. 3. ed.).

[698] FERRAZ; FIGUEIREDO. *Dispensa e inexigibilidade de licitação*. 3. ed.

Cabe anotar, preliminarmente, que não há nada de significativamente novo em termos de dispensa de licitação na Nova Lei. A Lei nº 8.666/1993 continha 35 circunstâncias de licitação dispensável. Esperava-se uma redução expressiva dos casos na nova legislação. Aparentemente, numa rápida avaliação, isso ocorreu, pois os casos neste art. 75 estão dispostos em apenas 16 incisos. Um olhar mais atento, contudo, concluirá diversamente, pois num só inciso há 13 alíneas com hipóteses de dispensabilidades.

1.1 Hipóteses de licitação dispensável

Como antes explicitado, o artigo elenca as únicas hipóteses de dispensa de licitação, não podendo lei estadual ou municipal ampliá-las. O rol é exaustivo, não se permitindo, portanto, ser ampliado pelo gestor público, buscando outras situações não contempladas.[699]

Incisos I e II e Parágrafos 1º, 3º, 4º e 7º

1.1.1 Obras, serviços de engenharia, serviços de manutenção de veículos automotores, outros serviços e compras de pequeno valor

Os incs. I e II apresentam casos de licitação dispensável em razão do baixo valor do objeto pretendido pela Administração.

Assim, é dispensável a feitura de licitação:

a) para contratação que envolva valores inferiores a R$119.812,02 (cento e dezenove mil, oitocentos e doze reais e dois centavos),[700] no caso de obras e serviços de engenharia ou de serviços de manutenção de veículos automotores; e

b) para contratação que envolva valores inferiores a R$59.906,02 (cinquenta e nove mil, novecentos e seis reais e dois centavos),[701] no caso de outros serviços e compras.

A legitimidade da dispensa licitatória ampara-se no descabimento de a Administração ter um custo processual superior ao dispêndio para a contratação do objeto pretendido. O procedimento licitatório, independentemente da modalidade utilizada, compreende diversos custos, tanto os referentes ao labor administrativo (custos fixos com salários, equipamentos, energia e diversos insumos) quanto os decorrentes da publicidade dos atos da licitação. Logo, em atendimento ao princípio da economicidade, nada mais correto do que contratar diretamente, dispensando o pesado e caro procedimento licitatório, quando o objeto pretendido for de baixo valor monetário.

[699] Anote-se a existência de outras leis federais que estabeleceram situações específicas de dispensa licitatória, conforme elencado mais à frente.

[700] Consoante atualização realizada pelo Decreto nº 11.871, de 29.12.2023.

[701] Consoante atualização realizada pelo Decreto nº 11.871, de 29.12.2023.

Como observa Benedicto de Tolosa, os eventuais benefícios da feitura da licitação que pouca atração exerceria sobre eventuais fornecedores, por certo sucumbiriam ante os custos processuais, tornando a contratação antieconômica.[702]

Destarte, conflitando com a ideia de que a dispensa licitatória é uma mera faculdade (ou seja, que o agente teria a liberdade para, se desejar, em vez de dispensar a licitação, realizá-la), não seria despropositado afirmar que, em razão da busca da eficiência, o dever do agente público, no caso de dispensas em função do baixo valor do objeto, será efetivamente o de dispensar a licitação.

Como observa Renato Geraldo Mendes, atentar contra a eficiência é violar a ordem jurídica, é praticar o que se pode denominar de ilegalidade. É certo que a legalidade não existe apenas quando licitamos, mas também quando ela é motivadamente dispensada.[703]

Nas dispensabilidades destes incs. I e II deverão ser considerados os requisitos dos §§1º a 4º do artigo.

O §1º prevê regras para a aferição dos valores dos limites estabelecidos prescrevendo que deverão ser observados:

- o somatório do que for despendido no exercício financeiro pela respectiva unidade gestora;[704] e
- o somatório da despesa realizada com objetos de mesma natureza, entendidos como tais aqueles relativos a contratações no mesmo ramo de atividade.

Mantém-se, assim, a regra já consagrada que atrela o limite ao planejamento do ente para as contratações dos objetos pretendidos e às naturezas dos mesmos.

As três primeiras providências no planejamento de qualquer contratação são, em linhas gerais, a identificação, o dimensionamento da necessidade e a estimativa de gasto. Identificado o objeto pretendido e estabelecido o dimensionamento, efetua-se a estimativa de valor, através do orçamento estimado em planilhas.

Se concluir, nessa apuração de dispêndio, que o valor do objeto não ultrapassará R$119.812,02 (cento e dezenove mil, oitocentos e doze reais e dois centavos),[705] no caso de obras e serviços de engenharia ou de serviços de manutenção de veículos automotores, ou R$59.906,02 (cinquenta e nove mil, novecentos e seis reais e dois

---

702 TOLOSA FILHO. *Contratando sem licitação*. 3. ed.

703 MENDES. *A contratação de obras e serviços de engenharia por dispensa com fundamento no inc. I do art. 24 da Lei nº 8.666/93*.

704 As unidades gestoras derivam da autonomia organizacional da Administração Pública. Conforme consta no glossário do Tesouro Nacional, no âmbito federal, a nomenclatura é usada para definir as unidades cadastradas no SIAFI, investidas do poder de gerir recursos orçamentários e financeiros, próprios ou sob descentralização, e cujo titular, em consequência, está sujeito à tomada de contas anual, em conformidade com o disposto nos artigos 81 e 92 do Decreto-Lei nº 200/10967. Assim, são elas as unidades administrativas que possuem competência para gerir recursos públicos. Como observa Gabriel Brito, em razão do princípio da desconcentração administrativa, os entes públicos possuem liberdade e legitimidade para estruturar seu esqueleto organizacional, desde que sempre visem alcançar uma maior eficiência na tomada de decisões. Portanto, uma vez que a estruturação de cada ente é dotada de especificidades provenientes do princípio da desconcentração administrativa, não é possível estabelecer regra à possibilidade de a unidade gestora contabilizar de maneira individualizada os limites de dispensa previstos neste art. 75. Dessa forma, quando suscitada, a questão deverá ser analisada caso a caso, uma vez que, para tanto, faz-se necessária demonstração da autonomia financeira e orçamentária da unidade gestora que opte por individualizar a quantificação dos limites de dispensa licitatória.

705 Conforme atualização realizada pelo Decreto nº 11.871, de 29.12.2023.

centavos),[706] na hipótese de outros serviços e compras, deve-se pensar em dispensa licitatória.

Entrementes, a legalidade do enquadramento não dependerá somente do efetivo valor a ser contratado, mas, também, da abrangência temporal.

Essa abrangência temporal, isto é, o período em que as contratações serão apuradas até atingir o limite legal permitido, deverá estar contida no exercício financeiro da unidade gestora, ou seja, de 1º de janeiro a 31 de dezembro de cada exercício.

Vide a abalizada observação de Diogenes Gasparini:

> Observe-se que dentro do exercício financeiro a entidade obrigada a licitar não pode, sob pena de fraudar a exigência da licitação, dividir o objeto da licitação, cujo valor exige certa modalidade licitatória, em duas ou mais partes, para que os respectivos valores se enquadrem nas citadas condições e limites de dispensabilidade.[707]

O §3º traz novidade interessante e bastante salutar de publicidade dessas contratações, com ênfase no princípio da economicidade. Determina o parágrafo que a divulgação será preferencialmente precedida de divulgação de aviso em sítio eletrônico oficial, pelo prazo mínimo de 3 (três) dias úteis, com a especificação do objeto pretendido e com a manifestação de interesse da Administração em obter propostas adicionais de eventuais interessados, devendo ser selecionada a proposta mais vantajosa.

Verifica-se, portanto, que, ainda que se trate de contratação por dispensa em razão do baixo valor, é possível estabelecer um procedimento simplificado de escolha. E por que se registra a possibilidade? Porque a regra anota a preferencialidade na adoção da conduta, não adotando determinação rígida.

O §4º versa sobre a forma de pagamento dessas contratações, disciplinando o uso preferencial do cartão de pagamento (cartão corporativo), cujo extrato deverá ser divulgado e mantido à disposição do público no Portal Nacional de Contratações Públicas (PNCP). Assim, utiliza-se um modelo eficiente e moderno de pagamento, e dá-se transparência ao gasto público, com a divulgação e a manutenção dessa despesa em portal específico.

Levando em conta os riscos decorrentes da inflexibilidade para situações que não comportam planejamentos, o legislador ressalvou, no §7º, que o disposto no supracitado §1º não será aplicável às contratações de até R$9.584,97 (nove mil, quinhentos e oitenta e quatro reais e noventa e sete centavos),[708] no caso de serviços de manutenção de veículos automotores de propriedade do órgão ou entidade contratante, incluído o fornecimento de peças. A exceção se justifica, em que pese a crítica que se possa fazer à escolha de um único segmento.

Envolvendo a questão das contratações diretas de baixo valor, anote-se que a Advocacia-Geral da União (AGU) expediu a Orientação Normativa nº 69, de 13.09.2021, dispondo pela não obrigatoriedade de manifestação jurídica nas contratações diretas de pequeno valor com fundamento nestes incs. I e II, bem como no §3º:

---

[706] Conforme atualização realizada pelo Decreto nº 11.871, de 29.12.2023.

[707] GASPARINI. *Direito Administrativo*.

[708] Conforme atualização do valor (Decreto nº 11.871, de 29.12.2023).

Não é obrigatória manifestação jurídica nas contratações diretas de pequeno valor com fundamento no art. 75, I ou II, e §3º da Lei nº 14.133, de 1º de abril de 2021, salvo se houver celebração de contrato administrativo e este não for padronizado pelo órgão de assessoramento jurídico, ou nas hipóteses em que o administrador tenha suscitado dúvida a respeito da legalidade da dispensa de licitação. Aplica-se o mesmo entendimento às contratações diretas fundadas no art. 74, da Lei nº 14.133, de 2021, desde que seus valores não ultrapassem os limites previstos nos incisos I e II do art. 75, da Lei nº 14.133, de 2021.

Parágrafo 2º

1.1.1.1 Regime especial para consórcios públicos, autarquias e fundações qualificadas como agências executivas

O §2º contempla regra específica para compras, obras e serviços contratados por consórcios públicos ou por autarquias ou fundações qualificadas como agências executivas na forma da lei. Segundo o preceptivo, os valores dessas contratações por dispensa licitatória em função do baixo valor, quando feitas por esses entes serão duplicados.

A intenção é clara: dar mais flexibilidade às entidades públicas que, invariavelmente, necessitam de mais maleabilidade para o exercício de suas atividades.

1.1.1.1.1 Consórcios públicos

Consoante estabelece a Lei nº 11.107/2005, que regulamentou o art. 241 da CF, consórcios públicos são entidades que podem ser dotadas tanto de personalidade jurídica de direito público quanto de direito privado, instituídas como instrumento de conjugação de esforços entre entes federativos distintos.

Resumidamente, o consórcio público é instituído através da união de dois ou mais entes da Federação (Municípios, Estados e União) fitando prestar serviços e desenvolver ações conjuntas de interesse coletivo e benefícios públicos. Segundo o Decreto Federal nº 6.107/2007 (que regulamentou a Lei nº 11.107/2005 e dispõe sobre normas gerais de contratação de consórcios públicos), trata-se de pessoa jurídica formada exclusivamente por entes da Federação para estabelecer relações de cooperação federativa, inclusive à realização de objetivos de interesse comum, constituída como associação pública, com personalidade jurídica de direito público e natureza autárquica, ou como pessoa jurídica de direito privado sem fins econômicos.[709]

Conforme registra o inc. I do art. 2º do ato regulamentar, o consórcio público pode ser uma associação pública com personalidade jurídica de direito público e de natureza autárquica ou uma pessoa jurídica de direito privado sem fins econômicos.

---

[709] Tradicionalmente, os consórcios não passavam de convênios, ajustados entre pessoas públicas ou privadas, que estabeleciam direitos e obrigações para o alcance de objetivos de interesse recíproco. Entrementes, com a edição da Lei nº 11.107, de 06.04.2005 (que, arrimada no art. 241 da Constituição Federal, dispôs sobre normas gerais de contratação de consórcios públicos, destinadas à União, aos Estados, ao Distrito Federal e aos Municípios), os consórcios se alinharam, na ordem jurídica nacional, como ajustes acordados entre entes federativos que possuem como meta a realização de objetivos de interesse comum e à promoção da gestão associada. Destarte, a partir desse marco regulatório, os consórcios públicos passaram a designar uma nova modalidade de negócio jurídico de direito público, com abrangência infinitamente superior aos convênios administrativos. (BITTENCOURT. *Contratos administrativos para provas, concursos e agentes públicos*).

1.1.1.1.2 Agências executivas

Trata-se de qualificação concedida a autarquias e fundações públicas responsáveis por atividades e serviços exclusivos do Estado, não traduzindo uma nova forma de pessoa jurídica pública.

Assim, configura entidade preexistente que, ao preencher certos requisitos legais, recebe a qualificação, que poderá perder caso deixe de atendê-los. Na União, a qualificação é conferida mediante decreto do Presidente da República, conforme previsto na Lei nº 9.649/1998 (art. 51),[710] regulamentada pelo Decreto nº 2.487/1998 (art. 1º, §2º).[711]

Como observado, agência executiva é qualificação dada à autarquia ou à fundação pública que celebre contrato de gestão com o próprio ente político com o qual está vinculado, atuando no setor onde predominam atividades que, por sua natureza, não podem ser delegadas a instituições não estatais (fiscalização, regulação, fomento etc.).[712]

1.1.1.2 Dispensa de licitação na forma eletrônica

Dispondo sobre a dispensa de licitação na forma eletrônica, o Governo federal editou a Instrução Normativa SEGES/ME nº 67, de 8.07.2021, instituindo o Sistema de Dispensa Eletrônica no âmbito da Administração Pública federal direta, autárquica e fundacional. Marotamente, justifica na ementa que tal forma é tratada na Nova Lei de Licitações (Lei nº 14.133/2021). Deve-se entender que o elaborador da IN enxergou o tema nas disposições do supracitado §3º, o qual prescreve que as hipóteses de dispensa em função do baixo valor do objeto pretendido (incs. I e II do art. 75) deverão ser "preferencialmente precedidas de divulgação de aviso em sítio eletrônico oficial, pelo prazo mínimo de três dias úteis, com a especificação do objeto pretendido e com a manifestação de interesse da Administração em obter propostas adicionais de eventuais interessados, devendo ser selecionada a proposta mais vantajosa".

Na verdade, a dispensa de licitação eletrônica não se destina apenas às contratações diretas fundamentadas nos citados incisos, uma vez que é obrigatória para todas as contratações cujos valores não ultrapassem os limites prescritos nos referidos incisos,

---

710 Lei nº 9.649/1998 – Art. 51. O Poder Executivo poderá qualificar como Agência Executiva a autarquia ou fundação que tenha cumprido os seguintes requisitos:
I – ter um plano estratégico de reestruturação e de desenvolvimento institucional em andamento;
II – ter celebrado Contrato de Gestão com o respectivo Ministério supervisor.
§1º A qualificação como Agência Executiva será feita em ato do Presidente da República.
§2º O Poder Executivo editará medidas de organização administrativa específicas para as Agências Executivas, visando assegurar a sua autonomia de gestão, bem como a disponibilidade de recursos orçamentários e financeiros para o cumprimento dos objetivos e metas definidos nos Contratos de Gestão.

711 Decreto nº 2.487/98 – Art. 1º As autarquias e as fundações integrantes da Administração Pública Federal poderão, observadas as diretrizes do Plano Diretor da Reforma do Aparelho do Estado, ser qualificadas como Agências Executivas.
§1º A qualificação de autarquia ou fundação como Agência Executiva poderá ser conferida mediante iniciativa do Ministério supervisor, com anuência do Ministério da Administração Federal e Reforma do Estado, que verificará o cumprimento, pela entidade candidata à qualificação, dos seguintes requisitos:
a) ter celebrado contrato de gestão com o respectivo Ministério supervisor;
b) ter plano estratégico de reestruturação e de desenvolvimento institucional, voltado para a melhoria da qualidade da gestão e para a redução de custos, já concluído ou em andamento.
§2º O ato de qualificação como Agência Executiva dar-se-á mediante decreto.

712 BITTENCOURT. *Licitações públicas para concursos*. 2. ed.

ainda que fundamentadas em outras hipóteses de dispensa de licitação, como se depreende das hipóteses de uso previstas no art. 4º da IN:

> Art. 4º Os órgãos e entidades adotarão a dispensa de licitação, na forma eletrônica, nas seguintes hipóteses:
>
> I – contratação de obras e serviços de engenharia ou de serviços de manutenção de veículos automotores, no limite do disposto no inciso I do caput do art. 75 da Lei nº 14.133, de 2021;
>
> II – contratação de bens e serviços, no limite do disposto no inciso II do caput do art. 75 da Lei nº 14.133, de 2021;
>
> III – contratação de obras, bens e serviços, incluídos os serviços de engenharia, nos termos do disposto no inciso III e seguintes do caput do art. 75 da Lei nº 14.133, de 2021, quando cabível; e
>
> IV – registro de preços para a contratação de bens e serviços por mais de um órgão ou entidade, nos termos do §6º do art. 82 da Lei nº 14.133, de 2021.

Essa abrangência foi comentada por Joel Niebuhr:

> Sucede que a dispensa de licitação eletrônica é cabível nas situações em que a escolha do futuro contratado for pautada no critério preço, sem que aspectos qualitativos sejam determinantes ou relevantes, o que constitui a maioria expressiva dos casos de dispensa de licitação. Sendo assim, a não utilização da dispensa de licitação eletrônica passa a ser a exceção, que tem lugar em casos específicos, como os que envolvem emergências, inovação tecnológica, serviços técnicos especializados de natureza predominantemente intelectual e outras situações de dispensa, insista-se, em que o fator determinante ou relevante para a Administração escolher o futuro contratado seja o qualitativo. (...) Reforça-se, diante do conjunto das considerações acerca do artigo 4º da Instrução Normativa nº 67/2021, que a dispensa de licitação eletrônica não é de uso meramente facultativo, pelo menos não é para a Administração Pública Federal, em linha um tanto diversa do preceituado no §3º do artigo 75 da Lei nº 14.133/2021, cujo texto assinala que ela deve ser empregada preferencialmente. Dito de outro modo, o artigo 4º da Instrução Normativa nº 67/2021 fez obrigatório o que o §3º do artigo 75 da Lei nº 14.133/2021 qualificou como meramente preferencial. Não há ilegalidade nisso, porque é legítimo que a Administração Pública, por sua vontade, como é o caso, se obrigue a algo que o legislador determinou ser preferencial, é legítimo fazer mais do que lhe foi prescrito. Só haveria ofensa à legalidade se a Administração Pública fizesse menos, não desse a devida preferência à dispensa de licitação eletrônica, o que não ocorreu, bem ao contrário. A conclusão vem ao natural: a rigor jurídico, esse processo de dispensa de licitação eletrônica é uma espécie de modalidade simplificada de licitação, embora não seja assim denominado pelo legislador nem pela Secretaria Especial de Desburocratização, Gestão e Governo Digital do Ministério da Economia. Vê-se que ela segue o mesmo procedimento das licitações exigido no artigo 17 da Lei nº 14.133/2021, com apenas duas diferenças mais significativas. A primeira é que não há propriamente edital, mas há algo que equivale a edital, que é o aviso de contratação direta previsto no artigo 7º da Instrução Normativa nº 67/2021, que tem a mesmíssima utilidade. A segunda é que não há fase recursal, exigida para as licitações no inciso VI do artigo 17 da Lei nº 14.133/2021. Os efeitos da ausência de fase recursal, no entanto, podem ser supridos pelo direito de petição que é reconhecido a todas as pessoas, inclusive àquelas que participam de processos de dispensa de licitação eletrônica. A única particularidade é que o direito de petição não tem efeito suspensivo, em razão do que se pode comparar a petição a um recurso sem efeito suspensivo.[713]

[713] NIEBUHR. A dispensa de licitação eletrônica é modalidade de licitação disfarçada.

Ponderamos sobre o tema:

Rompendo com a velha tradição de feitura de licitações presenciais (nas modalidades da antiga Lei nº 8.666/1993) e consolidando o modelo adotado com êxito nas licitações na modalidade pregão – que impõe a maneira eletrônica como escolha preferencial –, a Nova Lei de Licitações sinaliza a elaboração de todos os certames na forma eletrônica.

Ao tratar do processo de licitação, o diploma, no §2º do art. 17, assenta que as licitações serão realizadas preferencialmente sob a forma eletrônica, só admitindo a utilização da forma presencial se houver motivação, devendo a sessão pública ser registrada em ata e gravada em áudio e vídeo.

Assim, apesar de não obrigar, estabelece o molde eletrônico como forma preferencial.

Segundo o §4º do mesmo artigo, nos procedimentos realizados por meio eletrônico, a Administração poderá determinar, como condição de validade e eficácia, que os licitantes pratiquem seus atos em formato eletrônico.

Antes, ao listar os objetivos da licitação, o art. 11 já sinaliza que, além de assegurar a seleção da proposta apta a gerar o resultado de contratação mais vantajoso para a Administração Pública; garantir o tratamento isonômico entre os licitantes com uma justa competição e evitar contratações com sobrepreço ou com preços manifestamente inexequíveis e superfaturamento na execução dos contratos, também se faz mister o incentivo à inovação. E inovação, como se sabe, está intimamente ligada a soluções digitais e eletrônicas.

Cada vez mais presentes no dia a dia, seja no âmbito empresarial, seja na esfera privada, as soluções e mecanismos de Tecnologia da Informação (TI), como a computação em nuvem, a robótica, as ferramentas *low-code*[714] e a inteligência artificial, entre outras, não poderiam ficar de fora do cotidiano da Administração Pública.

Assim, a Nova Lei de Licitações trouxe a inovação para o contexto das licitações e contratações públicas. E não poderia ser de outra forma, pois vive-se hoje um ambiente de revolução digital.

Ruy Quadros, professor do Departamento de Política de Ciência e Tecnologia do Instituto de Geociências da Unicamp, considera que, na atualidade, a TI é uma questão de estratégia: "Estamos entrando num novo patamar com os recursos de computação em nuvem e a conectividade proporcionada pelo 5G. Isso gera uma enorme produção de dados que permite extrair conhecimento com ferramentas de análise e aprendizado, como o machine learning (aprendizado de máquina) e a inteligência artificial".[715]

É como asseverou Graham Walton, professor da Universidade de Loughborough, Inglaterra: "Tecnologia da informação é como água, é eterna. Não temos mais que nos perguntar se devemos ter tecnologia da informação, mas sim que tipo de tecnologia nós precisamos ter".[716]

Se as licitações passaram a ser executadas na forma eletrônica, nada mais lógico que ocorra o mesmo nas contratações diretas.

No âmbito federal, o Decreto nº 5.450/2005, antigo instrumento regulamentar da licitação na forma eletrônica (pregão eletrônico), impelia que as unidades gestoras integrantes do SISG adotassem, preferencialmente, nas contratações de serviços e compras com dispensa de licitação baseadas no previsto no inc. II do art. 24 da Lei nº 8.666/93, onde não houvesse a obrigação de instauração de processo competitivo formal para serviços ou compras

[714] Criadas para auxiliar os desenvolvedores a construirem ou integrarem aplicativos com rapidez, minimizando a necessidade de programar manualmente)

[715] QUADROS. TI nas empresas é questão estratégica, e visão deve vir da liderança.

[716] WALTON. Ter um wi-fi é como ter telefone, como acender a luz.

cujos valores não superassem 10% do limite previsto para a modalidade de licitação na modalidade convite, o uso do sistema denominado *cotação eletrônica*, que configurava uma forma de pesquisa de preços e posterior contratação por intermédio do meio eletrônico.

A matéria evoluiu, e o mais novo instrumento regulamentar da modalidade (Decreto nº 10.024, de 20.09.2019) dispôs que essas unidades deveriam utilizar uma nova sistemática denominada ***dispensa eletrônica***, sendo vedado o uso para contratações de obras, locações imobiliárias, alienações e compras de bens e contratações de serviços especiais, incluídos os serviços de engenharia, que, por sua alta heterogeneidade ou complexidade técnica, não podem ser considerados comuns.

Assim, as contratações diretas por dispensa de licitação em função do valor realizadas por entes federais passaram a adotar o procedimento de *dispensa eletrônica.*

Da mesma forma, a aquisição de bens e a contratação de serviços comuns pelos entes federativos, com a utilização de recursos da União decorrentes de transferências voluntárias, tais como convênios e contratos de repasse, também passaram a ter que observar o procedimento de *dispensa eletrônica*, exceto nos casos em que lei ou regulamentação específica dispusesse sobre a modalidade de transferência de forma diversa.[717]

Excepcionalmente, mediante prévia justificativa da autoridade competente, admitir-se-ia a não adoção da sistemática, desde que ficasse comprovada inviabilidade técnica ou desvantagem para a Administração, conforme previsto no §4º do art. 1º do Decreto nº 10.024/2019.

Anote-se que, consoante o previsto no Decreto nº 1.094/1994, o sistema SISG abrange os órgãos civis da Administração Federal direta, das autarquias federais e fundações públicas, sendo, portanto, de uso facultativo aos órgãos militares.

Evoluindo ainda mais, já fulcrando-se nas regras da Nova Lei de Licitações, apesar do diploma não a mencionar de forma expressa, o Governo federal editou a Instrução Normativa SEGES/ME nº 67, de 8.07.2021, que dispõe sobre a dispensa de licitação na forma eletrônica e institui o Sistema de Dispensa Eletrônica, no âmbito da Administração Pública federal direta, autárquica e fundacional.

Trata-se de um sistema para coleta das propostas, aplicável à Administração Pública federal direta, autárquica e fundacional e às demais esferas de governo (órgãos e entidades da Administração Pública estadual, distrital ou municipal, direta ou indireta), quando executarem recursos da União decorrentes de transferências voluntárias.

Os órgãos e entidades da Administração Pública não integrantes do Sistema de Serviços Gerais – Sisg,[718] no âmbito de todos os entes federativos, poderão utilizar o Sistema Dispensa Eletrônica. Para tal, deverão celebrar adesão por intermédio de Termo de Acesso ao Comprasnet 4.0, conforme disposto na Portaria nº 355, de 9.08.2019.[719]

---

717 A Instrução Normativa nº 206, de 18.10.2019, do Secretário de Gestão da Secretaria Especial de Desburocratização, Gestão e Governo Digital do Ministério da Economia, estabeleceu os prazos para que órgãos e entidades da Administração Pública estadual, distrital ou municipal, direta ou indireta, utilizem obrigatoriamente a modalidade de pregão, na forma eletrônica, ou a dispensa eletrônica, quando executarem recursos da União decorrentes de transferências voluntárias, tais como convênios e contratos de repasse, para a aquisição de bens e a contratação de serviços comuns.

718 O Decreto-Lei nº 200, de 25.02.1967, concretizou uma reforma administrativa baseada nos princípios do planejamento, coordenação, descentralização, delegação de competência e controle, até hoje reconhecida como um esforço de modernização e profissionalização da atuação estatal. O diploma previu, em seu art. 30, a organização centralizada de algumas atividades sob a forma de sistemas, com o intuito de estabelecer uma coordenação eficiente, padronizada e transparente, visando a redução de custos operacionais para a Administração. Em 1994, o Decreto nº 1.094 regulamentou os arts. 30 e 31 do Decreto-Lei nº 200/1967, e instituiu o SISG, que surgiu como parte integrante de um sistema administrativo orgânico que engloba toda a Administração Pública federal, num esforço de coordenação das atividades de logística pública com vistas a maior eficiência. Trata-se de um entre os vários sistemas de atividades auxiliares da Administração.

719 BITTENCOURT. Contratando sem licitação: contratação direta por dispensa ou inexigibilidade. 3. ed.

INSTRUÇÃO NORMATIVA SEGES/ME Nº 67, DE 8 DE JULHO DE 2021

Dispõe sobre a dispensa de licitação, na forma eletrônica, de que trata a Lei nº 14.133, de 1º de abril de 2021, e institui o Sistema de Dispensa Eletrônica, no âmbito da Administração Pública federal direta, autárquica e fundacional.

O SECRETÁRIO DE GESTÃO DA SECRETARIA ESPECIAL DE DESBUROCRATIZAÇÃO, GESTÃO E GOVERNO DIGITAL DO MINISTÉRIO DA ECONOMIA, no uso das atribuições que lhe conferem o Decreto nº 9.745, de 8 de abril de 2019, e o Decreto nº 1.094, de 23 de março de 1994, e tendo em vista o disposto no art. 75 da Lei nº 14.133, de 1º de abril de 2021, resolve:

CAPÍTULO I

DISPOSIÇÕES PRELIMINARES

Objeto e âmbito de aplicação

Art. 1º Esta Instrução Normativa dispõe sobre a dispensa de licitação, na forma eletrônica, de que trata a Lei nº 14.133, de 1º de abril de 2021, e institui o Sistema de Dispensa Eletrônica, no âmbito da Administração Pública Federal direta, autárquica e fundacional.

Art. 2º Os órgãos e entidades da Administração Pública estadual, distrital ou municipal, direta ou indireta, quando executarem recursos da União decorrentes de transferências voluntárias, deverão observar as regras desta Instrução Normativa.

Sistema de Dispensa Eletrônica

Art. 3° O Sistema de Dispensa Eletrônica constitui ferramenta informatizada integrante do Sistema de Compras do Governo federal – Comprasnet 4.0, disponibilizada pela Secretaria de Gestão da Secretaria Especial de Desburocratização, Gestão e Governo Digital do Ministério da Economia, para a realização dos procedimentos de contratação direta de obras, bens e serviços, incluídos os serviços de engenharia.

§1º Deverão ser observados os procedimentos estabelecidos no Manual do Sistema de Dispensa Eletrônica, disponível no Portal de Compras do Governo federal, para acesso ao sistema e operacionalização.

§2º Os órgãos e entidades da Administração Pública não integrantes do Sistema de Serviços Gerais – Sisg, no âmbito da União, Estados, Distrito Federal e Municípios, interessados em utilizar o Sistema Dispensa Eletrônica de que trata esta Instrução Normativa, poderão celebrar Termo de Acesso ao Comprasnet 4.0, conforme disposto na Portaria nº 355, de 9 de agosto de 2019.

§3º Em caso de não utilização do Sistema Dispensa Eletrônica pelos órgãos e entidades de que trata o art. 2º, o procedimento estabelecido nesta Instrução Normativa deverá ocorrer em ferramenta informatizada própria ou outros sistemas disponíveis no mercado, desde que estejam integrados à Plataforma +Brasil, nos termos do Decreto nº 10.035, de 1º de outubro de 2019.

Hipóteses de uso

Art. 4º Os órgãos e entidades adotarão a dispensa de licitação, na forma eletrônica, nas seguintes hipóteses:

I – contratação de obras e serviços de engenharia ou de serviços de manutenção de veículos automotores, no limite do disposto no inciso I do caput do art. 75 da Lei nº 14.133, de 2021;

II – contratação de bens e serviços, no limite do disposto no inciso II do caput do art. 75 da Lei nº 14.133, de 2021;

III – contratação de obras, bens e serviços, incluídos os serviços de engenharia, nos termos do disposto no inciso III e seguintes do caput do art. 75 da Lei nº 14.133, de 2021, quando cabível; e

IV – registro de preços para a contratação de bens e serviços por mais de um órgão ou entidade, nos termos do §6º do art. 82 da Lei nº 14.133, de 2021.

§1º Para fins de aferição dos valores que atendam aos limites referidos nos incisos I e II do caput, deverão ser observados:

I – o somatório despendido no exercício financeiro pela respectiva unidade gestora; e

II – o somatório da despesa realizada com objetos de mesma natureza, entendidos como tais aqueles relativos a contratações no mesmo ramo de atividade.

§2º Considera-se ramo de atividade a linha de fornecimento registrada pelo fornecedor quando do seu cadastramento no Sistema de Cadastramento Unificado de Fornecedores (Sicaf), vinculada: (Redação dada pela IN Seges/MGI nº 8 de 2023).

§3º O disposto no §1º deste artigo não se aplica às contratações de até R$8.000,00 (oito mil reais)[720] de serviços de manutenção de veículos automotores de propriedade do órgão ou entidade contratante, incluído o fornecimento de peças, de que trata o §7º do art. 75 da Lei nº 14.133, de 2021.

§4º Os valores referidos nos incisos I e II do caput serão duplicados para compras, obras e serviços contratados por consórcio público ou por autarquia ou fundação qualificadas como agências executivas na forma da lei.

§5º Quando do enquadramento de bens, serviços ou obras nos termos das hipóteses previstas neste artigo, a autoridade competente pela autorização e a autoridade superior responsável pela adjudicação e pela homologação da contratação devem observar o disposto no art. 73 da Lei nº 14.133, de 2021, e no art. 337-E do Decreto-Lei nº 2.848, de 7 de dezembro de 1940.

CAPÍTULO II

DO PROCEDIMENTO

Instrução

Art. 5º O procedimento de dispensa de licitação, na forma eletrônica, será instruído com os seguintes documentos, no mínimo:

I – documento de formalização de demanda e, se for o caso, estudo técnico preliminar, análise de riscos, termo de referência, projeto básico ou projeto executivo;

II – estimativa de despesa, nos termos da Instrução Normativa nº 65, de 7 de julho de 2021, da Secretaria de Gestão da Secretaria Especial Desburocratização, Gestão e Governo Digital do Ministério da Economia;

III – parecer jurídico e pareceres técnicos, se for o caso, que demonstrem o atendimento dos requisitos exigidos;

IV – demonstração da compatibilidade da previsão de recursos orçamentários com o compromisso a ser assumido;

V – comprovação de que o contratado preenche os requisitos de habilitação e qualificação mínima necessária;

VI – razão de escolha do contratado;

VII – justificativa de preço, se for o caso; e

VIII – autorização da autoridade competente.

§1º Na hipótese de registro de preços, de que dispõe o inciso IV do art. 4º, somente será exigida a previsão de recursos orçamentários, nos termos do inciso IV do caput, quando da formalização do contrato ou de outro instrumento hábil.

[720] Atualmente, R$9.584,97 (nove mil, quinhentos e oitenta e quatro reais e noventa e sete centavos), conforme atualização realizada Decreto nº 11.871, de 29.12.2023.

§2º O ato que autoriza a contratação direta deverá ser divulgado e mantido à disposição do público em sítio eletrônico oficial do órgão ou entidade promotora do procedimento.

§3º A instrução do procedimento poderá ser realizada por meio de sistema eletrônico, de modo que os atos e os documentos de que trata este artigo, constantes dos arquivos e registros digitais, serão válidos para todos os efeitos legais.

Órgão ou entidade promotor[a] do procedimento

Art. 6º O órgão ou entidade deverá inserir no sistema as seguintes informações para a realização do procedimento de contratação:

I – a especificação do objeto a ser adquirido ou contratado;

II – as quantidades e o preço estimado de cada item, nos termos do disposto no inciso II do art. 5º, observada a respectiva unidade de fornecimento;

III – o local e o prazo de entrega do bem, prestação do serviço ou realização da obra;

IV – o intervalo mínimo de diferença de valores ou de percentuais entre os lances, que incidirá tanto em relação aos lances intermediários quanto em relação ao lance que cobrir a melhor oferta;

V – a observância das disposições previstas na Lei Complementar nº 123, de 14 de dezembro de 2006.

VI – as condições da contratação e as sanções motivadas pela inexecução total ou parcial do ajuste;

VII – a data e o horário de sua realização, respeitado o horário comercial e o endereço eletrônico onde ocorrerá o procedimento.

Parágrafo único. Em todas as hipóteses estabelecidas no art. 4º, o prazo fixado para abertura do procedimento e envio de lances, de que trata o Capítulo III, não será inferior a 3 (três) dias úteis, contados da data de divulgação do aviso de contratação direta.

Divulgação

Art. 7º O procedimento será divulgado no Comprasnet 4.0 e no Portal Nacional de Contratações Públicas – PNCP, e encaminhado automaticamente aos fornecedores registrados no Sistema de Registro Cadastral Unificado – Sicaf, por mensagem eletrônica, na correspondente linha de fornecimento que pretende atender.

Fornecedor

Art. 8º O fornecedor interessado, após a divulgação do aviso de contratação direta, encaminhará, exclusivamente por meio do Sistema de Dispensa Eletrônica, a proposta com a descrição do objeto ofertado, a marca do produto, quando for o caso, e o preço, até a data e o horário estabelecidos para abertura do procedimento, devendo, ainda, declarar, em campo próprio do sistema, as seguintes informações:

I – a inexistência de fato impeditivo para licitar ou contratar com a Administração Pública;

II – o enquadramento na condição de microempresa e empresa de pequeno porte, nos termos da Lei Complementar nº 123, de 2006, quando couber;

III – o pleno conhecimento e aceitação das regras e das condições gerais da contratação, constantes do procedimento;

IV – a responsabilidade pelas transações que forem efetuadas no sistema, assumindo como firmes e verdadeiras;

V – o cumprimento das exigências de reserva de cargos para pessoa com deficiência e para reabilitado da Previdência Social, de que trata o art. 93 da Lei nº 8.213, de 24 de julho de 1991, se couber; e

VI – o cumprimento do disposto no inciso VI do art. 68 da Lei nº 14.133, de 2021.

Art. 9º Quando do cadastramento da proposta, na forma do art. 8º, o fornecedor poderá parametrizar o seu valor final mínimo e obedecerá às seguintes regras:

I – a aplicação do intervalo mínimo de diferença de valores ou de percentuais entre os lances, que incidirá tanto em relação aos lances intermediários quanto em relação ao lance que cobrir a melhor oferta; e

II – os lances serão de envio automático pelo sistema, respeitado o valor final mínimo estabelecido e o intervalo de que trata o inciso I.

§1º O valor final mínimo de que trata o caput poderá ser alterado pelo fornecedor durante a fase de disputa, desde que não assuma valor superior a lance já registrado por ele no sistema.

§2º O valor mínimo parametrizado na forma do caput possuirá caráter sigiloso para os demais fornecedores e para o órgão ou entidade contratante, podendo ser disponibilizado estrita e permanentemente aos órgãos de controle externo e interno.

Art. 10. Caberá ao fornecedor acompanhar as operações no sistema, ficando responsável pelo ônus decorrente da perda do negócio diante da inobservância de quaisquer mensagens emitidas pelo sistema ou de sua desconexão.

CAPÍTULO III

DA ABERTURA DO PROCEDIMENTO E DO ENVIO DE LANCES

Abertura

Art. 11. A partir da data e horário estabelecidos, o procedimento será automaticamente aberto pelo sistema para o envio de lances públicos e sucessivos por período nunca inferior a 6 (seis) horas ou superior a 10 (dez) horas, exclusivamente por meio do sistema eletrônico.

Parágrafo único. Imediatamente após o término do prazo estabelecido no caput, o procedimento será encerrado e o sistema ordenará e divulgará os lances em ordem crescente de classificação.

Envio de lances

Art. 12. O fornecedor somente poderá oferecer valor inferior ou maior percentual de desconto em relação ao último lance por ele ofertado e registrado pelo sistema, observado o intervalo mínimo de diferença de valores ou de percentuais entre os lances, que incidirá tanto em relação aos lances intermediários quanto em relação ao lance que cobrir a melhor oferta.

§1º Havendo lances iguais ao menor já ofertado, prevalecerá aquele que for recebido e registrado primeiro no sistema.

§2º O fornecedor poderá oferecer lances sucessivos, desde que inferior ao último por ele ofertado e registrado pelo sistema.

Art. 13. Durante o procedimento, os fornecedores serão informados, em tempo real, do valor do menor lance registrado, vedada a identificação do fornecedor.

Art. 14. O fornecedor será imediatamente informado pelo sistema do recebimento de seu lance.

CAPÍTULO IV

DO JULGAMENTO E DA HABILITAÇÃO

Julgamento

Art. 15. Encerrado o procedimento de envio de lances, nos termos do art. 12, o órgão ou entidade realizará a verificação da conformidade da proposta classificada em primeiro lugar quanto à adequação ao objeto e à compatibilidade do preço em relação ao estipulado para a contratação.

Art. 16. Definido o resultado do julgamento, quando a proposta do primeiro colocado permanecer acima do preço máximo definido para a contratação, o órgão ou a entidade poderá negociar condições mais vantajosas.

§1º Na hipótese de a estimativa de preços ser realizada concomitantemente à seleção da proposta economicamente mais vantajosa, nos termos do §4º do art. 7º da Instrução Normativa nº 65, de 2021, a verificação quanto à compatibilidade de preços será formal e deverá considerar, no mínimo, o número de concorrentes no procedimento e os valores por eles ofertados.

§2º Concluída a negociação, se houver, o resultado será registrado na ata do procedimento, devendo esta ser anexada aos autos do processo de contratação.

Art. 17. A negociação poderá ser feita com os demais fornecedores classificados, exclusivamente por meio do sistema, respeitada a ordem de classificação, quando o primeiro colocado, mesmo após a negociação, for desclassificado em razão de sua proposta permanecer acima do preço máximo definido para a contratação, observado o disposto nos §§1º e 2º do art. 16.

Art. 18. Definida a proposta vencedora, o órgão ou a entidade deverá solicitar, por meio do sistema, o envio da proposta e, se necessário, dos documentos complementares, adequada ao último lance ofertado pelo vencedor.

Parágrafo único. No caso de contratação em que o procedimento exija apresentação de planilhas com indicação dos quantitativos e dos custos unitários ou de custos e formação de preços, esta deverá ser encaminhada pelo sistema com os respectivos valores readequados à proposta vencedora.

Habilitação

Art. 19. Para a habilitação do fornecedor mais bem classificado serão exigidas, exclusivamente, as condições de que dispõe a Lei nº 14.133, de 2021.

§1º A verificação dos documentos de que trata o caput será realizada no Sicaf ou em sistemas semelhantes mantidos pelos Estados, pelo Distrito Federal ou pelos Municípios, quando o procedimento for realizado em sistemas próprios ou outros sistemas disponíveis no mercado, assegurado aos demais participantes o direito de acesso aos dados constantes dos sistemas.

§2º O disposto no §1º deve constar expressamente do aviso de contratação direta.

§3º Na hipótese de necessidade de envio de documentos complementares aos já apresentados para a habilitação, na forma estabelecida no §1º, ou de documentos não constantes do Sicaf, o órgão ou entidade deverá solicitar ao vencedor, no prazo definido no edital, o envio desses por meio do sistema.

Art. 20. No caso de contratações para entrega imediata, considerada aquela com prazo de entrega de até 30 (trinta) dias da ordem de fornecimento, e nas contratações com valores inferiores a 1/4 (um quarto) do limite para dispensa de licitação para compras em geral e nas contratações de produto para pesquisa e desenvolvimento de que trata a alínea "c" do inciso IV do art. 75 da Lei nº 14.133, de 2021, somente será exigida das pessoas jurídicas a comprovação da regularidade fiscal federal, social e trabalhista e, das pessoas físicas, a quitação com a Fazenda Federal.

Art. 21. Constatado o atendimento às exigências estabelecidas no art. 19, o fornecedor será habilitado.

Parágrafo único. Na hipótese de o fornecedor não atender às exigências para a habilitação, o órgão ou entidade examinará a proposta subsequente e assim sucessivamente, na ordem de classificação, até a apuração de uma proposta que atenda às especificações do objeto e as condições de habilitação.

Procedimento fracassado ou deserto

Art. 22. No caso do procedimento restar fracassado, o órgão ou entidade poderá:

I – republicar o procedimento;

II – fixar prazo para que os fornecedores interessados possam adequar as suas propostas ou sua situação no que se refere à habilitação; ou

III – valer-se, para a contratação, de proposta obtida na pesquisa de preços que serviu de base ao procedimento, se houver, privilegiando-se os menores preços, sempre que possível, e desde que atendidas às condições de habilitação exigidas.

Parágrafo único. O disposto nos incisos I e III caput poderá ser utilizado nas hipóteses de o procedimento restar deserto.

CAPÍTULO V

DA ADJUDICAÇÃO E DA HOMOLOGAÇÃO

Adjudicação e homologação

Art. 23. Encerradas a etapa de julgamento e de habilitação, o processo será encaminhado à autoridade superior para adjudicação do objeto e homologação do procedimento, observado, no que couber, o disposto no art. 71 da Lei nº 14.133, de 2021.

CAPÍTULO VI

DAS SANÇÕES ADMINISTRATIVAS

Aplicação

Art. 24. O fornecedor estará sujeito às sanções administrativas previstas na Lei nº 14.133, de 2021, e em outras legislações aplicáveis, sem prejuízo da eventual anulação da nota de empenho de despesa ou da rescisão do instrumento contratual.

CAPÍTULO VII

DISPOSIÇÕES FINAIS

Orientações gerais

Art. 25. Os horários estabelecidos na divulgação do procedimento e durante o envio de lances observarão o horário de Brasília, Distrito Federal, inclusive para contagem de tempo e registro no Sistema e na documentação relativa ao procedimento.

Art. 26. Os órgãos, entidades, seus dirigentes e servidores que utilizem o Sistema de Dispensa Eletrônica responderão administrativa, civil e penalmente por ato ou fato que caracterize o uso indevido de senhas de acesso ou que transgrida as normas de segurança instituídas.

Parágrafo único. Os órgãos e entidades deverão assegurar o sigilo e a integridade dos dados e informações da ferramenta informatizada de que trata esta Instrução Normativa, protegendo-os contra danos e utilizações indevidas ou desautorizadas no âmbito de sua atuação.

Art. 27. O fornecedor é o responsável por qualquer transação efetuada diretamente ou por seu representante no Sistema de Dispensa Eletrônica, não cabendo ao provedor do Sistema ou ao órgão ou entidade promotor do procedimento a responsabilidade por eventuais danos decorrentes de uso indevido da senha, ainda que por terceiros não autorizados.

Art. 28. A Secretaria de Gestão da Secretaria Especial de Desburocratização, Gestão e Governo Digital do Ministério da Economia poderá:

I – expedir normas complementares necessárias para a execução desta Instrução Normativa; e

II – estabelecer, por meio de orientações ou manuais, informações adicionais para fins de operacionalização do Sistema de Dispensa Eletrônica.

Art. 29. Os casos omissos decorrentes da aplicação desta Instrução Normativa serão dirimidos pela Secretaria de Gestão da Secretaria Especial de Desburocratização, Gestão e Governo Digital do Ministério da Economia.

Vigência

Art. 30. Esta Instrução Normativa entra em vigor em 9 de agosto de 2021.

NOTA: *Vide* que a Instrução Normativa nº 8/2023 alterou a IN nº 67/2021, impossibilitando, para fins de controle dos valores limites de dispensa de licitação, a utilização da Classificação Nacional de Atividades Econômicas (CNAE). Logo, com base na IN, para fins de controle do valor limite de dispensa, deverá ser considerada a linha de fornecimento registrada pelo fornecedor no SICAF em conjunto com a classe de materiais do CATMAT ou a descrição dos serviços ou obras no CATSER.

Inciso III

1.2 Licitações desertas ou frustradas

Licitação deserta é aquela em que nenhum proponente interessado comparece no certame. Licitação frustrada (ou fracassada) é aquela em que nenhum proponente é selecionado em decorrência de inabilitação ou de desclassificação das propostas.

Este inc. III prevê dispensabilidade de licitação nas duas hipóteses.

Assim, preceitua a possibilidade de dispensa de licitação para a contratação que mantenha todas as condições definidas em edital de licitação realizada há menos de 1 (um) ano, quando se verificar que numa licitação que está sendo realizada:

a) não surgiram licitantes interessados (licitação deserta) ou não foram apresentadas propostas válidas (licitação frustrada); e
b) as propostas apresentadas consignaram preços manifestamente superiores aos praticados no mercado ou incompatíveis com os fixados pelos órgãos oficiais competentes (licitação frustrada).

A regra tem razão de ser: o custo de realização de nova licitação poderá trazer prejuízos para a Administração, o que, é claro, deverá ser ponderado pelo agente público responsável de modo a sopesar se deverá ou não utilizar o mecanismo de dispensa.

Observe-se os comentários de Joel Niebuhr:

> O legislador criou hipóteses de dispensa relacionadas a casos em que a licitação pública não foi bem-sucedida e que, em razão disso, a repetição do procedimento pode ser danosa ao interesse público. Trata-se de situações causadas pelo comportamento daqueles que participam de licitação pública e que podem ser danosas ao interesse público, que, ao critério do legislador, agrega densidade para afastar a obrigatoriedade de nova licitação pública.[721]

Assim, para que possa ocorrer a dispensa:

- É necessário que tenha ocorrido uma licitação anterior no prazo máximo de um ano;
- Nessa licitação não tenham surgido licitantes interessados (licitação deserta); ou
- Não tenham sido apresentadas propostas válidas (licitação frustrada); ou
- As propostas apresentadas tenham consignados preços manifestamente superiores aos praticados no mercado ou incompatíveis com os fixados pelos órgãos oficiais competentes (licitação frustrada);

[721] NIEBUHR. *Dispensa e inexigibilidade de licitação pública.*

- A contratação deverá manter todas as condições definidas no edital da licitação anterior.

Como assentamos em livro específico,[722] o legislador da Nova Lei retificou falha da lei pretérita, que só admitia a dispensa "quando não acudissem interessados à licitação anterior", ou seja, na ocorrência de licitação deserta. Dessa forma, atendeu as reivindicações da doutrina especializada, que entendia que o dispositivo também abarcava a licitação frustrada. Em análise do texto da lei anterior, obtemperamos que

> a interpretação do comando legal não poderia levar o intérprete a entender que a presença de 'interessados' desprovidos de competência para executar o objeto pretendido afastaria a possibilidade da adoção da solução oferecida pelo dispositivo, pois essa postura caracterizaria uma aplicação não inteligente da lei. Por conseguinte, haveria de se entender que, ao valer-se da ideia da ausência de interessados, estaria o legislador informando que o interesse público deveria ser satisfeito, com a contratação direta do objeto necessário, quando a licitação legalmente instaurada não obtivesse êxito, seja por falta literal de licitantes, seja em face da presença de pretendentes a executar o intencionado pela Administração, mas que não tivessem obtido a adjudicação em face de não deterem a habilitação necessária ou, mesmo que habilitados, não tivessem apresentado propostas válidas, caracterizando uma licitação fracassada.[723]

A contratação direta pressupõe a existência de um interessado nas condições contratuais previstas originalmente. Havendo, contudo, mais de um interessado, far-se-á necessário a realização de nova competição.

Em relação à lei anterior, verifica-se que duas condições importantes não foram mantidas na Nova Lei: a repetição do certame, na hipótese de não acudirem interessados à licitação anterior (licitação deserta) [desde que, justificadamente, não pudesse ser repetida sem prejuízo para a Administração, mantidas todas as condições preestabelecidas]; e, no caso de licitação fracassada, a abertura do prazo de 8 (oito) dias úteis para reapresentação de nova documentação (no caso de todos restarem inabilitados) ou de novas propostas (no caso de todos restarem desclassificados), escoimadas das causas determinantes da inabilitação ou da desclassificação.

Inciso IV

1.3 Contratações de objetos específicos

O inciso traz, distribuído em 13 alíneas, várias situações que constavam no antigo art. 24 da Lei nº 8.666/1993.

Essa reunião de alíneas demonstra, como sustentava o saudoso Marcos Juruena, a preocupação do legislador no sentido de agrupar num único bloco os objetos que consagram a função regulatória das contratações diretas, porquanto, além das medidas de regulação pela via legislativa, de certo há também a regulação por intermédio de

722 BITTENCOURT. *Contratando sem licitação*: contratação direta por dispensa ou inexigibilidade. 3. ed.

723 BITTENCOURT. *Licitação passo a passo*. 11. ed.

medidas administrativas "todas as vezes que a satisfação do interesse público por meio da licitação (e do contrato) estiver em jogo".[724]

Assim, o inciso prescreve que será dispensável a licitação nas contratações que tenham por objeto:

- Bens, componentes ou peças de origem nacional ou estrangeira necessários à manutenção de equipamentos, a serem adquiridos do fornecedor original desses equipamentos durante o período de garantia técnica, quando essa condição de exclusividade for indispensável para a vigência da garantia;
- Bens, serviços, alienações ou obras, nos termos de acordo internacional específico aprovado pelo Congresso Nacional, quando as condições ofertadas forem manifestamente vantajosas para a Administração;
- Produtos para pesquisa e desenvolvimento, limitada a contratação, no caso de obras e serviços de engenharia, ao valor de R$359.436,08 (trezentos e cinquenta e nove mil, quatrocentos e trinta e seis reais e oito centavos);[725]
- Transferência de tecnologia ou licenciamento de direito de uso ou de exploração de criação protegida, nas contratações realizadas por instituição científica, tecnológica e de inovação (ICT) pública ou por agência de fomento, desde que demonstrada vantagem para a Administração;
- Hortifrutigranjeiros, pães e outros gêneros perecíveis, no período necessário para a realização dos processos licitatórios correspondentes, hipótese em que a contratação será realizada diretamente com base no preço do dia;
- Bens ou serviços produzidos ou prestados no País que envolvam, cumulativamente, alta complexidade tecnológica e defesa nacional;
- Materiais de uso das Forças Armadas, com exceção de materiais de uso pessoal e administrativo, quando houver necessidade de manter a padronização requerida pela estrutura de apoio logístico dos meios navais, aéreos e terrestres, mediante autorização por ato do comandante da força militar;
- Bens e serviços para atendimento dos contingentes militares das forças singulares brasileiras empregadas em operações de paz no exterior, hipótese em que a contratação deverá ser justificada quanto ao preço e à escolha do fornecedor ou executante e ratificada pelo comandante da força militar;
- Abastecimento ou suprimento de efetivos militares em estada eventual de curta duração em portos, aeroportos ou localidades diferentes de suas sedes, por motivo de movimentação operacional ou de adestramento;
- Coleta, processamento e comercialização de resíduos sólidos urbanos recicláveis ou reutilizáveis, em áreas com sistema de coleta seletiva de lixo, realizados por associações ou cooperativas formadas exclusivamente de pessoas físicas de baixa renda reconhecidas pelo poder público como catadores de materiais recicláveis, com o uso de equipamentos compatíveis com as normas técnicas, ambientais e de saúde pública;
- Aquisição ou restauração de obras de arte e objetos históricos, de autenticidade certificada, desde que inerente às finalidades do órgão ou com elas compatível;

---

[724] FERRAZ. *Função regulatória da licitação.*

[725] Conforme atualização realizada pelo Decreto nº 11.871, de 29.12.2023.

- Serviços especializados ou aquisição ou locação de equipamentos destinados ao rastreamento e à obtenção de provas previstas nos incs. II e V do caput do art. 3º da Lei nº 12.850/2013 (Lei que define organização criminosa e dispõe sobre a investigação criminal, os meios de obtenção da prova, infrações penais correlatas e o procedimento criminal), quando houver necessidade justificada de manutenção de sigilo sobre a investigação; e
- Aquisição de medicamentos destinados exclusivamente ao tratamento de doenças raras definidas pelo Ministério da Saúde.

Alínea 'a'

1.3.1 Aquisição de bens para manutenção durante o período de garantia técnica

A alínea 'a' prescreve a dispensabilidade de licitação nas contratações que tenham por objeto bens, componentes ou peças de origem nacional ou estrangeira necessários à manutenção de equipamentos, a serem adquiridos do fornecedor original desses equipamentos durante o período de garantia técnica, quando essa condição de exclusividade for indispensável para a vigência da garantia.

Para o aperfeiçoamento da dispensa, a compra deverá atender aos seguintes requisitos:

a) consignar bem, componente ou peça de origem nacional ou estrangeira (afastando-se, por conseguinte, serviços e obras);
b) objeto necessário à manutenção de equipamento da Administração;
c) período de garantia técnica em curso;
d) compra diretamente com o fornecedor original; e
e) exclusiva aquisição junto ao fornecedor original ser condição indispensável para a vigência da garantia.

É indubitável que, na hipótese, a intenção é vincular a responsabilidade do fabricante ao funcionamento do equipamento.

Considerando que a dispensa licitatória só poderá ocorrer quando o fornecedor a tenha estabelecido como condição para manutenção da garantia do equipamento adquirido pela Administração, o enquadramento somente poderá acontecer quando estiver registrada de forma expressa essa condição na proposta originariamente formulada, por ocasião de sua aquisição.

Vide que a dispensabilidade só poderá sobrevir quando a condição de exclusividade do fornecedor for indispensável para a vigência da garantia. Logo, sendo a exclusividade premissa fundamental, fica claro que não há qualquer possibilidade de licitação, caracterizando-se, assim, inviabilidade de competição, o que sinalizaria a inexigibilidade e não a dispensabilidade.

Não obstante, o dispositivo trata a situação como caso de licitação dispensável, talvez porque seja possível, em certas situações, a realização do certame, em face da existência de produto similar no mercado (ainda que tal prática tenha como consequência a perda da garantia).

Nessa contextura, Jessé Torres obtempera que a preferência da lei não seria de todo desprovida de senso na suposição de hipótese em que a Administração abrisse mão da garantia do fabricante, convencida de que o equipamento funcionaria a contento mesmo com peças ou componentes diversos dos originais e de melhor preço.

> Tal possibilidade, contudo, reforça a tese de que à Administração impõe-se a aquisição direta ao fabricante se a realização da licitação, afastando a garantia, comprometer a manutenção do equipamento. O dever de zelar pela integridade de seus bens faz indisponível a decisão, aproximando-a do conceito de licitação inexigível também sob este prisma.[726]

Na hipótese de dispensa há um fator de suma importância: a atenção para possível infração às regras de defesa da concorrência, já que não se admite a vinculação entre contratos sem a existência de justificativa compatível com o princípio da livre concorrência.

Nessa linha de raciocínio, pondera Marçal Justen:

> Somente é viável a exigência do fornecedor quando as peças "originais" apresentarem alguma qualidade especial, que se relacione direta e causalmente com o funcionamento eficiente do equipamento. Ou seja, é válida a restrição imposta pelo fabricante quando a utilização de peças ou componentes de outra origem produzir desgaste ou algum tipo de prejuízo ao equipamento. Enfim, o fabricante estaria legitimado a recusar a garantia quando o defeito tivesse sido produzido pela utilização de peças inadequadas, defeituosas ou incompatíveis com o equipamento. Apenas nesses casos é que a exigência de aquisição de peças e componentes originais apresenta fundamento adequado, compatível com o ordenamento jurídico.[727]

Assim, como bem observa o jurista, sempre que a Administração se deparar com a exigência de utilização de peças originais, deverá promover diligência, devendo até mesmo determinar que o fornecedor justifique tecnicamente. Caso a explicação não seja convincente, deverá realizar a licitação e, simultaneamente, comunicar o ocorrido à Secretaria de Direito Econômico (SDE).

Alínea 'b'

1.3.2 Aquisição nos termos de acordo internacional

A alínea 'b' indica a dispensabilidade de licitação nas contratações que tenham por objeto bens, serviços, alienações ou obras, nos termos de acordo internacional específico aprovado pelo Congresso Nacional, quando as condições ofertadas forem manifestamente vantajosas para a Administração.[728]

---

726 PEREIRA JÚNIOR. *Comentários à Lei das Licitações e Contratações da Administração Pública*. 7. ed.

727 JUSTEN FILHO. *Comentários à Lei de Licitações e Contratos Administrativos*. 12. ed.

728 Sobre acordos internacionais, *vide* o nosso *Licitações internacionais*. (BITTENCOURT. *Licitações internacionais*. 3. ed.) e o *A licitação internacional na Nova Lei de Licitações*.

A hipótese de licitação dispensável tem como inspiração o fenômeno mundial da globalização. A intenção, sem a menor sombra de dúvida, foi adequar o direito interno aos tão corriqueiros e necessários acordos internacionais.

Verifica-se, outrossim, que a situação determina que se esqueça, nesse mister, o princípio da igualdade, porquanto poderá ocorrer a contratação em detrimento de empresa brasileira que produza bem ou preste serviço semelhante. Nesse passo, é cediço que, para justificar a adoção do dispositivo, fatores preponderantes se sobreponham à necessidade do atendimento ao princípio citado (como, por exemplo, o intercâmbio ou a transferência de tecnologia).

Diversamente da lei anterior, que circunscrevia a possibilidade da dispensa na contratação de bens e/ou serviços, a nova regra alcança também as alienações e as obras.

Quando a prescrição legal restringe a dispensa licitatória à vantagem manifesta, avistam-se sérias dificuldades operacionais ao agente público, uma vez que, na prática, essa demonstração é demasiadamente vaga.[729] Não obstante, Benedicto de Tolosa sustenta que o dispositivo "apenas está reiterando o princípio fundamental das contratações realizadas pela Administração Pública quando opera com ou sem licitação".[730] Da mesma maneira, Marçal Justen defende que "a exigência de condições vantajosas não necessitaria ser expressa, por ser pressuposto inerente a qualquer contratação administrativa".[731]

Diversamente, em face do termo "manifestamente", consideramos que o alcance é mais amplo. A nosso ver, a mera existência do acordo internacional sobre a matéria não seria suficiente para o enquadramento.[732]

A questão não passou despercebida por Roberto Bazilli e Sandra Miranda, preocupados com os efeitos diretos das vantagens a serem auferidas:

> Condições vantajosas para quem? Esta é a questão que se põe. A vantagem deve ser aferida no tocante ao órgão ou entidade contratante ou em relação à Administração Pública como um todo? A questão não é meramente acadêmica, pois que o deslinde neste ou naquele sentido determinará critérios de aferição diversos. Se a aferição for a pertinente ao contratante, deverá levar em consideração, para produtos de qualidade e características semelhantes, o preço de mercado nacional e internacional. Já, se a aferição destas condições vantajosas for no tocante aos interesses da Administração Pública, outros fatores deverão ser considerados, tais como abertura de mercado, balança comercial, colocação de produtos dos Estados acordantes, financiamento etc.[733]

---

[729] Não raro, a lei se vale de conceitos jurídicos indeterminados. Nesse particular, Vanice Lírio do Valle, ao avaliar a adoção nos diplomas legais de ideias sujeitas a uma definição carregada de avaliação subjetiva, relembra que o legislador, sabiamente, se vale desse artifício, por não desconhecer que, especialmente em um país como o Brasil, marcado pela dimensão territorial continental e pelas flagrantes diferenciações sociais e econômicas de suas regiões, seria tremendamente inconveniente que, em matéria desse jaez, se valesse a legislação de conceitos rígidos, insuscetíveis de adaptação às condições locais. (VALLE. *Contratos de gestão e organizações sociais. Medida Provisória nº 1.591-1, de 09.10.97*).

[730] TOLOSA FILHO. *Contratando sem licitação.*

[731] JUSTEN FILHO. *Comentários à Lei de Licitações e Contratos Administrativos*. 7. ed.

[732] Observe-se que a lei fez referência tão somente a acordos. Várias expressões são encontradas no Direito Internacional que denotam acordos internacionais (tratado, convenção etc.). Verdadeiramente, na estrita acepção do termo, acordo internacional é aquele que denota cooperação entre países. No caso sob análise, trata-se, evidentemente, de acordo que implique na possibilidade de contratação de bens, serviços, alienações ou obras e não o tratado ou a convenção internacional, que possuem caráter normativo.

[733] BAZILLI; MIRANDA. *Licitação à luz do direito positivo.*

Joel Niebuhr relembra que, a princípio, a maneira que o Poder Púbico possui para apurar as condições contratuais mais vantajosas é justamente a licitação pública:

> Nela, todos os interessados disputam em condições de igualdade, ofertando à Administração a melhor proposta [...]. Destarte, é a competição entre os interessados no contrato que induz à proposta mais vantajosa. Sob essa luz, o Estado brasileiro pode acertar a aquisição de bens ou a prestação de serviços com empresas estrangeiras, por meio de acordo aprovado pelo Congresso Nacional, mas não dispõe de condições para precisar que os termos desse contrato sejam efetivamente os mais vantajosos, pois, se recorresse à licitação, outras empresas, de outros Estados, poderiam, em tese, lhe oferecer melhores propostas.[734] [735]

Em função de tudo o que foi exposto, concluímos que as condições ofertadas devem ser vantajosas para a Administração Pública como um todo e, como aduzem Bazilli e Miranda, melhor ainda se forem vantajosas também para o órgão contratante, requerendo ampla motivação.[736]

Sublinhe-se que a manifesta vantagem pode ser alcançada de maneira indireta, isto é, não necessariamente decorrente do objeto do contrato a ser celebrado, mas por intermédio de outras obrigações assumidas pela empresa estrangeira (tais como transferência de tecnologia; compensações específicas – os chamados *offset* etc.).

Nesse particular, expõe com propriedade Niebuhr:

> O fato é que [...] os acordos internacionais envolvem função política, pertinente às estratégias do Estado em relação a seus pares, envolvendo interesses complexos. E, hoje em dia, essas relações ganham cada vez mais importância, pelo que, esses outros fatores servem para justificar a manifesta vantajosidade da dispensa.[737]

No mesmo diapasão, Ari Sundfeld:

> Trata-se de situações em que a aquisição tem como contrapartida vantagens de outra ordem, interesses para o País, como [...] a abertura de mercados externos, e por aí vai. A dispensa de licitação, considerando, de um lado, que os benefícios citados podem ser mais interessantes que a mecânica busca do melhor preço em uma contratação tomada isoladamente e, de outro, que o procedimento licitatório não é veículo adequado para o estabelecimento de vínculos complexos, onde estejam envolvidas contrapartidas políticas.[738]

Por outro lado, como antes discorremos, os acordos internacionais, ratificados pelo Congresso Nacional, assumem no ordenamento jurídico pátrio, nível hierárquico de lei ordinária. Nesse viés, celebrado um acordo desse porte, objetivando uma aquisição

---

[734] NIEBUHR. *Dispensa e inexigibilidade de licitação pública*. 2. ed.

[735] Jonas Lima não confere muita importância ao inciso: "Ora, tal dispositivo está condicionado à existência da vantagem mencionada nele mesmo, mas atualmente é difícil encontrar algum produto, bem ou serviço que consiga melhores condições apenas em um acordo do que em ampla e pública competição global. Trata-se, portanto, de dispositivo de raríssima utilização". (LIMA. *Licitação Pública Internacional no Brasil*).

[736] Eduardo Goeldner Capella alerta que já houve contratação com essas características – oriunda de acordo internacional e aprovada pelo Congresso Nacional – devidamente glosada em auditoria pelo TCU, em face de não haver a comprovação de ser vantajosa ao erário. (CAPELLA. *Licitações*).

[737] NIEBUHR. *Dispensa e inexigibilidade de licitação pública*. 2. ed.

[738] SUNDFELD. *Licitação e contrato administrativo*. 2. ed.

ou um serviço, dispositivo especial estaria vindo à luz, sobrepujando-se ao disposto na Lei nº 14.133/2021.[739] [740]

Sobre a matéria, Bazilli e Miranda chamam a atenção para os arts. 49, I, e 84, VIII, da CF:[741]

> Acordo internacional, pois, é ato jurídico por meio do qual se efetiva a integração de vontades entre duas ou mais pessoas internacionais. Caracteriza-se, sobretudo, por ser específico, implicando a possibilidade de aquisição de bens e serviços pelas partes; é de natureza operativa, ao passo que a convenção internacional tem caráter normativo. O acordo a que se refere o texto em comento é de natureza gravosa, acarretando encargos para as partes, na medida em que está ínsita a ideia de comércio internacional. Como tal, este acordo somente tem eficácia jurídica quando o Congresso Nacional o aprova ou referenda.[742]

Instala-se, então, uma dúvida: poderia o agente público deixar de atender ao prescrito num acordo dessa natureza por considerar, com base em documentos concretos, que a manifesta vantagem não estaria sendo alcançada?

Conjugando os regramentos constitucionais com a regra disposta neste dispositivo, asseveramos que sim, não obstante o acordo manter a validade jurídica.[743]

É o que também concluiu Jorge Ulisses Jacoby Fernandes:

> Efetivamente, se a lei [...] impõe norma geral sobre o tema e se a licitação é também a regra geral, as normas específicas – aí compreendidas as contidas nos acordos que autorizem contratação direta sem licitação – terão sua validade condicionada, se harmônicas com a Constituição Federal e com as regras gerais aqui delineadas. Mesmo quando o acordo não faça alusão à obrigação de oferecer condições mais vantajosas para o Poder Público, aquela regra deverá permear o ajuste.[744]

---

739 Esse requisito sofreu pesada crítica de Marcos Juruena, uma vez que o próprio tratado poderia excepcionar a regra para o caso específico, sem necessidade de outra legislação, até porque o art. 4º da CF já prevê a cooperação entre os povos e a integração econômica como princípios das relações internacionais brasileiras. (SOUTO. *Licitações e contratos administrativos*).

740 A Resolução do Senado nº 48/2007, que dispõe sobre os limites globais para as operações de crédito externo e interno da União, de suas autarquias e demais entidades controladas pelo poder público federal e estabelece limites e condições para a concessão de garantia da União em operações de crédito externo e interno, prevê que os pedidos de autorização para operações de crédito externo vinculados à aquisição de bens ou contratação de serviços, decorrentes de acordo internacional específico, devem ser acompanhados de pareceres técnico e jurídico da entidade contratante, discriminando as vantagens econômicas para o Poder Público.

741 CF – Art. 49. É da competência exclusiva do Congresso Nacional: I – resolver definitivamente sobre tratados, acordos ou atos internacionais que acarretem encargos ou compromissos gravosos ao patrimônio nacional;

Art. 84. Compete privativamente ao Presidente da República: VIII – celebrar tratados, convenções e atos internacionais, sujeitos a referendo do Congresso Nacional;

742 BAZILLI; MIRANDA. *Licitação à luz do direito positivo.*

743 Com outra ótica, Ivan Barbosa Rigolin critica a necessidade da averiguação quanto às condições vantajosas para a Administração, dado que o acordo já recebera o aval do Congresso Nacional: "[...] soa muito estranho, como neste exemplo: o País celebrou um acordo OPEP para comprar petróleo, primeiro requisito atendido. Reuniu-se o Congresso Nacional e aprovou esse acordo, segundo requisito. Dado isso, a pergunta inevitável: alguém imagina que será ainda necessário que mais alguém, que não se sabe quem possa ser, mas que pelo jeito está acima do Congresso Nacional, precise entender que as condições aprovadas pelo Congresso são manifestamente vantajosas, para apenas então poder o contrato ser tido como legítimo? O Congresso tem então alguma instância administrativa revisora? [...] Seria o autor da lei a instância revisora do Congresso? Quem submete o Congresso Nacional à subordinação, no plano administrativo e não judicial? É muito estranha, apenas para variar, neste momento a dicção da lei". (RIGOLIN. *Dispensa e inexigibilidade de licitação*).

744 JACOBY FERNANDES. *Contratação direta sem licitação.*

Justificando a dispensa de licitação para a situação apresentada, Benedicto de Tolosa mune-se de argumentos que discorrem sobre a globalização dos mercados:

> O Brasil, por certo, não poderia ficar alheio ao movimento conhecido como globalização nas diversas áreas de atividades e do conhecimento. Fato idêntico ocorre por regiões unindo as nações em causas de interesse recíproco, como é o caso do Mercosul em nosso hemisfério. Assim, se unem as nações em organismos internacionais que proporcionam a troca de experiências e de favores comerciais, surgindo, desta forma, condições favoráveis para aquisição de bens ou de serviços de alta tecnologia e de aplicação específica, materializados através de acordos internacionais [...], possibilitando, assim, que sejam adquiridos mediante dispensa de licitação.[745]

Ainda sobre a matéria, insta observar que:

a) quando o acordo internacional envolver estados, municípios ou o Distrito Federal, serão os Poderes Legislativo e Executivo locais que terão competência para a apreciação quanto à conveniência e oportunidade, cabendo ao Congresso Nacional a avaliação concernente aos contornos econômico-financeiros;[746]
b) a hipótese de dispensa ora analisada difere do regramento contido no §3º do art. 1º, que versa sobre procedimentos para as contratações com financiamentos concedidos por agências oficiais de cooperação estrangeiras ou organismos financeiros multilaterais de que o Brasil faça parte (tais como o Banco Mundial – BIRD ou o Banco Interamericano de Desenvolvimento – BID), quando não há de se falar em licitação dispensável, uma vez que se instaurará licitação, na qual poderão constar as condições previstas nas normas e procedimentos dos organismos financiadores.

Alínea 'c' e Parágrafo 5º

1.3.3 Dispensa de licitação nas contratações de produtos para pesquisa e desenvolvimento

A alínea 'c' preceitua a dispensabilidade de licitação nas contratações que tenham por objeto a contratação de produtos para pesquisa e desenvolvimento, limitada a contratação, no caso de obras e serviços de engenharia, ao valor de R$359.436,08 (trezentos e cinquenta e nove mil, quatrocentos e trinta e seis reais e oito centavos).[747]

De acordo com a Lei nº 13.243, de 11.01.2016 – o denominado Marco Legal da Ciência, Tecnologia e Inovação, pois dispõe sobre medidas para o incentivo à pesquisa, à inovação e ao desenvolvimento científico e tecnológico no ambiente produtivo, com

---

745 TOLOSA FILHO. *Contratando sem licitação.* 3. ed.

746 A propósito, Marcos Juruena sustenta que a dispensa em análise "veio para admitir acordos feitos por estados e municípios, que não têm personalidade jurídica de Direito Internacional público, e, portanto, não podem celebrar tratados [...]. Do contrário, seria inócuo. Afinal, o próprio tratado [...] poderia excepcionar a regra para o caso específico, sem necessidade de legislação, até porque o artigo 4º da Constituição Federal já prevê a cooperação entre os povos e a integração econômica como princípios das relações internacionais brasileiras". (SOUTO. *Direito Administrativo Contratual.* 3. ed.).

747 Conforme atualização realizada pelo Decreto nº 11.871, de 29.12.2023.

vistas à capacitação tecnológica, o alcance da autonomia tecnológica e o desenvolvimento do sistema produtivo nacional e regional do País, de acordo com o estabelecido nos arts. 23, 24, 167, 200, 213, 218, 219 e 219-A da CF –, o inciso estabelece a possibilidade de dispensa licitatória quando da contratação de produto para pesquisa e desenvolvimento.

Consigne-se, para deixar clara a regra de dispensa, que a citada Lei nº 13.243/2016 trouxe em seu bojo o conceito de produtos para pesquisa e desenvolvimento (PPD), dispondo que tais produtos envolvem os bens, insumos, serviços e obras necessários para atividade de pesquisa científica e tecnológica, desenvolvimento de tecnologia ou inovação tecnológica, discriminados em projeto de pesquisa, conceito repisado no inc. LV do art. 6º desta Nova Lei.

Vide que, segundo o preceptivo, se devidamente especificados pela Administração, além de bens e insumos, também serviços e obras poderão ser qualificados como produtos para pesquisa e desenvolvimento.

Quando, todavia, o objeto pretendido pela Administração envolver obras e serviços de engenharia, o dispositivo limita o uso a R$359.436,08 (trezentos e cinquenta e nove mil, quatrocentos e trinta e seis reais e oito centavos).[748]

Na atualidade, a política de incentivo à pesquisa tecnológica representa parte preponderante da agenda econômica nos países desenvolvidos e nos países emergentes. Dados levantados pelo Banco Interamericano de Desenvolvimento (BID) mostram que o Brasil foi responsável, em 2007, por 60% dos investimentos em pesquisa e desenvolvimento, entre os países da América Latina e do Caribe, sendo o único país da região que destina acima de 1% do Produto Interno Bruto (PIB) para a inovação.

A CF possui artigo específico dedicado ao tema, determinando o incentivo governamental nessa seara:

> Art. 218. O Estado promoverá e incentivará o desenvolvimento científico, a pesquisa e a capacitação tecnológicas.
>
> §1º – A pesquisa científica básica receberá tratamento prioritário do Estado, tendo em vista o bem público e o progresso das ciências.
>
> §2º – A pesquisa tecnológica voltar-se-á preponderantemente para a solução dos problemas brasileiros e para o desenvolvimento do sistema produtivo nacional e regional.
>
> §3º – O Estado apoiará a formação de recursos humanos nas áreas de ciência, pesquisa e tecnologia, e concederá aos que delas se ocupem meios e condições especiais de trabalho.
>
> §4º – A lei apoiará e estimulará as empresas que invistam em pesquisa, criação de tecnologia adequada ao País, formação e aperfeiçoamento de seus recursos humanos e que pratiquem sistemas de remuneração que assegurem ao empregado, desvinculada do salário, participação nos ganhos econômicos resultantes da produtividade de seu trabalho.
>
> §5º – É facultado aos Estados e ao Distrito Federal vincular parcela de sua receita orçamentária a entidades públicas de fomento ao ensino e à pesquisa científica e tecnológica.

Por conseguinte, a dispensabilidade licitatória se justifica em face das peculiaridades do objeto pretendido, fitando a utilização na aquisição ou contratação de produto para pesquisa e desenvolvimento, em função da necessidade de agilidade na contratação,

[748] Conforme atualização realizada pelo Decreto nº 11.871, de 29.12.2023.

uma vez que trabalhos dessa natureza de grande significância poderiam sofrer prejuízos se a aquisição de bens neles utilizados tivesse que se conformar aos lentos ritos do procedimento licitatório. Logo, só deverá ocorrer em situações cuja peculiaridade seja suficiente para comprovar que a obrigatoriedade da adoção de licitação pública imporia prejuízos à pesquisa.

Ressalte-se que o §5º registra que esta dispensa licitatória, quando aplicada a obras e serviços de engenharia, deverá seguir procedimentos especiais instituídos em regulamentação específica.[749]

Alínea 'd'

1.3.4 Transferência de tecnologia

A alínea 'd' prescreve a dispensabilidade de licitação nas contratações que tenham por objeto a transferência de tecnologia ou o licenciamento de direito de uso ou de exploração de criação protegida, nas contratações realizadas por instituição científica, tecnológica e de inovação (ICT) pública ou por agência de fomento, desde que demonstrada vantagem para a Administração.

> Art. 75. É dispensável a licitação:
>
> (...)
>
> IV – para contratação que tenha por objeto:
>
> (...)
>
> d) transferência de tecnologia ou licenciamento de direito de uso ou de exploração de criação protegida, nas contratações realizadas por instituição científica, tecnológica e de inovação (ICT) pública ou por agência de fomento, desde que demonstrada vantagem para a Administração.

Como já esposado, o incentivo ao desenvolvimento científico, à pesquisa e à capacitação tecnológica tem sede constitucional, sendo tratados nos arts. 218 a 219-B.[750]

---

749 Na vigência da Lei nº 8.666/1993, o Decreto nº 9.283/2018 regulamentou a matéria referente a dispositivo similar.

750 CF – CAPÍTULO IV – DA CIÊNCIA, TECNOLOGIA E INOVAÇÃO (Redação dada pela Emenda Constitucional nº 85, de 2015).
Art. 218. O Estado promoverá e incentivará o desenvolvimento científico, a pesquisa, a capacitação científica e tecnológica e a inovação. (Redação dada pela Emenda Constitucional nº 85, de 2015).
§1º A pesquisa científica básica e tecnológica receberá tratamento prioritário do Estado, tendo em vista o bem público e o progresso da ciência, tecnologia e inovação. (Redação dada pela Emenda Constitucional nº 85, de 2015).
§2º A pesquisa tecnológica voltar-se-á preponderantemente para a solução dos problemas brasileiros e para o desenvolvimento do sistema produtivo nacional e regional.
§3º O Estado apoiará a formação de recursos humanos nas áreas de ciência, pesquisa, tecnologia e inovação, inclusive por meio do apoio às atividades de extensão tecnológica, e concederá aos que delas se ocupem meios e condições especiais de trabalho. (Redação dada pela Emenda Constitucional nº 85, de 2015).
§4º A lei apoiará e estimulará as empresas que invistam em pesquisa, criação de tecnologia adequada ao País, formação e aperfeiçoamento de seus recursos humanos e que pratiquem sistemas de remuneração que assegurem ao empregado, desvinculada do salário, participação nos ganhos econômicos resultantes da produtividade de seu trabalho.
§5º É facultado aos Estados e ao Distrito Federal vincular parcela de sua receita orçamentária a entidades públicas de fomento ao ensino e à pesquisa científica e tecnológica.

Esta dispensabilidade licitatória, antes inserida na Lei nº 8.666/1993 pela Lei nº 10.973/2004, veio à luz como consequência lógica dos incentivos à pesquisa científica e tecnológica previstos no diploma, objetivando a ampliação da capacitação e da autonomia tecnológica, com o asseguramento do desenvolvimento da indústria nacional.

Na exposição de motivos da lei, foram apresentados os argumentos que fundaram a nova hipótese de dispensa:

> No contexto de estímulo à participação das entidades públicas de pesquisa no processo de inovação, o Capítulo III traz mecanismo de suma relevância. Trata-se da transferência e do licenciamento de tecnologia de nossas universidades e institutos de pesquisa públicos para o setor produtivo nacional. [...] o presente Projeto traz modificação ao texto dessa lei, dispensando das modalidades de licitação a contratação para transferência e licenciamento de tecnologia pelas instituições científicas e tecnológicas.
>
> O texto apresentado estabelece duas formas de tratamento à questão. Primeiramente, em se tratando de contratação com cláusula de exclusividade para exploração da criação, o Projeto prevê a modalidade de chamada pública, cujo procedimento será oportunamente regulamentado. Em outra hipótese, havendo fundamento para contratar sem exclusividade de exploração, as entidades públicas poderão fazê-lo diretamente, com os interessados do setor produtivo.
>
> Com a disposição acima proposta, findam-se os inúmeros obstáculos que impediam a exploração pela sociedade dos produtos e processos inovadores produzidos dentro das universidades e instituições públicas de pesquisa. É selada, assim, de forma objetiva, a relação entre tais entidades públicas e o setor produtivo nacional.

Destarte, com o firme propósito de fomentar ao máximo as atividades de pesquisa, após definir, em seu art. 2º, V, que uma ICT constitui ente da Administração Pública dedicado a trabalhos de pesquisa básica ou aplicada, de caráter científico ou tecnológico, a Lei nº 10.973/2004 sinalizou o uso da dispensabilidade de licitação quando estas

---

§6º O Estado, na execução das atividades previstas no caput, estimulará a articulação entre entes, tanto públicos quanto privados, nas diversas esferas de governo. (Incluído pela Emenda Constitucional nº 85, de 2015).
§7º O Estado promoverá e incentivará a atuação no exterior das instituições públicas de ciência, tecnologia e inovação, com vistas à execução das atividades previstas no caput. (Incluído pela Emenda Constitucional nº 85, de 2015).
Art. 219. O mercado interno integra o patrimônio nacional e será incentivado de modo a viabilizar o desenvolvimento cultural e socioeconômico, o bem-estar da população e a autonomia tecnológica do País, nos termos de lei federal.
Parágrafo único. O Estado estimulará a formação e o fortalecimento da inovação nas empresas, bem como nos demais entes, públicos ou privados, a constituição e a manutenção de parques e polos tecnológicos e de demais ambientes promotores da inovação, a atuação dos inventores independentes e a criação, absorção, difusão e transferência de tecnologia. (Incluído pela Emenda Constitucional nº 85, de 2015).
Art. 219-A. A União, os Estados, o Distrito Federal e os Municípios poderão firmar instrumentos de cooperação com órgãos e entidades públicos e com entidades privadas, inclusive para o compartilhamento de recursos humanos especializados e capacidade instalada, para a execução de projetos de pesquisa, de desenvolvimento científico e tecnológico e de inovação, mediante contrapartida financeira ou não financeira assumida pelo ente beneficiário, na forma da lei. (Incluído pela Emenda Constitucional nº 85, de 2015).
Art. 219-B. O Sistema Nacional de Ciência, Tecnologia e Inovação (SNCTI) será organizado em regime de colaboração entre entes, tanto públicos quanto privados, com vistas a promover o desenvolvimento científico e tecnológico e a inovação. (Incluído pela Emenda Constitucional nº 85, de 2015).
§1º Lei federal disporá sobre as normas gerais do SNCTI. (Incluído pela Emenda Constitucional nº 85, de 2015).
§2º Os Estados, o Distrito Federal e os Municípios legislarão concorrentemente sobre suas peculiaridades. (Incluído pela Emenda Constitucional nº 85, de 2015).

instituições necessitarem ceder direitos de sua titularidade relacionados à inovação tecnológica.

Além disso, mirando fomentar a pesquisa, fez menção à criação de agências de fomento (com atuação precípua no financiamento dos trabalhos dessa natureza),[751] as quais, nas suas contratações, também se valerão do recurso da dispensabilidade do certame licitatório.

Registrem-se os requisitos para a dispensa:

a) o ente da Administração Pública deverá estar qualificado como Instituição Científica e Tecnológica (ICT) ou como agência de fomento, como delineado na Lei nº 10.973/2004;
b) o objeto da contratação deverá ser a transferência de tecnologia ou o licenciamento de direito de uso de criação;
c) deverá ser titular da tecnologia a ser transferida ou do direito de uso da criação protegida; e
d) deverá ser demonstrada a vantagem para a Administração.

Alínea 'e'

1.3.5 Aquisição de perecíveis

A alínea 'e' sinaliza a dispensabilidade de licitação nas contratações que tenham por objeto a aquisição de hortifrutigranjeiros, pães e outros gêneros perecíveis, no período necessário para a realização dos processos licitatórios correspondentes, hipótese em que a contratação será realizada diretamente com base no preço do dia.

Definiu-se, assim, a permissibilidade de dispensa licitatória nas compras de gêneros perecíveis (a menção a hortifrutigranjeiros e pães é meramente exemplificativa) nas contratações que perdurem durante o tempo necessário para a realização dos processos licitatórios correspondentes.

A justificativa para a contratação direta parece clara: tais gêneros estão sujeitos a perecimento em período demasiado curto, a ponto de, enquanto transcorresse o procedimento para a aquisição, se excedesse o tempo em que estariam próprios para consumo. O decurso do tempo determinaria a deterioração dos produtos. Não obstante, o próprio texto do dispositivo conflita com essa motivação, haja vista que, como mencionado, autoriza a contratação apenas no tempo necessário para a realização dos processos licitatórios correspondentes.

O que se pretende com a dispensa é prevenir a feitura de compras efetivamente eventuais de tais gêneros, dado que as não eventuais continuam sujeitas à licitação.

Destarte, oriundo da lei anterior, sem grandes modificações textuais, o dispositivo se reveste de certa inutilidade, porquanto permite apenas meras contratações de urgência, uma vez que, caracterizada a necessidade dos produtos em caráter permanente, deverá

---

[751] Lei nº 10.973/04 – Art. 2º Para os efeitos desta Lei, considera-se:
I – agência de fomento: órgão ou instituição de natureza pública ou privada que tenha entre os seus objetivos o financiamento de ações que visem a estimular e promover o desenvolvimento da ciência, da tecnologia e da inovação.

a Administração, seguindo um adequado planejamento, adquirir por intermédio de competição licitatória.

Que fique claro, portanto, que a circunstância autorizadora da contratação direta jamais deverá advir da falta de planejamento.

São requisitos para a contratação direta:

a) o objeto da compra deve ser gênero perecível (pois, como esposado, a menção a hortifrutigranjeiros e pães é meramente exemplificativa);
b) a contratação somente poderá ocorrer no tempo necessário para a realização de licitação, ou seja, apenas para resolver problemas imediatos; e
c) os preços devem ser os de mercado.

1.3.5.1 O gênero perecível

Gênero perecível é o que perece com o decorrer do tempo. Na hipótese, a expressão "gêneros perecíveis" não pode significar outra coisa senão gêneros alimentícios perecíveis, isto é, todos os produtos que comumente servem para a alimentação humana, suscetíveis de perecimento, ainda que se possa afirmar que não há alimento não perecível.[752]

A natureza do objeto a ser adquirido é de curta perecibilidade, não só porque os exemplos oferecidos pelo dispositivo consignam produtos com prazos de consumo bastante exíguos, mas também porque a aquisição se condiciona a limite temporal.

1.3.5.2 A questão do preço do dia

A alínea também exige que a compra seja realizada diretamente, com base no preço do dia, diante da frequente variação de preços de gêneros perecíveis. Também nesse caso, faz-se necessária uma acurada pesquisa de preços no mercado. Como já registramos, a matéria tem atual relevância, haja vista o retorno com grande impacto da inflação na economia nacional, hoje, inclusive, somando-se à recessão, cabendo à Administração cautela no exame das condições de mercado, adequando as decisões às peculiaridades do momento.

Em face da inexistência de diplomas legais que informem a maneira de realização dessa pesquisa, o TCU, por intermédio do Acórdão nº 868/2013 – Plenário, concluiu pela necessidade de exame de fontes de pesquisa capazes de representar o mercado, que podem ser oriundas, por exemplo, de diligências junto a fornecedores, valores adjudicados em licitações de órgãos públicos (inclusos aqueles constantes no compras.gov.br), valores registrados em Atas de Registros de Preços, entre outras fontes disponíveis.

Objetivando nortear o tema, a Secretaria de Logística e Tecnologia da Informação do Ministério do Planejamento (SLTI) editou a Instrução Normativa nº 5/2014, dispondo sobre os procedimentos administrativos básicos para a realização de pesquisa de preços para aquisição de bens e contratação de serviços em geral. Posteriormente, o Secretário de Gestão da Secretaria Especial de Desburocratização, Gestão e Governo digital do Ministério da Economia editou a Instrução Normativa nº 73, de 5.08.2020, que revogou

752 GASPARINI. *Direito administrativo.*

a IN nº 05/2014 e dispôs sobre o procedimento administrativo para realização de pesquisa de preços para aquisição de bens e contratação de serviços em geral, no âmbito da administração pública federal direta, autárquica e fundacional. Já na égide da Lei nº 14.133/2021, o Governo federal publicou a Instrução Normativa SEGES/ME nº 65, de 7.07.2021, que dispõe sobre a matéria.

Alínea 'f'

1.3.6 Bens ou serviços produzidos ou prestados no País de alta tecnologia e defesa nacional

A alínea 'f' sinaliza a dispensabilidade de licitação nas contratações que tenham por objeto bens ou serviços produzidos ou prestados no País que envolvam, cumulativamente, alta complexidade tecnológica e defesa nacional.

O dispositivo – voltado tão somente para a União, por tratar de tema que lhe é exclusivo – tem contornos semelhantes à situação de dispensa prevista no inc. VI, pois ambos circunscrevem regras para dispensa de competição licitatória referentes à soberania nacional.

O inc. VI prevê o afastamento licitatório na possibilidade de *comprometimento da segurança nacional*. Esta alínea atrela-se a questões de *defesa nacional*.

A nosso ver, no entanto, as expressões possuem acepções diversas, apesar de bem próximas, nada impedindo de serem utilizadas no mesmo sentido ou conotação, quando inexistir preocupação precípua de adoção estrita.

Feitas essas considerações, registre-se que o preceptivo visa o fomento à pesquisa e à produção tecnológica, associando este mercado à defesa nacional.

Nesse viés, elenca como requisitos para a dispensa de licitação:

a) o objeto envolver compra e/ou serviços;
b) no caso de bem, ser produzido no País;
c) se serviço, ser prestado no território nacional; e
d) o fornecimento do bem ou a prestação do serviço envolver alta complexidade tecnológica e estar associado à defesa nacional.

Alínea 'g'

1.3.7 Manutenção da padronização de materiais de uso militar

A alínea aponta a dispensabilidade de licitação nas contratações que tenham por objeto a aquisição de materiais de uso das Forças Armadas, com exceção de materiais de uso pessoal e administrativo, quando houver necessidade de manter a padronização requerida pela estrutura de apoio logístico dos meios navais, aéreos e terrestres, mediante autorização por ato do comandante da força militar.

O dispositivo, tal como na lei anterior, traz hipótese de dispensa licitatória merecedora de crítica. Ora, se, consoante o preconizado no art. 47, I,[753] as compras, sempre

[753] Art. 47. As licitações de serviços atenderão aos princípios: I – da padronização, considerada a compatibilidade de especificações estéticas, técnicas ou de desempenho.

que possível, deverão atender ao princípio da padronização, e, em função disso, a elas se impõe compatibilidade de especificações estéticas, técnicas ou de desempenho, ter-se-á, quando de sua adoção, a inviabilidade de competição, em face de a situação determinar a contratação de fornecedor exclusivo. Sendo assim, configura-se caso de inexigibilidade, e não de dispensa.

A circunstância é tão cristalina, que, ao avaliarem dispositivo idêntico da lei anterior, Sérgio Ferraz e Lúcia Vale Figueiredo se indignaram, pois o parâmetro da padronização já atrairia, por si só, a hipótese para o campo da inexigibilidade. Concluíram, assim, de que se tratava de "mais um cansativo engano [...] a ser superado, como de outras feitas, pelo labor da interpretação sistemática".[754]

O dispositivo, voltado somente para as Forças Armadas (Marinha, Exército e Aeronáutica), vincula sua adoção aos seguintes requisitos:

a) compras de material de uso dessas Forças;
b) vedação de aquisições de uso pessoal ou administrativo (como, por exemplo, material de expediente);
c) objetivar a manutenção da padronização;
d) padronização justificadamente mandatória, em face da estrutura de apoio logístico dos meios navais, aéreos e terrestres; e
e) autorização por ato do comandante da força militar.

Há duas vertentes na apreciação do estabelecido. Alguns comungam da ideia de que, existindo viabilidade de competição, com mais de um fornecedor para o oferecimento do produto padronizado, caberia licitação. Outros sustentam que o norte da escolha do fornecedor deverá constituir causa legítima, amparada em interesse público e impessoal, uma vez que a preparação da indústria nacional para a mobilização de guerra justificaria a escolha discricionária.

Ficamos com a segunda interpretação, apesar de ser factível a opção pela licitação, caso possível, por inexistir sentido na criação de dispositivo tão somente para assentar sobre a padronização de materiais das Forças Armadas, mesmo porque, como antes esposado, a lei já prescreve, de forma genérica, a questão.

1.3.7.1 A padronização

O Princípio da Padronização, como já tratado anteriormente, deve, sempre que possível, ser aplicado nas compras efetuadas pela Administração, objetivando evitar aquisições de bens com diferenças nos componentes, na qualidade, na produtividade e na durabilidade, com implicações diretas e imediatas no estoque, na manutenção, na assistência técnica, no controle e na atividade administrativa.

No caso, a adoção é requisito necessário nas compras de material de uso pelas Forças Armadas, quando houver necessidade de manter a padronização requerida pela estrutura de apoio logístico. Logo, a compra tem como pressuposto a prévia existência de padronização, só sendo possível a efetivação da dispensa licitatória, portanto, se ela já tiver ocorrido. Já assentamos, inclusive, que, para que tenha respaldo, há premente

[754] FERRAZ; FIGUEIREDO. *Dispensa e inexigibilidade de licitação*. 3. ed.

necessidade de um procedimento administrativo cristalino e minucioso, com precisa demonstração do convencimento de sua real necessidade por parte da autoridade pública responsável (comandante da força militar).

Como se dará por exigência da estrutura de apoio logístico, há uma relação direta entre a estrutura logística e a padronização realizada.

Como observa Carlos Wellington de Almeida, a decisão pela padronização deve ser precedida de ampla pesquisa técnica e de mercado que seja capaz de definir claramente a necessidade de se adotar padrão único:

> Os estudos técnicos servirão para efetivar os Princípios da Impessoalidade e da Moralidade e para afirmar o primado do interesse público sobre o privado, no âmbito da Administração Pública. A padronização deve ser exigida pela estrutura de apoio logístico, de forma a que o não atendimento da exigência represente um comprometimento da operacionalidade dos meios militares.[755]

Impõe-se, assim, exame específico sobre a padronização, exigindo-se parecer fundamentado ou documento similar, pois a padronização só será justificada quando se constituir em condição de eficiência da atuação militar.

É de se ressaltar que este parecer deve se referir especificamente à padronização, e não à dispensa licitatória.

Alínea 'h'

1.3.8 Atendimento de militares em operações de paz no exterior

A alínea 'h' sinaliza a dispensabilidade de licitação nas contratações que tenham por objeto bens e serviços para atendimento dos contingentes militares das forças singulares brasileiras empregadas em operações de paz no exterior, hipótese em que a contratação deverá ser justificada quanto ao preço e à escolha do fornecedor ou executante e ratificada pelo comandante da força militar.

A medida visa garantir agilidade e condições operacionais adequadas aos militares no exterior, de acordo com os compromissos assumidos pelo Brasil com a Organização das Nações Unidas (ONU).

A dispensa é mais do que justificável, porquanto, como se sabe, nos acordos para envio de tropas em missões de paz, os países assumem a responsabilidade da manutenção operacional dos seus equipamentos. Como o apoio logístico das operações precisa ser célere, seria totalmente inviável atender a procedimentos tradicionais licitatórios. A exigência de que as tropas ou destacamentos remetidos ao exterior, para cumprimento de uma missão de paz, submetessem suas contratações a procedimentos licitatórios realizados no Brasil suscitaria, é claro, problemas de toda ordem.

Guilherme Campos, relator da matéria, quando o projeto de lei tramitava na Câmara dos Deputados, ressaltou, com propriedade, que fatores como o clima, o terreno

[755] ALMEIDA. *Licitação.*

e a infraestrutura disponível no local demandam a aquisição de materiais e equipamentos não previstos, o que, obviamente, justifica ainda mais a dispensa de licitação, uma vez que não se pode descartar o aumento da violência, que modifica substancialmente as condições iniciais de emprego da tropa e as características do suprimento que será utilizado.

A providência não só intenciona garantir condições de segurança na permanência de uma força militar no exterior, como também assegurar a capacidade operacional no cumprimento das missões.

Segundo o dispositivo, são requisitos para a dispensa de licitação:

a) aquisição de bens e/ou contratação de serviços necessários para atender aos contingentes militares das forças singulares brasileiras empregadas em operações de paz no exterior;
b) justificativa quanto ao preço (demonstração de que os preços são compatíveis para com o mercado onde as tropas se encontram) e à escolha do fornecedor ou executante; e
c) ratificação por parte do comandante da força militar.

Alínea 'i'

1.3.9 Contratações para abastecimentos militares em estado de operação

A alínea 'i' indica a dispensabilidade de licitação nas contratações que tenham por objeto o abastecimento ou o suprimento de efetivos militares em estada eventual de curta duração em portos, aeroportos ou localidades diferentes de suas sedes, por motivo de movimentação operacional ou de adestramento.

O dispositivo é oportuno, por ser impossível que tropas, navios ou unidades aéreas militares, em deslocamento operacional ou em adestramento, na prática de suas atividades-fim, fiquem à mercê de um procedimento moroso (a licitação) para se abastecerem, em que pese, configurar situação peculiar e, indubitavelmente, enquadrável em inexigibilidade de licitação, diante da total inviabilidade de competição,[756] ou, da mesma forma, configurar-se como um caso de urgência, pelo qual factível a adoção da dispensabilidade definida no inc. VIII, que objetiva fazer frente a casos de urgente atendimento.

A hipótese está intimamente relacionada a situações imprevisíveis, pois os representantes pelos abastecimentos não podem descurar-se do planejamento que se faz mister para deslocamentos dessa natureza. Como bom exemplo de planejamento voltado para o abastecimento, cita-se o longo deslocamento realizado todos os anos pelo Navio Escola Brasil, da Marinha brasileira, em viagem de seis meses de adestramento de aspirantes, percorrendo cerca de 20 portos, em diversos países, que é precedido de uma concorrência internacional para aquisição de todos os tipos de gêneros.

[756] Nesse sentido, Carlos Pinto Coelho Motta, em seu "Eficácia nas licitações e contratos". (MOTTA. *Eficácia nas licitações e contratos*. 10. ed.).

A dispensa é cabível na ocorrência dos seguintes fatores:

a) eventualidade de estadia (curta permanência) de efetivos miliares (navios, embarcações, unidades aéreas e tropas) em portos, aeroportos ou localidades diversas de suas sedes;
b) necessidade comprovável de abastecimento ou suprimento; e
c) movimentação operacional ou de adestramento.

Alínea 'j'

1.3.10 Coleta, processamento e comercialização de resíduos sólidos urbanos recicláveis ou reutilizáveis

A alínea 'j' sinaliza para a dispensabilidade de licitação nas contratações que tenham por objeto a coleta, o processamento e a comercialização de resíduos sólidos urbanos recicláveis ou reutilizáveis, em áreas com sistema de coleta seletiva de lixo, realizados por associações ou cooperativas formadas exclusivamente de pessoas físicas de baixa renda reconhecidas pelo Poder Público como catadores de materiais recicláveis, com o uso de equipamentos compatíveis com as normas técnicas, ambientais e de saúde pública.

O dispositivo, de cunho eminentemente social, procura demonstrar a importância da atividade laboral de população de baixa renda.

A destinação dos resíduos sólidos urbanos é uma constante preocupação dos governantes. O serviço de coleta de resíduos sempre foi realizado pelos municípios (por meios próprios ou através de empresas terceirizadas) ou por intermédio de concessionárias de serviço público. Entretanto, em função de problemas econômicos da população de baixa renda, essa tarefa tornou-se, nos últimos anos, uma alternativa de trabalho – talvez de sobrevivência – para uma significativa parcela da sociedade, notadamente em face da relevância do valor econômico de alguns desses dejetos.

Posteriormente, a atividade tomou ares de alta magnitude, porquanto, além de atender aqueles que buscavam na tarefa uma forma de auferir recursos, passou a constituir uma verdadeira solução para os problemas de toda ordem gerados pelo lixo,[757] até mesmo quanto à separação seletiva, evitando-se a poluição com o lançamento sem critério no meio ambiente.

Registre-se, sobre o tema, a Lei nº 11.445/2007, que estabelece as diretrizes nacionais para o saneamento básico, funda-se no estabelecimento de diretrizes nacionais para este saneamento como política federal, intencionando contribuir para o desenvolvimento nacional, a redução das desigualdades regionais, a geração de emprego/renda e a inclusão social.

Dessa forma, justifica-se o estímulo à atividade com o estabelecimento da hipótese de dispensa, protegendo-se e incentivando-se a atuação daqueles que atuam nessa

[757] Expressão, no caso, inapropriada, conforme assevera Rigolin: "[...] eis que lixo são detritos, dejetos insalubres e sempre perniciosos à saúde e à sanidade pública e ambiental, constituído de rejeitos não raro infecciosos, enquanto que material reciclável não se pode categorizar desse modo. Com efeito, não se pode denominar lixo ao vidro, ao papel ou ao papelão, ao plástico reaproveitável, ou a materiais metálicos descartados". (RIGOLIN. Subcontratação. *ILC – Informativo de Licitações e Contratos*).

tarefa, entendida como de alta significância para a manutenção do meio ambiente e da saúde pública.

O texto legal disciplina que os contratados serão associações ou cooperativas formadas exclusivamente por pessoas físicas de baixa renda reconhecidas pelo Poder Público como catadores de materiais recicláveis, com o uso de equipamentos compatíveis com as normas técnicas, ambientais e de saúde pública. Tal reconhecimento, tanto da associação ou cooperativa quanto do equipamento, poderá ocorrer para cada caso de contratação, inexistindo necessidade de normatização anterior por ato específico.

O dispositivo alude a formas bem definidas de organizações (associações e cooperativas). O art. 53 do Código Civil (Lei nº 10.406/2002) dispõe que as associações se constituem pela união de pessoas que se organizem para fins não econômicos, cabendo aos associados ou sócios convencionarem se respondem ou não subsidiariamente pelas obrigações sociais (art. 46, V). O art. 4º da Lei nº 5.764/1971, que define a Política Nacional de Cooperativismo e institui o regime jurídico das sociedades cooperativas, estatui que as cooperativas são sociedades de pessoas, com forma e natureza jurídica próprias, de natureza civil, não sujeitas à falência, constituídas para prestar serviços aos associados, distinguindo-se das demais sociedades pelas características que as singularizam. Desse modo, em função das características bem definidas das organizações-alvo, resta inviabilizada a adoção da dispensa para a contratação de entidades empresariais.

É de se relembrar da necessidade da demonstração de que os preços dos contratos estão compatíveis com os de mercado para contratos similares.

Anotem-se os requisitos para a dispensa licitatória:

a) o objeto pretendido pela Administração deve ser serviço de coleta, processamento e comercialização de resíduos sólidos urbanos recicláveis ou reutilizáveis, nas áreas de coleta seletiva de lixo;
b) o contratado deve ser associação ou cooperativa de catadores de materiais recicláveis;
c) as organizações devem ser formadas exclusivamente por pessoas físicas de baixa renda; e
d) deverão ser utilizados equipamentos compatíveis com as normas técnicas, ambientais e de saúde pública.

Alínea 'k'

1.3.11 Aquisição ou restauração de obras de arte

A alínea 'k' sinaliza para a dispensabilidade de licitação nas contratações que tenham por objeto a aquisição ou a restauração de obras de arte e objetos históricos, de autenticidade certificada, desde que inerente às finalidades do órgão ou com elas compatível.

O inc. XVIII do art. 6º classifica o trabalho de restauração de obras de arte e bens de valores históricos como serviço técnico profissional especializado. É incontroverso, portanto, que a atividade configura situação de inviabilidade de competição, o que caracterizaria a inexigibilidade licitatória e não a dispensa. Todavia – de forma inadequada, como também dispunha a Lei nº 8.666/1993 –, o dispositivo estabelece o objeto como passível de dispensa.

Buscando uma justificativa, Henrique Ramos, Anderson Couto e Paulo Grazziotin supõem, com bastante probabilidade de razão, que o legislador resolveu modificar o enfoque em face da ampliação do mercado de aquisição e restauração, tornando o objeto plenamente possível de ser licitado, caso haja conveniência da Administração.[758]

Nesse contexto, dependendo da situação que envolver a contratação pretendida, a aquisição deverá ser objeto de:

a) contratação direta, por dispensa, caso a contratação envolva obra a ser confeccionada por determinado artista;
b) contratação direta, por inexigibilidade, caso a pretensão recaia sobre a aquisição de obra de autor consagrado; ou
b) licitação por concurso para a finalidade, se o intuito for adquirir obra limitada por técnica ou estilo.[759]

Para que a dispensa licitatória possa ocorrer, o dispositivo estabelece os seguintes requisitos:

a) aquisição ou restauração de obras de arte ou objetos históricos;
b) autenticidade certificada dos bens; e
c) contratação inerente às finalidades do órgão ou com elas compatível.

1.3.11.1 Obras de arte ou objetos históricos

A regra de dispensabilidade alude a duas situações distintas: aquisição e restauração, sempre tendo como objetivo obras de arte e objetos históricos.

Uma obra de arte consigna trabalho criativo do ser humano em face de sua função artística, que se entende como a representação simbológica associada ao belo ou a sensações agradáveis. O termo é adotado para classificar qualquer criação material (como uma obra de artesanato, um trabalho de arquitetura etc.) ou produção intelectual (um conto, uma composição musical, um filme etc.). A arte é a visão sensível do ser humano acerca do mundo real ou imaginário. Os artistas expressam as suas percepções, emoções e sensações através de diversos recursos linguísticos, plásticos e sonoros. Destarte, obra de arte é um produto que transmite uma ideia ou uma expressão sensível. Trata-se da criação que projeta ou reflete a intenção de um artista.[760]

Valor histórico, por sua vez, é o atributo concedido a objetos que representem um acontecimento, fato ou situação relevante para a história de algo ou da sociedade. A caracterização de objetos históricos, no entanto, é de difícil contextura, pois sempre existirão componentes de natureza subjetiva.

Como, em termos práticos, há, não raro, enormes dificuldades para uma perfeita identificação dos dois requisitos, evidencia-se que só as circunstâncias poderão permitir o enfretamento adequado à questão. Assim, para a sua resolução, a norma dispõe pela necessidade de comprovação da autenticidade dos bens, eliminando-se discussões sobre

---

758 COUTO; RAMOS; GRAZZIOTIN. *Obrigatoriedade, dispensa, inexigibilidade e vedação de licitação.*

759 É o que também sustenta Antônio Flávio de Oliveira. (OLIVEIRA. *Comentários à Lei de Licitações e Contratações Públicas*).

760 Conceito de obra de arte – O que é, definição e significado.

autoria, origem e valor histórico, havendo necessidade, é claro, de pessoa habilitada na autoria do laudo, inclusive detendo qualificação técnico-profissional adequada, quando exigível por lei.

Sobre a matéria, verifique-se a Súmula nº 9, do Tribunal de Contas do Estado de São Paulo: "As aquisições de obras de arte ou de valor histórico devem ser precedidas de laudo de autenticidade e avaliação".[761]

1.3.11.2 Compatibilidade com as finalidades do ente contratante

O dispositivo ressalva a obrigatória compatibilidade com as finalidades do órgão, o que vale dizer que a dispensa só poderá se concretizar por intermédio de ente que detenha a atribuição de preservar bens da natureza indicada. A nosso ver, nesse caso, essa compatibilidade diz respeito tão somente ao ato de aquisição, uma vez que a restauração poderá ser necessária independentemente do ente deter encargos de preservação.

Sobre a questão, observem-se os questionamentos de Ivan Barbosa Rigolin:

> Não estamos sempre diante de bens públicos, de índole cultural ou histórica? Então para que diferenciar a possibilidade de dispensar licitação ou licitar, conforme seja a natureza do ente público detentor do bem? Um quadro de Portinari, do Ministério da Fazenda, para ser restaurado, precisa o contrato sofrer licitação, enquanto que o mesmo quadro, se for transferido para o Ministério da Cultura, escapará de licitação para a mesma restauração?[762]

Alínea 'l'

1.3.12 Serviços especializados ou aquisição ou locação de equipamentos destinados ao rastreamento e à obtenção de provas

A alínea 'l' sinaliza a dispensabilidade de licitação nas contratações de serviços especializados ou aquisição ou locação de equipamentos destinados ao rastreamento e à obtenção de provas previstas nos incs. II e V do art. 3º da Lei nº 12.850, de 2.08.2013, quando houver necessidade justificada de manutenção de sigilo sobre a investigação.

A Lei nº 12.850/2013 define organização criminosa e dispõe sobre a investigação criminal, os meios de obtenção da prova, infrações penais correlatas e o procedimento criminal. Tratando especificamente da investigação e dos meios de obtenção da prova, seu art. 3º elenca os meios de obtenção da prova permitidos em qualquer fase da persecução penal, prevendo, dentre eles, a captação ambiental de sinais eletromagnéticos, ópticos ou acústicos (inc. II) e a interceptação de comunicações telefônicas e telemáticas, nos termos da legislação específica (inc. V).

Pois bem, nas contratações de serviços especializados ou aquisição ou locação de equipamentos destinados ao rastreamento e à obtenção dessas duas provas, quando houver necessidade justificada de manutenção de sigilo sobre a investigação, o Poder Público competente poderá valer-se de dispensa de licitação.

---

761 TCE-SP. *Súmula nº 9.*

762 RIGOLIN. *Dispensa e inexigibilidade de licitação.*

Anote-se que a alínea em comento repete o estabelecido no §1º do art. 3º da supramencionada Lei nº 12.850/2013:

> §1º Havendo necessidade justificada de manter sigilo sobre a capacidade investigatória, poderá ser dispensada licitação para contratação de serviços técnicos especializados, aquisição ou locação de equipamentos destinados à polícia judiciária para o rastreamento e obtenção de provas previstas nos incisos II e V.

Anotem-se os requisitos para a dispensa licitatória:

a) contratação de serviços especializados ou aquisição ou locação de equipamentos destinados ao rastreamento e à obtenção de provas previstas nos incs. II e V do art. 3º da Lei nº 12.850/2013 (captação ambiental de sinais eletromagnéticos, ópticos ou acústicos e interceptação de comunicações telefônicas e telemáticas, nos termos da legislação específica); e

b) necessidade justificada de manutenção de sigilo sobre a investigação.

Alínea 'm'

1.3.13 Medicamentos destinados ao tratamento de doenças raras

A alínea 'm' aponta a dispensabilidade de licitação nas aquisições de medicamentos destinados exclusivamente ao tratamento de doenças raras definidas pelo Ministério da Saúde.

De acordo com a Organização Mundial de Saúde (OMS), é considerada rara a doença que afeta até 65 pessoas em cada 100 mil indivíduos. Estima-se que 80% das doenças raras no mundo são de causa genética e 20% de causas ambientais. Devido a essa complexidade, o atendimento de pacientes com doenças raras é um grande desafio. Muitas dessas doenças não possuem tratamento ou informações científicas e há necessidade de profissionais capacitados.

Como informa o Ministério da Saúde, no Brasil, 13 milhões de pessoas possuem alguma das cerca de oito mil doenças raras já catalogadas. Com o propósito de cuidar destes brasileiros, em 2019, o Sistema Único de Saúde (SUS) passou a ofertar novos tratamentos para dez diferentes tipos de doenças raras; publicou oito Protocolos Clínicos de Diretrizes Terapêuticas (PCDT), que são documentos que uniformizam o atendimento, a assistência, o monitoramento e o tratamento para as doenças raras; e habilitou nove Serviços de Referência voltados para essa população no país.[763]

Já na busca de atenção especial a essa questão, o Ministério da Saúde havia editado a Portaria nº 199/2014, instituindo a Política Nacional de Atenção Integral às Pessoas com Doenças Raras, que aprova as Diretrizes para Atenção Integral às Pessoas com Doenças Raras no âmbito do Sistema Único de Saúde (SUS) e institui incentivos financeiros de custeio.

Nesse contexto, julgou por bem o legislador no sentido de prever a viabilidade de dispensa de licitação nas aquisições desses medicamentos.

[763] SUS. Doenças raras: Brasil avança na assistência e tratamento de pacientes.

Inciso V

1.4 Contratações visando ao cumprimento do disposto nos arts. 3º, 3º-A, 4º, 5º e 20 da Lei nº 10.973/2004

O inciso autoriza a dispensa de licitação nas contratações que visem cumprir as disposições dos arts. 3º, 3º-A, 4º, 5º e 20 da Lei nº 10.973, de 2.12.2004.

A Lei nº 10.973/2004 (regulamentada pelo Decreto nº 5.563/2005), alterada pela Lei nº 13.243/2016 (Marco Legal da Ciência, Tecnologia e Inovação), dispõe sobre incentivo à inovação e à pesquisa científica e tecnológica no ambiente produtivo, com vistas à capacitação tecnológica, ao alcance da autonomia tecnológica e ao desenvolvimento do sistema produtivo nacional e regional do País, nos termos dos arts. 23, 24, 167, 200, 213, 218, 219 e 219-A da CF.

O diploma, nos arts. 3º a 5º, permite que o Poder Público, por intermédio de instrumentos diversos e alianças estratégicas, desenvolva projetos de cooperação que objetivem a geração de produtos e processos inovadores envolvendo empresas nacionais, Instituições Científicas e Tecnológicas (ICTs)[764] e entidades privadas sem fins lucrativos que estejam voltadas para atividades de pesquisa e desenvolvimento, objetivando a geração de produtos, processos e serviços inovadores, além da transferência e difusão de tecnologia.

Por sua vez, o art. 20, também com redação alterada pela Lei nº 13.243/2016, prescreve que os órgãos e entidades da Administração poderão contratar diretamente ICT, entidades de direito privado sem fins lucrativos ou empresas, isoladamente ou em consórcios, voltadas para as atividades de pesquisa e de reconhecida capacitação tecnológica no setor, quando tratar-se de matéria de interesse público, intentando à realização de atividades de pesquisa, desenvolvimento e inovação que envolvam risco tecnológico, para solução de problema técnico específico ou obtenção de produto, serviço ou processo inovador.

> Art. 3º A União, os Estados, o Distrito Federal, os Municípios e as respectivas agências de fomento poderão estimular e apoiar a constituição de alianças estratégicas e o desenvolvimento de projetos de cooperação envolvendo empresas, ICTs e entidades privadas sem fins lucrativos voltados para atividades de pesquisa e desenvolvimento, que objetivem a geração de produtos, processos e serviços inovadores e a transferência e a difusão de tecnologia. (Redação dada pela Lei nº 13.243/16).
>
> Parágrafo único. O apoio previsto no *caput* poderá contemplar as redes e os projetos internacionais de pesquisa tecnológica, as ações de empreendedorismo tecnológico e de criação de ambientes de inovação, inclusive incubadoras e parques tecnológicos, e a formação e a capacitação de recursos humanos qualificados. (Redação dada pela Lei nº 13.243/16).
>
> Art. 3º-A. A Financiadora de Estudos e Projetos – FINEP, como secretaria executiva do Fundo Nacional de Desenvolvimento Científico e Tecnológico – FNDCT, o Conselho Nacional de Desenvolvimento Científico e Tecnológico – CNPq e as Agências Financeiras

[764] ICT – Instituição Científica e Tecnológica: órgão ou entidade da administração pública que tenha por missão institucional, dentre outras, executar atividades de pesquisa básica ou aplicada de caráter científico ou tecnológico (Lei nº 10.973/2004).

Oficiais de Fomento poderão celebrar convênios e contratos, nos termos do inciso XIII do art. 24 da Lei nº 8.666, de 21 de junho de 1993, por prazo determinado, com as fundações de apoio, com a finalidade de dar apoio às IFES e demais ICTs, inclusive na gestão administrativa e financeira dos projetos mencionados no caput do art. 1º da Lei nº 8.958, de 20 de dezembro de 1994, com a anuência expressa das instituições apoiadas. (Redação dada pela Lei nº 12.349/10).

Art. 3º-B. A União, os Estados, o Distrito Federal, os Municípios, as respectivas agências de fomento e as ICTs poderão apoiar a criação, a implantação e a consolidação de ambientes promotores da inovação, incluídos parques e polos tecnológicos e incubadoras de empresas, como forma de incentivar o desenvolvimento tecnológico, o aumento da competitividade e a interação entre as empresas e as ICTs. §1º As incubadoras de empresas, os parques e polos tecnológicos e os demais ambientes promotores da inovação estabelecerão suas regras para fomento, concepção e desenvolvimento de projetos em parceria e para seleção de empresas para ingresso nesses ambientes. (Incluído pela Lei nº 13.243/16).

§2º Para os fins previstos no *caput*, a União, os Estados, o Distrito Federal, os Municípios, as respectivas agências de fomento e as ICTs públicas poderão: (Incluído pela Lei nº 13.243/16).

I – ceder o uso de imóveis para a instalação e a consolidação de ambientes promotores da inovação, diretamente às empresas e às ICTs interessadas ou por meio de entidade com ou sem fins lucrativos que tenha por missão institucional a gestão de parques e polos tecnológicos e de incubadora de empresas, mediante contrapartida obrigatória, financeira ou não financeira, na forma de regulamento; (Incluído pela Lei nº 13.243/16).

II – participar da criação e da governança das entidades gestoras de parques tecnológicos ou de incubadoras de empresas, desde que adotem mecanismos que assegurem a segregação das funções de financiamento e de execução. (Incluído pela Lei nº 13.243/16).

Art. 3º-C. A União, os Estados, o Distrito Federal e os Municípios estimularão a atração de centros de pesquisa e desenvolvimento de empresas estrangeiras, promovendo sua interação com ICTs e empresas brasileiras e oferecendo-lhes o acesso aos instrumentos de fomento, visando ao adensamento do processo de inovação no País. (Incluído pela Lei nº 13.243/16).

Art. 3º-D. A União, os Estados, o Distrito Federal, os Municípios e as respectivas agências de fomento manterão programas específicos para as microempresas e para as empresas de pequeno porte, observando-se o disposto na Lei Complementar nº 123, de 14 de dezembro de 2006. (Incluído pela Lei nº 13.243/16).

Art. 4º A ICT pública poderá, mediante contrapartida financeira ou não financeira e por prazo determinado, nos termos de contrato ou convênio: (Redação dada pela Lei nº 13.243/16).

I – compartilhar seus laboratórios, equipamentos, instrumentos, materiais e demais instalações com ICT ou empresas em ações voltadas à inovação tecnológica para consecução das atividades de incubação, sem prejuízo de sua atividade finalística; (Redação dada pela Lei nº 13.243/16).

II – permitir a utilização de seus laboratórios, equipamentos, instrumentos, materiais e demais instalações existentes em suas próprias dependências por ICT, empresas ou pessoas físicas voltadas a atividades de pesquisa, desenvolvimento e inovação, desde que tal permissão não interfira diretamente em sua atividade-fim nem com ela conflite; (Redação dada pela Lei nº 13.243/16).

III – permitir o uso de seu capital intelectual em projetos de pesquisa, desenvolvimento e inovação. (Redação dada pela Lei nº 13.243/16).

Parágrafo único. O compartilhamento e a permissão de que tratam os incisos I e II do *caput* obedecerão às prioridades, aos critérios e aos requisitos aprovados e divulgados pela ICT pública, observadas as respectivas disponibilidades e assegurada a igualdade de oportunidades a empresas e demais organizações interessadas. (Redação dada pela Lei nº 13.243/16).

Art. 5º São a União e os demais entes federativos e suas entidades autorizados, nos termos de regulamento, a participar minoritariamente do capital social de empresas, com o propósito de desenvolver produtos ou processos inovadores que estejam de acordo com as diretrizes e prioridades definidas nas políticas de ciência, tecnologia, inovação e de desenvolvimento industrial de cada esfera de governo. (Redação dada pela Lei nº 13.243/16).

§1º A propriedade intelectual sobre os resultados obtidos pertencerá à empresa, na forma da legislação vigente e de seus atos constitutivos. (Incluído pela Lei nº 13.243/16).

§2º O poder público poderá condicionar a participação societária via aporte de capital à previsão de licenciamento da propriedade intelectual para atender ao interesse público. (Incluído pela Lei nº 13.243/16).

§3º A alienação dos ativos da participação societária referida no *caput* dispensa realização de licitação, conforme legislação vigente. (Incluído pela Lei nº 13.243/16).

§4º Os recursos recebidos em decorrência da alienação da participação societária referida no *caput* deverão ser aplicados em pesquisa e desenvolvimento ou em novas participações societárias. (Incluído pela Lei nº 13.243/16).

§5º Nas empresas a que se refere o *caput*, o estatuto ou contrato social poderá conferir às ações ou quotas detidas pela União ou por suas entidades poderes especiais, inclusive de veto às deliberações dos demais sócios nas matérias que especificar. (Incluído pela Lei nº 13.243/16).

§6º A participação minoritária de que trata o *caput* dar-se-á por meio de contribuição financeira ou não financeira, desde que economicamente mensurável, e poderá ser aceita como forma de remuneração pela transferência de tecnologia e pelo licenciamento para outorga de direito de uso ou de exploração de criação de titularidade da União e de suas entidades. (Incluído pela Lei nº 13.243/16).

Art. 20. Os órgãos e entidades da administração pública, em matéria de interesse público, *poderão contratar diretamente* ICT, entidades de direito privado sem fins lucrativos ou empresas, isoladamente ou em consórcios, voltadas para atividades de pesquisa e de reconhecida capacitação tecnológica no setor, visando à realização de atividades de pesquisa, desenvolvimento e inovação que envolvam risco tecnológico, para solução de problema técnico específico ou obtenção de produto, serviço ou processo inovador. (Redação dada pela Lei nº 13.243/16).

§1º Considerar-se-á desenvolvida na vigência do contrato a que se refere o caput deste artigo a criação intelectual pertinente ao seu objeto cuja proteção seja requerida pela empresa contratada até 2 (dois) anos após o seu término.

§2º Findo o contrato sem alcance integral ou com alcance parcial do resultado almejado, o órgão ou entidade contratante, a seu exclusivo critério, poderá, mediante auditoria técnica e financeira, prorrogar seu prazo de duração ou elaborar relatório final dando-o por encerrado.

§3º O pagamento decorrente da contratação prevista no *caput* será efetuado proporcionalmente aos trabalhos executados no projeto, consoante o cronograma físico-financeiro aprovado, com a possibilidade de adoção de remunerações adicionais associadas ao alcance de metas de desempenho no projeto. (Redação dada pela Lei nº 13.243/16).

§4º O fornecimento, em escala ou não, do produto ou processo inovador resultante das atividades de pesquisa, desenvolvimento e inovação encomendadas na forma do *caput* poderá ser contratado mediante *dispensa* de licitação, inclusive com o próprio desenvolvedor da encomenda, observado o disposto em regulamento específico. (Incluído pela Lei nº 13.243/16).

§5º Para os fins do *caput* e do §4º, a administração pública poderá, mediante justificativa expressa, contratar concomitantemente mais de uma ICT, entidade de direito privado sem fins lucrativos ou empresa com o objetivo de: (Incluído pela Lei nº 13.243/16).

I – desenvolver alternativas para solução de problema técnico específico ou obtenção de produto ou processo inovador; ou (Incluído pela Lei nº 13.243/16).

II – executar partes de um mesmo objeto. (Incluído pela Lei nº 13.243/16).

Art. 20-A. (VETADO):

I – (Vetado);

II – (Vetado).

§1º (Vetado).

2º Aplicam-se ao procedimento de contratação as regras próprias do ente ou entidade da administração pública contratante. (Incluído pela Lei nº 13.243/16).

§3º Outras hipóteses de contratação de prestação de serviços ou fornecimento de bens elaborados com aplicação sistemática de conhecimentos científicos e tecnológicos poderão ser previstas em regulamento. (Incluído pela Lei nº 13.243/16).

§4º Nas contratações de que trata este artigo, deverá ser observado o disposto no inciso IV do art. 27. (Incluído pela Lei nº 13.243/16).

Em síntese, verifica-se que o inciso determina a dispensa de licitação para praticamente todas as situações que envolvam pesquisa e inovação tecnológica.

Consigne-se que tal regra de afastamento licitatório não foi bem aceita por alguns analistas, quando de sua inserção na lei anterior. Joel Niebhur chegou a classificá-la como absurda, observando que se tratava de "normativo abertamente inconstitucional, clientelista, antirrepublicano, que atira ao limbo o princípio da isonomia e a parte inicial do inciso XXI do art. 37 da Constituição Federal", posicionando-se no sentido de que "não há qualquer rastro de justificativa plausível para afastar de maneira tão abrangente da obrigatoriedade de licitação pública contratos da área de tecnologia".[765]

Inciso VI

1.5 Comprometimento da segurança nacional

O inciso autoriza a dispensa de licitação nas contratações que possam acarretar comprometimento da segurança nacional, nos casos estabelecidos pelo Ministro de Estado da Defesa, mediante demanda dos comandos das Forças Armadas ou dos demais ministérios.

A hipótese não é nova, mas a maneira de instrumentá-la mudou de rumo. Antes, a Lei nº 8.666/1993 previa que os casos de comprometimento de segurança nacional seriam estabelecidos por decreto presidencial, com a oitiva do Conselho de Defesa Nacional; agora, conforme preconizado, a responsabilidade de estabelecimento dos casos ficou

[765] NIEBUHR. *Dispensa e inexigibilidade de Licitação Pública.*

com o Ministro de Estado da Defesa, em atendimento a solicitações dos comandos das Forças Armadas ou dos demais ministérios.

Nessas solicitações, as autoridades deverão avaliar o risco à segurança nacional provocado pela divulgação por intermédio de uma licitação.

O propósito da regra é a dispensa de licitação para cada situação concreta, a juízo do Ministro de Estado da Defesa.

1.5.1 O conceito de segurança nacional

Como observa Sá Costa, a expressão "segurança nacional" não deve ser confundida com segurança pública, nem tampouco com doutrina ou ideologia de segurança nacional, devendo ser entendida como um estado em que se percebe, materialmente: a estabilidade e a inviolabilidade dos limites fronteiriços do Estado; a capacidade de se traduzir a soberania nacional, bem como a capacidade nacional de projetar poder no exterior, em um conjunto de medidas que proporcione ganhos sociais e econômicos para a população nacional; a solidez e a impessoalidade do sistema constitucional, assim como sua impermeabilidade em relação a pressões externas; e a garantia da previsibilidade legal das relações político-eleitorais e econômicas.[766]

A segurança nacional é, portanto, uma atribuição fundamental do Estado moderno, consistindo na garantia da integridade do território nacional, a proteção da população e a preservação dos interesses nacionais contra todo tipo de ameaça e agressão,[767] aludindo-se exclusivamente ao relacionamento do Estado brasileiro e à comunidade internacional.

Inciso VII

1.6 Casos de guerra, estado de defesa, estado de sítio, intervenção federal ou grave perturbação da ordem

O inciso autoriza a dispensa de licitação nas contratações nos casos de guerra, estado de defesa, estado de sítio, intervenção federal ou de grave perturbação da ordem.

Quando caracterizados os casos mencionados, o Estado necessita de agilidade nas suas obras e serviços, o que se incompatibilizaria com a morosidade normal de

---

[766] COSTA. *Sobre o conceito de "segurança nacional"*.

[767] O revogado Decreto-Lei nº 898, de 29.8.1969, que definia os crimes contra a segurança nacional e a ordem política e social, assim a conceituava: "A segurança nacional é a garantia da consecução dos objetivos nacionais contra antagonismos, tanto internos como externos" (art. 2º). "A segurança nacional compreende, essencialmente medidas destinadas à preservação da segurança externa e interna, inclusive a prevenção e repressão da guerra psicológica adversa e da guerra revolucionária ou subversiva" (art. 3º). Hely Lopes Meirelles criticava os conceitos: "Ambos os conceitos não satisfazem. São indicações pragmáticas, mais de objetivos a atingir que de caracterização conceitual da nova instituição. O art. 3º acima transcrito chega a empregar impropriamente o verbo 'compreende', quando o correto seria 'admite', porque na verdade a segurança nacional não 'compreende medidas', mas apenas 'admite', 'utiliza' ou 'adota' medidas de prevenção e repressão às atividades que visa conter ou coibir. O art. 2º, conquanto indique o conteúdo da segurança nacional é excessivamente vago, e omisso nas suas demais características". (MEIRELLES. *Poder de polícia e segurança nacional*). A lei que atualmente define os crimes contra a segurança nacional, a ordem política e social (Lei nº 7.170, de 14.12.1983), não apresenta conceituação.

um certame licitatório. Sob o pretexto da necessidade de isonomia, inexistiria sentido oferecer oportunidades iguais a todos de contratar com a Administração quando se encontram envolvidos outros valores fundamentais, como o da incolumidade física ou da ordem pública.

Diversamente da lei anterior, que só arrolava os casos de guerra e grave perturbação da ordem, a Nova Lei permite a dispensabilidade licitatória ainda para o estado de sítio, bem como a intervenção federal.

1.6.1 Guerra

Guerra é situação de beligerância entre Estados. No Brasil, a declaração de guerra compete à União (art. 21, II CF), sendo ato privativo do Presidente da República (art. 84, XIX CF), mediante autorização ou referendo do Congresso Nacional (art. 49, II CF).

E mais: consoante o art. 137 II CF, o estado de guerra deverá ser acompanhado da decretação de estado de sítio, que, com amparo no art. 138 CF, deverá indicar as normas de sua execução.

> Art. 21. Compete à União:
>
> (...)
>
> II – declarar a guerra e celebrar a paz;

> Art. 84. Compete privativamente ao Presidente da República:
>
> (...)
>
> XIX – declarar guerra, no caso de agressão estrangeira, autorizado pelo Congresso Nacional ou referendado por ele, quando ocorrida no intervalo das sessões legislativas, e, nas mesmas condições, decretar, total ou parcialmente, a mobilização nacional;

> Art. 49. É da competência exclusiva do Congresso Nacional:
>
> (...)
>
> II – autorizar o Presidente da República a declarar guerra, a celebrar a paz, a permitir que forças estrangeiras transitem pelo território nacional ou nele permaneçam temporariamente, ressalvados os casos previstos em lei complementar;

> Art. 137. O Presidente da República pode, ouvidos o Conselho da República e o Conselho de Defesa Nacional, solicitar ao Congresso Nacional autorização para decretar o estado de sítio nos casos de:
>
> (...)
>
> II – declaração de estado de guerra ou resposta a agressão armada estrangeira.

> Art. 138. O decreto do estado de sítio indicará sua duração, as normas necessárias à sua execução e as garantias constitucionais que ficarão suspensas, e, depois de publicado, o Presidente da República designará o executor das medidas específicas e as áreas abrangidas.

1.6.2 Estado de defesa, Estado de Sítio e Intervenção Federal

O Estado de Defesa, o Estado de Sítio e a Intervenção federal são medidas extraordinárias previstas pela CF que buscam restabelecer ou garantir a continuidade da normalidade constitucional ameaçada. São, portanto, instrumentos adotados apenas quando estritamente necessários e por um prazo temporal determinado.

O *Estado de Defesa,* previsto no art. 136 da CF, é mecanismo que tem por função "preservar ou prontamente restabelecer, em locais restritos e determinados, a ordem pública ou a paz social", quando elas estiverem "ameaçadas por grave e iminente instabilidade institucional ou atingidas por calamidades de grandes proporções na natureza".

> Art. 136. O Presidente da República pode, ouvidos o Conselho da República e o Conselho de Defesa Nacional, decretar estado de defesa para preservar ou prontamente restabelecer, em locais restritos e determinados, a ordem pública ou a paz social ameaçadas por grave e iminente instabilidade institucional ou atingidas por calamidades de grandes proporções na natureza.

São duas, portanto, as situações excepcionais que autorizam a sua decretação:

a) a existência de grave e iminente instabilidade institucional que ameace a ordem pública ou a paz social; e
b) a manifestação de calamidades de grandes proporções na natureza, que atinjam a ordem pública ou a paz social.

Como assentam Vicente Paulo e Marcelo Alexandrino,[768] o Estado de Defesa é medida de exceção que corresponde às antigas medidas de emergência, que vigoravam no regime constitucional pretérito e que tem por objetivo restabelecer a ordem pública ou a paz social ameaçadas por grave e iminente instabilidade institucional ou atingidas por calamidades de grandes proporções da natureza.

Cabe anotar que não seria qualquer calamidade pública que legitimaria a decretação, pois a CF exige que o estado de calamidade seja de grande proporção e que, ademais, gere situação de grave perturbação à ordem pública ou à ordem social.

O *Estado de Sítio,* previsto no art. 137 da CF, é mecanismo adotado em *situações consideras gravemente emergenciais, sendo* utilizado quando a ordem do Estado Democrático de Direito está ameaçada.

> Art. 137. O Presidente da República pode, ouvidos o Conselho da República e o Conselho de Defesa Nacional, solicitar ao Congresso Nacional autorização para decretar o estado de sítio nos casos de:
>
> I – comoção grave de repercussão nacional ou ocorrência de fatos que comprovem a ineficácia de medida tomada durante o estado de defesa;
>
> II – declaração de estado de guerra ou resposta a agressão armada estrangeira.
>
> Parágrafo único. O Presidente da República, ao solicitar autorização para decretar o estado de sítio ou sua prorrogação, relatará os motivos determinantes do pedido, devendo o Congresso Nacional decidir por maioria absoluta.

[768] PAULO; ALEXANDRINO. *Direito constitucional descomplicado.* 14. ed.

Configurando-se medida mais grave do que o Estado de Defesa, estabelece, quando decretado, uma legalidade constitucional extraordinária, na qual é permitida a suspensão temporária de direitos e garantias fundamentais do indivíduo, como forma de reverter a anormalidade em curso.

A *Intervenção Federal* configura um terceiro estado de exceção. O Estado Federal fundamenta-se no princípio da autonomia política dos entes federativos (União, estados, Distrito Federal e municípios), sendo regra o exercício da autonomia. Contudo, a CF admite o excepcional afastamento dessa autonomia política, por meio da intervenção de uma entidade política sobre outra, diante do interesse maior de preservação da própria unidade da Federação.[769]

> Art. 34. A União não intervirá nos Estados nem no Distrito Federal, exceto para:
>
> I – manter a integridade nacional;
>
> II – repelir invasão estrangeira ou de uma unidade da Federação em outra;
>
> III – pôr termo a grave comprometimento da ordem pública;
>
> IV – garantir o livre exercício de qualquer dos Poderes nas unidades da Federação;
>
> V – reorganizar as finanças da unidade da Federação que:
>
> a) suspender o pagamento da dívida fundada por mais de dois anos consecutivos, salvo motivo de força maior;
>
> b) deixar de entregar aos Municípios receitas tributárias fixadas nesta Constituição, dentro dos prazos estabelecidos em lei;
>
> VI – prover a execução de lei federal, ordem ou decisão judicial;
>
> VII – assegurar a observância dos seguintes princípios constitucionais:
>
> a) forma republicana, sistema representativo e regime democrático;
>
> b) direitos da pessoa humana;
>
> c) autonomia municipal;
>
> d) prestação de contas da administração pública, direta e indireta.
>
> e) aplicação do mínimo exigido da receita resultante de impostos estaduais, compreendida a proveniente de transferências, na manutenção e desenvolvimento do ensino e nas ações e serviços públicos de saúde. (Redação dada pela Emenda Constitucional nº 29, de 2000).
>
> Art. 35. O Estado não intervirá em seus Municípios, nem a União nos Municípios localizados em Território Federal, exceto quando:
>
> I – deixar de ser paga, sem motivo de força maior, por dois anos consecutivos, a dívida fundada;
>
> II – não forem prestadas contas devidas, na forma da lei;
>
> III – não tiver sido aplicado o mínimo exigido da receita municipal na manutenção e desenvolvimento do ensino e nas ações e serviços públicos de saúde; (Redação dada pela Emenda Constitucional nº 29, de 2000).
>
> IV – o Tribunal de Justiça der provimento a representação para assegurar a observância de princípios indicados na Constituição Estadual, ou para prover a execução de lei, de ordem ou de decisão judicial.
>
> Art. 36. A decretação da intervenção dependerá:

[769] PAULO; ALEXANDRINO. *Direito constitucional descomplicado*. 14. ed.

> I – no caso do art. 34, IV, de solicitação do Poder Legislativo ou do Poder Executivo coacto ou impedido, ou de requisição do Supremo Tribunal Federal, se a coação for exercida contra o Poder Judiciário;
>
> II – no caso de desobediência a ordem ou decisão judiciária, de requisição do Supremo Tribunal Federal, do Superior Tribunal de Justiça ou do Tribunal Superior Eleitoral;
>
> III – de provimento, pelo Supremo Tribunal Federal, de representação do Procurador-Geral da República, na hipótese do art. 34, VII, e no caso de recusa à execução de lei federal. (Redação dada pela Emenda Constitucional nº 45, de 2004).
>
> §1º O decreto de intervenção, que especificará a amplitude, o prazo e as condições de execução e que, se couber, nomeará o interventor, será submetido à apreciação do Congresso Nacional ou da Assembleia Legislativa do Estado, no prazo de vinte e quatro horas.
>
> §2º Se não estiver funcionando o Congresso Nacional ou a Assembleia Legislativa, far-se-á convocação extraordinária, no mesmo prazo de vinte e quatro horas.
>
> §3º Nos casos do art. 34, VI e VII, ou do art. 35, IV, dispensada a apreciação pelo Congresso Nacional ou pela Assembleia Legislativa, o decreto limitar-se-á a suspender a execução do ato impugnado, se essa medida bastar ao restabelecimento da normalidade.
>
> §4º Cessados os motivos da intervenção, as autoridades afastadas de seus cargos a estes voltarão, salvo impedimento legal.

Conforme Alexandre de Moraes, o processo de intervenção consiste em medida excepcional de supressão temporária da autonomia de determinado ente federativo, fundada em hipóteses taxativamente previstas no texto constitucional, e que visa à unidade e à preservação da soberania do Estado federado e das autonomias da União, dos estados, do Distrito Federal e dos municípios.[770]

Vicente Paulo e Marcelo Alexandrino anotam:

> Em nosso País somente podem ser sujeitos ativos de intervenção a União e os estados-membros. Não existe intervenção praticada por município ou pelo Distrito Federal. Cabe observar que, quando a União atua como sujeito ativo de intervenção, ela não está somente agindo na qualidade e no interesse da pessoa jurídica da União, ordem jurídica parcial, mas, sim, no interesse e na defesa do Estado federal, como ordem jurídica global. A União tem competência para intervir nos estados e no Distrito Federal. Em hipótese nenhuma a União intervirá em municípios localizados em estado-membro. A União só dispõe de competência para intervir diretamente em município se este estiver localizado em Território Federal (CF, art. 35). Os estados são competentes unicamente para a intervenção nos municípios situados em seu território. A intervenção – seja ela federal ou estadual – somente poderá efetivar-se nas hipóteses taxativamente descritas na Constituição Federal. Com efeito, uma vez que a Constituição outorga às entidades federadas a autonomia como princípio básico da forma de Estado federado, decorre daí que a intervenção é medida excepcional, e só poderá ser efetivada nas hipóteses taxativamente estabelecidas pela Constituição como exceção ao princípio da não intervenção (arts. 34 e 35). A intervenção funciona como meio de controle de constitucionalidade, uma vez que consubstancia medida coercitiva última para o restabelecimento da obediência à Carta da República por parte dos entes federativos. A decretação da intervenção é um ato político, executado sempre, exclusivamente, pelo Chefe do Poder Executivo (Presidente da República ou Governador de Estado). A intervenção federal poderá efetivar-se de maneira espontânea (de ofício) ou provocada, conforme explicitado nos itens seguintes.[771]

[770] MORAES. *Direito Constitucional*. 34. ed.

[771] PAULO; ALEXANDRINO. *Direito constitucional descomplicado*. 14. ed.

1.6.3 Grave perturbação da ordem

A situação de grave perturbação da ordem distingue, nas palavras de Hely Lopes Meirelles, a comoção interna, generalizada ou circunscrita a uma região, provocada por atos humanos, tais como revolução, motim ou greve que paralise atividades e serviços essenciais.

A situação, todavia, tem contornos de difícil delineamento, porquanto, diversamente do estado de guerra, que exsurge de ato declaratório, a grave perturbação da ordem, que, indubitavelmente, se equivale faticamente ao estado de guerra, não advém dessa providência.

Por conseguinte, para o enquadramento da dispensa, evidencia-se a necessidade de que a situação seja notória, não bastando que tenha sido objeto de comentários ou de algumas notícias. Nesse sentido, Lúcia Valle Figueiredo e Sérgio Ferraz sublinham a imprescindibilidade de intensa cautela na determinação da hipótese, não podendo incidir sobre ela o juízo subjetivo do administrador público.[772]

Nesse compasso, Ronny Charles relembra que, além do dever de ser grave, conforme adjetivado pelo inciso, a situação deve referir-se a eventos sociais internos que, embora não possam ser assim caracterizados, possuam magnitude equivalente a uma guerra, de vez que, outras situações, de menor espectro, devem ser abarcadas pela hipótese de emergência ou calamidade pública.[773]

1.6.4 Cabimento da dispensa licitatória

É de se ressaltar que a dispensa de licitação em quaisquer das hipóteses só seria cabível nas situações cuja satisfação do interesse público esteja comprometida pelo estado de exceção, sendo obrigatória a ocorrência de conexão concreta entre a dispensa e o caso.

Logo, não serão todos os contratos que serão firmados mediante dispensa na ocorrência de casos de guerra, estado de defesa, estado de sítio, intervenção federal ou grave perturbação da ordem, mas tão somente os diretamente afetados, cuja realização da licitação pública macularia o interesse público.

Inciso VIII e Parágrafo 6º

1.7 Emergência ou calamidade pública

O inciso autoriza a dispensa licitatória nos casos de emergência ou de calamidade pública, quando caracterizada urgência de atendimento de situação que possa ocasionar prejuízo ou comprometer a continuidade dos serviços públicos ou a segurança de pessoas, obras, serviços, equipamentos e outros bens, públicos ou particulares, e somente para aquisição dos bens necessários ao atendimento da situação emergencial ou calamitosa e para as parcelas de obras e serviços que possam ser concluídas no prazo máximo de 1 (um) ano, contado da data de ocorrência da emergência ou da calamidade, vedadas a

---

772 FERRAZ; FIGUEIREDO. *Dispensa e inexigibilidade de licitação*. 3. ed.

773 CHARLES. *Leis de licitações públicas comentadas*. 6. ed.

prorrogação dos respectivos contratos e a recontratação de empresa já contratada com base nele disposto.

À semelhança do inciso anterior, neste dispositivo também há duas situações distintas: *emergência* e *calamidade pública*. No entanto, diversamente do preceito antecedente, as hipóteses quase se confundem.

O Decreto federal nº 10.593, de 24.12.2020, que dispõe sobre a organização e o funcionamento do Sistema Nacional de Proteção e Defesa Civil e sobre os critérios e as condições para declaração e reconhecimento da situação de emergência ou do estado de calamidade pública, define:

- Situação de emergência – situação anormal provocada por desastre que causa danos e prejuízos que impliquem o comprometimento parcial da capacidade de resposta do Poder Público do ente federativo atingido ou que demande a adoção de medidas administrativas excepcionais para resposta e recuperação.
- Estado de calamidade pública – situação anormal provocada por desastre que causa danos e prejuízos que impliquem o comprometimento substancial da capacidade de resposta do Poder Público do ente federativo atingido ou que demande a adoção de medidas administrativas excepcionais para resposta e recuperação.

Vê-se, por conseguinte, que, pelo regulamento, a diferença reside no comprometimento: parcial, na emergência, ou substancial, na calamidade pública.

Como são ocorrências que dependem de reconhecimento, as situações emergenciais estão atreladas à valoração da Administração, cabendo ao agente público responsável declará-las, fundamentado em fatos, estando tal discricionariedade limitada à razoabilidade e à moralidade administrativa.

Os arts. 29 a 34 tratam da declaração e do reconhecimento da situação de emergência e do estado de calamidade pública:

> Art. 29. Os Estados, o Distrito Federal e os Municípios poderão declarar situação de emergência ou estado de calamidade pública por ato do respectivo Chefe do Poder Executivo quando for necessária a adoção de medidas imediatas ou excepcionais para mitigar os efeitos do desastre.
>
> Art. 30. Ato do Chefe do Poder Executivo de Estado poderá reconhecer a situação de emergência e o estado de calamidade pública decretado pelo Município atingido por desastre.
>
> Art. 31. A decretação da situação de emergência e do estado de calamidade pública tem por finalidade a adoção de medidas administrativas excepcionais no território afetado.
>
> Art. 32. O Ministro de Estado do Desenvolvimento Regional poderá reconhecer, pelo Poder Executivo federal, a situação de emergência ou o estado de calamidade pública, mediante a apresentação de requerimento pelo ente federativo atingido pelo desastre.
>
> Parágrafo único. Ato do Ministro de Estado do Desenvolvimento Regional estabelecerá os critérios e os procedimentos para requerer o reconhecimento da situação de emergência ou do estado de calamidade pública.
>
> Art. 33. Observados a intensidade do desastre, os seus impactos sociais, econômicos e ambientais e a existência de evidências de que a adoção de medidas em decorrência do desastre seja urgente, a Secretaria Nacional de Proteção e Defesa Civil do Ministério do Desenvolvimento Regional poderá reconhecer, de forma sumária, a situação de emergência

ou o estado de calamidade pública, hipótese em que o ente federativo deverá remeter, posteriormente, à Secretaria a documentação necessária ao seu reconhecimento.

Art. 34. Constatada, a qualquer tempo, a presença de vícios nos documentos apresentados para instruir o processo de reconhecimento ou a inexistência da situação de emergência ou do estado de calamidade pública, o ato administrativo que reconheceu a situação de emergência ou o estado de calamidade pública e os seus efeitos serão anulados e as sanções administrativas e penais cabíveis serão aplicadas.

É importante frisar que a emergência é uma situação que ultrapassa o âmbito de qualquer rotina administrativa, uma vez que os fatos passíveis de colocar em risco, causar prejuízos ou comprometer a continuidade dos serviços públicos ou à segurança de pessoas, obras, serviços, equipamentos e outros bens públicos ou particulares exigem providências imediatas, devendo a expressão "prejuízos" ser interpretada em sentido amplo.[774]

Assim, as ocorrências devem ser reconhecidas caso a caso, com aferição em cada hipótese concreta, justificando-se a dispensa licitatória em função da anormalidade a ser corrigida ou em face do prejuízo a ser evitado, havendo imperiosa necessidade de total correlação entre a situação emergencial decretada e o lapso temporal para a realização da licitação, pois um caso de emergência reclama solução imediata. Como alerta Cintra do Amaral, a realização da licitação, com prazos e formalidades exigíveis, poderá causar prejuízo (obviamente prejuízo relevante) ou comprometer a segurança (de pessoas, obras, serviços ou bens), provocando a paralisação ou prejudicando a regularidade de atividades específicas.[775]

Fica claro, portanto, que, quando a realização de licitação é incompatível com a solução do objeto buscado, estará caracterizada a situação emergencial.

Vide que, de outra parte, há circunstâncias que exigem maior lapso temporal, propiciando a realização da licitação, pois, como já decidiu o TCU, é desprovido de amparo legal o contrato emergencial firmado em decorrência de dispensa de licitação, quando o objeto almejado depender de estudos preliminares cujo tempo necessário para conclusão descaracterize a urgência da contratação.[776]

Conforme anotam Marçal Justen e Clovis Boechat, a contratação imediata apenas será admissível se ficar demonstrado que esta será a ferramenta adequada para eliminação do risco.

> Em um país de enormes carências como o Brasil, há emergências e urgências permanentes. Não basta alegar a existência da emergência, mas é necessário demonstrar que a contratação se afigura como instrumento efetivo de atendimento a tais carências. (...). A contratação deve prestar-se a evitar a concretização do dano.[777]

---

[774] É o que sustenta Antônio Carlos Cintra do Amaral: "Quando a norma menciona prejuízo, este deve ser interpretado em sentido amplo. Não me parece existir dúvida de que prejudicada fica a parcela da sociedade envolvida, direta ou indiretamente, quando, por exemplo, uma obra pública não é posta à sua disposição no prazo adequado. O conceito de prazo adequado comporta certo grau de subjetividade e é determinável em cada caso. (AMARAL. *Licitação e Contrato Administrativo. Estudos Pareceres e Comentários.* 2. ed.).

[775] AMARAL. *Licitação nas empresas estatais.*

[776] Acórdão nº 1.88912006, Plenário.

[777] JUSTEN FILHO. *Comentários à Lei de Licitações e Contratos Administrativos.* 15. ed.

Evidencia-se, daí, a necessidade de a Administração também demonstrar a utilidade da contratação direta.

1.7.1 Limites à contratação emergencial ou no caso de calamidade pública

A Nova Lei estabeleceu que a contratação direta, baseada nos casos de emergência ou de calamidade pública, só deverá ocorrer para:

a) aquisição dos bens necessários ao atendimento imediato da situação emergencial ou calamitosa; ou
b) para as parcelas de obras e serviços que possam ser concluídas no prazo máximo de 1 (um) ano, contado da data de ocorrência da emergência ou da calamidade, vedadas a prorrogação dos respectivos contratos e a recontratação de empresa já contratada com base no disposto no dispositivo.

Tais determinações demonstram que a ferramenta objetiva o atendimento de situações que necessitem de intervenção imediata, sob pena de a procrastinação acarretar dano à segurança. É o que também identificou Diogenes Gasparini, ao obtemperar que as hipóteses alcançáveis são típicas de emergência real, que se caracterizam pela obrigação imediata ou urgente que tem a Administração de evitar situações que possam causar prejuízos.[778]

A intenção é que, no lapso temporal de no máximo um ano (bem mais largo que o prazo da lei anterior, que era de 180 dias) a Administração realize a licitação para solucionar o problema como um todo, se isso for necessário. Assim, efetuaria a contratação direta de parte do objeto a ser executado, remetendo o restante a uma contratação posterior, precedida de licitação formal.

Registre-se, entrementes, que boa parte da doutrina especializada tem outra interpretação, sustentando que obras ou serviços com prazos superiores ao período estabelecido descaracterizariam o atendimento da situação emergencial ou calamitosa, motivo pelo qual não poderiam prescindir de licitação. Sérgio Ferraz e Lúcia Valle Figueiredo, por exemplo, entendem que "o prazo em tela se aplica, exclusivamente, à contratação de obras e serviços capazes de serem concluídos nesse lapso, pois, se previsivelmente for impossível submeter obras e serviços a esse tempo, haverá de se promover a licitação".[779]

Apesar de a regra anotar a vedação de qualquer prorrogação contratual e a recontratação de empresa já contratada com base no inciso, sustentamos que, tendo sido prevista a conclusão no prazo mencionado, mas tendo ocorrido situação superveniente inviabilizadora justificável, poder-se-ia cogitar de prorrogação por intermédio de aditamento contratual. Sérgio Ferraz e Lúcia Figueiredo seguem a mesma trilha e observam que "se a previsão originária razoável era de conclusão no prazo mencionado, vindo a ser supervenientemente inviabilizada a conclusão pode-se, em princípio,

[778] GASPARINI. *Direito administrativo.*

[779] FERRAZ; FIGUEIREDO. *Dispensa e inexigibilidade de licitação.* 3. ed.

cogitar de extensão e aditamento contratuais".[780] *Vide* que, ao tempo da lei anterior (Lei nº 8.666/1993), ao julgar a Apelação Cível nº 459.860-5, a 5ª Câmara Cível do Tribunal de Justiça do Estado do Paraná acatou o entendimento consignado no Voto do Desembargador Relator, para o qual "não socorre ao Ministério Público também a assertiva de que não fora respeitado o prazo do artigo 24, IV, pois os 6 (seis) meses deveriam ser contados da urgência e não da assinatura do contrato", porquanto, consoante o magistrado,

> tal interpretação é muito restritiva, na verdade este prazo deve ser analisado, tendo em conta o princípio da proporcionalidade e da razoabilidade, até porque nem sempre a situação de emergência é passível de ser sanada dentro de tal prazo, sendo possível, mesmo a contrário senso da lei, prorrogá-lo em face de dados que evidenciem a permanência da situação de emergência (...).[781]

Sustentávamos, ao analisar a lei anterior, que outra solução, ante a vedação da prorrogação, seria a formalização de nova contratação, fundada na urgência, se, evidentemente, não houvesse condições de se efetuar uma licitação no período emergencial.[782] Agora, com a vedação expressa de recontratação, essa solução restou descartada.

Vide, por fim, que o §6º considera emergencial a contratação por dispensa com o objetivo de manter a continuidade do serviço público, exigindo que sejam observados os valores praticados pelo mercado na forma do art. 23 (ou seja, considerados os preços constantes de bancos de dados públicos e as quantidades a serem contratadas, observadas a potencial economia de escala e as peculiaridades do local de execução do objeto) e adotadas as providências necessárias para a conclusão do processo licitatório, sem prejuízo de apuração de responsabilidade dos agentes públicos que deram causa à situação emergencial. Cautela, contudo, se faz necessária, pois, em diversas situações, a prestação dos serviços públicos é delegada à iniciativa privada, por meio de contrato específico. Nessas hipóteses, caberá adotar o pactuado nos contratos administrativos de delegação celebrados, não concernindo, a princípio, a aplicação da Lei nº 14.133/2021.

1.7.2 A questão da emergência em face de negligência do agente público responsável

A situação emergencial que enseja a dispensa resulta de imprevisibilidade, jamais da inércia administrativa, seja por negligência ou má gestão.

Logo, a Administração deve ser cautelosa no tratamento da hipótese, uma vez que a não contratação representaria um prejuízo para o interesse público.

Já dispusemos que a dispensa de licitação por emergência demanda a avaliação da demonstração da potencialidade do dano, dado que, se o risco não for extirpado com a contratação, inexistirá cabimento na dispensa.

Conforme esposado anteriormente, há de se expor a relação de causalidade entre a ausência de contratação e a ocorrência de dano, ou seja, a relação de causalidade

---

[780] FERRAZ; FIGUEIREDO. *Dispensa e inexigibilidade de licitação*. 3. ed.

[781] TJ/PR, Apelação Cível nº 459.860-5, Rel. Rogério Ribas, j. em 13.01.2009.

[782] Marcos Juruena também defendia a adoção desse expediente. (SOUTO. *Direito administrativo da economia*. 3. ed.).

entre a contratação e a supressão do risco de dano. A contratação deverá ser o instrumento satisfatório de eliminação do risco de sacrifício dos interesses envolvidos.[783]

Não obstante, não raro ocorrem situações emergenciais decorrentes da falta de planejamento.

Destarte, na ocorrência de "emergência ficta", como a que denominou Gasparini, isto é, emergência "fabricada", não há urgência, havendo, sim, negligência.

Todavia, evidencia-se que, mesmo nesses casos, a situação fática de dano iminente poderá determinar a contratação direta, em face da urgência do atendimento. Contrata-se, portanto, com alicerce no dispositivo legal e, pela negligência, deverá responder a autoridade causadora, após o devido processo apurativo e punitivo.

Na mesma linha, Maria Sylvia Zanella Di Pietro, ao aduzir que, se estiverem presentes todos os requisitos previstos no dispositivo, caberá a dispensa de licitação, independentemente da culpa do servidor pela não realização do procedimento na época oportuna. Se a demora do procedimento puder ocasionar prejuízo ou comprometer a segurança de pessoas, obras, serviços, equipamentos e outros bens, públicos ou particulares, a dispensa terá que ser feita, porque o interesse público em jogo – a segurança – leva necessariamente a essa conclusão.[784]

Com idêntico raciocínio, Roberto Bazili e Sandra Miranda, que, ao criticarem atitudes de alguns órgãos de controle, que não têm considerado possível a dispensa de licitação sob a alegação de emergência em decorrência de falta de planejamento adequado, aduzem, tendo em vista que a situação emergencial decorre de fatos concretos, que tais ocorrências devem ser avaliadas pela Administração e, na existência de episódios caracterizadores da emergência, não caberia aos órgãos julgadores não reconhecê-los em virtude das causas que os determinaram, pois, ainda que indiquem culpa da própria Administração, o fato é que a emergência poderá estar devidamente caracterizada.

> Exemplifique-se com a seguinte situação: os órgãos de saúde realizam planejamento para aquisição de vacinas contra determinada doença epidêmica e, com base nesses dados, realizam licitação e adquirem as quantidades previstas. Porém, percebem que a quantidade foi insuficiente, os estoques estão zerados e não se providenciou com a antecedência devida a competente licitação para reposição dos estoques necessários. O que deve fazer a Administração? Esperar a realização de nova licitação, independentemente do risco de óbitos acontecerem? Ou, à vista da situação emergencial caracterizada por falha da própria Administração, adquirir as vacinas necessárias por contratação direta, com dispensa de licitação [...] suficientes para cobrir o prazo para realização de novo procedimento licitatório? A nosso ver, este é caso típico de emergência decorrente de falha da própria Administração, mas que existe e que serve de fundamento para a dispensa licitatória.[785]

O TCU enfrentou a questão, tendo concluído no mesmo sentido:

> Acórdão nº 1138/2011 – Representação de unidade técnica. Contratação fundamentada em situação emergencial. Conhecimento. Improcedência. 1. A situação prevista [...] não distingue a emergência real, resultante do imprevisível, daquela resultante da incúria ou

[783] DOTTI. *Contratação emergencial e desídia administrativa.*

[784] DI PIETRO. *Temas polêmicos sobre licitações e contratos.*

[785] BAZILLI; MIRANDA. *Licitação à luz do direito positivo.*

inércia administrativa, sendo cabível, em ambas as hipóteses, a contratação direta, desde que devidamente caracterizada a urgência de atendimento a situação que possa ocasionar prejuízo ou comprometer a segurança de pessoas, obras, serviços, equipamentos e outros bens, públicos ou particulares. 2. A incúria ou inércia administrativa caracteriza-se em relação ao comportamento individual de determinado agente público, não sendo possível falar-se da existência de tais situações de forma genérica, sem individualização de culpas.

1.7.3 A questão da contratação emergencial em face de obstrução judicial

Uma situação peculiar deriva da impossibilidade de contratar por motivo que independe da vontade da Administração.

Muitas vezes nos deparamos com a seguinte situação: a Administração realiza a licitação em data adequada, seguindo um planejamento correto, conclui com êxito, declara o vencedor, aguarda os prazos recursais e prepara-se para adjudicar (ou até mesmo efetua a adjudicação), aprontando-se para celebrar o contrato. Todavia, nesse ínterim, é surpreendida com o ingresso de ação no Poder Judiciário – normalmente, por intermédio de Mandado de Segurança – de outro licitante, quase sempre o segundo colocado, questionando o procedimento, na qual obtém provimento, impedindo a celebração do acordo que objetivava objeto de importância. Nesta hipótese, a Administração se vê impossibilitada de contratar em função de uma decisão judicial referente a uma licitação legitimamente instaurada.

Certo é que, dependendo do objeto intentado, haverá imperiosa necessidade de adoção da contratação direta devido à urgência imposta.

A questão, no entanto, não é de fácil solução, pois a contratação direta poderá ser incompatível com a decisão judicial. Suponha-se que a Administração desclassificou uma proposta de menor valor e o licitante desclassificado se socorra do Judiciário, obtendo provimento no sentido de impedir a adjudicação em favor de terceiro. A Administração ficaria numa enrascada: não poderia, obviamente, contratar com o licitante vencedor, pois isso caracterizaria o descumprimento da ordem judicial; não poderia adjudicar o objeto licitado em favor de outro licitante, nem, tampouco, poderia contratá-lo sob regime de emergência, sendo descabida, também, a contratação de um terceiro não participante da licitação, independentemente do valor de sua proposta. Evidencia-se, assim, que a situação dependerá unicamente de decisão judicial.

1.7.4 Situações emergenciais que afastarão as formalidades do art. 72

Como já esposado, a Nova Lei, em seu art. 72, impõe regras de instrução do processo de obrigatórias para a contratação direta, pois a não realização de licitação não determina a ausência de prévias formalidades. Entretanto, na hipótese de contratação por emergência, evidencia-se que essa providência, não raro, restará prejudicada. É inimaginável, por exemplo, que se aguarde certo período procedimental, com uma sequência de atos formais, no caso de iminente risco de desabamento de uma construção, porquanto, é claro, far-se-á necessária a ingerência imediata do Poder Público, com o fito de preservar vidas e bens. Nesta hipótese, inclusive, muitas vezes a Administração deverá valer-se até mesmo da contratação verbal, com posterior formalização por escrito.

Sobre a matéria, bem delineou Carlos Pinto Coelho Motta, ao anotar que, dentro do previsível, surgem fatores imprevisíveis, pois, no solo da rotina e do planejado, germinam de súbito circunstâncias aleatórias que mudam todo o quadro. No entanto, como ressaltou, avocando Floriano Azevedo Marques Neto,[786] um aspecto é absolutamente claro e isento de discussão: em qualquer caso, trata-se da imponibilidade da ação em caso de urgência, de vez que, diante de uma situação emergencial, o dever colocado para a Administração é de estancar o foco urgencial e nunca tecer cogitações quanto a se irá ou não adotar procedimentos formais para viabilizar este mister.[787]

Portanto, tal contratação direta, como sublinha Carlos Motta, constitui a solução exata, ao flexibilizar os rituais de conteúdo formal, exigíveis em condições administrativas regulares, em função de uma demanda que se tenha elevado de modo abrupto e acentuado.

Ademais, como refletiu Cintra do Amaral, o prazo, nessas situações, passa a ser o elemento determinante da decisão de não licitar, exatamente porque diante de caso excepcional também excepcional deve ser a confiabilidade. Por outro lado, como registra o jurista, é lógico que, ao dispensar a licitação para uma contratação com fundamento na emergência, a Administração está se arriscando a, caso não cumpra o prazo determinado, ver frustrado o seu objetivo de atender ao interesse social subjacente, apesar da medida excepcional tomada. Todavia, é certo que esse é um risco que a situação emergencial pode impor, devendo o agente público responsável sopesá-la e, dentro do possível, cercar-se de informações para tomar a providência da contratação.[788]

Quanto à justificativa do preço – uma das determinações do art. 72 –, faz-se necessário que a Administração junte aos autos do processo, posteriormente, os preços consultados no mercado, para efeito de comparação. *Vide* que, nesse particular, o TCU já decidiu pelo rigor na apreciação dos valores dos contratos emergenciais, para que se evite o superfaturamento, considerando que "é irregular compra com valor superfaturado por emergência". (TCU. Processo nº 550.790/91-8. Decisão nº 060/1997 – 2ª Câmara).

Inciso IX

1.8 Contratação entre pessoas jurídicas de direito público interno

O inciso IX autoriza a contratação direta com dispensa licitatória nas aquisições, por pessoa jurídica de direito público interno, de bens produzidos ou serviços prestados por órgão ou entidade que integrem a Administração Pública e que tenham sido criados para esse fim específico, desde que o preço contratado seja compatível com o praticado no mercado.

A questão referente à contratação direta de bens ou serviços produzidos ou prestados por órgãos ou entidades que integrem a Administração Pública tem suscitado estudos, pareceres, apreciações doutrinárias e manifestações das diversas Cortes de Contas.

---

[786] MARQUES NETO. *Contratação direta por emergência: situação calamitosa – irrelevância dos fatores causadores da situação emergencial.*

[787] MOTTA. *O princípio da moralidade e a dispensa de licitação por emergência.*

[788] AMARAL. *Dispensa de licitação por emergência.*

São quatro as condições para a dispensa licitatória:

a) apenas pessoas jurídicas de direito público interno poderão adotá-la. Logo, somente os órgãos da Administração Pública direta (União, Estados, Distrito Federal, Municípios), autarquias (inclusive as associações públicas, como registra o art. 41, IV, CC, em face de alteração estabelecida pela Lei nº 11.107/2005), fundações públicas e demais entidades de caráter público criadas por lei poderão contratar sob esse fundamento;[789]
b) o bem ou o serviço objeto da contratação deverá ser produzido por órgão (administração direta) ou entidade (administração indireta) que integrem a Administração Pública;
c) o ente contratado (órgão ou entidade) deve ter sido criado para esse fim específico; e
d) o valor do contrato deve ser compatível com o de mercado.

A hipótese de dispensa encontra guarida no descabimento de a Administração conceber uma disputa de preços para a aquisição de bens e serviços por ela produzidos, por intermédio de pessoa jurídica criada para esse fim específico.

No que diz respeito à aplicação, o dispositivo só deve ser empregado às atividades de natureza pública, que prestam efetivamente serviço público (ou que executem atividade de apoio administrativo), considerando que as empresas públicas (que desempenham atividade econômica) não podem concorrer em desigualdade, com privilégios, em relação ao mercado, pois tal afetaria diretamente o setor econômico. O TCU, inclusive, já decidiu nesse sentido, considerando que "o importante para fazer uso do dispositivo não é o fato de o capital da empresa ser público, e sim a natureza do serviço contratado, se pública ou econômica":

> As empresas públicas e sociedades de economia mista que se dedicam à exploração de atividade econômica de produção ou comercialização de bens ou de prestação de serviços sujeitam-se ao regime jurídico das empresas privadas (CF, 173), em consonância com os princípios constitucionais da livre concorrência e da isonomia, e não podem ser contratadas com dispensa de licitação [...].[790]

Nesse sentido, Marçal Justen, ao sustentar que não podem ser contratadas sem licitação as empresas estatais que atuam no mercado, uma vez que toda entidade estatal que prestar serviços ou comercializar bens atuando em competição com outras empresas privadas não poderá beneficiar-se de qualquer privilégio ou vantagem, dado que uma empresa estatal, atuante na exploração de atividades econômicas sob regime de competição com outros agentes privados, não pode ser investida no privilégio de contratação direta com a Administração Pública:

---

789 Código Civil – Lei nº 10.406/2002 – Art. 41. São pessoas jurídicas de direito público interno: I – a União;
II – os Estados, o Distrito Federal e os Territórios;
III – os Municípios;
IV – as autarquias, inclusive as associações públicas; (*Redação dada pela Lei nº 11.107/05*).
V – as demais entidades de caráter público criadas por lei.

790 Acórdão nº 6.931/2009 – 1ª Câmara, Rel. Min. Walter Alencar Rodrigues.

> Essa solução destina-se a evitar inclusive o desequilíbrio na formação de preços das entidades estatais. Poderia verificar-se aquilo que a Economia denomina *subsídio cruzado*. Assim se passaria quando a empresa estatal transferisse parte dos seus custos comuns e normais para o preço dos produtos ofertados à própria Administração Pública, o que lhe permitiria praticar preços mais reduzidos no mercado. Um exemplo prático permite compreender o problema. Suponha-se que uma empresa estatal produza cem unidades de produtos, ao custo de cem unidades monetárias. Imagine-se que essa estatal comercialize, sem licitação, trinta unidades de produtos para a Administração Pública. Como não existe licitação, não há necessidade de praticar o menor preço possível. Então, a entidade poderia adotar o preço de duas unidades monetárias para cada unidade de produto alienada para a Administração Pública. Como decorrência, receberia o montante de sessenta unidades monetárias como contrapartida da alienação de trinta unidades de produtos. Diante desse cenário, a estatal poderia praticar preço reduzido no mercado, comercializando as restantes setenta unidades por preço unitário inferior a uma unidade. Isso significaria que a contratação direta seria um expediente para assegurar a participação da estatal no mercado. O preço mais elevado pago pela Administração Pública configuraria uma forma de subsídio para a empresa estatal vender seus produtos no mercado por preço inferior. Em outras palavras, o preço inferior ao custo cobrado dos particulares seria compensado pelo preço superior exigido da Administração Pública.[791]

A AGU orientou no mesmo sentido, versando sobre dispositivo semelhante da Lei nº 8.666/1993:

> Orientação Normativa nº 13, de 01 de abril de 2009 – Empresa pública ou Sociedade de economia mista que exerça atividade econômica não se enquadra como órgão ou entidade que integra a administração pública, para os fins de dispensa de licitação com fundamento no inc. VIII do art. 24 da Lei nº 8.666, de 1993.

1.8.1 Contratações entre entidades de esferas diferentes

A contratação entre entidades integrantes de esferas federativas diferentes, com a adoção do dispositivo, tem sido bastante polêmica.

A nosso ver, ela é perfeitamente viável, como, inclusive, sustenta majoritariamente a doutrina especializada, uma vez que a interpretação do dispositivo deve ocorrer no sentido de que o conceito de Administração Pública, previsto no inc. III do art. 6º, é abrangente, albergando qualquer ente. Da mesma forma, Jacoby Fernandes, apegando-se às distinções que a lei faz entre Administração e Administração Pública, opinando que outra maneira de entender impediria a colaboração entre esferas de governo e entre municípios vizinhos.[792] Julieta Vareschini, após considerações, conclui que não se vislumbra a necessidade de serem os entes contratantes integrantes da mesma esfera de governo.[793] Também nesse sentido, Carlos Pinto Coelho Motta,[794] Marçal Justen e vários outros.

---

[791] JUSTEN FILHO. *Comentários à Lei de Licitações e Contratos Administrativos*. 15. ed.

[792] JACOBY FERNANDES. *Contratação direta sem licitação*.

[793] VARESCHINI. *Contratação Direta*. v. 2.

[794] MOTTA. *Eficácia nas licitações e contratos*. 10. ed.

Opinando contrariamente, Maria Sylvia Zanella Di Pietro sustenta que o contratante e o contratado devem ser do mesmo nível de governo, "já que ninguém vai criar um ente para prestar serviços ou fornecer bens para pessoas jurídicas de outra esfera de governo".[795]

Inciso X

1.9 Intervenção no domínio econômico

O inciso X autoriza a dispensa licitatória quando a União tiver que intervir no domínio econômico para regulação de preços ou normalização de abastecimento.

Tendo como única destinatária a União, o inciso possibilita a intervenção no domínio econômico, mediante a aquisição de bens por contratação direta, para sua colocação no mercado, objetivando impor equilíbrio de preço.

Sobre a matéria, convém relembrar que, no século XIX, a principal característica do Estado era a proteção às liberdades e aos direitos individuais legalmente previstos. Era o chamado Estado Liberal, onde a lei prevalecia até mesmo sobre os governantes. Nesse viés, o Estado pouco atuava nas áreas sociais e econômicas.

Entrementes, no final do mesmo século, em face de diversas pressões da coletividade, o Estado viu-se obrigado a assumir novas obrigações, visando ao bem-estar coletivo, passando não só a prestar os serviços necessários ao povo como a atuar no âmbito econômico. Dessa forma, o setor econômico, tão próprio dos particulares, começou a sofrer a interferência do Estado para garantir o conforto coletivo.

Atualmente, a limitação da Ordem Econômica pelo Estado, por intermédio de intervenção, consta nos artigos do Capítulo I do Título VII da Constituição Federal, denominado "Dos princípios gerais da atividade econômica". Os princípios da Ordem Econômica estão elencados no art. 170:

> Art. 170. A ordem econômica, fundada na valorização do trabalho humano e na livre iniciativa, tem por fim assegurar a todos a existência digna, conforme os ditames da justiça social, observados os seguintes princípios:
>
> I – soberania nacional; II – propriedade privada; III – função social da propriedade; IV – livre concorrência; V – defesa do consumidor; VI – defesa do meio ambiente; VII – redução das desigualdades regionais e sociais; VIII – busca do pleno emprego; IX – tratamento favorecido para as empresas de pequeno porte constituídas sob as leis brasileiras e que tenham sua sede e administração no País.
>
> Parágrafo único. É assegurado a todos o livre exercício de qualquer atividade econômica, independentemente de autorização de órgãos públicos, salvo nos casos previstos em lei.

Verifica-se que a regra geral estabelecida no art. 170 da CF é a da livre iniciativa, propiciando à iniciativa privada a livre concorrência. Todavia, em função da liberdade que a regra constitucional oferece, é possível a ocorrência de abusos por parte dos mais poderosos.

---

[795] DI PIETRO. *Direito Administrativo*. 2. ed.

Destarte, para repressão ao chamado "abuso do poder econômico" – quando esses mais poderosos adotam mecanismos que visam a eliminar ou a afetar a livre concorrência, com o objetivo de dominar o mercado ou elevar abusivamente os preços – o Estado necessita intervir regulando preços ou normalizando o abastecimento.

Nesse panorama, o art. 174 da CF preconiza que o Estado, como agente normativo e regulador da atividade econômica, deverá, na forma da lei, exercer as funções de fiscalização, incentivo e planejamento, sendo este determinante para o setor público e indicativo para o setor privado. Dessa forma, vê-se que a própria Carta Magna outorga ao Estado a função de regular o mercado.

Sob esse prisma, o inciso em comento reputa dispensável a licitação pública quando houver necessidade de intervenção do Estado no domínio econômico, com o intuito de regular os preços ou normalizar o abastecimento. Logo, quando constatar a escassez de produtos com objetivo de forçar a majoração de preços, o Estado não dependerá de morosos certames licitatórios para contratar no mercado o bem necessário, de modo a formar estoques reguladores e recolocação no mercado, impondo, assim, a queda dos preços.

É de se salientar, no entanto, que nem todos os contratos que visarem regular os preços ou normalizar o abastecimento deverão ser firmados com a adoção da dispensa licitatória, pois, certamente, haverá hipóteses de contratação nesse sentido que, por não colocarem em risco o interesse público, poderão ser concretizadas por intermédio de procedimento licitatório.

Da mesma forma, Roberto Bazilli e Sandra Miranda:

> É bom reafirmar que somente os bens necessários a essa regularização podem ser comprados ou alienados sem licitação. A possibilidade de dispensa não é para todo e qualquer bem, mas somente para os relacionados diretamente com a regularização dos preços; outros bens deverão ser adquiridos ou alienados com estrita observância de licitação.[796]

Joel Niebuhr também compartilha desse entendimento:

> Quer-se dizer que pode haver caso de contratação, cujo objetivo é regular preços ou normalizar o abastecimento, que pode ser levado a cabo mediante licitação pública, sem risco de gravame ao interesse público. Nesses casos, não cabe a dispensa, e, pois, é imperioso proceder à licitação pública.[797]

Inciso XI

1.10 Celebração de contrato de programa

O inciso XI prevê a dispensa licitatória para celebração de contrato de programa com ente federativo ou com entidade de sua Administração Pública indireta que envolva prestação de serviços públicos de forma associada nos termos autorizados em contrato de consórcio público ou em convênio de cooperação.

---

[796] BAZILLI; MIRANDA. *Licitação à luz do direito positivo.*

[797] NIEBUHR. *Dispensa e inexigibilidade de licitação pública*. 2. ed.

A Lei nº 11.107/2005 estabelece regras aplicáveis ao consórcio público, insculpido no ordenamento jurídico pátrio no art. 241 da CF, com redação estabelecida pela Emenda Constitucional nº 19/1998.[798]

Importa não confundir o instituto *consórcio público* com o consórcio de empresas, tradicionalmente utilizado na hipótese de grandes projetos de engenharia, como a construção de usinas hidrelétricas, redes de transmissão de energia, rodovias, portos, plataformas de petróleo ou nos de Parcerias Público-Privadas, existente, inclusive, na própria Nova Lei de Licitações (art. 15),[799] que o menciona visando permitir a participação dessa união de empresas numa competição licitatória, intencionando a execução de certo objeto, que, em função de sua complexidade, não poderia ser realizado por empresas isoladamente, normalmente em face de razões técnicas ou devido à falta de capital. Esse consórcio é uma associação de empresas que conjuga recursos humanos, técnicos e materiais para a execução do objeto a ser licitado, que tem lugar quando o vulto, a complexidade ou o custo do empreendimento seja considerável ou dificultoso para as pessoas isoladamente consideradas.[800]

Consoante se extrai da Lei nº 11.107/2005, consórcio público, que também se caracteriza pela conjugação de esforços e recursos, é pessoa jurídica, constituída por entes federativos, que visa ao desenvolvimento de trabalho comum, à semelhança do tradicional convênio, tendo como elemento diferenciador a criação de estrutura organizacional permanente.

Nessa contextura, o art. 2º, I, do Decreto nº 6.017/2007, que regulamenta a matéria, informa que o consórcio público é pessoa jurídica formada exclusivamente por entes da Federação, na forma da Lei nº 11.107/2005, que objetiva estabelecer relações de cooperação federativa, inclusive a realização de objetivos de interesse comum, constituído como associação pública, com personalidade jurídica de direito público e natureza autárquica, ou como pessoa jurídica de direito privado sem fins econômicos.

O inciso em análise intenciona permitir a aplicação da dispensa de licitação no caso de consórcio público em ocasião excepcional, isto é, quando da assinatura de um contrato de programa.

A previsão legal do contrato de programa é encontrada no art. 13 da mesma Lei nº 11.107/2005, que indica ser ele o instrumento por intermédio do qual se constituem obrigações de entes da Federação entre si ou para com o consórcio público, no âmbito da gestão associada em que haja a prestação de serviços públicos ou quando ocorrer transferência total ou parcial de encargos, serviços, pessoal ou de bens, necessários à continuidade dos serviços transferidos.

O Decreto nº 6.107/2007 tenta melhor defini-lo, preceituando, no art. 2º, XVI, tratar-se de instrumento pelo qual devem ser constituídas e reguladas as obrigações que um ente da Federação, inclusive de sua administração indireta, tenha para com outro ente

---

[798] Art. 241. A União, os Estados, o Distrito Federal e os Municípios disciplinarão por meio de lei os consórcios públicos e os convênios de cooperação entre os entes federados, autorizando a gestão associada de serviços públicos, bem como a transferência total ou parcial de encargos, serviços, pessoal e bens essenciais à continuidade dos serviços transferidos.

[799] Art. 15. Salvo vedação devidamente justificada no processo licitatório, pessoa jurídica poderá participar de licitação em consórcio (...).

[800] MELLO. *Curso de direito administrativo*. 11. ed.

federativo, ou para com consórcio público, no âmbito da prestação de serviços públicos por meio de cooperação federativa.

Um exemplo clássico de contrato de programa é encontrado na conjugação de esforços de municípios limítrofes com o intuito de promover algum tipo de saneamento básico (coleta de lixo, por exemplo).

Cabe registrar que o contrato de programa está equivocadamente elencado como hipótese de dispensa, porquanto, por suas características, no máximo se encaixaria na condição de inexigibilidade, uma vez que se alicerça na inviabilidade de competição. Na verdade, diante dos interesses comuns do acordo, que muito se assemelha aos convênios clássicos de colaboração, jamais poderia ser precedido de qualquer tipo de certame competitivo, pois, em função das peculiaridades de cooperação mútua, não há o que se disputar. Logo, a nosso sentir, a prescrição de dispensa licitatória é de total inutilidade, porquanto preceitua o afastamento da feitura de certame em situação que não cabe instaurá-lo.

Anote-se também que a própria Lei nº 11.107/2005 dispõe, no art. 2º, §1º, que, para o cumprimento de seus objetivos, o consórcio público poderá ser contratado pela Administração direta ou indireta dos entes da Federação consorciados com dispensa de licitação.

Inciso XII

1.11 Contratação em que houver transferência de tecnologia de produtos estratégicos para o Sistema Único de Saúde (SUS)

O inciso XII autoriza a dispensa de licitação nas contratações em que houver transferência de tecnologia de produtos estratégicos para o Sistema Único de Saúde (SUS), conforme elencados em ato da direção nacional do SUS, inclusive por ocasião da aquisição desses produtos durante as etapas de absorção tecnológica, e em valores compatíveis com aqueles definidos no instrumento firmado para a transferência de tecnologia.

A dispensa de licitação volta-se para as contratações que permitem a transferência de tecnologia de produtos estratégicos para o Sistema Único de Saúde (SUS), no âmbito da Lei nº 8.080/1990, que dispõe sobre as condições para a promoção, a proteção e a recuperação da saúde, a organização e o funcionamento dos serviços correspondentes.

O art. 46 desse diploma prevê que o SUS deverá estabelecer mecanismos de incentivo à participação do setor privado no investimento em ciência e tecnologia e no estímulo à transferência de tecnologia das universidades e institutos de pesquisa aos serviços de saúde nos estados, no Distrito Federal e nos municípios, e às empresas nacionais.

A regra de dispensabilidade licitatória determina que a direção nacional do SUS emita ato elencando os produtos na categoria exigida, inclusive por ocasião da aquisição durante as etapas de absorção tecnológica, o que, a nosso ver, fere o princípio da isonomia entre os licitantes.

Consoante o já exposto, as dispensas para contratações com transferência de tecnologia se alicerçam no fomento à pesquisa científica e tecnológica, tendo como resultado a ampliação da capacitação e da autonomia tecnológica, com o asseguramento do desenvolvimento da indústria nacional.

Comentando a matéria, o Senador Aloysio Alves considerou a regra "perigosa":

> Nem é preciso que se efetive a absorção tecnológica. Basta se ter um contrato visando à absorção tecnológica para a fabricação de determinado produto, que isso por si só já habilita o empresário a vender os seus produtos para o Ministério da Saúde com dispensa de licitação. [...]. É perigoso, porque ele contradiz, ele afronta os princípios de impessoalidade que informam o capítulo "Da Administração Pública" da Constituição brasileira. É perigoso isso [...] pode ser uma porta aberta para a fraude, para o favoritismo, que vai atingir aquilo que é mais precioso na vida do brasileiro, que é a saúde.[801]

Inciso XIII

1.12 Contratação de profissionais para compor a comissão de avaliação de critérios de técnica

O art. 33 prevê, entre os critérios de julgamento das propostas, dois que levam em consideração análises técnicas: os critérios de *melhor técnica* e o de *técnica e preço*. Pois bem, nesses casos, é possível que a Administração não tenha em seus quadros profissionais especializados para essa apreciação, o que demandará a contratação de terceiros. Nesse contexto, o inciso em análise prevê a possibilidade de dispensa de licitação na contratação de profissionais que comporão comissão de avaliação dos critérios de técnica, quando se tratar de profissional técnico de notória especialização, cujo conceito é encontrado no inc. XIX do art. 6º: qualidade de profissional ou de empresa cujo conceito, no campo de sua especialidade, decorrente de desempenho anterior, estudos, experiência, publicações, organização, aparelhamento, equipe técnica ou outros requisitos relacionados com suas atividades.

Inciso XIV

1.13 Contratação de serviços de associações de portadores de deficiência

O inciso XIV preconiza a dispensa licitatória nos casos de contratação de associação de pessoas com deficiência, sem fins lucrativos e de comprovada idoneidade, por órgão ou entidade da Administração Pública, para a prestação de serviços, desde que o preço contratado seja compatível com o praticado no mercado e os serviços contratados sejam prestados exclusivamente por pessoas com deficiência.

Orientada pela Política Nacional para Integração da Pessoa Portadora de Deficiência, prevista na Lei nº 7.853/1999, que dispõe sobre o apoio às pessoas portadoras de deficiência e sua integração social, essa contratação direta tem nobres objetivos.

Como já explicitado, a função social do contrato administrativo, inserida na ideia de sustentabilidade tão presente no dia a dia, admite, sem sobra de dúvida, intenções dessa natureza, qual seja, o incentivo às atividades de entidades privadas com atuação intimamente ligada ao interesse público.

---

[801] Arquivo pessoal.

Nesse hemisfério, tratando dos objetivos maiores dos contratos celebrados pela Administração Pública, Pamplona Silva, coberto de razão, sustenta, agregando a questão aos princípios fundamentais da dignidade da pessoa humana (art. 1º, III, CF) e aos valores sociais do trabalho (art. 1º, IV, CF), que tais acordos devem possuir um viés de função social, notadamente quando se referirem aos portadores de deficiência, uma vez que a situação não retrata mera faculdade do gestor público de contratar as associações de forma direta, mas, sim, um poder-dever do Estado, no sentido de propiciar a oportunidade de contratação para tais entidades:

> Note-se que não se trata de afastar a contratação pela via competitiva, mas, caso esteja sendo planejada a contratação de certos serviços, deverá a Administração dar oportunidade às entidades de deficientes de apresentarem sua proposta comercial. Noutros termos, com vistas a efetivar os princípios constitucionais citados, a Administração deverá viabilizar o procedimento de oferta de serviços por essas entidades. Justifica-se tal expediente, pois as referidas associações não contam com departamentos comerciais ou assessoria jurídica capazes de fazer frente às empresas especializadas do ramo em competição licitatória.[802]

Logicamente, deve a Administração ter como interesse principal o objeto pretendido. Todavia, além dessa meta estabelecida no dispositivo, a regra legal contém, conforme já explicitado, notáveis intenções que, de certa forma, também satisfazem o interesse público: a) cria uma reserva de mercado às associações de portadores de deficiência, estabelecendo fonte de renda cativa para tais associações; e b) inclui o deficiente no mundo do trabalho.

Foi feliz o legislador no sentido de aperfeiçoar a regra de dispensa, uma vez que a lei anterior, por constar a expressão "deficiência física", causava dúvidas quanto ao alcance. À época, Diogenes Gasparini, ao avaliar o texto legal, anotou a exclusão dos portadores de deficiências psíquicas. Benedito Chiaradia censurou o estabelecido, observando que o inciso carecia de urgente reformulação, porquanto há categorias de deficiência mental que não inabilitam ao trabalho os seus portadores; antes, acendram, mesmo, certas habilidades incomuns, como nos casos dos portadores da Síndrome de Down.[803]

Comentamos então:

> As garantias constitucionais não circunscrevem apenas os portadores de deficiências físicas, pois abarcam todas as hipóteses possíveis de incapacidade de forma irrestrita, pelo que não caberia à lei diferençar o que o CF não distingue.[804]

Cabe ressalvar que a entidade privada contratada nesses moldes está obrigada a oferecer um objeto que atenda perfeitamente ao pretendido pelo Poder Público, motivo pelo qual se impõe avaliação técnico-profissional e preço compatível com o praticado no mercado. Tal não faz supor, contudo, que, necessariamente, a Administração deva pagar o menor ou o mais vantajoso preço possível, pois essa interpretação tornaria sem sentido o regramento, uma vez que, se a associação tivesse que propor preço nessas

---

802 SILVA. *Instituições de assistência ao deficiente.*

803 CHIARADIA. *As licitações e os contratos administrativos.*

804 BITTENCOURT. *Contratando sem licitação.* 2. ed.

condições, o expediente normal não seria a dispensa, mas, sim, a participação numa competição licitatória.

> Ora, se a lei autoriza a contratação por dispensa de licitação, isso somente pode ser interpretado no sentido de que, de outra forma, a associação não lograria obter a contratação. Logo, preço compatível com o praticado no mercado significa valor não exorbitante dos parâmetros adotados no mercado, sem que isso conduza à necessidade de ser o menor preço possível.[805]

Ademais, os preços a serem oferecidos por essas associações dificilmente serão compatíveis com os de mercado, haja vista gozarem de diversos benefícios fiscais que os reduzem sobremaneira. Como sugere Benedito Chiaradia, melhor seria que a lei exigisse que os preços fossem compatíveis com a natureza da instituição.[806]

Anotem-se os cinco requisitos que norteiam a dispensa:

a) o contratado deverá ser uma associação de portadores de deficiência física;
b) a associação não deverá ter fins lucrativos;
c) a associação deverá deter comprovada idoneidade;
d) o objeto deverá referir-se a serviços;
e) o preço deverá ser compatível com o de mercado;
f) os serviços contratados devem ser prestados exclusivamente por pessoas com deficiência.

Inciso XV

1.14 Contratação de instituição sem fins lucrativos

O inciso XV sinaliza a dispensabilidade de licitação na contratação de instituição brasileira que tenha por finalidade estatutária apoiar, captar e executar atividades de ensino, pesquisa, extensão, desenvolvimento institucional, científico e tecnológico e estímulo à inovação, inclusive para gerir administrativa e financeiramente essas atividades, ou para contratação de instituição dedicada à recuperação social da pessoa presa, desde que o contratado tenha inquestionável reputação ética e profissional e não tenha fins lucrativos.

O comando legal busca dar cumprimento às disposições contidas no art. 218, *caput* e §4º, da CF,[807] que disciplinam que o Estado deve promover e incentivar o desenvolvimento científico, a pesquisa e a capacitação tecnológica, cabendo à lei apoiar e estimular as empresas que invistam em pesquisa, criação de tecnologia adequada ao País, formação e aperfeiçoamento de seus recursos humanos.

---

805 JUSTEN FILHO. *Comentários à Lei de Licitações e Contratos Administrativos*. 12. ed.

806 CHIARADIA. *As licitações e os contratos administrativos*.

807 CF – Art. 218. O Estado promoverá e incentivará o desenvolvimento científico, a pesquisa e a capacitação tecnológicas. [...] §4º – A lei apoiará e estimulará as empresas que invistam em pesquisa, criação de tecnologia adequada ao País, formação e aperfeiçoamento de seus recursos humanos e que pratiquem sistemas de remuneração que assegurem ao empregado, desvinculada do salário, participação nos ganhos econômicos resultantes da produtividade de seu trabalho.

Entendeu o constituinte que o Estado, sem prejuízo da qualidade, poderia ceder espaço ao princípio da licitação, visando ao fomento desses três segmentos, cabendo à lei essa função de estímulo às entidades que neles atuam.

O TCU também se posicionou nessa linha de raciocínio:

> A nosso ver, o propósito [...] é estimular as instituições que menciona, favorecendo-lhes a obtenção de contratos com o serviço público, como forma de ajudar-lhes no seu autocusteio. Com isso, o Estado estará estimulando, em cumprimento aos mandamentos constitucionais, ainda que por via indireta, as ações voltadas para o ensino, a pesquisa e o desenvolvimento institucional. Nesse sentido, pouco importa o objeto específico da contratação, desde que compatível com os objetivos sociais da instituição contratada e possa ser satisfatoriamente prestado com sua própria estrutura.[808]

Nesse contexto, o dispositivo preceitua que a dispensa estará sujeita a três condições:

a) a contratada ser instituição (portanto, somente pessoa jurídica) brasileira incumbida, por regimento ou estatuto, de apoio, captação e execução de atividades de ensino, pesquisa, extensão, desenvolvimento institucional, científico, tecnológico e estímulo à inovação, inclusive para gerir administrativa e financeiramente essas atividades, ou, ainda, dedicada à recuperação social de pessoa presa;
b) ter a instituição inquestionável reputação ético-profissional, ou seja, quanto ao âmbito profissional, deter incontestável capacidade para o desempenho de seu objeto social; e, no que tange ao campo ético, possuir virtudes éticas, que deverão ser apreciadas pela Administração apenas no sentido do correto desempenho profissional, independentemente de ideologias; e
c) não possuir fins lucrativos.

1.14.1 O conceito de instituição

O dispositivo dirige a dispensa para a contratação a ser realizada com organizações da espécie "instituição", expressão que não contém conteúdo jurídico bem determinado no direito brasileiro.

Na nomenclatura técnico-jurídica pátria, a ideia de "instituição" tem a ver com algo meio abstrato, com conexão com mecanismos sociais de papel importante no processo de socialização. Assim, a expressão consigna pessoa jurídica peculiar, voltada para a realização de determinados fins que transcendem os interesses dos que dela participam de forma direta. Nessa linha de raciocínio, Marçal Justen, após observar que as "instituições" em sentido subjetivo são pessoas jurídicas, mas nem todas as pessoas jurídicas são instituições, assevera que muito se assemelham a uma organização de recursos materiais e de esforços humanos que se autonomiza em face dos seus próprios fundadores, gozando, desse modo, de um acentuado grau de independência. No mesmo viés, Carlos Pinto Coelho Motta assinala que o vocábulo "instituição" é geralmente

[808] Processo TC nº 013.996/2003-2.

compreendido em um sentido amplo e abrangente, que pode conter todos os grupos sociais oficiais, como escolas, sindicatos, órgãos de governo e também empresas.[809]

Como explica De Plácido e Silva, a "instituição" já se promove pela direta ação da vontade, que se manifesta, por si mesma, como a própria fonte criadora do que se estabelece, se constrói ou se forma. Por este motivo é que, por vezes, chega a definir a própria entidade jurídica, que por ela se fundou. Assim, se diz "instituição", para designar o estabelecimento ou a organização que se fundou ou se instituiu.[810]

Certo é que, derivado do latim *institutio* (dispor, formar), o termo "instituição", além de fazer alusão ao efeito de instituir (fundar, erigir) algo, vincula-se diretamente com uma coisa instituída, isto é, estabelecida ou fundada, tratando-se, portanto, de um organismo que tem função de utilidade pública.

Dado o exposto, é de se concluir que a escolha da expressão não foi fruto de mero acaso, uma vez que, como anota Justen, a intenção do legislador repousou na intenção de evitar a contratação direta com entidades destituídas de existência social concreta, não se aplicando a autorização da contratação em face de pessoas jurídicas criadas no papel, mas destituídas de atuação social efetiva. Destarte, como preleciona, a referência a "instituições" elimina a possibilidade de contratação direta com "associações" ou "fundações" que tenham mera aparência de entidades autônomas, sempre que se encontrem sob controle de sujeitos específicos e determinados, que as orientem para a realização de seus interesses pessoais.[811]

1.14.2 Instituição brasileira

Como anotamos no livro *Licitações Internacionais*, a eliminação da distinção entre os conceitos de "empresa brasileira" e de "empresa brasileira de capital nacional" do ordenamento jurídico brasileiro, com a revogação do art. 171 da CF pela Emenda Constitucional nº 6/1995, não extirpou do ordenamento jurídico o conceito de "empresa brasileira", o que, evidentemente, seria de todo impossível. Destarte, a partir da alteração constitucional, empresa brasileira passou a ser aquela estabelecida sob a égide da lei brasileira, com sede e administração no Brasil, conforme, inclusive, também dispôs a Exposição de Motivos:

> 2. A proposta tenciona eliminar a distinção entre empresa brasileira e empresa brasileira de capital nacional e o tratamento preferencial concedido a esta última. Para tanto, firma-se conceito de empresa brasileira como aquela constituída sob as leis brasileiras e com sede e administração no País.

Logo, instituição de nacionalidade brasileira deve ser entendida como aquela que, atendendo ao conceito antes exposto sobre "instituição", foi constituída sob as leis brasileiras e com sede e administração no País.

---

[809] MOTTA. *Eficácia nas licitações e contratos*. 10. ed.

[810] SILVA. *Vocabulário jurídico*. 3. ed. v. I.

[811] JUSTEN FILHO. *Comentários à Lei de Licitações e Contratos Administrativos*. 12. ed.

1.14.3 Os fins das instituições

Consoante o inciso, a instituição deve ter por finalidade as atividades de ensino, pesquisa, extensão, desenvolvimento institucional, científico e tecnológico e estímulo à inovação ou à recuperação social de pessoa presa, os quais deverão estar estabelecidos formalmente no instrumento que discipline o seu funcionamento.

É certo que as atividades elencadas inicialmente (ensino, pesquisa, extensão e desenvolvimento institucional) são demasiadamente vagas e de difícil dimensionamento. Logo, para que se viabilize a dispensa licitatória, as atividades deverão atender aos interesses coletivos, através de soluções dos problemas da sociedade. Tal não significa, entrementes, que não possam advir de atividades empresariais, com obtenção de lucro.[812]

Como bem observaram Fernanda de Faria e Marcia Ribeiro,[813] das finalidades exigidas, a que demanda maior reflexão é a que se refere ao desenvolvimento institucional, que, devido à enorme amplitude, determina interpretação restritiva, com adequação ao interesse público, pois, caso contrário, toda e qualquer instituição sem fins lucrativos poderia ser contratada pela Administração Pública com fundamento na hipótese de dispensa de licitação. Destarte, a expressão "desenvolvimento institucional" merece interpretação que a ajuste ao interesse público, devendo ser consideradas tão somente as atividades que envolvam cunho social, como, por exemplo, a prestação de assistência social.

Considerando que uma interpretação apressada poderia conduzir à ilação de que desenvolvimento institucional seria capaz de englobar qualquer ato voltado para o aperfeiçoamento das instituições, para a melhoria do desempenho das organizações, também se pautou o TCU pela necessidade da avaliação restritiva:

> (...) a simples automatização de procedimentos, a aquisição de equipamentos mais eficientes, a reforma das instalações de uma unidade, a ampliação das opções de atendimento aos clientes, o treinamento de servidores, a reestruturação organizacional e um sem-número de outras ações que significassem algum *plus* no relacionamento entre a Administração e a Sociedade poderiam ser entendidas como tal. Já foi registrado, no entanto, que uma interpretação larga da lei, nesse ponto, conduziria, necessariamente, à inconstitucionalidade do dispositivo, uma vez que os valores fundamentais da isonomia, da moralidade e da impessoalidade, expressamente salvaguardados pela Constituição, estariam sendo, por força de norma de hierarquia inferior, relegados. Logo, desenvolvimento institucional não pode significar, simplesmente [...] melhoria ou aperfeiçoamento das organizações públicas. [...]. Nesse sentido, seriam entidades dedicadas ao desenvolvimento institucional, por exemplo, aquelas voltadas para a proteção à infância (arts. 203, I e 204, I da CF), ao deficiente físico (arts. 203, IV e 204, I), à saúde (arts. 196, 197 e 200, V), para o desenvolvimento do ensino (arts. 205, 213 e 214), para o desporto (art. 217), entre outras. Nesse rol, entrariam as APAES, as Sociedades Pestalozzi, a CNEC, a Associação das Pioneiras Sociais, as associações esportivas, etc. (Decisão nº 30/2000).[814]

---

812 Acórdão nº 3.564/2006 – Plenário.

813 FARIA; RIBEIRO. *A dispensa de licitação fundamentada no art. 24, XIII da Lei Federal nº 8.666/93.*

814 Em outro momento, a Corte de Contas voltou a ressaltar que a expressão não pode ser interpretada em sentido amplo, a fim de evitar a contratação, sem maiores critérios, desses órgãos/entidades mediante dispensa de licitação (Acórdão nº 3.564/2006 – Plenário).

Certo é, com relação aos fins da instituição, que a contratação com a dispensa em análise só poderá ocorrer nos casos em que houver nexo entre a natureza da instituição e o objeto contratado.

O TCU sumulou sobre a questão:

> SÚMULA Nº 250 – Contratação direta; dispensabilidade de licitação; instituição brasileira de pesquisa, ensino, apoio e outros [...] – A contratação de instituição sem fins lucrativos, com dispensa de licitação [...] somente é admitida nas hipóteses em que houver nexo efetivo entre o mencionado dispositivo, a natureza da instituição e o objeto contratado, além de comprovada a compatibilidade com os preços de mercado.

Com relação à conexão entre o dispositivo, a natureza da instituição e o objeto, Luis Gustavo Smith apresenta inteligente comentário:

> Da exigência de nexo entre a especialidade a que se propõe a instituição e o objeto do contrato tem-se eleita a real valorização e promoção do desenvolvimento científico, pesquisa e capacitação tecnológica que o legislador constituinte buscou proteger no art. 218, da Carta Maior, vez que não se conceberia a configuração da hipótese de dispensa objeto do presente estudo para a contratação de instituição regimental ou estatutariamente voltada à pesquisa genética para firmar contrato cujo objeto é de natureza econômica. Da mesma maneira, a vinculação personalíssima da instituição com a execução direta do contrato representa uma homenagem ao princípio da igualdade de condições que deve nortear os procedimentos licitatórios, evitando, assim, a hipótese em que uma determinada instituição avoque suas prerrogativas para firmar o contrato, através de dispensa de licitação, e terceirize a execução em favor de quem não detenha as mesmas condições suas, ou seja, não preencha os requisitos exigidos [...] da Lei de Licitações.[815]

1.14.4 A reputação das instituições

Bastante cuidado se deve ter na questão da exigência de inquestionável reputação ético-profissional. Na prática, o atendimento à exigência quanto à ética não é nada fácil, dado tratar-se de situação cujo conceito é bastante abstrato.

Derivado do grego *ethikos* (pertencente ao caráter), a ética é definida genericamente como a ciência da moral. Todavia, na terminologia da técnica profissional, consigna expressão usada sob a expressão de ética profissional, para indicar a soma de deveres que estabelece a norma de conduta no desempenho de atividades profissionais e nas relações com clientes e demais pessoas com quem se relacione. Logo, a ética estabelece a pauta de ações de um profissional em toda e qualquer esfera, onde quer que venha a exercer a sua profissão.

Normalmente, a ética profissional funda-se nas normas de conduta estabelecidas pelos usos e costumes, podendo, entretanto, ser instituída pelas instituições. É bastante comum ouvir-se, nesse sentido, expressões como: ética jornalística, ética do advogado, ética médica, ética empresarial, ética no serviço público etc.

---

[815] SMITH. *Contratação direta de instituição brasileira voltada à pesquisa, ensino ou desenvolvimento institucional ou dedicada à recuperação social do preso.*

Atualmente, em função dos enormes escândalos de corrupção nas contratações públicas, a matéria tem tomado relevo. Chama a atenção, na Lei nº 12.846/2013 (Lei Anticorrupção),[816] o elemento atenuante nas sanções impostas devido a atos de corrupção, constituído pela possível existência de mecanismos e procedimentos internos de integridade, auditoria e incentivo à denúncia de irregularidades e a aplicação efetiva de códigos de ética e de conduta no âmbito da pessoa jurídica, ou seja, os chamados "Programas de *Compliance*", cultura empresarial largamente adotada em todo o mundo, mais do que conhecida por advogados estrangeiros e empresários de diversas multinacionais.

Como já anotado neste trabalho, o termo *compliance*, originário da expressão anglo-saxão *to comply*, exprime, em sentido literal, o sentido de agir de acordo com uma regra ou um comando. Dessa forma, *compliance* constitui a obrigação de cumprir, de estar em conformidade e fazer cumprir regulamentos internos e externos impostos às atividades da organização.

Nesse passo, com a gradativa aplicação dessa cultura, o uso de códigos de ética também se tornou peça fundamental para a atenuação de possíveis sanções administrativas, uma vez que a Lei Anticorrupção, ao estabelecer o regime de responsabilização objetiva, coloca as pessoas jurídicas em risco, impondo a elas a necessidade de se precaverem.

Nesse quadro, para o perfeito enquadramento na dispensa licitatória, é exigível virtude ética relacionada ao perfeito cumprimento do contrato.

Além do contexto ético, o dispositivo também exige a demonstração de inquestionável capacitação para o desempenho da atividade pretendida. Bem mais fácil de ser mensurado, o requisito, na prática, é demonstrável por intermédio de trabalhos e experiências anteriores da instituição, que comprovem sua capacidade para a realização dos serviços que se pretende contratar.

1.14.5 A inexistência de fins lucrativos

A inexistência de fins lucrativos é outro requisito para a dispensa licitatória com base no inciso em análise.

Instituições sem fins lucrativos são organizações de direito privado, dotadas de personalidade jurídica, que objetivam a consecução de um objetivo específico e que, como a titulação indica, não auferem lucro. Assim, a expressão "sem fins lucrativos" é utilizada tão somente para as organizações que não distribuem entre seus membros (sócios, associados, conselheiros, diretores, empregados, doadores) eventuais excedentes, que deverão ser aplicados no atendimento do objetivo constante de seus atos constitutivos.

No art. 44, o Código Civil (Lei nº 10.406/2002) lista as pessoas jurídicas de direito privado: associações, sociedades, fundações, organizações religiosas, partidos políticos e empresas individuais de responsabilidade limitada (consoante as alterações impostas pelas Leis nºs 10.825/2003 e 12.441/2011). Com exceção das sociedades e empresas individuais de responsabilidade limitada, as demais não têm fins lucrativos.

---

816 Sobre a matéria, vide o nosso "Comentários à Lei Anticorrupção". (BITTENCOURT. *Comentários à Lei Anticorrupção*. 3. ed.).

Questão que tem suscitado discussão diz respeito à possibilidade da contratação direta, ainda que haja pluralidade de instituições sem fins lucrativos que possam executar de forma satisfatória o objeto pretendido pela Administração Pública. Sobre o assunto, já nos posicionamos pela obrigatoriedade da competição nessa situação, de modo que não seja afrontado o princípio da isonomia. Existindo diversas instituições com o mesmo perfil, só a licitação será a solução para a seleção da melhor proposta:

> Ressalte-se que o regrado neste inciso não representa uma espécie de passe livre para a realização de contratações de entidades que detenham os requisitos sem a instauração do certame licitatório. Destarte, havendo mais de uma entidade com as características devidas, aptas a executar o pretendido pela Administração, deverá ser estabelecida a licitação. O simples preenchimento das condições por uma entidade não implica, por si só, no melhor para o Poder Público e, em última análise, para a própria sociedade. A contratação não poderá macular o princípio da igualdade.[817]

Verifique-se decisão da Corte de Contas federal sobre o art. 24, XIII da Lei nº 8.666/1993, que consigna termos semelhantes para a dispensa de licitação:

> Acórdão nº 1.731/2003 – Primeira Câmara – (...) o art. 24, inciso XIII, da Lei nº 8.666/1993, privilegia, guando das contratações públicas, as instituições brasileiras sem fins lucrativos incumbidas regimental ou estatutariamente da pesquisa, do ensino ou do desenvolvimento institucional, em detrimento de organizações que visam ao lucro. Entretanto, esse artigo é inaplicável a contratações em áreas onde operam exclusivamente entidades sem fins lucrativos; caso contrário, fere-se o princípio da isonomia ínsito nos arts. 37, inciso XXI, da Constituição Federal, e 30, *caput*, da Lei nº 8.666/1993.

Em sentido contrário, Julieta Vareschini, que sustenta a escolha discricionária do agente público, considerando que o próprio legislador optou por excepcionar a necessidade de licitação, apesar de seu cabimento num primeiro momento:

> Na maioria das hipóteses de dispensa previstas pela lei não se vislumbra a inexistência de competitividade. Portanto, essas hipóteses não decorrem de inviabilidade de competição, mas sim de uma opção do legislador. Por conta disso, ainda que existente uma pluralidade de entidades sem fins lucrativos, aptas a atenderem a necessidade da Administração, não se cogita a obrigatoriedade de licitação, por ser esta dispensada pelo próprio dispositivo e tratar-se de situação de dispensa e não de inexigibilidade (esta sim, vinculada à efetiva inexistência de competitividade).[818]

Da mesma forma, Ronny Charles, comentando decisão prolatada pelo TCU (Acórdão nº 1.820/2005 – 2ª Câmara), que determinou ao Ministério da Defesa que, na hipótese de contratação a ser firmada sob o amparo do dispositivo em análise, promovesse licitação sempre que existisse mais de uma entidade em condições de prestar os serviços demandados:

---

[817] BITTENCOURT. *Licitação passo a passo*. 7. ed.

[818] VARESCHINI. *Contratação Direta*. v. 2.

> (...) teoricamente, essa determinação parece tecnicamente incorreta. Tratando-se de dispensa, é evidente ser possível que mais de uma entidade possa prestar os serviços demandados. Caso assim não o fosse, se apenas uma entidade pudesse atender à pretensão contratual, seria verificada uma situação de inexigibilidade, pela inviabilidade de competição.[819]

Inciso XVI

1.15 Contratação para a aquisição de insumos estratégicos para a saúde produzidos ou distribuídos por fundação de apoio

O inciso XVI versa sobre a dispensa de licitação nas aquisições realizadas por pessoa jurídica de direito público interno, de insumos estratégicos para a saúde produzidos por fundação que, regimental ou estatutariamente, tenha por finalidade apoiar órgão da Administração Pública direta, sua autarquia ou fundação em projetos de ensino, pesquisa, extensão, desenvolvimento institucional, científico e tecnológico e de estímulo à inovação, inclusive na gestão administrativa e financeira necessária à execução desses projetos, ou em parcerias que envolvam transferência de tecnologia de produtos estratégicos para o SUS, nos termos do inciso XII do caput deste artigo, e que tenha sido criada para esse fim específico em data anterior à entrada em vigor desta Lei, desde que o preço contratado seja compatível com o praticado no mercado.

Conforme já registrado, a Lei nº 10.973/2004,[820] alterada pela Lei nº 13.243/2016 (Marco Legal da Ciência, Tecnologia e Inovação), dispõe sobre incentivos à inovação e à pesquisa científica e tecnológica no ambiente produtivo, com vistas à capacitação e ao alcance da autonomia tecnológica, bem como ao desenvolvimento industrial do País, nos termos dos arts. 23, 24, 167, 200, 213, 218, 219 e 219-A CF.

O inc. VII do art. 2º oferece definição para a fundação de apoio, informando tratar-se de fundação criada com a finalidade de dar apoio a projetos de pesquisa, ensino e extensão e de desenvolvimento institucional, científico e tecnológico de interesse das IFES[821] e demais ICTs,[822] registrada e credenciada nos Ministérios da Educação e da Ciência e Tecnologia, nos termos da Lei nº 8.958, de 20 de dezembro de 1994.

Como observa Rafael Garofano, as fundações de apoio tiveram grande incremento a partir do crescimento do Terceiro Setor:[823]

> Nos últimos anos, o denominado terceiro setor tem avançado sobremaneira, valendo destacar a figura das fundações de apoio, que são entes dotados de personalidade jurídica de

---

[819] CHARLES. *Leis de Licitações Públicas comentadas*. 7. ed.

[820] Regulamentada pelo Decreto nº 9.283/2018.

[821] Instituições Federais de Ensino Superior.

[822] Órgão ou entidade da Administração Pública direta ou indireta ou pessoa jurídica de direito privado sem fins lucrativos legalmente constituída sob as leis brasileiras, com sede e foro no País, que inclua em sua missão institucional ou em seu objetivo social ou estatutário a pesquisa básica ou aplicada de caráter científico ou tecnológico ou o desenvolvimento de novos produtos, serviços ou processos.

[823] O Terceiro Setor, como leciona José Eduardo Sabo Paes, é aquele que não é público e nem privado, no sentido convencional desses termos, mas guarda relação simbiótica com ambos, na medida em que ele deriva sua própria identidade da conjugação entre a metodologia deste com as finalidades daquele. Ou seja, o Terceiro Setor é composto por organizações de natureza "privada" (sem o objetivo do lucro) dedicadas à consecução de objetivos sociais ou públicos, embora não seja integrante do governo (Administração Estatal).

> direito privado, sem fins lucrativos, que exercem atividades de interesse público mediante a colaboração e o apoio a determinadas instituições. Essas fundações não integram a Administração, mas com ela mantêm convênios, ajustes e contratos, sempre com o objetivo de cooperação com a entidade pública no desempenho mais eficiente das funções que lhe foram atribuídas por lei. Ainda na função fomento, são inúmeras as modalidades de contratos capazes de possibilitar a participação dos particulares no desempenho de atividades de interesse geral, a exemplo dos contratos de incentivo, contratos de inovação, dos consórcios de desenvolvimento de pesquisas ou clusters tecnológicos.[824]

Pois bem, como ferramenta de incentivo à inovação e à pesquisa científica e tecnológica, a Lei nº 13.204/2015 trouxe à tona mais uma forma dispensa de licitação: a aquisição efetuada por pessoa jurídica de direito público interno de insumos estratégicos para a saúde produzidos ou distribuídos por essas fundações de apoio, que agora foi repisada na Nova Lei de Licitações.

Jacoby Fernandes recebeu o novo dispositivo de dispensa licitatória com entusiasmo:

> Não se pode olvidar que insumos de saúde são imprescindíveis à sociedade, tornando compreensível e notável a alteração da lei de licitações.
>
> Certamente, a implementação do novo inciso trará resultados quanto à agilidade nas contratações, mantendo-se ainda a transparência e as condições para fiscalização efetiva dos órgãos de controle e da sociedade.
>
> A expectativa com aplicação do referido inciso, principalmente nesses sistemas básicos e fundamentais do país, é que o Brasil cresça e evolua internamente, de forma a tornar mais eficientes os serviços e as contratações tão indispensáveis à população.[825]

Observe-se que a regra legal prevê várias condições para a dispensa:

a) somente poderão adotá-la pessoas jurídicas de direito público interno, ou seja, apenas órgãos da Administração Pública direta (União, estados, Distrito Federal e municípios), autarquias (inclusive as associações públicas, como registra o art. 41, IV, CC, em face de alteração estabelecida pela Lei nº 11.107/2005), fundações públicas e demais entidades de caráter público criadas para esse fim específico;[826]

b) o objeto deve circunscrever a aquisição de insumos estratégicos para a saúde;

c) tais insumos deverão ser produzidos ou distribuídos por fundação de apoio que tenha como finalidade, estatutária ou regimental, apoiar órgão da Administração Pública direta, sua autarquia ou fundação em:

I) projetos de ensino, pesquisa, extensão, desenvolvimento institucional, científico

[824] GAROFANO. *Os contratos de parceria na perspectiva da Administração consensual:* para uma (necessária) reformulação na teoria dos contratos administrativos.

[825] Disponível em: http://www.canalabertobrasil.com.br/colunas/licitacoes-comentadas/dispensa-de-licitacao-insumos-estrategicos-para-a-saude/. Acesso em 05 fev. 2021.

[826] Código Civil – Lei nº 10.406/2002 – Art. 41. São pessoas jurídicas de direito público interno:
I – a União;
II – os Estados, o Distrito Federal e os Territórios;
III – os Municípios;
IV – as autarquias, inclusive as associações públicas; (*Redação dada pela Lei nº 11.107/05*).
V – as demais entidades de caráter público criadas por lei.

e tecnológico e estímulo à inovação, inclusive na gestão administrativa e financeira necessária à execução desses projetos; ou

II) parcerias que envolvam transferência de tecnologia de produtos estratégicos para o Sistema Único de Saúde (SUS), nos termos do inc. XII, isto é, aquelas ocorridas no âmbito da Lei nº 8.080/1990, que dispõe sobre as condições para a promoção, a proteção e a recuperação da saúde, organização e funcionamento dos serviços correspondentes.

d) a fundação de apoio deve ter sido criada para esse fim específico em data anterior à vigência da Nova Lei nº 14.133/2021; e

e) o preço a ser contratado deve ser compatível com o praticado no mercado.

Inciso XVII

1.16 Contratação de entidades privadas sem fins lucrativos para a implementação de cisternas ou outras tecnologias sociais de acesso à água

Através da Medida Provisória nº 1.166/2023, foi inserida como situação de dispensabilidade licitatória a contratação de entidades privadas sem fins lucrativos[827] para a implementação de cisternas ou outras tecnologias sociais de acesso à água para consumo humano e produção de alimentos, para beneficiar as famílias rurais de baixa renda atingidas pela seca ou pela falta regular de água (essa MP foi convertida na Lei nº 14.628, de 20.07.2023).

A medida reedita regra disposta na antiga Lei nº 8.666/1993, incluída pela Lei nº 12.873/2013, que foi deixada de fora na Nova Lei.

O art. 15 do Decreto nº 9.606, de 10.12.2018 – que regulamentou o Programa Nacional de Apoio à Captação de Água de Chuva e Outras Tecnologias Sociais de Acesso à Água – Programa Cisternas – determina que as contratações baseadas em dispensa idêntica, prevista na antiga Lei nº 8.666/1993, sejam feitas com total observância às normas dispostas na ferramenta regulamentar. Em síntese, o regulamento impunha que, para a prestação do serviço, as entidades privadas sem fins lucrativos deveriam ser credenciadas pelo governo e contratadas por chamada pública.

A nosso ver, como expomos em livro que avaliava a lei pretérita, a dispensa não parece ter sentido, pois estabelece privilégio questionável.

As críticas ao dispositivo consideram que as empresas executantes de serviços nessa seara serão alijadas de prestá-los.

---

[827] Já pontuamos que instituições sem fins lucrativos são organizações de direito privado, dotadas de personalidade jurídica, que objetivam a consecução de um objetivo específico e que, como a titulação indica, não auferem lucro. Assim, a expressão "sem fins lucrativos" é utilizada tão somente para as organizações que não distribuem entre seus membros (sócios, associados, conselheiros, diretores, empregados, doadores) eventuais excedentes, que deverão ser aplicados no atendimento do objetivo constante de seus atos constitutivos. No art. 44, o Código Civil (Lei nº 10.406/2002) lista as pessoas jurídicas de direito privado: associações, sociedades, fundações, organizações religiosas, partidos políticos e empresas individuais de responsabilidade limitada (consoante as alterações impostas pelas Leis nºs 10.825/2003 e 12.441/2011). Com exceção das sociedades e empresas individuais de responsabilidade limitada, as demais não têm fins lucrativos.

Nesse sentido, Ronny Charles, avaliando o tema, considerou que a permissão de contratação direta de tais entidades poderá gerar abusos:

> Embora as parcerias com o Terceiro Setor mereçam o pertinente fomento estatal, é de conhecimento comum a existência de algumas entidades privadas forjadas para fins ilegítimos e distantes da natureza filantrópica natural a estas entidades. Nesta feita, a hipótese de contratação direta sem qualquer critério que impeça a "contratação" de entidades ilegítimas pode dar azo a esquemas de corrupção que o aparato de controle estatal não possui ferramentas eficientes para combater.[828]

Inciso XVIII

1.17 Contratação de entidades privadas sem fins lucrativos, para a implementação do Programa Cozinha Solidária

Além de validar as modificações dos incs. XVI e XVII impostas anteriormente pela MP nº 1.166/2023, a Lei nº 14.628, de 20.07.2023, adicionou à Nova Lei mais uma hipótese de dispensabilidade licitatória, incluindo este inc. XVIII, com o propósito de garantir agilidade na implementação do programa e na promoção da segurança alimentar e nutricional, além de melhorias na qualidade de vida e o resgate social das pessoas em situação de vulnerabilidade.

Destarte, poderá ser dispensada a licitação no caso de contratação de entidades privadas sem fins lucrativos, para a implementação do Programa Cozinha Solidária, que tem como finalidade fornecer alimentação gratuita preferencialmente à população em situação de vulnerabilidade e risco social, incluída a população em situação de rua, com vistas à promoção de políticas de segurança alimentar e nutricional e de assistência social e à efetivação de direitos sociais, dignidade humana, resgate social e melhoria da qualidade de vida.

2 Faculdade de convocação para a contratação de remanescente de obra, de serviço ou de fornecimento

Na Lei nº 8.666/1993 consta como motivo de dispensabilidade licitatória a contratação de remanescente de obra, serviço ou fornecimento, em consequência de rescisão contratual, desde que atendida a ordem de classificação da licitação anterior e aceitas as mesmas condições oferecidas pelo licitante vencedor, inclusive quanto ao preço, devidamente corrigido.

O legislador da Nova Lei julgou desnecessário elencar a hipótese neste rol de dispensabilidades, mas não a deixou de fora do diploma, haja vista que, no art. 90, versando sobre os contratos, indicou a possibilidade, prevendo-a no §7º.

> Art. 90 (...) §7º Será facultada à Administração a convocação dos demais licitantes classificados para a contratação de remanescente de obra, de serviço ou de fornecimento em consequência de rescisão contratual, observados os mesmos critérios estabelecidos nos §§2º e 4º deste artigo.

---

[828] CHARLES. Leis de licitações públicas comentadas. 7. ed. p. 288; 296.

CAPÍTULO IX
DAS ALIENAÇÕES

Art. 76. A alienação de bens da Administração Pública, subordinada à existência de interesse público devidamente justificado, será precedida de avaliação e obedecerá às seguintes normas:

I – tratando-se de bens imóveis, *inclusive os pertencentes às autarquias e às fundações*, exigirá autorização legislativa e *dependerá de licitação na modalidade leilão*, dispensada a realização de licitação nos casos de:

a) dação em pagamento;

b) doação, permitida exclusivamente para outro órgão ou entidade da Administração Pública, de qualquer esfera de governo, ressalvado o disposto nas alíneas "f", "g" e "h" deste inciso;

c) permuta por outros imóveis que atendam aos requisitos relacionados às finalidades precípuas da Administração, *desde que a diferença apurada não ultrapasse a metade do valor do imóvel que será ofertado pela União, segundo avaliação prévia, e ocorra a torna de valores, sempre que for o caso;*

d) investidura;

e) venda a outro órgão ou entidade da Administração Pública de qualquer esfera de governo;

f) alienação gratuita ou onerosa, aforamento, concessão de direito real de uso, locação e permissão de uso de bens imóveis residenciais construídos, destinados ou efetivamente usados em programas de habitação ou de regularização fundiária de interesse social desenvolvidos por órgão ou entidade da Administração Pública;

g) alienação gratuita ou onerosa, aforamento, concessão de direito real de uso, locação e permissão de uso de bens imóveis comerciais de âmbito local, com área de até 250m² (duzentos e cinquenta metros quadrados) e destinados a programas de regularização fundiária de interesse social desenvolvidos por órgão ou entidade da Administração Pública;

h) alienação e concessão de direito real de uso, gratuita ou onerosa, de terras públicas rurais da União e do Instituto Nacional de Colonização e Reforma Agrária (Incra) onde incidam ocupações até o limite de que trata o *§1º do art. 6º da Lei nº 11.952, de 25 de junho de 2009,* para fins de regularização fundiária, atendidos os requisitos legais;

i) legitimação de posse de que trata o *art. 29 da Lei nº 6.383, de 7 de dezembro de 1976*, mediante iniciativa e deliberação dos órgãos da Administração Pública competentes;

j) legitimação fundiária e legitimação de posse de que trata a *Lei nº 13.465, de 11 de julho de 2017;*

II – tratando-se de bens móveis, dependerá de *licitação na modalidade leilão*, dispensada a realização de licitação nos casos de:

a) doação, permitida exclusivamente para fins e uso de interesse social, após avaliação de oportunidade e conveniência socioeconômica em relação à escolha de outra forma de alienação;

b) permuta, permitida exclusivamente entre órgãos ou entidades da Administração Pública;

c) venda de ações, que poderão ser negociadas em bolsa, observada a legislação específica;

d) venda de títulos, observada a legislação pertinente;

e) venda de bens produzidos ou comercializados por entidades da Administração Pública, em virtude de suas finalidades;

f) venda de materiais e equipamentos sem utilização previsível por quem deles dispõe para outros órgãos ou entidades da Administração Pública.

§1º A alienação de bens imóveis da Administração Pública cuja aquisição tenha sido derivada de procedimentos judiciais ou de dação em pagamento dispensará autorização legislativa e exigirá apenas avaliação prévia e licitação na modalidade leilão.

§2º Os imóveis doados com base na alínea "b" do inciso I do *caput* deste artigo, cessadas as razões que justificaram sua doação, serão revertidos ao patrimônio da pessoa jurídica doadora, vedada sua alienação pelo beneficiário.

§3º A Administração poderá conceder título de propriedade ou de direito real de uso de imóvel, admitida a dispensa de licitação, quando o uso destinar-se a:

I – outro órgão ou entidade da Administração Pública, qualquer que seja a localização do imóvel;

II – pessoa natural que, nos termos de lei, regulamento ou ato normativo do órgão competente, haja implementado os requisitos mínimos de cultura, de ocupação mansa e pacífica e de exploração direta sobre área rural, observado o limite de que trata o *§1º do art. 6º da Lei nº 11.952, de 25 de junho de 2009*.

§4º A aplicação do disposto no inciso II do §3º deste artigo será dispensada de autorização legislativa e submeter-se-á aos seguintes condicionamentos:

I – aplicação exclusiva às áreas em que a detenção por particular seja comprovadamente anterior a 1º de dezembro de 2004;

II – submissão aos demais requisitos e impedimentos do regime legal e administrativo de destinação e de regularização fundiária de terras públicas;

III – vedação de concessão para exploração não contemplada na lei agrária, nas leis de destinação de terras públicas ou nas normas legais ou administrativas de zoneamento ecológico-econômico;

IV – previsão de extinção automática da concessão, dispensada notificação, em caso de declaração de utilidade pública, de necessidade pública ou de interesse social;
V – aplicação exclusiva a imóvel situado em zona rural e não sujeito a vedação, impedimento ou inconveniente à exploração mediante atividade agropecuária;
VI – limitação a áreas de que trata o *§1º do art. 6º da Lei nº 11.952, de 25 de junho de 2009*, vedada a dispensa de licitação para áreas superiores;
VII – acúmulo com o quantitativo de área decorrente do caso previsto na alínea "i" do inciso I do *caput* deste artigo até o limite previsto no inciso VI deste parágrafo.
§5º Entende-se por investidura, para os fins desta Lei, a:
I – alienação, ao proprietário de imóvel lindeiro, de área remanescente ou resultante de obra pública que se tornar inaproveitável isoladamente, por preço que não seja inferior ao da avaliação nem superior a 50% (cinquenta por cento) do valor máximo permitido para dispensa de licitação de bens e serviços previsto nesta Lei;
II – alienação, ao legítimo possuidor direto ou, na falta dele, ao poder público, de imóvel para fins residenciais construído em núcleo urbano anexo à usina hidrelétrica, desde que considerado dispensável na fase de operação da usina e que não integre a categoria de bens reversíveis ao final da concessão.
§6º A doação com encargo será licitada e de seu instrumento constarão, obrigatoriamente, os encargos, o prazo de seu cumprimento e a cláusula de reversão, sob pena de nulidade do ato, dispensada a licitação em caso de interesse público devidamente justificado.
§7º Na hipótese do §6º deste artigo, caso o donatário necessite oferecer o imóvel em garantia de financiamento, a cláusula de reversão e as demais obrigações serão garantidas por hipoteca em segundo grau em favor do doador.

Artigo 76

1 Licitação Dispensada

O art. 76, que versa sobre a alienação de bens e direitos da Administração, disciplina dois objetos normativos: os requisitos para alienação de bens e as situações de dispensa de licitação.

Segundo o dispositivo, a alienação de bens da Administração Pública, subordina-se, preliminarmente, à existência de *interesse público*, devidamente justificado, bem como à *avaliação prévia*.

Alienação é termo jurídico, de caráter genérico, pelo qual se designa todo e qualquer ato que tenha o efeito de transferir o domínio de alguma coisa para outra pessoa, a título oneroso ou gratuito, ocorrendo de forma voluntária ou compulsória. Exemplo típico de alienação onerosa é a compra e a venda; de gratuita, é a doação; de voluntária, a dação em pagamento; e de compulsória, a arrematação.

A transferência de um bem alienado ocorre por meio de contrato, isto é, por intermédio de negócio jurídico bilateral que expresse a transmissão do bem a outra pessoa.

Cabe assentar, perlustrando-se todo o texto do supracitado dispositivo, que a expressão "alienação" não é utilizada na completa acepção do termo, uma vez que, além da alienação efetiva, também é adotada no sentido técnico-jurídico, para permear outros institutos de permissão de uso e fruição de bens da Administração.

1.1 A alienação de bens da Administração Pública

As leis administrativas geralmente indicam expressamente as alienações que dependem de licitação e as que são dispensadas desse prévio procedimento. Em regra, toda alienação de bens da Administração se sujeita ao certame competitivo, sendo afastada essa formalidade, em algumas hipóteses, em função do objeto ou das pessoas a que se destina.

1.2 Bens públicos

No que tange à propriedade, os bens são classificados como particulares e públicos. Compõem os bens públicos os que se submetem ao domínio do Estado. Os bens públicos são as coisas materiais ou imateriais pertencentes ou não às pessoas jurídicas de Direito Público e as pertencentes a terceiros, quando vinculadas à prestação de serviço público.

São bens públicos aqueles que estejam sob domínio nacional, pertencentes às pessoas jurídicas de direito público interno – inclusas as associações públicas[829] –, sendo todos os demais bens particulares, independentemente da pessoa a que pertencerem, conforme dispõe o art. 98 do Código Civil – CC (Lei nº 10.406/2002).

O art. 99 do CC subdivide os bens públicos em três classes:

a) de uso comum do povo, tais como os rios, os mares, as praças e as ruas;
b) de uso especial, que são os utilizados pela Administração Pública para exercer suas atividades, tais como os edifícios onde estão instaladas repartições públicas; e
c) dominicais (no Código Civil optou-se por essa expressão, em detrimento de "dominiais")[830] que constituem o patrimônio da União, dos Estados ou dos Municípios como objeto de direito pessoal ou real de cada um, tais como os terrenos de marinha, as terras devolutas, os automóveis utilizados pelos agentes públicos etc. São bens patrimoniais da Administração Pública, sem nenhuma finalidade pública, submetendo-se, assim, a regime idêntico ao dos bens particulares.

---

[829] Consoante alteração imposta ao inc. IV do art. 41 do CC pela Lei nº 11.107/2005, que dispõe sobre normas gerais de contratação de consórcios públicos, que passou a ter a seguinte redação:
Art. 41. São pessoas jurídicas de direito público interno:
I – a União;
II – os Estados, o Distrito Federal e os Territórios;
III – os Municípios;
IV – as autarquias, inclusive as associações públicas;
V – as demais entidades de caráter público criadas por lei.

[830] Ambas derivam do latim *dominium* (propriedade) e designam os bens sobre os quais incidam o domínio.

1.2.1 A alienação de bens públicos

Em linhas gerais, o art. 100 do CC prevê a inalienabilidade dos bens públicos.[831] Nesse passo, esclarece que os bens públicos não podem sair do domínio da Administração enquanto destinados ao uso comum do povo ou em face de fins administrativos específicos, isto é, sempre que guardarem *afetação pública*.

Essa proibição de alienação só vigora, por conseguinte, enquanto o bem público estiver *afetado*, isto é, durante o tempo que estiver destinado ao uso comum do povo ou ao uso especial por parte da Administração Pública direta, que poderá ocorrer de modo explícito ou implícito.

Entre os meios de afetação explícita encontram-se a lei, o ato administrativo e o registro do projeto de loteamento (arts. 17 e 22 da Lei nº 6.766/1979, que dispõe sobre o Parcelamento do Solo Urbano).[832] Implicitamente, dá-se a afetação quando o Poder Público passa a utilizar um bem para certa finalidade sem manifestação formal, caracterizando, dessa maneira, uma conduta que demonstra o uso do bem (por exemplo: uma casa doada onde foi instalada uma biblioteca pública infantil).[833]

Ocorrendo a *desafetação*, isto é, mudança de destinação (que poderá advir de manifestação explícita, como no caso de autorização legislativa para a venda de bem de uso especial, onde conste a desafetação do bem dominical, ou se decorrer de conduta da Administração, como na hipótese de operação urbanística que torna inviável o uso de uma rua próxima como via de circulação),[834] o bem público poderá ser alienado, obedecido o regramento previsto neste art. art. 76.

A Nova Lei formula regras para toda a administração direta e parte da indireta (autarquias e fundações).

Impende assentar que o texto deste art. 76, tal como o vetusto art. 17 da Lei nº 8.666/1993, não é dos melhores, uma vez que, elaborado sem a aplicação da técnica adequada, mistura institutos, consubstanciando ocorrências jurídicas distintas, versando ao mesmo tempo sobre regras concernentes à alienação de bens públicos, prescrevendo exigências e estabelecendo preceitos que consignam os pressupostos das hipóteses de dispensa do certame licitatório para a alienação desses bens.

Como é cediço, para o cumprimento de sua destinação política, o Estado necessita, dentre outros meios, de dispor de seus bens, tal como os particulares dispõem de seu patrimônio. Desse modo, ainda que, em princípio, os bens públicos estejam dotados de

---

[831] Art. 100. Os bens públicos de uso comum do povo e os de uso especial são inalienáveis, enquanto conservarem a sua qualificação, na forma que a lei determinar.

[832] Art. 17. Os espaços livres de uso comum, as vias e praças, as áreas destinadas a edifícios públicos e outros equipamentos urbanos, constantes do projeto e do memorial descritivo, não poderão ter sua destinação alterada pelo loteador, desde a aprovação do loteamento, salvo as hipóteses de caducidade da licença ou desistência do loteador, sendo, neste caso, observadas as exigências do art. 23 desta Lei.
Art. 22. Desde a data de registro do loteamento, passam a integrar o domínio do Município as vias e praças, os espaços livres e as áreas destinadas a edifícios públicos e outros equipamentos urbanos, constantes do projeto e do memorial descritivo.
Parágrafo único. Na hipótese de parcelamento do solo implantado e não registrado, o Município poderá requerer, por meio da apresentação de planta de parcelamento elaborada pelo loteador ou aprovada pelo Município e de declaração de que o parcelamento se encontra implantado, o registro das áreas destinadas a uso público, que passarão dessa forma a integrar o seu domínio. (*Incluído pela Lei nº 12.424/2011*).

[833] MEDAUAR. *Direito Administrativo moderno*. 15. ed.

[834] MEDAUAR. *Direito Administrativo moderno*. 15. ed.

inalienabilidade, significando dizer que o titular da Administração não poderá dispor deles ao seu alvedrio, evidencia-se que essa regra não é absoluta, pois haverá momentos e necessidades que demandarão a alienação. Nessas hipóteses, a Administração terá o dever jurídico de promovê-la.

1.2.1.1 Alienação de bens públicos imóveis

Bens imóveis são aqueles insuscetíveis de remoção, sem que se lhes mude a natureza. Neste conceito, consoante o prescrito no art. 79 CC, há o solo e tudo quanto se lhe incorporar natural ou artificialmente. Também são considerados imóveis, para os efeitos legais, os direitos reais sobre imóveis e as ações que os asseguram; e o direito à sucessão aberta (art. 80 CC). O Código Civil ainda anota que não perdem o caráter de imóveis as edificações que, separadas do solo, mas conservando a sua unidade, forem removidas para outro local; e os materiais provisoriamente separados de um prédio, para nele se reempregarem (art. 81).

Este art. 76 prescreve limites formais para a alienação de bens públicos imóveis. Ao estabelecer os procedimentos para a licitação visando à alienação desses bens – que, segundo a Nova Lei, só poderá ocorrer na modalidade *leilão* ou por meio de sua dispensa, em hipóteses específicas, como se verá posteriormente –, a subordina à existência de *interesse público* devidamente justificado, *avaliação prévia* e *autorização legislativa*.

1.2.1.1.1 Interesse público

Em qualquer situação, a Administração deve visar primeiramente ao interesse público. Logo, todo ato de gestão administrativa deve mirá-lo, sob pena de anulação por via administrativa ou judicial.

Ao longo do tempo, o real alcance do interesse público tem sido debatido entre administrativistas, notadamente quanto à sua sempre aviventada prevalência sobre o interesse particular (o propalado Princípio da Supremacia do Interesse Público).

Sustentamos essa supremacia, tal como, entre outros, Celso Antônio Bandeira de Mello, José dos Santos Carvalho Filho e Alice Gonzales Borges, respeitando as correntes doutrinárias progressivas que nutrem uma pretensa visão mais evoluída, desenvolvendo uma releitura do conceito de interesse público e da supremacia a ele inerente.

Sobre o tema, Celso Antônio Bandeira de Mello anota que essa supremacia consigna verdadeiro axioma reconhecível no Direito Público, o qual proclama a superioridade do interesse da coletividade – firmando a prevalência sobre o do particular – como condição, até mesmo, da sobrevivência e asseguramento do interesse individual.[835]

Na mesma trilha, José dos Santos Carvalho Filho afirma que o destinatário da atividade administrativa não é o indivíduo em si, mas sim, o grupo social num todo. Na existência de conflito entre o interesse público e o interesse privado, há de prevalecer o público, uma vez que o indivíduo tem que ser olhado como integrante da sociedade, não podendo os seus direitos, em regra, ser equiparados aos direitos sociais.[836]

---

835 MELLO. *Curso de direito administrativo.*

836 CARVALHO FILHO. *Manual de direito administrativo.*

É de se alertar, entrementes, como previne Fernando Rodrigues Martins, que tal não significa uma autorização para o despotismo, o cesarismo ou a preponderância de interesses pessoais egoísticos (não alicerçados em direitos fundamentais) no âmbito do Poder Público, "porque ainda resplandecem princípios de redobrada força normativa, como a moralidade e a impessoalidade, que axiologicamente espantam essa práxis".[837]

Especificamente sobre a aplicação do interesse público na alienação de imóveis públicos, registre-se a abalizada opinião de Antônio Marcelo da Silva, que realça que o interesse público não se relaciona unicamente com a conveniência da Administração em se desfazer do bem, pois há de orientar toda a operação, inclusive a escolha do adquirente, à destinação que pretenda dar ao objeto da alienação.

> Observe-se que o interesse público deve ser *devidamente justificado*, isto é, a alienação só pode ser autorizada, em princípio, mediante um processo no qual fique demonstrada a sua conveniência.[838]

1.2.1.1.2 Avaliação prévia

O segundo imperativo para a alienação de bem público é a sua prévia avaliação, que, acentue-se, jamais deverá ser encarada como uma mera indicação de valor, porquanto pressupõe trabalho sério e preciso – com o uso de mecanismos técnicos adequados – circunscrevendo aferição de valor que deverá traduzir a grandeza econômico-financeira do bem.

A avaliação visa a delimitar o valor do bem imóvel frente ao seu mercado específico, razão pela qual deve resultar de trabalho técnico desenvolvido por profissionais da área de engenharia, uma vez que caracteriza atividade típica da Engenharia de Avaliações, adotando metodologia de acordo com as normas técnicas da ABNT.[839]

Nesse contexto, o TCU, em auditoria nessa seara, diagnosticou irregularidade em avaliação realizada por corretores de imóveis:

> As avaliações prévias dos valores de locação constantes no processo não são válidas, pois são avaliações singelas, que não se prestam a comprovar a compatibilidade do preço do imóvel com os valores de mercado, pois não atendem aos requisitos na NBR Nº 14653 (norma da ABNT que trata da elaboração de avaliação imobiliária), tendo sido feitas por corretores de imóveis, inclusive sendo um dos laudos da própria empresa intermediadora da locação, possuindo dessa forma interesse direto na transação. Portanto, os laudos de avaliação não foram executados por profissionais da Engenharia ou Arquitetura, que são os que possuem atribuição exclusiva para sua elaboração, conforme Leis nº 5.194/1966 e 12.378/2010 e Resoluções CONFEA Nº 218 e 345 (Acórdão nº 4468/2012 – Segunda Câmara).

---

[837] MARTINS. *Controle do Patrimônio Público*. 5. ed.

[838] SILVA. *Contratações Administrativas*.

[839] Resolução nº 345/90 do CONFEA: (...) Art. 2º Compreende-se como a atribuição privativa dos Engenheiros em suas diversas especialidades, dos Arquitetos, dos Engenheiros Agrônomos, dos Geólogos, dos Geógrafos e dos Meteorologistas, as vistorias, perícias, avaliações e arbitramentos relativos a bens móveis e imóveis, suas partes integrantes e pertences, máquinas e instalações industriais, obras e serviços de utilidade pública, recursos naturais e bens e direitos que, de qualquer forma, para a sua existência ou utilização, sejam atribuições destas profissões.
Art. 3º. Serão nulas de pleno direito as perícias e avaliações e demais procedimentos indicados no Art. 2º, quando efetivados por pessoas físicas ou jurídicas não registradas nos CREAs.

Nessa perspectiva, Ronny Charles ressalta que, se o particular pode se dar ao luxo de permitir, em transações do cotidiano, realizar avaliações de maneira informal e empírica, é evidente que, nas grandes negociações e no manuseio e alienação de bens públicos, nas quais a indisponibilidade do interesse público exige certos cuidados, far-se-á necessária a obediência a ritos formais de estipulação de valor, resguardando a melhor apreciação do bem, em função do objetivo que se visa a atingir.

Reafirmando que, em regra, tais avaliações são executadas por técnicos (engenheiros ou arquitetos) que, ao realizarem tal tarefa, agem de acordo com diversas perspectivas e métodos (o tipo de bem, o objetivo a que se destina ou mesmo os aspectos econômicos relacionados podem influenciar o resultado das aferições), comenta, com propriedade:

> Sendo a avaliação um suporte técnico indispensável na tomada de decisões de alienação de bens públicos, sabendo-se ainda que a escolha do método pode interferir na estipulação do valor, entendemos que o objetivo obrigatório de buscar-se a proposta mais vantajosa para a Administração [...] exige que o gestor escolha, em regra, o método de avaliação que importará na melhor quantificação do valor do bem. Esse pensamento deriva da intelecção dos princípios da impessoalidade e da indisponibilidade do interesse público, dos quais resulta que os bens públicos não pertencem aos gerentes nem mesmo à Administração, restando a estes a incumbência de gestão adequada e conservação eficiente de tais bens, em prol da coletividade.[840]

Destarte – como a avaliação de valor ocorre para que a Administração possa ter um parâmetro para realizar a alienação – se, no certame de alienação, o valor ofertado for inferior ao nela obtido, ele não deverá ser aceito pela Administração.

A avaliação, a princípio, deverá advir de trabalho de agentes públicos especializados, mas, é claro, também poderá ser produzida por terceiros qualificados, contratados pela Administração com esse objetivo.

Sobre o tema, o TCU tem sinalizado para a inadmissão de laudos de avaliação contratados por terceiros (o que, ressalta-se, difere da contratação de terceiros para a realização da tarefa):

> ACÓRDÃO nº 456/2005 – 1ª Câmara
>
> Os Ministros do Tribunal de Contas da União, reunidos em sessão da Primeira Câmara, em 22.03.2005, ACORDAM, por unanimidade (...) 1. Determinar à (...) que: 1.1 não acolha, nos processos de alienação de imóveis, laudos de avaliação contratados por terceiros, devendo somente efetuar a venda quando baseada em laudo de avaliação confeccionado por engenheiros de seu quadro de pessoal ou por avaliadores contratados diretamente pela Companhia, preferencialmente pela CEF ou Banco do Brasil (...).

1.2.1.1.3 Autorização legislativa

Como anotamos, o dispositivo condiciona a alienação de imóveis da Administração direta e de entidades autárquicas e fundacionais dotadas de personalidade jurídica de

840 CHARLES. *Leis de licitações públicas comentadas*. 6. ed.

Direito Público à autorização legislativa – que deverá ser específica, indicando o bem a ser alienado.

Assim, a existência de lei para a alienação de imóveis públicos é condição *sine qua non*, pois sua ausência determinaria a nulidade de pleno direito.

Assente-se que a alienação de bem público realizada sem prévia autorização legislativa não convalesce com o tempo. Logo, caso o negócio jurídico tenha se configurado, o bem deverá retornar ao *status quo*, uma vez que a exigência se dá "justamente para desafetar o bem público da destinação pública que anteriormente lhe tocava, tornando-o alienável, transformando-o em bem patrimonial disponível".[841]

> Civil – Alienação de bem público – Prescrição. 1. Não prescreve a ação para obter declaração de nulidade de venda de bem público, sem autorização legislativa, posto que a inalienabilidade dos bens públicos impede a sua perda e a aquisição por outrem pelo decurso de tempo. (STJ, Resp nº 1 11831/PB, Rel. Min. Dias Trindade).

Não obstante, cabe ressaltar que há situações nas quais o bem, embora integrante do domínio público, sujeitar-se-á a regime jurídico peculiar e diferenciado, conforme já decidiu, inclusive, o Superior Tribunal de Justiça (STJ).

> Direito Processual Civil e Administrativo. Bem Público. Ação de Extinção de Condomínio. Fração Pertencente a Município. Possibilidade. Prévia Autorização Legislativa. Prescindibilidade.
>
> 1. É direito potestativo do condômino de bem imóvel indivisível promover a extinção do condomínio mediante alienação judicial da coisa (CC/16, art. 632; CC/2002, art. 1.322; CPC, art. 1.117, II).
>
> Tal direito não fica comprometido com a aquisição, por arrecadação de herança jacente, de parte ideal do imóvel por pessoa jurídica de direito público.
>
> 2. Os bens públicos dominicais podem ser alienados "nos casos e na forma que a lei prescrever" (CC de 1916, art. 66, III e 67; CC de 2002, art. 101). Mesmo sendo pessoa jurídica de direito público a proprietária de fração ideal do bem imóvel indivisível, é legítima a sua alienação pela forma da extinção de condomínio, por provocação de outro condômino. Nesse caso, a autorização legislativa para a alienação da fração ideal pertencente ao domínio público é dispensável, porque inerente ao regime da propriedade condominial. 3. Recurso especial a que se nega provimento. (REsp nº 655.787/MG. 1ª T., Rel. Min. Teori Zavascki, j. em 09.08.2005).

Inciso I

2 Dispensa de licitação para a alienação de bens imóveis

Como frisado, além de disciplinar as regras para a alienação de imóveis públicos, o art. 76 relaciona, exaustivamente, as situações cuja licitação restará dispensada, a saber:

- Dação em pagamento;
- Doação;

[841] MARTINS. *Controle do Patrimônio Público*. 5. ed.

- Permuta;
- Investidura;
- Venda;
- Alienação gratuita ou onerosa, aforamento, concessão de direito real de uso, locação e permissão de uso;
- Legitimação de posse; e
- Legitimação fundiária.

Alínea 'a'

2.1 Dispensa para alienação de imóveis por intermédio de dação em pagamento

A primeira situação elencada no art. 76, na qual a licitação restará dispensada, é a *dação em pagamento.*

A dação em pagamento consigna uma forma de quitação de dívida que ocorre quando o credor consente em receber prestação diversa da que lhe é devida.

O instituto está previsto no art. 356 e seguintes do Código Civil:

> CAPÍTULO V
>
> Da Dação em Pagamento
>
> Art. 356. O credor pode consentir em receber prestação diversa da que lhe é devida.
>
> Art. 357. Determinado o preço da coisa dada em pagamento, as relações entre as partes regular-se-ão pelas normas do contrato de compra e venda.
>
> Art. 358. Se for título de crédito a coisa dada em pagamento, a transferência importará em cessão.
>
> Art. 359. Se o credor for evicto da coisa recebida em pagamento, restabelecer-se-á a obrigação primitiva, ficando sem efeito a quitação dada, ressalvados os direitos de terceiros.

Como anota Maria Helena Diniz, trata-se de um acordo liberatório, feito entre o credor e o devedor, em que o credor consente na entrega de coisa diversa da avençada.[842]

Na *dação em pagamento* ocorre alteração do pactuado, substituindo-se uma obrigação por outra, permanecendo a necessidade de quitação do débito. Para que ocorra, é necessário o consentimento do credor, ou seja, a aquiescência no sentido de receber coisa diversa da devida. Logo, na recusa do credor, a dação se tornará inviável.

Sua essência é, portanto, a entrega de uma coisa diversa em pagamento, substituindo a obrigação original, podendo ter por objeto prestação de qualquer natureza, desde que não seja dinheiro.

Na situação de dispensa licitatória, a *dação em pagamento* dar-se-ia quando a Administração tivesse uma dívida com um particular (credor) e, no lugar de pagá-la em espécie, transferisse ao credor um bem disponível (desafetado). Nesse caso, não seria cabível a realização de licitação, porque o credor já estaria definido.

---

842 DINIZ. *Curso de direito Civil Brasileiro.* 22. ed. v. II.

Alínea 'b'

2.2 Dispensa para alienação de imóveis por intermédio de doação

A segunda hipótese de licitação dispensada elencada no art. 76 é a doação.

Como estipula o art. 538 do CC, doação é o contrato em que uma pessoa, por liberalidade, transfere do seu patrimônio bens ou vantagens para o de outra.[843]

Consoante a alínea, a doação de imóvel público com dispensa licitatória só é permitida para outro órgão ou entidade da Administração Pública, de qualquer esfera de governo, ressalvado o disposto nas alíneas "f", "g" e "h" do inc. I (que tratam de transferências de propriedade ou posse de bens imóveis residenciais, comerciais e terras públicas rurais, respectivamente).

É inconteste que essa regra, se voltada para todos os entes federativos, estaria infringindo a autonomia dos mesmos, pois não se poderia admitir que a União veiculasse norma geral proibindo que estados, Distrito Federal e municípios promovessem doações de bens imóveis integrantes de seu patrimônio. Nesse contexto, avaliando artigo semelhante da Lei nº 8.666/1993, o STF deliberou (ADIn nº 927-3/RS) que as vedações para a alienação de bens imóveis são aplicáveis apenas à União.

Logo, configura-se que a regra ora analisada consigna uma norma não geral, com eficácia delimitada exclusivamente aos imóveis da União.

Por conseguinte, os demais entes federativos que, como assegurado pela CF, gozam de autonomia para a gestão dos bens que as integram, poderão efetuar doações, inclusive a particulares, atendendo às regras específicas locais, cabendo aos órgãos de controle averiguar o atendimento ao obrigatório interesse público.

Parágrafo 2º

2.2.1 Reversão da doação

No Direito Civil, a cláusula de reversão constitui figura jurídica que prevê a reversão por premoriência do donatário, podendo ser definida como a estipulação negocial por meio da qual o doador determina o retorno do bem alienado, caso o donatário venha a falecer antes dele, tendo-se, por conseguinte, uma doação geradora de propriedade resolúvel do adquirente.[844]

Nesse sentido, dispõe o art. 547 do CC:

> Art. 547. O doador pode estipular que os bens doados voltem ao seu patrimônio, se sobreviver ao donatário.

---

[843] Registre-se a imperfeição do texto legal, de vez que a doação, de per si, não transfere o domínio da coisa, que só ocorre com a tradição. Para Fábio Ulhoa Coelho, o texto dá a entender que a doação é um contrato real, quando, na realidade, é consensual, observando que o contrato de doação é, na verdade, o "negócio bilateral em que um sujeito se obriga graciosamente a transferir o domínio do bem". (COELHO. *Curso de Direito Civil*. v. 3). Da mesma forma, Sílvio de Salvo Venosa: "Apesar de a lei expressar que o contrato de doação *transfere* o patrimônio, não existe exceção ao sistema geral, consoante o qual a transcrição imobiliária e a tradição são os meios de aquisição de propriedade". (VENOSA. *Direito Civil – Contratos em espécie*. 5. ed. v. 3).

[844] GAGLIANO, Pablo Stolze. *O contrato de doação*. 4. ed.

Apesar de não constar explicitamente no CC, admite-se a doação a termo, no sentido de o bem doado poder reverter ao patrimônio do doador antes da morte do donatário.

É o que assevera Sílvio Venosa:

> Pergunta-se também se essa cláusula pode ser aposta estipulando reversão antes da morte do donatário. A resposta é afirmativa. Cuida-se de aplicar o princípio geral, que admite negócios a termo.[845]

Nesse prisma de autonomia de vontade das partes contratantes, o §2º do art. 76 em comento prevê que, cessadas as razões que justificaram a doação, os imóveis doados deverão reverter ao patrimônio da pessoa jurídica doadora, sendo vedada qualquer alienação por parte do beneficiário.

Intencionando a manutenção do vínculo do imóvel ao interesse público, a regra prevê a reversão ao doador, caso cessem as razões determinantes da doação. Na hipótese, evitar-se-ia, como propõe Jessé Torres, eventual operação triangular, por meio da qual o bem doado acabaria na propriedade de terceiro descompromissado com o interesse público.[846]

Não obstante, a nosso ver, o dispositivo subverte o instituto da doação, uma vez que sua ocorrência implica na transferência do bem doado do patrimônio do doador para o do donatário, que passa a ser o proprietário do mesmo, cabendo-lhe, como dispõe o art. 1.228 CC, usar, gozar e dispor da coisa.

> CC – Art. 1.228. O proprietário tem a faculdade de usar, gozar e dispor da coisa, e o direito de reavê-la do poder de quem quer que injustamente a possua ou detenha.

Nessa linha de raciocínio, Marçal Justen considera que a regra altera a conformação da doação, transformando-a em figura similar à concessão.[847]

Assim, dando à doação o tratamento que é dispensado à concessão, prevê o dispositivo que o donatário – e isso deverá constar expressamente no termo de doação – não disporá efetivamente do imóvel, devendo restituí-lo no momento em que o objeto que justificou o ato tenha fim, descaracterizando totalmente o instituto.

Esse espúrio tratamento vem sofrendo ferrenhas críticas na doutrina especializada. Wolgran Junqueira Ferreira, por exemplo, observou que o legislador incorre "em grave erro quando diz que o bem doado, quando não tiver mais razões que justificaram a sua doação, reverterá ao patrimônio da pessoa jurídica doadora. Se assim é, de doação não se trata e sim de empréstimo ou comodato, sinônimos que são".[848]

Com ótica diversa, no entanto, Jessé Torres, que não visualiza erro no dispositivo, alegando que, afetados a determinada destinação especial ou integrantes do patrimônio disponível, os imóveis do Poder Público não poderão perder o vínculo com o interesse

845 VENOSA. *Direito Civil.*

846 PEREIRA JÚNIOR. *Comentários à Lei das Licitações e Contratações da Administração Pública.* 7. ed.

847 JUSTEN FILHO. *Comentários à Lei de Licitações e Contratos Administrativos.* 12. ed.

848 FERREIRA. *Licitações e contratos na Administração Pública.*

público quando doados a outros órgãos e entidades da Administração Pública, qualquer que seja a esfera governamental em que se insira o donatário.

Na sustentação dessa tese, ressalta o jurista que a solução evoca as regras que, no Direito Privado, tutelam a doação, notadamente a com encargos, complementando que, em verdade, a doação de imóvel entre pessoas da Administração Pública contém, ainda que implícita, a estipulação em favor da mantença do fim de interesse público no uso do bem do donatário, sendo que, se inviabilizado, o imóvel reverteria ao doador.[849]

Parágrafos 6º e 7º

2.2.2 Doação com encargo (doação onerosa)

O §6º preceitua que, se a Administração optar pela doação com encargo, também deverá licitar, rezando que deverão constar do edital, além de, obviamente, os encargos, o prazo de cumprimento e a cláusula de reversão, sob pena de nulidade do ato.

Dispõe, ainda, que, na hipótese de interesse público, devidamente justificado, o certame licitatório será dispensado.

A doação com encargo, instituto de Direito Civil, consigna negócio jurídico no qual, para ter direito ao bem doado, o donatário deve cumprir a contraprestação imposta pelo doador (encargo contratual), bastando apenas que aceite a doação (acordo de vontade).

> CC – Art. 553. O donatário é obrigado a cumprir os encargos da doação, caso forem a benefício do doador, de terceiro, ou do interesse geral.

Evidentemente, a Administração só poderá optar pela doação com encargo quando o motivo que a pressupor caracterizar um interesse público.

Nesse pé, poderia, por exemplo, haver interesse da Administração na realização de certa obra, que, justificadamente, atenderia aos anseios da coletividade, mas, ao mesmo tempo – e isso é uma constância na Administração Pública –, inexistir recursos suficientes para a sua consecução. Como solução plausível, o Poder Público poderia optar por uma doação de imóvel público com o encargo de sua execução.

A princípio, na hipótese, o certame licitatório seria obrigatório. Conquanto, por outro lado, em outras hipóteses, o encargo poderia assumir relevância de outra natureza, podendo a doação ter em vista a situação do donatário ou sua atividade de interesse social.[850] Nesse caso, não caberia a competição licitatória, ocorrendo, então, a dispensa.

Sobre a matéria, observa Davi Ferreira Botelho:

> Qualquer doação de bem público pressupõe interesse público, a regra legal impõe à Administração que verifique se a doação consiste na melhor opção. Utiliza-se a doação de bens públicos sempre que o interesse público puder indicar ser essa a modalidade de transferência da propriedade mais vantajosa que alguma outra, o que muitas vezes se torna dificultoso, mas não deixa de ser frequente, como no caso de doação de lotes públicos a particulares, pessoas físicas ou jurídicas, em distritos industriais, com encargos de edificação

849 PEREIRA JÚNIOR. *Comentários à Lei das Licitações e Contratos da Administração Pública*. 3. ed.

850 JUSTEN FILHO. *Comentários à Lei de Licitações e Contratos Administrativos*. 12. ed.

e funcionamento de indústrias, mesmo que tributariamente incentivados, tudo visando a oferecer empregos à população local, desenvolvimento da atividade econômica e, ao longo do tempo, propiciar aumento da arrecadação tributária.[851]

De outra forma, o §7º discorre que, se o donatário necessitar oferecer o imóvel em garantia de financiamento, a cláusula de reversão e demais obrigações serão garantidas por hipoteca em segundo grau em favor do doador.

Por intermédio da hipoteca, também instituto de Direito Civil, o devedor oferece determinado bem ao credor, em garantia de dívida assumida, conferindo-lhe a preferência sobre o valor, que deverá ser apurado em hasta pública, para satisfação do débito, em detrimento de todos os outros credores, salvo exceções legais.

Segundo o art. 1.476 do CC, um mesmo imóvel pode ser dado em garantia de mais de uma dívida, desde que com outro título constitutivo, podendo ocorrer em favor do mesmo credor ou de outro credor. Destarte, é possível que o mesmo imóvel seja gravado com várias hipotecas.

Existindo mais de uma hipoteca, formam-se graus diferentes. A primeira hipoteca será de primeiro grau, a outra de segundo grau e assim por diante.

Mesmo havendo muitos credores, cada um gozará do direito de preferência, de acordo com o seu grau de hipoteca.

Alínea 'c'

2.3 Dispensa para alienação de imóveis por intermédio de permuta

A terceira ocorrência de licitação dispensada relacionada no art. 76 é a permuta por outros imóveis que atendam aos requisitos relacionados às finalidades precípuas da Administração, desde que a diferença apurada não ultrapasse a metade do valor do imóvel que será ofertado pela União, segundo avaliação prévia, e ocorra a torna de valores, sempre que for o caso.

Permuta é a ação ou o resultado de uma troca, não havendo entrega de numerário, que é característica do contrato de compra e venda.

Todavia, como observa Hely Lopes Meirelles,[852] ainda que se pressuponha igualdade de valor entre os bens permutáveis, é admissível a troca de coisas de valores desiguais com reposição ou torna em dinheiro do faltante. Essa complementação em pecúnia, para igualarem-se os valores das coisas trocadas, não desnatura a permuta, desde que a intenção precípua de cada parte seja obter o bem da outra.

O instituto configura espécie de contrato, com regras explicitadas no art. 533 CC.

Dispõe a regulação que a Administração está autorizada a permutar, com dispensa licitatória, imóveis públicos desafetados por imóveis que observem as finalidades precípuas da Administração.

E mais: desde que a diferença apurada não ultrapasse a metade do valor do imóvel que será ofertado pela União, segundo avaliação prévia, e ocorra a torna de valores, sempre que for o caso.

---

[851] BOTELHO. *Doação de bens imóveis e bens móveis pela Administração Pública.*

[852] MEIRELLES. *Direito administrativo brasileiro.* 24. ed.

A nosso ver, como já asseveramos em outro trabalho,[853] a permissibilidade legal de dispensa configura-se um imenso contrassenso, em face das características jurídicas que envolvem o instituto da permuta.

Vê-se, com clareza, que, em vez de dispensa, a situação constitui caso de inexigibilidade licitatória, diante da manifesta inviabilidade de licitação.

Nesse contexto, Hely Lopes Meirelles concluiu que a questão "não exige licitação pela impossibilidade de sua realização, uma vez que a determinação do objeto da troca não admite substituição ou competição licitatória",[854] acrescentando que "o que ocorre nesses casos é a inexigibilidade de concorrência, pois (...) a permuta destina-se a pessoas certas, o que caracteriza a inviabilidade de competição".[855]

No mesmo sentido, os pronunciamentos de Raul Armando Mendes e Oswaldo Aranha Bandeira de Mello: "(...) se justifica porque o contrato é com pessoa certa ou determinada, inviabilizando juridicamente o certame";[856] e "consideram-se casos impossíveis de licitação os em que (...) se cogita de atividade em razão de atributo pessoal com que se vai fazer acordo, isto é, diz respeito a serviço técnico de notória especialização, ou de aquisição de bens por (...) permuta".[857]

Em igual teor, os comentários de Diogenes Gasparini: "(...) quanto aos bens (...), os que são objeto de permuta deverão ser certos e determinados".[858]

Parecer do emérito civilista Washington de Barros Monteiro, trazido à colação em autos de apelação cível, no qual compara contratos de venda e de permuta, é elucidativo e irretocável:

> Só na venda é que ocorre a possibilidade material e jurídica de concorrência entre eventuais pretendentes. Numa permuta, porém, a concorrência é impossível visto ter ela por objetivo corpo bem descrito, coisa certa e discriminada. Sem dúvida, os dois contratos são estreitamente aparentados, mas enquanto na venda ocorre alienação de uma coisa contra o preço, na permuta se verifica a alienação de uma coisa por outra coisa. Em se cuidando de venda, a licitação é efetivamente imprescindível; mas, no caso de permuta, ela é rigorosamente impraticável e, pois, dispensada.[859]

Alínea 'd' e Parágrafo 5º

2.4 Dispensa para alienação de imóveis por intermédio de investidura

A quarta ocorrência de licitação dispensada listada no art. 76 é a investidura.

O vocábulo *investidura*, derivado de *investir*, é adotado na terminologia jurídica para determinar, no caso, o ato em que se concede um benefício ou um direito, tendo origem nos antigos feudos. Constitui-se, portanto, no título constitutivo de posse e de propriedade.

---

[853] BITTENCOURT. *Licitação Passo a Passo*. 7. ed.

[854] MEIRELLES. *Licitação e contrato administrativo*. 9. ed.

[855] MEIRELLES. *Licitação e contrato administrativo*. 9. ed.

[856] MENDES. *Comentários ao Estatuto das Licitações e Contratos Administrativos*. 2. ed.

[857] MELLO. *Da licitação*.

[858] GASPARINI. *Direito administrativo*. 3. ed.

[859] Ap. Cív. nº 45.153/PR – RTFR.

Mantendo-se próximo desse sentido, o instituto, na terminologia própria do Direito Administrativo, indica "a incorporação de certa área de terreno pertencente a logradouro público, adjacente a terreno particular, a esta propriedade, mediante a aquisição legal requerida por seu proprietário".[860]

A investidura, como bem conceitua Filipe Mendonça Fagundes, é uma modalidade de aquisição derivada da propriedade imobiliária em que o particular, em específicas condições de fato, adquire, diretamente do Poder Público, a titularidade sobre determinado bem.[861]

Fixe-se que, no caso, a investidura não se resume numa ferramenta adotada pela Administração para se desfazer de imóveis que não mais interessam. Na verdade, constitui um importante instrumento de regularização imobiliária, cadastral e registral de imóveis (assim como as regras dispostas na Lei nº 6.015/1973, que versam sobre os registros públicos), adequando a realidade fática dos espaços territoriais urbanos aos previstos nos dados cadastrais constantes em registros municipais, funcionado, inclusive, como importante instrumento de rearrumação dos espaços públicos e privados.

Filipe Mendonça Fagundes, especialista em Direito Imobiliário e Registral aplicado aos Bens Públicos, trata da matéria com rara acuidade:

> (...) a retificação registrária é um importante instrumento de correções de incongruências cadastrais de imóveis, que proporciona, além da adequação à realidade de vários dados do bem em questão, a alteração de limites e áreas de tais bens. Na verdade, com a referida ferramenta, o legislador teve a inteligência de permitir ao proprietário do imóvel de ver as reais e efetivas medidas, perimetrais e de área, escorreitamente definidas no fólio registral, possibilitando-lhe meios eficazes de não mais se deparar, por exemplo, com pequenos espaços territoriais, e lindeiros ao imóvel efetivamente registrado no CRI, dos quais possui legitimamente a propriedade (...). O fato é que, para sobras de áreas ou espaços territoriais adjacentes, fronteiriços aos imóveis matriculados, dos quais os proprietários destes últimos detenham legitimamente, também, a propriedade dos primeiros, a retificação registrária atua como remediadora de tal problema e, como efeito (...) vem trazer a regularização imobiliária ao espaço territorial no qual existem tais tipos de ocorrências, adequando a realidade fática à formal. (...)
>
> A investidura se acosta também a este mister. Ou melhor, a este fim precípuo. Não na intenção de apenas corrigir medidas perimetrais ou áreas territoriais (o que também o faz, logo após o procedimento de fusão da outrora área pública com a particular), mas, sobretudo, a de trazer titularidade ao particular de espaços territoriais públicos lindeiros sobre os quais o Estado não vislumbra mais alguma utilização ou finalidade de interesse coletivo, e de reinserir estes últimos numa conjuntura fundiária correta em que o Poder Público, feitas as intervenções construtivas que desejava, observa como a ideal para a convivência harmônica do interesse coletivo com o particular. A investidura, portanto, permite (...) uma rearrumação do espaço territorial no qual aquele pedaço de área está inserido, agregando-o não apenas a um lote particular, mas dando a possibilidade a este pequeno terreno de concretamente expressar as suas potencialidades funcionais e construtivas em prol de alguém que tem interesses diretos, palpáveis, que pode fazer emergir, de fato, a sua função social.

---

[860] SILVA. *Vocabulário jurídico*. 2. ed.

[861] FAGUNDES. *A investidura como elemento de regularização imobiliária de espaços urbanos*.

> Ao recolocar este imóvel na economia imobiliária, o Poder Público não apenas gera benefícios diretos a si próprio (concernente ao valor auferido pela transação da investidura) e ao particular (de agregar ao seu imóvel uma área com a qual, pela localização, tinha interesses diretos), mas, sobretudo, impõe efeitos práticos indiretos, como o aumento de sua exação tributária territorial (impulsionada pelo aumento da área-base para cálculo do imposto) e a geração de emolumentos cartorários concernentes à oficialização da investidura (custas referentes à escrituração e registro), como também dos passos seguintes de regularização do novo imóvel (relativos à fusão entre a outrora área pública com a particular).[862]

Verifica-se, conforme preceitua o §5º, que a investidura, para fins de alienação de imóvel por dispensa, atrela-se a diversos requisitos cumulativos, dependendo da situação fática:

a) no caso de existência de obra pública anterior (inc. I):

- o interessado deve ser proprietário de imóvel limítrofe da área remanescente de tal obra;
- a área deve ter se tornado, de forma comprovada, inaproveitável isoladamente pela Administração; e
- o preço da venda jamais poderá ser inferior ao da avaliação nem superior a 50% (cinquenta por cento) do valor máximo permitido para dispensa de licitação de bens e serviços previsto nesta Nova Lei.

b) no caso de residências construídas em locais próximos a usinas hidrelétricas[863] (inc. II):

- o interessado deve ser legítimo possuidor direto de imóvel para fim residencial construído em núcleo urbano anexo à usina;
- o imóvel deve ter sido considerado dispensável na fase de operação da usina; e
- o imóvel não pode fazer parte da categoria de bens reversíveis ao final da concessão.

Anote-se que, em função da necessidade de existência de núcleo urbano, a definição, numa primeira análise, afastaria o alcance a moradias isoladas. Todavia, voltando os olhos para a finalidade do dispositivo, visualiza-se como impróprio tal entendimento, uma vez que o que é perseguido, certamente, é o benefício de alguém que, em face de construção pública, tenha mantido ali a sua residência.

---

[862] FAGUNDES. *A investidura como elemento de regularização imobiliária de espaços urbanos.*

[863] São, como explica Renato Geraldo Mendes, conjuntos habitacionais construídos com a finalidade de servir de residência para os funcionários que trabalharam (ou trabalharão) na construção de uma determinada usina hidrelétrica. Concluída a usina, parte considerável dessa massa de trabalhadores é realocada em outras frentes de trabalho ou mesmo dispensada. Entretanto, essas casas (imóveis residenciais) perdem a finalidade para a qual foram construídas, pois o contingente humano remanescente e a ser utilizado para os fins operacionais (na usina) é significativamente reduzido. Assim, não sendo essas unidades habitacionais utilizadas por ocasião da operação e, ainda, não integrando a categoria de bens reversíveis ao final da concessão, poderão ser alienadas. Com efeito, deve-se entender como possuidores diretos os trabalhadores que ocuparam as casas e, com a conclusão das atividades, ou foram dispensados ou permaneceram atuando na fase de operação da usina. (MENDES. *O que muda nas licitações e contratos com a edição da Lei nº 9.648, de 27 de maio de 1998*).

Outro fator importante a ser enfrentado é que o preceptivo restringiu o alcance a residências anexas a usinas hidrelétricas. Nesse contexto, indagar-se-ia quanto às outras modalidades de usinas, bem como aos outros tipos de grandes obras públicas. Nessas hipóteses, também em função da finalidade da regra, entendemos que a aplicação é obrigatória.

A alienação deverá ocorrer em favor de "legítimo possuidor direto". A expressão está carregada de dificuldades práticas. Na acepção jurídica correta, o termo *legítimo* alicerça-se na conformidade da lei, isto é, é legítimo o que é legal, tem amparo em lei.[864] No caso, a legitimidade estará amparada no direito, apoiando-se em documentos, fatos, testemunhas etc. Assim, a legitimidade não derivará de lei, mas sim de direito.

Insta ressaltar que a investidura só poderá ocorrer, segundo o texto legal, se as residências forem consideradas dispensáveis na fase operacional das unidades edificadas e, ainda, sob a condição de que não integrem a categoria de bens reversíveis ao final da concessão. Essa determinação, todavia, peca por falta de sentido, uma vez que, se não são reversíveis, em face do preconizado no contrato de concessão, não serão imóveis de propriedade da Administração, o que desautorizaria a alienação.

Alínea 'e'

2.5 Dispensa para alienação de imóveis por intermédio de venda a outro órgão ou entidade da Administração Pública

A quinta circunstância de licitação dispensada listada no art. 76 é a venda de imóveis a outro órgão ou entidade da Administração Pública, de qualquer esfera de governo.

Venda, do latim *vendere* (vender, mercadejar), exprime gramaticalmente a ação de alienar coisa onerosamente, mediante o pagamento de um preço.

Designa, juridicamente, o ajuste por intermédio do qual uma das partes, como dona ou proprietária de uma coisa, assume a obrigação de transferi-la à outra parte, denominada comprador, cuja obrigação é de pagar o preço convencionado.

Quando a Administração tem a intenção de vender um imóvel desafetado e nele há interesse público por parte de outro ente administrativo, a licitação restará dispensada.

Sobreleva notar que o dispositivo não faz distinção de classes, dado que autoriza a alienação por venda a qualquer órgão ou entidade da Administração Pública, independentemente da esfera governamental.

---

[864] Conforme lições de De Plácido e Silva, o termo *legitimidade*, derivado de *legítimo*, exprime, em qualquer aspecto, a qualidade ou o caráter do que é *legitimo* ou se apresenta *apoiado em lei*. A legitimidade, pois, pode referir-se às pessoas, às coisas ou aos atos, em virtude da qual se apresentam todos segundo as prestações legais ou consoante requisitos impostos legalmente, para que consigam os objetivos desejados ou obtenham os efeitos, que se assinalam em lei. (SILVA. *Vocabulário jurídico*. 3. ed.). Em Teoria do Direito, especialmente em sua linguagem, existe certa confusão entre os termos *legitimidade* e *legalidade*. Ambos são utilizados para determinar a conformidade de determinadas atividades com normas vigentes do ordenamento jurídico. Não obstante, pode-se diferenciá-los na medida em que o primeiro se relaciona com o critério que permite ao executor da atividade afirmar que está conforme a lei e, portanto, poder criar aquela obrigação aos outros. Nesse sentido, a legalidade torna-se pressuposto da legitimidade uma vez que é necessário que o ator esteja executando uma atividade conforme a lei para que se possa verificar a existência da legitimidade. (SANTOS. Poder jurídico e violência simbólica. *apud*. WIKIPEDIA. "*Legitimidad*").

Os requisitos para a venda resumem-se aos já previstos no dispositivo: prévia avaliação[865] e autorização legislativa para órgãos da administração direta e entidades autárquicas e fundacionais.

A venda poderá ser efetuada diretamente por agente do órgão vendedor ou por intermédio de corretor remunerado, desde que contratado mediante procedimento licitatório, ficando a despesa decorrente da eventual intervenção de corretor por conta do ente que o contratar, não podendo tal valor, em face de inexistência de autorização legal, compor o preço do imóvel.

Ao observar que, diversamente da doação, na venda não há a possibilidade de reversão por desvio de finalidade, Márcio dos Santos Barros assevera que o adquirente, mesmo sendo integrante da esfera pública, poderá responder pelo mau uso dado ao imóvel.[866] Concordando com a tese, Jacoby Fernandes assenta que, na ocorrência de desvio de finalidade, responderá apenas o comprador, dado que o vendedor não pode ser penalizado pelo destino dado a imóvel que não mais integra o seu patrimônio.[867]

Avistam-se sérios problemas, no entanto, quando da aplicação do mandamento no âmbito da Administração Pública indireta, em face da existência de imóveis que não se enquadram no espectro do uso comum do povo. Nesse sentido, Marçal Justen anota que, de todo o modo, somente se admitirá a alienação sem licitação entre entidades integrantes da Administração Pública quando essa for a solução mais vantajosa para a realização das funções estatais.[868]

Alínea 'f'

2.6 Dispensa para alienação de imóveis, por intermédio de diversos institutos, no âmbito de programas habitacionais ou de regularização fundiária

Diversos institutos estão listados na sexta alínea do inc. I do art. 76, cujas adoções, no caso de alienação de imóveis públicos em face de motivos inter-relacionados ao interesse social, configurariam a dispensa de licitação.

Esta alínea 'f' prevê a dispensa de licitação na hipótese de alienação gratuita ou onerosa, aforamento, concessão de direito real de uso, locação e permissão de uso de bens imóveis residenciais construídos, destinados ou efetivamente usados em programas de habitação ou de regularização fundiária de interesse social desenvolvidos por órgão ou entidade da Administração Pública.

Ressalte-se, de plano, que há um erro técnico no preceptivo (como também ocorrera na lei anterior), haja vista que, num capítulo que versa sobre alienação, registra institutos que não se enquadram nessa categoria: o aforamento, a concessão de direito real de uso, a locação e a permissão de uso não consignam formas de alienação.

---

865 Evidentemente, para tê-la, aplicar-se-á a ressalva que a lei elege para quaisquer ajustes dessa natureza: preço compatível com o praticado no mercado.

866 BARROS. *502 Comentários sobre licitações e contratos administrativos*. 2. ed.

867 FERNANDES. *Contratação direta sem licitação*. 7. ed.

868 JUSTEN FILHO. *Comentários à Lei de Licitações e Contratos Administrativos*. 12. ed.

Nesse contexto, há de se compreender que o uso do termo "alienação" se deu considerando uma acepção ampla, abarcando não só as formas de transferência de propriedade, mas também outros institutos autorizadores do uso de bens da Administração.

Considerando a velha máxima da inexistência de palavras inúteis na lei, concluímos que, ao anotar que a licitação restará dispensada no caso de alienação gratuita ou onerosa, intenciona o legislador informar que, em qualquer configuração de alienação nessas categorias, isto é, no caso de doação ou venda, respectivamente, admitir-se-á a não realização de competição licitatória, desde que envolvam a transferência de bens imóveis residenciais construídos, destinados ou efetivamente utilizados no âmbito de programas habitacionais ou de regularização fundiária de interesse social desenvolvidos por órgãos ou entidades da Administração.

Nesse curso, reza o preceptivo que, nas situações técnico-jurídicas a seguir elencadas – quando envolverem bens imóveis residenciais construídos, destinados ou efetivamente utilizados no âmbito de programas habitacionais ou de regularização fundiária de interesse social desenvolvidos por órgãos ou entidades da Administração Pública –, a licitação restará dispensada nos casos de:

a) alienação gratuita ou onerosa;
b) aforamento;
c) concessão de direito real de uso;
d) locação; ou
e) permissão de uso.

Destarte, envolvendo exclusivamente imóveis residenciais, a regra admite a ausência de licitação quando houver atribuição de direitos a um particular no sentido de integrar-se em um programa estatal de cunho habitacional ou de regularização fundiária de interesse social.

A alusão a programas habitacionais demonstra a flagrante preocupação no atendimento à população de baixa renda.

Já a referência à regularização fundiária reflete o empenho no sentido do asseguramento de um título jurídico de domínio, dado que, em termos gerais, tal regularização consigna processo que inclui medidas jurídicas, urbanísticas, ambientais e sociais, com o intuito de integrar assentamentos irregulares ao contexto legal das cidades.[869] *Vide* que, nessa hipótese, o dispositivo exige a vinculação ao interesse social, significando, nesse contexto, que, como prescreve a Lei nº 11.977/2009 (que dispõe sobre o Programa Minha Casa, Minha Vida e a regularização fundiária de assentamentos localizados em áreas urbanas), é aplicável a assentamentos irregulares ocupados por população de baixa renda nos quais a garantia do direito constitucional à moradia justifica a aplicação de instrumentos, procedimentos e requisitos técnicos especiais.

O segundo instrumento listado é o *aforamento* (ou *enfiteuse*), que configura uma das formas de utilização de bens públicos por particulares. Consoante o preconizado

---

[869] A Lei nº 11.977/2009 define regularização fundiária como o "conjunto de medidas jurídicas, urbanísticas, ambientais e sociais que visam à regularização de assentamentos irregulares e à titulação de seus ocupantes, de modo a garantir o direito social à moradia, o pleno desenvolvimento das funções sociais da propriedade urbana e o direito ao meio ambiente ecologicamente equilibrado".

no art. 46 do Decreto-Lei nº 9.760/1946, os bens imóveis da União não utilizados em serviço público poderão, qualquer que seja a sua natureza, ser alugados, aforados ou cedidos. Segundo o seu §2º, o aforamento dar-se-á quando coexistirem a conveniência de radicar-se o indivíduo ao solo e a de manter-se o vínculo da propriedade pública. O aforamento, em síntese, é instituto pelo qual o Estado permite ao particular o uso privativo de bem público a título de domínio útil, mediante a obrigação de pagar um foro anual, certo e invariável.

O instituto propicia a aquisição de direito real por parte do foreiro, que poderá ser transferido a terceiro, desde que o Estado renuncie ao direito de preferência para reaver o imóvel. Havendo a renúncia, o foreiro deverá pagar, pela transmissão do domínio útil, o denominado *laudêmio* (5% do valor atualizado do domínio pleno e das benfeitorias).

Registre-se a tendência de extinção do instituto, uma vez que o Código Civil de 2002 não mais o prevê, além da regra disposta no art. 49 das Disposições Transitórias da Constituição federal, que faculta aos foreiros, no caso de extinção, a remição dos aforamentos por meio da aquisição do domínio direto, na conformidade do que dispuserem os respectivos contratos. É de se notar, entrementes, que o §3º prescreve que o aforamento continuará sendo aplicado aos terrenos de marinha e seus acrescidos, situados na faixa de segurança, a partir da orla marítima.

> Art. 49. A lei disporá sobre o instituto da enfiteuse em imóveis urbanos, sendo facultada aos foreiros, no caso de sua extinção, a remição dos aforamentos mediante aquisição do domínio direto, na conformidade do que dispuserem os respectivos contratos.
>
> §1º Quando não existir cláusula contratual, serão adotados os critérios e bases hoje vigentes na legislação especial dos imóveis da União.
>
> §2º Os direitos dos atuais ocupantes inscritos ficam assegurados pela aplicação de outra modalidade de contrato.
>
> §3º A enfiteuse continuará sendo aplicada aos terrenos de marinha e seus acrescidos, situados na faixa de segurança, a partir da orla marítima.
>
> §4º Remido o foro, o antigo titular do domínio direto deverá, no prazo de noventa dias, sob pena de responsabilidade, confiar à guarda do registro de imóveis competente toda a documentação a ele relativa.

Nesse contexto, a alínea prevê a dispensa licitatória para o aforamento de imóveis residenciais, quando o contrato se originar de programas habitacionais ou de regularização fundiária de interesse social desenvolvidos pela Administração Pública.

O terceiro instituto listado é a *concessão de direito real de uso*, instrumento adotado para a utilização de bem público desafetado por particular, instituído pelos artigos 7º e 8º do Decreto-Lei nº 271/1967, que, com as alterações introduzidas pela Lei nº 11.481/2007, dispõe sobre loteamento urbano, responsabilidade do loteador, concessão de uso do espaço aéreo e dá outras providências.

O instituto, que não abarca apenas o uso da terra, pois pode ter por objeto o uso do espaço aéreo sobre a superfície de terrenos, caracteriza-se por ser direito real resolúvel,[870]

---

[870] A propriedade, de regra, tem por vocação ser perpétua. Entrementes, é admissível em situações excepcionais que já nasça fadada a acabar. Nesse caso, a propriedade será resolúvel, pois terá, no momento de sua constituição, uma causa de encerramento, que poderá se dar por termo extintivo ou por condição resolutória.

constituindo-se através de instrumento público ou particular; ou mesmo por simples termo administrativo, sendo inscrito e cancelado em livro especial.

Tal concessão, que pode ser remunerada ou gratuita, deverá ocorrer por tempo certo ou indeterminado, e só poderá objetivar regularização fundiária de interesse social, urbanização, industrialização, edificação, cultivo da terra, aproveitamento sustentável das várzeas, preservação das comunidades tradicionais e seus meios de subsistência ou outras modalidades de interesse social em áreas urbanas.

Nessa contextura, a alínea prevê a dispensa licitatória para a concessão de direito real de imóveis residenciais, quando o ajuste se originar de programas habitacionais ou de regularização fundiária de interesse social desenvolvidos pela Administração Pública.

O quarto instituto listado é a *locação*, que constitui contrato de direito privado pelo qual o proprietário-locador transfere a posse do bem ao locatário, que se obriga a pagar certa importância – o aluguel – por período determinado de uso do bem.

Quando o locador é o Estado, o ajuste é regulado normalmente pela lei civil, demonstrando o caráter privado da contratação. Sobre a questão, entretanto, não é pacífico o entendimento, pois há os que não aceitam o regime de locação do direito civil para bens públicos, sustentando que somente se revela admissível a concessão remunerada de uso de bem público, modalidade de contrato administrativo.[871]

Como nós, José dos Santos Carvalho Filho se opõe a essa vetusta posição doutrinária:

> Essa não nos parece a melhor posição: na verdade, inexiste qualquer vedação de índole constitucional em tal sentido. Ademais, legislação mais recente tem sido expressa no que concerne à viabilidade jurídica do instituto da locação de imóveis públicos. Resulta, pois, que não se pode deixar de reconhecer a viabilidade desse ajuste. Uma coisa é concluir ser a concessão de uso um ajuste mais adequado do que a locação; outra, inteiramente diversa, é simplesmente considerar inadmissível a locação. O que importa, na espécie, é a opção do administrador – que, diga-se de passagem, terá que avaliar cada situação e não poderá vislumbrar outro fim senão o de interesse público. Por isso mesmo, sendo indevida a escolha, o ajuste estará sujeito à invalidação, e o administrador, à responsabilidade civil, administrativa e penal.[872]

Nesse passo, a alínea prevê a dispensa licitatória no caso de locação de imóveis residenciais, quando o ajuste se originar de programas habitacionais ou de regularização fundiária de interesse social desenvolvidos pela Administração Pública.

O quinto e último instituto listado é a *permissão de uso*, que consigna ato administrativo unilateral, discricionário e precário, pelo qual a Administração consente que certa pessoa utilize um bem público privativamente, atendendo ao mesmo tempo aos interesses público e privado.

O Decreto-Lei nº 9.760/1946, que dispõe sobre bens da União, não lista, entre os institutos hábeis para outorga de utilização de bens imóveis púbicos, a permissão de uso. Entrementes, a Lei nº 9.636/1998, que versa sobre regularização, administração, aforamento e alienação de bens imóveis de domínio da União, passou a prever que o

---

[871] Tais como, por exemplo, Maria Sylvia Zanella Di Pietro (DI PIETRO. *Direito administrativo*. 26. ed.) e Hely Lopes Meirelles (MEIRELLES. *Direito Administrativo Brasileiro*. 29. ed.

[872] CARVALHO FILHO. *Manual de Direito Administrativo*. 26. ed.

instrumento poderá ser adotado quando se tratar de utilização, a título precário, de áreas de domínio da União, para a realização de eventos de curta duração, de natureza recreativa, esportiva, cultural, religiosa ou educacional.[873]

Nessa contextura, a alínea prevê a dispensa licitatória no caso de permissão de uso de imóveis residenciais, quando o ajuste se originar de programas habitacionais ou de regularização fundiária de interesse social desenvolvidos pela Administração Pública.

Alínea 'g'

2.7 Dispensa para alienação de imóveis por intermédio de alienação de bens imóveis para uso comercial

A alínea 'g', no mesmo diapasão da alínea 'f'', elenca a possibilidade de dispensa licitatória nas alienações de bens da Administração que tenham como destino o uso comercial, limitando aos com área de até $250m^2$ e que estejam inseridos em programas de regularização fundiária de interesse social.

A novidade, em relação à lei anterior, é a inserção do instituto "locação" no elenco, prevendo a dispensa de licitação, dessa forma, nos casos de alienação gratuita ou onerosa, aforamento, concessão de direito real de uso, locação e permissão de uso de bens imóveis comerciais de âmbito local, com área de até $250m^2$ (duzentos e cinquenta metros quadrados) e destinados a programas de regularização fundiária de interesse social desenvolvidos por órgão ou entidade da Administração Pública.

Nota-se, à clarividência, a preocupação do legislador no sentido de não permitir o alcance de áreas que serviriam à especulação imobiliária. Impende ressaltar a necessidade do máximo cuidado quanto à definição, em cada caso, de que realmente se trata de imóvel caracterizado como programa habitacional ou de regularização fundiária de interesse social. Como já anotado, tais parâmetros constituem objeto da Lei nº 9.636/1998, cujos preceitos funcionam como premissa necessária para a viabilização da contratação direta, que padecerá de desvio de finalidade, passível de invalidação e apuração de responsabilidade, caso não seja realizada com as devidas cautelas.

Alínea 'h'

2.8 Dispensa para alienação de terras públicas rurais da União e do Incra, para fins de regularização fundiária

A hipótese de dispensa de licitação refere-se à alienação e concessão de direito real de uso, gratuita ou onerosa, de terras públicas rurais da União e do Incra, onde incidam ocupações até o limite de que trata o §1º do art. 6º da Lei nº 11.952/2009 (áreas não superiores a dois mil e quinhentos hectares), para fins de regularização fundiária, atendidos os requisitos legais.

---

873 Art. 22. A utilização, a título precário, de áreas de domínio da União para a realização de eventos de curta duração, de natureza recreativa, esportiva, cultural, religiosa ou educacional, poderá ser autorizada, na forma do regulamento, sob o regime de permissão de uso, em ato do Secretário do Patrimônio da União, publicado no Diário Oficial da União.

A regra veio à luz integrando um pacote de medidas que objetivam flexibilizar a regularização de ocupações de terras públicas rurais há muito já ocupadas, garantindo, dessa forma, o direito de propriedade às pessoas naturais que, com seus trabalhos e de suas famílias, tenham tornado as terras produtivas.

Alínea 'i'

2.9 Dispensa para alienação de imóveis por intermédio de procedimentos de legitimação de posse

A circunstância de dispensa licitatória envolve procedimentos de legitimação de posse de que trata o art. 29 da Lei nº 6.383/1976 (que dispõe sobre o processo discriminatório de terras devolutas da União), mediante iniciativa e deliberação dos órgãos da Administração Pública em cuja competência legal inclua-se tal atribuição.

Segundo o citado art. 29, o ocupante de terras públicas que as tenha tornado produtivas com o seu trabalho e o de sua família, fará jus à legitimação da posse de área contínua até 100 (cem) hectares, desde que não seja proprietário de imóvel rural e comprove a morada permanente e cultura efetiva, pelo prazo mínimo de 1 (um) ano.[874]

Consoante o §1º do dispositivo, a legitimação da posse consistirá no fornecimento de uma Licença de Ocupação, pelo prazo mínimo de mais 4 (quatro) anos, findo o qual o ocupante terá a preferência para aquisição do lote, pelo valor histórico da terra nua, satisfeitos os requisitos de morada permanente e cultura efetiva e comprovada a sua capacidade para desenvolver a área ocupada.

Para configuração da dispensa, todavia, a iniciativa e a deliberação deverão partir dos órgãos da Administração detentores de competência legal para tal.

Alínea 'j'

2.10 Legitimação fundiária e legitimação de posse de que trata a Lei nº 13.465/2017

A Lei nº 13.465/2017 dispõe sobre a regularização fundiária rural e urbana. Seu art. 9º preceitua que ficam instituídas no território nacional normas gerais e

---

[874] Art. 29. O ocupante de terras públicas, que as tenha tornado produtivas com o seu trabalho e o de sua família, fará jus à legitimação da posse de área contínua até 100 (cem) hectares, desde que preencha os seguintes requisitos:
I – não seja proprietário de imóvel rural;
II – comprove a morada permanente e cultura efetiva, pelo prazo mínimo de 1 (um) ano.
§1º A legitimação da posse de que trata o presente artigo consistirá no fornecimento de uma Licença de Ocupação, pelo prazo mínimo de mais 4 (quatro) anos, findo o qual o ocupante terá a preferência para aquisição do lote, pelo valor histórico da terra nua, satisfeitos os requisitos de morada permanente e cultura efetiva e comprovada a sua capacidade para desenvolver a área ocupada.
§2º Aos portadores de Licenças de Ocupação, concedidas na forma da legislação anterior, será assegurada a preferência para aquisição de área até 100 (cem) hectares, nas condições do parágrafo anterior, e, o que exceder esse limite, pelo valor atual da terra nua.
§3º A Licença de Ocupação será intransferível inter vivos e inegociável, não podendo ser objeto de penhora e arresto.

procedimentos aplicáveis à Regularização Fundiária Urbana (Reurb), a qual abrange medidas jurídicas, urbanísticas, ambientais e sociais destinadas à incorporação dos núcleos urbanos informais ao ordenamento territorial urbano e à titulação de seus ocupantes. Segundo o §1º, os poderes públicos deverão formular e desenvolver no espaço urbano as políticas de suas competências de acordo com os princípios de sustentabilidade econômica, social e ambiental e ordenação territorial, buscando a ocupação do solo de maneira eficiente, combinando o seu uso de forma funcional.

Consoante o inc. VI de seu art. 11, legitimação de posse configura ato do Poder Público destinado a conferir título, por meio do qual fica reconhecida a posse de imóvel objeto da Reurb, conversível em aquisição de direito real de propriedade na forma desta Lei, com a identificação de seus ocupantes, do tempo da ocupação e da natureza da posse.

Os art. 25 a 27 delineiam a legitimação de posse:

> Art. 25. A legitimação de posse, instrumento de uso exclusivo para fins de regularização fundiária, constitui ato do poder público destinado a conferir título, por meio do qual fica reconhecida a posse de imóvel objeto da Reurb, com a identificação de seus ocupantes, do tempo da ocupação e da natureza da posse, o qual é conversível em direito real de propriedade, na forma desta Lei.
>
> §1º A legitimação de posse poderá ser transferida por causa mortis ou por ato intervivos.
>
> §2º A legitimação de posse não se aplica aos imóveis urbanos situados em área de titularidade do poder público.
>
> Art. 26. Sem prejuízo dos direitos decorrentes do exercício da posse mansa e pacífica no tempo, aquele em cujo favor for expedido título de legitimação de posse, decorrido o prazo de cinco anos de seu registro, terá a conversão automática dele em título de propriedade, desde que atendidos os termos e as condições do art. 183 da Constituição Federal, independentemente de prévia provocação ou prática de ato registral.
>
> §1º Nos casos não contemplados pelo art. 183 da Constituição Federal, o título de legitimação de posse poderá ser convertido em título de propriedade, desde que satisfeitos os requisitos de usucapião estabelecidos na legislação em vigor, a requerimento do interessado, perante o registro de imóveis competente.
>
> §2º A legitimação de posse, após convertida em propriedade, constitui forma originária de aquisição de direito real, de modo que a unidade imobiliária com destinação urbana regularizada restará livre e desembaraçada de quaisquer ônus, direitos reais, gravames ou inscrições, eventualmente existentes em sua matrícula de origem, exceto quando disserem respeito ao próprio beneficiário.
>
> Art. 27. O título de legitimação de posse poderá ser cancelado pelo poder público emitente quando constatado que as condições estipuladas nesta Lei deixaram de ser satisfeitas, sem que seja devida qualquer indenização àquele que irregularmente se beneficiou do instrumento.

Nesse contexto, a alínea "j" em comento prescreve a dispensa licitatória nos casos de legitimação fundiária e legitimação de posse de que trata a Lei nº 13.465/2017.

Parágrafos 3º e 4º

2.11 Dispensa na concessão de título de propriedade ou de direito real de uso de imóvel

Consoante o prescrito no §3º, a Administração poderá conceder título de propriedade ou de direito real de uso de imóvel, admitindo-se duas formas de dispensa de licitação nas concessões atreladas ao destino do imóvel:

a) a outro órgão ou entidade da Administração Pública, qualquer que seja a localização do imóvel;

b) a pessoa natural que, nos termos de lei, regulamento ou ato normativo do órgão competente, haja implementado os requisitos mínimos de cultura, de ocupação mansa e pacífica e de exploração direta sobre área rural, observado o limite de que trata o §1º do art. 6º da Lei nº 11.952, de 25 de junho de 2009.

Inciso I

2.11.1 Dispensa para a concessão de título de propriedade ou de direito real de uso de imóveis quando destinar-se a entes da Administração

O inciso prevê a concessão de título de propriedade ou de direito real de uso de imóveis, dispensada a licitação quando o uso se destinar a outro órgão ou entidade da Administração Pública, qualquer que seja a localização do imóvel.

Originariamente, na Lei nº 8.666/1993, a regra se cingia à concessão de direito real de uso de bens imóveis públicos, com dispensa licitatória, a outro ente administrativo, para que esse o utilizasse com fim público. Entretanto, em face da Lei nº 11.196/2005, acresceu-se a possibilidade da concessão do próprio título de propriedade.

Jessé Torres visualizou que não se tratava de mera inserção, porquanto a regra passou a oferecer conotação de caráter social ao dispositivo.

Inciso II

2.11.2 Dispensa para a concessão de título de propriedade ou de direito real de uso de imóveis a pessoa natural

Consoante o preconizado, a Administração também poderá conceder, com dispensa de licitação, título de propriedade ou de direito real de uso de imóveis, quando o uso destinar-se a pessoa natural que, nos termos de lei, regulamento ou ato normativo do órgão competente, haja implementado os requisitos mínimos de cultura, ocupação mansa e pacífica e exploração direta sobre área rural, observado o limite de que trata o §1º do art. 6º da Lei nº 11.952/2009 (áreas não superiores a dois mil e quinhentos hectares).

Nessa hipótese, dispensar-se-á a autorização legislativa, mas far-se-á necessária a submissão às seguintes disciplinas:

a) aplicação exclusiva às áreas em que a detenção por particular seja comprovadamente anterior a 1º de dezembro de 2004;
b) submissão aos demais requisitos e impedimentos do regime legal e administrativo de destinação e de regularização fundiária de terras públicas;
c) vedação de concessão para exploração não contemplada na lei agrária, nas leis de destinação de terras públicas ou nas normas legais ou administrativas de zoneamento ecológico-econômico;
d) previsão de extinção automática da concessão, dispensada notificação, em caso de declaração de utilidade pública, de necessidade pública ou de interesse social;
e) aplicação exclusiva a imóvel situado em zona rural e não sujeito a vedação, impedimento ou inconveniente à exploração mediante atividade agropecuária;
f) limitação a áreas de que trata o §1º do art. 6º da Lei nº 11.952, de 25 de junho de 2009, vedada a dispensa de licitação para áreas superiores; e
g) acúmulo com o quantitativo de área decorrente de legitimação de posse de que trata o art. 29 da Lei nº 6.383/1976, mediante iniciativa e deliberação dos órgãos da Administração Pública competentes até a limitação a áreas de que trata o §1º do art. 6º da Lei nº 11.952/2009.

Sobre o tema, Maíra Esteves Braga assenta observação importante, em consonância ao que já registramos:

> A possibilidade de regularização fundiária de ocupação incidente em imóvel público, aliada a dispensa de procedimento licitatório, é medida que só se justifica com o fito de cumprir o objetivo constitucional de se reduzir as desigualdades sociais e regionais (art. 3º, III, CF/1988), bem como em atenção ao princípio da dignidade humana (art. 1º, III, da CF/1988). Caso contrário estar-se-ia a violar, sem qualquer razão legítima, os princípios que devem reger a atuação da Administração Pública (notadamente o princípio da impessoalidade e da moralidade).
>
> Bem assim, quando voltada a reger a situação de ocupações incidentes em áreas rurais, deve-se procurar compatibilizar a regularização fundiária com os demais princípios de política fundiária e da reforma agrária, sob pena de caracterização de desvio de finalidade e de inconstitucionalidade.[875]

Considerando que a constitucionalidade da regularização fundiária se alicerça no princípio da função social da propriedade (art. 5º, XXIII e art. 170, III, CF/1988) como instrumento utilizado pela Reforma Agrária (Título VII, Capítulo III, da CF/1988), visando ao atingimento do objetivo constante do art. 3º, III, qual seja, a redução das desigualdades sociais e regionais, levando-se em conta o princípio da dignidade humana (art. 1º, III, da CF/1988), entende-se, como infere a jurisconsulta, que a dispensa de procedimento licitatório não se sustentará privilegiando o particular que, ocupante até então irregular de bem público (e em detrimento de outros interessados), não se comprometer a continuar a cumprir a função social do imóvel por um período razoável.

[875] BRAGA. *Regularização fundiária na Amazônia Legal.*

Inciso II

3 Alienação de bens móveis

Nos termos do art. 82 CC, são móveis os bens suscetíveis de movimento próprio, ou de remoção por força alheia, sem alteração da substância ou da destinação econômico-social. Consoante o art. 83 CC, consideram-se móveis, para os efeitos legais, as energias que tenham valor econômico; os direitos reais sobre objetos móveis e as ações correspondentes; e os direitos pessoais de caráter patrimonial e suas respectivas ações. Além disso, o art. 84 CC dispõe que os materiais destinados a alguma construção, enquanto não forem empregados, conservam sua qualidade de móveis e que readquirem essa qualidade os provenientes da demolição de algum prédio.

Segundo o inc. II, a alienação de bens públicos móveis dependerá de licitação na modalidade leilão. *Vide* que a Nova Lei não determina expressamente a avaliação prévia, como impunha a lei anterior. Ainda assim, é claro que a avaliação deverá ocorrer, pois o leilão estará subordinado a ela.

Tal como ocorre com os bens públicos imóveis, também os bens móveis possuem situações passíveis de dispensa licitatória.

São seis as hipóteses, a saber:

- Doação, permitida exclusivamente para fins e uso de interesse social, após avaliação de oportunidade e conveniência socioeconômica em relação à escolha de outra forma de alienação;
- Permuta, permitida exclusivamente entre órgãos ou entidades da Administração Pública;
- Venda de ações, que poderão ser negociadas em bolsa, observada a legislação específica;
- Venda de títulos, observada a legislação pertinente;
- Venda de bens produzidos ou comercializados por entidades da Administração Pública, em virtude de suas finalidades; e
- Venda de materiais e equipamentos sem utilização previsível por quem deles dispõe, para outros órgãos ou entidades da Administração Pública.

Alínea 'a'

3.1 Doação

O art. 538 do CC informa que o instituto da doação configura o contrato em que uma pessoa, por liberalidade, transfere do seu patrimônio bens ou vantagens para o de outra.

Nessa contextura, a alínea condiciona a doação de bens públicos móveis a fins e uso de interesse social, após análise quanto à oportunidade e conveniência socioeconômica, relativamente à escolha de outra forma de alienação.

Fundamental, portanto, é a caracterização do interesse social, uma vez que qualquer doação de bem público implica na compatibilidade com o desempenho das funções estatais, que não admitem liberalidade, sendo crucial que esse interesse social seja pertinente ao interesse público.

Assim, os bens móveis poderão ser doados para utilização em projetos sociais, ou seja, aqueles que busquem o benefício de parcelas menos favorecidas da sociedade, como ocorre em atos de benemerência, não sendo lícito doar bens móveis para atividades de interesse público que não tenham fundo social.[876]

Sobre a matéria, avaliando a questão sob a ótica da Lei nº 8.666/1993, que dispunha de forma idêntica à atual Lei nº 14.133/2021, o Superior Tribunal de Justiça (STJ) já se manifestou no sentido de que, na eventualidade de doação de bem público móvel sem licitação prévia, deverá ocorrer a anulação administrativa do ato, sendo desnecessária a instauração de processo administrativo, dado que o ato não poderia ser convalidado:

> Administrativo – Doação de Veículo Público sem Prévia Licitação – art. 53 da Lei nº 9.784/1999 – Ato Nulo de Pleno Direito – Desnecessidade de Instauração de Processo Administrativo – Cancelamento do Registro de Propriedade do Veículo em Nome do Donatário. 1. A lei [...] exige, nos casos de doação de bens públicos a particular, prévia licitação. 2. Ato de ex-governador do Estado que, mediante decreto autônomo, doa a amigo particular veículo público é nulo de pleno direito. 3. A Administração, com amparo no art. 53 da Lei nº 9.784/1999, deve anular seus próprios atos, quando eivados de nulidade, sendo desnecessária a instauração de processo administrativo, oportunizando a defesa ao donatário na hipótese dos autos, porque o ato não poderia ser convalidado, à míngua de licitação. 4. Registro de propriedade do veículo em nome do donatário que deve ser cancelado. 5. Recurso especial provido. (REsp nº 685.551/AP, Rel. Min. Eliana Calrnon, Publicado *DJ* em 01.04.2005).

Embora não haja explícita formalização, a medida liminar deferida na ADIn nº 927-3/RS, também, de certa forma, alcançou o regrado, também sob ótica de dispositivo idêntico da lei anterior.

Marçal Justen explica detalhadamente o motivo:

> É que o voto do Ministro Relator indeferiu o pedido. O Min. Marco Aurélio votou em sentido diverso, por entender que extravasava a competência da União para editar normas gerais. O Ministro Sydney Sanches manifestou-se no sentido de que a União pode disciplinar apenas as doações pertinentes a seus próprios bens. Mas o voto do Relator (objeto de aclaramento por parte do Ministro Sepúlveda Pertence) deixava evidente que o dispositivo dispunha apenas sobre os casos de dispensa de licitação. Portanto e sob certo ângulo, a medida foi deferida (...). Vale dizer, se o dispositivo se referisse à limitação para formalização de doação de bens, possivelmente teria sido deferida a suspensão de sua aplicabilidade. Não foi deferida a liminar por adotar-se interpretação que restringiu significativamente a abrangência do dispositivo. Vale dizer, a União, os Estados, o Distrito Federal e os Municípios podem doar seus bens móveis, sem observância das restrições estabelecidas no art. 17, inc. II, al. "a", mediante licitação.[877]

Em resumo, o STF definiu que o dispositivo se destina às hipóteses de contratação direta. Logo, são admitidas doações que não preencham os requisitos nele estabelecidos.

Relembra-se, por derradeiro, que, conforme previsto no §6º, a doação poderá ser gravada, ou seja, submetida a encargos.

---

[876] NIEBUHR. *Dispensa e inexigibilidade de licitação pública*. 2. ed.

[877] JUSTEN FILHO. *Comentários à Lei de Licitações e Contratos Administrativos*. 12. ed.

§6º A doação com encargo será licitada e de seu instrumento constarão, obrigatoriamente, os encargos, o prazo de seu cumprimento e a cláusula de reversão, sob pena de nulidade do ato, *dispensada a licitação* em caso de interesse público devidamente justificado.

Alínea 'b'

3.2 Permuta

Como já esposado, permuta é a ação ou o resultado de uma troca, não havendo, em tese, entrega de numerário, que configura situação característica do contrato de compra e venda.

Todavia, ainda que pressuponha igualdade de valor entre os bens permutáveis, é admissível a troca de coisas de valores desiguais com reposição ou torna em dinheiro. Essa complementação em pecúnia, para igualarem-se os valores das coisas trocadas, não desnatura a permuta, desde que a intenção precípua de cada parte seja obter o bem da outra.[878]

Pela regulação, a Administração só pode permutar bens móveis, com dispensa licitatória, se o fizer com entes públicos.

Ressalta-se que tal tema também foi abordado pela medida liminar deferida na ADIn nº 927-3, em análise referente a dispositivo idêntico da Lei nº 8.666/1993. O STF, no julgamento liminar, suspendeu a sua parte final, que alude à expressão "permitida exclusivamente entre órgãos ou entidades da Administração Pública", considerando que tal extravasa o âmbito das normas gerais e, por conseguinte, a esfera de competência da União.

Interessante notar que, nesse particular, a questão tomou rumo diverso da ocorrida com a doação (*vide* comentários ao dispositivo anterior), pois, como obtemperou Marçal Justen,[879] se adotada idêntica postura, teria que se chegar à conclusão equivalente, ou seja, a restrição à permuta entre órgãos ou entidades da Administração Pública reputar-se-ia como relacionada com a dispensa de licitação. Entrementes, a liminar foi deferida por unanimidade, para o fim de ressalvar que o dispositivo se aplicava exclusivamente no âmbito da União.

Alínea 'c'

3.3 Venda de ações

A terceira situação prevista para a dispensa de licitação referente a bens móveis públicos concerne à venda de ações que, segundo o dispositivo, "poderão" ser negociadas em bolsa.

O texto mantém imperfeição da lei anterior ao conservar a expressão "poderão", uma vez que a atividade de venda de ações só pode ocorrer no âmbito da Bolsa de Valores

[878] MEIRELLES. *Direito administrativo brasileiro*. 24. ed.

[879] JUSTEN FILHO. *Comentários à Lei de Licitações e Contratos Administrativos*. 12. ed.

(com observação da legislação específica: Lei nº 4.728/1965,[880] que disciplina o mercado de capitais, e Lei nº 6.385/1976, que dispõe sobre o mercado de valores mobiliários), a qual constitui o mercado onde se negociam ações de sociedades de capital aberto (públicas ou privadas) e outros valores mobiliários.

Ademais, nem mesmo se trata de dispensa licitatória, mas, sim, de procedimento distinto e específico, porquanto, como observa Ronny Charles, seria absurdo que esse tipo de negociação se submetesse às regras procedimentais licitatórias, uma vez que as características que envolvem esses negócios, como sua instabilidade e a necessidade de medidas ágeis de compra e venda, são totalmente incompatíveis com a tramitação burocrática prevista pela lei licitatória.[881]

Ivan Barbosa Rigolin e Marco Bottino chamam a atenção, no entanto, para a necessidade de licitação na escolha da corretora que intermediará a venda de ações, em função da existência de legislação específica sobre a matéria determinando que a negociação de quaisquer valores mobiliários depende da participação de uma corretora de valores, que, evidentemente, cobra taxas de corretagem para o exercício desse mister.[882]

Ainda que a lei não determine, é certo que a venda deverá ser precedida de ampla divulgação, oportunizando a participação de todos os interessados.

Alínea 'd'

3.4 Venda de títulos

A quarta situação prevista para a dispensa de licitação refere-se à venda de títulos, que configura o meio adotado pelo Poder Público para executar sua política monetária.

A expressão "títulos", bastante genérica, poderia abarcar as ações tratadas no dispositivo anterior. Supomos que a separação legislativa se fez necessária em função das ações serem reguladas por legislação diversa.

A questão é de difícil enfrentamento, pois, além de constituir matéria de Direito Financeiro, o tema tem tratamento constitucional, dado que, segundo o art. 163 IV da CF, a emissão e o resgate de títulos devem ser objeto de regulamentação por intermédio de lei complementar.

Ademais, por assentar disciplina de natureza financeira, consigna conteúdo de competência concorrente, nos termos do art. 24, I, da Carta Magna.[883]

Como observado por Marcos Juruena,[884] a venda de títulos (assim como a de ações) já se submete ao processo seletivo próprio da legislação de mercado de capitais e valores mobiliários, havendo na própria legislação e no mercado mecanismos mais eficientes e mais ágeis para a alienação do que a Lei de Licitações. Um bom exemplo é o ocorrido nas alienações do Programa Nacional de Desestatização, que levou à privatização diversas empresas estatais.

---

[880] O art. 19 I, da Lei nº 4.728/1965, prevê que poderão ser negociados nas Bolsas de Valores os títulos ou valores mobiliários de emissão de pessoas jurídicas de direito público.

[881] CHARLES. *Leis de licitações públicas comentadas*. 6. ed.

[882] RIGOLIN; BOTTINO. *Manual prático das licitações*. 5. ed.

[883] Art. 24. Compete à União, aos Estados e ao Distrito Federal legislar concorrentemente sobre: I – direito tributário, financeiro, penitenciário, econômico e urbanístico.

[884] SOUTO. *Direito administrativo da economia*. 3. ed.

Nessa linha de dificuldades de enfretamento, Roberto Bazilli e Sandra Miranda ressaltam a necessária cautela:

> Matéria delicada, sobretudo porque a emissão de títulos pode implicar endividamento do Poder Público, matéria controlada pelo Banco Central e pelo próprio Senado da República. Aliás, ao Senado cabe, privativamente, estabelecer os limites globais e as condições para o montante da dívida mobiliária dos Estados, do Distrito Federal e dos Municípios (art. 52, IX, da Constituição Federal).[885]

Alínea 'e'

3.5 Venda de bens produzidos ou comercializados pela Administração Pública

A quinta situação prevista de dispensa de licitação para a alienação de bens móveis é a venda de bens produzidos ou comercializados pela Administração Pública.

O dispositivo designa-se a dispensar a elaboração da licitação nos casos em que a Administração pretender vender bens por ela produzidos.

A princípio, reputamos descabida a inclusão no rol de dispensabilidades a venda de produtos produzidos ou comercializados por entes da Administração, uma vez que a matéria, atinente à intervenção do Estado na economia (art. 173 da CF), reveste-se de caráter excepcional, não estando atrelada aos ditames licitatórios.

Obviamente, os entes da Administração Pública indireta, criados com o fim específico de atuar no âmbito da economia (empresas públicas e sociedades de economia mista), não poderão sujeitar-se, quando no desenvolvimento de suas atividades, às normas licitatórias. Mas isso está disciplinado na Lei nº 13.303/2016 (Lei das Estatais).

Verifica-se que o legislador da Nova Lei corrigiu o texto defeituoso da lei anterior (que mencionava órgãos ou entidades), só permitindo a venda de bens produzidos ou comercializados por entidades da Administração Pública, abarcando somente as autarquias e fundações.

Alínea 'f'

3.6 Venda de materiais sem utilização previsível para outros órgãos ou entidades da Administração

A última situação prevista de dispensa de licitação para a alienação de bens móveis é a venda de materiais e equipamentos sem utilização previsível, por quem deles dispõe, para outros órgãos ou entidades da Administração Pública.

O requisito indispensável para a dispensa é que o bem móvel não tenha previsão de utilização.

Na esfera federal, o Decreto nº 9.373/2018, que dispõe sobre a alienação, a cessão, a transferência, a destinação e a disposição final ambientalmente adequadas de bens

---

[885] BAZILLI; MIRANDA. *Licitação à luz do direito positivo.*

móveis no âmbito da administração pública federal direta, autárquica e fundacional, traz uma classificação interessante:

> Art. 3º Para que seja considerado inservível, o bem será classificado como:
>
> I – ocioso – bem móvel que se encontra em perfeitas condições de uso, mas não é aproveitado;
>
> II – recuperável – bem móvel que não se encontra em condições de uso e cujo custo da recuperação seja de até cinquenta por cento do seu valor de mercado ou cuja análise de custo e benefício demonstre ser justificável a sua recuperação;
>
> III – antieconômico – bem móvel cuja manutenção seja onerosa ou cujo rendimento seja precário, em virtude de uso prolongado, desgaste prematuro ou obsoletismo; ou
>
> IV – irrecuperável – bem móvel que não pode ser utilizado para o fim a que se destina devido à perda de suas características ou em razão de ser o seu custo de recuperação mais de cinquenta por cento do seu valor de mercado ou de a análise do seu custo e benefício demonstrar ser injustificável a sua recuperação.

Trata-se de regra que busca a racionalização do uso do patrimônio público, atendendo plenamente o princípio da economicidade, porquanto, com sua aplicação, a Administração evita o dispêndio de dinheiro público na guarda e manutenção e, ao mesmo tempo, possibilita que outro ente público possa usufruir dos bens.

Art. 77. Para a venda de bens imóveis, será concedido direito de preferência ao licitante que, submetendo-se a todas as regras do edital, comprove a ocupação do imóvel objeto da licitação.

Artigo 77

1 Direito de preferência

O *direito de preferência* é a prerrogativa de se adquirir um bem pelas mesmas condições oferecidas a terceiro.

A exemplo do regrado na Lei nº 8245/1991 (Lei do inquilinato), que oferece a preferência ao locatário de imóvel urbano na sua aquisição, bem como na Lei nº 4.504/1964, que dispõe sobre o Estatuto da Terra, e também oferece ao arrendatário de terra a preferência para adquiri-lo em igualdade de condições, no caso de alienação, o legislador da Nova Lei, quando da venda de bens imóveis da Administração, outorgou o "direito de preferência" ao licitante que comprove a ocupação do imóvel, desde que se submeta às regras previstas no edital licitatório.

CAPÍTULO X
DOS INSTRUMENTOS AUXILIARES

Seção I
Dos Procedimentos Auxiliares

Art. 78. São procedimentos auxiliares das licitações e das contratações regidas por esta Lei:
I – credenciamento;
II – pré-qualificação;
III – procedimento de manifestação de interesse;
IV – sistema de registro de preços;
V – registro cadastral.
§1º Os procedimentos auxiliares de que trata o *caput* deste artigo obedecerão a critérios claros e objetivos definidos em regulamento.
§2º O julgamento que decorrer dos procedimentos auxiliares das licitações previstos nos incisos II e III do *caput* deste artigo seguirá o mesmo procedimento das licitações.

Artigo 78

1 Procedimentos auxiliares nas licitações

Ao tratar das modalidades licitatórias, o art. 28 dispôs, em seu §1º, que, além das modalidades listadas, a Administração poderia servir-se de procedimentos auxiliares.

Destarte, dependendo da modalidade licitatória escolhida, o agente poderá munir-se de procedimentos auxiliares que contribuirão para o sucesso dos trabalhos, que, como já assentamos,[886] configuram institutos que servirão como ferramentas potencializadoras da dinâmica dos procedimentos licitatórios, pois trazem imensos benefícios aos certames, notadamente quanto à celeridade, à economicidade e à eficiência.

Como anotaram Ronny Charles e Michelle Marry, esses procedimentos auxiliares não possuem vinculação direta com contratação específica, podendo ser utilizados para uma pluralidade de pretensões contratuais, fazendo com que sejam entendidos como ferramentas de otimização e facilitação dos procedimentos licitatórios.[887]

Como consta neste art. 78, os cinco procedimentos auxiliares a seguir listados serão mecanismos de auxílio nas licitações:

- Credenciamento
- Pré-qualificação
- Procedimento de Manifestação de Interesse (PMI)

[886] BITTENCOURT. *A Nova Lei das Estatais.*
[887] CHARLES; MARRY. *RDC.*

- Sistema de Registro de Preços (SRP)
- Registro cadastral

Todos os "procedimentos auxiliares" já existiam no ordenamento jurídico, a maioria com disciplina em atos normativos esparsos. A reunião de todos na Nova Lei demonstra a intenção de dotá-los de cunho de norma geral, buscando afastar os regramentos diferenciados nos diversos entes federativos.

Pode-se apartar os procedimentos auxiliares entre os que efetivamente determinarão a contratação de um licitante, que são o *credenciamento* e o *Sistema de Registro de Preços (SRP)*, e os que se enquadrariam numa espécie de procedimento prévio, preparatório para uma futura contratação, que seriam a *pré-qualificação, o Procedimento de Manifestação de Interesse (PMI)* e o *registro cadastral.*

Parágrafos 1º e 2º

2 Critérios e julgamento

Os parágrafos 1º e 2º dão o norte para que a utilização dos procedimentos auxiliares transcorram com transparência e eficácia.

O §1º define que os procedimentos auxiliares deverão seguir critérios claros e objetivos, remetendo à forma de atingimento desses objetivos à regulamentação futura.

O §2º preceitua que os julgamentos decorrentes da pré-qualificação (procedimento técnico-administrativo que visa a selecionar previamente licitantes e bens) e do Procedimento de Manifestação de Interesse – PMI (permissão que pessoas físicas ou jurídicas de direito privado apresentem estudos, investigações, levantamentos e projetos de soluções inovadoras que contribuam com questões de relevância pública) deverão seguir os mesmos procedimentos das licitações.

Vide que o §4º do art. 71, que versa sobre o encerramento licitatório, prescreve a aplicação do nele disposto, no que couber, aos procedimentos auxiliares da licitação.

Seção II
Do Credenciamento

Art. 79. O credenciamento poderá ser usado nas seguintes hipóteses de contratação:

I – paralela e não excludente: caso em que é viável e vantajosa para a Administração a realização de contratações simultâneas em condições padronizadas;

II – com seleção a critério de terceiros: caso em que a seleção do contratado está a cargo do beneficiário direto da prestação;

III – em mercados fluidos: caso em que a flutuação constante do valor da prestação e das condições de contratação inviabiliza a seleção de agente por meio de processo de licitação.

Parágrafo único. Os procedimentos de credenciamento serão definidos em regulamento, observadas as seguintes regras:

I – a Administração deverá divulgar e manter à disposição do público, em sítio eletrônico oficial, edital de chamamento de interessados, de modo a permitir o cadastramento permanente de novos interessados;

II – na hipótese do inciso I do *caput* deste artigo, quando o objeto não permitir a contratação imediata e simultânea de todos os credenciados, deverão ser adotados critérios objetivos de distribuição da demanda;

III – o edital de chamamento de interessados deverá prever as condições padronizadas de contratação e, nas hipóteses dos incisos I e II do *caput* deste artigo, deverá definir o valor da contratação;

IV – na hipótese do inciso III do *caput* deste artigo, a Administração deverá registrar as cotações de mercado vigentes no momento da contratação;

V – não será permitido o cometimento a terceiros do objeto contratado sem autorização expressa da Administração;

VI – será admitida a denúncia por qualquer das partes nos prazos fixados no edital.

Artigo 79

1 Credenciamento

O inc. XLIII do art. 6º define que *credenciamento* é processo administrativo de chamamento público em que a Administração Pública convoca interessados em prestar serviços ou fornecer bens para que, preenchidos os requisitos necessários, se credenciem no órgão ou na entidade para executar o objeto quando convocados.

Já dispomos, nos comentários ao inc. IV do art. 74, que trata de hipóteses exemplificativas de inexigibilidade de licitação, sobre a inusitada situação quando o objeto pretendido pela Administração pode, de certa forma, ser atendido por "todos" do mercado que o executem.

Nesse caso, fixando o valor que pretende pagar pelo objeto pretendido, a Administração deve convocar profissionais de determinado setor e se dispor a contratar os que tiverem interesse e que satisfaçam os requisitos estabelecidos, não havendo, portanto, competição.

Para tal, adota-se o *credenciamento*, que se legitima nos casos em que, para o alcance do interesse público, esteja em disponibilidade a muitos fornecedores ou prestadores de serviço, situação que descaracteriza qualquer tipo de disputa.

Como anota Sônia Tanaka, se a Administração convida a todos os interessados que possuem os requisitos definidos no edital, dispondo-se, em princípio, a contratar todos os que tiverem interesse e que satisfaçam as exigências estabelecidas, esses licitantes não competirão, vez que a todos será assegurada a contratação que se fizer necessária.[888]

Nesse viés, o credenciamento vinha sendo entendido e aceito como situação de inexigibilidade de licitação, nos termos do art. 25, *caput*, da Lei nº 8.666/1993, e agora incorporado na Nova Lei, passando a constar oficialmente no rol de situações de contratação direta dessa natureza.

Versando sobre a matéria, o TCU considerou, conforme voto do Relator Ministro Antônio Anastasia, no Acórdão nº 533/2022-Plenário, que "o posterior advento do novo Estatuto de Licitações (Lei nº 14.133/2021), ao prever expressamente o credenciamento como forma de seleção de fornecedores, nos respectivos arts. 6º e 79, não impôs a exigência de contratação de todos os credenciados". Com relação ao risco de quebra de isonomia, afirmou que somente ocorreria se os credenciados fossem preteridos na ordem de contratação sem razão justa ou com base em critérios subjetivos. A reforçar o seu entendimento, transcreveu excerto de "instrução intermediária" constante dos autos, segundo a qual "as sociedades de advogados que pretenderem participar do certame serão inicialmente submetidas à fase de pré-qualificação (habilitação), com o devido credenciamento de todos que forem habilitados para que passem à fase de pontuação e classificação, segundo critérios técnicos estabelecidos pelo banco. Assim, todos os proponentes estão sendo tratados de forma isonômica e de forma impessoal, ou seja, com igualdade de oportunidade para todos os interessados". O relator frisou também que, nos próprios autos, já havia sido prolatado o Acórdão nº 532/2015-Plenário, o qual considerou regular a formação de cadastro reserva com base no credenciamento sob exame.

Nesse passo, segundo o TCU, não viola o princípio da isonomia a utilização de critérios técnicos objetivos, mediante pontuação, para definir preferência em contratações decorrentes de credenciamento.

Para dar mais retidão ao procedimento, este art. 79 enumera as hipóteses de adoção, anotando que o credenciamento só poderá ser utilizado nos casos de contratação:

a) paralela e não excludente: caso em que é viável e vantajosa para a Administração a realização de contratações simultâneas em condições padronizadas, como, por exemplo, a contratação de serviços médicos;
b) com seleção a critério de terceiros: caso em que a seleção do contratado está a cargo do beneficiário direto da prestação, como ocorre com a contratação

---

[888] TANAKA. *Sistema de credenciamento.*

de bancos para pagamento dos agentes públicos, que são escolhidos pelos interessados;[889] e

c) em mercados fluidos: caso em que a flutuação constante do valor da prestação e das condições de contratação inviabiliza a seleção de agente por meio de processo de licitação, hipótese inovadora que, como ressaltam Marcos Nóbrega e Ronny Charles, muito pouco experimentada antes da Nova Lei, que permite que a contratação se dê sem a prévia definição de preços, o que induz à aceitação de "preços dinâmicos" pela Administração.

Os juristas explicam com acuidade:

Esses preços dinâmicos, também chamados de preços em tempo real ou preços algorítmicos, são flexíveis e variáveis com base na demanda, oferta, preço da concorrência, preços de produtos substitutos ou complementares. O preço pode até mudar de cliente para cliente com base em seus hábitos de compra. Assim, se um determinado bem é constantemente comprado por um determinado município em específica época, isso certamente impactará no preço do produto naquele período. O mercado intuitivamente já faz isso, no entanto, com regras algorítmicas de precificação, isso ficará mais fácil de captar. O preço dinâmico permite que os fornecedores sejam mais flexíveis e ajusta os preços para serem mais individualizados, especificamente para um determinado comprador do produto. Os preços dinâmicos são determinados por algoritmos baseados em regras ou autoaperfeiçoamento (AI), que levam em consideração múltiplas variáveis para definir o melhor preço para aquele produto específico, para aquele cliente, naquele momento. [...] Muitas variáveis podem ser consideradas para definição desses preços, como: sazonalidade dos produtos; dados sobre clientes específicos; tamanho do mercado de compras para determinada região demográfica; hábitos de compras em determinada região; preços dos bens substitutos e complementares; histórico das últimas compras; compras semelhantes em regiões com o mesmo porte econômico, entre tantas outras maneiras de formatar o algoritmo para captar a aleatoriedade dos preços. Considerado esse aspecto dos preços dinâmicos, é possível suscitar o credenciamento para fornecimento de passagens aéreas,[890] adotado recentemente pelo Governo federal, como referência para o potencial deste procedimento auxiliar definido pela nova Lei. Segundo a modelagem estabelecida pelo Edital de Credenciamento nº 01/2020 da Central de Compras do Ministério da Economia, o credenciamento permite que companhias aéreas interessadas ofertem um desconto mínimo de 15% sobre todas as tarifas e classes vigentes à época da emissão do bilhete e válido para todas as rotas regulares domésticas operadas pela companhia aérea. Ao se reportar às "tarifas e classes vigentes à época da emissão do bilhete", o regramento define um formato dinâmico de precificação, incomum, até então, na prática contratual da administração, mas claramente válido e eficiente, por aproveitar o melhor preço disponível naquele momento. Diante da dinamicidade do preço de mercado, notadamente em mercados fluídos, a tentativa de "estabilização" em uma proposta, para que o fornecedor se comprometa por um período longo, exige que o licitante inclua o risco de oscilação ao definir sua proposta e, obviamente,

889 Acórdão TCU nº 5495/2022 – Segunda Câmara: É possível a utilização de credenciamento (art. 79, inciso II, da Lei nº 14.133/2021), inclusive por empresas estatais, para contratação de serviço de gerenciamento e fornecimento de vales alimentação e refeição, em substituição à licitação com critério de julgamento pelo menor preço, inviabilizada para esse tipo de contratação após a edição do Decreto nº 10.854/2021 e da MP 1.108/2021 (*convertida na Lei nº 14.442/2022*).

890 Sobre aquisição de passagens áreas, vide a Instrução Normativa SEGES/ME nº 5, de 7.02.2022, que altera a IN nº 3/015, que dispõe sobre diretrizes e procedimentos para a aquisição de passagens aéreas pela Administração Pública Federal direta, autárquica e fundacional.

quanto menos arrojado ou responsável ele for, maior será a margem a ser acrescida. Com o preço dinâmico, há um ajuste das diversas variáveis econômicas envolvidas para que ele seja definido com o cruzamento das curvas de oferta e de demanda.[891] [892]

Certo é que a Nova Lei de Licitações ampliou bastante o escopo de utilização da ferramenta. A permissão do uso do credenciamento para "mercados fluidos" é novidade a ser aplaudida, pois permite que a Administração, de forma inovadora, contrate sem a prévia definição de preços, induzindo a aceitação de "preços dinâmicos", que variam de acordo com a demanda e com o mercado.

Como averbam Camelo, Nóbrega e Torres, esses "preços dinâmicos", determinados por algoritmos baseados em regras de autoaperfeiçoamento por meio de inteligência artificial, levam em consideração múltiplas variáveis para definir o melhor valor para um produto específico, como, entre tantas maneiras de formatação para captar a aleatoriedade dos preços, a sazonalidade dos produtos; os dados sobre clientes específicos; o tamanho do mercado de compras para determinada região demográfica; os hábitos de compras em determinada região; os preços dos bens substitutos e complementares; o histórico das últimas compras; as compras semelhantes em regiões com o mesmo porte econômico, entre tantas outras maneiras de formatar o algoritmo para captar a aleatoriedade dos preços.[893]

Esse enfretamento, contudo, suscita questões:

> Diante da dinamicidade do preço de mercado, notadamente em mercados fluídos, a tentativa de "estabilização" em uma proposta, para que o fornecedor se comprometa por um período longo, exige que o licitante inclua o risco de oscilação ao definir sua proposta e, obviamente, quanto menos arrojado ou responsável ele for, maior será a margem a ser acrescida. Com o preço dinâmico, há um ajuste das diversas variáveis econômicas envolvidas para que ele seja definido com o cruzamento das curvas de oferta e de demanda. Importante reiterar: este formato, de acordo com a definição do inciso XLIII do art. 6º, vale

---

891 NÓBREGA; CHARLES. *A nova lei de licitações, credenciamento e e-marketplace.*

892 Sobre o tema, verifique-se o Decreto nº 10.193, de 27.12.2019, que estabelece limites e instâncias de governança para a contratação de bens e serviços e para a realização de gastos com diárias e passagens no âmbito do Poder Executivo federal, bem como a Portaria ME nº 7.828/2022, que prescreve normas complementares para o cumprimento desse decreto, a qual traz, em seu art. 2º, um rol exemplificativo de atividades de custeio, assim consideradas aquelas diretamente relacionadas às atividades comuns a todos os órgãos e entidades que apoiam o desempenho de suas atividades institucionais.
Sobre as diretrizes e procedimentos para a aquisição de passagens aéreas pela Administração Pública federal direta, autárquica e fundacional, observe-se a Instrução Normativa nº 3, de 11.02.2015, alterada pela IN SEGES/ME nº 5, de 7.02.2022, que trata especificamente do credenciamento público para habilitação das empresas de transporte aéreo.
Quanto aos limites e instâncias de governança para a contratação de bens e serviços e para a realização de gastos com diárias e passagens no âmbito do Poder Executivo federal, observe-se o Decreto nº 10.193, de 27.12.2019, e a Portaria ME nº 7.828, de 30.08.2022, que estabelece normas complementares para o cumprimento do decreto.

893 Como anotam, considerado esse aspecto dos preços dinâmicos, é possível suscitar o credenciamento para fornecimento de passagens aéreas, adotado recentemente pelo Governo Federal, como referência para o potencial deste procedimento auxiliar definido pela nova Lei. Segundo a modelagem estabelecida pelo Edital de Credenciamento nº 01/2020 da Central de Compras do Ministério da Economia, o credenciamento permitia que companhias aéreas interessadas ofertassem um desconto mínimo de 15% sobre todas as tarifas e classes vigentes à época da emissão do bilhete válido para todas as rotas regulares domésticas operadas pela companhia aérea. Ao se reportar às "tarifas e classes vigentes à época da emissão do bilhete", o regramento define um formato dinâmico de precificação, incomum, até então, na prática contratual da administração, mas claramente válido e eficiente, por aproveitar o melhor preço disponível naquele momento.

para a contratação de serviços ou para o fornecimento de bens. Contudo, uma dúvida resta pendente, não respondida pelo legislador, que será definida pelo regulamento e pode ser crucial: o que seria um mercado fluído, para fins de aplicação do credenciamento? Caso a interpretação de mercado fluido, dada pelo regulamento, seja ampliativa, e este instrumento seja adaptado ao ambiente virtual, podemos ter a utilização do credenciamento para variadas pretensões contratuais. O potencial é enorme e significativo, criando bases para que possamos ter a implantação de *e-marketplace* para o atendimento de demandas em que este formato se demonstrará muito mais eficiente que a modelagem licitatória tradicional.[894]

A propósito, as condições e a aplicabilidade do *e-marketplace* nas compras públicas é tema que vem ganhando força no dia a dia, sustentadas e debatidas por professores de estirpe (Jonas Lima, Bradson Camelo, Marcos Nóbrega, Ronny Charles, Carolina Zancaner Zockun, Maurício Zockun, Jose Roberto Blaschek, entre outros), que avaliam as vantagens e as desvantagens desse novo instrumento, além dos obstáculos técnicos e jurídicos para a sua concretização.

O *marketplace* digital (*ou e-marketplace*) veio para inverter a lógica do sistema de compras pelo Poder Público, na medida em que permite que empresas, previamente credenciadas, ofereçam permanentemente seus produtos na plataforma criada para atender às necessidades da Administração, cabendo ao gestor escolher aquele que mais se adéqua às finalidades desejadas. O *e-marketplace* é, portanto, uma espécie de mercado virtual que congrega vendedores ou prestadores de serviços em um único local, de modo que servidores e gestores públicos – no caso, os compradores – terão acesso a uma plataforma que reunirá produtos e serviços de várias empresas credenciadas. Tal como nos demais shopping virtuais (Amazon, Mercado Livre, Magazine Luiza, Wish, e-Bay, International Journal of Digital Law, Dafiti etc.), utilizados pelos particulares em suas relações consumeristas, a compra dá-se de forma célere e com poucos cliques.

A utilização do moderno mecanismo ainda é, contudo, bastante incipiente. Muito se tem a evoluir para que a aplicação nas compras públicas se torne uma realidade.

Como assentam Carolina Zancaner Zockun e Maurício Zockun,

a inovação tecnológica permitiu eficiência e celeridade para a aquisição dos mais diversos produtos na internet. O Poder Público brasileiro, no entanto, ainda não ingressou nesta nova era, permanecendo amarrado ao modelo burocrático de contratação. O *e-marketplace* tem a capacidade de transformar radicalmente o modelo de compras públicas existente até então. Entretanto, vemos que o *e-marketplace* somente será útil se houver uma ruptura legislativa com os dispositivos atuais. Há que se estabelecer um novo regime de contratação para o *e-marketplace* governamental, com pouca burocracia, penalizações adequadas ao ambiente virtual e ampliação de concorrentes. Ou o Estado se aproxima do que são as contratações virtuais privadas ou o *e-marketplace* já nascerá retrógrado e condenado à manutenção de um nicho restrito de contratados pelo Poder Público, com as exigências burocráticas de sempre trazidas ao ambiente virtual.[895] [896]

---

[894] CAMELO; NÓBREGA; TORRES. *Análise econômica das licitações e contratos*.

[895] ZOCKUN; ZOCKUN. Marketplace digital para compras públicas.

[896] Sobre o tema, sugerimos a leitura dos artigos: ZOCKUN; ZOCKUN. Marketplace digital para compras públicas e NÓBREGA; TORRES. Licitações públicas e *e-marketplace*: um sonho não tão distante.

Parágrafo único

2 Regulamentação do credenciamento

O credenciamento é mais um procedimento que a Nova Lei remete à regulamentação. Contudo, define regras básicas para esse regulamento:

a) a Administração deverá divulgar e manter à disposição do público, em sítio eletrônico oficial, edital de chamamento de interessados, de modo a permitir o cadastramento permanente;

b) na hipótese de credenciamento para a contratação paralela e não excludente, quando o objeto não permitir a contratação imediata e simultânea de todos os credenciados, deverão ser adotados critérios objetivos de distribuição da demanda;

c) o edital de chamamento de interessados para credenciamento deverá prever as condições padronizadas de contratação;

d) no credenciamento para a contratação paralela e não excludente ou com seleção a critério de terceiros, o edital de chamamento de interessados deverá prever as condições padronizadas de contratação e definir o valor da contratação;

e) na hipótese de credenciamento para a contratação em mercados fluidos, a Administração deverá registrar as cotações de mercado vigentes no momento da contratação;

f) não será permitido o cometimento a terceiros do objeto contratado sem autorização expressa da Administração; e

g) será admitida a denúncia por qualquer das partes nos prazos fixados no edital.

O Decreto nº 11.878, de 9.01.2024, regulamentou o credenciamento, o qual, além de repetir as regras dispostas na lei, define procedimentos da fase preparatória (com orientações gerais, regras referentes à elaboração do edital de credenciamento e sua divulgação e critérios para ordem de contratação dos credenciados); estabelece procedimentos concernentes à fase de apresentação do requerimento de participação; prescreve a fase de habilitação (com orientações gerais e regras de verificação de documentação); indica a etapa de impugnação e dos recursos administrativos; e averba a fase de publicação dos credenciados. Além disso, trata também da contratação; da possibilidade de anulação, revogação e descredenciamento; além das possíveis sanções, no caso de os credenciados descumpriem suas obrigações após a convocação para assinatura do instrumento contratual ou instrumento equivalente, dispondo, logicamente, que estarão sujeitos às sanções administrativas previstas na Nova Lei de Licitações, no edital e em demais cominações legais, assegurando, evidentemente, o direito ao contraditório e à ampla defesa.

Seção III
Da Pré-Qualificação

Art. 80. A pré-qualificação é o procedimento técnico-administrativo para selecionar previamente:

I – licitantes que reúnam condições de habilitação para participar de futura licitação ou de licitação vinculada a programas de obras ou de serviços objetivamente definidos;

II – bens que atendam às exigências técnicas ou de qualidade estabelecidas pela Administração.

§1º Na pré-qualificação observar-se-á o seguinte:

I – quando aberta a licitantes, poderão ser dispensados os documentos que já constarem do registro cadastral;

II – quando aberta a bens, poderá ser exigida a comprovação de qualidade.

§2º O procedimento de pré-qualificação ficará permanentemente aberto para a inscrição de interessados.

§3º Quanto ao procedimento de pré-qualificação, constarão do edital:

I – as informações mínimas necessárias para definição do objeto;

II – a modalidade, a forma da futura licitação e os critérios de julgamento.

§4º A apresentação de documentos far-se-á perante órgão ou comissão indicada pela Administração, que deverá examiná-los no prazo máximo de 10 (dez) dias úteis e determinar correção ou reapresentação de documentos, quando for o caso, com vistas à ampliação da competição.

§5º Os bens e os serviços pré-qualificados deverão integrar o catálogo de bens e serviços da Administração.

§6º A pré-qualificação poderá ser realizada em grupos ou segmentos, segundo as especialidades dos fornecedores.

§7º A pré-qualificação poderá ser parcial ou total, com alguns ou todos os requisitos técnicos ou de habilitação necessários à contratação, assegurada, em qualquer hipótese, a igualdade de condições entre os concorrentes.

§8º Quanto ao prazo, a pré-qualificação terá validade:

I – de 1 (um) ano, no máximo, e poderá ser atualizada a qualquer tempo;

II – não superior ao prazo de validade dos documentos apresentados pelos interessados.

§9º Os licitantes e os bens pré-qualificados serão obrigatoriamente divulgados e mantidos à disposição do público.

§10 A licitação que se seguir ao procedimento da pré-qualificação poderá ser restrita a licitantes ou bens pré-qualificados.

Artigo 80

1 Pré-qualificação

O inc. XLIV do art. 6º informa que a pré-qualificação configura procedimento seletivo prévio à licitação, convocado por meio de edital, destinado à análise das condições de habilitação, total ou parcial, dos interessados ou do objeto.

Portanto, a pré-qualificação tem como meta antecipar a análise dos requisitos exigidos pela Administração quanto à habilitação do licitante ou quanto a um produto.

Embora um pouco diferente, o instrumento já constava na lei anterior,[897] mas, estranhamente, era pouco utilizado pela Administração nas contratações de um modo geral. É, porém, bastante adotado com êxito nas privatizações e nas concessões de serviços públicos, quando na avaliação detalhada das qualificações dos diversos consórcios que se apresentam, sendo também largamente usado nas licitações internacionais que utilizam financiamento concedido por organismo internacional de que o Brasil faça parte ou por agência estrangeira de cooperação.

As vantagens da adoção da pré-qualificação são inúmeras, notadamente no afastamento das polêmicas referentes à idoneidade dos licitantes, que causam imensos transtornos para a Administração.

Outra vantagem é a possibilidade de correção de vícios nos documentos solicitados pela Administração, tal como também é possível nos cadastramentos, diversamente do que ocorre numa licitação comum, que, por sua rigidez, praticamente impossibilita o acerto ou a substituição de documentos, na pré-qualificação essa providência é natural e factível.

Apreciando a pré-qualificação estabelecida no art. 114 da lei anterior, apresentamos algumas indagações:

> O que seria, realmente, a pré-qualificação? É claro que o próprio nome já é bastante significativo, sendo fácil concluir que se trata de uma verificação documental prévia. Três indagações vêm à tona no enfrentamento inicial: (a) Como seria efetivamente levada a efeito? (b) Quais seriam os procedimentos posteriores? e (c) Realizada a pré-qualificação, como se consumaria a verdadeira pretensão da Administração, que é a contratação para a execução do objeto?[898]

Todas essas questões foram devidamente esclarecidas neste art. 80 e seus incisos e parágrafos.

A pré-qualificação, como anota o *caput* do artigo, é o procedimento técnico-administrativo para selecionar previamente:

a) licitantes que reúnam condições de habilitação para participar de futura licitação ou de licitação vinculada a programas de obras ou de serviços objetivamente definidos; ou

---

[897] A grande diferença entre a pré-qualificação atual e a antes estabelecida na Lei nº 8.666/1993 é que a anterior se referia exclusivamente a uma única licitação, enquanto que na da Nova Lei ela é aplicável a várias licitações. Ressalta-se, contudo, que não há impedimento da manutenção da natureza da lei pretérita, com a adoção numa licitação específica.

[898] BITTENCOURT. *Licitação passo a passo*. 11. ed.

b) bens que atendam às exigências técnicas ou de qualidade estabelecidas pela Administração.

Observa-se, assim, que, antes só permitida para licitantes, a pré-qualificação agora também alcança também os bens. Com isso, tem-se, na verdade, uma pré-habilitação (no caso da pré-seleção de licitantes) e uma pré-classificação (no caso da pré-seleção de objetos).

Na pré-habilitação, serão pré-qualificados fornecedores habilitados para futuras contratações. Na pré-seleção, serão pré-qualificados bens que atendam às exigências técnicas e de qualidade requeridas pela Administração, também com vistas a contrações futuras.

Diversamente do que previa a lei anterior, a Nova Lei de Licitações exige para a pré-qualificação o estabelecimento de regulamentação com critérios claros e objetivos (§1º do art. 78). Dessa forma, verifica-se que este art. 80 alude a normas gerais a serem observadas nos processos de pré-qualificação de todos os entes federativos.

Com relação à elaboração dessa regulamentação, destaque-se a expressa determinação, constante no §2° do art. 78, de restrição ao procedimento aplicável às licitações, regras compreendidas nos arts. 59 a 61.

Anote-se, ainda, que o art. 41, inciso II, autoriza, em caráter excepcional, a exigência de amostra ou prova de conceito do bem no procedimento de pré-qualificação permanente, desde que previsto no edital da licitação e que haja justificativa da necessidade de sua apresentação.[899]

2 Condutas na Pré-qualificação

Os parágrafos 1º a 10º dão forma à pré-qualificação.

Parágrafo 1º

2.1 Regras a serem observadas

Ao instaurar um procedimento de pré-qualificação, a Administração poderá:

a) quando aberta a licitantes, dispensar os documentos que já constarem do registro cadastral; e

b) quando aberta a bens, exigir a comprovação de qualidade.

[899] Já observamos que a finalidade da amostra é permitir que, no julgamento da proposta, a Administração possa se certificar de que o bem proposto pelo licitante atende a todas as condições e especificações técnicas indicadas na descrição contida no edital, uma vez que a pretensão é a redução de riscos, possibilitando a quem julga a certeza de que o objeto proposto atenderá à necessidade da Administração. Já a prova de conceito é aplicável quando a pretensão da Administração reside num objeto complexo, ou seja, em ocasiões que busca verificar se a solução apresentada pelo licitante atende às exigências do ato convocatório no que se refere a características, qualidade, funcionalidade, desempenho, níveis de serviços, entre outros, permitindo que confirme a efetiva adequação da proposta ao objeto exigido na licitação. A prova de conceito é termo utilizado para denominar um modelo prático que possa provar o conceito (teórico) estabelecido por produto técnico.

A dispensa de documentos já registrados no cadastro é uma providência que agiliza a verificação documental, afastando o retrabalho.

A comprovação de qualidade na pré-qualificação, no caso de bens, mantém coerência com a definição de bens comuns inclusa no inc. XIII, que exige que os bens a serem adquiridos pela Administração detenham padrões de desempenho e qualidade, que deverão ser objetivamente definidos no edital.

Parágrafo 2º

2.2 Pré-qualificação aberta permanentemente

Tal como nos procedimentos cadastrais, o procedimento de pré-qualificação deverá ficar permanentemente aberto para a inscrição de interessados.

A vantagem da pré-qualificação está na eliminação, quando da licitação efetiva, da discussão concernente à idoneidade dos licitantes, já que tal fator já foi verificado em procedimento prévio. Nesse passo, a pré-qualificação permanente é um passo importante para o sucesso do procedimento.

Alerta-se que a pré-qualificação, apesar de manter similitude com o cadastramento, com ele não se confunde, pois vai além do registro de informações realizado no cadastro, envolvendo atividade de julgamento.

Contudo, como aduz Marçal Justen, não se afigura despropositado conjugar, ao menos parcialmente, as atividades de cadastramento e de pré-qualificação subjetiva.

> A mesma documentação pode prestar para o cadastramento e para a pré-qualificação subjetiva. Lembre-se que a pré-qualificação subjetiva envolve a comprovação de requisitos de habilitação necessários à participação em licitações versando sobre certos objetivos. Logo, a documentação exigida para o cadastro pode ser suficiente, ainda que não totalmente, para a pré-qualificação subjetiva.[900]

Parágrafo 3º

2.3 Exigências do edital de pré-qualificação

O edital de pré-qualificação deve ser claro e objetivo, pois, para os propósitos da licitação futura, determinará a presunção de qualidade do objeto pretendido.

Assim, no procedimento de pré-qualificação, deverão constar do edital: a) as informações mínimas necessárias para definição do objeto; e b) a modalidade, a forma da futura licitação e os critérios de julgamento.

Ao procurar elencar os elementos do edital de pré-qualificação, o legislador foi bastante genérico, notadamente quando cita a necessidade de estabelecer "a forma da futura licitação", expressão inexistente na lei. Francisco Sérgio Alves, ao censurar a menção, chega até a considerar a inaplicação do preceptivo.

---

[900] JUSTEN FILHO. *A pré-qualificação como procedimento auxiliar das licitações do RDC.*

> (...) não há na norma nem na doutrina uma classificação das licitações quanto à forma, termo usado no inc. II do §3º. Sob essa perspectiva, de evidente falha na técnica legislativa, o dispositivo é inaplicável.[901]

Não chegamos a esse extremo, mas consideramos a censura relevante, uma vez que, na concepção de textos legais, deve o elaborador primar pela precisão dos termos utilizados, com a adoção de boa técnica legislativa, obedecendo a critérios específicos de análise e redação.[902]

Assente-se, por fim, que o edital de pré-qualificação deverá ser divulgado no Portal Nacional de Contratações Públicas (PNCP), conforme prescrito no art. 174, §2º, inc. III.

Parágrafo 4º

2.4 Apresentação da documentação

A pré-qualificação é procedimento formal, tendo a Nova Lei disciplinado a maneira de apresentação da documentação.

Destarte, de forma semelhante a uma licitação, os documentos deverão ser apresentados a órgão ou comissão indicada pela Administração, que deverá examiná-los no prazo máximo de 10 (dez) dias úteis e determinar a correção ou a reapresentação de documentos, quando for o caso, com vistas à ampliação da competição.

Os atos de deferimento e indeferimento de pedido de pré-qualificação estarão sujeitos a recurso hierárquico, nos termos do art. 165, inc. I, alínea "a".

Parágrafos 5º, 6º e 7º

2.5 Regras da pré-qualificação

A Nova Lei estabeleceu regras específicas para a catalogação e para realização da pré-qualificação:

- Os bens pré-qualificados deverão integrar o catálogo de bens da Administração.
- A realização poderá ser em grupos ou segmentos, segundo as especialidades dos fornecedores, podendo ser parcial ou total, com alguns ou todos os requisitos técnicos ou de habilitação necessários à contratação, assegurada, em qualquer hipótese, a igualdade de condições entre os concorrentes.

A solução de pré-qualificação total ou parcial foi antes adotada na Lei do Regime Diferenciado de Contratações Públicas – RDC (Lei nº 12.462/2011). Conforme consta no Decreto regulamentar nº 7.581/2011, a parcial deverá comtemplar alguns dos requisitos de habilitação técnica, e a total, como o nome indica, comportará todos os requisitos.

---

901 ALVES. *Lei de licitações e contratos comentada.*

902 A Lei Complementar nº 95, de 26.02.1998, dispõe sobre a elaboração, a redação, a alteração e a consolidação das leis, conforme determina o parágrafo único do art. 59 da Constituição Federal.

Anote-se uma falha legislativa no §5º: além de bens, o parágrafo faz menção a serviços. Ocorre que o inciso II somente indica a pré-qualificação de bens, não aludindo a serviços.

Parágrafos 8º e 9º

2.6 Prazo de validade da pré-qualificação e de divulgação

Também foram estabelecidos prazos de validade e forma de divulgação, para dar transparência ao processo.

Quanto ao prazo, a pré-qualificação terá validade:

a) de 1 (um) ano, no máximo, e poderá ser atualizada a qualquer tempo;

b) não superior ao prazo de validade dos documentos apresentados pelos interessados.

Viu-se, conforme o previsto no §2º, que o procedimento de pré-qualificação deverá ficar permanentemente aberto para a inscrição de interessados. Contudo, o prazo máximo de validade da pré-qualificação é de um ano.

A questão que se impõe é se essa validade poderia ser renovada. Não temos dúvidas que sim, já que, como mencionado, o procedimento estará permanentemente aberto para a inscrição de interessados, o que permite, por óbvio, que o antes pré-qualificado se pré-qualifique novamente, o que abre margem para uma renovação.

É o que também sustenta Joel Niebuhr:

> Embora o dispositivo supracitado refira-se a prazo máximo de um ano, seria possível que a Administração previsse no próprio edital de pré-qualificação hipóteses de renovação, a depender da análise de sua conveniência e oportunidade, dado que não há prejuízos, porque ela deve estar permanentemente aberta. Com a renovação e mantidas todas as suas condições, os anteriormente pré-qualificados manteriam o seu status, e novos interessados poderiam, a qualquer tempo, obter a sua pré-qualificação.[903]

É claro que, caso o prazo de validade de algum documento se expire, poderá o pré-qualificado, a qualquer momento, apresentar os pertinentes acertos.

No que concerne à divulgação, tanto os licitantes quanto os bens pré-qualificados deverão ser obrigatoriamente divulgados e mantidos à disposição do público.

Parágrafo 10

2.7 Licitação restrita a pré-qualificados

O parágrafo permite que a licitação que se seguir ao procedimento da pré-qualificação seja restrita a licitantes ou bens pré-qualificados.

---

903 NIEBUHR. *Licitação pública e contrato administrativo.* 5.ed.

Essa particularidade tem sido censurada por alguns analistas, como, por exemplo, a crítica de Renato Monteiro de Rezende:

> Considerando que a Administração poderá promover certames restritos aos licitantes pré-qualificados (...), não se pode descartar o risco de que a pré-qualificação possa acarretar a frustração do caráter competitivo das licitações. Com efeito, sabendo-se de antemão quem poderá participar da disputa, é mais fácil promover conluios e formar cartéis.[904]

O procedimento especificado para a pré-qualificação na Lei do RDC, semelhante ao em comento, foi também duramente criticado pelo então Procurador-Geral da República, Roberto Gurgel, em face da mácula à necessária competição, ponto considerado negativo na ação de inconstitucionalidade movida, conforme matéria do jornal Estado de São Paulo, que informa que, para o PGR, "viola a finalidade do procedimento licitatório, que é a ampla competitividade, ao buscar a habilitação prévia dos licitantes em fase anterior e distinta da licitação, além de permitir que interessados não pré-qualificados sejam alijados da licitação".[905]

A nosso ver, assim como para Celso Boechat, Benedicto de Tolosa e Marçal Justen, nele há relevantes vantagens para a Administração, uma vez que, quando utilizado, será desnecessário promover na licitação a análise dos requisitos de habilitação pertinentes ou a avaliação da qualidade dos produtos, podendo-se adotar uma licitação voltada exclusivamente para a disputa de preços.

É o que pondera Marçal Justen:

> Isso propiciará ganhos marcantes de tempo, redução de conflitos e contratações muito mais seguras. Afinal, haverá uma margem muito mais intensa de certeza quanto à idoneidade do sujeito e (ou) à qualidade do produto. Alguém poderia pretender que a restrição do certame apenas aos pré-qualificados configuraria indevida restrição à amplitude da competição, incompatível com o princípio da isonomia. Mas essa argumentação somente apresentaria procedência nos casos de desnaturação da pré-qualificação. O ponto fundamental reside em que os requisitos de pré-qualificação são precisamente os mesmos exigidos para a habilitação ou para a aceitação de um produto no curso de uma licitação. Portanto, a pré-qualificação não cria um acréscimo no tocante às exigências autorizadas e exigidas legalmente para assegurar que a Administração realize uma contratação adequada e satisfatória.[906]

É de suma importância, caso a Administração opte por esse procedimento auxiliar, restringindo a licitação a pré-qualificados, que a informação dessa restrição ocorra já no edital inicial da pré-qualificação. Desse modo, ficará bem claro que a competição ocorrerá nesses moldes, afastando possíveis questionamentos.

Cabe sublinhar que a possibilidade de realização de licitação restrita aos pré-qualificados deve ser visualizada como uma exceção à regra geral. A pré-qualificação configura um mecanismo de facilitação e agilização, e não de restrição à competição.

---

904 REZENDE. *O Regime Diferenciado De Contratações Públicas.*

905 Gurgel diz que RDC para a Copa é inconstitucional.

906 JUSTEN FILHO. *A pré-qualificação como procedimento auxiliar das licitações do RDC.*

Seção IV

Do Procedimento de Manifestação de Interesse

Art. 81. A Administração poderá solicitar à iniciativa privada, mediante procedimento aberto de manifestação de interesse a ser iniciado com a publicação de edital de chamamento público, a propositura e a realização de estudos, investigações, levantamentos e projetos de soluções inovadoras que contribuam com questões de relevância pública, na forma de regulamento.

§1º Os estudos, as investigações, os levantamentos e os projetos vinculados à contratação e de utilidade para a licitação, realizados pela Administração ou com a sua autorização, estarão à disposição dos interessados, e o vencedor da licitação deverá ressarcir os dispêndios correspondentes, conforme especificado no edital.

§2º A realização, pela iniciativa privada, de estudos, investigações, levantamentos e projetos em decorrência do procedimento de manifestação de interesse previsto no *caput* deste artigo:

I – não atribuirá ao realizador direito de preferência no processo licitatório;

II – não obrigará o poder público a realizar licitação;

III – não implicará, por si só, direito a ressarcimento de valores envolvidos em sua elaboração;

IV – será remunerada somente pelo vencedor da licitação, vedada, em qualquer hipótese, a cobrança de valores do poder público.

§3º Para aceitação dos produtos e serviços de que trata o *caput* deste artigo, a Administração deverá elaborar parecer fundamentado com a demonstração de que o produto ou serviço entregue é adequado e suficiente à compreensão do objeto, de que as premissas adotadas são compatíveis com as reais necessidades do órgão e de que a metodologia proposta é a que propicia maior economia e vantagem entre as demais possíveis.

§4º O procedimento previsto no *caput* deste artigo poderá ser restrito a startups, assim considerados os microempreendedores individuais, as microempresas e as empresas de pequeno porte, de natureza emergente e com grande potencial, que se dediquem à pesquisa, ao desenvolvimento e à implementação de novos produtos ou serviços baseados em soluções tecnológicas inovadoras que possam causar alto impacto, exigida, na seleção definitiva da inovação, validação prévia fundamentada em métricas objetivas, de modo a demonstrar o atendimento das necessidades da Administração.

Artigo 81

1 O Procedimento de Manifestação de Interesse (PMI)

Numa panorâmica da Nova Lei, ver-se-á uma maior tendência na busca de colaboração da iniciativa privada. O diploma exporta o diálogo competitivo da norma europeia, admite a contratação para o auxílio na licitação, partilha riscos nos contratos com o setor privado, prevê margens de preferência adicional, prêmios para inovação na modalidade de licitação do tipo concurso e, principalmente, abre-se ao Procedimento da Manifestação de Interesse (PMI), permitindo a participação efetiva de interessados privados.

Grande parte das concessões comuns e das Parcerias Público-Privadas (PPP) brasileiras tem sido estruturada por intermédio do Procedimento de Manifestação de Interesse (PMI), que, em síntese, se configura por intermédio do oferecimento de oportunidades aos particulares para elaborem modelagens com vistas à estruturação da delegação de utilidades públicas.

Na prática, a Administração expede um edital de chamamento público para que os eventuais interessados privados apresentem estudos e projetos específicos, conforme regras predefinidas, que poderão ser úteis à elaboração do edital de licitação pública e ao contrato.

Tendo em vista que o PMI é um instrumento que tem dado certo nas concessões, com resultados bastante eficientes, entendeu o legislador que também poderia ser viabilizado nas licitações da Nova Lei.

Nesse diapasão, preceitua este art. 81 que a Administração poderá solicitar à iniciativa privada, mediante procedimento aberto de manifestação de interesse a ser iniciado com a publicação de edital de chamamento público, a propositura e a realização de estudos, investigações, levantamentos e projetos de soluções inovadoras que contribuam com questões de relevância pública.

A possibilidade do uso do PMI nas licitações divide opiniões.

Gabriel Romitelli e Maria Carolina Foss veem com bons olhos o uso para contratação de soluções inovadoras, apesar de ainda buscarem entender como será a harmonização dessa previsão com a nova modalidade de contratação de soluções inovadoras, prevista no *Marco Legal das Startups*, o chamado *Contrato Público para Solução Inovadora* (CPSI), a ser celebrado por licitação para testar soluções de inovação.[907]

Vera Monteiro, lembrando que a possibilidade da empresa privada elaboradora do projeto participar do processo licitatório era proibida anteriormente para que não houvesse uma possível captura de interesses por parte do ente privado, nem uma inversão da lógica do orçamento estatal por parte da Administração, sugere cautela, pois, "na prática, isso vai servir para fazer lobby às claras, ou seja, quem tiver interesse em negociar com a Administração Pública vai apresentar projetos que nem sempre seriam a prioridade daquela gestão", entendendo que o mecanismo só funcionará em situações em que o Poder Público tenha uma enorme capacidade técnica de analisar estudos e elaborar orçamentos, realidade que não reverbera nos municípios menores.[908]

---

[907] CERIONI. *Atualização da lei de licitações não deve impulsionar a inovação no Brasil.*

[908] CERIONI. *Atualização da lei de licitações não deve impulsionar a inovação no Brasil.*

Fabio Salmoni e Juan Acosta avaliaram a novidade como um "excepcional avanço", obtemperando que "o PMI permite que a iniciativa privada bata à porta do Poder Público, iniciando um processo público de estudos de viabilidade e potencial exploração futura, via competição e/ou seleção pública", observando que, dessa forma, o legislador incorporou tal procedimento nas licitações e contratações administrativas em geral para a busca por soluções inovadoras.[909]

Pelo sim, pelo não, é certo que a intenção da introdução do PMI na Nova Lei, pelo perfil da ferramenta, é oferecer maior eficiência e segurança jurídica à celebração de contratos públicos nas modelagens de licitação mais eficientes. Tanto é que a lei traz, inovadoramente, a possibilidade de uso da PMI restrito a *startups*, assim considerados os microempreendedores individuais, as microempresas e as empresas de pequeno porte, de natureza emergente e com grande potencial, que se dediquem à pesquisa, ao desenvolvimento e à implementação de novos produtos ou serviços baseados em soluções tecnológicas inovadoras que possam causar alto impacto.

O legislador remeteu o disciplinamento da adoção do PMI à regulamentação, mas não se furtou de estipular alguns detalhes nos §§1º a 4º, lembrando-se que o Decreto nº 8.428/2015 já regulamenta a matéria no âmbito federal.

Parágrafos 1º e 2º

1.1 Publicização dos estudos e projetos e decorrências da feitura do trabalho

O objetivo dos estudos, das investigações, dos levantamentos e dos projetos é fornecer subsídios para a elaboração do edital licitatório. Mas não só servirão para a Administração, pois, estando à disposição dos interessados, também servirão para informar todas as condições concernentes ao objeto da licitação.

Dessa forma, prevê o §1º que os estudos, as investigações, os levantamentos e os projetos vinculados à contratação e de utilidade para a licitação, realizados pela Administração ou com a sua autorização, estarão à disposição dos interessados.

Por outro lado, nada mais justo que o vencedor da licitação, caso ocorra o certame, ressarça os dispêndios correspondentes, conforme especificações constantes obrigatoriamente no edital.

Nesse sentido, é importante ficar claro o não ressarcimento no edital de chamamento e na autorização para iniciar os estudos da PMI, com expressa indicação de que não caberá indenização nos casos de não realização da licitação ou nas hipóteses de licitação frustrada ou deserta.

Para que fiquem claras as balizas, o §2º dispõe que a realização pela iniciativa privada dos trabalhos em decorrência do procedimento do PMI:

a) não atribuirá ao realizador direito de preferência no processo licitatório;
b) não obrigará o Poder Público a realizar licitação;
c) não implicará, por si só, direito a ressarcimento de valores envolvidos em sua elaboração; e

[909] SALMONI; ACOSTA. *Governo e Inovação.*

d) será remunerada somente pelo vencedor da licitação, vedada, em qualquer hipótese, a cobrança de valores do Poder Público.

Observe-se que, ao informar a não atribuição do direito de preferência no processo licitatório ao realizador privado, a Nova Lei está, inovadoramente, admitindo que o autor do projeto participe da competição.

Parágrafo 3º

1.2 Parecer da Administração para aceitação dos produtos e serviços

Para a aceitação dos produtos e serviços produzidos pela iniciativa privada, a Administração deverá elaborar parecer fundamentado.

Tal parecer deverá demonstrar:

- adequação e suficiência do produto ou serviço;
- compatibilidade das premissas adotadas com as reais necessidades do órgão; e
- economia e vantagem da metodologia proposta.

Parágrafo 4º

1.3 PMI restrito a *startups*

Sobre a matéria, anote-se que, em 2.09.2021, entrou em vigor a Lei Complementar nº 182/2021, que instituiu o *Marco Legal das Startups e do Empreendedorismo Inovador*, trazendo a definição de *startup*, estabelecendo os princípios e as diretrizes para a atuação da Administração Pública no setor, e contendo, entre outras medidas, regras sobre licitação e contratação de soluções inovadoras pela Administração Pública, apresentando medidas de fomento ao ambiente de negócios e ao aumento da oferta de capital para investimento em empreendedorismo inovador.[910]

---

[910] LC nº 182/2021:
CAPÍTULO VI
DA CONTRATAÇÃO DE SOLUÇÕES INOVADORAS PELO ESTADO
Seção I
Disposições Gerais
Art. 12. As licitações e os contratos a que se refere este Capítulo têm por finalidade:
I – resolver demandas públicas que exijam solução inovadora com emprego de tecnologia; e
II – promover a inovação no setor produtivo por meio do uso do poder de compra do Estado.
§1º Os órgãos e as entidades da administração pública direta, autárquica e fundacional de quaisquer dos Poderes da União, dos Estados, do Distrito Federal e dos Municípios subordinam-se ao regime disposto neste Capítulo.
§2º As empresas públicas, as sociedades de economia mista e suas subsidiárias poderão adotar, no que couber, as disposições deste Capítulo, nos termos do regulamento interno de licitações e contratações de que trata o art. 40 da Lei nº 13.303, de 30 de junho de 2016, e seus conselhos de administração poderão estabelecer valores diferenciados para os limites de que tratam o §2º do art. 14 e o §3º do art. 15 desta Lei Complementar.
§3º Os valores estabelecidos neste Capítulo poderão ser anualmente atualizados pelo Poder Executivo federal, de acordo com o Índice Nacional de Preços ao Consumidor Amplo (IPCA) ou outro que venha a substituí-lo.
Seção II
Da Licitação
Art. 13. A administração pública poderá contratar pessoas físicas ou jurídicas, isoladamente ou em consórcio,

E é nessa linha de impulsionamento da inovação que este §4º prescreve que o PMI poderá ser restrito a *startups*, assim considerados os microempreendedores individuais, as microempresas e as empresas de pequeno porte, de natureza emergente e com grande potencial, que se dediquem à pesquisa, ao desenvolvimento e à implementação de novos produtos ou serviços baseados em soluções tecnológicas inovadoras que possam causar alto impacto, exigida, na seleção definitiva da inovação, validação prévia fundamentada em métricas objetivas, de modo a demonstrar o atendimento das necessidades da Administração.

Assim, o PMI poderá ser empregado para os casos em que a Administração busque identificar potenciais soluções inovadoras.

Para Thiago Marrara, permitir que se realize essa consulta só com *startups* é uma forma de fomentar esse tipo de empresa no país, pois "elas vão ganhar experiência de participar de um PMI, notoriedade, e podem até ganhar dinheiro se forem escolhidas para realizar a solução proposta".

---

para o teste de soluções inovadoras por elas desenvolvidas ou a ser desenvolvidas, com ou sem risco tecnológico, por meio de licitação na modalidade especial regida por esta Lei Complementar.
§1º A delimitação do escopo da licitação poderá restringir-se à indicação do problema a ser resolvido e dos resultados esperados pela administração pública, incluídos os desafios tecnológicos a serem superados, dispensada a descrição de eventual solução técnica previamente mapeada e suas especificações técnicas, e caberá aos licitantes propor diferentes meios para a resolução do problema.
§2º O edital da licitação será divulgado, com antecedência de, no mínimo, 30 (trinta) dias corridos, até a data de recebimento das propostas:
I – em sítio eletrônico oficial centralizado de divulgação de licitações ou mantido pelo ente público licitante; e
II – no diário oficial do ente federativo.
§3º As propostas serão avaliadas e julgadas por comissão especial integrada por, no mínimo, 3 (três) pessoas de reputação ilibada e reconhecido conhecimento no assunto, das quais:
I – 1 (uma) deverá ser servidor público integrante do órgão para o qual o serviço está sendo contratado; e
II – 1 (uma) deverá ser professor de instituição pública de educação superior na área relacionada ao tema da contratação.
§4º Os critérios para julgamento das propostas deverão considerar, sem prejuízo de outros definidos no edital:
I – o potencial de resolução do problema pela solução proposta e, se for o caso, da provável economia para a administração pública;
II – o grau de desenvolvimento da solução proposta;
III – a viabilidade e a maturidade do modelo de negócio da solução;
IV – a viabilidade econômica da proposta, considerados os recursos financeiros disponíveis para a celebração dos contratos; e
V – a demonstração comparativa de custo e benefício da proposta em relação às opções funcionalmente equivalentes.
§5º O preço indicado pelos proponentes para execução do objeto será critério de julgamento somente na forma disposta nos incisos IV e V do §4º deste artigo.
§6º A licitação poderá selecionar mais de uma proposta para a celebração do contrato de que trata o art. 14 desta Lei Complementar, hipótese em que caberá ao edital limitar a quantidade de propostas selecionáveis.
§7º A análise da documentação relativa aos requisitos de habilitação será posterior à fase de julgamento das propostas e contemplará somente os proponentes selecionados.
§8º Ressalvado o disposto no §3º do art. 195 da Constituição Federal, a administração pública poderá, mediante justificativa expressa, dispensar, no todo ou em parte:
I – a documentação de habilitação de que tratam os incisos I, II e III, bem como a regularidade fiscal prevista no inciso IV do caput do art. 27 da Lei nº 8.666, de 21 de junho de 1993; e
II – a prestação de garantia para a contratação.
§9º Após a fase de julgamento das propostas, a administração pública poderá negociar com os selecionados as condições econômicas mais vantajosas para a administração e os critérios de remuneração que serão adotados, observado o disposto no §3º do art. 14 desta Lei Complementar.
§10 Encerrada a fase de julgamento e de negociação de que trata o §9º deste artigo, na hipótese de o preço ser superior à estimativa, a administração pública poderá, mediante justificativa expressa, com base na demonstração comparativa entre o custo e o benefício da proposta, aceitar o preço ofertado, desde que seja superior em termos de inovações, de redução do prazo de execução ou de facilidade de manutenção ou operação, limitado ao valor máximo que se propõe a pagar.

> O PMI já existia para as concessões e a lei absorveu isso para os contratos em geral, incluindo as *startups*, o que é bem inovador. Na legislação tradicional, o gestor público não pode dialogar com o mercado, porque isso, muitas vezes, é visto como risco de corrupção. Agora, ele vai poder.[911]

Aplaudindo a entrada em vigor do novo marco regulatório das empresas classificadas como *startups* (Lei Complementar nº 182/2021) e o incentivo à contratação dessas empresas previsto na Nova Lei de Licitações, Tatiana Camarão observa que esses comandos vão ao encontro da promoção da melhoria da gestão pública por meio da adoção da inovação em todos os órgãos e entidades públicas, amoldando-se ao propósito das licitações e contratos, previsto no art. 11, inc. IV.

> A Nova Lei de Licitações, em linha com o contexto atual do mundo dos negócios, abre a possibilidade de adoção de novas modulagens nas contratações públicas e a Lei Complementar nº 182/2021, alinhada com esse comando, vem incentivar a contratação de *startups*, promovendo concessões e adequações no processo licitatório, especialmente no que tange às questões da forma de pactuação para a prestação do serviço. Essa realidade de revisitar as estruturas rígidas de gestão vigentes há décadas nos órgãos públicos e permitir a adoção de novos arranjos é uma imposição e não faculdade dos líderes das organizações, e vai ao encontro da implementação da governança das contratações para que tenhamos resultados positivos na prestação do serviço público, essência esta da nova Lei. A mantença na gestão pública dos métodos ortodoxos e modelos já esgotados compromete os avanços e alcance dos propósitos das contratações que é celebrar ajustes vantajosos, inovadores e sustentáveis para as organizações públicas e para os prestadores de serviços. Portanto, essa migração para um modelo atual e moderno que contempla a realidade do campo dos negócios é vital para todas as organizações. Diante do exposto, a Administração Pública deve se libertar das amarras do padrão de gestão atual, o qual envolve modulagens ultrapassadas, e se permitir conhecer novas maneiras de promover as contratações e aperfeiçoar suas estruturas e processos de trabalho. De pronto, a possibilidade de contar com as *startups* na fase preparatória para aferição da solução mais viável é uma das medidas que pode e deve ser utilizada e, por certo, em muito ampliará a qualidade dos resultados das licitações.[912]

---

[911] CERIONI. *Atualização da lei de licitações não deve impulsionar a inovação no Brasil.*

[912] CAMARÃO. Contratação de startup pela Administração Pública – Lei Complementar nº 182/2021.

Seção V

Do Sistema de Registro de Preços

Art. 82. O edital de licitação para registro de preços observará as regras gerais desta Lei e deverá dispor sobre:

I – as especificidades da licitação e de seu objeto, inclusive a quantidade máxima de cada item que poderá ser adquirida;

II – a quantidade mínima a ser cotada de unidades de bens ou, no caso de serviços, de unidades de medida;

III – a possibilidade de prever preços diferentes:

a) quando o objeto for realizado ou entregue em locais diferentes;

b) em razão da forma e do local de acondicionamento;

c) quando admitida cotação variável em razão do tamanho do lote;

d) por outros motivos justificados no processo;

IV – a possibilidade de o licitante oferecer ou não proposta em quantitativo inferior ao máximo previsto no edital, obrigando-se nos limites dela;

V – o critério de julgamento da licitação, que será o de menor preço ou o de maior desconto sobre tabela de preços praticada no mercado;

VI – as condições para alteração de preços registrados;

VII – o registro de mais de um fornecedor ou prestador de serviço, desde que aceitem cotar o objeto em preço igual ao do licitante vencedor, assegurada a preferência de contratação de acordo com a ordem de classificação;

VIII – a vedação à participação do órgão ou entidade em mais de uma ata de registro de preços com o mesmo objeto no prazo de validade daquela de que já tiver participado, salvo na ocorrência de ata que tenha registrado quantitativo inferior ao máximo previsto no edital;

IX – as hipóteses de cancelamento da ata de registro de preços e suas consequências.

§1º O critério de julgamento de menor preço por grupo de itens somente poderá ser adotado quando for demonstrada a inviabilidade de se promover a adjudicação por item e for evidenciada a sua vantagem técnica e econômica, e o critério de aceitabilidade de preços unitários máximos deverá ser indicado no edital.

§2º Na hipótese de que trata o §1º deste artigo, observados os parâmetros estabelecidos nos *§§1º, 2º e 3º do art. 23 desta Lei*, a contratação posterior de item específico constante de grupo de itens exigirá prévia pesquisa de mercado e demonstração de sua vantagem para o órgão ou entidade.

§3º É permitido registro de preços com indicação limitada a unidades de contratação, sem indicação do total a ser adquirido, apenas nas seguintes situações:

I – quando for a primeira licitação para o objeto e o órgão ou entidade não tiver registro de demandas anteriores;

II – no caso de alimento perecível;
III – no caso em que o serviço estiver integrado ao fornecimento de bens.
§4º Nas situações referidas no §3º deste artigo, é obrigatória a indicação do valor máximo da despesa e é vedada a participação de outro órgão ou entidade na ata.
§5º O sistema de registro de preços poderá ser usado para a contratação de bens e serviços, inclusive de obras e serviços de engenharia, observadas as seguintes condições:
I – realização prévia de ampla pesquisa de mercado;
II – seleção de acordo com os procedimentos previstos em regulamento;
III – desenvolvimento obrigatório de rotina de controle;
IV – atualização periódica dos preços registrados;
V – definição do período de validade do registro de preços;
VI – inclusão, em ata de registro de preços, do licitante que aceitar cotar os bens ou serviços em preços iguais aos do licitante vencedor na sequência de classificação da licitação e inclusão do licitante que mantiver sua proposta original.
§6º O sistema de registro de preços poderá, na forma de regulamento, ser utilizado nas hipóteses de inexigibilidade e de dispensa de licitação para a aquisição de bens ou para a contratação de serviços por mais de um órgão ou entidade.

Artigo 82

1 Sistema de Registro de Preços (SRP)

Outro procedimento auxiliar das licitações e das contratações é a sistemática de registro de preços.

O inc. XLV do art. 6º diz que o Sistema de Registro de Preços (SRP) é o conjunto de procedimentos para realização, mediante contratação direta ou licitação nas modalidades pregão ou concorrência, de registro formal de preços relativos à prestação de serviços, a obras e à aquisição e locação de bens para contratações futuras.

A Nova Lei inova já na definição, pois eleva o alcance do uso da sistemática, antes só possível para as compras, como previa o art. 15 da Lei nº 8.666/1993, depois alargada para os serviços, como dispunha o Decreto Federal nº 7.892/2013, o que, não obstante o avanço e a significância da adoção do SRP também para serviços, entendemos à época ser ilegal.[913]

Anote-se que o SRP – que Eliana Goulart Leão classificou, em função de sua enorme importância, como "uma revolução nas licitações públicas", defendido em verso e prosa pelo saudoso Hely Lopes Meirelles e pelos brilhantes administrativistas Benedicto de Tolosa Filho, João Carlos Mariense Escobar, Jorge Ulisses Jacoby Fernandes, Flavia

[913] BITTENCOURT. *Licitação de registro de preços*. 5. ed.

Daniel Vianna, entre outros – tomou corpo com o passar dos anos, sendo hoje largamente adotado pelas administrações públicas em todos os níveis federativos.

Como observa Ivan Barbosa Rigolin,

> nunca é tarde para se falar do registro de preços: daqui a dez anos o tema por certo continuará palpitante, e deverá sê-lo enquanto o instituto existir. Por mais praticado que seja, e por mais que o utilizem dia após dia todos os entes públicos brasileiros, e por mais contratos que gere a todo tempo entre a Administração e fornecedores particulares, o seu intrínseco dinamismo, e as facetas operacionais que muitas vezes esconde engendram surpresas procedimentais de toda ordem a quem processe o sistema. Por mais pisado que seja o terreno, nem todos os seus caminhos já foram trilhados, e muitos efeitos do sistema parecem ainda desconhecidos.

Mas, o que viria a ser esse fantástico sistema? Já dissemos que o SRP deve ser encarado como uma ferramenta de auxílio que se consubstancia num procedimento especial a ser adotado pelo Poder Público, quando os objetos pretendidos forem materiais, produtos ou gêneros de consumo frequente e, em situações especiais, nas contratações de serviços.[914] E, nesse particular, foi bem o legislador da Nova Lei, porquanto emoldurou o SRP no rol de procedimentos auxiliares, lembrando que alargou o espectro, autorizando o uso da sistemática também para obras e locação de bens.

Trata-se de uma solução inteligente de planejamento e organização na logística do setor público, notadamente nas compras, pois, entre outros benefícios, reduz significativamente os custos de estoques, tendo-se, com o uso do sistema, um estoque virtual, sem a necessidade dos gastos com armazenagem.

O SRP baseia-se no conceito do sistema de administração da logística de produção adotado no âmbito privado e denominado *Just in Time*, que se orienta apoiado na ideia de que nada deve ser produzido, transportado ou comprado antes do momento exato da necessidade.[915] Assim, os bens ou serviços necessários ao processo de produção somente são adquiridos no momento de sua necessidade para a aplicação.

Nesse passo, diversamente do procedimento adotado nas licitações convencionais, onde os licitantes apresentam propostas específicas visando a um objeto unitário e perfeitamente definido, no SRP ocorrem proposições de preços unitários que vigorarão por um certo lapso de tempo, período em que a Administração, baseada em conveniência e oportunidade, poderá realizar as contratações necessárias.

---

[914] BITTENCOURT. *Licitação de registro de preços*. 5. ed.

[915] O *Just in Time* surgiu no Japão, no princípio dos anos 1950, sendo o seu desenvolvimento creditado à Toyota Motor Company, a qual procurava um sistema de gestão que pudesse coordenar a produção com a procura específica de diferentes modelos de veículos com o mínimo atraso. Quando a Toyota decidiu entrar em pleno fabrico de carros, depois da Segunda Guerra Mundial, com pouca variedade de modelos de veículos, era necessária bastante flexibilidade para fabricar pequenos lotes com níveis de qualidade comparáveis aos conseguidos pelos fabricantes norte-americanos. Esta filosofia de produzir apenas o que o mercado solicitava passou a ser adaptada pelos restantes fabricantes japoneses e, a partir dos anos 1970, os veículos por eles produzidos assumiram uma posição bastante competitiva. Desta forma, o *Just in Time* tornou-se muito mais que uma técnica de gestão da produção, sendo considerado como uma completa filosofia, a qual inclui aspectos de gestão de materiais, gestão da qualidade, organização física dos meios produtivos, engenharia de produto, organização do trabalho e gestão de recursos humanos. O sistema característico do *Just in Time* de "puxar" a produção a partir da procura, produzindo em cada momento somente os produtos necessários, nas quantidades necessárias e no momento necessário, ficou conhecido como o método Kanban. Este nome é dado aos "cartões" utilizados para autorizar a produção e a movimentação de materiais, ao longo do processo produtivo. (LIMA. *O que é Just in Time? Modelo de gestão adotado pelo Japão faz sucesso em todo o mundo*).

A adoção do SRP determina flagrante economia, além de ganho em agilidade e segurança, com pleno atendimento ao princípio da eficiência, elevado a princípio constitucional da Administração Pública.

É importante ressaltar que o uso do SRP está intimamente atrelado a contratações frequentes, isto é, contratações constantes do mesmo objeto.

Outra inovação importante constante na definição diz respeito aos meios de utilização do SRP. Antes restrito às modalidades concorrência e pregão, agora lhe é permitido o uso mediante contratação direta. E é mais do que justificável essa permissão, pois não seria, por se tratar de uma dispensa ou de uma inexigibilidade, que a Administração necessitaria realizar a contratação de uma única vez.

Vide que esse mecanismo já foi testado, com êxito, nas contratações voltadas para o enfretamento à pandemia da COVID-19, por intermédio da Lei nº 13.979, de 6.02.2020, que dispôs sobre as medidas para enfrentamento da emergência de saúde pública, de importância internacional, decorrente do coronavírus, responsável pelo surto de 2019. Como assentou Ivan Barbosa Rigolin, o rebuliço, a confusão planetária, e o quase pânico mundial provocado por essa pandêmica peste não poderia deixar de se espraiar no âmbito do direito, ensejando consequências jurídicas interessantes. Considerando que a grave situação pandêmica exigia rápidas medidas do Poder Público, era evidente que a feitura de licitações para contratações urgentes de objetos que visavam ao enfrentamento do vírus dificilmente seria o meio adequado. Nesse passo, a supracitada Lei nº 13.979/2020 instituiu uma nova modalidade de contratação direta: a dispensa de licitação para aquisição de bens, insumos e serviços, inclusive de engenharia, destinados ao enfrentamento da emergência de saúde pública. Assim, os entes do Poder Público restaram autorizados a dispensar a elaboração do procedimento licitatório quando, em função da emergência de saúde pública, estivessem buscando contratar o tipo de objeto explicitado. E mais: inovando no ordenamento jurídico, a MP nº 926/2020 inseriu na Lei nº 13.979 a possibilidade do uso do Sistema de Registro de Preços (SRP) via dispensa licitatória. Como a MP teve expirada a sua vigência sem apreciação pelo Congresso Nacional, o Governo federal editou a MP nº 961/2020, que versava sobre a possibilidade de pagamento antecipado (depois convertida na Lei nº 14.065/2020), trazendo em seu corpo regras sobre o uso do registro de preços na mesma linha da medida provisória anterior.

Anotamos em artigo:

> Como o emprego do SRP determina flagrante economia, além de ganho em agilidade e segurança, com pleno atendimento ao princípio da eficiência, e buscando trazer essa versatilidade para as contratações emergenciais voltadas para o enfrentamento da pandemia, o legislador federal criou a "Dispensa de licitação por intermédio do Sistema de Registro de Preços" ou, como a denominou Ronny Charles, de forma inversa, "Dispensa de licitação para fins de registro de preços".[916]

Diversamente da Lei nº 8.666/1993, que tratava do SRP em apenas um artigo, deixando o detalhamento a critério dos regulamentos dos entes federativos, a Nova Lei se espraia por cinco artigos (arts. 82 a 86), com diversos parágrafos e incisos, não

---

[916] BITTENCOURT. *Dispensa de licitação para registro de preços (Lei nº 13.979, de 6.02.2020).*

deixando muita margem para as regulamentações, assumindo a função de norma nacional, e tomando ares de norma geral.

Não obstante, como o §1º do art. 78 preceitua que todos os procedimentos auxiliares deverão obedecer a critérios claros e objetivos definidos em regulamento, o governo federal editou o Decreto nº 11.462, de 31.03.2023, regulamentando os art. 82 a art. 86, para dispor sobre o Sistema de Registro de Preços para contratação de bens e serviços, inclusive obras e serviços de engenharia, no âmbito da Administração Pública federal direta, autárquica e fundacional.

Cabe assentar que os dispositivos sobre registro de preços da Nova Lei configuram uma espécie de virada de chave, contemplando regras mais voltadas para o ambiente prático, acatando sugestões doutrinárias e ponderações de pregoeiros, além de atender às sinalizações do TCU.

O art. 6º da Nova Lei oferece, nos incs. XVLI a XLIX, outras definições para operacionalização do SRP:

Ata de registro de preços: documento vinculativo e obrigacional, com característica de compromisso para futura contratação, no qual são registrados o objeto, os preços, os fornecedores, os órgãos participantes e as condições a serem praticadas, conforme as disposições contidas no edital da licitação, no aviso ou instrumento de contratação direta e nas propostas apresentadas;

Órgão ou entidade gerenciadora: órgão ou entidade da Administração Pública responsável pela condução do conjunto de procedimentos para registro de preços e pelo gerenciamento da ata de registro de preços dele decorrente;[917]

Órgão ou entidade participante: órgão ou entidade da Administração Pública que participa dos procedimentos iniciais da contratação para registro de preços e integra a ata de registro de preços; e

Órgão ou entidade não participante: órgão ou entidade da Administração Pública que não participa dos procedimentos iniciais da licitação para registro de preços e não integra a ata de registro de preços.

O Decreto regulamentar federal nº 11.462/2023 acresce definições para fins operacionais:

Compra nacional: compra ou contratação de bens, serviços ou obras, em que o órgão ou a entidade gerenciadora conduz os procedimentos para registro de preços destinado à execução descentralizada de programa ou projeto federal e consolida as demandas previamente indicadas pelos entes federados beneficiados, sem a necessidade de manifestação de interesse durante o período de divulgação da intenção de registro de preços – IRP;

Compra centralizada: compra ou contratação de bens, serviços ou obras, em que o órgão ou a entidade gerenciadora conduz os procedimentos para registro de preços destinado à execução descentralizada, mediante prévia indicação da demanda pelos órgãos ou pelas entidades participantes;

---

[917] Acórdão TCU nº 1851/2022 – Plenário (Consulta, Relator Ministro Bruno Dantas) – É possível a realização de licitação compartilhada entre órgão federal e órgão estadual ou municipal, utilizando-se o Sistema de Registro de Preços (SRP) ou não; devendo-se, para tanto, promover o mesmo nível de publicidade requerido para as licitações em âmbito federal, com cada órgão gerenciando, acompanhando e fiscalizando seu próprio contrato, o que inclui o pagamento direto, pelo órgão federal, à empresa contratada, sem a necessidade de intermediação do órgão estadual ou municipal.

Sistema de Cadastramento Unificado de Fornecedores - SICAF: ferramenta informatizada, integrante do Sistema de Compras do Governo Federal – Compras.gov.br, disponibilizada pela Secretaria de Gestão e Inovação do Ministério da Gestão e da Inovação em Serviços Públicos, para cadastramento dos licitantes ou fornecedores de procedimentos de contratação pública promovidos pelos órgãos e pelas entidades da Administração Pública federal direta, autárquica e fundacional;

Gestão de Atas: ferramenta informatizada, integrante do Compras.gov.br, disponibilizada pela Secretaria de Gestão e Inovação do Ministério da Gestão e da Inovação em Serviços Públicos, para controle e gerenciamento dos quantitativos das atas de registro de preços e de seus saldos, e das solicitações de adesão e de remanejamento das quantidades; e

SRP digital: ferramenta informatizada, integrante do Compras.gov.br, disponibilizada pela Secretaria de Gestão e Inovação do Ministério da Gestão e da Inovação em Serviços Públicos, para o registro formal de preços relativos à prestação de serviços, obras e aquisição e locação de bens para contratações futuras, de que trata o inciso I.

1.1 O edital de licitação para o SRP

Em função das características especiais do SRP, o legislador julgou necessário indicar elementos próprios para elaboração do edital da licitação.

A tarefa de elaboração de editais licitatórios é, incontestavelmente, das mais difíceis. O edital é o instrumento oficial por intermédio do qual a Administração leva ao conhecimento público a abertura de um procedimento licitatório. Sua elaboração deve ser extremamente cuidadosa, uma vez que se constitui peça básica para a formalização do contrato a ser celebrado com o adjudicatário.

Apesar de não constar expressamente, evidencia-se que a elaboração do edital licitatório compete ao órgão ou entidade gerenciadora. Contudo, parece lógico, para a completeza do edital, que os órgãos ou entidades participantes também participem dessa tarefa.

É o que também sugere Paulo Sérgio de Monteiro Reis:

> A minuta elaborada pelo gerenciador deverá ser submetida à apreciação dos participantes, que darão conformidade ou solicitarão ajustes, especialmente em relação à definição do objeto, aos seus quantitativos e a todas as demais condições.[918]

O *caput* deste art. 82 prescreve que o edital de licitação para o registro de preços deverá observar as regras gerais concernentes a qualquer licitação previstas na lei, constantes no art. 25 e em outros tantos dispositivos esparsos.

Este art. 82, *caput* e incisos, traçam o elenco mínimo do edital licitatório para o registro de preços.

Assim, são indispensáveis no edital:

a) as especificidades da licitação e de seu objeto, inclusive a quantidade máxima de cada item que poderá ser adquirida;

[918] REIS. *Sistema de Registro de Preços.*

b) a quantidade mínima a ser cotada de unidades de bens ou, no caso de serviços, de unidades de medida;
c) a possibilidade de prever preços diferentes:
  - quando o objeto for realizado ou entregue em locais diferentes;
  - em razão da forma e do local de acondicionamento;
  - quando admitida cotação variável em razão do tamanho do lote;
  - por outros motivos justificados no processo;
d) a possibilidade de o licitante oferecer ou não proposta em quantitativo inferior ao máximo previsto no edital, obrigando-se nos limites dela;
e) o critério de julgamento da licitação, que será o de menor preço ou o de maior desconto sobre tabela de preços praticada no mercado;
f) as condições para alteração de preços registrados;
g) o registro de mais de um fornecedor ou prestador de serviço, desde que aceitem cotar o objeto em preço igual ao do licitante vencedor, assegurada a preferência de contratação de acordo com a ordem de classificação;
h) a vedação à participação do órgão ou entidade em mais de uma ata de registro de preços com o mesmo objeto no prazo de validade daquela de que já tiver participado, salvo na ocorrência de ata que tenha registrado quantitativo inferior ao máximo previsto no edital; e
i) as hipóteses de cancelamento da ata de registro de preços e suas consequências.

Inciso I e Parágrafos 3º e 4º

1.2 Especificidades e objeto, com indicação da quantidade máxima de itens

O inc. I determina que conste do edital de SRP as especificidades da licitação e de seu objeto, inclusive a quantidade máxima de cada item que poderá ser adquirida.

Além das óbvias especificidades do certame e do detalhamento do objeto pretendido, a observação da indicação da quantidade máxima de cada item é providência que demonstra a seriedade da licitação, fazendo com que o licitante tenha segurança na participação no certame, porquanto saberá de antemão a quantidade máxima que poderá ser demandado a dispor.

Nessa tarefa, portanto, é de curial importância a projeção de expectativa de consumo, reforçando a necessidade do planejamento que permeia toda a Nova Lei.

Como anota Juliano Heinen, essa providência também evita perda de economia de escala, quando se fixam balizas objetivas em relação à quantidade que se quer adquirir e se afasta a possibilidade de sucessivas adesões:[919]

> Não se tendo o quantitativo máximo a ser adquirido, poder-se-ia permitir uma série de novas aquisições, aumentando sensivelmente a demanda, mantendo-se o preço fixado originalmente – quando se sabe que, em termos econômicos, em geral, quanto mais se adquire, menor tende a ser o custo do produto demandado.[920]

---

[919] A adesão, conhecida como "carona", ocorre quando os órgãos ou entidades que não participam do SRP aderem ao procedimento na condição de não participantes, como previsto no §2º do art. 86.

[920] HEINEN. *Sistema de Registro de Preços na Nova Lei de Licitações*.

Assente-se que o §3º permite o registro de preços com indicação limitada a unidades de contratação, sem indicação do total que poderá ser adquirido quando: a) for a primeira licitação para o objeto e o órgão ou entidade não tiver registro de demandas anteriores; b) for o caso de alimento perecível; e c) o serviço estiver integrado ao fornecimento de bens.

Essas exceções têm razão de ser, pois nas três hipóteses há inviabilidade de se estimar o total que se pretende contratar.

Pelo mesmo motivo, o §4º veda a participação de outro órgão ou entidade na Ata de Registro de Preços.

Contudo, uma vez que inexistirá projeção de quantidade, o mesmo §4º, para dar alguma garantia aos licitantes, determina a obrigatória indicação do valor máximo da despesa.

Inciso II

1.3 Quantidade mínima a ser cotada

O inc. II sinaliza a necessidade de indicação da quantidade mínima a ser cotada de unidades de bens ou, no caso de serviços, de unidades de medida. A dinâmica adotada, semelhante à prevista no §7º do art. 23 da Lei nº 8.666/1993, é a indicação no edital de quantidades mínimas que interessam à Administração, de modo a permitir cotações de quantidades inferiores à demandada na licitação, com vistas à ampliação da competitividade.

Inciso III

1.4 Possibilidade de previsão de preços diferentes

O inc. III traz uma inovação, permitindo o registro de preços diferentes para um mesmo objeto. Da mesma forma do inciso anterior, a intenção também é ampliar a competitividade, em face das características e particularidades dos licitantes.

Nessa toada, autoriza o dispositivo que o edital licitatório permita registrar preços diferenciados por qualquer motivo, como consta na alínea "d", desde que haja a devida justificativa no processo.

Para facilitar, resolveu o legislador elencar algumas razões que viabilizariam esse procedimento, dispondo-as nas alíneas "a" a "c":

- Quando o objeto for realizado ou entregue em locais diferentes;
- Em razão da forma e do local de acondicionamento; e
- Quando admitida cotação variável em razão do tamanho do lote.

Explica-se com um exemplo: a Marinha do Brasil pode estar adquirindo notebooks para várias Organizações Militares, situadas em diversos estados do País. No caso, indicará no edital de licitação os diversos endereços nos quais o licitante vencedor deverá entregar os objetos. Na hipótese, evidencia-se que os preços registrados para o mesmo objeto poderão ser diferentes, porquanto o custo da logística interna deverá ser considerado.

Inciso IV

1.5 Oferecimento ou não de proposta em quantitativo inferior ao máximo previsto

Também na mesma dinâmica adotada nos dois incisos anteriores, oferendo oportunidades a licitantes de menor porte, este inc. IV autoriza que o edital de SRP possibilite que o licitante apresente ou não proposta em quantitativo inferior ao máximo previsto no edital, obrigando-se nos limites dela.

Inciso V

1.6 Critérios de julgamento nas licitações de registro de preços

Os critérios de julgamento, que tradicionalmente são denominados "tipos de licitação", indicam os parâmetros para a seleção das propostas ou dos lances.

O art. 33 elenca os diferentes critérios de julgamento adotados na Nova Lei: menor preço, maior desconto, melhor técnica ou conteúdo artístico, técnica e preço, maior lance e maior retorno econômico.

Na hipótese de licitações que adotem o SRP, este inc. V só autoriza a utilização de dois critérios: o de menor preço ou o de maior desconto sobre tabela de preços praticada no mercado.

No âmbito das licitações há um propalado comentário de que, ao adotar o critério do menor preço, a Administração quase sempre estaria contratando produtos ou serviços de baixa qualidade. Por via de consequência, haveria um agravamento nessa situação com a adoção do SRP, em face de se tratar de uma forma especial de licitação, objetivando adquirir/contratar produtos e serviços corriqueiros e obras teoricamente mais simples. Ressalta-se, todavia, que essa reiterada máxima não passa – ao menos nesse aspecto – de um enorme equívoco, considerando, principalmente, três fatores importantes, como bem delineou Jacoby Fernandes: a ausência de treinamento dos servidores responsáveis pela aplicação das normas; a não compreensão, por parte dos aplicadores, das decisões das cortes de contas e dos demais órgãos de controle, em face de tais decisões, por diversos fatores, não alcançarem o caráter pedagógico pretendido; e a fugidia ideia de que comprar pelo menor preço é comprar qualquer coisa, aceitar qualquer produto, uma vez que vários dispositivos legais sinalizam linhas de ação da atuação do agente público que permitem a indicação da qualidade do produto.[921]

Sobre esse último fator, o jurista elencou procedimentos constantes na lei anterior, e mantidos na Nova Lei, que demonstram como a Administração se afasta das contratações de produtos, serviços ou obras de má qualidade.

- A qualidade do trabalho executado deve ser aferida em cada etapa, como providência indispensável ao início da etapa seguinte;
- A qualidade do produto, a indicação de marcas ou características exclusivas ou sem similaridade é expressamente admitida, quando for tecnicamente justificável;

---

[921] JACOBY FERNANDES. *Garantindo a qualidade no Sistema de Registro de Preços.*

- A qualidade é um dos requisitos na elaboração de projetos, expressamente traduzida em durabilidade, facilidade na execução, conservação e operação, funcionalidade, adequação ao interesse público e segurança;
- A qualidade de um produto é garantida quando o legislador exige "a adequada caracterização do objeto";
- A qualidade é assegurada quando o legislador exige "a especificação completa do bem";
- A manutenção da qualidade é garantida quando a Administração determina que sejam observadas as condições de guarda e armazenamento que não permitam a deterioração do material;
- A qualidade está assegurada quando exige do licitante a qualificação técnica para a execução do objeto; e
- A qualidade pode ser licitamente indicada, quando aferível por critérios objetivos e respeito ao princípio da igualdade.

E é exatamente isso que a Nova Lei prevê ao indicar, no art. 34, que o julgamento por menor preço ou maior desconto deverá considerar o menor dispêndio para a Administração, atendidos os parâmetros mínimos de qualidade definidos no edital de licitação.

Como prescreve o §1º deste art. 34, os custos indiretos, relacionados com as despesas de manutenção, utilização, reposição, depreciação e impacto ambiental do objeto licitado, entre outros fatores vinculados ao seu ciclo de vida, poderão ser considerados para a definição do menor dispêndio, sempre que objetivamente mensuráveis, conforme disposto em regulamento.

Segundo o §2º, o julgamento por maior desconto terá como referência o preço global fixado no edital de licitação, devendo o desconto ser estendido aos eventuais termos aditivos.

Conforme o nome indica, o critério determina um abatimento a ser aplicado sobre um valor predeterminado no instrumento convocatório da licitação (uma espécie de preço de referência). Assim, sagrar-se-á vencedora a proposição que oferecer maior desconto sobre esse valor-base.

No caso, portanto, descabe sigilo do orçamento estimado da contratação, motivo pelo qual o parágrafo único do art. 24 dispõe que, na hipótese de licitação em que for adotado esse critério de julgamento, o preço estimado ou o máximo aceitável constará do edital da licitação.

A nosso ver, a Administração poderá especificar o preço de referência ou adotar outro previamente especificado por órgão ou entidade oficial. Como exemplo, a tabela SINAPI (Sistema Nacional de Pesquisa de Custos e Índices da Construção Civil), elaborada pela Caixa Econômica Federal e pelo IBGE, que informa os custos e índices da Construção Civil no Brasil, ou a tabela de preços de combustíveis regionalizada, elaborada pela Agência Nacional de Petróleo (ANP).

Nesse viés, sob o argumento de que a utilização do maior desconto sobre os preços da Tabela SINAPI, de forma dinâmica, reduz os riscos dos fornecedores em mercados com alta volatilidade de preços, estimulando-os a oferecer descontos maiores na licitação, também minimizando o risco de jogo de planilha e desestimulando pedidos de revisão econômica dos preços registrados na Ata de Registro de Preços ou liberação do fornecedor do compromisso assumido, pois os preços acompanharão as readequações periódicas da Tabela, que representam, *a priori*, os "preços praticados no mercado" para o bem pretendido, sob o qual incidirá o maior desconto alcançado na licitação, a AGU expediu a orientação a seguir:

> Orientação Normativa nº 18, de 10.01.2022
>
> I) É legítima a adoção do critério maior desconto sobre tabela SINAPI, em licitações para registro de preços, sendo observados os valores vigentes no momento da efetiva contratação/fornecimento, para incidência dos respectivos descontos e pertinente pagamento ("tabela referencial dinâmica"), em processos para aquisição de materiais de construção, quando identificada alta volatilidade nos preços deste mercado.
>
> II) A adoção da SINAPI como "tabela referencial dinâmica" exige diversos cuidados de natureza técnica, entre eles: devida especificação dos itens pretendidos; justificativa da fidedignidade dos preços usados como referência; demonstração da alta volatilidade do mercado; análise da viabilidade/vantagem/adequação da modelagem e, quando possível, a indicação no edital da quantidade mínima a ser contratada para os itens pertinentes.

Inciso VI

1.7 Alterações dos preços registrados

Muito embora o texto deste inc. VI seja bastante econômico, podendo dar margem a dúvidas, a sinalização nele contida é alvissareira, porquanto anuncia a indicação das possíveis alterações dos preços registrados no edital.

A revisão do preço registrado sempre causou polêmica.

O art. 17 do Decreto nº 7.892/2013, que regulamentava o registro de preços em face do art. 15 da Lei nº 8.666/1993, semeava incertezas.

Prescrevia o dispositivo:

> Art. 17. Os preços registrados poderão ser revistos em decorrência de eventual redução dos preços praticados no mercado ou de fato que eleve o custo dos serviços ou bens registrados, cabendo ao órgão gerenciador promover as negociações junto aos fornecedores, observadas as disposições contidas na alínea "d" do inciso II do *caput* do art. 65 da Lei nº 8.666, de 1993.

Assim, este preceptivo informava que, no caso de fato superveniente e imprevisível que reduzisse os preços praticados no mercado ou de situação que elevasse o custo dos serviços ou bens registrados, os preços da Ata de Registro de Preços (ARP)[922] poderiam ser revistos, remetendo a matéria ao disposto na alínea "d", inc. II, do art. 65 da Lei nº 8.666/93.

Rezava o preceptivo remetido:

> Art. 65. Os contratos regidos por esta Lei poderão ser alterados, com as devidas justificativas, nos seguintes casos: (...)

---

[922] Como antes exposto, o inc. XLVI do art. 6º informa que Ata de Registro de Preços (ARP) é documento vinculativo e obrigacional, com característica de compromisso para futura contratação, no qual são registrados o objeto, os preços, os fornecedores, os órgãos participantes e as condições a serem praticadas, conforme as disposições contidas no edital da licitação, no aviso ou instrumento de contratação direta e nas propostas apresentadas.

> II – por acordo das partes: (...)
>
> d) para restabelecer a relação que as partes pactuaram inicialmente entre os encargos do contratado e a retribuição da administração para a justa remuneração da obra, serviço ou fornecimento, objetivando a manutenção do equilíbrio econômico-financeiro inicial do contrato, na hipótese de sobrevirem fatos imprevisíveis, ou previsíveis, porém de consequências incalculáveis, retardadores ou impeditivos da execução do ajustado, ou, ainda, em caso de força maior, caso fortuito ou fato do príncipe, configurando área econômica extraordinária e extracontratual.

Vê-se, portanto, que o decreto determinava que a Administração desse à Ata de Registro de Preços o mesmo tratamento que a Lei nº 8.666/1993 oferecia aos contratos administrativos em situações que sobrevierem fatos imprevisíveis ou previsíveis, mas de consequências incalculáveis, retardadoras ou impeditivas da execução do acordado, ou, ainda, na hipótese de força maior, caso fortuito ou fato do príncipe, configurando álea econômica extraordinária e extracontratual.

A análise do preceptivo conjugada com os artigos subsequentes (18 e 19) denotava que o elaborador do decreto havia se perdido na adoção da técnica legislativa.

O art. 18 determinava, quando o preço registrado se tornar superior ao preço praticado no mercado por motivo superveniente, que o Órgão Gerenciador convocasse os fornecedores para negociarem a redução dos preços aos novos valores mercadológicos. Já o art. 19 informava, quando o preço de mercado se tornasse superior aos preços registrados e o fornecedor não pudesse cumprir o compromisso, que o Órgão Gerenciador poderia liberar o fornecedor do compromisso assumido, caso a comunicação ocorresse antes do pedido de fornecimento, se confirmada a veracidade dos motivos com comprovantes apresentados, e convocasse os demais fornecedores para asseguramento de igual oportunidade de negociação.

Logo, o art. 18 dava a linha de ação para o caso de o preço registrado na ARP tivesse se tornado superior ao do mercado, enquanto que o art. 19 dispunha sobre os procedimentos para a hipótese do preço de mercado tivesse ficado superior ao registrado na ARP.

Ocorre, todavia, que as soluções do art. 19 – repisa-se, para o caso de o preço de mercado vir a se tornar superior ao preço registrado – não explicitavam, a rigor, o reequilíbrio:

> Art. 19. Quando o preço de mercado tornar-se superior aos preços registrados e o fornecedor não puder cumprir o compromisso, o órgão gerenciador poderá:
>
> I – liberar o fornecedor do compromisso assumido, caso a comunicação ocorra antes do pedido de fornecimento, e sem aplicação da penalidade se confirmada a veracidade dos motivos e comprovantes apresentados; e
>
> II – convocar os demais fornecedores para assegurar igual oportunidade de negociação.

Ou seja, segundo o dispositivo, se o preço de mercado superasse o registrado na ARP, o Órgão Gerenciador poderia liberar o fornecedor do compromisso assumido e convocar os demais fornecedores para também a eles oportunizar uma negociação.

Evidenciava-se, apesar da frágil construção do texto do dispositivo, que, antes "de liberar o fornecedor do compromisso assumido", o Órgão Gerenciador deveria convocar o fornecedor registrado para negociar a adequação de seu preço aos patamares praticados pelo mercado, ou seja, reequilibrá-lo. Tal se deduzia não só pela lógica, mas pelos próprios termos do inc. II ("convocar os demais fornecedores para assegurar igual oportunidade de negociação"), que permitiam inferir que, ao oferecer igual oportunidade de negociação aos demais fornecedores, a Administração já a teria oferecido ao fornecedor registrado.

Apesar da ausência de indicação legal, pois a Lei nº 8.666 não indicava qualquer tipo de reequilíbrio de preços que não fosse durante a vigência contratual, essa regulamentação atendia à lógica, de vez que seria impensável a manutenção de um preço pelo período de um ano sem a sua devida atualização, notadamente de certos objetos cujos preços são influenciados por fatores de toda ordem.

Nesse curso, considerando a instabilidade do mercado, o art. 17 convergia para o reequilíbrio econômico-financeiro dos preços registrados na ARP, fazendo um paralelo com a famosa equação econômico-financeira constituída na relação que as partes estabelecem quando da celebração de contratos, objetivando a justa remuneração de seu objeto.[923]

Em resumo, rezava o art. 17 que os preços registrados na ARP eram passíveis de revisão quando de fato resultassem num desequilíbrio econômico-financeiro devidamente comprovado, advindo de situações imprevisíveis ou, mesmo que previsíveis, de consequências incalculáveis.

Gilberto de Oliveira Filho, apoiado em lições de Diogenes Gasparini e Marçal Justen – e sustentando que a Ata de Registro de Preços se caracteriza como um pré-contrato ou contrato preliminar –, considerava que, "em tese, seria efetivamente possível a incidência de *revisão de valores*":

> A revisão não será automática, devendo restar demonstrado eventual desequilíbrio econômico-financeiro, para mais ou para menos, tornando inviável a contratação pelos preços registrados. O pedido revisional, a nosso ver, pode ser invocado a qualquer tempo, *desde que após a celebração da ata de registro de preços*, independentemente de previsão expressa, encontrando-se condicionado à demonstração de situação de desequilíbrio econômico-financeiro. Trata-se do cumprimento do art. 37, inc. XXI, da Constituição Federal de 1988, que determina que contratos devem primar *pela manutenção das condições efetivas das propostas*. A revisão de preços nada mais é do que a realização de um ajuste para que se retomem as condições iniciais da respectiva proposta, atingidas por um desequilíbrio na relação inicialmente pactuada, por fatores supervenientes e imprevisíveis ou, se previsíveis, de consequências incalculáveis. A revisão somente pode prosperar se comprovado que certo fator incidente no ajuste, de fato, ocasionou o seu desequilíbrio econômico-financeiro, de forma insustentável, *não sendo qualquer alteração que pode sustentar o pedido*. Assim sendo, cremos que tanto a ata de registro de preços quanto o contrato dela oriundo podem ser objeto de revisão de preços, desde que demonstrado o desequilíbrio econômico-financeiro.[924]

[923] Porquanto, para um bom andamento da contratação, faz-se necessário que essa correlação encargo/remuneração seja mantida, independentemente de qualquer fator, durante toda execução contratual.
Sobre a matéria, cabe anotar que a referida equação econômico-financeira tem expressa previsão constitucional. Confira-se o texto do inc. XXI do art. 37 da Constituição Federal: "Art. 37 A administração pública direta e indireta de qualquer dos Poderes da União, dos Estados, do Distrito Federal e dos Municípios obedecerá aos princípios de legalidade, impessoalidade, moralidade, publicidade e eficiência e, também, ao seguinte: (...) XXI Ressalvados os casos especificados na legislação, as obras, serviços, compras e alienações serão contratados mediante processo de licitação pública que assegure igualdade de condições a todos os concorrentes, com cláusulas que estabeleçam obrigações de pagamento, mantidas as condições efetivas da proposta, nos termos da lei, o qual somente permitirá as exigências de qualificação técnica e econômica indispensáveis à garantia do cumprimento das obrigações".

[924] Arquivo pessoal.

No mesmo mote, Victor Amorim e Fabrício Motta, ao se debruçarem sobre indeterminação existente quanto à viabilidade da revisão dos preços registrados em face de comprovada elevação dos valores praticados no mercado em decorrência da crise humanitária, social e econômica provocada pela pandemia do novo coronavírus:

> a) os atos normativos primários que dispõem sobre o SRP, em especial as Leis nº 8.666/1993 e nº 10.520/2002, não veiculam o impedimento, a priori, de revisão da ata de registro de preços no sentido de promover a elevação dos preços registrados em razão de fatos supervenientes e circunstâncias excepcionais que, comprovadamente, alterem profundamente os valores praticados em mercado; (...) c) a partir de uma análise sistêmica do Decreto Federal nº 7.892/2013 e à luz dos princípios da eficiência e economicidade, é juridicamente viável a revisão de ARP para aumento dos preços registrados em razão de fatos supervenientes e circunstâncias excepcionais que, comprovadamente, alterem os valores praticados em mercado, como o caso da crise decorrente do coronavírus.[925]

Assente-se, também, conforme trabalho de pesquisa efetuado pela profa. Brenia dos Santos, que

> embora não se possa afirmar que se trata do entendimento do TCU, pode-se verificar, pelo menos, uma tendência em permitir a revisão dos preços registrados desde que seja demonstrada, por estudo técnico, *a superveniência de fato excepcional ou imprevisível que justificasse a alteração dos preços inicialmente propostos.*[926]

> *Acórdão nº 7122/2019 – 2ª Câmara*: (...) Assim como em relação ao item anterior, *deixa-se de propor qualquer medida em relação a este ponto considerando a informação de que o novo edital conterá os critérios de possível revisão adequadamente estabelecidos*, eliminando-se a contradição inicialmente identificada.

> *Acórdão nº 6917/2018 – 2ª Câmara*: (...) 2. A irregularidade das contas do ex-Secretário se deu em decorrência de *revisões procedidas nas Atas de Registro de Preços* dos Pregões Eletrônicos nºs 421/2007 e 545/2008, realizados pelo Governo do Estado de Sergipe, tendo como objeto a aquisição de produtos para o Programa Nacional de Alimentação Escolar (Pnae), *sem que houvesse demonstração da superveniência de fato excepcional ou imprevisível que justificasse a alteração dos preços inicialmente propostos* (...).

> *Acórdão nº 2.907/2017 – Plenário*: (...) 66. Ante o exposto, *vislumbra-se duas irregularidades no âmbito do processo 2131: i) aumento dos valores da Ata de Registro de Preços nº 20/2010 para reestabelecer o equilíbrio econômico-financeiro inicial do contrato sem a ocorrência de fatos imprevisíveis, ou previsíveis com consequências incalculáveis, inexistindo álea econômica extraordinária ou extracontratual.*

Diante de tudo o que foi exposto, sempre sustentamos – com fulcro no bom Direito, na regra positivada na lei vigente, nos dispositivos regulamentares e na realidade

---

[925] AMORIM; MOTTA. *Revisão de preços registrados em caso de elevação dos valores praticados em mercado no contexto da crise do coronavírus.*

[926] Arquivo pessoal.

(não se pode aplicar o Direito sem considerar a realidade)[927] – que, na existência de razão superveniente, devidamente comprovada, imprevisível ou até mesmo previsível, mas de consequências incalculáveis, que demonstre a impraticabilidade do preço registrado, seria possível a revisão do preço registrado tanto para cima quanto para baixo, ou seja, quando os preços se tornarem maiores ou menores no mercado.

Pois, a nosso ver, não há mais dúvidas: ao indicar que o edital de licitações de registro de preço deverá indicar as condições para alteração de preços registrados, este inc. VI autoriza que a Administração reveja o preço registrado, levando em consideração regras nele definidas.

Confirmando o que sustentamos, o Decreto regulamentar federal nº 11.462/2023, na parte intitulada "Alteração ou atualização dos preços registrados", elenca as hipóteses que permitirão a alteração ou a atualização:

> Art. 25. Os preços registrados poderão ser alterados ou atualizados em decorrência de eventual redução dos preços praticados no mercado ou de fato que eleve o custo dos bens, das obras ou dos serviços registrados, nas seguintes situações:
>
> I – em caso de força maior, caso fortuito ou fato do príncipe ou em decorrência de fatos imprevisíveis ou previsíveis de consequências incalculáveis, que inviabilizem a execução da ata tal como pactuada, nos termos do disposto na alínea "d" do inciso II do caput do art. 124 da Lei nº 14.133, de 2021;
>
> II – em caso de criação, alteração ou extinção de quaisquer tributos ou encargos legais ou superveniência de disposições legais, com comprovada repercussão sobre os preços registrados; ou
>
> III – na hipótese de previsão no edital ou no aviso de contratação direta de cláusula de reajustamento ou repactuação sobre os preços registrados, nos termos do disposto na Lei nº 14.133, de 2021.

Inciso VII

1.8 Registro de mais de um fornecedor

O inciso traz mais uma novidade ao autorizar que o edital indique a possibilidade do registro de mais de um fornecedor ou prestador de serviço.

Para tal, os licitantes devem ser consultados se aceitam cotar o objeto com preço igual ao do licitante vencedor.

Evidentemente, deverá ser assegurada a preferência de contratação de acordo com a ordem de classificação.

A importância dessa medida é clara: evita que a Administração tenha que refazer a licitação ou valer-se de compra direta quando, por algum motivo, o contratado falhar na prestação, pois, nessa hipótese, poderá demandar dos demais licitantes.

[927] Luiz Roberto Barroso ensina que na dogmática contemporânea não há cisão entre interpretação e aplicação, pois a atribuição de sentidos se faz em conexão com os fatos relevantes e a realidade subjacente, de modo que a norma jurídica não é o objeto da interpretação, mas seu produto final (BARROSO. *Curso de Direito Constitucional Contemporâneo*. 9. ed.).

Inciso VIII

1.9 Proibição da participação em mais de uma Ata de Registro de Preços

Como definido no inc. XLVI do art. 6º, a Ata de Registro de Preços (ARP) é documento vinculativo e obrigacional, com característica de compromisso para futura contratação, no qual são registrados o objeto, os preços, os fornecedores, os órgãos participantes e as condições a serem praticadas, conforme as disposições contidas no edital da licitação, no aviso ou instrumento de contratação direta e nas propostas apresentadas.

Importa registrar, de plano, que a ARP não é um contrato. O legislador da Nova Lei foi bastante feliz quando fez constar que a ata tem característica de compromisso para futura contratação.

Não possui, também, apesar do nome, características semelhantes a uma ata comum, na qual são relatados todos os fatos concernentes a certa reunião ou sessão, como sempre ocorre nas licitações de um modo geral. Distingue-se bastante dessa em face do conteúdo de compromisso vinculativo que carrega, pois se destina, efetivamente, ao registro dos preços e das condições formulados por licitantes, estabelecendo o vínculo obrigacional para que, se necessário, decorra uma contratação.

Apesar de censurá-la, Mariense Escobar oferece um bom sucinto conceito, definindo que é a ARP um documento lavrado à feição de um pré-contrato e firmado pelos participantes com a Administração, para que dela decorra, subsequentemente, um termo de contrato.[928]

A ARP é, por conseguinte, o documento que registrará os preços das propostas classificadas na licitação – e, logicamente, os fornecedores –, de acordo com os critérios estabelecidos no edital, bem como as condições para os contratos que poderão ser celebrados futuramente entre os que registraram os preços e o Poder Público.

Como observa Eliana Leão, a ARP consigna um verdadeiro "pacto leonino" em relação aos que têm seus preços registrados, uma vez que, apesar de obrigá-los ao fornecimento do objeto até o limite máximo estimado para o consumo em um determinado período, caso haja a solicitação por parte da Administração, não impõe ao Poder Público nenhuma obrigatoriedade de compra.[929]

Apesar de não configurar um contrato, à ARP aplicar-se-ão as "exorbitâncias" que decorrem da posição de supremacia do poder da Administração, tal como ocorre com os contratos administrativos.

Pois bem, segundo este inc. VIII, o edital licitatório deverá dispor sobre a vedação à participação do órgão ou entidade em mais de uma ARP com o mesmo objeto no prazo de validade daquela de que já tiver participado, salvo na ocorrência de ata que tenha registrado quantitativo inferior ao máximo previsto no edital.

Apesar de se tratar de condição a ser prevista no edital, evidencia-se que se trata de regra geral para uso do registro de preços, e, é claro, determina que a Administração deva planejar com acuidade suas contratações, vindo a escolher a ata que melhor lhe

[928] ESCOBAR. *O Sistema de Registro de Preços nas compras públicas.*

[929] LEÃO. *O sistema de registro de preços.*

convier, não lhe sendo permitido participar em mais de uma ARP com o mesmo objeto no prazo de validade daquela de que já tiver participado.

A exceção é a ocorrência de ARP que tenha registrado quantitativo inferior ao máximo previsto no edital.

Como assenta Juliano Heinen, esta providência visa a assegurar a responsabilidade contratual e o princípio da padronização.

Inciso IX

1.10 Hipóteses de cancelamento da Ata de Registro de Preços

O inc. IX determina que o edital informe as hipóteses de cancelamento da ARP e suas consequências.

Como a Nova Lei não trata do tema, o assunto ficou por conta da regulamentação.

Os arts. 28 e 29 do Decreto federal nº 11.462, de 31.03.2023, regulamentaram a matéria:

> **Cancelamento do registro do fornecedor**
>
> Art. 28. O registro do fornecedor será cancelado pelo órgão ou pela entidade gerenciadora, quando o fornecedor:
>
> I – descumprir as condições da ata de registro de preços sem motivo justificado;
>
> II – não retirar a nota de empenho, ou instrumento equivalente, no prazo estabelecido pela Administração sem justificativa razoável;
>
> III – não aceitar manter seu preço registrado, na hipótese prevista no §2º do art. 27; ou
>
> IV – sofrer sanção prevista nos incisos III ou IV do caput do art. 156 da Lei nº 14.133, de 2021.
>
> §1º Na hipótese prevista no inciso IV do caput, caso a penalidade aplicada ao fornecedor não ultrapasse o prazo de vigência da ata de registro de preços, o órgão ou a entidade gerenciadora poderá, mediante decisão fundamentada, decidir pela manutenção do registro de preços, vedadas novas contratações derivadas da ata enquanto perdurarem os efeitos da sanção.
>
> §2º O cancelamento do registro nas hipóteses previstas no caput será formalizado por despacho do órgão ou da entidade gerenciadora, garantidos os princípios do contraditório e da ampla defesa.
>
> §3º Na hipótese de cancelamento do registro do fornecedor, o órgão ou a entidade gerenciadora poderá convocar os licitantes que compõem o cadastro de reserva, observada a ordem de classificação.
>
> **Cancelamento dos preços registrados**
>
> Art. 29. O cancelamento dos preços registrados poderá ser realizado pelo gerenciador, em determinada ata de registro de preços, total ou parcialmente, nas seguintes hipóteses, desde que devidamente comprovadas e justificadas:
>
> I – por razão de interesse público;
>
> II – a pedido do fornecedor, decorrente de caso fortuito ou força maior; ou
>
> III – se não houver êxito nas negociações, nos termos do disposto no §3º do art. 26 e no §4º do art. 27.

Parágrafos 1º e 2º

2 Utilização do critério de julgamento por grupo de itens

Na aplicação do princípio do parcelamento, há de ser considerada a viabilidade da divisão do objeto em lotes. É o que inclusive determina o §2º do art. 40.

Contudo, no que concerne ao registro de preços, em função de suas peculiaridades, a divisão da quantidade total do item em lotes só é admissível quando técnica e economicamente viável, com o intuito de possibilitar maior competitividade.

Nesse pé, o §1º em comento anota que o critério de julgamento de menor preço por grupo de itens somente poderá ser adotado quando for demonstrada a inviabilidade de se promover a adjudicação por item e for evidenciada a sua vantagem técnica e econômica, e o critério de aceitabilidade de preços unitários máximos deverá ser indicado no edital.

Na verdade, apesar de estabelecer procedimento que pode ser considerado interessante, vislumbramos, em se tratando de registro de preços, dificuldade operacional na aplicação prática, não só pela essência da sistemática, mas também em função da dificuldade de dimensionamento dos lotes, o qual deverá considerar as necessidades de cada órgão participante que, certamente, serão díspares.

Com a mesma ótica, Ana Carolina Machado e Julieta Vareschini:

> A necessidade de parcelamento do objeto em itens se mostra ainda mais relevante nas licitações voltadas ao registro de preços, já que tal sistema comumente é adotado naquelas situações em que a Administração Púbica, apesar de presumir a utilização de um bem e/ou serviço, não tem como estipular, de antemão, o momento e/ou a quantidade exata de sua aquisição, sendo correto então, até mesmo em vista da finalidade e da operacionalidade do SRP, que seja registrado o custo unitário de cada um dos itens pretendidos, de modo a viabilizar, durante o período de vigência da ata, aquisições isoladas dos produtos/serviços que efetivamente a Administração necessita, sem precisar contratar o lote como um todo, podendo ainda os adquirir por valores unitários realmente vantajosos. De qualquer maneira, tem-se que é possível a realização da licitação com a adjudicação do objeto de forma global (lote único) ou agrupado em grupos ou lotes, desde que existente justificativa plausível e amparada por estudos e pesquisas realizados na fase interna da licitação, que demonstrem que essa é a opção mais vantajosa, do ponto de vista técnico e econômico.[930]

Assentamos noutro trabalho:

> Tendo em vista a não obrigatoriedade de compra e contratação, a Administração não tem obrigação de adquirir os quantitativos máximos previstos na Ata de Registro de Preços, sequer parcialmente. Esta peculiaridade da licitação por SRP, por si só, não se adapta à ideia da licitação por "lote", uma vez que as solicitações efetuadas (...) podem ser realizadas isoladamente, apenas de um ou dois itens, por exemplo, (...) (e não do lote completo), não estando a Administração obrigada a adquirir a composição do grupo em cada solicitação.[931]

---

[930] MACHADO; VARESCHINI. *Registro de preços. Objeto dividido em lotes. Aquisição de itens isolados. Considerações.*

[931] BITTENCOURT; VIANNA. O sistema de Registros de Preços (SRP). *In*: TORRES. *Licitações Públicas – Homenagem ao jurista Jorge Ulisses Jacoby Fernandes.*

Sobre o tema, inclusive, já se manifestou reiteradamente o TCU:

Acórdão nº 2695/2013-Plenário: A adoção de critério de adjudicação pelo menor preço global por lote em registro de preços é, em regra, incompatível com a aquisição futura por itens, tendo em vista que alguns itens podem ser ofertados pelo vencedor do lote a preços superiores aos propostos por outros competidores. (...) Em modelagens dessa natureza, é preciso demonstrar as razões técnicas, logísticas, econômicas ou de outra natureza que tornam necessário promover o agrupamento como medida tendente a propiciar contratações mais vantajosas, comparativamente à adjudicação por item. É preciso demonstrar que não há incoerência entre adjudicar pelo menor preço global por grupo e promover aquisições por itens, em sistema de registro de preços. A Administração não irá adquirir grupos, mas itens. Repisando, na licitação por grupos/lotes, a vantajosidade para a Administração apenas se concretizaria se fosse adquirido do licitante o grupo/lote integral, pois o menor preço é resultante da multiplicação de preços de diversos itens pelas quantidades estimadas. Em registro de preços, a realização de licitação utilizando-se como critério de julgamento o menor preço global por grupo/lote leva, *vis a vis* a adjudicação por item, a flagrantes contratações antieconômicas e dano ao erário, potencializado pelas possibilidades de adesões, uma vez que, como reiteradamente se observa, itens são ofertados pelo vencedor do grupo a preços superiores aos propostos por outros competidores".

Acórdão nº 4505/2014 – Primeira Câmara: em licitação para registro de preços, é irregular a adoção de adjudicação por menor preço global por grupo/lote, concomitantemente com disputa por itens, sem que estejam demonstradas as razões pelas quais tal critério, conjuntamente com os que presidiram a formação dos grupos, é o que conduzirá à contratação mais vantajosa, comparativamente ao critério usualmente requerido de adjudicação por menor preço por item.

Acórdão nº 1893/2017 – Plenário: é indevida a utilização da ata de registro de preços por quaisquer interessados – incluindo o próprio gerenciador, os órgãos participantes e eventuais caronas, caso tenha sido prevista a adesão para órgãos não participantes – para aquisição separada de itens de objeto adjudicado por preço global de lote ou grupo para os quais o fornecedor convocado para assinar a ata não tenha apresentado o menor preço na licitação.

Dando continuidade ao regramento de contratação de menor preço por grupo de itens, o §2º, objetivando preservar a seriedade da contratação, determina para a hipótese, com observação dos parâmetros estabelecidos nos §§1º, 2º e 3º do art. 23 (que versam sobre como definir o valor estimado a ser indicado no edital), que a contratação posterior de item específico constante de grupo de itens exigirá prévia pesquisa de mercado e demonstração de sua vantagem para o órgão ou entidade.

Parágrafo 5º

3 Condições para o uso do SRP

Reafirmando que o Sistema de Registro de Preços poderá ser adotado na contratação de bens, prestação de serviços, inclusive os de engenharia e obras, o dispositivo relaciona as condições de uso da sistemática:

- Realização prévia de ampla pesquisa de mercado;
- Seleção de acordo com os procedimentos previstos em regulamento;
- Desenvolvimento obrigatório de rotina de controle;
- Atualização periódica dos preços registrados;
- Definição do período de validade do registro de preços; e
- Inclusão, em Ata de Registro de Preços, do licitante que aceitar cotar os bens ou serviços em preços iguais aos do licitante vencedor na sequência de classificação da licitação e inclusão do licitante que mantiver sua proposta original.

Destaque se deve dar à reafirmação da atualização periódica, em reforço ao insculpido no inc. VI, que sinaliza a indicação no edital das condições para alteração de preços registrados.

Parágrafo 6º

4 Contratação direta para registro de preços nas contratações feitas por mais de um órgão ou entidade

Conforme já comentado, e consoante a definição exposta no inc. XLV do art. 6º, o SRP configura conjunto de procedimentos para o registro formal de preços relativos à prestação de serviços, a obras e à aquisição e locação de bens para contratações futuras, mediante licitação nas modalidades pregão ou concorrência ou por intermédio de contratação direta.

Com relação ao uso através de contratação direta, nas hipóteses de inexigibilidade e de dispensa de licitação para a aquisição de bens ou para a contratação de serviços por mais de um órgão ou entidade, este §6º remete a matéria à regulamentação posterior.

Art. 83. A existência de preços registrados implicará compromisso de fornecimento nas condições estabelecidas, mas não obrigará a Administração a contratar, facultada a realização de licitação específica para a aquisição pretendida, desde que devidamente motivada.

Artigo 83

1 Não obrigação da Administração contratar

Em virtude de se tratar de um registro formal de preços relativos à prestação de serviços, a obras e à aquisição e locação de bens para contratações futuras, inexiste obrigatoriedade de a Administração firmar contratos. A existência de preços registrados na ata apenas gera uma expectativa de contratação.

Essa não obrigatoriedade de celebrar contrato é uma das destacáveis vantagens do SRP em relação a outros meios licitatórios.

Não obstante, apesar de só gerar expectativa, o documento o vincula ao licitante que registrou o seu preço, concedendo à Administração a faculdade de escolher o melhor momento para efetivar o contrato, caso entenda conveniente.

Paulo Sérgio de Monteiro Reis comenta a matéria

> Cada vez que precisar utilizar a ata para contratar (...) o nela registrado, a Administração deverá formalizar um contrato. Observe-se que, até aqui, temos apenas um documento que cria uma expectativa de contratação, que, se não se concretizar, não trará nenhum prejuízo para a Administração, tendo em vista que, na sua essência, o SRP não obriga que sejam feitas as contratações para as quais foi gerada a expectativa. Assim, quando realmente vier a necessitar do objeto registrado, há necessidade de formalização da avença.[932]

[932] REIS. *Sistema de registro de preços.*

Art. 84. O prazo de vigência da ata de registro de preços será de 1 (um) ano e poderá ser prorrogado, por igual período, desde que comprovado o preço vantajoso.
Parágrafo único. O contrato decorrente da ata de registro de preços terá sua vigência estabelecida em conformidade com as disposições nela contidas.

Artigo 84

1 Prazo de vigência da Ata de Registro de Preços

Como esposado, a Ata de Registro de Preços (ARP) constitui documento vinculativo e obrigacional, com característica de compromisso para futura contratação, no qual são registrados o objeto, os preços, os fornecedores, os órgãos participantes e as condições a serem praticadas, conforme as disposições contidas no edital da licitação, no aviso ou instrumento de contratação direta e nas propostas apresentadas.

Este art. 84 altera o tradicionalmente estabelecido para o prazo das ARPs. Antes, a regra prevista era de que o prazo de validade não seria superior a doze meses, incluídas as eventuais prorrogações, o que engessava sobremaneira a utilização. Agora, o prazo de vigência da ARP será obrigatoriamente de 1 (um) ano, podendo ser prorrogado por igual período, desde que comprovado o preço vantajoso. Logo, não será possível o estabelecimento de prazos inferiores.[933]

Registre-se que a possibilidade de prorrogação dependerá de previsão expressa no edital. Inexistindo previsão, a prorrogação não será possível.

Discute-se se aquele que registrou o seu preço poderia discordar de uma possível prorrogação da ARP. A nosso ver, tal como ocorre nas prorrogações dos contratos, poderá opor-se, ainda que haja previsão da possibilidade no instrumento convocatório da licitação, caso entenda ser desvantajoso.

Parágrafo único

2 Prazo do contrato decorrente da Ata de Registro de Preços

Diversamente da Ata de Registro de Preços, cujo prazo estabelecido é de 1 (um) ano, podendo ser prorrogado por igual período, o do contrato dela decorrente deverá ter vigência estabelecida em conformidade com as disposições nela contidas, ou seja, o período de contratação deverá atender as expectativas da Administração, considerando o objeto contratado.

É importante ressaltar que a vigência do contrato não necessariamente precisa coincidir com a da ARP, não se permitindo, contudo, que se formalize o contrato fora do prazo de sua vigência.

933 No âmbito do regime posterior, entendiam-se como possíveis as prorrogações que não ultrapassassem o período de um ano (TCU: Acórdão nº 991/2009 – AGU: Orientação Normativa nº 19/2009).

Questão relevante diz respeito ao ajuste a ser celebrado com o "registrado". Alguns sugerem, para facilitação, a adoção da nota de empenho. Contudo, como a Lei só autoriza a substituição do termo de contrato pela nota de empenho nos casos de dispensa de licitação em razão de valor ou nas compras com entrega imediata e integral dos bens adquiridos e dos quais não resultem obrigações futuras, inclusive quanto à assistência técnica, (art. 95), verifica-se a necessidade, para o caso, de se formalizar o termo de contrato, o que facilitará, inclusive, a celebração de aditamento.

Art. 85. A Administração poderá contratar a execução de obras e serviços de engenharia pelo sistema de registro de preços, desde que atendidos os seguintes requisitos:
I – existência de projeto padronizado, sem complexidade técnica e operacional;
II – necessidade permanente ou frequente de obra ou serviço a ser contratado.

Artigo 85

1 Sistema de Registro de Preços na execução de obras e serviços de engenharia

A concepção da adoção do Sistema de Registro de Preços ligou-o, inicialmente, à compra de bens, em função da necessidade de o gestor público buscar soluções para organização e planejamento, adequadas à legislação, que permitissem a melhoria da logística de aquisição, aliada à redução dos custos dos seus estoques.

Observe-se que o art. 15 da Lei nº 8.666/19993, que lhe dava suporte legal, fazia parte da seção "Das Compras", e, de forma direta, registrava que "as compras, sempre que possível, deverão ser processadas através de sistema de registro de preços".

O Decreto Federal regulamentar inicial nº 3.931, de 19.09.2001, foi além, estabelecendo como itens passíveis de serem licitados por meio de registro de preços as compras, os serviços e as locações.

Posteriormente, com o advento do Decreto nº 4.342, de 23.08.2002, que impôs alterações ao ato regulamentar, foi suprimida a autorização de adoção nas locações, sob a alegação de enormes dificuldades operacionais que essa prática acarretava à época.

Mais à frente, o Decreto nº 7.892, de 23.01.2013, manteve o regramento, dispondo que o uso do SRP, no âmbito da Administração Pública federal direta, autárquica e fundacional, fundos especiais, empresas públicas, sociedades de economia mista e demais entidades controladas, direta ou indiretamente pela União, dar-se-ia nas contratações de serviços e nas aquisições de bens.

Apesar de, numa interpretação sistemática do supracitado art. 15, caput e inciso II da Lei nº 8.666/1993, verificar-se que só havia autorização legal para utilização do sistema em compras, elogiamos o alargamento para os serviços:

> Já anotamos que constitui enorme avanço – e inovação – a permissão de adoção do SRP para contratar serviços. Por diversas vezes se deparam os agentes públicos com pequenos serviços que poderão ser necessários ao longo do tempo, carregados de uma enorme carga de indeterminação, com consequente dificuldade de planejamento, de vez que ocorrem em face de atividades de rotina. A recuperação de instalações, os reparos de equipamentos, os serviços de manutenção e pintura são exemplos clássicos. Serviços capazes de serem estabelecidos por algum tipo de medição (homem/hora, hora/aula, m2, km etc.) são plenamente factíveis de serem licitados através do SRP.[934]

[934] BITTENCOURT. *Licitação de registro de preços.*

Não se pensava na adoção da ferramenta para serviços de engenharia, e muito menos para obras.

Contudo, com o passar do tempo, evoluiu a ideia do uso do sistema, tal como ocorreu na utilização da modalidade pregão, começando-se a cogitar da possibilidade de adoção nas demandas de engenharia padronizadas.

Nesse sentido, inclusive, uma exposição do TCU:

> Acórdão nº 3419/2013 – Plenário: (...) 9. Outra questão relevante, suscitada nos autos, diz respeito à possível incompatibilidade entre o regime de contratação eleito – sistema de registro de preços – e seu objeto. Esse é um assunto que realmente demanda alguma reflexão, uma vez que os serviços contratados incluem tanto atividades típicas de reforma de prédios, tais como demolição, alvenaria, instalações sanitárias, quanto aquelas associadas à mera readequação de ambientes, como: remanejamento de divisórias, pontos de energia e dutos de ar condicionado, instalação de carpetes, mobiliário e persianas.
>
> 10. Observo, porém, que é relativamente comum que a Administração contrate os serviços de remanejamento de divisórias, móveis, estações de trabalho, forros, pisos e iluminação por meio de registro de preços, tendo este Tribunal se deparado algumas vezes com esse tipo de situação sem cogitar a existência de irregularidades, a exemplo dos Acórdãos nºs 959/2012 e 1.339/2012, ambos do Plenário.
>
> 11. Ocorre que, como assinalado pela unidade técnica, o objeto da licitação não se caracteriza exclusivamente como execução de obra, embora seja admitida a realização de reformas de agências, sem ampliações. A maior demanda prevista é de serviços de readequação de ambientes, sendo que as obras, quando necessárias, são apenas de natureza pontual e complementar.
>
> 12. Como, no caso concreto, os serviços de reforma previstos, além de materialmente pouco relevantes, estão decompostos em atividades mais simples, típicas de intervenções isoladas, que podem ser objetivamente definidas, conforme especificações usuais no mercado, e possuem natureza padronizável e pouco complexa, entendo não haver óbice ao emprego do sistema de registro de preços na sua contratação.

E mais recentemente:

> Acórdão nº 1381/2018 – Plenário: É cabível o registro de preços para a contratação de serviços de engenharia em que a demanda pelo objeto é repetida e rotineira, a exemplo dos serviços de manutenção e conservação de instalações prediais, não podendo ser utilizado para a execução de obras. (...) 1. A contratação de serviços comuns de engenharia pode ser realizada mediante pregão para registro de preços quando padrões de desempenho e qualidade são objetivamente definidos pelo edital, por meio de especificações usuais no mercado, e a contratação tenha por objetivo prover serviços de manutenção predial repetidos e rotineiros.

Nesse contexto, o art. 85, incorporando esse entendimento, inovou a matéria, possibilitando que a Administração Pública utilize a sistemática de registro de preços para obras e serviços de engenharia, desde que: a) exista projeto padronizado, sem complexidade técnica e operacional; e b) haja necessidade permanente ou frequente de obra ou serviço a ser contratado.

Art. 86. O órgão ou entidade gerenciadora deverá, na fase preparatória do processo licitatório, para fins de registro de preços, realizar procedimento público de intenção de registro de preços para, nos termos de regulamento, possibilitar, pelo prazo mínimo de 8 (oito) dias úteis, a participação de outros órgãos ou entidades na respectiva ata e determinar a estimativa total de quantidades da contratação.

§1º O procedimento previsto no *caput* deste artigo será dispensável quando o órgão ou entidade gerenciadora for o único contratante.

§2º Se não participarem do procedimento previsto no *caput* deste artigo, os órgãos e entidades poderão aderir à ata de registro de preços na condição de não participantes, observados os seguintes requisitos:

I – apresentação de justificativa da vantagem da adesão, inclusive em situações de provável desabastecimento ou descontinuidade de serviço público;

II – demonstração de que os valores registrados estão compatíveis com os valores praticados pelo mercado na forma do art. 23 desta Lei;

III – prévias consulta e aceitação do órgão ou entidade gerenciadora e do fornecedor.

§3º A faculdade de aderir à ata de registro de preços na condição de não participante poderá ser exercida: (Redação dada pela Lei nº 14.770, de 2023).

I – por órgãos e entidades da Administração Pública federal, estadual, distrital e municipal, relativamente a ata de registro de preços de órgão ou entidade gerenciadora federal, estadual ou distrital; ou (Incluído pela Lei nº 14.770, de 2023)

II – por órgãos e entidades da Administração Pública municipal, relativamente a ata de registro de preços de órgão ou entidade gerenciadora municipal, desde que o sistema de registro de preços tenha sido formalizado mediante licitação. (Incluído pela Lei nº 14.770, de 2023).

§4º As aquisições ou as contratações adicionais a que se refere o §2º deste artigo não poderão exceder, por órgão ou entidade, a 50% (cinquenta por cento) dos quantitativos dos itens do instrumento convocatório registrados na ata de registro de preços para o órgão gerenciador e para os órgãos participantes.

§5º O quantitativo decorrente das adesões à ata de registro de preços a que se refere o §2º deste artigo não poderá exceder, na totalidade, ao dobro do quantitativo de cada item registrado na ata de registro de preços para o órgão gerenciador e órgãos participantes, independentemente do número de órgãos não participantes que aderirem.

§6º A adesão à ata de registro de preços de órgão ou entidade gerenciadora do Poder Executivo federal por órgãos e entidades da Administração Pública estadual, distrital e municipal poderá ser exigida para fins de transferências voluntárias, não ficando sujeita ao limite de que trata o §5º deste artigo se destinada à execução descentralizada de programa ou projeto federal e comprovada a compatibilidade dos preços registrados com os valores praticados no mercado na forma do art. 23 desta Lei.

§7º Para aquisição emergencial de medicamentos e material de consumo médico-hospitalar por órgãos e entidades da Administração Pública federal, estadual, distrital e municipal, a adesão à ata de registro de preços gerenciada pelo Ministério da Saúde não estará sujeita ao limite de que trata o §5º deste artigo.

§8º Será vedada aos órgãos e entidades da Administração Pública federal a adesão à ata de registro de preços gerenciada por órgão ou entidade estadual, distrital ou municipal.

Artigo 86 e Parágrafo 1º

1 A Intenção de Registro de Preços (IRP)

Nos primórdios, dentre as atribuições do gerenciador do sistema, constava a determinação da realização de convite aos órgãos e entidades para participarem do registro de preços, mediante correspondência eletrônica ou outro meio eficaz.

Substituindo esse precário processo, o Governo federal, através do Decreto nº 7.892, de 23.01.2013, fez surgir no âmbito do sistema Comprasnet[935] uma nova funcionalidade bem mais eficiente, designada Intenção de Registro de Preços (IRP).

Sobre essa mudança, escrevemos, em parceria com Flavia Daniel Vianna:

> Deve-se ter cuidado no chamamento ocorrido na etapa interna da licitação, do qual resultarão os possíveis órgãos participantes. Entre as atribuições do órgão gerenciador encontra-se o convite aos demais órgãos ou entidades, ainda na fase interna do certame, para verificar se desejam integrar a ata como órgãos participantes do registro. Tal chamado costumava ser concretizado por meio eletrônico (e-mail com assinatura digital) ou outra forma eficaz (ofício, carta etc.). Entrementes, o novo regulamento substituiu o convite "manual" por um mecanismo existente no *comprasgovernamentais*, conhecido como IRP (Intenção de Registro de Preços). Nesse ponto, o convite torna-se eficaz, uma vez que, pelo método anterior, era bastante comum a não feitura pelos órgãos/entidade. Agora, a IRP torna público no *comprasgovernamentais* as licitações que os órgãos gerenciadores irão realizar mediante o Sistema de Registro de Preços (...) possibilitando que outros órgãos/entidades se tornem participantes. Por conseguinte, os órgãos e entidades integrantes do Sistema de Serviços Gerais – SISG, quando da efetivação de licitação por registro de preços, deverão registrar sua intenção no Portal de Compras do Governo federal (*comprasgovernamentais*), por intermédio do mecanismo IRP.[936]

A Administração, por intermédio da IRP, torna pública a sua intenção de realizar uma contratação por intermédio da sistemática de registro de preços.

Assim, ao publicar a IRP, o ente público permite que outros entes possam participar da futura licitação, otimizando sobremaneira o certame, pois, ao alargar o espectro, maximiza as condições para o atingimento de melhores preços por meio de economia de escala.

---

935 A partir de 01.10.2021, o sistema de contratações do governo federal passou a se chamar *compras.gov.br*, com o lançamento de solução tecnológica que permite aos operadores do pregão eletrônico acesso único a todas as funcionalidades do sistema. Essas novidades foram apresentadas pelo Ministério da Economia em um webinar alusivo aos seis meses da entrada em vigor da Nova Lei de Licitações: "As mudanças acompanham a evolução do sistema e refletem as melhorias e conquistas resultantes da transformação digital que vem sendo promovida pelo Governo federal nos serviços públicos", explicou o secretário de Desburocratização, Gestão e Governo Digital, Caio Mário Paes de Andrade.

936 BITTENCOURT; VIANNA. O sistema de Registros de Preços (SRP). *In*: TORRES. *Licitações Públicas – Homenagem ao jurista Jorge Ulisses Jacoby Fernandes*.

Nesse diapasão, Gilberto Pinto Monteiro Diniz:

> Esse procedimento visa, de forma mediata, atender aos desígnios dos princípios da eficiência e da economicidade. É que, verificando-se maior número de partícipes no SRP, os quantitativos mínimos a serem adquiridos serão maiores, fato que, em contrapartida, redundará em maior possibilidade de obtenção de economia de escala, pois, numa relação inversamente proporcional, os preços tendem a diminuir quando ocorre aumento da estimativa das quantidades licitadas.[937]

Também a dicção de Marinês Restelatto Dotti:

> A IRP viabiliza que se reúnam, em uma mesma licitação, vários órgãos e entidades públicas com interesse na aquisição do mesmo objeto, elevando-o em quantidade e favorecendo a oferta de propostas com valores reduzidos, proporcionados pela economia de escala, além de o agrupamento de vários órgãos ou entidades interessados na futura contratação do mesmo objeto reduzir o número de licitações e seus custos administrativos.[938]

Na mesma toada, o posicionamento do TCU:

> Acórdão nº 2.692-39/12: [...] a IRP – Intenção de Registro de Preços, ao substituir o número de "caronas" por órgãos participantes, apresenta-se como uma forma de melhorar a economia de escala para a Administração, ao aumentar os quantitativos mínimos a serem adquiridos.

Como dispusemos em ensaio específico, "trocando em miúdos, os órgãos gerenciadores deverão utilizar o procedimento de IRP para que outros órgãos e entidades tenham a oportunidade de integrar uma Ata de Registro de Preços na condição de participantes".[939]

Nesse sentido, o art. 86 em comento, remetendo a matéria à regulamentação, legalizou o procedimento, definindo que o gerenciador (órgão ou entidade) deverá, na fase preparatória do processo licitatório, para fins de registro de preços, realizar procedimento público de Intenção de Registro de Preços (IRP) para possibilitar, pelo prazo mínimo de 8 (oito) dias úteis, a participação de outros órgãos ou entidades na respectiva ata e determinar a estimativa total de quantidades da contratação.

Obviamente, seria irrazoável estabelecer essa atividade se existisse um único contratante. Destarte, oportunamente, o §1º dispensa o procedimento nesse caso.

Parágrafo 2º

2 A adesão ("carona") à Ata de Registro de Preços

Tradicionalmente, na licitação de registro de preços há três espécies de atores: gerenciador, participantes e não participantes (conhecidos como "caronas", por não participarem inicialmente da licitação e dela usufruírem posteriormente).

---

[937] DINIZ. Roteiro do protagonista do SRP. *In*: FORTINI. *Registro de Preços*. 2. ed.

[938] DOTTI. *Vantagens e peculiaridades do sistema de registro de preços*.

[939] BITTENCOURT. *A Intenção de Registro de Preços – IRP*.

Os incs. XLVII, XLVIII e XLIX do art. 6º conceituam esses atores:

> Órgão ou entidade gerenciadora: órgão ou entidade da Administração Pública responsável pela condução do conjunto de procedimentos para registro de preços e pelo gerenciamento da ata de registro de preços dele decorrente.
>
> Órgão ou entidade participante: órgão ou entidade da Administração Pública que participa dos procedimentos iniciais da contratação para registro de preços e integra a ata de registro de preços.
>
> Órgão ou entidade não participante: órgão ou entidade da Administração Pública que não participa dos procedimentos iniciais da licitação para registro de preços e não integra a ata de registro de preços.

Obviamente, no edital só constam como atores o Órgão Gerenciador e os possíveis Órgãos Participantes, haja vista que os não participantes não integram os procedimentos iniciais, pois só "entrarão no jogo" ao se tornarem usuários da futura Ata de Registro de Preços.

O procedimento de adesão sempre foi muito questionado, com manifestações contrárias e favoráveis, mormente por falta de amparo legal, uma vez que foi instituído por decreto.

Escrevemos sobre ele quando estabelecido por ato regulamentar:

> O capítulo IX dedica-se a regulamentar as adesões externas à ARP, ou seja, a utilização da ata por órgãos ou entidades que não tenham participado da licitação, conhecida no meio licitatório como "carona". O dispositivo assegura – desde que seja comprovada a vantagem – que a ARP poderá ser utilizada por qualquer órgão ou entidade da Administração Pública federal não participante do certame licitatório, mediante a aceitação do Órgão Gerenciador. (...). Trata-se de dispositivo elogiável, diante da desburocratização e economicidade que proporciona – reduzindo, em muito, o trabalho, os gastos e o tempo –, mas criticável, em função da total falta de amparo legal.[940]

Da mesma forma se posicionou Joel de Menezes Niebuhr:

> A figura do carona foi criada de forma independente e autônoma por meio de regulamento administrativo (...). Nesse sentido, é forçoso afirmar que o Presidente da República, ao criar o carona sem qualquer amparo legal, excedeu as suas competências constitucionais (inciso IV do artigo 84 da CF), violando abertamente o princípio da legalidade.[941]

Pois bem, agora, com o preconizado neste art. 87, a adesão restou legalizada, pondo um ponto final nas discussões acerca da legalidade do "carona", incorporado no ordenamento pátrio a prática da adesão à ARP por órgãos e entidades não participantes da licitação.

---

[940] BITTENCOURT. *Licitação de registro de preços*. 5. ed.

[941] NIEBUHR. *"Carona" em ata de registro de preços.*

Anote-se que não será possível a adesão a atas de registro de preços decorrentes de licitações regidas pela Lei nº 13.303/2016 (Lei das Estatais).

Já esposamos, no livro "A Nova Lei das Estatais",[942] que, acertadamente, a Lei nº 13.303/2016 (Lei das Estatais) prescreve, em seu art. 68, que os contratos celebrados pelas estatais não se subordinam ao regime jurídico de Direito Público, uma vez que sofrem incidência direta das regras de direito privado. Nesse sentido, não lhes são aplicáveis as chamadas cláusulas exorbitantes dos contratos administrativos, previstas tanto na vetusta Lei nº 8.666/1993 quanto na Nova Lei de Licitações (como, por exemplo, as prerrogativas de alteração e extinção unilateral).

Logo, o regime de contratação da Lei nº 13.303/2016 é diverso daquele disciplinado pela Lei nº 14.133/2021, que está lastreado no Direito Público.

Assim, tal fato claramente impede o uso por parte de órgãos da Administração direta, autárquica ou fundacional de atas de registro de preços oriundas de licitações realizadas por estatais, pois quando efetuam esses certames, estas estarão adotando o regime contratual de sua lei específica (a Lei nº 13.303/2016).

Nesse sentido, o Parecer nº 00002/2022/COORD/E-CJU/AQUISIÇÕES/CGU/AGU, da lavra do Advogado da União Ronny Charles Lopes de Torres:

> Nos contratos administrativos decorrentes da Lei nº 8.666/93 há forte incidência do direito público, o que gera características peculiares. (...) Pois bem, de forma diversa do preconizado pela Lei nº 8.666, que estabelece uma relação contratual "verticalizada", na qual a Administração detém diversas prerrogativas extraordinárias ou extravagantes, na Lei das Estatais (Lei nº 13.303/2016) a relação contratual sofre certa "horizontalização", uma vez que boa parte das prerrogativas extraordinárias são suprimidas. (...) Esta mudança, que parece singela, muda todo o pano de fundo das relações contratuais firmadas pelas estatais. Embora as redações dos dispositivos pareçam semelhantes, como ao tratar sobre alterações contratuais, eles pressupõem uma relação mais equilibrada, na qual, por exemplo, as alterações contratuais devem ser consensuais. Necessário então compreender que os contratos das estatais, lastreados na Lei nº 13.303/2016, restam despidos de boa parte das cláusulas exorbitantes previstas na Lei nº 8.666/93. Assim, quando realiza uma licitação para registro de preços, a estatal o faz adotando o seu regime legal de licitação e contratação, sendo, em princípio, aplicável também o respectivo regime contratual da Lei nº 13.303/2016. Esta constatação cria severo obstáculo à utilização de uma Ata decorrente de um SRP/Estatal por órgão da Administração direta ou mesmo por uma autarquia ou fundação pública.

Abraçando o assentado nesse Parecer, a Advocacia-Geral da União expediu a Orientação Normativa nº 20/2022, da Consultoria Jurídica da União Especializada Virtual em Aquisições, anotando que "não é admitida a adesão, por parte de órgãos públicos da Administração Direta Federal, a atas de registro de preços gerenciadas por empresas públicas e sociedades de economia mista, cujas contratações decorrentes sejam lastreadas na Lei nº 13.303/2016".

[942] BITTENCOURT. *A Nova Lei das Estatais*: novo regime de licitações e contratos nas empresas estatais.

Parágrafos 3º a 8º

3 Limites às adesões às Atas de Registro de Preços

Os parágrafos estabelecem parâmetros para as adesões.

Inicialmente, na versão original da lei, o §3º dispunha uma limitação à adesão a Atas de Registro de Preços. Ela só era permitida a órgãos e entidades da Administração Pública federal, estadual, distrital e municipal que, na condição de não participantes, desejassem aderir à ARP de órgão ou entidade gerenciadora federal, estadual ou distrital.

Esse regramento criou polêmica em função da não previsão de adesão a atas municipais, pois ficou a dúvida quanto à possibilidade da regulamentação dos estados e municípios sobre o SRP prever a adesão a atas municipais, uma vez que não se sabia se o texto configurava uma norma geral.

Sobre o assunto, Fabrício Mareco informou que o Tribunal de Contas do Estado de Minas Gerais (TCE-MG), respondendo consulta enviada por prefeito municipal (processo nº 1102289), posicionou-se no sentido de que municípios poderiam regulamentar o sistema de forma divergente da regra estabelecida inicialmente neste §3º, tendo em vista que se tratava de norma específica, que deveria ser aplicada apenas em âmbito federal. Assim, na avaliação do órgão de contas estadual, os municípios poderiam regulamentar de forma divergente, em conformidade com os princípios constitucionais da autonomia e da igualdade federativa estabelecidas na CF (art. 18).[943]

> Consulta: É possível adesão à Ata de Registro de Preços (carona) de um município em licitação para registro de preços gerenciada por outro município ou somente é possível dos municípios em relação as do Estado, Distrito Federal e União?

> Resposta: Compete ao Estado de Minas Gerais, em âmbito regional, e aos municípios mineiros, no âmbito local, regulamentar, com fundamento no art. 78, §1º, da Lei nº 14.133/2021, os procedimentos auxiliares, entre os quais se insere o sistema de registro de preços, oportunidade em que poderá dispor acerca da possibilidade ou não de adesão a atas de registro de preços municipais, além das distritais, estaduais e federais, na medida em que a previsão do §3º do art. 86 veicula norma específica aplicável apenas à Administração Pública federal.

Ocorre que o debate sobre a questão se manteve.

Nesse contexto, veio à tona a Lei nº 14.770, de 22.12.2023, que alterou, dentre outros dispositivos da Lei nº 14.133/2021, o §3º em comento, dispondo a matéria de forma diversa.

Segundo a nova redação do preceptivo, que estabelece regra genérica, a faculdade de adesão à ARP, na condição de não participante, poderá ser exercida:

a) por órgãos e entidades da Administração Pública federal, estadual, distrital e municipal, relativamente à ARP de órgão ou entidade gerenciadora federal, estadual ou distrital; ou

b) por órgãos e entidades da Administração Pública municipal, relativamente a ARP de órgão ou entidade gerenciadora municipal, desde que o SRP tenha sido formalizado mediante licitação.

---

943 MARECO. *Adesão a atas de registros de preços municipais*.

Ou seja, os entes de qualquer esfera federativa poderão aderir à ARP gerenciada por entes federais, estaduais e distritais (não sendo permitida, portanto, a adesão à ARP gerida por entes municipais); já os entes municipais poderão aderir às ARPs geridas por outros entes municipais, desde que tenham ocorrido licitações para as formalizações dos SRPs (não sendo possível, portanto, a adesão a SRPs advindos de afastamentos licitatórios). A exigência de prévia licitação intenciona mitigar o risco.

Não obstante, ainda que o §3º sinalize, em seu inc. I, permissão genérica de adesão, o §8º, especificamente voltado pra o âmbito federal, proíbe que órgãos e entidades da Administração Pública federal adiram à ARP gerenciada por órgão ou entidade estadual, distrital ou municipal. A intenção foi atender ao entendimento fixado pelo TCU no Acórdão nº 6.511/2009, que dispôs que a União não poderia aderir a essas atas porque a publicidade desses certames seria sempre menor do que a publicidade federal.

Extrai-se dos textos dos dois incisos do §3º e do §8º que:

- à ata federal poderão aderir órgãos e entidades de todos os entes federativos (§3º, I);
- a atas estaduais ou distritais poderão aderir órgãos e entidades dos estados, DF e municípios (§3º, I);
- à ata municipal poderão aderir órgãos e entidades dos municípios, desde que o SRP tenha sido formalizado por intermédio de licitação (§3º, II);
- órgãos e entidades federais não poderão aderir a atas estaduais, distritais ou municipais (§8º);
- órgãos e entidades estaduais e distritais não poderão aderir a atas municipais (falta de autorização legal).

Repetindo *ipsis litteris* texto do Decreto nº 7.892/2013, o §4º preceitua que as aquisições ou as contratações adicionais derivadas das adesões não poderão exceder, por órgão ou entidade, a 50% (cinquenta por cento) dos quantitativos dos itens do instrumento convocatório registrados na ARP para o órgão gerenciador e para os órgãos participantes.

Nesse contexto, se a ARP prescrever um quantitativo máximo estimado, por exemplo, de cem notebooks, sendo cinquenta do gerenciador e cinquenta dos participantes, cada "carona" só poderá solicitar, no máximo, cinquenta notebooks.

Também repisando mandamento do Decreto nº 7.892/2013, o §5º determina que o quantitativo decorrente das adesões à ARP não poderá exceder, na totalidade, ao dobro do quantitativo de cada item registrado na ata de registro de preços para o órgão gerenciador e os órgãos participantes, independentemente do número de órgãos não participantes que aderirem.

Assim, no mesmo exemplo, em cem notebooks (cinquenta do gerenciador e cinquenta dos participantes), o total para os "caronas", em conjunto, seria, no máximo, 200 notebooks.

Os §§6º e 7º prescrevem duas exceções importantes:

Reza o §6º que a adesão à ARP de órgão ou entidade gerenciadora do Poder Executivo federal por órgãos e entidades da Administração Pública estadual, distrital e municipal poderá ser exigida para fins de transferências voluntárias.[944]

[944] O repasse de recursos a título de auxílio financeiro de uma entidade federativa para outra tem a denominação de transferência voluntária. São, por assim dizer, as descentralizações de recursos que visam à concretização de

Tal adesão, contudo, não estará sujeita ao limite de que trata o §5º, caso destinada à execução descentralizada de programa ou projeto federal e comprovada a compatibilidade dos preços registrados com os valores praticados no mercado na forma do art. 23, que preceitua que o valor previamente estimado da contratação deverá ser compatível com os valores praticados pelo mercado, considerados os preços constantes de bancos de dados públicos e as quantidades a serem contratadas, observadas a potencial economia de escala e as peculiaridades do local de execução do objeto.

Por sua vez, o §7º excepcionou a aquisição emergencial de medicamentos e material de consumo médico-hospitalar por órgãos e entidades da Administração Pública federal, estadual, distrital e municipal.

Nesse caso, a adesão à ARP gerenciada pelo Ministério da Saúde também não estará sujeita ao limite de que trata o §5º.

Em tempos sombrios como os de hoje, que o mundo enfrenta a pandemia do coronavírus, a exceção é mais que providencial.

Como anota Juliano Heinen, a aplicação do SRP na área da saúde pública é muito bem-vinda:

> A Administração não tem como prever, de antemão, quantos medicamentos de determinada espécie estará obrigada a fornecer durante um ano, ou mesmo se terá dificuldade de armazenar todo este plantel de fármacos, caso os adquira de uma só vez. Com o registro de preços, ela consegue ir adquirindo a quantidade de remédios aos poucos, de acordo com a demanda da população. Em certos meses, pode necessitar de uma quantia diversa daquela comprada em outros períodos. Evita-se, ainda, a sobra de remédios, caso fosse adquirida quantidade fixa, mas a demanda da população foi bem aquém deste patamar. Neste caso, corre-se o risco de se ter remédios descartados pelo vencimento de seu prazo de validade.[945]

---

ações que seriam de competência do ente repassador. A definição legal de transferência voluntária é encontrada no art. 25 da Lei Complementar nº 101, de 4 de maio de 2000 (Lei de Responsabilidade Fiscal - LRF), *in verbis:*

Art. 25. Para efeito desta Lei Complementar, entende-se por transferência voluntária a entrega de recursos correntes ou de capital a outro ente da Federação, a título de cooperação, auxílio ou assistência financeira, que não decorra de determinação constitucional, legal ou os destinados ao Sistema Único de Saúde.

§1º São exigências para a realização de transferência voluntária, além das estabelecidas na lei de diretrizes orçamentárias:

I - existência de dotação específica;

II - (VETADO)

III - observância do disposto no inciso X do art. 167 da Constituição;

IV - comprovação, por parte do beneficiário, de: a) que se acha em dia quanto ao pagamento de tributos, empréstimos e financiamentos devidos ao ente transferidor, bem como quanto à prestação de contas de recursos anteriormente dele recebidos; b) cumprimento dos limites constitucionais relativos à educação e à saúde; c) observância dos limites das dívidas consolidada e mobiliária, de operações de crédito, inclusive por antecipação de receita, de inscrição em Restos a Pagar e de despesa total com pessoal; d) previsão orçamentária de contrapartida.

Logo, como conceitua a LRF, transferência voluntária é a entrega de recursos correntes ou de capital pela União a outro ente federativo, a título de cooperação, auxílio ou assistência financeira, que não decorra de determinação constitucional, legal ou os destinados ao SUS. (BITTENCOURT. *Convênios Administrativos e Outros Instrumentos de Transferência de Recursos Públicos*).

[945] A adesão, conhecida como "carona", ocorre quando os órgãos ou entidades que não participam do SRP aderem ao procedimento na condição de não participantes, como previsto no §2º do art. 86.

Seção VI
Do Registro Cadastral

Art. 87. Para os fins desta Lei, os órgãos e entidades da Administração Pública deverão utilizar o sistema de registro cadastral unificado disponível no Portal Nacional de Contratações Públicas (PNCP), para efeito de cadastro unificado de licitantes, na forma disposta em regulamento.

§1º O sistema de registro cadastral unificado será público e deverá ser amplamente divulgado e estar permanentemente aberto aos interessados, e será obrigatória a realização de chamamento público pela internet, no mínimo anualmente, para atualização dos registros existentes e para ingresso de novos interessados.

§2º É proibida a exigência, pelo órgão ou entidade licitante, de registro cadastral complementar para acesso a edital e anexos.

§3º A Administração poderá realizar licitação restrita a fornecedores cadastrados, atendidos os critérios, as condições e os limites estabelecidos em regulamento, bem como a ampla publicidade dos procedimentos para o cadastramento.

§4º Na hipótese a que se refere o §3º deste artigo, será admitido fornecedor que realize seu cadastro dentro do prazo previsto no edital para apresentação de propostas.

Artigo 87

1 Sistema de registro cadastral unificado

Conforme o disposto no art. 174, a Nova Lei cria o Portal Nacional de Contratações Públicas (PNCP), um sítio eletrônico oficial destinado à divulgação centralizada e obrigatória dos atos exigidos na lei, e realização facultativa das contratações pelos órgãos e entidades dos Poderes Executivo, Legislativo e Judiciário de todos os entes federativos.[946]

Consoante o §3º do dispositivo, o PNCP deverá, entre outras funcionalidades, oferecer sistema de registro cadastral unificado.

Nesse viés, este art. 87, remetendo a matéria à regulamentação posterior, disciplina que os órgãos e entidades da Administração Pública deverão utilizar o sistema de registro cadastral unificado disponível no Portal Nacional de Contratações Públicas (PNCP), para efeito de cadastro unificado de licitantes.

Verifica-se, assim, a intenção de transformar o atual Sistema de Cadastramento Unificado de Fornecedores (SICAF) da administração federal num sistema nacional.

946 Em agosto de 2021, o portal foi lançado oficialmente (sítio https://pncp.gov.br/).

Parágrafos 1º a 4º

2 Regras para o Sistema Nacional de Cadastramento

Apesar de remeter a matéria à regulamentação, os §§1 a 4º não se furtam de prever regras específicas para esse cadastro nacional.

O sistema deverá ser público, amplamente divulgado e permanentemente aberto aos interessados, sendo obrigatória a realização de chamamento público pela internet, no mínimo anualmente, para atualização dos registros existentes e para ingresso de novos interessados.

É vedada a exigência, pelo órgão ou entidade licitante, de registro cadastral complementar para acesso a edital e anexos.

A Administração poderá realizar licitação restrita a fornecedores cadastrados, atendidos os critérios, as condições e os limites estabelecidos em regulamento, bem como a ampla publicidade dos procedimentos para o cadastramento, devendo ser admitido fornecedor que realize seu cadastro dentro do prazo previsto no edital para apresentação de propostas.

Trata-se de aspiração antiga do Governo federal, que já havia tentado a prática, sem sucesso, no âmbito do sistema federal.

Escrevemos sobre a questão:

> Em sua redação original, o Decreto nº 3.722/2001 impunha aos licitantes a obrigatoriedade de cadastramento no SICAF para participação nos certames realizados por órgãos/entidades integrantes do SISG, exigência declarada insubsistente pelo TCU (Decisão nº 80/01-Plenário).[947] Em virtude disso, foi editado o Decreto nº 4.485/2002, alterando o Decreto nº 3.722, o qual passou a reconhecer a facultatividade do cadastramento no SICAF, considerando que "nos casos em que houver necessidade de assinatura do instrumento de contrato, e o proponente homologado não estiver inscrito no SICAF, o seu cadastramento deverá ser feito pela Administração, sem ônus para o proponente, antes da contratação, com base no reexame da documentação apresentada para habilitação, devidamente atualizada".[948]

Constata-se que, de certa forma, mesmo tendo abolido as modalidades de licitação convite e tomada de preços, a Nova Lei, ao possibilitar a feitura de licitação restrita a fornecedores cadastrados, oferece uma forma bem próxima dessas modalidades.

É o que também observou Simone Zanotello:

> Verificamos que não mais haverá as figuras do convite e da tomada de preços, não obstante o art. 87, §3º, prever que a Administração poderá realizar licitação restrita a fornecedores cadastrados, atendidos os critérios, as condições e os limites estabelecidos em regulamento, bem como a ampla publicidade dos procedimentos para o cadastramento. Verificamos que se trata de uma solução bem semelhante à tomada de preços ou a algumas situações do convite, que exigem o prévio cadastramento.[949]

---

947 Criticamos essa e outras irregularidades no artigo "As imperfeições do SICAF e os problemas operacionais de sua adoção". (BITTENCOURT. *Questões polêmicas sobre licitações e contratos administrativos*. 2. ed.).

948 BITTENCOURT. *Licitação passo a passo*. 11. ed.

949 OLIVEIRA. Diálogo competitivo – A nova modalidade de licitação da Lei nº 14.133/2021. *In*: HIGA *et al*. *Temas contemporâneos de direito público estudos em homenagem ao professor Kiyoshi Harada*.

Art. 88. Ao requerer, a qualquer tempo, inscrição no cadastro ou a sua atualização, o interessado fornecerá os elementos necessários exigidos para habilitação previstos nesta Lei.

§1º O inscrito, considerada sua área de atuação, será classificado por categorias, subdivididas em grupos, segundo a qualificação técnica e econômico-financeira avaliada, de acordo com regras objetivas divulgadas em sítio eletrônico oficial.

§2º Ao inscrito será fornecido certificado, renovável sempre que atualizar o registro.

§3º A atuação do contratado no cumprimento de obrigações assumidas será avaliada pelo contratante, que emitirá documento comprobatório da avaliação realizada, com menção ao seu desempenho na execução contratual, baseado em indicadores objetivamente definidos e aferidos, e a eventuais penalidades aplicadas, o que constará do registro cadastral em que a inscrição for realizada.

§4º A anotação do cumprimento de obrigações pelo contratado, de que trata o §3º deste artigo, será condicionada à implantação e à regulamentação do cadastro de atesto de cumprimento de obrigações, apto à realização do registro de forma objetiva, em atendimento aos princípios da impessoalidade, da igualdade, da isonomia, da publicidade e da transparência, de modo a possibilitar a implementação de medidas de incentivo aos licitantes que possuírem ótimo desempenho anotado em seu registro cadastral.

§5º A qualquer tempo poderá ser alterado, suspenso ou cancelado o registro de inscrito que deixar de satisfazer exigências determinadas por esta Lei ou por regulamento.

§6º O interessado que requerer o cadastro na forma do *caput* deste artigo poderá participar de processo licitatório até a decisão da Administração, e a celebração do contrato ficará condicionada à emissão do certificado referido no §2º deste artigo.

Artigo 88

1 Regras para inscrição no cadastro

O cadastramento é uma espécie de pré-habilitação. São registros de dados documentais relativos ao futuro licitante, com enfoque nos aspectos jurídicos, técnicos, econômico-financeiro e fiscais, que visam a simplificar os procedimentos de habilitação, economizando tempo da Administração e dos licitantes, facilitando sobremaneira o certame licitatório.

Nesse diapasão, o inc. II do art. 70 assinala que a documentação referida no Capítulo VI – Da Habilitação (arts. 62 a 69) – poderá ser substituída por registro cadastral emitido por órgão ou entidade pública, desde que previsto no edital e que o registro tenha sido feito em obediência ao disposto nesta Nova Lei.

Ao requerer, a qualquer tempo, inscrição no cadastro ou a sua atualização, o interessado fornecerá os elementos necessários exigidos para habilitação previstos nesta Lei.

Não raro, contudo, a habilitação na licitação será diversa do cadastramento, dado que, normalmente, o cadastro apenas permite uma averiguação parcial da documentação, uma espécie de avaliação de condições gerais. As condições específicas de um certame licitatório só poderão ocorrer no momento de sua instauração.

É o que também dispõe Renato Geraldo Mendes:

> Regra geral, as exigências relativas à qualificação técnica e econômico-financeira feitas para fins de habilitação são mais genéricas (tais como, por exemplo, a comprovação do registro e inscrição na entidade profissional competente, a apresentação de balanço patrimonial e de certidão negativa de falência), ficando as mais específicas para o momento da instauração do certame (já que estão diretamente relacionadas com as descrições definidas para o objeto licitado, tal como, por exemplo, a exigência de atestado comprobatório de execução anterior de objeto similar).[950]

Parágrafos 1º e 2º

2 Cadastramento por categorias e certificado

O cadastramento não é uma mera anotação de nome, telefone e endereço da empresa, conforme costumeiramente se faz em alguns órgãos.

Os inscritos devem ser classificados por categoria específica, consideradas suas especializações, tendo em vista qualificações técnicas e econômicas.

Assim, este §1º engendra que o inscrito no cadastro, considerada sua área de atuação, será classificado por categorias, subdivididas em grupos, segundo a qualificação técnica e econômico-financeira avaliada, de acordo com regras objetivas divulgadas em sítio eletrônico oficial.

Para materializar esse cadastramento, ao inscrito será fornecido certificado, renovável sempre que atualizar o registro.

Parágrafos 3º e 4º

3 Anotações cadastrais

Como asseveramos, o registro cadastral não se constitui mera anotação de dados. Ele precisa funcionar, ser dinâmico, formar e informar o perfil do cadastrado. Daí a necessidade de constantes registros referentes à atuação do contratado na execução de suas obrigações.

Destarte, este §3º registra que a atuação do contratado no cumprimento de obrigações assumidas será avaliada pelo contratante, que emitirá documento comprobatório da avaliação realizada, com menção ao seu desempenho na execução contratual,

---

[950] MENDES. *Registros cadastrais.*

baseado em indicadores objetivamente definidos e aferidos, e a eventuais penalidades aplicadas, o que constará do registro cadastral em que a inscrição for realizada.

Essas anotações serão de grande valia para a Administração, que poderá valer-se delas para, por exemplo, avaliar preços em compras ou serviços com valores abarcados pela dispensa de licitação.

Que fique claro, todavia, que registros que demonstrem atuação regular (sofrível) na execução de certo objeto, ou mesmo anotações concernentes a penalizações por advertências ou multas, não devem e não podem ser utilizados no sentido de impedir a participação em outras licitações. É o que também registra Ivan Barbosa Rigolin, que assenta que cadastrado algum poderá ser considerado "meio irregular" ou, em linguagem vulgar, "meio sujo". "Ou está impedido por inteiro, por pena aplicada, ou estará em pleno gozo de seus direitos".[951]

Nesse viés, o §4º preceitua que a anotação do cumprimento de obrigações pelo contratado será condicionada à implantação e à regulamentação do cadastro de atesto de cumprimento de obrigações, apto à realização do registro de forma objetiva, em atendimento aos princípios da impessoalidade, da igualdade, da isonomia, da publicidade e da transparência, de modo a possibilitar a implementação de medidas de incentivo aos licitantes que possuírem ótimo desempenho anotado em seu registro cadastral.

Parágrafo 5º

4 Modificações no cadastro

O cadastrado tem a obrigação de manter todas as condições de cadastramento para continuar inscrito, podendo (e devendo) alterá-lo quando necessário (ex. mudança de grupo, segundo critérios estabelecidos pela Administração).

Ao mesmo tempo, poderá ter seu registro suspenso ou cancelado caso o Poder Público tenha comprovado conhecimento de que deixou de preencher os requisitos exigidos, observados os princípios do contraditório e da ampla defesa, cabendo recurso administrativo quanto a qualquer decisão nesse aspecto, como dispõe o art. 165, I, "a".[952]

Vide que no Capítulo II-B (Título XI da Parte Especial do Decreto-Lei nº 2.848/1940 – Código Penal, o art. 337-N prescreve crime licitatório obstar, impedir ou dificultar injustamente a inscrição de qualquer interessado nos registros cadastrais ou promover indevidamente a alteração, a suspensão ou o cancelamento de registro do inscrito, com pena de reclusão, de 6 (seis) meses a 2 (dois) anos, e multa.

---

[951] RIGOLIN. *Manual prático das licitações*. 6. ed.

[952] Art. 165. Dos atos da Administração decorrentes da aplicação desta Lei cabem: I – recurso, no prazo de 3 (três) dias úteis, contado da data de intimação ou de lavratura da ata, em face de: a) ato que defira ou indefira pedido de pré-qualificação de interessado ou de inscrição em registro cadastral, sua alteração ou cancelamento.

Parágrafo 6º

5 Atraso na entrega do certificado de cadastro

Não raro, em função de burocracia ou outros fatores, o interessado requer a inscrição no cadastro ou a sua atualização, mas demora a receber o certificado de inscrição.

Nesses casos, reza o §6º que o interessado participará do processo licitatório até a decisão da Administração, ficando a celebração do contrato condicionada à emissão do referido certificado.

TÍTULO III
DOS CONTRATOS ADMINISTRATIVOS

CAPÍTULO I
DA FORMALIZAÇÃO DOS CONTRATOS

Art. 89. Os contratos de que trata esta Lei regular-se-ão pelas suas cláusulas e pelos preceitos de direito público, e a eles serão aplicados, supletivamente, os princípios da teoria geral dos contratos e as disposições de direito privado.
§1º Todo contrato deverá mencionar os nomes das partes e os de seus representantes, a finalidade, o ato que autorizou sua lavratura, o número do processo da licitação ou da contratação direta e a sujeição dos contratantes às normas desta Lei e às cláusulas contratuais.
§2º Os contratos deverão estabelecer com clareza e precisão as condições para sua execução, expressas em cláusulas que definam os direitos, as obrigações e as responsabilidades das partes, em conformidade com os termos do edital de licitação e os da proposta vencedora ou com os termos do ato que autorizou a contratação direta e os da respectiva proposta.

Artigo 89

1 O contrato

O termo *contrato*, derivado do latim *contractus*, significa pacto, convenção ou acordo de vontade.

Na história do Direito, a teoria contratual evoluiu com o passar do tempo, acompanhando a antiga questão de autonomia das pessoas, tendo como ideia matriz a de que, no contrato, em função da plenitude da manifestação de vontade, a liberdade é absoluta, uma vez que materializa um encontro de interesses.[953]

O contrato pode ser definido, portanto, como um ajuste celebrado livremente pelas partes, com o objetivo de "adquirir, resguardar, modificar ou extinguir direitos", como conceituava Clóvis Beviláqua, ou "para criar obrigações e direitos recíprocos", como demarcava Hely Lopes Meirelles.

Por essência, o contrato é bilateral (sinalagmático), pois, em oposição ao ato jurídico, que é unilateral, depende da convergência de vontades opostas em torno de um mesmo objeto;[954] comutativo, uma vez que estipula obrigações mútuas de obrigações

[953] Surgido no Direito Romano, com inspiração religiosa, o contrato estabeleceu-se inicialmente no âmbito do Direito Canônico. A partir dessa origem, um pouco antes da Revolução Francesa, a teoria da autonomia da vontade foi desenvolvida por estudiosos de todas as linhas de pensamento, quando se firmou posição no sentido da obrigatoriedade de pleno atendimento pelas partes das convenções, que passaram a ser equipadas com a própria lei.

[954] Há também os contratos unilaterais, quando apenas uma parte assume as obrigações, como na doação pura.

e vantagens; e, em regra, oneroso (podendo ser gratuito em situações excepcionais),[955] operando com força de lei entre as partes, devendo por elas ser fielmente atendido.[956]

Em termos genéricos, para que produza efeitos, tendo, por conseguinte, eficácia jurídica, o contrato deve conter: agentes capazes; objeto lícito e possível; forma prescrita ou não proibida em lei;[957] e livre manifestação de vontade das partes.

1.1 O contrato e o Estado

Com a contemporânea noção de personificação do Estado, fixou-se a natural possibilidade de, na sua atividade cotidiana – sendo pessoa jurídica e, por conseguinte, apta a adquirir clientes e contrair obrigações – celebrar os mais diversos contratos.

Conforme já registrado, enquanto os particulares dispõem de ampla liberdade para contratar (obras, serviços, fornecimentos etc.), o Estado, para fazê-lo, é obrigado a adotar um procedimento preliminar. Este procedimento obrigatório constitui-se na licitação pública (ou a inexigibilidade/dispensa).

Encerrada a licitação (ou procedido o afastamento do certame licitatório por dispensabilidade ou inexigibilidade), a Administração Pública, de regra, celebra o contrato com o terceiro vencedor da competição.

Portanto, regra geral, o contrato administrativo decorre da licitação, sendo o resultado desta vinculante para a Administração. Não se admite, por conseguinte, que, após a seleção da proposta vencedora, a Administração a ignore, deixando de celebrar o contrato.

Sobre o tema, é importante destacar um princípio que está intimamente atrelado à obrigatória celebração do contrato com o vencedor da licitação: o Princípio da Adjudicação Compulsória. No âmbito das contratações públicas, adjudicar é atribuir o objeto ao vencedor da licitação. Logo, em função do princípio, ao efetuar uma licitação, a Administração Pública obrigar-se-á a adjudicar o objeto desse certame ao vencedor. Em outras palavras, terminada a licitação, tendo ela um vencedor, a Administração não poderá adjudicar o objeto a outro, salvo se este vencedor, sem justificativa plausível, negar-se a firmar o contrato no prazo estabelecido, o que demandará a aplicação das sanções previstas.

1.2 Contratos da Administração

Sempre que a Administração Pública estabelecer um ajuste com um terceiro, objetivando a execução de um objeto pelo qual será procedida uma remuneração, estará celebrando um contrato.

Estando a Administração num dos polos desse contrato, convencionada está no ordenamento jurídico pátrio a denominação *Contrato da Administração*. Tal expressão é adotada, portanto, em sentido lato, abrangendo qualquer contrato celebrado pela

---

955 Nos gratuitos, somente uma das partes se compromete economicamente, com a doação pura.

956 Esse princípio advém dos brocardos do Direito Romano *lex inter partes* (lei entre as partes) e *pact sunt servada* (de força obrigatória, ou seja, para serem cumpridos).

957 A liberdade contratual autoriza a criação de contratos atípicos, isto é, não regulamentados pelo direito vigente, quando, então, as partes derrogam as normas em vigor e dão um conteúdo totalmente autônomo ao instrumento.

Administração Pública, que poderá reger-se tanto pelo direito público quanto pelo direito privado.

1.3 Subdivisão dos contratos da Administração

Os *contratos da Administração* subdividem-se em *Contratos privados celebrados pela Administração Pública* e *Contratos administrativos*.

1.3.1 Contratos privados celebrados pela Administração Pública

Contratos privados celebrados pela Administração Pública são aqueles solenizados com terceiros, regidos pelo direito privado. Nessa condição, a Administração situa-se no mesmo plano jurídico do particular.[958]

São exemplos: o contrato de locação de bem imóvel para uso da Administração, que é regulado pela Lei do Inquilinato, o contrato de comodato, também sob a égide do Direito Civil etc.

1.3.2 Contratos administrativos

Contratos administrativos são aqueles que a Administração Pública celebra com terceiros, visando à consecução de objetivos de interesse público. Por serem contratos típicos da Administração, regem-se precipuamente pelo direito público, com aplicação suplementar das normas de direito privado.

Nesse sentido, o art. 89, *caput*, prescreve que os contratos de que trata esta Nova Lei regular-se-ão pelas suas cláusulas e pelos preceitos de direito público, e a eles serão aplicados, supletivamente, os princípios da teoria geral dos contratos e as disposições de direito privado.

Nessa espécie contratual, a Administração participa com supremacia de poder e privilégio administrativo, que afloram nas chamadas "cláusulas exorbitantes",[959] derrogatórias do direito comum, ou seja, cláusulas que não constam dos contratos tradicionais, por conferirem prerrogativas para a Administração.

Por conseguinte, se admite no contrato administrativo restrições ao Princípio da Reciprocidade das Prestações, essência dos acordos bilaterais.

Consequentemente, o contrato administrativo pode ser conceituado como o acordo celebrado entre a Administração Pública e o particular, regido precipuamente pelo direito público, que objetiva uma atividade que reflita o interesse público.

---

[958] Alguns doutrinadores, considerando que a Administração Pública se encontra num dos polos do pacto, defendem que sempre existirão vantagens a favor do Poder Público. Outros, mais radicais, chegam a sustentar que todos os contratos celebrados pela Administração configuram um contrato administrativo, porque neles há sempre a interferência do regime jurídico administrativo. Assim, quanto à competência, à forma, ao procedimento e à finalidade, aplicar-se-ia sempre o Direito Público e nunca o Direito Privado.

[959] Também chamadas de "competências anômalas" ou "prerrogativas extraordinárias".

1.3.2.1 Sujeitos do contrato administrativo

São sujeitos do contrato administrativo:

a) a Administração Pública, que é a parte contratante;[960] e

b) a pessoa física ou jurídica, ou consórcio de pessoas jurídicas do acordo, celebrantes, que é a parte contratada.[961]

Observe-se as definições do art. 6º (inc, VII e VIII):

- Contratante: pessoa jurídica integrante da Administração Pública responsável pela contratação.
- Contratado: pessoa física ou jurídica, ou consórcio de pessoas jurídicas, signatária de contrato com a Administração.

1.3.2.2 Características do contrato administrativo

A natureza peculiar do contrato administrativo determina-lhe características próprias, listadas a seguir, embora, evidentemente, algumas sejam inerentes a qualquer tipo de contrato:

- Bilateralidade, por ser um acordo de vontades que prevê obrigações e direitos de ambas as partes;
- Onerosidade, porque sempre remunerado;
- Formalismo, expressando-se sempre por escrito;
- Comutatividade, porque estabelece deveres recíprocos;
- Natureza personalíssima (realizado *intuitu personae*), não podendo o particular deixar de atendê-lo de forma direta, estando impedido de transferi-lo para ser executado por terceiros, a não ser com a anuência da Administração; e
- Precedido de licitação (ou de inexigibilidade/dispensabilidade).

Parágrafo 1º e 2º

2 As cláusulas contratuais

Como qualquer acordo, os contratos a serem celebrados pela Administração devem estabelecer com exatidão as condições para a sua execução. Para tal, é imperiosa a necessidade de definição de cláusulas que bem estabeleçam obrigações, responsabilidades e direitos, sempre atreladas aos termos do certame licitatório realizado (ou ao previsto no processo de afastamento de licitação) e, é claro, à proposta oferecida.

Nesse contexto, o §1º prescreve que todo contrato, para ter eficácia jurídica, deverá mencionar:

---

960 No caso, a expressão "Administração Pública" abarca a Administração direta e parte da indireta (autarquias e fundações públicas).

961 É possível que os sujeitos do contrato administrativo sejam pessoas administrativas. Nesse caso, entrementes, a relação jurídica, em tese, mais se assemelhará aos convênios, acordos que traduzem interesses comuns e coincidentes dos partícipes. Sobre convênios administrativos, sugerimos a leitura de nosso "Convênios Administrativos e outros instrumentos de transferência de recursos públicos". (BITTENCOURT. *Convênios Administrativos e Outros Instrumentos de Transferência de Recursos Públicos*).

- Os nomes das partes e os de seus representantes;
- A finalidade;
- O ato que autorizou sua lavratura;
- O número do processo da licitação ou da contratação direta; e
- A sujeição dos contratantes às normas desta Lei nº 14.133/2021 e às cláusulas contratuais.

E o §2º informa que seus termos deverão estabelecer com clareza e precisão as condições para sua execução, expressas em cláusulas que definam os direitos, as obrigações e as responsabilidades das partes, sempre em total conformidade com os termos do edital licitatório e os da proposta vencedora, ou com os termos do ato que autorizou a contratação direta e os da respectiva proposta.

2.1 Contratos oriundos de contratação direta

Seja qual for a origem do contrato – precedido de licitação ou decorrente de dispensabilidade ou inexigibilidade –, a Administração sempre estará vinculada ao respectivo processo administrativo que contém entranhado o ato de adjudicação, autorizador da contratação.

Por conseguinte, os contratos decorrentes de dispensabilidade ou de inexigibilidade de licitação deverão atender aos termos do ato que os autorizou e da respectiva proposta. Logo, será nulo o contrato, mesmo na hipótese de não elaboração de licitação, quando não atenderem aos atos processuais prévios.

2.2 Os "contratos guarda-chuva"

No meio privado, em função de conveniências específicas, muitas vezes celebra-se contrato cujo objeto é amplo e abrangente, quase sempre impreciso – e que, em função dessas características, às vezes dá margem a diversas interpretações e contestações. É o denominado "contrato guarda-chuva".

Obviamente, esse tipo de ajuste não pode ser adotado na Administração, em face da necessidade de clareza dos contratos administrativos. O TCU tem exarado decisões específicas sobre a matéria, recriminando o uso de tal contrato, como o Acórdão nº 717/2005 – Plenário, que determinou que a Petrobras Química S.A. (Petroquisa) deixasse de firmar contrato com objeto amplo e indefinido, do tipo "guarda-chuva", ou o Acórdão nº 2.888/2011 – 2ª Câmara, no qual determinou ao SESI/RS que se abstivesse de firmar contrato com objeto amplo e indefinido do tipo "guarda-chuva".

Para dar fim a esse tipo de contrato, o TCU sumulou a matéria:

> Súmula nº 177 – A definição precisa e suficiente do objeto licitado constitui regra indispensável da competição, até mesmo como pressuposto do postulado de igualdade entre os licitantes, do qual é subsidiário o princípio da publicidade, que envolve o conhecimento, pelos concorrentes potenciais das condições básicas da licitação, constituindo, na hipótese particular da licitação para compra, a quantidade demandada uma das especificações mínimas e essenciais à definição do objeto do pregão.

Tratando da questão, a Controladoria-Geral da União (CGU) orientou os entes da Administração indicando que "contrato do tipo 'guarda-chuva' é o contrato com objeto amplo e indefinido, ou que contenha vários objetos. Nestes casos, a orientação dos órgãos de controle é no sentido de que a assinatura desses tipos de contratos seja vedada".[962]

[962] Cf.: CONTROLADORIA-GERAL DA UNIÃO – CGU. *Licitações e contratos administrativos.*

Art. 90. A Administração convocará regularmente o licitante vencedor para assinar o termo de contrato ou para aceitar ou retirar o instrumento equivalente, dentro do prazo e nas condições estabelecidas no edital de licitação, sob pena de decair o direito à contratação, sem prejuízo das sanções previstas nesta Lei.

§1º O prazo de convocação poderá ser prorrogado 1 (uma) vez, por igual período, mediante solicitação da parte durante seu transcurso, devidamente justificada, e desde que o motivo apresentado seja aceito pela Administração.

§2º Será facultado à Administração, quando o convocado não assinar o termo de contrato ou não aceitar ou não retirar o instrumento equivalente no prazo e nas condições estabelecidas, convocar os licitantes remanescentes, na ordem de classificação, para a celebração do contrato nas condições propostas pelo licitante vencedor.

§3º Decorrido o prazo de validade da proposta indicado no edital sem convocação para a contratação, ficarão os licitantes liberados dos compromissos assumidos.

§4º Na hipótese de nenhum dos licitantes aceitar a contratação nos termos do §2º deste artigo, a Administração, observados o valor estimado e sua eventual atualização nos termos do edital, poderá:

I – convocar os licitantes remanescentes para negociação, na ordem de classificação, com vistas à obtenção de preço melhor, mesmo que acima do preço do adjudicatário;

II – adjudicar e celebrar o contrato nas condições ofertadas pelos licitantes remanescentes, atendida a ordem classificatória, quando frustrada a negociação de melhor condição.

§5º A recusa injustificada do adjudicatário em assinar o contrato ou em aceitar ou retirar o instrumento equivalente no prazo estabelecido pela Administração caracterizará o descumprimento total da obrigação assumida e o sujeitará às penalidades legalmente estabelecidas e à imediata perda da garantia de proposta em favor do órgão ou entidade licitante.

§6º A regra do §5º não se aplicará aos licitantes remanescentes convocados na forma do inciso I do §4º deste artigo.

§7º Será facultada à Administração a convocação dos demais licitantes classificados para a contratação de remanescente de obra, de serviço ou de fornecimento em consequência de rescisão contratual, observados os mesmos critérios estabelecidos nos §§2º e 4º deste artigo.

Artigo 90

1 Convocação do vencedor da licitação (adjudicatário)

Encerrada a licitação, adentra-se à fase de convocação do adjudicatário (vencedor da licitação ao qual foi adjudicado o objeto da licitação) para celebração do respectivo contrato.

Trata-se de faculdade da Administração, que poderá, em função do interesse público, baseando-se em oportunidade, conveniência e interesse, não celebrar o contrato.

Por outro lado, o adjudicatário assume o direito subjetivo de não ser preterido na assinatura do contrato, caso a Administração mantenha o interesse na celebração.

A Administração não pode, sob nenhuma hipótese, preterir o primeiro colocado no certame, pois, se isso fosse possível, inexistiria sentido na prévia licitação.

Ao mesmo tempo, não pode o vencedor da licitação, já guindado à posição de "adjudicatário", desatender ao chamamento da Administração para a celebração do acordo, sob pena de decadência do direito de ser contratado, além das penalizações que lhes serão impostas, nos termos previamente previstos no ato convocatório.

Destaca-se que o direito subjetivo de contratação do adjudicatário ocorre na hipótese de a Administração vir realmente a contratar o objeto licitado, ou seja, se houver um contrato, ele terá que ser assinado com ele.

É de se enfatizar a maneira que tal direito se manifesta, porquanto, na verdade, dependendo da conveniência e interesse, a Administração não está obrigada a contratar caso, por motivo justificado, haja desinteresse pela contratação. Uma situação superveniente, por exemplo, nova e excepcional, ou mesmo um abrupto e inesperado corte de recursos, poderá motivar tal desinteresse. Verdadeiramente, o adjudicatário, em termos jurídicos, constitui-se como titular da expectativa de direito à contratação.

Parágrafo 1º

2 Prorrogação do prazo de contratação

O adjudicatário poderá pleitear a prorrogação do prazo de contratação, desde que o justifique e o motivo seja aceito pela Administração. Inexistindo motivo aceitável, não poderá o agente público permitir a prorrogação.

Vencido o prazo de prorrogação – que só poderá ocorrer uma vez e no mesmo lapso de tempo previsto para a convocação inicial – ou não tendo sido ela concedida, o adjudicatário deverá ser considerado faltoso, pelo que serão aplicadas a ele as sanções cabíveis, facultando-se à Administração a convocação dos classificados remanescentes, conforme se verificará no §2º a seguir.

Parágrafo 2º

3 Convocação de demais licitantes

O não atendimento do adjudicatário à convocação para celebração do contrato autoriza a Administração a convocar os demais classificados na licitação, na estrita ordem de classificação, para assinatura do acordo em idênticas condições propostas pelo primeiro colocado no certame.

Acresça-se que o adjudicatário faltoso deverá sofrer, obrigatoriamente, as penalizações previstas no ato convocatório, como anota o §5º, não estando o agente público autorizado a relevá-las, a não ser por justo motivo, devidamente comprovado e aceito pela Administração, o mesmo não ocorrendo com os demais classificados consultados, que poderão declinar do chamado.

Parágrafo 3º

4 Prazo de validade da proposta

Decorrido o prazo de validade da proposta indicado no edital sem o chamamento para a celebração do acordo, descompromissado estará o adjudicatário.

Pode ocorrer, porém, que tanto o adjudicatário quanto a Administração mantenham o interesse na contratação, mesmo já superado o período de validade da proposta. Reputa-se que, nesse caso, não há impedimentos para a concretização do ajuste.

> Acórdão TCU nº 2.167/2008-Plenário – Rel.: Min. Augusto Nardes – Sumário: Representação. Expiração de prazo de validade de propostas licitatórias por inércia administrativa. Desistência da licitante vencedora em celebrar contrato em razão da demora. Análise das justificativas. Acolhimento. Determinação. Arquivamento.
>
> 1. É dever da administração pública, sempre que se mostrar demorada a tramitação do processo licitatório pertinente, obter das empresas envolvidas a prorrogação do prazo de validade de suas propostas pelo tempo necessário, podendo, no entanto, a conduta do gestor faltoso nesse dever, ausentes elementos que demonstrem a má-fé ou a omissão desidiosa e injustificada, ser atenuada pela presunção de manutenção das propostas por parte das empresas, por serem elas as principais interessadas na contratação.

Parágrafo 4º

5 Possibilidade de negociação

O parágrafo traz novidade significativa, permitindo a negociação com os licitantes remanescentes, numa tentativa de salvar a licitação, considerando, é claro, o valor previamente estimado, autorizando, inclusive, a atualização do preço, considerando as eventuais oscilações de mercado.

Assim, caso nenhum dos licitantes remanescentes aceite a contratação nas condições propostas pelo licitante vencedor, a Administração, observados o valor estimado e sua eventual atualização, poderá convocar os licitantes remanescentes para negociação, na ordem de classificação, com vistas à obtenção de preço melhor, mesmo que acima do preço do adjudicatário.

Se frustrada a negociação de melhor condição, poderá adjudicar e celebrar o contrato nas condições ofertadas pelos licitantes remanescentes, atendida a ordem classificatória.

Parágrafo 5º

6 Recusa injustificada do adjudicatário em assinar o contrato

Adjudicatário é aquele a quem é atribuído o objeto da licitação, por tê-la vencido, e, por via de consequência, a quem a Administração outorga o direito de ser contratado para a execução do objeto pretendido. Trata-se de um direito subjetivo, o que permite ao mesmo pleitear judicialmente a celebração do acordo, caso o Poder Público realmente resolva assiná-lo.

A Administração não está obrigada a contratar; todavia, caso o faça, lhe é imposto fazê-lo com o adjudicatário.

Por outro lado, o adjudicatário não pode recusar-se a assinar o contrato (ou retirar o instrumento equivalente, isto é, o documento substitutivo que a Administração utilizar, como lhe é facultado em casos especiais), salvo se apresentar justificativa plausível e aceita pela Administração.

Outra hipótese de recusa permitida é a que ocorre se o chamamento para a celebração do contrato ocorrer após o esgotamento do prazo estabelecido no instrumento convocatório para validade de proposta. Entretanto, é bom lembrar, nada impede que o contrato seja celebrado após esse prazo, nas mesmas condições propostas, caso haja a aquiescência do adjudicatário.

A recusa injustificada sujeita o adjudicatário às sanções administrativas previstas (advertência, multa, impedimento de licitar ou contratar e declaração de inidoneidade), independentemente de responsabilização civil ou penal.

O tratamento dado ao chamado "adjudicatário faltoso" é exatamente o mesmo que é determinado ao contratado inadimplente.

Ao revés, não se deve confundir as figuras jurídicas que envolvem a hipótese. No caso do adjudicatário faltoso, a punição se dá em função do descumprimento total da obrigação assumida.

Com a propositura de preço, participando efetivamente do certame licitatório, o adjudicatário assume um compromisso perante a Administração, qual seja, o de celebrar o contrato na forma proposta. Não atendendo ao chamado, frustra o objetivo da licitação e origina situação danosa para a Administração. A proposta apresentada caracteriza-se como uma responsabilidade pré-contratual, passível, nos termos da lei, de sanção por descumprimento.

Já o "contratado inadimplente" deverá ser punido em função do não atendimento do compromisso contratual assumido.

É de se alertar para dois aspectos de vital importância: a) a sanção pecuniária (multa) só poderá ser aplicada se no instrumento convocatório constar, de forma explícita, essa possibilidade, com indicação precisa do percentual sobre o valor proposto; e b) a Administração não pode relevar aplicação da penalização, por não ser lícito ao administrador público abrir mão de direito do Estado.

Parágrafo 6º

7 Não aplicação aos demais licitantes convocados

Recusando-se o adjudicatário a assinar o contrato, a Administração poderá convocar os licitantes remanescentes consoante as regras previstas nos §§2º e 4º. Nesse caso, entretanto, os licitantes convocados não estarão obrigados a aceitar a contratação, não sendo permitida nenhuma punição por essa negativa.

Parágrafo 7º

8 Convocação para a contratação de remanescente de obra, de serviço ou de fornecimento

Na Lei nº 8.666/1993 consta como motivo de dispensabilidade licitatória a contratação de remanescente de obra, serviço ou fornecimento, em consequência de rescisão contratual, desde que atendida a ordem de classificação da licitação anterior e aceitas as mesmas condições oferecidas pelo licitante vencedor, inclusive quanto ao preço, devidamente corrigido.

O legislador da Nova Lei julgou desnecessário elencar a hipótese no rol de dispensabilidades, mas não a deixou de fora do diploma, porquanto, neste parágrafo 7º anotou a faculdade de a Administração convocar os demais licitantes classificados para a contratação de remanescente de obra, de serviço ou de fornecimento, em consequência de rescisão contratual, devendo observar os mesmos critérios estabelecidos nos §§2º e 4º.

Art. 91. Os contratos e seus aditamentos terão forma escrita e serão juntados ao processo que tiver dado origem à contratação, divulgados e mantidos à disposição do público em sítio eletrônico oficial.

§1º Será admitida a manutenção em sigilo de contratos e de termos aditivos quando imprescindível à segurança da sociedade e do Estado, nos termos da legislação que regula o acesso à informação.

§2º Contratos relativos a direitos reais sobre imóveis serão formalizados por escritura pública lavrada em notas de tabelião, cujo teor deverá ser divulgado e mantido à disposição do público em sítio eletrônico oficial.

§3º Será admitida a forma eletrônica na celebração de contratos e de termos aditivos, atendidas as exigências previstas em regulamento.

§4º Antes de formalizar ou prorrogar o prazo de vigência do contrato, a Administração deverá verificar a regularidade fiscal do contratado, consultar o Cadastro Nacional de Empresas Inidôneas e Suspensas (Ceis) e o Cadastro Nacional de Empresas Punidas (Cnep), emitir as certidões negativas de inidoneidade, de impedimento e de débitos trabalhistas e juntá-las ao respectivo processo.

Artigo 91 e Parágrafos 1º e 2º

1 Formalização do contrato administrativo

Todos os contratos ou seus substitutivos legais devem obrigatoriamente ser escritos (formalizados), em face da necessidade de os negócios administrativos possuírem prova documental de sua existência e registros para controle. A forma é o sinal tangível por meio do qual se revela o sujeito que a exprime (a vontade), constituindo o conteúdo do ato. Trata-se de fenômeno exterior, que assume uma veste, modo com que se manifesta a vontade, colocando-a como uma entidade objetiva.[963]

A esse respeito, já dispôs o TCU que a Administração deve evitar aderir aos modelos-padrões fornecidos pelas empresas, devendo buscar forma própria para os termos de seus contratos.[964]

Assim, a Nova Lei preceitua que os contratos e seus aditamentos terão forma escrita e serão juntados ao processo que tiver dado origem à contratação, divulgados e mantidos à disposição do público em sítio eletrônico oficial, ressalvadas as exigências legais específicas, como ocorre nos casos de direitos reais sobre imóveis, que são formalizados obrigatoriamente por escritura pública lavrada em notas de tabelião, cujo teor também deverá ser divulgado e mantido à disposição em sítio eletrônico.

Além de objetivarem dar ordem aos documentos, as exigências buscam assegurar o pleno controle, facilitando possíveis verificações e auditorias, bem como total transparência, com divulgação na internet.

---

[963] CRETELLA JÚNIOR. *Curso de direito administrativo.*

[964] Decisão nº 397/96 (*DOU*, 23 jul. 1996).

Anote-se a natural autorização de sigilo, no caso da necessidade de alguns contratos e de termos aditivos enquadrados nessa condição, quando imprescindível à segurança da sociedade e do Estado, nos termos da legislação que regula o acesso à informação.

Parágrafo 3º

2 Contrato na forma eletrônica

Com o avanço tecnológico, a assinatura efetivada por meio de chaves privadas e reconhecida por chaves públicas adquiriu eficácia jurídica no País. Inclusive, no Brasil, foi instituída a Infraestrutura de Chaves Públicas Brasileira (ICP-Brasil), com o objetivo de dar credibilidade aos documentos produzidos eletronicamente. Nesse passo, o parágrafo admite a forma eletrônica na celebração de contratos e de termos aditivos, atendidas as exigências previstas em regulamento.

As declarações constantes dos documentos em forma eletrônica produzidos com a utilização de processo de certificação disponibilizado pela ICP-Brasil presumem-se verdadeiros em relação aos signatários, na forma do art. 219 da Lei nº 10.406/2002 (Código Civil), o qual informa que "as declarações constantes de documentos assinados se presumem verdadeiras em relação aos signatários".

Parágrafo 4º

3 Providências anteriores à celebração do contrato ou de termos aditivos prorrogatórios

O art. 155 desta Nova Lei elenca infrações cometidas por licitantes ou contratados, responsabilizando-os administrativamente. Entre as sanções aplicáveis, listadas no art. 156, há o impedimento de licitar e contratar com a Administração e a declaração de inidoneidade para licitar ou contratar.

Contudo, na prática, durante anos e anos, sempre foi muito difícil saber se a empresa estava incursa numa dessas sanções.

Para dar cabo a essa deficiência foi criado o Cadastro Nacional de Empresas Inidôneas e Suspensas (CEIS), que apresenta a relação de empresas e pessoas físicas que sofreram sanções que implicaram a restrição de participar de licitações ou de celebrar contratos com a Administração Pública, constante no Portal da Transparência da Controladoria-Geral da União (CGU), e o Cadastro Nacional de Empresas Punidas (CNEP), que apresenta a relação de empresas que sofreram qualquer das punições previstas na Lei nº 12.846/2013 (Lei Anticorrupção).

Destarte, o §4º determina que, antes de formalizar ou prorrogar o prazo de vigência do contrato, a Administração deverá consultar o Cadastro Nacional de Empresas Inidôneas e Suspensas (Ceis) e o Cadastro Nacional de Empresas Punidas (Cnep).

Além disso, tal como procedido na fase de habilitação, deverá verificar a regularidade fiscal do contratado e emitir as certidões negativas de inidoneidade, de impedimento e de débitos trabalhistas, juntando-as ao respectivo processo.

Art. 92. São necessárias em todo contrato cláusulas que estabeleçam:

I – o objeto e seus elementos característicos;

II – a vinculação ao edital de licitação e à proposta do licitante vencedor ou ao ato que tiver autorizado a contratação direta e à respectiva proposta;

III – a legislação aplicável à execução do contrato, inclusive quanto aos casos omissos;

IV – o regime de execução ou a forma de fornecimento;

V – o preço e as condições de pagamento, os critérios, a data-base e a periodicidade do reajustamento de preços e os critérios de atualização monetária entre a data do adimplemento das obrigações e a do efetivo pagamento;

VI – os critérios e a periodicidade da medição, quando for o caso, e o prazo para liquidação e para pagamento;

VII – os prazos de início das etapas de execução, conclusão, entrega, observação e recebimento definitivo, quando for o caso;

VIII – o crédito pelo qual correrá a despesa, com a indicação da classificação funcional programática e da categoria econômica;

IX – a matriz de risco, quando for o caso;

X – o prazo para resposta ao pedido de repactuação de preços, quando for o caso;

XI – o prazo para resposta ao pedido de restabelecimento do equilíbrio econômico-financeiro, quando for o caso;

XII – as garantias oferecidas para assegurar sua plena execução, quando exigidas, inclusive as que forem oferecidas pelo contratado no caso de antecipação de valores a título de pagamento;

XIII – o prazo de garantia mínima do objeto, observados os prazos mínimos estabelecidos nesta Lei e nas normas técnicas aplicáveis, e as condições de manutenção e assistência técnica, quando for o caso;

XIV – os direitos e as responsabilidades das partes, as penalidades cabíveis e os valores das multas e suas bases de cálculo;

XV – as condições de importação e a data e a taxa de câmbio para conversão, quando for o caso;

XVI – a obrigação do contratado de manter, durante toda a execução do contrato, em compatibilidade com as obrigações por ele assumidas, todas as condições exigidas para a habilitação na licitação, ou para a qualificação, na contratação direta;

XVII – a obrigação de o contratado cumprir as exigências de reserva de cargos prevista em lei, bem como em outras normas específicas, para pessoa com deficiência, para reabilitado da Previdência Social e para aprendiz;

XVIII – o modelo de gestão do contrato, observados os requisitos definidos em regulamento;

XIX – os casos de extinção.

§1º Os contratos celebrados pela Administração Pública com pessoas físicas ou jurídicas, inclusive as domiciliadas no exterior, deverão conter cláusula que declare competente o foro da sede da Administração para dirimir qualquer questão contratual, ressalvadas as seguintes hipóteses:
I – licitação internacional para a aquisição de bens e serviços cujo pagamento seja feito com o produto de financiamento concedido por organismo financeiro internacional de que o Brasil faça parte ou por agência estrangeira de cooperação;
II – contratação com empresa estrangeira para a compra de equipamentos fabricados e entregues no exterior precedida de autorização do Chefe do Poder Executivo;
III – aquisição de bens e serviços realizada por unidades administrativas com sede no exterior.
§2º De acordo com as peculiaridades de seu objeto e de seu regime de execução, o contrato conterá cláusula que preveja período antecedente à expedição da ordem de serviço para verificação de pendências, liberação de áreas ou adoção de outras providências cabíveis para a regularidade do início de sua execução.
§3º Independentemente do prazo de duração, o contrato deverá conter cláusula que estabeleça o índice de reajustamento de preço, com data-base vinculada à data do orçamento estimado, e poderá ser estabelecido mais de um índice específico ou setorial, em conformidade com a realidade de mercado dos respectivos insumos.
§4º Nos contratos de serviços contínuos, observado o interregno mínimo de 1 (um) ano, o critério de reajustamento de preços será por:
I – reajustamento em sentido estrito, quando não houver regime de dedicação exclusiva de mão de obra ou predominância de mão de obra, mediante previsão de índices específicos ou setoriais;
II – repactuação, quando houver regime de dedicação exclusiva de mão de obra ou predominância de mão de obra, mediante demonstração analítica da variação dos custos.
§5º Nos contratos de obras e serviços de engenharia, sempre que compatível com o regime de execução, a medição será mensal.
§6º Nos contratos para serviços contínuos com regime de dedicação exclusiva de mão de obra ou com predominância de mão de obra, o prazo para resposta ao pedido de repactuação de preços será preferencialmente de 1 (um) mês, contado da data do fornecimento da documentação prevista no §6º do art. 135 desta Lei.
§7º Para efeito do disposto nesta Lei, consideram-se como adimplemento da obrigação contratual a prestação do serviço, a realização da obra ou a entrega do bem, ou parcela destes, bem como qualquer outro evento contratual a cuja ocorrência esteja vinculada a emissão de documento de cobrança. (Incluído pela Lei nº 14.770, de 2023).

Artigo 92

1 Cláusulas necessárias

Os contratos administrativos possuem cláusulas que fixam o objeto do acordo e estabelecem as condições imprescindíveis para a sua execução. Tais cláusulas são necessárias (também chamadas obrigatórias ou essenciais), uma vez que, sem elas, ocorreria a nulidade contratual.

Assim, são obrigatórias nos contratos as cláusulas que estabeleçam:

a) o objeto e seus elementos característicos;

b) a vinculação ao edital de licitação e à proposta do licitante vencedor ou ao ato que tiver autorizado a contratação direta e à respectiva proposta;

c) a legislação aplicável à execução do contrato, inclusive quanto aos casos omissos;

d) o regime de execução ou a forma de fornecimento;

e) o preço e as condições de pagamento, os critérios, a data-base e a periodicidade do reajustamento de preços e os critérios de atualização monetária entre a data do adimplemento das obrigações e a do efetivo pagamento;

f) os critérios e a periodicidade da medição, quando for o caso, e o prazo para liquidação e para pagamento;

g) os prazos de início das etapas de execução, conclusão, entrega, observação e recebimento definitivo, quando for o caso;

h) o crédito pelo qual correrá a despesa, com a indicação da classificação funcional programática e da categoria econômica;

i) a matriz de risco, quando for o caso;

j) o prazo para resposta ao pedido de repactuação de preços, quando for o caso;

k) o prazo para resposta ao pedido de restabelecimento do equilíbrio econômico-financeiro, quando for o caso;

l) as garantias oferecidas para assegurar sua plena execução, quando exigidas, inclusive as que forem oferecidas pelo contratado no caso de antecipação de valores a título de pagamento;

m) o prazo de garantia mínima do objeto, observados os prazos mínimos legais estabelecidos e previstos nas normas técnicas aplicáveis, e as condições de manutenção e assistência técnica, quando for o caso;

n) os direitos e as responsabilidades das partes, as penalidades cabíveis e os valores das multas e suas bases de cálculo;

o) as condições de importação e a data e a taxa de câmbio para conversão, quando for o caso;

p) a obrigação do contratado de manter, durante toda a execução do contrato, em compatibilidade com as obrigações por ele assumidas, todas as condições exigidas para a habilitação na licitação, ou para a qualificação, na contratação direta;

q) a obrigação de o contratado cumprir as exigências de reserva de cargos prevista em lei, bem como em outras normas específicas, para pessoa com deficiência, para reabilitado da Previdência Social e para aprendiz;

r) o modelo de gestão do contrato, observados os requisitos definidos em regulamento; e
s) os casos de extinção contratual.

Inciso I

1.1 Objeto do contrato

O objeto é fundamental em qualquer acordo, pois, sem ele, ainda que subsistam todas as outras cláusulas contratuais, inexiste o pacto, porquanto indica o que se deseja efetivamente com o contrato. Trata-se, portanto, de ponto central, devendo ser claro e bem definido.

Ademais, o objeto contratual tem que ser possível, lícito e suscetível de operação econômica. O objeto configura a operação que as partes buscam realizar, correspondendo, além de uma prestação lícita e possível, a uma valoração econômica.

A definição do objeto contratual subordina-se aos termos do ato convocatório, e, é claro, à proposta selecionada. Destarte, todos os dados identificadores do objeto deverão ser indicados no objeto, de modo a permitir o controle de qualidade no momento da execução do ajuste.

Inciso II

1.2 Vinculação ao edital e à proposta

Procurando evitar a descaracterização no curso da execução do contrato das regras previamente estabelecidas, deverá constar no contrato administrativo cláusula que confirme o Princípio do Vínculo ao Instrumento Convocatório e, é claro, a vinculação à proposta do licitante vencedor.

Do mesmo modo, nos casos de contratação por dispensa ou inexigibilidade, com vinculação intrínseca ao ato de autorização da contratação direta e à respectiva proposta.

Inciso III

1.3 Legislação aplicável

Determina o inciso III a menção da legislação aplicável em cláusula contratual específica.

Registre-se que, além desta Nova Lei federal que rege a matéria, há outros diplomas legais especiais inerentes ao objeto do contrato que poderão ser citados.

É de se relembrar, contudo, que a menção a normas regedoras é meramente ilustrativa, pois, em função do Princípio da Legalidade, jamais deixarão de ser aplicados caso ocorra esquecimento do elaborador do contrato.

Inciso IV

1.4 Regime de execução ou forma de fornecimento

1.4.1 Regimes de execução

Regimes de execução são maneiras passíveis de serem adotadas para a execução dos contratos, não devendo ser confundidos com modalidades licitatórias.

O art. 46 enumera os regimes de execução admitidos nas contratações de obras e serviços de engenharia: empreitada por preço unitário; empreitada por preço global; empreitada integral; contratação por tarefa; contratação integrada; contratação semi-integrada; e fornecimento e prestação de serviço associado.

Os incs. XXVIII a XXXIV do art. 6º oferecem as definições de cada um deles:

- Empreitada por preço unitário: contratação da execução da obra ou do serviço por preço certo de unidades determinadas.
- Empreitada por preço global: contratação da execução da obra ou do serviço por preço certo e total.
- Empreitada integral: contratação de empreendimento em sua integralidade, compreendida a totalidade das etapas de obras, serviços e instalações necessárias, sob inteira responsabilidade do contratado até sua entrega ao contratante em condições de entrada em operação, com características adequadas às finalidades para as quais foi contratado e atendidos os requisitos técnicos e legais para sua utilização com segurança estrutural e operacional.
- Contratação por tarefa: regime de contratação de mão de obra para pequenos trabalhos por preço certo, com ou sem fornecimento de materiais.
- Contratação integrada: regime de contratação de obras e serviços de engenharia em que o contratado é responsável por elaborar e desenvolver os projetos básico e executivo, executar obras e serviços de engenharia, fornecer bens ou prestar serviços especiais e realizar montagem, teste, pré-operação e as demais operações necessárias e suficientes para a entrega final do objeto.
- Contratação semi-integrada: regime de contratação de obras e serviços de engenharia em que o contratado é responsável por elaborar e desenvolver o projeto executivo, executar obras e serviços de engenharia, fornecer bens ou prestar serviços especiais e realizar montagem, teste, pré-operação e as demais operações necessárias e suficientes para a entrega final do objeto.
- Fornecimento e prestação de serviço associado: regime de contratação em que, além do fornecimento do objeto, o contratado responsabiliza-se por sua operação, manutenção ou ambas, por tempo determinado.

1.4.2 Formas de fornecimento

A forma de fornecimento está associada à definição das compras a serem realizadas pela Administração, estando bem delineada nos comentários da Seção IV, "Disposições Setoriais", Subseção I, "Das Compras" (arts. 40 a 44), a cujos comentários se remete.

No caso de compras ou de prestação de serviços, faz-se necessário consignar o modo de fornecimento ou de execução dos serviços.

Em qualquer dos casos citados, a forma de execução só poderá ser alterada por mútuo acordo, desde que se comprove a inaplicabilidade daquela inicialmente pactuada, celebrando-se, então, um termo aditivo.

Inciso V

1.5 Preço do contrato, condições de pagamento e reajustamento

O inciso diz respeito à cláusula obrigatória que indicará o preço, as condições de pagamento, os critérios, a data-base e a periodicidade do reajustamento de preços, os critérios de atualização monetária entre a data do adimplemento das obrigações e a do efetivo pagamento.

Esses elementos deverão ser extraídos do corpo do instrumento convocatório da licitação (ou do processo de contratação direta), com exceção do preço, que deriva da proposta oferecida.

1.5.1 Reajustamento de preços

A finalidade do reajuste é manter os valores do acordo equilibrados em face de uma possível elevação dos valores de mercado decorrente da desvalorização da moeda.

Sobre o tema, convém reproduzir aqui os comentários aos §7º do art. 25.

A questão do reajuste do preço contratual – que, como dispõe este §7º, deverá ter previsão no edital – impõe avaliação cautelosa.

Segundo a definição estabelecida no inc. LVIII do art. 6º, reajustamento em sentido estrito é forma de manutenção do equilíbrio econômico-financeiro de contrato consistente na aplicação do índice de correção monetária previsto no contrato, que deve retratar a variação efetiva do custo de produção, admitida a adoção de índices específicos ou setoriais.

Tratando especificamente do reajustamento, o §7º do art. 25 prevê a aplicação compulsória do índice de reajuste de preço, independentemente do prazo de duração do contrato, com data-base vinculada à data do orçamento estimado, com a possibilidade de ser estabelecido mais de um índice específico ou setorial, em conformidade com a realidade de mercado dos respectivos insumos.

Em atendimento a esse mandamento, duas regras constam na parte da Nova Lei reservada aos contratos:

a) o inc. V do art. 92 aponta como cláusula necessária em todo contrato a que estabelece a data-base e a periodicidade do reajustamento de preços; e
b) o §3º do mesmo art. 92 dispõe que, independentemente do prazo de duração, os contratos deverão conter cláusula que estabeleça o índice de reajustamento de preço, com data-base vinculada à data do orçamento estimado, podendo ser estabelecido mais de um índice específico ou setorial, em conformidade com a realidade de mercado dos respectivos insumos.

A lei licitatória anterior (Lei nº 8.666/1993) inicialmente admitiu para o cálculo do reajustamento a *adoção de índices específicos ou setoriais, desde a data da proposta ou do orçamento a que esta se referir até a data do adimplemento de cada parcela.* Depois, em decorrência de alteração do texto original pela Lei nº 8.883/1994, passou a prever que o cálculo deveria retratar a variação efetiva do *custo de produção*, admitindo a *adoção de índices específicos ou setoriais, desde a data prevista para apresentação da proposta, ou do orçamento a que essa proposta se referir, até a data do adimplemento de cada parcela.*

Com o advento do Plano Real, a periodicidade, para efeito de reajustes contratuais, passou a ser anual. A Lei nº 8.880/1994 (que dispunha sobre o Programa de Estabilização Econômica e o Sistema Monetário Nacional, e instituiu a Unidade Real de Valor – URV[965] – conversão da Medida Provisória nº 482/94) previu no art. 11 que, nos contratos celebrados em URV, a partir de 1º de março de 1994, inclusive, permitir-se-ia estipular cláusula de reajuste de valor por índice de preços ou por outro que refletisse a variação ponderada dos custos dos insumos utilizados, *desde que a aplicação ficasse suspensa pelo prazo de um ano.* Seu art. 12 determinava a nulidade de pleno direito, sem o surtir de qualquer efeito, da estipulação de cláusula de revisão ou de reajuste de preços nos contratos que contrariasse o disposto no diploma.

Posteriormente, o citado art. 11 foi revogado pela Lei nº 9.069/1995, que dispõe sobre o Plano Real, o Sistema Monetário Nacional, e estabeleceu regras e condições de emissão do Real (conversão da Medida Provisória nº 1.027/95), tendo o art. 28 disciplinado inteiramente a matéria: "Nos contratos celebrados ou convertidos em Real com cláusula de correção monetária por índices de preço ou por índice que reflita a variação ponderada dos custos dos insumos utilizados, a periodicidade de aplicação dessas cláusulas será anual".

Por fim, a Lei nº 10.192/2001, dispondo sobre medidas complementares ao Plano Real (conversão da Medida Provisória nº 2.074-73/2001), disciplinou, no art. 3º, que

> os contratos em que seja parte órgão ou entidade da Administração Pública direta ou indireta da União, dos Estados, do Distrito Federal e dos Municípios, serão reajustados ou corrigidos monetariamente de acordo com as disposições desta Lei, e, no que com ela não conflitarem, da Lei nº 8.666, de 21 de junho de 1993.

E mais: o §1º determinou que a periodicidade anual nos contratos deveria ser contada a partir da *data limite para apresentação da proposta ou do orçamento a que essa se referir.*

Calha ressaltar que o Decreto nº 1.054/1994, que regulamenta o reajuste de preços nos contratos pela Administração Pública, permaneceu em vigor, por não conflitar em nada com os textos das leis posteriores que ditaram regras sobre a matéria.

Em função dos regramentos legais e regulamentares expostos, concluiu-se que o que já se encontrava especificado no inc. XI da Lei nº 8.666/1993 (e no Decreto nº 1.054/1994) restara ratificado pelas leis que introduziram no País o Plano Real, ou seja, o reajuste do valor nominal da proposta deveria balizar-se levando em consideração a *data limite para a sua apresentação* (prevista no instrumento convocatório da licitação ou no documento de afastamento licitatório) e do adimplemento do objeto ajustado (total ou parcial), desde que o prazo contratual tivesse alcançado o período de um ano.

---

[965] A Unidade Real de Valor (URV) compunha uma espécie de parte escritural da atual moeda corrente do Brasil, cujo curso obrigatório se iniciou em 1º de março de 1994, que consignava um índice que buscava refletir a variação do poder aquisitivo da moeda, servindo apenas como unidade de conta e referência de valores.

Assim, depois de muitas discussões, concluiu-se como juridicamente possível o deferimento do reajuste em contrato cujo objeto seja a contratação de serviços, ainda que o instrumento contivesse previsão de duração de vigência inicial inferior a um ano, conforme determinado no art. 37, inc. XXI, CF, no art. 40, inc. XI c/c art. 5º, §1º, da Lei nº 8.666/1993, e o art. 3º, §1º, da Lei nº 10.192/ 2001, desde que observada a anualidade (interregno mínimo de um ano da data da proposta ou do orçamento ao qual a proposta se reporta).[966]

Nesse sentido, o §7º do art. 25 determina a obrigatória previsão no edital de índice de reajustamento de preço com data-base vinculada à data do orçamento estimado, independentemente do prazo de duração do contrato, com a possibilidade de ser estabelecido mais de um índice específico ou setorial, em conformidade com a realidade de mercado dos respectivos insumos.

Reforçando a previsão, o §3º deste art. 92 repete que, independentemente do prazo de duração, o contrato deverá conter cláusula que estabeleça o índice de reajustamento de preço, com data-base vinculada à data do orçamento estimado, e poderá ser estabelecido mais de um índice específico ou setorial, em conformidade com a realidade de mercado dos respectivos insumos.

1.5.2 Atualização monetária

A atualização monetária visa a corrigir monetariamente o valor a ser pago ao contratado, quando não quitado na data aprazada, afastando a perda do valor aquisitivo, dimensionada entre a data de adimplemento e a do efetivo pagamento.

Trata-se de determinação legal, e não de mero assentimento da Administração.[967]

1.5.3 Das regras para operação de crédito garantida por cessão fiduciária dos direitos de créditos decorrentes de contratos administrativos

Considerando a forma peculiar de pagamento adotada pela Administração Pública, com a utilização de depósito direto na conta corrente da contratada, sempre sustentamos a impossibilidade de emissão de duplicatas em função do contrato celebrado.

A nosso ver, a emissão desse título de crédito caracterizaria ilícito equiparável à emissão de "duplicatas simuladas", demandando o sancionamento da contratada.

Contudo, ao avaliar a matéria, o advogado da União Antonio dos Santos Neto, de forma diversa, emitiu o Parecer nº 0031/2019/DECOR/CGU/AGU – que foi aprovado pelo Advogado-Geral da União, com despacho do Presidente da República, e, portanto, nos termos do art. 40, §1º, da Lei Complementar nº 73/1993, com conteúdo vinculante à Administração federal – concluindo que:

a) a cessão de crédito decorrente de contrato administrativo é juridicamente viável, desde que não seja vedada pelo edital ou contrato;

[966] Com esta conclusão, por exemplo, o Parecer nº 00004/2019/CPLC/PGF/AGU.

[967] Nesse sentido decidiu o STJ (*DJ*, p. 20503, 20535, 4 out. 1993).

b) a aplicação supletiva do Direito Civil autorizada pelo art. 54 da Lei nº 8.666/93 possibilita a cessão de crédito na seara pública;
c) determinadas cautelas e formalidades devem ser observadas na cessão de crédito no âmbito administrativo, sobretudo a celebração de termo aditivo entre a Administração e a contratada, a comprovação da regularidade fiscal e trabalhista também por parte da cessionária, bem como a certificação de que a cessionária não se encontra impedida de licitar e contratar por ter sido punida com fundamento no art. 87, III ou IV, da Lei nº 8.666/93, no art. 7º da Lei nº 10.520/2002 ou no art. 12 da Lei nº 8.429/92;
d) o crédito a ser pago à cessionária é exatamente aquele que seria destinado à cedente (contratada) pela execução do objeto contratual, com o desconto de eventuais multas, glosas e prejuízos causados à Administração, sem prejuízo da utilização dos institutos da conta vinculada e do pagamento direto previstos na Instrução Normativa SEGES/MP nº 5/2017; e
e) a cessão de crédito não afeta a execução do objeto contratado, que continuará sob a responsabilidade da empresa contratada.

Nesse cenário, o Governo federal expediu a Instrução Normativa nº 53, de 8.07.2020,[968] do Secretário de Gestão da Secretaria Especial de Desburocratização, dispondo sobre as regras e os procedimentos para operação de crédito garantida por cessão fiduciária dos direitos de créditos decorrentes de contratos administrativos, realizadas entre o fornecedor e a instituição financeira, por meio do Portal de Crédito digital, no âmbito da Administração Pública federal direta, autárquica e fundacional.

Assim, os fornecedores da Administração poderão utilizar os contratos administrativos como garantia para fazer empréstimos e financiamentos em instituições financeiras que serão credenciadas pelo Ministério da Economia.

Entre outras disposições, a IN nº 53/2020 estabelece que o valor da operação de crédito não poderá exceder a 70% do saldo a receber dos contratos selecionados pelos fornecedores.

Segundo Carlos Melles, diretor presidente do Sebrae, "a possibilidade de antecipar o crédito de 70% do valor de um contrato firmado com a Administração Pública, nas instituições financeiras credenciadas, deve atrair especialmente os pequenos negócios, que têm pouco capital de giro".[969]

Inciso VI

1.6 Critérios e periodicidade da medição e prazo para liquidação e pagamento

A Nova Lei prevê a necessidade de medição em quase todos os regimes de execução (empreitada por preço global, empreitada integral, contratação por tarefa, contratação

---

[968] Alterada pelas INs nºs 76/2020, 42/2021 e 62/2021.

[969] Disponível em: https://www.ofluminense.com.br/economia/6189-fornecedores-do-governo-poderao-pedir-antecipacao-do-credito. Acesso em 17 fev. 2021.

integrada e contratação semi-integrada), associada à execução de etapas do cronograma físico-financeiro vinculadas ao cumprimento de metas de resultado.

Nessas hipóteses, faz-se necessária a cláusula que preveja os critérios e a periodicidade.

A liquidação da despesa é a verificação do direito adquirido pelo credor, tendo por base os títulos e documentos comprobatórios do respectivo crédito (art. 63 da Lei nº 4.320/1964). As fases da despesa, tradicionalmente definidas, previstas na mesma lei, são: o empenho, a liquidação e o pagamento.

Sendo assim, é cláusula necessária nos contratos a que preveja prazo para liquidação e para pagamento.

Inciso VII

1.7 Prazos contratuais

Diversos são os prazos a serem observados nos contratos administrativos. Tais períodos deverão ser avaliados caso a caso, sendo vedada a celebração de contratos com prazo indeterminado, salvo nos contratos em que seja usuária de serviço público oferecido em regime de monopólio, desde que comprovada, a cada exercício financeiro, a existência de créditos orçamentários vinculados à contratação, como previsto no art. 109.

Nesse particular, a AGU, por intermédio da ON nº 36/2011, orientou, acertadamente, quanto à possibilidade da adoção de prazo indeterminado.

> Orientação Normativa AGU Nº 36, de 13 de dezembro de 2011 – A Administração pode estabelecer a vigência por prazo indeterminado nos contratos em que seja usuária de serviços públicos essenciais de energia elétrica e água e esgoto, desde que no processo da contratação estejam explicitados os motivos que justificam a adoção do prazo indeterminado e comprovadas, a cada exercício financeiro, a estimativa de consumo e a existência de previsão de recursos orçamentários.

Todo contrato deve definir, em cláusula específica, o seu prazo de vigência, nos termos estabelecidos no instrumento convocatório de licitação ou no documento do afastamento do certame (dispensa ou inexigibilidade).

Considerando o objetivo em si, as circunstâncias determinarão as regras para fixação do prazo contratual. Dessa forma, o acordo poderá estabelecer a execução contínua ou a realização por etapas, como ocorre com frequência em obras ou serviços de engenharia.

Em geral, o prazo inicia-se na data de publicação do extrato contratual na imprensa oficial, podendo, contudo, ser estipulada outra data para tal.[970]

---

[970] No âmbito federal, o Despacho nº 00497/2020/GAB/CGU/AGU consolidou entendimento no sentido de que:
a) a contagem do prazo de vigência dos contratos administrativos deve ocorrer pelo método "data a data", de maneira que o termo final de vigência corresponda, no mês ou ano seguinte, ao mesmo número do dia do termo inicial; e
b) quando no ano ou mês do vencimento não houver o dia correspondente ao do início do prazo, este findará no primeiro dia subsequente.

Inciso VIII

1.8 Especificação dos recursos orçamentários

As despesas públicas só podem ser realizadas se existir real disponibilidade financeira e orçamentária. Assim, deverá o instrumento contratual indicar, com precisão, os recursos que custearão as despesas, informando toda classificação funcional programática que, é claro, já estará definida no edital.

Essa cláusula deve indicar, portanto, no que couber, projeto, fase e item do plano de ação, gestão, unidade orçamentária, programa de trabalho, fonte de recursos e natureza da despesa, bem como as notas de crédito e de empenho correspondentes.

Inciso IX

1.9 Matriz de risco

O inc. XXVII informa que a matriz de riscos é cláusula contratual definidora de riscos e de responsabilidades entre as partes e caracterizadora do equilíbrio econômico-financeiro inicial do contrato, em termos de ônus financeiro decorrente de eventos supervenientes à contratação, contendo, no mínimo, as seguintes informações:

a) listagem de possíveis eventos supervenientes à assinatura do contrato que possam causar impacto em seu equilíbrio econômico-financeiro e previsão de eventual necessidade de prolação de termo aditivo por ocasião de sua ocorrência;
b) no caso de obrigações de resultado, estabelecimento das frações do objeto com relação às quais haverá liberdade para os contratados inovarem em soluções metodológicas ou tecnológicas, em termos de modificação das soluções previamente delineadas no anteprojeto ou no projeto básico; e
c) no caso de obrigações de meio, estabelecimento preciso das frações do objeto com relação às quais não haverá liberdade para os contratados inovarem em soluções metodológicas ou tecnológicas, devendo haver obrigação de aderência entre a execução e a solução predefinida no anteprojeto ou no projeto básico, consideradas as características do regime de execução no caso de obras e serviços de engenharia.

Como preceitua o art. 22, o edital licitatório poderá contemplar matriz de alocação de riscos entre o contratante e o contratado, hipótese em que o cálculo do valor estimado da contratação poderá considerar taxa de risco compatível com o objeto da licitação e com os riscos atribuídos ao contratado, de acordo com metodologia predefinida pelo ente federativo.

A matriz de riscos deverá promover a alocação eficiente dos riscos de cada contrato e estabelecer a responsabilidade que caiba a cada parte contratante, bem como os mecanismos que afastem a ocorrência do sinistro e mitiguem os seus efeitos, caso este ocorra durante a execução contratual.

O contrato deverá refletir a alocação realizada pela matriz de riscos, especialmente quanto:

a) às hipóteses de alteração para o restabelecimento da equação econômico-financeira do contrato, nos casos em que o sinistro seja considerado na matriz de riscos como causa de desequilíbrio não suportada pela parte que pretenda o restabelecimento;
b) à possibilidade de resolução quando o sinistro majorar excessivamente ou impedir a continuidade da execução contratual;
c) à contratação de seguros obrigatórios previamente definidos no contrato, integrado o custo de contratação ao preço ofertado.

Dispõe os §§3º e 4º do art. 22 que: a) quando a contratação se referir a obras e serviços de grande vulto ou forem adotados os regimes de contratação integrada e semi-integrada, o edital obrigatoriamente contemplará matriz de alocação de riscos entre o contratante e o contratado; e b) nas contratações integradas ou semi-integradas, os riscos decorrentes de fatos supervenientes à contratação associados à escolha da solução de projeto básico pelo contratado deverão ser alocados como de sua responsabilidade na matriz de riscos.

Inciso X

1.10 Prazo para resposta a pedido de repactuação de preços

Outra cláusula necessária é a que prevê o prazo para resposta ao pedido de repactuação de preços, quando for o caso.

Sobre o tema, convém reproduzir aqui os comentários aos §8º do art. 25.

Além do reajustamento em sentido estrito, a Nova Lei disponibiliza também outro instituto relevante, a *repactuação*, definindo-a, no inc. LIX do art. 6º, como *forma de manutenção do equilíbrio econômico-financeiro de contrato utilizada para serviços contínuos com regime de dedicação exclusiva de mão de obra ou predominância de mão de obra, por meio da análise da variação dos custos contratuais, devendo estar prevista no edital com data vinculada à apresentação das propostas, para os custos decorrentes do mercado, e com data vinculada ao acordo, à convenção coletiva ou ao dissídio coletivo ao qual o orçamento esteja vinculado, para os custos decorrentes da mão de obra.*

Na verdade, o instituto *repactuação* já existia de forma imprópria no ordenamento jurídico nacional, introduzido que foi pelo Decreto nº 2.271/1997,[971] dispondo sobre a contratação de serviços pela Administração Pública federal direta, autárquica e fundacional, que, de forma inusitada, vedou a inclusão de disposições nos instrumentos contratuais sobre a indexação de preços, permitindo a sua adoção "para a adequação aos novos preços de mercado".[972]

---

[971] Revogado pelo Decreto nº 9.507, de 21.09.2018 (atualizado pelo Decreto nº 10.183, de 20.12.2019), que manteve a sua essência.

[972] O Decreto nº 9.507/2019 seguiu na mesma linha:
Art. 12. Será admitida a repactuação de preços dos serviços continuados sob regime de mão de obra exclusiva, com vistas à adequação ao preço de mercado, desde que:
I – seja observado o interregno mínimo de um ano das datas dos orçamentos para os quais a proposta se referir; e
II – seja demonstrada de forma analítica a variação dos componentes dos custos do contrato, devidamente justificada.

Essa inovação causou estranheza à época, pois, em tese, proibia o que a Lei nº 8666/1993 preceituava, qual seja, o reajuste, com a aplicação de índices gerais, setoriais ou que reflitam a variação de custos.

O ato regulamentar ignorou uma faculdade conferida pela Lei do Plano Real: a adoção de cláusula de reajuste nos contratos com periodicidade superior a um ano. A perplexidade foi tamanha, uma vez que a impossibilidade de um decreto contrariar uma lei reside justamente no fato de que essa ferramenta existe com o fim único de aclarar seus termos, jamais alterar seu conteúdo.[973]

Buscando aclarar a situação e uniformizar o entendimento no âmbito federal, o Presidente da República aprovou parecer emitido pela Advocacia-Geral da União sobre o tema (despacho publicado no *DOU*, em setembro de 2003).

Considerando que os pareceres aprovados e publicados juntamente com despacho presidencial vinculam a Administração federal, consoante o preconizado no §1º do art. 40 da Lei Complementar nº 73/1993, os procedimentos para repactuação nos contratos de serviços contínuos, cujo regramento regulamentar específico constava no art. 5º do revogado Decreto nº 2.271/1997,[974] passaram a ater-se ao a seguir especificado:

a) a repactuação deveria estar prevista no contrato, constituindo-se numa espécie de reajustamento de preços, não se confundindo com as hipóteses de reequilíbrio econômico-financeiro, sendo demonstrável pelo contratado por intermédio da indicação analítica dos componentes dos custos que integram o objeto do contrato;
b) somente seria admissível a repactuação após o interregno de um ano, cuja contagem terá como referência a data da proposta ou a do orçamento a que a proposta se referir;
c) considerar-se-ia como "data do orçamento" a data do acordo, convenção, dissídio coletivo de trabalho ou equivalentes que estipulem o salário vigente à época da apresentação da proposta;
d) no caso da primeira repactuação do contrato, portanto, o prazo de um ano para se requerer a repactuação contar-se-ia da data da proposta da empresa ou da data do orçamento a que a proposta se referir;[975]
e) o efeito financeiro da repactuação, motivado pela majoração salarial, incidiria a partir da data em que passasse a vigorar efetivamente a majoração salarial da categoria profissional;

[973] Na verdade, a repactuação foi um mecanismo encontrado pelo Governo Federal, na vigência do chamado Plano Real, quando a estabilidade da economia nacional começou a tomar corpo, visando a dissociar a correção de preços dos contratos de serviços de natureza continuada de um reajuste automático.

[974] Revogado pelo Decreto nº 9.507/2018.

[975] Decidiu o TCU no Acórdão nº 1.563/2004-Plenário: "[...] no caso da primeira repactuação dos contratos de prestação de serviços de natureza contínua, o prazo mínimo de um ano a que se refere o item 8.1 da Decisão 457/1995-Plenário conta-se a partir da apresentação da proposta ou da data do orçamento a que a proposta se referir, sendo que, nessa última hipótese, considera-se como data do orçamento a data do acordo, convenção, dissídio coletivo de trabalho ou equivalente que estipular o salário vigente à época da apresentação da proposta, vedada a inclusão, por ocasião da repactuação, de antecipações e de benefícios não previstos originariamente [...]".

f) no caso das repactuações subsequentes à primeira, o prazo de um ano deveria ser contado a partir da data da última repactuação;[976] [977] e
g) a repactuação deveria ser pleiteada até a data da prorrogação contratual subsequente. A inexistência de pleito até essa data demandaria a perda do direito do contratado (preclusão), em face da não solicitação tempestiva.[978]

O Decreto nº 9.507/2018, que dispôs sobre a execução indireta, mediante contratação de serviços da Administração Pública federal, e revogou o Decreto nº 2.271/1997, versa, no art. 12, sobre a repactuação:

> Art. 12. Será admitida a repactuação de preços dos serviços continuados sob regime de mão de obra exclusiva, com vistas à adequação ao preço de mercado, desde que:
>
> I – seja observado o interregno mínimo de um ano das datas dos orçamentos para os quais a proposta se referir; e
>
> II – seja demonstrada de forma analítica a variação dos componentes dos custos do contrato, devidamente justificada.

A Instrução Normativa nº 5/2017, do Secretário de Gestão,[979] já tratava do instituto, nos arts. 53 a 60:

> Art. 53. O ato convocatório e o contrato de serviço continuado deverão indicar o critério de reajustamento de preços, que deverá ser sob a forma de reajuste em sentido estrito, com a previsão de índices específicos ou setoriais, ou por repactuação, pela demonstração analítica da variação dos componentes dos custos.

---

[976] Orientação Normativa AGU nº 25, de 1º de abril de 2009 – "No contrato de serviço continuado com dedicação exclusiva de mão de obra, o interregno de um ano para que se autorize a repactuação deverá ser contado da data do orçamento a que a proposta se referir, assim entendido o acordo, convenção ou dissídio coletivo de trabalho, para os custos decorrentes de mão de obra, e da data limite para a apresentação da proposta em relação aos demais insumos".

[977] Orientação Normativa AGU nº 26, de 1º de abril de 2009 – "No caso das repactuações subsequentes à primeira, o interregno de um ano deve ser contado da última repactuação correspondente à mesma parcela objeto da nova solicitação. Entende-se como última repactuação a data em que iniciados seus efeitos financeiros, independentemente daquela em que celebrada ou apostilada".

[978] A conclusão quanto ao instituto da preclusão se deu em face de a AGU ter entendido como plenamente pertinente a limitação do exercício do direito de repactuação nos termos propostos, consoante dispôs o Acórdão nº 1.828/2008-TCU-Plenário. Nele, discorreu em seu voto o Ministro Benjamin Zymler: "[...] quando da assinatura do terceiro termo aditivo caberia à contratada, caso ainda não tivesse postulado, suscitar seu direito à repactuação, cujos efeitos retroagiriam a 1.5.2005, data-base que ensejou a celebração de novo acordo coletivo que alterou o salário da categoria profissional. Contudo, o que aconteceu foi tão somente a alteração do prazo contratual, ratificando-se todas as demais cláusulas e condições estabelecidas no contrato original. Ao aceitar as condições estabelecidas no termo aditivo sem suscitar os novos valores pactuados no acordo coletivo, a empresa [...] deixou de exercer o seu direito à repactuação pretérita. Em outros termos, a despeito do prévio conhecimento da majoração salarial decorrente do acordo coletivo ocorrido em maio de 2005, a empresa agiu de forma oposta e firmou novo contrato com a Administração por meio do qual ratificou os preços até então acordados e comprometeu-se a dar continuidade à execução dos serviços por mais 12 meses. Por conseguinte, considero que a solicitação de repactuação contratual feita pela empresa [...] em 6.2.2007, com efeitos retroativos a 1.5.2005, encontra óbice no instituto da preclusão lógica. Com efeito, há a preclusão lógica quando se pretende praticar ato incompatível com outro anteriormente praticado. *In casu*, a incompatibilidade residiria no pedido de repactuação de preços que, em momento anterior, receberam a anuência da contratada. A aceitação dos preços quando da assinatura da prorrogação contratual envolve uma preclusão lógica de não mais questioná-los com base na majoração salarial decorrente do acordo coletivo ocorrido em maio de 2005".

[979] Alterada pelas INs nºs 7/2018 e 49/2020.

Art. 54. A repactuação de preços, como espécie de reajuste contratual, deverá ser utilizada nas contratações de serviços continuados com regime de dedicação exclusiva de mão de obra, desde que seja observado o interregno mínimo de um ano das datas dos orçamentos aos quais a proposta se referir.

§1º A repactuação para fazer face à elevação dos custos da contratação, respeitada a anualidade disposta no caput, e que vier a ocorrer durante a vigência do contrato, é direito do contratado e não poderá alterar o equilíbrio econômico e financeiro dos contratos, conforme estabelece o inciso XXI do art. 37 da Constituição da República Federativa do Brasil, sendo assegurado ao prestador receber pagamento mantidas as condições efetivas da proposta.

§2º A repactuação poderá ser dividida em tantas parcelas quanto forem necessárias, em respeito ao princípio da anualidade do reajuste dos preços da contratação, podendo ser realizada em momentos distintos para discutir a variação de custos que tenham sua anualidade resultante em datas diferenciadas, tais como os custos decorrentes da mão de obra e os custos decorrentes dos insumos necessários à execução do serviço.

§3º Quando a contratação envolver mais de uma categoria profissional, com datas-bases diferenciadas, a repactuação deverá ser dividida em tantos quanto forem os Acordos, Convenções ou Dissídios Coletivos de Trabalho das categorias envolvidas na contratação.

§4º A repactuação para reajuste do contrato em razão de novo Acordo, Convenção ou Dissídio Coletivo de Trabalho deve repassar integralmente o aumento de custos da mão de obra decorrente desses instrumentos.

Art. 55. O interregno mínimo de um ano para a primeira repactuação será contado a partir:

I – da data limite para apresentação das propostas constante do ato convocatório, em relação aos custos com a execução do serviço decorrentes do mercado, tais como o custo dos materiais e equipamentos necessários à execução do serviço; ou

II – da data do Acordo, Convenção, Dissídio Coletivo de Trabalho ou equivalente vigente à época da apresentação da proposta quando a variação dos custos for decorrente da mão de obra e estiver vinculada às datas-bases destes instrumentos.

Art. 56. Nas repactuações subsequentes à primeira, a anualidade será contada a partir da data do fato gerador que deu ensejo à última repactuação.

Art. 57. As repactuações serão precedidas de solicitação da contratada, acompanhada de demonstração analítica da alteração dos custos, por meio de apresentação da planilha de custos e formação de preços ou do novo Acordo, Convenção ou Dissídio Coletivo de Trabalho que fundamenta a repactuação, conforme for a variação de custos objeto da repactuação.

§1º É vedada a inclusão, por ocasião da repactuação, de benefícios não previstos na proposta inicial, exceto quando se tornarem obrigatórios por força de instrumento legal, Acordo, Convenção ou Dissídio Coletivo de Trabalho, observado o disposto no art. 6º desta Instrução Normativa.

§2º A variação de custos decorrente do mercado somente será concedida mediante a comprovação pelo contratado do aumento dos custos, considerando-se:

I – os preços praticados no mercado ou em outros contratos da Administração;

II – as particularidades do contrato em vigência;

III – a nova planilha com variação dos custos apresentada;

IV – indicadores setoriais, tabelas de fabricantes, valores oficiais de referência, tarifas públicas ou outros equivalentes; e

V – a disponibilidade orçamentária do órgão ou entidade contratante.

§3º A decisão sobre o pedido de repactuação deve ser feita no prazo máximo de sessenta dias, contados a partir da solicitação e da entrega dos comprovantes de variação dos custos.

> §4º As repactuações, como espécie de reajuste, serão formalizadas por meio de apostilamento, exceto quando coincidirem com a prorrogação contratual, em que deverão ser formalizadas por aditamento.
>
> §5º O prazo referido no §3º deste artigo ficará suspenso enquanto a contratada não cumprir os atos ou apresentar a documentação solicitada pela contratante para a comprovação da variação dos custos.
>
> §6º O órgão ou entidade contratante poderá realizar diligências para conferir a variação de custos alegada pela contratada.
>
> §7º As repactuações a que o contratado fizer jus e que não forem solicitadas durante a vigência do contrato serão objeto de preclusão com a assinatura da prorrogação contratual ou com o encerramento do contrato.
>
> Art. 58. Os novos valores contratuais decorrentes das repactuações terão suas vigências iniciadas da seguinte forma:
>
> I – a partir da ocorrência do fato gerador que deu causa à repactuação, como regra geral;
>
> II – em data futura, desde que acordada entre as partes, sem prejuízo da contagem de periodicidade e para concessão das próximas repactuações futuras; ou
>
> III – em data anterior à ocorrência do fato gerador, exclusivamente quando a repactuação envolver revisão do custo de mão de obra em que o próprio fato gerador, na forma de Acordo, Convenção ou Dissídio Coletivo de Trabalho, contemplar data de vigência retroativa, podendo esta ser considerada para efeito de compensação do pagamento devido, assim como para a contagem da anualidade em repactuações futuras.
>
> Parágrafo único. Os efeitos financeiros da repactuação deverão ocorrer exclusivamente para os itens que a motivaram e apenas em relação à diferença porventura existente.
>
> Art. 59. As repactuações não interferem no direito das partes de solicitar, a qualquer momento, a manutenção do equilíbrio econômico dos contratos com base no disposto no art. 65 da Lei nº 8.666, de 1993.
>
> Art. 60. A empresa contratada para a execução de remanescente de serviço tem direito à repactuação nas mesmas condições e prazos a que fazia jus a empresa anteriormente contratada, devendo os seus preços serem corrigidos antes do início da contratação, conforme determina o inciso XI do art. 24 da Lei nº 8.666, de 1993.

Nota-se, assim, que os normativos disciplinavam que as repactuações ocorreriam nos contratos com "dedicação exclusiva de mão de obra", enquanto os reajustes dar-se-iam nos que não possuíssem essa característica.

Nessa trilha, o §8º do art. 25 fez distinção nas aplicações do reajustamento e da repactuação, dispondo que:

a) nas licitações de serviços contínuos, observado o interregno mínimo de um ano, o critério de reajustamento será por *reajustamento em sentido estrito*, quando não houver regime de dedicação exclusiva de mão de obra ou predominância de mão de obra, mediante previsão de índices específicos ou setoriais; e
b) quando houver regime de dedicação exclusiva de mão de obra ou predominância de mão de obra, mediante demonstração analítica da variação dos custos, aplicar-se-á a *repactuação*.

Serviços com dedicação exclusiva da mão de obra são aqueles em que a execução contratual exige que: a) os empregados da contratada fiquem à disposição da contratante para a prestação dos serviços; b) a contratada não compartilhe os recursos humanos e materiais disponíveis de uma contratação para execução simultânea de outros contratos; e c) a contratada possibilite a fiscalização pela contratante quanto à distribuição, controle e supervisão dos recursos humanos alocados aos seus contratos.

São exemplos os serviços de portaria, limpeza, vigilância, manutenção predial etc.

Como observa Ronny Charles, a realidade impõe que se aperceba que alguns dos serviços legalmente terceirizados exigem uma disposição contínua do trabalhador na unidade administrativa, nos quais são alocados trabalhadores (da empresa terceirizada) para exercerem atividades diárias no interior da Administração, sendo nessas situações que se terão os "serviços com dedicação exclusiva da mão de obra".[980]

Vide o Enunciado do Conselho de Justiça Federal, aprovado no 1º Simpósio de Licitações e Contratos da Justiça Federal, ocorrido em 16 e 17.08.2022:

> ENUNCIADO 25 – CONSELHO DE JUSTIÇA FEDERAL – O prazo para resposta ao pedido de repactuação de preços determinado no contrato administrativo (art. 92, inciso X, e §6º da Lei nº 14.133/2021) começa a fluir somente a partir do momento em que o pedido da contratada se encontre correto e completamente instruído.

Inciso XI

1.11 Prazo para resposta a pedido de restabelecimento do equilíbrio econômico-financeiro

O reequilíbrio econômico-financeiro é o meio adequado para se reestabelecer o equilíbrio da equação financeira da relação firmada entre a Administração e o contratado quando prejudicada por superveniência de fato imprevisível, ou previsível, mas de consequências incalculáveis, retardadores ou impeditivos da execução do ajustado, ou ainda, em caso de força maior ou caso fortuito ou fato do príncipe.

A equação econômico-financeira se constitui na relação que as partes inicialmente estabelecem no contrato, visando à justa remuneração de seu objeto.

Analisamos a questão em trabalho específico:

> Atendendo à chamada Teoria da Imprevisão, a rigor, sempre que, comprovadamente, ocorra um desequilíbrio na relação inicialmente estabelecida entre os encargos e a retribuição financeira para a justa remuneração pela execução do objeto pretendido, é necessária a devida recomposição.
>
> Impende frisar que o reequilíbrio econômico-financeiro dos contratos administrativos beneficia a própria Administração, pois, se os particulares tivessem que considerar, projetar e embutir em seus preços as diversas consequências de tudo que poderia advir na execução de um certo objeto, certamente teriam de formular propostas bem maiores das que normalmente oferecem. Como sustenta o Advogado da União e economista Celso Clóvis Boechat, "é vantajoso para a Administração convidar os interessados a formularem a menor proposta possível, pois essa poderá ser executada se não se verificar qualquer evento posterior prejudicial".[981]

---

[980] TORRES. *Leis das Licitações Públicas Comentadas*. 10. ed.

[981] Até porque, nem sempre o reequilíbrio econômico-financeiro do contrato administrativo beneficia o contratado. Além da elevação, também a diminuição dos encargos constitui fato motivador da redução da retribuição paga

Sobre a matéria, a pena de Manoel de Oliveira Franco Sobrinho: "Constitui princípio fundamental, portanto, integrante dos contratos administrativos, a possível previsão de preços e custos, da adoção de meios, que entre as estipulações protejam a execução e a prestação de cláusulas que autorizem, em termos sempre atuais, no equilíbrio econômico, uma justa ou equivalente remuneração".[982]

Nessa contextura, a alínea "d" do inc. I, alínea "d" do art. 124 registra que os contratos poderão ser alterados, com as devidas justificativas, para restabelecer o equilíbrio econômico-financeiro inicial do contrato em caso de força maior, caso fortuito ou fato do príncipe ou em decorrência de fatos imprevisíveis ou previsíveis de consequências incalculáveis, que inviabilizem a execução do contrato tal como pactuado, respeitada, em qualquer caso, a repartição objetiva de risco estabelecida no contrato.

Assim, numa oportuna inserção do legislador na Nova Lei, o inciso em comento indica a necessidade da existência de cláusula que estabeleça prazo para resposta a pedido de restabelecimento do equilíbrio econômico-financeiro.

Inciso XII

1.12 Garantias contratuais

A cláusula de garantia promove condições para o resguardo dos interesses da Administração quanto à inadimplência das obrigações assumidas pela contratada.

O art. 96 dispõe mais detalhadamente sobre elas, a cujos comentários se remete.

Novidade na Nova Lei é a exigência também de cláusula que trate das garantias que forem oferecidas pelo contratado no caso de antecipação de valores a título de pagamento.

O pagamento antecipado é situação de exceção, haja vista que, como consta no art. 145, não será permitido pagamento antecipado, parcial ou total, relativo a parcelas contratuais vinculadas ao fornecimento de bens, à execução de obras ou à prestação de serviços.

Contudo, conforme reza o §1º do dispositivo, a antecipação de pagamento será permitida somente se propiciar sensível economia de recursos ou se representar condição indispensável para a obtenção do bem ou para a prestação do serviço, hipótese que deverá ser previamente justificada no processo licitatório e expressamente prevista no edital de licitação ou instrumento formal de contratação direta.[983]

---

pela Administração. Consoante leciona Antônio Carlos Cintra do Amaral, "a teoria da imprevisão é uma via de duas mãos. O dever de reequilibrar o contrato administrativo impõe-se tanto para aumentar quanto para diminuir o preço contratual". (CINTRA DO AMARAL. *Inflação e reequilíbrio econômico-financeiro dos contratos administrativos*).

982 BITTENCOURT. *Licitação de registro de preços*. 5. ed.

983 Sobre o tema, a Advocacia-Geral da União – AGU expediu recente orientação:
ORIENTAÇÃO NORMATIVA AGU Nº 76, DE 25 DE JULHO DE 2023
I – Nos contratos administrativos regidos pela Lei nº 14.133, de 2021, em regra, é vedado o pagamento antecipado, parcial ou total, do objeto contratado, sendo excepcionalmente admitido desde que, motivadamente, seja justificado o preenchimento cumulativo dos seguintes requisitos:
a) a medida proporcione sensível economia de recursos ou represente condição indispensável para a consecução do objeto;
b) haja previsão expressa no edital de licitação ou no instrumento formal de contratação direta; e

Inciso XIII

1.13 Garantia do objeto

Um dos elementos do Termo de referência é a especificação da garantia exigida e das condições de manutenção e assistência técnica, quando for o caso.

Nesse pé, obriga-se a Administração a estabelecer cláusula contratual que preveja, quando for o caso, o prazo de garantia mínima do objeto, observados os prazos mínimos estabelecidos e as normas técnicas aplicáveis, além das condições de manutenção e assistência técnica.

Inciso XIV

1.14 Direitos, responsabilidades, penalidades e valores das multas

1.14.1 Direitos e responsabilidades

Sendo bilateral e comutativo, como todo acordo de vontades, o contrato administrativo dever estabelecer os direitos e os deveres das partes que o celebram.

Além das regras determinadas na lei, outras tantas, disponíveis no ordenamento jurídico, voltadas para a teoria geral dos contratos, edificarão e regerão o acordo, desde que de incidência pertinentes.

1.14.2 Penalidades e multas

Essa cláusula estabelecerá as penalidades e as multas aplicáveis por descumprimento das obrigações. As possíveis penalidades estão elencadas no art. 156, a cujos comentários se remete.

Anote-se que as penalidades administrativas e multas só poderão ser aplicadas se previstas no edital e no contrato, e que os percentuais de multas deverão estar definidos em função de cada objeto, sempre atendendo ao princípio da razoabilidade. Em função disso, a Nova Lei impõe, como novidade, a indicação das bases de cálculo.

Inciso XV

1.15 Condições de importação de bens

Os contratos de âmbito internacional demandam diversos fatores cuja regulamentação está sujeita a leis federais específicas, inerentes à importação. Nesses contratos,

---

c) contenha no instrumento convocatório ou no contrato, como cautela obrigatória, a exigência de devolução do valor antecipado, caso não haja execução do objeto no prazo contratual.

II – A partir do exame das circunstâncias que são próprias de cada caso concreto, e para resguardar o interesse público e prejuízos ao erário, poderá, ainda, a Administração exigir garantias adicionais para fins de admissão do pagamento antecipado, na forma do art. 92, inciso XII, e art. 96, da Lei nº 14.133, de 2021, bem como poderá adotar outras cautelas, tais como: comprovação da execução de parte ou de etapa inicial do objeto pelo contratado para a antecipação do valor remanescente; emissão de título de crédito pelo contratado; acompanhamento da mercadoria, em qualquer momento do transporte, por representante da administração; exigência de certificação do produto ou do fornecedor; dentre outras.

faz-se necessário um levantamento específico das normas vigentes sobre a matéria, com o estabelecimento, em cláusula própria, de todas as condições para a importação.

Inciso XVI

1.16 Manutenção das condições de habilitação

Com o intuito de garantir o cumprimento das obrigações assumidas, o dispositivo exige a permanência, ao longo da execução contratual, das condições requeridas à contratada quando da fase de habilitação do procedimento licitatório.

Assim, a manutenção das condições de habilitação e da regularidade dos demais documentos porventura exigidos em época própria durante a licitação, ou quando da contratação direta, deve perdurar durante a vigência contratual.

Inciso XVII

1.17 Reserva de cargos para pessoa com deficiência

A declaração que cumpre a reserva de cargos para pessoa com deficiência e para reabilitado da Previdência Social previstas em lei e em outras normas específicas é uma das exigências da fase de habilitação das licitações.

Também é regra legal a manutenção de todas as condições de habilitação durante a vigência contratual.

Nesse passo, é cláusula necessária nos contratos a de cumprimento de tal obrigação por parte do contratado.

Inciso XVIII

1.18 Modelo de gestão do contrato

Como previsto na alínea "f" do inc. XXIII do art. 6º, é elemento do Termo de Referência o modelo de gestão do contrato, que descreverá como a execução do objeto será acompanhada e fiscalizada pelo órgão ou entidade.

Assim, é cláusula obrigatória dos contratos a que informe o modelo de gestão do contrato, observados os requisitos definidos em regulamento.

Inciso XIX

1.19 Hipóteses de extinção contratual

A Nova Lei estabelece, em dispositivo próprio (art. 137), os casos de extinção contratual, isto é, os que darão condições para a interrupção definitiva da execução contratual.

Como a extinção não impede as cominações decorrentes da inadimplência, normalmente ela vem acompanhada de sanção pelo descumprimento de obrigação assumida.

Confiram-se os comentários ao art. 137.

Parágrafo 1º

2 Declaração como competente o foro da sede da Administração

Regra geral é constar nos contratos celebrados pela Administração com pessoas físicas ou jurídicas, inclusive aquelas domiciliadas no estrangeiro, cláusula declarando competente o foro da sede da Administração para dirimir qualquer questão contratual.

As hipóteses a seguir são exceções:

a) licitação internacional para a aquisição de bens e serviços cujo pagamento seja feito com o produto de financiamento concedido por organismo financeiro internacional de que o Brasil faça parte ou por agência estrangeira de cooperação;

b) contratação com empresa estrangeira para a compra de equipamentos fabricados e entregues no exterior precedida de autorização do Chefe do Poder Executivo; e

c) aquisição de bens e serviços realizada por unidades administrativas com sede no exterior.

O preceptivo atende às disposições da Lei de Introdução às Normas do Direito Brasileiro (antiga Lei de Introdução ao Código Civil),[984] que, no art. 12, estabelece que é competente a autoridade judiciária brasileira, quando for o réu domiciliado no Brasil ou aqui tiver de ser cumprida a obrigação.

Assim, buscando estabelecer a jurisdição,[985] e não o foro, o dispositivo dispõe pela obrigatoriedade de o julgamento de litígios nos contratos celebrados entre a Administração Pública brasileira e pessoas físicas ou jurídicas, inclusive as sediadas no exterior, ocorrer em solo brasileiro, salvo nas situações elencadas como exceções.

Parágrafo 2º

3 Cláusula prevendo período para verificação de pendências

Outra relevante novidade na Nova Lei é a regra que, de acordo com as peculiaridades de seu objeto e de seu regime de execução, determina que o contrato contenha

---

[984] A Lei nº 12.376, de 30.12.2010, alterou a ementa do Decreto-Lei nº 4.657/1942, substituindo "Lei de Introdução ao Código Civil" por "Lei de Introdução às Normas do Direito Brasileiro".

[985] "Jurisdição é função da soberania do Estado, o qual, em princípio e considerando-a em abstrato, poderia concebê-la ilimitada, ou absoluta, de modo a exercitar-se em relação a quaisquer causas, de qualquer natureza, sendo-lhe indiferente o domicílio ou a nacionalidade das partes, ou que os fatos, de que decorrerem, tenham ocorrido no país ou no estrangeiro. A jurisdição se exerceria em qualquer caso, sempre que provocada. A concepção de uma jurisdição assim ilimitada, não admitindo fronteiras de qualquer espécie, esbarraria com as jurisdições de outros Estados, daí resultando conflitos intoleráveis à convivência internacional, por um lado, e, por outro, o desprestígio daquela função, pela impossibilidade de fazer valer as decisões dos seus juízes no estrangeiro. Assim, é do interesse do próprio Estado limitar a jurisdição em relação ao espaço. É uma primeira limitação, além da qual não se exercita a jurisdição em caso algum. Mas, no âmbito da jurisdição assim limitada, ela se exerce validamente, sem embargo do domicílio, da nacionalidade das partes, ou do lugar da ocorrência dos fatos geradores da lide. Essa primeira delimitação traça as linhas divisórias da jurisdição do Estado em face da jurisdição de outros Estados, e, desse modo, estabelece a competência geral, dita também externa, ou internacional". (SANTOS. *Primeiras linhas de direito processual civil*. 12. ed. v. 1).

cláusula que preveja período antecedente à expedição da ordem de serviço para verificação de pendências, liberação de áreas ou adoção de outras providências cabíveis para a regularidade do início de sua execução.

Parágrafo 3º

4 Cláusula de reajustamento independentemente do prazo de duração

Como já esposado, ao tratar de previsão obrigatória do edital licitatório, o §7º do art. 25 determina a previsão de índice de reajustamento de preço com data-base vinculada à data do orçamento estimado, independentemente do prazo de duração do contrato, com a possibilidade de ser estabelecido mais de um índice específico ou setorial, em conformidade com a realidade de mercado dos respectivos insumos.

Nesse diapasão, este §3º repisa a determinação, dispondo que, independentemente do período de duração, o contrato deverá conter cláusula que estabeleça o índice de reajustamento de preço, com data-base vinculada à data do orçamento estimado, e poderá ser estabelecido mais de um índice específico ou setorial, em conformidade com a realidade de mercado dos respectivos insumos.

Parágrafos 4º e 6º

5 Reajustamento nos contratos de serviços contínuos

Como já esposado, por força do preconizado no art. 2º, Lei nº 10.192/2001 (Lei do Plano Real), a periodicidade mínima para o reajustamento é de 12 meses, que deve ser contada a partir da data da proposta ou do orçamento a que ela se refere, conforme o §1º do art. 3º da mesma lei.

Sobre o tema, o TCU definiu a obrigatoriedade de efetuar o reajuste caso haja prazo superior a 12 meses entre a proposta e a execução do contrato (Acórdão nº 474/2005 – Plenário).

Conforme exposto nos comentários ao inc. X, que trata de cláusula obrigatória de repactuação nos contratos, os diversos normativos disciplinaram que as repactuações ocorreriam nos contratos com "dedicação exclusiva de mão de obra", enquanto os reajustes dar-se-iam nos que não possuíssem essa característica.

Nessa trilha, o §8º do art. 25 fez distinção nas aplicações do reajustamento e da repactuação, dispondo que:

a) nas licitações de serviços contínuos, observado o interregno mínimo de um ano, o critério de reajustamento será por reajustamento em sentido estrito, quando não houver regime de dedicação exclusiva de mão de obra ou predominância de mão de obra, mediante previsão de índices específicos ou setoriais; e
b) quando houver regime de dedicação exclusiva de mão de obra ou predominância de mão de obra, mediante demonstração analítica da variação dos custos, aplicar-se-á a repactuação.

Serviços com dedicação exclusiva da mão de obra são aqueles em que a execução contratual exige que: a) os empregados da contratada fiquem à disposição da contratante para a prestação dos serviços; b) a contratada não compartilhe os recursos humanos e materiais disponíveis de uma contratação para execução simultânea de outros contratos; e c) a contratada possibilite a fiscalização pela contratante quanto à distribuição, controle e supervisão dos recursos humanos alocados aos seus contratos.

Em reforço, a AGU emitiu relevante parecer (Parecer nº 00004/2019/CPLC/PGF/AGU):

> (...) na leitura integral da decisão acima transcrita, percebe-se que em momento algum foi condicionado o reajuste do contrato ao seu prazo de duração. Assim, mesmo que não haja cláusula de reajustamento, tendo passado doze meses da data da proposta, é cabível o reajustamento, que, segundo a orientação do TCU, deverá ser efetivado por termo aditivo. Registre-se, por oportuno, que, em contratos de obra ou serviços de engenharia, o mais adequado é estipular que a anualidade será contada da data do orçamento ao qual a proposta se reporta, tendo em vista que, em princípio, o preço da obra/serviço de engenharia será formado a partir de referenciais das tabelas Sicro ou Sinapi, por determinação do Decreto nº 7.983/2013. Assim, a proposta sempre terá alguma defasagem em relação ao início efetivo de execução do objeto contratado, já que a correção das tabelas Sicro ou Sinapi é feita de tempos em tempos, ou, no mínimo, a empresa terá de adotar os referenciais das mencionadas tabelas relativos a determinada data. Tem-se, com isso, mais uma razão para aceitar o entendimento de que o reajuste dos contratos administrativos pode ser feito considerando tão somente a anualidade e não o prazo de duração do contrato. Portanto, em relação a essas duas questões acima mencionadas (ausência inicial de previsão editalícia e contratual do reajustamento e possibilidade ou não de fazer previsão de reajustamento em contrato com previsão inicial de duração inferior a um ano), parece que já temos boas soluções. No entanto, queremos ir além. Queremos, com este parecer, firmar o entendimento de que, mesmo que o contrato não venha a ter sua duração prorrogada para além de um ano de vigência, seja possível proceder ao seu reajustamento, caso seja completada a anualidade a que se refere o art. 3º da Lei nº 10.192/2001. Ou seja, é possível o reajuste do contrato, caso ele esteja em execução depois de decorrido um ano da data limite de apresentação da proposta ou a data do orçamento ao qual a proposta se reporta, mesmo que não tenha sua duração igual ou superior a um ano. Mais uma vez, é oportuno invocar o argumento de que o contrato administrativo tem uma cadência diferente do contrato particular. No contrato administrativo, não há livre disposição de vontades, como ocorre com o contrato entre particulares. O contrato administrativo é precedido de procedimentos que muitas vezes geram a defasagem do preço da proposta até a efetiva execução do seu objeto. É preciso relembrar que o reajustamento do contrato administrativo é, antes de tudo, um benefício para a própria Administração. Não é punição para a Administração. É um direito intangível da contratada, mas ao mesmo tempo é previsto em benefício da Administração, que se livra da inclusão de expectativas inflacionárias embutidas nas propostas e, com isso, tende a pagar um preço muito mais justo em suas contratações. Isso de fato não ocorre quando se tem, ao mesmo tempo, estabilidade na economia e quando se vislumbra a possibilidade de reajustamento do contrato. (...) Portanto, a melhor interpretação que se pode dar aos dispositivos da Lei nº 10.192/ 2001, é aquela que prevê a possibilidade de reajuste do contrato administrativo, caso a anualidade prevista na lei tenha se configurado, independentemente de o ajuste ter prazo de duração inicial igual ou superior a um ano. Mais uma vez, aqui a preocupação é com a anualidade e não com o prazo de duração do contrato.

Após as considerações, concluiu o parecer que:

a) é juridicamente possível o deferimento de repactuação ou reajuste em contrato cujo objeto seja a contratação de serviços de natureza continuada, com ou sem dedicação exclusiva de mão de obra, ainda que o instrumento contenha previsão de duração de vigência inicial inferior a um ano, desde que observada a anualidade (interregno mínimo de um ano da data da proposta ou do orçamento ao qual a proposta se reporta);
b) igualmente, é possível o reajuste de contrato por escopo com previsão de duração de vigência inicial inferior a um ano, caso o ajuste esteja em execução depois de decorrido um ano da data limite de apresentação da proposta ou da data do orçamento ao qual a proposta se reporta, pelos fatos e fundamentos expostos nesta manifestação, desde que os demais requisitos exigidos para o reajustamento do contrato estejam presentes; e
c) a ausência de previsão editalícia ou contratual de cláusula de reajustamento, mesmo em função do prazo de execução ou vigência ser, originariamente, inferior a um ano, não tem o condão de afastar o direito ao reajustamento do contrato, caso transcorrida a periodicidade anual determinada pela Lei nº 10.192/2001.

Em função de todo esse arcabouço, o §4º em comento define os critérios de reajuste de preços para os serviços contínuos que tenham e para os que não tenham dedicação exclusiva de mão de obra ou predominância de mão de obra, sempre com a observância do interregno mínimo de 1 (um) ano:

a) reajustamento em sentido estrito, quando não houver regime de dedicação exclusiva de mão de obra ou predominância de mão de obra, mediante previsão de índices específicos ou setoriais; e
b) repactuação, quando houver regime de dedicação exclusiva de mão de obra ou predominância de mão de obra, mediante demonstração analítica da variação dos custos.

Nos contratos para serviços contínuos com regime de dedicação exclusiva de mão de obra ou com predominância de mão de obra, prevê o §6º que o prazo para resposta ao pedido de repactuação de preços será preferencialmente de 1 (um) mês, contado da data do fornecimento da documentação prevista no §6º do art. 135 (demonstração analítica da variação dos custos, por meio de apresentação da planilha de custos e formação de preços ou novo acordo, convenção ou sentença normativa que fundamenta a repactuação).

Parágrafo 5º

6 Medição mensal nos contratos de obras e serviços de engenharia

A Nova Lei prevê a necessidade de medição em quase todos os regimes de execução (empreitada por preço global, empreitada integral, contratação por tarefa, contratação integrada e contratação semi-integrada), associada à execução de etapas do cronograma físico-financeiro vinculadas ao cumprimento de metas de resultado.

Nessas hipóteses, faz-se necessária cláusula que preveja os critérios e a periodicidade.

Nos contratos de obras e serviços de engenharia, sempre que compatível com o regime de execução, este §5º indica que a medição deverá ser mensal.

Parágrafo 7º

7 Definição do que seria "adimplemento da obrigação contratual"

Como o inc. V menciona o "adimplemento das obrigações" (e a expressão "adimplemento" é citada em outros dispositivos da lei), este §7º, trazido à tona pela Lei nº 14.770/2023, define que se consideram como adimplemento da obrigação contratual a prestação do serviço, a realização da obra ou a entrega do bem, ou parcela destes, bem como qualquer outro evento contratual a cuja ocorrência esteja vinculada a emissão de documento de cobrança.

Art. 93. Nas contratações de projetos ou de serviços técnicos especializados, inclusive daqueles que contemplem o desenvolvimento de programas e aplicações de internet para computadores, máquinas, equipamentos e dispositivos de tratamento e de comunicação da informação (software) – e a respectiva documentação técnica associada –, o autor deverá ceder todos os direitos patrimoniais a eles relativos para a Administração Pública, hipótese em que poderão ser livremente utilizados e alterados por ela em outras ocasiões, sem necessidade de nova autorização de seu autor.

§1º Quando o projeto se referir a obra imaterial de caráter tecnológico, insuscetível de privilégio, a cessão dos direitos a que se refere o caput deste artigo incluirá o fornecimento de todos os dados, documentos e elementos de informação pertinentes à tecnologia de concepção, desenvolvimento, fixação em suporte físico de qualquer natureza e aplicação da obra.

§2º É facultado à Administração Pública deixar de exigir a cessão de direitos a que se refere o caput deste artigo quando o objeto da contratação envolver atividade de pesquisa e desenvolvimento de caráter científico, tecnológico ou de inovação, considerados os princípios e os mecanismos instituídos pela Lei nº 10.973, de 2 de dezembro de 2004.

§3º Na hipótese de posterior alteração do projeto pela Administração Pública, o autor deverá ser comunicado, e os registros serão promovidos nos órgãos ou entidades competentes.

Artigo 93 e Parágrafo 3º

1 Cessão de direitos patrimoniais

Obra imaterial é a que não é concreta, fruto de trabalho intelectual insuscetível de privilégio, são as criações do espírito, como define o art. 7º da Lei nº 9.610/98 (Lei de Direito Autoral), expressas por qualquer meio ou fixada em qualquer suporte, tangível ou intangível.

O art. 41 da Lei de Direito Autoral, tratando dos direitos patrimoniais do autor, consigna que tais direitos perduram por 70 anos, computados de 1º de janeiro do ano subsequente ao de seu falecimento, obedecida a ordem sucessória civil, aplicando às obras póstumas o mesmo prazo de proteção.

Como a Administração não pode, em função do natural interesse público, ficar subordinada a esse mandamento legal, resolveu o legislador evitar o problema, anotando que, nas contratações de projetos ou de serviços técnicos especializados, inclusive daqueles que contemplem o desenvolvimento de programas e aplicações de internet para computadores, máquinas, equipamentos e dispositivos de tratamento e de comunicação da informação (software) – e a respectiva documentação técnica associada –, o autor deverá ceder todos os direitos patrimoniais a eles relativos, hipótese em que poderão ser livremente utilizados e alterados em outras ocasiões, sem necessidade de nova autorização de seu autor.

Essa transferência está albergada no art. 49 do diploma legal que regula os direitos autorais, que consigna a cessão como uma ferramenta de trespasse, juntamente com o licenciamento, a concessão ou qualquer outro meio admitido em direito.[986]

Os trabalhos, em função da cessão, ficarão livremente disponíveis para uso por parte da Administração.

Não obstante, como providencialmente prescreve o §3º, na hipótese de alteração posterior do projeto pela Administração Pública, o autor deverá ser comunicado, e os registros serão promovidos nos órgãos ou entidades competentes.

Parágrafo 1º

2 Obra imaterial de caráter tecnológico

O dispositivo se refere aos direitos e obrigações relativos à propriedade industrial, regulada pela Lei nº 9.279, de 14.05.1996, como, por exemplo, as invenções.

Nesses casos, a cessão incluirá o fornecimento de todos os dados, documentos e elementos de informações pertinentes à tecnologia de desenvolvimento.

O dispositivo estende a cessão dos direitos à obra imaterial de caráter tecnológico, insuscetível de privilégio, com o válido intuito de assegurar ao Poder Público o direito de acesso às informações necessárias à utilização do objeto contratado. Contudo, a aplicação dessas determinações exige cautela, porquanto, ocorrerão situações em que a exigência de cessão dos direitos patrimoniais poderá conduzir a resultados contrários ao interesse público.

Evidentemente, o preceptivo não pode ser interpretado de modo que seja aplicado com a produção de desperdício de dinheiro público. Nessa toada, tem razão César Guimarães Pereira ao afirmar que não se pode imaginar que, por um suposto dever de aquisição da titularidade da propriedade intelectual, o Poder Público esteja obrigado a desperdiçar recursos adquirindo titularidades desnecessárias, ou deixe de contratar o desenvolvimento e o uso dos produtos tecnológicos de que precise.[987]

Assim, a nosso ver, não padecerão de ilegalidade os termos contratuais que estabeleçam formas limitadas de transferência de direitos de propriedade intelectual à Administração.

---

[986] Lei nº 9.610/1998 – Art. 49. Os direitos de autor poderão ser total ou parcialmente transferidos a terceiros, por ele ou por seus sucessores, a título universal ou singular, pessoalmente ou por meio de representantes com poderes especiais, por meio de licenciamento, concessão, cessão ou por outros meios admitidos em Direito, obedecidas as seguintes limitações:
I – a transmissão total compreende todos os direitos de autor, salvo os de natureza moral e os expressamente excluídos por lei;
II – somente se admitirá transmissão total e definitiva dos direitos mediante estipulação contratual escrita;
III – na hipótese de não haver estipulação contratual escrita, o prazo máximo será de cinco anos;
IV – a cessão será válida unicamente para o país em que se firmou o contrato, salvo estipulação em contrário;
V – a cessão só se operará para modalidades de utilização já existentes à data do contrato;
VI – não havendo especificações quanto à modalidade de utilização, o contrato será interpretado restritivamente, entendendo-se como limitada apenas a uma que seja aquela indispensável ao cumprimento da finalidade do contrato.

[987] PEREIRA. *O artigo 111 da Lei nº 8.666 e a propriedade intelectual nos contratos administrativos.*

Nesse contexto, César Guimarães Pereira acrescenta:

> A ponderação dos interesses envolvidos em cada situação concreta pode conduzir legitimamente a Administração a adquirir direitos limitados, por meio de licenças de uso ou outros instrumentos aptos a assegurar a finalidade buscada [...], a fim de que os objetivos da contratação administrativa sejam atingidos sem o dispêndio desnecessário de recursos públicos.[988]

Parágrafo 2º

3 Dispensa da exigência de cessão de direitos patrimoniais

Em 2016, foi editada a Lei nº 13.243 (alterando a Lei nº 10.973/2004), configurando o Marco Legal da Ciência, Tecnologia e Inovação, que versa sobre o incentivo à inovação e à pesquisa científica e tecnológica no ambiente produtivo, com vistas à capacitação tecnológica, ao alcance da autonomia tecnológica e ao desenvolvimento do sistema produtivo nacional e regional do País.

Há, por conseguinte, uma relevante preocupação do Governo federal com o avanço da pesquisa científica e tecnológica no País.

A Nova Lei de Licitações reflete essa preocupação, com dispositivos voltados para a matéria. O inc. LV do art. 6º define produtos para pesquisa e desenvolvimento, classificando-os como bens, insumos, serviços e obras necessários para atividade de pesquisa científica e tecnológica, desenvolvimento de tecnologia ou inovação tecnológica, discriminados em projeto de pesquisa; no caso de empresas em igualdade de condições, em caso de empate entre duas ou mais propostas numa licitação, há entre os quesitos de preferência o atrelado aos bens e serviços produzidos ou prestados por empresas que invistam em pesquisa e no desenvolvimento de tecnologia no País; entre as dispensas licitatórias, há a contratação que tenha por objeto produtos para pesquisa e desenvolvimento etc.

Nesse viés, este §2º segue na mesma trilha, facultando que a Administração Pública deixe de exigir a cessão de direitos patrimoniais quando o objeto da contratação envolver atividade de pesquisa e desenvolvimento de caráter científico, tecnológico ou de inovação, considerados os princípios e os mecanismos instituídos pela citada Lei nº 10.973/2004.

---

988 PEREIRA. *O artigo 111 da Lei nº 8.666 e a propriedade intelectual nos contratos administrativos.*

Art. 94. A divulgação no Portal Nacional de Contratações Públicas (PNCP) é condição indispensável para a eficácia do contrato e de seus aditamentos e deverá ocorrer nos seguintes prazos, contados da data de sua assinatura:

I – 20 (vinte) dias úteis, no caso de licitação;

II – 10 (dez) dias úteis, no caso de contratação direta.

§1º Os contratos celebrados em caso de urgência terão eficácia a partir de sua assinatura e deverão ser publicados nos prazos previstos nos incisos I e II do caput deste artigo, sob pena de nulidade.

§2º A divulgação de que trata o caput deste artigo, quando referente à contratação de profissional do setor artístico por inexigibilidade, deverá identificar os custos do cachê do artista, dos músicos ou da banda, quando houver, do transporte, da hospedagem, da infraestrutura, da logística do evento e das demais despesas específicas.

§3º No caso de obras, a Administração divulgará em sítio eletrônico oficial, em até 25 (vinte e cinco) dias úteis após a assinatura do contrato, os quantitativos e os preços unitários e totais que contratar e, em até 45 (quarenta e cinco) dias úteis após a conclusão do contrato, os quantitativos executados e os preços praticados.

§4º (VETADO).

§5º (VETADO).

Artigo 94

1 Divulgação dos contratos no Portal Nacional de Contratações Públicas (PNCP)

A Nova Lei criou o Portal Nacional de Contratações Públicas (PNCP) (art. 174), sítio eletrônico oficial destinado à divulgação centralizada e obrigatória dos atos nela exigidos.[989]

Assim, o veículo oficial de divulgação dos atos relativos às licitações e contratações públicas passou a ser o PNCP.

Nesse cenário, este art. 94 anota que a divulgação no PNCP é condição indispensável para a eficácia do contrato e de seus aditamentos e deverá ocorrer nos prazos estipulados, contados da data de sua assinatura.

Entre outras relevantes regras referentes ao PNCP, há a contida no art. 54, que indica que a publicidade do edital de licitação será realizada mediante divulgação e manutenção do inteiro teor do ato convocatório e de seus anexos no portal.

Pois bem, uma questão jurídica surgida quando da edição da Nova Lei era que, como o emprego do novo diploma dependeria da criação do Portal Nacional de

[989] Em agosto de 2021, o Portal foi lançado oficialmente (sítio https://pncp.gov.br/).

Contratações Públicas, e como ele ainda não havia sido "criado" (lançado oficialmente), a norma não poderia ser aplicada.

Essa interpretação era totalmente descabida, pois o art. 194 preceituava que a lei entraria em vigor na data de sua publicação – o que ocorreu no dia 1º.04.2021 –, e isso bastaria. Se o diploma estava vigendo, era para ser aplicado. Despropositado seria vincular a eficácia da lei à implementação de um mero portal eletrônico.

Vide que a própria norma preconiza, no art. 191, que "até o decurso do prazo de que trata o inciso II do caput do art. 193, a Administração poderá optar por licitar ou contratar diretamente de acordo com esta Lei ou de acordo com as leis citadas no referido inciso, e a opção escolhida deverá ser indicada expressamente no edital ou no aviso ou instrumento de contratação direta, vedada a aplicação combinada desta Lei com as citadas no referido inciso".

Então, para as devidas divulgações, enquanto não existisse oficialmente o portal, deveriam valer-se os entes federativos dos meios oficiais de publicação e sítios eletrônicos existentes.

Com o lançamento oficial do portal em agosto de 2021 (sítio https://pncp.gov.br/), a questão restou superada.

No mais, a divulgação – condição indispensável para a eficácia do contrato e de seus aditamentos –, deverá ocorrer nos seguintes prazos, contados da data de sua assinatura, em:

a) 20 (vinte) dias úteis, no caso de o contrato originar de licitação; ou

b) 10 (dez) dias úteis, na hipótese de ter origem numa contratação direta.

Parágrafo 1º

2 Divulgação dos contratos celebrados em caso de urgência

Segundo o §1º, os contratos celebrados em caso de urgência terão eficácia a partir de sua assinatura, o que é corretíssimo, pois se estão atendendo uma situação de urgência, devem ter eficácia imediata, e deverão ser publicados nos prazos previstos nos incs. I e II deste artigo, sob pena de nulidade. Na verdade, deverão ser publicados no prazo previsto no inc. II (10 dias úteis), uma vez que a urgência de atendimento é causa de contratação direta por dispensa de licitação.

Parágrafo 2º

3 Divulgação dos contratos celebrados por inexigibilidade com profissional do setor artístico

Este parágrafo preocupa-se com a contratação por inexigibilidade, prevista no inc. II do art. 74, quando da inviabilidade de competição na contratação de profissional do setor artístico, diretamente ou por meio de empresário exclusivo, consagrado pela crítica especializada ou pela opinião pública.

Nesses casos, a divulgação do contrato deverá ser detalhada, identificando os custos do cachê do artista, dos músicos ou da banda, quando houver, do transporte, da hospedagem, da infraestrutura, da logística do evento e das demais despesas específicas.

Parágrafo 3º

4 Publicização dos contratos de obras

Na hipótese de contratação de obras, para maximizar a transparência, a Administração deverá realizar dupla divulgação:

a) em até 25 (vinte e cinco) dias úteis após a assinatura, os quantitativos e os preços unitários e totais que contratar; e

b) em até 45 (quarenta e cinco) dias úteis após a conclusão, os quantitativos executados e os preços praticados.

Art. 95. O instrumento de contrato é obrigatório, salvo nas seguintes hipóteses, em que a Administração poderá substituí-lo por outro instrumento hábil, como carta-contrato, nota de empenho de despesa, autorização de compra ou ordem de execução de serviço:
I – dispensa de licitação em razão de valor;
II – compras com entrega imediata e integral dos bens adquiridos e dos quais não resultem obrigações futuras, inclusive quanto a assistência técnica, independentemente de seu valor.
§1º Às hipóteses de substituição do instrumento de contrato, aplica-se, no que couber, o disposto no art. 92 desta Lei.
§2º É nulo e de nenhum efeito o contrato verbal com a Administração, salvo o de pequenas compras ou o de prestação de serviços de pronto pagamento, assim entendidos aqueles de valor não superior a R$10.000,00 (dez mil reais).[990]

Artigo 95

1 Obrigatoriedade de celebração de contrato

A utilização do instrumento de contrato é obrigatória nas contratações públicas, ressalvadas as hipóteses a seguir, em que poderá ser substituído por outro instrumento hábil, como carta-contrato, nota de empenho de despesa, autorização de compra ou ordem de execução de serviço:

a) dispensa de licitação em razão de valor.

> Art. 75. É dispensável a licitação:
> I – para contratação que envolva valores inferiores a R$100.000,00 (cem mil reais)),[991] no caso de obras e serviços de engenharia ou de serviços de manutenção de veículos automotores;
> II – para contratação que envolva valores inferiores a R$50.000,00 (cinquenta mil reais),[992] no caso de outros serviços e compras.

b) compras com entrega imediata e integral dos bens adquiridos e dos quais não resultem obrigações futuras, inclusive quanto à assistência técnica, independentemente de seu valor.

Aa ressalvas referentes à entrega imediata e integral das compras, que "não resultem obrigações futuras, inclusive quanto à assistência técnica", quase inviabilizam

[990] Atualmente, R$11.981,20 (onze mil, novecentos e oitenta e um reais e vinte centavos), conforme atualização realizada pelo Decreto nº 11.871, de 29.12.2023.

[991] Atualmente, R$119.812,02 (cento e dezenove mil, oitocentos e doze reais e dois centavos), conforme atualização realizada pelo Decreto nº 11.871, de 29.12.2023.

[992] Atualmente, R$59.906,02 (cinquenta e nove mil, novecentos e seis reais e dois centavos), conforme atualização realizada pelo Decreto nº 11.871, de 29.12.2023.

o mandamento, porquanto raramente se configurará um objeto do qual possa haver a liberação de obrigações futuras.

Infere-se que o dispositivo está intimamente ligado a bens que poderão ser recebidos com imediata conferência e atestado de recebimento.

Dúvida existe quanto à expressão "entrega imediata" (expressão que consta em outros dois artigos da Nova Lei). Não nos parece que o termo possa ser avaliado na inteireza de sua literalidade, mas sim, com base na finalidade da regra, que, certamente, busca atender à realidade.

E qual seria essa realidade? A nosso ver, há total conexão com os prazos explicitados na Lei nº 4.320/1964, que estatui Normas Gerais de Direito Financeiro para elaboração e controle dos orçamentos e balanços da União, dos estados, dos municípios e do Distrito Federal, recepcionada pela CF com força de lei complementar, e com as condições usuais de mercado.

Consequentemente, além das aquisições realizadas através do regime de adiantamento (art. 68 da Lei nº 4.320/1964),[993] nas quais o pagamento é imediato, também seriam enquadráveis as compras que não ultrapassassem 30 dias, consideradas no mercado como compras à vista.

Parágrafo 1º

2 Os documentos substitutivos do contrato

Buscando informalidade e agilidade, o legislador facultou a adoção de qualquer outro instrumento hábil, em substituição ao contrato, nas hipóteses explicitadas.

Todos esses substitutivos, entretanto, devem possuir cláusulas ou itens que indiquem as obrigações e os direitos das partes, com claras indicações das paralisações possíveis e outras informações de "cláusulas necessárias" que lhe forem compatíveis (inclusive nas notas de empenho).

É o que determina, providencialmente, o §1º, ao explicar que a eles aplica-se, no que couber, o disposto no art. 92, que trata das cláusulas necessárias em todo contrato.

O elenco de instrumentos substitutivos é meramente exemplificativo, restando relembrar que a Administração não deverá, baseada na faculdade, utilizar modelos fornecidos pelos particulares, em face dos naturais riscos que oferecem, notadamente por serem elaborados para surtirem efeitos no âmbito do direito privado.

Entre os instrumentos substitutivos exemplificados, o mais problemático é a nota de empenho, por se tratar, a princípio, de mero documento utilizado para os registros de operações que envolvem despesas orçamentárias procedidas pela Administração, emitido e entregue ao "contratado", a fim de que tome ciência da reserva financeira feita a seu favor, e que lhe será realizado o pagamento. Para que a nota de empenho tenha vestes de contrato, faz-se mister que constem em seu corpo todas as condições consideradas suficientes para que produza os efeitos de tal documento. É o que determina o parágrafo

[993] Art. 68. O regime de adiantamento é aplicável aos casos de despesas expressamente definidos em lei e consiste na entrega de numerário a servidor, sempre precedida de empenho na dotação própria para o fim de realizar despesas, que não possam subordinar-se ao processo normal de aplicação.

único do art. 29 do Decreto nº 93.872/1986, que dispõe sobre a unificação dos recursos de caixa do Tesouro Nacional:

> Art. 29 [...] Parágrafo único. Quando a Nota de Empenho substituir o termo do contrato, [...] dela deverão constar as condições contratuais, relativamente aos direitos, obrigações e responsabilidades das partes.

Registre-se a obrigatória publicação, em extratos, dos documentos substitutivos, diante da determinação constante no parágrafo único do art. 94, e a aplicação, no que couber, do disposto no art. 92

Parágrafo 2º

3 Nulidade do contrato verbal

A contrario sensu das normas de direito privado, que admitem contrato verbal, a Nova Lei não possibilita à Administração celebrá-los. Todos, portanto, devem ser escritos, atendendo ao disposto no art. 91.

A ausência de formalidade determina a nulidade do contrato, ressalvada a hipótese de pequenas compras de pronto pagamento, assim entendidas aquelas de valor não superior a R$10.000,00 (dez mil reais).[994]

Contudo, na ocorrência de um contrato verbal, com a efetiva execução do objeto, surge a dúvida quanto à possibilidade de sua convalidação, como pode ocorrer com os atos administrativos, além da hesitação relativa ao pagamento do contratado que, desconhecendo a nulidade do acordo, executou, de boa-fé, o objeto.

A Nova Lei prescreve que o instrumento para formalização do acordo a ser celebrado entre a Administração e o particular é, de regra, o "termo de contrato", ressalvadas exigências legais específicas, como a que ocorre nos casos de direitos reais sobre imóveis, que são formalizados através de instrumentos públicos (§2º do art. 91), sendo permitida, ainda, em alguns casos, a substituição por outros documentos hábeis, tais como a carta-contrato, a autorização de compra etc.

Todo contrato ou seus substitutivos legais devem obrigatoriamente ser escritos (formalizados) (art. 91), em face da necessidade de os negócios administrativos possuírem prova documental de sua existência e registros para controle.

A princípio, todo ato administrativo praticado em desconformidade com prescrições jurídicas é inválido. Destarte, é inválido o ato administrativo que, ao surgir, afronta o ordenamento jurídico vigente, carecendo de legalidade.

Hely Lopes Meirelles, tratando do contrato administrativo nulo, extraindo entendimento de copiosa jurisprudência, advertia:

> [...] não gera direitos e obrigações entre as partes porque a nulidade original impede a formação de qualquer vínculo eficaz entre os contratantes, só subsistindo suas consequências em relação a terceiros de boa-fé. Todavia, mesmo no caso de contrato nulo ou

[994] Atualmente, R$11.981,20 (onze mil, novecentos e oitenta e um reais e vinte centavos), conforme atualização realizada pelo Decreto nº 11.871, de 29.12.2023.

de inexistência de contrato, pode tornar-se devido o pagamento dos trabalhos realizados para a Administração ou dos fornecimentos a ela feitos, não com fundamento em obrigação contratual, ausente na espécie, mas sim no dever moral de indenizar o benefício auferido pelo Estado, que não pode tirar proveito da atividade do particular sem o correspondente pagamento.[995]

Nessa esteira, conclui-se:

a) similarmente ao ato administrativo, tipicamente unilateral, a doutrina é unânime em apontar – com acatamento jurisprudencial – caminhos semelhantes para o desfazimento do contrato administrativo, modalidade bilateral;
b) o órgão público, ao determinar a execução de serviços por particular com base apenas no procedimento licitatório (fase pré-contratual), está celebrando um contrato verbal, que a norma legal declara "nulo e de nenhum efeito";
c) sendo ato nulo, declarado pela lei, tem-se a impossibilidade jurídica de sua convalidação;
d) a execução desse contrato nulo por parte de terceiro de boa-fé obriga que a Administração proceda aos pagamentos devidos, não com fulcro no contrato inexistente, mas sim no dever moral de indenizar que tem o Estado de não se locupletar com o prejuízo alheio;[996]
e) caso o pagamento não resulte prejuízo para a Administração, inexistindo ação indenizatória movida por parte de terceiro, descabe ação regressiva, assegurada pelo art. 37, §6º, da CF, contra o agente público. Todavia, havendo procedimento judicial por parte do terceiro prejudicado, com ganho de causa, a ação de regresso se torna obrigatória;
f) diante do Princípio de Legalidade, respeitando regra sumulada pelo STF (Súmula nº 473), a Administração não pode conviver com relação jurídica formada ilicitamente. Destarte, é seu poder-dever recompor a legalidade, declarando a invalidade preexistente do contrato, que operará *ex tunc*, isto é, retroagindo às origens, desfazendo todos os vínculos entre as partes, com exceção dos efeitos incidentes referentes aos terceiros de boa-fé, como já mencionado; e
g) cabe ao agente público responsável a formalização de ato declaratório de invalidade do contrato verbal através de termo circunstanciado, no qual serão elencados os motivos da invalidade e o dispositivo legal infringido, com a devida publicação na imprensa oficial.

Sobre a nulidade dos acordos, rompendo com a velha teoria das nulidades dos contratos, verifique-se os comentários ao art. 147 e seguintes.

---

995 MEIRELLES. *Direito administrativo brasileiro*. 14. ed.

996 Nesse sentido, a decisão prolatada pela Segunda Turma do Superior Tribunal de Justiça (STJ), que estabeleceu que, na hipótese de contrato verbal sem licitação, o poder público tem a obrigação de indenizar a prestação de serviços, ainda que eles tenham sido subcontratados e realizados por terceiros, desde que haja provas da subcontratação e de que os serviços terceirizados tenham revertido em benefício da administração pública. O entendimento foi estabelecido ao reformar Acórdão que considerou descabido o município de Bento Gonçalves (RS) pagar por serviços de terraplanagem subcontratados sem autorização, sob o fundamento de violação ao artigo 72 da Lei nº 8.666/1993. O ministro Herman Benjamin, relator do recurso, dispôs que a jurisprudência do STJ está orientada no sentido de que, mesmo sendo nulo o contrato firmado sem licitação prévia, é devido o pagamento pelos serviços efetivamente prestados, sob pena de enriquecimento ilícito da administração pública: "O STJ reconhece, ademais, que, ainda que ausente a boa-fé do contratado e que tenha ele concorrido para a nulidade, é devida a indenização pelo custo básico do serviço, sem qualquer margem de lucro".

CAPÍTULO II
DAS GARANTIAS

Art. 96. A critério da autoridade competente, em cada caso, poderá ser exigida, mediante previsão no edital, prestação de garantia nas contratações de obras, serviços e fornecimentos.

§1º Caberá ao contratado optar por uma das seguintes modalidades de garantia:

I – caução em dinheiro ou em títulos da dívida pública emitidos sob a forma escritural, mediante registro em sistema centralizado de liquidação e de custódia autorizado pelo Banco Central do Brasil, e avaliados por seus valores econômicos, conforme definido pelo Ministério da Economia;

II – seguro-garantia;

III – fiança bancária emitida por banco ou instituição financeira devidamente autorizada a operar no País pelo Banco Central do Brasil.

IV – título de capitalização custeado por pagamento único, com resgate pelo valor total. (Incluído pela Lei nº 14.770, de 2023).

§2º Na hipótese de suspensão do contrato por ordem ou inadimplemento da Administração, o contratado ficará desobrigado de renovar a garantia ou de endossar a apólice de seguro até a ordem de reinício da execução ou o adimplemento pela Administração.

§3º O edital fixará prazo mínimo de 1 (um) mês, contado da data de homologação da licitação e anterior à assinatura do contrato, para a prestação da garantia pelo contratado quando optar pela modalidade prevista no inciso II do §1º deste artigo

Artigo 96

1 A prestação de garantia pelo contratado

O assunto "garantia contratual" tem causado controvérsia.

As leis anteriores trataram o tema de acordo com essa polêmica.

O vetusto Decreto-Lei nº 200/1967 facultava à Administração a sua exigência para participação em licitação, mas silenciava quanto ao contrato. A redação, no entanto, era dúbia, fazendo com que muitos entendessem que, no caso, os "licitantes" seriam os contratados, o que corresponderia a uma imperfeição do texto.

Posteriormente, o Decreto-Lei nº 2.300/1986 trouxe a efetiva garantia contratual, dispondo, todavia, que caberia ao contratado optar por uma das modalidades, facultando à Administração a sua exigência.

A Lei nº 8.666/1993 inicialmente dispôs que caberia à Administração escolher a modalidade de garantia, ficando a seu critério a exigência. Depois, com a alteração imposta pela Lei nº 8.883/1994, voltou a permitir que o contratado exercesse o direito de opção entre as modalidades previstas.

A Nova Lei nº 14.133/2021 manteve esse modelo, mas evoluiu na abrangência, como se demonstrará nas análises dos dispositivos do Capítulo II "Das Garantias".

A garantia é instrumento que assegura à Administração o cumprimento pelo contratado da obrigação assumida, devendo, quando pretendida pelo Poder Público, estar prevista no instrumento convocatório. Sob esse ângulo, a prestação da garantia é uma vantagem para a Administração.

Por outro bordo, no entanto, representa um encargo financeiro para o particular, pois, não raro, o obriga a desembolsar recursos elevados, o que, em certos momentos, poderia inviabilizar a contratação. Além disso, é certo que o particular, na formação de seus custos, embute os encargos referentes à obtenção dessa garantia, o que origina elevação dos valores finais.

Este art. 96 determina que a exigência de garantia deverá ocorrer nas situações em que ela seja necessária. Inexistindo riscos, a imposição de prestação de garantia poderá ser dispensada.

A determinação de apresentação de garantia deverá constar no ato convocatório da licitação. Caso não conste, não poderá ser exigida no momento do contrato, uma vez que a sua prestação envolve custos para o licitante.

Parágrafo 1º

2 Modalidades de garantia

É assegurado ao particular a faculdade de escolha da modalidade de garantia, de acordo com as suas conveniências, cabendo à Administração avaliar a sua validade.

Apesar do oferecimento da escolha, o dispositivo lista as hipóteses de garantia passíveis de opção:

- Caução (em dinheiro ou em títulos da dívida pública);
- Seguro-garantia;
- Fiança bancária; e
- Título de capitalização custeado por pagamento único, com resgate pelo valor total.

Inciso I

2.1 Caução em dinheiro ou em títulos da dívida pública

Caução (do latim *cautio*, cautela) é o cuidado que se toma como garantia de indenização de algum dano possível ou devido à possível falta de cumprimento de alguma obrigação.

A Nova Lei permite a caução real em dinheiro ou em títulos da dívida pública.

A questão dos títulos tem causado, ao longo dos anos, intensa polêmica e, na prática, um sem-número de transtornos para a Administração. Além do questionamento quanto à validade de títulos muito antigos, havia o fator complicador referente ao valor real de cada um.

Em novembro de 1997, por exemplo, o Superior Tribunal de Justiça (STJ), em autos de uma execução fiscal, determinou que a Fazenda Pública Estadual de São Paulo aceitasse Títulos da Dívida Agrária (TDA) pelo seu valor de face, como garantia de pagamento de débito do contribuinte executado.[997]

Ocorria, todavia, que tais títulos não eram negociados no mercado pelo valor de face, mas sim pelo valor calculado de acordo com a data de vencimento, com deságio de 15 a 45%, dependendo do número de anos que faltassem para o resgate, o que dificultava a operacionalização.

Outro exemplo transcorreu no Paraná, onde o Juiz da 3ª Vara Cível da Comarca de Maricá, Dr. Flávio C. de Almeida, concedeu liminar, aceitando como garantia de uma suposta dívida um título de dívida pública federal de 1956, tendo considerado em sua decisão que "a validade do título caucionado é inquestionável, devendo o Tesouro Nacional honrar o regular resgate do seu valor devidamente atualizado".[998]

Como leciona Leon Szklarowsky, "os títulos da dívida pública derivam de empréstimos contraídos pelo Estado, ou [...] o Estado tem o poder de dispor de capital alheio, por meio de empréstimo, comprometendo-se a reembolsar os credores".[999]

Acontece que, como aponta Pimenta Júnior:

> [...] no tocante a tais títulos, muito se tem discutido a respeito de sua validade, quando, em meados de 1996 foram descobertos por caçadores de oportunidades, que passaram a negociá-los depois de conseguirem um parecer da Fundação Getulio Vargas definindo o valor de face destes títulos, lançados em contos de réis. A tentativa de resgate esbarrou, porém, no disposto no Decreto-Lei nº 263/1967, que determinou o prazo para resgate, o que serviu não só para liquidar parte da dívida, como para prescrever o lote restante.[1000]

Sempre sustentamos que o mencionado decreto-lei é de duvidosa constitucionalidade; pelo que considerávamos tais bônus como dívida pública suscetível de natural resgate e, por conseguinte, passíveis, também, de serem apresentados como garantias em contratos administrativos.

Quanto ao valor efetivo, dispúnhamos que o valor real (e não o de face) deveria ser considerado, para que a garantia surtisse os efeitos desejados.

Tal questão importou em inovações acauteladoras em 2004, por intermédio da Lei nº 11.079, com alterações substanciais no dispositivo da Lei nº 8.666/1993 no tocante aos títulos públicos.

O então novo regramento passou a determinar a necessidade de a caução ser moldada na forma escritural, mediante registro em sistema centralizado de liquidação e custódia autorizado pelo Banco Central, com avaliação pelos seus valores econômicos, significando, em consequência, que a aceitação desses títulos só se dará com a certeza da garantia efetiva.

A Nova Lei seguiu nesse caminho, listando como modalidade de garantia, no inc. I, a caução em dinheiro ou em títulos da dívida pública emitidos sob a forma escritural,

---

[997] PIMENTA. *Moedas podres? O pagamento de tributos com títulos da dívida pública.*

[998] Conforme noticiado na *Gazeta Mercantil*, maio 1999.

[999] SZKLAROWSKY. *Títulos da dívida pública e garantia de execução.*

[1000] PIMENTA. *Moedas podres? O pagamento de tributos com títulos da dívida pública.*

mediante registro em sistema centralizado de liquidação e de custódia autorizado pelo Banco Central do Brasil, e avaliados por seus valores econômicos, conforme definido pelo Ministério da Economia.

Inciso II

2.2 O seguro-garantia

Como expõe o inc. LIV do art. 6º, seguro-garantia é seguro que garante o fiel cumprimento das obrigações assumidas pelo contratado.

O seguro-garantia consiste em garantia de maior elastério, diversa das demais formas possíveis, uma vez que não configura uma segurança financeira.

Nessa modalidade, a instituição seguradora obriga-se a complementar a execução do contrato ou, como mais ocorre, a indenizar a Administração no valor correspondente para tal complementação.

Trazendo à baila dados levantados pela Federação Nacional das Empresas de Seguros Privados e de Capitalização (FENASEG), Marcos Juruena professorava, no início da década de 2000, que, no Brasil, o seguro vinha sendo relegado a plano secundário, tido como encarecedor. Isso não mudou. Ainda hoje essa modalidade garantidora, ao menos no âmbito dos contratos públicos, continua com essa pecha.

A nosso ver, malgrado essa pouca utilização, trata-se de excelente alternativa para assegurar que as obras sejam entregues não apenas com qualidade, mas também no preço e no prazo acordados, seria a contratação por parte das empreiteiras de seguros que cubram 100% da obra. Na prática, essa obrigatoriedade determinaria que as seguradoras atuassem como agentes fiscalizadores, já que teriam interesse que as obras se efetivassem sem nenhum tipo de contratempo.

Nesse sentido, Modesto Carvalhosa sustenta, com absoluta razão, que esses seguros, os chamados *performance bonds*, não configurariam apenas uma garantia para o contratante, mas também um antídoto contra a corrupção:

> Há duas vantagens evidentes. Com o *performance bond*, quem passa a ser interessado no preço, no prazo e na qualidade da obra não é mais só o contratante, mas a seguradora. Se algo der errado, ela tem que contratar outra empresa. Para não ter prejuízo, ela fiscaliza a obra, impede aditivos que encarecem a construção e também quebra a interlocução direta entre o agente público e o empreiteiro, que dá margem à corrupção, como vimos que acontece a partir da Operação Lava-Jato. Muita gente se diz contra a exigência de seguro de 100% alegando que vai encarecer a obra, mas o que encarece não é o seguro, mas os aditivos, a entrega defeituosa.[1001]

O art. 97 detalha o uso do seguro-garantia nos contratos administrativos, a cujos comentários se remete.

[1001] Lei poderá exigir seguro total para aumentar rigor em obras públicas. *O Globo*. Matéria de Maria Elisa Alves, 30.04.2016.

Inciso III

2.3 Fiança bancária

A fiança bancária é a garantia mais usual no Brasil. Trata-se de um acordo celebrado entre o contratado com seu fiador (o banco), tendo como beneficiária a Administração, que poderá executar a garantia quando ocorrer inadimplência.

Para não deixar dúvida, o inciso anota que a fiança bancária deverá ser emitida por banco ou instituição financeira devidamente autorizada a operar no País pelo Banco Central do Brasil.

Sobre o tema, o TCU, através do Acórdão nº 597/2023 – Plenário, manifestou-se sobre o tema, informando que "é irregular a aceitação de cartas de fiança fidejussória, de natureza não bancária, como garantia de contrato administrativo, uma vez que não correspondem ao instrumento de fiança bancária (art. 56, §1º, inc. III, da Lei nº 8.666/1993 e art. 96, §1º, inc. III, da Lei nº 14.133/2021), emitida por banco ou instituição financeira autorizada a operar pelo Banco Central do Brasil".

Inciso IV

2.4 Título de capitalização custeado por pagamento único, com resgate pelo valor total

O título de capitalização é uma aplicação programada, oferecida por entidade financeira durante um prazo determinado. As contribuições do usuário podem ser realizadas por intermédio de pagamento único, quando é procedido o depósito no valor de todo o título de uma só vez; pagamento mensal, em que mensalmente um valor previamente definido é descontado de conta; e pagamento periódico, quando se escolhe a periodicidade. No fim do prazo, o valor é restituído acrescido de rentabilidade.

Essa modalidade de garantia foi inserida na Nova Lei de Licitações pela Lei nº 14.770/2023, só sendo permitido o título custeado por pagamento único, com resgate pelo valor total.

2.5 Garantia de bens ou pessoas

É relevante ressaltar que, além das garantias estipuladas na Nova Lei, há outra que, dependendo do objeto, poderá ser exigida no edital. Trata-se do seguro voltado a garantir bens e pessoas, notadamente obras e ou serviços considerados de risco. Tal seguro não deve ser confundido com o existente contra acidentes de trabalho, já devidamente registrado na relação empregatícia do contratado e seus empregados.

Parágrafo 2º

3 Suspensão do contrato por ordem da Administração

O contrato deverá ser executado fielmente pelas partes, de acordo com as cláusulas avençadas e as normas desta Lei nº 14.133/2021, e cada parte responderá pelas consequências de sua inexecução total ou parcial. É o que prescreve o art. 115, ao tratar da execução dos contratos.

O §1º do artigo proíbe, inclusive, que a Administração retarde imotivadamente a execução de obra ou serviço, ou de suas parcelas.

Ocorre que, motivadamente, é possível paralisar ou suspender o contrato. É o que preceitua o §5º do mesmo dispositivo, que informa que, em caso de impedimento, ordem de paralisação ou suspensão do contrato, o cronograma de execução será prorrogado automaticamente pelo tempo correspondente, anotadas tais circunstâncias mediante simples apostila.

Assim, na hipótese de suspensão do contrato por ordem ou inadimplemento da Administração, nada mais justo que o contratado fique desobrigado de renovar a garantia ou de endossar a apólice de seguro até a ordem de reinício da execução ou o adimplemento pela Administração.

Parágrafo 3º

4 Prazo para a prestação da garantia

Questão que sempre suscitava dúvidas na aplicação da lei anterior envolvia o momento de prestação da garantia, notadamente quando a escolha do contratado era a modalidade seguro-garantia, pois havia a necessidade de negociar com a empresa seguradora.

Este §3º deu fim à questão ao prever que o edital fixará prazo mínimo de 1 (um) mês, contado da data de homologação da licitação e anterior à assinatura do contrato, para a prestação da garantia pelo contratado quando optar pelo seguro-garantia.

Art. 97. O seguro-garantia tem por objetivo garantir o fiel cumprimento das obrigações assumidas pelo contratado perante a Administração, inclusive as multas, os prejuízos e as indenizações decorrentes de inadimplemento, observadas as seguintes regras nas contratações regidas por esta Lei:
I – o prazo de vigência da apólice será igual ou superior ao prazo estabelecido no contrato principal e deverá acompanhar as modificações referentes à vigência deste mediante a emissão do respectivo endosso pela seguradora;
II – o seguro-garantia continuará em vigor mesmo se o contratado não tiver pago o prêmio nas datas convencionadas.
Parágrafo único. Nos contratos de execução continuada ou de fornecimento contínuo de bens e serviços, será permitida a substituição da apólice de seguro-garantia na data de renovação ou de aniversário, desde que mantidas as mesmas condições e coberturas da apólice vigente e desde que nenhum período fique descoberto, ressalvado o disposto no §2º do art. 96 desta Lei.

Artigo 97

1 Regras para o seguro-garantia

Seguro-garantia é a modalidade de garantia que objetiva assegurar o fiel cumprimento das obrigações assumidas pelo tomador (o contratado) perante o segurado (a Administração Pública) em contrato administrativo firmado. A conclusão e a entrega de obras ou da fabricação/fornecimento de materiais ou de prestação de serviços estão garantidas com esse tipo de seguro.

Nesse viés, o inc. LIV do art. 6º define que o seguro-garantia é seguro que garante o fiel cumprimento das obrigações assumidas pelo contratado, e este art. 97 disciplina que tem por objetivo garantir o fiel cumprimento das obrigações assumidas pelo contratado perante a Administração, inclusive as multas, os prejuízos e as indenizações decorrentes de inadimplemento.

Consoante diversos diagnósticos realizados nessa seara, o seguro-garantia pode ser apontado como solução para as obras paralisadas e inacabadas.

Segundo este preceptivo, deverão ser observadas as seguintes regras nas contratações de seguro-garantia:

a) o prazo de vigência da apólice será igual ou superior ao prazo estabelecido no contrato principal e deverá acompanhar as modificações referentes à vigência deste, mediante a emissão do respectivo endosso pela seguradora; e
b) o seguro-garantia continuará em vigor mesmo se o contratado não tiver pagado o prêmio nas datas convencionadas.

Assim, ao negociar com a seguradora, o contratado deve apresentar essas disposições, de modo que o seguro compreenda essas determinações.[1002]

Para demonstrar a utilidade da modalidade, Cristiana Fortini e Rafael Amorim expõem a experiência dos Estados Unidos:

> No modelo norte-americano, o seguro-garantia é, em essência, um instrumento que alcança sua finalidade, o que significa, na prática, a efetiva mitigação dos riscos de obras paralisadas ou inacabadas, com as seguradoras realmente contribuindo para a solução dos problemas nos casos de inadimplemento dos segurados. Isso porque não se trata apenas de impor às seguradoras o ônus indenizatório, mas há a possibilidade de elas assumirem a obra em andamento. Logo, diante de um risco muito superior, as seguradoras adotam maior cautela e investigam mais as empresas antes da emissão das apólices e, depois de emiti-las, ainda promovem contínuo acompanhamento da atuação dos tomadores, com o objetivo de se precaverem de possíveis inadimplementos, caracterizadores de sinistro. Tudo isso favorece o interesse público.[1003]

Sobre o tema, confira-se a Circular SUSEP nº 477, de 30.09.2013, que dispõe sobre todos os aspectos do seguro-garantia.

Parágrafo único

2 Seguro-garantia nos contratos de execução continuada ou de fornecimento contínuo de bens e serviços

Outra tortuosa questão nos contratos da lei anterior envolvia o seguro-garantia nos contratos de longo prazo.

Agora, oportunamente, o legislador da Nova Lei fez estabelecer que, nos contratos de execução continuada ou de fornecimento contínuo de bens e serviços, será permitida a substituição da apólice de seguro-garantia na data de renovação ou de aniversário, desde que mantidas as mesmas condições e coberturas da apólice vigente e desde que nenhum período fique descoberto, ressalvadas as hipóteses de suspensão do contrato por ordem ou inadimplemento da Administração, quando, conforme anotado no §2º do art. 96, o contratado ficará desobrigado de renovar a garantia ou de endossar a apólice de seguro até a ordem de reinício da execução ou o adimplemento pela Administração.

[1002] Acórdão TCU nº 1.216/2019 – Plenário, Rel. Min. Raimundo Carreiro:
9.2.1. os órgãos e entidades da Administração Pública Federal podem aceitar apólice de seguro – apresentada por empresa vencedora de certame licitatório para garantir o fiel cumprimento das obrigações assumidas no contrato – que contenha cláusula que exclua de cobertura prejuízos e demais penalidades causados ou relacionados a atos ou fatos violadores de normas de anticorrupção que tenham sido provocados pelo segurado ou seu representante, seja isoladamente, seja em concurso com o tomador ou seu representante;
9.2.2. por outro lado, os órgãos e entidades da Administração Pública Federal devem recusar apólice de seguro – apresentada por empresa vencedora de certame licitatório para garantir o fiel cumprimento das obrigações assumidas no contrato – que contenha cláusula que exclua de cobertura prejuízos e demais penalidades causados ou relacionados a atos ou fatos violadores de normas de anticorrupção que tenham sido provocados exclusivamente pelo tomador ou seu representante, sem o concurso do segurado ou seu representante.

[1003] FORTINI; AMORIM. *O seguro-garantia no âmbito do Projeto de Lei nº 1.292/1995.*

Art. 98. Nas contratações de obras, serviços e fornecimentos, a garantia poderá ser de até 5% (cinco por cento) do valor inicial do contrato, autorizada a majoração desse percentual para até 10% (dez por cento), desde que justificada mediante análise da complexidade técnica e dos riscos envolvidos.
Parágrafo único. Nas contratações de serviços e fornecimentos contínuos com vigência superior a 1 (um) ano, assim como nas subsequentes prorrogações, será utilizado o valor anual do contrato para definição e aplicação dos percentuais previstos no *caput* deste artigo.

Artigo 98 e Parágrafo Único

1 Limites da garantia

Aguardava-se uma grande mudança na Nova Lei nos limites percentuais de garantia. A expectativa era enorme, notadamente dos setores de seguros nacionais. Contudo, não ocorreu o que se esperava nessa seara, mas avançou, mormente no *upgrade* para as contratações de obras e serviços de engenharia de grande vulto, como se verificará na avaliação do art. 99.

Seguindo a praxe de mercado que exige apenas um percentual do valor do contrato na prestação de garantia, em face da inviabilidade de se impor garantia em valor que correspondesse a cem por cento do montante contratual, este art. 98, ao tratar dos limites nas contratações de obras, serviços e fornecimentos comuns, prescreve que a garantia poderá ser de até 5% (cinco por cento) do valor inicial do contrato, autorizada a majoração desse percentual para até 10% (dez por cento), desde que justificada mediante análise da complexidade técnica e dos riscos envolvidos.

Segundo o Parágrafo Único, intentando não onerar o contratado, mas manter a competitividade, nas contratações de serviços e fornecimentos contínuos com vigência superior a 1 (um) ano, assim como nas subsequentes prorrogações, deverá ser utilizado o valor anual do contrato para definição e aplicação desses percentuais.

Art. 99. Nas contratações de obras e serviços de engenharia de grande vulto, poderá ser exigida a prestação de garantia, na modalidade seguro-garantia, com cláusula de retomada prevista no art. 102 desta Lei, em percentual equivalente a até 30% (trinta por cento) do valor inicial do contrato.

Artigo 99

1 Seguro-garantia nas contratações de obras e serviços de engenharia de grande vulto

O artigo traz, enfim, a novidade esperada na esfera dos seguros dos contratos administrativos.

Nas contratações de obras e serviços de engenharia de grande vulto, ou seja, naquelas cujo valor estimado supere R$239.624.058,14 (duzentos e trinta e nove milhões, seiscentos e vinte e quatro mil, cinquenta e oito reais e quatorze centavos),[1004] este art. 99 sinaliza a possibilidade de exigência de prestação de garantia, na modalidade seguro-garantia, com cláusula de retomada, em percentual equivalente a até 30% (trinta por cento) do valor inicial do contrato.

A cláusula de retomada, prevista no art. 102, consiste na possibilidade de a seguradora assumir a execução da obra e concluir o objeto do contrato, em caso de inadimplemento por parte do contratado.

> Art. 102. Na contratação de obras e serviços de engenharia, o edital poderá exigir a prestação da garantia na modalidade seguro-garantia e prever a obrigação de a seguradora, em caso de inadimplemento pelo contratado, assumir a execução e concluir o objeto do contrato, hipótese em que:
>
> I – a seguradora deverá firmar o contrato, inclusive os aditivos, como interveniente anuente e poderá:
>
> a) ter livre acesso às instalações em que for executado o contrato principal;
>
> b) acompanhar a execução do contrato principal;
>
> c) ter acesso a auditoria técnica e contábil;
>
> d) requerer esclarecimentos ao responsável técnico pela obra ou pelo fornecimento;
>
> II – a emissão de empenho em nome da seguradora, ou a quem ela indicar para a conclusão do contrato, será autorizada desde que demonstrada sua regularidade fiscal;
>
> III – a seguradora poderá subcontratar a conclusão do contrato, total ou parcialmente.
>
> Parágrafo único. Na hipótese de inadimplemento do contratado, serão observadas as seguintes disposições:
>
> I – caso a seguradora execute e conclua o objeto do contrato, estará isenta da obrigação de pagar a importância segurada indicada na apólice;
>
> II – caso a seguradora não assuma a execução do contrato, pagará a integralidade da importância segurada indicada na apólice.

1004 Conforme definição do inc. XXII do art. 6º e atualização realizada pelo Decreto nº 11.871, de 29.12.2023.

Nesse caso, evidencia-se a maximização de riscos das seguradoras e, com isso, como obtemperaram Fortini e Amorim, mais incentivos para a realização de análises mais aprofundadas, podendo resultar na seleção de agentes privados mais aptos para a execução contratual, pois, quando da emissão da apólice de seguro, a seguradora terá mais estímulos para efetivamente acompanhar a execução contratual.[1005]

Sendo certo que não existe obrigatoriedade de exigência de seguro-garantia nas referidas contratações, ainda mais no percentual máximo elencado, Pinheiro, Verzani e Mansur assentam que "tal possibilidade deverá ser avaliada e motivada pela Administração no caso concreto, sendo imperioso se considerar que um percentual de garantia muito elevado pode encarecer excessivamente o prêmio, criando barreiras de entrada a novos competidores e podendo ensejar concentração de mercado, o que iria de encontro ao princípio da competitividade".[1006]

Apesar do avanço, Luiza Bartolo censura o dispositivo, pontuando que, levando em consideração a técnica do direito dos seguros, o valor máximo de 30% do contrato garantido ainda é muito inferior ao desejável, na medida em que, na maioria das vezes, é absolutamente insuficiente para a retomada das obras por parte do ente público contratante.[1007]

Acresça-se às críticas a possibilidade de as seguradoras não assumirem a execução do contrato no caso de inadimplemento, pois o inc. II do parágrafo único do art. 102 faculta-lhes o simples pagamento da integralidade da importância segurada na apólice.

[1005] FORTINI; AMORIM. *O seguro-garantia no âmbito do Projeto de Lei nº 1.292/1995.*

[1006] PINHEIRO; ALMEIDA; MANSUR. *Nova Lei de Licitações anotada e comparada.*

[1007] BARTOLO. *Modificações na Lei de Licitações são eficazes para proteger a Administração?*

Art. 100. A garantia prestada pelo contratado será liberada ou restituída após a fiel execução do contrato ou após a sua extinção por culpa exclusiva da Administração e, quando em dinheiro, atualizada monetariamente.

Artigo 100

1 Devolução da garantia

O texto do dispositivo é claro e justo. A garantia prestada pelo contratado deverá ser imediatamente liberada ou restituída após a execução do contrato ou após a sua extinção por culpa exclusiva da Administração e, quando em dinheiro, atualizada monetariamente.

Dúvida há, entretanto, quanto ao termo "execução do contrato", porquanto, findado o prazo de execução, não raro ocorrerão os prazos de observação e entrega. A devolução da garantia após o prazo de execução pode, portanto, causar transtornos na hipótese de verificação de defeitos no objeto.

A nosso ver, a indicação de "execução do contrato" neste dispositivo é expressão genérica, só havendo liberação da garantia após o recebimento definitivo do objeto.

Afigura-se viável, entrementes, a liberação da garantia proporcionalmente à execução da prestação realizada pelo particular. É o que também sustenta Marçal Justen, ao argumentar que, na medida em que o contratado executar parcialmente e de modo satisfatório o objeto do contrato, a manutenção integral da garantia equivaleria à ampliação do valor respectivo, quando então o sujeito estaria prestando garantia em proporção superior àquela permitida pela lei.[1008]

Obviamente, na hipótese de extinção do contrato por culpa assumida pela Administração, haverá a normal cessação da garantia. No caso de litígio, contudo, a questão dependerá de decisão judicial.

Nesse viés, é de suma importância que o edital licitatório e o próprio contrato registrem com acuidade a forma como se dará a verificação de conformidade das obrigações assumidas e o prazo para a restituição da garantia, principalmente quando se tratar de garantia por caução em dinheiro, caso em que a Administração estaria de posse da importância que é de propriedade da contratada. Como anotam Pinheiro, Verzani e Mansur,[1009] é recomendável que tanto o fiscal quanto o gestor do contrato se manifestem formalmente, tão logo a vigência contratual se expire, atestando a regularidade e a integridade do cumprimento das obrigações por parte do contratado.

[1008] JUSTEN FILHO. *Comentários à Lei de Licitações e Contratos Administrativos*. 16. ed.

[1009] PINHEIRO; ALMEIDA; MANSUR. *Nova Lei de Licitações anotada e comparada*.

Art. 101. Nos casos de contratos que impliquem a entrega de bens pela Administração, dos quais o contratado ficará depositário, o valor desses bens deverá ser acrescido ao valor da garantia.

Artigo 101

1 Garantia nos contratos que importem na entrega de bens pela Administração

Há situações que obrigam a Administração a estabelecer nos contratos a entrega de bens de sua propriedade ao contratado. Nesses casos, o contratado passa a ser depositário desses bens. É o que o Código Civil (Lei nº 10.406, de 10.01.2002) denomina de contrato coligado de depósito. O art. 627 do CC disciplina que, pelo contrato de depósito recebe o depositário um objeto móvel, para guardar, até que o depositante o reclame. O intuito desse contrato é a guarda da coisa alheia, aperfeiçoando-se com a entrega desta ao depositário. Constitui-se em um contrato real, pois não basta um simples acordo de vontades para se concretizar, mas, sim, a entrega do objeto, presumindo-se estar em poder do depositário. O depositário assume o compromisso de guardar a coisa e ter todo o cuidado e diligência como se ela lhe pertencesse, bem como a restituí-la quando exigido (art. 629 do CC).

Nesse passo, este art. 101 confere ao contratado a posição de fiel depositário de bens da Administração, quando o valor desses bens deverá ser acrescido ao valor da garantia.

Assim, nos contratos administrativos que impliquem a entrega de bens pela Administração, o valor da garantia deverá alcançar o valor desses bens.

Contudo, a regra há de ser aplicada com cautela, sempre considerando o princípio da proporcionalidade, dado que, não raramente, a Administração transfere ao contratado bens de valores consideráveis, algumas vezes até superiores ao do contrato. Não haveria proporcionalidade na exigência de garantia em valor superior ao do próprio contrato. Sendo a garantia um acessório, descaberia ter proporções maiores que o valor total da contratação.

Art. 102. Na contratação de obras e serviços de engenharia, o edital poderá exigir a prestação da garantia na modalidade seguro-garantia e prever a obrigação de a seguradora, em caso de inadimplemento pelo contratado, assumir a execução e concluir o objeto do contrato, hipótese em que:

I – a seguradora deverá firmar o contrato, inclusive os aditivos, como interveniente anuente e poderá:

a) ter livre acesso às instalações em que for executado o contrato principal;

b) acompanhar a execução do contrato principal;

c) ter acesso à auditoria técnica e contábil;

d) requerer esclarecimentos ao responsável técnico pela obra ou pelo fornecimento;

II – a emissão de empenho em nome da seguradora, ou a quem ela indicar para a conclusão do contrato, será autorizada desde que demonstrada sua regularidade fiscal;

III – a seguradora poderá subcontratar a conclusão do contrato, total ou parcialmente.

Parágrafo único. Na hipótese de inadimplemento do contratado, serão observadas as seguintes disposições:

I – caso a seguradora execute e conclua o objeto do contrato, estará isenta da obrigação de pagar a importância segurada indicada na apólice;

II – caso a seguradora não assuma a execução do contrato, pagará a integralidade da importância segurada indicada na apólice.

Artigo 102

1 A cláusula de retomada

Ao trazer para a esfera dos contratos administrativos a possibilidade de o seguro-garantia prever a chamada "cláusula de retomada" (*step-in rights*) – mecanismo que já constava na Lei das Concessões (com a alteração da Lei nº 8.987/1995 pela Lei nº 13.097/2015) e na Lei das PPPs (Lei nº 11.079/2004) – o dispositivo consigna uma das principais novidades da Nova Lei.

Assim, dispõe que, na contratação de obras e serviços de engenharia, o edital poderá exigir a prestação da garantia na modalidade seguro-garantia e prever a obrigação de a seguradora, em caso de inadimplemento pelo contratado, assumir a execução e concluir o objeto do contrato.

Para que isso se materialize, são estabelecidas as seguintes condições:

a) a seguradora deverá firmar o contrato, inclusive os aditivos, como interveniente anuente e poderá:
   - ter livre acesso às instalações em que for executado o contrato principal;
   - acompanhar a execução do contrato principal;
   - ter acesso à auditoria técnica e contábil;
   - requerer esclarecimentos ao responsável técnico pela obra ou pelo fornecimento;

b) a emissão de empenho em nome da seguradora, ou a quem ela indicar para a conclusão do contrato, será autorizada desde que demonstrada sua regularidade fiscal;
c) a seguradora poderá subcontratar a conclusão do contrato, total ou parcialmente.

Como averbam Flávio Amaral Garcia e Egon Bockmann, no caso, a Nova Lei buscou criar uma espécie de solidariedade entre a seguradora e a Administração Pública, uma vez que o inadimplemento do contratado produziria prejuízo para ambas. Assim, a seguradora, sem a menor dúvida, será a maior interessada em prevenir o inadimplemento do contratado, já que a consequência será arcar com o custo de finalização da obra.[1010]

Consta-se, portanto, o possível desempenho de papel fiscalizatório da seguradora, no tocante ao cumprimento das obrigações por parte do tomador (contratado pela Administração).

Contudo, esse regramento tem provocado críticas no mercado segurador, ao postularem que são entidades especializadas na gestão de risco, e não na execução de obras.

Parágrafo único

2 Disposições para o caso de inadimplemento do contratado

Como assenta Felipe Bastos, o seguro-garantia é um seguro acessório ao contrato principal e sua finalidade não é outra senão propiciar tanto quanto possível, nos limites financeiros acordados, a garantia de obtenção pelo segurado do resultado almejado no contrato principal (ou o equivalente pecuniário que lhe permita atingir esse resultado), não configurando, portanto, um fim em si mesmo, destinado a cumprir os desígnios e interesses da seguradora acima dos interesses, estes sim principais, do segurado – a Administração Pública contratante da obra ou dos serviços objeto de proteção pelo seguro.[1011]

Nesse sentido, o parágrafo delineia os possíveis caminhos da seguradora, na hipótese de inadimplemento do contratado, os quais configuram o chamado *completion bond*, que compreende apólice de seguro garantidora ao segurado da implantação do empreendimento objeto do contrato.

Assim, caso a seguradora execute e conclua o objeto do contrato, ficará isenta da obrigação de pagar a importância segurada indicada na apólice; alternativamente, se não assumir a execução do contrato, deverá pagar a integralidade da importância segurada indicada na apólice.

[1010] GARCIA; MOREIRA. *A futura nova Lei de Licitações brasileira*: seus principais desafios, analisados individualmente.

[1011] BASTOS. *Os vários tipos de seguros na nova Lei Geral de Licitações*.

CAPÍTULO III
DA ALOCAÇÃO DE RISCOS

Art. 103. O contrato poderá identificar os riscos contratuais previstos e presumíveis e prever matriz de alocação de riscos, alocando-os entre contratante e contratado, mediante indicação daqueles a serem assumidos pelo setor público ou pelo setor privado ou daqueles a serem compartilhados.

§1º A alocação de riscos de que trata o caput deste artigo considerará, em compatibilidade com as obrigações e os encargos atribuídos às partes no contrato, a natureza do risco, o beneficiário das prestações a que se vincula e a capacidade de cada setor para melhor gerenciá-lo.

§2º Os riscos que tenham cobertura oferecida por seguradoras serão preferencialmente transferidos ao contratado.

§3º A alocação dos riscos contratuais será quantificada para fins de projeção dos reflexos de seus custos no valor estimado da contratação.

§4º A matriz de alocação de riscos definirá o equilíbrio econômico-financeiro inicial do contrato em relação a eventos supervenientes e deverá ser observada na solução de eventuais pleitos das partes.

§5º Sempre que atendidas as condições do contrato e da matriz de alocação de riscos, será considerado mantido o equilíbrio econômico-financeiro, renunciando as partes aos pedidos de restabelecimento do equilíbrio relacionados aos riscos assumidos, exceto no que se refere:

I – às alterações unilaterais determinadas pela Administração, nas hipóteses do inciso I do caput do art. 124 desta Lei;

II – ao aumento ou à redução, por legislação superveniente, dos tributos diretamente pagos pelo contratado em decorrência do contrato.

§6º Na alocação de que trata o caput deste artigo, poderão ser adotados métodos e padrões usualmente utilizados por entidades públicas e privadas, e os ministérios e secretarias supervisores dos órgãos e das entidades da Administração Pública poderão definir os parâmetros e o detalhamento dos procedimentos necessários à sua identificação, alocação e quantificação financeira.

Artigo 103 e Parágrafos 1º a 3º

1 A alocação de riscos nos contratos

O inc. XXVII do art. 6º define *matriz de riscos* como cláusula contratual definidora de riscos e de responsabilidades entre as partes e caracterizadora do equilíbrio econômico-financeiro inicial do contrato, em termos de ônus financeiro decorrente de eventos supervenientes à contratação.

Segundo o comando legal, deverá conter, no mínimo, as seguintes informações:

a) listagem de possíveis eventos supervenientes à assinatura do contrato que possam causar impacto em seu equilíbrio econômico-financeiro e previsão de eventual necessidade de prolação de termo aditivo por ocasião de sua ocorrência;
b) no caso de obrigações de resultado, estabelecimento das frações do objeto com relação às quais haverá liberdade para os contratados inovarem em soluções metodológicas ou tecnológicas, em termos de modificação das soluções previamente delineadas no anteprojeto ou no projeto básico; e
c) no caso de obrigações de meio, estabelecimento preciso das frações do objeto com relação às quais não haverá liberdade para os contratados inovarem em soluções metodológicas ou tecnológicas, devendo haver obrigação de aderência entre a execução e a solução predefinida no anteprojeto ou no projeto básico, consideradas as características do regime de execução no caso de obras e serviços de engenharia.

A matriz de riscos, já tratada na Lei das Parcerias Públicos-Privadas – PPPs (Lei nº 11.079/2004) e na Lei das Estatais (Lei nº 13.303/2016), configura, portanto, ferramenta de previsão de circunstâncias que poderá ser invocada para a manutenção do equilíbrio econômico-financeiro do contrato.

A repartição de riscos, como já exposto, representa importante inovação na lei geral de contratações, uma vez que na lei anterior (Lei nº 8.666/1993) a Administração assumia praticamente todos os riscos, dado que, à época de sua edição e durante grande parte de seu ciclo de aplicação, o dimensionamento, a avaliação e o compartilhamento de riscos se mostravam improváveis.

Dispusemos sobre a repartição de riscos nos contratos públicos, quando analisamos a questão no âmbito da Lei nº 11.079/2004:

> [...] é cristalina intenção do legislador no sentido de minimizar o risco do parceiro privado [...], já que há ainda enorme suspeita e grande receio por parte de particulares em celebrar contratos com a Administração, em função das dificuldades encontradas e a falta de participação do Poder Público quando do surgimento de problemas que necessitam de apoio governamental para serem resolvidos. A inserção dos princípios de repartição objetiva de riscos e de sustentabilidade financeira é uma prova cabal de que o Poder Público brasileiro está buscando superar antigos maus costumes. [...] Nesse diapasão, Marcos Juruena aponta que ao Poder Público deve caber, por exemplar, suportar os ônus dos riscos de comprometimento do equilíbrio das contas, enquanto ao particular podem ser atribuídos os riscos do negócio, nas suas cinco espécies: riscos de construção, financeiros, de performance, de demanda e relacionados ao valor residual dos ativos.[1012]

Nesse contexto, verifica-se que se trata de ferramenta das mais importantes dos contratos administrativos, porquanto através dela se poderá antever soluções para fatos que poderão vir a ser enfrentados durante o período contratual, muito embora, como

---

[1012] BITTENCOURT. *Parceria Público-Privada passo a passo*: comentários à Lei nº 11.079/04, que institui normas gerais para licitação e contratação de PPP na Administração Pública, alterada pelas Leis nºs 12.024/09, 12.409/11, 12.766/12, 13.043/14, 13.097/15, 13.137/15 e 13.529/17. 4. ed.

dispõe o §3º do art. 22, só seja obrigatória nas obras e serviços de grande vulto (aqueles cujo valor estimado supere R$239.624.058,14)[1013] ou quando forem adotados os regimes de contratação integrada e semi-integrada.

Apesar de ser instrumento voltado para a fase contratual, o citado art. 22 permite a projeção já na etapa editalícia, pois anuncia que o edital licitatório poderá contemplar matriz de alocação de riscos, hipótese em que o cálculo do valor estimado da contratação poderá considerar taxa de risco compatível com o objeto da licitação e os riscos atribuídos ao contratado, de acordo com metodologia predefinida pelo ente federativo. Assim, far-se-á necessário um trabalho de previsão das ocorrências que poderão impactar na execução contratual, especialmente nas cláusulas econômico-financeiras.

Este art. 103 informa que o contrato poderá identificar os riscos contratuais previstos e presumíveis e prever matriz de alocação de riscos, alocando-os entre contratante e contratado, mediante indicação daqueles a serem assumidos pelo setor público ou pelo setor privado ou daqueles a serem compartilhados.

Diante da relação direta entre os custos contratados e a remuneração do contratado, a alocação de riscos deve ser criteriosamente avaliada, uma vez que a elevação dos riscos elevará também o preço. Como asseveram Pereira, Verzani e Mansur,[1014] a transferência excessiva de riscos ao contratado pode restringir a competitividade ou ser excessivamente precificada na proposta, indo de encontro ao princípio da economicidade. O ideal é que, na fase preparatória da licitação, a Administração avalie, à luz de cada realidade contratual, a conveniência e a própria efetividade dessa transferência. Não por outro motivo que o art. 22 *caput* faculta ao agente público contemplar matriz de alocação de riscos entre o contratante e o contratado, só a impondo, como preceituado no §3º, quando a contratação se referir a obras e serviços de grande vulto ou na adoção dos regimes de contratação integrada e semi-integrada.

> Andou bem o legislador ordinário que estabeleceu a obrigatoriedade em contratações de obras e serviços de grande vulto ou forem adotados os regimes de contratação integrada e semi-integrada (§3, art. 22), cujo preceito já encontrava guarida na Lei nº 13.303/2016. A preocupação se justifica tendo em vista que nessas espécies de contratação e vínculo entre a Administração e o contratado se prolonga por mais tempo, envolvendo situações que podem sofrer intercorrências no itinerário da execução do contrato.[1015]

Os §§1º a 3º delimitam a alocação de riscos nos contratos:

a) a alocação deverá considerar, em compatibilidade com as obrigações e os encargos atribuídos às partes no contrato, a natureza do risco, o beneficiário das prestações a que se vincula e a capacidade de cada setor para melhor gerenciá-lo;
b) os riscos que tenham cobertura oferecida por seguradoras serão preferencialmente transferidos ao contratado; e
c) a alocação deverá ser quantificada para fins de projeção dos reflexos de seus custos no valor estimado da contratação.

[1013] Conforme atualização realizada pelo Decreto nº 11.871, de 29.12.2023.

[1014] PINHEIRO; ALMEIDA; MANSUR. *Nova Lei de Licitações anotada e comparada.*

[1015] OLIVEIRA. Alocação de riscos na Nova Lei de Licitações. *In*: CARVALHO *et al. Novo Direito das Licitações e Contratos Administrativos*: de acordo com a Lei nº 14.133/2021 (Nova Lei de Licitações).

Constata-se, pelo conteúdo dos dispositivos, que o cerne da questão é compartilhar os riscos levando em consideração a capacidade de gerenciamento de cada parte, ou seja, cada risco deve ser alocado de acordo com a aptidão de tomar decisões dos atores.

Parágrafos 4º e 5º

2 Definição do equilíbrio econômico-financeiro

A matriz de riscos não é capaz de prever todo e qualquer evento que cause alguma forma de desequilíbrio na relação contratual, mas possui um importante papel de proporcionar maior previsibilidade às relações contratuais, determinando, de antemão, qual parte é responsável por arcar com o risco, o que garante uma rápida e eficiente solução para eventual problema.[1016]

Logo, será fator de redução da incidência de pedidos de reequilíbrio econômico-financeiro e sua litigiosidade.

Nesse contexto, o §4º define que a matriz de alocação de riscos definirá o equilíbrio econômico-financeiro inicial do contrato em relação a eventos supervenientes e deverá ser observada na solução de eventuais pleitos das partes. Assim, na hipótese de um risco se materializar, tendo sido ele alocado a uma parte, esta terá que arcar com as consequências, não tendo direito a reequilíbrio.

Em decorrência, o §5º prevê que, sempre que atendidas as condições do contrato e da matriz de alocação de riscos, será considerado mantido o equilíbrio econômico-financeiro, renunciando as partes aos pedidos de restabelecimento do equilíbrio relacionados aos riscos assumidos.

Rompe-se, dessa forma, a lógica da lei anterior (Lei nº 8.666/1993), que previa reequilíbrio econômico-financeiro caso sobreviessem fatos imprevisíveis, ou até fatos previsíveis, mas de consequências incalculáveis, retardadores ou impeditivos da execução do ajustado, ou ainda, em caso fortuito ou de força maior, configurando álea econômica extraordinária e extracontratual.

Duas exceções, contudo, estão previstas:

a) às alterações unilaterais determinadas pela Administração, nas hipóteses do inc. I do art. 124, ou seja, quando houver modificação do projeto ou das especificações, para melhor adequação técnica a seus objetivos; ou quando for necessária a modificação do valor contratual em decorrência de acréscimo ou diminuição quantitativa de seu objeto, nos limites permitidos;[1017] e
b) ao aumento ou à redução, por legislação superveniente, dos tributos diretamente pagos pelo contratado em decorrência do contrato (fato do príncipe).[1018]

[1016] CAMPOS; COELHO; FOLLADOR. *Matriz de riscos na nova Lei de Licitações pode dar previsibilidade às contratações.*

[1017] *Vide* que o art. 130 prescreve que, caso haja alteração unilateral do contrato que aumente ou diminua os encargos do contratado, a Administração deverá restabelecer, no mesmo termo aditivo, o equilíbrio econômico-financeiro inicial.

[1018] O *fato do príncipe* se caracteriza como uma decisão estatal que repercute em uma relação jurídica existente, prejudicando o curso normal de seus efeitos. "Essa teoria surgiu, na medida em que tais atitudes do Poder Público – no caso, do "príncipe" – podem tornar um contrato já existente excessivamente oneroso a uma das partes, ou mesmo impossível de ser cumprido. Por essência, o fato do príncipe é uma ação necessariamente imprevista, formalmente regular, mas que indiretamente afeta o equilíbrio econômico de contratos celebrados

Parágrafo 6º

3 Adoção de métodos usualmente utilizados

A alocação de riscos nos contratos públicos, apesar de já em uso nos contratos de parceria público privada, ainda é uma novidade.

Como averba Carolina Drummond Salgado, a escolha do uso da estratégia de tratamento dos riscos em contratos é feita baseando-se no tipo do risco para que seja eficaz, pois a alocação dos riscos é uma estratégia voltada para responder os riscos que, se ocorrerem, podem trazer um impacto negativo aos objetivos do contrato.[1019]

Nesse sentido, este §6º define que, na alocação de riscos, poderão ser adotados métodos e padrões usualmente utilizados por entidades públicas e, principalmente, privadas, podendo os ministérios e secretarias supervisores dos órgãos e das entidades da Administração Pública definir os parâmetros e o detalhamento dos procedimentos necessários à sua identificação, alocação e quantificação financeira.

Habitualmente, consoante assentam Jessé Torres e Marinês Dotti,[1020] a matriz de riscos é representada por um gráfico de dois eixos coordenados, evidenciando, com a indicação dos eventos futuros que podem incidir sobre a execução do contrato, a probabilidade/risco de sua ocorrência e do respectivo impacto sobre o empreendimento. Assim, a matriz identifica os principais fatores influentes sobre a execução do objeto, enseja a avaliação das estratégias de mitigação ou alocação dos riscos possíveis e da probabilidade de ocorrência de eventos, indicando os respectivos impactos financeiros sobre o contrato.

---

entre o Estado e particulares. É uma intercorrência externa do contrato que dificulta ou impossibilita o seu cumprimento. Para ilustrar, o Poder Público pode criar um novo tributo, deixando um contrato preexistente celebrado entre um particular e um município, por exemplo, excessivamente oneroso ao particular. Esse fato do príncipe, portanto, abalou o equilíbrio econômico do contrato, que poderá sofrer uma revisão". (BROCCHI. *A teoria do fato do príncipe*).

[1019] SALGADO. *A alocação dos riscos em contratos*.

[1020] PEREIRA JÚNIOR; DOTTI. Regime de contratação integrada: vinculante ou discricionário?

CAPÍTULO IV
DAS PRERROGATIVAS DA ADMINISTRAÇÃO

Art. 104. O regime jurídico dos contratos instituído por esta Lei confere à Administração, em relação a eles, as prerrogativas de:

I – modificá-los, unilateralmente, para melhor adequação às finalidades de interesse público, respeitados os direitos do contratado;

II – extingui-los, unilateralmente, nos casos especificados nesta Lei;

III – fiscalizar sua execução;

IV – aplicar sanções motivadas pela inexecução total ou parcial do ajuste;

V – ocupar provisoriamente bens móveis e imóveis e utilizar pessoal e serviços vinculados ao objeto do contrato nas hipóteses de:

a) risco à prestação de serviços essenciais;

b) necessidade de acautelar apuração administrativa de faltas contratuais pelo contratado, inclusive após extinção do contrato.

§1º As cláusulas econômico-financeiras e monetárias dos contratos não poderão ser alteradas sem prévia concordância do contratado.

§2º Na hipótese prevista no inciso I do *caput* deste artigo, as cláusulas econômico-financeiras do contrato deverão ser revistas para que se mantenha o equilíbrio contratual.

Artigo 104

1 Prerrogativas conferidas à Administração Pública

O dispositivo reflete a característica que individualiza o contrato administrativo, apartando-o dos demais. O regime jurídico dos contratos administrativos confere à Administração certas prerrogativas não toleradas nos contratos regidos pelo direito privado, uma vez que desigualam as partes. São as chamadas "cláusulas exorbitantes" dos contratos administrativos.

O termo designa uma exorbitância em relação ao direito comum, proporcionando vantagens para a Administração.

Tais cláusulas não são lícitas no contrato regido pelo direito privado, por desigualarem as partes, mas são absolutamente compatíveis com as finalidades dos contratos administrativos, pois visam a distinguir a Administração, conferindo-lhe prerrogativas que permitam a plena defesa do interesse da coletividade.

Segundo dispositivo, são prerrogativas da Administração nos contratos administrativos:

a) modificação unilateral, para melhor adequação às finalidades de interesse público, respeitados os direitos do contratado;
b) extinção unilateral;
c) fiscalização de sua execução;

d) aplicação de sanções motivadas pela inexecução total ou parcial; e
e) ocupação provisória de bens móveis e imóveis e utilização de pessoal e serviços vinculados ao objeto do contrato nas hipóteses de risco à prestação de serviços essenciais; ou necessidade de acautelar apuração administrativa de faltas contratuais pelo contratado, inclusive após extinção do contrato.

Inciso I

1.1 Modificação unilateral do contrato administrativo

O inciso destaca a possibilidade de a Administração realizar a modificação dos contratos administrativos por ato unilateral com o intuito de adequá-lo às finalidades de interesse público, respeitados os direitos do contratado.

Tais alterações, contudo, não poderão ser realizadas discricionariamente, pois se vinculam às hipóteses previstas na lei.

O inc. I do art. 124 aponta as duas possibilidades de modificação unilateral do contrato: a) modificação de projeto ou de suas especificações, para melhor adequação técnica aos seus objetivos; e b) modificação do valor contratual em razão de acréscimo ou modificação quantitativa do objeto, nos limites permitidos pela lei.

Inciso II

1.2 Extinção unilateral do contrato administrativo

A extinção unilateral (administrativa) do contrato administrativo deverá ocorrer em função dos motivos a seguir elencados, conforme dispõe o art. 137, e deverá ser formalmente motivada nos autos do processo, assegurados o contraditório e a ampla defesa:

- não cumprimento ou cumprimento irregular de normas editalícias ou de cláusulas contratuais, de especificações, de projetos ou de prazos;
- desatendimento das determinações regulares emitidas pela autoridade designada para acompanhar e fiscalizar sua execução ou por autoridade superior;
- alteração social ou modificação da finalidade ou da estrutura da empresa que restrinja sua capacidade de concluir o contrato;
- decretação de falência ou de insolvência civil, dissolução da sociedade ou falecimento do contratado;
- caso fortuito ou força maior, regularmente comprovados, impeditivos da execução do contrato;
- atraso na obtenção da licença ambiental, ou impossibilidade de obtê-la, ou alteração substancial do anteprojeto que dela resultar, ainda que obtida no prazo previsto;
- atraso na liberação das áreas sujeitas à desapropriação, à desocupação ou à servidão administrativa, ou impossibilidade de liberação dessas áreas;
- razões de interesse público, justificadas pela autoridade máxima do órgão ou da entidade contratante;

- não cumprimento das obrigações relativas à reserva de cargos prevista em lei, bem como em outras normas específicas, para pessoa com deficiência, para reabilitado da Previdência Social ou para aprendiz.

Inciso III

1.3 Fiscalização da execução do contrato administrativo

O art. 117 determina que a execução do contrato deverá ser acompanhada e fiscalizada por um ou mais fiscais do contrato, representantes da Administração especialmente designados conforme requisitos estabelecidos no art. 7º, ou pelos respectivos substitutos, permitida a contratação de terceiros para assisti-los e subsidiá-los com informações pertinentes a essa atribuição.

A tarefa constitui um poder-dever inerente ao exercício da função administrativa, configurando trabalho com efeito preventivo de capital importância, uma vez que, ao detectar antecipadamente práticas irregulares, está se evitando possíveis prejuízos para a Administração.

Sobre a matéria, o TCU tem orientado que a Administração deve avaliar o quantitativo de contratos fiscalizados por cada servidor, com vistas a garantir efetiva fiscalização contratual e a mitigar riscos dessa atividade.[1021]

No âmbito federal, a Portaria nº 144, de 29.03.2022, expedida pelo Secretário Especial de Administração da Secretaria-Geral da Presidência da República, estabelece diretrizes e procedimentos relativos à gestão e à fiscalização de contratos administrativos e de outros instrumentos congêneres no âmbito da Presidência da República.

Inciso IV

1.4 Aplicação de penalidades pela inexecução do contrato administrativo

Diversamente do que se verifica nos contratos privados, a Administração, em face da autoexecutoriedade dos atos administrativos, detém o poder de sancionar pelo inadimplemento contratual, assegurando o contraditório, a ampla defesa e o direito a recurso administrativo e judicial.

As sanções administrativas receberam tratamento especial nos arts. 155 a 163, a cujos comentários se remete.

Inciso V

1.5 Ocupação provisória de instalações

O inciso elenca como prerrogativa da Administração a ocupação, provisoriamente, de bens móveis e imóveis e a utilização de pessoal e serviços vinculados ao objeto do contrato nas hipóteses de:

[1021] Acórdão nº 2.831/2011 – Plenário.

a) risco à prestação de serviços essenciais; ou
b) necessidade de acautelar apuração administrativa de faltas contratuais pelo contratado, inclusive após extinção do contrato.

A regra tem conexão com a aplicação do princípio da continuidade do serviço público, caso a ineficiente execução possa ocasionar prejuízo ao interesse público.

Sobre a questão, há também o previsto no inc. II do art. 139, que estabelece a possibilidade de ocupação e utilização do local, instalações, equipamentos, material e pessoal empregados na execução do contrato, necessários à sua continuidade, na hipótese de extinção por ato unilateral e escrito da Administração.

Parágrafo 1º

2 Inalterabilidade das cláusulas econômico-financeiras e monetárias

O parágrafo 1º registra que a obrigação pecuniária devida pela Administração nos contratos administrativos está subjacente ao que disciplina os contratos em geral, inexistindo qualquer tipo de exorbitância quando o assunto gira em torno de pagamento.

Os contratos administrativos se caracterizam por possuírem as chamadas "cláusulas exorbitantes", que conferem à Administração privilégios, posicionando-a com supremacia de poder em relação ao contratado. Entre essas cláusulas, encontra-se a que permite a alteração unilateral do contrato. Contudo, tal possibilidade só está autorizada para alteração das chamadas "cláusulas de serviço" (ou "regulamentares"), que dizem respeito ao objeto e à sua execução, e nunca das "cláusulas econômicas" do contrato, que se referem à remuneração do contratado.

Portanto, a existência de prerrogativas não determina a extinção dos interesses do contratado quanto à sua pretensão contratual, notadamente no que concerne às intenções e aspirações econômico-financeiras que o incentivaram a celebrar o contrato. Nesse contexto, a lei garante ao particular contratado a inalterabilidade das cláusulas de preços e de condições de pagamento.

> As cláusulas econômicas correspondem ao núcleo contratual imutável que é a relação entre encargos e vantagens que deve manter-se inalterada durante toda a duração do contrato, é o que se denomina princípio da intangibilidade da equação econômico-financeira do contrato administrativo.[1022]

> STF – ADI nº 1.746/SP, Pleno, Rel. Min. Marco Aurélio, *DJe* de 12.11.2014: "O poder de modificar unilateralmente o contrato constitui prerrogativa à disposição da Administração para atender ao interesse público, e não instrumento de arbitrariedade ou fonte de enriquecimento ilícito do Estado. Assim se depreende não apenas das garantias decorrentes da observância do ato jurídico perfeito, mas do artigo 37, inciso XXI, da Carta da República, o qual impõe à Administração o respeito às condições efetivas da proposta formalizada".

[1022] BIANCOLINI. Limites das alterações unilaterais qualitativas dos contratos administrativos.

Destarte, não é permitido à Administração alterar as cláusulas econômico-financeiras e monetárias do contrato, sem a anuência do contratado

Parágrafo 2º

3 Revisão das cláusulas econômico-financeiras no caso de modificação unilateral

O inc. I do art. 124 da Nova Lei elenca as hipóteses de os contratos administrativos serem alterados unilateralmente pela Administração, com as devidas justificativas: a) quando houver modificação do projeto ou das especificações, para melhor adequação técnica a seus objetivos; e b) quando for necessária a modificação do valor contratual em decorrência de acréscimo ou diminuição quantitativa de seu objeto, nos limites legais permitidos. Configuram, como já explicitado, as chamadas "cláusulas exorbitantes", que conferem à Administração privilégios, posicionando-a com supremacia de poder em relação ao contratado. Entre essas cláusulas, encontra-se a que permite a alteração unilateral do contrato.

Nesses casos, é irrestrito o direito do contratado ao reequilíbrio econômico-financeiro.

Destarte, a execução de cláusula alterada unilateralmente somente será exigível pela Administração depois do restabelecimento – por acordo, através de aditamento – do equilíbrio econômico-financeiro acaso afetado pelo ato.

CAPÍTULO V
DA DURAÇÃO DOS CONTRATOS

Art. 105. A duração dos contratos regidos por esta Lei será a prevista em edital, e deverão ser observadas, no momento da contratação e a cada exercício financeiro, a disponibilidade de créditos orçamentários, bem como a previsão no plano plurianual, quando ultrapassar 1 (um) exercício financeiro.

Artigo 105

1 Duração dos contratos

A questão da duração dos contratos administrativos, sempre muito polêmica e de difícil trato, tomou novo rumo com a Nova Lei, pois expressivas alterações ocorreram nesse campo.

Na lei anterior, a regra geral era a duração adstrita à vigência do respectivo crédito orçamentário, o que equivalia dizer que os contratos celebrados pela Administração estavam limitados, de regra, à duração anual, apesar da possibilidade de o "respectivo crédito" ser estendido ao exercício seguinte, adotando-se a providencial ferramenta dos "restos a pagar", conforme permissivo legal disposto na Lei nº 4.320/1964.[1023]

Agora, segundo a regra geral preconizada neste art. 105, a duração dos contratos deverá ser prevista no edital licitatório, devendo ser observadas, no momento da contratação e a cada exercício financeiro, a disponibilidade de créditos orçamentários, bem como a previsão no plano plurianual, quando ultrapassar um exercício financeiro.

Em outras palavras, a Nova Lei autoriza a celebração de contratos com duração superior a um ano, desde que atendidas as condições estabelecidas.

Com relação à previsão orçamentária dos recursos, é importante relembrar que o inc. I do art. 167 da Constituição Federal veda o início de programas ou projetos não incluídos na lei orçamentária anual; o inc. II proíbe a realização de despesas ou a assunção de obrigações diretas que excedam os créditos orçamentários ou adicionais; e o §1º preceitua que nenhum investimento cuja execução ultrapasse um exercício financeiro poderá ser iniciado sem prévia inclusão no plano plurianual, ou sem lei que autorize a inclusão, sob pena de crime de responsabilidade.

Destarte, diante das novas regras dispostas sobre a duração contratual, a Administração terá a responsabilidade de, a cada exercício, verificar a disponibilidade de créditos orçamentários.

[1023] Art. 36. Consideram-se Restos a Pagar as despesas empenhadas, mas não pagas até o dia 31 de dezembro distinguindo-se as processadas das não processadas.

> A inexistência de disponibilidade se constitui em obstáculo à formalização da contratação. A infração à proibição configura ilicitude muito grave. A formalização do contrato sem a disponibilidade orçamentária equivale à criação de obrigação não autorizada pela lei orçamentária.[1024]

Ver-se-á, contudo, que, de certa forma, há, nos dispositivos subsequentes, importantes flexibilizações a essa regra, que avançaram bastante em relação ao regime jurídico anterior, permitindo elasticidade na definição do prazo de duração dos contratos, configurando, sobre o prisma da rotina administrativa, uma das grandes evoluções da Nova Lei de Licitações para o regime contratual, quando comparada ao regime anterior.[1025]

Essa flexibilização provocou as pertinentes observações de Thauanne Cintra:

> Ainda que a Lei nº 14.133/2021 preveja que a duração dos contratos, em regra geral, dependerá de previsão na Lei de Orçamento Anual, Lei de Diretrizes Orçamentárias e no Plano Plurianual, suas inúmeras exceções flexibilizam tanto que aparentam subverter essa lógica: poderia o gestor adquirir a obrigação, e apenas a sua execução é que seria reanalisada periodicamente a depender da aprovação em nova previsão orçamentária. (...) Diversas modalidades poderão ser prorrogadas por muito tempo além da existência daquelas Leis, projetando seus efeitos em orçamentos distintos daqueles em que foram concebidos, o que traz dúvidas acerca da constitucionalidade da previsão. (...) Por todas as razões apresentadas, é aconselhável maior cautela do que entusiasmo com a forma que a duração dos contratos administrativos foi apresentada na Lei. Só a prática de governança, acompanhada do debate jurídico frequente, dirá se a advertência é prolífica.[1026]

1024 JUTEN FILHO. *Comentários à lei de licitações e contratações administrativos.*

1025 TORRES. *Leis de Licitações Públicas Comentadas*. 12. ed.

1026 CINTRA. A vigência dos contratos administrativos: uma visão sistêmica em face das inovações da Nova Lei de Licitações. *In*: CARVALHO *et al. Novo Direito das Licitações e Contratos Administrativos*: de acordo com a Lei nº 14.133/2021 (Nova Lei de Licitações).

Art. 106. A Administração poderá celebrar contratos com prazo de até 5 (cinco) anos nas hipóteses de serviços e fornecimentos contínuos, observadas as seguintes diretrizes:

I – a autoridade competente do órgão ou entidade contratante deverá atestar a maior vantagem econômica vislumbrada em razão da contratação plurianual;

II – a Administração deverá atestar, no início da contratação e de cada exercício, a existência de créditos orçamentários vinculados à contratação e a vantagem em sua manutenção;

III – a Administração terá a opção de extinguir o contrato, sem ônus, quando não dispuser de créditos orçamentários para sua continuidade ou quando entender que o contrato não mais lhe oferece vantagem.

§1º A extinção mencionada no inciso III do *caput* deste artigo ocorrerá apenas na próxima data de aniversário do contrato e não poderá ocorrer em prazo inferior a 2 (dois) meses, contado da referida data.

§2º Aplica-se o disposto neste artigo ao aluguel de equipamentos e à utilização de programas de informática.

Artigo 106

1 Duração dos serviços e fornecimentos contínuos

Serviços e fornecimentos contínuos, conforme conceito estipulado no inc. XV do art. 6º, são serviços contratados e compras realizadas pela Administração Pública para a manutenção da atividade administrativa, decorrentes de necessidades permanentes ou prolongadas.

Na hipótese desses objetos,[1027] este art. 106 autoriza a celebração de contratos com prazo de até 5 (cinco) anos, desde que:

a) a autoridade competente do órgão ou entidade contratante ateste a maior vantagem econômica vislumbrada em razão da contratação plurianual;
b) a Administração ateste, no início da contratação e de cada exercício, a existência de créditos orçamentários vinculados à contratação e a vantagem em sua manutenção;
c) a Administração estabeleça a opção de extinguir o contrato, sem ônus, quando não dispuser de créditos orçamentários para sua continuidade ou quando entender que o contrato não mais lhe oferece vantagem.

Registre-se que esse comando legal autorizativo de extinção contratual, sob o argumento de falta de créditos ou, principalmente, nos casos em que o agente público entender que o contrato não mais oferece vantagem, é censurável, pois causa insegurança, deixando um possível contratado de sobreaviso, em face do risco de a Administração não vir a honrar os pactos celebrados.

[1027] *Vide* que incluiu os fornecimentos contínuos ao lado dos serviços contínuos.

É o que também anotou Rafael Carvalho Oliveira:

> Em relação ao art. 106, III, da nova Lei, a mencionada possibilidade de extinção do contrato, sem ônus, em razão da ausência de orçamento suficiente ou constatação da ausência de vantagem na continuidade da relação contratual, parece desproporcional e ineficiente sob o aspecto econômico. Isso porque a extinção prematura da avença, por ausência de planejamento administrativo ou por uma decisão baseada no argumento genérico da ausência de vantagem para Administração Pública, incrementa, consideravelmente, o risco do contratado, que não tem como exigir da Administração o cumprimento integral do contrato no prazo inicialmente estipulado. O aumento do risco, naturalmente, repercute na economia contratual, uma vez que o contratado embutirá esse fator em sua proposta, elevando os preços cobrados da Administração Pública.[1028]

Parágrafo 1º

2 Limite para extinção do contrato

Por força do prescrito neste §1º, a extinção mencionada no inc. III só poderá ocorrer na próxima data de aniversário do contrato e não poderá se dar em prazo inferior a 2 (dois) meses, contado da referida data.

Como ponderou Ronny Charles, a redação do dispositivo não foi das melhores e merece interpretação.

Ela define que, com vistas a resguardar segurança jurídica, a opção indicada pelo inc. III só poderá ser adotada, sem ónus, na data de aniversário do contrato (o que se presume, sejam ciclos de 12 meses, após o seu início), garantindo-se ainda dois meses para que a extinção ocorra). Assim, se já no primeiro ciclo de 12 meses um contrato de fornecimento inicialmente firmado com prazo de 05 anos se mostrar desvantajoso, no primeiro aniversário (12 meses após o seu início), a Administração poderá informar à contratada a opção de extinção do contrato, que, a partir desse momento, não poderá ocorrer com um prazo inferior a 02 meses. Como o prazo de 02 meses pode ser insuficiente para que a Administração realize uma licitação substitutiva, é possível que o prazo definido para extinção seja superior.

O jurista traz ao debate um questionamento importante: se antes deste ciclo de 12 meses (data de aniversário) for constatada a inexistência de recursos orçamentários ou plena desvantagem na continuidade da contratação, seria possível aplicar esse dispositivo? A conclusão é negativa, pois, como anota, nessas hipóteses, a Administração poderá, se cabível, socorrer-se da prerrogativa de extinção unilateral do contrato, nos termos dos artigos 137 e 138, submetendo-se aos limites para a prática desse ato unilateral e arcando com o ônus de indenizar eventuais prejuízos causados ao contratado.[1029]

[1028] OLIVEIRA. *Nova Lei de Licitações e Contratos Administrativos*. 2. ed.

[1029] TORRES. *Leis de Licitações Públicas Comentadas*. 12. ed.

Parágrafo 2º

3 Aluguel de equipamentos e a utilização de programas de informática

Considerando que a forma de execução dos contratos de aluguel de equipamentos e de utilização de programas de informática é a mesma adotada nos serviços contínuos, este §2º anota a aplicação dessa regra de duração também para eles.

A regra se justifica em função da natural necessidade de sequência desses objetos.

Como observa Rafael Carvalho Oliveira, "a continuidade demonstra a necessidade permanente do serviço ou do bem a ser fornecido à Administração Pública, o que revela a previsibilidade de futura disponibilidade orçamentária e justifica a fixação de prazos contratuais maiores, com o intuito de evitar custos desnecessários oriundos da realização anual de licitações para objetos semelhantes, garantindo, ao final, maior economicidade".[1030]

[1030] OLIVEIRA. *Nova Lei de Licitações e Contratos Administrativos*. 2. ed.

Art. 107. Os contratos de serviços e fornecimentos contínuos poderão ser prorrogados sucessivamente, respeitada a vigência máxima decenal, desde que haja previsão em edital e que a autoridade competente ateste que as condições e os preços permanecem vantajosos para a Administração, permitida a negociação com o contratado ou a extinção contratual sem ônus para qualquer das partes.

Artigo 107

1 Prorrogação dos contratos de serviços e fornecimentos contínuos

No regime da lei anterior, os contratos de serviços contínuos já recebiam um tratamento excepcional com relação à sua duração. Diversamente de quase todos os outros serviços contratados pela Administração, que tinham seus prazos adstritos à vigência dos respectivos créditos orçamentários, os serviços contínuos recebiam tratamento de exceção, podendo ter a sua duração prorrogada por iguais e sucessivos períodos com vistas à obtenção de preços e condições mais vantajosas para a Administração, até sessenta meses, com a possibilidade de prorrogação suplementar dos contratos administrativos por mais 12 meses.

Agora, como preceitua este art. 107, o período máximo de duração desses acordos, bem como os de fornecimentos contínuos, foi alongado para a vigência máxima decenal, mantendo-se a necessidade de prorrogações sucessivas. *Vide* que o legislador não restringiu a possibilidade de prorrogação a períodos iguais, apenas instituindo a sucessividade.

As condições estabelecidas são: haver previsão em edital licitatório e atestado da autoridade competente quanto à permanência de condições e preços vantajosos para a Administração.[1031]

A Nova Lei, entrementes, não submete explicitamente as prorrogações a critérios de sustentabilidade, apesar de o texto legal não impedir que o juízo de vantajosidade inclua critérios sustentáveis.

Sobre a questão, observa Ednaldo Ferreira Júnior:

> O problema está justamente em depender de tal interpretação generosa para garantir um juízo de sustentabilidade na renovação de contratos. Se pretende autorizar a vigência de contratos públicos por períodos de até uma década, é preciso que o legislador esteja atento, ao menos, ao altíssimo risco de obsolescência na persecução de políticas públicas, garantindo o seu combate de forma efetiva, mediante um texto legal que reduza de maneira considerável tal risco, sem precisar depender em demasia da generosidade do intérprete. Nessa linha, a presença do termo "sustentáveis" ao lado de "vantajosos" já seria suficiente para impedir uma interpretação demasiado restritiva da noção de condições que acabasse por excluir um juízo de sustentabilidade. Afinal, sendo certo que a noção

[1031] Logicamente, realizada através de pesquisa de preços no mercado e de comparação entre as condições praticadas por terceiros.

da sustentabilidade, inclusive na contratação pública, é composta por três dimensões (ambiental, social e econômica), o uso do termo sustentável combate tanto o risco de obsolescência ambiental, quanto social ou econômica.[1032]

Seguindo uma linha negocial adotada na Nova Lei, o dispositivo permite a negociação com o contratado e, se julgada conveniente, a extinção contratual sem ônus para qualquer das partes.

Verifique-se Enunciado do Conselho de Justiça Federal sobre o tema:

ENUNCIADO 3 – CONSELHO DE JUSTIÇA FEDERAL (1º Simpósio de Licitações e Contratos da Justiça Federal): a efetivação da prorrogação contratual prevista no art. 107 da Lei nº 14.133/2021 fica condicionada a uma avaliação qualitativa realizada pelo fiscal/gestor do contrato em relação aos serviços prestados pela contratada, devendo utilizar-se de parâmetros objetivos de avaliação.

[1032] FERREIRA JÚNIOR. A função regulatória das compras públicas e a nova lei de licitações e contratos: três críticas à Lei nº 14.133/2021.

Art. 108. A Administração poderá celebrar contratos com prazo de até 10 (dez) anos nas hipóteses previstas nas alíneas "f" e "g" do inciso IV e nos incisos V, VI, XII e XVI do caput do art. 75 desta Lei.

Artigo 108

1 Contratos com duração de até dez anos

A questão do prazo contratual deve ser vista com certa flexibilidade, pois há casos em que atrelar o objeto a prazos reduzidos pode redundar em ônus e prejuízos para a Administração, além de afugentar licitantes e contratados.

Assim, entendeu o legislador que certos objetos estratégicos devem poder ser contratados por tempo superior aos cinco anos máximos tradicionais dos contratos administrativos e, desse modo e para esse fim, os discriminou.[1033]

Destarte, havendo previsão de recursos financeiros, deve ser admitido entendimento flexível a respeito, em nome dos princípios da razoabilidade, da economicidade e do atendimento ao interesse público.[1034]

O legislador, atento a essa ponderação doutrinária, selecionou objetos enquadráveis nessa conjectura de exceção, todos propensos a contratação por dispensabilidade licitatória, e autorizou, neste art. 108, a celebração de contratos com duração de até 10 (dez) anos, sendo eles:

- Contratação que tenha por objeto bens ou serviços produzidos ou prestados no País que envolvam, cumulativamente, alta complexidade tecnológica e defesa nacional (alínea "f", inc. IV, art. 75);
- Contratação de materiais de uso das Forças Armadas, com exceção de materiais de uso pessoal e administrativo, quando houver necessidade de manter a padronização requerida pela estrutura de apoio logístico dos meios navais, aéreos e terrestres, mediante autorização por ato do comandante da força militar (alínea "g", inc. IV, art. 75);
- Contratação com vistas ao cumprimento do disposto nos arts. 3º, 3º-A, 4º, 5º e 20 da Lei nº 10.973/2004, que trata, em síntese, de situações que envolvam pesquisa e inovação tecnológica (inc. V do art. 75);
- Contratação que possa acarretar comprometimento da segurança nacional, nos casos estabelecidos pelo Ministro de Estado da Defesa, mediante demanda dos comandos das Forças Armadas ou dos demais ministérios (inc. VI do art. 75);
- Contratação em que houver transferência de tecnologia de produtos estratégicos para o Sistema Único de Saúde (SUS), conforme elencados em ato da direção nacional do SUS, inclusive por ocasião da aquisição desses produtos durante as etapas de absorção tecnológica, e em valores compatíveis com aqueles definidos no instrumento firmado para a transferência de tecnologia; (inc. XII do art. 75); e

---

1033 RIGOLIN. *Lei nº 14.133/2021 comentada*: uma visão crítica.

1034 MEDAUAR. *Direito Administrativo Moderno.* 12. ed.

- Aquisição, por pessoa jurídica de direito público interno, de insumos estratégicos para a saúde produzidos por fundação que, regimental ou estatutariamente, tenha por finalidade apoiar órgão da Administração Pública direta, sua autarquia ou fundação em projetos de ensino, pesquisa, extensão, desenvolvimento institucional, científico e tecnológico e de estímulo à inovação, inclusive na gestão administrativa e financeira necessária à execução desses projetos, ou em parcerias que envolvam transferência de tecnologia de produtos estratégicos para o SUS, e que tenha sido criada para esse fim específico em data anterior à entrada em vigor desta Lei nº 14.133/2021, desde que o preço contratado seja compatível com o praticado no mercado (inc. XVI do art. 75).

Decerto, nessas situações, além de apresentar justificativa administrativa indicando os motivos para a adoção da solução, a Administração deverá, a cada exercício financeiro, verificar a disponibilidade de créditos orçamentários. Como preceituado no inciso III do art. 106, terá a opção de extinguir o contrato, sem ônus, quando não dispuser de créditos orçamentários para sua continuidade ou quando entender que o contrato não mais lhe oferece vantagem.

Art. 109. A Administração poderá estabelecer a vigência por prazo indeterminado nos contratos em que seja usuária de serviço público oferecido em regime de monopólio, desde que comprovada, a cada exercício financeiro, a existência de créditos orçamentários vinculados à contratação.

Artigo 109

1 Contrato com prazo indeterminado

Na vigência da lei anterior, ao tratarmos dos prazos dos contratos, observamos que "diversos são os prazos a serem observados nos contratos administrativos, e tais períodos deverão ser avaliados caso a caso, sendo vedada a celebração de contratos com prazo indeterminado".

Mas fizemos um alerta:

> Não obstante, há uma exceção: contratos em que seja usuária de serviços públicos essenciais de energia elétrica, água e esgoto, em serviços prestados por um único fornecedor, (...) afastando a incidência da limitação (...). Nesse particular, a AGU, através da ON nº 36/2011, orientou acertadamente quanto à possibilidade da adoção de prazo indeterminado.

> Orientação Normativa AGU Nº 36, de 13 de dezembro de 2011 – A Administração pode estabelecer a vigência por prazo indeterminado nos contratos em que seja usuária de serviços públicos essenciais de energia elétrica e água e esgoto, desde que no processo da contratação estejam explicitados os motivos que justificam a adoção do prazo indeterminado e comprovadas, a cada exercício financeiro, a estimativa de consumo e a existência de previsão de recursos orçamentários.[1035]

Atendendo a essa orientação tanto doutrinária quanto da Advocacia- Geral da União (AGU), o legislador da Nova Lei fez constar neste art. 109 que a Administração poderá estabelecer a vigência por prazo indeterminado nos contratos em que seja usuária de serviço público oferecido em regime de monopólio, desde que comprovada, a cada exercício financeiro, a existência de créditos orçamentários vinculados à contratação.

[1035] BITTENCOURT. *Licitação passo a passo*. 11. ed.

Art. 110. Na contratação que gere receita e no contrato de eficiência que gere economia para a Administração, os prazos serão de:
I – até 10 (dez) anos, nos contratos sem investimento;
II – até 35 (trinta e cinco) anos, nos contratos com investimento, assim considerados aqueles que impliquem a elaboração de benfeitorias permanentes, realizadas exclusivamente a expensas do contratado, que serão revertidas ao patrimônio da Administração Pública ao término do contrato.

Artigo 110 e Incisos I e II

1 Prazos de duração dos contratos geradores de receita e de eficiência

Há situações em que a contratação não gera dispêndio para a Administração, mas, sim, receita.

Vide, inclusive, que a alínea "e" do inc. II do art. 76 enquadra como licitação dispensada a hipótese de venda de bens produzidos ou comercializados por entidades da Administração Pública, em virtude de suas finalidades.

Há também os *contratos de eficiência* que, como define o inc. LIII do art. 6º, são ajustes que têm como objeto a prestação de serviços, que pode incluir a realização de obras e o fornecimento de bens, com o objetivo de proporcionar economia ao contratante, na forma de redução de despesas correntes, remunerando o contratado com base em percentual da economia gerada.

Conhecidos também como contratos de performance ou de desempenho, os *contratos de eficiência* são ajustes que extrapolam a normal busca de uma solução para uma necessidade pública em troca da remuneração devida, pois se comprometem a oferecer uma fórmula que gere economia ao ente público contratante, permitindo que a remuneração do contratado seja proporcional à eficiência gerada para a Administração, com a redução das despesas correntes.

Pois bem, em função da necessidade de se estabelecer prazos mais dilatados para viabilização econômica desses contratos, este art. 110 prescreve prazos de duração diferenciados para eles:

a) de até 10 (dez) anos, nos contratos sem investimento; e
b) de até 35 (trinta e cinco) anos, nos contratos com investimento, assim considerados aqueles que impliquem a elaboração de benfeitorias permanentes, realizadas exclusivamente a expensas do contratado, que serão revertidas ao patrimônio da Administração ao término do contrato.

Os contratos sem investimento para a Administração são aqueles nos quais, como o próprio nome sugere, o Poder Público nada investe, sendo assumidos pelos particulares para auferirem lucros por outras fontes. Exemplos clássicos são a permissão ou a cessão de uso de bem público para que o particular estabeleça um empreendimento empresarial.

Observe-se que o art. 20 da Lei nº 9.636/1998, que dispõe sobre a regularização, administração, aforamento e alienação de bens imóveis de domínio da União, albergou a possibilidade de que a cessão de uso de bens públicos alcance terceiros com fins lucrativos, dispondo o Decreto nº 3.725/2001 (ato regulamentar) sobre as situações concretas específicas que não configuram desvirtuamento da destinação de bem público cedido a terceiro, bem como estabelecendo as condições necessárias para a formalização de termo de cessão de uso desses bens, a saber: posto bancário; posto dos correios e telégrafos; restaurante e lanchonete; central de atendimento à saúde; creche e outras atividades similares que venham a ser consideradas necessárias pelos Ministros de Estado, ou autoridades com competência equivalente nos Poderes Legislativo e Judiciário, responsáveis pela administração do imóvel.

Dos contratos com investimento, assim considerados pela Nova Lei os que impliquem a elaboração de benfeitorias permanentes, realizadas exclusivamente a expensas do contratado, que serão revertidas ao patrimônio da Administração Pública ao término do contrato, tem-se como exemplo a concessão de direito real sobre imóvel público[1036] para instalação de empreendimento que exija gastos do particular, estabelecendo-se prazo para asseguramento de compensação pelos dispêndios.

[1036] Instrumento adotado para a utilização de bem público desafetado por particular, instituído pelos arts. 7º e 8º do Decreto-Lei nº 271/1967, que, com as alterações introduzidas pela Lei nº 11.481/2007, dispõe sobre o loteamento urbano, responsabilidade do loteador, concessão de uso do espaço aéreo e dá outras providências. O instituto, que não abarca apenas o uso da terra, pois pode ter por objeto o uso do espaço aéreo sobre a superfície de terrenos, caracteriza-se por ser direito real resolúvel (ou seja, que terá, no momento de sua constituição, uma causa de encerramento, que poderá se dar por termo extintivo ou por condição resolutória), constituindo-se através de instrumento público ou particular; ou mesmo por simples termo administrativo, sendo inscrito e cancelado em livro especial.

Art. 111. Na contratação que previr a conclusão de escopo predefinido, o prazo de vigência será automaticamente prorrogado quando seu objeto não for concluído no período firmado no contrato.
Parágrafo único. Quando a não conclusão decorrer de culpa do contratado:
I – o contratado será constituído em mora, aplicáveis a ele as respectivas sanções administrativas;
II – a Administração poderá optar pela extinção do contrato e, nesse caso, adotará as medidas admitidas em lei para a continuidade da execução contratual.

Artigo 111 e Parágrafo único

1 Prorrogação do prazo na contratação que previr a conclusão de escopo predefinido

Há contratos que impõem ao contratado o dever de realizar a prestação de um objeto específico em período predeterminado. São os chamados "contratos por escopo" ou "contratos por objeto".

Como assenta Floriano Azevedo Marques Neto:

> Nos contratos dito de escopo, a Administração contrata tendo em vista a obtenção de um bem determinado. O escopo do contrato estará consumado quando entregue o bem. Certo deve estar que a fixação do prazo é relevante para que a Administração possa exigir do particular executante um mínimo de eficiência e celeridade necessário para a satisfação do interesse público. Mas, nesse caso, o tempo em que vai se desenrolar a execução do contrato não é essencial.[1037]

Nesses casos, quando o objeto não estiver concluído no período firmado no contrato, o prazo de vigência será automaticamente prorrogado.

Evidentemente, a situação requer justificativa plausível, podendo ocorrer por ação da própria Administração ou decorrer de culpa do contratado.

Quando a não conclusão for em decorrência de culpa do contratado, duas linhas de conduta estão previstas no parágrafo único:

a) o contratado será constituído em mora, aplicáveis a ele as respectivas sanções administrativas, conforme as previstas no art. 156; e
b) a Administração poderá optar pela extinção do contrato e, nesse caso, adotar as medidas admitidas em lei para a continuidade da execução contratual.

[1037] MARQUES NETO. *Estudos sobre a Lei de Licitações e Contratos.*

Art. 112. Os prazos contratuais previstos nesta Lei não excluem nem revogam os prazos contratuais previstos em lei especial.

Artigo 112

1 Prazos contratuais previstos em lei especial

Num excesso de cautela, o art. 112 chama a atenção no sentido de que os prazos contratuais previstos nesta Nova Lei não excluem nem revogam os prazos contratuais previstos em lei especial.[1038]

Um exemplo clássico é o contrato de locação no qual a Administração Pública é locatária. Nesse caso, o prazo contratual é regido pela Lei nº 8.245, de 18.10.1991, que dispõe sobre as locações dos imóveis urbanos e os procedimentos a elas pertinentes.

[1038] Decreto-Lei nº 4.657, de 4.09.1942 (Lei de Introdução ao Código Civil Brasileiro com redação dada pela Lei nº 12.376/2010): Art. 2º (...) §2º A lei nova, que estabeleça disposições gerais ou especiais a par das já existentes, não revoga nem modifica a lei anterior.

Art. 113. O contrato firmado sob o regime de fornecimento e prestação de serviço associado terá sua vigência máxima definida pela soma do prazo relativo ao fornecimento inicial ou à entrega da obra com o prazo relativo ao serviço de operação e manutenção, este limitado a 5 (cinco) anos contados da data de recebimento do objeto inicial, autorizada a prorrogação na forma do art. 107 desta Lei.

Artigo 113

1 Contrato firmado sob o regime de fornecimento e prestação de serviço associado

Há objetos contratuais que aliam o fornecimento de materiais à prestação de serviço, são os comumente chamados de "contratos de prestação de serviços com fornecimento de materiais".

Nesses casos, os contratos terão a vigência máxima definida pela soma do prazo relativo ao fornecimento inicial ou à entrega da obra com o prazo relativo ao serviço de operação e manutenção, este limitado a 5 (cinco) anos contados da data de recebimento do objeto inicial.

A prorrogação é permitida na forma prevista para os contratos de serviços e fornecimentos contínuos, que podem ser prorrogados sucessivamente, respeitada a vigência máxima decenal, desde que haja previsão em edital e que a autoridade competente ateste que as condições e os preços permanecem vantajosos para a Administração, permitida a negociação com o contratado ou a extinção contratual sem ônus para qualquer das partes.

Como anota Leandro Teodoro Andrade, o fornecimento e prestação de serviço associado não deve ser confundido com outros institutos, como, por exemplo, a concessão de serviços públicos. Ainda que alguns elementos possam revelar características comuns, como estruturação do fornecimento de bens, execução de obras e operação dos serviços a eles inerentes por um único instrumento contratual, e pelas ações de um mesmo contratado, no fornecimento e prestação de serviços associados não há delegação de serviços públicos, mas sim, a contratação de bens e serviços para apoiar a Administração no desempenho de suas funções:

> Desse modo, o objeto contratual pode apresentar uma gama bem distinta de bens e serviços daqueles que tradicionalmente são contratados via concessão. É o caso, por exemplo, de bens e instrumentos tecnológicos operados por mediação digital que visam a apoiar programas locais voltados à gestão de trânsito e à mobilidade urbana, de segurança pública, entre outras áreas relevantes à qualidade de vida nas cidades, mas que não são isoladamente compatíveis com os regimes de contratação da Lei das Parcerias Público-Privadas e da Lei de Concessões.[1039]

[1039] ANDRADE. Fornecimento e prestação de serviço associado: notas sobre o novo regime.

Art. 114. O contrato que previr a operação continuada de sistemas estruturantes de tecnologia da informação poderá ter vigência máxima de 15 (quinze) anos.

Artigo 114

1 Contratos de operação continuada de sistemas estruturantes de tecnologia da informação

Sistemas estruturantes de tecnologia da informação são, como definidos no âmbito da Administração federal, aqueles que oferecem apoio informatizado às suas diversas atividades administrativas, como a execução financeira e orçamentária, a administração de pessoal, contabilidade, auditoria, serviços gerais etc.

De acordo com Cristiano Heckert, secretário de gestão no Ministério da Economia:

> É preciso, inicialmente, entender os conceitos de sistemas estruturadores, sistemas estruturantes e sistemas estratégicos, que estão intimamente ligados entre si. Sistemas estruturadores são mecanismos de organização por temas da Administração federal, sendo previstos no Decreto-Lei nº 200/67. Os sistemas estruturantes, por sua vez, são a forma tecnológica que dá suporte ao funcionamento destes sistemas estruturadores. Como exemplo, o Sipec, sistema estruturador que cuida do pessoal civil da Administração, e que recebe o apoio de um sistema estruturante eletrônico, o Sigepe.[1040]

Sendo assim, é possível entender que os sistemas estruturadores cuidam das atividades em nível macroprocessual, que correspondem às temáticas básicas da Administração Pública Federal. Por outro lado, os sistemas estruturantes se utilizam de tecnologia para dar suporte a esses macroprocessos de governo, tratando de temáticas específicas como gestão de recursos humanos, gestão de compras públicas, gestão do afastamento a serviço, dentre outras. Depreende-se esse conceito do art. 7º do Decreto 1.094/1994, que dispõe sobre o Sistema de Serviços Gerais (SISG) dos órgãos civis da Administração Federal direta, das autarquias federais e fundações públicas, e dá outras providências.[1041]

> Art. 7º Fica instituído o Sistema Integrado de Administração de Serviços Gerais (SIASG), auxiliar do SISG, destinado à sua informatização e operacionalização, com a finalidade de integrar e dotar os órgãos da administração direta, autárquica e fundacional de instrumento de modernização, em todos os níveis [...].

Destarte, nos contratos com previsão de operação continuada desses sistemas de serviços especiais e de suma importância para manutenção da estrutura da Administração, este art. 114 autoriza a vigência máxima de 15 (quinze) anos.

[1040] HECKERT. *Você sabe o que são sistemas estruturantes?*

[1041] O SCDP e suas integrações com sistemas estruturantes.

CAPÍTULO VI

DA EXECUÇÃO DOS CONTRATOS

Art. 115. O contrato deverá ser executado fielmente pelas partes, de acordo com as cláusulas avençadas e as normas desta Lei, e cada parte responderá pelas consequências de sua inexecução total ou parcial.

§1º É proibido à Administração retardar imotivadamente a execução de obra ou serviço, ou de suas parcelas, inclusive na hipótese de posse do respectivo chefe do Poder Executivo ou de novo titular no órgão ou entidade contratante.

§2º (VETADO).

§3º (VETADO).

§4º Nas contratações de obras e serviços de engenharia, sempre que a responsabilidade pelo licenciamento ambiental for da Administração, a manifestação prévia ou licença prévia, quando cabíveis, deverão ser obtidas antes da divulgação do edital.

§5º Em caso de impedimento, ordem de paralisação ou suspensão do contrato, o cronograma de execução será prorrogado automaticamente pelo tempo correspondente, anotadas tais circunstâncias mediante simples apostila.

§6º Nas contratações de obras, verificada a ocorrência do disposto no §5º deste artigo por mais de 1 (um) mês, a Administração deverá divulgar, em sítio eletrônico oficial e em placa a ser afixada em local da obra de fácil visualização pelos cidadãos, aviso público de obra paralisada, com o motivo e o responsável pela inexecução temporária do objeto do contrato e a data prevista para o reinício da sua execução.

§7º Os textos com as informações de que trata o §6º deste artigo deverão ser elaborados pela Administração.

Artigo 115

1 Obrigatoriedade da fiel execução do contrato

As prerrogativas da Administração nos contratos administrativos, que afloram nas cláusulas exorbitantes, determinam um abrandamento do princípio que determina a imutabilidade dos contratos.

Apesar dessa característica especial, que permite alteração do contrato unilateralmente pela Administração, desde que nas maneiras que a lei autoriza, os contratos administrativos devem, em regra, ser cumpridos conforme o avençado, atendendo ao princípio *pacta sunt servanda*.

Por isso, determina o dispositivo a fiel execução do contrato pelas partes, com pleno atendimento ao prescrito em suas cláusulas e às normas da Nova Lei, além de todas as demais regras normativas que envolvem a matéria, respondendo as partes pelas consequências de um inadimplemento.

A inexecução das obrigações contratuais determina a responsabilização da parte que lhe deu causa.

Inicialmente, a parte inadimplente seria responsabilizada administrativamente. Essa responsabilização alcança o particular contratado, que estará sujeito às sanções de advertência; multa; impedimento de licitar e contratar; e declaração de inidoneidade para licitar ou contratar, como preconizado no art. 156.

Dependendo de como ocorrer a inexecução, também é cabível a responsabilização civil, demandando o dever de a parte inadimplente indenizar a outra por perdas e danos.

> STJ – REsp nº 540.811/DF, 1ª T., Rel. Min. Denise Arruda – O licitante vencedor, tal qual o Poder Público, deve cumprir as normas e condições previstas no edital [...] em razão do princípio da vinculação ao instrumento convocatório (...), sob pena de responderem pelas consequências de sua inexecução total ou parcial.

Admite-se, ainda, a responsabilização penal, que ocorreria na hipótese de caracterização de conduta penalmente reprovável.

Parágrafos 1º e 5º

2 Proibição do retardamento imotivado de obra ou serviço

O parágrafo 1º, novidade na Nova Lei – não obstante conter mandamento que restava intrínseco na lei anterior –, proíbe à Administração retardar imotivadamente a execução de obra ou serviço, ou de suas parcelas. Curiosamente, insere nesse rol a hipótese de posse do respectivo chefe do Poder Executivo ou de novo titular no órgão ou entidade contratante, que se deve entender como um exemplo extremo.

A regra intenciona garantir o princípio da segurança jurídica dos contratos, não podendo ficar de fora dessa regra aqueles celebrados com a Administração Pública, gerando confiança aos que buscam avençar com o Poder Público.

Na mesma linha, o §5º estabelece que, no caso de impedimento, ordem de paralisação ou suspensão do contrato, o cronograma de execução será prorrogado automaticamente pelo tempo correspondente, anotadas tais circunstâncias mediante simples apostilamento, sendo, portanto, desnecessária, para a hipótese, a celebração de termo aditivo. Como já anotou o TCU, "apostila é a anotação ou o registro administrativo de modificações contratuais que não alteram a essência da avença ou que não modifiquem as bases contratuais"

Ao tratarmos do instituto, observamos:

> Para essas situações, bastará apenas o simples apostilamento, para o qual se sugere termo razoavelmente circunstanciado, se bem que as Cortes de Contas estejam aceitando uma simples anotação no verso do contrato.[1042]

[1042] BITTENCOURT. *Licitação passo a passo*. 11. ed.

Parágrafo 4º

3 Obtenção da manifestação prévia ou licença prévia

Quando há necessidade de licença ambiental para a execução de uma obra ou de um serviço de engenharia, a responsabilidade é, a princípio, da Administração, que, eventualmente, como dispõe o §5º do art. 25, pode transferi-la ao contratado, desde que preveja essa incumbência no edital licitatório.

Destarte, quando a responsabilidade pelo licenciamento ambiental for da Administração, a manifestação prévia ou licença prévia, quando cabíveis, deverão ser obtidas antes da divulgação do edital.

Assente-se que o parágrafo havia sido vetado pelo Presidente da República, sob a argumentação de que o "o dispositivo contraria o interesse público, uma vez que restringe o uso do regime de contratação integrada, tendo em vista que o projeto é condição para obter a licença prévia numa fase em que o mesmo ainda será elaborado pela futura contratada".

Não obstante, o Congresso Nacional derrubou o veto presidencial.

Parágrafos 6º e 7º

4 Divulgação do retardamento motivado de obra ou serviço

Nas contratações de obras, verificada a ocorrência de impedimento, com ordem de paralisação ou suspensão do contrato, com o cronograma de execução tendo sido, em decorrência, prorrogado automaticamente por mais de 1 (um) mês, a Administração, visando a transparência da coisa pública, deverá divulgar, em sítio eletrônico oficial e em placa a ser afixada em local da obra de fácil visualização pelos cidadãos, aviso público de obra paralisada, com o motivo e o responsável pela inexecução temporária do objeto do contrato e a data prevista para o reinício da sua execução, com textos elaborados pela própria Administração.

Art. 116. Ao longo de toda a execução do contrato, o contratado deverá cumprir a reserva de cargos prevista em lei para pessoa com deficiência, para reabilitado da Previdência Social ou para aprendiz, bem como as reservas de cargos previstas em outras normas específicas.
Parágrafo único. Sempre que solicitado pela Administração, o contratado deverá comprovar o cumprimento da reserva de cargos a que se refere o *caput* deste artigo, com a indicação dos empregados que preencherem as referidas vagas.

Artigo 116

1 Manutenção da reserva de cargos para pessoa com deficiência

Ao versar sobre a fase de habilitação das licitações, o art. 63 determina, entre outras, que seja observada a imposição de o licitante declarar que cumpre as exigências de reserva de cargos para pessoa com deficiência e para reabilitado da Previdência Social, previstas em lei e em outras normas específicas.

Por sua vez, o art. 92 elenca como cláusula obrigatória dos contratos a que preveja a mesma obrigação.

Coerentemente, este art. 116 impõe ao contratado que, ao longo de toda a execução do contrato, cumpra essa reserva de cargos para pessoa com deficiência, para reabilitado da Previdência Social ou para aprendiz, bem como as reservas de cargos previstas em outras normas específicas.

Nesse passo, sempre que solicitado, o contratado deverá comprovar o cumprimento da reserva de cargos, com a indicação dos empregados que preencherem as referidas vagas.

Art. 117. A execução do contrato deverá ser acompanhada e fiscalizada por 1 (um) ou mais fiscais do contrato, representantes da Administração especialmente designados conforme requisitos estabelecidos no art. 7º desta Lei, ou pelos respectivos substitutos, permitida a contratação de terceiros para assisti-los e subsidiá-los com informações pertinentes a essa atribuição.

§1º O fiscal do contrato anotará em registro próprio todas as ocorrências relacionadas à execução do contrato, determinando o que for necessário para a regularização das faltas ou dos defeitos observados.

§2º O fiscal do contrato informará a seus superiores, em tempo hábil para a adoção das medidas convenientes, a situação que demandar decisão ou providência que ultrapasse sua competência.

§3º O fiscal do contrato será auxiliado pelos órgãos de assessoramento jurídico e de controle interno da Administração, que deverão dirimir dúvidas e subsidiá-lo com informações relevantes para prevenir riscos na execução contratual.

§4º Na hipótese da contratação de terceiros prevista no *caput* deste artigo, deverão ser observadas as seguintes regras:

I – a empresa ou o profissional contratado assumirá responsabilidade civil objetiva pela veracidade e pela precisão das informações prestadas, firmará termo de compromisso de confidencialidade e não poderá exercer atribuição própria e exclusiva de fiscal de contrato;

II – a contratação de terceiros não eximirá de responsabilidade o fiscal do contrato, nos limites das informações recebidas do terceiro contratado.

Artigo 117

1 A fiscalização do contrato

O art. 104, inc. III, atribui à Administração a prerrogativa de fiscalizar a execução dos contratos celebrados.

Pois bem, para consecução desse poder-dever, deve a Administração designar um ou mais fiscais do contrato, com a atribuição de acompanhar a execução contratual.

Segundo o dispositivo, esse fiscal deve ser, preferencialmente, servidor efetivo ou empregado público dos quadros permanentes da Administração Pública, podendo ser assistido ou subsidiado por terceiros estranhos aos quadros, o que, é claro, demandará nova contratação.

Como assenta Antônio França da Costa, "se decidir pela contratação deste terceiro, a Administração deverá realizar o devido processo licitatório",[1043] mas, dependendo do grau de especialidade, é possível a contratação por inexigibilidade licitatória.

[1043] COSTA. *Aspectos gerais sobre o fiscal de contratos públicos.*

Tal permissão se justifica para certos objetos, especialíssimos, para os quais a Administração pode não possuir no seu elenco de agentes um especialista que detenha conhecimentos para acompanhar razoavelmente a execução.

Por outro lado, em face da segregação de funções, não é possível que executor e fiscalizador sejam a mesma pessoa.

O TCU já se manifestou sobre a questão:

> Acórdão nº 140/2007-Plenário, Processo nº 019.557/2005-6, Rel. Min. Marcos Vinicios Vilaça – Não faz sentido que o órgão executor e fiscalizador sejam o mesmo. Com fundamento no princípio da segregação de funções, como garantia da independência da fiscalização, é fundamental que o agente fiscalizador não seja ao mesmo tempo executor. (...) Atribuir a execução e fiscalização a um mesmo agente seria ir contra todos esses princípios.

Do mesmo modo, a Instrução Normativa nº 5/2017, que dispõe sobre as regras e diretrizes do procedimento de contratação de serviços sob o regime de execução indireta no âmbito da Administração federal direta, autárquica e fundacional, preceitua que o Poder Público não poderá contratar o mesmo prestador para realizar serviços de execução, subsídios ou assistência à fiscalização ou supervisão relativos ao mesmo objeto, assegurando a necessária segregação das funções.

Sobre o determinado, tratando da mesma regra disposta na revogada IN MPOG nº 2/2008, comentamos em livro específico:

> No entanto, conforme previsto [...] é vedado à Administração contratar o mesmo prestador para realizar serviços de execução e fiscalização relativos ao mesmo objeto, assegurando, dessa forma, a necessária segregação das funções. O princípio da segregação de funções decorre do princípio da moralidade (art. 37 da CF/88) e consiste na necessidade de a Administração repartir funções entre os agentes públicos, cuidando para que não exerçam atividades incompatíveis umas com as outras, especialmente aquelas que envolvam a prática de atos e, posteriormente, a fiscalização desses mesmos atos. No caso específico, adequou-se a ideia ao pessoal das empresas prestadoras de serviços.[1044]

Estabelecendo regras para designação e atuação dos fiscais e gestores de contratos nos processos de contratação direta, o Governo federal editou a Instrução Normativa SEGES/ME nº 75, de 13.08.2021, a qual autoriza a aplicação da supracitada IN nº 5/017, no que couber, para tais designações, bem como para atuação da gestão e fiscalização da execução contratual, indicando a possibilidade dos órgãos e entidades solicitarem apoio dos órgãos de assessoramento jurídico e de controle interno para desempenho das funções essenciais à execução do disposto na Nova Lei de Licitações.

Parágrafo 1º

2 Tarefas e responsabilidades do fiscal

Para colocar em prática a fiscalização da execução contratual, o fiscal deverá verificar a fiel correspondência entre o previsto no contrato e o efetivamente executado.

[1044] BITTENCOURT. *Licitações para a contração de serviços continuados ou não.*

Detectando disparidades, deverá determinar, na sua órbita de ação, a regularização dos defeitos e, ao mesmo tempo, registrar em livro próprio todas as ocorrências e discrepâncias observadas.

Anote-se que o TCU considera que o fiscal do contrato possui responsabilidade solidária com a empresa por possíveis danos causados pela execução irregular do contrato, conforme art. 16, §2º, da Lei nº 8.443/1992.[1045] [1046]

> Art. 16. As contas serão julgadas:
>
> I – regulares, quando expressarem, de forma clara e objetiva, a exatidão dos demonstrativos contábeis, a legalidade, a legitimidade e a economicidade dos atos de gestão do responsável;
>
> II – regulares com ressalva, quando evidenciarem impropriedade ou qualquer outra falta de natureza formal de que não resulte dano ao Erário;
>
> III – irregulares, quando comprovada qualquer das seguintes ocorrências:
>
> a) omissão no dever de prestar contas;
>
> b) prática de ato de gestão ilegal, ilegítimo, antieconômico, ou infração à norma legal ou regulamentar de natureza contábil, financeira, orçamentária, operacional ou patrimonial;
>
> c) dano ao Erário decorrente de ato de gestão ilegítimo ao antieconômico;
>
> d) desfalque ou desvio de dinheiros, bens ou valores públicos.
>
> [...]
>
> §2º Nas hipóteses do inciso III, alíneas "c" e "d" deste artigo, o Tribunal, ao julgar irregulares as contas, fixará a responsabilidade solidária:
>
> a) do agente público que praticou o ato irregular, e
>
> b) do terceiro que, como contratante ou parte interessada na prática do mesmo ato, de qualquer modo haja concorrido para o cometimento do dano apurado.

Esclareça-se que a responsabilidade do fiscal não afasta a de outros agentes que atuem no processamento dos contratos da Administração. Não resta dúvida, contudo, de que o fiscal é parte preponderante nessa tarefa de controle.

É o que obtemperam Jessé Torres e Marinês Dotti:

> [...] é induvidoso que o fiscal da execução é um dos principais personagens do sistema de controle da eficiência (relação custo-benefício) e da eficácia da contratação (consecução dos resultados planejados), na medida em que a finalidade primacial de sua atuação é a de garantir a fiel execução do quanto se contratou.[1047]

Com o passar do tempo, e considerando o volume e a complexidade das diversas contratações da Administração, a prática fiscalizatória tem exigido mais atenção dos responsáveis. Nessa contextura, além da indicação de mais de um fiscal, tem sido praxe a adoção, em paralelo, de atividades de gestão do contrato, conferida a agente administrativo distinto, o que tem favorecido sobremaneira o controle e a segurança.

[1045] Lei Orgânica do TCU.

[1046] Acórdão nº 380/2008 – 1ª Câmara.

[1047] PEREIRA JÚNIOR; DOTTI. *A responsabilidade dos fiscais da execução do contrato administrativo.*

Um bom exemplo ocorre nas contratações de soluções de Tecnologia da Informação (TI) adotadas pelos órgãos integrantes do Sistema de Administração de Recursos de Tecnologia da Informação e Informática (SISP) do Poder Executivo federal.

Consoante as regras preceituadas na Instrução Normativa SGD/ME nº 94, de 23.12.2022, que dispõe sobre o processo de contratação de soluções de Tecnologia da Informação e Comunicação – TIC pelos órgãos e entidades integrantes do Sistema de Administração dos Recursos de Tecnologia da Informação – SISP do Poder Executivo federal, a Administração está obrigada a nomear, além do Gestor do Contrato, que tem atribuições gerenciais, quatro fiscais: o Fiscal Técnico (servidor representante da área de TIC, indicado pela autoridade competente dessa área para fiscalizar tecnicamente o contrato); o Fiscal Administrativo (servidor representante da área administrativa, indicado pela autoridade competente dessa área para fiscalizar o contrato quanto aos aspectos administrativos); o Fiscal Requisitante (servidor representante da área requisitante da solução, indicado pela autoridade competente dessa área para fiscalizar o contrato do ponto de vista de negócio funcional e da solução de TIC); e Fiscal Setorial do Contrato (servidor representante de setores distintos ou em unidades desconcentradas de um órgão ou uma entidade, indicado pela autoridade competente dessa área para o acompanhamento da execução do contrato nos aspectos técnicos ou administrativos). Dessa forma, na perseguição do asseguramento do perfeito cumprimento das obrigações estabelecidas, o acompanhamento da execução do contrato passou a envolver a verificação da conformidade da prestação do objeto (fiscalização) e a supervisão (gestão) da relação contratual.

Sobre a gestão do contrato administrativo, observamos:

> O gestor do contrato será um servidor designado pela autoridade competente que assumirá atribuições gerenciais relacionadas ao processo de gestão e fiscalização do contrato. (...) esse componente tem sido instado a existir em face da real necessidade nos grandes acordos. Em razão da relevância do encargo, é recomendável que o servidor designado seja dotado de conhecimentos específicos referentes ao objeto a ser gerido.[1048]

Parágrafo 2º

3 Decisões que ultrapassem a competência do fiscal

Em situações consideradas mais complexas, que ultrapassem a sua capacidade, nas quais não se sinta em condições de atuar, o fiscal deverá transmitir as informações ao agente público superior competente, para que tome as providências julgadas pertinentes.

Parágrafo 3º

4 Apoio ao fiscal

O §3º do art. 7º, parte integrante do Capítulo IV "Agentes Públicos", além de informar que as regras relativas à atuação de fiscais e gestores de contratos serão

[1048] BITTENCOURT. *Licitação de Tecnologia da Informação.*

estabelecidas em regulamento, sinaliza a possibilidade desses agentes contarem com o apoio dos órgãos de assessoramento jurídico e de controle interno no desempenho de suas funções.

Assim, este §3º confirma que o fiscal do contrato deverá ser auxiliado pelos órgãos de assessoramento jurídico e de controle interno da Administração, que deverão dirimir dúvidas e subsidiá-lo com informações relevantes para prevenir riscos na execução contratual.

Parágrafo 4º

5 Regras para a contratação de terceiros

Como indicado no caput deste art. 117, a fiscalização dos contratos deverá ser eventualmente assistida ou subsidiada por terceiros.

Nesse caso, com o intuito de preservar as informações, a empresa ou o profissional contratado deverá:

- assumir a responsabilidade civil objetiva pela veracidade e precisão das informações prestadas;
- firmar termo de compromisso de confidencialidade; e
- não exercer atribuição própria e exclusiva de fiscal de contrato.

A eventual contratação de terceiros não eximirá de responsabilidade o fiscal do contrato, nos limites das informações recebidas do terceiro contratado.

Como já anotamos:

> A contratação de terceiro não transfere a responsabilidade pela fiscalização, que continua sendo da Administração; contudo, a assessoria falha, dependendo do grau do erro, pode levar à responsabilização do terceiro contratado.[1049]

Vide manifestação do TCU:

> Acórdão TCU nº 20/2007 – Plenário: Nos casos em que o parecer do profissional é de fundamental importância para embasar o posicionamento a ser adotado pelas instâncias decisórias, uma manifestação contaminada por erro técnico, de difícil detecção, acarreta a responsabilidade civil do parecerista pelos possíveis prejuízos daí advindos.

[1049] BITTENCOURT. *Licitações para a contração de serviços continuados ou não.*

Art. 118. O contratado deverá manter preposto aceito pela Administração no local da obra ou do serviço para representá-lo na execução do contrato.

Artigo 118

1 Manutenção de preposto por parte da contratada

O dispositivo determina que o contratado deverá manter preposto aceito pela Administração no local da obra ou do serviço, para representá-lo na execução do contrato. Em outras palavras, deverá indicar um representante para agir em seu nome.

O preposto será o representante da contratada responsável pelo acompanhamento da execução do contrato e, primordialmente, pela atuação como interlocutor principal junto à Administração, incumbido de receber, diligenciar, encaminhar e responder às principais questões técnicas, legais e administrativas referentes ao andamento contratual.

Assim, para a rápida comunicação com a contratada, existirá, obrigatoriamente, um representante no local de execução do objeto, quando este referir-se a obra ou serviço. Normalmente estabelecido na figura do supervisor da obra, será o elo entre a Administração e a contratada.

Esse representante poderá ser empregado da empresa ou não, devendo se apresentar munido de instrumento de credenciamento.

Como observa Jacoby Fernandes, o preposto é incontestavelmente importante nos contratos com disponibilização de mão de obra, pois evita o enorme desgaste do gestor na transmissão de ordens diretamente aos empregados da contratada.

> TCU – Súmula nº 222: [...] 9.3.3 quando da formulação de projeto básico para contratação de serviços terceirizados de mão-de-obra, estabeleça criteriosamente o quantitativo de prepostos de cada contrato, de modo a garantir a adequada prestação dos serviços, bem como afastar qualquer vínculo de subordinação dos terceirizados com a Administração, atentando para a obrigatoriedade de exigência de discriminação dos custos unitários relativos aos citados prepostos.[1050]

Sobre o preposto, discorremos:

> Do latim *praepositus* (posto adiante ou à testa), *preposto* é o empregado que, além de ser um locador de serviços, está investido no poder de representação de seu chefe ou patrão, praticando os atos concernentes à locação, sob direção e autoridade do preponente ou empregador. O preposto se distingue do mero locador de serviços, do comissário e do mandatário. O locador de serviços está somente obrigado a apresentar o trabalho contratado. Não é representante do locatário. O comissário recebe poderes para executar um negócio para o comitente, mas não é empregado do comitente. E no preposto é condição precípua a sua qualidade de empregado. O mandatário está estribado em contrato mais simples, pois que somente lhe assiste praticar os atos autorizados no mandato, podendo não ser empregado do mandante, nem está obrigado a executar serviços ou trabalhar para

[1050] FERNANDES. *O preposto na relação contratual de terceirização.*

ele. Nesta razão, o preposto é o empregado a que se atribui poderes de representação para praticar atos ou efetivar negócios concomitantemente à realização dos serviços ou dos trabalhos que lhe são cometidos, como funções e encargos permanentes.[1051]

[1051] BITTENCOURT. *Licitação de Tecnologia da Informação.*

Art. 119. O contratado será obrigado a reparar, corrigir, remover, reconstruir ou substituir, a suas expensas, no total ou em parte, o objeto do contrato em que se verificarem vícios, defeitos ou incorreções resultantes de sua execução ou de materiais nela empregados.

Artigo 119

1 Defeitos na execução do objeto

Havendo erros, imperfeições, defeitos ou incorreções na execução do objeto, tem o contratado a obrigação de reparar, corrigir, acertar, remover, reconstruir ou substituir, sem que haja qualquer ônus para a Administração.

Assim, como observa Bazilli, o antigo dever ético-profissional que obriga o contratado a empregar técnicas adequadas, realizar serviços corretos e utilizar materiais ajustados qualitativa e quantitativamente para a perfeição da obra ou serviços passou a ser regra positivada, integrante do instrumento contratual.[1052]

Tal postura se impunha independentemente de texto legal a determinando. Consequentemente, o nexo entre o vício constatado no objeto e a ação do contratado, devidamente demonstrado, demanda o dever de acerto, o que resultará, quase sempre, num aditamento meramente prorrogatório.

Essa questão nos traz logo à mente a tragédia ocorrida na cidade do Rio de Janeiro, em 21.04.2016, com o desabamento de parte da ciclovia Tim Maia, construída pela prefeitura como parte das várias edificações erguidas para dar suporte infraestrutural aos Jogos Olímpicos, que, lamentavelmente, causou duas mortes. Com o desastre, veio à tona uma grande discussão na busca de culpabilidade: seria do projeto básico mal elaborado; do projeto executivo, que deveria ter detectado falha existente no projeto básico; da fiscalização, que não supervisionou adequadamente; ou da falta de planejamento da Administração, na ânsia de executar a obra em exíguo prazo?

Contudo, sem negar premissas às várias possíveis causas, é cediço que, tendo um particular sido contratado para executar a prestação identificada, tem ele a obrigação de executar o objeto de forma correta. Assim, como observa Justen, ainda que o ajuste tenha sido omisso, o contratado estaria obrigado a observar as regras técnicas pertinentes à tarefa a ser executada:

> Não é necessário que o contrato preveja e minudencie todas as formalidades a serem cumpridas, todos os detalhes a serem executados, todas as circunstâncias a serem atendidas. Assim, por exemplo, o profissional contratado para executar cálculo estrutural de uma obra de engenharia tem o dever de examinar todas as circunstâncias e elaborar o cálculo correto, tendo em vista a utilização que se dará à obra. Não pode se escusar sob argumento de que o contrato não lhe impunha o dever de realizar o cálculo corretamente ou que efetivou o cálculo para as hipóteses comuns ou padrão.[1053]

[1052] BAZILLI. *Contratos administrativos.*

[1053] JUSTEN FILHO. *Comentários à Lei de Licitações e Contratos Administrativos.* 16. ed.

Por fim, é importante ressaltar que a obrigação do acerto repousa na existência de vício por ação da contratada. Logo, na hipótese de ocorrência de vício causado comprovadamente por terceiros, não recai sobre o contratado a obrigação de compor os prejuízos.

Art. 120. O contratado será responsável pelos danos causados diretamente à Administração ou a terceiros em razão da execução do contrato, e não excluirá nem reduzirá essa responsabilidade a fiscalização ou o acompanhamento pelo contratante.

Artigo 120

1 Responsabilização do contratado por danos

A responsabilidade civil por danos causados será sempre de quem lhe deu causa. Essa é a regra. No caso de danos causados à Administração ou a terceiros decorrentes da execução do contrato, a responsabilidade será, a princípio, do contratado.

Nesse curso, decidiu o Tribunal de Justiça de Santa Catarina que "na construção de obras públicas confiadas a empreiteiras particulares, se danos causados a terceiros resultam da obra em si mesmo, a responsabilidade é do Poder Público, mas se resultam de má execução dos trabalhos pelo empreiteiro, responde o executor da obra".[1054]

Contudo, convém alertar a existência da clássica responsabilidade civil do Estado, que determina solidariedade perante terceiros, o que provoca certa oscilação nas decisões judiciais.

Nesse sentido, decisão do STF:

> Responsabilidade civil do Estado. Culpa do empreiteiro. Correção monetária. O Estado responde perante terceiros, solidariamente como empreiteiro, pelos danos causados na execução de obra pública por empreitada. Cabe correção monetária na indenização de danos materiais.[1055]

[1054] TJ/SC, 2ª Câmara, RT nº 535/199 *apud*. MENDES. *Lei de Licitações e Contratos anotada*. 3. ed.

[1055] STF. RE nº 8.079. Min. Moreira Alves, 21.2.1978.

Art. 121. Somente o contratado será responsável pelos encargos trabalhistas, previdenciários, fiscais e comerciais resultantes da execução do contrato.

§1º A inadimplência do contratado em relação aos encargos trabalhistas, fiscais e comerciais não transferirá à Administração a responsabilidade pelo seu pagamento e não poderá onerar o objeto do contrato nem restringir a regularização e o uso das obras e das edificações, inclusive perante o registro de imóveis, ressalvada a hipótese prevista no §2º deste artigo.

§2º Exclusivamente nas contratações de serviços contínuos com regime de dedicação exclusiva de mão de obra, a Administração responderá solidariamente pelos encargos previdenciários e subsidiariamente pelos encargos trabalhistas, se comprovada falha na fiscalização do cumprimento das obrigações do contratado.

§3º Nas contratações de serviços contínuos com regime de dedicação exclusiva de mão de obra, para assegurar o cumprimento de obrigações trabalhistas pelo contratado, a Administração, mediante disposição em edital ou em contrato, poderá, entre outras medidas:

I – exigir caução, fiança bancária ou contratação de seguro-garantia com cobertura para verbas rescisórias inadimplidas;

II – condicionar o pagamento à comprovação de quitação das obrigações trabalhistas vencidas relativas ao contrato;

III – efetuar o depósito de valores em conta vinculada;

IV – em caso de inadimplemento, efetuar diretamente o pagamento das verbas trabalhistas, que serão deduzidas do pagamento devido ao contratado;

V – estabelecer que os valores destinados a férias, a décimo terceiro salário, a ausências legais e a verbas rescisórias dos empregados do contratado que participarem da execução dos serviços contratados serão pagos pelo contratante ao contratado somente na ocorrência do fato gerador.

§4º Os valores depositados na conta vinculada a que se refere o inciso III do §3º deste artigo são absolutamente impenhoráveis.

§5º O recolhimento das contribuições previdenciárias observará o disposto no art. 31 da Lei nº 8.212, de 24 de julho de 1991.

Artigo 121

1 Responsabilidade pelos encargos trabalhistas, previdenciários, fiscais e comerciais

O simples fato de estar executando um serviço para o Poder Público não tem o condão de excluir a empresa de suas obrigações. Logo, o dispositivo ressalta o óbvio: a responsabilidade por encargos (trabalhistas, previdenciários, fiscais e comerciais) resultantes da execução contratual é do contratado.

Parágrafo 1º

2 Não transferência da responsabilidade para a Administração

O parágrafo 1º, em reforço ao preconizado no *caput*, prescreve que a inadimplência do contratado quanto aos encargos trabalhistas, fiscais e comerciais não transfere à Administração Pública a responsabilidade de pagamento, também não podendo onerar o objeto do acordo ou criar algum tipo de situação que venha a restringir a regularização e o uso das obras ou edificações, inclusive perante o registro de imóveis.

A exceção é a contratação de serviços contínuos com regime de dedicação exclusiva de mão de obra, que são aqueles cujo modelo de execução contratual exige, entre outros requisitos, que: a) os empregados do contratado fiquem à disposição nas dependências do contratante para a prestação dos serviços; b) o contratado não compartilhe os recursos humanos e materiais disponíveis de uma contratação para execução simultânea de outros contratos; e c) o contratado possibilite a fiscalização pelo contratante quanto à distribuição, ao controle e à supervisão dos recursos humanos alocados aos seus contratos.

2.1 A responsabilidade trabalhista

Ressalte-se que a questão da responsabilidade trabalhista sofreu um revés inesperado, em função do Enunciado nº 331 do Tribunal Superior do Trabalho (TST) (com nova redação em 12.09.2000), em análise a artigo de teor idêntico da Lei nº 8.666/1993.

Deliberou a Corte pela responsabilidade subsidiária do tomador de serviços quanto às obrigações trabalhistas, inclusive, da Administração Pública, podendo, inclusive, acarretar a condenação da Administração contratante como devedora complementar.

Comentamos a respeito:

> Tal orientação jurisprudencial, *data máxima vênia*, beira o absurdo, porquanto envereda pelo descumprimento de dispositivo expresso em lei. Além disso, como assevera Aírton Nóbrega, favorece a inadimplência, uma vez que proclama, de logo, a possibilidade de imputar-se à outra parte a responsabilidade pelas obrigações trabalhistas não satisfeitas pelo empregador.
>
> "Torna-se extremamente cômodo para o mau empresário e para os fraudadores gerirem os seus negócios sem atendimento às obrigações que lhes incumbem. O ente contratante, por decisão de cortes trabalhistas, ficará encarregado de suprir essa imoral conduta, estimulada pela pseudoproteção prestada ao trabalhador".
>
> Ademais, tal acordo constitui-se num contrato administrativo, regido por regras de direito público, sendo inaplicáveis as normas de direito trabalhista, além do reconhecimento, de certa forma, de uma relação de emprego com a Administração, o que afronta a Constituição Federal, que exige aprovação em concurso público para ingresso na Administração Pública.[1056]

Pois bem, em 24.11.2010, o Plenário do STF declarou a constitucionalidade do §1º em comento, em decisão tomada no julgamento da Ação Declaratória de

[1056] BITTENCOURT. *Licitação passo a passo*. 10 ed.

Constitucionalidade nº 16, ajuizada pelo governador do Distrito Federal, em face do Enunciado nº 331 TST.

Importa sublinhar que, como ressaltou o então presidente da Suprema Corte, Ministro Cesar Peluso, tal decisão "não impedirá o TST de reconhecer a responsabilidade, com base nos fatos de cada causa". Conforme explicitou o Ministro, o que o TST tem reconhecido é que a omissão culposa da Administração em relação à fiscalização (se a empresa contratada é ou não idônea, se paga ou não encargos sociais etc.) gera responsabilidade da Administração.

Em síntese, a deliberação do STF pela constitucionalidade do dispositivo implicou a não generalização da responsabilidade subsidiária por parte da Administração Pública, quando da contratação de serviços, mas não a afastou de vez, dado que ela poderá ocorrer na hipótese de omissão da Administração em relação à fiscalização.

Destarte, é preciso que fique comprovada, no caso de a contratada falhar nos seus compromissos nesse âmbito, a não ocorrência de omissão culposa do Poder Público.[1057]

[1057] Nesse contexto, por intermédio do Recurso Extraordinário nº 760.931/DF, a Advocacia-Geral da União (AGU) sustentou junto ao Supremo Tribunal Federal (STF) que os entes públicos não podem ser condenados a arcar com dívidas das empresas terceirizadas com seus empregados.
O recurso foi interposto contra decisão do Tribunal Superior do Trabalho (TST) – que condenou a União ao pagamento de créditos trabalhistas não pagos por empresa prestadora de serviços com mão de obra terceirizada, em razão de responsabilidade subsidiária, alicerçada na Súmula TST nº 331, item IV. A Justiça do Trabalho entendeu que a responsabilidade subsidiária do ente público se assentava na chamada *culpa in vigilando*, derivada da falta de provas referentes à fiscalização do contrato. Segundo o TST, a decisão estaria afinada com o que ficou definido pelo STF no julgamento da Ação Declaratória de Constitucionalidade (ADC) nº 16.
Ressaltou a AGU, todavia, que a Suprema Corte deixou clara a constitucionalidade de dispositivo da Lei nº 8.666/1993 (art. 71, §1º), segundo o qual, nos casos de contratação de empresas prestadoras de serviços pelo Poder Público, é o contratado o responsável pelos encargos trabalhistas, fiscais e comerciais decorrentes da execução do ajuste, não sendo possível transferir a responsabilidade para a Administração Pública.
Reconheceu a AGU que, durante o julgamento da ADC nº 16, os ministros da Suprema Corte cogitaram a hipótese de que o dispositivo não impediria a responsabilização do ente público contratante, nos casos de omissão da Administração na fiscalização do cumprimento das obrigações do contratado. Entretanto, sustentou, acertadamente, que, para ser caracterizada a responsabilidade subsidiária, não bastaria a inadimplência das obrigações trabalhistas, mas a necessidade de comprovar a conduta culposa da Administração, especialmente na fiscalização do cumprimento das obrigações contratuais e legais. Nesse passo, apontou a necessidade de que o STF confirme que é inadmissível a responsabilidade objetiva dos entes públicos em contratos de terceirização por encargos trabalhistas devidos pela empresa contratada, alegando, ainda, que a responsabilidade da Administração por *culpa in vigilando* não pode ser presumida, devendo sempre haver provas de que o ente público não fiscalizou o contrato. Não bastaria, portanto, o simples fato de a empresa ter sido contratada pela Administração ou existir a inadimplência de pagamento de verbas trabalhistas pela contratada, caso contrário, seria aplicada a Teoria do Risco Integral, na qual haveria responsabilidade do Poder Público mesmo nas hipóteses de atos regulares praticados por agentes no exercício de suas funções, em flagrante ofensa ao dispositivo da CF que estabelece a responsabilidade objetiva dos entes públicos (artigo 37, §6º).
Um empate na votação suspendeu a análise pelo Plenário do STF do Recurso Extraordinário, sendo que o voto de desempate caberia ao ministro a ser nomeado para a vaga do ministro Teori Zavascki, que faleceu posteriormente.
Na sessão do dia 15.02.2017, a presidente do STF, ministra Cármen Lúcia, votou pelo provimento parcial do recurso, tendo considerado que não houve comprovação da responsabilidade da Administração pelo descumprimento da legislação trabalhista e, por isso, entendeu que a decisão do Supremo na Ação Declaratória de Constitucionalidade (ADC) 16 foi contrariada. Segundo a presidente, a previsão da Lei nº 9.032/1995, que alterou dispositivo da Lei nº 8.666/1993, restringiu a solidariedade entre a administração e o contratado somente quanto aos encargos previdenciários.
O "voto de minerva" ficou por conta do sucessor de Teori, que foi o recém-nomeado ministro Alexandre de Moraes, que ressaltou ser preciso estancar de uma vez por todas as controvérsias existentes a partir da tendência de que o ônus da prova deve recair sempre sobre a Administração. Assim, teceu críticas à possibilidade de a Administração responder por verbas trabalhistas somente por presunção, tendo sempre de haver elementos concretos de prova de falhas na fiscalização, acrescentando que "a consolidação da responsabilidade do Estado por débitos trabalhistas de terceiros acabaria por ser claro risco de desestímulo à colaboração da iniciativa

Sobre o assunto, confira-se a Instrução Normativa nº 6/2018, do Secretário de Gestão, que dispôs sobre cláusulas assecuratórias de direitos trabalhistas quando da execução indireta de obras públicas, no âmbito da Administração Pública federal direta, autárquica e fundacional, que, como observaram David Lopes e Bruno Mariano Frota, não possui outra intenção que não seja a de obstar a responsabilidade subsidiária da Administração contratante.

> Opinamos tratar-se de um instrumento normativo passível de questionamentos. Entretanto, ainda que se contenha a cláusula obstativa da responsabilidade trabalhista e previdenciária, a Administração não se escusará em razão da omissão ou deficiência na gestão e fiscalização do contrato.[1058]

Instrução Normativa nº 6, de 6 de julho de 2018

Dispõe sobre cláusulas assecuratórias de direitos trabalhistas quando da execução indireta de obras públicas, no âmbito da Administração Pública federal direta, autárquica e fundacional.

O Secretário de Gestão do Ministério do Planejamento, Desenvolvimento e Gestão, no uso das atribuições que lhe conferem o Decreto nº 9.035, de 20 de abril de 2017, e o Decreto nº 1.094, de 23 de março de 1994, considerando o disposto na Lei nº 8.666, de 21 de junho de 1993, e na Convenção nº 94, da Organização Internacional do Trabalho, promulgada pelo Decreto nº 58.818, de 14 de julho de 1966, resolve:

Art. 1º Esta Instrução Normativa dispõe sobre cláusulas assecuratórias de direitos trabalhistas quando da execução indireta de obras públicas, no âmbito da Administração Pública federal direta, autárquica e fundacional.

Art. 2º Os instrumentos convocatórios e os contratos referentes à execução indireta de obras públicas deverão prever, no mínimo, cláusulas que:

I – exijam, durante a execução contratual, o cumprimento de Acordo, Dissídio, Convenção Coletiva ou equivalente, relativo à categoria profissional abrangida no contrato bem como da legislação em vigor;

II – estabeleçam a possibilidade de rescisão do contrato por ato unilateral e escrito da contratante e a aplicação das penalidades cabíveis para os casos do não pagamento dos salários e demais verbas trabalhistas, bem como pelo não recolhimento das contribuições sociais, previdenciárias e para com o Fundo de Garantia do Tempo de Serviço (FGTS), em relação aos empregados da contratada que efetivamente participarem da execução do contrato;

III – exijam declaração de responsabilidade exclusiva da contratada sobre a quitação dos encargos trabalhistas e sociais decorrentes do contrato;

IV – prevejam a verificação da comprovação mensal, por amostragem, pela contratante, do cumprimento das obrigações trabalhistas, previdenciárias e para com o FGTS, em relação aos empregados da contratada que efetivamente participarem da execução do contrato;

---

privada com a administração pública", que teria de manter setores específicos para a execução da tarefa, "como se não houvesse terceirização na prática".

Com esse voto-desempate, confirmou-se o entendimento já adotado pelo STF no julgamento no sentido de que não pode haver responsabilização automática da Administração Pública, só cabendo condenação se houver prova inequívoca de sua conduta omissiva ou comissiva na fiscalização dos contratos.

[1058] LOPES; FROTA. *Cláusulas assecuratórias de direitos trabalhistas quando da execução indireta de obras públicas – Instrução Normativa nº 6, de 6 de julho de 2018.*

V – exijam a indicação de preposto da contratada para representá-la na execução do contrato, nos termos do art. 68 da Lei nº 8.666, de 21 de junho de 1993;

VI – exijam que a contratada assegure aos seus trabalhadores ambiente de trabalho, inclusive equipamentos e instalações, em condições adequadas ao cumprimento das normas de saúde, segurança e bem-estar no trabalho; e

VII – exijam a observância dos preceitos da legislação sobre a jornada de trabalho, conforme a categoria profissional.

§1º Caso não seja apresentada a documentação comprobatória do cumprimento das obrigações de que trata o inciso IV, a contratante comunicará o fato à contratada e reterá o pagamento da fatura mensal, em valor proporcional ao inadimplemento, até que a situação seja regularizada.

§2º Na hipótese prevista no §1º, não havendo quitação das obrigações por parte da contratada no prazo de quinze dias, a contratante poderá efetuar o pagamento das obrigações diretamente aos empregados da contratada que tenham participado da execução dos serviços objeto do contrato.

§3º Não havendo na região Acordo, Dissídio ou Convenção Coletiva relativa à categoria profissional abrangida no contrato, este deverá prever cláusulas que garantam os direitos trabalhistas, podendo utilizar como referência regulamento de trabalho ou profissão de natureza similar da região mais próxima.

§4º A Administração Pública não se vincula às disposições contidas em Acordos, Dissídios ou Convenções Coletivas que tratem de pagamento de participação dos trabalhadores nos lucros ou resultados da empresa contratada, de matéria não trabalhista, ou que estabeleçam direitos não previstos em lei, tais como valores ou índices obrigatórios de encargos sociais ou previdenciários, bem como de preços para os insumos relacionados ao exercício da atividade.

Art. 3º Para fins de fiscalização do cumprimento de que trata o inciso IV do art. 2º, a contratante deverá solicitar, mensalmente, por amostragem, que a contratada apresente os documentos comprobatórios das obrigações trabalhistas e previdenciárias dos empregados alocados na execução da obra, em especial, quanto:

I – ao pagamento de salários, adicionais, horas extras, repouso semanal remunerado e décimo terceiro salário;

II – à concessão de férias remuneradas e pagamento do respectivo adicional;

III – à concessão do auxílio-transporte, auxílio-alimentação e auxílio-saúde, quando for devido;

IV – aos depósitos do FGTS; e

V – ao pagamento de obrigações trabalhistas e previdenciárias dos empregados dispensados até a data da extinção do contrato.

§1º A contratante poderá solicitar, por amostragem, aos empregados da contratada, que verifiquem se as contribuições previdenciárias e do FGTS estão ou não sendo recolhidas em seus nomes, por meio da apresentação de extratos.

§2º A fiscalização por amostragem tem por objetivo permitir que todos os empregados tenham tido seus extratos avaliados ao final de um ano da contratação.

§3º O objetivo disposto no §2º não impede que a análise de extratos possa ser realizada mais de uma vez em relação a um mesmo empregado.

§4º Em caso de indício de irregularidade no cumprimento das obrigações trabalhistas, previdenciárias e para com o FGTS, os fiscais ou gestores de contratos deverão oficiar os órgãos responsáveis pela fiscalização.

Art. 4º O disposto nesta Instrução Normativa também se aplica às subcontratações e cessões de contratos.

Art. 5º Os casos omissos serão dirimidos pela Secretaria de Gestão do Ministério do Planejamento, Desenvolvimento e Gestão, que poderá expedir normas complementares ao cumprimento do disposto nesta Instrução Normativa.

Art. 6º Esta Instrução Normativa entra em vigor na data de sua publicação.

Parágrafo 2º

3 Responsabilidade solidária pelos encargos previdenciários e subsidiária pelos trabalhistas

Como indica o parágrafo, com exceção das contratações de serviços contínuos com regime de dedicação exclusiva de mão de obra, a Administração responderá solidariamente pelos encargos previdenciários, e subsidiariamente pelos encargos trabalhistas, se comprovada falha na fiscalização do cumprimento das obrigações do contratado.

Quanto à responsabilidade subsidiaria pelos encargos trabalhistas, remete-se aos comentários feitos alhures.

Quanto aos serviços contínuos com regime de dedicação exclusiva de mão de obra, objeto da exceção, já anotamos que são aqueles cujo modelo de execução contratual exige, entre outros requisitos, que: a) os empregados do contratado fiquem à disposição nas dependências do contratante para a prestação dos serviços; b) o contratado não compartilhe os recursos humanos e materiais disponíveis de uma contratação para execução simultânea de outros contratos; e c) o contratado possibilite a fiscalização pelo contratante quanto à distribuição, controle e supervisão dos recursos humanos alocados aos seus contratos.

Quanto aos encargos previdenciários, observa-se que, por força de alterações impostas pelas Leis nºs 11.933/2009 e 11.941/2009, o art. 31 da Lei nº 8.212/1991, que dispõe sobre a organização da Seguridade Social, passou a ter o seguinte texto:

> Art. 31. A empresa contratante de serviços executados mediante cessão de mão de obra, inclusive em regime de trabalho temporário, deverá reter 11% (onze por cento) do valor bruto da nota fiscal ou fatura de prestação de serviços e recolher, em nome da empresa cedente da mão de obra, a importância retida até o dia 20 (vinte) do mês subsequente ao da emissão da respectiva nota fiscal ou fatura, ou até o dia útil imediatamente anterior se não houver expediente bancário naquele dia, observado o disposto no §5º do art. 33 desta Lei. (Redação dada pela Lei nº 11.933, de 2009).
>
> §1º O valor retido de que trata o *caput* deste artigo, que deverá ser destacado na nota fiscal ou fatura de prestação de serviços, poderá ser compensado por qualquer estabelecimento da empresa cedente da mão de obra, por ocasião do recolhimento das contribuições destinadas à Seguridade Social devidas sobre a folha de pagamento dos seus segurados. (Redação dada pela Lei nº 11.941, de 2009).
>
> §2º Na impossibilidade de haver compensação integral na forma do parágrafo anterior, o saldo remanescente será objeto de restituição. (Redação dada pela Lei nº 9.711, de 1998).
>
> §3º Para os fins desta Lei, entende-se como cessão de mão-de-obra a colocação à disposição do contratante, em suas dependências ou nas de terceiros, de segurados que realizem serviços contínuos, relacionados ou não com a atividade-fim da empresa, quaisquer que sejam a natureza e a forma de contratação. (Redação dada pela Lei nº 9.711, de 1998).

§4º Enquadram-se na situação prevista no parágrafo anterior, além de outros estabelecidos em regulamento, os seguintes serviços: (Redação dada pela Lei nº 9.711, de 1998).

I – limpeza, conservação e zeladoria; (Incluído pela Lei nº 9.711, de 1998).

II – vigilância e segurança; (Incluído pela Lei nº 9.711, de 1998).

III – empreitada de mão-de-obra; (Incluído pela Lei nº 9.711, de 1998).

IV – contratação de trabalho temporário na forma da Lei nº 6.019, de 3 de janeiro de 1974. (Incluído pela Lei nº 9.711, de 1998).

§5º O cedente da mão-de-obra deverá elaborar folhas de pagamento distintas para cada contratante. (Incluído pela Lei nº 9.711, de 1998).

§6º Em se tratando de retenção e recolhimento realizados na forma do *caput* deste artigo, em nome de consórcio, de que tratam os arts. 278 e 279 da Lei nº 6.404, de 15 de dezembro de 1976, aplica-se o disposto em todo este artigo, observada a participação de cada uma das empresas consorciadas, na forma do respectivo ato constitutivo. (Incluído pela Lei nº 11.941, de 2009).

Em função da obrigação de retenção mencionada, passou a Administração Pública a também responder solidariamente pelos encargos previdenciários resultantes dos contratos celebrados.

Alerta-se, portanto, que a solidariedade só existe estritamente quanto à obrigação de retenção referente aos pagamentos realizados ao contratado por serviços prestados. Qualquer outra inadimplência não alcança a Administração, não podendo o Poder Público ser arrolado como devedor solidário ou subsidiário.

Conforme observou Jessé Torres, a solidariedade termina à medida que o contratante da empresa cedente da mão de obra retenha e recolha, nos prazos assinados, o percentual estabelecido sobre o valor dos serviços que contratou. Nenhuma responsabilidade lhe será imputável por irregularidade que a empresa cedente perpetre contra a seguridade social, em relação à folha de pagamento de seus empregados.[1059]

Vide jurisprudência do STJ sobre a questão:

REsp nº 460.862/CE, 1ª T., Rel. Min. Francisco Falcão, DJ de 17.05.2004: [...] I – A responsabilidade pelo cumprimento das obrigações previdenciárias é solidária entre o tomador e o executor de obras de construção, sendo somente elidida se a prestadora de serviço recolher, previamente, as ditas contribuições previdenciárias.

II – A referida regra aplica-se mesmo aos entes públicos [...]

REsp nº 382/157/RS, 2ª T, Rel. Min Castro Meira, DJ de 13.12.2004: [...] 2. A Administração Pública só responde solidariamente pelas contribuições previdenciárias decorrentes da execução do contrato após a edição da Lei nº 9.032/95" ("Não há responsabilidade subsidiária do Município pelo pagamento das contribuições previdenciárias devidas pelo empreiteiro de obra pública, relativamente a fatos geradores ocorrido antes do advento da Lei nº 9.032/95, em face da legislação superior que disciplinava a matéria estabelecer que esse ônus apenas caberia ao contratado).

[1059] PEREIRA JÚNIOR. *Comentários a lei de Licitações e Contratações da Administração Pública*. 7. ed.

Parágrafos 3º e 4º

4 Asseguramento do cumprimento de obrigações trabalhistas

Como antes comentado, a questão da responsabilidade por obrigações trabalhistas nos contratos administrativos sempre suscitou divergências. Contudo, firmou-se o entendimento de que a Administração somente seria responsabilizada por tais encargos quando houvesse prova de sua omissão em fiscalizar o contrato, a denominada *culpa in vigilando.*

Nesse contexto, resolveu o legislador inserir na Nova Lei um elenco de medidas que assegurarão o cumprimento de obrigações trabalhistas pelo contratado nas contratações de serviços contínuos com regime de dedicação exclusiva de mão de obra.

Destarte, mediante disposição em edital ou em contrato, a Administração poderá, entre outras medidas:

- Exigir caução, fiança bancária ou contratação de seguro-garantia com cobertura para verbas rescisórias inadimplidas;
- Condicionar o pagamento à comprovação de quitação das obrigações trabalhistas vencidas relativas ao contrato;
- Efetuar o depósito de valores em conta vinculada;
- Em caso de inadimplemento, efetuar diretamente o pagamento das verbas trabalhistas, que serão deduzidas do pagamento devido ao contratado;
- Estabelecer que os valores destinados a férias, a décimo terceiro salário, a ausências legais e a verbas rescisórias dos empregados do contratado que participarem da execução dos serviços contratados serão pagos pelo contratante ao contratado somente na ocorrência do fato gerador.

Trata-se, é lógico, de um rol meramente exemplificativo, podendo a Administração valer-se de outros meios lícitos para se precaver.

Registre-se as observações de Ingrid Luize Arakaki:

> Em que pese o princípio do livre convencimento motivado, o Judiciário tem criado parâmetros do que considera ou não, prova da fiscalização. Ocorre que, os contratos existentes entre particulares com a Administração Pública estão adstritos ao princípio da legalidade, assim, faz-se apenas o que expressamente previsto em lei, inclusive nos atos fiscalizatórios.
>
> Assim, quando o Judiciário estipula balizas probatórias nos casos concretos, aquém do que prevê a própria legislação de regência, está, mesmo que de forma indireta, criando novas regras aos contratos de terceirização.
>
> Destarte, cumpridas as exigências previstas na Lei de Licitações no que tange à fiscalização do contrato, em regra, não há que se falar em falha. De modo que, demonstrando a Administração ter seguido tais preceitos, caberia a parte autora comprovar o contrário.[1060]

Assente-se que o §4º indica que os valores depositados na conta vinculada são impenhoráveis, ou seja, não estão sujeitos à constrição judicial, e, por consequência, não se sujeitam à execução.[1061]

1060 ARAKAKI. *Nova lei de licitações e a responsabilidade subsidiária da administração pública pelos encargos trabalhistas.*

1061 SALES. *Novo CPC comentado.*

Parágrafo 5º

5 Recolhimento das contribuições previdenciárias

Apenas para facilitar ao aplicador da lei, o legislador resolveu explicitar que o recolhimento das contribuições previdenciárias deverá observar o disposto no art. 31 da Lei nº 8.212/1991, já transcrito nos comentários ao §2º, ao quais se remete.

Art. 122. Na execução do contrato e sem prejuízo das responsabilidades contratuais e legais, o contratado poderá subcontratar partes da obra, do serviço ou do fornecimento até o limite autorizado, em cada caso, pela Administração.

§1º O contratado apresentará à Administração documentação que comprove a capacidade técnica do subcontratado, que será avaliada e juntada aos autos do processo correspondente.

§2º Regulamento ou edital de licitação poderão vedar, restringir ou estabelecer condições para a subcontratação.

§3º Será vedada a subcontratação de pessoa física ou jurídica, se aquela ou os dirigentes desta mantiverem vínculo de natureza técnica, comercial, econômica, financeira, trabalhista ou civil com dirigente do órgão ou entidade contratante ou com agente público que desempenhe função na licitação ou atue na fiscalização ou na gestão do contrato, ou se deles forem cônjuge, companheiro ou parente em linha reta, colateral, ou por afinidade, até o terceiro grau, devendo essa proibição constar expressamente do edital de licitação.

Artigo 122

1 Subcontratação

Uma das características do contrato administrativo é a sua realização *intuitu personae* (em razão da pessoa), ou seja, são personalíssimos, com execução direta do contratado, haja vista que, para conseguir celebrar o contrato, o contratado, na fase de seleção (licitação), é obrigado a habilitar-se, com demonstração de capacidade própria para a consecução do objeto pretendido.

Dessa forma, a regra para os contratos administrativos é a impossibilidade de transferência a terceiros.

A realidade, entretanto, tem derrubado por diversas vezes essa máxima, notadamente nas grandes obras ou serviços de engenharia mais complexos, nos quais é praticamente impossível que apenas uma empresa detenha todos os conhecimentos técnicos e profissionais de várias categorias para a execução de todo o empreendimento.

O legislador, ciente dessa realidade, fez constar na lei uma autorização para a Administração avaliar a conveniência de permitir a subcontratação de parte da execução, sem prejuízo de suas responsabilidades.

Na esteira de nosso entendimento, as reflexões de Renato Geraldo Mendes:

> Na empreitada não há subordinação ou dependência entre a Administração e o empreiteiro. O que existe é a obrigação do empreiteiro de cumprir o encargo e viabilizar a solução, e da Administração de, além de exigir o cumprimento do encargo que foi assumido pelo empreiteiro, pagar a remuneração ajustada. O empreiteiro, por sua vez, para cumprir o encargo, tem duas possibilidades, ou seja, pode executar todo o objeto pessoalmente ou contar com a ajuda de um terceiro (subcontratação). Mas, para que possa transferir uma parte do encargo para outra pessoa (subcontratado) precisa ter a concordância da

Administração, o que deve ocorrer já na fase de planejamento da licitação, como regra. A subcontratação deve se dar em limites razoáveis.[1062]

Diogenes Gasparini retrata a necessidade do atendimento à realidade:

> Aliás, as subcontratações, pode-se afirmar, são normais. O comum é a execução mediante subcontratação. A exceção é a execução integral do contrato pelo contratado. Dificilmente, o contratado executa com seus próprios recursos humanos e materiais, por exemplo, todas as partes de uma construção.[1063]

Mesmo procedimento deve ser dado, é bom lembrar, aos contratos oriundos de afastamento do procedimento licitatório, dado que, também na contratação direta, o contratado deve ser avaliado.[1064]

Debate-se se o silêncio do instrumento convocatório obstaria a subcontratação, quando a situação de execução do contrato a demandar. A nosso ver, nesse caso, inexistindo vedação no instrumento convocatório, e havendo comprovação da necessidade através de laudos, relatórios e outros documentos, seria perfeitamente possível a efetivação da subcontratação.

1.1 A questão da "cessão do contrato"

Os institutos "cessão do contrato" e "subcontratação" não devem ser confundidos. Na cessão do contrato (sub-rogação), o contratado é substituído por outro, ocorrendo a transferência da sua condição de parte do contrato para outra pessoa.

Como cada pessoa jurídica possui personalidade jurídica própria, podendo ser sujeito de direitos e obrigações, a sucessão de uma pela outra como parte de um contrato perfaz a cessão contratual.

Tal instituto não se concebe no âmbito dos contratos administrativos, em face das características antes mencionadas.

Lúcia Valle Figueiredo opina na mesma linha:

> [...] consoante se nos afigura, a cessão total não se compadece de interpretação sistemática. Se for entendida por total a integridade do objeto contratual, de início diríamos haver proibições implícitas na lei, exatamente pelos vetores principiológicos que obrigam à licitação. [...] Se admitida a cessão total do contrato poderia estar sendo também permitida a seguinte tese: alguém acode a uma licitação, é o adjudicatário, assina o contrato e o transfere a terceiros com a anuência da Administração. Neste caso poderia, por hipótese, ter havido conluio, fraudando de vez o procedimento licitatório. Embora o contrato não esteja vinculado a uma licitação anterior, se emergir de procedimento licitatório ou mesmo de alguns casos de dispensa (licitação deserta, fracassada ou em virtude do pequeno valor) injustificável é sua cessão total.[1065]

[1062] MENDES. *Os regimes de empreitada na Lei nº 8.666/93*.

[1063] GASPARINI. *Contratos administrativos*.

[1064] Nesse mesmo entendimento: PEREIRA JÚNIOR. *Comentários à Lei das Licitações e Contratações da Administração Pública*.

[1065] FIGUEIREDO. *Extinção dos contratos administrativos*. 3. ed.

Também, nesse diapasão, o entendimento do TCU:

Acórdão nº 678/2008 — Plenário, Rel. Min. Marcos Bemquerer Costa – [...] 1. Em contratos administrativos, é ilegal e inconstitucional a sub-rogação da figura da contratada ou a divisão de responsabilidades por ela assumidas, ainda que de forma solidária, por contrariar os princípios constitucionais da moralidade e da eficiência (art. 37, *caput*, da Constituição Federal), o princípio da supremacia do interesse público, o dever geral de licitar (art. 37, XXI, da Constituição) (Decisão nº 420/2002-Plenário).

Voto do Ministro Relator [...] 7. Entende, ainda, que o ato descrito no parágrafo anterior configura sub-rogação, visto que o cessionário assumiu todos os direitos e deveres do cedente, constituindo, a partir daí, uma relação direta e exclusiva com a administração. Esse comportamento, por si só, é censurável, pois não encontra amparo no ordenamento jurídico vigente. Inclusive, este Tribunal já deixou assente, na Decisão 420/2002-Plenário, sua posição acerca da impossibilidade do uso desse instituto. [...]

1.2 Exigências para a subcontratação

Consoante o preceptivo, a subcontratação de parte da obra, serviço ou fornecimento é admitida "até o limite autorizado" pela Administração no ato convocatório. Não haverá, entretanto, qualquer vínculo entre a Administração e o subcontratado. Como observa Ivan Rigolin, não existe ligação nenhuma – institucional, jurídica, operacional, previdenciária, trabalhista, comercial, técnica ou de qualquer natureza – entre Administração e subcontratado, mas apenas entre Administração e contratado:

O contratado é que recebe os pagamentos pela execução contratual e é o único a ser fiscalizado, controlado, gerenciado, exigido e cobrado a todo tempo pela Administração contratante, e não o é, jamais, qualquer subcontratado. Pode-se afirmar que "o subcontratado é problema do contratado e não da Administração.[1066]

Parágrafo 1º

2 Capacidade técnica do subcontratado

Embora inexista vínculo entre o Poder Público e o subcontratado, há de se exigir a demonstração de sua idoneidade, uma vez que tal ato envolve riscos que a Administração não pode correr. É o que prevê este §1º, ao instituir que o contratado apresentará à Administração documentação que comprove a capacidade técnica do subcontratado, que será avaliada e juntada aos autos do processo correspondente.

Como a relação jurídica ocorrerá entre o contratado e o subcontratado, ficando aquele responsável perante a Administração no que concerne à execução do objeto contratual, inexistirá necessidade de apresentação dos documentos do subcontratado concernentes aos demais aspectos de habilitação.

1066 RIGOLIN. *Subcontratação.*

Por não haver relação jurídica entre a Administração e o subcontratado, este, a princípio, não poderá demandar contra a Administração por questões concernentes ao contrato, e muito menos por questões inerentes ao acordo mantido com aquele que o subcontratou.

3 Subcontratação compulsória de microempresas ou empresas de pequeno porte (inciso II do art. 48 da LC nº 123/2006)

Como já esposado, a Lei Complementar nº 123/2006 introduziu no âmbito das licitações um tratamento diferenciado em favor de microempresas e empresas de pequeno porte, tratamento que foi estendido às cooperativas pela Lei nº 11.488/2007 e, em face de alterações impostas pela Lei Complementar nº 147/2014, também aos agricultores familiares, produtores rurais pessoa física e microempreendedores individuais.

Uma das formas desse tratamento, prevista no art. 48 da LC nº 123, é a previsão da subcontratação compulsória dos beneficiados, em hipóteses específicas.

> Art. 48. Para o cumprimento do disposto no art. 47 desta Lei Complementar, a administração pública: (Redação dada pela Lei Complementar nº 147, de 2014).
>
> [...]
>
> II – poderá, em relação aos processos licitatórios destinados à aquisição de obras e serviços, exigir dos licitantes a subcontratação de microempresa ou empresa de pequeno porte; (Redação dada pela Lei Complementar nº 147, de 2014).
>
> [...]
>
> §2º Na hipótese do inciso II do *caput* deste artigo, os empenhos e pagamentos do órgão ou entidade da administração pública poderão ser destinados diretamente às microempresas e empresas de pequeno porte subcontratadas.

Em texto questionável, o §2º deste art. 48, subvertendo tratamento legal prescrito quanto à subcontratação em acordos administrativos, autoriza o pagamento direto às subcontratadas.

Ivan Barbosa Rigolin critica com veemência o dispositivo:

> Isso jamais é permitido, nem remotamente (...). Se a responsabilidade é sempre do contratado, então, como admitir pagamento com dinheiro público a quem sequer é contratado?[1067]

É imperioso destacar, entrementes, que o direito pátrio administrativo já registra a previsão de empenho direto a subcontratados. A lei que trata do regime das Parcerias Público-Privadas (Lei nº 11.079/2004) autoriza essa conduta no inciso II do §2º do art. 5º.[1068]

[1067] RIGOLIN; BOTTINO. *Manual prático das licitações*.

[1068] Art. 5º As cláusulas dos contratos de parceria público-privada atenderão ao disposto no art. 23 da Lei nº 8.987, de 13 de fevereiro de 1995, no que couber, devendo também prever:
[...]
§2º Os contratos poderão prever adicionalmente:
[...]

Sem embargo, certo é que a Lei Complementar nº 123/2006 produz uma inusitada relação jurídica entre a Administração e o subcontratado, o qual poderá ser beneficiário direto de empenhos emitidos ou de pagamentos devidos pelo Poder Público, o que, em última análise, representa ao menos uma maior garantia para essas empresas, minimizando o risco de atrasos nos pagamentos.

Parágrafo 2º

4 Regulamentação específica

A Nova Lei está repleta de situações remetidas à regulamentação.

Neste parágrafo 2º, o legislador deixou a cargo do regulamento ou do edital de licitação a vedação, a restrição ou estabelecimento de condições para a subcontratação.

Parágrafo 3º

5 Vedação de subcontratação de pessoa física ou jurídica

Coerente com a regra que impede de disputar licitação ou participar da execução de contrato, direta ou indiretamente, aquele que mantenha vínculo de natureza técnica, comercial, econômica, financeira, trabalhista ou civil com dirigente do órgão ou entidade contratante ou com agente público que desempenhe função na licitação ou atue na fiscalização ou na gestão do contrato, ou que deles seja cônjuge, companheiro ou parente em linha reta, colateral ou por afinidade, até o terceiro grau, constante no inc. IV do art. 14, este §3º veda também a subcontratação de pessoa física ou jurídica que esteja nas mesmas condições, devendo essa proibição constar expressamente do edital de licitação.

Registre-se ainda a vedação de subcontratação em contratos de serviços técnicos especializados de natureza predominantemente intelectual, decorrentes de contratações diretas por inexigibilidade, como preceituado no §4º do art. 74.[1069]

II – a possibilidade de emissão de empenho em nome dos financiadores do projeto em relação às obrigações pecuniárias da Administração Pública.

1069 Art. 74. É inexigível a licitação quando inviável a competição, em especial nos casos de:

(...)

III – contratação dos seguintes serviços técnicos especializados de natureza predominantemente intelectual com profissionais ou empresas de notória especialização, vedada a inexigibilidade para serviços de publicidade e divulgação:

(...)

§4º Nas contratações com fundamento no inciso III do caput deste artigo, é vedada a subcontratação de empresas ou a atuação de profissionais distintos daqueles que tenham justificado a inexigibilidade.

Art. 123. A Administração terá o dever de explicitamente emitir decisão sobre todas as solicitações e reclamações relacionadas à execução dos contratos regidos por esta Lei, ressalvados os requerimentos manifestamente impertinentes, meramente protelatórios ou de nenhum interesse para a boa execução do contrato.
Parágrafo único. Salvo disposição legal ou cláusula contratual que estabeleça prazo específico, concluída a instrução do requerimento, a Administração terá o prazo de 1 (um) mês para decidir, admitida a prorrogação motivada por igual período.

Artigo 123 e Parágrafo único

1 Decisão sobre todas as solicitações e reclamações

Excelente novidade na Nova Lei é a determinação expressa de dever que deveria configurar conduta normal da Administração, mas que, infelizmente, muitas vezes não ocorre, que é o dever de, explicitamente, emitir decisão sobre todas as solicitações e reclamações relacionadas à execução dos contratos, ressalvados os requerimentos manifestamente impertinentes, meramente protelatórios ou de nenhum interesse para a boa execução do contrato. A garantia do devido processo legal obriga a Administração a se manifestar sobre os pleitos do particular.

Com relação aos pleitos considerados impertinentes, protelatórios ou de desinteresse para a boa execução contratual, entendemos que, mesmo nesses casos, a Administração deverá se manifestar, indicando os motivos da qualificação.

Nesse diapasão, como determina o parágrafo único, salvo disposição legal ou cláusula contratual que estabeleça prazo específico, concluída a instrução do requerimento, a Administração terá o prazo de 1 (um) mês para decidir, admitida a prorrogação motivada por igual período.

Após ressaltar a curial importância de, num Estado Democrático de Direito onde vigorem a regra da transparência e o princípio da publicidade, a Administração responder e esclarecer sobre questões da execução, Rigolin assenta que, "se o requerente não estiver envolvido na execução, aí sim, se nos afigura que precisará demonstrar para o que está pedindo, como se exige de quem constitucionalmente requer informações à Administração":

> O direito que este artigo confere a interessados em algo vinculado à execução do contrato não parece ser uma porteira aberta a qualquer pessoa do povo para indagar ou requerer o que bem entender a respeito de contratos, merecendo ser classificado um requerimento nesses termos e na palavra da lei, de impertinente, segundo parece claro.[1070]

[1070] RIGOLIN. *Lei nº 14.133/2021 comentada*: uma visão crítica.

CAPÍTULO VII
DA ALTERAÇÃO DOS CONTRATOS E DOS PREÇOS

Art. 124. Os contratos regidos por esta Lei poderão ser alterados, com as devidas justificativas, nos seguintes casos:

I – unilateralmente pela Administração:

a) quando houver modificação do projeto ou das especificações, para melhor adequação técnica a seus objetivos;

b) quando for necessária a modificação do valor contratual em decorrência de acréscimo ou diminuição quantitativa de seu objeto, nos limites permitidos por esta Lei;

II – por acordo entre as partes:

a) quando conveniente a substituição da garantia de execução;

b) quando necessária a modificação do regime de execução da obra ou do serviço, bem como do modo de fornecimento, em face de verificação técnica da inaplicabilidade dos termos contratuais originários;

c) quando necessária a modificação da forma de pagamento por imposição de circunstâncias supervenientes, mantido o valor inicial atualizado e vedada a antecipação do pagamento em relação ao cronograma financeiro fixado sem a correspondente contraprestação de fornecimento de bens ou execução de obra ou serviço;

d) para restabelecer o equilíbrio econômico-financeiro inicial do contrato em caso de força maior, caso fortuito ou fato do príncipe ou em decorrência de fatos imprevisíveis ou previsíveis de consequências incalculáveis, que inviabilizem a execução do contrato tal como pactuado, respeitada, em qualquer caso, a repartição objetiva de risco estabelecida no contrato.

§1º Se forem decorrentes de falhas de projeto, as alterações de contratos de obras e serviços de engenharia ensejarão apuração de responsabilidade do responsável técnico e adoção das providências necessárias para o ressarcimento dos danos causados à Administração.

§2º Será aplicado o disposto na alínea "d" do inciso II do *caput* deste artigo às contratações de obras e serviços de engenharia, quando a execução for obstada pelo atraso na conclusão de procedimentos de desapropriação, desocupação, servidão administrativa ou licenciamento ambiental, por circunstâncias alheias ao contratado.

Artigo 124

1 Alteração do contrato administrativo

No direito comum, o contrato funda-se no princípio da autonomia da vontade, no consenso. Dessa forma, as alterações só ocorrem por intermédio do consentimento das partes, isto é, são sempre bilaterais. Isso, todavia, não ocorre nos contratos administrativos, em função de serem acertados para o atendimento do interesse da coletividade.

Assim, institucionalizou-se no âmbito desses contratos a alteração contratual, de modo a permitir que a Administração faça valer o interesse público de maneira proativa.

Duas são as hipóteses de alteração contratual:

- a unilateral, realizada pela Administração; e
- a bilateral, realizada por acordo entre as partes.

Inciso I

2 Alteração unilateral

Os contratos administrativos caracterizam-se por possuírem as chamadas "cláusulas exorbitantes", que conferem à Administração privilégios, posicionando-a com supremacia de poder em relação ao contratado. Entre essas cláusulas, encontra-se a que permite a alteração unilateral do contrato.

Contudo, tal possibilidade só está autorizada para alteração das chamadas "cláusulas de serviço" (ou "regulamentares"), que dizem respeito ao objeto e sua execução, e nunca das "cláusulas econômicas" do contrato, que se referem à remuneração do contratado.

Essa supremacia alicerça-se na ideia de que a Administração, mesmo quando contrata com terceiros, não se nivela a eles, considerando a prevalência do interesse geral (interesse do povo, do qual a Administração é o representante) sobre o interesse individual (interesse dos particulares).

Dessa forma, a Nova Lei assegura ao Poder Público a prerrogativa de alterar unilateralmente as "cláusulas de serviço" do contrato administrativo, quando:

- houver modificação de projeto ou de especificações, para melhor adequação técnica; ou
- for necessária a modificação do valor de contrato em função de acréscimo ou diminuição quantitativa de seu objeto, nos limites legais permitidos.

2.1 Alteração do projeto ou especificações

É possível a alteração unilateral por parte da Administração quando houver necessidade de modificação do projeto ou das especificações, para melhor adequação técnica aos seus objetivos.

Trata-se de alteração qualitativa que objetiva adequar tecnicamente o objeto a uma nova realidade.

Registre-se que a lei impõe limites para essa modificação, quando, no art. 125, veda acréscimos que excedam os limites estabelecidos no inc. I deste art. 124 (25% do valor inicial atualizado do contrato para qualquer tipo de objeto, exceto reformas de edifícios ou equipamentos, que alcança o patamar de 50%), não se revestindo a hipótese, por conseguinte, de total liberdade para a Administração.

As alterações, motivadas e justificadas, deverão ser coerentes e razoáveis, atendendo às condições preestabelecidas na proposta vencedora da licitação.

Ocorrendo a alteração, e, como isso, comprovado o aumento dos encargos do contratado, impõe-se o restabelecimento do equilíbrio econômico-financeiro inicial do contrato, conforme determina o art. 130.

2.2 Alteração para acréscimo ou diminuição quantitativa

Outra alteração contratual unilateral autorizada poderá ocorrer quando houver necessidade de modificação do valor contratual em decorrência de acréscimo ou diminuição quantitativa de seu objeto, nos limites permitidos.

O texto do inciso manteve má técnica do contido na lei anterior, originando problemas de interpretação, apesar de, na prática, ter sido adotado sem maiores percalços. Inexplicavelmente, o legislador atrelou a possibilidade de acréscimo ou redução quantitativa ao valor do contrato, quando, de maneira até bastante simples, deveria interligar as alterações ao objeto em si.

O dispositivo tem íntima relação com o art. 125, que determina a aceitação por parte do contratado, nas mesmas condições contratuais, de acréscimos ou supressões de obras, serviços ou compras, no percentual máximo de 25% do valor inicial atualizado (mantendo coerência com a má técnica redacional do inciso), e, no caso particular de reforma de edifício ou de equipamento, de até 50% para os seus acréscimos.

Também na hipótese, é óbvio que o reequilíbrio econômico-financeiro deve ser restabelecido, para cima ou para baixo.

A apuração da alteração é, a nosso ver, muito dificultosa, a não ser nos casos de bens divisíveis. Como apurar, por exemplo, 25% de uma obra? É evidente que raramente tal percentual de uma obra corresponderá exatamente ao mesmo percentual do preço oferecido.

Inciso II

3 Alteração por acordo das partes

A alteração consensual do contrato administrativo vincula-se a quatro hipóteses muito heterogêneas, elencadas nas respectivas alíneas. Há situações de alterações facultativas e outras obrigatórias.

- Quando conveniente a substituição da garantia de execução;
- Quando necessária a modificação do regime de execução da obra ou do serviço, bem como do modo de fornecimento, em face de verificação técnica da inaplicabilidade dos termos contratuais originários;

- Quando necessária a modificação da forma de pagamento por imposição de circunstâncias supervenientes, mantido o valor inicial atualizado e vedada a antecipação do pagamento em relação ao cronograma financeiro fixado sem a correspondente contraprestação de fornecimento de bens ou execução de obra ou serviço; e
- Para restabelecer o equilíbrio econômico-financeiro inicial do contrato em caso de força maior, caso fortuito ou fato do príncipe ou em decorrência de fatos imprevisíveis ou previsíveis de consequências incalculáveis, que inviabilizem a execução do contrato tal como pactuado, respeitada, em qualquer caso, a repartição objetiva de risco estabelecida no contrato.

Assente-se que o texto legal é bastante irregular, pois chega a tratar de situações em que a alteração do contrato se impõe como obrigatória, independentemente da vontade das partes.

Alínea 'a'

3.1 Substituição da garantia de execução contratual

Sendo a garantia contratual uma escolha do contratado, é coerente que a sua substituição se realize por acordo entre as partes. É possível, todavia, que ocorra a obrigatória necessidade de substituição, como, por exemplo, na intervenção ou liquidação extrajudicial da instituição financeira afiançadora da contratada. Nesse caso, a Administração deverá solicitar nova garantia efetiva, por insuficiência da inicialmente apresentada.

Alínea 'b'

3.2 Modificação do regime de execução ou fornecimento

Verificada a inadequação do regime originário em função de uma eventualidade, o mesmo poderá e deverá ser alterado. De forma idêntica, na maneira estabelecida para um fornecimento.

Pode acontecer, entrementes, que a contratada, em face de razões diversas, não aceite a modificação, o que determinará a rescisão contratual, com possíveis ressarcimentos por perdas e danos.

Alínea 'c'

3.3 Modificação da forma de pagamento

A alínea 'c' sinaliza a necessidade de acordo entre as partes quando houver necessidade de modificação da forma de pagamento, por imposição de circunstâncias supervenientes, mantido o valor inicial atualizado, vedada a antecipação do pagamento, com relação ao cronograma financeiro fixado, sem a correspondente contraprestação de fornecimento de bens ou execução de obra ou serviço.

Esclarece-se, de plano, que a modificação da forma de pagamento não constitui alteração de preço, não obstante o texto do preceptivo dê margem a esse errôneo entendimento, uma vez que determina a manutenção do "valor inicial atualizado".

Alínea 'd' e Parágrafo 2º

3.4 Restabelecimento do equilíbrio econômico-financeiro

A equação econômico-financeira constitui-se na relação que as partes inicialmente estabelecem no contrato, visando à justa remuneração de seu objeto.

Tal correlação encargo/remuneração deve ser conservada, independentemente de qualquer fator, durante a execução do acordo.

Assim, atendendo à chamada "Teoria da Imprevisão", sempre que comprovadamente ocorrer um desequilíbrio na relação inicialmente estabelecida entre os encargos do contratado e a retribuição financeira para a justa remuneração pela execução contratual, é necessária a devida recomposição.

Registre-se, por oportuno, que não é qualquer desequilíbrio que determinará tal revisão, dado que o contratado deve suportar alguns riscos inerentes à atividade econômica a que se entregou. Somente a denominada "álea econômica extraordinária" (fatos imprevisíveis ou, ainda que previsíveis, de consequências incalculáveis, retardadores ou impeditivos da execução do objeto) autorizará o reequilíbrio e não a "álea ordinária" (riscos comuns).

Não se deve confundir o "reequilíbrio" com o "reajuste". No reajuste, devido à inflação, busca-se a revitalização do poder aquisitivo do dinheiro, alterando-se o preço da contraprestação devida pela Administração; no reequilíbrio, persegue-se o resgate do equilíbrio contratual, rompido em decorrência de encargos ou desencargos supervenientes, independentemente da natureza, os quais prejudicam uma das partes, criando-lhe uma onerosidade excessiva.

Sobre o assunto, a AGU exarou o Despacho nº 00123/2020/CJACM/CGU/AGU, no qual explicitou que o contratado não tem direito ao reequilíbrio econômico-financeiro nas hipóteses em que a proposta do licitante subdimensionou os encargos tributários incidentes e a referida discrepância só foi identificada após a contratação e, nos casos em que os encargos tributários previstos na proposta se apresentarem superiores aos efetivamente incidentes, não há respaldo jurídico para redução unilateral de percentuais de tributos pela Administração, cabendo negociação consensual, sob pena de eventual rescisão contratual ou não prorrogação do contrato.

Note-se que, em relação ao texto da lei anterior, o dispositivo inseriu a necessidade de, no restabelecimento do equilíbrio econômico-financeiro inicial do contrato, o respeito a repartição objetiva de risco estabelecida no contrato.

Muitas circunstâncias poderão determinar o reequilíbrio econômico-financeiro, enquadráveis em casos de força maior, casos fortuitos, fatos do príncipe ou em decorrência de fatos imprevisíveis ou previsíveis de consequências incalculáveis; contudo, o legislador fez questão de sinalizar a aplicação quando a execução de obras ou serviços de engenharia for obstada pelo atraso na conclusão de procedimentos de desapropriação, desocupação, servidão administrativa ou licenciamento ambiental, por circunstâncias alheias ao contratado (§2º).

Parágrafo 1º

4 Alterações por falhas de projeto

As alterações de contratos de obras e serviços de engenharia decorrentes de falhas de projeto ensejarão apuração de responsabilidade do responsável técnico e adoção das providências necessárias para o ressarcimento dos danos causados à Administração.

Com relação a falhas no projeto e à apuração de responsabilidade do projetista, observar-se-ão as regras do Código Civil:

> Art. 622. Se a execução da obra for confiada a terceiros, a responsabilidade do autor do projeto respectivo, desde que não assuma a direção ou fiscalização daquela, ficará limitada aos danos resultantes de defeitos previstos no art. 618 e seu parágrafo único.

> Art. 618. Nos contratos de empreitada de edifícios ou outras construções consideráveis, o empreiteiro de materiais e execução responderá, durante o prazo irredutível de cinco anos, pela solidez e segurança do trabalho, assim em razão dos materiais, como do solo.
>
> Parágrafo único. Decairá do direito assegurado neste artigo o dono da obra que não propuser a ação contra o empreiteiro, nos cento e oitenta dias seguintes ao aparecimento do vício ou defeito.

Art. 125. Nas alterações unilaterais a que se refere o inciso I do caput do art. 124 desta Lei, o contratado será obrigado a aceitar, nas mesmas condições contratuais, acréscimos ou supressões de até 25% (vinte e cinco por cento) do valor inicial atualizado do contrato que se fizerem nas obras, nos serviços ou nas compras, e, no caso de reforma de edifício ou de equipamento, o limite para os acréscimos será de 50% (cinquenta por cento).

Artigo 125

1 Limitação dos acréscimos ou supressões

Ao sujeitar-se à lei administrativa, obriga-se o contratado a aceitar, nas mesmas condições contratuais, os acréscimos ou as supressões que forem necessárias nas obras, serviços ou compras em até 25% do valor inicial atualizado do contrato.[1071]

No caso específico de reforma de edifício ou de equipamento, o limite alcança 50% somente para acréscimos, mantendo-se no patamar de 25% para supressões.

É evidente que, com o aumento quantitativo, o contratado adquire o direito de prorrogação do prazo de execução contratual, de modo a viabilizar o prazo para correta entrega do objeto.

Uma questão que aflora quanto ao percentual estabelecido para acréscimo diz respeito a uma possível licitação por itens, no qual se sagrou vencedor um único licitante. Qual seria o procedimento? Já alertamos que uma licitação por itens deve ser encarada, de regra, como se várias licitações autônomas tivessem sido instauradas. De efeito, também originarão vários contratos apartados. Todavia, quando somente um licitante sagra-se vencedor do certame, é comum, por comodidade, que seja celebrado apenas um contrato. Consequentemente, partindo da premissa de que a peça mandatória é o item, e não a globalização deles, com a reunião em um único contrato, o patamar para cálculo deverá ser, certamente, o item, e não o valor total do contrato.

[1071] ENUNCIADO 4 – CONSELHO DE JUSTIÇA FEDERAL (1º Simpósio de Licitações e Contratos da Justiça Federal): os acréscimos e as supressões de quantitativos decorrentes de alteração contratual devem ser considerados isoladamente, ou seja, o conjunto de acréscimos e o conjunto de supressões devem ser sempre calculados sobre o valor inicial atualizado do contrato, aplicando-se, a cada um desses conjuntos, sem nenhum tipo de compensação entre eles, os limites de alteração estabelecidos no art. 125 da Lei nº 14.133/2021.

Art. 126. As alterações unilaterais a que se refere o inciso I do caput do art. 124 desta Lei não poderão transfigurar o objeto da contratação.

Artigo 126

1 Impossibilidade de transfiguração do objeto da contratação

O inc. I do art. 124 prevê a alteração unilateral dos contratos pela Administração, com as devidas justificativas, no caso de modificação do projeto ou das especificações, para melhor adequação técnica a seus objetivos, ou quando for necessária a modificação do valor contratual em decorrência de acréscimo ou diminuição quantitativa de seu objeto.

Como tais alterações, quando do regime da lei anterior, muitas vezes descaracterizavam o objeto, resolveu o legislador fixar, para não pairar dúvidas, que essas modificações não poderão *transfigurar* o objeto da contratação.

O uso da expressão "transfigurar" motivou a cesura de Ivan Rigolin:

> O verbo foi de uma elegância literária única, mas, em direito, é sempre preferível o termo inequívoco [...]. Transfigurar, neste caso, significa alterar em profundidade, desfigurar, transformar, mudar de uma coisa para outra; em certa acepção, deturpar, descaracterizar, algo assim. Como o conceito é efetivamente subjetivo, será preciso, a cada pretensão pela administração de alterar o projeto (art. 124, inc. I, al. a), apelar ao senso comum das pessoas e do mercado no qual se insere o objeto para se aferir se a alteração pretendida não é de tal monta e natureza que, na prática, transforma um objeto em outro, e esse será o ponto a que não se pode chegar.[1072]

É certo que as alterações qualitativas, notadamente de projeto, visando a melhor adequação da contratação aos seus objetivos, são possíveis. Entretanto, até nessas, há de se respeitar os limites do objeto buscado inicialmente.

Registre-se que, apesar de o dispositivo fazer referência às alterações unilaterais, na verdade, a regra também é aplicável às alterações consensuais.

[1072] RIGOLIN. *Lei nº 14.133/2021 comentada*: uma visão crítica.

Art. 127. Se o contrato não contemplar preços unitários para obras ou serviços cujo aditamento se fizer necessário, esses serão fixados por meio da aplicação da relação geral entre os valores da proposta e o do orçamento-base da Administração sobre os preços referenciais ou de mercado vigentes na data do aditamento, respeitados os limites estabelecidos no art. 125 desta Lei.

Artigo 127

1 Regras para fixação dos preços unitários

No regime da lei anterior, se no contrato não houvessem sido contemplados preços unitários para obras ou serviços, esses deveriam ser fixados mediante acordo entre as partes.

A regra era bastante fluida.

Como assenta Ronny Charles, cabe ao gestor responsável evitar que os preços dos serviços novos, acrescidos por intermédio de termo aditivo, sejam balizados pelos custos referenciais da época do aditamento, sem respeitar a redução alcançada na licitação, em relação aos custos referenciais à época do certame.[1073]

Por isso, o legislador da Nova Lei, na trilha das decisões do TCU sobre a matéria, definiu que, nessas situações, os preços deverão ser fixados por meio da aplicação da relação geral entre os valores da proposta e os do orçamento-base da Administração sobre os preços referenciais ou de mercado vigentes na data do aditamento, respeitados os balizamentos estabelecidos no art. 125, que limita os acréscimos a até 25% (vinte e cinco por cento) do valor inicial atualizado do contrato e, no caso de reforma de edifício, estabelece que o limite para os acréscimos será de 50% (cinquenta por cento).

1073 TORRES. *Leis de Licitações Públicas Comentadas*. 12. ed.

Art. 128. Nas contratações de obras e serviços de engenharia, a diferença percentual entre o valor global do contrato e o preço global de referência não poderá ser reduzida em favor do contratado em decorrência de aditamentos que modifiquem a planilha orçamentária.

Artigo 128

1 Vedação à redução em favor do contratado

Repetindo o texto do art. 14 do Decreto nº 7.983, de 8.04.2013, que estabelece regras e critérios para elaboração do orçamento de referência de obras e serviços de engenharia, contratados e executados com recursos dos orçamentos da União, este art. 128 anota que, nas contratações de obras e serviços de engenharia, a diferença percentual entre o valor global do contrato e o preço global de referência não poderá ser reduzida em favor do contratado, em decorrência de aditamentos que modifiquem a planilha orçamentária.

Trata-se de regra que objetiva impedir os efeitos do jogo de planilhas, que faz com que as contratações inicialmente orçadas em um determinado valor sejam superfaturadas através da inclusão de novos itens.

O que a regra intenciona é a manutenção da proporção entre o valor global contratado e o valor global da referência, mesmo ocorrendo alteração qualitativa no contrato.

Assim, a relação entre o valor global da proposta e o valor orçado a partir dos custos unitários estimados não poderá sofrer alteração que beneficie o contratado quando das modificações contratuais.

Sobre a matéria, destaque-se o explicitado por Breno da Silva Ramos:

> Verifica-se que a regra é que dos termos aditivos firmados ao contrato administrativo não haja alteração do percentual de desconto global obtido na contratação. (...) A diminuição do desconto global da proposta da licitante vencedora, por meio de termos aditivos, é causa de quebra do equilíbrio econômico-financeiro do contrato, pois as condições ofertadas para a Administração na proposta da contratada – leia-se: desconto global – serão alteradas. O art. 37, XXI, da CF assegura às partes contratantes a manutenção das condições econômico-financeiras da proposta de preços durante toda a vigência contratual. Isso é: ao contratar com a empresa vencedora a Administração tinha em seu favor o benefício do desconto obtido no certame licitatório, o qual consiste em uma cláusula econômico-financeira do contrato que foi determinante para o resultado da licitação e o posterior contrato. Se o desconto global ofertado pela empresa fosse inferior, o valor da proposta de preços seria superior e provavelmente o resultado da licitação seria outro. Portanto, deve-se ter em mente que a cobrança da parcela compensatória do desconto perdido com a celebração de termos aditivos não é uma faculdade do gestor público, mas sim uma obrigação que está positivada no ordenamento pátrio e que reiteradamente vem sendo reconhecida pelo Tribunal de Contas da União. A regra, nessa esteira, é que a parcela compensatória já seja inserida no próprio Termo Aditivo, com o fim de evitar a redução do desconto e manter as condições iniciais da contratação.[1074]

[1074] RAMOS. *Contrato de obra pública.*

Art. 129. Nas alterações contratuais para supressão de obras, bens ou serviços, se o contratado já houver adquirido os materiais e os colocado no local dos trabalhos, estes deverão ser pagos pela Administração pelos custos de aquisição regularmente comprovados e monetariamente reajustados, podendo caber indenização por outros danos eventualmente decorrentes da supressão, desde que regularmente comprovados.

Artigo 129

1 Indenização do contratado

Reza o artigo 129 que, na hipótese de supressão de obras, bens ou serviços, se o contratado já houver adquirido os materiais e posto no local dos trabalhos, estes deverão ser pagos pela Administração pelos custos de aquisição regularmente comprovados e monetariamente reajustados, sendo cabível a indenização por outros danos eventualmente decorrentes da supressão, desde que regularmente comprovados.

O dispositivo visa a proteger o contratado de prejuízos com a supressão unilateral de parte do objeto.

Tendo o contratado já adquirido materiais e os depositado no local determinado para a execução do contrato, deverá a Administração realizar o devido pagamento por eles, pelos valores de aquisição, obviamente reajustados, se for o caso.

A comprovação das aquisições far-se-á através de notas fiscais, devidamente verificadas e certificadas pela Administração, cujas cópias deverão compor o processo administrativo pertinente.

Por outro lado, além dos custos diretos concernentes ao material adquirido, outros tantos normalmente coexistem, como os de mobilização, não execução de outros contratos em função do compromisso assumido etc. Esses fatores determinarão a natural indenização por perdas e danos, inclusive com amparo constitucional (art. 37, §6º CF).

Pelo texto legal, cabe ao agente público responsável avaliar a situação, baseando-se nos documentos comprovadores, para o devido pagamento ao contratado. Essa reparação indenizatória, entretanto, parece-nos muito difícil na prática, diante da subjetividade que envolve a questão. Visualizamos que, apesar da autorização legal, o desenlace, notadamente em ocorrências complexas, só ocorrerá por intermédio da via judicial.

Sobre a matéria, Wálteno Marques da Silva observa a necessidade, em certas situações, de providências por parte da Administração "tendentes à responsabilização de quem dolosa ou culposamente tenha contribuído para o superdimensionamento do contrato original além das necessidades reais da unidade contratante".[1075]

[1075] SILVA. *Procedimentos para licitar*.

Art. 130. Caso haja alteração unilateral do contrato que aumente ou diminua os encargos do contratado, a Administração deverá restabelecer, no mesmo termo aditivo, o equilíbrio econômico-financeiro inicial.

Artigo 130

1 Reequilíbrio em face de alteração unilateral que altere os encargos do contratado

Buscando a permanência da relação pactuada inicialmente entre encargos e pagamentos, a Nova Lei reafirma a necessidade do reequilíbrio econômico-financeiro do contrato, através de aditamento, na ocorrência de alteração contratual por determinação da Administração.

Renovamos o posicionamento quanto à inexistência de discricionariedade nesse momento. Ocorrendo, portanto, uma alteração unilateral que repercuta bastante na proposta oferecida, descabe qualquer tipo de procedimento que não seja o imediato reequilíbrio.

Interessante notar que, acertadamente, o legislador, em relação à lei anterior, inseriu a possibilidade de alteração unilateral do contrato visando ao reequilíbrio quando sobrevir diminuição dos encargos do contratado.

> Mesmo nos contratos administrativos, ao poder de alteração unilateral do Poder Público contrapõe-se o direito que tem o particular de ver mantido o equilíbrio econômico-financeiro do contrato, considerando-se o encargo assumido e a contraprestação pecuniária garantida pela Administração. (AgRg na SS 1.404/DF, Corte Especial, Rel. Min. Edson Vidigal, j. em 25.10.2004, *DJ* de 06.12.2004).

Art. 131. A extinção do contrato não configurará óbice para o reconhecimento do desequilíbrio econômico-financeiro, hipótese em que será concedida indenização por meio de termo indenizatório.
Parágrafo único. O pedido de restabelecimento do equilíbrio econômico-financeiro deverá ser formulado durante a vigência do contrato e antes de eventual prorrogação nos termos do art. 107 desta Lei.

Artigo 131

1 Possibilidade de reconhecimento do desequilíbrio econômico-financeiro após a extinção do contrato

Este art. 131 indica que a extinção do contrato não configurará óbice para o reconhecimento do desequilíbrio econômico-financeiro, hipótese em que será concedida indenização por meio de termo indenizatório.

Apesar da lei anterior não tratar da questão, a matéria não chega a ser inovadora, pois, mesmo sem previsão legal específica, o direito a eventual reparação por prejuízos incorridos pelo contratado na execução do acordo era garantido, ainda que só fosse pleiteado após a extinção contratual.

Assim, o legislador, atento, apenas fez constar no novo texto legal algo que já se praticava rotineiramente, objetivando a manutenção do equilíbrio entre os encargos do contratado e a retribuição da Administração.

Contudo, como bem obtemperou Francisco Sérgio Alves, é certo que a delonga no exercício desse direito poderá dificultar a evidenciação do desequilíbrio econômico-financeiro, caso, por exemplo, ele decorra da necessidade de mudança na forma de execução de serviços, seja quanto à metodologia construtiva, seja quanto aos materiais, bem como em função da inclusão de novos itens, cuja efetiva execução não seja aferível após a conclusão do empreendimento.[1076]

Também Rigolin considera a inserção de bom alvitre, no sentido de desmistificar a ideia de que indenizações públicas somente serão legítimas se forem judiciais ou judicialmente homologadas, pois "se o Poder Público contratante reconhece, demonstrando por a mais b, que lesou seu contratado, nada em sã consciência pode impedir que repare aquele prejuízo ao particular, apenas calculando-o e sopesando os números, sem maiores formalidades ou exigências".[1077]

Registre-se que, no caso de reconhecimento do desequilíbrio econômico-financeiro, este deverá ser concedido por meio de indenização (termo indenizatório), e não através de pagamento contratual normal, devendo haver, é claro, o atesto de admissão de dívida por parte da Administração.

[1076] ALVES. *Lei de licitações e contratos comentada.*

[1077] RIGOLIN. *Lei nº 14.133/2021 comentada*: uma visão crítica.

Parágrafo Único

2 Formulação do pedido de reequilíbrio

Estranhamente – desandando a exitosa inserção na lei –, o parágrafo único prevê a obrigatoriedade da formalização do pedido de reequilíbrio contratual durante a vigência contratual, e antes de eventual prorrogação nos termos do art. 107.

O citado art. 107 trata dos contratos de serviços e fornecimentos contínuos, autorizando a prorrogação sucessiva, respeitada a vigência máxima decenal, desde que haja previsão em edital e que a autoridade competente ateste que as condições e os preços permanecem vantajosos para a Administração, permitida a negociação com o contratado ou a extinção contratual sem ônus para qualquer das partes.

Pelo que se vê, o legislador preocupou-se em chamar a atenção para os contratos de serviços contínuos, muito embora esses acordos possam ter diversas prorrogações e o desequilíbrio possa se dar somente durante a execução de algumas delas.

A falta de lógica determinou, inclusive, a censura de Rigolin: "Enquanto não surgir e não se demonstrar o desequilíbrio, não existe direito a reequilíbrio, por evidente. Se o contrato se desequilibrar apenas durante uma prorrogação, como então poderia o contratado ter pedido reequilíbrio sem o fato gerador?"[1078]

Celso Boechat, Francisco Rezende e Jander Simione vão além, considerando a determinação inconstitucional.

> Como o inciso XXI do art. 37 da Constituição Federal prescreve que as obras, serviços e compras deverão ser contratados mediante processo de licitação que assegure igualdade de condições a todos os concorrentes, com cláusulas que estabeleçam obrigações de pagamento, mantidas as condições efetivas da proposta, não há como existir dispositivo legal que inviabilize esse mandamento.[1079]

Certo é que, independentemente da estranheza do dispositivo, ocorrerá a preclusão, que dar-se-á com a perda de prazo. A preclusão impede a prática do ato.[1080]

Como assenta Isabella Félix da Fonseca – que vê com enorme preocupação a regra –, a tendência é que o dispositivo seja adotado como fundamento para rejeitar qualquer tipo de pedido de reequilíbrio, seja por meio de reajuste, revisão ou repactuação, que não tenha sido objeto de pedido prévio ao término da vigência contratual e à celebração de aditivo de prorrogação.

> Em princípio, a solução afigura-se incompatível com a regra da impossibilidade de renúncia tácita prevista no art. 114 do Código Civil, segundo o qual "[o]s negócios benéficos e a renúncia interpretam-se estritamente". Trata-se de princípio geral do direito brasileiro, aplicável, portanto, também ao direito público. Implica que, em qualquer caso, eventual renúncia ao reequilíbrio deve ser expressa e interpretada restritivamente, de modo que

---

[1078] RIGOLIN. *Lei nº 14.133/2021 comentada*: uma visão crítica.

[1079] SIMIONE. Contratos na Nova Lei de Licitações e Contratos Administrativos.

[1080] A preclusão é a perda do direito de manifestar-se, isto é, a perda da capacidade de praticar o ato processual por não o ter realizado na oportunidade devida ou na forma prevista.

o silêncio do particular não pode ser interpretado como renúncia. A entrada em vigor da nova Lei de Licitações certamente intensificará as discussões sobre a correta interpretação do novo dispositivo, especialmente em virtude do caráter genérico do dispositivo legal em comento.[1081]

[1081] FONSECA. *A questão da preclusão lógica do direito ao reequilíbrio econômico-financeiro dos contratos administrativos sob a perspectiva da nova Lei de Licitações.*

Art. 132. A formalização do termo aditivo é condição para a execução, pelo contratado, das prestações determinadas pela Administração no curso da execução do contrato, salvo nos casos de justificada necessidade de antecipação de seus efeitos, hipótese em que a formalização deverá ocorrer no prazo máximo de 1 (um) mês.

Artigo 132

1 Formalização do termo aditivo como condição para a execução

O instrumento adotado com a finalidade de prorrogar, alterar, modificar ou corrigir uma cláusula contratual, quando possível e necessário, é o Termo Aditivo.

No âmbito federal, o Despacho nº 00497/2020/GAB/CGU/AGU consolidou entendimento no sentido de que:

- Os termos aditivos devem ser formalizados até o termo final de vigência do contrato administrativo;
- O termo inicial de vigência do aditamento corresponde ao dia imediatamente subsequente ao termo final de vigência do contrato administrativo ou de eventual aditamento precedente;
- O termo final de vigência do aditamento é o dia correspondente, no mês ou ano seguinte, ao mesmo número do dia do termo final de vigência original do contrato administrativo; e
- Quando no ano ou mês do vencimento não houver o dia correspondente ao do início do prazo, este findará no primeiro dia subsequente.

Nesse contexto, preceitua este art. 132 que a formalização do termo aditivo é condição para a execução, pelo contratado, das prestações determinadas pela Administração no curso da execução do contrato.

Sensível às dificuldades práticas do aplicador da lei, o legislador insertou uma exceção inovadora: a possibilidade de execução de algo que demandaria a assinatura de termo aditivo, diante da justificada necessidade de antecipação dos efeitos do aditamento, devendo a formalização do termo aditivo ocorrer no prazo máximo de um mês. Ou seja, a Nova Lei permite uma espécie de antecipação dos efeitos do termo aditivo. Isso é algo que jamais se imaginaria no âmbito da lei anterior, por total falta de sustentação legal. Na prática, a execução sem a devida cobertura contratual determinava a negativa da Administração em remunerar o contratado, ante a inexistência de formalização da alteração contratual.

Registre-se que a minuta do termo aditivo deverá ser submetida à apreciação da assessoria jurídica, tal como previsto no §4º do art. 53.[1082]

[1082] §4º Na forma deste artigo, o órgão de assessoramento jurídico da Administração também realizará controle prévio de legalidade de contratações diretas, acordos, termos de cooperação, convênios, ajustes, adesões a atas de registro de preços, outros instrumentos congêneres *e de seus termos aditivos*.

Observa-se que há hipóteses de modificações contratuais que não necessitam da celebração de aditamentos. Como consta no art. 136, registros que não caracterizam alteração do contrato podem ser realizados por simples apostilamento, dispensada a celebração de termo aditivo.

Art. 133. Nas hipóteses em que for adotada a contratação integrada ou semi-integrada, é vedada a alteração dos valores contratuais, exceto nos seguintes casos:
I – para restabelecimento do equilíbrio econômico-financeiro decorrente de caso fortuito ou força maior;
II – por necessidade de alteração do projeto ou das especificações para melhor adequação técnica aos objetivos da contratação, a pedido da Administração, desde que não decorrente de erros ou omissões por parte do contratado, observados os limites estabelecidos no art. 125 desta Lei;
III – por necessidade de alteração do projeto nas contratações semi-integradas, nos termos do §5º do art. 46 desta Lei;
IV – por ocorrência de evento superveniente alocado na matriz de riscos como de responsabilidade da Administração.

Artigo 133

1 Vedação de alteração de valores contratuais nas contratações integrada e semi-integrada

Consoante os incs. XXXII e XXXIII do art. 6º:

- Contratação integrada é o regime de contratação de obras e serviços de engenharia em que o contratado é responsável por elaborar e desenvolver os projetos básico e executivo, executar obras e serviços de engenharia, fornecer bens ou prestar serviços especiais e realizar montagem, teste, pré-operação e as demais operações necessárias e suficientes para a entrega final do objeto; e
- Contratação semi-integrada é regime de contratação de obras e serviços de engenharia em que o contratado é responsável por elaborar e desenvolver o projeto executivo, executar obras e serviços de engenharia, fornecer bens ou prestar serviços especiais e realizar montagem, teste, pré-operação e as demais operações necessárias e suficientes para a entrega final do objeto.

Nesses dois regimes de contratação é proibida a alteração dos valores contratuais, devido à autonomia atribuída ao contratado na definição das especificações técnicas e operacionais.

Incisos I a IV

1.1 Exceções à regra

Como assentam Jessé Torres e Marinês Dotti, nesses regimes de contratação, qualquer erro na elaboração dos projetos básico e executivo deverá ser absorvido pelo contratado, que não poderá repassar à Administração os custos consequentes, dado que mudanças no projeto somente se admitem para recompor o equilíbrio da equação econômico-financeira do contrato – hipótese, em princípio, elidida em face de erro perpetrado pela própria licitante que elaborou o projeto – ou no interesse da Administração – que se justificaria tanto no caso de a alteração corrigir deficiência ou omissão da Administração quando elaborou o anteprojeto, quanto em razão de fatos supervenientes, e desde que não desnature o objeto do contrato.[1083]

Nessa contextura, o preceptivo estabelece as hipóteses de exceção, permitindo a alteração de valores nas contratações integradas e semi-integradas nos seguintes casos:

- Inc. I – Restabelecimento do equilíbrio econômico-financeiro decorrente de caso fortuito ou força maior;
- Inc. II – Necessidade de alteração do projeto ou das especificações para melhor adequação técnica aos objetivos da contratação, a pedido da Administração, desde que não decorrente de erros ou omissões por parte do contratado, observados os limites estabelecidos no art. 125;[1084]
- Inc. III – Necessidade de alteração do projeto nas contratações semi-integradas, nos termos do §5º do art. 46;[1085] e
- Inc. IV – Ocorrência de evento superveniente alocado na matriz de riscos como de responsabilidade da Administração.

O regramento previsto no inc. I segue a linha do no art. 124, II, "d", que prevê o reequilíbrio econômico-financeiro em função de situações supervenientes que comprometem os parâmetros da avença. Há de se ter cautela, contudo, na interpretação do mandamento. Nessas contratações, o particular assume apenas os riscos pertinentes às escolhas realizadas, mas não responde por riscos relativos às decisões e soluções adotadas pela Administração, não podendo arcar com os efeitos nocivos de eventos supervenientes decorrentes de Fato da Administração, de Fato do Príncipe ou de evento imprevisível cuja consumação tenha afetado negativamente o objeto contratual apenas por ter havido uma escolha ou imposição da própria Administração.[1086]

O inc. II estabelece como exceção a necessidade de alteração do projeto ou das especificações, mirando melhor adequação técnica aos objetivos da contratação, a pedido da Administração, observados os limites estabelecidos no art. 125. Nesse caso, tem-se a hipótese de alteração unilateral pela Administração dos valores do contrato, a qual o particular não pode ser contrário.

O inc. III está atrelado à necessidade de alteração do projeto básico nas contratações semi-integradas, mediante prévia autorização da Administração, desde que demonstrada a superioridade das inovações propostas pelo contratado em termos de redução de

---

[1083] PEREIRA JÚNIOR; DOTTI. Regime de Contratação Integrada.

[1084] Art. 125. Nas alterações unilaterais a que se refere o inciso I do caput do art. 124 desta Lei, o contratado será obrigado a aceitar, nas mesmas condições contratuais, acréscimos ou supressões de até 25% (vinte e cinco por cento) do valor inicial atualizado do contrato que se fizerem nas obras, nos serviços ou nas compras, e, no caso de reforma de edifício ou de equipamento, o limite para os acréscimos será de 50% (cinquenta por cento).

[1085] Art. 46 (...) §5º Na contratação semi-integrada, mediante prévia autorização da Administração, o projeto básico poderá ser alterado, desde que demonstrada a superioridade das inovações propostas pelo contratado em termos de redução de custos, de aumento da qualidade, de redução do prazo de execução ou de facilidade de manutenção ou operação, assumindo o contratado a responsabilidade integral pelos riscos associados à alteração do projeto básico.

[1086] JUSTEN FILHO. Comentários à Lei de Licitações e Contratos Administrativos.

custos, de aumento da qualidade, de redução do prazo de execução ou de facilidade de manutenção ou operação, assumindo o contratado a responsabilidade integral pelos riscos associados à alteração do projeto básico. Nessa hipótese, não há a imposição de limites de acréscimos previstos no art. 125.

Por fim, o inc. IV apresenta como situação excepcional a alteração contratual nas contratações integradas e semi-integradas, quando da ocorrência de evento superveniente alocado na matriz de risco como de responsabilidade da Administração. Também nesse caso não há qualquer limitação de valores. Como anotaram Dal Pozzo e Facchinatto, essa previsão faz sentido, pois, se, inicialmente, o evento ocorrido for alocado como de responsabilidade do contratante, diante das características peculiares dos regimes, o contratado deverá sofrer as consequências do evento, não podendo reclamar a alteração do contrato.[1087]

É flagrante que a Nova Lei utilizou para o caso a filosofia da Lei do RDC (Lei nº 12.462/2011), o que permite a adoção de decisão do TCU sobre a matéria como linha de ação:

> Acórdão nº 2.433/2016 – Plenário – Na contratação integrada, tratando-se de obra de elevado vulto e complexidade, é provável que hipóteses, premissas, carregamentos, diretrizes e pré-dimensionamentos adotados e realizados na etapa de anteprojeto sejam revistos e alterados pelos projetos básico e executivo, fato que não se constitui em hipótese legalmente admitida de aditamento contratual, o qual somente é cabível em razão de alterações nos projetos solicitadas pelo órgão contratante após já os haver aprovado.

[1087] DAL POZZO; FACCHINATTO. Artigos 124 a 136. *In*: DAL POZZO *et al. Lei de licitações e contratos administrativos comentada*: Lei nº 14.133/21.

Art. 134. Os preços contratados serão alterados, para mais ou para menos, conforme o caso, se houver, após a data da apresentação da proposta, criação, alteração ou extinção de quaisquer tributos ou encargos legais ou a superveniência de disposições legais, com comprovada repercussão sobre os preços contratados.

Artigo 134

1 Reequilíbrio em função de tributos ou encargos legais

O artigo 134 consagra a necessidade do restabelecimento do equilíbrio econômico-financeiro do contrato, como já contemplara a alínea 'd' do inc. II do art. 124.

A ampliação ou a redução dos encargos do contrato que repercutam nos preços propostos, demandam, obrigatoriamente, o reequilíbrio.

Destarte, ocorrendo o desequilíbrio, devidamente comprovado, será cabível o aditamento para a recomposição da relação que as partes pactuaram inicialmente entre encargos e retribuição.

Vide que o dispositivo contempla qualquer evento de desequilíbrio, sejam tributos (impostos, taxas e contribuições) ou encargos legais, como a base de cálculo e as alíquotas.

É de curial importância, contudo, que, além da ocorrência das situações previstas no preceptivo, o pedido de reequilíbrio econômico-financeiro comprove a efetiva quebra da equação financeira, apontando, por intermédio de planilha de custos, os itens afetados.

Como anota Victor Amorim, o artigo não alcança os eventos que repercutam na composição dos preços contratados quando decorrentes de conduta comissiva ou omissiva do contratado.[1088]

Conforme mencionado nos comentários à alínea 'd' do inc. II do art. 124, a equação econômico-financeira se constitui na relação que as partes inicialmente estabelecem no contrato, visando à justa remuneração de seu objeto. A correlação encargo/remuneração deve ser conservada, independentemente de qualquer fator, durante a execução do acordo.

Assim, atendendo à chamada "Teoria da Imprevisão", sempre que comprovadamente ocorrer um desequilíbrio na relação inicialmente estabelecida entre os encargos do contratado e a retribuição financeira para a justa remuneração pela execução contratual, será necessária a devida recomposição.

Não se deve confundir o "reequilíbrio" com o "reajuste". No reajuste, devido à inflação, busca-se a revitalização do poder aquisitivo do dinheiro, alterando-se o preço da contraprestação devida pela Administração; no reequilíbrio, persegue-se o resgate do equilíbrio contratual, rompido em decorrência de encargos ou desencargos supervenientes, independentemente da natureza, os quais prejudicam uma das partes, criando-lhe uma onerosidade excessiva.

[1088] AMORIM. *Licitações e contratos administrativos*: teoria e jurisprudência. 4. ed.

Sobre o assunto, a Advocacia-Geral da União (AGU) exarou o Despacho nº 00123/2020/CJACM/CGU/AGU, no qual explicitou que o contratado não tem direito ao reequilíbrio econômico-financeiro nas hipóteses em que a proposta do licitante subdimensionou os encargos tributários incidentes e a referida discrepância só foi identificada após a contratação e, nos casos em que os encargos tributários previstos na proposta se apresentarem superiores aos efetivamente incidentes, não há respaldo jurídico para redução unilateral de percentuais de tributos pela Administração, cabendo negociação consensual, sob pena de eventual rescisão contratual ou não prorrogação do contrato.

Acresça-se que a Consultoria-Geral da União (CGU), órgão da AGU responsável pelas atividades de consultoria e assessoramento jurídicos da Administração Direta do Poder Executivo Federal, opinou, através do Parecer nº 00092/2016/DECOR/CGU/AGU, pela inviabilidade de pleito de reequilíbrio quando ocorrer aumento da contribuição previdenciária patronal, pois, nesses casos, "o custo real tributário é diluído em face de todos os contratos entabulados com atores públicos e privados, após o desempenho de variadas atividades – ainda que porventura adstritos ao setor de tecnologia da informação, inclusive sem mão de obra exclusiva, ausente a necessária pertinência estrita entre elas e o objeto específico contratado pelas unidades governamentais".

Art. 135. Os preços dos contratos para serviços contínuos com regime de dedicação exclusiva de mão de obra ou com predominância de mão de obra serão repactuados para manutenção do equilíbrio econômico-financeiro, mediante demonstração analítica da variação dos custos contratuais, com data vinculada:

I – à da apresentação da proposta, para custos decorrentes do mercado;

II – ao acordo, à convenção coletiva ou ao dissídio coletivo ao qual a proposta esteja vinculada, para os custos de mão de obra.

§1º A Administração não se vinculará às disposições contidas em acordos, convenções ou dissídios coletivos de trabalho que tratem de matéria não trabalhista, de pagamento de participação dos trabalhadores nos lucros ou resultados do contratado, ou que estabeleçam direitos não previstos em lei, como valores ou índices obrigatórios de encargos sociais ou previdenciários, bem como de preços para os insumos relacionados ao exercício da atividade.

§2º É vedado a órgão ou entidade contratante vincular-se às disposições previstas nos acordos, convenções ou dissídios coletivos de trabalho que tratem de obrigações e direitos que somente se aplicam aos contratos com a Administração Pública.

§3º A repactuação deverá observar o interregno mínimo de 1 (um) ano, contado da data da apresentação da proposta ou da data da última repactuação.

§4º A repactuação poderá ser dividida em tantas parcelas quantas forem necessárias, observado o princípio da anualidade do reajuste de preços da contratação, podendo ser realizada em momentos distintos para discutir a variação de custos que tenham sua anualidade resultante em datas diferenciadas, como os decorrentes de mão de obra e os decorrentes dos insumos necessários à execução dos serviços.

§5º Quando a contratação envolver mais de uma categoria profissional, a repactuação a que se refere o inciso II do *caput* deste artigo poderá ser dividida em tantos quantos forem os acordos, convenções ou dissídios coletivos de trabalho das categorias envolvidas na contratação.

§6º A repactuação será precedida de solicitação do contratado, acompanhada de demonstração analítica da variação dos custos, por meio de apresentação da planilha de custos e formação de preços, ou do novo acordo, convenção ou sentença normativa que fundamenta a repactuação.

Artigo 135

1 Repactuação dos preços dos contratos para serviços contínuos com regime de dedicação exclusiva de mão de obra

Conforme disposto no inc. XVI do art. 6º, serviços contínuos com regime de dedicação exclusiva de mão de obra são aqueles cujo modelo de execução contratual exige, entre outros requisitos, que: a) os empregados do contratado fiquem à disposição nas dependências do contratante para a prestação dos serviços; b) o contratado não compartilhe os recursos humanos e materiais disponíveis de uma contratação para execução simultânea de outros contratos; c) o contratado possibilite a fiscalização pelo contratante quanto à distribuição, controle e supervisão dos recursos humanos alocados aos seus contratos.

São os típicos contratos de terceirização de mão de obra.

Nesses tipos de contratação a discussão sobre eventuais normas coletivas que criam ou aumentam direitos podem influir na repactuação dos valores do contrato perante a Administração.

Se uma convenção coletiva regular estabelece um reajuste de salário aos empregados, é certo que a empresa precisa cumprir essa obrigação trabalhista.

José Gervásio Meireles, contudo, expõe duas indagações: a) poderia a empresa pedir que esse aumento de custo seja considerado pela Administração para repactuar (no caso, aumentar) o preço do contrato para manter o equilíbrio econômico-financeiro? b) ou a empresa teria que suportar esse aumento sozinha?[1089]

Aplicando as regras da Lei nº 8.666/1993, o Superior Tribunal de Justiça (STJ) vinha negando essa possibilidade.

> ADMINISTRATIVO. CONTRATO. EQUILÍBRIO ECONÔMICO-FINANCEIRO. REAJUSTE SALARIAL. PREVISÃO NO DISSÍDIO COLETIVO. AUSÊNCIA DE CASO FORTUITO E FORÇA MAIOR. INAPLICABILIDADE DA TEORIA DA IMPREVISÃO. 1. Cuida-se de inconformismo com acórdão do Tribunal de origem que possibilitou a repactuação de preços em contrato administrativo, devido à existência de majoração de salários de empregados da contratada. 2. O art. 65, inc. II, alínea "d", da Lei nº 8.666/1993 prevê que só é admitida em caráter excepcional a repactuação de preço de contrato administrativo quando há "fatos imprevisíveis, ou previsíveis, porém de consequências incalculáveis, retardadores ou impeditivos da execução do ajustado, ou, ainda, em caso de força maior, caso fortuito ou fato do príncipe, configurando álea econômica extraordinária e extracontratual". 3. Diante desse cenário legislativo, e utilizando interpretação a contrário sensu, percebe-se que é vedada a repactuação de preços de contrato administrativo em virtude de ocorrência de situação previsível (como é o caso do reajuste salarial determinado por convenção coletiva de trabalho). 4. Ora, não pode ser aplicada a Teoria da Imprevisão para a recomposição do equilíbrio econômico-financeiro do contrato administrativo (Lei nº 8.666/1993, art. 65, II, "d") na hipótese de aumento salarial dos empregados da contratada em decorrência de dissídio coletivo, pois constitui evento certo que deveria ser levado em conta quando da efetivação da proposta. Precedentes: REsp nº 411.101/PR, Segunda Turma, Min. Eliana Calmon, DJ de 8.9.2003; REsp nº 134.797/DF, Segunda Turma, Min. Paulo Gallotti, *DJ* de 10.08.2000; AgRg no REsp nº 417.989/PR, Rel. Ministro Herman Benjamin, Segunda Turma, *DJe* 24.03.2009; REsp nº 668.367/PR, Rel. Ministro Teori Albino Zavascki, Primeira

[1089] MEIRELES. *Contrato administrativo, norma coletiva e dissídio coletivo.*

Turma, *DJ* 05.10.2006. p. 242; REsp nº 650.613/SP, Rel. Ministro João Otávio de Noronha, Segunda Turma, *DJ* 23.11.2007, p. 454. 5. Recurso Especial provido. (REsp nº 1824099/GO, Rel. Ministro HERMAN BENJAMIN, SEGUNDA TURMA, julgado em 13.08.2019, *DJe* 29.10.2019)".

Todavia, doravante, em face do estabelecido neste art. 135, os preços dos contratos dessa natureza poderão ser repactuados para manutenção do equilíbrio econômico-financeiro, mediante demonstração analítica da variação dos custos contratuais, com data vinculada:

a) à da apresentação da proposta, para custos decorrentes do mercado; e
b) ao acordo, à convenção coletiva ou ao dissídio coletivo ao qual a proposta esteja vinculada, para os custos de mão de obra.

Parágrafos 1º e 2º

2 Limitações estabelecidas

O §1º, entrementes, estabelece limitações, ao definir que a Administração não se vinculará às disposições contidas em acordos, convenções ou dissídios coletivos de trabalho que tratem de matéria não trabalhista, de pagamento de participação dos trabalhadores nos lucros ou resultados do contratado, ou que estabeleçam direitos não previstos em lei, como valores ou índices obrigatórios de encargos sociais ou previdenciários, bem como de preços para os insumos relacionados ao exercício da atividade.

Vê-se, assim, que a Nova Lei levou em conta a posição do TCU sobre a matéria, a qual considera que a participação nos lucros e resultados aos empregados de empresas que prestam serviços continuados à Administração, prevista em convenção coletiva, não deve ser considerada custo de venda dos serviços, já que se trata de obrigação exclusiva do empregador, e repetiu as disposições da Instrução Normativa SEGES/MPDG nº 5/2017, que dispunha sobre as regras e diretrizes do procedimento de contratação de serviços sob o regime de execução indireta no âmbito da Administração Pública federal direta, autárquica e fundacional.

E mais: o §2º proíbe vinculação às disposições previstas nos acordos, convenções ou dissídios coletivos de trabalho que tratem de obrigações e direitos que somente se aplicam aos contratos com a Administração Pública.

O dispositivo que, do mesmo modo, repete as disposições do parágrafo único do art. 6º da IN nº 5/2017, busca evitar que acertos entre determinadas categorias de empregados e empregadores acresçam os custos na prestação de serviços.

Parágrafos 3º a 6º

3 Regras para a repactuação

Os §§3º a 6º prescrevem regras sobre a repactuação dos preços dos contratos para serviços contínuos com regime de dedicação exclusiva de mão de obra ou com predominância de mão de obra.

- Deverá observar o interregno mínimo de um ano, contado da data da apresentação da proposta ou da data da última repactuação;
- Poderá ser dividida em tantas parcelas quantas forem necessárias, observado o princípio da anualidade do reajuste de preços da contratação, podendo ser realizada em momentos distintos para discutir a variação de custos que tenham sua anualidade resultante em datas diferenciadas, como os decorrentes de mão de obra e dos insumos necessários à execução dos serviços;
- Quando a contratação envolver mais de uma categoria profissional, poderá ser dividida em tantos quantos forem os acordos, convenções ou dissídios coletivos de trabalho das categorias envolvidas na contratação; e
- Será precedida de solicitação do contratado, acompanhada de demonstração analítica da variação dos custos, por meio de apresentação da planilha de custos e formação de preços, ou do novo acordo, convenção ou sentença normativa que fundamenta a repactuação.

A determinação de que a repactuação seja precedida de solicitação do contratado, acompanhada de demonstração analítica da variação dos custos, por meio de apresentação da planilha de custos e formação de preços, ou do novo acordo, convenção ou sentença normativa que fundamenta a repactuação também está espelhada na regra exitosa prevista no art. 57 da citada IN nº 05/2017, que detalha a utilização da planilha de custos e a formação de preços no que diz respeito às repactuações.

De vital importância, é pela planilha de custos e formação preços que a Administração toma ciência de quanto vai pagar pelo que pretende contratar, repercutindo não só no processo de contratação, mas, principalmente, no transcorrer da execução do contrato.

Assente-se que, quando o diploma legal estabelece que a repactuação deve ser precedida de solicitação do contratado, está informando, por linhas reversas, que o silêncio, com a não realização do pedido até a data estabelecida, caracterizará a falta de ânimo para repactuar, ocorrendo, assim, a preclusão do direito.

Art. 136. Registros que não caracterizam alteração do contrato podem ser realizados por simples apostila, dispensada a celebração de termo aditivo, como nas seguintes situações:

I – variação do valor contratual para fazer face ao reajuste ou à repactuação de preços previstos no próprio contrato;

II – atualizações, compensações ou penalizações financeiras decorrentes das condições de pagamento previstas no contrato;

III – alterações na razão ou na denominação social do contratado;

IV – empenho de dotações orçamentárias.

Artigo 136

1 Utilização de simples apostila

Apostilar, conforme assentou o TCU, é anotar ou registrar, administrativamente, modificações contratuais que não alteram a essência da avença ou que não modificam as bases contratuais.

Como se sabe, de regra, as alterações contratuais exigem a celebração de termo aditivo. No entanto, nas modificações que não alterem a essência do acordo ou que não modifiquem as bases contratuais, bastará apenas o simples apostilamento, para o qual se sugere termo razoavelmente circunstanciado, muito embora as Cortes de Contas estejam aceitando uma simples anotação no verso do contrato.

Nessa contextura, este art. 136 dispõe que registros não caracterizadores de alteração do contrato poderão ser realizados por simples apostila, dispensada a celebração de termo aditivo.

A título de exemplo, o dispositivo elenca algumas situações:

- Variação do valor contratual para fazer face ao reajuste ou à repactuação de preços previstos no próprio contrato;
- Atualizações, compensações ou penalizações financeiras decorrentes das condições de pagamento previstas no contrato;
- Alterações na razão ou na denominação social do contratado; e
- Empenho de dotações orçamentárias.

CAPÍTULO VIII

DAS HIPÓTESES DE EXTINÇÃO DOS CONTRATOS

Art. 137. Constituirão motivos para extinção do contrato, a qual deverá ser formalmente motivada nos autos do processo, assegurados o contraditório e a ampla defesa, as seguintes situações:

I – não cumprimento ou cumprimento irregular de normas editalícias ou de cláusulas contratuais, de especificações, de projetos ou de prazos;

II – desatendimento das determinações regulares emitidas pela autoridade designada para acompanhar e fiscalizar sua execução ou por autoridade superior;

III – alteração social ou modificação da finalidade ou da estrutura da empresa que restrinja sua capacidade de concluir o contrato;

IV – decretação de falência ou de insolvência civil, dissolução da sociedade ou falecimento do contratado;

V – caso fortuito ou força maior, regularmente comprovados, impeditivos da execução do contrato;

VI – atraso na obtenção da licença ambiental, ou impossibilidade de obtê-la, ou alteração substancial do anteprojeto que dela resultar, ainda que obtida no prazo previsto;

VII – atraso na liberação das áreas sujeitas a desapropriação, a desocupação ou a servidão administrativa, ou impossibilidade de liberação dessas áreas;

VIII – razões de interesse público, justificadas pela autoridade máxima do órgão ou da entidade contratante;

IX – não cumprimento das obrigações relativas à reserva de cargos prevista em lei, bem como em outras normas específicas, para pessoa com deficiência, para reabilitado da Previdência Social ou para aprendiz.

§1º Regulamento poderá especificar procedimentos e critérios para verificação da ocorrência dos motivos previstos no caput deste artigo.

§2º O contratado terá direito à extinção do contrato nas seguintes hipóteses:

I – supressão, por parte da Administração, de obras, serviços ou compras que acarrete modificação do valor inicial do contrato além do limite permitido no art. 125 desta Lei;

II – suspensão de execução do contrato, por ordem escrita da Administração, por prazo superior a 3 (três) meses;

III – repetidas suspensões que totalizem 90 (noventa) dias úteis, independentemente do pagamento obrigatório de indenização pelas sucessivas e contratualmente imprevistas desmobilizações e mobilizações e outras previstas;

IV – atraso superior a 2 (dois) meses, contado da emissão da nota fiscal, dos pagamentos ou de parcelas de pagamentos devidos pela Administração por despesas de obras, serviços ou fornecimentos;

V – não liberação pela Administração, nos prazos contratuais, de área, local ou objeto, para execução de obra, serviço ou fornecimento, e de fontes de materiais naturais especificadas no projeto, inclusive devido a atraso ou descumprimento das obrigações atribuídas pelo contrato à Administração relacionadas a desapropriação, a desocupação de áreas públicas ou a licenciamento ambiental.

§3º As hipóteses de extinção a que se referem os incisos II, III e IV do §2º deste artigo observarão as seguintes disposições:

I – não serão admitidas em caso de calamidade pública, de grave perturbação da ordem interna ou de guerra, bem como quando decorrerem de ato ou fato que o contratado tenha praticado, do qual tenha participado ou para o qual tenha contribuído;

II – assegurarão ao contratado o direito de optar pela suspensão do cumprimento das obrigações assumidas até a normalização da situação, admitido o restabelecimento do equilíbrio econômico-financeiro do contrato, na forma da alínea "d" do inciso II do caput do art. 124 desta Lei.

§4º Os emitentes das garantias previstas no art. 96 desta Lei deverão ser notificados pelo contratante quanto ao início de processo administrativo para apuração de descumprimento de cláusulas contratuais.

Artigo 137 e Parágrafo 1º

1 Extinção do contrato

O curso natural é o término do contrato devido a sua conclusão. A interrupção abrupta deve ser considerada uma forma anômala de término. A inadimplência, seja por demora excessiva, realização inexata ou mesmo abandono da execução do objeto, determina que a Administração tome uma conduta sancionadora, aplicando as devidas penalidades ou a sanção máxima: a extinção por inexecução.

A Lei nº 8.666/1993 utilizava a expressão "rescisão" para qualquer situação de extinção contratual. O legislador da Nova Lei acertou a terminologia, adotando a expressão genérica "extinção".

Observamos em apreciação da lei anterior:

> Preliminarmente, faz-se mister anotar que o Estatuto manteve, erroneamente, a terminologia técnico-jurídica mal-empregada no diploma anterior (DL nº 2.300/86), utilizando o termo "rescisão" em qualquer situação de extinção contratual. Na verdade, a "rescisão" configura-se como espécie de extinção contratual, à qual se juntam outras duas demais espécies: "resolução" e "resilição".[1090] [1091]

[1090] BITTENCOURT. *Licitação passo a passo*. 11. ed.

[1091] A resolução configura-se na extinção do contrato de pleno direito. Na resilição, as partes resolvem, em conjunto ou isoladamente, não mais continuar com o contrato. A rescisão ocorre por inadimplemento de uma das partes

Da mesma forma, era a censura de Marcos Juruena:

> Tanto o DL nº 2.300/86 (art. 45, VIII, e art. 68) como o seu substituto (artigos 78 a 80) usam o termo rescisão para qualquer hipótese de inexecução do contrato, o que não é de boa técnica. Os dispositivos deveriam mencionar 'casos de extinção por inexecução' do contrato, abrindo aí a possibilidade de serem estabelecidas didaticamente as cláusulas, quer em razão da causa, quer em razão da consequência da inexecução.[1092]

Outro acerto do legislador da Nova Lei foi dar cabo de má técnica adotada no diploma anterior, que reunia no mesmo artigo causas de extinção contratual motivadas por atos cometidos pelo contratado e por condutas da Administração.

Utilizando metodologia mais acertada, a Nova Lei aparta essas causas.

Contudo, não acertou por inteiro, porquanto deixou no rol extinções contratuais motivadas por situações externas, alheias à vontade das partes, e decorrentes de razões de pleno direito, em função de prerrogativa da Administração, em face do interesse público.

Destarte, este art. 137 elenca situações que determinam a extinção do contrato, que deverão ser formalmente motivadas nos autos do processo, assegurados o contraditório e a ampla defesa:

- Não cumprimento ou cumprimento irregular de normas editalícias ou de cláusulas contratuais, de especificações, de projetos ou de prazos;
- Desatendimento das determinações regulares emitidas pela autoridade designada para acompanhar e fiscalizar sua execução ou por autoridade superior;
- Alteração social ou modificação da finalidade ou da estrutura da empresa que restrinja sua capacidade de concluir o contrato;
- Decretação de falência ou de insolvência civil, dissolução da sociedade ou falecimento do contratado;
- Caso fortuito ou força maior, regularmente comprovados, impeditivos da execução do contrato;
- Atraso na obtenção da licença ambiental, ou impossibilidade de obtê-la, ou alteração substancial do anteprojeto que dela resultar, ainda que obtida no prazo previsto;
- Atraso na liberação das áreas sujeitas à desapropriação, à desocupação ou à servidão administrativa, ou impossibilidade de liberação dessas áreas;
- Razões de interesse público, justificadas pela autoridade máxima do órgão ou da entidade contratante;
- Não cumprimento das obrigações relativas à reserva de cargos prevista em lei, bem como em outras normas específicas, para pessoa com deficiência, para reabilitado da Previdência Social ou para aprendiz.

O §1º prevê que regulamentação posterior poderá especificar procedimentos e critérios para verificação da ocorrência desses motivos.

(descumprimento ou cumprimento irregular das cláusulas contratuais), o que provoca a extinção promovida pela outra parte.

[1092] SOUTO. *Licitações e contratos administrativos*.

Inciso I

1.1 Extinção contratual por descumprimento de normas do edital ou de cláusulas contratuais

O inciso I informa que o não cumprimento ou cumprimento irregular de normas editalícias ou de cláusulas contratuais, de especificações, de projetos ou de prazos constituirá causa de extinção contratual.

Obviamente, é causa de extinção atribuível a conduta do contratado.

Aparte-se o não cumprimento, que configura total inadimplência, do cumprimento irregular, que constitui execução mal realizada.

No caso de cumprimento imperfeito, consigne-se que a irregularidade deverá ser grave. Pequenas irregularidades, facilmente corrigíveis, não abonam a extinção. *Vide* que o art. 119 prevê que o contratado será obrigado a reparar, corrigir, remover, reconstruir ou substituir, a suas expensas, no total ou em parte, o objeto do contrato em que se verificarem vícios, defeitos ou incorreções resultantes de sua execução ou de materiais nela empregados. Logo, se o dispositivo fosse tomado de maneira absoluta, restaria sem sentido o preceptivo.

Como alertamos:

> Cabe alertar que meras falhas, que nada representem em relação ao todo, não devem ser consideradas como determinantes para a extinção. O que demanda a extinção é inexecução que provoque um desatendimento importante ao interesse público buscado nas contratações públicas.[1093]

Inciso II

1.2 Extinção contratual por desatendimento de determinações regulares

Segundo o inciso II, é motivo para a extinção do contrato o desatendimento das determinações regulares emitidas pela autoridade designada para acompanhar e fiscalizar sua execução ou por autoridade superior.

Também configura causa de extinção atribuível a conduta do contratado.

A Administração está obrigada, através da fiscalização, a acompanhar a execução contratual.

Deve o contratado acatar as determinações regulares emanadas pelo fiscal e seus superiores. Não as atendendo, a extinção contratual é cabível. Tais recomendações devem ser normalmente formais, a não ser as hipóteses de simples intervenções do fiscal, que poderão, excepcionalmente, ser verbais.

[1093] BITTENCOURT. *Licitação passo a passo*. 11. ed.

Inciso III

1.3 Extinção contratual devido à alteração social ou modificação da empresa

O inciso III indica como motivo de extinção do contrato a alteração social ou modificação da finalidade ou da estrutura da empresa que restrinja sua capacidade de concluir o contrato.

Configura motivação de extinção atribuível ao contratado.

As causas para a extinção contratual deste dispositivo são de ordens distintas.

A primeira, alteração social, importa em modificações no contrato social do contratado. Aumento de capital, mudanças de sócios etc. são corriqueiras no cotidiano das empresas. Essas alterações deverão motivar a extinção do contrato se refletirem de modo negativo na execução contratual. Caso isso não ocorra, o acordo deverá ser mantido.

A segunda, modificação da finalidade da empresa, normalmente determina a imediata extinção contratual, dado que o contratado deixa de operar em determinada atividade. Se a alteração for radical, demandando o total desvio de finalidade, a rescisão será inevitável.

A terceira, modificação de estrutura, que diz respeito a uma maneira de operar, poderá ou não ser causa de extinção contratual. Se a modificação demonstrar que o contratado perdeu requisitos e condições para executar o objeto contratado, não há como se evitar o desfazimento do acordo.

Inciso IV

1.4 Extinção contratual em função de decretação de falência ou insolvência e dissolução da sociedade ou falecimento do contratado

O inciso IV sinaliza como motivo de extinção do contrato a decretação de falência ou de insolvência civil e a dissolução da sociedade ou falecimento do contratado.

1.4.1 Decretação de falência ou insolvência

Dois institutos distintos, voltados para a saúde econômico-financeira do contratado, constituem causa para a extinção: falência ou insolvência.

Dá-se a falência quando, sem razão, deixam de ser realizados os pagamentos de obrigações líquidas, constantes de títulos que legitimam a ação executiva (Lei nº 11.101, de 09.02.2005).

A insolvência civil, que se configura como uma "falência" da pessoa física, ocorre quando esta, devedora de título de força executória, não possui capacidade de pagamento.

Ambas, para demandarem a extinção contratual, necessitam ser decretadas, ou seja, a sentença judicial de declaração de falência ou, no caso de insolvência civil, a declaração judicial, que determina, como prescreve o art. 751 da Lei nº 5.869/1973,[1094]

[1094] Consoante o previsto no art. 1052 do novo Código de Processo Civil (Lei nº 13.105/2015), até a edição de lei específica, as execuções contra devedor insolvente, em curso ou que venham a ser propostas, permanecem

o vencimento antecipado de suas dívidas, a arrecadação de seus bens suscetíveis de penhora, com a consequente execução por concurso universal de seus credores.

Uma indagação se impõe: ocorrendo a falência ou a insolvência civil, poderia o administrador atuar discricionariamente no sentido de avaliar a possibilidade de manter o contrato? Entendemos que sim, conforme já expressamos no artigo "Manutenção de contrato administrativo com pessoa jurídica falida":

> No caso em análise, verifica-se que se daria a resolução contratual, que se manifesta de pleno direito, independentemente de manifestação de vontade das partes, caracterizando-se pela existência de fatos e fatores que nada têm a ver com a execução do acordo, tornando totalmente impeditiva a sua continuação.
>
> Entrementes, na hipótese específica da falência, vislumbre-se, a nosso ver, uma situação atípica, uma vez que, diferentemente de outras situações enquadráveis em pleno direito, há o juízo de valor da Administração, isto é, pode (e deve) o agente público, utilizando o seu intrínseco poder discricionário, avaliar se o ocorrido comprometerá a execução do objeto de contrato.[1095] [1096]

O assunto é ilustrado com a decisão da lavra da Dra. Juíza de Direito Alayde Monteiro Pimentel (Juízo de Direito da 3ª Vara – Cacuia/CE – Processo nº 1.651/98):

> Requereu a empresa falida, em sua inicial, a continuação dos negócios, argumentado:
>
> a) ser uma empresa experiente na execução de obras em geral, com mais de vinte anos atuando no mercado acirrado do Estado do Rio de Janeiro, agora decadente; b) que pretende ingressar de vez no promissor mercado do Estado do Ceará, com destaque especial para as obras que giram em torno do Complexo Portuário do Pecém; c) que é detentora do Certificado ISO-9001, e, portanto, tem condições excelentes para recuperar economicamente, e, em curto espaço de tempo, o fluxo de suas receitas e despesas; d) que seria significativo o prejuízo para si, seus credores e empregados, se ocorrer a completa paralisação da empresa, pois ocorreria o sucateamento de suas máquinas e implementos e o desemprego de vários trabalhadores, com um custo social bastante alto. Mencionou, ainda, que a possibilidade de continuidade dos negócios lhe possibilitaria, oportunamente, valer-se de concordata suspensiva para efetivar de vez o seu soerguimento.

---

reguladas pelo Livro II, Título IV, da Lei nº 5.869, de 11 de janeiro de 1973. Assim, até o momento de atualização desta 8ª edição, continua em vigor o artigo a seguir do antigo CPC:

"Art. 751. A declaração de insolvência do devedor produz:

I – o vencimento antecipado das suas dívidas;

II – a arrecadação de todos os seus bens suscetíveis de penhora, quer os atuais, quer os adquiridos no curso do processo;

III – a execução por concurso universal dos seus credores".

[1095] BITTENCOURT. *Questões polêmicas sobre licitações e contratos administrativos*. 2. ed.

[1096] Marçal Justen tem o mesmo entendimento, com ressalvas: "Quando muito, poderia aplicar-se o disposto no art. 74 do Decreto-Lei nº 7.661, que autoriza a continuação do negócio para conclusão de empreendimentos já iniciados. Mas a opção pela continuidade da contratação apenas seria admissível quando a execução contratual se encontrasse em sua reta final, com encargos de pequena dimensão. Se restassem tarefas de monta ou que envolvessem grandes riscos, a Administração teria o dever de promover a rescisão". (JUSTEN FILHO. *Comentários à Lei de Licitações e Contratos Administrativos*. 5. ed.). Jessé Torres não considera a possibilidade: "Cabe, ainda, indagar se, nesta hipótese, a Administração disporia de discrição para relevar o motivo e manter o contrato. A resposta é negativa, posto que, diversamente do que ocorre nos incisos anteriores, não há espaço para instar-se o contratado a recuperar-se da não execução do contrato. A quebra deixa-o sem qualificação econômico-financeira para tanto, tornando compulsória a rescisão".

> Instados a opinarem sobre o pedido de continuidade dos negócios, Síndico e Ministério Público foram favoráveis às fls. 273 a 279.
>
> A causa de pedir tem respaldo econômico, social e legal, o último contido no artigo 74 da Lei de Falências que, excepcionalmente, defere a continuidade do negócio durante certo tempo, se nisso houver interesse para os credores.
>
> Não há o interesse deliberado, quer dos credores, quer dos empregados, quer dos gestores públicos, em ver uma empresa fechada, mesmo em estado falimentar. O fechamento com a paralisação de suas atividades representa, para os credores, dúvida quanto ao recebimento de seus créditos; certeza, pelos empregados, de que não mais o são ou serão; e perda efetiva de receita para o Tesouro.
>
> O regramento pátrio, em geral, consigna tal medida conservatória, pois não se justificaria sempre a suspensão do giro comercial ou industrial, quando, possibilitando a continuação dos negócios, garante-se, embora em tese, como observa Carvalho de Mendonça, a permanência da "freguesia", dando ao falido meios para uma vantajosa proposta de concordata.
>
> A exegese, com sustentáculo na elaboração legislativa acima mencionada, leva em consideração o enfoque dado à empresa na estrutura do sistema econômico e social, considerada como dínamo desse mesmo sistema.
>
> O relevante papel da empresa, constitucionalmente preconizado, legitima o pleito da falida. Hoje, mais do que ontem, precisa o País de produção de bens e serviços, de empregar os seus cidadãos, de recolher tributos. Por isso o Poder Judiciário, em plena harmonia com os demais Poderes da República, notadamente com o Executivo, deve seguir sempre em busca dos objetivos fundamentais e, no caso específico, garantir o desenvolvimento nacional. E não há desenvolvimento nacional com empresas fechadas, sem produzir bens e serviços, sem gerar emprego e renda, sem recolher tributos.
>
> Portanto, sob o aspecto legal encontra a falida absoluto respaldo e o legítimo interesse para dar continuidade aos seus negócios. No tocante ao aspecto contábil, que deve estar em consonância com o aspecto jurídico, vislumbro que as demonstrações contábeis exprimem claramente a situação do patrimônio da falida e as mudanças ocorridas no exercício, tais como: a) balanço patrimonial; b) demonstração de lucros e prejuízos acumulados; c) demonstração de resultado do exercício; d) demonstração das origens e aplicações de recursos.
>
> Claro restou que a Diretoria da falida cumpriu com as demonstrações obrigatórias, ou seja, a estática patrimonial completa, as mudanças ocorridas e as variações patrimoniais, tanto as positivas quanto as negativas, e que não são apenas de caráter financeiro. Foi possível a verificação completa do conjunto patrimonial da empresa, incluindo sua estrutura, valor e equilíbrio (muito embora hoje abalado), assim como ficou esse patrimônio que fora movimentado durante o seu exercício social e seu estado após a quebra.
>
> Acredito, assim, que a empresa, diante da experiência acumulada durante tantos anos, certificada com ISO-9001, o que representa a sua busca pela excelência, poderá reservar uma parcela dos lucros que obtiver para garantia dos credores e à defesa do plano de crédito, bastando, todavia, ser bem gerenciada, tomando providências para reforçar o seu capital, mantendo sua integridade em face de eventuais prejuízos finais e reduzir o risco de operações prejudiciais. Assim não procedendo, a liquidação da empresa será inevitável, com perda total de seu patrimônio.

É de se alertar, como relembra Celso Boechat,[1097] que há contratos em que a situação pessoal do contratado não provoca qualquer efeito sobre o contratado, como a locação de um imóvel cujo locador esteja falido ou insolvente.

[1097] Em parecer específico sobre o tema (arquivo pessoal).

1.4.2 Dissolução da sociedade ou falecimento do contratado

Em termos jurídicos, a expressão "dissolução de uma sociedade" está atrelada ao período entre o ato de início do desfazimento da sociedade e o de registro definitivo de sua extinção no local competente. Tal fato, entretanto, não determina o seu imediato desaparecimento, de vez que subsistem as transações em curso, as dívidas a serem desconstituídas, entre outras possíveis necessidades. Somente depois de resolvidas todas essas pendengas é que não mais existe a sociedade. Os motivos para a dissolução das sociedades de capital estão dispostos no art. 206 da Lei nº 6.404/1976 (Lei das Sociedades Anônimas).[1098] As sociedades civis têm suas causas de dissolução estabelecidas no art. 1.033 da Lei nº 10.406/2002 (Código Civil).[1099] As sociedades de pessoas estão indicadas nos artigos 1.044[1100] e 1.051[1101] do mesmo código.

Todavia, como o dispositivo menciona a "dissolução", para a extinção do contrato basta o documento formal do fato, não devendo importar-se o agente público em aguardar a "liquidação".

Relembra-se, como já informado quanto à falência, que o simples fato da dissolução não determina a imediata extinção contratual. Deverá o Administrador sopesar com cautela, avaliando a possibilidade de execução do objeto, principalmente na hipótese de o acordo se encontrar em fase final de execução e o contratado demonstrar condições e interesse no cumprimento do compromisso.

[1098] Art. 206. Dissolve-se a companhia:
I – de pleno direito:
a) pelo término do prazo de duração;
b) nos casos previstos no estatuto;
c) por deliberação da assembleia-geral (art. 136, X);
d) pela existência de 1 (um) único acionista, verificada em assembleia-geral ordinária, se o mínimo de 2 (dois) não for reconstituído até à do ano seguinte, ressalvado o disposto no artigo 251;
e) pela extinção, na forma da lei, da autorização para funcionar.
II – por decisão judicial:
a) quando anulada a sua constituição, em ação proposta por qualquer acionista;
b) quando provado que não pode preencher o seu fim, em ação proposta por acionistas que representem 5% (cinco por cento) ou mais do capital social;
c) em caso de falência, na forma prevista na respectiva lei;
III – por decisão de autoridade administrativa competente, nos casos e na forma previstos em lei especial.

[1099] Art. 1.033. Dissolve-se a sociedade quando ocorrer:
I – o vencimento do prazo de duração, salvo se, vencido este e sem oposição de sócio, não entrar a sociedade em liquidação, caso em que se prorrogará por tempo indeterminado;
II – o consenso unânime dos sócios;
III – a deliberação dos sócios, por maioria absoluta, na sociedade de prazo indeterminado;
IV – a falta de pluralidade de sócios, não reconstituída no prazo de cento e oitenta dias;
V – a extinção, na forma da lei, de autorização para funcionar.
Parágrafo único. Não se aplica o disposto no inciso IV caso o sócio remanescente, inclusive na hipótese de concentração de todas as cotas da sociedade sob sua titularidade, requeira, no Registro Público de Empresas Mercantis, a transformação do registro da sociedade para empresário individual ou para empresa individual de responsabilidade limitada, observado, no que couber, o disposto nos arts. 1.113 a 1.115 deste Código. (*Redação dada pela Lei nº 12.441, de 2011*).

[1100] Art. 1.044. A sociedade se dissolve de pleno direito por qualquer das causas enumeradas no art. 1.033 e, se empresária, também pela declaração da falência.

[1101] Art. 1.051. Dissolve-se de pleno direito a sociedade:
I – por qualquer das causas previstas no art. 1.044;
II – quando por mais de cento e oitenta dias perdurar a falta de uma das categorias de sócio.
Parágrafo único. Na falta de sócio comanditado, os comanditários nomearão administrador provisório para praticar, durante o período referido no inciso II e sem assumir a condição de sócio, os atos de administração.

Na hipótese de falecimento do contratado, vislumbra-se a extinção contratual de pleno direito, a não ser que este não seja o executor direto do objeto. Com a morte do executor, inviabiliza-se plenamente a execução contratual.

Inciso V

1.5 Extinção contratual em função de caso fortuito ou de força maior

Além dos motivos de rescisão acarretados pelo contratado, causas externas poderão acarretar a rescisão, enquadrando-se nos famosos casos fortuitos ou de força maior.

"Força maior" deriva de evento humano, imprevisível e inevitável, que cria para o contratado total impossibilidade de execução do contrato; e "caso fortuito" emana da natureza, que, também por sua imprevisibilidade e inevitabilidade, acarreta impossibilidade do cumprimento contratual.

Na ocorrência das hipóteses, qualquer uma das partes poderá alegá-las para alcançar a extinção contratual.

Inciso VI

1.6 Extinção contratual por não obtenção de licença ambiental

O inciso VI sinaliza como motivo de extinção do contrato o atraso na obtenção da licença ambiental, a impossibilidade de obtê-la, ou alteração substancial do anteprojeto que dela resultar, ainda que obtida no prazo previsto.

Como asseveramos:

> A licença ambiental constitui uma autorização emitida pela autoridade competente a todos que queiram exercer seu direito à livre iniciativa, desde que atendam às necessárias precauções que resguardem o direito coletivo à ambiência, ou seja, o sistema de licenciamento ambiental objetiva o asseguramento de que não sejam praticados atentados contra o meio ambiente.[1102]

A Resolução nº 237/97 do Conselho Nacional de Meio Ambiente (CONAMA) define "Licenciamento Ambiental" como o procedimento administrativo pelo qual o órgão ambiental competente licencia a localização, a instalação, a ampliação e a operação de empreendimentos e atividades utilizadoras de recursos ambientais, consideradas efetiva ou potencialmente poluidoras, ou daquelas que, sob qualquer forma, possam causar degradação ambiental, considerando as disposições legais e regulamentares e as normas técnicas aplicáveis ao caso. A mesma resolução expõe que "Licença Ambiental" é ato administrativo pelo qual o órgão ambiental competente estabelece as condições, restrições e medidas de controle ambiental que deverão ser obedecidas pelo empreendedor, pessoa física ou jurídica, para localizar, instalar, ampliar e operar

[1102] BITTENCOURT. *Comentários à lei de crimes contra o meio ambiente e suas infrações administrativas*. 3. ed.

empreendimentos ou atividades utilizadoras dos recursos ambientais consideradas efetiva ou potencialmente poluidoras ou aquelas que, sob qualquer forma, possam causar degradação ambiental.

Várias são as modalidades de licenças ambientais exigíveis no ordenamento jurídico nacional, todas em consonância com o previsto na Lei nº 6.938/1981, a qual estabelece, em seu art. 10, que a construção, a instalação, a ampliação e o funcionamento de estabelecimentos e atividades utilizadoras de recursos ambientais, considerados efetiva e potencialmente poluidores, bem como os capazes de causar degradação ambiental, dependerão de prévio licenciamento de órgão estadual competente, integrante do Sistema Nacional do Meio Ambiente (SISNAMA), e do Instituto Brasileiro do Meio Ambiente e Recursos Naturais Renováveis (IBAMA), em caráter supletivo, sem prejuízo de outras licenças exigíveis.

Vide que um dos aspectos inovadores da Nova Lei é a possibilidade de o edital de licitação prever que o contratado seja responsável pela obtenção do licenciamento ambiental para uma obra ou serviço. É o que estabelece o inc. I do §5º do art. 25.

Inciso VII

1.7 Extinção contratual em função de atraso na liberação das áreas sujeitas à desapropriação, à desocupação ou à servidão administrativa

O inciso VII indica como motivo de extinção do contrato o atraso na liberação das áreas sujeitas à desapropriação, à desocupação ou à servidão administrativa, ou impossibilidade de liberação dessas áreas.

Vide que outro aspecto inovador da Nova Lei é a possibilidade de o edital de licitação prever que o contratado seja responsável pela realização da desapropriação autorizada pelo poder público. É o que estabelece o inc. II do §5º do art. 25.

Curiosamente – e paradoxalmente –, o §2º do art. 124 aponta a possibilidade de restabelecimento do equilíbrio econômico-financeiro inicial do contrato às contratações de obras e serviços de engenharia, quando a execução for obstada pelo atraso na conclusão de procedimentos de desapropriação, desocupação, servidão administrativa ou licenciamento ambiental, por circunstâncias alheias ao contratado.

Inciso VIII

1.8 Extinção contratual em função de razões de interesse público

O inciso VIII sinaliza como causa para a extinção do contrato a ocorrência de razões de interesse público.

Configura motivação de extinção não atribuível a ações do contratado.

As razões precisam ser devidamente justificadas pela máxima autoridade do órgão ou da entidade contratante.

Extinções contratuais amparadas no interesse público, desacompanhadas da devida justificativa, não possuirão embasamento legal, caracterizando abuso de poder, passíveis de contestação.

Conforme leciona Roque Citadini,[1103] trata-se da possibilidade de extinção contratual em situações de interesse público relevante, amplamente conhecidas, nas quais a autoridade máxima da Administração considere impossível a continuação da execução contratual.

Fatores como grave crise cambial, estado de calamidade, queda nas receitas públicas que inviabilize os pagamentos, situação emergencial que exija outras despesas podem ser exemplos que, motivados de forma circunstanciada e com garantia ao contratado de exercer ampla defesa, ensejarão a extinção do acordo.

Inciso IX

1.9 Extinção contratual por não cumprimento das obrigações relativas à reserva de cargos

O inc. IV do art. 63 preceitua que, na fase de habilitação das licitações, deverá ser exigida do licitante declaração de que cumpre as exigências de reserva de cargos para pessoa com deficiência e para reabilitado da Previdência Social, previstas em lei e em outras normas específicas.

Ao listar as cláusulas obrigatórias dos contratos, o art. 92 indica, no inc. XVII, a obrigação de o contratado cumprir as exigências de reserva de cargos.

O art. 116 especifica que, ao longo de toda a execução do contrato, o contratado deverá cumpri-la, dispondo, em seu parágrafo único, que sempre que solicitado pela Administração, o contratado deverá comprovar o cumprimento da reserva de cargos, com a indicação dos empregados que preencherem as referidas vagas.

Consequentemente, este inc. IX indica como motivo de extinção contratual o cumprimento das obrigações relativas a essa reserva de cargos.

Configura, pois, motivo de extinção contratual atribuível a ações do contratado.

Parágrafo 2º

2 Direito do contratado de extinção do contrato

O parágrafo 2º delineia causas motivadas por atos da Administração que concedem ao contratado o direito de extinção do contrato.

As hipóteses são:

- Supressão, por parte da Administração, de obras, serviços ou compras que acarrete modificação do valor inicial do contrato além do limite permitido no art. 125 (supressões de até 25% do valor inicial atualizado do contrato que se fizerem nas obras, nos serviços ou nas compras);
- Suspensão de execução do contrato, por ordem escrita da Administração, por prazo superior a 3 (três) meses;

[1103] CITADINI. *Comentários e jurisprudência sobre a Lei de Licitações Públicas.*

- Repetidas suspensões que totalizem 90 (noventa) dias úteis, independentemente do pagamento obrigatório de indenização pelas sucessivas e contratualmente imprevistas desmobilizações e mobilizações e outras previstas;
- Atraso superior a 2 (dois) meses, contado da emissão da nota fiscal, dos pagamentos ou de parcelas de pagamentos devidos pela Administração por despesas de obras, serviços ou fornecimentos; e
- Não liberação pela Administração, nos prazos contratuais, de área, local ou objeto, para execução de obra, serviço ou fornecimento, e de fontes de materiais naturais especificadas no projeto, inclusive devido a atraso ou descumprimento das obrigações atribuídas pelo contrato à Administração relacionadas à desapropriação, à desocupação de áreas públicas ou a licenciamento ambiental.

Inciso I

2.1 Supressão de obras, serviços ou compras por ordem da Administração

Segundo o inciso I, o contratado terá direito à extinção do contrato no caso de supressão, por parte da Administração, de obras, serviços ou compras que acarrete modificação do valor inicial do contrato além do limite permitido no art. 125.

Como disposto no citado art. 125, a Administração detém a faculdade de impor ao contratado a redução do objeto contratual até 25% do valor inicial atualizado do contrato que se fizerem nas obras, nos serviços ou nas compras.

Assim, a determinação de reduções superiores importará em irregularidade passível de extinção contratual.

Naturalmente, a extinção só será possível se decorrer de ato unilateral da Administração, dado que a supressão restaria correta, ainda que acima dos limites estabelecidos, se resultasse de acordo entre as partes.

Inciso II

2.2 Suspensão da execução contratual por ordem da Administração

Consoante o previsto no inciso II, o contratado terá direito à extinção do contrato na hipótese de suspensão de execução do contrato, por ordem escrita da Administração, por prazo superior a três meses.

A determinação de formalização (ordem escrita) traz, na prática, alguns problemas de difícil solução. Não raro, principalmente em áreas de segurança, há determinação verbal para a paralisação. Com isso, inviabiliza-se, em tese, o direito de extinção contratual. Nesses casos, havendo comprovação dessa determinação, parece-nos que estaria caracterizada a hipótese, ainda que sem a presença da formalidade.

Inciso III

2.3 Repetidas suspensões da execução contratual por ordem da Administração

Conforme previsto no inciso III, o contratado terá direito à extinção do contrato na hipótese de repetidas suspensões que totalizem 90 (noventa) dias úteis, independentemente do pagamento obrigatório de indenização pelas sucessivas e contratualmente imprevistas desmobilizações e mobilizações e outras previstas.

Anote-se que a regra se aperfeiçoa no caso de repetidas suspensões, que poderão ser sucessivas ou não.

Inciso IV

2.4 Atraso no pagamento

Segundo o inciso IV, o contratado tem assegurado o direito à extinção do contrato se ocorrer atraso superior a 2 (dois) meses, contado da emissão da nota fiscal, dos pagamentos ou de parcelas de pagamentos devidos pela Administração por despesas de obras, serviços ou fornecimentos.

O não cumprimento da Administração com a sua maior obrigação no contrato, o pagamento, dará ao contratado o direito de pleitear a extinção contratual.

A finalidade é propiciar ao contratado mecanismos adequados à preservação de seus legítimos interesses patrimoniais e, consequentemente, meios adequados para que possa, sem maiores sacrifícios, levar a bom termo as obrigações assumidas.

> Com efeito, forçar o contratado a continuar honrando o compromisso assumido não obstante grave inadimplemento da contratante, no que concerne ao pagamento do justo preço em consonância com as fases de execução do ajuste, significa impor àquele o ônus de financiar, ainda que parcialmente, a execução do mesmo contrato.[1104]

Para que o fato se aperfeiçoe, o atraso deve superar o lapso de tempo de 2 (dois) meses e os pagamentos estarem atrelados a objetos já executados ou entregues.

Inciso V

2.5 Não liberação de área por parte da Administração

Segundo o inciso V, aperfeiçoa-se o direito do contratado de extinção do contrato no caso de não liberação pela Administração, nos prazos contratuais, de área, local ou objeto, para execução de obra, serviço ou fornecimento, e de fontes de materiais naturais especificadas no projeto, inclusive devido a atraso ou descumprimento das obrigações atribuídas pelo contrato à Administração relacionadas à desapropriação, à desocupação de áreas públicas ou a licenciamento ambiental.

[1104] CAMMAROSANO. *A insuficiência de recursos financeiros e suas consequências no contrato administrativo.*

Se não liberado o local para a execução do contrato, nem as fontes de materiais naturais especificadas no projeto, é óbvio que o contratado não terá as mínimas condições de executar o objeto pretendido, a não ser que possa realizá-lo em outro local, o que importará no pleito de extinção do ajuste.

O legislador, em comparação a dispositivo idêntico da lei anterior, inseriu ainda, providencialmente, a atraso ou descumprimento das obrigações atribuídas pelo contrato à Administração relacionadas à desapropriação, à desocupação de áreas públicas ou a licenciamento ambiental, quando, obviamente, tais atribuições não tiverem sido transferidas ao contratado.

Parágrafo 3º

3 Regras específicas para os casos de extinção contratual

Algumas disposições de exceção e asseguramento de direitos envolvem os casos de extinção contratual passíveis de serem solicitados pelo contratado.

Inciso I

3.1 Não admissão de extinção do contrato

Nas hipóteses a que se referem os incs. II, III e IV do §2º (respectivamente, suspensão de execução do contrato, por ordem escrita da Administração, por prazo superior a 3 meses; repetidas suspensões que totalizem 90 dias úteis; e atraso superior a 2 (dois) meses dos pagamentos ou de parcelas de pagamentos) não será admitida a extinção do contrato na ocorrência de calamidade pública, grave perturbação da ordem interna ou guerra, bem como se as situações decorrerem de ato ou fato que o contratado tenha praticado, do qual tenha participado ou para o qual tenha contribuído.

Um exemplo claro é o período de calamidade pública decorrente do combate à pandemia do COVID-19. Nesse caso, inexiste direito à solicitação de extinção do contrato por parte do particular contratado.

Inciso II

3.2 Asseguramento ao contratado de suspensão

Nas hipóteses a que se referem os incs. II, III e IV do §2º (respectivamente, suspensão de execução do contrato, por ordem escrita da Administração, por prazo superior a 3 (três) meses; repetidas suspensões que totalizem 90 dias úteis; e atraso superior a 2 (dois) meses dos pagamentos ou de parcelas de pagamentos) assegurar-se-á ao contratado o direito de optar pela suspensão do cumprimento das obrigações assumidas até a normalização da situação, admitido o restabelecimento do equilíbrio econômico-financeiro do contrato, caso julgado pertinente.

Parágrafo 4º

4 Notificação obrigatória aos emitentes das garantias

O art. 96 preconiza que, a critério da Administração, poderá ser exigida, mediante previsão no edital, prestação de garantia nas contratações de obras, serviços e fornecimentos.

Dessa forma, caso tenha ocorrido a exigência, e os contratados tenham apresentado garantias emitidas por outrem, esses emitentes deverão ser notificados pela Administração quanto ao início de processo administrativo para apuração de descumprimento de cláusulas contratuais.

5 Garantia de ampla defesa e contraditório nos casos de rescisão

A extinção do contrato deve sempre ser decorrente de ato devidamente motivado e justificado, garantido o direito constitucional à ampla defesa e ao contraditório.

José Antonio Ferreira Filho e Ademir Aparecido dos Santos chegam a classificar como "terrível armadilha", passível de sérios dissabores, a ocorrência da extinção do contrato unilateral sem o asseguramento da ampla defesa e do contraditório, em face da falsa ideia de que, por se tratar de vontade exclusiva da Administração, independeria dessa garantia:

> A garantia constitucional contida no artigo 5º, incisos LIV e LV, da Carta Magna, (...) espanca definitivamente qualquer dúvida sobre a necessidade da abertura do processo administrativo visando oportunizar ampla defesa e o contraditório ao contratado, para que somente após, possa se operar, de forma motivada e através de ato jurídico próprio, a referida rescisão unilateral do contrato. O ato administrativo que não apresente obediência às normas concretas expostas poderá ser anulado por via judicial, através de Mandado de Segurança contra a autoridade que determinou a rescisão unilateral do contrato.[1105]

Vide jurisprudência nesse sentido:

> STJ – Acórdão no Recurso Ordinário em Mandado de Segurança nº 5478/RJ – [...] Rescisão administrativa é a efetivada por ato próprio e unilateral da Administração, por inadimplência do contratado ou por interesse do serviço público. No primeiro caso pode ou não haver culpa do contratado, mas no segundo essa é sempre inexistente, como veremos oportunamente, ao tratar dessa espécie.
>
> Em qualquer caso, porém, a Administração, pela rescisão administrativa, põe termo à execução do ajuste e assume o seu objeto, independentemente de ordem ou decisão judicial, pois essa é uma de suas prerrogativas nos contratos tipicamente administrativos, salvo de empréstimos públicos, dado o seu caráter eminentemente financeiro.
>
> Por outro lado, em qualquer caso se exige procedimento regular com oportunidade de defesa e justa causa, pois a rescisão administrativa não é discricionária, mas vinculada aos motivos ensejadores desse excepcional distrato [...]".[1106]

[1105] FERREIRA FILHO; SANTOS. *Rescisão contratual e princípio do contraditório nos contratos administrativos.*

[1106] MEIRELLES. *Direito Administrativo Brasileiro.* 15. ed.

Nota-se, pois, que a Administração Pública pode rescindir unilateralmente o contrato, contudo, sempre, oportunizada a ampla defesa.

Nesse passo, no caso, a autoridade impetrada, efetivamente, violou o direito de defesa da Impetrante, ora recorrente, eis que, apenas à vista de notícias veiculadas na imprensa escrita e de generalizada documentação, sem prévio conhecimento do Administrado, imputando-lhe comportamento fraudatório e lesivo ao interesse público, sumária e unilateralmente, rescindiu o contrato firmado com base em antecedente e concluída licitação.

No entanto, era necessária a formação do contraditório para ser apurada a efetividade das imputações.

No diapasão dessas notas, tanto o direito contratual, quanto a norma constitucional, que assegura o direito de ampla defesa, seja nos processos judiciais, seja nos administrativos, por decisão abusiva, foram afrontados por ato sumário, com efeitos concretos imediatos.

Para impedir tais comprometimentos, foram erigidas aquelas garantias protegendo contra a ação arbitrária. Asseguram aos envolvidos, em processo judicial ou administrativo, o exercício do contraditório e de ampla defesa, com os meios e recursos a eles inerentes (art. 5º, LV. C.F.).

Pelo vínculo da exposição, ainda que escusável a forma de motivação do ato impugnado, às claras, demonstrado que foi editado, sumária e unilateralmente, rescindindo contrato consequente à licitação com evidenciada inobservância do assegurado direito ao exercício da ampla defesa, concretizados a ilegalidade e abuso de poder, voto provendo o recurso, concedida a segurança a fim de que, ficando obstaculizada a rescisão contratual, a moldado "devido processo legal", se assegure a ampla defesa a parte recorrente, somente após, advindo a correspondente decisão no âmbito Administração Pública. É o voto.

Art. 138. A extinção do contrato poderá ser:
I – determinada por ato unilateral e escrito da Administração, exceto no caso de descumprimento decorrente de sua própria conduta;
II – consensual, por acordo entre as partes, por conciliação, por mediação ou por comitê de resolução de disputas, desde que haja interesse da Administração;
III – determinada por decisão arbitral, em decorrência de cláusula compromissória ou compromisso arbitral, ou por decisão judicial.
§1º A extinção determinada por ato unilateral da Administração e a extinção consensual deverão ser precedidas de autorização escrita e fundamentada da autoridade competente e reduzidas a termo no respectivo processo.
§2º Quando a extinção decorrer de culpa exclusiva da Administração, o contratado será ressarcido pelos prejuízos regularmente comprovados que houver sofrido e terá direito a:
I – devolução da garantia;
II – pagamentos devidos pela execução do contrato até a data de extinção;
III – pagamento do custo da desmobilização.

Artigo 138

1 Modalidades de extinção do contrato administrativo

As situações de extinção do contrato administrativo têm efeitos diferentes, dependendo da motivação.

A Nova Lei trouxe grandes novidades nessa seara.

No âmbito da lei anterior, a extinção do contrato, chamada defeituosamente de rescisão, poderia ocorrer por intermédio de três modalidades distintas: unilateral, amigável e judicial. Agora, na Lei nº 14.133/2021, o leque de possibilidades foi acrescido com a alternativa do juízo arbitral e, no que tange à composição amigável de conflitos, a mediação e por comitê de resolução de disputas.

Assim, segundo o preceituado neste art. 138, a extinção do contrato poderá ser:

- Unilateral: por intermédio de ato escrito da Administração, exceto no caso de descumprimento decorrente de sua própria conduta;
- Consensual, por:
- Acordo entre as partes;
- Conciliação;
- Mediação; ou
- Comitê de resolução de disputas.
- Decisão arbitral: em decorrência de cláusula compromissória ou compromisso arbitral; e
- Decisão judicial.

Inciso I

2 Extinção contratual unilateral

O inc. I trata da forma unilateral de desfazimento, extinção contratual administrativa, formalizada por ato escrito da Administração, nos casos enumerados no art. 137.

A regra não deve ser considerada à risca em todas as situações, dado que, em certas circunstâncias, os motivos poderão ensejar, com mais propriedade, a rescisão amigável, por ser benéfica para a Administração. Em vários casos, concordando o contratado com a extinção, por assumir a falha, sabedor de que será punido com as sanções predefinidas, o desfazimento consensual será a melhor solução, afastando-se a possibilidade de recursos administrativos e ações judiciais.

Benedito Chiaradia, em escólio ao que asseveramos, discorre que, em tese, a extinção consensual pode abrigar vários casos contemplados no dispositivo, pois "nada impede que uma rescisão, mesmo que potencialmente contenciosa, submeta-se à transação, transformando-se, preventiva ou terapeuticamente, em amigável". E vai além: "Como também pode operar-se 'sem justa causa', visto que é possível ser precedida apenas e tão somente pela inconveniência na continuidade do contrato". E exemplifica:

> Um contrato de prestação de serviços cujo objeto ou metodologia venha a se tornar, eventualmente, obsoleto, poderá ser rescindido amigavelmente por pura conveniência.[1107]

Inciso II

3 Extinção contratual consensual

A rescisão amigável é aquela que ocorre por mútuo consenso, processando-se quando as partes entendem não ser conveniente manter o contrato.

Conforme já anotamos, "para a solução amigável, há de se ter consenso, ou seja, as partes devem concordar mutuamente com o desfazimento contratual".[1108]

Como para que se caracterize a conveniência da extinção contratual é necessário que exista fato motivador bem justificado, a lei exige a fundamentação por escrito pela autoridade competente.

É imperioso ressaltar, contudo, que a extinção contratual consensual que provoque algum tipo de prejuízo para a Administração poderá vir a ser invalidada por meio de "ação popular", com responsabilização de quem lhe deu causa.

Além do simples acordo entre as partes, ainda na esfera consensual, a extinção do contrato também poderá sobrevir por intermédio da conciliação, da mediação ou por intermédio de comitê de resolução de disputas (*dispute boards*).

São inovações da Nova Lei muito bem-vindas em sede de contratos administrativos, por estabelecerem relevantes instrumentos jurídicos de solução de conflitos, cada vez mais adotados em todo o mundo.

[1107] CHIARADIA. *O novo Código Civil e os contratos administrativos da Lei nº 8.666/93.*

[1108] BITTENCOURT. *Licitação passo a passo.* 11. ed.

Observe-se que os §§2º e 3º do art. 3º do Código de Processo Civil – CPC (Lei nº 13.105/2015) incentivam a adoção dessas ferramentas:

> §2º O Estado promoverá, sempre que possível, a solução consensual dos conflitos.
>
> §3º A conciliação, a mediação e outros métodos de solução consensual de conflitos deverão ser estimulados por juízes, advogados, defensores públicos e membros do Ministério Público, inclusive no curso do processo judicial.

As regras sobre a conciliação e a mediação constam do art. 165 ao 175 do CPC.

Apesar de comporem métodos bastante próximos, o citado art. 165 estabelece diferenciação entre mediadores e conciliadores. O conciliador atua preferencialmente nas ações que não haja vínculo entre as partes, e pode sugerir soluções; e o mediador atua preferencialmente nos casos em que as partes possuem vínculos, buscando restabelecer o diálogo e permitir que elas proponham soluções consensuais que gerem benefícios mútuos.

> Art. 165. Os tribunais criarão centros judiciários de solução consensual de conflitos, responsáveis pela realização de sessões e audiências de conciliação e mediação e pelo desenvolvimento de programas destinados a auxiliar, orientar e estimular a autocomposição.
>
> §1º A composição e a organização dos centros serão definidas pelo respectivo tribunal, observadas as normas do Conselho Nacional de Justiça.
>
> §2º O conciliador, que atuará preferencialmente nos casos em que não houver vínculo anterior entre as partes, poderá sugerir soluções para o litígio, sendo vedada a utilização de qualquer tipo de constrangimento ou intimidação para que as partes conciliem.
>
> §3º O mediador, que atuará preferencialmente nos casos em que houver vínculo anterior entre as partes, auxiliará aos interessados a compreender as questões e os interesses em conflito, de modo que eles possam, pelo restabelecimento da comunicação, identificar, por si próprios, soluções consensuais que gerem benefícios mútuos.

A mediação é o mecanismo de abordagem consensual de controvérsias em que uma pessoa isenta e capacitada, chamada de mediador, atua tecnicamente com vistas a facilitar a comunicação entre os envolvidos para que eles possam encontrar formas produtivas de lidar com as disputas.[1109] Não cabe ao mediador apontar a solução e nem impor uma decisão sobre o fato, mas fazer com que as partes decidam o que vai ser da relação em si, solucionando o conflito de forma mais fácil.[1110]

A conciliação é o método utilizado em conflitos no qual o terceiro facilitador adota uma posição mais proativa, porém neutra e imparcial com relação ao conflito.[1111]

O *dispute board* (comitê de disputa) é o mecanismo extrajudicial de resolução de conflitos adotado em contratos de prestação continuada, de média e longa duração, instrumentalizado por um comitê de profissionais imparciais (geralmente três, sendo dois engenheiros e um advogado), que emitem recomendações e/ou decisões sobre

---

1109 TARTUCE. Mediação no Novo CPC: questionamentos reflexivos. *In*: FREIRE *et al.* (Orgs.). *Novas Tendências do Processo Civil.*

1110 RODRIGUES. *Conciliação e mediação.*

1111 FREITAS. *Advocacia, mediação e conciliação.*

dada matéria e com base nos fatos e documentos apresentados. Sua utilização no Brasil foi difundida em contratos públicos, especialmente nos de concessões e de parcerias público-privadas.[1112]

A adoção também na Nova Lei de Licitações revela uma tendência ao uso da consensualidade nos contratos públicos.

Sobre a questão, verifique-se que o art. 151, ao tratar dos meios alternativos de prevenção e resolução de controvérsias, reafirmou, no parágrafo único, que a aplicação dar-se-á às controvérsias relacionadas a direitos patrimoniais disponíveis, como as questões relacionadas ao restabelecimento do equilíbrio econômico-financeiro do contrato, ao inadimplemento de obrigações contratuais por quaisquer das partes e ao cálculo de indenizações.

Inciso III

4 Extinção contratual por decisão arbitral ou judicial

Quando a extinção contratual não se opera consensualmente, o litígio se instala, e as opções para o desfazimento do contrato serão, segundo este inciso III, através da arbitragem ou por via judicial.

4.1 Extinção contratual por decisão arbitral

Outra novidade na Nova Lei de Licitações é a possibilidade da adoção de decisão arbitral, em decorrência de cláusula compromissória ou compromisso arbitral.

Em 1996 foi sancionada a Lei de Arbitragem brasileira (Lei nº 9.307), um excelente instituto, pois permite resolver rapidamente os litígios, sem a excessiva demora e onerosidade da justiça.

A arbitragem pode ser definida como o mecanismo extrajudicial de resolução de conflitos, por meio do qual árbitros indicados pelas partes resolvem divergências relativas a direitos patrimoniais disponíveis.

Sobre a Lei de Arbitragem, discorreu Fábio Nusdeo:

> A lei, ao englobar a antiga cláusula compromissória e o compromisso na figura da conservação arbitral, procura remover o entrave maior à disseminação da arbitragem firmando o velho princípio do *electra una via, regressum ad alteram nom datur,* o que representa, em última análise, a consagração da boa-fé como base dos contratos em geral e, de maneira particular, dos internacionais.[1113]

Muito se discutiu ao longo dos anos sobre a possível admissão da cláusula da arbitragem nos contratos celebrados pela Administração Pública.

1112 CRUZ. *Dispute Board.*

1113 Em prefácio na obra *Arbitragem*: a nova Lei brasileira nº 9.307/96 e a praxe internacional. (CASELLA. *Arbitragem*): "Devemos salientar que, no direito brasileiro, não tem funcionado com muita frequência. A instituição de juízo arbitral é, todavia, frequente, em outros países, especialmente nos litígios comerciais, e em particular nos conflitos decorrentes de contratos internacionais". (WALD. *Obrigações e contratos*. 8. ed.).

Evidenciava-se a impossibilidade da adoção, diante dos termos do art. 1º da Lei de Arbitragem, que informavam que o regramento só seria válido para litígios relativos a direitos patrimoniais disponíveis.

Nesse pé, apreciando o âmbito de aplicação do juízo arbitral, verificava-se que o alcance normativo se cingia aos direitos de índole particular, não albergando, por conseguinte, os "direitos indisponíveis", tais como os coletivos e os difusos. Logo, não abrangia os direitos de família, os referentes à capacidade das pessoas, os falimentares e quase todos os referentes ao direito público.

Ocorre que a Lei nº 9.307/1996 foi alterada pela Lei nº 13.129/2015. Uma das principais mudanças foi a inserção de dispositivo autorizando expressamente o uso da arbitragem pela Administração Pública direta e indireta na resolução de conflitos relativos a direitos patrimoniais disponíveis.

Leia-se o §1º do art. 1º da Lei de Arbitragem:

> Art. 1º As pessoas capazes de contratar poderão valer-se da arbitragem para dirimir litígios relativos a direitos patrimoniais disponíveis.
>
> §1º A administração pública direta e indireta poderá utilizar-se da arbitragem para dirimir conflitos relativos a direitos patrimoniais disponíveis.

E mais: outros dois dispositivos inseridos no mesmo art. 1º se referem diretamente à Administração Pública: a) o §2º, segundo o qual a autoridade ou o órgão competente da Administração Pública direta para a celebração de convenção de arbitragem será a mesma que celebrante de acordos ou transações; e b) o §3º, que prevê que a arbitragem envolvendo a Administração Pública sempre será de direito e respeitará o princípio da publicidade.

Pois bem, trocando em miúdos, de acordo com o supramencionado §1º, a submissão de litígios a arbitragens também é aplicável à Administração Pública, mas tão somente os direitos patrimoniais disponíveis poderão ser dirimidos por esse método, isto é, apenas os conflitos que envolvam tais direitos.

Ao avaliarmos a questão, dispusemos à época:

> Nesse contexto, apesar da mudança, não se percebe diferenças procedimentais em relação ao texto pretérito, haja vista que a Administração, que é regida pelo regime jurídico de direito público, tem por obrigação levar em conta, na sua atuação, a supremacia do interesse público sobre o privado, considerando a indisponibilidade dos interesses públicos.
>
> Nesse passo, em função do poder de império do Estado nos contratos que celebra em prol do interesse público primário, que se relacionam a direitos indisponíveis, a princípio, não há que se falar no uso do arbitramento com largo espectro nos contratos administrativos.[1114]

José Augusto Costa e Gabriele Tusa observaram que a questão encontrava solução na própria conceituação de contrato administrativo:

[1114] BITTENCOURT. *Licitação passo a passo*. 11. ed.

> [...] há contratos em que os entes públicos atuam como agentes privados, embora sempre tenham de respeitar os princípios que regulam a atividade administrativa. Neste campo, pode-se falar em direitos cujo titular é pessoa jurídica de direito público, mas em função dos próprios interesses da Administração, cunham-se como disponíveis.
>
> Vale dizer, sempre que o Estado esteja agindo como ente privado, pode ocorrer a situação em que a disponibilidade sobre certo direito venha justamente a proteger o interesse geral. É então que os sujeitos públicos podem recorrer à arbitragem como meio de solução dos litígios.
>
> Supondo as vantagens da celeridade e tecnicidade do juízo arbitral, não seria razoável afastar de plano estas do Estado. Ademais, no tráfico privado é importante observar que a igualdade jurídica entre os operadores constitui um importante fator na escolha dos contratados. Ora, a suposta proteção ao interesse geral pela apreciação exclusiva pelo Judiciário dos litígios em que um ente público está envolvido, constituiria nesses casos uma evidente desvantagem para o Estado, coisa que, por si só, estaria ferindo o interesse geral.
>
> A vinculação ao Direito Público implica necessariamente a impossibilidade do Estado de abrir mão de seus direitos por mera liberalidade para com a outra parte, pois diversamente estaria sendo prejudicado o próprio interesse público. Assim, a possibilidade de contratar – bem como a de submeter os litígios à arbitragem – do Estado é fruto das normas de interesse público das quais este não pode fugir, já que a finalidade precípua do ajuste é sempre o atendimento das necessidades coletivas.
>
> Poder-se-ia dizer, tendo em vista a possibilidade de aplicação subsidiária das normas de direito privado, que no tocante a estas disposições o Estado poderia livremente transigir, eis que estaria equiparado a um particular. Ocorre que, para tanto, seria necessário observar-se que o objeto desta transação culminasse por não ferir o interesse coletivo. Como argumentado [...], esta possibilidade pode ocorrer, o que impede concluir-se pela possibilidade do Poder Público, em situações bem especificadas e em benefício do interesse coletivo, poder servir-se da arbitragem para a solução de certos conflitos.[1115]

Também nesse sentido eram as ponderações de José dos Santos Carvalho Filho:

> Não há dúvida de que o Estado há de ter cautela redobrada no que tange ao emprego dos recursos públicos, visto que estes se originam, em última instancia, dos integrantes da coletividade. Entretanto, o sentido moderno do princípio da legalidade não implica a vedação para que o Estado celebre transações, sobretudo quando é a própria lei que o estabelece. Por outro lado, a indisponibilidade dos bens públicos significa apenas que o Poder Público não pode disponibilizar seus recursos com total liberdade, como o fazem os particulares em geral, mas, por outro lado, nada impede que os empregue dentro de parâmetros de necessidade, utilidade e razoabilidade, até porque semelhante atividade se configura como *gestão* dos interesses públicos, o que não se confunde com indisponibilidade. Desse modo, conquanto seja vedada para algumas condutas que importem o exercício de poder de império ou a autoridade pública (*ius imperli*), a arbitragem pode ser adotada em situações nas quais seja predominante o aspecto de patrimonialidade, com incidência de indisponibilidade relativa. É o caso, por exemplo, de cláusulas financeiras em contratos celebrados pela Administração, sejam privados, sejam administrativos.[1116]

[1115] COSTA; TUSA. Expectativas e âmbito de aplicabilidade da nova lei de arbitragem. *In*: CASELLA, (Org.). *Arbitragem*.

[1116] CARVALHO FILHO. *Manual de Direito Administrativo*.

Na prática, contudo, verificou-se a partir de então uma grande adoção do instituto nos contratos administrativos, sob a alegação de que a grande maioria de conflitos concernentes à inadimplência de obrigações contratuais é enquadrável no rol de litígios relativos a direitos patrimoniais disponíveis (notadamente os inerentes a adimplemento e inadimplemento).

Na verdade, a arbitragem no setor público já vem sendo largamente utilizada: na Lei de Concessões (Lei nº 8.987/1995), na Lei das Parcerias Público-Privadas (Lei nº 11.079/2004), na Lei do RDC (Lei nº 12.462/2011) e, mais recentemente, na Lei das Estatais (Lei nº 13.303/2016).

Observe-se que, se manifestando sobre a matéria, o Superior Tribunal de Justiça (STJ) foi favorável à aplicação do juízo arbitral em litígios administrativos, quando presentes direitos patrimoniais disponíveis da Administração Pública, firmando entendimento na ideia de que o "indisponível é o interesse público, e não o interesse da Administração".[1117]

Sobre a questão, verifique-se que o art. 151, ao tratar dos meios alternativos de prevenção e resolução de controvérsias, reafirmou, no parágrafo único, que a aplicação dar-se-á às controvérsias relacionadas a direitos patrimoniais disponíveis, como as questões relacionadas ao restabelecimento do equilíbrio econômico-financeiro do contrato, ao inadimplemento de obrigações contratuais por quaisquer das partes e ao cálculo de indenizações.

Quanta à escolha dos árbitros, o art. 154 prevê processo que observe critérios isonômicos, técnicos e transparentes.

E mais: o art. 152 dispõe que a arbitragem será sempre de direito e observará o princípio da publicidade.

Como anota Gustavo Lopes, o tema publicidade, que antes era posto como controverso nos procedimentos alternativos, principalmente na arbitragem (devido os contratos conterem cláusulas de confidencialidade), foi suplantado pelo texto legal da Nova Lei, à medida que determina que a aplicação do instituto nos contratos da Administração Pública será sempre pela arbitragem de direito (método que segue as regras do ordenamento jurídico para solucionar conflitos) e observará o princípio da publicidade.[1118]

4.2 Extinção contratual pela via judicial

O contratado poderá promover a extinção contratual judicial, pleiteando junto ao Poder Judiciário o desfazimento do contrato, que ocorrerá por sentença do Juízo competente.

A extinção contratual judicial, nos casos de desacordo entre a Administração e o contratado, é a única forma de desfazimento do contrato por iniciativa do contratado, caso não obtenha êxito na tentativa consensual, de vez que não poderá valer-se da regra *exceptio non adimpleti contractus* (exceção do contrato não cumprido), que só é aplicável

[1117] STJ- Supremo Tribunal de Justiça. REsp. nº 904.813. Rel. Min. Nancy Andrighi, j. 20.10.2010, v.u., *DJU* 28.2.2012.

[1118] LOPES. *O instituto da arbitragem na nova lei de licitações.*

às relações entre particulares (que significa que, depois de firmado o contrato, caso um não cumpra com suas obrigações, o outro também não estará obrigado a cumpri-lo).[1119]

Parágrafo 1º

5 Forma escrita

O art. 137, caput, determina que qualquer extinção contratual deverá ser formalmente motivada nos autos do processo.

Nesse passo, este §1º reafirma a determinação, acrescentando a compulsoriedade de autorização escrita e fundamentada da autoridade competente, reduzidas a termo no respectivo processo, tanto nas extinções unilaterais quanto nas consensuais.

Parágrafo 2º

6 Extinção contratual por culpa exclusiva da Administração

Dando-se a rescisão em função de culpa exclusiva da Administração, comprovados regulamente os prejuízos, terá o contratado direito à:

- devolução da garantia;
- aos pagamentos devidos pela execução do acordo até a data de extinção; e
- ao valor referente ao custo da desmobilização.

Mas, além do ressarcimento em face dos danos emergentes, verifica-se que, ao fazer menção ao ressarcimento pelos prejuízos regularmente comprovados, o dispositivo está sinalizando também para a indenização por lucros cessantes.

Ademais, quanto ao remanescente do contrato, o contratado também terá direito ao valor do lucro que auferiria se o contrato fosse mantido. Tal se impõe porque a proposta formulada pelo particular e aceita pela Administração visava à execução da prestação completa. Se tivesse ciência que não executaria todo o objeto, certamente a proposição seria outra.

[1119] Código Civil – Art. 476. Nos contratos bilaterais, nenhum dos contratantes, antes de cumprida a sua obrigação, pode exigir o implemento da do outro.

Art. 139. A extinção determinada por ato unilateral da Administração poderá acarretar, sem prejuízo das sanções previstas nesta Lei, as seguintes consequências:
I – assunção imediata do objeto do contrato, no estado e local em que se encontrar, por ato próprio da Administração;
II – ocupação e utilização do local, das instalações, dos equipamentos, do material e do pessoal empregados na execução do contrato e necessários à sua continuidade;
III – execução da garantia contratual para:
a) ressarcimento da Administração Pública por prejuízos decorrentes da não execução;
b) pagamento de verbas trabalhistas, fundiárias e previdenciárias, quando cabível;
c) pagamento das multas devidas à Administração Pública;
d) exigência da assunção da execução e da conclusão do objeto do contrato pela seguradora, quando cabível;
IV – retenção dos créditos decorrentes do contrato até o limite dos prejuízos causados à Administração Pública e das multas aplicadas.
§1º A aplicação das medidas previstas nos incisos I e II do caput deste artigo ficará a critério da Administração, que poderá dar continuidade à obra ou ao serviço por execução direta ou indireta.
§2º Na hipótese do inciso II do caput deste artigo, o ato deverá ser precedido de autorização expressa do ministro de Estado, do secretário estadual ou do secretário municipal competente, conforme o caso.

Artigo 139

1 Consequências da extinção

A extinção determinada por ato unilateral da Administração poderá causar as consequências especificadas nesse art. 139. Todas sem caráter punitivo, mas não impeditivas da natural aplicação das sanções concernentes ao inadimplemento.

Assim, é facultado à Administração:

a) assumir imediatamente o objeto;
b) ocupar e utilizar o local, as instalações, os equipamentos, o material e o pessoal empregador na execução;
c) executar a garantia contratual; e
d) reter os créditos empenhados para pagamento do contrato, visando ao ressarcimento dos prejuízos causados e das multas aplicadas.

Uma inovação da Nova Lei é o alcance da execução da garantia. Antes resumida ao ressarcimento da Administração, e dos valores das multas e indenizações a ela devidos, agora, bem mais ampla, permite também o uso para pagamento de verbas trabalhistas, fundiárias e previdenciárias, e para exigência da assunção da execução e da conclusão do objeto do contrato pela seguradora.

Se a rescisão se der em face do interesse público, descabe a execução da garantia contratual para ressarcimento e recebimento das multas e indenizações devidas à Administração. Descabe também a retenção dos créditos decorrentes do contrato até o limite dos prejuízos, uma vez que o contratado não contribuiu para essa extinção.

Parágrafos 1º e 2º

2 Afastamento da solução de continuidade

Tendo como meta afastar a solução de continuidade, a Administração poderá assumir o objeto em execução, no estado e local em que se encontrar, passando a executá-lo de forma direta ou indireta, contratando outrem para tal execução, o que ocorrerá através de regular processo licitatório ou de seu afastamento.

Prosseguindo, poderá ocupar e utilizar o local, as instalações, os equipamentos, o material e até mesmo o pessoal dedicado ao trabalho.

A decisão de assim agir é tão significativa que o §3º estabelece procedimento específico de competência, dispondo que a ocupação somente poderá ocorrer se existir autorização expressa de Ministro de Estado, no âmbito federal, e de Secretários, nas demais esferas federativas (estadual e municipal).

A nosso ver, nos demais Poderes, a competência recai sobre os próprios chefes, uma vez que inexiste no Judiciário e no Legislativo a figura do auxiliar direto.

CAPÍTULO IX

DO RECEBIMENTO DO OBJETO DO CONTRATO

Art. 140. O objeto do contrato será recebido:

I – em se tratando de obras e serviços:

a) provisoriamente, pelo responsável por seu acompanhamento e fiscalização, mediante termo detalhado, quando verificado o cumprimento das exigências de caráter técnico;

b) definitivamente, por servidor ou comissão designada pela autoridade competente, mediante termo detalhado que comprove o atendimento das exigências contratuais;

II – em se tratando de compras:

a) provisoriamente, de forma sumária, pelo responsável por seu acompanhamento e fiscalização, com verificação posterior da conformidade do material com as exigências contratuais;

b) definitivamente, por servidor ou comissão designada pela autoridade competente, mediante termo detalhado que comprove o atendimento das exigências contratuais.

§1º O objeto do contrato poderá ser rejeitado, no todo ou em parte, quando estiver em desacordo com o contrato.

§2º O recebimento provisório ou definitivo não excluirá a responsabilidade civil pela solidez e pela segurança da obra ou serviço nem a responsabilidade ético-profissional pela perfeita execução do contrato, nos limites estabelecidos pela lei ou pelo contrato.

§3º Os prazos e os métodos para a realização dos recebimentos provisório e definitivo serão definidos em regulamento ou no contrato.

§4º Salvo disposição em contrário constante do edital ou de ato normativo, os ensaios, os testes e as demais provas para aferição da boa execução do objeto do contrato exigidos por normas técnicas oficiais correrão por conta do contratado.

§5º Em se tratando de projeto de obra, o recebimento definitivo pela Administração não eximirá o projetista ou o consultor da responsabilidade objetiva por todos os danos causados por falha de projeto.

§6º Em se tratando de obra, o recebimento definitivo pela Administração não eximirá o contratado, pelo prazo mínimo de 5 (cinco) anos, admitida a previsão de prazo de garantia superior no edital e no contrato, da responsabilidade objetiva pela solidez e pela segurança dos materiais e dos serviços executados e pela funcionalidade da construção, da reforma, da recuperação ou da ampliação do bem imóvel, e, em caso de vício, defeito ou incorreção identificados, o contratado ficará responsável pela reparação, pela correção, pela reconstrução ou pela substituição necessárias.

Artigo 140 e Parágrafos 1º, 2º e 3º

1 Recebimento do objeto contratual

Buscando uma espécie de quitação pela obrigação realizada, o dispositivo apresenta o fecho da execução contratual.

O "recebimento" vincula de forma plena[1120] o Direito Administrativo ao Direito Financeiro, pois configura um ato que tem íntima ligação com o que esse segundo ramo denomina "liquidação da despesa", que, consoante definição legal, consiste na verificação do direito adquirido pelo credor (contratado), tendo por base os títulos e documentos comprobatórios do respectivo crédito (art. 63 da Lei nº 4.320/1964), tratando-se, por conseguinte, da verificação do cumprimento da obrigação por parte do contratado, o qual desemboca no recebimento do objeto.

Executado o contrato, proceder-se-á à entrega do objeto, firmando a Administração um termo de recebimento.

No caso de obras ou serviços, o termo de recebimento será inicialmente provisório, atestado pelo fiscal do contrato, mediante termo detalhado, quando verificado o cumprimento das exigências de caráter técnico.

Posteriormente, será emitido o termo definitivo, atestado por servidor ou comissão designados para tal, mediante termo detalhado que comprove o atendimento das exigências contratuais.

Na hipótese de compras ou de locações de equipamentos, o recebimento será inicialmente provisório, de forma sumária, realizado pelo responsável por seu acompanhamento e fiscalização, para verificação e recebimento posterior, de forma definitiva, por servidor ou comissão designada pela autoridade competente, mediante termo detalhado que comprove o atendimento das exigências contratuais.

Obviamente, o objeto do contrato poderá ser rejeitado, no todo ou em parte, quando estiver em desacordo com o contrato.[1121] O agente público responsável, no exercício de seu trabalho, não está autorizado a receber objeto imperfeito, tendo o dever de rejeitá-lo. A aceitação de objeto imperfeito é passível de punição, inclusive na esfera penal.

O recebimento definitivo por parte da Administração tem como consequência a imediata exoneração do contratado quanto aos encargos de execução contratual, com a liberação das garantias, caso existam, além de demandar o início da contagem dos prazos de garantia e, também, de prescrição e de decadência para possíveis ações judiciais.

[1120] "Com o Direito Administrativo, o vínculo é completo. Os princípios informadores daquele aplicam-se ao Direito Financeiro, seja nos lançamentos, na forma dos títulos que instituem a dívida ativa, a presunção de validade dos atos praticados etc". (OLIVEIRA; HORVATH; TAMBASCO. *Manual de direito financeiro*. 2. tir.).

[1121] No 1º Simpósio sobre Licitações e Contratos da Justiça Federal, ocorrido em 16 e 17.08.2022, realizado pela Secretaria de Administração e pelo Centro de Estudos Judiciários do Conselho da Justiça Federal, foi aprovado o ENUNCIADO 24 – CJF: "O verbo "poderá", presente no §1º do art. 140 da Lei nº 14.133/2021, deverá ser interpretado à luz do art. 147 do mesmo diploma legal". O art. 147 preceitua que, constatada irregularidade na execução contratual, caso não seja possível o saneamento, a decisão sobre a suspensão da execução ou sobre a declaração de nulidade do contrato somente será adotada na hipótese em que se revelar medida de interesse público, com avaliação de uma série de aspectos.

Tanto o recebimento provisório quanto o definitivo não excluem a responsabilidade civil pela solidez e segurança da obra[1122] ou do serviço, nem o ético-profissional pela correta execução do contrato. Assim, ainda que o vício só seja descoberto posteriormente, o contratado, em princípio, responderá por ele.

Observe-se que, conforme preconizado no §6º do art. 17, a Administração poderá exigir certificação por organização independente acreditada pelo Instituto Nacional de Metrologia, Qualidade e Tecnologia (Inmetro) como condição para aceitação de: a) estudos, anteprojetos, projetos básicos e projetos executivos; b) conclusão de fases ou de objetos de contratos; e c) material e corpo técnico apresentados por empresa para fins de habilitação.

Para maior detalhamento da matéria, o legislador remete a questão dos prazos e os métodos para realização dos recebimentos provisório e definitivo à definição regulamentar ou ao próprio contrato. Tal remessa, como pontua Bruno Verzani, mostra-se correta, pois os prazos para assinatura dos termos e seus procedimentos serão melhor definidos a partir da realidade de cada órgão ou ente federativo, levando em conta as peculiaridades do objeto que está sendo contratado.[1123]

Parágrafo 4º

2 Responsabilidade pela qualidade do objeto

Segundo este §4º, salvo disposição em contrário constante do edital ou de ato normativo, os ensaios, os testes e as demais provas para aferição da boa execução do objeto do contrato exigidos por normas técnicas oficiais correrão por conta do contratado.

As normas técnicas oficiais brasileiras, conforme determina a Lei nº 4.150/1962, são estabelecidas pela Associação Brasileira de Normas Técnicas (ABNT). Sujeitam-se a essas normas todas as obras, serviços e compras da Administração.

Os custos concernentes aos ensaios, testes e demais provas que demonstrem o atendimento do objeto pretendido ao imposto pelas normas técnicas vigentes são, em princípio, de responsabilidade do contratado, salvo disposição contrária no instrumento convocatório.

A regra é justificável, porquanto, como assevera Marçal Justen, se coubesse à Administração desembolsar tais valores, acabaria ocorrendo uma inviabilidade de sua efetivação, pois dependeria da liberação orçamentária de verbas. Assim, a carência, temporária ou permanente, de recursos para tais exames poderia constituir obstáculo ao controle de qualidade.

[1122] Conforme dispõe o art. 618 do Código Civil, o contratado é responsável, por cinco anos, pela solidez e segurança da obra.

[1123] PINHEIRO; ALMEIDA; MANSUR. *Nova Lei de Licitações anotada e comparada.*

Parágrafo 5º

3 Responsabilidade do projetista

Em qualquer obra há a necessidade de elaboração de projetos que viabilizem tecnicamente a construção e orientem o construtor acerca de sua execução.

Ao projetista cabe projetar, dimensionar, calcular, quantificar materiais e especificar quais as técnicas construtivas necessárias para a idealização do projeto, podendo também, fiscalizar a construção.

Arnaldo Rizzardo anota a importância da análise do papel desempenhado pelo projetista na análise da responsabilização por danos:

> É possível que a causa das deficiências e dos danos se encontre na má elaboração do projeto, ou nos cálculos equivocados do engenheiro, ou nas projeções descabidas do arquiteto. Grande parte dos defeitos de construção tem sua origem em erros de projetos e de cálculos, envolvendo as fundações e a concretagem, comprometendo a estrutura da obra. Calcula-se equivocadamente a quantidade de massa, de ferros, de cimento e outros ingredientes nas fundações, na estrutura, nas colunas. Não se faz a correta proporção entre o peso do prédio e o diâmetro das pilastras ou colunas de sustentação. No caso, as falhas desses profissionais ou empresas contratadas deram causa a equívocos e defeitos, com o uso insuficiente de ingredientes na confecção de materiais para a base, ou para a estrutura, ou as colunas de sustentação.[1124]

Dessa forma, no rol dos que podem ser responsabilizados, há também o projetista, pois, por um erro de projeto, má especificação, não observância de normas ou cálculo incorretos, poderá repassar informações ao empreiteiro, por intermédio dos projetos e memoriais descritivos, e este, seguir as orientações, terá problemas na solidez da obra que resultarão em danos.

Nesse viés, a Nova Lei, providencialmente, preceitua neste §5º que, em se tratando de projeto de obra, o recebimento definitivo pela Administração não eximirá o projetista ou o consultor da responsabilidade objetiva por todos os danos causados por falha de projeto.

Parágrafo 6º

4 Responsabilidade civil

Já registarmos que tanto o recebimento provisório quanto o definitivo não excluem a responsabilidade civil pela solidez e segurança da obra, nem o ético-profissional pela correta execução do contrato.

Nesse contexto, este §6º anota que, em se tratando de obra, o recebimento definitivo pela Administração não eximirá o contratado, pelo prazo mínimo de 5 (cinco)

[1124] RIZZARDO. *Responsabilidade Civil.*

anos,[1125] admitida a previsão de prazo de garantia superior no edital e no contrato, da responsabilidade objetiva pela solidez e pela segurança dos materiais e dos serviços executados e pela funcionalidade da construção, da reforma, da recuperação ou da ampliação do bem imóvel, e, em caso de vício, defeito ou incorreção identificados, o contratado ficará responsável pela reparação, pela correção, pela reconstrução ou pela substituição necessárias.

[1125] Código Civil: Art. 618. Nos contratos de empreitada de edifícios ou outras construções consideráveis, o empreiteiro de materiais e execução responderá, durante o prazo irredutível de cinco anos, pela solidez e segurança do trabalho, assim em razão dos materiais, como do solo.

CAPÍTULO X
DOS PAGAMENTOS

Art. 141. No dever de pagamento pela Administração, será observada a ordem cronológica para cada fonte diferenciada de recursos, subdividida nas seguintes categorias de contratos:
I – fornecimento de bens;
II – locações;
III – prestação de serviços;
IV – realização de obras.
§1º A ordem cronológica referida no *caput* deste artigo poderá ser alterada, mediante prévia justificativa da autoridade competente e posterior comunicação ao órgão de controle interno da Administração e ao tribunal de contas competente, exclusivamente nas seguintes situações:
I – grave perturbação da ordem, situação de emergência ou calamidade pública;
II – pagamento a microempresa, empresa de pequeno porte, agricultor familiar, produtor rural pessoa física, microempreendedor individual e sociedade cooperativa, desde que demonstrado o risco de descontinuidade do cumprimento do objeto do contrato;
III – pagamento de serviços necessários ao funcionamento dos sistemas estruturantes, desde que demonstrado o risco de descontinuidade do cumprimento do objeto do contrato;
IV – pagamento de direitos oriundos de contratos em caso de falência, recuperação judicial ou dissolução da empresa contratada;
V – pagamento de contrato cujo objeto seja imprescindível para assegurar a integridade do patrimônio público ou para manter o funcionamento das atividades finalísticas do órgão ou entidade, quando demonstrado o risco de descontinuidade da prestação de serviço público de relevância ou o cumprimento da missão institucional.
§2º A inobservância imotivada da ordem cronológica referida no *caput* deste artigo ensejará a apuração de responsabilidade do agente responsável, cabendo aos órgãos de controle a sua fiscalização.
§3º O órgão ou entidade deverá disponibilizar, mensalmente, em seção específica de acesso à informação em seu sítio na internet, a ordem cronológica de seus pagamentos, bem como as justificativas que fundamentarem a eventual alteração dessa ordem.

Artigo 141 e Parágrafos 1º e 2º

1 Ordem cronológica dos pagamentos

Regra inovadora já na lei anterior, mas inexplicavelmente ignorada por grande parte da Administração, repetida com ênfase na Nova Lei, agora em capítulo apartado (Dos Pagamentos), impõe que os pagamentos do Poder Público referentes aos contratos celebrados atendam à ordem cronológica das suas exigibilidades, salvo em situações excepcionais, mediante prévia justificativa da autoridade competente e posterior comunicação ao órgão de controle interno da Administração e ao tribunal de contas competente.

Nesse dever de pagamento, a Administração deverá observar a ordem cronológica para cada fonte diferenciada de recursos, subdividida nas seguintes categorias de contratos: a) fornecimento de bens; b) locações; c) prestação de serviços; e d) realização de obras.

As situações excepcionais estão listadas exaustivamente no §1º:

- Grave perturbação da ordem, situação emergencial ou calamidade pública;
- Pagamento a microempresa, empresa de pequeno porte, agricultor familiar, produtor rural pessoa física, microempreendedor individual e sociedade cooperativa, desde que demonstrado o risco de descontinuidade do cumprimento do objeto do contrato;
- Pagamento de serviços necessários ao funcionamento dos sistemas estruturantes, desde que demonstrado o risco de descontinuidade do cumprimento do objeto do contrato;
- Pagamento de direitos oriundos de contratos em caso de falência, recuperação judicial ou dissolução da empresa contratada; e
- Pagamento de contrato cujo objeto seja imprescindível para assegurar a integridade do patrimônio público ou para manter o funcionamento das atividades finalísticas do órgão ou entidade, quando demonstrado o risco de descontinuidade da prestação de serviço público de relevância ou o cumprimento da missão institucional.

Convém ressaltar que as razões excepcionais de interesse público devem ser previamente justificadas, não devendo, em hipótese alguma, ser encaradas como discricionárias.

Se a Administração está proibida de pagar fora da ordem cronológica das datas exigidas, há de se reconhecer que os contratados possuem o direito de que os pagamentos a eles devidos sejam realizados em observância a essa ordem cronológica, podendo, então, exigir que assim ocorram. Com efeito, a questão que se coloca é a de ter o contratado um direito público subjetivo de não ser imotivadamente preterido pelo seu contratante, o Poder Público, no momento de receber aquilo a que faz jus em razão de um determinado contrato.

> O direito subjetivo dos contratados de que os pagamentos sejam realizados de acordo com a ordem cronológica de suas exigibilidades é um dos poucos instrumentos disponíveis para que eles possam se opor com eficácia à contumaz inadimplência da Administração Pública.

> Falta apenas aos contratados utilizarem tal direito, reclamando-o ao Poder Judiciário, até mesmo para que se crie jurisprudência sobre o assunto, o que o tornará ainda mais efetivo. O direito existe, falta usá-lo.[1126]

É de se relembrar que o pagamento com o não atendimento dessa regra é identificado como crime, conforme art. 337-H do Decreto-Lei nº 2.848/1940 (Código Penal).

> Art. 337-H. Admitir, possibilitar ou dar causa a qualquer modificação ou vantagem, inclusive prorrogação contratual, em favor do contratado, durante a execução dos contratos celebrados com a Administração Pública, sem autorização em lei, no edital da licitação ou nos respectivos instrumentos contratuais, ou, ainda, pagar fatura com preterição da ordem cronológica de sua exigibilidade:
>
> Pena – reclusão, de 4 (quatro) anos a 8 (oito) anos, e multa.

Conforme prescreve o §2º, a inobservância imotivada da ordem cronológica ensejará a apuração de responsabilidade do agente responsável, cabendo aos órgãos de controle a sua fiscalização.

Parágrafo 3º

2 Disponibilização da ordem cronológica de pagamentos

Para que essa regra passe realmente a ser praticada, este §3º determina a disponibilização mensal, em seção específica de acesso à informação em sítio na internet do órgão ou entidade, a ordem cronológica de seus pagamentos, bem como as justificativas que fundamentarem a eventual alteração dessa ordem.

Sobre o assunto, o Ministério da Economia disponibilizou para consulta pública minuta de instrução normativa que irá regulamentar a observância dessa ordem cronológica de pagamentos, no âmbito da Administração Pública federal direta, autárquica e fundacional.

[1126] NIEBUHR. *O direito subjetivo dos contratados pela Administração Pública de que os pagamentos sejam realizados em observância à ordem cronológica de suas exigibilidades.*

Art. 142. Disposição expressa no edital ou no contrato poderá prever pagamento em conta vinculada ou pagamento pela efetiva comprovação do fato gerador.
Parágrafo único. (VETADO).

Artigo 142

1 Previsão de pagamento em conta vinculada ou pela efetiva comprovação do fato gerador

O Decreto nº 9.507/2018, que dispõe sobre a execução indireta, mediante contratação de serviços da administração pública federal, trouxe a possibilidade, nas licitações para contratações de prestação de serviços terceirizados com dedicação exclusiva de mão de obra, de previsão, no edital e no contrato, do pagamento de férias, décimo terceiro salário e verbas rescisórias dos empregados da contratada que participarem da execução dos serviços contratados serão depositados pela contratante em conta vinculada específica, aberta em nome da contratada, e com movimentação autorizada pela contratante ou tais valores só seriam efetuados pela contratante à contratada na ocorrência do fato gerador.

A aplicação foi regulada pela IN nº 05/2017, que, no Anexo I, definiu cada um desses institutos:

> *Conta-depósito vinculada* – bloqueada para movimentação: conta aberta pela Administração em nome da empresa contratada, destinada exclusivamente ao pagamento de férias, 13º (décimo terceiro) salário e verbas rescisórias aos trabalhadores da contratada, não se constituindo em um fundo de reserva, utilizada na contratação de serviços com dedicação exclusiva de mão de obra.

> *Pagamento pelo fato gerador*: situação de fato ou conjunto de fatos, prevista na lei ou no contrato, necessária e suficiente à sua materialização, que gera obrigação de pagamento do contratante à contratada.

Adotando e alargando essa prática, este art. 142 prevê que disposição expressa no edital ou no contrato poderá prever pagamento em conta vinculada ou pagamento pela efetiva comprovação do fato gerador.

Art. 143. No caso de controvérsia sobre a execução do objeto, quanto a dimensão, qualidade e quantidade, a parcela incontroversa deverá ser liberada no prazo previsto para pagamento.

Artigo 143

1 Pagamento de parcela incontroversa

É dever da Administração o pagamento de objetos executados. Contudo, pode haver controvérsias quanto à execução envolvendo diversos fatores, como a dimensão, a qualidade e a quantidade.

Nesses casos, havendo parcela incontroversa, deverá a Administração liberar no prazo previsto para pagamento, conforme preconiza o art. 141.

Contudo, se existir controvérsia e ela envolver defeito que cause problema para o recebimento integral do objeto, a solução não será cabível.

Normalmente, o remédio previsto no dispositivo será adotado nos acordos de objeto fracionável, que permitem a separação sem questionamentos.

Inadmissível é adotar o preceituado para postergar pagamentos, muitas vezes até com objetivos escusos.

É o que também observa Ivan Rigolin:

> O que não se pode admitir, a pretexto de examinar a correção da parte entregue do objeto, é postergar irrazoavelmente o pagamento ou a recusa definitiva, em se sabendo que "não" também é uma resposta, desde que por gentileza venha logo, porque o contratado há de ter todo interesse em corrigir o que, entregue, foi considerado desconforme o acordado.[1127]

Ressalta-se que o TCU também tem sido favorável à retenção de pagamentos em virtude da não comprovação de quitação das verbas trabalhistas, não admitindo, entrementes, a retenção em virtude da perda da regularidade fiscal.

> A retenção integral dos pagamentos devidos à contratada somente é admitida nas hipóteses de inadimplemento de obrigações trabalhistas em valores superiores aos devidos pela Administração ou de desconhecimento do montante inadimplido". (Acórdão nº 3301/2015 – Plenário)
>
> Nos serviços de natureza continuada, é lícita a previsão contratual de retenção pela Administração de pagamentos devidos à contratada em valores correspondentes às obrigações trabalhistas e previdenciárias inadimplidas, relativas aos empregados dedicados à execução do contrato. (Acórdão nº 1671/2017 – Plenário)
>
> Nos contratos de execução continuada ou parcelada, o inadimplemento das obrigações fiscais da contratada, incluindo a seguridade social, enseja, além das penalidades legais, a rescisão do contrato e a execução das garantias para ressarcimento de valores e indenizações devidos à Administração, sendo vedada a retenção de pagamento por serviço já executado, ou fornecimento já entregue, sob pena de enriquecimento sem causa da Administração. (Acórdão nº 2079/2014 -Plenário)

[1127] RIGOLIN. *Lei nº 14.133/2021 comentada*: uma visão crítica.

Art. 144. Na contratação de obras, fornecimentos e serviços, inclusive de engenharia, poderá ser estabelecida remuneração variável vinculada ao desempenho do contratado, com base em metas, padrões de qualidade, critérios de sustentabilidade ambiental e prazos de entrega definidos no edital de licitação e no contrato.

§1º O pagamento poderá ser ajustado em base percentual sobre o valor economizado em determinada despesa, quando o objeto do contrato visar à implantação de processo de racionalização, hipótese em que as despesas correrão à conta dos mesmos créditos orçamentários, na forma de regulamentação específica.

§2º A utilização de remuneração variável será motivada e respeitará o limite orçamentário fixado pela Administração para a contratação.

Artigo 144

1 Remuneração variável

A remuneração variável foi adotada com êxito nas Lei das PPPs e posteriormente na Lei do RDC.

Escrevemos sobre ela:

> A lei prevê que o contrato de PPP poderá prever o pagamento ao parceiro privado de remuneração variável vinculada ao seu desempenho, conforme metas e padrões de qualidade e disponibilidade definidos no contrato.
>
> A possibilidade de a remuneração ser fixada de acordo com o desempenho do parceiro privado configura outro aspecto destacável no diploma. Atrelar o pagamento da Administração à performance do contratado é, efetivamente, uma inovação meritória.
>
> Para o alcance desse intento far-se-á necessário, contudo, que o instrumento convocatório da licitação preveja, com bastante acuidade, os critérios de medição, uma vez que, quanto maior for o padrão de qualidade dos serviços, maior será a remuneração. Da mesma forma, é claro, nos termos contratuais. Nesse particular, Toshio Mukai alude que a ideia de remuneração variável vinculada ao desempenho é de complicada aplicação, devendo ser precisamente detalhada no contrato.[1128]
>
> Sem dúvida, como bem visualizou Aline Paola de Almeida, a grande vantagem do regime de remuneração estabelecido pela lei é a plausibilidade de a Administração poder ofertar ao parceiro privado modalidades de pagamento que não se sujeitam às disponibilidades financeiras do erário, determinando que a escolha da melhor maneira de pagamento seja objeto do estudo técnico (...) com vistas à economicidade. "Neste aspecto pode ser constatada sensível redução do poder discricionário do administrador na adoção da forma de pagamento que mais se adequar ao caso em concreto".[1129]

Nessa trilha, a Nova Lei prescreve que, desde que devidamente motivada, na contratação de obras, fornecimentos e serviços, inclusive de engenharia, poderá ser

[1128] Estudos indicam no Reino Unido uma economia percentual de 10% a 17% em termos de gastos públicos na comparação entre os contratos de PPP e os acordos tradicionais, em função, sobretudo, da vinculação dos pagamentos ao desempenho dos particulares. (Cf.: BRITO; SILVEIRA. *Parceria público-privada*).

[1129] BITTENCOURT. *Parceria Público-Privada passo a passo*. 4. ed.

estabelecida remuneração variável vinculada ao desempenho do contratado, com base em metas, padrões de qualidade, critérios de sustentabilidade ambiental e prazos de entrega definidos no edital de licitação e no contrato, limitada ao limite orçamentário fixado pela Administração para a contratação.

Como se vê, a remuneração variável configura um mecanismo de incentivo à boa execução contratual.

Parágrafo 1º

2 Ajustes para o pagamento

Nessa busca da eficiência na execução contratual com a adoção da remuneração variável, o pagamento poderá ser ajustado em base percentual sobre o valor economizado em determinada despesa, quando o objeto do contrato visar à implantação de processo de racionalização, hipótese em que as despesas correrão à conta dos mesmos créditos orçamentários, na forma de regulamentação específica.

Assim, o contratado receberia um algo a mais na remuneração se, além de executar o contrato normalmente, atingisse metas superiores.

Poderia haver um "bônus" ao contratado, que terá sua remuneração incrementada, se conseguisse alcançar determinadas metas, embora, em princípio, inexista propriamente uma sanção pelo não atendimento dessas metas (que não são obrigatórias), mas, sim, o incremento da remuneração do particular se elas forem atendidas.[1130]

Nessa contextura, é de suma importância a precisa definição contratual dos parâmetros para análise do pagamento.

Parágrafo 2º

3 Motivação da remuneração variável, com respeito ao limite orçamentário

Dando mais concretude à sistemática, o §2º dispõe que a adoção de remuneração variável deverá ser motivada, respeitando o limite orçamentário fixado pela Administração para a contratação.

Tal regra busca impedir que eventual boa performance e a aplicação da remuneração variável gere despesas acima das previstas, configurando regramento de resguardo estabelecido pelo legislador, que precisa ser cumprido e pode ser um elemento utilizado na avaliação do limite estimado para a contratação.[1131]

Isso porque, ainda que o contratado alcance elevados índices de eficiência, a remuneração não pode superar a dotação orçamentária reservada para o contrato, sob pena de violação às normas de direito financeiro acerca da despesa pública.[1132]

[1130] SCHWIND. Remuneração Variável e Contratos de Eficiência no Regime Diferenciado de Contratações Públicas. *In*: JUSTEN FILHO; PEREIRA (Coord.). *O Regime Diferenciado de Contratações Públicas* (RDC): Comentários à Lei nº 12.462 e ao Decreto nº 7.581.

[1131] TORRES. *Leis de Licitações Públicas Comentadas*. 13. ed.

[1132] ALMEIDA. Dos pagamentos. *In*: PINHEIRO (Coord.) *Nova Lei de Licitações Anotada e Comparada*.

Art. 145. Não será permitido pagamento antecipado, parcial ou total, relativo a parcelas contratuais vinculadas ao fornecimento de bens, à execução de obras ou à prestação de serviços.

§1º A antecipação de pagamento somente será permitida se propiciar sensível economia de recursos ou se representar condição indispensável para a obtenção do bem ou para a prestação do serviço, hipótese que deverá ser previamente justificada no processo licitatório e expressamente prevista no edital de licitação ou instrumento formal de contratação direta.

§2º A Administração poderá exigir a prestação de garantia adicional como condição para o pagamento antecipado.

§3º Caso o objeto não seja executado no prazo contratual, o valor antecipado deverá ser devolvido.

Artigo 145

1 Proibição de pagamento antecipado

A questão da permissibilidade ou não do pagamento antecipado causou imensas e insolúveis discussões ao longo da vigência da lei anterior, em função de veto presidencial a dispositivo que dava trato à matéria.

Prudente, o legislador da Nova Lei registrou que, regra geral, não é permitido pagamento antecipado, parcial ou total, relativo a parcelas contratuais vinculadas ao fornecimento de bens, à execução de obras ou à prestação de serviços.

Parágrafo 1º

2 Exceção à regra

Já escrevemos que é inconteste que, em certas ocasiões, a antecipação do pagamento é bastante conveniente, principalmente quando os recursos estão disponíveis e não poderão ser aplicados no mercado financeiro, bem como nos casos em que o pagamento antecipado se constitui como condição de ampliação do universo de licitantes, diante de uma execução contratual que exija grandes investimentos.[1133]

Essa era, inclusive, a linha de ação da Advocacia-Geral da União (AGU), que admitia a antecipação em situações excepcionais, devidamente justificadas, demonstrando-se o real interesse público, desde que observados o seguintes critérios: a) represente condição sem a qual não seja possível obter o bem ou assegurar a prestação do serviço, ou propicie sensível economia de recursos; b) existência de previsão no edital de licitação ou nos instrumentos formais de contratação direta; e c) adoção de indispensáveis garantias ou cautelas, como por exemplo, a previsão de devolução do

[1133] BITTENCOURT. *Licitação passo a passo*. 11 ed.

valor antecipado, caso não executado o objeto; a comprovação de execução de parte ou etapa do objeto e a emissão de título de crédito pelo contratado, entre outras.

Este §1º anota, assim, exceção à regra de proibição de pagamentos antecipados, dispondo pela permissão se propiciar sensível economia de recursos ou se representar condição indispensável para a obtenção do bem ou para a prestação do serviço, hipótese que deverá ser:

a) previamente justificada no processo licitatório; e
b) expressamente prevista no edital de licitação; ou
c) expressamente prevista no instrumento formal de contratação direta.

Parágrafo 2º

3 Garantia adicional como condição para o pagamento antecipado

Como anotamos em análise à questão anteriormente apresentada:

> É de se registrar que o pagamento antecipado, com a devida garantia, é uma prática constante no dia a dia da Administração, inexistindo recriminações veementes das Cortes de Contas, o que já oferece certo suporte para a sua aceitação.
>
> É inconteste que, em certas ocasiões, a antecipação é bastante conveniente, principalmente quando os recursos estão disponíveis e não poderão ser aplicados no mercado financeiro, bem como nos casos em que o pagamento antecipado se constitui como condição de ampliação do universo de licitantes, diante de uma execução contratual que exija grandes investimentos.[1134]

De sorte que há sentido quando a nova regra, atendendo a essa realidade, derrogou o regramento disposto na Lei nº 4.320/1964 (que registra, no art. 62, que o pagamento da despesa só será efetuado quando ordenado após sua regular liquidação), permitindo, desde que atendidas as condições previstas (prévia justificativa no processo licitatório e previsão expressa no edital de licitação ou no instrumento formal de contratação direta), o pagamento antecipado, sob a condição de que a Administração não corra risco de prejuízos.

Nesse sentido, far-se-ia necessária a prestação de garantia efetiva, como prevê, inclusive, o art. 38 do Decreto nº 93.872/1986.[1135]

Como justifica Marçal Justen, muitas vezes, a conveniência da antecipação é evidente. Os recursos estão disponíveis e, destinando-se a certo encargo, não podem ter outra aplicação. Se a Administração não puder efetivar pagamento antecipado, os recursos permanecerão sem utilização durante longo período. Nesse ínterim, haverá desvalorização da moeda. A Administração ainda se sujeitará ao pagamento de reajustes contratuais ou a recomposições extraordinárias de preços.

[1134] BITTENCOURT. *Licitação passo a passo*. 11. ed.

[1135] Art. 38. Não será permitido o pagamento antecipado de fornecimento de materiais, execução de obra, ou prestação de serviço, inclusive de utilidade pública, admitindo-se, todavia, mediante as indispensáveis cautelas ou garantias, o pagamento de parcela contratual na vigência do respectivo contrato, convênio, acordo ou ajuste, segundo a forma de pagamento nele estabelecida, prevista no edital de licitação ou nos instrumentos formais de adjudicação direta.

Ocorre que indo mais longe, este §2º, em vez de ser taxativo, só permitindo pagamento antecipado com a prestação da efetiva garantia, a oferece como opção da Administração, dispondo que "poderá" exigi-la como garantia adicional, o que parece um equívoco.[1136]

Assente-se que a AGU já anotava em orientação normativa a hipótese de pagamento antecipado, sustentando que, para tal providência, seria necessária a adoção de indispensáveis garantias ou cautelas, como, por exemplo, a previsão de devolução do valor antecipado caso não executado o objeto, a comprovação de execução de parte ou etapa do objeto e a emissão de título de crédito pelo contratado, entre outras (Orientação Normativa AGU Nº 37, de 13.12.2011).

Parágrafo 3º

4 Prevenção em face ao pagamento antecipado

O §3º indica que, na hipótese de o objeto não vir a ser executado no prazo contratual previsto, o contratado deverá devolver o valor pago antecipadamente.

É certo, ainda que o dispositivo não indique, que o valor devolvido deverá ser atualizado monetariamente.

Apesar de muitos entenderem desnecessária a indicação em texto legal, resolveu o legislador registrá-la como medida de prevenção.

[1136] *Vide* que a Lei nº 14.065/2020, que flexibiliza as regras de licitação durante o estado de calamidade pública da Covid-19, autorizou o pagamento antecipado em licitações, impondo que a Administração deveria acautelar-se, prevendo, dentre outras, a prestação de garantia de até 30% (trinta por cento) do valor do objeto:
Art. 1º A administração pública dos entes federativos, de todos os Poderes e órgãos constitucionalmente autônomos fica autorizada a:
[...] II – promover o pagamento antecipado nas licitações e nos contratos, desde que:
a) represente condição indispensável para obter o bem ou assegurar a prestação do serviço; ou
b) propicie significativa economia de recursos; e
[...]
§1º Na hipótese de que trata o inciso II do *caput* deste artigo, a Administração deverá:
I – prever a antecipação de pagamento em edital ou em instrumento formal de adjudicação direta; e
II – exigir a devolução integral do valor antecipado na hipótese de inexecução do objeto, atualizado monetariamente pela variação acumulada do Índice Nacional de Preços ao Consumidor Amplo (IPCA), ou índice que venha a substituí-lo, desde a data do pagamento da antecipação até a data da devolução.
§2º Sem prejuízo do disposto no §1º deste artigo, a Administração deverá prever cautelas aptas a reduzir o risco de inadimplemento contratual, tais como:
I – a comprovação da execução de parte ou de etapa inicial do objeto pelo contratado, para a antecipação do valor remanescente;
II – a prestação de garantia nas modalidades de que trata o art. 56 da Lei nº 8.666, de 21 de junho de 1993, de até 30% (trinta por cento) do valor do objeto;
III – a emissão de título de crédito pelo contratado;
IV – o acompanhamento da mercadoria, em qualquer momento do transporte, por representante da Administração; ou
V – a exigência de certificação do produto ou do fornecedor.
§3º É vedado o pagamento antecipado pela Administração na hipótese de prestação de serviços com regime de dedicação exclusiva de mão de obra.
Art. 2º O disposto nesta Lei aplica-se aos atos realizados durante o estado de calamidade pública reconhecido pelo Decreto Legislativo nº 6, de 20 de março de 2020.
Parágrafo único. O disposto nesta Lei aplica-se aos contratos firmados no período de que trata o *caput* deste artigo independentemente do seu prazo ou do prazo de suas prorrogações.

Art. 146. No ato de liquidação da despesa, os serviços de contabilidade comunicarão aos órgãos da administração tributária as características da despesa e os valores pagos, conforme o disposto no art. 63 da Lei nº 4.320, de 17 de março de 1964.

Artigo 146

1 Comunicação aos órgãos da administração tributária

Este art. 146, para fins de controle do dinheiro público, estabelece que, no ato de liquidação da despesa, os serviços de contabilidade comunicarão aos órgãos da administração tributária as características da despesa e os valores pagos, conforme o disposto no art. 63 da Lei nº 4.320/1964.

Evidencia-se, portanto, que não se trata de matéria de contratação administrativa, mas, sim, voltada ao controle de obrigações tributárias.

Como é cediço, a despesa pública passa pelas seguintes fases: o empenho, a liquidação e o pagamento.

A liquidação, segunda etapa da despesa pública, é a averiguação do implemento de condição para o pagamento, configurando a verificação do direito do credor ao pagamento, por ter executado a contento o objeto contratado.

O art. 63 da Lei nº 4.320/1964, que estatui Normas Gerais de Direito Financeiro para elaboração e controle dos orçamentos e balanços da Administração Pública, trata exatamente da liquidação da despesa, informando que essa liquidação é a verificação do direito adquirido pelo credor tendo por base os títulos e documentos comprobatórios do respectivo crédito.

> Trata-se de verificar o direito do credor ao pagamento, isto é, verificar se o implemento de condição foi cumprido. Isso se faz com base em títulos e documentos. Mas há um ponto central a [se] considerar: é a verificação objetiva do cumprimento contratual. O documento é apenas o aspecto formal da processualística. A fase de liquidação deve comportar a verificação *in loco* do cumprimento da obrigação por parte do contratante. Foi a obra construída dentro das especificações contratadas? Foi o material entregue dentro das especificações estabelecidas no edital? Foi o serviço executado dentro das especificações? O móvel entregue corresponde ao pedido? E assim por diante. Trata-se de uma espécie de auditoria de obras e serviços, a fim de evitar obras e serviços fantasmas. Este aspecto da liquidação é da mais transcendente importância no caso das subvenções, exatamente para evitar o pagamento a entidades inexistentes. O documento de liquidação, portanto, deve refletir uma realidade objetiva.[1137]

Registre-se que, assim como ocorre com o empenho da despesa, a liquidação da despesa nada cria, pois apenas torna líquida e certa a obrigação preexistente, estando

[1137] MACHADO JR.; REIS. *A Lei nº 4320 comentada*. 27. ed.

vinculada à concreta prestação do serviço ou ao efetivo fornecimento do bem nos moldes da contratação ocorrida.

Segundo o §1º desse art. 63, essa verificação tem por fim apurar a origem e o objeto do que se deve pagar, a importância exata a se pagar e a quem se deve pagar a importância, para extinguir a obrigação.

Objetiva, portanto, apurar a origem e o objeto do que se deve pagar, isto é, a razão do gasto e o objeto adquirido ou contratado. O simples fato de o orçamento autorizar despesas, ou seja, a utilização de recursos ou insumos alocados aos vários projetos e atividades não implica realizações sem obediência às prioridades estabelecidas. A finalidade precípua da liquidação da despesa é, pois, esta em que a origem e o objetivo do gasto devem ser verificados com muito rigor.[1138]

Quanto à apuração da importância exata a pagar ou contratada, esta deverá ser feita por intermédio de documentação própria, exigida, aliás, no parágrafo seguinte, que informa que a liquidação da despesa por fornecimentos feitos ou serviços prestados terá por base o contrato, a nota de empenho e os comprovantes da entrega de material ou da prestação efetiva do serviço.

Por fim, a apuração de a quem se deve pagar a importância para extinguir a obrigação, que também deverá ser procedida através da documentação exigida.

Apenas diante da existência efetiva da prestação do serviço ou do fornecimento de bem é que então surgirá o direito de recebimento da importância liquidada e, assim, a possibilidade de exigência do pagamento pelo credor.

[1138] MACHADO JR.; REIS. *A Lei nº 4320 comentada*. 27. ed.

CAPÍTULO XI
DA NULIDADE DOS CONTRATOS

Art. 147. Constatada irregularidade no procedimento licitatório ou na execução contratual, caso não seja possível o saneamento, a decisão sobre a suspensão da execução ou sobre a declaração de nulidade do contrato somente será adotada na hipótese em que se revelar medida de interesse público, com avaliação, entre outros, dos seguintes aspectos:

I – impactos econômicos e financeiros decorrentes do atraso na fruição dos benefícios do objeto do contrato;

II – riscos sociais, ambientais e à segurança da população local decorrentes do atraso na fruição dos benefícios do objeto do contrato;

III – motivação social e ambiental do contrato;

IV – custo da deterioração ou da perda das parcelas executadas;

V – despesa necessária à preservação das instalações e dos serviços já executados;

VI – despesa inerente à desmobilização e ao posterior retorno às atividades;

VII – medidas efetivamente adotadas pelo titular do órgão ou entidade para o saneamento dos indícios de irregularidades apontados;

VIII – custo total e estágio de execução física e financeira dos contratos, dos convênios, das obras ou das parcelas envolvidas;

IX – fechamento de postos de trabalho diretos e indiretos em razão da paralisação;

X – custo para realização de nova licitação ou celebração de novo contrato;

XI – custo de oportunidade do capital durante o período de paralisação.

Parágrafo único. Caso a paralisação ou anulação não se revele medida de interesse público, o poder público deverá optar pela continuidade do contrato e pela solução da irregularidade por meio de indenização por perdas e danos, sem prejuízo da apuração de responsabilidade e da aplicação de penalidades cabíveis.

Artigo 147 e Parágrafo único

1 A declaração de nulidade do contrato

O Capítulo XI "Das Nulidades dos Contratos" é ousado e surpreende, pois rompe com a vetusta teoria das nulidades dos contratos.

Sobre o tema, a doutrina jurídica até então, na ausência de leis administrativas, desdobra-se em três diferentes correntes quanto aos atos inválidos no direito pátrio administrativo.

A primeira conclama a existência única do ato nulo, baseando-se, resumidamente, na ideia de que a invalidade sempre ofenderá um interesse público, coincidindo-se, em consequência, com a nulidade. Ademais, o "Princípio da Legalidade" opor-se-ia à manutenção de atos ilegítimos (corrente sustentada por Hely Lopes Meirelles, Diogenes Gasparini, Toshio Mukai, entre outros).

A segunda corrente sustenta a tradicional distinção entre atos nulos e anuláveis, considerando sanáveis (convalidáveis) os anuláveis e, evidentemente, insanáveis (inconvalidáveis) os nulos (corrente defendida por Celso Antônio Bandeira de Mello, Maria Sylvia Zanella Di Pietro, Diogo de Figueiredo Moreira Neto, Weida Zancaner, Antônio Carlos Cintra do Amaral, entre outros).

A última corrente, capitaneada pelo saudoso publicista Miguel Seabra Fagundes, sustenta a existência de uma divisão tríplice: nulos, anuláveis e irregulares, andando bem próxima da anterior.

Sem negar premissas às diferentes teorias, é de suma importância ressaltar que todas as correntes negam a possibilidade de convalidação dos atos nulos.

Celso Bandeira de Mello, adotando tese de Cintra do Amaral, destaca que "o critério decisivo para distinguir os tipos de invalidade reside na possibilidade ou impossibilidade de convalidar-se o vício do ato".[1139] Zanella Di Pietro, comentando e ratificando o entendimento, acrescenta: "Os atos nulos são os que não podem ser convalidados; entram nessa categoria: os atos que a lei assim declare [...]".[1140]

Assim, a possibilidade de convalidação apenas dar-se-ia quanto aos atos inválidos considerados anuláveis. Bandeira de Mello acrescenta: "Só os anuláveis podem ser convalidados; os nulos não".[1141]

Pois bem, a Nova Lei, materializando o que Flávio Teixeira Júnior e Marcos Nóbrega denominaram de "legalidade funcional", transpassa essas velhas teorias à medida que impõe a obrigatoriedade de a Administração analisar pelo menos onze requisitos no momento de decidir ou não pela suspensão da execução ou anulação de determinando contrato.[1142]

Assim, sinaliza o art. 147 que, constatada irregularidade no procedimento licitatório ou na execução contratual, caso não seja possível o saneamento, a decisão sobre a suspensão da execução ou sobre a declaração de nulidade do contrato somente será adotada na hipótese em que se revelar medida de interesse público, com avaliação, entre outros, dos seguintes aspectos:

- Impactos econômicos e financeiros decorrentes do atraso na fruição dos benefícios do objeto do contrato;
- Riscos sociais, ambientais e à segurança da população local decorrentes do atraso na fruição dos benefícios do objeto do contrato;
- Motivação social e ambiental do contrato;
- Custo da deterioração ou da perda das parcelas executadas;
- Despesa necessária à preservação das instalações e dos serviços já executados;
- Despesa inerente à desmobilização e ao posterior retorno às atividades;
- Medidas efetivamente adotadas pelo titular do órgão ou entidade para o saneamento dos indícios de irregularidades apontados;

1139 BANDEIRA DE MELLO. *Elementos de direito administrativo*. 3. ed.

1140 DI PIETRO. *Direito administrativo*. 2. ed.

1141 BANDEIRA DE MELLO. *Elementos de direito administrativo*. 3. ed.

1142 TEIXEIRA JÚNIOR; NÓBREGA. *A Teoria das Invalidades na nova lei de Contratações Públicas e o equilíbrio dos interesses envolvidos*.

- Custo total e estágio de execução física e financeira dos contratos, dos convênios, das obras ou das parcelas envolvidas;
- Fechamento de postos de trabalho diretos e indiretos em razão da paralisação;
- Custo para realização de nova licitação ou celebração de novo contrato; e
- Custo de oportunidade do capital durante o período de paralisação.

E mais: como impõe o §1º, caso a paralisação ou a anulação não se revele medida de interesse público, o Poder Público deverá optar pela continuidade do contrato e pela solução da irregularidade por meio de indenização por perdas e danos, sem prejuízo da apuração de responsabilidade e da aplicação de penalidades cabíveis.

Como sintetizam Flávio Teixeira Júnior e Pablo de Souza, o que se vê, portanto, é a substituição da teoria das nulidades contida na Lei nº 8.666/1993 pela adoção de uma teoria das nulidades que privilegia o dever de concretude em detrimento de formalismos, representando verdadeiro destrave jurídico à situação das obras paralisadas.[1143]

Tais regras decorrem, é claro, de premissas traçadas no art. 21 e §1º da Lei de Introdução às Normas de Direito Brasileiro (LINDB), as quais pontuam que a decisão que, nas esferas administrativa, controladora ou judicial, decretar a invalidação de ato, contrato, ajuste, processo ou norma administrativa deverá indicar de modo expresso suas consequências jurídicas e administrativas, e elencar as condições para que a regularização ocorra de modo proporcional, equânime e sem prejuízo aos interesses gerais, não se podendo impor aos sujeitos atingidos ônus ou perdas que, em função das peculiaridades do caso, sejam anormais ou excessivos.

Contudo, apesar de ter o condão de "destravar juridicamente obras paralisadas", avistam-se complicações na aplicação prática, podendo o uso do interesse público para fundamentar a decisão da autoridade competente sobre a suspensão ou a declaração de nulidade do contrato, diante da constatação de irregularidades insanáveis, ainda que se lance mão de um elenco de situações a serem consideradas, constituir uma porta aberta para fraudes e desvios.

Ao classificar o artigo como inovador, Antonio Anastasia, ministro do TCU, enfatizando que a medida é de fundamental importância para a manutenção dos serviços públicos essenciais, como, por exemplo, a coleta de lixo urbano, destacou a importância de os órgãos de controle, ao apreciarem casos concretos, perceberem as circunstâncias que levaram o gestor público a tomar a decisão permitida no dispositivo.

> Temos que ser mais corajosos, pois, do contrário, se ficarmos inertes, haverá o famoso apagão das canetas e, ao mesmo tempo, não teremos a boa prestação dos serviços públicos que são necessários.[1144]

É certo que a intenção da regra, com a maleabilidade na aplicação do direito que o dispositivo possibilita, é oferecer maior segurança jurídica aos interesses a aos objetivos potenciais de uma licitação.

[1143] TEIXEIRA JÚNIOR; SOUZA. *A teoria das nulidades na nova lei de licitações.*

[1144] Cf.: Ministro do TCU cita 10 pontos polêmicos da Nova Lei de Licitações no encerramento de fórum promovido pelo TCE/SC. *Tribunal de Contas de Santa Catarina*, 01 set. 2022. Disponível em: https://www.tcesc.tc.br/ministro-do-tcu-cita-10-pontos-polemicos-da-nova-lei-de-licitacoes-no-encerramento-de-forum. Acesso em 13 fev. 2023.

Assim, ao se deparar com uma possível nulidade de um ato licitatório ou contratual, o gestor público deverá ponderar as consequências práticas da decisão que tomará.

Destarte, doravante, a Administração está autorizada a avaliar os atos levando em conta o máximo interesse público. Concluindo que será mais vantajoso para o Poder Público manter a licitação ou o contrato, mesmo com a constatação do vício de legalidade, poderá mantê-los.

Contudo, como assenta Francisco Sérgio Alves, haverá o dever de demonstração dos valores relacionados aos aspectos econômicos suscitados no dispositivo, sendo incabível a utilização genérica da satisfação do interesse público, sem o respaldo das premissas supramencionadas.[1145]

Averbe-se a existência de certa resistência ao preconizado no preceptivo por parte da doutrina, calcando-se na teoria de que o ato nulo não encontra guarida no ordenamento jurídico. *Vide*, por exemplo, a assertiva de Álvaro Capagio e Noel Baratieri:

> A redação da lei peca no que tange ao instituto jurídico aplicável. Se o ato é nulo, não resta qualquer escolha entre declarar sua nulidade ou não, porque o ato nulo não encontra guarida no ordenamento jurídico.[1146]

[1145] ALVES. *Lei de licitações e contratos comentada.*

[1146] CAPAGIO; BARATIERI. O parecer jurídico. *In*: HARGER (Coord.). *Aspectos polêmicos sobre a nova lei de licitações e contratos administrativos*: Lei nº 14.133/2021.

Art. 148. A declaração de nulidade do contrato administrativo requererá análise prévia do interesse público envolvido, na forma do art. 147 desta Lei, e operará retroativamente, impedindo os efeitos jurídicos que o contrato deveria produzir ordinariamente e desconstituindo os já produzidos.

§1º Caso não seja possível o retorno à situação fática anterior, a nulidade será resolvida pela indenização por perdas e danos, sem prejuízo da apuração de responsabilidade e aplicação das penalidades cabíveis.

§2º Ao declarar a nulidade do contrato, a autoridade, com vistas à continuidade da atividade administrativa, poderá decidir que ela só tenha eficácia em momento futuro, suficiente para efetuar nova contratação, por prazo de até 6 (seis) meses, prorrogável uma única vez.

Artigo 148 e Parágrafos 1º e 2º

1 Análise prévia do interesse público na declaração de nulidade

Dando continuidade à nova forma de encarar a nulidade contratual, o art. 148 dispõe que a declaração de nulidade do contrato administrativo requererá análise prévia do interesse público envolvido, na forma preceituada no art. 147, e operará retroativamente, impedindo os efeitos jurídicos que o contrato deveria produzir ordinariamente e desconstituindo os já produzidos.

Assim, embora a lei pretenda salvar o contrato, buscando saneá-lo, na hipótese em que se revelar medida de interesse público, com avaliação dos aspectos citados no art. 147, entre outros que julgar necessário, mantém como regra, como não poderia deixar de ser, que a nulidade de um contrato gera efeitos *ex tunc*.

Segundo o parágrafo §1º, na impossibilidade do retorno à situação fática anterior, a nulidade será resolvida pela indenização por perdas e danos, sem prejuízo da apuração de responsabilidade e aplicação das penalidades cabíveis.

Não obstante a lei reconhecer o efeito *ex tunc* da declaração de nulidade do contrato, o §2º, ainda mais inovador, permite que, ao declarar a nulidade do contrato, a autoridade, com vistas à continuidade da atividade administrativa, poderá decidir que ela só tenha eficácia em momento futuro, suficiente para efetuar nova contratação, por prazo de até 6 (seis) meses, prorrogável uma única vez.

Trata-se de medida extremada do legislador, passível de questionamentos, que exigirá a máxima cautela dos gestores públicos na fundamentação de decisões dessa natureza.

Como anotado nos comentários ao artigo anterior, é cediço que tal regramento parte das premissas traçadas no art. 21 e §1º da Lei de Introdução às Normas de Direito Brasileiro (LINDB), as quais delineiam que a decisão que, nas esferas administrativa, controladora ou judicial, decretar a invalidação de contrato, deverá indicar de modo expresso suas consequências jurídicas e administrativas, e apontar as condições para que a regularização ocorra de forma proporcional, equânime e sem prejuízo aos interesses gerais, não se podendo impor aos sujeitos atingidos ônus ou perdas que, em função das peculiaridades do caso, sejam anormais ou excessivos.

Art. 149. A nulidade não exonerará a Administração do dever de indenizar o contratado pelo que houver executado até a data em que for declarada ou tornada eficaz, bem como por outros prejuízos regularmente comprovados, desde que não lhe seja imputável, e será promovida a responsabilização de quem lhe tenha dado causa.

Artigo 149

1 O dever de indenizar

Mesmo no caso de contrato nulo ou de inexistência de contrato, é possível tornar devido o pagamento dos trabalhos realizados para a Administração ou dos fornecimentos a ela realizados, não com fundamento em obrigação contratual, ausente na espécie, mas, sim, no dever moral de indenizar o benefício auferido pelo Estado, que não pode tirar proveito da atividade do particular sem o correspondente pagamento.[1147]

Contudo, faz-se mister não esquecer da subsistência da responsabilidade civil do Estado, que não tem conexão com as disposições de isenções constantes no parágrafo em comento.

É cediço, no campo dos contratos administrativos, como, de resto, de todos os atos administrativos, que a tese da isenção absoluta já ficou para trás faz tempo. Há de se reconhecer, portanto, a necessidade do respeito aos direitos preexistentes, baseando-se sempre nos fatos e atos jurídicos dos quais tais direitos resultaram.

No insuperável *O direito e a vida dos direitos*, Vicente Ráo alerta que "o que se veda à Administração é revogar o ato próprio por motivo de oportunidade, sem reparação dos direitos que originou e se tornaram perfeitos",[1148] o que também se obriga à Administração, no caso do contratante de boa-fé.

Nesse passo, também Themístocles Brandão Cavalcanti, em obra ímpar: "Desde que produziu consequências jurídicas, criou situações novas, é evidente que a autoridade administrativa fica adstrita ao respeito àqueles direitos [...].[1149]

[1147] A nulidade de contrato administrativo não exonera a Administração Pública de reembolsar o contrato de serviço já prestado, por parte da obra já executada ou pelos produtos já entregues, porque, do contrário, haveria enriquecimento sem causa. Com esse entendimento, a Segunda Turma do Superior Tribunal de Justiça (STJ) manteve a decisão que determinou o pagamento, pelo Estado de Sergipe, de cerca de R$26 mil à empresa Emlimge Serviços Gerais Comércio e Representação Ltda. No caso, a empresa propôs uma ação contra o estado para receber valores referentes a um contrato para fornecimento de 296 mil espigas de milho à rede escolar estadual, no valor de R$59,2 mil. O estado contestou afirmando que houve prática de irregularidades no curso da licitação que teriam gerado a suspensão do pagamento do crédito à empresa. O juízo de primeiro grau condenou o estado ao pagamento do valor de R$26,6 mil, corrigido monetariamente desde 06.08.1999, com base no INPC. O Ministério Público e o estado apelaram, mas o Tribunal de Justiça de Sergipe (TJSE) manteve a sentença. Inconformados, recorreram sustentando evidente má-fé e superfaturamento dos preços que ensejariam a nulidade do contrato administrativo de fornecimento de insumos alimentícios sem direito à indenização para a Emlimge. Em seu voto, o relator, ministro Mauro Campbell Marques, destacou ser pacífico o entendimento do STJ de que a nulidade de contrato administrativo não exonera a Administração Pública de reembolsar o contrato pelo serviço já prestado, por parte da obra já executada ou pelos produtos já entregues, porque, do contrário, haveria enriquecimento sem causa (cf.: http://www.stj.jus.br).

[1148] RÁO. *O direito e a vida dos direitos*. 5. ed.

[1149] CAVALCANTI. *Tratado de direito administrativo*. 5. ed. v. 2.

Ora, ainda que tenha ocorrido a anulação do contrato, as consequências do ato que a efetivou não podem subsistir em relação aos chamados "terceiros de boa-fé". Daí, além da óbvia obrigação de pagar pelo já executado (que ocorrerá por meio de indenização e não com fulcro em contrato inexistente), poderá subsistir a obrigação de indenizar por danos e lucros futuros possíveis, caso o contrato fosse executado normalmente, não sendo admissível à Administração locupletar-se com o prejuízo alheio. Em consequência, ocorrendo como o narrado, conclui-se que o contratado estará acobertado pelo direito subjetivo, podendo acionar diretamente o Estado.[1150]

[1150] Tupinambá Miguel Castro do Nascimento alerta que não é ponto univocamente pacífico que o ingresso da ação deva ser realizado diretamente contra o Estado:
"A redação das normas constitucionais pertinentes, ao colocar as pessoas jurídicas de direito público como respondendo pelos danos causados por seus agentes, e estes só na hipótese de ação regressiva, é conclusiva, a nosso ver, de que a ação deve ser intentada diretamente contra o Estado. Neste sentido, o magistério de Hely Lopes Meirelles, afirmando que o legislador constituinte bem superou as responsabilidades: o Estado indeniza vítima; o funcionário indeniza o Estado, regressivamente. Celso Antônio Bandeira de Mello adota orientação diversa, no sentido de que a vítima pode propor ação de indenização contra o agente, contra o Estado, ou contra ambos, uma vez que a norma constitucional busca proteger o administrado, oferecendo-lhe um patrimônio solvente e a possibilidade de responsabilidade objetiva, em muitos casos". (NASCIMENTO. *Responsabilidade civil do Estado*).

Art. 150. Nenhuma contratação será feita sem a caracterização adequada de seu objeto e sem a indicação dos créditos orçamentários para pagamento das parcelas contratuais vincendas no exercício em que for realizada a contratação, sob pena de nulidade do ato e de responsabilização de quem lhe tiver dado causa.

Artigo 150

1 A caracterização do objeto da contratação e a indicação dos créditos orçamentários

O dispositivo vincula a Administração a duas providências para qualquer contratação: definição adequada do objeto e indicação de existência de créditos orçamentários.

Inexistindo os dois pressupostos, dispõe a lei pela nulidade de todo o ato, além de responsabilização de quem o ordenou.

2 A observação da Lei de Responsabilidade Fiscal

Nas contratações públicas há de se observar também o disposto nos arts. 15 e 16 da Lei de Responsabilidade Fiscal (Lei Complementar nº 101/2000), prescritos no capítulo voltado à Despesa Pública.

Prescrevem tais dispositivos:

> Art. 15. Serão consideradas não autorizadas, irregulares e lesivas ao patrimônio público a geração de despesa ou assunção de obrigação que não atendam o disposto nos arts. 16 e 17.
>
> Art. 16. A criação, expansão ou aperfeiçoamento de ação governamental que acarrete aumento da despesa será acompanhado de:
>
> I – estimativa do impacto orçamentário-financeiro no exercício em que deva entrar em vigor e nos dois subsequentes;
>
> II – declaração do ordenador da despesa de que o aumento tem adequação orçamentária e financeira com a lei orçamentária anual e compatibilidade com o plano plurianual e com a lei de diretrizes orçamentárias.
>
> §1º Para os fins desta Lei, considera-se:
>
> I – adequada com a lei orçamentária anual, a despesa objeto de dotação específica e suficiente, ou que esteja abrangida por crédito genérico, de forma que somadas todas as despesas da mesma espécie, realizadas e a realizar, previstas no programa de trabalho, não sejam ultrapassados os limites estabelecidos para o exercício;
>
> II – compatível com o plano plurianual e a lei de diretrizes orçamentárias, a despesa que se conforme com as diretrizes, objetivos, prioridades e metas previstos nesses instrumentos e não infrinja qualquer de suas disposições.
>
> §2º A estimativa de que trata o inciso I do *caput* será acompanhada das premissas e metodologia de cálculo utilizadas;
>
> §3º Ressalva-se do disposto neste artigo a despesa considerada irrelevante, nos termos em que dispuser a lei de diretrizes orçamentárias.

§4º As normas do *caput* constituem condição prévia para:

I – empenho e licitação de serviços, fornecimento de bens ou execução de obras;

II – desapropriação de imóveis urbanos a que se refere o §3º do art. 182 da Constituição.[1151]

Esse último parágrafo, como se vê, estabelece que tais regras são condicionantes para a emissão do empenho e para a licitação de serviços, fornecimento de bens ou execução de obras. Portanto, despesas realizadas sem a devida adequação serão lesivas ao patrimônio público, caracterizando-se crime de responsabilidade.

Como leciona Benedicto de Tolosa:

> A despesa adequada à Lei Orçamentária anual é aquela cujo objeto tenha dotação específica e suficiente, ou seja, que esteja abrangida por crédito genérico, de forma que somadas todas as despesas da mesma espécie, realizadas ou a realizar, previstas no programa de trabalho, não sejam ultrapassados os limites estabelecidos para o exercício.
>
> Por outro lado, a despesa é compatível com o plano plurianual e com a lei de diretrizes orçamentárias, quando se coaduna com as diretrizes, os objetivos, as prioridades e as metas previstos nesses instrumentos.
>
> A observação rigorosa dessas regras é condição prévia para o empenho e a licitação de serviços, fornecimento de bens e execução de obras, devendo ser demonstrada no respectivo procedimento administrativo.[1152]

A vedação de aumento de despesa em face da criação, expansão ou aperfeiçoamento de ação governamental, a partir das considerações do §1º, que determina o somatório de todas as despesas da mesma espécie, realizadas e a realizar, previstas no programa de trabalho, não só proíbe aumentos no âmbito do crédito orçamentário, como também no âmbito do projeto ou da atividade. Assim, em nossa ótica, o cumprimento do disposto no art. 16 da LRF somente será obrigatório quando existir um aumento de despesa em função de criação de ação governamental nova ou de expansão ou aperfeiçoamento das atividades.

[1151] O dispositivo constitucional mencionado tem o seguinte texto:
"Art. 182. A política de desenvolvimento urbano, executada pelo Poder Público municipal, conforme diretrizes gerais fixadas em lei, tem por objetivo ordenar o pleno desenvolvimento das funções sociais da cidade e garantir o bem-estar de seus habitantes. [...]
§3º As desapropriações de imóveis urbanos serão feitas com prévia e justa indenização em dinheiro".

[1152] TOLOSA FILHO. *Comentários à nova Lei de Responsabilidade Fiscal*. 2. ed.

CAPÍTULO XII
DOS MEIOS ALTERNATIVOS DE RESOLUÇÃO DE CONTROVÉRSIAS

Art. 151. Nas contratações regidas por esta Lei, poderão ser utilizados meios alternativos de prevenção e resolução de controvérsias, notadamente a conciliação, a mediação, o comitê de resolução de disputas e a arbitragem.
Parágrafo único. Será aplicado o disposto no caput deste artigo às controvérsias relacionadas a direitos patrimoniais disponíveis, como as questões relacionadas ao restabelecimento do equilíbrio econômico-financeiro do contrato, ao inadimplemento de obrigações contratuais por quaisquer das partes e ao cálculo de indenizações.

Artigo 151 e Parágrafo único

1 Meios alternativos de prevenção e resolução de controvérsias

Este capítulo XII – Dos meios alternativos de resolução de controvérsias – tem ligação direta com os incs. II e III do art. 138, que versam sobre a extinção do contrato na forma consensual, por acordo entre as partes, por conciliação, por mediação ou por comitê de resolução de disputas, desde que haja interesse da Administração, ou determinada por decisão arbitral, em decorrência de cláusula compromissória ou compromisso arbitral, ou por decisão judicial.

Em vez de remetermos aos comentários aos incisos mencionados, os reproduzimos a seguir, para facilitação, com as devidas adaptações.

A extinção amigável é aquela que ocorre por mútuo consenso, processando-se quando as partes entendem não ser conveniente manter o contrato.

Conforme já anotamos, "para a solução amigável, há de se ter consenso, ou seja, as partes devem concordar mutuamente com o desfazimento contratual".[1153]

Como para que se caracterize a conveniência da extinção contratual é necessário que exista fato motivador bem justificado, a lei exige a fundamentação por escrito pela autoridade competente.

É imperioso ressaltar, contudo, que a extinção contratual consensual que provoque algum tipo de prejuízo para a Administração poderá vir a ser invalidada por meio de "ação popular", com responsabilização de quem lhe deu causa.

Além do simples acordo entre as partes, ainda na esfera consensual, a extinção do contrato também poderá sobrevir por intermédio da conciliação, da mediação ou por intermédio de comitê de resolução de disputas (*dispute boards*).

São inovações da Nova Lei muito bem-vindas em sede de contratos administrativos, por estabelecerem relevantes instrumentos jurídicos de solução de conflitos, cada vez mais adotados em todo o mundo.

Observe-se que os §§2º e 3º do art. 3º do Código de Processo Civil – CPC (Lei nº 13.105/2015), incentivam a adoção dessas ferramentas:

[1153] BITTENCOURT. *Licitação passo a passo*. 11. ed.

§2º O Estado promoverá, sempre que possível, a solução consensual dos conflitos.

§3º A conciliação, a mediação e outros métodos de solução consensual de conflitos deverão ser estimulados por juízes, advogados, defensores públicos e membros do Ministério Público, inclusive no curso do processo judicial.

As regras sobre a conciliação e a mediação constam do art. 165 ao art. 175 do CPC. Apesar de comporem métodos bastante próximos, o citado art. 165 estabelece diferenciação entre mediadores e conciliadores. O conciliador atua preferencialmente nas ações que não haja vínculo entre as partes, e pode sugerir soluções; e o mediador atua preferencialmente nos casos em que as partes possuem vínculos, buscando restabelecer o diálogo e permitir que elas proponham soluções consensuais que gerem benefícios mútuos.

Art. 165. Os tribunais criarão centros judiciários de solução consensual de conflitos, responsáveis pela realização de sessões e audiências de conciliação e mediação e pelo desenvolvimento de programas destinados a auxiliar, orientar e estimular a autocomposição.

§1º A composição e a organização dos centros serão definidas pelo respectivo tribunal, observadas as normas do Conselho Nacional de Justiça.

§2º O conciliador, que atuará preferencialmente nos casos em que não houver vínculo anterior entre as partes, poderá sugerir soluções para o litígio, sendo vedada a utilização de qualquer tipo de constrangimento ou intimidação para que as partes conciliem.

§3º O mediador, que atuará preferencialmente nos casos em que houver vínculo anterior entre as partes, auxiliará aos interessados a compreender as questões e os interesses em conflito, de modo que eles possam, pelo restabelecimento da comunicação, identificar, por si próprios, soluções consensuais que gerem benefícios mútuos.

A mediação é o mecanismo de abordagem consensual de controvérsias em que uma pessoa isenta e capacitada, chamada de mediador, atua tecnicamente com vistas a facilitar a comunicação entre os envolvidos para que eles possam encontrar formas produtivas de lidar com as disputas.[1154] Não cabe ao mediador apontar a solução e nem impor uma decisão sobre o fato, mas fazer com que as partes decidam o que vai ser da relação em si, solucionando o conflito de forma mais fácil.[1155]

A conciliação é o método utilizado em conflitos no qual o terceiro facilitador adota uma posição mais proativa, porém neutra e imparcial com relação ao conflito.[1156]

O *dispute board* (comitê de disputa) é o mecanismo extrajudicial de resolução de conflitos adotado em contratos de prestação continuada, de média e longa duração, instrumentalizado por um comitê de profissionais imparciais (geralmente três, sendo dois engenheiros e um advogado), que emitem recomendações e/ou decisões sobre dada matéria e com base nos fatos e documentos apresentados. Sua utilização no Brasil foi difundida em contratos públicos, especialmente nos de concessões e de parcerias público-privadas.[1157]

1154 TARTUCE. Mediação no Novo CPC: questionamentos reflexivos. *In*: FREIRE *et al.* (Orgs.). *Novas Tendências do Processo Civil.*

1155 RODRIGUES. *Conciliação e mediação.*

1156 FREITAS. *Advocacia, mediação e conciliação.*

1157 CRUZ. *Dispute Board.*

A adoção na Nova Lei de Licitações revela uma tendência ao uso da consensualidade nos contratos públicos.

Quando a extinção contratual não se opera consensualmente, o litígio se instala, e as opções para o desfazimento do contrato serão por intermédio da arbitragem ou por via judicial.

A adoção da via arbitral é novidade trazida pela Nova Lei de Licitações.

Em 1996 foi sancionada a Lei de Arbitragem brasileira (Lei nº 9.307). Um excelente instituto, pois pode resolver rapidamente os litígios, sem a excessiva demora e a onerosidade da justiça.

A arbitragem pode ser definida como o mecanismo extrajudicial de resolução de conflitos, por meio do qual árbitros indicados pelas partes resolvem divergências relativas a direitos patrimoniais disponíveis.

Sobre a Lei de Arbitragem, discorreu Fábio Nusdeo:

> A lei, ao englobar a antiga cláusula compromissória e o compromisso na figura da conservação arbitral, procura remover o entrave maior à disseminação da arbitragem firmando o velho princípio do *electra una via, regressum ad alteram nom datur,* o que representa, em última análise, a consagração da boa-fé como base dos contratos em geral e, de maneira particular, dos internacionais.[1158]

Muito se discutiu ao longo dos anos sobre a possível admissão da cláusula da arbitragem nos contratos celebrados pela Administração Pública.

Evidenciava-se a impossibilidade da adoção, diante dos termos do art. 1º da Lei de Arbitragem, que informavam que o regramento só seria válido para litígios relativos a direitos patrimoniais disponíveis.

Nesse pé, apreciando o âmbito de aplicação do juízo arbitral, verificava-se que o alcance normativo se cingia aos direitos de índole particular, não albergando, por conseguinte, os "direitos indisponíveis", tais como os coletivos e os difusos. Logo, não abrangia os direitos de família, os referentes à capacidade das pessoas, os falimentares e quase todos os referentes ao direito público.

Ocorre que a Lei nº 9.307/1996 foi alterada pela Lei nº 13.129/2015. Uma das principais mudanças foi a inserção de dispositivo autorizando expressamente o uso da arbitragem pela Administração Pública direta e indireta na resolução de conflitos relativos a direitos patrimoniais disponíveis.

Leia-se o §1º do art. 1º da Lei de Arbitragem:

> Art. 1º As pessoas capazes de contratar poderão valer-se da arbitragem para dirimir litígios relativos a direitos patrimoniais disponíveis.
>
> §1º A administração pública direta e indireta poderá utilizar-se da arbitragem para dirimir conflitos relativos a direitos patrimoniais disponíveis.

1158 Em prefácio na obra *Arbitragem*: a nova Lei brasileira nº 9.307/96 e a praxe internacional. (CASELLA. *Arbitragem*): "Devemos salientar que, no direito brasileiro, não tem funcionado com muita frequência. A instituição de juízo arbitral é, todavia, frequente em outros países, especialmente nos litígios comerciais, e em particular nos conflitos decorrentes de contratos internacionais". (WALD. *Obrigações e contratos*. 8. ed.).

E mais: outros dois dispositivos inseridos no mesmo art. 1º se referem diretamente à Administração Pública: a) o §2º, conforme o qual a autoridade ou o órgão competente da Administração Pública direta para a celebração de convenção de arbitragem será a mesma que a celebrante de acordos ou transações; e b) o §3º, que prevê que a arbitragem envolvendo a Administração Pública sempre será de direito e respeitará o princípio da publicidade.

Pois bem, trocando em miúdos, de acordo com o supramencionado §1º, a submissão de litígios a arbitragens também é aplicável à Administração Pública, mas tão somente os direitos patrimoniais disponíveis poderão ser dirimidos por esse método, isto é, apenas os conflitos que envolvam tais direitos.

Ao avaliarmos a questão, dispusemos à época:

> Nesse contexto, apesar da mudança, não se percebe diferenças procedimentais em relação ao texto pretérito, haja vista que a Administração, que é regida pelo regime jurídico de direito público, tem por obrigação levar em conta, na sua atuação, a supremacia do interesse público sobre o privado, considerando a indisponibilidade dos interesses públicos.
>
> Nesse passo, em função do poder de império do Estado nos contratos que celebra em prol do interesse público primário, que se relacionam a direitos indisponíveis, a princípio, não há que se falar no uso do arbitramento com largo espectro nos contratos administrativos.[1159]

José Augusto Costa e Gabriele Tusa observaram que a questão encontrava solução na própria conceituação de contrato administrativo:

> [...] há contratos em que os entes públicos atuam como agentes privados, embora sempre tenham de respeitar os princípios que regulam a atividade administrativa. Neste campo, pode-se falar em direitos cujo titular é pessoa jurídica de direito público, mas em função dos próprios interesses da Administração, cunham-se como disponíveis.
>
> Vale dizer, sempre que o Estado esteja agindo como ente privado, pode ocorrer a situação em que a disponibilidade sobre certo direito venha justamente a proteger o interesse geral. É então que os sujeitos públicos podem recorrer à arbitragem como meio de solução dos litígios.
>
> Supondo as vantagens da celeridade e tecnicidade do juízo arbitral, não seria razoável afastar de plano estas do Estado. Ademais, no tráfico privado é importante observar que a igualdade jurídica entre os operadores constitui um importante fator na escolha dos contratados. Ora, a suposta proteção ao interesse geral pela apreciação exclusiva pelo Judiciário dos litígios em que um ente público está envolvido, constituiria nesses casos uma evidente desvantagem para o Estado, coisa que, por si só, estaria ferindo o interesse geral.
>
> A vinculação ao Direito Público implica necessariamente a impossibilidade do Estado de abrir mão de seus direitos por mera liberalidade para com a outra parte, pois diversamente estaria sendo prejudicado o próprio interesse público. Assim, a possibilidade de contratar – bem como a de submeter os litígios à arbitragem – do Estado é fruto das normas de interesse público das quais este não pode fugir, já que a finalidade precípua do ajuste é sempre o atendimento das necessidades coletivas.
>
> Poder-se-ia dizer, tendo em vista a possibilidade de aplicação subsidiária das normas de direito privado, que no tocante a estas disposições o Estado poderia livremente transigir, eis que estaria equiparado a um particular. Ocorre que, para tanto, seria necessário

[1159] BITTENCOURT. *Licitação passo a passo.* 11. ed.

> observar-se que o objeto desta transação culminasse por não ferir o interesse coletivo. Como argumentado [...], esta possibilidade pode ocorrer, o que impede concluir-se pela possibilidade do Poder Público, em situações bem especificadas e em benefício do interesse coletivo, poder servir-se da arbitragem para a solução de certos conflitos.[1160]

Também nesse sentido eram as ponderações de José dos Santos Carvalho Filho:

> Não há dúvida de que o Estado há de ter cautela redobrada no que tange ao emprego dos recursos públicos, visto que estes se originam, em última instancia, dos integrantes da coletividade. Entretanto, o sentido moderno do princípio da legalidade não implica a vedação para que o Estado celebre transações, sobretudo quando é a própria lei que o estabelece. Por outro lado, a indisponibilidade dos bens públicos significa apenas que o Poder Público não pode disponibilizar seus recursos com total liberdade, como o fazem os particulares em geral, mas, por outro lado, nada impede que os empregue dentro de parâmetros de necessidade, utilidade e razoabilidade, até porque semelhante atividade se configura como *gestão* dos interesses públicos, o que não se confunde com indisponibilidade. Desse modo, conquanto seja vedada para algumas condutas que importem o exercício de poder de império ou a autoridade pública (*ius imperli*), a arbitragem pode ser adotada em situações nas quais seja predominante o aspecto de patrimonialidade, com incidência de indisponibilidade relativa. É o caso, por exemplo, de cláusulas financeiras em contratos celebrados pela Administração, sejam privados, sejam administrativos.[1161]

Na prática, contudo, verificou-se, a partir de então, grande adoção do instituto nos contratos administrativos, sob a alegação de que a grande maioria de conflitos concernentes à inadimplência de obrigações contratuais é enquadrável no rol de litígios relativos a direitos patrimoniais disponíveis (notadamente os inerentes a adimplemento e inadimplemento).

Na verdade, a arbitragem no setor público já vem sendo largamente utilizada: na Lei de Concessões (Lei nº 8.987/1995), na Lei das Parcerias Público-Privadas (Lei nº 11.079/2004), na Lei do RDC (Lei nº 12.462/2011) e, mais recentemente, na Lei das Estatais (Lei nº 13.303/2016).

Observe-se que, se manifestando sobre a matéria, o Superior Tribunal de Justiça (STJ) foi favorável à aplicação do juízo arbitral em litígios administrativos, quando presentes direitos patrimoniais disponíveis da Administração Pública, firmando entendimento na ideia de que o "indisponível é o interesse público, e não o interesse da Administração".[1162]

Nesse contexto, o parágrafo único deste dispositivo anota que a aplicação dar-se-á às controvérsias relacionadas a direitos patrimoniais disponíveis, como as questões relacionadas ao restabelecimento do equilíbrio econômico-financeiro do contrato, ao inadimplemento de obrigações contratuais por quaisquer das partes e ao cálculo de indenizações.

1160 COSTA; TUSA. Expectativas e âmbito de aplicabilidade da nova lei de arbitragem. *In*: CASELLA, (Org.). *Arbitragem*.

1161 CARVALHO FILHO. *Manual de Direito Administrativo*.

1162 STJ – Supremo Tribunal de Justiça. REsp. nº 904.813. Rel. Min. NANCY ANDRIGHI, j. 20.10.2010, v.u., *DJU* 28.2.2012.

Art. 152. A arbitragem será sempre de direito e observará o princípio da publicidade.

Artigo 152

1 Arbitragem de direito, com observação do princípio da publicidade

Este art. 152 dispõe, repetindo regra preconizada na Lei da Arbitragem (Lei nº 9.307/1996), que a arbitragem será sempre de direito e observará o princípio da publicidade.

A Lei da Arbitragem, em seu art. 2º, proporciona às partes envolvidas o exercício do livre arbítrio e do direito de escolha entre adotar regras de direito ou de equidade. Contudo, no que concerne ao Poder Público, é taxativa no §3º deste artigo, prescrevendo que a arbitragem que envolva a Administração Pública será sempre de direito e respeitará o princípio da publicidade.[1163]

Assim, ao lançar mão da arbitragem para resolução de controvérsias, a Administração deverá seguir tão somente as regras do ordenamento jurídico, devendo ser transparente em suas atitudes.

Muito se tem debatido sobre a compatibilização dessa compulsoriedade de respeito ao princípio constitucional da publicidade com o caráter confidencial que o processo arbitral normalmente ostenta. Assim, este mandamento deve ser interpretado com a cautela devida, pois um processo arbitral, em função de características específicas, não pode ser conduzido com o mesmo grau de publicidade de um processo judicial. Como assenta Joaquim de Paiva Muniz, "seria incomum conceber todas as audiências arbitrais abertas ao público ou com todos os documentos disponíveis para cópia de terceiros, em vista da sensibilidade de certas informações".[1164] Nesse contexto, recomenda, com inteira razão, que a publicidade seja relativizada, para se evitar abusos.

[1163] Lei nº 9.307/1996 – Art. 2º [...] §3º As arbitragens que envolvem a Administração Pública serão sempre de direito e respeitarão o princípio da publicidade.

[1164] MUNIZ. *Reforma da Lei de Arbitragem.*

Art. 153. Os contratos poderão ser aditados para permitir a adoção dos meios alternativos de resolução de controvérsias.

Artigo 153

1 Permissão da adoção dos meios alternativos de resolução de controvérsias por aditamento

Seguindo inovando, a Nova Lei autoriza que os contratos possam ser aditados para permitir a adoção dos meios alternativos (mediação, conciliação, comitê de resolução de disputas e arbitragem).

Evidentemente, melhor será que a cláusula de resolução de controvérsias já esteja prevista no edital.

Assim, diversamente da lei anterior, que só permitia dispor da situação de deslinde de disputas na celebração do contrato, agora é possível a inclusão posterior.

Art. 154. O processo de escolha dos árbitros, dos colegiados arbitrais e dos comitês de resolução de disputas observará critérios isonômicos, técnicos e transparentes.

Artigo 154

1 A escolha dos árbitros, dos colegiados arbitrais e dos comitês de resolução de disputas

Os meios de solução de controvérsias em substituição à atuação exclusiva do Poder Judiciário devem ser marcados pela autonomia da vontade das partes.

Vide que a Lei nº 9.307/1996, ao tratar da escolha de árbitros, faculta, em seu art. 13, que as partes escolham como árbitro qualquer pessoa capaz e que tenha a sua confiança, o que possibilita que o litígio seja decidido por profissionais que sejam experts no assunto a ser tratado.

Como leciona José Luis Bolzan de Moraes, ao contrário do processo judiciário, a arbitragem soluciona o litígio diretamente no ponto em que está em conflito, e, para isso, é realizada a escolha de árbitro, que deve ser especialista no assunto em conflito.[1165]

Vide que o dispositivo não indica a necessidade de realização de licitação no processo de escolha. Sustentou-se o elaborador da lei no consagrado entendimento de que a licitação não seria o meio adequado para escolha de árbitros, assim como para contratação de câmaras arbitrais.

Alysson Melo de Souza explica que isso ocorre porque a escolha do árbitro não ostenta natureza contratual, constituindo-se "ato jurídico unilateral de cunho discricionário", pois o árbitro exercerá uma função jurisdicional, sem qualquer compromisso com o ente público que revele uma compatibilidade com o procedimento licitatório, e, no tocante às câmaras arbitrais, porque caracteriza um verdadeiro "contrato da administração", em que prevalece uma relação horizontal entre as partes, sem as cláusulas exorbitantes que qualificam os contratos administrativos típicos.[1166] Além, é claro, da necessidade de celeridade, conflitando com o moroso procedimento licitatório.

Nessa contextura, este art. 154, ao preceituar que o processo de seleção dos árbitros, dos colegiados arbitrais e dos comitês de resolução de disputas observará critérios isonômicos, técnicos e transparentes, informa que os entes federativos deverão definir, nos seus respectivos regulamentos ou em outros atos normativos, seguindo essas regras, os seus métodos de escolha.

Registre-se que, na esfera da União, no âmbito do setor portuário e de transportes rodoviário, ferroviário, aquaviário e aeroportuário, para dirimir litígios que envol-

---

[1165] MORAES. *Mediação e Arbitragem.*

[1166] SOUZA. Os meios alternativos de resolução de controvérsias na Nova Lei de Licitações e Contratos Administrativos. *In*: CARVALHO *et al.* (Coord.). *Novo Direito das Licitações e Contratos Administrativos*: de acordo com a Lei 14.133/2021 (Nova Lei de Licitações).

vam a União ou as entidades da Administração Pública federal e concessionários, subconcessionários, permissionários, arrendatários, autorizatários ou operadores portuários, a escolha de câmaras arbitrais ocorre por meio de processo de credenciamento, conforme dispõe o Decreto nº 10.025/2019[21].

TÍTULO IV
DAS IRREGULARIDADES

CAPÍTULO I
DAS INFRAÇÕES E SANÇÕES ADMINISTRATIVAS

Art. 155. O licitante ou o contratado será responsabilizado administrativamente pelas seguintes infrações:

I – dar causa à inexecução parcial do contrato;

II – dar causa à inexecução parcial do contrato que cause grave dano à Administração, ao funcionamento dos serviços públicos ou ao interesse coletivo;

III – dar causa à inexecução total do contrato;

IV – deixar de entregar a documentação exigida para o certame;

V – não manter a proposta, salvo em decorrência de fato superveniente devidamente justificado;

VI – não celebrar o contrato ou não entregar a documentação exigida para a contratação, quando convocado dentro do prazo de validade de sua proposta;

VII – ensejar o retardamento da execução ou da entrega do objeto da licitação sem motivo justificado;

VIII – apresentar declaração ou documentação falsa exigida para o certame ou prestar declaração falsa durante a licitação ou a execução do contrato;

IX – fraudar a licitação ou praticar ato fraudulento na execução do contrato;

X – comportar-se de modo inidôneo ou cometer fraude de qualquer natureza;

XI – praticar atos ilícitos com vistas a frustrar os objetivos da licitação;

XII – praticar ato lesivo previsto no art. 5º da Lei nº 12.846, de 1º de agosto de 2013.

Artigo 155

1 Infrações administrativas

Como assentamos em livro específico,[1167] em sentido estrito, o termo *infração*, oriundo do latim *infractio* (de *infringere*: infringir), designa o fato violador de disposição legal, no qual há cominação de pena. Mas, como ensina De Plácido e Silva, em aspecto mais amplo, "também é aplicável a outras violações, resultantes do não cumprimento de obrigação, a que se imponha pena, não se restringindo, pois, às transgressões de regras legais ou regulamentares".[1168]

Quando a infração ocorre no âmbito administrativo, recebe a denominação de *infração administrativa*, que se configura em função de comportamento ilícito junto à

[1167] BITTENCOURT. *Infrações e crimes licitatórios*. 2.ed.

[1168] SILVA. *Vocabulário jurídico*. 3. ed.

Administração Pública, motivando a aplicação de uma *sanção administrativa*. Isso porque, conforme obtempera Celso Antônio Bandeira de Mello, a infração e a sanção jurídica são "temas indissoluvelmente ligados".[1169]

Conforme anotamos noutro trabalho,[1170] a infração administrativa é o descumprimento de uma norma administrativa para o qual se prevê sanção administrativa correspondente, cuja imposição é decidida por uma autoridade no exercício de função. Desse modo, é possível afirmar que as infrações administrativas são condutas contrárias a ditames normativos que autorizam a ingerência da Administração na vida do particular, com vistas à proteção de interesses tutelados pela sociedade, com penalizações de cunho administrativo. A essência administrativa de uma infração é distinguida pela natureza da sanção correspondente, que, por sua vez, é reconhecida pela autoridade competente para impô-la.

Na mesma toada, Eduardo Rocha Dias, trazendo à baila as lições de Kelsen e Lumia, sob a perspectiva da teoria geral do direito, observa que *ilícito* é conduta prevista na norma como pressuposto para a aplicação de uma sanção.[1171]

Como expõe o analista, as normas jurídicas se compõem de dois elementos: o *preceito*, que constitui o modelo de comportamento prescrito; e a *sanção*, que consigna um tratamento aflitivo – isto é, a privação de um bem: vida, liberdade, bens econômicos etc. – que o sistema legal vincula a um comportamento que supõe como violador do preceito (e que qualifica como ilícito).[1172]

A *sanção administrativa* é, por conseguinte, o ato punitivo que o ordenamento jurídico prevê em função do cometimento de uma infração administrativa, aplicado por órgãos da Administração Pública.

Registre-se que o sujeito ativo (isto é, o titular do bem jurídico violado: a Administração) possui o dever de impor a sanção administrativa ao sujeito passivo culpável (pessoa que incorreu na prática do ilícito).

Diversamente da lei anterior, que salpicava as infrações administrativas em artigos esparsos, a Nova Lei elenca neste art. 155, em doze incisos, as possíveis infrações a serem cometidas por licitante ou contratado, passíveis de responsabilização, sendo elas:

- Dar causa à inexecução parcial do contrato;
- Dar causa à inexecução parcial do contrato que cause grave dano à Administração, ao funcionamento dos serviços públicos ou ao interesse coletivo;
- Dar causa à inexecução total do contrato;
- Deixar de entregar a documentação exigida para o certame;
- Não manter a proposta, salvo em decorrência de fato superveniente devidamente justificado;
- Não celebrar o contrato ou não entregar a documentação exigida para a contratação, quando convocado dentro do prazo de validade de sua proposta;
- Ensejar o retardamento da execução ou da entrega do objeto da licitação sem motivo justificado;

1169 MELLO. *Curso de direito administrativo*. 30. ed.

1170 BITTENCOURT. *Comentários à Lei Anticorrupção*. 3. ed.

1171 MELLO. *Curso de direito administrativo*. 30. ed.

1172 DIAS. *Sanções administrativas aplicáveis a licitantes e contratados*.

- Apresentar declaração ou documentação falsa exigida para o certame ou prestar declaração falsa durante a licitação ou a execução do contrato;
- Fraudar a licitação ou praticar ato fraudulento na execução do contrato;
- Comportar-se de modo inidôneo ou cometer fraude de qualquer natureza;
- Praticar atos ilícitos com vistas a frustrar os objetivos da licitação; e
- Praticar ato lesivo previsto no art. 5º da Lei nº 12.846/2013 (Lei Anticorrupção).

Ao arrolar exaustivamente as condutas infracionais, a Nova Lei, ao mesmo tempo que didaticamente auxilia o agente público na elaboração do edital, delimita a atividade sancionadora, impedindo penalizações por práticas não previstas.[1173]

Nota-se, baseado na experiência adquirida ao longo dos anos de aplicação da lei de licitações anterior, que o legislador teve a preocupação de inserir um mecanismo que permita a punição de participantes irresponsáveis já na fase inicial do procedimento contratual, tal como realizado na Lei do Pregão (Lei nº 10.520/2002), que, adotando esse expediente, elencou, no art. 7º, as condutas infracionais.

Comentamos sobre este dispositivo da Lei do Pregão:

> De forma diversa do art. 87 da Lei nº 8.666/1993, a Lei nº 10.520/2002, que instituiu a modalidade licitatória pregão no ordenamento jurídico brasileiro, não restringiu a aplicação de sanções às situações de inexecução total ou parcial do contrato celebrado. Num texto compacto, mas com enfoque aberto, o art. 7º enfatiza a possibilidade de sancionamento tanto no curso do procedimento licitatório como durante a execução do objeto contratual.[1174]

Tal como na Lei do Pregão, o legislador da Nova Lei dispôs um elenco referindo-se a diversas condutas, tanto do licitante quanto do adjudicatário ou do contratado.

Como averbaram Fortini e Avelar, as infrações descritas abrangem três formas comportamentais distintas, passíveis de sancionamento: (a) as que perturbam o bom seguimento do processo licitatório; (b) as que determinam a inexecução parcial (com ou sem dano para a Administração) e total dos contratos; e (c) as relacionadas a condutas com maior grau de reprovabilidade, como as tipificadas pela Lei Anticorrupção (Lei nº12.846/2013).[1175]

Inciso I

1.1 Dar causa à inexecução parcial do contrato

O inciso qualifica como infração administrativa o contratado causar a inexecução parcial do acordo.

[1173] ENUNCIADO 15 – CONSELHO DE JUSTIÇA FEDERAL (1º Simpósio de Licitações e Contratos da Justiça Federal): "Diante da ocorrência de condutas infracionais tipificadas no art. 155 da Lei nº 14.133/2021, ao agente de contratação compete apenas a comunicação do fato à autoridade superior para fins de avaliação quanto à pertinência de instauração do processo administrativo sancionatório, sendo atentatória aos postulados da segregação de funções e da imparcialidade a atribuição de competências ao agente de contratação para promover a instrução e a deliberação quanto à aplicação e dosimetria de penalidade".

[1174] BITTENCOURT. *Infrações e crimes licitatórios.* 2. ed.

[1175] FORTINI; AVELAR. O direito administrativo sancionador: considerações sobre o PL 4253/20 e a futura lei de licitações.

Inexecutar o contrato é não realizar o compromisso assumido, descumprindo qualquer de suas cláusulas (expressas ou implícitas).

Trata-se de infração leve, não causadora de danos graves à Administração (*vide* que a inexecução parcial causadora de dano está qualificada no inc. II). Dessa forma, o §2º indica para o ilícito apenas a sanção de advertência, quando, é claro, não se justificar a imposição de penalidade mais grave. A intenção da qualificação do ilícito é impedir que infrações menos gravosas fiquem impunes.

Inciso II

1.2 Dar causa à inexecução parcial do contrato que cause grave dano à Administração, ao funcionamento dos serviços públicos ou ao interesse coletivo

As prerrogativas da Administração nos contratos administrativos, que afloram nas cláusulas exorbitantes, determinam um abrandamento do princípio que determina a imutabilidade dos contratos.

Apesar dessa característica especial, que permite alteração do contrato unilateralmente pela Administração, desde que nas formas que a lei autoriza,[1176] os contratos administrativos devem, em regra, ser cumpridos conforme o avençado, atendendo ao princípio *pacta sunt servanda*.

Por isso, é determinante que ocorra a fiel execução do contrato pelas partes, com pleno atendimento ao prescrito em suas cláusulas e às normas legais, respondendo as partes pelas consequências de um inadimplemento.

A inexecução das obrigações contratuais determina a responsabilização da parte que lhe deu causa.

Dependendo de como ocorrer a inexecução, também é cabível a responsabilização civil, demandando o dever de a parte inadimplente indenizar a outra por perdas e danos, sendo possível, ainda, a responsabilização penal, que ocorrerá na hipótese de caracterização de conduta penalmente reprovável.

Nesse passo, este inc. II qualifica como infração administrativa dar causa à inexecução parcial do contrato que cause grave dano:

- à Administração; ou
- ao funcionamento dos serviços públicos; ou
- ao interesse coletivo.

Em função das graves consequências do inadimplemento contratual em face da inexecução parcial do contrato, a penalidade deverá ser mais gravosa.

[1176] Marcos Juruena alerta que esse poder de alteração contratual não é ilimitado, não cabendo, por essa via, a descaracterização do objeto originalmente licitado, relembrando que a responsabilidade e a moralidade constituem parâmetros inafastáveis para a discricionariedade do Administrador (SOUTO. *Licitações e contratos administrativos*. 2. ed.).

Inciso III

1.3 Dar causa à inexecução total do contrato

A inexecução total do contrato é infração gravíssima, pois, nesse caso, o contratado estará descumprindo totalmente as obrigações assumidas.

Nessa hipótese, a infração praticada ensejará não só o sancionamento devido, mas também a extinção unilateral do contrato.

O natural pressuposto para a configuração da infração seria a existência de contrato. Contudo, consoante o previsto no §5º do art. 90, a recusa injustificada do adjudicatário em assinar o contrato ou em aceitar ou retirar o instrumento equivalente no prazo estabelecido pela Administração também caracterizará o descumprimento total da obrigação assumida, sujeitando o adjudicatário às penalidades legalmente estabelecidas e à imediata perda da garantia de proposta em favor do órgão ou entidade licitante.

Sobre a matéria, observamos:

> Adjudicatário é aquele a quem é atribuído o objeto da licitação, por tê-la vencido, e, por via de consequência, a quem a Administração outorga o direito de ser contratado para a execução do objeto pretendido. Trata-se de um direito subjetivo, o que permite ao mesmo pleitear judicialmente a celebração do acordo, caso o Poder Público realmente resolva assiná-lo.
>
> A Administração não está obrigada a contratar; todavia, caso o faça, lhe é imposto fazê-lo com o adjudicatário.
>
> Por outro lado, o adjudicatário não pode recusar-se a assinar o contrato (ou retirar o instrumento equivalente, isto é, o documento substitutivo que a Administração utilizar, como lhe é facultado em casos especiais), salvo se apresentar justificativa plausível e aceita pela Administração.
>
> A recusa injustificada sujeita o adjudicatário às sanções administrativas previstas (advertência, multa, impedimento de licitar ou contratar e declaração de inidoneidade), independentemente de responsabilização civil ou penal.
>
> O tratamento dado ao chamado "adjudicatário faltoso" é exatamente o mesmo que é determinado ao contratado inadimplente.
>
> Ao revés, não se deve confundir as figuras jurídicas que envolvem a hipótese. No caso do adjudicatário faltoso, a punição se dá em função do descumprimento total da obrigação assumida.
>
> Com a propositura de preço, participando efetivamente do certame licitatório, o adjudicatário assume um compromisso perante a Administração, qual seja, o de celebrar o contrato na forma proposta. Não atendendo ao chamado, frustra o objetivo da licitação e origina situação danosa para a Administração. A proposta apresentada caracteriza-se como uma responsabilidade pré-contratual, passível, nos termos da lei, de sanção por descumprimento.
>
> Já o "contratado inadimplente" deverá ser punido em função do não atendimento do compromisso contratual assumido.
>
> É de se alertar para dois aspectos de vital importância: (a) a sanção pecuniária (multa) só poderá ser aplicada se no instrumento convocatório constar, de forma explícita, essa possibilidade, com indicação precisa do percentual sobre o valor proposto; e (b) a Administração não pode relevar aplicação da penalização, por não ser lícito ao administrador público renunciar a direito do Estado.

Inciso IV

1.4 Deixar de entregar a documentação exigida para o certame

Para participar das competições licitatórias, é necessário que os interessados demonstrem qualificação para a execução do objeto pretendido pela Administração Pública.

Para tanto, a Nova Lei preceitua que o processo de licitação deverá observar fases distintas e sequenciais, sendo uma delas a "de habilitação", que, a princípio disposta como quinta, após as fases "preparatória", "de divulgação do edital de licitação", "de apresentação de propostas e lances" e "de julgamento", poderá, mediante ato motivado com explicitação dos benefícios decorrentes, anteceder as duas fases que lhe antecedem ("de apresentação de propostas e lances" e "de julgamento"), desde que expressamente previsto no edital de licitação.

A fase de habilitação, conforme dispõe o art. 62, é a etapa da licitação em que se verifica o conjunto de informações e documentos necessários e suficientes para demonstrar a capacidade do licitante de realizar o objeto da licitação, dividindo-se em jurídica; técnica; fiscal, social e trabalhista; e econômico-financeira.

Os artigos 62 a 70 esmiuçam todos os requisitos habilitatórios.

Pois bem, adotando regra exitosa da Lei do Pregão (Lei nº 10.520/2002), também utilizada com sucesso na Lei do RDC (Lei nº 12.462/2011), a Nova Lei, como supracitado, possibilita a inversão de fases nos certames licitatórios.

Com essa inversão, que, sabe-se, será a tônica nas licitações, toda documentação relativa à habilitação será apresentada pelo licitante vencedor somente após o julgamento das propostas.

Assim, fica patente a responsabilidade sobre as suas condições de habilitação.

Principalmente nessas ocasiões, caso não disponha dos documentos exigidos no edital para habilitação, o licitante poderá ser responsabilizado, estando sujeito à aplicação de sanção administrativa.

Inciso V

1.5 Não manter a proposta, salvo em decorrência de fato superveniente devidamente justificado

A recusa em honrar uma proposta apresentada é infração relevante, salvo, é claro, por motivo justo decorrente de fato superveniente e aceito pela Administração. Ao não honrar a sua proposta, o licitante frustra o certame licitatório, causando prejuízos ao Poder Público.

Assim, dentro do prazo de validade da proposta, o licitante convocado para assinar o termo de contrato deve honrar o compromisso assumido ao apresentar sua proposição, sob pena de estar praticando infração administrativa.

Especificamente quanto à modalidade pregão, a intenção é não permitir a desistência de proposta de lance do licitante no andamento do certame, ato que ocasionaria sérios problemas para o bom encaminhamento do procedimento, notadamente nos pregões eletrônicos.

É o que também depreendeu Ariosto Mila:

> O licitante que, após ter oferecido o melhor preço, 'pede para sair', em verdade está "desistindo da licitação". Pode ser enquadrado na expressão 'não mantiver a proposta', pois, de fato, após a oferta do preço, o licitante não mantém o preço. E isso poderia ensejar a abertura de um processo sancionatório com pesadas repercussões contra a empresa. Nesse sentido, a questão deverá ser julgada com razoabilidade e inteligência. Se houve, de fato, motivo justo ocorrido após a oferta do preço, entendo que seja o caso de acolhimento da desistência. Por exemplo, um licitante que após ter lançado valor incorreto – deveria digitar R$10,00, mas por equívoco digitou R$1,00 – percebe que seu preço é inexequível e pede a desistência da sua participação. Este caso é um típico caso de acolhimento, pois restou evidente o erro no valor proposto, comprovado pelo histórico de lances. Se não houvesse exigência de justo motivo, qualquer licitante – por puro aventureirismo – poderia ingressar na licitação, interferir na disputa e depois, por capricho, requerer sua saída. Tal possibilidade (...) deverá ser avaliada sob o prisma do rigor.[1177]

Outra conjuntura possível é a que compreende a tentativa de o licitante desistir de proposta inicialmente oferecida em qualquer momento de uma licitação na modalidade pregão. O TCU, ao avaliar a matéria, concluiu que a sessão do pregão não permite a desistência da oferta, assentando que a "entrega da proposta acondicionada em um envelope coincide com a sua formalização, pois os envelopes entregues devem ser imediatamente abertos e efetuada a verificação do atendimento dos requisitos do instrumento convocatório".

Inciso VI

1.6 Não celebrar o contrato ou não entregar a documentação exigida para a contratação, quando convocado dentro do prazo de validade de sua proposta

O inciso delineia dois atos infracionais interligados ao prazo de validade da proposta:

- Não celebrar o contrato; e
- Não entregar a documentação exigida para a contratação.

1.6.1 Não celebrar o contrato, quando convocado dentro do prazo de validade de sua proposta

A infração listada, passível de sancionamento, é a recusa em celebrar o contrato. O sujeito ativo, portanto, é o adjudicatário, ou seja, o licitante vencedor do certame que ainda não celebrou o ajuste.

Encerrada a licitação, adentra-se à fase de convocação do vencedor da licitação ao qual foi atribuído (adjudicado) o objeto da licitação, ou seja, o adjudicatário, para a celebração do respectivo contrato.

1177 PEIXOTO. Após vencedora, empresa declina proposta. O que fazer?

O adjudicatário assume o direito subjetivo de não ser preterido na assinatura do contrato, caso a Administração mantenha o interesse na celebração.

A ele não é permitido desatender ao chamamento da Administração para a celebração do contrato, sob pena de sancionamento, conforme termos previamente previstos no ato convocatório. Ocorrendo a recusa, costuma-se utilizar a expressão "adjudicatário faltoso".

O §5º do art. 90 é claro: a recusa injustificada do adjudicatário em assinar o contrato ou em aceitar ou retirar o instrumento equivalente no prazo estabelecido pela Administração caracterizará o descumprimento total da obrigação assumida e o sujeitará às penalidades legalmente estabelecidas e à imediata perda da garantia de proposta em favor do órgão ou entidade licitante.

É imperioso que a recusa seja voluntária. Logo, ocorrências relacionadas ao acaso (caso fortuito e força maior), devidamente comprovadas, não serão passíveis de punição.

1.6.2 Não entregar a documentação exigida para a contratação, quando convocado dentro do prazo de validade de sua proposta

Deixar de entregar documentação exigida para o certame demonstra má-fé ou descuido por parte do licitante. Consoante parte da doutrina, a atitude, independentemente do motivo, exprime descompromisso com o tom solene da competição, sendo merecedora de sanção.[1178]

Contudo, a nosso ver, a simples ausência de entrega de documentos pode ser irrelevante, dado que não se configurará o ilícito se o sujeito comparece à licitação, credencia-se e pretende apresentar apenas o envelope com sua proposta, mas esquece-se daquele contendo os documentos. Nessa hipótese, a Administração deverá excluí-lo imediatamente do certame.

Como leciona Marçal Justen, "a questão reside [...] em que a ausência do documento é revelada após o desenvolvimento de toda a atividade licitatória, acarretando problemas, prejuízos e dificuldades para o curso da atividade administrativa do Estado".[1179]

Inciso VII

1.7 Ensejar o retardamento da execução ou da entrega do objeto da licitação sem motivo justificado

O texto do inciso manteve redação defeituosa da Lei do Pregão (Lei nº 10.520/2002). Bem mais simples seria mencionar "ensejar o retardamento na execução do contrato" e não "do objeto da licitação".

Contudo, diversamente da Lei nº 10.520/2002, aqui a intenção é caracterizar como ato infracional o atraso na execução ou na entrega do objeto contratado sem motivo justificado.

1178 Nessa linha, ver Jair Eduardo Santana (SANTANA. *Pregão presencial e eletrônico*. 2. ed.).

1179 JUSTEN FILHO. *Pregão*: comentários à legislação do pregão comum e eletrônico. 5. ed.

Assim, qualquer conduta retardadora e prejudicial à execução ou à entrega do objeto contratado, que não constitua exercício de direito, sujeitar-se-á à sanção.

Como anotam João Oliveira, Matheus Carvalho e Paulo Rocha, para fins de oferecimento da proposta, o fator "prazo de entrega" tem impacto direto no preço.

> Basta pensar numa obra de engenharia, em que quanto menor for o prazo de execução maiores serão os custos de mão de obra e mais expressivos serão os investimentos necessários à execução. Dessa forma, a Administração sofre prejuízos ao contratar uma obra, para ser executada em 6 meses, ao somente recebê-la após 12 meses. Isto porque, se o prazo de entrega estabelecido no edital fosse de 12 meses, certamente, as propostas em geral seriam menos onerosas.[1180]

Inciso VIII

1.8 Apresentar declaração ou documentação falsa exigida para o certame ou prestar declaração falsa durante a licitação ou a execução do contrato

O inciso VIII elenca três atos infracionais passíveis de sancionamento administrativo:

- Apresentar declaração ou documentação falsa exigida para o certame;
- Prestar declaração falsa durante a licitação; e
- Prestar declaração falsa durante a execução do contrato.

Listados como infrações, os atos caracterizam, na verdade, crimes. São condutas dolosas que transcendem os limites do certame ou do contrato.

Conforme arrazoam Fábio de Medeiros e Mônica Antinarelli, ao elencar como motivo de sanção a apresentação de documentação falsa, a Nova Lei destaca a gravidade da atitude dolosa de pôr em risco a concretização da contratação (se a documentação for a falsificação da experiência) ou a busca de privilégio antirrepublicano (obter o benefício público sem contemplar os requisitos legais).[1181]

Jair Santana observa que o licitante que apresenta documento falso com a intenção de participar de licitação e ser contratado pela Administração "ofende não apenas o órgão promotor do certame e os demais licitantes, como também toda a sociedade e o Estado que integra, demonstrando desvio de caráter, passível de reparação na esfera criminal".[1182]

[1180] OLIVEIRA; CARVALHO; ROCHA. *Nova lei de licitações comentada.*

[1181] MEDEIROS; ANTINARELLI, SARAI (Org.). *Tratado da nova lei de licitações e contratos administrativos.*

[1182] SANTANA. *Pregão presencial e eletrônico.* 2. ed.

Inciso IX

1.9 Fraudar a licitação ou praticar ato fraudulento na execução do contrato

Derivado do latim *fraus, fraudis* (engano, má fé, logro), entende-se geralmente a "fraude", consoante lições de De Plácido e Silva,[1183] como o engano malicioso ou a ação astuciosa, promovidos de má-fé, para ocultação da verdade ou fuga ao cumprimento do dever.

Nessas condições, a fraude traz consigo o sentido do engano, não como se evidencia no dolo, em que se mostra a manobra fraudulenta para induzir outrem à prática de ato, de que lhe possa advir prejuízo, mas o "engano oculto" para furtar-se o fraudulento ao cumprimento do que é de sua obrigação ou para logro de terceiros.

No mesmo sentido, Silvio Venosa discorre que a fraude nada mais é do que o uso de meio enganoso ou ardiloso com o intuito de contornar a lei ou um contrato.[1184]

Por sua vez, Washington Monteiro de Barros assenta que é absolutamente necessário, para a caracterização da fraude, que um terceiro seja efetivamente lesado pelo ato fraudulento.[1185]

Nesse contexto, a Nova Lei configura como ato infracional a utilização de fraude (uso de ardil, astúcia, malícia) por parte do licitante ou do contratado para encobrir vícios durante o certame licitatório ou no decurso da execução do contrato administrativo, produzindo dano à Administração.

Assim, a ocorrência de mero equívoco por parte do licitante ou contratado ou mesmo negligência no transcurso da licitação ou na execução contratual, não caracterizará fraude, pois "o erro pode ser reprovável e acarretar sanções de diferente natureza, mas exclui a caracterização da fraude, não se configurando fraude quando o sujeito atua com negligência".[1186]

Inciso X

1.10 Comportar-se de modo inidôneo ou cometer fraude de qualquer natureza

O inciso X prescreve dois atos infracionais:

- Comportar-se de modo inidôneo; e
- Cometer fraude de qualquer natureza.

1.10.1 Comportamento inidôneo

Merecedora de pesada censura por parte da doutrina especializada, a configuração de "comportamento inidôneo" como infração, tanto no âmbito da licitação quanto na execução contratual, é de extrema complexidade, pois as conclusões quanto às condutas que se configurariam como tal são de difícil delineamento.

[1183] SILVA. *Vocabulário jurídico*. 3. ed.

[1184] VENOSA. *Direito civil: parte geral*. 11. ed.

[1185] MONTEIRO. *Curso de direito civil*. 42. ed.

[1186] JUSTEN FILHO. *Pregão*: comentários à legislação do pregão comum e eletrônico. 5. ed.

Avaliando sanção idêntica contida na Lei do Pregão, Fabrício Motta sugere que se considere essa infração como uma "regra de reserva", utilizada quando certa conduta voluntária reprovável não for passível de enquadramento nas demais infrações. O autor inclui elogiável conselho: embora de extrema dificuldade prática, seria desejável a individualização das condutas tidas como inidôneas no instrumento convocatório.[1187]

Com a mesma conclusão quanto aos embaraços práticos diante da dificuldade de estabelecer a extensão do conceito, José Carlos Baroni propõe que seja enquadrado nessa situação aquele que praticar condutas que firam ao direito (portanto, igualmente puníveis por outras normas) não enquadráveis em quaisquer das demais formulações postas.[1188]

O certo é que não há na legislação nacional definição do que seria um comportamento inidôneo, o que torna difícil delimitar a sua abrangência.

De todo modo, como bem anotou Juliane Erthal de Carvalho,[1189] pode-se relacioná-la com questões relativas à confiabilidade do licitante para a execução dos contratos a serem celebrados com a Administração. Contudo, far-se-á obrigatória a aferição de cada caso concreto das situações de quebra de confiabilidade nas relações entre o Poder Público e os licitantes ou contratantes.

1.10.2 Cometimento de fraude de qualquer natureza

Já registramos que, geralmente, entende-se a fraude como o engano malicioso ou a ação astuciosa, promovidos de má-fé, para ocultação da verdade ou fuga ao cumprimento do dever e que, nessas condições, traz consigo o sentido do engano, não como se evidencia no dolo, em que se mostra a manobra fraudulenta para induzir outrem à prática de ato, de que lhe possa advir prejuízo, mas o "engano oculto", para furtar o fraudulento ao cumprimento do que é de sua obrigação ou para logro de terceiros.

Nesse sentido, as normas da IAASB[1190] indicam a fraude como um "ato intencional praticado por um ou mais indivíduos, entre gestores, responsáveis pela governança, empregados ou terceiros, envolvendo o uso de falsidade para obter uma vantagem injusta ou ilegal".

Como o inciso anterior arrola expressamente o ato infracional "fraudar a licitação ou praticar ato fraudulento na execução do contrato", infere-se que o legislador buscou alcançar outros tipos de fraudes, como, por exemplo, a fraude fiscal,[1191] de modo a não deixar de fora outras ações do particular enquadráveis na definição do instituto.

[1187] MOTTA. Sanções. *In*: GASPARINI (Coord.). *Pregão presencial e eletrônico.*

[1188] BARONI. *O pregão em perguntas e respostas.*

[1189] CARVALHO. Sanções administrativas estabelecidas pelo Redime Diferenciado de Contratação.

[1190] *International Auditing and Assurance Standards Board* é órgão normalizador independente que define padrões internacionais para auditoria, controle da qualidade.

[1191] A fraude fiscal ocorre quando se deixa de pagar alguma obrigação tributária. Trata-se da evasão (fuga) ilícita dos tributos devidos, caracterizada por ação ou omissão dolosa. Consideram-se também fraudes fiscais a obtenção indevida de benefícios fiscais, reembolsos ou outras vantagens que resultem em menos receitas tributárias. Conforme dispõe José Carlos Baroni, fraude fiscal é o descumprimento ardiloso das obrigações de natureza tributária, por qualquer meio, voltado a descumprir obrigações decorrentes do exercício do poder de tributar. Aquele que valer-se de expediente inidôneo, como empresas fantasmas, em nome de terceiros etc., com o propósito de fraudar o fisco, incide na infração (BARONI. *O pregão em perguntas e respostas*).

Inciso XI

1.11 Praticar atos ilícitos com vistas a frustrar os objetivos da licitação

O inciso XI repete texto da Lei nº 8.666/1993 que carece de elementos que possibilitem a sua correta aplicação.

Trazendo à baila ponderações de Ribeiro Pontes, delineamos:

> Em toda lei sancionadora considera-se o dispositivo em si e a sanção. No âmbito do dispositivo em si, o legislador formula as condições de existência dos atos ilícitos (...). As condições estabelecem os pressupostos para o ato a ser sancionado. No caso em análise, é patente a indefinição dos pressupostos da ação. As regras buscam o detalhe, mas pecam pela insuficiência de definição, de modo que o agente público possa aplicá-las sem sobressaltos.[1192]

Assim, o inciso é praticamente inviável, por total falta de definição do que se consideraria ilicitude que frustre os objetivos de um certame licitatório.

No mesmo viés, Joel Niebuhr, ao considerar a hipótese demasiadamente genérica, já que pressupõem a prática de ilícito, isto é, de conduta proibida por lei, sem especificar que tipo de ilícito e qual a dimensão dele.[1193]

Inciso XII

1.12 Praticar ato lesivo previsto no art. 5º da Lei nº 12.846/2013 (Lei Anticorrupção)

Dentre as infrações, a prática de ato lesivo previsto no art. 5º da Lei nº 12.846/2013 (Lei Anticorrupção) é novidade interessante.

Após longos anos de trâmite no Congresso Nacional, numa flagrante resposta aos inúmeros protestos de rua ocorridos em julho de 2013, que realçavam a corrupção generalizada em todos os planos federativos, veio à tona a Lei nº 12.846, de 01.08.2013, denominada "Lei Anticorrupção",[1194] [1195] que inovou o ordenamento jurídico pátrio ao trazer em seu bojo uma mudança de perspectiva no combate à corrupção, porquanto

---

1192 PONTES. *Código Penal comentado*. 11. ed.

1193 NIEBUHR. *Licitação pública e contrato administrativo*. 4. ed.

1194 A lei teve origem num projeto submetido pelo Poder Executivo ao Congresso Nacional, com o objetivo de atender a compromissos assumidos pelo Brasil ao ratificar convenções contra a corrupção firmadas no âmbito de organizações internacionais (Organização das Nações Unidas – ONU, Organização dos Estados Americanos – OEA e Organização para Cooperação e Desenvolvimento Econômico – OCDE). O Projeto de Lei tramitou entre 2010 a 2013 na Câmara dos Deputados, tendo sido encaminhado ao Senado Federal em 21.06.2013. Devido às manifestações populares que protestavam principalmente contra a corrupção na Administração Pública, o Senado atribuiu regime de urgência na tramitação. Em 04.07.2013, o Projeto foi levado ao Plenário para votação, que o aprovou em votação simbólica.

1195 Chamada pelos empresários e por alguns especialistas em direito empresarial, como o Prof. Modesto Carvalhosa, de "Lei da Empresa Limpa", devido aos efeitos que certamente provocará junto às pessoas jurídicas, que, a partir dela, deverão preocupar-se bem mais com a adoção de um Código de Conduta (*compliance*), buscando atenuação das sanções.

acresce ao direito penal e à perseguição à pessoa física, o Direito Administrativo Sancionador, indo ao encalço da pessoa jurídica.[1196]

Sobre a Lei Anticorrupção, escrevemos:[1197]

> Atendendo a uma inclinação internacional, a nova norma preencheu uma lacuna existente na legislação brasileira ao alcançar a empresa do corruptor, estendendo as punições dos funcionários envolvidos em crimes de corrupção às empresas nas quais trabalham. 'A agora vigente lei reitera uma tendência internacional de tornar as companhias responsáveis por atos de corrupção, independentemente das pessoas físicas envolvidas. A responsabilidade objetiva, somada à responsabilidade conjunta de controladoras e controladas, de consorciadas, bem como de sucessoras em operações de fusões e aquisições, faz com que as referidas companhias adotem medidas internas preventivas em face de possíveis atos de corrupção praticados por seus diretores e gerentes.[1198]

Em síntese, a norma permite a atribuição de punições administrativas e civis a uma empresa considerada corruptora, obrigando-a, na prática, a indenizar os cofres públicos, além de autorizar, em casos extremos, a sua compulsória extinção por ordem judicial.

Impende sublinhar que a lei sanciona no plano administrativo, e não penal, no tocante às condutas de corrupção ativa. Esse critério punitivo, conforme anotou Modesto Carvalhosa e sustentava o saudoso Marcos Juruena, segue a tendência universal de ampliação e predomínio da jurisdição administrativa sobre a penal, mediante a contínua e crescente criação de agências independentes na gestão pública, que são, ao mesmo tempo, regulatórias e sancionatórias.[1199]

O diploma adota o mecanismo da *responsabilidade objetiva* da pessoa jurídica pelos atos que atentem contra o patrimônio público, nacional ou estrangeiro, contra princípios da Administração Pública ou contra os compromissos internacionais assumidos pelo Brasil, praticados em seu interesse, independentemente: a) da comprovação de agir de má-fé ou com negligência; e b) da responsabilização individual das pessoas naturais (abarcando dirigentes, administradores ou qualquer pessoa autora ou partícipe do ato ilícito).

Concretamente, a responsabilidade objetiva é aquela que se dá sem culpa, ou seja, cuja ocorrência determina a obrigação de indenizar sem que tenha havido culpa do agente. Consigna-a o parágrafo único do art. 927 do Código Civil, que possui a seguinte redação: "Haverá obrigação de reparar o dano, independentemente de culpa, nos casos especificados em lei, ou quando a atividade normalmente desenvolvida pelo autor do *dano* implicar, por sua natureza, risco para os direitos de outrem".

Assim, para que a pessoa jurídica seja responsabilizada, não far-se-á necessário que tenha agido com culpa (ou dolo). Bastará que fique evidenciado que seus administradores ou dirigentes praticaram, no interesse ou benefício da mesma, as condutas ilícitas elencadas na lei e que delas decorreram danos ao erário.

[1196] BITTENCOURT. *Infrações e crimes licitatórios*. 2. ed.

[1197] BITTENCOURT. *Comentários à Lei Anticorrupção*. 3. ed.

[1198] CARVALHOSA. *A nova Lei da Empresa Limpa*.

[1199] CARVALHOSA. *A nova Lei da Empresa Limpa*.

> Não há necessidade, portanto, de valoração do comportamento da pessoa jurídica quanto às cautelas e providências que tomou ou deveria ter tomado para prevenir a falta de seus gestores: constatada a ilicitude da conduta do agente da empresa e verificada a ocorrência de prejuízos ao Poder Público, a responsabilidade civil da pessoa jurídica surge de maneira automática e inafastável, impondo-lhe a obrigação de indenizar integralmente as respectivas perdas.[1200]

Sobeja destacar que a Lei Anticorrupção reservou o Capítulo II para listar os atos lesivos à Administração Pública nacional ou estrangeira, no qual, no art. 5º, prevê diversos ilícitos relacionados às licitações e aos contratos administrativos, cujos autores estarão sujeitos a sanções.

Para os fins da Lei Anticorrupção, atos lesivos à Administração Pública, nacional ou estrangeira, são todos aqueles praticados pelas sociedades empresárias e sociedades simples, personificadas ou não, independentemente da forma de organização ou modelo societário adotado, bem como a quaisquer fundações, associações de entidades ou pessoas, ou sociedades estrangeiras que tenham sede, filial ou representação no território brasileiro, constituídas de fato ou de direito, ainda que temporariamente, que atentem contra o patrimônio público nacional ou estrangeiro, os princípios da Administração Pública e os compromissos internacionais assumidos pelo Brasil.

Ressalte-se que as condutas corruptas serão praticadas por pessoas físicas, mas sempre em nome de pessoas jurídicas.

Os incs. I a V do art. 5º da Lei Anticorrupção descrevem, num rol exaustivo, os atos considerados lesivos à Administração Pública nacional e estrangeira.

Cabe registrar que o elenco repete atos já previstos no ordenamento jurídico pátrio, o que poderá repercutir na prática de forma negativa, podendo ensejar conflitos na aplicação.

Como já esposado, a Lei Anticorrupção divide os bens jurídicos protegidos contra atos lesivos oriundos de condutas infracionais de pessoas jurídicas em três conjuntos: os de caráter genérico; os com nexo com as licitações e contratos administrativos; e os voltados para o ato de fiscalização dos órgãos administrativos.

Os com nexo com as licitações e contratos administrativos são:

- Frustrar ou fraudar, mediante ajuste, combinação ou qualquer outro expediente, o caráter competitivo de procedimento licitatório público;
- Impedir, perturbar ou fraudar a realização de qualquer ato de procedimento licitatório público;
- Afastar ou procurar afastar licitante, por meio de fraude ou oferecimento de vantagem de qualquer tipo;
- Fraudar licitação pública ou contrato dela decorrente;
- Criar, de modo fraudulento ou irregular, pessoa jurídica para participar de licitação pública ou celebrar contrato administrativo;
- Obter vantagem ou benefício indevido, de modo fraudulento, de modificações ou prorrogações de contratos celebrados com a Administração Pública, sem autorização em lei, no ato convocatório da licitação pública ou nos respectivos instrumentos contratuais; e

[1200] PRISCO. *Responsabilidade civil na Lei Anticorrupção.*

- Manipular ou fraudar o equilíbrio econômico-financeiro dos contratos celebrados com a Administração Pública.

Todas as condutas dependerão de comprovação de culpa ou dolo do representante privado.

A exposição de motivos da Lei Anticorrupção[1201] detalhou as causas que fizeram com que questões voltadas para as licitações e os contratos administrativos fossem nela elencadas. O item 2 inicia informando que o objetivo da norma proposta é "suprir uma lacuna existente no sistema jurídico pátrio no que tange à responsabilização de pessoas jurídicas pela prática de atos ilícitos contra a Administração Pública, em especial, por atos de corrupção e fraude em licitações e contratos administrativos". O item 10 observa que o projeto optou pelo processo administrativo, porque esse se tem revelado mais célere e efetivo na repressão de desvios em contratos administrativos e procedimentos licitatórios, demonstrando melhor capacidade de proporcionar respostas rápidas à sociedade.

1201 BRASIL. *Exposição de motivos do PL nº 6.826/2010.*

Art. 156. Serão aplicadas ao responsável pelas infrações administrativas previstas nesta Lei as seguintes sanções:

I – advertência;

II – multa;

III – impedimento de licitar e contratar;

IV – declaração de inidoneidade para licitar ou contratar.

§1º Na aplicação das sanções serão considerados:

I – a natureza e a gravidade da infração cometida;

II – as peculiaridades do caso concreto;

III – as circunstâncias agravantes ou atenuantes;

IV – os danos que dela provierem para a Administração Pública;

V – a implantação ou o aperfeiçoamento de programa de integridade, conforme normas e orientações dos órgãos de controle.

§2º A sanção prevista no inciso I do caput deste artigo será aplicada exclusivamente pela infração administrativa prevista no inciso I do caput do art. 155 desta Lei, quando não se justificar a imposição de penalidade mais grave.

§3º A sanção prevista no inciso II do caput deste artigo, calculada na forma do edital ou do contrato, não poderá ser inferior a 0,5% (cinco décimos por cento) nem superior a 30% (trinta por cento) do valor do contrato licitado ou celebrado com contratação direta e será aplicada ao responsável por qualquer das infrações administrativas previstas no art. 155 desta Lei.

§4º A sanção prevista no inciso III do caput deste artigo será aplicada ao responsável pelas infrações administrativas previstas nos incisos II, III, IV, V, VI e VII do caput do art. 155 desta Lei, quando não se justificar a imposição de penalidade mais grave, e impedirá o responsável de licitar ou contratar no âmbito da Administração Pública direta e indireta do ente federativo que tiver aplicado a sanção, pelo prazo máximo de 3 (três) anos.

§5º A sanção prevista no inciso IV do caput deste artigo será aplicada ao responsável pelas infrações administrativas previstas nos incisos VIII, IX, X, XI e XII do caput do art. 155 desta Lei, bem como pelas infrações administrativas previstas nos incisos II, III, IV, V, VI e VII do caput do referido artigo que justifiquem a imposição de penalidade mais grave que a sanção referida no §4º deste artigo, e impedirá o responsável de licitar ou contratar no âmbito da Administração Pública direta e indireta de todos os entes federativos, pelo prazo mínimo de 3 (três) anos e máximo de 6 (seis) anos.

§6º A sanção estabelecida no inciso IV do caput deste artigo será precedida de análise jurídica e observará as seguintes regras:

I – quando aplicada por órgão do Poder Executivo, será de competência exclusiva de ministro de Estado, de secretário estadual ou de secretário municipal e, quando aplicada por autarquia ou fundação, será de competência exclusiva da autoridade máxima da entidade;
II – quando aplicada por órgãos dos Poderes Legislativo e Judiciário, pelo Ministério Público e pela Defensoria Pública no desempenho da função administrativa, será de competência exclusiva de autoridade de nível hierárquico equivalente às autoridades referidas no inciso I deste parágrafo, na forma de regulamento.
§7º As sanções previstas nos incisos I, III e IV do caput deste artigo poderão ser aplicadas cumulativamente com a prevista no inciso II do caput deste artigo.
§8º Se a multa aplicada e as indenizações cabíveis forem superiores ao valor de pagamento eventualmente devido pela Administração ao contratado, além da perda desse valor, a diferença será descontada da garantia prestada ou será cobrada judicialmente.
§9º A aplicação das sanções previstas no caput deste artigo não exclui, em hipótese alguma, a obrigação de reparação integral do dano causado à Administração Pública.

Artigo 156

1 Sanções administrativas

Conforme já esposado, o *ilícito* é conduta prevista na norma como pressuposto para a aplicação de uma sanção.

Como explicita Rocha Dias, as normas jurídicas se compõem de dois elementos: o *preceito*, que constitui o modelo de comportamento prescrito; e a *sanção*, que consigna um tratamento aflitivo – isto é, a privação de um bem: vida, liberdade, bens econômicos etc. – que o sistema legal vincula a um comportamento que supõe como violador do preceito (e que qualifica como ilícito).[1202]

A *sanção administrativa* é, por conseguinte, o ato punitivo que o ordenamento jurídico prevê em função do cometimento de uma infração administrativa, aplicado por órgãos da Administração Pública.

Registre-se que o sujeito ativo (isto é, o titular do bem jurídico violado: a Administração) possui o dever de impor a sanção administrativa ao sujeito passivo culpável (pessoa que incorreu na prática do ilícito).

Nessa seara, duas regras fundamentais são inafastáveis:

a) Somente a lei pode instituir sanções, com a indicação das condutas que possam constituir infrações administrativas; e
b) A aplicação das sanções administrativas far-se-á em observância ao devido processo legal (*due process of law*), de modo que seja observado o princípio da garantia de defesa aos acusados, inscrito no art. 5º, LIV e LV, da CF.

[1202] DIAS. *Sanções administrativas aplicáveis a licitantes e contratados.*

Logo, se o ato sancionatório não tiver propiciado ao infrator a oportunidade de rechaçar a acusação e de produzir as provas necessárias às suas alegações, estará contaminado de vício de legalidade, devendo ser corrigido na via administrativa ou judicial.[1203]

Três são as espécies das sanções administrativas:

a) *Pecuniárias*, que incidem sobre bens fungíveis, como as multas;
b) *Reais*, que incorrem sobre coisas (perda de bens, interdição de estabelecimento etc.); e
c) *Pessoais*, que são impostas ao sujeito que praticou a infração (suspensão de atividades, impedimento de praticar determinados atos etc.).

Não raro, nas licitações e contratações públicas, se depara a Administração com uma série de atitudes irregulares por parte de licitantes mal-intencionados que, por não caracterizarem crimes, são enquadráveis como infrações administrativas.

Há as que se consumam no decorrer do procedimento licitatório e as que ocorrem durante a execução do contrato, relacionadas à execução do objeto avençado.

Para municiar a Administração de ferramentas que deem cabo dessas mazelas, a Nova Lei previu as sanções administrativas.

A aplicação de sanções administrativas a licitantes e contratados se emoldura no quadro de relações especiais de sujeição mantidas pelo Estado com particulares, que comparecem diante da Administração Pública como copartícipes de sua ação administrativa, seja como pretendentes à contratação, seja como contratados.

Destarte, é vista como uma cláusula exorbitante dos contratos administrativos, ligada à faculdade de fiscalização detida pelo Poder Público frente ao particular contratado. À própria Administração cabe aplicar e executar as sanções administrativas previstas no edital e no contrato, independentemente de reconhecimento ou autorização judicial.

Nesse contexto, este art. 156 preconiza que poderão ser aplicadas ao responsável pelas infrações administrativas as seguintes sanções:

- Advertência;
- Multa;
- Impedimento de licitar e contratar; ou
- Declaração de inidoneidade para licitar ou contratar.

Inciso I

1.1 Advertência

A *advertência* é uma punição leve, uma censura moral a ser adotada em face de pequenas falhas (faltas ou defeitos) do contratado na execução contratual, com a finalidade de promover o ajustamento da conduta do contratado faltoso às disposições contratuais. Trata-se, efetivamente, de uma admoestação.

A sanção independe de cláusula contratual que a indique. Sua reiteração demandará, como consequência lógica, a aplicação de pena mais elevada.

[1203] CARVALHO FILHO. *Manual de direito administrativo*. 30. ed.

Flávia Daniel Vianna explicita uma situação prática:

> Imagine que o fiscal do contrato verifica que os empregados da contratada não estão usando as botas respectivas do uniforme, e sim calçados diversos. Poderá ser emitida uma advertência à contratada, para que regularize a situação de seus empregados, sob pena de, em não o fazendo e repetida a conduta, ser aplicada uma penalidade maior como, por exemplo, a multa. Fica fácil de perceber que a advertência serve como um 'puxão de orelha' e a contratada deve ter plena ciência que se repetir a conduta incorreta, da próxima vez, a pena será mais severa.[1204]

Pelo exposto, verifica-se que a função relevante da sanção é a prevenção, no sentido de que a falha cometida pelo contratado não inviabilize a execução do contrato ou obrigue a Administração a rescindi-lo.

Contudo, mesmo se tratando de uma sanção branda, a aplicação da sanção de advertência deverá ser formal, ou seja, efetuada por escrito.

Por consignar uma sanção leve, a sua imposição, a princípio, não acarreta a extinção contratual. Todavia, como bem assevera Luciano Zanzoni,[1205] a ocorrência frequente de faltas ensejadoras da aplicação de advertência poderá culminar na extinção do contrato.

Ainda que não implique na restrição ou na extinção de direitos do contratado, discute-se se a sanção deveria ser precedida do competente processo administrativo, formalizado como qualquer processo administrativo sancionador. Grande parte da doutrina é favorável a esse procedimento. Discordamos, todavia, desse posicionamento, e, nesse sentido, damos plena razão a Ronny Charles, que, ao questionar se a advertência corresponderia efetivamente a uma sanção em sua plenitude, visualizou a indesejável transformação de um mero processo de comunicação em uma sanção burocrática, o que se mostraria incompatível com os fins da advertência.[1206]

É como dispôs Fernando Moreno Machado, amparando-se nas observações de Ronny Charles:

> Considerando que a razão de ser de tal comunicação seria demonstrar a insatisfação da Administração acerca da conduta da parte contratada, não se mostraria razoável transformá-la no ato final do trâmite de um longo processo administrativo, situação esdrúxula que lhe retiraria a única serventia: servir como instrumento preventivo de irregularidades prejudiciais à condução do contrato.[1207]

Inciso II

1.2 Multa

O art. 162 prevê a possibilidade de aplicação de *multa moratória* no caso de atraso injustificado na execução do objeto contratado. Já este inciso, visando penalizar

---

1204 VIANNA. *Sanções administrativas em licitações e contratos e fases para aplicar a sanção.*

1205 ZANZONI. *Entendendo licitações e contratos administrativos.*

1206 TORRES. *Reflexões sobre a aplicação das sanções administrativas nas licitações públicas.*

1207 MACHADO. *As sanções administrativas da lei de licitações e a desconsideração da personalidade jurídica.*

o contratado que tenha descumprido as obrigações contratuais, prescreve a chamada *multa compensatória*, que tem por objetivo indenizar a Administração.

Como assinala Joel de Menezes Niebuhr, o art. 409 do Código Civil, na mesma linha,

> enuncia que a multa (cláusula penal) pode referir-se à inexecução completa da obrigação, à de alguma cláusula especial ou simplesmente à mora. Nos dois primeiros casos, está-se diante da multa compensatória. No último, da multa moratória. Em síntese, a multa moratória é devida pelo descumprimento do prazo ou dos prazos de execução de contrato. A multa compensatória é devida pelo descumprimento de qualquer outra obrigação contratual, parcial ou total, não relacionada ao prazo de execução.[1208]

A multa, além de refletir moralmente contra o contratado – como todas as penalizações –, atua diretamente junto ao seu patrimônio. O *quantum*, normalmente refletido em percentuais sobre o valor contratual, deverá estar precisamente estabelecido nos instrumentos convocatório e contratual.

Como há duas modalidades de multas na lei, sustentamos a viabilidade de cumulação na aplicação. A multa moratória, adotada no atraso no cumprimento das obrigações do contratado, não veda, quando aplicada, a rescisão unilateral do contrato e a aplicação de outras sanções previstas. Logo, a princípio, a multa compensatória poderá ser aplicada cumulativamente com a multa de mora. Evidentemente, em face do princípio do *non bis in idem*, segundo o qual uma pessoa não pode ser punida duas vezes pelo mesmo fato, essa possibilidade é excepcionalíssima, já que dificilmente ocorrerá um fato no contrato que proporcione a aplicação.

Inciso III

1.3 Impedimento de licitar e contratar

A sanção de impedimento de licitar e contratar com a Administração poderá ser imposta ao contratado em função de irregularidade reiterada ou por falha considerada grave pela Administração.

Inciso IV

1.4 Declaração de inidoneidade para licitar ou contratar

Inidoneidade é a qualidade daquele que não é idôneo, que tem falta de idoneidade, isto é, daquele que é impróprio, inadequado, indigno, contraindicado, de honestidade questionável.[1209]

Segundo os termos da lei, a inidoneidade, decorrente de ato ilícito, é sancionada com a "declaração de inidoneidade".

[1208] NIEBUHR. *Licitação pública e contrato administrativo*. 4. ed.

[1209] *Inidoneidade*. *In*: HOUAISS dicionário eletrônico.

Parágrafo 1º

2 Estabelecimento de mecanismos para garantir a justiça nas sanções

Grande avanço na Nova Lei é o estabelecimento de mecanismos para garantir justiça nos sancionamentos administrativos em contrapartida proporcional à infração cometida, uma vez que na norma anterior inexistia diferenciação entre os pressupostos de aplicação.

Um bom exemplo de dificuldade instalava-se nas sanções de impedimento de licitar e contratar e na declaração de inidoneidade, que possuem pontos em comum. Depreendia-se que a avaliação para distinguir qual delas aplicar-se-ia se remetia à competência discricionária do agente público responsável, que deveria balizar-se, nessa decisão, pelos princípios da razoabilidade e da proporcionalidade, que funcionam como verdadeiros guias para a dosimetria da sanção, a fim de se evitar eventual desvio de finalidade do ato sancionador, sendo imperiosa a adequação entre meios e fins.[1210] [1211]

Destarte, este §1º fixa que, na aplicação das sanções serão considerados:

- A natureza e a gravidade da infração cometida;
- As peculiaridades do caso concreto;
- As circunstâncias agravantes ou atenuantes;
- Os danos que dela provierem para a Administração Pública;
- A implantação ou o aperfeiçoamento de programa de integridade, conforme normas e orientações dos órgãos de controle.

Parágrafos 2º a 5º

3 Correlação das sanções com as infrações

Os arts. 2º a 5º correlacionam as sanções aplicadas a infrações cometidas.

A sanção advertência deverá ser aplicada exclusivamente pela infração administrativa que dê causa à inexecução parcial do contrato, quando não se justificar a imposição de penalidade mais grave.

A pena de multa, calculada na forma do edital ou do contrato, não poderá ser inferior a 0,5% (cinco décimos por cento) nem superior a 30% (trinta por cento) do valor do contrato licitado ou celebrado com contratação direta e será aplicada ao responsável por qualquer das infrações administrativas previstas no art. 155.

Como anota Aniello Parziale, essa previsão cessará o problema observado na prática administrativa quando da imposição de multa com conteúdo econômico pífio

---

[1210] OLIVEIRA. *Infrações e sanções administrativas*. 2. ed.

[1211] Maria Sylvia Zanella Di Pietro vê com preocupação a adoção da discricionariedade nessa seara. Avaliando outra legislação administrativa (o art. 7º da Lei Anticorrupção, que elenca as situações a serem consideradas na aplicação das sanções administrativas), assenta: "Embora o art. 7º da Lei nº deixe larga margem de apreciação para a Administração Pública na dosimetria da pena, isto não significa discricionariedade administrativa, uma vez que esta somente existe quando a Administração Pública tem a possibilidade, outorgada por lei, de decidir entre duas ou mais alternativas válidas perante o direito, segundo critérios de oportunidade ou conveniência (o chamado mérito do ato administrativo). No caso de aplicação de sanções, ainda que haja vários fatores a serem levados em consideração na definição da sanção aplicável, não é possível cogitar-se de decidir segundo critérios de oportunidade e conveniência, inaceitáveis na fixação do *quantum* da sanção". (DI PIETRO. Comentários ao art. 6º. *In*: DI PIETRO; MARRARA. *Lei Anticorrupção comentada*).

(fato que não desestimula a prática dos comportamentos antijurídicos, que é objetivo das sanções administrativas) ou de injustiças (quando a punição gera prejuízo econômico demasiado à empresa).[1212]

A pena de impedimento de licitar e contratar será aplicada ao responsável por uma das infrações administrativas listadas a seguir, quando não se justificar a imposição de penalidade mais grave e, como o próprio nome indica, impedirá o responsável de licitar ou de contratar no âmbito da Administração Pública direta e indireta do ente federativo que tiver aplicado a sanção, pelo prazo máximo de 3 (três) anos:

- Dar causa à inexecução parcial do contrato que cause grave dano à Administração, ao funcionamento dos serviços públicos ou ao interesse coletivo;
- Dar causa à inexecução total do contrato;
- Deixar de entregar a documentação exigida para o certame;
- Não manter a proposta, salvo em decorrência de fato superveniente devidamente justificado;
- Não celebrar o contrato ou não entregar a documentação exigida para a contratação, quando convocado dentro do prazo de validade de sua proposta; ou
- Ensejar o retardamento da execução ou da entrega do objeto da licitação sem motivo justificado.

A pena de declaração de inidoneidade para licitar ou contratar será aplicada ao responsável pelas infrações administrativas a seguir descritas, bem como pelas infrações administrativas previstas para sancionamento com a pena de impedimento de licitar e contratar que justifiquem a imposição de penalidade mais grave, e impedirá o responsável de licitar ou de contratar no âmbito da Administração Pública direta e indireta de todos os entes federativos, pelo prazo mínimo de 3 (três) anos e máximo de 6 (seis) anos:

- Fraudar a licitação ou praticar ato fraudulento na execução do contrato;
- Comportar-se de modo inidôneo ou cometer fraude de qualquer natureza;
- Praticar atos ilícitos com vistas a frustrar os objetivos da licitação; ou
- Praticar ato lesivo previsto no art. 5º da Lei nº 12.846/2013 (Lei Anticorrupção).

Parágrafo 6º

4 Competência para aplicação da sanção de inidoneidade para licitar ou contratar

A sanção de declaração de inidoneidade para licitar ou contratar, por configurar a penalização mais grave, deverá ser precedida de análise jurídica e observar as seguintes regras:

a) quando aplicada por órgão do Poder Executivo, será de competência exclusiva de ministro de Estado, de secretário estadual ou de secretário municipal;

b) quando aplicada por autarquia ou fundação, será de competência exclusiva da autoridade máxima da entidade;

[1212] PARZIALE. *As sanções administrativas na nova Lei de Licitações.*

c) quando aplicada por órgãos dos Poderes Legislativo e Judiciário, pelo Ministério Público e pela Defensoria Pública no desempenho da função administrativa, será de competência exclusiva de autoridade de nível hierárquico equivalente às autoridades referidas em "a", na forma de regulamento.

Registre-se que, conforme reza o art. 167, da aplicação dessa só caberá pedido de reconsideração, que deverá ser apresentado no prazo de 15 (quinze) dias úteis, contado da data da intimação, e decidido no prazo máximo de 20 (vinte) dias úteis, contado do seu recebimento.

Parágrafo 7º

5 Aplicação cumulativa de sanções

As sanções de advertência, impedimento de licitar ou de contratar e declaração de inidoneidade poderão ser aplicadas cumulativamente com a sanção de multa.

Urge salientar que é perfeitamente cabível a aplicação de multa cumulada com a rescisão contratual e com outras penalidades. A irregularidade da contratada poderá ser de tal monta que imporia ao administrador público a necessidade de rescindir o acordo, o que não elidiria o poder-dever de sancionamento.

Parágrafo 8º

6 Multa superior ao valor do pagamento devido pela Administração ao contratado

Após regular processo administrativo, assegurada a prévia defesa, ocorrendo a aplicação de multa, seu valor deverá ser descontado da garantia contratual prestada.

Contudo, se a multa aplicada e as indenizações cabíveis forem superiores ao valor de pagamento eventualmente devido pela Administração ao contratado, além da perda desse, responderá o contratado pela diferença, que será descontada da garantia prestada ou será cobrada judicialmente.

Parágrafo 9º

7 Reparação integral dos danos causados

Como reza o art. 120, o contratado será responsável pelos danos causados diretamente à Administração ou a terceiros em razão da execução do contrato, e não excluirá nem reduzirá essa responsabilidade a fiscalização ou o acompanhamento pelo contratante.

Assim, a aplicação das sanções não excluirá a obrigação de reparação integral do dano causado à Administração Pública.

Art. 157. Na aplicação da sanção prevista no inciso II do caput do art. 156 desta Lei, será facultada a defesa do interessado no prazo de 15 (quinze) dias úteis, contado da data de sua intimação.

Artigo 157

1 Defesa no caso de aplicação de multa

O devido processo legal, a ampla defesa, o contraditório e a transparência nos contratos administrativos são meios de controle e de segurança para a Administração Pública e lhe emprestam confiabilidade.

Assim, no caso de penalizado com multa, insaturado o devido processo, este art. 157 faculta a defesa do interessado no prazo de 15 (quinze) dias úteis, contado da data de sua intimação.

Art. 158. A aplicação das sanções previstas nos incisos III e IV do caput do art. 156 desta Lei requererá a instauração de processo de responsabilização, a ser conduzido por comissão composta de 2 (dois) ou mais servidores estáveis, que avaliará fatos e circunstâncias conhecidos e intimará o licitante ou o contratado para, no prazo de 15 (quinze) dias úteis, contado da data de intimação, apresentar defesa escrita e especificar as provas que pretenda produzir.

§1º Em órgão ou entidade da Administração Pública cujo quadro funcional não seja formado de servidores estatutários, a comissão a que se refere o caput deste artigo será composta de 2 (dois) ou mais empregados públicos pertencentes aos seus quadros permanentes, preferencialmente com, no mínimo, 3 (três) anos de tempo de serviço no órgão ou entidade.

§2º Na hipótese de deferimento de pedido de produção de novas provas ou de juntada de provas julgadas indispensáveis pela comissão, o licitante ou o contratado poderá apresentar alegações finais no prazo de 15 (quinze) dias úteis, contado da data da intimação.

§3º Serão indeferidas pela comissão, mediante decisão fundamentada, provas ilícitas, impertinentes, desnecessárias, protelatórias ou intempestivas.

§4º A prescrição ocorrerá em 5 (cinco) anos, contados da ciência da infração pela Administração, e será:

I – interrompida pela instauração do processo de responsabilização a que se refere o caput deste artigo;

II – suspensa pela celebração de acordo de leniência previsto na Lei nº 12.846, de 1º de agosto de 2013;

III – suspensa por decisão judicial que inviabilize a conclusão da apuração administrativa.

Artigo 158 e Parágrafo 1º

1 Processo de responsabilização no caso das sanções de impedimento de licitar e contratar e de declaração de inidoneidade

Diversamente do regime de sanções na Lei nº 8.666/1993, que exigia prévio direito de contraditório e de ampla defesa, mas não previa que as garantias ao devido processo legal fossem asseguradas em processo de apuração de responsabilidade conduzido por uma comissão processante, na Nova Lei, as sanções de *impedimento de licitar e contratar* e de *declaração de inidoneidade* somente poderão ser aplicadas após a instauração e conclusão de processo de responsabilização, a ser conduzido por comissão composta de 2 (dois) ou mais servidores estáveis, que avaliará fatos e circunstâncias conhecidos e intimará o licitante ou o contratado para, no prazo de 15 (quinze) dias úteis, contado da data de intimação, apresentar defesa escrita e especificar as provas que pretenda produzir.

Em órgão ou entidade da Administração cujo quadro funcional não seja formado de servidores estatutários, a comissão processante será composta de 2 (dois) ou mais empregados públicos pertencentes aos seus quadros permanentes, preferencialmente com, no mínimo, 3 (três) anos de tempo de serviço no órgão ou entidade.

Como assenta José Anacleto Santos, o cumprimento dessas regras exigirá cautelas especiais por parte da Administração, que deverá se estruturar e formar servidores aptos a conduzir os processos administrativos para apuração de responsabilidade:

> A exigência de instauração de processo de responsabilização conduzido por uma comissão demandará especial cuidado em relação ao princípio do juiz natural, que impõe imparcialidade e competência. O juiz natural revela que uma comissão processante não é constituída para condenar ou absolver, mas para apurar, com imparcialidade, os fatos, e sugerir o desfecho do processo – condenar ou absolver – à autoridade competente para decidir. Consequência também do juiz natural é a necessidade de segregação de funções e cautelas quando da constituição das comissões processantes, sob pena de nulidade.[1213]

Parágrafos 2º e 3º

2 Processo de responsabilização

Os §§2º a 4º dispõem de regras sobre o processo de responsabilização, instaurado no caso de sanções de impedimento de licitar e contratar e de declaração de inidoneidade somente.

Assim, o §2º preceitua que, na hipótese de deferimento de pedido de produção de novas provas ou de juntada de provas julgadas indispensáveis pela comissão, o licitante ou o contratado poderá apresentar alegações finais no prazo de 15 (quinze) dias úteis, contado da data da intimação.

No que se refere à fase probatória ou de instrução, o §3º, repetindo disposições da Lei nº 9.784/1999, que regula o processo administrativo no âmbito da Administração federal, informa que serão indeferidas pela comissão, mediante decisão fundamentada, provas ilícitas, impertinentes, desnecessárias, protelatórias ou intempestivas.

Parágrafo 4º

3 Prescrição

A prescrição é a perda da pretensão ao exercício do direito de ação.

Segundo o §4º, para a hipótese, a prescrição ocorrerá em 5 (cinco) anos, contados da ciência da infração pela Administração, podendo ser:

a) interrompida pela instauração do processo de responsabilização;
b) suspensa pela celebração de acordo de leniência previsto na Lei nº 12.846/2013 (Lei Anticorrupção); ou
c) suspensa por decisão judicial que inviabilize a conclusão da apuração administrativa.

1213 SANTOS. *Nova Lei de Licitações*.

O acordo de leniência é um mecanismo de combate à corrupção previsto na Lei Anticorrupção.

Escrevemos em obra específica:

> O art. 16 da Lei Anticorrupção dispõe que a autoridade máxima da Administração poderá celebrar Acordo de Leniência[1214] – uma espécie de "delação premiada" – com as pessoas jurídicas responsáveis pela prática de atos lesivos à Administração previstos na lei, visando uma colaboração efetiva com as investigações e o processo administrativo. Através dele, as pessoas jurídicas admitem conduta irregular e colaboram com a investigação em troca de atenuação nas punições. O dispositivo, com ideia emprestada da Lei Antitruste (Lei nº 12.529/2011), consigna, como leciona Diogo de Figueiredo, um acordo substitutivo, ou seja, um ato administrativo complexo por intermédio do qual a Administração Pública, pautada pelo princípio da consensualidade, flexibiliza sua conduta imperativa e celebra um acordo, que tem por objeto substituir, em determinada relação administrativa, uma conduta, primariamente exigível, por outra secundariamente negociável.[1215]

Como observa Kleber Bispo dos Santos, "em troca desse compromisso, somado à efetiva colaboração que resulte na identificação dos demais envolvidos na infração e na obtenção célere de informações e documentos que comprovem o ilícito sob apuração, a pessoa jurídica é beneficiada com o abrandamento de sanções".[1216]

[1214] Registre-se que a expressão está mal-empregada – conforme já anotamos em trabalho referente à Lei Antitruste –, uma vez que o termo "leniência", derivado do latim *leniens*, significa lentidão, suavidade, doçura, mansidão. Queremos crer, na busca de interconexão com a palavra, que a intenção seria a de que o ato, caso ocorrido, suavizaria a sanção.

[1215] BITTENCOURT. *Comentários à Lei Anticorrupção*. 3. ed.

[1216] SANTOS. *Acordo de leniência na lei de improbidade administrativa e na lei anticorrupção.*

Art. 159. Os atos previstos como infrações administrativas nesta Lei ou em outras leis de licitações e contratos da Administração Pública que também sejam tipificados como atos lesivos na Lei nº 12.846, de 1º de agosto de 2013, serão apurados e julgados conjuntamente, nos mesmos autos, observados o rito procedimental e a autoridade competente definidos na referida Lei.
Parágrafo único. (VETADO).

Artigo 159

1 Apuração e julgamento conjuntos de atos infracionais das leis licitatórias e da Lei Anticorrupção

O art. 5º da Lei Anticorrupção preceitua que constituem atos lesivos à Administração Pública, nacional ou estrangeira, todos aqueles praticados pelas pessoas jurídicas que atentem contra o patrimônio público nacional ou estrangeiro, contra princípios da Administração Pública ou contra os compromissos internacionais assumidos pelo Brasil.

O inc. IV deste art. 5º define os atos lesivos no tocante a licitações e contratos:

a) frustrar ou fraudar, mediante ajuste, combinação ou qualquer outro expediente, o caráter competitivo de procedimento licitatório público;
b) impedir, perturbar ou fraudar a realização de qualquer ato de procedimento licitatório público;
c) afastar ou procurar afastar licitante, por meio de fraude ou oferecimento de vantagem de qualquer tipo;
d) fraudar licitação pública ou contrato dela decorrente;
e) criar, de modo fraudulento ou irregular, pessoa jurídica para participar de licitação pública ou celebrar contrato administrativo; e
f) obter vantagem ou benefício indevido, de modo fraudulento, de modificações ou prorrogações de contratos celebrados com a administração pública, sem autorização em lei, no ato convocatório da licitação pública ou nos respectivos instrumentos contratuais; ou
g) manipular ou fraudar o equilíbrio econômico-financeiro dos contratos celebrados com a Administração Pública.

Nesse viés, este art. 159 anota que atos de infrações administrativas previstos no art. 155 ou em outras leis de licitações e contratos da Administração Pública (como as Leis nº 8.666/1993 e nº 10.520/2002, que continuam em vigor até decorrerem dois anos da publicação desta Nova Lei) que também sejam tipificados como atos lesivos na Lei Anticorrupção, deverão ser apurados e julgados conjuntamente, nos mesmos autos, observados o rito procedimental e a autoridade competente definidos na referida lei.

Art. 160. A personalidade jurídica poderá ser desconsiderada sempre que utilizada com abuso do direito para facilitar, encobrir ou dissimular a prática dos atos ilícitos previstos nesta Lei ou para provocar confusão patrimonial, e, nesse caso, todos os efeitos das sanções aplicadas à pessoa jurídica serão estendidos aos seus administradores e sócios com poderes de administração, a pessoa jurídica sucessora ou a empresa do mesmo ramo com relação de coligação ou controle, de fato ou de direito, com o sancionado, observados, em todos os casos, o contraditório, a ampla defesa e a obrigatoriedade de análise jurídica prévia.

Artigo 160

1 Desconsideração da personalidade jurídica

A desconsideração da personalidade jurídica é ato jurídico decorrente de decisão judicial que visa a alcançar os bens dos sócios por obrigações de responsabilidade da sociedade.

O conceito da desconsideração da personalidade jurídica é caracterizado pela decretação da ineficácia relativa do limite patrimonial da pessoa jurídica, permitindo-se que sejam atingidos os bens dos sócios, ex-sócios, acionistas, ex-acionistas, administradores, ex-administradores e sociedades do mesmo grupo econômico; ou, ainda, que sejam atingidos os bens da pessoa jurídica por obrigações contraídas por eles, no caso da desconsideração inversa da personalidade jurídica.[1217]

Buscou o legislador trazer para o bojo da lei licitatória a aplicação da teoria da desconsideração da personalidade jurídica, conforme previsto no art. 50 do Código Civil (Lei nº 10.406/2002), o qual preceitua que, na hipótese de abuso da personalidade jurídica, caracterizado pelo desvio de finalidade ou pela confusão patrimonial, poderá o juiz, a requerimento da parte, ou do Ministério Público, quando lhe couber intervir no processo, desconsiderá-la para que os efeitos de certas e determinadas relações de obrigações sejam estendidos aos bens particulares de administradores ou de sócios da pessoa jurídica beneficiados direta ou indiretamente pelo abuso.

Vide que a adoção da teoria já vem sendo admitida ao longo do tempo pelo Superior Tribunal de Justiça (STJ) (STJ, MS nº 15.1660) e pelo Tribunal de Conta da União (TCU), em casos relacionados à contratação pública.

Observe-se que, além do Código Civil, a matéria consta também na Lei nº 8.078/1990 – Código de Defesa do Consumidor (art. 28),[1218] na Lei nº 9.605/1998 – Lei de Crimes

[1217] BRUSCHI; NOLASCO; AMADEO. *Fraudes Patrimoniais e a desconsideração da personalidade jurídica no Código de Processo Civil de 2015.*

[1218] Art. 28. O juiz poderá desconsiderar a personalidade jurídica da sociedade quando, em detrimento do consumidor, houver abuso de direito, excesso de poder, infração da lei, fato ou ato ilícito ou violação dos estatutos ou contrato social. A desconsideração também será efetivada quando houver falência, estado de insolvência, encerramento ou inatividade da pessoa jurídica provocados por má administração.
§1º (Vetado).

Ambientais (art. 4º),[1219] na Lei nº 12.529/2011 – Lei de Defesa da Concorrência (art. 34),[1220] e na Lei nº 12.846/2013 – Lei Anticorrupção (art. 14).[1221]

A teoria da desconsideração da personalidade jurídica – prática que consiste em desconsiderar a separação patrimonial existente entre o capital de uma pessoa jurídica e o patrimônio de seus sócios para os efeitos de determinadas obrigações, objetivando o ressarcimento de dano causado a alguém – teve início na Inglaterra, por volta dos anos 30, percorreu o mundo, transitando pelos Estados Unidos e outros países, atingindo, mais recentemente, a Europa, com forte presença no direito alemão. No Brasil, a teoria começou a ser desenvolvida e difundida em meados dos anos 60, pelo notório comercialista Rubens Requião. Todavia, apesar da adoção gradativa pela jurisprudência, só veio a ter vez no direito pátrio positivado em 1990, com o Código de Defesa do Consumidor (Lei nº 8.078/1990), que, inovando o ordenamento jurídico, tornou possível a responsabilização da pessoa jurídica. Posteriormente, a Lei nº 8.884/1994 também passou a prevê-la, na proteção do livre mercado, quando da configuração de infração da ordem econômica. Ulteriormente, a Lei nº 9.605/1998 (Lei de Crimes Contra o Meio Ambiente) fez constar a teoria na tutela do meio ambiente. Depois, o novo Código Civil (Lei nº 10.406, de 10.01.2002) adotou a teoria da desconsideração da personalidade jurídica nos casos de desvio de finalidade ou confusão patrimonial.[1222]

Comentamos sobre a aplicação da teoria no âmbito da Lei Anticorrupção:

> Consoante o art. 14, a personalidade jurídica poderá ser desconsiderada sempre que utilizada com abuso do direito para facilitar, encobrir ou dissimular a prática das infrações previstas na lei anticorrupção ou, ainda, quando adotada para provocar confusão patrimonial, sendo estendidos todos os efeitos das sanções aplicadas à pessoa jurídica aos seus administradores e sócios com poderes de administração, observados o contraditório e a ampla defesa.
>
> Dessa forma, em qualquer ocasião que, comprovadamente, uma pessoa jurídica abusar de direito (usar de forma indevida, sem cuidado, aproveitando-se e tirando proveito) para facilitar, encobrir ou dissimular a prática de atos considerados lesivos à Administração Pública, ou seja, os que atentem contra o patrimônio público nacional ou estrangeiro, contra princípios da Administração ou contra os compromissos internacionais assumidos pelo Brasil, elencados nos incisos do art. 5º da lei, ou, ainda, quando provoque confusão

§2º As sociedades integrantes dos grupos societários e as sociedades controladas são subsidiariamente responsáveis pelas obrigações decorrentes deste código.

§3º As sociedades consorciadas são solidariamente responsáveis pelas obrigações decorrentes deste código.

§4º As sociedades coligadas só responderão por culpa.

§5º Também poderá ser desconsiderada a pessoa jurídica sempre que sua personalidade for, de alguma forma, obstáculo ao ressarcimento de prejuízos causados aos consumidores.

[1219] Art. 4º Poderá ser desconsiderada a pessoa jurídica sempre que sua personalidade for obstáculo ao ressarcimento de prejuízos causados à qualidade do meio ambiente.

[1220] Art. 34. A personalidade jurídica do responsável por infração da ordem econômica poderá ser desconsiderada quando houver da parte deste abuso de direito, excesso de poder, infração da lei, fato ou ato ilícito ou violação dos estatutos ou contrato social.

Parágrafo único. A desconsideração também será efetivada quando houver falência, estado de insolvência, encerramento ou inatividade da pessoa jurídica provocados por má administração.

[1221] Art. 14. A personalidade jurídica poderá ser desconsiderada sempre que utilizada com abuso do direito para facilitar, encobrir ou dissimular a prática dos atos ilícitos previstos nesta Lei ou para provocar confusão patrimonial, sendo estendidos todos os efeitos das sanções aplicadas à pessoa jurídica aos seus administradores e sócios com poderes de administração, observados o contraditório e a ampla defesa.

[1222] BITTENCOURT. *Comentários à Lei Anticorrupção*. 4. ed.

patrimonial, adotar-se-á, com observância ao contraditório e à ampla defesa, a teoria da desconsideração da personalidade jurídica, sendo estendidos todos os efeitos das sanções aplicadas à pessoa jurídica (previstas no art. 6º: multa e publicação extraordinária da decisão condenatória) aos seus administradores e sócios com poderes de administração.

Anote-se que se considera confusão patrimonial qualquer utilização indevida da pessoa jurídica, tais como o pagamento de contas particulares ou a compra de bens particulares com recursos da mesma. Ocorre, portanto, quando se confundem os negócios pessoais dos sócios com os da sociedade. A intenção do legislador foi amparar o ideal de que a administração do negócio não deve ser realizada em benefício dos sócios, mas sim, da sociedade.

Como já esposado, o Código Civil (Lei nº 10.406/2002) dispõe que, em caso de abuso da personalidade jurídica, caracterizado pelo desvio de finalidade, ou pela confusão patrimonial, pode o juiz decidir, a requerimento da parte, ou do Ministério Público quando lhe couber intervir no processo, que os efeitos de certas e determinadas relações de obrigações sejam estendidos aos bens particulares dos administradores ou sócios da pessoa jurídica.

Cabe aqui destacar, à guisa de registro para futuras aplicações, a forma que o STF encarou a matéria, em análise após a existência da Lei Anticorrupção.

Iniciou-se o caso com a análise de representação junto ao TCU contra a Valec Engenharia, Construções e Ferrovias S.A. (Valec), empresa pública vinculada ao Ministério dos Transportes, em face de supostas irregularidades em Pregão Presencial Internacional de 2012, para contratação de empresa para fornecimento, descarga de navio, remoção, armazenamento e nacionalização de trilhos, destinados a trecho da Ferrovia Norte-Sul, tendo sido apontadas, entre outras irregularidades, que a licitante que apresentou o melhor preço, PNG Brasil Produtos Siderúrgicos Ltda., estava sujeita à mesma penalidade de suspensão do direito de contratar com a Administração que fora aplicada à empresa Dismaf Distribuidora de Manufaturados Ltda., pela ECT, em função de conduta irregular na execução de contratos.

Avaliando a matéria, decidiu o TCU:

"9.4 dar ciência à Valec Engenharia, Construções e Ferrovias e ao Ministério do Planejamento, Orçamento e Gestão, como órgão orientador dos demais órgãos/entidades do Governo federal, de que a suspensão de licitar e contratar com a Administração Pública federal, imposta à Dismaf Distribuidora de Manufaturados Ltda., estende-se à PNG Brasil Produtos Siderúrgicos Ltda., em face dos fatos apurados neste processo e com base na teoria da desconsideração, expansiva da personalidade jurídica, nos princípios da moralidade administrativa e da indisponibilidade do interesse público, e no entendimento de que a sanção aplicada com fundamento no art. 7º da Lei nº 10.520/2002 se estende a toda esfera do órgão ou entidade que a aplicou; (...)".

Em face da orientação da Corte de Contas federal, a questão foi levada ao STF. O Min. Celso de Mello focou em seu voto os seguintes pontos: (a) a competência do Tribunal de Contas para estender ou ampliar a abrangência de sanções administrativas aplicadas por outros entes públicos; (b) a teoria da desconsideração da personalidade jurídica frente à reserva de jurisdição e ao princípio da legalidade; e (c) a intranscendência das sanções administrativas e das medidas restritivas de direitos e sua compatibilidade com a desconsideração expansiva da personalidade jurídica.[1223]

Pois bem, avançando no âmbito da Direito Administrativo, este art. 160 prevê que a *personalidade jurídica poderá ser desconsiderada sempre que, numa licitação, for utilizada*

[1223] BITTENCOURT. *Comentários à Lei Anticorrupção*. 4. ed.

com abuso do direito, para facilitar, encobrir ou dissimular a prática dos atos ilícitos previstos na lei ou para provocar confusão patrimonial e, nesse caso, todos os efeitos das sanções aplicadas à pessoa jurídica serão estendidos aos administradores e sócios com poderes de administração, a pessoa jurídica sucessora ou a empresa do mesmo ramo com relação de coligação ou controle, de fato ou de direito, com o sancionado, observados, em todos os casos, o contraditório, a ampla defesa e a obrigatoriedade de análise jurídica prévia.

Trocando em miúdos, o dispositivo, voltado para a possibilidade de extensão de sanções administrativas contratuais, explicitou o instituto jurídico da desconsideração excepcional, indicou a *legalis ratio* justificadora e informou o resultado do ato.

Consoante o já anotado, considera-se *confusão patrimonial* qualquer utilização indevida da pessoa jurídica, tais como o pagamento de contas particulares ou a compra de bens particulares com recursos da mesma. Ocorre, portanto, quando se confundem os negócios pessoais dos sócios com os da sociedade. A intenção é amparar o ideal de que a administração do negócio não deve ser realizada em benefício dos sócios, mas sim, da sociedade.

O instituto está definido no §2º do art. 50 do Código Civil (Lei nº 10.406, de 10.01.2002):

> Art. 50 [...]
>
> §2º Entende-se por confusão patrimonial a ausência de separação de fato entre os patrimônios, caracterizada por: (Incluído pela Lei nº 13.874/2019).
>
> I – cumprimento repetitivo pela sociedade de obrigações do sócio ou do administrador ou vice-versa; (Incluído pela Lei nº 13.874/2019).
>
> II – transferência de ativos ou de passivos sem efetivas contraprestações, exceto os de valor proporcionalmente insignificante; e (Incluído pela Lei nº 13.874/2019).
>
> III – outros atos de descumprimento da autonomia patrimonial. (Incluído pela Lei nº 13.874/2019).

Verifica-se, assim, que, diversamente da Lei Anticorrupção, a Nova Lei de Licitações não limitou a responsabilidade da pessoa jurídica sucessora somente às obrigações de natureza pecuniária, e tampouco fez referência ao limite do patrimônio transferido, como ocorreu com no artigo 4º, §1º da Lei Anticorrupção:

> Sendo assim, pelo texto da nova Lei de Licitações, a priori, a empresa sucessora poderia "herdar" não somente as obrigações de natureza pecuniária, como também as sanções de impedimento de contratar e licitar e declaração de inidoneidade que foram aplicadas à empresa sucedida – bastando, para tanto, que exista contraditório e "análise jurídica prévia". Além disso, [...] ao prever que a extensão das sanções poderá se dar contra os administradores e os sócios "com poderes de administração" da pessoa jurídica licitante ou contratada, não limitou a sanção aos administradores e sócios que efetivamente contribuíram para a prática do ato caracterizador de abuso de direito. Ou seja, o legislador optou por um critério meramente formal, genérico, o que significa que todo e qualquer sócio ou administrador (com poderes de administração), sem qualquer critério específico, poderia, em tese, sofrer os efeitos de uma possível decisão de desconsideração da personalidade jurídica.[1224]

[1224] DANIEL; GUZZO. A nova Lei de Licitações e a desconsideração da personalidade jurídica.

Contudo, como obtempera Ivan Rigolin, esse instituto processual civil, quando realizado administrativamente, pode não ser tão facilmente transportável para a mundo das licitações e dos contratos, sem a suscitação processual do incidente previsto nos arts. 133 a 137 do Código de Processo Civil (CPC).[1225]

> O que parece certo é que a cada suscitação administrativa, o suscitado (licitante ou contratado) ingressará com pleito judicial de anulação por falta daquele requisito processual [...]. A Lei de Licitações talvez imagine poder inverter ou subverter as regras de processo civil e transformar um rígido e formalíssimo procedimento judicial em prática iniciada e resolvida dentro da Administração – ainda que concedida ampla defesa ao interessado e após análise jurídica. Nada disso basta. O direito processual é extraordinariamente solene e formal, sob pena de nulidade de tudo quanto operar fora desse padrão.[1226]

Ademais, como nenhuma sanção pode, sem incidente específico, ser estendida a sujeito diverso do sancionado, em decorrência do instituído nos incs. LV e LVI do art. 5º da Constituição Federal,[1227] segundo os quais os atos estatais de caráter singular não podem restringir a esfera de direitos de ninguém "sem o devido processo legal", no qual se deve garantir "contraditório e ampla defesa", Carlos Ari Sundfeld e Yasser Gabriel concluem, quanto ao aspecto procedimental, que sem elementos robustos de que há artificialismo e intuito fraudulento, não se pode estender os efeitos da sanção a outras empresas, apenas por elas integrarem o mesmo grupo econômico ou por compartilharem sócios, conselheiros ou diretores, pois, se, mesmo em complexas organizações empresariais, as sanções passassem automaticamente para as pessoas físicas dos sócios,

---

[1225] Lei nº 13.105/2015 (CPC)
CAPÍTULO IV
DO INCIDENTE DE DESCONSIDERAÇÃO DA PERSONALIDADE JURÍDICA
Art. 133. O incidente de desconsideração da personalidade jurídica será instaurado a pedido da parte ou do Ministério Público, quando lhe couber intervir no processo.
§1º O pedido de desconsideração da personalidade jurídica observará os pressupostos previstos em lei.
§2º Aplica-se o disposto neste Capítulo à hipótese de desconsideração inversa da personalidade jurídica.
Art. 134. O incidente de desconsideração é cabível em todas as fases do processo de conhecimento, no cumprimento de sentença e na execução fundada em título executivo extrajudicial.
§1º A instauração do incidente será imediatamente comunicada ao distribuidor para as anotações devidas.
§2º Dispensa-se a instauração do incidente se a desconsideração da personalidade jurídica for requerida na petição inicial, hipótese em que será citado o sócio ou a pessoa jurídica.
§3º A instauração do incidente suspenderá o processo, salvo na hipótese do §2º.
§4º O requerimento deve demonstrar o preenchimento dos pressupostos legais específicos para desconsideração da personalidade jurídica.
Art. 135. Instaurado o incidente, o sócio ou a pessoa jurídica será citado para manifestar-se e requerer as provas cabíveis no prazo de 15 (quinze) dias.
Art. 136. Concluída a instrução, se necessária, o incidente será resolvido por decisão interlocutória.
Parágrafo único. Se a decisão for proferida pelo relator, cabe agravo interno.
Art. 137. Acolhido o pedido de desconsideração, a alienação ou a oneração de bens, havida em fraude de execução, será ineficaz em relação ao requerente.

[1226] RIGOLIN. *Lei nº 14.133/2021 comentada*: uma visão crítica.

[1227] Art. 5º Todos são iguais perante a lei, sem distinção de qualquer natureza, garantindo-se aos brasileiros e aos estrangeiros residentes no País a inviolabilidade do direito à vida, à liberdade, à igualdade, à segurança e à propriedade, nos termos seguintes: [...]
LV – aos litigantes, em processo judicial ou administrativo, e aos acusados em geral são assegurados o contraditório e a ampla defesa, com os meios e recursos a ela inerentes;
LVI – são inadmissíveis, no processo, as provas obtidas por meios ilícitos.

dos administradores, dos conselheiros e dos diretores, e, em seguida, contaminassem quaisquer outras empresas a que eles se ligassem (como sócios, administradores etc.), juridicamente elas deixariam de ser sanções, que supõem pessoalidade, e se transformariam em autênticos vírus, que iriam contaminando tudo por onde passassem, configurando aberrações jurídicas, e não sanções.

> Em face da regra constitucional da pessoalidade da pena, essa contaminação automática é inviável. Ela faria com que os efeitos restritivos da sanção acabassem direcionados a organizações que em nada contribuíram para a prática irregular que gerou a sanção e que não tomaram o lugar do sancionado de modo fraudulento e abusivo.

Assim, obtemperaram:

> Estendem-se os efeitos da sanção, sempre por meio da desconsideração da personalidade jurídica, apenas se existirem elementos demonstrando, de modo consistente, que, coberta por simples máscara formal, outra empresa está atuando artificialmente no lugar da sancionada, contornando a proibição e, assim, gerando e distribuindo, aos mesmos indivíduos, os proveitos que a sancionada obteria. A outra empresa seria veículo artificial para os indivíduos que dominavam a punida obterem novos contratos.[1228]

E mais: como observa Ivan Rigolin, esse instituto processual civil, quando realizado administrativamente, pode não ser tão facilmente transportável para a mundo das licitações e dos contratos, sem a suscitação processual do incidente previsto nos arts. 133 a 137 do Código de Processo Civil (CPC).[1229]

> O que parece certo é que a cada suscitação administrativa, o suscitado (licitante ou contratado) ingressará com pleito judicial de anulação por falta daquele requisito processual [...]. A Lei de Licitações talvez imagine poder inverter ou subverter as regras de processo civil e transformar um rígido e formalíssimo procedimento judicial em prática iniciada e resolvida dentro da Administração – ainda que concedida ampla defesa ao interessado e

[1228] SUNDFELD; GABRIEL. Interdição de licitar e contratar com a Administração Pública.

[1229] Lei nº 13.105/2015 (CPC)
CAPÍTULO IV
DO INCIDENTE DE DESCONSIDERAÇÃO DA PERSONALIDADE JURÍDICA
Art. 133. O incidente de desconsideração da personalidade jurídica será instaurado a pedido da parte ou do Ministério Público, quando lhe couber intervir no processo.
§1º O pedido de desconsideração da personalidade jurídica observará os pressupostos previstos em lei.
§2º Aplica-se o disposto neste Capítulo à hipótese de desconsideração inversa da personalidade jurídica.
Art. 134. O incidente de desconsideração é cabível em todas as fases do processo de conhecimento, no cumprimento de sentença e na execução fundada em título executivo extrajudicial.
§1º A instauração do incidente será imediatamente comunicada ao distribuidor para as anotações devidas.
§2º Dispensa-se a instauração do incidente se a desconsideração da personalidade jurídica for requerida na petição inicial, hipótese em que será citado o sócio ou a pessoa jurídica.
§3º A instauração do incidente suspenderá o processo, salvo na hipótese do §2º.
§4º O requerimento deve demonstrar o preenchimento dos pressupostos legais específicos para desconsideração da personalidade jurídica.
Art. 135. Instaurado o incidente, o sócio ou a pessoa jurídica será citado para manifestar-se e requerer as provas cabíveis no prazo de 15 (quinze) dias.
Art. 136. Concluída a instrução, se necessária, o incidente será resolvido por decisão interlocutória.
Parágrafo único. Se a decisão for proferida pelo relator, cabe agravo interno.
Art. 137. Acolhido o pedido de desconsideração, a alienação ou a oneração de bens, havida em fraude de execução, será ineficaz em relação ao requerente.

após análise jurídica. Nada disso basta. O direito processual é extraordinariamente solene e formal, sob pena de nulidade de tudo quanto operar fora desse padrão.[1230]

Recentemente o TCU se manifestou sobre a matéria:

Acórdão nº 1484/2022 – Plenário: o vínculo contratual entre a entidade privada e o Poder Público não permite a responsabilização dos agentes da empresa contratada (administradores, sócios ou empregados) por prejuízos causados ao erário. Na hipótese de estarem presentes os requisitos para a desconsideração da personalidade jurídica, os sócios e os administradores da empresa contratada podem ser alcançados, mas não os empregados (art. 50 do Código Civil).

[1230] RIGOLIN. *Lei nº 14.133/2021 comentada*: uma visão crítica.

Art. 161. Os órgãos e entidades dos Poderes Executivo, Legislativo e Judiciário de todos os entes federativos deverão, no prazo máximo de 15 (quinze) dias úteis, contado da data de aplicação da sanção, informar e manter atualizados os dados relativos às sanções por eles aplicadas, para fins de publicidade no Cadastro Nacional de Empresas Inidôneas e Suspensas (Ceis) e no Cadastro Nacional de Empresas Punidas (Cnep), instituídos no âmbito do Poder Executivo federal.
Parágrafo único. Para fins de aplicação das sanções previstas nos incisos I, II, III e IV do caput do art. 156 desta Lei, o Poder Executivo regulamentará a forma de cômputo e as consequências da soma de diversas sanções aplicadas a uma mesma empresa e derivadas de contratos distintos.

Artigo 161 e Parágrafo único

1 Atualização de dados relativos às sanções aplicadas pelos Poderes Executivo, Legislativo e Judiciário de todos os entes federativos

O art. 155 desta Nova Lei elenca infrações cometidas por licitantes ou contratados, responsabilizando-os administrativamente. Entre as sanções aplicáveis, listadas no art. 156, há o impedimento de licitar e contratar com a Administração e a declaração de inidoneidade para licitar ou contratar.

Contudo, na prática, durante anos e anos, sempre foi muito difícil saber se a empresa estava incursa numa dessas sanções.

Para dar cabo dessa deficiência foi criado o Cadastro Nacional de Empresas Inidôneas e Suspensas (CEIS), que apresenta a relação de empresas e pessoas físicas que sofreram sanções que implicaram a restrição de participar de licitações ou de celebrar contratos com a Administração Pública, constante no Portal da Transparência da Controladoria-Geral da União (CGU), e o Cadastro Nacional de Empresas Punidas (CNEP), que apresenta a relação de empresas que sofreram qualquer das punições previstas na Lei nº 12.846/2013 (Lei Anticorrupção).

Nessa contextura, este art. 161 prescreve que os órgãos e entidades dos Poderes Executivo, Legislativo e Judiciário de todos os entes federativos deverão, no prazo máximo de 15 (quinze) dias úteis, contado da data de aplicação da sanção, informar e manter atualizados os dados relativos às sanções por eles aplicadas, para fins de publicidade no Cadastro Nacional de Empresas Inidôneas e Suspensas (Ceis) e no Cadastro Nacional de Empresas Punidas (Cnep).

Para fins de aplicação das sanções previstas nos incisos I, II, III e IV do art. 156 (advertência, multa, impedimento de licitar e contratar e declaração de inidoneidade para licitar ou contratar), o parágrafo único indica que o Poder Executivo regulamentará a forma de cômputo e as consequências da soma de diversas sanções aplicadas a uma mesma empresa e derivadas de contratos distintos.

Art. 162. O atraso injustificado na execução do contrato sujeitará o contratado a multa de mora, na forma prevista em edital ou em contrato.
Parágrafo único. A aplicação de multa de mora não impedirá que a Administração a converta em compensatória e promova a extinção unilateral do contrato com a aplicação cumulada de outras sanções previstas nesta Lei.

Artigo 162 e Parágrafo único

1 Multa de mora

A demora desmotivada na execução do contrato determina, inicialmente, a aplicação de multa, cujo *quantum* deverá, obrigatoriamente, constar no instrumento convocatório e, principalmente, no contrato, constando também as condições para sua aplicação.

A multa aqui prevista caracteriza uma multa moratória, ou seja, aquela convencionada para os casos de atraso no cumprimento da obrigação, diversamente da prevista no inc. II do art. 156, que é aplicada em função do inadimplemento contratual, revelando-se, por conseguinte, uma multa compensatória.

A multa de mora tem a finalidade de indenizar a Administração pelo retardamento no cumprimento da obrigação por parte da contratada. Por conseguinte, só é incidente no caso da demora, ou seja, de impontualidade na execução do ajustado.

Como dispõe o parágrafo único, a aplicação da multa moratória não impedirá que a Administração a converta em compensatória e promova a extinção unilateral do contrato com a aplicação cumulada de outras sanções previstas.

Assim, caberá à Administração verificar se as faltas reiteradas do contratado justificam a rescisão.

Como bem assentou a consultoria da Zênite:

> Eventual reconhecimento de uma situação de mora não impede sua conversão em inadimplemento. A decisão que reconhece a mora ou o inadimplemento não tem efeitos preclusivos, isto é, absolutos e capazes de impedir a revisão de seus termos ou sua manutenção. O conteúdo da referida decisão deve refletir o interesse da Administração no objeto da contratação, o qual pode variar conforme se alterem as circunstâncias que a fundamentaram.[1231]

Sobre o tema, é relevante registrar que a Instrução Normativa SEGES/ME nº 26, de 13.04.2022, dispôs sobre a dispensa, o parcelamento, a compensação e a suspensão de cobrança de débito resultante de multa administrativa e/ou indenizações, previstas na Nova Lei de Licitações, no âmbito da Administração Pública federal direta, autárquica e fundacional, não inscritas em dívida ativa.

[1231] BLOG ZENITE. *É possível aumentar o valor da multa de mora aplicada ao contratado em razão de reincidência?*

Art. 163. É admitida a reabilitação do licitante ou contratado perante a própria autoridade que aplicou a penalidade, exigidos, cumulativamente:
I – reparação integral do dano causado à Administração Pública;
II – pagamento da multa;
III – transcurso do prazo mínimo de 1 (um) ano da aplicação da penalidade, no caso de impedimento de licitar e contratar, ou de 3 (três) anos da aplicação da penalidade, no caso de declaração de inidoneidade;
IV – cumprimento das condições de reabilitação definidas no ato punitivo;
V – análise jurídica prévia, com posicionamento conclusivo quanto ao cumprimento dos requisitos definidos neste artigo.
Parágrafo único. A sanção pelas infrações previstas nos incisos VIII e XII do caput do art. 155 desta Lei exigirá, como condição de reabilitação do licitante ou contratado, a implantação ou aperfeiçoamento de programa de integridade pelo responsável.

Artigo 163 e Parágrafo único

1 Reabilitação do licitante ou contratado

Juridicamente, a reabilitação é a restituição de qualidades ou atributos perdidos. Por ela se restabelece a situação anterior, para que possa a pessoa reintegrar-se na posição jurídica, que fora afastada, readquirindo a plenitude de ação relativamente aos direitos de que se privara. Assim, a reabilitação restitui a capacidade, estando o reabilitado novamente habilitado a agir, sendo recolocado na situação jurídica de que fora afastado.[1232]

Na hipótese, a reabilitação autoriza a reintegração de sancionados pela Administração no mercado de licitações e contratações públicas.

O dispositivo admite a reabilitação do licitante ou contratado perante a própria autoridade que aplicou a sanção, exigindo, cumulativamente, os seguintes requisitos:

- Reparação integral do dano causado à Administração Pública;
- Pagamento da multa;
- Transcurso do prazo mínimo de 1 (um) ano da aplicação da penalidade, no caso de impedimento de licitar e contratar, ou de 3 (três) anos da aplicação da penalidade, no caso de declaração de inidoneidade;
- Cumprimento das condições de reabilitação definidas no ato punitivo; e
- Análise jurídica prévia, com posicionamento conclusivo quanto ao cumprimento dos requisitos definidos neste artigo.

Como expõe o parágrafo único, para as infrações de "apresentação de declaração ou documentação falsa exigida para o certame" ou "prestação de declaração falsa

[1232] SILVA. *Vocabulário jurídico.*

durante a licitação ou a execução do contrato" e a "prática de ato lesivo tipificado na Lei Anticorrupção", há ainda a exigência de cumprimento da implantação ou o aperfeiçoamento de um programa de integridade.

A Nova Lei inova ao prever a possibilidade de reabilitação para a sanção de impedimento de licitar e contratar com a Administração Pública, diversamente da Lei nº 8.666/1993, em que o instituto era aplicado apenas no caso de declaração de inidoneidade, acrescentando mais instrumentos repressivos.

Esse novo cenário implica o questionamento sobre quais serão os parâmetros para a aplicação da multa, que condições de reabilitação poderão ser definidas no ato punitivo, se poderão ser estabelecidos requisitos além daqueles já previstos e quais serão os limites aplicáveis.

Essa foi a reflexão de Mayara Gasparoto Tonin, considerando que a reprodução dos mecanismos sancionatórios tradicionais e a previsão de requisitos subjetivos e restritivos nos incisos do art. 162 podem prejudicar a eficácia e a aplicação prática do procedimento de reabilitação:

> Por exemplo, a Lei nº 13.979/2020, que dispôs sobre as medidas para enfrentamento da pandemia, previa a possibilidade de contratação excepcional de agente econômico "independentemente da existência de sanção de impedimento ou de suspensão de contratar com o poder público" (art. 4º, §3º). O mesmo consta do art. 2º, §3º, da Medida Provisória nº 1.026/2021, que dispõe sobre as medidas excepcionais relativas à aquisição de vacinas, insumos, bens e serviços de logística, tecnologia da informação e comunicação, comunicação social e publicitária e treinamentos destinados à vacinação contra a Covid-19 e sobre o Plano Nacional de Operacionalização da Vacinação contra a Covid-19.
>
> Ou seja, as consequências da imposição de uma sanção restritiva podem ultrapassar o âmbito individual do licitante e do contratante e acabar por atingir o mercado de contratação pública e a concorrência como um todo – em última análise, a própria Administração. Não se pretende afirmar que não há sentido na manutenção de sanções de afastamento de licitar e contratar, mas que, se elas não são reservadas apenas para as hipóteses mais graves (inaptidão do agente para executar o contrato, atos de corrupção), ao menos o processo de reabilitação dos licitantes ou contratados sancionados deve ser mais acessível. (...)
>
> Diante disso, resta a dúvida (e a expectativa) acerca da efetividade do procedimento de reabilitação estabelecido pela nova Lei de Licitações. A forma como a reabilitação foi (re) estruturada não traz muitas esperanças de uma maior utilização do instituto (...) – que não estabeleceu propriamente um rito procedimental, preferindo aumentar os requisitos em vez de considerar a alteração das circunstâncias.[1233]

[1233] TONIN. *O procedimento de reabilitação de licitantes e contratados na nova Lei de Licitações.*

CAPÍTULO II

DAS IMPUGNAÇÕES, DOS PEDIDOS DE ESCLARECIMENTO E DOS RECURSOS

Art. 164. Qualquer pessoa é parte legítima para impugnar edital de licitação por irregularidade na aplicação desta Lei ou para solicitar esclarecimento sobre os seus termos, devendo protocolar o pedido até 3 (três) dias úteis antes da data de abertura do certame.

Parágrafo único. A resposta à impugnação ou ao pedido de esclarecimento será divulgada em sítio eletrônico oficial no prazo de até 3 (três) dias úteis, limitado ao último dia útil anterior à data da abertura do certame.

Artigo 164 e Parágrafo único

1 Impugnação do edital licitatório

A Administração não poderá descumprir as normas e condições do edital, em atendimento ao princípio da vinculação ao edital constante no art. 5º. Tal vinculação, básica em sede de licitação, obriga a agente público a seguir à risca o estabelecido no documento convocatório do certame.

Assim, a Administração não pode ir além nem ficar aquém das disposições traçadas no instrumento convocatório do certame.

No entanto, como já registramos, tal circunstância não implica a adoção de formalismos exagerados, porquanto não se concebe que a Administração tome providências nas licitações em função de meras omissões ou diminutas irregularidades formais, desde que, por suas irrelevâncias, não causem qualquer tipo de prejuízo.

> O apego a formalismos exagerados é uma manifestação perniciosa da burocracia que, além de não resolver apropriadamente problemas cotidianos, ainda causa dano a Erário, sob o manto da legalidade estrita. Esquece-se o interesse público e passa-se a conferir pontos e vírgulas, como se isso fosse o mais importante a fazer.[1234]
>
> O objetivo das licitações públicas é a busca do melhor contrato para a Administração, garantindo-se, de outro lado, a igualdade entre os concorrentes. Essa garantia concretiza-se na medida em que se observa o devido processo administrativo. O pertinente procedimento e o ato jurídico formal, no entanto, não podem se tornar expressões sinônimas de formalismo exacerbado. O formalismo no procedimento licitatório não pode ser elevado à condição de cláusula que venha a comprometer a competição.[1235]
>
> O formalismo exacerbado decorre do culto da forma pela forma – em prejuízo da maior competitividade entre os licitantes – vale dizer, do objetivo de obter-se a melhor proposta para a Administração.[1236]

[1234] Ministro do TCU Marcos Vilaça, em voto de 1999, na qualidade de relator de um processo, invocando a lembrança do saudoso Ministro da Desburocratizarão Hélio Beltrão.

[1235] TEIXEIRA JÚNIOR; CIOTTI. *Formalismo e competitividade nas licitações.* (Registros pessoais).

[1236] OLIVEIRA. *Licitação.*

O art. 164 diz respeito ao descumprimento da lei quando da elaboração do instrumento convocatório, tratando especificamente da impugnação ao edital (ou seja, contestar a sua validade).

Registre-se que, tal como a norma pretérita, o tratamento jurídico dado ao instituto também dá voz ao cidadão comum, que detém legitimidade para tal feito.

Reza o dispositivo que qualquer pessoa poderá impugnar o instrumento convocatório da licitação por irregularidade na aplicação da lei ou mesmo para apenas solicitar esclarecimento sobre os seus termos, atendido o prazo de até três dias úteis anteriores à data fixada para a abertura do certame.

Em face dos novos meios de comunicação, evidencia-se que deverá ser consentida a adoção de e-mails, que agilizam e facilitam os objetivos. É o que, inclusive, sumulou recentemente o Tribunal de Contas do Estado do Rio de Janeiro:

> SÚMULA TCE-RJ nº 9 (Relatora: Conselheira Marianna Montebello Willeman – Sessão de 26.10.2022): O edital de licitação deve permitir a realização de pedidos de esclarecimentos, impugnações e recursos por intermédio de correio eletrônico (e-mail) ou qualquer outro meio digital de processamento de dados.

O parágrafo único, por sua vez, estabelece que a resposta à impugnação ou ao pedido de esclarecimento será divulgada em sítio eletrônico oficial no prazo de até três dias úteis, limitado ao último dia útil anterior à data da abertura do certame.

A novidade, em relação a lei pretérita, é a previsão de solicitação de esclarecimentos, com prazo para resposta.

Essa previsão, bastante relevante, já constara no Decreto nº 10.024/2019, que regulamentou o pregão eletrônico, e guarda consonância com a jurisprudência do Superior Tribunal de Justiça (STJ) e com os julgados do Tribunal de Contas da União (TCU).

Art. 165. Dos atos da Administração decorrentes da aplicação desta Lei cabem:
I – recurso, no prazo de 3 (três) dias úteis, contado da data de intimação ou de lavratura da ata, em face de:
a) ato que defira ou indefira pedido de pré-qualificação de interessado ou de inscrição em registro cadastral, sua alteração ou cancelamento;
b) julgamento das propostas;
c) ato de habilitação ou inabilitação de licitante;
d) anulação ou revogação da licitação;
e) extinção do contrato, quando determinada por ato unilateral e escrito da Administração;
II – pedido de reconsideração, no prazo de 3 (três) dias úteis, contado da data de intimação, relativamente a ato do qual não caiba recurso hierárquico.
§1º Quanto ao recurso apresentado em virtude do disposto nas alíneas "b" e "c" do inciso I do caput deste artigo, serão observadas as seguintes disposições:
I – a intenção de recorrer deverá ser manifestada imediatamente, sob pena de preclusão, e o prazo para apresentação das razões recursais previsto no inciso I do caput deste artigo será iniciado na data de intimação ou de lavratura da ata de habilitação ou inabilitação ou, na hipótese de adoção da inversão de fases prevista no §1º do art. 17 desta Lei, da ata de julgamento;
II – a apreciação dar-se-á em fase única.
§2º O recurso de que trata o inciso I do caput deste artigo será dirigido à autoridade que tiver editado o ato ou proferido a decisão recorrida, que, se não reconsiderar o ato ou a decisão no prazo de 3 (três) dias úteis, encaminhará o recurso com a sua motivação à autoridade superior, a qual deverá proferir sua decisão no prazo máximo de 10 (dez) dias úteis, contado do recebimento dos autos.
§3º O acolhimento do recurso implicará invalidação apenas de ato insuscetível de aproveitamento.
§4º O prazo para apresentação de contrarrazões será o mesmo do recurso e terá início na data de intimação pessoal ou de divulgação da interposição do recurso.
§5º Será assegurado ao licitante vista dos elementos indispensáveis à defesa de seus interesses.

Artigo 165

1 O direito de petição

A Constituição Federal (CF) assegura os direitos ao contraditório e de petição como instrumentos genéricos de defesa e, principalmente, contra atos administrativos considerados abusivos ou inválidos.

Para exercer esses direitos, o particular tem a seu dispor duas vias distintas: a judicial e a administrativa.

Escolhida a via judicial para a contestação, instaurado estará o contencioso, originando o litígio, passando a Administração e o particular a constituírem partes. Nessa hipótese, cabe ao Poder Judiciário tão somente o exame quanto aos pressupostos de legalidade.

Outra saída para o particular, que pode ser considerada uma alternativa prévia, é a opção pela via administrativa, através do chamado recurso administrativo, que provocará um exame da própria Administração quanto à legalidade e ao mérito.

O recurso administrativo, portanto, consigna um instrumento oferecido ao licitante que o autoriza, caso se sinta prejudicado, a provocar a Administração no sentido de rever seus próprios atos.

No âmbito da Nova Lei, o recurso administrativo assume duas espécies: recurso hierárquico (também chamado de recurso administrativo propriamente dito) e reconsideração.

É importante ressaltar que o direito de petição deve ser concretizado no prazo assinalado. O não exercício desse direito no lapso temporal estabelecido importa na sua perda (decadência).

A perda do prazo, entretanto, não veda a via judicial, uma vez que a CF assegura a provocação do Judiciário na hipótese de lesão ou ameaça a direito.[1237]

Inciso I

1.1 Recurso administrativo

Não obstante o direito fundamental à ampla defesa, máxima garantida no art. 5º, inc. LV, da CF, nem todo ato, em sede de licitação e contratação pública, é passível de recurso. A Nova Lei elencou exaustivamente as situações permissivas.

Este inciso I lista as situações cujo prazo para recorrer é de 3 (três) dias úteis, contado da data de intimação ou de lavratura da ata:

- Ato que defira ou indefira pedido de pré-qualificação de interessado ou de inscrição em registro cadastral, sua alteração ou cancelamento;
- Julgamento das propostas;
- Ato de habilitação ou inabilitação de licitante;
- Anulação ou revogação da licitação; e
- Extinção do contrato, quando determinada por ato unilateral e escrito da Administração.

E o art. 166, a seguir, enumera as situações que cabem recurso no prazo de 15 (quinze) dias úteis, contado da data da intimação, que são as sanções aplicadas ao responsável por infrações administrativas.

[1237] Art. 5º, inc. XXXV, da Constituição Federal: "A lei não excluirá da apreciação do Poder Judiciário lesão ou ameaça a direito".

- Advertência;
- Multa; e
- Impedimento de licitar e contratar.

Inciso II

1.2 Reconsideração

Qualquer ato da Administração relacionado à licitação ou ao contrato, do qual não caiba recurso hierárquico, é cabível de representação.

O dispositivo complementa, no âmbito das licitações e contratos, o direito fundamental de petição, uma vez que o inciso anterior restringe a possibilidade de recursos para apenas algumas situações.

A reconsideração é cabível no prazo de 3 (três) dias úteis, contado da intimação.

Parágrafo 1º

2 Recurso administrativo devido em virtude do julgamento das propostas ou do ato de habilitação ou inabilitação

Quanto ao recurso apresentado em virtude do julgamento das propostas ou do ato de habilitação ou inabilitação, o recorrente deverá manifestar intenção de recorrer, que deverá ser anunciada imediatamente, sob pena de preclusão (perda de prazos próprios, em função do interessado deixar de adotar a providência processual devida).

Neste caso, o prazo para apresentação das razões recursais será iniciado:

- na data de intimação; ou
- na data de lavratura da ata de habilitação ou inabilitação; ou
- no caso de adoção da inversão de fases prevista no §1º do art. 17,[1238] na data da ata de julgamento.

Andou bem o legislador ao não determinar a intenção de recorrer motivada, como inoportunamente constava em normas pretéritas, uma vez que, conforme sentenciou Ricardo Ribas Berloffa, seria perfeitamente viável o surgimento de outros argumentos embasadores da indignação do licitante recorrente:

> Em consequência, o recorrente pode oferecer no momento da sessão determinado motivo para seu recurso e, em um segundo momento, apresentar as razões do recurso abordando outro motivo, independentemente de estar acrescendo ou modificando seu posicionamento inicial.

[1238] O §1º informa que a fase de habilitação poderá, mediante ato motivado com explicitação dos benefícios decorrentes, anteceder as fases de apresentação de propostas e lances e de julgamento, desde que expressamente previsto no edital de licitação.

Por fim, adotando procedimento bem-sucedido utilizado no pregão, a Nova Lei dispõe que haverá apenas uma oportunidade de recurso. Assim, a apreciação do recurso, segundo o inc. II, dar-se-á em fase única.

Parágrafos 2º a 5º

3 Trâmite do recurso

O recurso administrativo deverá ser dirigido à autoridade que tiver editado o ato ou proferido a decisão recorrida, o qual, se não reconsiderar o ato ou a decisão no prazo de 3 (três) dias úteis, deverá encaminhar o recurso com a sua motivação à autoridade superior, que deverá proferir sua decisão no prazo máximo de 10 (dez) dias úteis, contado do recebimento dos autos.

A autoridade que decidirá em última instância deverá estar em condições para julgar. Daí a necessidade do agente que proferiu o ato, que tem a oportunidade de revê-lo, encaminhá-lo, devidamente informado com a sua motivação, isto é, instruído com os elementos necessários e justificadores de sua decisão.

O prazo para avaliação e decisão do agente que praticou o ato é de 3 (três) dias úteis. Nesse período, impreterivelmente, duas decisões poderão ser tomadas: a) reconsiderar, findando-se a tramitação recursal; ou b) manter o ato, encaminhando-o à autoridade superior.

Recebido o recurso pela autoridade superior competente, terá ela prazo de 10 dias úteis, contado a partir da data do recebimento dos autos, para proferir sua decisão, sob pena de responsabilidade.

A severa e literal observação do prescrito neste parágrafo é de curial importância para a lisura e legalidade do procedimento.

Nessa contagem não se deve descurar do prazo voltado para a possibilidade de os demais licitantes apresentarem as contrarrazões que, conforme preceitua o §4º, terá o mesmo prazo de apresentação dos recursos, tendo início na data de intimação pessoal ou de divulgação da interposição do recurso.

Como preconiza o §3º, o acolhimento do recurso implicará invalidação apenas de ato insuscetível de aproveitamento.

Como não poderia deixar de ser no ambiente processual, assegurar-se-á ao licitante vista dos elementos indispensáveis à defesa de seus interesses.

Art. 166. Da aplicação das sanções previstas nos incisos I, II e III do caput do art. 156 desta Lei caberá recurso no prazo de 15 (quinze) dias úteis, contado da data da intimação.
Parágrafo único. O recurso de que trata o caput deste artigo será dirigido à autoridade que tiver proferido a decisão recorrida, que, se não a reconsiderar no prazo de 5 (cinco) dias úteis, encaminhará o recurso com sua motivação à autoridade superior, a qual deverá proferir sua decisão no prazo máximo de 20 (vinte) dias úteis, contado do recebimento dos autos.

Artigo 166 e Parágrafo único

1 Recurso em face de sanções aplicadas

Este art. 166 indica o cabimento de recurso, no prazo de 15 (quinze) dias úteis, contado da data da intimação, no caso das sanções a seguir listadas, aplicadas ao responsável por infrações administrativas:

- Advertência;
- Multa; e
- Impedimento de licitar e contratar.

Da mesma forma dos recursos do art. 165, seguindo a regra dos recursos hierárquicos, o recurso administrativo deverá ser dirigido à autoridade que tiver proferido a decisão recorrida, a qual, se não o reconsiderar no prazo de 5 (cinco) dias úteis, o encaminhará, com sua motivação, à autoridade superior, a qual deverá proferir sua decisão no prazo máximo de 20 (vinte) dias úteis, contado do recebimento dos autos.

Repete-se então o que foi aposto nos comentários anteriores. A autoridade que decidirá em última instância deverá estar em condições para julgar, o que demanda a necessidade do agente que proferiu a decisão, que tem a oportunidade de revê-la, encaminhá-la, com a sua motivação, ou seja, instruída com os elementos necessários e justificadores.

O prazo para avaliação e decisão do agente que praticou o ato é de 5 (cinco) dias úteis. Nesse período, impreterivelmente, duas decisões poderão ser tomadas: a) reconsiderar, findando-se a tramitação recursal; ou b) manter a decisão, encaminhando-a à autoridade superior.

Recebido o recurso pela autoridade superior competente, terá ela prazo de 20 dias úteis, contado da data do recebimento dos autos, para proferir sua decisão, sob pena de responsabilidade.

Como já exposto, a Nova Lei de Licitações não elucida quem é a autoridade responsável pela aplicação da sanção, tampouco a autoridade superior para fins de julgamento do recurso administrativo.

Logo, tal delimitação deverá ser realizada por cada órgão ou entidade, consoante sua organização institucional.

Art. 167. Da aplicação da sanção prevista no inciso IV do caput do art. 156 desta Lei caberá apenas pedido de reconsideração, que deverá ser apresentado no prazo de 15 (quinze) dias úteis, contado da data da intimação, e decidido no prazo máximo de 20 (vinte) dias úteis, contado do seu recebimento.

Artigo 167

1 Pedido de reconsideração pena de declaração de inidoneidade para licitar

Outra novidade da Nova Lei é a forma de manifestação do direito de petição no caso de pena de declaração de inidoneidade para licitar ou contratar (inc. IV do art. 156).

Segundo o determinado neste art. 167, para a hipótese, só caberá pedido de reconsideração, que deverá ser apresentado no prazo de 15 (quinze) dias úteis, contado da data da intimação, e decidido no prazo máximo de 20 (vinte) dias úteis, contado do seu recebimento.

Com boa ótica, Anderson Diniz considera que o uso restrito deve-se ao fato de que a autoridade competente para aplicar a sanção de declaração de inidoneidade para licitar ou contratar é a autoridade máxima de cada poder e de cada ente federativo, bem como do Ministério Público, de maneira que "não haveria como se prever recurso hierárquico, já que não haveria autoridade superior à que prolatou a decisão".[1239]

Com idêntico raciocínio, Pinheiro, Verzani e Mansur:

> A diferença é que, para a declaração de inidoneidade, a lei não se utiliza da expressão recurso, pois este pressupõe hierarquia, sendo que a referida sanção já é de competência de autoridades do alto escalão, como Ministros de Estado e secretários estaduais ou municipais, em se tratando de Poder Executivo, ou o dirigente da autarquia ou fundação, autoridade máxima daquela entidade da Administração Indireta (a exemplo de um diretor de uma autarquia). Assim, a depender da estrutura administrativa em que a declaração de inidoneidade é aplicada, não há autoridade superior para rever o ato, uma vez que não há hierarquia entre uma autarquia e a sua respectiva Administração direta, por exemplo, mas apenas controle finalístico ou supervisão ministerial. [1240]

[1239] DINIZ. *Tratado da Nova Lei de Licitações e Contratos Administrativos*: Lei nº 14.133/21. Comentada por Advogados Públicos.

[1240] PINHEIRO; ALMEIDA; MANSUR. *Nova Lei de Licitações anotada e comparada.*

Art. 168. O recurso e o pedido de reconsideração terão efeito suspensivo do ato ou da decisão recorrida até que sobrevenha decisão final da autoridade competente.
Parágrafo único. Na elaboração de suas decisões, a autoridade competente será auxiliada pelo órgão de assessoramento jurídico, que deverá dirimir dúvidas e subsidiá-la com as informações necessárias.

Artigo 168 e Parágrafo único

1 Recursos e pedidos de reconsideração terão efeito suspensivo

Como esposado, a Nova Lei instituiu apenas duas formas recursais para discussão de atos do certame ou durante a execução contratual:

a) o recurso, no prazo de 3 (três) dias úteis, atos relativos a procedimentos auxiliares (pedido de pré-qualificação de interessado ou de inscrição em registro cadastral, sua alteração ou cancelamento), julgamento de propostas, habilitação ou inabilitação; anulação do certame; e extinção unilateral do contrato; e
b) o pedido de reconsideração, no prazo de 3 (três) dias úteis, para atos que não caibam recurso hierárquico.

Todos os recursos e pedidos de reconsideração terão efeito suspensivo.

Nesse aspecto, a Nova Lei acerta falha da lei anterior, que só permitia efeito suspensivo nos recursos concernentes à habilitação e ao julgamento.

Dois efeitos, no rito processual, advêm da interposição de um recurso: o devolutivo, comum a todos os recursos, e o suspensivo, em situações especiais.

O efeito devolutivo é inerente à natureza recursal, oferecendo a possibilidade de reexame do ato decisório pela autoridade que praticou o ato, ou mesmo por outra hierarquicamente superior, perseguindo a obtenção de modificação na decisão.

O efeito suspensivo, por sua vez, somente ocorre quando a paralisação do procedimento é necessária, a partir do momento da interposição da petição recursal, perdurando a paralisação até que haja a decisão concernente ao pleiteado.

Assim, consoante as disposições deste art. 169, havendo recurso ou pedido de reconsideração, o procedimento licitatório restará suspenso até que seja proferida a decisão.

Como pondera Victor Amorim:

> O efeito suspensivo perdurará até o advento de decisão final da autoridade competente. Assim, em caso de aplicação de penalidade, os efeitos da sanção somente se iniciarão com o trânsito em julgado do processo administrativo, isto é, após a comunicação formal ao interessado acerca da decisão final da autoridade julgando improcedente o pleito recursal.[1241]

[1241] AMORIM. *Licitações e Contratos Administrativos*: teoria e jurisprudência. 4. ed.

Se presentes razões de interesse público, nada impede que a autoridade competente, motivadamente, atribua efeito suspensivo também à impugnação.

No trabalho de avaliação das petições recursais ou de reconsideração, a autoridade competente poderá valer-se do auxílio do órgão de assessoramento jurídico, a fim de dirimir dúvidas jurídicas surgidas, além de subsidiá-la com as informações julgadas necessárias.

CAPÍTULO III

DO CONTROLE DAS CONTRATAÇÕES

Art. 169. As contratações públicas deverão submeter-se a práticas contínuas e permanentes de gestão de riscos e de controle preventivo, inclusive mediante adoção de recursos de tecnologia da informação, e, além de estar subordinadas ao controle social, sujeitar-se-ão às seguintes linhas de defesa:

I – primeira linha de defesa, integrada por servidores e empregados públicos, agentes de licitação e autoridades que atuam na estrutura de governança do órgão ou entidade;

II – segunda linha de defesa, integrada pelas unidades de assessoramento jurídico e de controle interno do próprio órgão ou entidade;

III – terceira linha de defesa, integrada pelo órgão central de controle interno da Administração e pelo tribunal de contas.

§1º Na forma de regulamento, a implementação das práticas a que se refere o *caput* deste artigo será de responsabilidade da alta administração do órgão ou entidade e levará em consideração os custos e os benefícios decorrentes de sua implementação, optando-se pelas medidas que promovam relações íntegras e confiáveis, com segurança jurídica para todos os envolvidos, e que produzam o resultado mais vantajoso para a Administração, com eficiência, eficácia e efetividade nas contratações públicas.

§2º Para a realização de suas atividades, os órgãos de controle deverão ter acesso irrestrito aos documentos e às informações necessárias à realização dos trabalhos, inclusive aos documentos classificados pelo órgão ou entidade nos termos da Lei nº 12.527, de 18 de novembro de 2011, e o órgão de controle com o qual foi compartilhada eventual informação sigilosa tornar-se-á corresponsável pela manutenção do seu sigilo.

§3º Os integrantes das linhas de defesa a que se referem os incisos I, II e III do *caput* deste artigo observarão o seguinte:

I – quando constatarem simples impropriedade formal, adotarão medidas para o seu saneamento e para a mitigação de riscos de sua nova ocorrência, preferencialmente com o aperfeiçoamento dos controles preventivos e com a capacitação dos agentes públicos responsáveis;

II – quando constatarem irregularidade que configure dano à Administração, sem prejuízo das medidas previstas no inciso I deste §3º, adotarão as providências necessárias para a apuração das infrações administrativas, observadas a segregação de funções e a necessidade de individualização das condutas, bem como remeterão ao Ministério Público competente cópias dos documentos cabíveis para a apuração dos ilícitos de sua competência.

Artigo 169

1 Controle nas licitações

Nota-se a preocupação do legislador da Nova Lei com o controle das licitações e dos contratos. Tanto é que a ele dedicou um capítulo específico.

Já no art. 11, ao tratar dos objetivos do processo licitatório, ressaltou, em parágrafo único, a responsabilidade da alta administração do órgão ou entidade pela governança das contratações, com a obrigatória implementação de processos e estruturas, inclusive de gestão de riscos e controles internos, para avaliar, direcionar e monitorar os processos licitatórios e os respectivos contratos, com o intuito de alcançar os objetivos de desempenho listados,[1242] promover um ambiente íntegro e confiável, assegurar o alinhamento das contratações ao planejamento estratégico e às leis orçamentárias e promover eficiência, efetividade e eficácia em suas contratações.

Neste art. 169, reitera que as contratações públicas deverão submeter-se a práticas contínuas e permanentes de gestão de riscos e de controle preventivo, inclusive mediante adoção de recursos de tecnologia da informação.

Vide que para a identificação, prevenção e responsabilidade por eventuais ocorrências, já prevê a Nova Lei a elaboração de matriz de riscos, que, consoante definição do inc. XXVII do art. 6º, constitui cláusula contratual definidora de riscos e de responsabilidades entre as partes.

Para reforçar essa priorização de controle preventivo, após destacar a subordinação ao controle social, registra curiosas *linhas de defesa* a que estão sujeitas as contratações, alinhando uma espécie de escala hierárquica, muito embora não se subordinem, atuando em regime de colaboração ou complementação:

- Primeira linha de defesa – integrada por servidores e empregados públicos, agentes de licitação e autoridades que atuam na estrutura de governança do órgão ou entidade;
- Segunda linha de defesa – integrada pelas unidades de assessoramento jurídico e de controle interno do próprio órgão ou entidade; e
- Terceira linha de defesa – integrada pelo órgão central de controle interno da Administração e pelo tribunal de contas.

Esse modelo, que adota linhas de defesa, trouxe dúvidas práticas. Diante disso, o TCU se manifestou sobre o assunto no Acórdão nº 572/2022 – Plenário, observando que, considerando o princípio da eficiência insculpido no art. 37 da CF e as disposições previstas neste art. 169 da Nova Lei de Licitações, deverá o interessado acionar inicialmente a primeira e a segunda linhas de defesa, no âmbito do próprio órgão/entidade, antes do ingresso junto à terceira linha de defesa, constituída pelo órgão central de controle interno e tribunais de contas, evitando, por exemplo, a apresentação de pedidos de esclarecimentos ou impugnação a edital lançado, ou mesmo de recurso administrativo

---

[1242] Os objetivos são: a) assegurar a seleção da proposta apta a gerar o resultado de contratação mais vantajoso para a Administração Pública, inclusive no que se refere ao ciclo de vida do objeto; b) assegurar tratamento isonômico entre os licitantes, bem como a justa competição; c) evitar contratações com sobrepreço ou com preços manifestamente inexequíveis e superfaturamento na execução dos contratos; e d) incentivar a inovação e o desenvolvimento nacional sustentável.

concomitantemente com o ingresso de representações/denúncias junto àquela Corte de Contas, sob pena de poder acarretar duplos esforços de apuração desnecessariamente, em desfavor do erário e do interesse público.

Sobre a atuação do controle interno, anotem-se três Enunciados do Conselho de Justiça Federal, aprovados no 1º Simpósio de Licitações e Contratos da Justiça Federal, ocorrido em 16 e 17.08.2022:

> ENUNCIADO 19: as atribuições e responsabilidades típicas de gestão determinadas à unidade de controle interno por meio da Lei nº 14.133/2021 não podem ser atribuídas à unidade de auditoria interna, por contrariarem o disposto no parágrafo único do art. 2º da Resolução CNJ nº 308/2020. Por sua vez, a implementação de controles internos da gestão de que trata a Lei, sejam eles preventivos ou corretivos, cabe aos gestores envolvidos na instrução do processo administrativo de contratação e às instâncias de governança na ocasião de elaboração do Plano de Tratamento de Riscos do Macroprocesso de Contratação.

> ENUNCIADO 20: as contratações públicas submetem-se às práticas contínuas e permanentes de gestão de riscos e de controles internos previstas na Lei nº 14.133/2021, que devem ser implementadas em todo o macroprocesso de contratação, não se limitando à atuação de uma estrutura administrativa de controle interno.

> ENUNCIADO 21: as unidades de auditoria interna poderão responder a questionamentos formulados pela Administração, como atividade de consultoria prevista no art. 2º, inciso III, da Resolução CNJ nº 309/2020, observada a capacidade operacional da unidade de auditoria interna, desde que não se refiram a casos concretos, o que configuraria atos de cogestão, prática vedada pelo art. 29, inciso IV, da Resolução CNJ nº 347/2020.

Parágrafo 1º

2 Responsabilidade pela implementação das práticas

Ao submeter a práticas contínuas e permanentes de gestão de riscos e de controle preventivo, fazendo menção ao uso de mecanismos e recursos de tecnologia da informação, registrando a subordinação ao controle social, a lei não está exercitando a arte de retórica, mas, sim, determinando que a Administração estabeleça um plano de controle efetivo na aplicação da lei, o que demandará algo mais do que hoje é realizado, inclusive com elaboração de programas de informática que materializem esse comando.

Nesse contexto, este §1º remete a implementação dessas práticas a regulamentação posterior, sob a responsabilidade da alta administração do órgão ou entidade, a qual deverá levar em consideração os custos e os benefícios decorrentes de sua implementação, optando pelas medidas que promovam relações íntegras e confiáveis, com segurança jurídica para todos os envolvidos, e que produzam o resultado mais vantajoso para a Administração, com eficiência, eficácia e efetividade nas contratações públicas.

Assim, o regulamento para efetivação das práticas de controle deverá:

- Considerar custos e benefícios;
- Optar por medidas que promovam relações íntegras e confiáveis;
- Sobrelevar a segurança jurídica para os envolvidos; e
- Perseguir o resultado mais vantajoso para a Administração.

Parágrafo 2º

3 Acesso irrestrito aos documentos e às informações por parte dos órgãos de controle

Para a realização de suas atividades, segundo o §2º, os órgãos de controle deverão ter acesso irrestrito aos documentos e às informações necessárias à realização dos trabalhos, inclusive aos documentos classificados pelo órgão ou entidade nos termos da Lei de Acesso à Informação (Lei nº 12.527/2011),[1243] ficando o órgão controlador com o qual foi compartilhada eventual informação sigilosa corresponsável pela manutenção do seu sigilo.

Este §2º traz disposição análoga ao §2º do art. 85, §2º, da Lei nº 13.303/2016 (Lei das Estatais), que também se preocupa em disponibilizar os meios necessários para que os órgãos de controle exerçam suas atividades.

Para a realização da atividade fiscalizatória, os órgãos de controle deverão ter acesso irrestrito aos documentos e às informações necessários à realização dos trabalhos.

A Lei nº 12.527/2011 – Lei de Acesso às Informações, regulamentada pelo Decreto nº 7.724/2012, regula o direito constitucional de acesso às informações públicas e prevê mecanismos que possibilitam, a qualquer pessoa, física ou jurídica, sem necessidade de apresentação de motivo, o recebimento de informações públicas dos órgãos e entidades.

Para dar existência real ao plano de controle, este §3º estabelece as condutas dos integrantes das linhas de defesa anteriormente mencionados.

Os integrantes das linhas de defesa têm o poder-dever de identificar os defeitos e adotar as providências cabíveis para o saneamento.

Tendo constatado simples irregularidade formal, deverão promover diretamente o saneamento. Nesse caso, é de suma importância que tomem providencias para os problemas não se repetirem. Assim, como preceitua o inc. I, deverão adotar medidas saneadoras e de mitigação de riscos de nova ocorrência, preferencialmente com o aperfeiçoamento dos controles preventivos e com a capacitação dos agentes públicos responsáveis.

Nas falhas mais graves, notadamente naquelas que acarretem danos à Administração, deverão adotar providências saneadoras, sempre buscando apurar as infrações administrativas ocorridas, observadas a segregação de funções e a necessidade de individualização das condutas. Além disso, se for o caso, deverão representar ao Ministério Público, remetendo cópias dos documentos cabíveis para apuração dos ilícitos de sua competência.

É claro que as medidas voltadas à apuração de responsabilidades não deverão ocorrer em qualquer situação de irregularidade, mas tão somente naquelas causadoras de algum dano à Administração.

Como anota Márcia Pelegrini, é preciso avaliar a natureza da irregularidade e seu impacto, pois o sistema de responsabilidades não deve ser acionado em toda situação, mas apenas naquelas mais graves, acarretadoras de impactos negativos.

1243 Sobre o acesso à informação pública, sugere-se a leitura da obra "Acesso à informação pública", de Rafael Valim. (VALIM. *Acesso à informação pública*).

Inegável que nos deparamos na rotina da Administração com inúmeros atos praticados com irregularidades de natureza formal que não comprometem o atingimento de seus objetivos e tampouco trazem danos, merecedoras somente de medidas saneadoras e prevenção para que não se repitam. Daí que as providências indicadas no inciso II não importarão, necessariamente, na invalidação do ato, permanecendo a diretriz do inciso I, no sentido de que deve ser evitado, sempre que possível, o desfazimento do ato.[1244]

[1244] PELEGRINI. Capítulo III – Do controle das contratações – Artigos 169 a 173. *In*: DAL POZZO *et al*. *Lei de licitações e contratos administrativos comentada*: Lei nº 14.133/21.

Art. 170. Os órgãos de controle adotarão, na fiscalização dos atos previstos nesta Lei, critérios de oportunidade, materialidade, relevância e risco e considerarão as razões apresentadas pelos órgãos e entidades responsáveis e os resultados obtidos com a contratação, observado o disposto no §3º do art. 169 desta Lei.

§1º As razões apresentadas pelos órgãos e entidades responsáveis deverão ser encaminhadas aos órgãos de controle até a conclusão da fase de instrução do processo e não poderão ser desentranhadas dos autos.

§2º A omissão na prestação das informações não impedirá as deliberações dos órgãos de controle nem retardará a aplicação de qualquer de seus prazos de tramitação e de deliberação.

§3º Os órgãos de controle desconsiderarão os documentos impertinentes, meramente protelatórios ou de nenhum interesse para o esclarecimento dos fatos.

§4º Qualquer licitante, contratado ou pessoa física ou jurídica poderá representar aos órgãos de controle interno ou ao tribunal de contas competente contra irregularidades na aplicação desta Lei.

Artigo 170 e Parágrafos 1, 2º e 3º

1 Conduta dos órgãos de controle

Este art. 170 delineia a conduta dos órgãos de controle na efetiva fiscalização dos atos licitatórios e contratuais, definindo o uso de critérios já consagrados no âmbito do controle: oportunidade, materialidade, relevância e risco, sempre considerando as razões apresentadas pelos órgãos e entidades responsáveis e os resultados obtidos com a contratação, observando-se, para manter a coesão da lei as linhas indicadas no art. 169, ou seja: a) quando constatarem simples impropriedade formal, adoção de medidas para o saneamento e mitigação de riscos de nova ocorrência; e b) quando constatarem irregularidade que configure dano à Administração, adoção das providências necessárias para a apuração das infrações administrativas, observadas a segregação de funções e a necessidade de individualização das condutas, com o encaminhamento ao Ministério Público competente de cópias dos documentos cabíveis para a apuração dos ilícitos.

Os §§1º a 3º estabelecem regras obrigatórias para o efetivo controle:

- As razões disponibilizadas pelos órgãos e entidades responsáveis deverão ser encaminhadas aos órgãos de controle até a conclusão da fase de instrução do processo e não poderão ser retiradas dos autos.
- A omissão na prestação das informações não será empecilho para as deliberações dos órgãos de controle nem retardará a aplicação de prazos de tramitação e de deliberação.
- Os órgãos de controle deverão desconsiderar os documentos impertinentes, meramente protelatórios ou de nenhum interesse para o esclarecimento dos fatos (em obediência ao disposto no §2º do art. 38 da Lei nº 9.784/1999, que regula o processo administrativo no âmbito da Administração Pública federal).

Parágrafo 4º

2 Representação junto aos órgãos de controle interno ou ao tribunal de contas competente

Controlar é o ato de fiscalizar as atividades de pessoas, órgãos, departamentos, para que tais atividades não se desviem das normas preestabelecidas.

A razão do controle na Administração Pública brasileira decorre da necessidade dos poderes, independentes e harmônicos entre si,[1245] se fiscalizarem (e controlarem) uns aos outros e a si próprios.

Daí o controle externo, que, como o nome indica, vem de fora, e o controle interno (ou autocontrole), realizado dentro do próprio Poder.

Assim, na Administração Pública brasileira, o controle divide-se nessas duas categorias: interno e externo.

2.1 O controle interno

O controle interno é aquele que os Poderes Executivo, Legislativo e Judiciário – e também o Ministério Público – exerce sobre suas próprias atividades, buscando o perfeito atendimento ao ordenamento legal, segundo as necessidades específicas de suas ações, satisfazendo todos os princípios norteadores da Administração Pública, notadamente o da eficiência, para o atingimento da finalidade precípua (razão de ser) da Administração, que é o interesse público.

A CF circunscreve as atribuições desses Poderes no art. 74:

> Art. 74. Os Poderes Legislativo, Executivo e Judiciário manterão, de forma integrada, sistema de controle interno com a finalidade de:
>
> I – avaliar o cumprimento das metas previstas no plano plurianual, a execução dos programas de governo e dos orçamentos da União;
>
> II – comprovar a legalidade e avaliar os resultados, quanto à eficácia e eficiência, da gestão orçamentária, financeira e patrimonial nos órgãos e entidades da administração federal, bem como da aplicação de recursos públicos por entidades de direito privado;
>
> III – e haveres da União;
>
> IV – apoiar o controle externo no exercício de sua missão institucional.

O controle interno subordina-se ao princípio da razoabilidade das decisões, dada a insistência de outro meio de aferição de legalidade de atos administrativos. A aferição da pertinência concerne na correlatividade entre o ato emanado e seu pressuposto fático.

Havendo qualquer possibilidade de competência discricionária, deverá também se submeter ao controle da legalidade. Em outras palavras, determinadas necessidades administrativas a serem implementadas fazem com que, inexoravelmente, para controle do ato praticado, tenha-se que inferir a congruência lógica entre a atuação administrativa e a necessidade invocada.[1246]

[1245] Conforme prescreve o art. 2º da CF: "Art. 2º São Poderes da União, independentes e harmônicos entre si, o Legislativo, o Executivo e o Judiciário".

[1246] FIGUEIREDO. *Controle da Administração Pública.*

Em trabalho percuciente de análise do controle interno na Administração Pública, Antônio José Filho demonstra a relevância dos objetivos voltados para a avaliação da ação governamental quanto ao cumprimento de metas e execução de orçamentos, e avaliação da gestão dos administradores públicos nos aspectos de economicidade, eficiência e eficácia, notadamente no papel de orientação e vigilância em relação às ações dos administradores, visando a assegurar eficiente arrecadação das receitas e adequado emprego dos recursos públicos. O analista ressalta, entretanto, que, culturalmente, o gestor público brasileiro, em sua maioria, rejeita o controle, pois ainda o vê como um "espião", e não como um aliado. Ao mesmo tempo, verificou a concordância da maioria dos componentes da Administração, principalmente em virtude das restrições advindas com a Lei de Responsabilidade Fiscal (Lei Complementar nº 101/2000).[1247]

Ressalta-se que, no âmbito da Administração Pública federal, o controle interno tomou novo rumo com a criação da Secretaria Federal de Controle Interno (SFC), unidade finalística que faz parte da Controladoria-Geral da União (CGU), que tem dentre as suas principais atribuições, a promoção e o incremento da transparência pública; o fomento à participação da sociedade civil na prevenção da corrupção; o estímulo e a coordenação de pesquisas e estudos sobre o fenômeno da corrupção e sobre a adequada gestão dos recursos públicos; a promoção da ética e o fortalecimento da integridade das instituições públicas; além da supervisão e acompanhamento da evolução patrimonial dos agentes públicos do Poder Executivo federal. Tal secretaria, em face de seu modo de atuar, visivelmente deixou de lado a antiga cultura fortemente legalista e formalista, em favor de uma visão mais voltada para a gerência por resultados.[1248]

2.2 O controle externo

O controle externo, exercido exclusivamente pelo Poder Legislativo, além de ter conotação flagrantemente política, possui também uma variante de avaliação técnica de suma importância para o perfeito andamento da máquina pública.[1249]

> Note-se que esse controle é uma das funções primordiais dos Parlamentos. É verdade que, por vezes, uma certa exaltação à função legislativa ofuscou, no passado, a relevância do controle como atividade parlamentar. Hoje, contudo, tem-se clara a noção de que a crescente importância dos atos administrativos, principalmente na esfera do Executivo, ainda que limitados pelo quadro legislativo existente, estão a exigir ampla atenção do Parlamento. É que tais atos são substancialmente de natureza decisória e constituem

---

[1247] JOSÉ FILHO. *A importância do controle interno na Administração Pública.*

[1248] A Controladoria-Geral da União (CGU), órgão integrante da estrutura da Presidência da República, tem como competência assistir direta e imediatamente o Presidente da República nos assuntos e providências relacionados à prevenção e ao combate à corrupção, à auditoria pública, à correição, às atividades de ouvidoria e ao incremento da transparência da gestão, atuando como órgão central do Poder Executivo Federal para as funções de controle interno e correição.

[1249] "Representação por inconstitucionalidade. Licitações. Informações à Assembleia Legislativa. Não ofende o art. 70 e parágrafos da CF a regra editada pelo Poder Legislativo de São Paulo, determinando que se prestem informações à Assembleia Legislativa acerca de licitações cujo objeto alcance certa dimensão monetária. Não se estabelece, no diploma em exame, um sistema de controle paralelo ao que prevê a Carta da República. Cuida-se apenas do exercício à informação sobre os negócios públicos, que não se pode recusar ao Parlamento. Acórdão STF – Rep. nº 1.002/SP – Rel. Min. Francisco Rezek, 3.6.1987" (*apud. Licitações e contratos administrativos*: Série Jurisprudência ADCOAS).

atividades de grande significação política. A crescente responsabilidade do Governo no que se refere ao andamento da vida econômica fez dele, ao mesmo tempo, empresário, mediador de conflitos e principal programador do desenvolvimento da sociedade. E a forma de participação do Legislativo nesse processo é precisamente mediante ações de controle. Caso o Parlamento limitasse sua intervenção apenas à fase legislativa, deixaria de lado importantíssima parcela do processo político.[1250]

Para essa tarefa, conta o Poder Legislativo com o providencial auxílio das Cortes de Contas.[1251]

Os artigos 70 e 71 da CF assim dispõem:

Art. 70. A fiscalização contábil, financeira, orçamentária, operacional e patrimonial da União e das entidades da administração direta e indireta, quanto à legalidade, legitimidade, aplicação das subvenções e renúncia de receitas, será exercida pelo Congresso Nacional, mediante controle externo, e pelo sistema de controle interno de cada Poder.

Parágrafo único. Prestará contas qualquer pessoa física ou jurídica, pública ou privada, que utilize, arrecade, guarde, gerencie ou administre dinheiros, bens e valores públicos ou pelos quais a União responda, ou que, em nome desta, assuma obrigações de natureza pecuniária.

Art. 71. O controle externo, a cargo do Congresso Nacional, será exercido com o auxílio do Tribunal de Contas da União, ao qual compete:

I – apreciar as contas prestadas anualmente pelo Presidente da República, mediante parecer prévio que deverá ser elaborado em sessenta dias a contar de seu recebimento;

II – julgar as contas dos administradores e demais responsáveis por dinheiros, bens e valores públicos da administração direta ou indireta, incluídas as fundações e sociedades instituídas e mantidas pelo Poder Público federal, e as contas daqueles que derem causa a perda, extravio ou outra irregularidade de que resulte prejuízo ao erário público;

III – apreciar, para fins de registro, a legalidade dos atos de admissão de pessoal, a qualquer título, na administração direta e indireta, incluídas as fundações instituídas e mantidas pelo Poder Público, excetuadas as nomeações para cargo de provimento em comissão, bem como a das concessões de aposentadorias, reformas e pensões, ressalvadas as melhorias posteriores que não alterem o fundamento legal do ato concessório;

IV – realizar, por iniciativa própria da Câmara dos Deputados, do Senado Federal, de Comissão técnica ou de inquérito, inspeções e auditorias de natureza contábil, financeira, orçamentária, operacional e patrimonial, nas unidades administrativas dos Poderes Legislativo, Executivo e Judiciário, e demais entidades referidas no inciso II;

V – fiscalizar as contas nacionais das empresas supranacionais de cujo capital social a União participe, de forma direta ou indireta, nos termos do tratado constitutivo;

[1250] SANTOS. *Controle da Administração Pública.*

[1251] "Tribunal de Contas. Auditoria de natureza só jurídica em unidade administrativa da municipalidade. Recusa desta em autorizar. Inadmissibilidade. Poder pressuposto na competência do tribunal, como órgão auxiliar no controle externo, atribuído ao Poder Legislativo, da legalidade dos atos da administração. Segurança concedida. Guardadas normas de independência entre poderes, os Tribunais de Contas têm competência de, por iniciativa própria, ou a requerimento de pessoa ou órgão legitimado, realizar inspeção ou auditoria de natureza permanente jurídica, cujo resultado é subsídio técnico direto para o controle externo, atribuído ao Poder Legislativo, da legalidade dos atos da Administração direta e indireta. E podem tutelar essa competência, por via de mandado de segurança. Acórdão. TJ/SP – Ap. Civ. nº 162.166-1/3 – 26.5.1992 – Rel. Des. Cezar Peluso" (*apud. Licitações e contratos administrativos*: Série Jurisprudência ADCOAS).

VI – fiscalizar a aplicação de quaisquer recursos repassados pela União mediante convênio, acordo, ajuste ou outros instrumentos congêneres, a Estado, ao Distrito Federal ou a Município;

VII – prestar as informações solicitadas pelo Congresso Nacional, por qualquer de suas Casas, ou por qualquer das respectivas Comissões, sobre a fiscalização contábil, financeira, orçamentária, operacional e patrimonial e sobre resultados de auditorias e inspeções realizadas;

VIII – aplicar aos responsáveis, em caso de ilegalidade de despesa ou irregularidade de contas, as sanções previstas em lei, que estabelecerá, entre outras cominações, multa proporcional ao dano causado ao erário;

IX – assinar prazo para que o órgão ou entidade adote as providências necessárias ao exato cumprimento da lei, se verificada ilegalidade;

X – sustar, se não atendido, a execução do ato impugnado, comunicando a decisão à Câmara dos Deputados e ao Senado Federal;

XI – representar ao Poder competente sobre irregularidades ou abusos apurados.

§1º No caso de contrato, o ato de sustação será adotado diretamente pelo Congresso Nacional, que solicitará, de imediato, ao Poder Executivo as medidas cabíveis.

§2º Se o Congresso Nacional ou o Poder Executivo, no prazo de noventa dias, não efetivar as medidas previstas no parágrafo anterior, o Tribunal decidirá a respeito.

§3º As decisões do Tribunal de que resulte imputação de débito ou multa terão eficácia de título executivo.

§4º O Tribunal encaminhará ao Congresso Nacional, trimestral e anualmente, relatório de suas atividades.

O art. 75 da Carta Magna determina, por fim, a adequação de tais normas ao controle externo dos Estados, Distrito Federal e Municípios:

Art. 75. As normas estabelecidas nesta seção aplicam-se, no que couber, à organização, composição e fiscalização dos Tribunais de Contas dos Estados e do Distrito Federal, bem como dos Tribunais e Conselhos de Contas dos Municípios.

Parágrafo único. As Constituições estaduais disporão sobre os Tribunais de Contas respectivos, que serão integrados por sete Conselheiros.

Assim, os Tribunais de Contas, no pleno exercício da tarefa de auxílio ao Poder Legislativo, executam o controle dos atos administrativos.

Esse magnânimo trabalho, infelizmente, muitas vezes sofre abalos consideráveis quando nos deparamos com notícias veiculadas na imprensa que chegam a macular a imagem desses órgãos de controle.[1252]

Nesse passo, este §4º informa que a qualquer contratado ou pessoa física ou jurídica é permitido exercer o direito de petição ao tribunal de contas e aos órgãos de controle interno, conforme também prescreve a CF, em seu art. 74, §2º: "Qualquer cidadão, partido político, associação ou sindicato é parte legítima para, na forma da lei, denunciar irregularidades ou ilegalidades perante o Tribunal de Contas da União".

[1252] A competência do TCU para exercer o controle externo, nos termos da Constituição Federal, está consolidada na Lei nº 8.443, de 16.07.1992, que dispõe sobre a Lei Orgânica de Tribunal de Contas da União.

Trata-se, na palavra abalizada de Carlos Pinto Coelho Motta, "de um dado positivo no controle democrático da licitação, para o qual é necessária, realmente, a maior presença do cidadão em todas as fases do processo, bem como a ampliação do contraditório".[1253]

[1253] MOTTA. *Eficácia nas licitações e contratos*. 5. ed.

Art. 171. Na fiscalização de controle será observado o seguinte:
I – viabilização de oportunidade de manifestação aos gestores sobre possíveis propostas de encaminhamento que terão impacto significativo nas rotinas de trabalho dos órgãos e entidades fiscalizados, a fim de que eles disponibilizem subsídios para avaliação prévia da relação entre custo e benefício dessas possíveis proposições;
II – adoção de procedimentos objetivos e imparciais e elaboração de relatórios tecnicamente fundamentados, baseados exclusivamente nas evidências obtidas e organizados de acordo com as normas de auditoria do respectivo órgão de controle, de modo a evitar que interesses pessoais e interpretações tendenciosas interfiram na apresentação e no tratamento dos fatos levantados;
III – definição de objetivos, nos regimes de empreitada por preço global, empreitada integral, contratação semi-integrada e contratação integrada, atendidos os requisitos técnicos, legais, orçamentários e financeiros, de acordo com as finalidades da contratação, devendo, ainda, ser perquirida a conformidade do preço global com os parâmetros de mercado para o objeto contratado, considerada inclusive a dimensão geográfica.
§1º Ao suspender cautelarmente o processo licitatório, o tribunal de contas deverá pronunciar-se definitivamente sobre o mérito da irregularidade que tenha dado causa à suspensão no prazo de 25 (vinte e cinco) dias úteis, contado da data do recebimento das informações a que se refere o §2º deste artigo, prorrogável por igual período uma única vez, e definirá objetivamente:
I – as causas da ordem de suspensão;
II – o modo como será garantido o atendimento do interesse público obstado pela suspensão da licitação, no caso de objetos essenciais ou de contratação por emergência.
§2º Ao ser intimado da ordem de suspensão do processo licitatório, o órgão ou entidade deverá, no prazo de 10 (dez) dias úteis, admitida a prorrogação:
I – informar as medidas adotadas para cumprimento da decisão;
II – prestar todas as informações cabíveis;
III – proceder à apuração de responsabilidade, se for o caso.
§3º A decisão que examinar o mérito da medida cautelar a que se refere o §1º deste artigo deverá definir as medidas necessárias e adequadas, em face das alternativas possíveis, para o saneamento do processo licitatório, ou determinar a sua anulação.
§4º O descumprimento do disposto no §2º deste artigo ensejará a apuração de responsabilidade e a obrigação de reparação do prejuízo causado ao erário.

Artigo 171

1 Condutas fiscalizatórias

Em continuidade ao regime de controle efetivo das licitações e contratações, este art. 171 define as condutas fiscalizatórias:

a) viabilização de oportunidade de manifestação aos gestores sobre possíveis propostas de encaminhamento que terão impacto significativo nas rotinas de trabalho dos órgãos e entidades fiscalizados, a fim de que eles disponibilizem subsídios para avaliação prévia da relação entre custo e benefício dessas possíveis proposições;

b) adoção de procedimentos objetivos e imparciais e elaboração de relatórios tecnicamente fundamentados, baseados exclusivamente nas evidências obtidas e organizados de acordo com as normas de auditoria do respectivo órgão de controle, de modo a evitar que interesses pessoais e interpretações tendenciosas interfiram na apresentação e no tratamento dos fatos levantados; e

c) definição de objetivos, nos regimes de empreitada por preço global, empreitada integral, contratação semi-integrada e contratação integrada, atendidos os requisitos técnicos, legais, orçamentários e financeiros, de acordo com as finalidades da contratação, devendo, ainda, ser perquirida a conformidade do preço global com os parâmetros de mercado para o objeto contratado, considerada inclusive a dimensão geográfica.

Parágrafos 1º e 3º

2 Suspensão cautelar do processo licitatório

Com o objetivo de manter a eficiência da fiscalização e evitar novos danos, os tribunais de contas, por meio do ministro-relator ou do Plenário, pode adotar medida cautelar determinando providências como suspensão de ato ou de procedimento, afastamento temporário do responsável pelos fatos ou pela conduta apurada e indisponibilidade de bens.[1254]

Como informa o próprio TCU, a expedição dessas medidas não gera necessariamente impacto econômico imediato, mas visa ao resguardo tempestivo da legalidade e da moralidade na aplicação dos recursos públicos federais. Por isso o nome "cautelar", pois é fundada no dever de cautela com recursos e bens públicos e no interesse da sociedade.[1255]

Nesse contexto, dispõe o §1º que, ao suspender cautelarmente o processo licitatório, os tribunais de contas deverão pronunciar-se definitivamente sobre o mérito da irregularidade que tenha dado causa à suspensão no prazo de 25 (vinte e cinco) dias

---

[1254] Jurisprudência anterior: MS 24.510/DF, Plenário, Rel. Min. Ellen Gracie, j. em 19.11.2003, *DJ* de 19.03.2004: o Tribunal de Contas da União tem competência para fiscalizar procedimentos de licitação, determinar suspensão cautelar (...), examinar editais de licitação publicados e, nos termos do art. 276 do seu Regimento Interno, possui legitimidade para a expedição de medidas cautelares para prevenir lesão ao erário e garantir a efetividade de suas decisões.

[1255] TCU. Dúvidas frequentes. *O que é uma medida cautelar?*

úteis, contado da data do recebimento das informações a que se refere o §2º (este §2º determina que, a ser intimado da ordem de suspensão do processo licitatório, o órgão ou entidade deverá, no prazo de 10 (dez) dias úteis, admitida a prorrogação, informar as medidas adotadas para cumprimento da decisão, prestar todas as informações cabíveis), prorrogável por igual período uma única vez, e definirá objetivamente as causas da ordem de suspensão e o modo como será garantido o atendimento do interesse público obstado pela suspensão da licitação, no caso de objetos essenciais ou de contratação por emergência.

Assim, decorrido o prazo previsto, sem a edição da decisão definitiva pela Corte de Contas, a suspensão cautelar perderá a sua eficácia.

O largo prazo oferecido à Administração para resposta aos questionamentos (10 dias úteis, admitida a prorrogação) tem sido questionado pelos órgãos de controle externo. Edgard Camargo Rodrigues, Conselheiro do Tribunal de Contas do Estado de São Paulo (TCESP), por exemplo, é veemente na crítica:

> A ordem de suspensão de editais licitatórios com determinação de correções obrigatórias hoje encontra seu apoio no §2º do artigo 113 da Lei nº 8.666/93 e tem sido extraordinário instrumento de controle preventivo. No Tribunal de Contas do Estado de São Paulo constitui uma de suas mais relevantes atividades, porém em cotejo com a nova lei, com significativa diferença. Considera o Tribunal que toda e qualquer licitação contém uma finalidade de interesse social, geral e necessária, por isso que o prazo concedido ao administrador para responder aos questionamentos é de 48 horas! Não são dez dias prorrogáveis. É de se admitir que um edital lançado à praça já terá sido objeto de antecedentes estudos, avaliações e preparação necessários e amadurecidos. Por que razão necessitaria o agente público de tão largo tempo para se explicar? Como, enfim, se justifica afastar a fiscalização isenta dos Tribunais de Contas para mesclá-la toscamente com o controle interno? Só o Diabo sabe, mas ele também mora nos detalhes, o que talvez explique grafar tribunais de contas sempre em minúsculas. A Constituição da República o faz em maiúsculas. Vamos ter saudades da 8.666.[1256]

Reiterando o prescrito no parágrafo único do art. 20 da Lei de Introdução às Normas do Direito Brasileiro (LINDB) [Decreto-lei nº 4.657/1942],[1257] o §3º impõe que a decisão que examinar o mérito da medida cautelar deverá definir as medidas necessárias e adequadas, em face das alternativas possíveis para o saneamento do processo licitatório, ou determinar a sua anulação.

[1256] RODRIGUES. Nova Lei de Licitações e controle externo: avanço ou retrocesso?

[1257] Art. 20. Nas esferas administrativa, controladora e judicial, não se decidirá com base em valores jurídicos abstratos sem que sejam consideradas as consequências práticas da decisão. (Incluído pela Lei nº 13.655, de 2018).
Parágrafo único. A motivação demonstrará a necessidade e a adequação da medida imposta ou da invalidação de ato, contrato, ajuste, processo ou norma administrativa, inclusive em face das possíveis alternativas. (Incluído pela Lei nº 13.655, de 2018).

Parágrafos 2º e 4º

3 Procedimentos do órgão ou entidade ao ser intimado da ordem de suspensão cautelar

Consoante este §2º, ao ser intimado da ordem de suspensão do processo licitatório, o órgão ou entidade deverá, no prazo de 10 (dez) dias úteis, admitida a prorrogação:

- informar as medidas adotadas para cumprimento da decisão;
- prestar todas as informações cabíveis; e
- proceder à apuração de responsabilidade, se for o caso.

Conforme o previsto no §4º, o descumprimento dessas determinações ensejará a apuração de responsabilidade e a obrigação de reparação do prejuízo causado ao erário.

O dispositivo, contudo, parece mal redigido, devendo ser entendido que faz referência à hipótese de o agente público responsável deixar de cumprir a determinação de suspensão da licitação.

Art. 172. (VETADO).

Art. 173. Os tribunais de contas deverão, por meio de suas escolas de contas, promover eventos de capacitação para os servidores efetivos e empregados públicos designados para o desempenho das funções essenciais à execução desta Lei, incluídos cursos presenciais e a distância, redes de aprendizagem, seminários e congressos sobre contratações públicas.

Artigo 173

1 Capacitação dos servidores e empregados públicos

Já esposamos em outros trabalhos que a boa atuação dos agentes envolvidos nas licitações e contratações públicas é de fundamental importância para a eficácia dos resultados, notadamente o agente de contratação, designado para tomar decisões, acompanhar o trâmite da licitação, dar impulso ao procedimento licitatório e executar quaisquer outras atividades necessárias ao bom andamento do certame até a homologação.

Esse agente é peça-chave para o sucesso do empreendimento.

Versando sobre o pregoeiro, mas estendendo-se agora para os agentes de contratação, Gabriela Verona Pércio alerta, com propriedade, que a missão a eles atribuída não é nada fácil, porquanto a lei impõe que realize diversos atos, sem o oferecimento de meios, instrumentos e limites.

> Coloca-o, enfim, como figura principal de um procedimento dinâmico, um caldeirão em ebulição, atribuindo-lhe a responsabilidade de agir com bom senso, razoabilidade, ponderação, exigindo-lhe que estimule a competição e, ao mesmo tempo, que contenha os ânimos. E isso, sempre alerta em suas tentativas de evitar que o propósito do certame se perca em meio às adversidades de propostas inexequíveis.[1258]

Sobre a matéria, arrole-se importante ressalva de Jacoby Fernandes:

> Incorre em *culpa in elegendo*, a autoridade que nomeia servidor sem a necessária qualificação para o desempenho da função. Nesse sentido, verifica-se que a jurisprudência do TCU em alguns casos de danos causados à Administração Pública vem entendendo que não se deve isentar de responsabilidade o ordenador de despesas quando imputa a causa da irregularidade a ato de subordinado. A culpa *in elegendo* é a possibilidade jurídica de responsabilizar alguém pela má escolha do preposto. É dever das autoridades públicas, ao proceder às designações de servidores para as funções, fazê-lo de modo a assegurar o atendimento do interesse público adequado. Se nomeia alguém sem competência, está frustrando a concretização do objetivo da norma e deve, portanto, assumir a responsabilidade, na medida em que é presumivelmente conivente com a irregularidade.

[1258] PÉRCIO. *O pregoeiro e a solução de impasses em sessão.*

Registre-se que, em nossas andanças pela Administração Pública, verificamos a existência de pessoas que, sem cursos específicos, dispõem de totais condições para exercer a função de pregoeiro, enquanto há outras que, mesmo realizando treinamentos de toda ordem, não possuem o perfil adequado para tal.[1259]

Nesse passo, com o intuito de munir os agentes envolvidos de capacitação para o bom desempenho das funções, este art. 173 sinaliza que os tribunais de contas deverão, por meio de suas escolas de contas, promover eventos de capacitação para os servidores efetivos e empregados públicos designados para o desempenho das funções essenciais à execução desta Nova Lei de Licitações, incluídos cursos presenciais e a distância, redes de aprendizagem, seminários e congressos sobre contratações públicas.

Anote-se que os planos de capacitação deverão ser implementados com base em gestão por competências, que, como ensina Chiavenato, "configura sistema da área de gestão de recursos humanos desenvolvido no sentido de identificar e gerir perfis profissionais que proporcionem um maior retorno a um negócio, identificando os pontos de excelência e as oportunidades de melhoria, suprindo lacunas e agregando conhecimento".[1260]

Na prática, em breve síntese, a gestão por competência deverá ser aplicada:

a) aferindo-se o conhecimento dos agentes que poderão participar do pregão, notadamente assumindo a função de pregoeiro, adquiridos no dia a dia, em cursos realizados interna e externamente, em livros doutrinários, trabalhos publicados etc.; e
b) posteriormente, avaliando-se o desempenho e o desenvolvimento desses, mensurando os resultados alcançados nos pregões que tenha participado.

[1259] Marçal Justen dispôs da mesma forma.

[1260] CHIAVENATO. *Gerenciando Pessoas*. 4. ed.

TÍTULO V
DISPOSIÇÕES GERAIS

CAPÍTULO I
DO PORTAL NACIONAL DE CONTRATAÇÕES PÚBLICAS (PNCP)

Art. 174. É criado o Portal Nacional de Contratações Públicas (PNCP), sítio eletrônico oficial destinado à:

I – divulgação centralizada e obrigatória dos atos exigidos por esta Lei;

II – realização facultativa das contratações pelos órgãos e entidades dos Poderes Executivo, Legislativo e Judiciário de todos os entes federativos.

§1º O PNCP será gerido pelo Comitê Gestor da Rede Nacional de Contratações Públicas, a ser presidido por representante indicado pelo Presidente da República e composto de:

I – 3 (três) representantes da União indicados pelo Presidente da República;

II – 2 (dois) representantes dos Estados e do Distrito Federal indicados pelo Conselho Nacional de Secretários de Estado da Administração;

III – 2 (dois) representantes dos Municípios indicados pela Confederação Nacional de Municípios.

§2º O PNCP conterá, entre outras, as seguintes informações acerca das contratações:

I – planos de contratação anuais;

II – catálogos eletrônicos de padronização;

III – editais de credenciamento e de pré-qualificação, avisos de contratação direta e editais de licitação e respectivos anexos;

IV – atas de registro de preços;

V – contratos e termos aditivos;

VI – notas fiscais eletrônicas, quando for o caso.

§3º O PNCP deverá, entre outras funcionalidades, oferecer:

I – sistema de registro cadastral unificado;

II – painel para consulta de preços, banco de preços em saúde e acesso à base nacional de notas fiscais eletrônicas;

III – sistema de planejamento e gerenciamento de contratações, incluído o cadastro de atesto de cumprimento de obrigações previsto no §4º do art. 88 desta Lei;

IV – sistema eletrônico para a realização de sessões públicas;

V – acesso ao Cadastro Nacional de Empresas Inidôneas e Suspensas (Ceis) e ao Cadastro Nacional de Empresas Punidas (Cnep);

VI – sistema de gestão compartilhada com a sociedade de informações referentes à execução do contrato, que possibilite:

a) envio, registro, armazenamento e divulgação de mensagens de texto ou imagens pelo interessado previamente identificado;

b) acesso ao sistema informatizado de acompanhamento de obras a que se refere o inciso III do caput do art. 19 desta Lei;
c) comunicação entre a população e representantes da Administração e do contratado designados para prestar as informações e esclarecimentos pertinentes, na forma de regulamento;
d) divulgação, na forma de regulamento, de relatório final com informações sobre a consecução dos objetivos que tenham justificado a contratação e eventuais condutas a serem adotadas para o aprimoramento das atividades da Administração.
§4º O PNCP adotará o formato de dados abertos e observará as exigências previstas na Lei nº 12.527, de 18 de novembro de 2011.
§5º (VETADO).

Artigo 174 e Incisos I e II

1 Criação do Portal Nacional de Contratações Públicas (PNCP)

A Nova Lei criou o Portal Nacional de Contratações Públicas (PNCP), sítio eletrônico oficial destinado à divulgação centralizada e obrigatória dos atos nela exigidos.[1261]

Logo, o veículo oficial de divulgação dos atos relativos às licitações e contratações públicas passou a ser o PNCP.

Nesse contexto, o art. 94 dispôs que a divulgação no PNCP é condição indispensável para a eficácia do contrato e de seus aditamentos e deverá ocorrer nos prazos estipulados, contados da data de sua assinatura.

Entre outras relevantes regras referentes ao PNCP, há a contida no art. 54, que indica que a publicidade do edital de licitação será realizada mediante divulgação e manutenção do inteiro teor do ato convocatório e de seus anexos no portal.

Ao analisarmos o art. 94 dispusemos sobre a questão jurídica que vinha sendo erroneamente levantada: a que, como a aplicação da Nova Lei dependeria da criação do PNCP, e como ele ainda está em gestação, a norma não poderia ser aplicada.

Ressaltamos que tal interpretação era descabida, pois o art. 194 preceitua que a Nova Lei passa a vigorar na data de sua publicação, o que ocorreu no dia 1º.04.2021, e isso bastaria. Se o diploma estava em vigor, era para ser aplicado, uma vez que é despropositado vincular a eficácia de uma lei à implementação de um mero portal eletrônico.

Observe-se que a própria norma preconiza, no art. 191, que

> até o decurso do prazo de que trata o inciso II do caput do art. 193, a Administração poderá optar por licitar ou contratar diretamente de acordo com esta Lei ou de acordo com as leis citadas no referido inciso, e a opção escolhida deverá ser indicada expressamente no edital ou no aviso ou instrumento de contratação direta, vedada a aplicação combinada desta Lei com as citadas no referido inciso.

[1261] Em agosto de 2021, o Portal foi lançado oficialmente (sítio https://pncp.gov.br/).

Então, para as devidas divulgações, enquanto não fosse gerado o Portal, deveriam valer-se os entes federativos dos meios oficiais de publicação e sítios eletrônicos existentes.

O PNCP, de acordo com o previsto neste art. 174, é destinado à divulgação centralizada e obrigatória dos atos exigidos na Lei, com uso facultativo nas contratações procedidas pelos órgãos e entidades dos Poderes Executivo, Legislativo e Judiciário de todos os entes federativos.

Esse texto legal é discutível, dado que a criação de um portal para registro de atos administrativos não pode ser entendida, sob nenhuma hipótese, como norma geral, uma vez que os entes federativos possuem autonomia para sistematizar sobre a divulgação de seus atos. Evidentemente, nada impede que os entes federativos optem por participar do sistema.

Pelo sim e pelo não, o PNCP substitui os órgãos de imprensa oficial, com a divulgação centralizada e obrigatória dos atos concernentes a licitações e contratações administrativas dos entes das administrações públicas diretas, autárquicas e fundacionais da União, dos estados, do Distrito Federal e dos municípios (inc. I), podendo ser utilizado, facultativamente, pelos órgãos e entidades dos Poderes Executivo, Legislativo e Judiciário de todos os entes federativos (inc. II).

Como asseveram Monique Furtado e James Vieira, ao criar o PNCP, o legislador não buscou somente estabelecer uma ferramenta para dar cumprimento ao princípio da publicidade. Na verdade, procurou configurar uma ferramenta que substituiria a antiga visão legalista, procedimental e economicamente ineficiente, por uma nova ótica gerencial, orientada para resultados, promovedora dos princípios da transparência, da integridade e da prestação de contas, típicos de uma boa governança pública.

> Ao divulgar os planos, catálogos, editais, avisos, atas, contratos e demais atos administrativos relevantes, inclusive relatórios de desempenho, o PNCP cumpre um papel indiscutível de promoção da transparência pública, que é mais amplo inclusive que o dever de publicidade dos atos administrativos. Isso porque o princípio da publicidade exige que o ato administrativo esteja visível ao público, enquanto que a transparência é responsável por disponibilizar informações de forma acessível (em qualquer lugar ou tempo), completa (na íntegra), ativa (sem necessidade de requerimento, processo ou autorização), útil (em formato de dados abertos) e eficiente (ao menor custo). Portanto, tal ferramenta é necessária para assegurar que as partes interessadas (*stakeholders*) tenham confiança no processo decisório governamental, na gestão das atividades das organizações públicas e nos agentes que operam dentro delas. (...) O PNCP não pode e não deve ser visto como uma mera ferramenta de publicidade. Se assim o fosse, os Diários Oficiais já seriam o bastante e continuariam cumprindo o seu papel de publicizar certames licitatórios. Limitar a sua aplicação a um instrumento de publicidade dos atos licitatórios, na busca de promover a aplicação imediata da NLCC, é relegar toda essa construção da nova governança pública que paulatinamente está sendo encampada no nosso ordenamento jurídico. Desde que sejam estabelecidos objetivos, indicadores e metas, alinhados com a nova lógica jurídica, gerencial e econômica subjacente à Nova Lei de Licitações, o potencial de contribuição do PNCP para uma nova governança dos contratos públicos é enorme. O ceticismo daqueles que veem na Nova Lei de Licitações uma simples compilação do antigo marco normativo, esquecem que o desempenho da Administração Pública só é alcançado pela combinação sistêmica entre normas, práticas e valores.[1262]

[1262] FURTADO; VIEIRA. *Portal Nacional de Contratações Públicas*: uma nova lógica jurídica, gerencial e econômica para a Lei de Licitações e Contratos.

Parágrafos 1º a 4º

2 Normas sobre Portal Nacional de Contratações Públicas (PNCP)

De amplo espectro, o Portal Nacional de Contratações Públicas:

a) será gerido pelo Comitê Gestor da Rede Nacional de Contratações Públicas, a ser presidido por representante indicado pelo Presidente da República e composto de: 3 (três) representantes da União indicados pelo Presidente da República; 2 (dois) representantes dos Estados e do Distrito Federal indicados pelo Conselho Nacional de Secretários de Estado da Administração; e 2 (dois) representantes dos Municípios indicados pela Confederação Nacional de Municípios.

b) conterá, entre outras, as seguintes informações acerca das contratações:
- Planos de contratação anuais;
- Catálogos eletrônicos de padronização;
- Editais de credenciamento e de pré-qualificação, avisos de contratação direta e editais de licitação e respectivos anexos;
- Atas de registro de preços;
- Contratos e termos aditivos; e
- Notas fiscais eletrônicas, quando for o caso.

c) deverá, entre outras funcionalidades, oferecer:
- Sistema de registro cadastral unificado;
- Painel para consulta de preços, banco de preços em saúde e acesso à base nacional de notas fiscais eletrônicas;
- Sistema de planejamento e gerenciamento de contratações, incluído o cadastro de atesto de cumprimento de obrigações previsto no §4º do art. 88 desta Lei;
- Sistema eletrônico para a realização de sessões públicas;
- Acesso ao Cadastro Nacional de Empresas Inidôneas e Suspensas (Ceis) e ao Cadastro Nacional de Empresas Punidas (Cnep);
- Sistema de gestão compartilhada com a sociedade de informações referentes à execução do contrato, que possibilite:
  - envio, registro, armazenamento e divulgação de mensagens de texto ou imagens pelo interessado previamente identificado;
  - acesso ao sistema informatizado de acompanhamento de obras, inclusive com recursos de imagem e vídeo, a que se refere o inc. III do art. 19;
  - comunicação entre a população e representantes da Administração e do contratado designados para prestar as informações e esclarecimentos pertinentes, na forma de regulamento;
  - divulgação, na forma de regulamento, de relatório final com informações sobre a consecução dos objetivos que tenham justificado a contratação e eventuais condutas a serem adotadas para o aprimoramento das atividades da Administração.

d) adotará o formato de dados abertos e observará as exigências previstas na Lei nº 12.527, de 18.11.2011 (Lei de Acesso à informação).

O Decreto federal nº 10.764, de 09.08.2021, dispôs sobre o Comitê Gestor da Rede Nacional de Contratações Públicas.

Decreto nº 10.764, de 09 de agosto de 2021

Dispõe sobre o Comitê Gestor da Rede Nacional de Contratações Públicas, de que trata o §1º do art. 174 da Lei nº 14.133, de 1º de abril de 2021.

O PRESIDENTE DA REPÚBLICA, no uso das atribuições que lhe confere o art. 84, caput, incisos IV e VI, alínea "a", da Constituição, e tendo em vista o disposto no art. 174, §1º, da Lei nº 14.133, de 1º de abril de 2021,

DECRETA:

Art. 1º Este Decreto dispõe sobre o Comitê Gestor da Rede Nacional de Contratações Públicas, de que trata o §1º do art. 174 da Lei nº 14.133, de 1º de abril de 2021.

Art. 2º Ao Comitê Gestor compete:

I – gerir o Portal Nacional de Contratações Públicas – PNCP, de que trata o art. 174 da Lei nº 14.133, de 2021;

II – padronizar os aspectos técnicos relacionados ao suporte tecnológico do PNCP;

III – definir as estratégias de sensibilização e capacitação de servidores, empregados públicos e militares para a utilização do PNCP;

IV – promover as iniciativas de cooperação, integração e compartilhamento de dados, soluções, produtos e tecnologias para o aperfeiçoamento do PNCP; e

V – assegurar que o PNCP adote:

a) o formato de dados abertos, observado o disposto na Lei nº 12.527, de 18 de novembro de 2011; e

b) o uso de linguagem simples e de tecnologia, para otimização de processos, e os demais princípios e diretrizes do Governo Digital e da eficiência pública, de que trata o art. 3º da Lei nº 14.129, de 29 de março de 2021.

Art. 3º O Comitê Gestor é composto pelos seguintes representantes:

I – três da União, um dos quais da Secretaria de Gestão da Secretaria Especial de Desburocratização, Gestão e Governo Digital do Ministério da Economia;

II – dois dos Estados e do Distrito Federal; e

III – dois dos Municípios.

§1º Cada membro do Comitê Gestor terá um suplente, que o substituirá em suas ausências e seus impedimentos.

§2º Os membros do Comitê Gestor e os respectivos suplentes de que trata o inciso I do caput serão indicados pelo Ministro de Estado da Economia.

§3º Os membros do Comitê Gestor e os respectivos suplentes de que trata o inciso II do caput serão indicados pelo Conselho Nacional de Secretários de Estado da Administração.

§4º Os membros do Comitê Gestor e os respectivos suplentes de que trata o inciso III do caput serão indicados pela Confederação Nacional de Municípios.

§5º Os membros do Comitê Gestor e os respectivos suplentes serão designados em ato do Ministro de Estado da Economia.

§6º A presidência do Comitê Gestor será exercida pelo representante da Secretaria de Gestão da Secretaria Especial de Desburocratização, Gestão e Governo Digital do Ministério da Economia de que trata o inciso I do caput.

§7º O Presidente do Comitê Gestor poderá convidar especialistas e representantes de outros órgãos ou entidades, públicos e privados, para participar de suas reuniões, sem direito a voto.

Art. 4º O Comitê Gestor se reunirá, em caráter ordinário, bimestralmente e, em caráter extraordinário, mediante convocação do seu Presidente.

§1º O quórum de reunião do Comitê Gestor é de maioria absoluta e o quórum de aprovação é de maioria simples.

§2º Na hipótese de empate, além do voto ordinário, o Presidente do Comitê Gestor terá o voto de qualidade.

Art. 5º A Secretaria-Executiva do Comitê Gestor será exercida pela Secretaria de Gestão da Secretaria Especial de Desburocratização, Gestão e Governo Digital do Ministério da Economia.

Art. 6º Os membros do Comitê Gestor que se encontrarem no Distrito Federal se reunirão presencialmente ou por videoconferência, nos termos do disposto no Decreto nº 10.416, de 7 de julho de 2020, e os membros que se encontrarem em outros entes federativos participarão da reunião por meio de videoconferência.

Art. 7º O regimento interno do Comitê Gestor será submetido à aprovação de seus membros pelo Presidente do Comitê Gestor.

Art. 8º A participação no Comitê Gestor será considerada prestação de serviço público relevante, não remunerada.

Art. 9º Este Decreto entra em vigor na data de sua publicação.

Brasília, 9 de agosto de 2021; 200º da Independência e 133º da República.

JAIR MESSIAS BOLSONARO

Paulo Guedes

A Resolução SEGES/ME nº 1, de 28.03.2022, aprovou o Regimento Interno do Comitê Gestor da Rede Nacional de Contratações Públicas.

Art. 175. Sem prejuízo do disposto no art. 174 desta Lei, os entes federativos poderão instituir sítio eletrônico oficial para divulgação complementar e realização das respectivas contratações.

§1º Desde que mantida a integração com o PNCP, as contratações poderão ser realizadas por meio de sistema eletrônico fornecido por pessoa jurídica de direito privado, na forma de regulamento.

§2º Até 31 de dezembro de 2023, os Municípios deverão realizar divulgação complementar de suas contratações mediante publicação de extrato de edital de licitação em jornal diário de grande circulação local.

Artigo 175 e Parágrafo 1º

1 Instituição de sítios eletrônicos próprios pelos entes federativos

Ao criar o Portal Nacional de Contratações Públicas (PNCP), o art. 174 informa que se trata de sítio eletrônico oficial destinado à divulgação centralizada e obrigatória dos atos exigidos por esta lei, mas de uso facultativo nas contratações pelos órgãos e entidades dos Poderes Executivo, Legislativo e Judiciário de todos os entes federativos.

Dessa forma, este art. 175 anota que os entes federativos poderão instituir sítios eletrônicos oficiais para divulgação complementar e realização de suas contratações.

O §1º traz interessante autorização: havendo integração com o PNCP, as contratações poderão ser realizadas por meio de sistema eletrônico fornecido por pessoa jurídica de direito privado. O tema, contudo, como vários outros da Nova Lei, foi remetido à regulamentação posterior.

Parágrafo 2º

2 Divulgação de informações complementares pelos municípios

Preceitua o dispositivo que os municípios deverão, até 31 de dezembro de 2023, divulgar informações complementares de suas contatações em jornal diário de grande circulação local.

Registre-se que o parágrafo havia sofrido veto por parte do Presidente da República devido às seguintes razões:

> A propositura estabelece que os entes federativos poderão instituir sítio eletrônico oficial para divulgação complementar e realização das respectivas contratações, e que, até 31 de dezembro de 2023, os municípios deverão realizar divulgação complementar de suas contratações mediante publicação de extrato de edital de licitação em jornal diário de grande circulação local. Todavia, e embora se reconheça o mérito da proposta, a determinação de publicação em jornal de grande circulação contraria o interesse público por ser uma medida desnecessária e antieconômica, tendo em vista que a divulgação em 'sítio eletrônico oficial' atende ao princípio constitucional da publicidade. Além disso, tem-se que o

princípio da publicidade, disposto no art. 37, *caput* da Constituição da República, já seria devidamente observado com a previsão contida no *caput* do art. 54, que prevê a divulgação dos instrumentos de contratação no Portal Nacional de Contratações Públicas (PNCP), o qual passará a centralizar a publicidade dos atos relativos às contratações públicas.

Não obstante, o Congresso Nacional derrubou o veto.

Art. 176. Os Municípios com até 20.000 (vinte mil) habitantes terão o prazo de 6 (seis) anos, contado da data de publicação desta Lei, para cumprimento:
I – dos requisitos estabelecidos no art. 7º e no caput do art. 8º desta Lei;
II – da obrigatoriedade de realização da licitação sob a forma eletrônica a que se refere o §2º do art. 17 desta Lei;
III – das regras relativas à divulgação em sítio eletrônico oficial.
Parágrafo único. Enquanto não adotarem o PNCP, os Municípios a que se refere o caput deste artigo deverão:
I – publicar, em diário oficial, as informações que esta Lei exige que sejam divulgadas em sítio eletrônico oficial, admitida a publicação de extrato;
II – disponibilizar a versão física dos documentos em suas repartições, vedada a cobrança de qualquer valor, salvo o referente ao fornecimento de edital ou de cópia de documento, que não será superior ao custo de sua reprodução gráfica.

Artigo 176 e Parágrafo único

1 Prazo de adaptação para pequenos municípios

O art. 176 traz regras específicas para pequenos municípios, com até 20.000 habitantes.

O legislador preocupou-se com a natural dificuldade operacional, por diversos motivos, desses municípios.

Segundo o dispositivo, terão eles o prazo de 6 (seis) anos, contado da data de publicação desta nova lei, para cumprimento:

a) dos requisitos estabelecidos no art. 7º (promover a gestão por competências e designar agentes públicos para o desempenho de diversas funções essenciais à execução da Nova Lei, com preenchimento de requisitos elencados) e no caput do art. 8º (indicar para a condução da licitação o agente de contratação, escolhido entre servidores efetivos ou empregados públicos dos quadros permanentes da Administração Pública) [Inc. I].

b) da obrigatoriedade de realização da licitação sob a forma eletrônica a que se refere o §2º do art. 17 [Inc. II];

c) das regras relativas à divulgação em sítio eletrônico oficial [inc. III].

Com relação à obrigatoriedade de realização da licitação sob a forma eletrônica (letra b acima), o regramento faz referência ao §2º do art. 17.[1263] Ocorre que este parágrafo não impõe a forma eletrônica nas licitações, porquanto indica apenas uma preferência, permitindo a utilização da forma presencial, desde que motivada. Destarte, por linhas tortas, o que fica suspenso durante os 6 anos (até 1º.04.2027) é, sim, o dever de motivar a decisão de realizar uma licitação na forma presencial.

[1263] Art. 17. (...) §2º As licitações serão realizadas preferencialmente sob a forma eletrônica, admitida a utilização da forma presencial, desde que motivada, devendo a sessão pública ser registrada em ata e gravada em áudio e vídeo.

E, enquanto não adotarem o Portal Nacional de Contratações Públicas (PNCP), deverão:

a) publicar, em diário oficial, as informações que esta Lei exige que sejam divulgadas em sítio eletrônico oficial, admitida a publicação de extrato;
b) disponibilizar a versão física dos documentos em suas repartições, vedada a cobrança de qualquer valor, salvo o referente ao fornecimento de edital ou de cópia de documento, que não será superior ao custo de sua reprodução gráfica.

O regrado busca atender a realidade dos pequenos municípios, que, não raro, em função de parcos recursos pessoais e financeiros, necessitam de mais tempo para se adaptarem.

Há, contudo, quem considere esse período de adaptação um exagero e até mesmo inconstitucional.

Igor Pereira Pinheiro, por exemplo, ao censurar a regra, entende inexistir razão juridicamente plausível e razoável para se conceder seis anos para o cumprimento de regras que considera pouco complexas.

> O abuso legislativo (*rectius:* a desproporcionalidade) fica mais claro ainda quando se vê que será preciso igualmente seis anos para que simplesmente aqueles municípios cumpram uma regra elementar de moralidade no sentido de proibir que os agentes públicos incumbidos das contratações públicas não sejam cônjuge ou companheiro de licitantes ou contratados habituais da Administração nem tenham com eles vínculo de parentesco, colateral ou por afinidade, até o terceiro grau, ou de natureza técnica, comercial, econômica, financeira, trabalhista e civil (artigo 7º, III). Não vemos como sustentar esse prazo para as demais regras (...).

E acrescenta:

> Vejam o absurdo: o gestor de cada município dessa proporção terá um mandato inteiro (4 anos) e, no caso de reeleição, até a metade do segundo mandato (mais 2 anos) para a implementação de regras básicas e condizentes com o mínimo de moralidade, publicidade e eficiência que se espera na área das contratações públicas. Tem-se, no caso, uma clara violação ao princípio da proporcionalidade, na sua vertente da proibição da proteção deficiente, bem como aos princípios da moralidade administrativa, publicidade administrativa e eficiência administrativa, motivo pelo qual reputamos o artigo 176 totalmente inconstitucional.[1264]

[1264] PINHEIRO. *A carência eficacial para pequenos municípios aplicarem pontos específicos da Nova Lei de Licitações e a sua manifesta inconstitucionalidade.*

CAPÍTULO II
DAS ALTERAÇÕES LEGISLATIVAS

Art. 177. O caput do art. 1.048 da Lei nº 13.105, de 16 de março de 2015 (Código de Processo Civil), passa a vigorar acrescido do seguinte inciso IV:

"Art.1.048. ....

IV – em que se discuta a aplicação do disposto nas normas gerais de licitação e contratação a que se refere o inciso XXVII do caput do art. 22 da Constituição Federal.

...." (NR)

Artigo 177

1 Alteração do art. 1.048 do Código de Processo Civil

Além das novas normas sobre licitações e contratações públicas, a Lei nº 14.133/2021 também modificou outras leis.

Este art. 177 acresceu um inciso ao art. 1.048 do Código de Processo Civil – CPC (Lei nº 13.105/2015).

O dispositivo previa prioridade de tramitação, em qualquer juízo ou tribunal, os procedimentos judiciais: a) em que figurasse como parte ou interessado pessoa com idade igual ou superior a 60 anos ou portadora de doença grave, assim compreendida qualquer das enumeradas no art. 6º, inc. XIV, da Lei nº 7.713, de 22.12.1988;[1265] b) regulados pela Lei nº 8.069, de 13.07.1990 (Estatuto da Criança e do Adolescente); e c) em que figurasse como parte a vítima de violência doméstica e familiar, nos termos da Lei nº 11.340, de 7.08.2006 (Lei Maria da Penha).

Com a inserção, a redação do dispositivo passou a contar com o inc. IV, que confere prioridade de tramitação também aos processos judiciais – em que se discuta a aplicação do disposto nas normas gerais de licitação e contratação previstas no art. 22, XXVII da CF.[1266]

Como a intenção do art. 1048 do CPC é dar prioridade a temas de relevante importância, entendeu o legislador que a resolução de conflitos de demandas que tratem de licitação e contratação se enquadram nessa categoria.

[1265] Art. 6º Ficam isentos do imposto de renda os seguinte rendimentos percebidos por pessoas físicas: (...) XIV – os proventos de aposentadoria ou reforma motivada por acidente em serviço e os percebidos pelos portadores de moléstia profissional, tuberculose ativa, alienação mental, esclerose múltipla, neoplasia maligna, cegueira, hanseníase, paralisia irreversível e incapacitante, cardiopatia grave, doença de Parkinson, espondiloartrose anquilosante, nefropatia grave, hepatopatia grave, estados avançados da doença de Paget (osteíte deformante), contaminação por radiação, síndrome da imunodeficiência adquirida, com base em conclusão da medicina especializada, mesmo que a doença tenha sido contraída depois da aposentadoria ou reforma; (Redação dada pela Lei nº 11.052, de 2004).

[1266] XXVII – normas gerais de licitação e contratação, em todas as modalidades, para as administrações públicas diretas, autárquicas e fundacionais da União, Estados, Distrito Federal e Municípios, obedecido o disposto no art. 37, XXI, e para as empresas públicas e sociedades de economia mista, nos termos do art. 173, §1º, III; (Redação dada pela Emenda Constitucional nº 19/1998).

Art. 178. O Título XI da Parte Especial do Decreto-Lei nº 2.848, de 7 de dezembro de 1940 (Código Penal), passa a vigorar acrescido do seguinte Capítulo II-B:

CAPÍTULO II-B

DOS CRIMES EM LICITAÇÕES E CONTRATOS ADMINISTRATIVOS

Contratação direta ilegal

Art. 337-E. Admitir, possibilitar ou dar causa à contratação direta fora das hipóteses previstas em lei:

Pena – reclusão, de 4 (quatro) a 8 (oito) anos, e multa.

Frustração do caráter competitivo de licitação

Art. 337-F. Frustrar ou fraudar, com o intuito de obter para si ou para outrem vantagem decorrente da adjudicação do objeto da licitação, o caráter competitivo do processo licitatório:

Pena – reclusão, de 4 (quatro) anos a 8 (oito) anos, e multa.

Patrocínio de contratação indevida

Art. 337-G. Patrocinar, direta ou indiretamente, interesse privado perante a Administração Pública, dando causa à instauração de licitação ou à celebração de contrato cuja invalidação vier a ser decretada pelo Poder Judiciário:

Pena – reclusão, de 6 (seis) meses a 3 (três) anos, e multa.

Modificação ou pagamento irregular em contrato administrativo

Art. 337-H. Admitir, possibilitar ou dar causa a qualquer modificação ou vantagem, inclusive prorrogação contratual, em favor do contratado, durante a execução dos contratos celebrados com a Administração Pública, sem autorização em lei, no edital da licitação ou nos respectivos instrumentos contratuais, ou, ainda, pagar fatura com preterição da ordem cronológica de sua exigibilidade:

Pena – reclusão, de 4 (quatro) anos a 8 (oito) anos, e multa.

Perturbação de processo licitatório

Art. 337-I. Impedir, perturbar ou fraudar a realização de qualquer ato de processo licitatório:

Pena – detenção, de 6 (seis) meses a 3 (três) anos, e multa.

Violação de sigilo em licitação

Art. 337-J. Devassar o sigilo de proposta apresentada em processo licitatório ou proporcionar a terceiro o ensejo de devassá-lo:

Pena – detenção, de 2 (dois) anos a 3 (três) anos, e multa.

Afastamento de licitante

Art. 337-K. Afastar ou tentar afastar licitante por meio de violência, grave ameaça, fraude ou oferecimento de vantagem de qualquer tipo:

Pena – reclusão, de 3 (três) anos a 5 (cinco) anos, e multa, além da pena correspondente à violência.

Parágrafo único. Incorre na mesma pena quem se abstém ou desiste de licitar em razão de vantagem oferecida.

Fraude em licitação ou contrato

Art. 337-L. Fraudar, em prejuízo da Administração Pública, licitação ou contrato dela decorrente, mediante:

I – entrega de mercadoria ou prestação de serviços com qualidade ou em quantidade diversas das previstas no edital ou nos instrumentos contratuais;

II – fornecimento, como verdadeira ou perfeita, de mercadoria falsificada, deteriorada, inservível para consumo ou com prazo de validade vencido;

III – entrega de uma mercadoria por outra;

IV – alteração da substância, qualidade ou quantidade da mercadoria ou do serviço fornecido;

V – qualquer meio fraudulento que torne injustamente mais onerosa para a Administração Pública a proposta ou a execução do contrato:

Pena – reclusão, de 4 (quatro) anos a 8 (oito) anos, e multa.

Contratação inidônea

Art. 337-M. Admitir à licitação empresa ou profissional declarado inidôneo:

Pena – reclusão, de 1 (um) ano a 3 (três) anos, e multa.

§1º Celebrar contrato com empresa ou profissional declarado inidôneo:

Pena – reclusão, de 3 (três) anos a 6 (seis) anos, e multa.

§2º Incide na mesma pena do caput deste artigo aquele que, declarado inidôneo, venha a participar de licitação e, na mesma pena do §1º deste artigo, aquele que, declarado inidôneo, venha a contratar com a Administração Pública.

Impedimento indevido

Art. 337-N. Obstar, impedir ou dificultar injustamente a inscrição de qualquer interessado nos registros cadastrais ou promover indevidamente a alteração, a suspensão ou o cancelamento de registro do inscrito:

Pena – reclusão, de 6 (seis) meses a 2 (dois) anos, e multa.

Omissão grave de dado ou de informação por projetista

Art. 337-O. Omitir, modificar ou entregar à Administração Pública levantamento cadastral ou condição de contorno em relevante dissonância com a realidade, em frustração ao caráter competitivo da licitação ou em detrimento da seleção da proposta mais vantajosa para a Administração Pública, em contratação para a elaboração de projeto básico, projeto executivo ou anteprojeto, em diálogo competitivo ou em procedimento de manifestação de interesse:

Pena – reclusão, de 6 (seis) meses a 3 (três) anos, e multa.

§1º Consideram-se condição de contorno as informações e os levantamentos suficientes e necessários para a definição da solução de projeto e dos respectivos preços pelo licitante, incluídos sondagens, topografia, estudos de demanda, condições ambientais e demais elementos ambientais impactantes, considerados requisitos mínimos ou obrigatórios em normas técnicas que orientam a elaboração de projetos.

§2º Se o crime é praticado com o fim de obter benefício, direto ou indireto, próprio ou de outrem, aplica-se em dobro a pena prevista no caput deste artigo.
Art. 337-P. A pena de multa cominada aos crimes previstos neste Capítulo seguirá a metodologia de cálculo prevista neste Código e não poderá ser inferior a 2% (dois por cento) do valor do contrato licitado ou celebrado com contratação direta.

Artigo 178

1 Alteração do Código Penal (Decreto-Lei nº 2.848/1940)[1267]

A Lei nº 14.133/2021 também estabeleceu significativas alterações no Título XI da Parte Especial do Código Penal (Decreto-lei nº 2.848/1940), acrescentando-lhe o Capítulo II-B, introduzindo os art. 337-E a 337-P, modificando e criando tipos penais voltados especificamente para as licitações e contratações públicas.

Em decorrência, no art. 193, revogou os arts. 89 a 108 da Lei nº 8.666/1993, na data de publicação desta lei, que tratavam dos crimes e penas no âmbito das licitações e contratos administrativos.

As alterações especialmente se deram quanto à redefinição de alguns dos delitos e a alteração/majoração de seus preceitos secundários, passando a prever a pena de reclusão como regra – na sistemática anterior era a de detenção.

Seguem comentários dos novos tipos penais do Código Penal referentes às licitações e contratos:

- *Contratação direta ilegal*

2 Art. 337-E – Admitir, possibilitar ou dar causa à contratação direta fora das hipóteses previstas em lei

Ainda que a supremacia do interesse público alicerce a exigência de licitação para contratações da Administração Pública, é inegável que existirão situações nas quais a competição licitatória se mostrará impossível ou, ainda que factível, frustrante, caso estabelecida para o interesse público almejado.

Nessas hipóteses, a lei autoriza a adoção de procedimento diferenciado, com alterações de formalidades, advindo daí as contratações diretas sem licitação, por intermédio de dispensas ou inexigibilidades.

A Nova Lei, tal como a lei anterior, distingue três formas de contratação direta: a) a licitação inexigível, versada no art. 74; b) a licitação dispensável, aludida no art. 75; e c) a licitação dispensada, tratada no art. 76.

Como cada hipótese deriva de situações diversas, há de se reconhecer que, em termos práticos, a qualificação tripartite é benéfica.

[1267] Para aprofundamento, remete-se ao nosso *"Infrações e crimes licitatórios"*. 2. ed.

Na licitação dispensada (art. 76), intimamente ligada à alienação de bens públicos, a Administração Pública figura, de regra, como "vendedora", enquanto na licitação dispensável (art. 75), em posição oposta, atua como "compradora", isto é, na qualidade de "contratante" (adquirindo bens ou contratando a prestação de serviços ou a execução de obras).

Na licitação inexigível (art. 74), a Administração também intenta contratar, assumindo, nesse mister, posição idêntica à prevista na licitação dispensável.

Noutro quadrante, nos casos de licitação dispensável, mesmo sendo possível a competição licitatória, a lei autoriza a não realização de certame licitatório, segundo critério de oportunidade e conveniência. Já nas hipóteses de licitação dispensada, a lei rejeita a realização do certame, não havendo margem para a discricionariedade da Administração.

Nesse contexto, a posição plenária da Corte de Contas federal, que, ao apreciar a matéria na lei anterior, fez constar, no Acórdão nº 2837/2008, que, na licitação dispensada, diversamente do que ocorre nos casos de licitação dispensável, não cabe ao administrador a decisão de licitar ou não, pois é a própria lei que determina a contratação direta.

Em síntese, por tudo o que foi exposto, conclui-se que:

- Licitação *dispensada* ocorre quando a lei determina que se faça a contratação direta, sem a realização de licitação;
- Licitação *dispensável* ocorre quando a lei autoriza a contratação direta, sem a realização de licitação; e
- Licitação *inexigível* é aquela em que a realização de licitação é inviável.

2.1 Condutas puníveis

Três são as condutas puníveis:

- Admitir a contratação direta fora das hipóteses previstas em lei;
- Possibilitar a contratação direta fora das hipóteses previstas em lei; e
- Dar causa à contratação direta fora das hipóteses previstas em lei.

Há de se reparar que o revogado art. 89 da Lei nº 8.666/1993 criminalizava as condutas de "dispensar ou inexigir licitação fora das hipóteses previstas em lei, ou *deixar de observar as formalidades pertinentes à dispensa ou à inexigibilidade*".

Acertadamente, este art. 337-E reproduziu parcialmente a redação desse art. 89, operando, dessa forma, a *abolitio criminis* da conduta de "deixar de observar as formalidades pertinentes à dispensa ou à inexigibilidade".

E, por que acertadamente? Por causa da irrelevância penal da conduta em questão.

Como assentaram Guilherme Lucchesi e Maria Victoria Nogari, natural que se aventasse a desnecessidade de aplicação de pena ao agente público que praticasse essa conduta, pois o legislador criminalizava mero *error in procedendo* praticado pelo agente público que erra no aspecto formal da execução do ato administrativo, o que, evidentemente, era um exagero.[1268]

[1268] LUCCHESI; NOGARI. *Nova lei de licitações*.

2.2 Objetividade jurídica

O bem jurídico tutelado é a moralidade administrativa, salvaguardando-se a regularidade e a lisura de uma contratação pública, notadamente a competitividade.

É crime de perigo abstrato, pois não há necessidade de que o contrato (celebrado ou a ser celebrado) com a Administração venha a lhe causar prejuízo.

Ainda que o contrato seja considerado necessário para a Administração, a incriminação decorrerá de admitir, possibilitar ou dar causa à dispensa ou à inexigibilidade da licitação, independentemente de prejuízo.

2.3 Pena

A pena prevista é a reclusão, de 4 (quatro) a 8 (oito) anos, e multa.

- *Frustração do caráter competitivo de licitação*

3 Art. 337-F – Frustrar ou fraudar o caráter competitivo da licitação

A competitividade é a essência da licitação. Segundo o art. 5º da Nova Lei, na sua aplicação, um dos princípios a ser adotado é o da competitividade.

Sobre o prejuízo à competitividade nas licitações, observamos:

> É inconteste que o princípio da competitividade é tão essencial à matéria que, se num procedimento licitatório, por obra de conluios, faltar a competição (ou oposição) entre os concorrentes, falecerá a própria licitação, inexistirá o instituto.[1269] Nesse curso, o ato convocatório deverá estabelecer regras para o certame respeitando as exigências necessárias para assegurar a proposta mais vantajosa, sendo inválidas [...] as que maculem o caráter competitivo da licitação, uma vez que, nos casos de competição inviável, a lei autoriza a contratação direta.[1270]

Como anota Vissotto Junkes, o princípio da competitividade determina que a licitação seja processada permitindo a mais ampla competição possível, ou seja, que seja aberta ao maior número possível de interessados em participar do certame. Assim, atrelada a essa obrigatoriedade, toda e qualquer cláusula que, ainda que potencialmente, restrinja ou frustre esse fim, é nula de pleno direito, ensejando, inclusive, a anulação da licitação.[1271]

Por ser curial numa licitação, o art. 337-F criminalizou os atos de frustrar ou fraudar, mediante qualquer expediente, o caráter competitivo do procedimento licitatório, com o intuito de obter, para si ou para outrem, vantagem decorrente da adjudicação do objeto da licitação, uma vez que o patrimônio da Administração Pública deve obrigatoriamente ser protegido por intermédio da aquisição mediante a proposta mais vantajosa, sobretudo quanto ao preço, da moralidade que deve presidir seus atos e da livre concorrência que se aplica ao processo licitatório, permitindo a competição salutar entre todos os licitantes.[1272]

[1269] MUKAI. *Estatutos jurídicos de licitações e contratos administrativos.*

[1270] BITTENCOURT. *Licitação passo a passo.* 10. ed.

[1271] JUNKES. *As licitações públicas e seu regime jurídico.*

[1272] PEREIRA JÚNIOR. *Comentários à Lei das Licitações e contratações da administração pública.* 7. ed.

3.1 Condutas puníveis

Duas são as condutas puníveis:

- Frustrar o caráter competitivo da licitação; ou
- Fraudá-lo.

Frustrar significa tornar inútil, iludir, lograr alguém; fraudar, exprime a ação de falsear, burlar, adulterar algo com o intuito de prejudicar ou enganar. No tipo penal, tanto uma quanto outra se aperfeiçoaram mediante ajuste/combinação (ou seja, arranjo prévio entre duas ou mais pessoas) ou qualquer outro expediente, sempre com a intenção da obtenção de vantagem decorrente da contratação conseguida.

Vê-se que, bem mais do que ser redundante (ajuste e combinação são palavras sinônimas), o legislador buscou não deixar margens a dúvidas, pois, além dessas indicações diretas (ajuste/combinação), acrescentou a expressão "mediante qualquer outro expediente", tornando a previsão do tipo aberto, admitindo, dessa forma, qualquer meio de se levar à frustração ou à fraudação a competitividade no procedimento licitatório.

Observe-se que também no Código Penal, no art. 335, ao tratar do impedimento, perturbação ou fraude em licitação, prescreve disposições semelhantes às perpetradas no dispositivo em análise, definindo como crime praticado por particular contra a Administração em geral os atos de "impedir, perturbar ou fraudar concorrência pública ou venda em hasta pública, promovida pela administração federal, estadual ou municipal, ou por entidade paraestatal".[1273] Contudo, a semelhança é aparente, porquanto, diversamente da regra desse art. 335, que alcança a licitação em si, a regra desse art. 337-F é bem mais ampla, pois abarca o caráter competitivo do próprio procedimento licitatório.

E mais, como anota Cezar Roberto Bitencourt, o dispositivo acrescenta outro elemento que o distingue do artigo do Código Penal: a inclusão do elemento subjetivo especial, qual seja, o intuito de obter para si ou para outrem, vantagem decorrente da adjudicação do objeto da licitação.[1274]

Importante destacar, entrementes, que, como a norma não previu causas excludentes de criminalidade que justifiquem a fraude ou a frustração, para o aperfeiçoamento do tipo penal bastarão apenas os atos de frustrar ou fraudar a competitividade do certame. Logo, a caracterização penal exige tão somente a intenção de obtenção da vantagem, independentemente do atingimento dela.

3.2 Objetividade jurídica

No mesmo compasso do artigo anterior, o bem jurídico tutelado é a moralidade administrativa, salvaguardando-se a regularidade e a lisura de uma contratação pública, notadamente a competitividade.

1273 CAPÍTULO II – DOS CRIMES PRATICADOS POR PARTICULAR CONTRA A ADMINISTRAÇÃO EM GERAL – Art. 335 – Impedir, perturbar ou fraudar concorrência pública ou venda em hasta pública, promovida pela administração federal, estadual ou municipal, ou por entidade paraestatal; afastar ou procurar afastar concorrente ou licitante, por meio de violência, grave ameaça, fraude ou oferecimento de vantagem:
Pena – detenção, de seis meses a dois anos, ou multa, além da pena correspondente à violência.
Parágrafo único – Incorre na mesma pena quem se abstém de concorrer ou licitar, em razão da vantagem oferecida.

1274 BITENCOURT. *Direito penal das licitações.*

O crime é de dano e de resultado, exigindo, para a sua consumação, a frustração ou a fraude do caráter competitivo do procedimento licitatório, em virtude de ajuste, combinação ou qualquer outro expediente. Não havendo prejuízo para a competitividade, o crime não se configurará.[1275]

3.3 Pena

Reclusão, de 4 (quatro) anos a 8 (oito) anos, e multa.

- *Patrocínio de contratação indevida*

4 Art. 337-G – Patrocinar interesse privado perante a Administração

De acordo com o art. 321 do próprio Código Penal, o patrocínio de interesse privado perante a Administração, realizado por funcionário público, constitui crime de advocacia administrativa.[1276]

Pois bem, na mesma conjuntura, este art. 337-G anota como infração penal o ato de patrocinar, direta ou indiretamente, interesse privado perante a Administração, dando causa à instauração de licitação ou à celebração de contrato, cuja invalidação vier a ser decretada pelo Poder Judiciário.

Vê-se, portanto, que a infração penal especificada retrata crime muito semelhante ao do art. 321 CP, sendo, todavia, mais específico, pois não abarca todo e qualquer patrocínio de interesse privado junto à Administração Pública, mas tão somente os inerentes a duas situações: instauração de licitação e celebração de contrato.

É importante ressaltar, entrementes, que o dispositivo especifica a necessidade de invalidação (da licitação ou do contrato) decretada pelo Poder Judiciário. Assim, além de ser requisito para a sua aplicação, não caberá adotá-lo se a invalidação ocorrer no âmbito da própria Administração.[1277]

Se a licitação ou o contrato não forem declarados inválidos pelo Poder Judiciário, não haverá o crime do artigo, mas poderá existir a advocacia administrativa indicada no art. 321 citado.

4.1 Conduta punível

A conduta punível é o patrocínio por parte de agente público (advocacia administrativa), de forma direta ou indireta, de interesse privado perante a Administração, dando causa à instauração de uma licitação ou à celebração de um contrato.

[1275] GASPARINI. *Crimes na licitação*. 4. ed.

[1276] Art. 321 – Patrocinar, direta ou indiretamente, interesse privado perante a administração pública, valendo-se da qualidade de funcionário:
Pena – detenção, de um a três meses, ou multa.
Parágrafo único – Se o interesse é ilegítimo:
Pena – detenção, de três meses a um ano, além da multa.

[1277] Pois, como assentado pelo Supremo Tribunal Federal (STF, Súmulas nº 346 e nº 473), "a Administração Pública pode declarar a nulidade de seus próprios atos" *e* "a Administração pode anular seus próprios atos, quando eivados de vícios que os tornem ilegais, porque deles não se originam direitos [...]".

Patrocinar significa advogar, proteger, beneficiar, favorecer, defender, tratando-se de infração comissiva.

Nessa contextura, o agente público se aproveita das facilidades que sua posição proporciona para agir em favor de terceiros, podendo atuar diretamente, quando pessoalmente advoga os interesses privados perante o Poder Público, ou indiretamente, valendo-se de interposta pessoa para atendê-los, entendendo-se "interesses privados" como quaisquer vantagens a serem obtidas pelo particular junto à Administração.

De forma direta, o delito se aperfeiçoa quando um agente público, valendo-se de sua condição, defende interesse alheio perante a Administração Pública.

Há uma diferença importante entre o tipo penal do art. 321 do CP e o deste art. 337-G. No primeiro, o interesse privado pode ser legítimo ou ilegítimo; no segundo, o interesse do particular será sempre ilegítimo, uma vez que tanto a licitação quanto o contrato hão de ser invalidados pelo Judiciário.

A tipificação do delito não impõe que o agente público tenha praticado o fato típico unicamente em procedimento licitatório, mas também em face de um contrato.

A invalidação (da licitação ou do contrato) pelo Poder Judiciário é condição objetiva de punibilidade do delito. Como enfatizado, não haverá o delito se a invalidação ocorrer no âmbito da própria Administração. Contudo, se a licitação ou o contrato não forem declarados inválidos pelo Poder Judiciário, poderá haver a advocacia administrativa indicada no art. 321 CP.

Dessa forma, o delito ocorrerá na hipótese de ocorrência de patrocínio de interesse privado junto à Administração (advocacia administrativa) que dê causa à: a) instauração de licitação, que venha a ser invalidada pelo Poder Judiciário; ou b) celebração de contrato que, de forma idêntica, seja invalidado pelo mesmo Poder.

Mas, o que seria, para os fins de aplicação do dispositivo, uma "licitação instaurada"? A licitação é um procedimento administrativo "instaurado" pela Administração Pública, constituído pela prática ordenada e sucessiva de uma série de atos autônomos e com fins definidos. Tais atos se concatenam de forma preordenada para alcançar o objetivo licitatório: a proposta mais vantajosa e conveniente para a Administração, com vistas a atender à necessidade pública. Como já registramos em outro trabalho,

> tendo ocorrido a requisição de um objeto por parte do setor da Administração interessado e procedida a estimativa de valor, inicia-se o procedimento licitatório, com a abertura do devido processo administrativo, após a expedição do ato formal do ordenador contendo a autorização para a *instauração* de licitação, o qual será autuado (pôr-lhe capa, com precisas indicações do que se trata, data de instauração e assinatura do servidor designado para tal), protocolado (registro em livro próprio), numerado (número que o identificará dali em diante) e dada a respectiva autorização, além da indicação resumida do objeto e do recurso para cobertura da posterior despesa. Trata-se de ato que, de certa forma, materializa a licitação propriamente dita.[1278]

A sequência de atos supracitada caracteriza-se por conter duas fases distintas: a interna (ou preparatória), na qual a Administração estabelece todas as condições

---

[1278] BITTENCOURT. *Licitação passo a passo*. 11. ed.

do instrumento convocatório da licitação, antes de levá-lo ao conhecimento público, referindo-se, portanto, ao trabalho de preparação do processo no âmbito interno; e a externa (ou de execução), que tem início com a divulgação do edital.

Como se vê, a instauração da licitação se dá na origem. Vê-se, também, que há uma fase interna, na qual a Administração instrumentaliza a licitação.

Assim, em tese, poder-se-ia admitir a possibilidade do delito em comento já se manifestar no âmbito da fase interna. Sucede que, como frisado, a invalidação da licitação pelo Poder Judiciário é condição objetiva de punibilidade. Logo, como essa invalidação só poderá acontecer após a fase externa, ou seja, depois da publicidade do edital licitatório, o tipo penal, no que concerne à licitação, só poderá ocorrer com o edital publicado.

No que diz respeito aos contratos, não pairam dúvidas. O artigo informa que o crime se configura com o patrocínio de interesse privado perante a Administração, dando causa à celebração de contrato cuja invalidação vier a ser decretada pelo Poder Judiciário. Assim, enquanto não assinado o contrato ou formalizado o instrumento que lhe substitua,[1279] não há contrato celebrado, já que o §2º do art. 95 prescreve que o contrato verbal realizado pela Administração é nulo e de nenhum efeito.[1280]

Registre-se observação importante de Diogenes Gasparini: o crime poderá ocorrer perante qualquer repartição da Administração Pública, e não somente junto ao setor em que o agente público está lotado, "agindo abertamente, formalizando pedidos e oferecendo razões, ou disfarçadamente, insinuando-se para seus colegas para conseguir rapidez na tramitação de processos e na tomada de decisões relativas à abertura da licitação ou à celebração do contrato".[1281]

4.2 Objetividade jurídica

Da mesma forma dos delitos anteriores, o bem jurídico tutelado é a moralidade administrativa, salvaguardando-se a regularidade e a lisura de uma contratação pública, sendo que, na hipótese, leva-se em conta a retidão da atuação do agente público.

Como anota Basileu Garcia, "a figura delituosa é estabelecida com o objetivo de robustecer a obrigação de estrita imparcialidade dos funcionários em face das pretensões dos particulares perante o Estado, veiculadas pelas repartições públicas".[1282]

4.3 Pena

A pena prevista é a reclusão, de 6 (seis) meses a 3 (três) anos, e multa.

- *Modificação ou pagamento irregular em contrato administrativo*

[1279] Tais como a carta-contrato ou a nota de empenho de despesa, a autorização de compra ou ordem de execução de serviço (art. 95 da Nova Lei).

[1280] Salvo o de pequenas compras ou o de prestação de serviços de pronto pagamento, assim entendidos aqueles de valor não superior a R$10.000,00 (dez mil reais).

[1281] GASPARINI. *Crimes na licitação*. 4. ed.

[1282] GARCIA. *Crimes contra a Administração Pública*.

5 Art. 337-H – Permitir qualquer modificação ou vantagem imprópria, em favor do contratado, durante a execução de contrato

O artigo 337-H anota as seguintes infrações penais:

a) admitir, possibilitar ou dar causa a qualquer modificação ou vantagem, inclusive prorrogação contratual, em favor do contratado, durante a execução dos contratos celebrados com a Administração, sem autorização em lei, no edital ou nos respectivos instrumentos contratuais; e

b) pagar fatura com preterição da ordem cronológica de sua exigibilidade.

No primeiro tipo penal, o propósito é salvaguardar o regular resultado do procedimento licitatório, perseguindo a correta execução do contrato dele decorrente, bem como atender ao princípio da vinculação ao instrumento convocatório, que informa que a Administração não pode descumprir as condições do edital, ao qual se acha estritamente vinculada.

Sobre a condição vinculativa do edital, observamos:

> Ao determinar que a Administração não poderá descumprir as normas e condições do edital, o dispositivo reafirma o Princípio da Vinculação ao Instrumento Convocatório (...). Tal vinculação, básica em licitação, obriga o administrador público a seguir à risca o estabelecido no documento convocatório do certame (...). Assim, a Administração não pode ir além nem ficar aquém das disposições traçadas no instrumento convocatório do certame.[1283]

O ato de alterar inapropriadamente o contrato no curso de sua execução favorece irregularmente o contratado, frustrando a moralidade e a competitividade, pois: a) outros concorrentes poderiam ter participado do certame, se a situação fosse outra; ou b) concorrentes poderiam ter participado da disputa e, por conta da apresentação de preço superior, não logrado êxito.

Como obtemperou Glaucio Brittes de Araujo, para fins de política criminal, esse tipo penal veio à baila visando combater expedientes comumente adotados por servidores em conluio com particulares para majoração dos lucros destes últimos, muitas vezes mediante comissão e adotando pretextos como a manutenção do equilíbrio econômico-financeiro, a necessidade premente de mudanças nas obras ou serviços para o atendimento ao interesse público, ou a falta de condições ou de tempo hábil para providências necessárias a uma nova licitação.[1284]

O segundo tipo penal busca proteger a moralidade, impedindo o chamado "pagamento privilegiado", com preterição da ordem cronológica de apresentação das obrigações ("faturas"). Tal infração penal está intimamente ligada ao preconizado no art. 141, que prevê a obrigação de o pagamento obedecer, para cada fonte diferenciada de recursos, a ordem cronológica das datas de suas exigibilidades.

1283 BITTENCOURT. *Licitação passo a passo*. 11. ed.

1284 ARAÚJO. *Intervenção penal nas licitações*.

5.1 Condutas puníveis

Duas são as condutas puníveis, sendo que a primeira se desdobra em três situações (admitir, possibilitar ou dar causa), sempre atreladas a modificações ou vantagens irregulares ao contratado, no transcorrer do contrato celebrado.

- **Admitir, possibilitar ou dar causa a qualquer modificação ou vantagem, inclusive prorrogação contratual, em favor do contratado, durante a execução dos contratos celebrados, sem autorização em lei, no edital ou nos respectivos instrumentos contratuais**

  O primeiro tipo penal prescreve que a conduta punível poderá ocorrer de três maneiras: *admitir, possibilitar* ou *dar causa* a qualquer modificação ou vantagem em favor do adjudicatário, durante a execução do objeto contratual, caso não haja autorização.

  Admitir significa permitir, consentir, concordar. *Possibilitar* quer dizer tornar possível. *Dar causa* é produzir, criar, fazer, gerar, causar, acarretar, originar.

  Nos dois primeiros vocábulos (admitir e possibilitar), o tipo penal é o mesmo: consiste em criar condições (admitindo ou possibilitando) para ocorrência de modificação ou vantagem ilegal, inclusive prorrogação contratual, em favor do contratado, durante a execução dos contratos celebrados com a Administração. Trata-se de crime omissivo.

  No outro (dar causa), o tipo penal se configura com a produção de algum ato que gere uma alteração contratual ilegal ou uma vantagem indevida, tratando-se, pois, de crime comissivo.

  A regra é clara quanto ao momento de ocorrência das modificações e prorrogações irregulares: somente no curso da execução dos contratos celebrados (ou dos instrumentos equivalentes substitutivos).

  E mais: só se aperfeiçoam em face de autorizações não constantes no diploma legal, no ato convocatório da licitação ou nos respectivos instrumentos contratuais, dado que, nas alterações e prorrogações legalmente autorizadas, não haverá crime, sendo que tais possibilidades deverão constar obrigatoriamente nos contratos, e também nos editais licitatórios, que são documentos anteriores aos contratos, nos quais são elencadas todas as regras a serem reproduzidas no acordo.[1285] [1286]

  Alguns analistas assentam que, para a ocorrência do crime, se exige que as modificações ou prorrogações impliquem em real favorecimento ao contratado (vantagem).[1287] Discordamos dessa tese, porquanto, pelo estabelecido, para que o delito se aperfeiçoe, bastará modificar as condições do contrato ou prorrogar sua vigência, adotando motivos não autorizados nas regras legais. Portanto, não é exigível auferir "vantagem", uma vez que o texto legal adota a conjunção "ou", apontando alternância. Logo, para a caracterização do crime se impõe uma

---

[1285] Além da obrigatoriedade de a minuta contratual fazer parte do edital licitatório como anexo.

[1286] Registre-se que há contratos que são celebrados pela Administração sem a elaboração de prévio ato licitatório (casos de dispensa ou de inexigibilidade de licitação). Nesses também o crime se aperfeiçoará caso se admita, possibilite ou dê causa a qualquer modificação ou vantagem, inclusive prorrogação contratual, em favor do contratado, durante a execução.

[1287] Como, por exemplo, BALTAZAR JÚNIOR. *Crimes federais*. 11. ed.

ou outra condição, jamais as duas juntas. Trata-se de crime de perigo, que se aperfeiçoa ainda que não ocorra nenhum prejuízo para a Administração Pública.

- Pagar fatura com preterição da ordem cronológica de sua exigibilidade

Como supracitado, a Nova Lei impõe que a Administração, no pagamento das obrigações relativas ao fornecimento de bens, locações, realização de obras e prestação de serviços, obedeça, para cada fonte diferenciada de recursos, a estrita ordem cronológica das datas de suas exigibilidades, salvo mediante prévia justificativa da autoridade competente e posterior comunicação ao órgão de controle interno da Administração e ao tribunal de contas competente.

A regra tutela a obrigatória equação econômico-financeira dos contratos celebrados pela Administração, amparada na garantia oferecida pela CF à lucratividade da proposta do particular. Como nos contratos celebrados os contratantes se obrigam a prestar mútuos e equivalentes encargos e vantagens, a proposta do particular, aprovada pela Administração, deve ter a relação encargos/vantagens protegida contra eventos externos e internos, sempre que imprevisíveis ou, ainda que previsíveis, de consequências incalculáveis.

Assim, o art.141 da Nova Lei consagra o dever de a Administração liquidar suas dívidas segundo a ordem cronológica.

Além da inconteste obrigação de satisfazer suas dívidas segundo as regras previstas em lei e em contrato, a Administração, nesse encargo, também por determinação legal, está constrangida a observar uma ordem cronológica, não dispondo de discricionariedade para escolher a ordem de preferência.

Contudo, o que realmente importa nessa obrigatória observância da ordem cronológica para a liquidação das obrigações é a efetiva exigibilidade, que consiste na possibilidade de o credor pleitear da Administração o pagamento.

Nesse sentido, a Instrução Normativa nº 2/2016, do antigo Ministério do Planejamento, dispôs que a ordem cronológica de exigibilidade teria como marco inicial, para efeito de inclusão do crédito na sequência de pagamentos, o recebimento da nota fiscal ou fatura pela unidade administrativa responsável pela gestão do contrato, considerando-se ocorrido o recebimento da nota fiscal ou fatura no momento em que o órgão contratante atestar a execução do objeto do contrato.

Pois bem: essa compulsória observância recebe tutela específica no art. 337-H em comento, que tipifica como crime "pagar fatura com preterição da ordem cronológica de sua exigibilidade".

Fatura é um documento comercial que representa uma venda, sendo comumente utilizada como documento fiscal quando inclui elementos dessa natureza, sendo então denominada nota fiscal/fatura.

No caso, a expressão "pagar fatura" – tão popular, que deveria ser evitada em textos normativos – significa a quitação em espécie do valor da nota fiscal emitida e cobrada em razão de contrato celebrado e executado.

De forma diversa do crime do artigo anterior, o crime aqui só se aperfeiçoa com a real obtenção de vantagem indevida oriunda das modificações ou das prorrogações contratuais irregulares.

5.2 Objetividade jurídica

Os bens jurídicos tutelados são a moralidade administrativa e o princípio da vinculação ao instrumento convocatório, salvaguardando-se a regularidade e a lisura dos contratos celebrados, que deverão ser cumpridos tal como firmados.

5.3 Pena

A pena prevista é a reclusão, de 4 (quatro) anos a 8 (oito) anos, e multa.

- *Perturbação de processo licitatório*

6 Art. 337-I – Impedir, perturbar ou fraudar a realização de qualquer ato licitatório

O dispositivo incrimina as seguintes ações: *impedir*, *perturbar* ou *fraudar* a realização de qualquer ato do processo licitatório.

O art. 335 do CP já previa essas modalidades criminosas, tipificando o impedimento, a perturbação ou a fraude em "concorrência pública" (licitação) e em "venda em hasta pública" (leilão público).[1288]

Vê-se, portanto, que este art. 337-I ampliou o alcance, tutelando todos os atos do processo licitatório.

6.1 Condutas puníveis

O tipo penal prevê três condutas puníveis, todas atreladas a atos do procedimento licitatório:

- Impedir;
- Perturbar; ou
- Fraudar.

Qualquer uma consumará o tipo.

Impedir significa impossibilitar, obstar, evitar; *perturbar,* expressa atrapalhar, tumultuar, confundir; e *fraudar,* indica burlar, torná-lo viciado.

Como dito, as condutas puníveis estão intimamente ligadas à correta realização do procedimento licitatório.

Ao falar-se em procedimento, está se fazendo referência à série de atos preparatórios da licitação, a qual se configura por intermédio de um procedimento integrado por atos e fatos da Administração e atos e fatos do licitante, todos contribuindo para formar a vontade contratual. Por parte da Administração, o edital, o recebimento das propostas,

---

[1288] O art. 335 do Código Penal assim está prescrito:
"Impedir, perturbar ou fraudar concorrência pública ou venda em hasta pública, promovida pela administração federal, estadual ou municipal, ou por entidade paraestatal; afastar ou procurar afastar concorrente ou licitante, por meio de violência, grave ameaça, fraude ou oferecimento de vantagem.
Pena – detenção de 6 (seis) meses a 2 (dois) anos, ou multa, além da pena correspondente à violência. Parágrafo Único. Incorre na mesma pena quem se abstém de concorrer ou licitar, em razão da vantagem oferecida".

a habilitação, a classificação, a adjudicação, além de outros atos intermediários ou posteriores, como o julgamento de recursos interpostos pelos interessados, a revogação, a anulação, os projetos, as publicações, os anúncios, as atas etc. Por parte do particular, a retirada do edital, a proposta, a desistência, a prestação de garantia, a apresentação de recursos, as impugnações.[1289]

Nessa contextura, fica claro que o dispositivo penal não só abarca os atos praticados nas sessões públicas de disputa, mas todos que compõem o procedimento licitatório.

Ocorre, como alerta Glaucio Brittes de Araujo,

> que é despicienda a inclusão da fraude de ato licitatório na norma, pois esta também alcançaria o próprio procedimento e, em última análise, já estaria contemplada por outros artigos do CP. Certamente a fraude de um ato repercutiria sobre os subsequentes ou o conjunto. Caso contrário, não seria relevante para o bem jurídico.[1290]

E mais: no que toca os atos de impedimento e perturbação do certame, o tipo penal também é merecedor de censura, pois se mostra demasiadamente aberto, não indicando as formas pelas quais o sujeito ativo poderá impedir ou perturbar a realização de qualquer ato de procedimento licitatório. Não à toa, Cezar Roberto Bitencourt observa a sujeição do tipo a "um universo incalculável de possibilidades, que somente a casuística poderá nos indicar".[1291]

Por fim, uma ressalva importante: não são enquadráveis nesse regramento as obstruções dos certames por intermédio de mecanismos legais oferecidos, uma vez que os interesses legítimos, motivados e fundamentados devem sempre ser preservados.

6.2 Objetividade jurídica

O bem jurídico tutelado é a moralidade administrativa, salvaguardando-se a regularidade do funcionamento da Administração no que se refere aos procedimentos licitatórios.

6.3 Pena

A pena prevista é a detenção, de 6 (seis) meses a 3 (três) anos, e multa.

- *Violação de sigilo em licitação*

7 Art. 337-J – Devassar o sigilo de proposta apresentada na licitação ou proporcionar a terceiro a possibilidade de devassá-lo

O dispositivo incrimina devassar o sigilo de proposta apresentada por licitante num certame licitatório ou proporcionar a terceiro a possibilidade dessa violação.

Devassar é invadir, conhecer por completo (o que é defeso ou vedado). No caso, devassar é tomar conhecimento do teor da proposta comercial antes do momento

---

[1289] DI PIETRO. *Direito administrativo*. 2. ed.

[1290] ARAÚJO. *Intervenção penal nas licitações*.

[1291] BITENCOURT. *Direito penal das licitações*.

estabelecido pelo instrumento convocatório da licitação para sua abertura, que deve ocorrer em ato público.

O delito corresponde ao estabelecido no art. 326 CP,[1292] mas com seu espectro ampliado, o que evidencia a revogação do citado dispositivo.

Assim, com redação mais abrangente e condizente com a realidade, esse art. 337-J considera conduta criminosa o ato de violar o sigilo da proposta apresentada em qualquer processo licitatório ou proporcionar a terceiro a oportunidade dessa violação.

Vide que os atos praticados no processo licitatório são públicos, ressalvadas as hipóteses de informações cujo sigilo seja imprescindível à segurança da sociedade e do Estado, na forma da lei, devendo o conteúdo das propostas ficar em sigilo até o momento estabelecido para sua abertura (art. 13 *caput* e Parágrafo único, I).

Contudo, é importante que se entenda o sentido do artigo: o devassamento ou a viabilidade oferecida a terceiro para tal deve partir exclusivamente de agentes públicos (como, por exemplo, o pregoeiro; a autoridade superior autorizadora da abertura da licitação – normalmente o ordenador de despesas –; ou mesmo qualquer agente da Administração que tenha acesso aos documentos), uma vez que, havendo revelação entre os licitantes, o crime será outro (estarão eles incidindo no delito preconizado no art. 337-F, que prevê como tipo penal a fraude, mediante ajuste, combinação ou qualquer outro expediente, ao caráter competitivo do procedimento licitatório, com o intuito de obter, para si ou para outrem, vantagem decorrente da adjudicação do objeto da licitação).

7.1 Condutas puníveis

Duas são as condutas puníveis:

- Devassar o sigilo de proposta apresentada por licitante num certame licitatório; ou
- Proporcionar a terceiro essa possibilidade.

Como antes esposado, na hipótese, devassar é tomar conhecimento do teor de proposta comercial apresentada numa licitação em invólucro lacrado antes do ato público previsto pelo edital para sua abertura.

Normalmente, o agente público toma ciência da proposta por intermédio da abertura do envelope, mas, como sublinha Paulo José da Costa Jr., nada impede que, para a configuração do delito, se proceda à devassa colocando-se o envelope com a proposta contra a luz, ou mediante a utilização de quaisquer outros meios, como, por exemplo, o conhecimento dos termos mediante consulta a um funcionário da concorrente.[1293] É o que dispusemos em outro trabalho: "outra maneira de devassa seria inteirar-se do valor mediante qualquer tipo de informação segura".[1294]

[1292] Art. 326 – Devassar o sigilo de proposta de concorrência pública, ou proporcionar a terceiro o ensejo de devassá-lo:
Pena – Detenção, de três meses a um ano, e multa.

[1293] COSTA JÚNIOR. *Direito penal das licitações*.

[1294] BITTENCOURT. *Licitação passo a passo*. 11. ed.

7.2 Objetividade jurídica

O bem jurídico tutelado é a moralidade administrativa, salvaguardando-se a regularidade do procedimento licitatório, notadamente quanto à lisura.

Inexiste necessidade de a conduta irregular causar prejuízo à Administração, pois, na prática, quando um licitante toma ciência da proposta do outro, normalmente, para lograr-se vencedor da licitação, apresenta proposição com valor menor. Entrementes, trata-se, é claro, de atitude imoral, contrária ao interesse público.

7.3 Pena

A pena prevista é a detenção, de 2 (dois) anos a 3 (três) anos, e multa.

- *Afastamento de licitante*

8 Art. 337-K – Afastar ou tentar afastar licitante usando violência ou oferecendo vantagem

O dispositivo incrimina os atos de afastar ou tentar afastar licitante com o uso de violência, grave ameaça, fraude ou oferecimento de vantagem de qualquer tipo.

O parágrafo único anota ainda dois outros atos criminosos: a abstenção ou a desistência de licitar, em razão da vantagem oferecida.

O texto do dispositivo possui pequenas falhas. Inicialmente, não aponta de onde o "licitante" estaria sendo afastado. É claro que está se referindo à licitação, mas a boa técnica exigiria essa indicação. Depois, ao mencionar "licitante", deixou de tratar a expressão com a tecnicidade devida, como se exige numa redação legal. Ora, licitante é aquele que, se interessando num certame licitatório instaurado pela Administração, apresenta uma proposta efetiva. Aquele que, mesmo supostamente interessado, ainda não materializou a proposta, não é um licitante.

Ocorre que, claramente, a regra alcança não só o licitante, mas também aqueloutro interessado em atender à Administração (mas que ainda não é um licitante). É o que antes já observamos:

> Atendendo-se ao sentido literal da regra legal, a conduta criminosa afasta, de forma ilícita, o licitante, que é aquele que está efetivamente participando da licitação, com a apresentação de envelope(s). Não parece ter sido essa a única intenção do legislador. A finalidade, que deve ser procurada, independentemente de se tratar de regra penal (e não administrativa), foi, com clareza, alcançar também o afastamento, através da conduta desleal, daquele que possui condições legítimas de licitar e pretende participar do certame.[1295]

Nesse mesmo tom, Vicente Grego Filho: "A ação deve dirigir-se a alguém que tem condições de licitar, que poderia participar, em princípio, da licitação".

[1295] BITTENCOURT. *Licitação passo a passo*. 11. ed.

8.1 Condutas puníveis

Quatro são as condutas puníveis. As duas primeiras, especificadas no *caput* do dispositivo. As duas últimas, em função do preconizado no parágrafo único:

- afastar ou tentar afastar licitante da competição licitatória;
- afastar ou tentar afastar possível licitante da competição licitatória;
- abster-se de licitar, em razão da vantagem oferecida;
- desistir de licitar, em razão da vantagem oferecida.

Afastar significa separar alguém de algo. Na hipótese, a intenção é afastar um licitante de uma licitação, de modo que não participe da disputa.

Tentar afastar indica se esforçar junto a alguém para que não faça algo. No caso, esforçar-se para que um possível licitante não participe do certame.

Em ambos os casos, os meios a serem adotados para as práticas serão: a violência, a grave ameaça, a fraude e o oferecimento de vantagens, sendo todas condutas comissivas.

Violência é o uso da agressividade de forma intencional e excessiva; *ameaça* é ato pelo qual se exprime a vontade de fazer um mal.

Fraude é o engano malicioso ou a ação astuciosa, sempre de má-fé, para ocultação de uma verdade ou fuga ao cumprimento do dever.[1296]

Oferecimento de vantagens é beneficiar alguém de qualquer forma, configurando corrupção.

Como assenta Álvaro Mayrink da Costa,

> na hipótese, tem-se a violência (*vis absoluta*), a grave ameaça (*vis compulsiva*), a fraude e a oferta de vantagem de qualquer tipo objetivando afastar licitante do certame competitivo. A ameaça deve ser grave, isto é, real e efetiva, idônea a afastar concorrente, a fraude é o ardil, artifício, ou qualquer outro meio fraudulento empregado contra o possível concorrente, sem ajuste ou combinação ou qualquer outro expediente.[1297]

Ao referir-se aos meios utilizáveis para o cometimento do delito, após observar que a gama de estratagemas é infinita, Paulo José da Costa Jr. exemplifica caso a caso: a violência física poderá consistir no emprego de vias de fato, lesões, até sequestro ou mesmo homicídio; além da violência material, poder-se-á utilizar a de natureza moral (ameaça), que haverá de ser grave para configurar o tipo penal, podendo o agente ainda utilizar-se de expediente fraudulento, ludibriando ou iludindo o outro licitante; finalmente, o sujeito ativo poderá servir-se de oferecimento de vantagens de qualquer natureza, pecuniária ou não, podendo essa última consistir em promessa de cargo, promoção ou emprego, viagens, e até apoio de natureza eleitoral.[1298]

Cabe registrar que, após a previsão da sanção pelo ato criminoso (reclusão de três a cinco anos, e multa, além da pena correspondente à violência), o preceptivo contém ainda um parágrafo único que informa a incidência da mesma pena àquele que se abstiver ou desistir de licitar, em razão da vantagem oferecida, condutas essas de natureza omissiva.

[1296] SILVA. *Vocabulário jurídico*. 3. ed.

[1297] COSTA. *Crimes contra a Administração Pública*.

[1298] COSTA JÚNIOR. *Direito penal das licitações*.

A abstenção tem a ver com a renúncia, a omissão, sem participação alguma, ainda que se configurasse como licitante em potencial; já a desistência está intimamente ligada a uma participação abortada.

8.2 Objetividade jurídica

O bem jurídico tutelado é a moralidade administrativa, salvaguardando-se a regularidade e a lisura do procedimento licitatório.

As situações dispostas no *caput* (afastar ou tentar afastar da competição licitatória) configuram crime de perigo, pois não importa se houve ou não o afastamento e se causou prejuízo à Administração.

8.3 Pena

A pena prevista é a reclusão, de 3 (três) anos a 5 (cinco) anos, e multa, além da pena correspondente à violência.

- *Fraude em licitação ou contrato*

9 Art. 337-L – Fraudar, com prejuízo para a Administração Pública, licitação instaurada para aquisição de bens ou prestação de serviços

O dispositivo tutela a Administração Pública, lesada por fraude na aquisição de bens ou contratação de prestação de serviços.

9.1 Condutas puníveis

O dispositivo incrimina o dano à Administração, quando restar lesada numa licitação ou contratação fraudulenta, em face dos seguintes atos:

- Entrega ou prestação com qualidade ou em quantidade diversa das previstas no edital ou nos instrumentos contratuais;
- Fornecimento, como verdadeira ou perfeita, de mercadoria falsificada, deteriorada, inservível para consumo ou com prazo de validade vencido;
- Entrega de uma mercadoria por outra;
- Alteração da substância, qualidade ou quantidade; ou
- Tornar, injustamente, mais onerosa, a proposta de preços ou a execução contratual por intermédio de fraude.

9.1.1 Entrega ou prestação com qualidade ou em quantidade diversa das previstas no edital ou nos instrumentos contratuais

Incriminar-se-á entregas com quantidades diferentes das contratadas e com qualidade inferior.

O tipo penal é novo, pois a penalização na Lei nº 8.666/1993 tratava da hipótese de fraude à licitação apenas em razão da elevação arbitrária dos preços.

Preocupa, contudo, saber como será, na prática, a análise da inferioridade da qualidade do produto ou do serviço oferecido.

9.1.2 Fornecimento, como verdadeira ou perfeita, de mercadoria falsificada, deteriorada, inservível para consumo ou com prazo de validade vencido

Mercadoria *falsificada* é aquela produzida sem licença do detentor dos direitos de marca; *deteriorada* é aquela que se encontra em circunstância de decomposição devido ao decurso de tempo ou em função de condições inadequadas de armazenamento ou transporte; *inservível* é aquela sem condição de uso e que tenha o custo de sua recuperação elevado com relação ao custo de aquisição.

A fraude incide sobre a qualidade da mercadoria vendida para a Administração, configurando-se quando o agente a ludibria.

Contudo, como observa Antonio Flávio de Oliveira, não será a simples venda de mercadoria falsificada, defeituosa, deteriorada ou inservível que possibilitará a tipificação criminal da conduta, mas o *animus delinquendi* do agente que participa de processo licitatório ou de contratação com a Administração imbuído da vontade consciente de vender mercadoria dessas formas, causando danos à Administração, pois o não conhecimento do vendedor da condição da mercadoria impede que se cogite o cometimento da transgressão, por ausência do elemento volitivo, essencial à caracterização do delito.[1299]

9.1.3 Entrega de uma mercadoria por outra

A fraude incide sobre o tipo da mercadoria, dando-se quando o agente obtém vantagem ao ludibriar a Administração substituindo a mercadoria adquirida por outra, de qualidade inferior, desatendendo o compromisso assumido na proposta.

Há de se ressalvar a permissibilidade da ocorrência, sem configuração do crime, quando a substituição se der em razão de desenvolvimento e evolução tecnológica – como ocorre, por exemplo, com os equipamentos de Tecnologia da Informação –, desde que comunicada e aceita pela Administração.

9.1.4 Alteração da substância, qualidade ou quantidade

Alterar é modificar o conteúdo do objeto a ser entregue. Na alteração de substância, a coisa em si é diversa em alguma característica. Na alteração de qualidade, o produto é o licitado, mas a qualidade é inferior, não atendendo às especificações do edital licitatório. Na alteração de quantidade, entrega-se o produto correto, mas em quantidade inferior à contratada.

O crime só se caracterizará, contudo, se tal fato for de conhecimento daquele que apresentou a proposta ou contratou com a Administração, configurando-se a intenção de causar prejuízo.

[1299] OLIVEIRA. *Comentário à Lei de Licitações e Contratações Públicas*.

9.1.5 Tornar mais onerosa a proposta de preços ou a execução contratual usando fraude

Trata-se de cláusula que permite a interpretação analógica da enumeração, abrangendo hipóteses de fraude que onerem a proposta, deixando-a mais custosa para a Administração, ou a execução do contrato, obrigando o Estado a injusto mais alto custo para satisfazer a obrigação.[1300]

Para sua caracterização, portanto, é fundamental que se tenha onerosidade do preço sem justificativa, mediante fraude, e real prejuízo para a Administração.

9.2 Objetividade jurídica

O bem jurídico tutelado é Administração Pública, ameaçada com fraude na licitação ou contratação na aquisição de mercadorias ou serviços.

9.3 Pena

A pena prevista é a reclusão, de 4 (quatro) anos a 8 (oito) anos, e multa.

- *Contratação inidônea*

10 Art. 337-M – Admitir à licitação ou celebrar contrato com empresa ou profissional declarado inidôneo

Incorre em crime o agente público que permitir que profissional ou empresa declarados inidôneos participem de certame licitatório, ou que venha a contratá-los para a execução de qualquer objeto.

O pressuposto do tipo penal é a declaração de inidoneidade da empresa ou do profissional.

Acresça-se à questão que o §2º estende a incidência dos delitos ao particular ou empresa que, ciente da declaração de inidoneidade, venha a participar de licitação ou a contratar com a Administração, sancionando-os com as mesmas penas aplicáveis aos agentes públicos que cometerem as condutas criminosas mencionadas.

10.1 Condutas puníveis

Três são as condutas incriminadas:

- Admitir à licitação empresa ou profissional declarado inidôneo;
- Celebrar contrato com empresa ou profissional declarado inidôneo; e
- Participar de licitação ou se deixar contratar pela Administração, tendo ciência de estar declarado inidôneo.

Admitir expressa a aceitação como licitante de empresa ou profissional declarado inidôneo.

1300 PEREIRA JÚNIOR. *Comentários à Lei das Licitações e contratações da administração pública*. 7. ed.

Celebrar contrato significa pactuar com empresa ou profissional declarado inidôneo, podendo tal celebração advir de uma licitação ou de um processo de dispensa ou inexigibilidade de licitação.

10.2 Objetividade jurídica

O bem jurídico tutelado é a moralidade administrativa, salvaguardando-se a regularidade e a lisura de uma contratação pública, afastando a possibilidade de contratar-se impropriamente alguém declarado inidôneo.

10.3 Pena

Na admissão à licitação de empresa ou profissional declarado inidôneo, a pena é a reclusão, de 1 (um) ano a 3 (três) anos, e multa, incidindo na mesma pena aquele que, declarado inidôneo, venha a participar de licitação.

Na celebração de contrato com empresa ou profissional declarado inidôneo, a pena é de reclusão, de 3 (três) anos a 6 (seis) anos, e multa, incidindo na mesma pena aquele que, declarado inidôneo, venha a contratar com a Administração Pública.

- *Impedimento indevido*

11 Art. 337-N – Obstar, impedir ou dificultar, injustamente, a inscrição de qualquer interessado nos registros cadastrais ou promover indevidamente a alteração, a suspensão ou o cancelamento de registro do inscrito

Na Seção VI – Do Registro Cadastral do Capítulo X "Dos instrumentos auxiliares", nos arts. 87 e 88, a Nova Lei regula o registro cadastral de interessados em participar de licitações públicas.

> Art. 87. Para os fins desta Lei, os órgãos e entidades da Administração Pública deverão utilizar o sistema de registro cadastral unificado disponível no Portal Nacional de Contratações Públicas (PNCP), para efeito de cadastro unificado de licitantes, na forma disposta em regulamento.
>
> §1º O sistema de registro cadastral unificado será público e deverá ser amplamente divulgado e estar permanentemente aberto aos interessados, e será obrigatória a realização de chamamento público pela internet, no mínimo anualmente, para atualização dos registros existentes e para ingresso de novos interessados.
>
> §2º É proibida a exigência, pelo órgão ou entidade licitante, de registro cadastral complementar para acesso a edital e anexos.
>
> §3º A Administração poderá realizar licitação restrita a fornecedores cadastrados, atendidos os critérios, as condições e os limites estabelecidos em regulamento, bem como a ampla publicidade dos procedimentos para o cadastramento.
>
> §4º Na hipótese a que se refere o §3º deste artigo, será admitido fornecedor que realize seu cadastro dentro do prazo previsto no edital para apresentação de propostas.
>
> Art. 88. Ao requerer, a qualquer tempo, inscrição no cadastro ou a sua atualização, o interessado fornecerá os elementos necessários exigidos para habilitação previstos nesta Lei.

§1º O inscrito, considerada sua área de atuação, será classificado por categorias, subdivididas em grupos, segundo a qualificação técnica e econômico-financeira avaliada, de acordo com regras objetivas divulgadas em sítio eletrônico oficial.

§2º Ao inscrito será fornecido certificado, renovável sempre que atualizar o registro.

§3º A atuação do contratado no cumprimento de obrigações assumidas será avaliada pelo contratante, que emitirá documento comprobatório da avaliação realizada, com menção ao seu desempenho na execução contratual, baseado em indicadores objetivamente definidos e aferidos, e a eventuais penalidades aplicadas, o que constará do registro cadastral em que a inscrição for realizada.

§4º A anotação do cumprimento de obrigações pelo contratado, de que trata o §3º deste artigo, será condicionada à implantação e à regulamentação do cadastro de atesto de cumprimento de obrigações, apto à realização do registro de forma objetiva, em atendimento aos princípios da impessoalidade, da igualdade, da isonomia, da publicidade e da transparência, de modo a possibilitar a implementação de medidas de incentivo aos licitantes que possuírem ótimo desempenho anotado em seu registro cadastral.

§5º A qualquer tempo poderá ser alterado, suspenso ou cancelado o registro de inscrito que deixar de satisfazer exigências determinadas por esta Lei ou por regulamento.

§6º O interessado que requerer o cadastro na forma do *caput* deste artigo poderá participar de processo licitatório até a decisão da Administração, e a celebração do contrato ficará condicionada à emissão do certificado referido no §2º deste artigo.

Como já asseveramos, o registro cadastral é um dinâmico assentamento de dados atualizados sobre as pessoas físicas e jurídicas que contratam ou pretendem contratar com a Administração, que, quando operado com eficiência, configura uma excelente ferramenta de apoio à gestão pública no acompanhamento da atividade contratual.

Na verdade, nada mais é do que uma habilitação prévia com enormes vantagens. Para a Administração, é a simplificação de suas atividades; para os particulares, a possibilidade de comprovação de requisitos sem os diversos riscos da licitação.

Este art. 337-N incrimina qualquer tipo de conduta que dificulte injustificadamente a inscrição de interessados em registros cadastrais.

E mais: também considera conduta criminosa promover alterações indevidas no registro e suspendê-lo ou cancelá-lo sem justa causa, com o intuito de prejudicar quem já está regularmente inscrito.

11.1 Condutas puníveis

Quatro são as condutas puníveis:

- Obstar injustamente a inscrição de qualquer interessado nos registros cadastrais;
- Impedir injustamente a inscrição de qualquer interessado nos registros cadastrais;
- Dificultar, injustamente, a inscrição de qualquer interessado nos registros cadastrais; e
- Promover indevidamente alteração, suspensão ou cancelamento de registro do inscrito.

De plano, verifica-se que as três condutas indicadas inicialmente (obstar, impedir e dificultar) praticamente redundam na mesma situação: criar óbices para o registro de interessado no cadastro.

Das três condutas, pode-se, talvez, separar o "impedir", que é mais peremptória, pois indica "não permitir".

Confira-se a existência de um componente que se impõe nas três situações: para a configuração do delito as ações haverão de ser *injustas*. Dessa forma, se as ações de obstar, impedir ou dificultar o registro cadastral de alguém forem justas, não haverá crime.

Diversamente das três condutas inicialmente registradas, que se desenrolam quando ainda não há inscritos no registro cadastral, a quarta conduta punível, constante da parte final do dispositivo, dar-se-á após os registros já efetivados. Assim, criminaliza-se a *promoção* indevida de alteração, suspensão ou cancelamento de registro do inscrito. *Alteração* dos registros significa modificação de elementos; *suspensão* indica o afastamento temporário do cadastrado; *cancelamento* configura a supressão do registrado do cadastro.

Vide que também aqui há um componente que se impõe: para a configuração do delito as ações deverão ser *indevidas*. Dessa forma, se a promoção de alteração, suspensão ou cancelamento do registro cadastral do inscrito for devida, não haverá crime.

11.2 Objetividade jurídica

O bem jurídico tutelado é a moralidade administrativa, especialmente no que diz respeito à segurança dos registros cadastrais.

11.3 Pena

A pena prevista é a reclusão, de 6 (seis) meses a 2 (dois) anos, e multa.

- *Omissão grave de dado ou de informação por projetista*

12 Art. 337-O – Omitir, modificar ou entregar à Administração levantamento cadastral ou condição de contorno em relevante dissonância com a realidade, em frustração ao caráter competitivo da licitação ou em detrimento da seleção da proposta mais vantajosa para a Administração Pública, em contratação para a elaboração de projeto básico, projeto executivo ou anteprojeto, em diálogo competitivo ou em procedimento de manifestação de interesse

Aqui ocorreu a criação de um novo tipo penal, disposto no artigo 337-O, denominado "omissão grave de dado ou de informação por projetista".

Proíbe-se tanto a omissão quanto as ações de modificar e entregar para a Administração levantamento cadastral ou condição de contorno em relevante dissonância com a realidade em contratação para a elaboração de projeto básico, projeto executivo ou anteprojeto, em diálogo competitivo ou em procedimento de manifestação de interesse, em:

a) frustração ao caráter competitivo da licitação; ou

b) detrimento da seleção da proposta mais vantajosa para a Administração Pública.

O §1º estabelece que "condição de contorno" são as informações e os levantamentos suficientes e necessários para a definição da solução de projeto e dos respectivos preços pelo licitante, incluídos sondagens, topografia, estudos de demanda, condições ambientais e demais elementos ambientais impactantes, considerados requisitos mínimos ou obrigatórios em normas técnicas que orientam a elaboração de projetos.

Curiosamente, a denominação legal faz referência direta ao projetista, mas deve-se entender que a conduta pode ser efetuada por qualquer pessoa que a pratique.

12.1 Condutas puníveis

As condutas puníveis são omitir, modificar ou entregar à Administração levantamento cadastral ou condição de contorno nas condições listadas a seguir, que deverão ocorrer em contratação para a elaboração de projeto básico, projeto executivo ou anteprojeto; diálogo competitivo ou procedimento de manifestação de interesse:

- Relevante dissonância com a realidade (projeto não adequado à necessidade);
- Frustração ao caráter competitivo da licitação (projeto dirigido para determinado licitante); ou
- Detrimento da seleção da proposta mais vantajosa para a Administração Pública (projeto dirigido para uma proposta mais dispendiosa).

12.2 Objetividade jurídica

O bem jurídico tutelado é a moralidade administrativa, especialmente no que diz respeito à segurança dos registros cadastrais.

12.3 Pena

A pena prevista é reclusão, de 6 (seis) meses a 3 (três) anos.

Contudo, se o crime for praticado com o fim de obter benefício, direto ou indireto, próprio ou de outrem, aplicar-se-á em dobro a pena prevista.

13 Art. 337-P. A pena de multa cominada aos crimes previstos neste Capítulo seguirá a metodologia de cálculo prevista neste Código e não poderá ser inferior a 2% (dois por cento) do valor do contrato licitado ou celebrado com contratação direta

O artigo 337-P do CP traz regra específica sobre a aplicação da pena de multa em todos os delitos previstos no Capítulo II-B. A pena de multa cominada aos crimes previstos neste Capítulo deverá seguir a metodologia de cálculo prevista no Código Penal e não poderá ser inferior a 2% (dois por cento) do valor do contrato licitado ou celebrado com contratação direta.

Art. 179. Os incisos II e III do *caput* do art. 2º da Lei nº 8.987, de 13 de fevereiro de 1995, passam a vigorar com a seguinte redação:

"Art. 2º ....

II – concessão de serviço público: a delegação de sua prestação, feita pelo poder concedente, mediante licitação, na modalidade concorrência ou diálogo competitivo, a pessoa jurídica ou consórcio de empresas que demonstre capacidade para seu desempenho, por sua conta e risco e por prazo determinado;

III – concessão de serviço público precedida da execução de obra pública: a construção, total ou parcial, conservação, reforma, ampliação ou melhoramento de quaisquer obras de interesse público, delegados pelo poder concedente, mediante licitação, na modalidade concorrência ou diálogo competitivo, a pessoa jurídica ou consórcio de empresas que demonstre capacidade para a sua realização, por sua conta e risco, de forma que o investimento da concessionária seja remunerado e amortizado mediante a exploração do serviço ou da obra por prazo determinado;..." (NR)

Artigo 179

1 Alteração da Lei de concessões e permissões da prestação de serviços públicos (Lei nº 8.987/1995)

A Lei nº 14.133/2021 também promoveu alterações da Lei de concessões e permissões da prestação de serviços públicos (Lei nº 8.987/1995), inserindo os incs. II e III em seu art. 2º, dando novas definições à concessão de serviço público e à concessão de serviço público precedida da execução de obra pública, para inserir a possibilidade do uso da modalidade de licitação diálogo competitivo, que, como conceituado no inciso XLII do art. 6º, se presta a contratação de obras, serviços e compras em que a Administração Pública realiza diálogos com licitantes previamente selecionados mediante critérios objetivos, com o intuito de desenvolver uma ou mais alternativas capazes de atender às suas necessidades, devendo os licitantes apresentar proposta final após o encerramento dos diálogos.

Na redação anterior, as definições somente autorizavam as concessões mediante a modalidade licitatória "concorrência".

Art. 180. O caput do art. 10 da Lei nº 11.079, de 30 de dezembro de 2004, passa a vigorar com a seguinte redação:

"Art. 10. A contratação de parceria público-privada será precedida de licitação na modalidade concorrência ou diálogo competitivo, estando a abertura do processo licitatório condicionada a: ...." (NR)

Artigo 180

1 Alteração da Lei de Parcerias Público-Privadas (Lei nº 11.079/2004)

Conforme preceituado na Lei nº 11.079/2004, Parceria Público-Privada é o contrato administrativo de concessão, na modalidade patrocinada ou administrativa.

A concessão patrocinada constitui a concessão de serviços públicos ou de obras públicas de que trata a Lei nº 8.987/1995,[1301] quando envolver, adicionalmente à tarifa cobrada dos usuários contraprestação pecuniária do parceiro público ao parceiro privado. A concessão administrativa, por sua vez, é o contrato de prestação de serviços de que a Administração Pública seja a usuária direta ou indireta, ainda que envolva execução de obra ou fornecimento e instalação de bens.

A Nova Lei de Licitações também estabeleceu alteração na Lei de Parcerias Público-Privadas, modificando-lhe o *caput* do art. 10, para inserir a possibilidade do uso da modalidade de licitação diálogo competitivo, que, como conceituado no inciso XLII do art. 6º, se presta à contratação de obras, serviços e compras em que a Administração Pública realiza diálogos com licitantes previamente selecionados mediante critérios objetivos, com o intuito de desenvolver uma ou mais alternativas capazes de atender às suas necessidades, devendo os licitantes apresentar proposta final após o encerramento dos diálogos.

Na redação anterior, o diploma somente autorizava o uso da modalidade "concorrência".

> Capítulo V
>
> DA LICITAÇÃO
>
> Art. 10. A contratação de parceria público-privada será precedida de licitação na modalidade concorrência ou diálogo competitivo, estando a abertura do processo licitatório condicionada a: (...)

[1301] Lei que dispõe sobre o regime de concessão e permissão da prestação de serviços públicos previsto no art. 175 da Constituição Federal.

CAPÍTULO III
DISPOSIÇÕES TRANSITÓRIAS E FINAIS

Art. 181. Os entes federativos instituirão centrais de compras, com o objetivo de realizar compras em grande escala, para atender a diversos órgãos e entidades sob sua competência e atingir as finalidades desta Lei.

Parágrafo único. No caso dos Municípios com até 10.000 (dez mil) habitantes, serão preferencialmente constituídos consórcios públicos para a realização das atividades previstas no *caput* deste artigo, nos termos da Lei nº 11.107, de 6 de abril de 2005.

Artigo 181

1 Instituição de centrais de compras

Estima-se que as compras públicas, considerando a União, o Distrito Federal, os estados e os municípios, levando em conta a administração direta e indireta, envolvem o valor de cerca de meio trilhão de reais por ano. É, portanto, um mercado gigantesco.

Sendo assim, torna-se cada vez mais imprescindível que se organize esse poder de compra do Estado de forma adequada e profissional.

Como assenta Bruno Lima, o correto uso desse poder de compra ajuda a desenvolver economicamente regiões e setores, gerando uma forma muito mais eficaz que a simples transferência de renda por programas específicos, uma vez que fortalece empresas e seu fluxo de caixa, conseguindo estabilidade para sustentar seu crescimento.[1302]

Fomentar o desenvolvimento econômico e social faz parte do elenco de finalidades do Estado. Afinal, o art. 3º da CF sinaliza como objetivos fundamentais do Estado brasileiro "garantir o desenvolvimento nacional" e "reduzir as desigualdades sociais". Nesse aspecto, principalmente a partir da década de 1990, houve grandiosa evolução.[1303]

Um dos instrumentos passíveis de uso para o atendimento dessa regra constitucional é, sem dúvida, o poder de compra do Estado, como uma dinâmica e eficaz ferramenta para fomento efetivo do mercado.

Conforme assevera Erivam da Silva, o uso dessa política é justificado quando se constata que o direcionamento do poder de compra do Estado, por sua própria natureza e flexibilidade – que também possui um viés redistributivo – tem todos os atributos necessários para gerar impacto na competitividade industrial e tecnológica, já que o Estado, enquanto consumidor em grande escala de bens e serviços, está em posição ideal para a implantação de um sistema de indução de produtividade, controle de qualidade,

---

[1302] LIMA. O uso do poder de compra é uma política eficaz de desenvolvimento sustentável. *In*: FERRER; SANTANA (Coord.). *Compras Públicas Brasil*.

[1303] Afirma o historiador José Murilo de Carvalho, partindo da base da estabilização da moeda estabelecida na década de 90, que o Estado brasileiro avançou na modernização da administração e na expansão da política social.

transferência de tecnologia e promoção de benefícios sociais, principalmente quando se trata da geração de emprego e renda e desenvolvimento.[1304]

A possibilidade de o Estado utilizar-se desse potencial, não somente sob a ótica do paradigma da eficiência estrita, que é o atualmente utilizado, traduzindo-se por comprar mais, mais rápido e por um menor preço, mas também para alcançar outros resultados que, vistos globalmente, possam ser mais vantajosos para a Administração e, indiretamente, para a sociedade, coloca-se como uma questão de grande complexidade a ser enfrentada.

Embora se mantenha a preocupação com a eficiência das compras públicas, com a adoção do uso do poder de compra do Estado, há uma ponderação entre redistribuição e eficiência, o que é um ponto central no debate econômico.[1305]

Como anota Florência Ferrer, as compras compartilhadas e as centrais de compra de entes federados proporcionam economia de esforços e recursos por meio da diminuição de processos iguais, uma redução dos valores contratados em virtude do ganho de escala com compras de maior volume, um melhor planejamento das compras rotineiras e ganhos na gestão patrimonial, com redução de custos de manutenção.[1306]

A característica principal de uma central de compras, como sintetiza Renato Felini, é a capacidade de inteligência no que concerne ao planejamento e à organização das demandas, bem como ao relacionamento com os clientes internos.[1307]

Nesse viés, a criação de uma central de compras para a realização de compras em grande escala, atendendo a diversos entes, tem se provado um mecanismo eficaz.

Em atendimento a essa contextura, este art. 181 preceitua que os entes federativos deverão instituir centrais de compras, com o objetivo de realizar compras em grande escala, para atender a diversos órgãos e entidades sob sua competência e atingir as finalidades da lei em comento.

Parágrafo único

2 Constituição de consórcios públicos para criação das centrais de compras

Para dar mais concretude a essas centrais de compras, este parágrafo único disciplina que, no caso dos municípios com até 10.000 (dez mil) habitantes, serão preferencialmente constituídos consórcios públicos para a sua configuração, nos termos da Lei nº 11.107/2005 (Lei dos consórcios públicos).

[1304] SILVA. *O uso do poder de compra do Estado como instrumento de política pública.*

[1305] É o que reconhece o Instituto de Estudos para o Desenvolvimento Industrial (IEDI) – FGV, na publicação de Políticas para a promoção da economia verde: a experiência internacional e o Brasil: "As licitações, em geral, consideram apenas o preço mínimo de compra e não incorporam análises dos desdobramentos ao longo do ciclo de vida dos produtos adquiridos e dos serviços contratados. O melhor comportamento dos diversos entes governamentais resultaria em conservação e redução de gastos com energia em prédios públicos como escritórios e escolas, o que é de interesse da sociedade como um todo".

[1306] FERRER. Diagnóstico da situação das compras públicas no Brasil. *In*: FERRER; SANTANA (Coord.). *Compras Públicas Brasil.*

[1307] FENILI. *Boas práticas administrativas em compras e contratações públicas.*

Consoante estabelece a Lei nº 11.107/2005, que regulamentou o art. 241 da CF, consórcios públicos são entidades que podem ser dotadas tanto de personalidade jurídica de direito público quanto de direito privado, instituídas como instrumento de conjugação de esforços entre entes federativos distintos.

O consórcio público é instituído através da união de dois ou mais entes da Federação (Municípios, Estados e União) fitando prestar serviços e desenvolver ações conjuntas de interesse coletivo e benefícios públicos.

Segundo o Decreto nº 6.107/2007 (que regulamentou a Lei nº 11.107/2005 e dispõe sobre normas gerais de contratação de consórcios públicos), trata-se de pessoa jurídica formada exclusivamente por entes da Federação para estabelecer relações de cooperação federativa, inclusive à realização de objetivos de interesse comum, constituída como associação pública, com personalidade jurídica de direito público e natureza autárquica, ou como pessoa jurídica de direito privado sem fins econômicos.

Conforme registra o inciso I do Decreto nº 6.107/2007, o consórcio público pode ser uma associação pública com personalidade jurídica de direito público e de natureza autárquica ou uma pessoa jurídica de direito privado sem fins econômicos.

Os consórcios públicos, portanto, são entidades instituídas como instrumento de conjugação de esforços entre entes federativos distintos.

Como são constituídos por intermédio da união de dois ou mais entes da federação, poderão desenvolver ações conjuntas no sentido da criação das citadas centrais de compras.

Art. 182. O Poder Executivo federal atualizará, a cada dia 1º de janeiro, pelo Índice Nacional de Preços ao Consumidor Amplo Especial (IPCA-E) ou por índice que venha a substituí-lo, os valores fixados por esta Lei, os quais serão divulgados no PNCP.

Artigo 182

1 Atualização dos valores fixados na lei

Um dos grandes problemas na Lei nº 8.666/1933 era a defasagem dos valores nela fixados. A regra prevista no art. 120 era evasiva, pois apenas permitia que fossem anualmente revistos pelo Poder Executivo federal, o que não ocorria como deveria, apesar das queixas e reivindicações constantes de todos os envolvidos.

Assim, para eliminar essa impropriedade, este art. 182 é taxativo ao determinar que o Poder Executivo federal atualizará, a cada dia 1º de janeiro, pelo Índice Nacional de Preços ao Consumidor Amplo Especial (IPCA-E) ou por índice que venha a substituí-lo, os valores fixados por esta Lei, os quais serão divulgados no Portal Nacional de Contratações Públicas (PNCP).

O Sistema Nacional de Índices de Preços ao Consumidor (SNIPC) produz contínua e sistematicamente índices de preços ao consumidor e, na sua produção, tem como unidade de coleta estabelecimentos comerciais e de prestação de serviços, concessionária de serviços públicos e internet.

O Instituto Brasileiro de Geografia e Estatística (IBGE) explica o que é o IPCA-E:

> Com divulgação na Internet iniciada em maio de 2000, o Índice Nacional de Preços ao Consumidor Amplo 15 – IPCA-15 difere do Índice Nacional de Preços ao Consumidor Amplo – IPCA, apenas no período de coleta que abrange, em geral, do dia 16 do mês anterior ao 15 do mês de referência e na abrangência geográfica.
>
> Atualmente a população-objetivo do IPCA-15 abrange as famílias com rendimentos de 1 a 40 salários-mínimos, qualquer que seja a fonte. Residentes em 11 áreas urbanas das regiões de abrangência do SNIPC, as quais são: regiões metropolitanas de Belém, Fortaleza, Recife, Salvador, Belo Horizonte, Rio de Janeiro, São Paulo, Curitiba, Porto Alegre, além do Distrito Federal e do município de Goiânia.
>
> O Índice Nacional de Preços ao Consumidor Amplo Especial– IPCA-E foi criado em dezembro de 1991 e, a partir de janeiro de 1995, passou a ser divulgado trimestralmente. Desse modo, o IPCA-E é o acumulado trimestral do IPCA-15.[1308]

[1308] IBGE. *IPCA-E – Índice Nacional de Preços ao Consumidor Amplo Especial.*

Art. 183. Os prazos previstos nesta Lei serão contados com exclusão do dia do começo e inclusão do dia do vencimento e observarão as seguintes disposições:
I – os prazos expressos em dias corridos serão computados de modo contínuo;
II – os prazos expressos em meses ou anos serão computados de data a data;
III – nos prazos expressos em dias úteis, serão computados somente os dias em que ocorrer expediente administrativo no órgão ou entidade competente.
§1º Salvo disposição em contrário, considera-se dia do começo do prazo:
I – o primeiro dia útil seguinte ao da disponibilização da informação na internet;
II – a data de juntada aos autos do aviso de recebimento, quando a notificação for pelos correios.
§2º Considera-se prorrogado o prazo até o primeiro dia útil seguinte se o vencimento cair em dia em que não houver expediente, se o expediente for encerrado antes da hora normal ou se houver indisponibilidade da comunicação eletrônica.
§3º Na hipótese do inciso II do *caput* deste artigo, se no mês do vencimento não houver o dia equivalente àquele do início do prazo, considera-se como termo o último dia do mês.

Artigo 183 e Parágrafo 3º

1 Contagem de prazo

No cômputo dos prazos da Nova Lei são adotadas as regras para contagem de prazo do direito processual civil, com a exclusão do dia de início e a inclusão do dia de vencimento, considerando o disposto a seguir:

- Os prazos expressos em dias corridos serão computados de modo contínuo.
- Os prazos expressos em meses ou anos serão computados de data a data. Contudo, se no mês do vencimento não houver o dia equivalente àquele do início do prazo, considera-se como termo o último dia do mês (§3º).
- Nos prazos expressos em dias úteis serão computados somente os dias em que ocorrer expediente administrativo no órgão ou entidade competente.

Registre-se que os prazos jamais poderão ser iniciados se houver obstáculo ao conhecimento dos autos pelo interessado.

Parágrafo 1º

2 Dia de início da contagem do prazo

O dispositivo traz uma novidade, estabelecendo o dia de início dos prazos.

Consoante este §1º, salvo disposição em contrário, normalmente expressa no edital, considerar-se-á o dia de começo do prazo:

- o primeiro dia útil seguinte ao da disponibilização da informação na internet; ou
- a data de juntada aos autos do aviso de recebimento, quando a notificação for pelos correios.

Parágrafo 2º

3 Prorrogação do prazo

Também adotando a regra do CPC prevista para o expediente forense, este §2º indica que considerar-se-á prorrogado o prazo até o primeiro dia útil seguinte caso o vencimento caia em dia em que:

- não houver expediente;
- o expediente for encerrado antes da hora normal; ou
- houver indisponibilidade da comunicação eletrônica.

Art. 184. Aplicam-se as disposições desta Lei, no que couber e na ausência de norma específica, aos convênios, acordos, ajustes e outros instrumentos congêneres celebrados por órgãos e entidades da Administração Pública, na forma estabelecida em regulamento do Poder Executivo federal.

§1º (VETADO). (Incluído pela Lei nº 14.770, de 2023)

§2º Quando, verificada qualquer das hipóteses da alínea d do inciso II do caput do art. 124 desta Lei, o valor global inicialmente pactuado demonstrar-se insuficiente para a execução do objeto, poderão ser: (Incluído pela Lei nº 14.770, de 2023)

I – utilizados saldos de recursos ou rendimentos de aplicação financeira; (Incluído pela Lei nº 14.770, de 2023)

II – aportados novos recursos pelo concedente; (Incluído pela Lei nº 14.770, de 2023)

III – reduzidas as metas e as etapas, desde que isso não comprometa a fruição ou a funcionalidade do objeto pactuado. (Incluído pela Lei nº 14.770, de 2023)

§3º São permitidos ajustes nos instrumentos celebrados com recursos de transferências voluntárias, para promover alterações em seu objeto, desde que: (Incluído pela Lei nº 14.770, de 2023)

I – isso não importe transposição, remanejamento ou transferência de recursos de uma categoria de programação para outra ou de um órgão para outro; (Incluído pela Lei nº 14.770, de 2023)

II – seja apresentada justificativa objetiva pelo convenente; e (Incluído pela Lei nº 14.770, de 2023)

III – quando se tratar de obra, seja mantido o que foi pactuado quanto a suas características. (Incluído pela Lei nº 14.770, de 2023)

§4º (VETADO). (Incluído pela Lei nº 14.770, de 2023)

Art. 184-A. À celebração, à execução, ao acompanhamento e à prestação de contas dos convênios, contratos de repasse e instrumentos congêneres em que for parte a União, com valor global de até R$ 1.500.000,00 (um milhão e quinhentos mil reais), aplicar-se-á o seguinte regime simplificado: (Incluído pela Lei nº 14.770, de 2023)

I – o plano de trabalho aprovado conterá parâmetros objetivos para caracterizar o cumprimento do objeto; (Incluído pela Lei nº 14.770, de 2023)

II – a minuta dos instrumentos deverá ser simplificada; (Incluído pela Lei nº 14.770, de 2023)

III – (VETADO); (Incluído pela Lei nº 14.770, de 2023)

IV – a verificação da execução do objeto ocorrerá mediante visita de constatação da compatibilidade com o plano de trabalho. (Incluído pela Lei nº 14.770, de 2023)

§1º O acompanhamento pela concedente ou mandatária será realizado pela verificação dos boletins de medição e fotos georreferenciadas registradas pela empresa executora e pelo convenente do Transferegov e por vistorias in loco, realizadas considerando o marco de execução de 100% (cem por cento) do cronograma físico, podendo ocorrer outras vistorias, quando necessárias. (Incluído pela Lei nº 14.770, de 2023)

§2º (VETADO). (Incluído pela Lei nº 14.770, de 2023)
§3º (VETADO). (Incluído pela Lei nº 14.770, de 2023)
§4º O regime simplificado de que trata este artigo aplica-se aos convênios, contratos de repasse e instrumentos congêneres celebrados após a publicação desta Lei. (Incluído pela Lei nº 14.770, de 2023)

Artigo 184 e 184-A

1 Aplicação das regras da Nova Lei aos convênios administrativos[1309] e outros ajustes

São convênios administrativos os acordos firmados por pessoas administrativas entre si, ou entre elas e particulares, objetivando interesses comuns, sempre lastreados pelo interesse público.

O convênio não deve ser confundido com o contrato. Neste, os interesses são opostos e diversos. No convênio não, pois os interesses são paralelos e comuns.

Em face de sua natureza, tipicamente de cooperação, o convênio não exige a licitação prévia. Não cabe, portanto, a exigência de licitação para esse tipo de acordo.

A CF, apesar de não se referir expressamente ao convênio, certamente o faz quando, no parágrafo único do art. 23, dispõe que "lei complementar fixará normas para a cooperação entre a União e os Estados, o Distrito Federal e os Municípios, tendo em vista o equilíbrio do desenvolvimento e do bem-estar em âmbito nacional".

Ressalta-se que o aplicador das regras deverá se preocupar em avaliar que tipo de convênio irá celebrar, devendo distinguir entre as duas espécies do gênero convênio: os que mencionamos, ou seja, os tradicionais, apenas de colaboração, nos quais inexiste a ocorrência de transferência de recursos, mas tão somente a cooperação mútua dos partícipes; e os chamados de natureza financeira, pontuados pela transferência de recursos públicos.

O art. 184, criticado na sua versão original por ser bastante sucinto, foi bastante ampliado pela Lei nº 14.770/2023.

Segundo o dispositivo, repetindo regra da antiga Lei nº 8.666/1993, as disposições da Nova Lei de Licitações são aplicáveis aos convênios, acordos, ajustes e outros instrumentos congêneres celebrados:

a) entre entes federativos ou pessoas jurídicas a eles vinculadas;

b) com entidades filantrópicas e sem fins lucrativos, nos termos do §1º do art. 199 da CF, o qual preceitua que as instituições privadas poderão participar de forma complementar do sistema único de saúde, segundo diretrizes deste, mediante contrato de direito público ou convênio, tendo preferência as entidades filantrópicas e as sem fins lucrativos.

[1309] Para aprofundamento, confira-se o nosso Convênios Administrativos e outros instrumentos de transferência de recursos públicos. (BITTENCOURT. *Convênios Administrativos e Outros Instrumentos de Transferência de Recursos Públicos*).

Regulamentando o dispositivo original, o governo federal editou o Decreto nº 11.531, de 16.03.2023, tendo, posteriormente, expedido a Portaria Conjunta MGI/MF/CGU nº 33, de 30.08.2023, estabelecendo normas complementares ao decreto.

Segundo o art. 184-A, inserido pela Lei nº 14.770/2023, os convênios, os contratos de repasse e instrumentos congêneres em que for parte a União com valor global de até R$1.500.000,00 (um milhão e quinhentos mil reais) deverão ser celebrados com a adoção de um regime simplificado, estendendo-se essa simplificação para a execução, o acompanhamento e a prestação de contas.

Tal valor, possivelmente extraído da Portaria Conjunta MGI/MF/CGU nº 33/2023, refere-se aos acordos qualificados na norma infralegal como de Nível I, classificados como ajustes mais simples.

Esse regime simplificado determinará os seguintes procedimentos referentes aos acordos:

a) o plano de trabalho aprovado deverá conter parâmetros objetivos para caracterizar o cumprimento do objeto;

b) a minuta dos instrumentos deverá ser simplificada; e

c) a liberação dos recursos dar-se-á em parcela única; e

d) a verificação da execução do objeto ocorrerá mediante visita de constatação da compatibilidade com o plano de trabalho.

Não obstante, quando exigidos, os registros dos projetos de engenharia, dos documentos de titularidade de área, do licenciamento ambiental e do processo licitatório pelo convenente no Transferegov (portal criado pelo governo federal para registro e acompanhamento das transferências e parcerias da União) constituirão condição para a liberação da parcela única dos recursos mencionada em "c".

O acompanhamento do acordo, realizado pela concedente ou mandatária, deverá ser procedido por meio da verificação dos boletins de medição e fotos georreferenciadas registradas no Transferegov pela empresa executora e pelo convenente e também através de vistorias in loco, que só poderão ser realizadas a partir da execução de 100% do cronograma físico, sendo permitida a ocorrência de outras vistorias, quando necessárias.

Também visando à simplificação e buscando agilidade, não haverá análise nem aceite de termo de referência, anteprojeto, projeto, orçamento, resultado do processo licitatório ou outro documento necessário para o início da execução do objeto, cabendo à concedente ou mandatária verificar o cumprimento do objeto pactuado ao final da execução do instrumento.

Art. 185. Aplicam-se às licitações e aos contratos regidos pela Lei nº 13.303, de 30 de junho de 2016, as disposições do Capítulo II-B do Título XI da Parte Especial do Decreto-Lei nº 2.848, de 7 de dezembro de 1940 (Código Penal).

Artigo 185

1 Aplicação das regras do Código Penal às licitações e contratos das Estatais

Num dispositivo desnecessário, este art. 185 informa o óbvio: às licitações e aos contratos regidos pela Lei nº 13.303/2016, que dispõe sobre o estatuto jurídico da empresa pública, da sociedade de economia mista e de suas subsidiárias, no âmbito da União, dos estados, do Distrito Federal e dos municípios, conhecida com a Lei das Estatais, aplicar-se-ão as disposições do Capítulo II-B do Título XI da Parte Especial do Decreto-Lei nº 2.848/1940 (Código Penal – CP), que versam sobre os crimes em licitações e contratos administrativos, cuja inclusão no CP foi procedida exatamente pela lei em comento.

Art. 186. Aplicam-se as disposições desta Lei subsidiariamente à Lei nº 8.987, de 13 de fevereiro de 1995, à Lei nº 11.079, de 30 de dezembro de 2004, e à Lei nº 12.232, de 29 de abril de 2010.

Artigo 186

1 Aplicação subsidiária

A aplicação subsidiária se dá quando há necessidade de se preencher o vazio de outra lei. Ocorre, portanto, no caso de lacunas ou antinomias.

Este art. 186 prevê a aplicação subsidiária da Nova Lei às seguintes normas:

- Lei nº 8.987/1995, que dispõe sobre o regime de concessão e permissão da prestação de serviços públicos previsto no art. 175 da Constituição Federal (Lei das Concessões);[1310]
- Lei nº 11.079/2004, que institui normas gerais para licitação e contratação de parceria público-privada no âmbito da Administração Pública (Lei das PPPs);[1311] e
- Lei nº 12.232/2010, que dispõe sobre as normas gerais para licitação e contratação pela Administração Pública de serviços de publicidade prestados por intermédio de agências de propaganda e dá outras providências.[1312]

Na prática, a aplicação subsidiária é bastante dificultosa, exigindo do aplicador um enorme exercício interpretativo.

Como explica Rigolin, esse trabalho exige bom senso, ponderação e justificativa, de modo a fazer com que sua condução pareça a mais natural que se possa atingir e a menos discrepante da fonte original de direito:

> Trata-se, em verdade, de um delicado trabalho de sistematização, que se revela imprescindível em grande número de situações frequentes em licitações e na execução de contratos. Sempre precisará existir, já enunciada ou à espera de provocação, a justificativa da atitude, como todos os atos oficiais têm de ser, ao menos, justificáveis.[1313]

No caso específico das leis listadas (Lei das Concessões, Lei das Parcerias Público-Privadas e Lei de licitações para serviços de publicidade), a cautela deverá ser redobrada, pois, apesar de versarem sobre licitações, tratam as questões de forma bastante específica, havendo, dessa forma, enormes incompatibilidades com as regras da Nova Lei de Licitações.

[1310] Para aprofundamento, confira-se o livro "Conceções, permissões e privatizações de serviços públicos" (MUKAI. *Concessões, permissões e privatizações de serviços públicos*. 5. ed.).

[1311] Para aprofundamento, confira-se o nosso "Parceria Público-Privada Passo a Passo" (BITTENCOURT. *Parceria Público-Privada Passo a Passo*. 4. ed.).

[1312] Para aprofundamento, confira-se o livro "A Publicidade na Administração Pública" (KITA. *A Publicidade na Administração Pública*).

[1313] RIGOLIN. *Lei nº 14.133/2021 comentada*: uma visão crítica.

Art. 187. Os Estados, o Distrito Federal e os Municípios poderão aplicar os regulamentos editados pela União para execução desta Lei.
Art. 188. (VETADO).

Artigo 187

1 Aplicação dos regulamentos da União por estados, municípios e Distrito Federal

Como a Lei nº 14.133/2021 é uma lei nacional que prescreve também normas gerais, deverá ser observada pelos estados, municípios e pelo Distrito Federal.

Certo é, conforme inclusive determinado em vários dispositivos, que esses entes federativos editarão seus regulamentos específicos, para atender nuances de cada localidade.

Conforme obtemperaram Pinheiro, Verzani e Mansur, a Nova Lei de Licitações trouxe uma série de dispositivos que carecem de regulamentação para a sua completa implementação prática, cabendo ao Chefe do Poder Executivo de cada unidade federada, e somente a ele, editar esses atos administrativos, que devem se manter nos limites da implementação de regras que visem à fiel execução da lei, mas sem criar direitos, obrigações ou restringir indevidamente a esfera jurídica de particulares ou licitantes, sob pena de manifesta ilegalidade por violação ao princípio da reserva legal (art. 5º, II c/c art. 37, *caput*, c/c art. 84, IV, todos da CF/88).[1314]

Nesse passo, andou bem o legislador da Nova Lei ao autorizar expressamente – mesmo sendo desnecessário – que os estados, o Distrito Federal e os municípios apliquem os regulamentos editados pela União.

Caso, contudo, resolvam elaborar os seus próprios regulamentos, auguramos, como destacamos em outro trabalho, "que os decretos federais regulamentares ao menos sirvam de inspiração, com os regulamentos locais apenas divergindo nos pontos que realmente representem a diversidade regional, de modo que não se crie uma verdadeira balbúrdia jurídica no País".[1315] [1316]

Nessa linha, também as lições de Luciano Ferraz, ao dispor que "nada impede que estados e municípios baixem normas [...] elegendo o decreto federal em vigor como parâmetro de regência (...), adaptando-as à realidade pertinente a cada um deles".[1317]

[1314] PINHEIRO; ALMEIDA; MANSUR. Nova Lei de Licitações anotada e comparada.

[1315] BITTENCOURT. *Pregão eletrônico*. 4. ed.

[1316] Um exemplo recente é o Decreto nº 10.086/2022, editado pelo governador do estado do Paraná, Carlos Massa Ratinho Júnior, que regulamenta a nova Lei de Licitações e Contratos na esfera estadual. Censura-se, contudo, a extensão do diploma legal, que possui inimagináveis 734 artigos.

[1317] FERRAZ. *Pregão eletrônico*.

Art. 189. Aplica-se esta Lei às hipóteses previstas na legislação que façam referência expressa à Lei nº 8.666, de 21 de junho de 1993, à Lei nº 10.520, de 17 de julho de 2002, e aos arts. 1º a 47-A da Lei nº 12.462, de 4 de agosto de 2011.

Artigo 189

1 Aplicação da Lei nº 14.133/2021 às normas que mencionam as leis revogadas

Apesar de desnecessária, a medida disposta neste art. 189 é boa, pois dissipa dúvidas de diversos aplicadores.

Como indicado no inc. II do art. 193, a partir do dia 30.12.2023, as Leis nºs 8.666/1993 (lei anterior de licitações e contratos) e 10.520/2022 (Lei do pregão) e os arts. 1º a 47-A da Lei nº 12.462/2011 (Lei do Regime Diferenciado de Contratações Públicas – RDC), serão totalmente revogados.

Até a referida data, conforme prevê o art. 191, será possível optar por licitar ou contratar diretamente de acordo com a Nova Lei de Licitações ou de acordo com as leis citadas, desde que a opção escolhida esteja indicada no edital ou na ferramenta de contratação direta, sendo vedada a adoção combinada.

A todas as hipóteses previstas nas diversas normas que façam referência à Lei nº 8.666/1993, à Lei nº 10.520/2002 e aos arts. 1º a 47-A da Lei nº 12.462/2011 aplicar-se-á a Nova Lei de Licitações.

Art. 190. O contrato cujo instrumento tenha sido assinado antes da entrada em vigor desta Lei continuará a ser regido de acordo com as regras previstas na legislação revogada.

Artigo 190

1 Conflito intertemporal

O dispositivo trata do chamado *direito intertemporal*. O problema jurídico da aplicação da lei no tempo concerne à teoria de que se pode conciliar a aplicação da nova norma em face das consequências decorrentes da antiga. Tem-se, nesse contexto, o chamado *conflito da lei no tempo*.

Ao entrar em vigor uma lei nova, o aplicador se defronta com diversas situações jurídicas, conforme a seguir: a) as iniciadas e acabadas antes de sua vigência, ou seja, integralmente consumadas; b) as formadas antes de sua vigência, mas cujos efeitos ainda estão sendo produzidos; e c) as em constituição.

A princípio, nas situações jurídicas que se iniciarem inteiramente após a vigência de nova lei, o conflito restará afastado. A lei nova não deve ter caráter retroativo, pois, se assim ocorresse, ter-se-ia total insegurança nas relações jurídicas, com reflexo na ordem social. Logo, não se tolera que a lei nova alcance situações jurídicas pretéritas integralmente consumadas.

O que se discute quanto ao conflito (lei nova *versus* lei antiga) é a regência das situações jurídicas pendentes, uma vez que, constituídas na vigência da antiga, normalmente ainda produzem efeitos na vigência da nova.

Sobre o assunto, várias teorias se sobrepõem: a *Teoria do Direito Adquirido*, a *Teoria do Fato Realizado*, entre outras.

Oswaldo Aranha Bandeira de Mello asseverava que o problema da aplicação da lei no tempo não seria resolvido com quaisquer das teorias mestras, discorrendo que "tal ocorre, porque o conflito da lei no tempo não se reduz ao problema da irretroatividade da lei nova. Ele diz respeito, outrossim, ao da sobrevivência da lei antiga".[1318]

Diversos outros autores de escol seguiram nessa esteira. E não poderia ser de outra forma, uma vez que a teoria do direito adquirido necessita ser complementada com a do fato consumado e a do ato jurídico perfeito.

Por sua vez, a *Teoria Objetiva do Fato Realizado* necessita ser complementada com a sobrevivência da lei pretérita, com referência às situações contratuais em curso, nascidas do livre arbítrio das partes, com ordenamentos jurídicos de consequências já previstas na negociação, às quais estão vinculadas.

No que diz respeito à sobrevivência da lei antiga no Direito Administrativo, vigora a hipótese das relações contratuais, considerando o princípio da autonomia de vontade.

Nesse contexto, este art. 190 afasta a possibilidade de aplicação da Lei nº 14.133/2021 aos contratos celebrados anteriormente à sua vigência, mantendo-os sob a égide das leis revogadas.

[1318] MELLO. *Princípios gerais de direito administrativo*. v. 2.

Art. 191. Até o decurso do prazo de que trata o inciso II do caput do art. 193, a Administração poderá optar por licitar ou contratar diretamente de acordo com esta Lei ou de acordo com as leis citadas no referido inciso, e a opção escolhida deverá ser indicada expressamente no edital ou no aviso ou instrumento de contratação direta, vedada a aplicação combinada desta Lei com as citadas no referido inciso. Parágrafo único. Na hipótese do caput deste artigo, se a Administração optar por licitar de acordo com as leis citadas no inciso II do caput do art. 193 desta Lei, o contrato respectivo será regido pelas regras nelas previstas durante toda a sua vigência.

Artigo 191 e Parágrafo Único

1 Opção de a Administração adotar a Nova Lei ou leis anteriores

O inc. II do art. 193 acusa a revogação da Lei nº 8.666/1993 (lei anterior de licitações e contratos), da Lei nº 10.520/2002 (Lei do pregão) e dos arts. 1º a 47-A da Lei nº 12.462/2011 (artigos sobre licitações da Lei do Regime Diferenciado de Contratações Públicas – RDC) em 30 de dezembro de 2023, conforme redação dada pela Lei Complementar nº 198, de 28.06.2023.

Assim, até essa data, a Administração terá duas opções de conduta para licitar ou contratar:

- diretamente de acordo com esta Nova Lei; ou
- de acordo com as leis citadas.

Após a escolha, a opção deverá ser indicada expressamente no edital ou no aviso ou instrumento de contratação direta, sendo proibida a aplicação combinada.

Caso a Administração opte por licitar de acordo com as leis pretéritas, o contrato respectivo será regido pelas regras nelas previstas durante toda a sua vigência.[1319]

[1319] Registre-se que este artigo sofreu várias interferências. Originalmente, o inc. II do art. 193 informava que a Lei nº 8.666/1993, a Lei nº 10.520/2002 e os arts. 1º a 47-A da Lei nº 12.462/2011 restariam revogados decorridos dois anos da publicação oficial da Nova Lei de Licitações. Assim, até o decurso desse prazo, a Administração teria duas opções de conduta para licitar ou contratar: a) de acordo com esta Nova Lei; ou b) seguindo as leis anteriores. Na eminência do término desse prazo, adveio a preocupação com o regime de transição. Tal se deu em função da expressão "optar por licitar ou contratar" constante no dispositivo. Ocorre que, em atendimento aos motivos alegados pela Ministra da Gestão e da Inovação em Serviços Públicos, Esther Dweck, demonstrados na Exposição de Motivos nº 00046/2023 MGI, na qual foi expressada a necessidade do estabelecimento de medidas excepcionais e urgentes voltadas a atender aos pleitos dos estados e dos municípios, a pedido da Confederação Nacional dos Municípios e da Frente Nacional de Prefeitos, após a repercussão da Marcha dos Prefeitos ocorrida em Brasília, ante a dificuldade de atender de modo pleno a nova legislação, diante da complexidade das alterações, em especial em municípios de menor porte, o Presidente da República resolveu editar uma medida provisória prorrogando a possibilidade de uso das leis antigas. Essa situação, revelava total falta de planejamento não só dos gestores estaduais e municipais, que tiveram dois anos para treinar e adaptar os agentes envolvidos com a matéria, como também do governo federal, que deixou para a véspera da data fatal a providência julgada necessária. Tais fatos evidenciavam, no mínimo, o desatendimento ao Princípio do Planejamento, previsto no art. 5º da própria Nova Lei. Nessa contextura, foi editada a Medida Provisória nº 1.167, de 31.03.2023, alterando os arts. 191 e 193, permitindo que a Administração optasse, até 30.12.2023, por

Art. 192. O contrato relativo a imóvel do patrimônio da União ou de suas autarquias e fundações continuará regido pela legislação pertinente, aplicada esta Lei subsidiariamente.

Artigo 192

1 Contratos de imóveis do patrimônio da União

No que se refere aos contratos relativos a imóveis da União e de suas autarquias e fundações, manteve-se a regência da legislação pertinente.

Assim, o vetusto Decreto-Lei nº 9.760, de 05.09.1946, que dispõe sobre os bens imóveis da União continua regendo a matéria, considerando-se também normas correlatas.

Sobre o tema, anote-se a importante Lei nº 9.636, de 13.05.1998, que dispõe especificamente sobre a regularização, a administração e o aforamento de bens imóveis de domínio da União, e que regulamenta, inclusive, o §2º do Ato das Disposições Constitucionais Transitórias.

---

licitar ou contratar diretamente com base na Nova Lei ou de acordo com as leis citadas anteriormente, desde que: a) a publicação do edital ou do ato autorizativo da contratação direta ocorresse até 29 de dezembro de 2023; e b) a opção escolhida fosse expressamente indicada no edital ou no ato autorizativo da contratação direta. Em decorrência, foi editada a Portaria SEGES/MGI nº 1.769, de 25.04.2023, dispondo sobre o regime de transição no âmbito da Administração Pública federal direta, autárquica e fundacional. Não obstante, como tudo levava a crer que a MP caducaria, resolveu-se inserir na Lei Complementar nº 198, de 28.06.2023 (que tinha como escopo alterar a Lei Complementar nº 91/1997), a alteração do art. 193. Como se esperava, a MP nº 1.167/2023 caducou, fazendo com que o art. 191 em comento voltasse a ter o texto original. O efeito jurídico da ausência de conversão da MP nº 1.167 em lei restringiu-se, portanto, à redação deste art. 191. Não obstante, como o art. 193 foi alterado pela LC 198, a data de revogação passou a ser 30.12.2023.

Art. 193. Revogam-se:
I - os arts. 89 a 108 da Lei nº 8.666, de 21 de junho de 1993, na data de publicação desta Lei;
II - em 30 de dezembro de 2023: (Redação dada pela Lei Complementar nº 198, de 2023)
a) a Lei nº 8.666, de 21 de junho de 1993; (Redação dada pela Lei Complementar nº 198, de 2023)
b) a Lei nº 10.520, de 17 de julho de 2002; e (Redação dada pela Lei Complementar nº 198, de 2023)
c) os arts. 1º a 47-A da Lei nº 12.462, de 4 de agosto de 2011. (Redação dada pela Lei Complementar nº 198, de 2023)

Artigo 193

1 Revogação de leis

O art. 193 trata das revogações impostas pela Nova Lei.

Inciso I

2 Revogação dos artigos 89 a 108 da Lei nº 8.666/1993

A Nova Lei estabeleceu significativas alterações no Título XI da Parte Especial do Código Penal (Decreto-Lei nº 2.848/1940), acrescentando-lhe o Capítulo II-B, introduzindo os arts. 337-E a 337-P, modificando e criando tipos penais voltados especificamente para as licitações e contratações públicas.

Em decorrência, este art. 193 revogou, na sua data de publicação, os arts. 89 a 108 da Lei nº 8.666/1993, que versavam sobre crimes e penas no âmbito das licitações e contratos administrativos.

As alterações se deram especialmente quanto à redefinição de alguns dos delitos e a alteração/majoração de seus preceitos secundários, passando a prever a pena de reclusão como regra – na sistemática anterior era a de detenção.

Inciso II

3 *Vacatio legis* enviesado

De regra, como preconizado no art. 1º do Decreto-Lei nº 4.657/1942 (Lei de Introdução às normas do Direito Brasileiro), salvo disposição contrária, as leis começam a vigorar 45 dias depois de oficialmente publicadas. Contudo, no Brasil, geralmente as leis entram em vigor "na data de sua publicação".

A intenção do prazo de 45 dias é clara: adaptação dos aplicadores à nova realidade.

Em outras ocasiões, a própria lei prevê prazo para entrar em vigor, desde sua publicação até sua vigência. Nesse caso, adota-se a expressão latina *vacatio legis* (vacância da lei), que significa o período legal que a lei demora para entrar em vigor. Configura, portanto, o prazo decorrente entre o dia de publicação e o de vigência. O motivo do lapso estendido é o mesmo: tempo para assimilação. Como diz Sílvio de Salvo Venosa, "quanto mais complexa a lei, maior deverá ser o prazo para o seu início de vigência, a fim de que a sociedade tenha tempo hábil para se adaptar ao novo ato normativo".

Assim, durante o período de vacância de uma nova lei, vigora a lei antiga, até que esse prazo seja decorrido.

Pois bem, na versão original, este inc. II revogava a Lei nº 8.666/1993 (lei anterior de licitações e contratos), a Lei nº 10.520/2002 (a Lei do Pregão), e os arts. 1º a 47-A da Lei nº 12.462/2011 (dispositivos de licitações da Lei do Regime Diferenciado de Contratação – RDC) *após decorridos dois anos de sua publicação oficial*. Logo, a vacância prevista seria de dois anos.

Contudo, o art. 194 define que esta Nova Lei entra em vigor na data de sua publicação, dando-lhe plena eficácia.

E isso ocorria porque o art. 191 prescrevia que, até o decurso do prazo de dois anos, a Administração poderia optar por licitar ou contratar diretamente de acordo com a Nova Lei ou com base nas leis anteriormente citadas, com expressa indicação da opção escolhida no edital licitatório ou no aviso ou instrumento de contratação direta, vedada a aplicação combinada.

Vê-se, então, que se deu o que denominamos *vacatio legis enviesado*, dada a heterodoxia adotada.

Assim, durante este período de dois anos, vigorariam as leis "revogadas" e a Nova Lei.

Contudo, intencionado atender aos pleitos dos estados e municípios, sob a alegação de atribulações nessa adaptação ante a dificuldade de atendimento de modo pleno à nova legislação em face da complexidade das alterações – principalmente nos municípios de menor porte – o Presidente da República, considerando os motivos alegados pela Ministra da Gestão e da Inovação em Serviços Públicos, Esther Dweck, demonstrados na Exposição de Motivos nº 00046/2023 MGI, na qual foi expressada a necessidade do estabelecimento de medidas excepcionais e urgentes voltadas a atender aos pleitos dos estados e dos municípios, a pedido da Confederação Nacional dos Municípios e da Frente Nacional de Prefeitos, após a repercussão da Marcha dos Prefeitos ocorrida em Brasília, editou a Medida Provisória nº 1.167/2023 dando nova redação a este art. 193, permitindo que a Administração optasse, até 30.12.2023, por licitar ou contratar diretamente com base nesta Nova Lei ou de acordo com os diplomas legais anteriores. Destarte, por intermédio deste inc. II, ficou estabelecido que a Lei nº 8.666/1993, a Lei nº 10.520/2002 e os arts. 1º a 47-A da Lei nº 12.462/2011 restariam revogados em 30.12.2023.

A utilização da Medida Provisória foi avaliada perpassando pelo preceituado no art. 62 da CF, segundo o qual "em caso de relevância e urgência, o Presidente da República poderá adotar medidas provisórias, com força de lei, devendo submetê-las de imediato ao Congresso Nacional". Como o tema licitações e contratações públicas tem base constitucional (incs. XXVII e XXI do art. 37 e art. 175), e a questão em foco é , em tese, de suma importância para o País, acreditou-se que estariam caracterizadas a relevância e a urgência.

Entrementes, devido a questões de toda ordem, a MP não foi pautada no Congresso Nacional no prazo que o governo esperava. Como tudo levava a crer que ocorreria a caducidade,[1320] a solução encontrada foi a alteração do dispositivo por intermédio de Lei Complementar. Nesse pé, a Lei Complementar nº 198, de 28.06.2023 (que tinha como escopo modificar a Lei Complementar nº 91/1997), alterou o art. 193 em comento, retomando o que a MP já sinalizava, ou seja, a revogação, em 30.12.2023, da Lei nº 8.666/1993, da Lei nº 10.520/2002 e dos arts. 1º a 47-A da Lei nº 12.462/2011.

[1320] O que, pois, efetivamente ocorreu, em virtude da ausência de sua apreciação no prazo de cento e vinte dias, foi que a MP perdeu a sua vigência em 28.07.2023.

Art. 194. Esta Lei entra em vigor na data de sua publicação

Artigo 194

1 Entrada em vigor da Nova Lei

O art. 194 é categórico: a Nova Lei de Licitações e Contratos Administrativos entra em vigor na data de sua publicação. Assim, vigora desde 1º.04.2021, data da sua publicação no Diário Oficial da União, não havendo qualquer período de vacância, em que pese o que denominamos *vacatio legis* enviesado, em face da heterodoxia adotada, que manteve em vigor três leis "revogadas" e a Nova Lei (até 30.12.2023).

Assim, como já exposto, até 30.12.2023, o regime jurídico antigo (Lei nº 8.666/93, Lei nº 10.520/02 e Lei nº 12.462/11) estará vigendo e poderá ser aplicado. Nesse período, a Administração poderá optar, sendo vedada a combinação da Nova Lei com o regime pretérito, pois, conforme dispõe o art. 191, é "vedada a aplicação combinada desta Lei com as citadas no referido inciso".

Logo, nesse período de convivência, os regimes novo e antigo poderão ser aplicados alternativamente, mas nunca conjuntamente.

ABRAHÃO, Jorge. Programa ciudades sostenibles: democracia de alta intensidade y reducción radical de la desigualdade. *In*: MOSTAFAVI, Mohsen *et al.* (Coord.). *Urbanismo ecológico en América Latina*. Barcelona: Harvard University Graduate School of Design, 2019.

AGÊNCIA NACIONAL DE ENERGIA ELÉTRICA (ANAEEL). *Resolução normativa nº 482/2012*. Brasília, DF: Agência Nacional de Energia Elétrica, 2015. Disponível em: https://www.aneel.gov.br/geracao-distribuida. Acesso em 3 jul. 2023.

AGUIAR, Vinicius Gomes de; SOUZA, Lorena Francisco de. A contribuição do movimento por justiça ambiental no combate ao racismo ambiental: apontamentos teóricos. *Élisée, Revista de Geografia da Universidade Estadual de Goiás*, Goiânia, v. 8, n. 2, p. 5-8, jul./dez. 2019.

ALBUQUERQUE, Beatriz. Mais de 4 milhões de brasileiros vivem em áreas de risco, alerta CPRM: último levantamento mostra situação de risco em 17 estados. *Rádio Agência Nacional*, Brasília, DF, 2020. Disponível em: https://agenciabrasil.ebc.com.br/radioagencia-nacional/geral/audio/2021-02/mais-de-4-milhoes-de-brasileiros-vivem-em-areas-de-risco-alerta-cprm#:~:text=Junto%20com%20as%20fam%C3%ADlias%20da,mil%20moradias%20em%20locais%20perigosos. Acesso em 5 jul. 2023.

ALBUQUERQUE, Letícia. *Poluentes orgânicos persistentes*: uma análise da Convenção de Estocolmo. Curitiba: Juruá, 2006.

ALCÂNTARA, Maurício Fernandes de. Gentrificação. *In*: *Enciclopédia de antropologia*. São Paulo: Universidade de São Paulo, Departamento de Antropologia, 2018. Disponível em: https://ea.fflch.usp.br/conceito/gentrificacao. Acesso em 8 jul. 2023.

ALEXY, Robert. *Teoria dos direitos fundamentais*. (Trad. Virgílio Afonso da Silva). São Paulo: Malheiros, 2008.

ALFONSIN, Betânia. Repercussões da nova agenda urbana no direito público e privado Brasil e na América Latina: o papel do direito à cidade. *In*: BELLO, Enzo; KELLER, Rene José (Org.). *Curso de direito à cidade*: teoria e prática. 2. ed. Rio de Janeiro: Lumen Juris, 2019.

ALISEDA, Julián Mora; CASTELLANO ÁLVAREZ, F. J. Reflexiones sobre la sostenibilidad del medio urbano. *Observatorio Medio Ambiental*, Madrid, v. 5, n. 2, p. 403, 2002.

ALMEIDA, Fernando Dias Menezes de; MEDAUAR, Odete. *Estatuto da cidade*: comentários a Lei nº 10.257 de 10.07.2001. São Paulo: Revista dos Tribunais, 2012.

ALMEIDA, Silvio Luiz. Capitalismo e crise: o que o racismo tem a ver com isso? *In*: OLIVEIRA, Dennis de (Org.). *A luta contra o racismo no Brasil*. 1. ed. São Paulo: Fórum, 2017. v. 1.

AMORIM, João Alberto Alves. Refugiados ambientais: a interconexão entre direitos humanos, meio ambiente e segurança internacional. *In*: BRAVO, Álvaro Sanches; MISAILIDIS, Mirta Lerene (Org.). *Os direitos fundamentais dos refugiados (deslocados) ambientais e da exclusão socioeconômica*. São Paulo: Verbatim, 2013.

ANTUNES, Paulo de Bessa. *Direito ambiental*. 7. ed. Rio de Janeiro: Lumen Juris, 2014.

ARAGÃO, Alexandra. A proibição de retrocesso como garantia de evolução sustentável do direito ambiental. *In*: CHACON, Mário Pena (Ed.). *El princípio de no regresion ambiental em Iberoamerica*. Gland: IUCN – Programa de Derecho Ambiental, 2015.

ARAGÃO, Alexandra. Direito constitucional do ambiente da União Europeia. *In*: CANOTILHO, José Joaquim Gomes; LEITE, José Rubens Morato (Org.). *Direito constitucional ambiental brasileiro*. 6. ed. São Paulo: Saraiva, 2012.

ARAGON, Thimotie; PAIVA, Caio. *Jurisprudência internacional de direitos humanos*. 2. ed. Belo Horizonte: CEI, 2017.

AREOSA, João. A globalização dos riscos sociais e os acidentes tecnológicos. *Pensamiento Americano*, Colômbia, v. 9, n. 17, p. 156, 2016.

ARISTÓTELES. *A política*. São Paulo: Martins Fontes, 1991.

ASSOCIAÇÃO BRASILEIRA DE INCORPORADORAS IMOBILIÁRIAS (ABRAINC). *Estudo técnico dedicado à atualização das necessidades habitacionais 2004-2030*. São Paulo: Ecconit Consultoria Econômica, 2020. Disponível em: https://www.abrainc.org.br/wp-content/uploads/2020/12/Deficit_Habitacional_-V-8-dez-2020.pdf. Acesso em 5 jul. 2023.

BARROSO, Luis Roberto. Os três papeis desempenhados pelas Supremas Cortes nas democracias constitucionais contemporâneas. *Revista Emerj*, Rio de Janeiro, v. 21, n. 3, t. 1, p. 35, set./dez. 2019.

BASSUL, José Roberto. O Estatuto da Cidade dez anos depois. *In*: *Estatuto da Cidade 10 anos*: avançar no planejamento e na gestão urbana. Brasília: Senado Federal, gabinete do Sen. Inácio Arruda, 2011.

BAUMAN, Zygmunt. *Confiança e medo na cidade*. (Trad. Eliana Aguiar). Rio de Janeiro: Zahar, 2009.

BAUMAN, Zygmunt. *Globalização*: as consequências humanas. (Trad. Marcus Penchel). Rio de Janeiro: Jorge Zahar Editores, 1999.

BECK, Ulrich. *A metamorfose do mundo*: novos conceitos para uma nova realidade. (Trad. Maria Luiza X. de A. Borges). 1. ed. Rio de Janeiro: Zahar, 2018.

BECK, Ulrich. *La sociedad del riesgo*: hacia una nueva modernidad. (Trad. Jorge Navarro, Daniel Jiménez e Maria Rosa Borrás). Barcelona: Paidós, 1998.

BENEVOLO, Leonardo. *História da cidade*. (Trad. Silvia Mazza). 7. ed. São Paulo: Perspectiva, 2019.

BENEVOLO, Leonardo. *Origines del urbansimo moderno*. Madrid: H. Blume, 1979.

BENITEZ, Solano. Bien Decido. *In*: MOSTAFAVI, Mohsen *et al*. (Coord.). *Urbanismo ecológico en América Latina*. Barcelona: Harvard University Graduate School of Design, 2019.

BENJAMIN, Antonio Herman V. A proteção do meio ambiente nos países menos desenvolvidos: o caso da América Latina. *Revista de Direito Ambiental*, São Paulo, p. 83-84, 1995.

BENJAMIN, Antonio Herman. O meio ambiente na Constituição Federal de 1988. *Informativo Jurídico da Biblioteca Ministro Oscar Saraiva*, Brasília, DF, v. 19, n. 1, p. 44, jan./jun. 2008.

BENJAMIN, Antonio Herman. Princípio da proibição de retrocesso ambiental. *In*: Comissão de meio ambiente, defesa do consumidor e fiscalização e controle do Senado Federal (Org.). *O princípio da proibição de retrocesso ambiental*. Brasília, DF: Senado Federal, 2012.

BENJAMIN, Antonio Herman. Um novo modelo para o Ministério Público na proteção do meio ambiente. *In*: ALVES, Airton Buzzo; RUFINO, Almir Gasquez; SILVA, José Antonio Franco da (Org.). *Funções institucionais do Ministério Público*. São Paulo: Saraiva, 2001.

BERWIG, Juliane Altmann; ENGELMANN, Wilson; WEYERMULLER, André Rafael. *Veredas do Direito*. Belo Horizonte, v. 16, n. 36, p. 223, set./dez. 2019.

BÉTAILLE, Julien. Des "réfugiés écologiques" à la protection des "déplacés environnementaux": éléments du débat juridique en France. *Hommes et Migrations*, [S. l.], n. 1284, 2010. Disponível em: http://hommesmigrations.revues.org/1257. Acesso em 26 out. 2022.

BOBBIO, Norberto. *A era dos direitos*. Rio de Janeiro: Elsevier, 1992.

BOFF, Leonardo. *Saber cuidar*: ética do humano, compaixão pela Terra. 5. ed. Petrópolis: Vozes, 1999.

BOFF, Leonardo. *Sustentabilidade*: o que é – o que não é. 5. ed. Petrópolis: Vozes, 2018.

BONAVIDES, Paulo. *Curso de direito constitucional*. 4. ed. São Paulo: Malheiros, 1993.

BONAVIDES, Paulo. *Dignidade da pessoa humana e direitos fundamentais na Constituição Federal de 1988*. 9. ed. Porto Alegre: Livraria do Advogado, 2011.

BONAVIDES, Paulo. *Teoria constitucional da democracia participativa*. São Paulo: Malheiros, 2001.

BOSSELMANN, Klaus. Direitos humanos, meio ambiente e sustentabilidade. *Revista do Centro de Estudos de Direito do Ordenamento, do Urbanismo e do Ambiente*, Coimbra, a. 11, n. 21, p. 27, 2008. Disponível em: https://digitalis-dsp.uc.pt/bitstream/10316.2/8821/3/1.pdf?ln=pt-pt. Acesso em 16 jun. 2023.

BOSSELMANN, Klaus. Earth governance: trusteeship of the global commons. *In*: BOSSELMANN, Klaus. *New horizons in environmental and energy law*. Cheltenham, UK: Edward Elgar Publishing, 2015.

BOSSELMANN, Klaus. Grounding the rule of law: in memorian of staffan westerlund, chapter *In*: BUGGE, H. C.; VOIGT, C. (Ed.). *Rule of law for nature*: basic issues and new developments in environmental law. Cambridge: Cambridge University Press, 2013.

BOSSELMANN, Klaus. *O princípio da sustentabilidade*: transformando direito e governança. (Trad. Phillip Gil França). São Paulo: Revista dos Tribunais, 2015.

BOSSELMANN, Klaus. *The principle of sustainability*: transforming law and governance. Farnham: Ashgate, 2008.

BOUSKELA, Maurício; CASSEB, Marcia. *Caminho para as smart cities*: da gestão tradicional para a cidade inteligente. Washington, D.C: BID, 2016. Disponível em: https://publications.iadb.org/publications/portuguese/document/Caminho-para-as-smart-cities-Da-gest%C3%A3o-tradicional-para-a-cidade-inteligente.pdf. Acesso em 3 jul. 2023.

BOYD, David R. *Los derechos de la naturaliza*: una revolución legal que podría salvar al mundo. (Trad. Santiago Vallejo Galárraga). Bogotá, Colombia: Fundación Heinrich Böll, 2020.

BULLARD, Robert. D. Anatomia do racismo ambiental e o movimento por justiça ambiental. *In*: BULLARD, Robert D. (Org.). *Confronting Environmental Racism – Voices from the Grassroots*. Boston: South End Press, 1996.

BRASIL. Ministério do Meio Ambiente. *Portaria nº 504/2020*. Brasília, DF: Ministério do Meio Ambiente, 2020. Disponível: https://www.in.gov.br/en/web/dou/-/portaria-n-504-de-21-de-setembro-de-2020-278695663. Acesso em 30 jun. 2023.

BRASIL. Câmara dos Deputados. *Projeto de Lei nº 4.309/2021*: Institui a Política Nacional de Arborização Urbana, cria o Sistema Nacional de Informações sobre Arborização Urbana, e dá outras providências. Brasília, DF, 2021. Disponível em: https://www.camara.leg.br/propostas-legislativas/2310535. Acesso em 7 nov. 2022.

BRASIL. Câmara dos Deputados. *Projeto de Lei nº 775, de 4 de maio de 1983*. Dispõe sobre os objetivos e a promoção do desenvolvimento urbano e dá outras providências. Disponível em: https://www.camara.leg.br/proposicoesWeb/fichadetramitacao?idProposicao=182231&fichaAmigavel=nao. Acesso em 25 abr. 2023.

BRASIL. Congresso Nacional. *Veto nº 10/2021* (Acesso à internet na educação básica). PL nº 3477/2020. Mensagem nº 81/2021. Brasília, DF: Congresso Nacional, 2021. Disponível em: https://www.congressonacional.leg.br/materias/vetos/-/veto/detalhe/14045. Acesso em 3 jul. 2023.

BRASIL. Controladoria-Geral da União (CGU). Minha casa minha vida: 56,4% dos imóveis avaliados apresentam defeitos na construção. *Notícias*, Brasília, DF, 16 ago. 2017. Disponível em: https://www.gov.br/cgu/pt-br/assuntos/noticias/2017/08/minha-casa-minha-vida-56-4-dos-imoveis-avaliados-apresentam-defeitos-na-construcao. Acesso em 5 jul. 2023.

BRASIL. Decreto nº 2.652, de 1º de julho de 1988: Promulga a Convenção-Quadro sobre Mudança do Clima, assinada em Nova York em 9 de maio de 1992. *Diário Oficial da União*, Brasília, DF: Presidência da República, 02 jul. 1988. Disponível em: http://www.planalto.gov.br/ccivil_03/decreto/d2652.htm. Acesso em 6 jul. 2023.

BRASIL. Decreto nº 3.079, de 15 de setembro de 1938. Regulamenta o Decreto-Lei nº 58, de 10 de dezembro de 1937, que dispõe sobre o loteamento e a venda de terrenos para pagamento em prestações. *Diário Oficial da União*, Brasília, DF: Presidência da República, 19 set. 1938. Disponível: http://www.planalto.gov.br/ccivil_03/decreto/1930-1949/d3079.htm. Acesso em 5 jul. 2023.

BRASIL. Decreto-Lei nº 58, de 10 de dezembro de 1937. Dispôe sôbre o loteamento e a venda de terrenos para pagamento em prestações. *Diário Oficial da União*, Brasília, DF: Presidência da República, 13 dez. 1937. Disponível em: http://www.planalto.gov.br/ccivil_03/decreto-lei/1937-1946/del058.htm. Acesso em 5 jul. 2023.

BRASIL. Decreto-Lei nº 271, de 28 de fevereiro de 1967. Dispõe sôbre loteamento urbano, responsabilidade do loteador concessão de uso e espaço aéreo e dá outras providências. *Diário Oficial da União*, Brasília, DF: Presidência da República, 28 fev. 1967. Disponível em: http://www.planalto.gov.br/ccivil_03/decreto-lei/del0271.htm. Acesso em 5 jul. 2023.

BRASIL. Justiça Federal. Seção Judiciária de Santa Catarina. 6ª Vara Federal de Florianópolis. *Ação Civil Pública nº 5012843-56.2021.4.04.7200/SC*. Decisão 11 jun. 2021.

BRASIL. Lei de 1º de outubro de 1828. Dá nova forma às Câmaras Municipais, marca suas atribuições, e o processo para a sua eleição, e dos Juízes de Paz. *CLBR*, Brasília, DF: Presidência da República, 1828. Disponível em: http://www.planalto.gov.br/ccivil_03/leis/lim/lim-1-10-1828.htm. Acesso em 5 jul. 2023.

BRASIL. Lei nº 5.868 de 12 de dezembro de 1972. Cria o Sistema Nacional de Cadastro Rural, e dá outras providências. *Diário Oficial da União*, Brasília, DF: Presidência da República, 14 dez. 1972. Disponível em: http://www.planalto.gov.br/ccivil_03/leis/l5868.htm. Acesso em 5 jul. 2023.

BRASIL. Lei nº 6.766, de 19 de dezembro de 1989. Dispõe sobre o Parcelamento do Solo Urbano e dá outras Providências. *Diário Oficial da União*, Brasília, 20 dez. 1979. Disponível em: http://www.planalto.gov.br/ccivil_03/leis/l6766.htm. Acesso em 6 nov. 2022.

BRASIL. Ministério das Cidades. *Caderno de referência para elaboração de plano de mobilidade por bicicleta nas cidades*. Brasília, DF: Secretaria Nacional de Transporte e da Mobilidade Urbana, 2007.

BRASIL. Ministério das Relações Exteriores. *Objetivos de Desenvolvimento Sustentável*. Brasília, DF: Ministério das Relações Exteriores, 2015. Disponível em: https://www.gov.br/mre/pt-br/assuntos/desenvolvimento-sustentavel-e-meio-ambiente/desenvolvimento-sustentavel/objetivos-de-desenvolvimento-sustentavel-ods. Acesso em 27 jun. 2023.

BRASIL. Ministério do Desenvolvimento Regional. *Carta brasileira para as cidades inteligentes*. Brasília, DF: Ministério do Desenvolvimento Regional, 2019. Disponível em: https://www.gov.br/mdr/pt-br/assuntos/desenvolvimento-regional/projeto-andus/Carta_Bras_Cidades_Inteligentes_Final.pdf. Acesso em 3 jul. 2023.

BRASIL. Ministério do Desenvolvimento Regional. *Dados revisados do déficit habitacional e inadequação de moradias nortearão políticas públicas*. Brasília, DF: Ministério do Desenvolvimento Regional, 4 mar. 2021. Disponível em: https://www.gov.br/mdr/pt-br/noticias/dados-revisados-do-deficit-habitacional-e-inadequacao-de-moradias-nortearao-politicas-publicas. Acesso em 5 jul. 2023.

BRASIL. Ministério do Meio Ambiente. *Agenda 21 Global, item 18.56*. Brasília, DF: Ministério do Meio Ambiente, 1992. Disponível em: https://www.ecologiaintegral.org.br/Agenda21.pdf. Acesso em 27 jun. 2023.

BRASIL. Ministério do Meio Ambiente. *Agenda 21 global*. Brasília, DF: Ministério do Meio Ambiente, 1992. Disponível em: https://antigo.mma.gov.br/responsabilidade-socioambiental/agenda-21/agenda-21-global/item/637.html. Acesso em 27 jun. 2023.

BRASIL. Ministério do Meio Ambiente. *Carta da terra*. Preâmbulo: terra, nosso lar. Brasília, DF, 2015. Disponível em: https://antigo.mma.gov.br/component/k2/item/8071-carta-da-terra.html. Acesso em 16 jun. 2023.

BRASIL. Ministério do Meio Ambiente. Conferência das Nações Unidas sobre o Meio Ambiente e Desenvolvimento (1992). *Agenda 21 Global*. Brasília, DF: Ministério do Meio Ambiente, 2002. Disponível em: https://antigo.mma.gov.br/responsabilidade-socioambiental/agenda-21/agenda-21-global/item/607.html. Acesso em 27 jun. 2023.

BRASIL. Ministério do Meio Ambiente. Conferência das Nações Unidas sobre o Meio Ambiente e Desenvolvimento (1992). *Agenda 21 global*. Brasília, DF: Ministério do Meio Ambiente, 2002. Cap. 23.2. Disponível em: https://antigo.mma.gov.br/responsabilidade-socioambiental/agenda-21/agenda-21-global/item/704. Acesso em 27 jun. 2023.

BRASIL. Ministério do Meio Ambiente. *Portaria 504/2020*. Brasília, DF: Ministério do Meio Ambiente. 2020. Disponível: https://www.in.gov.br/en/web/dou/-/portaria-n-504-de-21-de-setembro-de-2020-278695663. Acesso em 30 jun. 2023.

BRASIL. Emenda Constitucional nº 57, de 18 de dezembro de 2008. Acrescenta artigo ao Ato das Disposições Constitucionais Transitórias para convalidar os atos de criação, fusão, incorporação e desmembramento de Municípios. *Diário Oficial da União*, Brasília, DF, 18 dez. 2008. Disponível em: http://www.planalto.gov.br/ccivil_03/constituicao/emendas/emc/emc57.htm. Acesso em 30 jun. 2023.

BRASIL. Lei nº 12.836, de 2 de julho de 2013. Altera os arts. 2º, 32 e 33 da Lei nº 10.257, de 10 de julho de 2001 – Estatuto da Cidade. *Diário Oficial da União*, Brasília, DF: Presidência da República, 03 jul. 2013. Disponível em: http://www.planalto.gov.br/ccivil_03/_ato2011-2014/2013/lei/l12836.htm. Acesso em 3 jul. 2023.

BRASIL. República Federativa do Brasil. *Diário Oficial do Congresso Nacional*, Capital Federal, a. XXXVIII, n. 041, 06 mai. 1983. Disponível em: http://imagem.camara.gov.br/Imagem/d/pdf/DCD06MAI1983.pdf#page=39. Acesso em 24 abr. 2023.

BRASIL. Superior Tribunal de Justiça. *AgInt no AgInt, Recurso Especial nº 1.464.446-RJ (2014/0158282-2)*. Rel. Min. Sérgio Kukina. Julgado em 22.11.2022.

BRASIL. Superior Tribunal de Justiça. *AgRg no Agravo em Recurso Especial nº 658.954-RJ*. Relator: Min. Assusete Magalhães. 23 out. 2015. Disponível em: https://scon.stj.jus.br/SCON/GetInteiroTeorDoAcordao?num_registro=201500202924&dt_publicacao=23/10/2015. Acesso em 5 jul. 2023.

BRASIL. Superior Tribunal de Justiça. *AgRg no AREsp 446.051/SP*. 2ª Turma. Relator: Ministro Herman Benjamin. 27 mar. 2014.

BRASIL. Superior Tribunal de Justiça. *AREsp 1312435/RJ*. 2º Turma. Relator. Ministro Og Fernandes. 07 fev. 2019.

BRASIL. Superior Tribunal de Justiça. *Recurso Especial nº 1.310.471-SP*. Relator: Min. Herman Benjamin. 18 jun. 2013. Disponível: https://processo.stj.jus.br/processo/revista/documento/mediado/?componente=ATC&sequencial=26782620&num_registro=201102932952&data=20130917&tipo=51&formato=PDF. Acesso em 5 jul. 2023.

BRASIL. Superior Tribunal de Justiça. *Recurso Especial nº 1317547/RS*. 2ª Turma. Relator: Ministro Herman Benjamin, 26 set. 2017. Disponível em: https://processo.stj.jus.br/processo/revista/documento/mediado/?componente=ATC&sequencial=71927507&num_registro=201200679167&data=20200831&tipo=51&formato=PDF. Acesso em 5 jul. 2023.

BRASIL. Superior Tribunal de Justiça. *REsp nº 1770760/SC*. Rel. Ministro Benedito Gonçalves, Primeira Seção, julgado em 28.04.2021, *DJe* 10.05.2021.

BRASIL. Superior Tribunal de Justiça. *Resp nº 1451818/DF (2014/0103373-3)*. Relator: Min. Luis Felipe Salomão, 05 ago. 2020. Disponível em: https://processo.stj.jus.br/processo/pesquisa/?tipoPesquisa=tipoPesquisaNumeroRegistro&termo=201401033733&totalRegistrosPorPagina=40&aplicacao=processos.ea. Acesso em 5 jul. 2023.

BRASIL. Superior Tribunal de Justiça. *REsp. 302.906/SP (2001/0014094-7)*. 2ª turma. Relator: Min. Herman Benjamin. Julgamento: 26 ago. 2010.

BRASIL. Superior Tribunal de justiça. *Recurso Especial nº 1857098-MS (2020/0006402-8)*. Relator Ministro Og Fernandes. 1ª Seção. Julgamento: 11.05.2022. Disponível em: https://processo.stj.jus.br/processo/julgamento/

eletronico/documento/mediado/?documento_tipo=integra&documento_sequencial=154035543&registro_numero=202000064028&peticao_numero=&publicacao_data=20220524&formato=PDF. Acesso em 10 nov. 2022.

BRASIL. Supremo Tribunal Federal. *Ação Direta de Inconstitucionalidade nº 4.983/CE*. Tribunal Pleno. Requerente: Procurador-Geral da República Intimado: Governador do Estado do Ceará; Assembleia Legislativa Do Estado Do CEA. Relator: Ministro Marco Aurélio de Mello. 12 ago. 2015. Disponível em: https://redir.stf.jus.br/paginadorpub/paginador.jsp?docTP=TP&docID=12798874. Acesso em 27 jun. 2023.

BRASIL. Supremo Tribunal Federal. *Ação Penal nº 618*. 2ª Turma. Relator: Min. Dias Tóffoli. 13 dez. 2016. Disponível em: https://portal.stf.jus.br/processos/downloadPeca.asp?id=311935004&ext=.pdf. Acesso em 5 jul. 2023.

BRASIL. Supremo Tribunal Federal. *ADC-41/DF*. Relator: Min. Luis Roberto Barroso. 8 jun. 2017. Disponível em: https://redir.stf.jus.br/paginadorpub/paginador.jsp?docTP=TP&docID=13375729. Acesso em 5 jul. 2023.

BRASIL. Supremo Tribunal Federal. *ADI/DF 3.540-MC*. Tribunal Pleno. Relator: Min. Celso de Mello. Julgamento: 1 set. 2005.

BRASIL. Supremo Tribunal Federal. *ADPF 101/DF*. Relator: Min. Carmem Lúcia, Tribunal Pleno. 24 jun. 2009. Disponível em: https://redir.stf.jus.br/paginadorpub/paginador.jsp?docTP=AC&docID=629955. Acesso em 30 jun. 2023.

BRASIL. Supremo Tribunal Federal. *ADI 3.540-MC/DF*. Relator. Min. Celso de Mello, *DJ* de 3.2.2006. Disponível em: https://redir.stf.jus.br/paginadorpub/paginador.jsp?docTP=AC&docID=387260. Acesso em 30 jun. 2023.

BRASIL. Supremo Tribunal Federal. *ADPF 747/DF*. Tribunal Pleno, Relatora: Min. Rosa Weber. Julgamento: 28 out. 2020.

BRASIL. Supremo Tribunal Federal. Informativo STF nº 1061/2022. *ADPF 708/DF*. Fundo Clima: funcionamento, destinação de recursos e contingenciamento de verbas. Disponível em: https://www.stf.jus.br/arquivo/informativo/documento/informativo.htm. Acesso em 11 jul. 2023.

BRASIL. Supremo Tribunal Federal. *AgR Recl. 22012/RS*. Relator: Min. Dias Toffoli, 2ª. Turma. Julgamento: 15 jun. 2018.

BRASIL. Supremo Tribunal Federal. *Audiências públicas realizadas*. Brasília, DF, 2021. Disponível em: http://portal.stf.jus.br/audienciapublica/audienciaPublica.asp?tipo=realizada. Acesso em 5 jul. 2023.

BRASIL. Supremo Tribunal Federal. Medida Cautelar na Arguição de Descumprimento de Preceito Fundamental nº 828/DF. *Diário da Justiça Eletrônico*, Brasília, DF, n. 107, 04 jun. 2021. Disponível em: http://www.stf.jus.br/arquivo/cms/noticiaNoticiaStf/anexo/ADPF828liminar.pdf. Acesso em 5 jul. 2023.

BRASIL. Supremo Tribunal Federal. Reclamação nº 47.531/RJ. *Diário da Justiça Eletrônico*, Brasília, DF, n. 114, 14 jun. 2021. Disponível em: http://www.stf.jus.br/arquivo/cms/noticiaNoticiaStf/anexo/RCL47531.pdf. Acesso em 5 jul. 2023.

BRASIL. Supremo Tribunal Federal. *Recurso Extraordinário 1.379.751/PARÁ*. Rel. Min. Alexandre de Moraes. DJE nº 175, de 01.09.2022. Disponível em: https://portal.stf.jus.br/processos/downloadPeca.asp?id=15353205600&ext=.pdf. Acesso em 8 set. 2022.

BRASIL. Tribunal de Contas da União. *Dez passos para a boa governança*. Tribunal de Contas da União. 2. ed. Brasília, DF: TCU, Secretaria de Controle Externo da Administração do Estado, 2021. Disponível em: https://portal.tcu.gov.br/data/files/D5/F2/B0/6B/478F771072725D77E18818A8/10_passos_para_boa_governanca_v4.pdf. Acesso em 3 jul. 2023.

BRAVO, Álvaro Sanches; MISAILIDIS, Mirta Lerena. *Os direitos fundamentais dos refugiados (deslocados) ambientais e da exclusão socioeconômica*. São Paulo: Verbatim, 2013.

BRAVO, Álvaro Sanches; ANGELIN, Rosangela (Ed.). *Mujeres y medioambiente*: feminismo y ecologia. Sevilla: Punto Rojo, 2014.

BRICS. Fourth Brics summit: Delhi declaration. *Brics Information Centre*, New Delhi, 29 mar. 2012. Disponível em: http://www.brics.utoronto.ca/docs/120329-delhi-declaration.html. Acesso em 30 jun. 2023.

BRITO, Felipe Pires M. de. *Contratações públicas sustentáveis*: (re)leitura verde da atuação do Estado Brasileiro. Rio de Janeiro: Lumen Juris, 2020.

BUFFON, Marciano. *Tributação, desigualdade e mudanças climáticas*: como o capitalismo evitará seu colapso. Curitiba: Brazil Publishing, 2019.

BURLE FILHO, Emanuel. Ação civil pública: instrumento de educação democrática. *In*: MILARÉ, Edis. *Ação civil pública*: Lei nº 7.347/1985, 15 anos. São Paulo: Revista dos Tribunais, 2011.

CAFFERATTA, Nestor A. Conferencia de Estocolmo sobre el Ambiente Humano de 1972: piedra bautismal del derecho ambiental. *Revista de Derecho Ambiental – doctrina, jurisprudencia, legislación y práctica. Dossier especial*: 50 años del derecho ambiental, Buenos Aires, n. 71, p. 71-72, jul./sep. 2022.

CALGARO, Cleide. HERMANY, Ricardo. O direito à sustentabilidade local em Ignacy Sachs: uma abordagem a partir do planejamento estratégico no âmbito das *smart rural communities*. *Veredas do Direito*, Belo Horizonte, v. 18, n. 41, p. 51-59, mai./ago. 2021.

CÂMARA DA INDÚSTRIA DA CONSTRUÇÃO. *Guia de sustentabilidade na construção*. Belo Horizonte: FIEMG, 2008. Disponível em: http://www.sinduscon-mg.org.br/site/arquivos/up/comunicacao/guia_sustentabilidade.pdf. Acesso em 3 jul. 2023.

CANADA. Conseil Des INNU de Ekuanitshit. *Consecutif 919-082*. Assemblée dument convoqueé. Quebec, 18 janvier 2021. Disponível em: SKM_C36821012614400 (HARMONYWITHNATUREUN.ORG). Acesso em 05 set. 2022.

CANADIAN ENVIRONMENTAL LAW FUNDATION. *Quebec's magpie river is now a legal person*. Disponível em: https://cela.ca/blog-quebecs-magpie-river-is-now-a-legal-person/. Acesso em 05 set. 2023.

CANOTILHO, José Joaquim Gomes. *Direito constitucional e teoria da constituição*. 6. ed. Coimbra: Almedina, 2002.

CANOTILHO, José Joaquim Gomes. *Direito constitucional e teoria da Constituição*. 7. ed. Coimbra: Almedina, 2003.

CANOTILHO, José Joaquim Gomes. Estado de direito. *Cadernos Democráticos*, Lisboa, n. 7, p. 23, 1998.

CANOTILHO, José Joaquim Gomes. O direito ao ambiente como direito subjetivo. *In*: CANOTILHO, José Joaquim Gomes. *Estudos sobre Direitos Fundamentais*. Coimbra: Coimbra Editora, 2004.

CAPELETTI, Mauro; GARTH, Bryant. *Acesso à justiça*. (Trad. Ellen Gracie Northfleet). Porto Alegre: Sérgio Antonio Fabris Editor, 1988.

CAPRA, Fritjof. *O ponto de mutação*: a ciência, a sociedade e a cultura emergente. (Trad. Álvaro Cabral). São Paulo: Cultrix, 2006.

CAPRA, Fritjof. *The web of life*: a new scientific understanding of living systems. New York: Anchor Books, 1996.

CARLOS, Ana Fani Alessandri. *A condição espacial*. São Paulo: Contexto, 2011.

CARLOS, Ana Fani Alessandri. A privação do urbano e o 'direito à cidade' em Henri Lefebvre. *In*: CARLOS, Ana Fani Alessandri; PÁDUA, Rafael Faleiros de (Org.). *Justiça espacial e o direito à cidade*. São Paulo: Contexto, 2017.

CARNEIRO, José Mário Brasiliense; FREY, Klaus (Org.). *Governança multinível e desenvolvimento regional sustentável*: experiências do Brasil e da Alemanha. 1. ed. São Paulo: Centro Alemão de Ciência e Inovação, 2018.

CARRERAS, Roser Roca. Una nueva gobernanza: empoderamiento de la colectividad. *In*: CARRERAS, Roser Roca *et al*. (Org.). *Hacia un nuevo modelo económico social, sostenible y estacionario*: iniciatives per al decreixement. Barcelona: El Viejo Topo, 2014.

CARSON, Rachel. *Silent spring*. Boston: Hougton Miffin, 1962.

CARVALHO FILHO, José dos Santos. *Comentários ao estatuto da cidade*. 5. ed. rev. ampl. e atual. São Paulo: Atlas, 2013.

CARVALHO NETO, Tarcísio V. de; PEREZ, Marcos Augusto. Delineamento do Direito Urbanístico no Brasil. *In*: MEDAUAR, Odete *et al*. (Coord.). *Direito urbanístico*: estudos fundamentais. Belo Horizonte: Fórum, 2019.

CARVALHO, Augusto de. *O Brazil, colonisação e emigração*: esboço histórico. 2. ed. Porto: Imprensa Portugueza, 1876. Disponível em: https://www.literaturabrasileira.ufsc.br/documentos/?action=download&id=42822. Acesso em 30 jun. 2023.

CARVALHO, Délton Winter de. *Desastres ambientais e sua regulação jurídica*: deveres de prevenção, resposta e compensação. 2. ed. São Paulo: Revista dos Tribunais, 2020.

CARVALHO, Délton Winter de. *Dano ambiental futuro*: a responsabilização civil pelo risco ambiental. 2. ed. Porto Alegre: Livraria do Advogado, 2013.

CARVALHO, Eduardo Santos de. Ação civil pública: instrumento para a implementação de prestações estatais positivas. *Revista do Ministério Público do Rio de Janeiro*, n. 20, p. 67-92, 2004.

CASTANHEIRO, Ivan Carneiro. *Direito urbanístico e direito à moradia*. Salvador: JusPodivm, 2018.

CASTANHEIRO, Ivan Carneiro. Direito Urbanístico e Direito à Moradia. *In*: VITORELLI, Edilson (Org.). *Manual de Direitos Difusos*. 2. ed. Salvador: JusPodivm, 2019.

CASTELLS, Manuel. *A questão urbana*. (Trad. Arlete Caetano). 7. ed. Rio de Janeiro: Paz & Terra, 2020.

CAVALCANTE FILHO, Ernani *et al*. Tragédia climática e ambiental na Região Serrana/RJ 2011: diagnóstico, desafios e ações. *In*: *XIX Simpósio Brasileiro de Recursos Hídricos*, Maceió: Abrhidro, 2011. Disponível em: https://www.abrhidro.org.br/SGCv3/publicacao.php?PUB=3&ID=81&SUMARIO=4289&ST=tragedia_climatica_e_ambiental_na_regiao_serrana_rj_2011_diagnostico_desafios_e_acoes. Acesso em 5 jul. 2023.

CENTER FOR RESEARCH ON THRE EPIDEMIOLOGY OF DISASTERS (CRED). EM-DAT. *The internacional disaster database*. Louvain: Université Catholique de Louvain (UCLouvain). Disponível em: https://www.emdat.be/. Acesso em 5 jul. 2023.

CHINA. *2019 Global Natural Disaster Assessment Report*. The ministry of emergency management-the ministry of management, the ministry of emergency management's National Disaster Reduction Center of China. [S. l.], 2019. Disponível em: https://reliefweb.int/sites/reliefweb.int/files/resources/73363_2019globalnaturaldisasterassessment.pdf. Acesso em 5 jul. 2023.

CLIMATE CENTRAL. *Mapping choices carbon, climate, and rising seas our global legacy*. Princeton, 2015. Disponível em: https://sealevel.climatecentral.org/uploads/research/global-mapping-choices-report.pdf. Acesso em 6 jul. 2023.

COIMBRA, José de Ávila Aguiar. *O outro lado do meio ambiente*. Campinas: Millennium, 2002.

COLLINS, Toni; ESTERLING, Shea. Fluid personality: indigenous rights and the te Awa Tupua (Whanganui River claims settlement) Act 2017 in Aotearoa New Zealand. *Melbourne Journal of International Law*, University Melbourne, v. 20, p. 1, 2017. Disponível em: https://law.unimelb.edu.au/__data/assets/pdf_file/0006/3144318/Collins-and-Esterling.pdf. Acesso 27 jun. 2023.

COLOMBIA. Corte Constitucional. *Sentencia T-622/16, 10 noviembre 2012*. Disponível em: https://www.corteconstitucional.gov.co/relatoria/2016/t-622-16.htm. Acesso em 27 jun. 2023.

COLOMBIA. Corte Suprema de Justicia. *STC4360-2018. Radicación nº 11001-22-03-000-2018-00319-01*. 5 abr. 2018. Disponível em: https://cortesuprema.gov.co/corte/wp-content/uploads/2018/04/STC4360-2018-2018-00319-011.pdf. Acesso em 27 jun. 2023.

COMISIÓN INTERAMERICANA DE DERECHOS HUMANOS (CIDH). *Derechos económicos, sociales, culturales y ambientales de las personas afrodescendientes*: Estándares interamericanos para la prevención, combate y erradicación de la discriminación racial estructural. [S. l.], 16 mar. 2021. Disponível em: http://www.oas.org/es/cidh/informes/pdfs/DESCA-Afro-es.pdf. Acesso em 5 jul. 2023.

COMISSÃO AFRICANA DOS DIREITOS HUMANOS E DOS POVOS. *Carta africana de direitos humanos e dos povos*. [S. l.], 1981. Disponível em: https://www.achpr.org/pr_legalinstruments/detail?id=49. Acesso em 30 jun. 2023.

COMISSÃO DAS COMUNIDADES EUROPEIAS. White Paper on governance. *Jornal Oficial*, Bruxelas, *n. 287, p. 01-29, 12 Oct. 2001.* Disponível em: https://eur-lex.europa.eu/legal-content/PT/TXT/?uri=celex%3A52001DC0428. Acesso em 3 jul. 2023.

COMISSÃO ECONÔMICA PARA A AMÉRICA LATINA E O CARIBE. Acordo Regional sobre Acesso à Informação, Participação Pública e Acesso à Justiça em Assuntos Ambientais na América Latina e no Caribe. *Acordo de Escazú*. Costa Rica, 2018. Disponível em: https://repositorio.cepal.org/bitstream/handle/11362/43611/S1800493_pt.pdf. Acesso em 27 jun. 2023.

COMISSÃO INTERAMERICANA DE DIREITOS HUMANOS. *Protocolo adicional à Convenção Americana sobre Direitos Humanos em matéria de direitos econômicos, sociais e culturais*. Protocolo de San Salvador. [S. l.], 1988. Disponível em: http://www.cidh.org/basicos/portugues/e.protocolo_de_san_salvador.htm. Acesso em 30 jun. 2023.

COMISSÃO MUNDIAL SOBRE MEIO AMBIENTE E DESENVOLVIMENTO. *Nosso futuro comum*. 2. ed. Rio de Janeiro: Fundação Getúlio Vargas, 1991.

COMISSÃO NACIONAL PARA OS OBJETIVOS DE DESENVOLVIMENTO SUSTENTÁVEL (CNODS). *Plano de ação 2017-2019 da Comissão Nacional ODS Brasil*. Brasília, DF, 2017. Disponível em: http://www4.planalto.gov.br/ods/publicacoes/plano-de-acao-da-cnods-2017-2019. Acesso em 27 jun. 2023.

COMPANHIA DE HABITAÇÃO DO ESTADO DO PARANÁ. *Plano Estadual de Habitação de Interesse Social do Paraná (PEHIS-PR)*: pesquisa de necessidades habitacionais do Paraná. Curitiba, 2019. Disponível em: https://www.cohapar.pr.gov.br/sites/cohapar/arquivos_restritos/files/documento/2020-07/pehis_2019_resultados_07_2020.pdf. Acesso em 5 jul. 2023.

CONFEDERAÇÃO NACIONAL DE MUNICÍPIOS. *Estatuto da cidade completa 19 anos*: CNM reforça importância do Plano Diretor. Brasília, DF, 10 jul. 2020. Disponível em: https://www.cnm.org.br/comunicacao/noticias/estatuto-da-cidade-completa-19-anos-cnm-reforca-importancia-do-plano-diretor. Acesso em 5 jul. 2023.

CONSEIL CONSTITUTIONNEL DE LA FRANCE. Préambule de La Constitution du 27 Octobre 1946. *Charte de L'environnement de 2004*. Disponível em: https://www.conseil-constitutionnel.fr/le-bloc-de-constitutionnalite/charte-de-l-environnement-de-2004. Acesso em 27 jun. 2023.

CONSEIL DE L'EUROPA. *6ª Conference Europeene des Ministres Responsables d l'Amenagement du Territoire*. Torremolinos, 19-20 may. 1983. Disponível em: https://rm.coe.int/0900001680911935. Acesso em 30 jun. 2023.

CONSELHO DA UNIÃO EUROPEIA. *Convenção sobre o acesso à informação, participação do público no processo de tomada de decisão e acesso à justiça em matéria de ambiente (2005/370/CE)*. [S. l.], 2005. Disponível em: https://eur-lex.europa.eu/legal-content/PT/TXT/?uri=celex%3A32005D0370. Acesso em 5 jul. 2023.

CONSELHO NACIONAL DE JUSTIÇA (CNJ). *Cadastro nacional de ações coletivas*. Brasília, DF, 2021. Disponível em: https://paineisanalytics.cnj.jus.br/single/?appid=1d54bc4d-81c7-45ae-b110-7794758c17b2&sheet=87f1a661-cf86-4bda-afe4-61dfc6778cd4&lang=pt-BR&opt=ctxmenu,currsel. Acesso em 9 jul. 2023.

CONSELHO NACIONAL DE JUSTIÇA (CNJ). *Recomendação CNJ nº 40, de 13 de junho de 2012*. Brasília, DF, 2012. Disponível em: https://atos.cnj.jus.br/atos/detalhar/841. Acesso em 2 jul. 2023.

CONSELHO NACIONAL DE JUSTIÇA (CNJ). *Recomendação CNJ nº 90, de 2 de março de 2021*. Brasília, DF, 2021. Disponível em: https://atos.cnj.jus.br/files/original125610202103056042 2a6ac453a.pdf. Acesso em 5 jul. 2023.

CONSELHO NACIONAL DE JUSTIÇA (CNJ). *Resolução nº 347, de 13 de outubro de 2020*: dispõe sobre a Política de Governança das Contratações Públicas no Poder Judiciário. Brasília, DF: Conselho Nacional de Justiça, 2010. Disponível em: https://atos.cnj.jus.br/files/original170811202010155f8881fb44760.pdf. Acesso em 3 jul. 2023.

CONSELHO NACIONAL DO MINISTÉRIO PÚBLICO (CNMP). *Pacto pela implementação dos Objetivos de Desenvolvimento Sustentável da Agenda 2030 no Poder Judiciário e Ministério Público*. Brasília, DF: Conselho Nacional do Ministério Público, 2019. Disponível em: https://www.cnmp.mp.br/portal/images/Termosdecooperacao/pactoODS2030.pdf. Acesso em 2 jul. 2023.

CONSELHO NACIONAL DO MINISTÉRIO PÚBLICO (CNMP). *Resolução 23, de 17 de setembro de 2017*. Regulamenta os artigos 6º, inciso VII, e 7º, inciso I, da Lei Complementar nº 75/93 e os artigos 25, inciso IV, e 26, inciso I, da Lei nº 8.625/93, disciplinando, no âmbito do Ministério Público, a instauração e tramitação do inquérito civil. Disponível em: https://www.cnmp.mp.br/portal/images/Normas/Resolucoes/Resoluo-0232.pdf. Acesso em 6 jul. 2023.

CONVENTION ON THE BIOLOGICAL DIVERSITY. *The Estrategic Plan for Biodiversity 2011-2020 and the Aichi Biodiversity Targets*. Disponível em: https://www.cbd.int/sp/targets/. Acesso em 14 jan. 2023.

CORBUSIER, Le. *A carta de Atenas*. (Trad. Rebeca Scherer). São Paulo: Editora da Universidade de São Paulo, 1993.

CORDELLA, Ezio Costa. Participación ciudadana ambiental en latinoamérica: una estructura en construcción. *In*: PENA CHACON, Mario (Org.). *Derecho ambiental del siglo XXI*. San Jose da Costa Rica: Isolma, 2019.

CORRALO, Giovani da Silva. Há um direito fundamental à boa governança? *Espaço Jurídico Journal of Law*, Joaçaba, v. 18, n. 1, p. 178, jan./abr. 2017. Disponível em: https://portalperiodicos.unoesc.edu.br/espacojuridico/article/view/4954/pdf. Acesso em 2 jul. 2023.

CORREIA, Arícia Fernandes; FARIAS, Talden. Governança metropolitana: desafio para a gestão pública fluminense. *Revista de Direito Ambiental*, São Paulo, v. 78, p. 456-458, abr./jun. 2015.

CORTE INTERAMERICANA DE DERECHOS HUMANOS (CIDH). *Opinion Consultiva OC-23/17, 15 de noviembre de 2017*: medio ambiente y derechos humanos. [S. l.], 2017. Disponível em: http://www.corteidh.or.cr/docs/opiniones/seriea_23_esp.pdf. Acesso em 30 jun. 2023.

CORTE INTERAMERICANA DE DERECHOS HUMANOS. *Opinión del Centro Internacional de Derecho Ambiental Comparado (CIDCE) sobre la Solicitud de Opinión Consultiva presentada por Colombia ante la Corte Interamericana de Derechos Humanos, el 14 de marzo de 2016*. Disponível em: http://www.corteidh.or.cr/sitios/observaciones/colombiaoc23/35_cidce.pdf. Acesso em 24 mai. 2023.

CORTESE, Tatiana Tucunduva *et al*. Sustentabilidade nas construções: a necessidade de discussão deste novo paradigma. *In*: CORTESE, Tatiana T. Phipippi; KNIESS, Cláudio Terezinha; MACCARI, Emerson Antonio (Org.). *Cidades inteligentes e sustentáveis*. Barueri: Manole, 2017.

COSTA, Beatriz Souza; SILVA, Marcos Edmar R. A. da. Dano ambiental e a segregação social pela poluição: ponderações ao julgamento da Ajax Baterias e a injustiça ambiental. *Revista de Direito Ambiental*, São Paulo, v. 21, n. 83, p. 17-38, jul./set. 2016.

COSTA, Carlos Magno Miqueri da. *Direito urbanístico comparado*: planejamento urbano das constituições aos Tribunais Luso-Brasileiros. Curitiba: Juruá, 2009.

COULANGES, Fustel de. *A cidade antiga*. (Trad. Fernando Aguiar). São Paulo: Martins Fontes, 1998.

COUTINHO, André Augustin *et al*. *Loteamentos irregulares*: o desafio de estimar a população nessa situação com base nos dados do Cadastro Único: o caso de Porto Alegre. Porto Alegre: Secretaria de Planejamento, Governança e Gestão, 2020. Disponível em: https://estado.rs.gov.br/upload/arquivos//loteamentos-irregulares-30-11.pdf. Acesso em 5 jul. 2023.

CRUTZEN, Paul J. Geology of Mankind. *Nature*, [S. l.], v. 415, n. 23, 2002. Disponível em: https://www.nature.com/articles/415023a. Acesso em 27 jun. 2023.

CUNHA FILHO, Alexandre Jorge Carneiro. Planejamento, urbanismo e as normas reguladoras da ocupação do solo. *In*: MEDAUAR, Odete *et al.* (Coord.). *Direito urbanístico*: estudos fundamentais. Belo Horizonte: Fórum, 2019.

CUNHA, Bruno Santos. O princípio da eficiência e o direito fundamental à boa administração. *In*: MARRARA, Thiago (Org.). *Princípios de direito administrativo*. São Paulo: Atlas, 2012.

DALLARI, Adilson de Abreu. Solo criado – constitucionalidade da outorga onerosa de potencial construtivo. *In*: DALLARI, Adilson Abreu; DI SARNO, Daniela Campos Libório (Org.). *Direito urbanístico e ambiental*. 2. ed. Belo Horizonte: Fórum, 2011.

DAMACENA, Fernanda Dalla Libera. A governança dos desastres ambientais e no direito comparado norte-americano e europeu. Brasília, Senado Federal. *Revista de informação legislativa*, v. 52, n. 208, p. 303-319, out./dez. 2015.

DAMACENA, Fernanda Dalla Libera. A "injustiça" por trás do desastre e o papel do direito na redução da vulnerabilidade. *Atlas de Saúde Ambiental*, São Paulo, v. 5, p. 125-156, 2017.

DAMACENA, Fernanda Dalla Libera; OLIVEIRA, Francine Dearmas; DORR, Julia Marta Drebes. Direito à moradia, ocupação de áreas de risco e desastre "natural" à luz da jurisprudência do Tribunal de Justiça do Rio Grande do Sul. *Revista Culturas Jurídicas*, v. 4, n. 8, p. 270-297, mai./ago. 2017.

DE BONA, Celito. *A moradia sustentável*: um direito fundamental em formação. São Paulo: Dialética, 2023.

DENÈFLE, Sylvette *et al. Habiter Le Corbusier: pratiques sociales et théorie architecturale*. Nouvelle Édition. Rennes: Presses Universitaires, 2006. Disponível em: http://books.openedition.org/pur/12479. Acesso em 26 jun. 2023.

DERANI, Cristiane. *Direito ambiental econômico*. São Paulo: Max Limonad, 2001.

DERANI, Cristiane; DUARTE, Matheus. A sexta extinção e o direito por uma economia ecológica. *In*: NUSDEO, Ana Maria de Oliveira; TRENNEPOHL, Terence (Coord.). *Temas de direito ambiental econômico*. São Paulo: Thomson Reuters Brasil, 2019.

DIAMOND, Jared. *Colapso*: como as sociedades escolhem os fracassos ou o sucesso. 7. ed. São Paulo: Record, 2012.

DIAS, Daniela Maria dos Santos. *Planejamento e desenvolvimento urbano no sistema jurídico brasileiro*: óbices e desafios. Curitiba: Juruá, 2012.

DICKSTEIN, André Constant. *Participação pública na tomada de decisão ambiental*. Lisboa: AAFDL Editora, 2019.

DI SARNO, Daniela C. Libório. *Elementos de direito urbanístico*. São Paulo: Manole, 2004.

DUNLAP, Riley; VAN LIERE, Kent. The new environmental paradigm: a proposed measuring instrument and preliminary results. *Journal of Environmental Education*, Madison, v. 9, n. 4, p. 10-19, 1978.

ECOLOGICAL LAW AND GOVERNANCE ASSOCIATION. *Oslo manifesto for ecological law and governance*. [S. l.], jun. 2016. Disponível em: https://elgaworld.org/oslo-manifesto. Acesso em 3 jul. 2023.

ECUADOR. *Constitucion de la Republica del Ecuador 2008*. Disponível em: https://www.gob.ec/sites/default/files/regulations/2020-06/CONSTITUCION%202008.pdf. Acesso em 27 jun. 2023.

ECUADOR. Corte Provincial de Loja. *Juicio 11121-2011-0010, Casillero nº 826/2011, 30 marzo 2011*. Richard Frederick Wheeler e Eleanor Geer Huddle c/ Gobierno Provincial de Loja. Disponível em: https://elaw.org/system/files/ec.wheeler.loja_.pdf. Acesso em 27 jun. 2023.

EHRLICH, Paul R.; EHRLICH, Anne H. *The dominant animal*: human evolution and the environment. Washington DC: Island Press, 2008.

EYRET, Laurent. *From ecocrimes to ecocide*. Protecting the environment through criminal law. C-EENRG Reports, University of Cambridge, 2017. Disponível em: https://www.ceenrg.landecon.cam.ac.uk/system/files/documents/report-002.pdf. Acesso em 07 nov. 2022.

EL-HINNAWI, Essam. *Environmental Refugees*. Nairobi: United Nations Environment Programme-UNEP, 1985. Disponível em: https://digitallibrary.un.org/record/121267. Acesso em 26 out. 2022.

ELKINGTON, John. *Cannibals with forks*: the triple bottom line of 21st century business. Canadá: New Society Publishers, 1998.

ENGELMANN, Wilson. As nanotecnologias e o meio ambiente: entre os riscos e a autorregulação regulada. *In*: STRECK, Lenio Luiz; ROCHA, Leonel Severo; ENGELMANN, Wilson (Org.). *Constituição, sistemas sociais e hermenêutica*: anuário do Programa de Pós-graduação em Direito da UNISINOS: mestrado e doutorado. Porto Alegre: Liv. do Advogado; São Leopoldo: UNISINOS, 2018.

ETZKOWITZ, Henry; ZHOU, Chunyan. Hélice Tríplice: inovação e empreendedorismo universidade-indústria-governo. *Estudos Avançados*, São Paulo, v. 31, n. 90, p. 23-24, 2017. Disponível em: https://www.revistas.usp.br/eav/article/view/137883. Acesso em 3 jul. 2023.

EUROPEAN COMISSION. *Leipzig charter on sustainable European cities*. [S. l.], 2007. Disponível em: https://ec.europa.eu/regional_policy/archive/themes/urban/leipzig_charter.pdf. Acesso em 3 jul. 2023.

EUROPEAN CONFERENCE ON SUSTAINABLE CITIES & TOWNS. *Charter of European Cities & Towns Towards Sustainability*. Aalborg, Denmark 27 may. 1994. Disponível em: https://sustainablecities.eu/fileadmin/repository/Aalborg_Charter/Aalborg_Charter_English.pdf. Acesso 02 jul. 2023.

EUROPEAN COUNCIL OF TOWN PLANNERS. Conseil Européen des Urbanistes. *La nouvelle Charte d'Athènes 2003*. La vision du Conseil Européen des Urbanistes sur Les Villes du 21ième siècle. Lisbonne, 20 nov. 2003.

FARBER, Daniel. Disaster law and emerging issues in Brazil. *Revista de Estudos Constitucionais, Hermenêutica e Teoria do Direito (RECHTD)*, São Leopoldo, v. 4, n. 1, p. 2-15, jan./jul. 2012.

FARBER, Daniel. Inequality and coronavirus. *Legal Planet*, Berkeley, 24 mar. 2020. Disponível em: https://legal-planet.org/2020/03/24/inequality-and-the-coronavirus/. Acesso em 5 jul. 2023.

FARBER, Daniel. Perspectives on Inequality and the environment. *Legal Planet*, Berkeley, mar. 2021. Disponível em: https://legal-planet.org/2021/03/08/perspectives-on-inequality-and-the-environment/. Acesso em 5 jul. 2023.

FARIAS, Talden. 40 anos da lei de parcelamento do solo. *Revista Consultor Jurídico*, São Paulo, 21 dez. 2019. Disponível em: https://www.conjur.com.br/2019-dez-21/ambiente-juridico-40-anos-lei-parcelamento-solo#sdfootnote9sym. Acesso em 5 jul. 2023.

FERNANDES, Edésio. *Direito urbanístico*. Belo Horizonte: Del Rey, 1998.

FERNANDES, Edésio. *Regularização de assentamentos informais na América Latina*. Cambridge: Lincoln Institute of Land Policy, 2011. Disponível em: https://www.lincolninst.edu/sites/default/files/pubfiles/regularizacao-assentamentos-informais-full_1.pdf. Acesso em 5 jul. 2023.

FERREIRA, Antonio Rafael Marchezan. Os movimentos sociais como fontes do direito urbanístico na ordem jurídica plural contemporânea. *In*: LIBÓRIO, Daniela Campos (Coord.). *Direito urbanístico*: fontes do direito urbanístico e direito à cidade. Belo Horizonte: Fórum, 2020.

FERREIRA, Pinto. *Comentários à Constituição brasileira*. São Paulo: Saraiva, 1989. v. 5.

FERREIRA, Ximena Cardoso. *Inundações urbanas*: gestão de riscos com foco na prevenção de danos. Rio de Janeiro: Lumen Juris, 2019.

FERRER, Gabriel Real. Calidad de vida, médio ambiente, sostenibilidad y ciudadanía: construímos juntos el futuro? *Revista Novos Estudos Jurídicos*, Itajaí, v. 17, n. 3, p. 319-321, set./dez. 2012. Disponível em: https://periodicos.univali.br/index.php/nej/article/view/4202/2413. Acesso em 30 jun. 2023.

FERRI, Giovani. A evolução e implementação dos ODS 13 (ações contra a mudança global do clima) e o papel do Ministério Público. *In*: GAIO, Alexandre (Org.). *A Política nacional de mudanças climáticas em ação* [livro eletrônico]: a atuação do Ministério Público. 1. ed. Belo Horizonte: Abrampa, 2021.

FERRI, Giovani; WEDY, Gabriel. A Opinião Consultiva 23/17 da Corte Interamericana sob um tríplice enfoque: meio ambiente, direitos humanos e desenvolvimento sustentável. *Revista Direito Ambiental e sociedade*, v. 12, n. 02, p. 284-312, mai./ago. 2022. Disponível em: http://www.ucs.br/etc/revistas/index.php/direitoambiental/article/view/9078. Acesso em 6 fev. 2023.

FERRI, Giovani. A Pandemia e seus reflexos jurídicos: em busca de um direito resolutivo. *In*: CAMBI, Eduardo; GIACOIA, Gilberto; BONAVIDES, Samia Saad Gallotti (Org.). *Covid-19 e Ministério Público*. 1. ed. Belo Horizonte: D'Placido, 2020.

FERRI, Giovani; BALENSIEFER, Patrícia Rangel. A violação ao princípio da prevenção no desastre de Brumadinho/MG e a omissão fiscalizatória nas atividades de mineração no Brasil. *In*: *Revista Jurídica do Ministério Público do Estado do Paraná*, Curitiba, a. 6, n. 11, p. 15-54, dez. 2019.

FERRI, Giovani. O estado de direito ambiental e os impactos da Covid-19 no cumprimento dos Objetivos de Desenvolvimento Sustentável. *In*: WEDY, Gabriel; FERRI, Giovani (Org.). *O Estado de Direito Contemporâneo e seus Desafios*. Blumenau: Dom Modesto, 2021.

FERRI, Giovani. O princípio do desenvolvimento sustentável e a logística reversa na Política Nacional de Resíduos Sólidos (Lei nº 12.305/2010). *Revista dos Tribunais*, v. 912, p. 95-115, out. 2011.

FIGUEIREDO, Lúcia Valle. *Disciplina urbanística da propriedade*. 2. ed. rev. atual. São Paulo: Malheiros, 2005.

FIORILLO, Celso Antonio Pacheco. *Curso de direito ambiental brasileiro*. 13. ed. São Paulo: Saraiva, 2012.

FIORILLO, Celso Antonio Pacheco. *Estatuto da cidade comentado*: Lei nº 10.257/2001 – Lei do meio ambiente artificial. São Paulo: Revista dos Tribunais, 2002.

FIORILLO, Celso Pacheco. Fundamentos constitucionais do direito ambiental brasileiro. *Revista do Tribunal Regional Federal da 3ª Região (RTRF3)*, São Paulo, n. 76, p. 91, 2006.

FOOD AND AGRICULTURE ORGANIZATION OF THE UNITED NATIONS (FAO). *The state of food security and nutrition in the word 2020*. Roma, 2020. Disponível em: http://www.fao.org/3/ca9692en/ca9692en.pdf. Acesso em 27 jun. 2023.

FÓRUM DAS CIDADES. *Programa de ação de Lille*. Lisboa, 2020. Disponível em: https://www.forumdascidades.pt/content/programa-de-acao-de-lille. Acesso em 30 jun. 2023.

FÓRUM SOCIAL MUNDIAL. *Carta mundial pelo direito à cidade*. V Fórum Social Mundial. Porto Alegre, 2005. Disponível em: https://polis.org.br/wp-content/uploads/2021/09/Carta-Mundial-pelo-Direito-a-Cidade.pdf. Acesso em 30 jun. 2023.

FRANCISCO, Papa. *Carta Encíclica Fratelli Tutti, do Santo Padre Francisco*: sobre a fraternidade e a amizade social. Vaticano, 2020. Disponível em: https://www.vatican.va/content/francesco/pt/encyclicals/documents/papa-francesco_20201003_enciclica-fratelli-tutti.html. Acesso em 5 jul. 2023.

FRANCISCO, Papa. *Carta Encíclica Laudato Si, do Santo Padre Francisco*: sobre o cuidado da casa comum. Vaticano, 2015. Disponível em: http://www.vatican.va/content/francesco/pt/encyclicals/documents/papa-francesco_20150524_enciclica-laudato-si.html. Acesso em 27 jun. 2023.

FRASER, Nancy. Redistribuição, Reconhecimento e Participação: por uma concepção integral da justiça. *In*: SARMENTO, Daniel; IKAWA, Daniela; PIOVESAN, Flávia (Org.). *Igualdade, diferença e direitos humanos*. Rio de Janeiro: Lumen Juris, 2010.

FREITAG, Bárbara. *Teorias da cidade*. Campinas: Papirus, 2006.

FREITAS, José Carlos de. O estatuto da cidade e o equilíbrio do espaço urbano. *In*: FREITAS, Jose Carlos de (Org.). *Temas de direito urbanístico 3*. São Paulo: Ministério Público de São Paulo, 2001.

FREITAS, Juarez. *Sustentabilidade*: direito ao futuro. 4. ed. Belo Horizonte: Fórum, 2019.

FREITAS, Mariana Almeida Passos de; FREITAS, Vladimir Passos de. A complexidade das ações civis públicas envolvendo meio ambiente e populações vulneráveis. *In*: MILARÉ, Édis (Coord.). *Ação Civil Pública após 30 anos*. São Paulo: Revista dos Tribunais, 2005.

FREITAS, Vladimir Passos de; FREITAS, Mariana Almeida Passos de. A ação civil pública e a judicialização das políticas públicas ambientais. *In*: MILARÉ, Édis (Coord.). *Ação civil pública após 35 anos*. 1. ed. São Paulo: Thomson Reuters Brasil, 2020.

FUNDAÇÃO PERSEU ABRAMO. Estudo ranqueia municípios mais vulneráveis ao coronavírus. *Boletim de Análise da Conjuntura,* São Paulo, a. 5, n. 45, p. 17, mar./abr. 2020. Disponível em: https://fpabramo.org.br/2020/04/16/estudo-ranqueia-municipios-mais-vulneraveis-ao-coronavirus/. Acesso em 5 jul. 2023.

GALVÃO, Ilmar. A ação civil pública e o Ministério Público. *In*: WALD, Arnoldo. *Aspectos polêmicos da ação civil pública.* São Paulo: Saraiva, 2003.

GARCIA, Emerson; ALVES, Rogério Pacheco. *Improbidade Administrativa.* 9 ed. São Paulo: Saraiva, 2017.

GASPARINI, Diógenes. Alterações da lei do parcelamento do solo urbano. *Revista de Direito Imobiliário,* São Paulo, v. 22, n. 46, p. 66-70, jan./jun. 1999.

GATTES, Bill. *How to avoid a climate disaster*: the solutions we have and the breakthroughs we need. New York: Knopf, 2021.

GEHL, Jan. *Cidades para Pessoas.* (Trad. Anita di Marco). 2. ed. São Paulo: Perspectiva, 2013.

GERMANY. Federal Constitutional Court. *Neubauer et al v. Germany.* [S. l.], 2020. Disponível em: http://climatecasechart.com/non-us-case/neubauer-et-al-v-germany/. Acesso em 26 jun. 2023.

GIDDENS, Anthony. *Modernidade e identidade.* (Trad. Plinio Dentzien). Rio de Janeiro: Jorge Zahar Editor, 2002.

GIDDENS, Anthony. *Para além da esquerda e da direita.* São Paulo: Editora da Universidade Estadual Paulista, 1996.

GIMENEZ, Teresa Vicente. As relaciones entre la naturaleza y el derecho: justicia climática y derechos humanos, justicia ecológica y derechos de la naturaleza. *Revista Electrónica de Derecho Ambiental: medio ambiente & derecho,* Sevilla, n. 37, p. 3, 2020. Disponível em: https://dialnet.unirioja.es/servlet/articulo?codigo=7724482. Acesso em 27 jun. 2023.

GLOBAL FOOTPRINT NETWORK. *Ecological Footprint.* [S. L.], 2021. Disponível em: https://www.footprintnetwork.org/. Acesso em 27 jun. 2023.

GOMES, Laurentino. *Escravidão*: da corrida do ouro em Minas Gerais até a chegada da corte de Dom João ao Brasil. 1. ed. São Paulo: Globo Livros, 2021. v. II.

GONÇALVES, Alfredo José. Migrações internas: evoluções e desafios. *Estudos Avançados,* São Paulo, v. 15, n. 43, p. 174, set./dez, 2001. Disponível em: https://www.revistas.usp.br/eav/article/view/9830. Acesso em 30 jun. 2023.

GONÇALVES, Nathália Assmann; WENCESLAU, Ethiene V. de Souza. A cidade que (re)produz racismo: uma análise materialista histórica das transformações urbanas no Brasil. *In*: MOTA, Maurício; TORRES, Marcos Azevedo; MOURA, Emerson. *Desafios do planejamento urbano no século XXI*: políticas públicas, democracia, econômica e moradia. Rio de Janeiro: Lumen Iuris, 2018.

GRAU, Eros. *Ensaio e discurso sobre a interpretação/aplicação do direito.* 5. ed. São Paulo: Malheiros, 2009.

GRECO-SANTOS, Bruno. *In*: MEDAUAR, Odete *et al.* (Coord.). *Direito urbanístico*: estudos fundamentais. Belo Horizonte: Fórum, 2019.

GREGORY, Derek *et al.* (Ed.). *The dictionary of human geography*. 5th ed. Oxford: Wiley-Blackwell, 2009.

GRUPO DE ESTUDOS DOS NOVOS ILEGALISMOS-UFF e INSTITUTO FOGO CRUZADO. *Mapa Histórico dos Grupos Armados do Rio de Janeiro*. Rio de Janeiro: Universidade Federal Fluminense, 2022. (Coord. Daniel Hirata). Disponível em: https://geni.uff.br/wp-content/uploads/sites/357/2022/09/Relatorio_Mapa_Grupos_Armados_Geni_WEB.pdf. Acesso em 19 set. 2022.

GUATTARI, Félix. *¿Qué es la ecosofía? Textos presentados y agenciados por Stéphane Nadaud*. Ciudad Autónoma de Buenos Aires: Cactus, 2015.

GUETTA, Maurício. Notas sobre a ação civil pública como instrumento indutor da efetividade de deveres fundamentais em matéria ambiental. *In*: MILARÉ, Édis (Coord.). *Ação civil pública após 35 anos*. 1. ed. São Paulo: Thomson Reuters Brasil, 2020.

GUEVARA, Arnoldo J. de Hoyos; SILVA, Luciano Ferreira da. O panorama do desenvolvimento local sustentável nas cidades brasileiras. *In*: CONTI, Diego de Meio; VIEIRA, Vinnícius Lopes Ramos (Org.). *O futuro das cidades*: sustentabilidade, inteligência urbana e modelos de viabilidade utilizando PPPs e concessões. São Paulo: Casa de Soluções, 2020.

GUIMARÃES, Angélica. A ordem jurídica urbana e o direito à cidade: uma leitura crítica sob o olhar da Constituição Federal de 1988. *In*: LIBÓRIO, Daniela Campos (Coord.). *Direito urbanístico*: fontes do direito urbanístico e direito à cidade. Belo Horizonte: Fórum, 2020.

GUIMARÃES, Patrícia Borba Vilar; XAVIER, Yanko Marcius de Alencar. Smart cities e direito: conceitos e parâmetros de investigação da governança urbana contemporânea. *Revista de Direito da Cidade*, Rio de Janeiro, v. 8, n. 4, p. 1362-1380, 2016.

HÄBERLE, Peter. *Hermenêutica Constitucional – a sociedade aberta dos intérpretes da Constituição*: contribuição para a interpretação pluralista e "procedimental" da Constituição. (Trad. Gilmar Ferreira Mendes). Porto Alegre: Sergio Antonio Fabris Editor, 2022.

HALL, Peter. *Cidades do amanhã*: uma história intelectual do planejamento e do projeto urbano no século XX. (Trad. Pérola de Carvalho). 4. ed. São Paulo: Perspectiva, 2016.

HARARI, Yuval Noah. *21 lições para o século XXI*. (Trad. Paulo Geiger). São Paulo: Companhia das Letras, 2018.

HARARI, Yuval Noah. *Homo Deus*: uma breve história do amanhã. (Trad. Paulo Geiger). 1. ed. São Paulo: Companhia das Letras, 2016.

HARARI, Yuval Noah. *Sapiens*: uma breve história da humanidade. (Trad. Jorio Dauster). São Paulo: Companhia das Letras, 2020.

HARDIN, Garret. The Tragedy of the Commons. *Science*, Washington, v. 162, p. 1243-1248, 1968.

HARVEY, David. *Cidades rebeldes*: do direito à cidade à revolução urbana. (Trad. Jeferson Camargo). São Paulo: Martins Fontes, 2014.

HEIDEGGER, Martin. *Ensaios e conferências*: construir, habitar e pensar. (Trad. Emanuel Leão, Gilvan Fogel e Márcia Sá C. Schuback). Petrópolis: Vozes, 2008.

HERCULANO, Selene. Justiça ambiental: de Love Canal à Cidade dos Meninos, em uma perspectiva comparada. *In*: MELLO, Marcelo Pereira de (Org.). *Justiça e sociedade*: temas e perspectivas. São Paulo: LTr, 2001.

HOBBES, Thomas. *Leviatã ou matéria, forma e poder de um estado eclesiástico e civil*. (Trad. João Paulo Monteiro e Maria Beatriz Nizza da Silva). São Paulo: Martins Fontes, 2003.

HOLMES, Stephen; SUNSTEIN, Cass. *O custo dos direitos*: porque a liberdade depende dos impostos. Martins Fontes: São Paulo, 2019.

IDOETA, Paula Adamo. Sem wi-fi, pandemia cria novo símbolo de desigualdade na educação. *BBC Brasil*, São Paulo, 3 out. 2020. Disponível em: https://www.bbc.com/portuguese/brasil-54380828. Acesso em 10 set. 2022.

INSTITUTO CIDADES SUSTENTÁVEIS. *Índice de Desenvolvimento Sustentável das Cidades*. Brasil, 2022. Disponível em: https://idsc.cidadessustentaveis.org.br/. Acesso em 09 jul. 2023.

INSTITUTION OF CIVIL ENGINEERS. *Aberfan disaster*: lessons learned. [S. l.], 2016. Disponível em: https://www.ice.org.uk/what-is-civil-engineering/what-do-civil-engineers-do/aberfan-disaster-lessons-learnt. Acesso em 5 jul. 2023.

INSTITUTO BRASILEIRO DE GEOGRAFIA E ESTATÍSTICA (IBGE). *Áreas urbanizadas do Brasil 2019*: Coordenação de Meio Ambiente. Rio de Janeiro, 2022. Disponível em: https://biblioteca.ibge.gov.br/visualizacao/livros/liv101973_informativo.pdf. Acesso em 23 nov. 2022.

INSTITUTO BRASILEIRO DE GEOGRAFIA E ESTATÍSTICA (IBGE). *Censo demográfico 1940-2010*: taxa de urbanização. Rio de Janeiro, 2010. Disponível em: https://seriesestatisticas.ibge.gov.br/series.aspx?vcodigo=POP122. Acesso em 30 jun. 2023.

INSTITUTO BRASILEIRO DE GEOGRAFIA E ESTATÍSTICA (IBGE). Censo Demográfico. *Prévia da População dos Municípios com base nos dados do Censo Demográfico 2022 coletados até 25.12.2022*. Rio de Janeiro, 2022. Disponível em: https://biblioteca.ibge.gov.br/visualizacao/livros/liv101662.pdf. Acesso em 2 abr. 2023.

INSTITUTO BRASILEIRO DE GEOGRAFIA E ESTATÍSTICA (IBGE). *Estimativas da população residente para os municípios e para as unidades da federação brasileiros com data de referência em 1º de julho de 2019*. Rio de Janeiro, 2019. Disponível em: https://biblioteca.ibge.gov.br/visualizacao/livros/liv101662.pdf. Acesso em 2 jul. 2023.

INSTITUTO BRASILEIRO DE GEOGRAFIA E ESTATÍSTICA (IBGE). Quase dois terços das favelas estão a menos de dois quilômetros de hospitais. *Agência IBGE Notícias*, Rio de Janeiro, 2020. Disponível em: https://agenciadenoticias.ibge.gov.br/agencia-noticias/2012-agencia-de-noticias/noticias/27728-quase-dois-tercos-das-favelas-estao-a-menos-de-dois-quilometros-de-hospitais. Acesso em 5 jul. 2023.

INSTITUTO BRASILEIRO DE GEOGRAFIA E ESTATÍSTICA (IBGE). *Subnormais 2019*: classificação preliminar para o enfrentamento à COVID-19. Rio de Janeiro, 2020. Disponível em: https://dadosgeociencias.ibge.gov.br/portal/sharing/rest/content/items/e537f2bbd43743198f99c77dfc878bff/data. Acesso em 5 jul. 2023.

INSTITUTO DE PESQUISA ECONÔMICA APLICADA. *Relatório brasileiro para a Habitat III*. Brasília, DF: 2016. Disponível em: https://www.ipea.gov.br/portal/index.php?option=com_content&view=article&id=27266. Acesso 30 jun. 2023.

INSTITUTO DE PESQUISAS TECNOLÓGICAS. *Carta geotécnica*. São Paulo, 2021. Disponível em: http://www.ipt.br/institucional/campanhas/16-voce_sabia_que_o_ipt_elaborou_a_primeira_carta_geotecnica_do_pais_.htm. Acesso em 5 jul. 2023.

INSTITUTO DO PATRIMÔNIO HISTÓRICO E ARTÍSTICO NACIONAL (IPHAN). *Carta de Washington para a salvaguarda das cidades históricas*. Brasília, DF: Instituto do Patrimônio Histórico e Artístico Nacional, 1987. Disponível em: http://portal.iphan.gov.br/uploads/ckfinder/arquivos/Carta%20de%20Washington%201987.pdf. Acesso em 30 jun. 2023.

INSTITUTO DO PATRIMÔNIO HISTÓRICO E ARTÍSTICO NACIONAL (IPHAN). *Carta de Machu Picchu*. Brasília, DF: Instituto do Patrimônio Histórico e Artístico Nacional, dez. 1977. Disponível em: http://portal.iphan.gov.br/uploads/ckfinder/arquivos/Carta%20de%20Machu%20Picchu%201977.pdf. Acesso em 30 jun. 2023.

INSTITUTO NACIONAL DE COLONIZAÇÃO E REFORMA AGRÁRIA (INCRA). *Instrução Normativa nº 82, de 27 de março de 2015*. Dispõe sobre os procedimentos para atualização cadastral no Sistema Nacional de Cadastro Rural e dá outras providências. Brasília, DF, 2015. Disponível em: https://antigo.incra.gov.br/media/docs/legislacao/instrucao-normativa/in_82_2015.pdf. Acesso em 5 jul. 2023.

INSTITUTO NACIONAL DE COLONIZAÇÃO E REFORMA AGRÁRIA (INCRA). *Nota Técnica INCRA/DF/ DFC nº 02/2016*. Brasília, DF: Instituto Nacional de Colonização e Reforma Agrária, 2016. Disponível em: https://urbanismo.mppr.mp.br/arquivos/File/Nota_Tecnica_02_2016_IN_82_INCRA.pdf. Acesso 5 jul. 2023.

INTERGOVERNMENTAL PANEL ON CLIMATE CHANGE (IPCC). Climate Change 2013. *The physical science basis*. Summary for policymakers. Working group I Contribution to the Fifth Assesment Report of the Intergovermental Panel on Climate Change. [S. l.], 2013. Disponível em: https://www.ipcc.ch/site/assets/uploads/2018/02/WG1AR5_SPM_FINAL.pdf. Acesso em 27 jun. 2023.

INTERGOVERNMENTAL PANEL ON CLIMATE CHANGE (IPCC). Summary for policymakers. *In*: *Special report*: global warming of 1,5ºC. Geneva: World Meteorology Organization, 2019. p. 1-24. Disponível em: https://www.ipcc.ch/site/assets/uploads/sites/2/2019/05/SR15_SPM_version_report_LR.pdf. Acesso em 27 jun. 2023.

INTERGOVERNMENTAL PANEL ON CLIMATE CHANGE (IPCC). Summary for policymakers. *In*: *Climate change 2021*: the physical science basis. Contribution of working group I to the Sixth Assessment Report of the Intergovernmental Panel on Climate Change. Edity by Valérie Masson-Delmotte *et al.* Cambridge: Cambridge University Press, 2021. Disponível em: https://www.ipcc.ch/report/ar6/wg1/downloads/report/IPCC_AR6_WGI_SPM.pdf. Acesso em 27 jun. 2023.

INTERGOVERNMENTAL PANEL ON CLIMATE CHANGE (IPCC). Summary for policymakers. *In*: *Climate Change 2022*: Impacts, Adaptation and Vulnerability. Cambridge: Cambridge University Press, 2022. Disponível em: https://www.ipcc.ch/report/ar6/wg2/downloads/report/IPCC_AR6_WGII_SummaryForPolicymakers.pdf. Acesso em 27 jun. 2023.

INTERGOVERNMENTAL PANEL ON CLIMATE CHANGE (IPCC). *Synthesis Report 2 of the IPCC sixth assessment report (AR6)*. Summary for Policymakers, 2023. Disponível em: https://report.ipcc.ch/ar6syr/pdf/IPCC_AR6_SYR_SPM.pdf. Acesso em 21 mar. 2023.

INTERGOVERNMENTAL PLATFORM ON BIODIVERSITY AND ECOSYSTEM SERVICES (IPBES). *Plataforma intergubernamental científico-normativa sobre diversidad biológica y servicios de los ecosistemas*. París, 2019. Disponível em: https://ipbes.net/sites/default/files/ipbes_7_10_add.1_es.pdf. Acesso em 30 jun. 2023.

INTERNAL DISPLACEMENT MONITORING CENTRE. *Global report on internal displacement 2020*. New York, 2020. Disponível em: https://www.internal-displacement.org/global-report/grid2020/. Acesso em 25 jan. 2023.

INTERNATIONAL ASSOCIATION OF EDUCATING CITIES (IAEC). *Charter of educating cities*. Barcelona, 1990. Disponível em: https://www.edcities.org/wp-content/uploads/2020/11/ENG_Carta.pdf. Acesso em 30 jun. 2023.

INTERNATIONAL ORGANIZATION FOR MIGRATION – IOM. *Environmental migrant*. Switzerland, 2021. Disponível em: https://www.iom.int/key-migration-terms#Environmental-migrant. Acesso em 26 out. 2022.

INTERNATIONAL ORGANIZATION FOR STANDARDIZATION (ISO). *ISO 15392:2019*: sustainability in buildings and civis engineering works. General principles. [S. l.], dez. 2019. Disponível em: https://www.iso.org/standard/69947.html. Acesso em 3 jul. 2023.

INTERNATIONAL ORGANIZATION FOR STANDARDIZATION (ISO). *ISO 21930:2017*: sustainability in buildings and civil engineering works. Core rules for environmental product declarations of construction products and services. [S. l.], dez. 2017. Disponível em: https://www.iso.org/obp/ui/#iso:std:iso:21930:ed-2:v1:en. Acesso em 3 jul. 2023.

INSTITUTO NACIONAL DE COLONIZAÇÃO E REFORMA AGRÁRIA (INCRA). *Instrução Especial nº 5, de 29 de julho de 2022 do INCRA*: dispõe sobre os índices básicos cadastrais e os parâmetros para o cálculo do módulo rural. Disponível em: https://www.in.gov.br/en/web/dou/-/instrucao-especial-n-5-de-29-de-julho-de-2022-418986404. Acesso em 28 dez. 2022.

IPM SISTEMAS. *Reduzir o uso de papel gera economia e produtividade para as gestões públicas*. Florianópolis, 18 mar. 2021. Disponível em: https://www.ipm.com.br/administracao-geral/reduzir-o-uso-de-papel-gera-economia-e-produtividade-para-as-gestoes-publicas/. Acesso em 3 jul. 2023.

JACOBS, Jane. *Morte e vida das grandes cidades*. (Trad. Carlos Rosa). 3. ed. São Paulo: Martins Fontes, 2011.

JOÃO PAULO II, Papa. *Carta Encíclica Centesimus Annus, do Sumo Pontífice João Paulo II*. Vaticano, 1991. Disponível em: https://www.vatican.va/content/john-paul-ii/pt/encyclicals/documents/hf_jp-ii_enc_01051991_centesimus-annus.html. Acesso em 16 jun. 2023.

JONAS, Hans. *El princípio de responsabilidad*: ensayo de uma ética para la civilización tecnológica. Barcelona: Herder, 1995.

JUNGES, José Roque. *Ecologia e criação*: resposta cristã à crise ambiental. São Paulo: Loyola, 2001.

KAWAAL, Jason. A History of Environmental Ethics. *In*: GARDINER, Stephen M.; THOMPSON, Allen. *The Oxford Handbook of Environmental Ethics*. Oxford: Oxford University Press, 2017.

KANTER, R. M.; LITOW, S. S. Informed and interconnected: a manifesto for smarter cities. *Harvard Business School General Management Unit Working Paper*, [S. l.], v. 9, n. 141, p. 1-27, 2009. Disponível em: http://papers.ssrn.com/sol3/papers.cfm?abstract_id=1420236. Acesso em 3 jul. 2023.

KIBERT, Charles J. *Establishing principles and a model for sustainable construction*. CIB TG 16, Sustainable Construction, Tampa, 1994. Disponível em: https://www.irbnet.de/daten/iconda/CIB_DC24773.pdf. Acesso em 3 jul. 2023.

KOBAYASHI, A. R. K. *et al*. Cidades inteligentes e sustentáveis: estudo bibliométrico e de informações patentárias. *International Journal of Innovation*, [S. l.], v. 5, n. 1, p. 89-91, 2017. Disponível em: https://papers.ssrn.com/sol3/papers.cfm?abstract_id=3000420. Acesso em 3 jul. 2023.

KOLBERT, Elizabeth. *A sexta extinção*: uma história não natural. Rio de Janeiro: Intrínseca, 2015.

KOTZÉ, Louis J.; MARAUHN. Thilo. A New Paradigm for Biodiversity Governance in a Transnational World. *In*: KOTZÉ, Louis J.; MARAUHN. Thilo (Ed.). *Transboundary governance of biodiversity*: Legal aspects of sustainable development. Leiden/Boston: Brill Nijhoff, 2014.

KUNZIG, Robert. The sixth extinction: a conversation with Elizabeth Kolbert. *National Geographic*, [S. L.], 20 feb. 2014. Disponível em: https://www.nationalgeographic.com/science/article/140218-kolbert-book-extinction-climate-science-amazon-rain-forest-wilderness. Acesso em 27 jun. 2023.

LEÃO XIII, Papa. *Carta Encíclica Rerum Novarum*: sobre a condição dos operários. Vaticano, 1891. Item 19. Disponível em: https://www.vatican.va/content/leo-xiii/pt/encyclicals/documents/hf_l-xiii_enc_15051891_rerum-novarum.html. Acesso em 5 jul. 2023.

LEFEBVRE, Henry. *O direito à cidade*. (Trad. Rubens Eduardo Frias). 5. ed. São Paulo: Centauro, 2015.

LEFF, Enrique. Complexidade, interdisciplinaridade e saber ambiental. *In*: PHILIPPI JR., Arlindo (Org.). *Interdisciplinaridade em ciências ambientais*. São Paulo: Signus, 2000.

LEFF, Enrique. *Discursos sustentáveis*. (Trad. Silvana C. Leite). São Paulo: Cortez, 2010.

LEFF, Enrique. *Racionalidade ambiental*: a reapropriação social da natureza. (Trad. Luís Carlos Cabral). Rio de Janeiro: Civilização Brasileira, 2006.

LEFF, Enrique. *Saber ambiental*: sustentabilidade, racionalidade, complexidade, poder. Petrópolis: Vozes, 2002.

LE GOFF, Jacques. *As raízes medievais da Europa*. (Trad. Jaime A. Clasen). Petrópolis: Vozes, 2007.

LEITE, Carlos; AWAD, Juliana Di Cesare Marque. *Cidades Sustentáveis, cidades inteligentes*: desenvolvimento sustentável num planeta urbano. Porto Alegre: Bookman, 2012.

LEITE, José R. Morato; FERREIRA, Heline Sivini. A expressão do Estado de Direito Ambiental na Constituição Federal de 1988. *In*: LEITE, José R. Morato; FERREIRA, Heline S.; CAETANO, Matheus Almeida (Org.). *Repensando o estado de direito ambiental*. Florianópolis: Fundação Boiteux, 2012.

LEITE, José R. Morato; SILVEIRA, Paula Galbiatti; BETTEGA, Belisa. Princípios estruturantes do estado de direito para a natureza. *In*: LEITE, José R. Morato; DINNEBIER, Flávia França (Org.). *Estado de direito ecológico*: conceito, conteúdo e novas dimensões para a proteção da natureza. São Paulo: Instituto O Direito por um Planeta Verde, 2017.

LEITE, José R. Morato. Sociedade de risco e Estado. *In*: CANOTILHO, José Joaquim G.; LEITE, José R. Morato (Org.). *Direito constitucional ambiental brasileiro*. 3. ed. São Paulo: Saraiva, 2010.

LEITE, José R. Morato; AYALA, Patryck de Araújo. *Dano ambiental*: do individual ao coletivo extrapatrimonial. Teoria e Prática. 3. ed. São Paulo: Revista dos Tribunais, 2010.

LEITE, José Rubens Morato; CODONHO, Maria L. P. C. Ferreira; PEIXOTO, Bruno Teixeira. Por uma Nova Geração de Direito Ambiental: implementação e o geodireito. *In*: LEITE, José Rubens Morato; BORATTI, Larissa Verri; CAVEDON-CAPDEVILLE, Fernanda de S. (Org.). *Direito Ambiental e Geografia*: relação entre geoinformação, marcos legais, políticas públicas e processos decisórios. Rio de Janeiro: Lumen Juris, 2020.

LEITE, José R. Morato; BORATTI, Larissa Verri; CAVEDON-CAPDEVILLE, Fernanda de S. (Org.). *Direito Ambiental e Geografia*: relação entre geoinformação, marcos legais, políticas públicas e processos decisórios. Rio de Janeiro: Lumen Juris, 2020.

LEUZINGER, Márcia Dieguez *et al*. *Os 40 anos da Política Nacional de Meio Ambiente*. Brasília, DF: ICPD – Centro Universitário de Brasília, 2021.

LEVIN, Alexandre. Atos de Improbidade Administrativa Praticados Contra a Ordem Urbanística: Estudo Sobre o Art. 52 do Estatuto da Cidade. *Revista Brasileira de Estudos da Função Pública*, Belo Horizonte, a. 3, n. 8, p. 125-150, mai./ago. 2014.

LIBÓRIO, Daniela Campos. Meio ambiente urbano, moradia e a mulher. *In*: SANCHES BRAVO, Álvaro; ANGELIN, Rosangela (Ed.). *Mujeres y medioambiente*: feminismo y ecologia. Sevilla: Punto Rojo, 2014.

LIRA, Ricardo Pereira. **Direito à habitação e direito de propriedade**. *Revista da Faculdade de Direito da UERJ*, Rio de Janeiro, n. 6/7, p. 81, 1998.

LOCATELLI, Paulo Antônio. *Elementos para a sustentabilidade da regularização fundiária urbana nas áreas de preservação permanente*: os desafios para a proteção do meio ambiente e o desenvolvimento urbano. Rio de Janeiro: Lumen Iuris, 2021.

LOCATELLI, Paulo Antônio. O Geodireito como instrumento para a construção da justiça territorial e socioecológica. *In*: LEITE, José Rubens Morato; CAVEDON-CAPDEVILLE, Fernanda de S.; DUTRA, Tônia A. Horbatiuk (Org.). *Geodireito, Justiça Climática e Ecológica*: perspectivas para a América Latina. 1. ed. São Paulo, SP: Instituto O direito por um Planeta Verde, 2022.

LOPES, Ana Maria D'ávila; MARQUES, Lucas Barjud. Proteção indireta do direito ao meio ambiente na jurisprudência das Cortes Europeia e Interamericana de direitos humanos. *Revista Brasileira de Direito Animal*, Salvador, v. 14, n. 1, p. 60, jan./abr. 2019.

LORENZETTI, Ricardo Luis; LORENZETTI, Pablo. *Derecho ambiental*. Santa Fé: Rubinzal-Culzoni, 2008.

LORENZETTI, Ricardo Luis. El impacto de la Declaración de Estocolmo en la configuración del derecho y la jurisprudencia ambientales globales. *Revista de Derecho Ambiental – doctrina, jurisprudencia, legislación y práctica. Dossier especial*: 50 años del derecho ambiental, Buenos Aires, n. 71, p. 3, jul./sep. 2022.

LOVELOCK, James. *Gaia: a new look at life on earth*. 3rd ed. Oxford: Oxford University Press, 1979.

LÖWY, Michael. Crise ecológica, capitalismo, altermundialismo: um ponto de vista ecossocialista. *Interfacehs: Revista de Gestão Integrada em Saúde do Trabalho e Meio Ambiente*, São Paulo, v. 4, n. 3, p. 135, 2009.

LÖWY, Michael. *Ecologia e socialismo*. São Paulo: Cortez, 2005.

LUHMANN, Niklas. *Complejidad y modernidad*: de la unidad a la diferencia. Madrid: Trotta, 1998.

LUHMANN, Niklas. *Sistemas sociales*: lineamentos para uma teoria general. México: Alianza, Universidad Iberoamericana, 1991.

LUHMANN, Niklas. *Sociologia del riesgo*. 3. ed. México, D.F: Universidad Iberoamericana, 2006.

LYNCH, Kevin. *A imagem da cidade*. (Trad. Jefferson Camargo). São Paulo: Martins Fontes, 2018.

MACHADO, Paulo A. Leme. *Direito ambiental brasileiro*. 21. ed. São Paulo: Malheiros, 2013.

MANCUSO, Rodolfo de Camargo. *Interesses difusos*: conceito e legitimação para agir. 9. ed. rev. atual. e ampl. São Paulo: Thomson Reuters Brasil, 2019.

MAPBIOMAS. *Destaques do mapeamento anual das áreas urbanizadas no brasil entre 1985*. 2022. Disponível em: https://mapbiomas-br-site.s3.amazonaws.com/MapBiomas_Area_Urbanizada_2022_03_11.pdf. Acesso em 12 nov. 2022.

MARCHESAN, Ana Maria Moreira. Proteção do patrimônio cultural urbano à luz do Estatuto da Cidade (Lei nº 10.257/2001). *Revista Brasileira de Direito Municipal – RBDM*, Belo Horizonte, a. 23, n. 85, p. 43-64, jul./set. 2022.

MARICATO, Ermínia. *A cidade do pensamento único*: desmanchando consensos. 8. ed. Petrópolis: Vozes, 2020.

MARICATO, Ermínia. *Brasil, cidades*: alternativas para a crise urbana. 7. ed. Petrópolis: Vozes, 2013.

MARICATO, Erminia. *Metrópole na periferia do capitalismo*: ilegalidade, desigualdade e violência. São Paulo: Hucitec, 1996.

MARICATO, Ermínia. *Para entender a crise urbana*. 1. ed. São Paulo: Expressão Popular, 2015.

MARTÍNEZ ALIER, Joan. *El ecologismo de los pobres*: conflictos ambientales y lenguajes de valoración. 4. ed. ampl. Lima: Espiritrompa Ediciones, 2010.

MARTINEZ, R.; MALDONADO, C.; SCHÖNSTEINER, J. (Eds.). *Inclusión y movilidad urbana con un enfoque de derechos humanos e igualdad de género*: marco de análisis e identificación de instrumentos de política para el desarrollo de sistemas sostenibles de movilidad urbana en América Latina, Documentos de Proyectos (LC/TS.2022/74). Santiago: Comisión Económica para América Latina y el Caribe (CEPAL), 2022.

MARTINS, João Cândido. Conheça a história dos planos diretores de Curitiba: parte I. *Notícias da Câmara Municipal de Curitiba*, Curitiba, 09 nov. 2015. Disponível em: https://www.curitiba.pr.leg.br/informacao/noticias/conheca-a-historia-dos-planos-diretores-de-curitiba-parte-i. Acesso em 5 jul. 2023.

MATTEI, Ugo; CAPRA, Fritjof. *A revolução ecojurídica*: o direito sistêmico em sintonia com a natureza e a comunidade. (Trad. Jeferson Luiz Camargo). São Paulo: Cultrix, 2018.

MATTOS, Liana Portilho. *A efetividade da função social da propriedade urbana à luz do estatuto da cidade*. Rio de Janeiro: Temas & Ideias, 2003.

MAYORGA MORA, Natalia. *Experiências de parques lineares no Brasil*: espaços multifuncionais com o potencial de oferecer alternativas a problemas de drenagem e águas urbanas. Washington, D.C.: Banco Interamericano de Desenvolvimento, 2013. (Nota técnica IDBTN, 518). Disponível em: https://publications.iadb.org/en/publications/portuguese/document/Experi%C3%AAncias-de-parques-lineares-no-Brasil-espa%C3%A7os-multifuncionais-com-o-potencial-de-oferecer-alternativas-a-problemas-de-drenagem-e-%C3%A1guas-urbanas.pdf. Acesso em 30 jun. 2023.

MAZZILI, Hugo Nigro. A natureza das funções do Ministério Público e sua posição no processo penal. *Revista dos Tribunais*, São Paulo, v. 91, n. 805, p. 467, nov. 2002.

MEADOWS, Donella H. *et al. Limites do crescimento*: um relatório para o Projeto do Clube de Roma sobre o dilema da humanidade. (Trad. Inês M. F. Litto). São Paulo: Perspectiva, 1973.

MEDAUAR, Odete. Panorama e Evolução do direito Urbanístico. *In*: MEDAUAR, Odete *et al*. (Coord.). *Direito urbanístico*: estudos fundamentais. Belo Horizonte: Fórum, 2019.

MEDAUAR, Odete; ALMEIDA, Fernando Dias Menezes de (Coord.). *Estatuto da cidade*: Lei nº 10.257, de 10.07.2001: comentários. São Paulo: Revista dos Tribunais, 2002.

MEIRELLES, Hely Lopes. *Direito de construir*. 7. ed. São Paulo: Malheiros, 1996.

MEIRELLES, Hely Lopes. *Direito municipal brasileiro*. 10. ed. São Paulo: Malheiros, 1998.

MELCHIORS, Lucia Camargos; CAMPOS, Heleniza Ávila. *Revista Política e Planejamento Regional*, Rio de Janeiro, v. 3, n. 2, p. 181-203, jul./dez. 2016.

MENEZES, Francisco. *Reconhecer para erradicar*: o impacto das desigualdades de gênero e raça na manutenção de vulnerabilidades. [S. l.]: Action Aid, 2021. Disponível em: https://actionaid.org.br/wp-content/files_mf/1630936444Relat%C3%B3rio_GT2030_vers%C3%A3o_final4_compactado.pdf. Acesso em 5 jul. 2023.

MILARÉ, Edis. *Direito do Ambiente*: a gestão ambiental em foco. 6. ed. rev., atual. e ampl. São Paulo: Revista dos Tribunais, 2009.

MORAND-DEVILLER, Jacqueline. O indivíduo e o corpo social: corpo biológico e corpo social. *In*: MARQUES, Claudia Lima; MEDAUAR, Odete; SILVA, Solange Teles da (Coord.). *O novo direito administrativo, ambiental e urbanístico*: estudos em homenagem à Jacqueline Morand-Deviller. São Paulo: Ed. Revista dos Tribunais, 2010.

MOREIRA NETO, Diogo de Figueiredo. *Mutações do direito administrativo*. 3. ed. Rio de Janeiro: Renovar, 2007.

MOREIRA, Fernando Diniz. Urbanismo e modernidade. Reflexões em torno do plano agache para o Rio de Janeiro. *Revista Brasileira de Estudos Urbanos e Regionais*, Rio de Janeiro, v. 9, n. 2, p. 95-101, nov. 2007. Disponível em: https://www.redalyc.org/pdf/5139/513951696006.pdf. Acesso em 5 jul. 2023.

MORIN, Edgar. *Hacia dónde va el mundo?* Barcelona: Paidós, 2011.

MORIN, Edgar. *A via para o futuro da humanidade*. Rio de Janeiro: Bertrand Brasil, 2015.

MOROZOV, Evgeny; BRIA, Francesca. *A cidade inteligente*: tecnologias urbanas e democracia. (Trad. Humberto do Amaral). São Paulo: Ubu Editora, 2020.

MUKAI, Sylvio Toshiro. A constitucionalidade da concessão especial para fins de moradia. *In*: MUKAY, Toshio (Org.). *Temas atuais de direito urbanístico e ambiental*. 1. ed. Belo Horizonte: Fórum, 2007.

MUKAI, Toshio. Aspectos polêmicos da lei de parcelamento urbano: controversial aspects of the urban installment law. *Revista de Direito Administrativo e Infraestrutura – RDAI*, São Paulo, v. 4, n. 15, p. 349-353, 2020. Disponível em: https://rdai.com.br/index.php/rdai/article/view/223. Acesso em 25 out. 2022.

MUKAI, Toshio. *O estatuto da cidade*: anotações à Lei nº 10.257/01. 4. ed. São Paulo: Saraiva, 2019.

MUKAI, Toshio. *Temas atuais de direito urbanístico e ambiental*. Belo Horizonte: Fórum, 2004.

MUMFORD, Lewis. *A cidade na história*: suas origens, transformações e perspectivas. 4. ed. São Paulo: Martins Fontes, 2004.

MUÑOS, Jaime Rodríguez-Arana; CARBALLAL, Almudena Fernández. *La buena administración del urbanismo*: principios y realidades jurídicas. Valencia: Tirant lo Blanch, 2018.

NAÇÕES UNIDAS BRASIL. *Acordo de Paris sobre o clima*. Brasília, DF, 2015. Disponível em: https://brasil.un.org/pt-br/node/88191. Acesso em 26 out. 2022.

NACIONES UNIDAS. Comisión Económica para América Latina y el Caribe (CEPAL). *Primera Reunión de la Conferencia de las Partes del Acuerdo Regional sobre el Acceso a la Información, la Participación Pública y el Acceso a la Justicia en Asuntos Ambientales en América Latina y el Caribe*. Santiago, 20 a 22 de abril de 2022. Disponível em: https://acuerdodeescazu.cepal.org/cop1/sites/acuerdodeescazucop1/files/22-00358_cop-ez.1_declaracion_politica.pdf. Acesso em 24 abr. 2023.

NACIONES UNIDAS. Comisión Económica para América Latina y el Caribe (CEPAL). *Segunda Reunión de la Conferencia de las Partes del Acuerdo Regional sobre el Acceso a la Información, la Participación Pública y el Acceso a la Justicia en Asuntos Ambientales en América Latina y el Caribe.* Buenos Aires, 19-21 abril, 2023. Disponível em: https://acuerdodeescazu.cepal.org/cop2/sites/acuerdodeescazucop2/files/23-00374_cop-ez.2_decision_ii.1.pdf. Acesso em 24 abr. 2023.

NAÇÕES UNIDAS BRASIL. *Agenda 2030 para o desenvolvimento sustentável.* Brasília, DF, ONU Brasil, 2015. Disponível em: https://brasil.un.org/pt-br/91863-agenda-2030-para-o-desenvolvimento-sustentavel. Acesso em 30 jun. 2023.

NAÇÕES UNIDAS. Comissão Econômica para a América Latina e o Caribe. *Acordo regional sobre acesso à informação, participação pública e acesso à justiça em assuntos ambientais na América Latina e no Caribe (Acordo de Escazú, Costa Rica, 2018).* Santiago: Nações Unidas, 2018. Disponível em: https://repositorio.cepal.org/bitstream/handle/11362/43611/S1800493_pt.pdf. Acesso em 27 jun. 2023.

NAESS, Arne. *Ecologia, comunidade y estilo de vida*: esbozos de uma ecosofía. Buenos Aires: Prometeo Libros, 2018.

NALINI, José Renato; SILVA NETO, Wilson Levy B. da. Cidade inteligentes e sustentáveis: desafios conceituais e regulatórios. *In*: CORTESE, Tatiana T. Philippi; KNIESS, Cláudia Terezinha; MACCARI, Emerson Antonio (Org.). *Cidades inteligentes e sustentáveis.* 1. ed. Barueri: Manole, 2017.

NALINI, José Renato. *Ética ambiental.* 3. ed. Campinas: Millenium, 2010.

NATIONAL OCEANIC ATMOSPHERIC ADMINISTRATION (NOAA). *Global Climate Report 2015.* [S. l.], 2015. Disponível em: https://www.ncdc.noaa.gov/sotc/global/201506. Acesso em 26 out. 2022.

NEGRI, André Del. *A divisão do espaço urbano.* Belo Horizonte: Fórum, 2012.

NETO, Djalma Alvarez Brochado; MONT'ALVERNE, Tarin Cristino Frota. Ecocídio: proposta de uma política criminalizadora de delitos ambientais internacionais ou tipo penal propriamente dito? *Revista Brasileira de Políticas Públicas,* v. 8, n. 1, p. 209-226, 2018.

NEW ZEALAND LEGISLATION. *Te awa tupua (Whanganui River Claims Settlement).* Act 2017, [S. L.], 20 mar. 2017. Disponível em: https://www.legislation.govt.nz/act/public/2017/0007/latest/whole.html. Acesso em 27 jun. 2023.

NOLASCO, Loreci Gottschalk. *Direito fundamental à moradia.* São Paulo: Pillares, 2008.

NUSSBAUM, Martha. The Costs of Tragedy, Some Moral Limits of Cost-Benefit Analysis. *In*: SCHMIDTZ, David; WILLOTT, Elizabeth. *Environmental Ethics*: What Really Matters, What Really Works. New York: Oxford University Press, 2016.

ODUM, Eugene P. *Fundamentos de ecologia.* 6. ed. Lisboa: Fundação Calouste Gulbenkian, 2004.

OLIVEIRA, Márcio Piñon de. Para compreender o 'Leviatã Urbano' – a cidadania como nexo político-territorial. *In*: CARLOS, Ana Fani Alessandri; SOUZA, Marcelo Lopes de; SPOSITO, Maria Encarnação Beltrão (Org.). *A produção do espaço urbano.* 1. ed. São Paulo: Contexto, 2019.

OLIVEIRA, Patrícia Fonseca Carlos Magno de. Direito de superfície: uma análise comparada no estatuto da cidade e no novo código civil. *Revista de Direito da Cidade,* Rio de Janeiro, v. 3, n. 2, p. 6-7, 2011.

ORGANISATION FOR ECONOMIC COOPERATION AND DEVELOPMENT (OECD). *Resilient cities.* [S. l.]: OECD, 2016. Disponível em: https://www.oecd.org/cfe/regionaldevelopment/resilient-cities.htm#:~:text=Resilient%20cities%20are%20cities%20that,cities%20can%20increase%20their%20resilience. Acesso em 2 jul. 2023.

ORGANIZAÇÃO DAS NAÇÕES UNIDAS (ONU). Acordo regional sobre acesso à informação, participação pública e acesso à justiça em assuntos ambientais na América Latina e no Caribe. *Acordo de Escazú*. Costa Rica, 2018. Disponível em: https://repositorio.cepal.org/bitstream/handle/11362/43611/S1800493_pt.pdf. Acesso em 26 jun. 2023.

ORGANIZAÇÃO DAS NAÇÕES UNIDAS (ONU). *Nova agenda urbana, habitat III, 2016*. Nova Iorque: Nações Unidas, 2019. Disponível em: https://uploads.habitat3.org/hb3/NUA-Portuguese-Brazil.pdf. Acesso 2 jul. 2023.

ORGANIZAÇÃO DAS NAÇÕES UNIDAS (ONU). *ONU prevê que cidades abriguem 70% da população mundial até 2050*. Nova Iorque, 2019. Disponível em: https://news.un.org/pt/story/2019/02/1660701. Acesso em 30 jun. 2023.

OST, François. *A natureza à margem da lei*: a ecologia à prova do direito. Lisboa: Piaget, 1997.

OST, François. *O tempo do direito*. Lisboa: Instituto Piaget, 2001.

PANASOLO, Alesandro; PETERS, Edson Luiz; NUNES, Melina Samma. *Áreas verdes urbanas à luz da nova legislação florestal*. Curitiba: Ambiente Juris, 2016.

PANDOLFI, Dulce; GRYNSZPAN, Mário. Poder Público nas favelas: uma relação delicada. *In*: OLIVEIRA, Lúcia Lippi (Org.). *Cidade*: história e desafios. Rio de Janeiro: Ed. Fundação Getúlio Vargas, 2002.

PARANÁ. Lei nº 15.229, de 25 de julho de 2006. Dispõe sobre normas para execução do sistema das diretrizes e bases do planejamento e desenvolvimento estadual, nos termos do art. 141, da Constituição Estadual. *Diário Oficial da União*, 26 jul. 2006. Disponível em: https://www.legislacao.pr.gov.br/legislacao/pesquisarAto.do?action=exibir&codAto=5823&indice=1&totalRegistros=1&dt=27.8.2021.21.53.8.608. Acesso em 5 jul. 2023.

PARANÁ. Ministério Público do Estado. *MPPR cria grupos especializados em meio ambiente, habitação e urbanismo*. Curitiba: Ministério Público do Estado, 2018. Disponível em http://mppr.mp.br/2018/10/20899,10/mppr-cria-grupos-especializados-em-meio-ambiente-habitacao-e-urbanismo.html. Acesso em 26 out. 2022.

PARANÁ. Ministério Público do Estado. *In*: PINHEIRO, Paula Broering Gomes (Org.). *Manual para elaboração do plano municipal de arborização*. 2. ed. Curitiba: Procuradoria-Geral de Justiça, 2018.

PARANÁ. Tribunal de Justiça. *Agravo de Instrumento nº 0059204-56.2020.8.16.0000*. Cascavel (Acórdão), Relator: Marcel Guimarães Rotoli de Macedo, Data de Julgamento: 14.09.2021, 7ª Câmara Cível, Data de Publicação: 23.9.2021.

PARANÁ. Tribunal de Justiça. *Provimento nº 249, de 30 de setembro de 2013*. Código de Normas do Foro Extrajudicial do Tribunal de Justiça do Paraná. 2021. Disponível em: https://www.tjpr.jus.br/documents/13302/29328945/C%C3%B3digo+de+Normas+do+Foro+Extrajudicial+-+atualizado+at%C3%A9+o+provimento+312.2022.pdf/8a23ca93-1b3b-8f9a-93a0-5015472415ee. Acesso em 5 jul. 2023.

PEÑA CHACÓN, Mario. *Derechos humanos y medio ambiente*. 1. ed. San José, Costa Rica: Programa de Posgrado en Derecho Ambiental, Universidad de Costa Rica, 2021.

PENTINAT, Susana Borràs. Refugiados ambientales: el nuevo desafío del derecho internacional del medio ambiente. *Revista de Derecho*, Chile, v. 19, n. 2, dic. 2006.

PETLEY, David; CHERRY, Brett. The aberfan disaster. *Razard Risk Resilience*, [S. l.], v. 1, n. 1, p. 32-36, 2012. Disponível em: https://reliefweb.int/sites/reliefweb.int/files/resources/IHRRMaghighres.pdf. Acesso em 5 jul. 2023.

PIKETTY, Thomas. *O capital no século XXI*. (Trad. Monica Baumgarter de Bolle). Rio de Janeiro: Intrínseca, 2004.

PIKETTY, Thomas. *Une brève histoire de l'egalité*. Paris: Seuil, 2021.

PINHEIRO, Gabriele Araújo; RODRIGUES, Wagner de Oliveira. Direito fundamental à cidade sustentável e os dilemas do planejamento urbano no estado democrático de direito. *Revista da Faculdade de Direito da Universidade de São Paulo*, São Paulo, v. 106-107, p. 378-379, jan./dez. 2011/2012.

PINTO, Victor Carvalho. *Direito urbanístico*: plano diretor e direito de propriedade. 3. ed. rev. e atual. São Paulo: Revista dos Tribunais, 2011.

PINTO, Victor Carvalho. *Regime jurídico do plano diretor*: temas de direito urbanístico 2. ed. São Paulo: Ministério Público do Estado de São Paulo, 2001.

PIOVESAN, Flávia. O direito ao meio ambiente e a Constituição de 1988. *In*: BENJAMIN, Antonio Herman; FIGUEIREDO, Guilherme José Purvin de (Coord.). *Direito ambiental e as funções essenciais à justiça*: o papel da advocacia de Estado e da Defensoria Pública na Proteção do Meio Ambiente. São Paulo: Revista dos Tribunais, 2011.

PIRES, Lilian Regina Gabriel Moreira. Direito urbanístico e direito à cidade: divergências e convergências. *In*: LIBÓRIO, Daniela Campos (Coord.). *Direito urbanístico*: fontes do direito urbanístico e direito à cidade. Belo Horizonte: Fórum, 2020.

PIRES, Lilian Regina Gabriel Moreira. Fontes do direito urbanístico e critérios de validade da norma. *In*: LIBÓRIO, Daniela Campos (Coord.). *Direito urbanístico*: fontes do direito urbanístico e direito à cidade. Belo Horizonte: Fórum, 2020.

PIRES, Maria Coeli Simões. Os rumos do direito urbanístico no Brasil: avaliação histórica. *Revista Fórum de Direito Urbano e Ambiental*, Belo Horizonte, v. 3, p. 117, 2004.

PRESTES, Vanêsca Buzelato. *Corrupção urbanística*: da ausência de diferenciação entre direito e política no Brasil. Belo Horizonte: Fórum, 2018.

PRIEUR, Michel. *Droit de l'environnement*. 5. ed. Paris: Dalloz, 2004.

PRIEUR, Michel. Princípio da proibição de retrocesso ambiental. *In*: Comissão de meio ambiente, defesa do consumidor e fiscalização e controle do Senado Federal (Org.). *O princípio da proibição de retrocesso ambiental*. Brasília: Senado Federal, 2012.

PRIEUR, Michel; SOZZO, Gonçalo; NÁPOLI, Andrés. El Acuerdo de Escazú. Una gran oportunidad para la construcción de la democracia ambiental em América Latina y el Caribe. *In*: PRIEUR, Michel; SOZZO, Gonçalo; NÁPOLI, Andrés (Ed.). *Acuerdo de Escazú*: hacia la democracia ambiental en América Latina y el Caribe. 1. ed. Santa Fé, Argentina: Universidad Nacional del Litoral, 2020.

PROGRAMA CIDADES SUSTENTÁVEIS (PCS). São Paulo, 2021. Disponível em: https://www.cidadessustentaveis.org.br/inicial/home. Acesso em 30 jun. 2023.

QUARESMA, Cristiano *et al.* A crise de mobilidade urbana brasileira e seus antecedentes socioespaciais. *In*: CORTESE, Tatiana; KNIESS, Cláudia; MACCARI, Emerson (Org.). *Cidades inteligentes e sustentáveis*. Barueri: Manole, 2017.

RAWORTH, Kate. *Doughnut Economics*: Seven Ways to Think Like a 21st-Century Economist. New York: Random House Business, 2017.

RAWORTH, Kate. *Doughnut Economics*: Seven Ways to Think Like a 21st-Century Economist. London: Random House Business, 2018.

REALE, Miguel. *Variações*. 2. ed. São Paulo: Gumercindo Rocha Dorea, 2000.

RECH, Adir Ubaldo. *In*: RECH, Adir Ubaldo Rech; CAINELLI, Juliana de Almeida; RAVANELLO, Tamires (Org.). *Direito urbanístico-ambiental*: uma visão epistêmica. Caxias do Sul: Educs, 2019.

RECH, Adir Ubaldo; RECH, Adivandro. *Cidade sustentável, direito urbanístico e ambiental*: instrumentos de planejamento. Porto Alegre: Educs, 2018.

RECK, Janriê Rodrigues; VANIN, Fábio Scopel. O direito e as cidades inteligentes: desafios e possibilidades na construção de políticas públicas de planejamento, gestão e disciplina urbanística. *Revista de Direito da Cidade*, UERJ, Rio de Janeiro, v. 12, n. 1, p. 482-483, 2020.

REGONINI, Gloria. Estado do Bem-Estar. *In*: BOBBIO, Norberto; MATTEUCI, Nicola; PASQUINO, Gianfranco (Org). *Dicionário de Política*. 11. ed. Brasília: Universidade de Brasília, 1998.

RYALL, Áine. Access to Justice in Environmental Matters in the Member States of the EU: the Impact of the Aarhus Convention. *Jean Monnet Working Paper Series*, New York: New York University School of Law, n. 5, p. 4-6, 2016. Disponível em: https://www.jeanmonnetprogram.org/wp-content/uploads/JMWP-05-Ryall.pdf. Acesso em 24 nov. 2022.

RIO DE JANEIRO. Prefeitura do Districto Federal. *Cidade do Rio de Janeiro*: extensão, remodelação e embelezamento. Direção Geral Alfred Agache. (Trad. Francesca de Souza). Paris: Foyer Brésilien Editor, 1930. Disponível em: http://planourbano.rio.rj.gov.br/DocReadernet/docreader.aspx?bib=PlanoUrbano&pesq. Acesso em 5 jul. 2023.

RIZZARDO, Arnaldo. *Promessa de compra e venda e parcelamento do solo urbano*. 7. ed. rev. e atual. São Paulo: Ed. Revista dos Tribunais, 2008.

ROCHA, Leonel Severo. Observaciones sobre autopoiese, normativismo y pluralismo jurídico. *Hendu 2, Revista Latino-Americana de Derechos Humanos*, [S. l.], v. 2, n. 1, p. 73, 2011.

ROCKSTRÖM, Johan; STEFFEN, W.; NOONE, K. *et al*. A safe operating space for humanity. *Nature*, [S. l.], v. 461, p. 472-475, set. 2009. Disponível em: https://www.nature.com/articles/461472a. Acesso em 30 jun. 2023.

ROLNIK, Raquel. Brasil e o habitat. *In*: GORDILHO-SOUZA, Angela Maria (Org.). *Habitar contemporâneo*: novas questões no Brasil dos Anos 90. Salvador: Ultragraph, 1997.

ROLNIK, Raquel. Estatuto da cidade – instrumento para as cidades que sonham crescer com justiça e beleza. *In*: SAULE JUNIOR, Nelson; ROLNIK, Raquel. *Estatuto da cidade*: novos horizontes para a reforma urbana. São Paulo: Pólis, 2001. (Cadernos Pólis, 4).

ROTONDANO, Ricardo Oliveira. Da revolução industrial à globalização: capitalismo e reconfiguração histórica do espaço urbano. *Revista de Direito da Cidade*, Rio de Janeiro, v. 13, n. 2, p. 1147-1155, 2021.

SACHS, Ignacy. *Estratégias de transição para o século XXI*: desenvolvimento e meio ambiente. São Paulo: Studio Nobel, 1993.

SACHS, Jeffrey. *The age of sustainable development*. New York: Columbia University Press, 2015.

SALAZAR JR, João Roberto. O direito urbanístico e a tutela do meio ambiente urbano. *In*: DALLARI, Adilson Abreu; DI SARNO, Daniela Campos Libório (Coord.). *Direito urbanístico e ambiental*. 2. ed. Belo Horizonte: Fórum, 2011.

SALLES CAVEDON, Fernanda; STANZIOLA VIEIRA, Rafael. Conexões entre desastres ecológicos, vulnerabilidade ambiental e direitos humanos: novas perspectivas. *Revista de Direito Econômico e Socioambiental*, [S. l.], v. 2, n. 1, p. 179-206, 2011. Disponível em: https://periodicos.pucpr.br/direitoeconomico/article/view/7754. Acesso em 13 nov. 2022.

SANT'ANNA, Mariana Senna. Planejamento urbano e qualidade de vida: da Constituição Federal ao plano diretor. *In*: DALLARI, Adilson Abreu; DI SARNO, Daniela Campos Libório (Coord.). *Direito urbanístico e ambiental*. 2. ed. Belo Horizonte: Fórum, 2011.

SANTINI JUNIOR, Nelson. *Princípios e ferramentas da estratégia empresarial*. São Paulo: Atlas, 2011.

SANTOS JUNIOR, Washington Ramos dos. Considerações sobre o Plano Doxiádis. *Revista Geográfica de América Central*, Costa Rica, p. 1-17, 2º semestre, 2011. Disponível em: https://www.redalyc.org/pdf/4517/451744820449.pdf. Acesso em 5 jul. 2023.

SANTOS, Boaventura de Souza; AVRITZER, Leonardo. Para ampliar o cânone democrático. *In*: SANTOS, Boaventura de Souza (Org.). *Democratizar a democracia*: os caminhos da democracia participativa. Rio de Janeiro: Civilização Brasileira, 2002.

SANTOS, Juliana Cavalcanti dos. A função social da propriedade urbana sob o ponto de vista do Estatuto da Cidade. *In*: ARRUDA ALVIM, José Manoel de; CAMBLER, Eduardo *et al*. *Estatuto da Cidade*. São Paulo: Revista dos Tribunais, 2014.

SANTOS, Kleidson Nascimento dos. *In*: LIBÓRIO, Daniela Campos (Coord.). *Direito urbanístico*: fontes do direito urbanístico e direito à cidade. Belo Horizonte: Fórum, 2020.

SANTOS, Milton. *A urbanização brasileira*. 5. ed. São Paulo: Editora da Universidade de São Paulo, 2008.

SANTOS, Milton. *A urbanização desigual*: a especificidade do fenômeno urbano em países subdesenvolvidos. 3. ed. São Paulo: Editora da Universidade de São Paulo, 2010.

SANTOS, Paulo J. T. dos; DE MARCO, Cristhian; MOLLER, Gabriela S. Impactos da pandemia no direito à moradia e propostas para a proteção desse direito em tempos de crise: da urgência de se repensar a moradia para além de um objeto de consumo. *Revista de Direito da Cidade*, Rio de Janeiro, v. 13, n. 2, p. 783-784, 2021.

SÃO PAULO (Cidade). Lei nº 16.388/2006. Institui o Programa Integra-Bike São Paulo, e dá outras providências. *Diário Oficial da União*, São Paulo: Prefeitura Municipal, 05 fev. 2006. Disponível em: http://legislacao.prefeitura.sp.gov.br/leis/lei-16388-de-05-de-fevereiro-de-2016. Acesso em 3 jul. 2023.

SÃO PAULO. Tribunal de Justiça de São Paulo. *ADI nº 184.449-0/2-00*. Requerente: Procurador-Geral de Justiça. Requerido: Prefeito Municipal de Sertãozinho. Relator: Des. Artur Marques. Julgamento: 5 mai. 2010.

SARLAT, Rosália Ibarra. *Desplazados climáticos*: evolución de su reconocimiento y protección jurídicap. México: Universidad Nacional Autónoma de México, Instituto de Investigaciones Jurídicas, 2021. (Serie Doctrina Jurídica, nº 921).

SARLET, Ingo Wolfgang. *A eficácia dos direitos fundamentais*: uma teoria geral dos direitos fundamentais na perspectiva constitucional. 10. ed. Porto Alegre: Livraria do Advogado, 2009.

SARLET, Ingo Wolfgang. O direito fundamental à moradia aos vinte anos da Constituição Federal de 1988: notas a respeito da evolução em matéria jurisprudencial, com destaque para a atuação do Supremo Tribunal Federal. *Revista Brasileira de Estudos Constitucionais*, Belo Horizonte, v. 2, n. 8, p. 66, out./dez. 2008.

SARLET, Ingo Wolfgang; FENSTERSEIFER, Tiago. O direito constitucional-ambiental brasileiro e a governança judicial ecológica: estudo à luz da jurisprudência do Superior Tribunal de Justiça e do Supremo Tribunal Federal. *Revista da Academia Brasileira de Direito Constitucional*, Curitiba, v. 11, n. 20, p. 9-10, jan./jul. 2019.

SARLET, Ingo Wolfgang; FENSTERSEIFER, Tiago. *Direito constitucional ambiental*: estudos sobre a Constituição, Direitos Fundamentais e Proteção ao Ambiente. São Paulo: Revista dos Tribunais, 2011.

SARLET, Ingo Wolfgang; FENSTERSEIFER, Tiago. *Direito constitucional ecológico*: constituição, direitos fundamentais e proteção da natureza. 6. ed. São Paulo: Revista dos Tribunais, 2019.

SARLET, Ingo; CAPPELI, Sílvia; FENSTERSEIFER, Tiago. A COP 1 do Acordo de Escazú (2018) e os direitos ambientais de participação no Brasil. *Gen Jurídico*, São Paulo, 9 mai. 2022. Disponível em: http://genjuridico.com.br/2022/05/09/cop-1-do-acordo-de-escazu/. Acesso em 12 jul. 2023.

SARLET, Ingo; FENSTERSEIFER, Tiago. Os limites planetários como parâmetro para a progressividade das 'Leis dos Homens' de proteção ecológica em face da força imperativa da 'Leis da Natureza'. *Gen Jurídico*, São Paulo, 17 ago. 2020. Disponível em: http://genjuridico.com.br/2020/08/17/limites-planetarios-como-parametro/. Acesso em 27 jun. 2023.

SAULE JUNIOR, Nelson. Instrumentos de monitoramento do direito humano a moradia adequada. *In*: ALFONSIN, Betânia; FERNANDES, Edésio (Org.). *Direito urbanístico*: estudos brasileiros e internacionais. Belo Horizonte: Del Rey, 2006.

SAULE JÚNIOR, Nelson. *Novas perspectivas do direito urbanístico brasileiro. Ordenamento constitucional da política urbana. Aplicação e eficácia do plano diretor*. Porto Alegre: Sergio Antonio Fabris Editora, 1997.

SAULE JÚNIOR, Nelson; UZZO, Karine. A trajetória da luta pela reforma urbana no Brasil / Le parcours de la lutte pour la réforme urbaine au Brésil. *In*: SAULE JÚNIOR, Nelson *et al.* (Org.). *Retratos sobre a atuação da sociedade civil pelo direito à cidade*: diálogo entre Brasil e França / Panorama de l'action de la société civilr pour lê droit à la Ville: dialogue entre le Brésil el la France. São Paulo: Instituto Polis, Paris: Aitec, 2006.

SCAFF, Fernando F. *Orçamento republicano e liberdade igual*. Belo Horizonte: Fórum, 2018.

SCHWAB, Klaus. *A quarta revolução industrial*. São Paulo: Edipro, 2016.

SCHWAB, Klaus. *Shaping the fourth industrial revolution*. Cologny: World Economic Forum, 2018.

SCHWAB, Klaus. *The Fourt Industrial Revolution*. Cologny: World Economic Forum, 2016.

SEN, Amartya. *A ideia de justiça*. (Trad. Denise Bottman e Ricardo Doninelli Mendes). São Paulo: Companhia das Letras, 2011.

SEN, Amartya. *Desenvolvimento como liberdade*. São Paulo: Companhia das Letras, 1999.

SEN, Amartya. *Development as freedom*. New York: Random House, 1999.

SENNA, Gustavo; SAMPAIO, Nícia Regina; MINASSA, Pedro Sampaio. O acesso à justiça ambiental nas ondas de Mauro Cappelletti. *In*: PESSANHA, Jackelline Fraga; GOMES, Marcelo Sant'anna Vieira; SIQUEIRA, Júlio Homem de (Coord.). *Medio ambiente y su protección jurídica*: diálogos doctrinários y jurisprudenciales nel siglo XXI. Santiago: Ediciones Olejnik Huérfanos, 2021.

SENNETT, Richard. *Construir e habitar*: ética para uma cidade aberta. São Paulo: Record, 2018.

SPECH, Jeff. *A Cidade Caminhável*. (Trad. Anita Di Marco e Anita Natividade). São Paulo: Perspectiva. 2016.

SERRES, Michel. *O contrato natural*. Portugal: Instituto Piaget, 1994.

SERVIÇO GEOLÓGICO DO BRASIL (CPRM). *Mapa on-line da CPRM permite visualizar áreas com riscos de desastres no Brasil*. Brasília, DF, 24 jan. 2020. Disponível em: https://www.cprm.gov.br/publique/noticias/mapa-on-line-da-cprm-permite-visualizar-areas-com-riscos-de-desastres-no-brasil-6146.html. Acesso em 5 jul. 2023.

SILVA, José Afonso da. *Direito ambiental constitucional*. 7. ed. São Paulo: Malheiros, 2009.

SILVA, José Afonso da. *Direito urbanístico brasileiro*. 3. ed. rev. e atual. São Paulo: Malheiros, 2001.

SILVA, José Afonso da. *Direito urbanístico brasileiro*. 5. ed. São Paulo: Malheiros, 2008.

SILVA, José Afonso da. *Direito urbanístico brasileiro*. 6. ed. São Paulo: Malheiros, 2010.

SILVA, José Afonso da. *Direito urbanístico brasileiro*. 7. ed. São Paulo: Malheiros, 2012.

SILVA, José Bonifácio Andrada e. *Representação à Assembléa geral constituinte e legislativa do Império do Brasil*: sobre a escravatura. Brasília, DF: Biblioteca do Senado Federal, 1823. Disponível em: https://www2.senado.leg.br/bdsf/bitstream/handle/id/518681/000022940.pdf?sequence=7&isAllowed=y. Acesso em 16 jun. 2023.

SILVA, Solange Teles da. Princípio da precaução: uma nova postura em face dos riscos e incertezas científicas. *In*: PLATIAU, Ana Flávia Barros; VARELLA, Marcelo Dias (Org.). *Princípio da precaução*. Belo Horizonte: Del Rey, 2004.

SILVA, Solange Telles da. A emergência de uma cidadania planetária ambiental. *In*: MARQUES, Cláudia Lima; MEDAUAR, Odete; SILVA, Solange Telles da (Coord.). *O novo direito administrativo, ambiental e urbanístico*: estudos em homenagem à Jacqeline Morand-Deviller. São Paulo: Revista dos Tribunais, 2010.

SILVA, Vasco Pereira da. *Direito constitucional e administrativo sem fronteiras*. Coimbra: Almedina: 2019.

SINDICATO DA INDÚSTRIA DA CONSTRUÇÃO CIVIL DE SÃO PAULO (SINDUSCON/SP). *Estudo da Abrainc/FGV projeta demanda habitacional até 2027*. São Paulo, out. 2018. Disponível: https://sindusconsp.com.br/estudo-da-abraincfgv-projeta-demanda-habitacional-ate-2027/. Acesso em 5 jul. 2023.

SINGER, Peter. *Animal liberation*. New York: Random House, 1975.

SINGER, Peter. *Practical ethics*. New York: Random House, 1979.

SOARES, Paulo R. Rodrigues. Metropolização, aglomerações urbano-industriais e desenvolvimento regional no sul do Brasil. *Cad. Metrop*, São Paulo, v. 20, n. 41, p. 19, jan./abr. 2018.

SOTTO, Débora. A participação popular e a aderência ao plano diretor como condição de validade das normas urbanísticas municipais: breves reflexões sobre a teoria das fontes do direito aplicada ao direito urbanístico. *In*: LIBÓRIO, Daniela Campos (Coord.). *Direito urbanístico*: fontes do direito urbanístico e direito à cidade. Belo Horizonte: Fórum, 2020.

SOUPIZIT, Jean François. *Cidades inteligentes*: desafios para as sociedades democráticas. (Trad. Regina Marcia Teixeira). São Paulo: Fundação Fernando Henrique Cardoso: Centro Edelstein. 2017. Disponível em: http://www.plataformademocratica.org/Arquivos/Cidades_inteligentes_desafios_para_as_sociedades_democraticas.pdf. Acesso em 3 jul. 2023.

SOUTH AFRICA. Constitutional Court of South Africa. *Case CCT 11/00*: Irene Grootboom and others. [S. l.], 4 oct. 2000. Disponível em: http://www.saflii.org/za/cases/ZACC/2000/19.pdf. Acesso em 5 jul. 2023.

SOUZA, José Amilton de. A arte de dizer e de territorializar a cidade. *In*: ANDRADE, Alexandre Carvalho de; ANDRADE, Ana Eugenia Nunes de (Org.). *Cidades em movimento*. Jundiaí: Paco, 2013.

SOUZA, Marcelo Lopes de. *Mudar a cidade*: uma introdução crítica ao planejamento e à gestão urbanos. 6. ed. Rio de Janeiro: Bertrand Brasil, 2010.

SOUZA, Marcelo Lopes de. Semântica Urbana e Segregação: disputa simbólica e embates políticos na cidade 'empresarialista'. *In*: VASCONCELOS, Pedro de Almeida; CORRÊA, Roberto Lobato; PINTAUDI, Silvana Maria (Org.). *A cidade contemporânea*: segregação espacial. 1. ed. São Paulo: Contexto, 2018.

STERLING, Ana Yábar. Política ambiental y ordenación del territorio urbano en la Unión Europea y España. *In*: ALISEDA, Julián Mora; CONDESSO, Fernando R.; SERRANO, José Castro (Coord.). *Nuevas tendencias en la ordenación del territorio*. Cáceres: Ed. Fundicotex, Universidad de Extremadura, 2015.

STIGLITZ, Joseph E. A desigualdade trava o crescimento: entrevista com o Prêmio Nobel de Economia Joseph Stiglitz. *Revista Instituto Humanistas Unisinos*, São Leopoldo, 8 nov. 2019. Disponível em: http://www.ihu.unisinos.br/78-noticias/594207-a-desigualdade-trava-o-crescimento-entrevista-com-o-premio-nobel-joseph-stiglitz. Acesso em 5 jul. 2023.

STIGLITZ, Joseph E. *O preço da desigualdade*. Lisboa: Bertrand, 2013.

STRAPAZZON, Carlos Luiz; TRAMONTINA, Robison. Direitos fundamentais sociais em cortes constitucionais: o Caso Grootboom – tradução e comentários. *Espaço Jurídico Journal of Law*, [S. l.], v. 17, n. 1, p. 285-288, 2016. Disponível em: https://portalperiodicos.unoesc.edu.br/espacojuridico/article/ view/10347. Acesso em 5 jul. 2023.

STRECK, Lenio Luiz. O direito como um conceito interpretativo. *Pensar*, Fortaleza, v. 15, n. 2, p. 502, jul./dez. 2010.

SUNDFELD, Carlos Ari. O estatuto da cidade e suas diretrizes gerais. *In*: DALLARI, Adilson Abreu; FERRAZ, Sérgio (Org.). *Estatuto da cidade (comentários à Lei Federal nº 10.257/2001)*. 4. ed. São Paulo: Malheiros, 2014.

SUNSTEIN, Cass. Social and economic rights? Lessons from South Africa. *John M. Olin Law & Economics Working Paper*, Chicago, n. 124, p. 16, 2001. Disponível em: https://dash.harvard.edu/bitstream/handle/1/12785996/Social%20and%20Economic%20Rights_%20Lessons%20from%20South%20Africa.pdf?sequence=1&isAllowed=y. Acesso em 5 jul. 2023.

SUNSTEIN, Cass. *The ethics of influence: government in the age of behavioral science*. New York: Cambridge University Press, 2016.

SUZUKI, David. Un río va a la corte. *In*: BOYD, David. *Los derechos de la naturaleza*: una revolución legal que podría salvar al mundo. Bogotá: Fundación Heinrich Böll, 2020. Disponível em: https://co.boell.org/sites/default/files/2021-04/Derechos%20de%20la%20naturaleza%20Web.pdf. Acesso em 27 jun. 2023.

TAMANAHA, Brian Z. O primado da sociedade e as falhas do direito e desenvolvimento. (Trad. Tatiane Honório Lima. Revisão técnica de José Rodrigo Rodriguez). *Revista Direito Getúlio Vargas*, São Paulo, v. 6, n. 1, p. 191, jan./jun. 2010.

TARTUCE, Flávio. A lei da regularização fundiária (Lei nº 13.465/2017): análise inicial de suas principais repercussões para o direito de propriedade. *Pensar Revista de Ciências Jurídicas*, Fortaleza, v. 23, n. 3, p. 22, jul./set. 2018.

TEIXEIRA, Anderson Vichinkeski; SARAIVA, Bruno Cozza. O destino da humanidade como fatalidade: a crise ecológica como a dessacralização do habitar-morar na terra. *Revista Jurídica Unicuritiba*, Curitiba, v. 2, n. 47, p. 47-59, 2017. Disponível em: http://revista.unicuritiba.edu.br/index.php/RevJur/article/view/2064/1326. Acesso em 16 jun. 2023.

TELLES, Goffredo. *O povo e o poder*. São Paulo: Malheiros, 2003.

TEUBNER, Gunther. *Fragmentos constitucionais*: constitucionalismo social na globalização. São Paulo: Saraiva, 2016.

THALER, Richard H.; SUNSTEIN, Cass R. *Nudge*: como tomar melhores decisões sobe saúde, dinheiro e felicidade. (Trad. Ângelo Lessa). 1. ed. Rio de Janeiro: Objetiva, 2019.

THE EUROPEAN URBAN KNOWLEDGE NETWORK (EUKN). *The reference framework for sustainable cities (RFSC, 2015)*. [S. l.], 2015. Disponível em: http://rfsc.eu/wp-content/uploads/2016/03/30-objectives-1.pdf. Acesso em 3 jul. 2023.

THE INTERNACIONAL DISASTER DATABASE EM-DAT. Center for Research on the Epidemiology of Disasters (CRED). *Natural disasters report 1900-2011*. Louvain: Université Catholique de Louvain (UCLouvain), 2021. Disponível em: https://www.emdat.be/. Acesso em 5 jul. 2023.

THE WORLD BANK. The International Bank for Reconstruction and Development. *Governance and development*. Washington D.C., 1992. Disponível em: https://documents1.worldbank.org/curated/en/604951468739447676/pdf/multi-page.pdf. Acesso em 3 jul. 2023.

THOMAS, Vinod *et al*. *A qualidade do crescimento*. (Trad. Élcio Fernandes). São Paulo: Editora UNESP, 2002.

TRINDADE, Cançado; LEAL, César Barros (Coord.). *Direitos humanos e ambiente*. Fortaleza: Expressão Gráfica e Editora, 2017.

UNESCO. *Convention for the Safeguarding of the Intangible Cultural Heritage*. Paris, 17 oct. 2003. Disponível em: https://unesdoc.unesco.org/ark:/48223/pf0000132540. Acesso em 7 nov. 2022.

UNIÃO EUROPEIA. Carta dos Direitos Fundamentais da União Europeia. *Jornal Oficial das Comunidades Europeias*, [S. l.], 18 dez. 2000. Disponível em: https://www.europarl.europa.eu/charter/pdf/text_pt.pdf. Acesso em 30 jun. 2023.

UNIÃO EUROPEIA. *Cidades de amanhã*: desafios, visões e perspectivas. Bruxelas, 2011. Disponível em: https://ec.europa.eu/regional_policy/sources/docgener/studies/pdf/citiesoftomorrow/citiesoftomorrow_final_pt.pdf. Acesso em 5 jul. 2023.

UNITED CITIES AND LOCAL GOVERNMENTS. *European charter for the safeguarding of human rights in the city*. Saint-Denis, 2000. Disponível em: https://uclg-cisdp.org/sites/default/files/documents/files/2021-06/CISDP%20Carta%20Europea%20Sencera_baixa_3.pdf. Acesso em 2 jul. 2023.

UNITED NATIONS DEVELOPMENT PROGRAMME. *Environmental rule of law*: first global report. Nairobi, 2019. Disponível em: https://www.unep.org/resources/assessment/environmental-rule-law-first-global-report. Acesso em 27 jun. 2023.

UNITED NATIONS DEVELOPMENT PROGRAMME. *Human development report 2019*: Beyond income, beyond averages, beyond today. Inequalities in human development in the 21st century. [S. l.], 2019. Disponível em: http://hdr.undp.org/sites/default/files/hdr_2019_pt.pdf. Acesso em 5 jul. 2023.

UNITED NATIONS ECONOMIC COMMISSION FOR EUROPE (UNECE). *Convention on Access to Information, Public Participation in Decision-making and Access to Justice in Environmental Matters*. Done at Aarhus, Denmark, on 25 June 1998. Disponível em: https://unece.org/DAM/env/pp/documents/cep43e.pdf. Acesso em 5 jul. 2023.

UNITED NATIONS HUMAN RIGHTS. The General Assembly. *United Nations Millennium Declaration, A/RES/55/2, 8.9.2000*. Geneva, 2000. Disponível em: https://www.ohchr.org/EN/ProfessionalInterest/Pages/Millennium.aspx. Acesso em 27 jun. 2023.

UNITED NATIONS. *Addis Ababa Action Agenda of the Third International Conference on Financing for Development*. 2015. Disponível em: https://sustainabledevelopment.un.org/content/documents/2051AAAA_Outcome.pdf. Acesso em 30 set. 2022.

UNITED NATIONS. The human right to a clean, healthy and sustainable environment. *Promotion and protection of human rights*: human rights questions, including alternative approaches for improving the effective enjoyment of human rights and fundamental freedoms. Disponível em: https://documents-dds-ny.un.org/doc/UNDOC/GEN/N22/442/77/PDF/N2244277.pdf?OpenElement. Acesso em 12 jun. 2023.

UNITED NATIONS HUMAN SETTLEMENTS PROGRAMME (UN-Habitat). *The new urban agend*. Un-Habitat III. Nairobi: United Nations, 2016. Disponível em: https://unhabitat.org/sites/default/files/2020/12/nua_handbook_14dec2020_2.pdf. Acesso em 30 jun. 2023.

UNITED NATIONS OFFICE FOR DISASTER RISK REDUCTION. *Hyogo framework for action 2005-2015*. Hyogo, 2005. Disponível em: https://www.unisdr.org/2005/wcdr/wcdr-index.htm. Acesso em 5 jul. 2023.

UNITED NATIONS OFFICE FOR DISASTER RISK REDUCTION. *Report of the World Conference on Natural Disaster Reduction*. Yokohama, may 1994. Disponível em: https://www.undrr.org/publication/report-world-conference-natural-disaster-reduction-yokohama-23-27-may-1994. Acesso em 27 jun. 2023.

UNITED NATIONS. Climate Change. *Report of the Conference of the Parties on its twenty-seventh session, held in Sharm el-Sheikh, from 6 to 20 November 2022*. Addendum. Part two: Action taken by the Conference of the Parties at its twenty-seventh session. 2022. Disponível em: https://unfccc.int/documents/626561. Acesso em 18 jun. 2023.

UNITED NATIONS. Climate Chage. *Sharm-El-Sheikh Adaptation Agenda*: the global transformations towards adaptive and resilient development. November 2022. Disponível em: https://climatechampions.unfccc.int/wp-content/uploads/2022/12/SeS-Adaptation-Agenda_Complete-Report_COP27-.pdf. Acesso em 18 jun. 2023.

UNITED NATIONS. Climate Change. *Decision/CP.26 Glasgow Climate Pact*: The Conference of the Parties. Glasgow, 2021. Disponível em: https://unfccc.int/sites/default/files/resource/cop26_auv_2f_cover_decision.pdf. Acesso em 18 jun. 2023.

UNITED NATIONS. Committe on Economical, Social and Cultural Rights. *General comment nº* 4: the right to adequate housing (Art. 11, 1) of the Covenant. Geneva, 1991. Disponível em: https://www.refworld.org/pdfid/47a7079a1.pdf. Acesso em 5 jul. 2023.

UNITED NATIONS. Department of Economic and Social Affairs – DESA. *The sustainable development goals report 2020*. New York, 2020. Disponível em: https://unstats.un.org/sdgs/report/2020/The-Sustainable-Development-Goals-Report-2020.pdf. Acesso em 27 jun. 2023.

UNITED NATIONS. *Development programme*. Reconceptualizing governance. New York, 1997. Disponível em: https://digitallibrary.un.org/record/268781?ln=en. Acesso em 3 jul. 2023.

UNITED NATIONS. Digital Library. *Johannesburg Declaration on Sustainable Development and Plan of Implementation of the World Summit on Sustainable 2002*. New York, 2003. Disponível em: https://digitallibrary.un.org/record/499757. Acesso em 27 jun. 2023.

UNITED NATIONS. *Documentos temáticos da Habitat III*: 21 – Cidades Inteligentes. Nova Iorque, 2015. Disponível em: https://uploads.habitat3.org/hb3/21-Cidades-Inteligentes_final.pdf. Acesso em 3 jul. 2023.

UNITED NATIONS. *Framework Convention on Climate Change, COP 18*. Doha, 2012. Disponível em: https://unfccc.int/resource/docs/2012/cop18/spa/08a01s.pdf. Acesso em 27 jun. 2023.

UNITED NATIONS. General Assembly. Human Rights Council Fortieth session, 2019. A/HRC/40/55. *Issue of human rights obligations relating to the enjoyment of a safe, clean, healthy and sustainable environment*. [S. l.], 2019. Disponível em: https://undocs.org/en/A/HRC/40/55. Acesso em 2 jul. 2023.

UNITED NATIONS. *Report of the Special Rapporteur on contemporary forms of racism, racial discrimination, xenophobia and related intolerance on ecological crisis climate justice and racial justice*. 25 oct. 2022. Disponível em: https://www.ohchr.org/en/documents/thematic-reports/a772990-report-special-rapporteur-contemporary-forms-racism-racial. Acesso em 10 nov. 2022.

UNITED NATIONS. General Assembly. *Transforming our world*: the 2030 agenda for sustainable development. [S. l.], 15 oct. 2015. Disponível em: https://www.un.org/en/development/desa/population/migration/generalassembly/docs/globalcompact/A_RES_70_1_E.pdf. Acesso em 27 jun. 2023.

UNITED NATIONS. Human Rights Council. Forty-eighth session. A/HRC/48/L.23. *Promotion and protection of all human rights, civil, political, economic, social and cultural rights, including the right to development*. [S. l.], sept./oct. 2021. Disponível em: https://documents-dds-ny.un.org/doc/UNDOC/GEN/G21/289/53/PDF/G2128953.pdf?OpenElement. Acesso em 20 ago. 2023.

UNITED NATIONS ENVIRONMENT PROGRAMME – UNEP. *Conference of the parties to the convention on biological diversity*. Montreal, Canada, 7-19 dec. 2022. Disponível em: https://www.cbd.int/doc/decisions/cop-15/cop-15-dec-04-en.pdf. Acesso em 14 jan. 2023.

UNITED NATIONS. *Report of the United Nations Conference on the human Enviroment. Stockholm, 5-16 jun. 1972*. Disponível em: https://www.un.org/ga/search/view_doc.asp?symbol=A/CONF.48/14/%20REV.1. Acesso em 30 jun. 2023.

UNITED NATIONS. *Resolution adopted by the General Assembly, 2009. A/RES63/278, International Mother Earth Day*. [S. l.], 2009. Disponível em: https://documents-dds-ny.un.org/doc/UNDOC/GEN/N08/487/47/PDF/N0848747.pdf?OpenElement. Acesso 30 jun. 2023.

UNITED NATIONS. *Rio+20, United Nations Conference on Sustainable Devlopment*: the future we want. Jun. 2012. Disponível em: http://www.rio20.gov.br/documentos/documentos-da-conferencia/o-futuro-que-queremos/at_download/the-future-we-want.pdf. Acesso em 27 jun. 2023.

UNITED NATIONS. *Sendai framework for disaster risk reduction 2015–2030*. Novo Iorque, 2015. Disponível em: https://www.preventionweb.net/files/43291_sendaiframeworkfordrren.pdf. Acesso em 2 jul. 2023.

UNITED NATIONS. *The millenium development goals report 2015*. New York, 2015. Disponível em: https://www.un.org/millenniumgoals/2015_MDG_Report/pdf/MDG%202015%20rev%20(July%201).pdf. Acesso em 27 jun. 2023.

UNITED NATIONS. *Transforming our world*: the 2030 Agenda for Sustainable Development. A/RES/70/1. New York, 2015. Disponível em: https://undocs.org/en/A/RES/70/1. Acesso em 27 jun. 2023.

UNITED NATIONS. *United Nations Conference on Environment and Development (UNCED), Earth Summit*. Rio de Janeiro, 1992. Disponível em: https://sustainabledevelopment.un.org/milestones/unced. Acesso em 27 jun. 2023.

UNITED NATIONS. United Nations Conference on Human Settlements (Habitat II). *Report of the United Nations conference on human settlements (habitat II)*. Istanbul, Turkey, 1996. Disponível em: https://undocs.org/en/A/CONF.165/14. Acesso em 30 jun. 2023.

UNITED NATIONS. United Nations Development Programme. *Corruption and good governance*. New York, 1997. Disponível em: https://digitallibrary.un.org/record/1491472?ln=en. Acesso em 3 jul. 2023.

UNITED NATIONS. *World Charter for Nature, A/RES/377*. [S. l.], 1982. Disponível em: https://digitallibrary.un.org/record/39295#record-files-collapse-header. Acesso em 27 jun. 2023.

UNITED STATES. *US Case Law*. New York, 2021. Disponível em: https://law.justia.com/cases/. Acesso em 5 jul. 2023.

UNIVERSIDADE DE LISBOA. Faculdade de Medicina. As epidemias e as pandemias na história da humanidade. *News Fmul*, Lisboa, n. 99, mar. 2020. Disponível em: https://www.medicina.ulisboa.pt/newsfmul-artigo/99/epidemias-e-pandemias-na-historia-da-humanidade. Acesso em 6 jul. 2023.

VASCONCELOS, Pedro de Almeida. Contribuição para o debate sobre processos e formas socioespaciais nas cidades. *In*: VASCONCELOS, Pedro de Almeida; CORRÊA, Roberto Lobato; PINTAUDI, Silvana Maria (Org.). *A cidade contemporânea*: segregação espacial. 1. ed. 2. reimpr. São Paulo: Contexto, 2018.

VÊNANCIO, Maria Demaria. Estado de direito ecológico e agroecologia: repensando o direito ambiental rumo à sustentabilidade. *In*: LEITE, José Rubens Morato; DINNEBIER, Flávia França (Org.). *Estado de direito ecológico*: conceito, conteúdo e novas dimensões para a proteção da natureza. São Paulo: Instituto O Direito por um Planeta Verde, 2017.

VERA, Felipe *et al*. *Diseño ecológico*: estrategias para la ciudad vulnerable: infraestructuras verdes urbanas y espacio público en América Latina y Caribe. Banco Interamericano de Desarrollo (BID), 2022.

VERGOTTINI, Giuseppe. Ordem pública. *In*: BOBBIO, Norberto; MATTEUCI, Nicola; PASQUINO, Gianfranco (Org.). *Dicionário de política*. 11. ed. Brasília, DF: Universidade de Brasília, 1998.

VILLAC, Teresa. *Licitações Sustentáveis no Brasil*: um breve ensaio sobre ética ambiental e desenvolvimento. 1. ed. Belo Horizonte: Fórum, 2019.

VILLAÇA, Flávio. Uma contribuição para a história do planejamento urbano no Brasil. *In*: DEÁK, Csaba; SCHIFFER, Sueli Ramos (Org.). *O processo de urbanização no Brasil*. São Paulo: Editora da Universidade de São Paulo, 1999.

VILLAÇA, Flávio. Uma contribuição para a história do planejamento urbano no Brasil. *In*: DEÁK, Csaba; SCHIFFER, Sueli Ramos (Org.). *O processo de urbanização no Brasil*. São Paulo: Editora da Universidade de São Paulo, 2010.

WEDY, Gabriel. A ação civil pública de acordo com a doutrina e jurisprudência. *In*: MILARÉ, Édis (Coord.). *Ação civil pública após 35 anos*. 1. ed. São Paulo: Thomson Reuters Brasil, 2020.

WEDY, Gabriel. *Desenvolvimento sustentável na era das mudanças climáticas*: um direito fundamental. São Paulo: Saraiva, 2018.

WEDY, Gabriel. *Litígios climáticos*: de acordo com o direito brasileiro, norte-americano e alemão. Salvador: JusPodivm, 2019.

WEDY, Gabriel; FERRI, Giovani. Mudanças climáticas e migrações ambientais no cenário contemporâneo. *RDA – Revista de Direito Ambiental*, São Paulo, v. 106, p. 255-282, 2022.

WEDY, Gabriel; FERRI, Giovani. O papel do Poder Judiciário e do Ministério Público nos litígios climáticos. *Revista Magister de Direito Ambiental e Urbanístico*, Porto Alegre, a. XVI, v. 96, p. 115-142, jun./jul. 2021.

WEDY, Gabriel. *O princípio constitucional da precaução como instrumento de tutela do meio ambiente e da saúde pública*. 2. ed. São Paulo: Fórum, 2017.

WEISS, Edith Brown. Climate change, intergenerational equity & int'l law. *Vermont Journal of Environmental Law*, [S. l.], n. 9, p. 620, 2008.

WEISS, Edith Brown. *Un mundo justo para las futuras generaciones*: derecho internacional, patrimonio común y equidade intergeracional. (Trad. Máximo Gowland). Madrid: Ediciones Mundi-Prensa, 1999.

WEYERMÜLLER, André Rafael. *Água e adaptação ambiental*: o pagamento pelo seu uso como instrumento econômico e jurídico de proteção. Curitiba: Juruá, 2004.

WEYERMULLER, André Rafael. *Refugiados na Alemanha*: história, direitos humanos e adaptação. 2. ed. rev. e ampl. Curitiba: Appris, 2021.

WOLKMER, Antônio Carlos. *Pluralismo jurídico*: fundamentos de uma nova cultura no direito. 3. ed. São Paulo: Alfa Ômega, 2001.

WOLKMER, Antônio Carlos. Ética da sustentabilidade e direitos da natureza no constitucionalismo latino-americano. *In*: LEITE, José R. Morato; PERALTA, Carlos E. (Orgs.). *Perspectivas e desafios para a proteção da biodiversidade no Brasil e na Costa Rica*. [S. l.]: Instituto o Direito por um Planeta Verde, 2014.

ZURBRIGGEN, Cristina. Gobernanza: una mirada desde América Latina. *Perfiles Latinoamericanos*, México, v. 19, n. 38, p. 40, 2011. Disponível em: http://www.scielo.org.mx/pdf/perlat/v19n38/v19n38a2.pdf. Acesso em 3 jul. 2023.

Esta obra foi composta em fonte Palatino Linotype, corpo 10
e impressa em papel Offset 75g (miolo) e Supremo 250g (capa)
pela Gráfica Forma Certa.